1 MONTH OF
FREE
READING

at

www.ForgottenBooks.com

By purchasing this book you are eligible for one month membership to ForgottenBooks.com, giving you unlimited access to our entire collection of over 700,000 titles via our web site and mobile apps.

To claim your free month visit:

www.forgottenbooks.com/free637525

ISBN 978-0-483-69060-8
PIBN 10637525

REVUE

DU

MONDE

CATHOLIQUE

RECUEIL

SCIENTIFIQUE, HISTORIQUE ET LITTÉRAIRE

VINGT-CINQUIÈME ANNÉE

TOME QUATRE-VINGT-QUATRIÈME

TOME IV DE LA QUATRIÈME SÉRIE

PARIS

SOCIÉTÉ GÉNÉRALE DE LIBRAIRIE CATHOLIQUE

Victor PALMÉ, Directeur général

76, rue des Saints-Pères, 76

BRUXELLES   GENÈVE

12, rue des Paroissiens, 12 | 4, rue Corraterie, 4

1885

LE CLERGÉ FRANÇAIS RÉFUGIÉ EN ANGLETERRE

PADDINGTON, BEADING ET THAME. EDMOND BURKE,
PENN ET SON ÉCOLE.

Les ecclésiastiques français, qui se répandirent en 1796, au nord de la Grande-Bretagne jusqu'en Écosse et qui correspondirent avec l'abbé de Fayolle à Scarborough, n'y firent pas ¡la plupart un long séjour. Dès l'année suivante, beaucoup de ces exilés se rendirent à Londres et profitèrent de quelques circonstances favorables pour se rapatrier. Ceux qui restèrent dans ces contrées septentrionales donnèrent des leçons de français ou s'occupèrent de missions catholiques, mais ne formèrent jamais des groupes bien importants. Quant aux proscrits qui refluèrent à l'ouest jusqu'à Bristol et en Irlande, nous en verrons un certain nombre se réunir autour de l'abbé de La Hogue, du diocèse de Paris, et servir d'auxiliaires, comme professeurs, au collège catholique récemment fondé à Maynooth près de Dublin. Pour le moment, c'est beaucoup moins loin de Londres, qu'il faut nous transporter, afin d'observer la vie des groupes qui nous intéressent le plus ; c'est dans la campagne qui s'étend autour de la Métropole sur un rayon de 50 milles, et que le décret du mois de février 1793 assignait pour résidence commune aux réfugiés ; plus particulièrement dans la plaine ondulée que parcourent les ramifications du chemin de fer de l'ouest, du Great Western railway, entre Londres et Oxford, et où l'on trouve disséminés, d'une part Paddington, Reading et Thame, et de l'autre Penn et Beaconsfield.

Paddington, qui était un village à la fin du dernier siècle, est aujourd'hui un quartier de Londres. De Hyde park une grande artère, Edjware road, conduit en quelques instants, dans ce quartier, à deux rues, Harrow road et Charles street, qui convergent à l'ouest à une place plantée d'arbres appelée Paddington Green. C'est à Paddington Green qu'étaient la chapelle et la maison commune des ecclésiastiques venus en 1796 du château de Winchester. Leur supérieur, l'abbé Romain, du diocèse de Rouen, recevait des secours du comité, par l'intermédiaire de Mme Silburne, et lui donnait en échange des bons signés de sa main. En quelques mois, leur nombre s'éleva à 60 environ, mais ce nombre fut aussi en quelques mois réduit de moitié. Au 1er mai 1797, la somme reçue de Mme Silburne fut de 57 livres sterling pour 33 ecclésiastiques bannis, et au 1er juin suivant elle fut de 56 livres pour 32 proscrits seulement. Le nombre des réfugiés dans cet asile diminua ainsi de plus en plus jusqu'au retour en France, à l'époque du Concordat (1).

En prenant à Paddington le Great Western, nous pouvons visiter en peu de temps les localités où séjournèrent les autres groupes plus importants. Sur cette grande ligne, le train nous lance, en sortant de Londres, dans une riche plaine au milieu de laquelle nous apercevons bientôt, au sud, la grande terrasse du château royal de Windsor, d'où le regard domine toutes les contrées environnantes. Un peu plus loin nous sommes à Maidenhead, à 20 milles de la capitale, et la ligne se bifurque : une ligne secondaire se détache, qui nous conduira bientôt au nord-oust, à Beaconsfield et à Penn dans le voisinage, et au delà à Thame près d'Oxford. En attendant, sur la ligne principale, le train nous emporte à l'ouest, jusqu'à Reading, à 13 milles plus loin. A Paddington, nous étions au nord de la Tamise; nous avons franchi le fleuve à Maidenhead, et à Reading, nous traversons son affluent méridional, la rivière nommée Kennet, qui arrose plusieurs quartiers de cette autre ville qu'il importe de visiter.

De la station où nous descendons du train, nous voyons cette belle cité s'élever en amphithéâtre jusqu'à son extrémité sud-ouest, où se dressaient jadis les tours d'un château aujourd'hui disparues. En nous transportant, par Castle Street, sur ce point culminant, notre regard domine et embrasse toute la ville. A nos pieds nous avons le vieux quartier de Sainte-Marie, plus loin, à l'est, le quartier moderne de Saint-Gilles, et au nord-est le quartier de Saint-Laurent, où s'étalent, dans un splendide panorama, un magnifique jardin public, les ruines imposantes d'une ancienne

---

(1) Laity' Directory, for 1800. — *French chapels,* Paddington Green. *Record off.* — *Papers relating to the french clergy,* Bundle 24.

abbaye de Bénédictins et la nouvelle église catholique, qui témoigne, par son importance, des progrès du catholicisme à Reading, depuis l'arrivée des ecclésiastiques bannis de France. Au delà, la vue s'étend vers le nord, à travers de riches prairies, jusqu'aux bords de la Tamise, du village de Maple Durham à l'ouest, au village de Sonning à l'est; bords pittotesques et charmants rendus mémorables, dans l'histoire de nos ecclésiastiques proscrits, par la mort précieuse devant Dieu d'un de ces confesseurs de la foi, au commencement de l'émigration. « J'ai entendu raconter, dit un écrivain bien renseigné, qu'un pauvre prêtre *émigré*, reconnu par trois jeunes fanatiques pour étranger et papiste, fut sur-le-champ précipité par eux dans la Tamise, près de Reading. Se voyant sur le point de disparaître dans les eaux du fleuve, ce nouveau saint Étienne leva les mains vers le ciel et supplia Dieu, à haute et intelligible voix, de ne point laisser mourir ces jeunes gens sans qu'ils eussent ouvert les yeux à la lumière de la vérité. Deux de ces malheureux moururent peu après; mais le troisième, au grand étonnement de sa famille, demanda, avec instance sur son lit de mort, un prêtre auquel il raconta ce fait et qu'il pria de l'instruire dans la foi catholique, assurant que le souvenir de la prière de sa victime, de sa douceur, de sa résignation, n'avait cessé de le poursuivre. Il fit donc son abjuration et mourut catholique dans les meilleures dispositions (1). »

C'est dans ce beau paysage marqué par ce pieux souvenir, qu'il nous faut chercher le grand édifice donné pour asile à Reading aux proscrits venus de Winchester; mais de notre belvédère nous en sommes tout près.

Descendons la colline, par Castle street, jusqu'à la troisième habitation qui borde la rue à droite : nous sommes en face d'un espace vide ouvert au sud, de notre côté, et fermé de toute autre part par un grand corps de bâtiments. Cet édifice rappelle une gravure conservée longtemps à Maple Durham par la famille Blount, qui la tenait de l'abbé Charles Lefèvre, son hôte pendant l'émigration française et qui l'a cédée, le 20 janvier 1874, avec celle du château de Winchester, à la chapelle française de King street à Londres. Dans l'édifice que nous avons sous les yeux, comme dans la première de

(1) *The Dublin Review*, july 1881; on some reasons for not despairing of a national return to the faith, by the Right Rev. James Patterson, bishop of *Emmaüs*.

ces gravures, le pavillon oriental ne s'avance pas jusqu'à la rue ; dans l'un comme dans l'autre, la porte est surmontée d'une marquise et s'ouvre à l'extrémité du pavillon occidental, enfin la gravure représente la ville en contre-bas de l'asile ouvert aux réfugiés, et l'édifice que nous visitons domine en réalité une grande partie de Reading. On dit à Reading que la maison qui portait le nom de *King's Arms* était un hôtel de premier ordre qui avait pour enseigne les Armes du Roi, et tel est aussi le nom que donne la gravure à la maison servant d'asile aux ecclésiastiques proscrits (1).

La culture intelligente de son sol fertile, le mouvement imprimé à son commerce et à son industrie par la création de ses voies ferrées et de ses établissements métallurgiques ont donné, dans ce siècle, à Reading, une prospérité inouïe, et ont beaucoup contribué à l'accroissement de sa population qui s'est élevée de nos jours jusqu'à 25,000 âmes; mais le séjour y fut toujours agréable. King's Arms était commode, admirablement situé, et les réfugiés n'avaient pas lieu de regretter King's House de Winchester. A la hauteur où s'élevait leur asile, ils étaient abrités de toute part, excepté du côté du sud. Ils vivaient ainsi en pleine lumière et respiraient un air pur. Une galerie couverte au nord et à l'ouest leur procurait l'avantage de pouvoir se promener à l'aspect du midi en hiver, à l'aspect du levant en été. Aussi, à Reading comme à Winchester, les proscrits ne savaient comment témoigner assez leur gratitude à leurs bienfaiteurs. L'ancienne gravure de King's Arms en fait foi : l'espace vide, entre les différents corps de logis qu'ils occupaient, devint, à la fin de leur séjour à Reading, un parterre de gazon et de *pièces coupées*. Une grande allée en limitait le pourtour et deux autres se croisaient au milieu, formant ainsi quatre grands carrés. A la jonction des deux allées transversales et au centre de chaque carré était tracée une corbeille où se dessinait une devise ou une sentence d'un grand à-propos. Dans la corbeille du milieu, on voyait le chiffre du roi Georges, G et R, enlacés et couronnés avec le souhait connu : *God save the King, Dieu sauve le Roi*, et dans les autres quatre corbeilles figuraient en sautoir deux étoiles et deux cœurs. Autour des étoiles, on lisait d'une part : *Blest star our*

(1) Note écrite au revers de deux gravures conservées à la chapelle française de King street, à Londres, et expliquée à l'auteur par le chanoine Joseph Toursel à qui ces deux gravures furent confiées par Juliana Blount de Maple Durham, sur son lit de mort, le 20 janvier 1874.

guide, étoile bénie notre guide, de l'autre : *Tu ne pouvais mieux nous conduire;* et autour des cœurs, d'un côté : *Rooted by gratitude, enracinée par la reconnaissance,* et de l'autre : *Amantes semper redamavit, il aima toujours ceux qui l'aiment.*

Les réfugiés jouissaient même à Reading d'un avantage qu'ils n'avaient pas à Winchester. Au château de Winchester, il y avait un certain nombre d'ecclésiastiques que Mgr de la Marche y avait envoyés de Londres. Ainsi Antoine Valière et Mathias Jarrige que nous avons vus à Kings' House, étaient du diocèse de Clermont ; le premier, chanoine de la cathédrale ; le second, curé d'Orcines ; mais les proscrits de cette grande résidence étaient presque tous venus directement des provinces de Normandie et de Bretagne, or les Normands ne s'entendaient guère avec les Bretons. C'est pourquoi on avait pris la précaution, lorsque les réfugiés étaient sortis du château de Winchester, d'envoyer à Thame presque tous les Bretons, en sorte qu'il n'y avait à King's Arms, à Reading, que des Normands, sauf un petit nombre de réfugiés de quelques autres provinces, tels que les abbés Valière et Jarrige de la province d'Auvergne, que nous retrouvons à Reading avec un autre réfugié de la même province, Claude Coigne, vicaire du Gerzat, et deux vicaires du Berri, Tisserat et Lelarge (1). Aussi bien, de même qu'à Paddington où il n'y avait guère que des Normands ; c'était un Normand, l'abbé Romain, qui était supérieur de la maison ; ainsi c'était un autre Normand, l'abbé Martin, qui l'était à Reading. Cependant pour simplifier le service des distributions, cet ancien supérieur de l'établissement de Winchester recevait des fonds du comité de Londres, non seulement pour les ecclésiastiques établis à Reading, mais encore pour les prêtres réfugiés à Thame, dans une autre maison commune, qui était confiée à la garde d'un prêtre breton, l'abbé Despons, chanoine de Saint-Brieuc (2).

Thame où ne résidaient guère que des ecclésiastiques bretons, est située à 20 milles environ de Maidenhead, sur l'embranchement

(1) Record office. — *Papers relating to the french clergy refugees,* Bundle 8 : compte des partants. Bundle 11 : distribution de fév. 1796 pour King's House à Winchester. Bundle 15 : distribution de novembre 1797 pour Reading's House ; note à la fin du compte.
Tresvaux. — *Hist. de la persécution,* t. I, p. 469.
(2) Record office. — *Papers relating to the french clergy refugees,* Bundle 8 : lettre datée de Thame, le 10 mars 1797 et signée Despons, chanoine de Saint-Brieuc. Bundle 15 : comptes de l'abbé Martin, pour oct. et nov. 1797.

du Great Western qui conduit à Oxford. Sur cette ligne secondaire,
à partir de Maidenhead, le train qui nous emporte prend d'abord la
direction du nord, franchit la Tamise après vingt minutes de marche,
et, en quelques minutes de plus, arrive à Woburn Green, où nous
descendrons bientôt, pour visiter Beaconsfield et Penn. A cette
station, le train tourne vers le nord-ouest, pénètre au fond d'une
vallée et s'élève par degrés jusque sur un plateau où est assise la
petite cité, résidence des prêtres bretons. A cette hauteur, Thame
est située près des sources de la rivière de ce nom, qui s'unit plus
bas à l'Isis pour former la Tamise. C'est une belle petite ville de
2,500 âmes, composée de deux rangées de maisons construites des
deux côtés d'une rue unique. Cette rue, qui est la route d'Oxford,
s'élargit d'abord à l'est de la ville et se bifurque au centre pour
embrasser, entre ses deux branches, un groupe d'autres maisons à
à l'extrémité desquelles s'élève aujourd'hui un petit *marché couvert*.
Au-delà de ce marché, la rue bifurquée s'unifie, se retrécit peu à
peu et finit ainsi, à l'ouest de la ville, par se réduire de nouveau à
la route d'Oxford. Derrière les deux rangées de maisons, qui bordent la route au sud et au nord, sont des jardins toujours verts, et
plus loin s'étend la campagne dont le sol s'abaisse de plus en plus,
autour du plateau boisé que les habitations dominent de toute part.
D'après la tradition locale, la maison commune, qui servait aux
réfugiés, était située dans la partie occidentale de cette petite ville,
au-delà de l'emplacement du marché couvert; et c'est là peut-être
la raison pour laquelle on appelle, quelquefois à Thame, la route
d'Oxford dans le voisinage, *chemin ou promenade des prêtres*. Si
les exilés qui l'habitaient n'avaient pas toujours, sous les yeux, un
paysage aussi pittoresque que celui dont on jouissait à King's House
ou à Cing's Arms, ils respiraient un air aussi pur, étaient plus isolés
et moins nombreux, offusquaient moins la classe inférieure; en
sorte que la classe éclairée avait moins de peine à Thame qu'à Winchester et à Reading, à faire pratiquer par cette autre classe les
devoirs de l'hospitalité britannique.

L'apaisement religieux, que nous signalons dans ces récits partout
où il se manifeste, ne passait pas seulement des grandes villes aux
petites, de Londres à Winchester, à Reading et à Thame; il pénétrait dans les localités les moins importantes et jusqu'à la campagne où résidaient les familles influentes, comme la famille Blount,
à Maple Durham que nous connaissons déjà, ou les familles Burke

et Haviland dans leurs domaines de Beaconsfield et de Penn dont il nous reste à parler.

Edmond Burke ne pouvait oublier que plusieurs femmes éminentes, sa mère, sa sœur et sa nièce, qu'il aimait beaucoup, étaient catholiques. D'une complexion délicate, il avait passé plusieurs années de sa vie au foyer domestique, sous la direction de sa mère, *femme d'un esprit distingué et d'un grand mérite*, dit le biographe protestant Prior; aussi avait-il pour elle la plus grande affection. Dans une lettre qu'il écrivit en 1746, à l'âge de seize ans, sur la maladie dont elle mourut, il affirmait en termes émus que jamais il n'éprouva une peine aussi grande que celle qu'il ressentit à cette occasion : « Grâce aux soins affectueux de cette bonne mère, disait-il, je ne savais pas encore ce que c'était qu'une peine, et pendant trois jours nous attendîmes sa mort à chaque instant. » Sa sœur Juliana, qui épousa un gentleman du Galway nommé French, lui ressemblait trop, pour que ce grand homme d'État ne lui fût pas aussi profondément attaché de cœur. Un membre distingué du barreau d'Irlande, qui eut longtemps avec elle des relations intimes, assimile ses talents à ceux de son frère Edmond et exalte sa grande commisération pour tous les malheureux. « Si Madame French, dit-il, eût été destinée par la nature à l'autre sexe, elle aurait pu devenir un aussi grand orateur que son frère Edmond. Dans sa diction, elle montrait tant d'élégance et de capacité que j'ai remarqué souvent qu'il eût été difficile d'y transposer ou d'y changer un mot avec avantage. Élevée dans la foi de sa mère, selon l'usage dans les mariages mixtes en Irlande, elle était une rigide catholique romaine, exemplaire dans l'accomplissement de tous ses devoirs, bonne et charitable pour ses voisins les plus pauvres. Tous les ans à la Noël, si bien fêtée en Angleterre et en Irlande, elle avait coutume d'inviter les boiteux, les aveugles, les paralytiques, les malheureux de toutes sortes, à un grand repas où rien ne manquait et où elle servait elle-même (1). Edmond, qui n'avait point d'autre sœur, avait deux frères, Garret et Richard, mais ils ne se marièrent pas, et la mort ravit son fils unique à ses grandes espérances; en sorte que la fille unique de Juliana, nommée Marie, héritera seule de l'affection qu'Edmond avait eue pour sa mère et sa sœur, et transmettra, avec son sang, à la famille Haviland, l'estime et le respect de Burke pour le catholicisme.

(1) Prior. — *Life of Ed. Burke*, p. 3.

Le chef de la famille Haviland était un général qui avait accompagné le célèbre Wolf en Amérique pendant la guerre de Sept ans et que George III honorait de sa plus haute estime, à cause de sa générosité et de son caractère, type d'honneur du vieux soldat. « Comme le général, dit Prior, résidait à Penn dans le voisinage de Beaconsfield où Burke s'était fixé, la plus grande intimité s'établit de bonne heure entre les familles de ces deux hommes éminents, et ces relations furent cimentées, après la mort du général, par le mariage de son fils le major Haviland avec la nièce de Burke, miss Mary French. Le major mourut lui-même à la Martinique en 1795 peu de temps après son mariage, au moment où il allait devenir père d'un fils qui fut Thomas Haviland, l'ancêtre de toutes les familles qui unissent aujourd'hui le nom de Burke à celui d'Haviland. Aussi Burke, qui venait de perdre son fils, témoigna-t-il dans cette circonstance toute l'affection qu'il avait vouée à sa nièce devenue veuve si jeune. « Ma chère petite Marie, lui dit-il dans une lettre, le 4 septembre, peu de jours après sa délivrance, je ne puis en ce moment me rendre à Londres auprès de vous ; mais croyez bien que j'éprouverais la plus grande consolation à vous voir, vous et votre cher petit enfant. Je veux au moins profiter de cette occasion pour vous dire que je vous aime bien tendrement, que je prie avec instance le Dieu tout-puissant de vous accorder une longue et heureuse vie, et de faire que votre fils soit le soutien de votre vieillesse, un honneur et une satisfaction pour vous, un homme utile à ses amis et à son pays, et qu'après de longs jours il puisse vous fermer les yeux, à l'inverse de ce que j'ai fait en fermant moi-même les yeux à votre admirable cousin.

« Adieu, ma chère enfant; mes félicitations les plus cordiales (1). »

L'estime et l'affection qu'eut toujours Burke pour ces grandes femmes chrétiennes du catholicisme expliquent, autant que la haine dont il poursuivait partout les violences arbitraires de la révolution, l'intérêt qu'il portait aux catholiques, ecclésiastiques et laïques persécutés. Les motifs d'ordre supérieur, qui avaient déterminé l'émigration du clergé français, le portaient de préférence vers les ecclésiastiques proscrits; mais il n'était pas insensible au malheureux sort des émigrés laïques : à Londres, il les recevait dans ses

_____

(1) Prior. — *Life of Ed. Burke,* pp. 2-6, 240, 415-416.

salons avec ses amis et se plaisait à discourir avec eux sur les grandes questions du continent. Cependant, cet homme d'État ne leur pardonnait pas de se faire illusion sur l'immense portée de la révolution française. Un jour qu'il leur parlait de ce formidable coup de tonnerre et des ruines dont il menaçait l'Europe entière, un émigré l'interrompit pour lui dire avec plus de légèreté que ne le permettait la gravité du sujet ou la vigueur avec laquelle Burke exprimait sa pensée : « Mais enfin, Monsieur, quand retournerons-nous donc en France ? — En France jamais », répondit Burke en français. Cette réponse vive, pénétrante fit une forte impression sur l'auditoire. Après un moment de silence, pendant lequel le grand orateur sembla rouler dans son esprit quelque chose de trop dur à dire, *labouring with something too big for utterance*, « Messieurs, ajouta-t-il, les fausses espérances ne sont pas une monnaie que j'aie dans mon tiroir ; non, vous ne retournerez jamais en France. — Eh quoi ! répliqua-t-on, les coquins nous en empêche-raient ? — Oui, les coquins, reprit Burke, mais les coquins les plus terribles du monde. — Il est bien étrange, poursuivit-il en anglais, que je sois peut-être le seul homme en France et en Angleterre connaissant le danger qui nous menace. — Mais, ajouta un Anglais admis à cette réunion, le duc de Brunswick aura bien raison de ces hommes-là. — Le duc de Brunswick, s'écria Burke avec vivacité, faire quelque chose de bon ! une guerre d'avant-poste soumettre la France ! Ce qui me désespère le plus, reprit-il en français après un autre moment de silence, c'est que, quand je plane dans l'hémisphère politique, j'ai de la peine à trouver une tête minis-térielle à la hauteur des circonstances (1). »

Burke traitait avec plus de déférence les ecclésiastiques proscrits. Ses sympathies exceptionnelles pour eux étaient manifestes à la campagne comme à la ville ; mais pour mettre cette vérité pleine-ment en lumière, il faut revenir à Woburn Green et suivre l'homme d'État à sa campagne de Beaconsfield et à son école de Penn.

La station de Woburn Green, nous le savons, est près de la Tamise, au fond de la vallée où passe l'embranchement du chemin de fer de Meadenhead à Thame ; nous y descendîmes un des pre-miers jours du mois de septembre 1879, à dix heures du matin. Les brouillards de la Tamise étaient dissipés, le soleil resplendissait

(1) Prior. — *Life of Ed. Burke*, p. 349.

et Beaconsfield n'est qu'à 3 milles sur la hauteur voisine à l'est. Nous gravîmes à pied la colline, en suivant un chemin sinueux, à travers un bois de haute futaie, et, après une heure d'une promenade agréable, nous arrivâmes à la grand'route d'Oxford à Londres qui nous conduisit en quelques minutes à Beaconsfield.

En pénétrant dans cette petite ville de 1,500 âmes, la route s'élargit, forme une place et l'on a, à droite, s'ouvrant sur la place même, le temple où repose le grand orateur des Communes, et à gauche, au nord de la ville et tout près, sa campagne, encore connue sous le nom de Gregories et de Butler's Court, d'où il écrivait le 1er mai 1768 : « Je viens de faire un grand effort pour prendre racine dans ce pays : j'ai mis en œuvre tout ce que je possède et les secours de mes amis, et j'ai acheté une maison avec 600 acres (environ 243 hectares) de terrain, dans le comté de Buckingham, à 24 milles de Londres. C'est une campagne très agréable. J'y serai, s'il plaît à Dieu, un agriculteur tout de bon. » Prenons donc la route qui conduit de la place au nord de Beaconsfield, et, au sortir de la ville, nous sommes à l'entrée d'un parc couvert d'un immense tapis de verdure et planté de distance en distance de magnifiques tilleuls qui devaient autrefois servir de bordure à une belle avenue. Cette ligne d'arbres nous conduit au fond du parc, en face d'une enceinte rectangulaire, au centre de laquelle s'élève un petit édifice surmonté d'un fronton triangulaire. « Les habitants du pays, nous disait notre guide, appellent cet édicule, *les écuries de Burke, the Burke's stables.* » Nous sommes donc à Gregories, mais n'y cherchons pas la maison du maître. Quelques années après la mort de Burke, son épouse vendit la propriété à un gentleman du voisinage, James du Pré, et, le 23 avril 1813, la maison, louée à un ministre instituteur, fut détruite par un incendie. En avant du petit édifice encore debout, le sol profondément fouillé marque l'emplacement de cette chère demeure construite sur le plan de l'ancien palais de Buckingham. Au centre de la façade se dressait un fronton qui surmontait et couronnait l'entrée principale, et cette porte de l'édifice était mise en communication, par des corridors, avec deux ailes latérales (1).

C'est dans cette résidence que Burke venait se reposer de ses labeurs et qu'on le voyait dans la vie intime avec ses serviteurs et

_____

(1) Prior. — *Life of Ed. Burke*, p. 463.

les paysans du voisinage; c'est là qu'il reçut les plus illustres proscrits de France, Cazalès, Chateaubriand, Mgr de la Marche (1).
Dans cette demeure, il eût bien voulu donner aussi l'hospitalité à
l'abbé Maury; mais, avant la révolution, Mirabeau était lui-même
venu à Gregories, et Burke ne savait pas encore que le tribun de
la Constitution, après avoir si puissamment contribué au mouvement
qui allait emporter la royauté française, cherchait alors à le contenir.
« Je voudrais recevoir chez moi l'abbé Maury, écrivait-il un jour à
un de ses amis, mais j'avoue qu'autrefois j'ai reçu Mirabeau. L'abbé
Maury voudrait-il s'abriter aujourd'hui sous le même toit? S'il y
consent, je promets de purifier préalablement ma maison et d'user
pour cela de toutes les cérémonies expiatoires employées depuis le
temps d'Homère; oui, je suis prêt à tout faire, excepté à imiter
l'Espagnol, qui voulait brûler sa maison, parce que le connétable
de Bourbon y avait logé. Cette cérémonie-là serait trop dispendieuse
pour mes finances. » Mais les meilleurs souvenirs de Gregories se
rapportent à l'école de Penn qu'Edmond Burke fonda dans le voisinage, pour remplir le vide que la mort de son fils avait fait dans sa
famille et dans son cœur.

Ce fils unique que Burke avait conduit en France et confié à
l'évêque d'Auxerre, avait répondu à ses grandes espérances. De
retour en Angleterre, il avait fait de fortes études et était devenu
un homme si remarquable, que le bourg de Malton l'avait élu pour
le représenter à la Chambre des communes, quoique il n'eût alors
que trente-cinq ans. Mais sa santé était délicate, et il mourut peu
de temps après son élection, le 2 août 1794 (2). Ce coup fut terrible
pour son malheureux père. « C'était, disait-il dans sa douleur,
l'espoir de sa maison, son bâton de vieillesse, son autre lui-même
et le meilleur des deux, *his other and better self*, qu'il avait perdu »;
et dès ce jour, son unique consolation fut de s'occuper d'œuvres
qui lui rappelaient ce fils chéri.

Quelque temps après cette perte cruelle, Burke apprit que l'évêque
d'Auxerre, réfugié en Angleterre, avec son frère le vicomte de Cicé
et ses neveux, avait de la peine à trouver des moyens d'existence.
Le souvenir des bienfaits que son fils avait reçus de cet évêque le
mit d'abord dans un grand embarras : d'une part, cette grande âme
voulait à tout prix lui témoigner à cette occasion sa reconnaissance,

(1) Prior. — *Life of Ed. Burke*, p. 352, 424.
(2) Prior. — *Life of Ed. Burke*, p. 243, 404.

mais, de l'autre, sa générosité avait compromis sa fortune, et George III ne lui avait pas encore accordé la pension de 2,500 livres, méritée par les grands services qu'il avait rendus à l'État. Burke put trouver cependant 50 livres qu'il s'empressa d'envoyer à l'abbé de la Bintinnaye, un des neveux du prélat son bienfaiteur (1).

Ce n'était là pour Burke qu'une satisfaction passagère, et, pour se procurer une consolation permanente, ce père sans enfants voulut rendre aux enfants sans pères, réfugiés èn Angleterre, les services affectueux que son fils avait reçus pendant son séjour en France. Une belle habitation qui était située près de Penn, dans le voisinage de sa campagne, et qui avait appartenu au général Haviland, sous le nom de Tyler's Green House, avait été achetée par l'État pour offrir un asile aux membres exilés du haut clergé de France. Ce projet du gouvernement ayant échoué, Burke en profita, pour réunir dans cet asile soixante jeunes enfants de huit à douze ans, rendus orphelins par l'épée ou l'échafaud de la révolution, et les préparer à remplir plus tard des emplois importants dans le clergé, la magistrature, et surtout dans l'armée. Le marquis de Buckingham le seconda puissamment dans son entreprise, et Pitt, en y consentant, accorda une subvention annuelle de 600 livres sterling pour l'entretien de l'établissement. Outre Burke et le marquis, le duc de Portland, le lord chancelier Widham et le docteur Walker king prirent cette école sous leur patronage, et Burke en eut la surintendance; mais tous les maîtres devaient être Français et catholiques, et la direction fut confiée à un ecclésiastique, l'abbé Maraine (2).

Jean-Marin Maraine· était né à Gerville, aujourd'hui arrondissement du Havre, département de Seine-Inférieure, et il est mort à Rouen, en 1830, rue Bouvreuil, 55, à l'âge de quatre-vingt-quatre ans. Son acte de décès mentionne qu'il était pensionné du gouvernement, et il l'était, en réalité, pour des services rendus à ses compatriotes à l'étranger (3). Cet ecclésiastique éminent avait été plus de vingt ans supérieur du séminaire de Saint-Nicaise, à Rouen, lorsque, le 28 octobre 1791, il refusa de prêter le serment à la Constitution civile du clergé, « parce que, dit l'acte authentique de

---

(1) Prior. — *Life of Ed. Burke*, p. 408.
(2) Prior. — *Life of Ed. Burke*, p. 432.
De Lubersac. — *Journal de l'émigration*, p. 158.
(3) *Registre de l'état civil de la commune de Rouen.* — Acte de décès du 16 août 1830.

son refus, sa conscience ne le lui permettait pas (1) ». Son expérience et son habileté le signalèrent pendant l'émigration, et, sur la
recommandation formelle de Mgr de la Marche, le fondateur de
l'école de Penn n'hésita pas à confier à ses soins les élèves de cette
institution et à lui donner, pour le seconder dans son œuvre, trois
autres prêtres du diocèse de Rouen : Le Chevalier, Lefèvre et Merlin.
Burke eut aussi soin d'assigner à ces orphelins un uniforme bleu et
une cocarde blanche fixée sur leurs chapeaux, avec cette inscription : *Vive le roi!* La cocarde était placée sur un fond rouge pour
ceux qui avaient perdu leurs pères, et sur un fond noir pour ceux
qui avaient perdu leurs oncles. Afin de compléter leur installation,
le marquis de Buckingham leur fit présent d'un canon de bronze et
de deux drapeaux blancs qu'on déployait à Tyler's Green House les
jours de grande solennité.

Tyler's Green House à Penn, comme Gregories à Beaconsfield,
n'existe plus aujourd'hui. L'école reçut, pendant quelque temps,
50 livres de subvention mensuelle des lords de la Trésorerie par
l'intermédiaire du comité de Londres. En 1814, l'établissement fut
maintenu et le gouvernement de la Restauration fit dès lors les frais
d'entretien ; mais en 1820, l'abbé Maraine revint en France avec ses
élèves, et deux ans plus tard l'habitation, vendue par lots aux
enchères, fut démolie. Cependant le général Haviland, Edmond
Burke et les ecclésiastiques groupés autour de l'abbé Maraine y ont
laissé de précieux souvenirs, et, de Beaconsfield, où nous n'étions
qu'à 3 milles de ces lieux devenus mémorables, nous ne pouvions
mieux faire que d'aller les visiter. La route qui nous y conduisit
est celle même que nous avons suivie pour venir de Beaconsfield à
Gregories. Cette route longe l'ancienne propriété de Burke au
levant, prend la direction du nord-ouest, et, à un mille de Penn,
pénètre, serpente dans un bois touffu et monte par degrés jusque
sur un mamelon où s'élève l'église paroissiale, Au milieu de ce pays
boisé, impossible de découvrir de loin cette petite localité de 1200
âmes. Au temps de l'émigration, l'emplacement de Tyler's Green
House était marqué par les deux plus grands sapins du royaume.
Le général Haviland les appelait *ses deux grenadiers*, et on pouvait

(1) *Archives de la Seine-Inférieure.* — N° 1396, 2e registre de 1791; sémi-
naire de Saint-Nicaise.
Recherches sur l'instruction publique dans le diocèse de Rouen en 1789, par
Charles de Beaurepaire, archiviste.

les apercevoir, par un temps clair, de la grande terrasse de Windsor à 12 milles de distance, ou même des hauteurs de Reading à 18 milles. Les Français réfugiés s'en servaient pour se guider dans un labyrinthe inextricable de chemins au milieu des bois.

Plein de ce souvenir dans notre trajet, nous avions sans cesse les regards fixés en avant, cherchant à découvrir, sur les hauteurs, les têtes des deux grenadiers du général Haviland; mais hélas! l'uniformité constante des sommets boisés que nous apercevions nous fit pressentir que les deux grands sapins avaient disparu, et à notre arrivée à Penn on nous dit, en effet, qu'ils étaient abattus depuis bien des années. Heureusemeut rien de plus connu à Penn que le général Haviland, Tyler's Green et l'école des petits Français. « Le général Haviland repose dans l'église de Penn, nous disait notre guide. — Mais le général 'avait bien une habitation à Tyler's Green, qu'est-elle devenue? — Vous voulez parler, Monsieur, de l'école française, établie à Tyler's Green, dans la maison du général après sa mort. Cette maison n'existe plus; mais nous pouvons vous en indiquer l'emplacement. »

En causant ainsi nous traversâmes Penn, et, prenant la direction du nord, nous arrivâmes après dix minutes de marche à Tyler's Green. La route s'y bifurque pour desservir les campagnes voisines et s'unifier de nouveau près de High Wycombe sur le chemin de fer de Thame que nous avons parcouru. Nous prîmes la branche occidentale; et à cent pas de la bufurcation nous nous trouvâmes en face d'un vaste enclos. C'est là qu'était Tyler's Green House. Hélas! les deux grenadiers du général Haviland ont bien disparu, et, à part le mur de clôture, il ne reste, dans la propriété, aucune trace d'anciennes constructions. Un antiquaire, trésorier de l'école après la mort de Burke, possédait, avant la démolition de la maison, un dessin de la façade, mais il faut aujourd'hui aller chercher cette image incomplète parmi ses *Illustrations* du Buckinghamshire que ses héritiers conservent sans doute (1). Essayons pourtant de faire revivre les faits intéressants dont ces lieux ont été le théâtre.

L'école fut ouverte au mois d'avril 1796, et, depuis cette époque jusqu'à sa mort, Edmond Burke, le surintendant, veilla sur cette maison avec la sollicitude d'un père. Penn n'était qu'à 3 milles de Beaconsfield, et Burke de sa campagne de Gregories pouvait en quel-

(1) Prior. — *Life of Ed. Burke*, p. 434.

ques instants se rendre à son école. « Il la visitait souvent, tous les jours même à certaines époques de l'année, et il y passait des journées entières à admirer l'esprit et la vivacité des petits Français expatriés. Il racontait souvent à ce sujet une anecdote. Un jour ayant mené le fils d'un lord à cette école, les pauvres orphelins lui proposèrent de jouer avec eux; le lord ne le voulut pas. *Je n'aime pas les Français, moi*, répondit-il avec humeur. Un petit garçon n'en pouvant tirer que cette réponse lui dit : *Cela n'est pas possible, vous avez trop bon cœur pour nous haïr. Votre Seigneurie ne prendrait-elle pas sa crainte pour sa haine* (1) ? » « M. Burke que je connus à la fin de sa vie, dit Chateaubriand, accablé de la mort de son fils unique, avait fondé une école consacrée aux enfants des pauvres émigrés. J'allai voir ce qu'il appelait sa pépinière, *his nursery*. Il s'amusait de la vivacité de la race étrangère qui croissait sous la paternité de son génie. En regardant sauter les insouciants exilés, il me disait : *Nos petits garçons ne feraient pas cela — Our boys could not do that*, et ses yeux se mouillaient de larmes : il pensait à son fils parti pour un plus long exil (2). »

En son absence, Burke avait un moyen de réjouir le cœur des exilés. L'abbé Maraine recevait quelquefois de Gregories des pièces recherchées pour le repas, et, pour égayer les propos de table, il pouvait alors raconter une scène amusante qui s'était passée la veille à Butler's Court House entre le maître et la ménagère. « C'était Burke, disait-il, qui avait envoyé ce gibier à l'école, mais il ne l'avait pas fait sans peine. Mme Webster, son housekeeper, avait plus d'égard au crédit de la table de son maître qu'à l'appétit des émigrés, et lorsqu'il y avait au logis quelques pièces de choix, comme un cuissot de venaison ou du gibier pour le second service, elle les gardait à vue, de peur de voir ces friandises envoyées aux Français par son maître et la belle ordonnance de son dîner ainsi compromise. La veille, cette fois, Burke avait appris la vigilance de la ménagère, mais, ajoutait l'abbé Maraine, le bon père était quelquefois pris lui-même et désappointé. Un jour qu'il allait s'emparer d'une pièce de venaison destinée à des convives qu'il attendait, Mme Webster avisée, toujours sur le qui-vive, s'élança sur lui comme sur un voleur pris sur le fait. « Monsieur, monsieur, s'écria-t-elle en saisissant fortement l'article en question, je ne puis

(1) *Mercure de France*, juin 1800 : Article de Chateaubriand.
(2) *Mémoires d'Outre-Tombe*, t. II, p. 205.

céder mon cuissot; non, je ne le peux pas. Je serais ruinée si je perdais mon cuissot. Je n'aurais rien pour le dîner. — Mais, ma chère dame Webster, considérez donc, je vous en prie, ces pauvres gens. — Je ne puis rien considérer, Monsieur, sinon que la principale pièce me fera défaut si vous l'envoyez à vos Français. — Mais ces malheureux ont été accoutumés à ces choses dans leur pays, et nous pouvons bien, je pense, nous en passer pour une fois. — Pardon, Monsieur, pensez donc, il y aura ici et Lord et Lady, et Monsieur et Madame, et, sans cette pièce essentielle, je tomberais de confusion : non, non, Monsieur, je ne céderai pas mon cuissot »; et, comme la ménagère s'obstinait à ne pas lâcher prise, le maître fut obligé de battre en retraite, et l'école de se passer du cuissot (1).

Cependant cet homme si bon détestait l'indiscipline à l'égal de l'arbitraire, et était partisan des châtiments corporels en usage dans les écoles de son pays. Or « l'abbé Maraine, bonne nature d'homme, mais qui se faisait une petite idée de la discipline dans les écoles anglaises, dit le narrateur anglais qui rapporte ce fait, se plaignit un jour au surintendant de l'école de l'indocilité de quelques-uns de ses élèves et lui demanda des conseils à ce sujet : *Monsieur l'abbé*, répondit Burke, *usez de votre canne avec plus de vigueur, et, si cela ne suffit pas, fouettez et fouettez fort — Flog, and flog soundly;* et comme l'abbé Maraine semblait choqué de ce genre de punition : *Ne doutez pas du succès*, reprit Burke, *c'est notre principale recette en Angleterre pour produire des hommes éminents — For turning out eminent men — Rarement elle n'a pas cet effet — It seldom fails. — Oui, avec la corde on forme de vrais savants, bien plus de bons poètes, et avec la corde on ne formerait pas de bons soldats!* Le supérieur finit par adopter la recette et quelque temps après il disait en propres termes que, sur ce point comme sur tant d'autres, Burke avait bien raison (2). »

Mais l'école de Penn ne jouit pas longtemps des bontés paternelles de son fondateur. « Hélas! écrivait ce malheureux père quelque temps après sa fondation, je ne suis plus ce que j'étais il y a deux ans. La société me fatigue, je dors mal, et pour peu que je travaille, je me sens accablé. Je suis cependant bien sensible à la bonté de mes anciens amis, qui m'accordent dans mon malheur un souvenir sympathique. En fait d'amis nouveaux je ne vois que quel-

(1) Prior. — *Life of Ed. Burke*, p. 435.
(2) *Ibid.*

ques Français plus malheureux que moi qui viennent visiter l'école de Penn, ce qui remplit un peu pour moi le vide qui s'est fait dans ma famille. C'est là ma seule consolation (1). »

Burke, en effet, mourut à sa campagne de Gregories, le 9 juillet 1797, à l'âge de soixante-huit ans, seize mois après l'ouverture de son école ; mais il avait eu soin dans son testament de recommander son œuvre aux nobles personnages avec lesquels il s'était uni pour la patronner, et de la confier particulièrement à la sollicitude de ses amis, les docteurs Walker et Laurence, plus au courant des détails, et par là, plus à même d'en assurer pour longtemps l'existence et la prospérité. A ses obsèques on put pressentir que cette œuvre lui survivrait. Il avait recommandé que la cérémonie eût un caractère privé, *parce que*, disait-il, *on avait fait trop de bruit et trop de compliments autour de lui pendant sa vie;* néanmoins, on y vit accourir des personnages de la plus haute distinction, les ducs de Portland et de Devonshire, le comte Fitzwilliam, le chancelier et le président de la Chambre des communes, le ministre ﹐de la guerre ; toute la bourgeoisie du voisinage et une foule compacte des gens du peuple. « Le 15 juillet, peu après cinq heures, dit un témoin oculaire, un grand nombre de voitures arrivèrent à Beaconsfield, de Londres et d'autres localités, et amenèrent beaucoup de membres distingués des deux Chambres, qui venaient rendre les derniers devoirs à ce grand homme. Jamais je ne vis de cérémonie plus imposante ; ce n'était pas seulement un deuil extérieur : je connais beaucoup de gens, surtout dans la classe pauvre, qui étaient profondément affectés et qui pleuraient réellement la perte d'un ami (2). »

Le deuil fut grand surtout à Penn, où l'école française montra, par sa douleur, qu'elle venait de perdre dans son surintendant un véritable père. Burke avait parlé de cette école si souvent et avec tant de cœur, que le duc de Portland, avant de quitter Beaconsfield,

(1) Prior. — *Life of Ed. Burke*, p. 437.
(2) Le corps fut déposé dans une tombe creusée au milieu de la grande nef de l'église et sur le mur de l'aile méridionale on plaça, selon ses désirs, cette simple inscription qu'on y voit encore :

Near this place lies interred all
That was mortal of the
Right Honorable Edmund Burke
Who died on the 28 august. 1797, aged 68 years.

Près de ce lieu gît enterré tout ce qu'il y eut de mortel dans le Très Honorable Edmond Burke, mort le 2 août 1797, à l'âge de soixante-huit ans.

voulut la visiter. Le ministre de la guerre, le chancelier et le président de la Chambre des communes se joignirent au noble lord et firent ensemble l'excursion de Penn. L'abbé Maraine et ses collègues réunirent leurs élèves, les présentèrent aux hommes éminents qui venaient leur témoigner tout l'intérêt qu'ils leur portaient, et reçurent l'assurance que l'œuvre de leur fondateur ne périrait pas avec lui.

Cette œuvre lui survécut, en effet, et fut, pour les populations du voisinage, un témoignage permanent des sympathies qu'avaient Burke et ses amis pour les malheureux réfugiés catholiques. Ce témoignage avait d'autant plus d'influence sur l'esprit de ces populations que la classe dirigeante, à laquelle appartenaient les puissants patrons de cette œuvre, ne s'isole pas en Angleterre, comme dans d'autres pays, de la classe inférieure. Le noble lord, ou l'homme comme il faut, le gentleman, qui rencontre en ville l'ouvrier qui fait sa chaussure, ou, à la campagne, l'ouvrier qui travaille ses champs, ne croit pas compromettre sa dignité en lui adressant la parole. Il le visite, s'occupe de ses intérêts, lui fait sans peine partager ses sentiments. La vie intime de Burke est pleine, à cet égard, de détails intéressants.

Cet homme de bien se répandait beaucoup dans le voisinage de sa campagne, entrait souvent dans les chaumières des pauvres laboureurs, leur donnait des conseils pour la conduite de leurs affaires et se plaisait surtout à les attirer à sa maison de Gregories pour des réjouissances publiques ou privées. Son ordre exprès était alors de sortir de sa cave un gros tonneau de bière forte et *de le mettre en perce aux deux bouts — to tap it at both, ends,* selon son expression. On vint un jour lui dire sans précaution que, par suite d'un grave accident, la vie de son fils était en danger, mais il sut bientôt que ce fils chéri était sain et sauf. Burke, revenu de l'émotion pénible qu'il éprouvait, voulut aussitôt que les gens du voisinage prissent part à sa joie. « Appelez Webster », dit-il avec empressement; or Webster était le mari de la ménagère qui, dans ces circonstances, n'hésitait pas à obéir. « Appelez Webster, qu'il prenne tous les aides qui lui seront nécessaires, qu'il sorte de la cave avec eux le plus gros tonneau de bière forte, et, qu'après avoir convoqué les gens du voisinage, il le perce aux deux bouts avec la plus grosse vrille de la maison. » Un autre jour, en se promenant dans sa campagne, Burke trouve le fils d'un de ses fermiers assis à l'extrémité d'un champ et prenant son repas du matin ; il s'approche de lui, goûte du hochepot et lui dit familièrement : *Rolf, mon garçon, sais-tu qu'il est bon.* — *Oh! Monsieur,* répondit le jeune homme tout fier de l'observation de son maître, *il n'est pas aussi bon que d'ordinaire ; si vous voulez en goûter de meilleur, venez à l'heure du dîner, vous verrez alors comme ma mère le prépare, lorsque mon père est à la maison.* — *Eh bien! mon garçon,* reprit Burke, *va-t'en chez toi et dis à ta mère, qu'aujourd'hui, à l'heure du dîner, j'irai goûter avec toi de ce mets favori.* » Rolf exécuta l'ordre de son maître, sa mère fit ce jour-là de son mieux, et Burke arriva sans faute à l'heure convenue. Ce jour fut un jour de fête pour le maître et pour les fermiers, autour du hochepot, comme l'autre jour après la bonne nouvelle, autour du tonneau de bière mis en perce aux deux bouts (1).

Des faits semblables se passaient souvent à la campagne du Gregories et exerçaient toujours la plus heureuse influence sur l'esprit des populations protestantes du voisinage. Comment, en effet, la haine antipapiste de ces populations aurait-elle pu tenir, lorsqu'elles voyaient Burke, leur maître si bon, recevoir à sa table des ministres de l'Église romaine, fonder sous leurs yeux une école pour des catholiques et traiter avec une tendre et respectueuse familiarité les prêtres directeurs de cette école? Oui, on ne peut en douter, dans sa vie privée comme dans la vie publique, à la campagne de Gregories comme à la Chambre des communes, l'exemple et les paroles de ce grand homme devaient être irrésistibles, et le groupe de Penn, comme les autres groupes disséminés, ne pouvaient manquer de contribuer beaucoup à l'œuvre d'apaisement dont nous constatons partout les origines diverses et les progrès successifs de plus en plus manifestes.

PLASSE.

(1) Prior. — *Life of Ed. Burke*, p. 423.

NOTA. — Dans quelques semaines paraîtra, à la librairie Victor Palmé, le bel ouvrage dont nous donnons ici un extrait, et ayant pour titre : *le Clergé français réfugié en Angleterre pendant la Révolution française.* 2 vol. in-8°, avec gravures, plans, etc.

Ce travail est l'un des plus intéressants qu'ait publié l'auteur. Il a coûté vingt années d'études et huit de voyages en Angleterre. Ce chapitre donnera une idée de cette savante publication. Elle est digne de l'auteur du *Voyage au Pays de sainte Thérèse*, connu de tous nos lecteurs.

LES ÉLECTIONS AU CHILI

Avant-propos. — Quelques mots sur le vote au Chili. — Santiago ; une capitale de conservateurs. — Police et malfaiteurs. — Des pierres envisagées comme argument libéral. — Cavalerie électorale ; torches, roussins et mascarades politiques. — Du danger d'être contribuable ou candidat. — Arrestations arbitraires ; supposition de dépêches, enlèvement et transport sur bâtiment de guerre.'— Dragonnades électorales. — Un gouvernement de haut vol. — L'abstention d'une ville. — Métamorphoses de bulletins de vote. — D'un président de section qui ne craint pas de tremper ses mains dans l'encre et d'un bureau qui s'amuse à faire trembler les tables... et les électeurs. — Conclusion.

Les lignes que l'on va lire sont le résumé et en même temps le développement de documents très intéressants qui nous sont adressés sur les dernières élections du Chili. Indigné des agissements inouïs du parti libéral, l'auteur de cette communication y a réuni tout ce qui nous peut toucher vivement, nous qui jouissons déjà de la dose extrême de liberté que peut souffrir un gouvernement dit libéral et qui craignons de voir cette liberté s'accroître et devenir tout à fait intolérable.

Il paraît que le Chili, par sa tranquillité relative, son bon sens — relatif aussi, puisque la république y sévit —, s'était acquis, au milieu des changeantes et turbulentes républiques du Sud, le renom de *république modèle*, et que les Chiliens passaient pour les *Anglais de l'Amérique du Sud*. Mais le gouvernement étant tombé entre les mains des libéraux, ces honnêtes gens ont vite changé tout cela.

Le Chili devrait pourtant jouir du bonheur et de la paix qu'apportent toujours les réformes libérales. Il possède la laïcité la plus étendue : *registre civil* (c'est probablement l'état civil des naissances qu'il faut entendre), *mariage civil, cimetière laïque*, enfin *suppression partielle du budget des cultes!* De plus le délégué du

Pape, venu pour conclure un arrangement de la question épiscopale, a été brutalement expulsé du territoire. Si avec ces ingrédients une nation n'est pas heureuse, où est le bonheur? Est-ce que le progrès serait une chimère, le progrès ce dieu à développements successifs des laïques qui ne veulent plus croire en Dieu.

Cependant tant de raisons de jouir d'une félicité sans mélange n'empêchaient pas les Chiliens de faire de singuliers retours sur eux-mêmes. Le gouvernement libéral avait le prestige de ses victoires, mais à l'intérieur tout allait de mal en pis, et l'on commençait à voir se dessiner un de ces admirables mouvements catholique et conservateur, qui font le désespoir des libéraux de tout pays, qui ne peuvent pas comprendre que l'esprit d'obscurantisme et la grossièreté du bon vieux temps ne soient pas encore tout à fait éteints et vaincus, lorsque le gouvernement, en bon père de famille, y a mis sévèrement le holà.

Oui, c'est pour préserver de la contagion conservatrice les bons, honnêtes et purs libéraux, que le gouvernement du président *Santa-Maria* et du ministre *Balçaméda* ont pris les mesures énergiques et libérales dont nous allons donner le détail à nos lecteurs; mais nous les avertissons que plus d'une fois, bien que disposés à tout croire dès qu'il s'agit de la liberté entendue comme l'entendent les libéraux, ils éprouveront un léger étonnement de tant de vivacité et d'audace.

Certes, nous sommes encore en France à quelque distance d'événements de ce genre; mais il ne faudrait pas s'imaginer que nous ne pouvons pas les voir se produire dans notre pays. Jusqu'à présent les manœuvres gouvernementales en fait d'élections n'ont pas été beaucoup plus loin qu'un intelligent emploi de menaces individuelles, que quelques destitutions propices, et une corruption dont le budget des routes et des chemins de fer est surtout écrasé. En dehors de cela peu ou prou. Quelques substitutions de bulletin ont pu et dû se produire; des rixes de parti à parti ont eu lieu, et la police a pu être indulgente au parti gouvernemental; mais nous n'avons pas eu encore les bureaux de vote entourés de dragons, les électeurs menacés, les contribuables envoyés sur des bâtiments de guerre, et les candidats jetés bâillonnés dans des mares, pour y périr infailliblement si on n'eût volé à leur secours. Nous n'avons pas vu des départements entiers, une ville, forcés par un vol de registres électoraux, imputable au seul gouvernement par suite de cette

maxime : *Is fecit cui prodest*, de s'abstenir pour empêcher les élections d'être entièrement falsifiées; nous n'avons pas vu l'armée et la
police se déguiser pour renforcer les civils bien pensants, apportant
ainsi au gouvernement un contingent de votes favorables.

Mais tout cela si nous ne l'avons pas vu nous pouvons le voir
un jour. Les libéraux, — chez nous ils portent d'autres noms sans
doute, — peuvent tenir un jour en main le pouvoir. Or comme, en
dehors de leur intérêt personnel, ils sont fort peu convaincus de
la nécessité du suffrage, dès que ce suffrage tourne contre eux, il
y a lieu de croire qu'ils ne se feront pas scrupule de donner aux
élections le tour de main, le coup de pouce qui les leur rendra favo-
rabies. Si l'armée, — en France nous avons encore l'armée, — si
l'armée n'est pas pour eux, ils ne manquent pas de troupes sans
compter les bataillons scolaires, et fort décidées ces troupes à triompher quand même. Et alors, de belles scènes se passeront!

Mais laissons ces pronostics d'un sort que Dieu peut encore
détourner de nous, et tâchons, nous autres conservateurs et catholiques, de trouver dans le récit des événements du Chili des raisons
de resserrer nos rangs pour combattre le bon combat contre la
liberté des libéraux, c'est-à-dire pour la vraie liberté.

I

Avant d'aborder le récit des événements tragiques, mais non
dépourvus d'un comique spécial, qui se sont passés cette année de
liberté 1885 au Chili, il n'est pas inutile de donner un aperçu du
mode de votation, — c'est un des mots barbares que nous devons au
langage parlementaire, le plus barbare des langages, — sous cette
latitude.

Il n'y a pas que du mauvais dans la loi électorale chilienne.
Étant admis le suffrage universel, ce mode aveugle de sonder le
cœur et les reins d'une nation, les Chiliens ont compris qu'il y avait
autre chose à faire que de compter mathématiquement les suffrages,
et que l'on pouvait prendre souci de la valeur intrinsèque de chacun deux.

Car c'est là un des problèmes de l'avenir, si l'avenir, ce qu'à Dieu
ne plaise, s'en tient à cette panacée du vote général. Après avoir
déclaré que chaque suffrage se vaut, par expérience, on peut être
pris d'un certain remords en voyant les résultats d'une égalité qui

donne le pas à l'instinct grossier sur l'intelligence, à la plèbe sur le peuple, au travailleur brutal et facile à égarer sur l'homme intelligent qui a une moralité ou même seulement quelques scrupules de conscience.

C'est sans doute ces considérations qui ont amené le législateur chilien à ne donner l'électorat qu'aux citoyens qui savent lire et écrire. La question du mariage qui rend, en général, l'homme plus rassis et attaché par plus de liens à la patrie et à la ville où il réside, qui lui fait envisager d'un cœur moins léger les perturbations politiques où un célibataire se lancera plus audacieusement, n'ayant à s'occuper que de sa sécurité et de son bien-être personnels, l'a conduit aussi à fixer la majorité électorale à vingt-cinq ans pour le dit célibataire, tandis que l'homme marié peut exprimer son opinion politique dès vingt et un ans. Une raison de dignité personnelle a fait refuser le vote aux domestiques.

Passons maintenant au mécanisme de l'élection. L'inscription sur les listes électorales n'est pas permanente comme en France, et modifiable par une révision annuelle; c'est seulement quelques mois avant les élections que s'ouvrent, dans chaque département, des registres spéciaux où tout citoyen qui veut jouir de ses droits doit se faire inscrire. La signature qu'il appose sur ces registres, gardés jusqu'au jour de l'élection et qu'il doit reproduire à réquisition du bureau, sert à prouver son identité.

Une réunion des hauts contribuables du département nomme les membres des bureaux des différentes sections de vote et les scrutateurs chargés de dépouiller le scrutin.

Il existe encore au Chili, pour sauvegarder le droit des minorités, une mesure que beaucoup de gens demandent déjà en France, c'est le vote accumulatif.

Ce vote consiste dans la faculté laissée à chaque votant d'inscrire sur son bulletin, au lieu d'un certain nombre de noms, le nom d'un seul candidat reproduit autant de fois qu'il aurait de candidats divers à inscrire.

Un exemple fera comprendre en quoi consiste ce privilège.

La capitale, Santiago du Chili, a dix députés à nommer; or chaque électeur peut, à son choix, ou inscrire les dix noms des candidats qu'il préfère ou dix fois le nom du même candidat. De telle façon, une minorité peut toujours faire parvenir au parlement les têtes de parti, préférant ainsi, et souvent à juste titre, la qualité à la quantité.

Si ce vote existait ici, on n'assisterait pas à des méprises dans le genre de celles qui ont mis, récemment encore, hors la lice des sommités conservatrices, ceux à qui un parti doit à tout prix offrir l'occasion de parler, et qui ont la force et l'autorité nécessaires pour se faire écouter même par leurs adversaires.

Ces préliminaires posés, entrons dans le récit des étonnantes manœuvres qui nous montrent ce que, dans un avenir peut-être prochain, nous réservent nos libéraux. Ils sont encore mal accoutumés à braver trop ouvertement le droit ; mais, nous le répétons, quelques pointes aventureuses, décrets ressuscités, désaffectations, sans autre raison que le bon plaisir, les ont mis en goût, et il ne faut désespérer de rien.

II

C'est de la période importante de toute élection, et qui en fixe souvent les résultats, la période électorale, celle qui précède le vote, qu'il convient de s'occuper tout d'abord. Les événements qui se sont passés dans la capitale doivent aussi avoir le premier pas.

Disons tout de suite que la capitale Santiago est au Chili le *repaire*, pour ne pas dire, le foyer des conservateurs.

En dépit des efforts administratifs, et l'on peut penser qu'ils avaient eu déjà quelque énergie et quelque... adresse, à voir ce qu'ils sont devenus par la suite, la majorité des contribuables tenant, à Santiago, pour l'opposition conservatrice, les bureaux d'inscription électorale, composés de cinq membres, avaient tous une majorité de trois membres conservateurs. Dans ces conditions, la sincérité des élections était assurée ; mais le gouvernement républicain ne pouvait l'entendre ainsi. Il faut l'avouer, à prix d'argent, il gagne quelques-uns des membres conservateurs dans quelques bureaux. Sûr alors de la complaisance de ces bureaux, il y envoie la police et la troupe revêtues d'habits civils s'y faire inscrire sous des noms supposés.

Mais dans les bureaux plus nombreux où la corruption échoue, on ne peut opérer avec cette adresse. Il faut user d'autres procédés. Qu'on se rassure, on trouvera ces procédés.

Racoler des malfaiteurs, des vagabonds, les placer sous les ordres d'officiers et de soldats de la garde municipale, préalablement métamorphosés en bourgeois, lancer cette armée à la Catilina sur les bureaux conservateurs, faire enlever les registres, frapper les citoyens qui protestent, telle est la décision libérale prise par le pouvoir. Elle est exécutée avec énergie, avec succès.

Donc, le 13 décembre, le bureau du Salvador est attaqué, quatre conservateurs blessés. Par une prévoyance qu'on ne saurait trop louer, les agents de ville avaient, dès la veille, ingénieusement établi, à proximité du théâtre de leurs exploits projetés, de gros tas de pierres. Les pierres sont arguments révolutionnaires, et l'Européen s'en sert comme l'Américain, le Chilien comme le Français. Tant qu'elles ne tombent que sur la troupe ou les conservateurs, du reste, elles sont considérées comme tout à fait légales, et même inoffensives.

Pendant ce temps, que fait l'intendant chargé de maintenir l'ordre dans la rue? Parbleu il est malade, on ne le trouve pas. Excellente tactique, prudence libérale, merveilleux discernement!

Le même jour, sur un autre point de la ville, le porteur des registres des bureaux conservateurs 13 et 14 est attaqué par une bande d'agents de police et de soldats déguisés. Il échappe à la bienveillance de ces citoyens à deux faces, mais il est bloqué dans une maison. Il faut qu'une troupe de conservateurs, menée par un homme d'énergie, le signor Carlos Walker, qui joue là-bas à peu près le rôle que joue ici M. Paul de Cassagnac, se mette en devoir de le débloquer, arrive comme une armée de secours pour dégager le pauvre porteur.

Si de tels actes se passaient dans la capitale, dans une centre conservateur, on peut juger de ce qui avait lieu dans les provinces.

Le 15 décembre, le gouverneur du département de Bouni et son commandant de police fusillent le peuple pour enlever les registres électoraux des conservateurs. Résultat de l'expédition : sept morts et d'innombrables blessés. Il est vrai que le Conseil d'État, saisi d'une demande de poursuites, refuse d'autoriser. Bel exemple de fermeté pour les conseils d'État républicains des autres pays.

Le 5 février, le libéralisme, pour varier ses plaisirs et ne pas toujours manger du laïc, fait attaquer la maison du vicaire capitulaire du diocèse d'Ancud, et cela au cri de : Vive Balçaméda! (c'est le ministre de l'intérieur, un ancien séminariste). On trouve toujours un renégat dans les attaques contre la religion, n'est-ce pas, Monsieur Jules Roche? On crie aussi : Vive le président Santa Maria! Il est vrai que rien de tel ne peut étonner dans un pays qui, comme nous l'avons dit, a fait expulser, *manu militari*, l'envoyé papal venu pour négocier un *modus vivendi* pour les catholiques.

Ces faits paraissent peut-être exagérés ; mais il suffit de consulter la collection des journaux chiliens du 27 novembre au 6 avril, pour y trouver la confirmation de ces événements, ici présentés d'une façon même peut-être adoucie. On y verra la preuve, non pas d'un entraînement populaire, mais d'un plan, libéralement conçu par l'administration, pour étouffer toute minorité et obtenir une majorité qui menaçait, sur plus d'un point, d'échapper au libéralisme.

Voici deux faits analogues arrivés le même jour, 1er mars, à 100 lieues de distance. Ils prouvent surabondamment que c'est à un plan très arrêté qu'obéissaient gouverneurs, soldats, police et libéraux de tous rangs et de toutes nuances.

Ici nous nous bornons à reproduire l'*Union*, un des journaux des conservateurs de Valparaiso.

« Un dernier acte de vandalisme a eu lieu hier samedi, après la réunion libérale de l'Hippodrome. Avant la clôture, le bureau de cette assemblée, présidé par le fameux docteur Salamanca (qui, dans un hippodrome, remplit parfaitement bien sa place de vétérinaire), invita ses partisans à passer sous les fenêtres de l'*Indépendant*, organe officiel des conservateurs, pour faire une petite manifestation libérale à coups de pierres et de bâton. L'idée fut adoptée avec le plus vif enthousiasme. La bande se mit en route sous le commandement des trois triumvirs Majica, Galvez et Ugalde (ô noms harmonieux pour une besogne si discordante!) A la porte du club, sellés et bridés, on trouva soixante coursiers de la police et de la garde municipale. La sollicitude de la police avait été plus loin, elle avait fourni une soixantaine de torches, dans le cas où l'occasion s'offrirait de brûler quelque établissement conservateur. »

« Les chevaux étaient donc prêts et les bipèdes qui devaient les monter. Le cortège se mit en marche, déployant à tous les vents une foule de drapeaux, empruntés pour la circonstance au théâtre municipal, et décorés d'une foule d'inscriptions d'une haute portée politique : *Vive le mariage civil! Mort aux cléricaux! Divorce! Plus d'inquisition, la Saint-Barthélemy, Honneur à la garde municipale!* etc. »

On voit d'ici la manifestation, elle n'a rien de nouveau pour nous, si ce n'est peut-être cette cavalerie, ces bannières trop dorées et trop chargées d'inscriptions, ces défilés commençant à nous être familiers. Ils excitent le même dédain chez les gens sérieux, le même enthousiasme chez les imbéciles et la même joie chez les enfants, qu'ils accompagnent un enterrement ou une pompe civile, ou une manifestation électorale. Mais revenons à cette cavalerie que le journal définit avec un soin et une abondance tout espagnole.

« Le défilé de la canaille, — le journal n'y va pas par quatre chemins, il dit canaille, et sans doute il dit bien, — quoique des plus curieux à voir, ne laissait pas d'inquiéter le public. Sur son passage on fermait les magasins, et les passants portaient instinctivement les mains à leurs montres. » Parbleu!

« Les chevaux avaient l'extrême maigreur, cet air d'inexprimable résignation, apanage forcé des roussins de la police. Ils marchaient parfaitement alignés et sans perdre le pas, sans manifester d'étonnement des torches enflammées, agitées devant eux, — bons, estimables et résignés roussins! — seulement ils secouaient de temps en temps les oreilles comme pour se demander : « Quand la musique « va-t-elle donc jouer? » Ils avaient raison. Pour donner à l'attaque le dernier cachet officiel, la police n'avait oublié qu'une chose, c'était de faire marcher la musique de la garde municipale à la tête des assaillants. »

Ce petit tableau ne manque pas d'une certaine gaieté grotesque, étant donné surtout l'avortement de la manifestation dû à la prudence des conservateurs passons au second fait :

A Coquimbo, chef-lieu du département du même nom et circonscription du ministre de l'intérieur Balçaméda, — Coquimbo, le joli nom de circonscription et prédestiné pour un ministre libéral, — les choses se passaient d'une façon moins amusante. L'opposition conservatrice présentait, contre ledit ministre, le président de l'Union catholique de Valparaiso, docteur Carlos Lyon. Réunis à *l'hôtel Anglais*, les conservateurs devaient proclamer sa candidature. Le matin de ce jour qui était celui de l'arrivée du candidat, la presse, aussi libérale qu'officieuse, plus officieuse peut-être que libérale, lançait une proclamation promettant au candidat et à ses commettants, ou du moins à leurs épaules, « la trique du peuple ». Émanant de la plume d'un gouverneur de province, cet aimable pronostic devait présager autre chose que de la rhétorique. En effet, au moment où la réunion allait commencer, *l'hôtel Anglais* est envahi par la canaille. Les pierres pleuvent, le gouvernement ayant pris l'heureuse précaution de faire dépaver la rue pour donner des armes à ses dignes séides. Le candidat conservateur est visé à coups de revolvers. Le pillage, la lapidation, le vol, durent depuis sept heures et demie jusqu'à dix heures du soir, tandis que le gouverneur, prié d'intervenir, demeure paisible dans sa maison.

Résultat : plusieurs morts, des blessés en plus grand nombre et une telle intimidation, qu'au jour du scrutin les conservateurs n'osent pas approcher des urnes, d'où unanimité pour le ministre de l'intérieur. Beau pays que le Chili pour les gens de pouvoir, nous voulons dire de liberté !

Ces faits ont été relatés par un journal radical, *El Coquimbo* qui, dans son numéro du 4 mars 1885, a le courage de flétrir énergiquement ces agissements d'un libéralisme peut être excessif.

Quelques détails encore du même genre, car il y a peu de variété dans ces attentats au bon droit.

4 mars. — La police et les libéraux attaquent à Valparaiso une réunion conservatrice protestant contre les événements de Coquimbo. Nouveau succès de terreur pour le gouvernement, blessés, morts, etc.

8 mars. — A Santiago, les libéraux et la garde urbaine se ruent sur les membres qui sortent du club conservateur, « Diègo, Portalès », les sabrent, dévalisent les maisons voisines. Plusieurs morts et cent dix-huit blessés.

Le tableau est complet, et les touches qu'on n'y ajouterait ne feraient qu'empâter celles qu'on a déjà données et qui sont d'une couleur suffisante pour qu'on puisse juger dès à présent de son effet.

III

Quel était le but du gouvernement chilien en agissant avec cette violence ? Nous l'avons dit. Non seulement il visait un résultat électoral, mais encore et surtout il cherchait à briser, enrayer le mouvement catholique conservateur qui commence à se dessiner au Chili et à rendre difficile la situation du parti libéral, guerrier, vainqueur. Il ne s'agissait pas seulement de quelques sièges à conquérir, mais bien plutôt de répandre une terreur salutaire et d'empêcher le parti de dévoiler les dessous de la politique libérale, dessous qui, en général, manquent de netteté.

Le danger électoral, du reste, était déjà suffisant. Dans beaucoup de départements, le parti catholique avait obtenu la majorité dans la première réunion des contribuables, et les inscriptions sur les

registres électoraux avaient été faites sous la surveillance de
bureaux où ils avaient aussi la majorité ; il fallait donc à tout prix
empêcher ce parti de nommer les différentes commissions chargées
de la réception et du dépouillement des votes.

Comme l'intimidation n'avait pas, malgré la violence déployée,
donné les résultats auxquels on aurait pu s'attendre, le gouvernement libéral, fertile en inventions, se décida, au lieu d'agir par
de grandes masses de police et de troupes, de faire un peu usage de
l'arrestation arbitraire.

Le 9 mars, l'intendant de *Curico* fait arrêter sans motifs, sans
prétexte même, un contribuable de Santiago, qui n'est relâché
qu'après la tenue de la réunion dont il devait faire partie. De son
côté, l'intendant de la capitale retient prisonnier un contribuable
indépendant de Tolca, ce qui empêche la vérification de l'élection
du même département.

Malgré cela, la capitale avait une majorité conservatrice. Cela ne
pouvait pas être. Aux grands maux, les grands remèdes. Il n'y a
qu'un moyen d'avoir des élections libérales pour le gouvernement,
c'est de faire disparaître les registres où les électeurs ont opposé la
signature qui permet de vérifier l'identité des votes ; ils disparaîtront.

Un matin, donc, on apprend que le bureau du notaire public,
chargé de la garde de ces registres a été forcé, et que les registres
ont disparu. Mais l'on n'a pas annoncé cette nouvelle, que partout
s'élève un cri de réprobation contre le gouvernement, seul intéressé
à cette mesure, seul coupable possible de ce haut vol.

Comme la disparition de ces registres permettait de faire voter
les soldats, les vagabonds, sans aucune vérification, le libéralisme
triomphait. L'abstention complète du parti catholique empêcha le
succès de cette manœuvre générale. Donc, la capitale du Chili ne
sera pas représentée au congrès. D'autres départements sont dans
ce cas.

Voici deux nouveaux exemples qui montrent ce que l'on peut
attendre de la fertilité d'invention d'un gouvernement fort :

Un des contribuables du département de Vichuquen avait un fils
dans un collège de Santiago. Ce catholique faisait partie du bureau
conservateur. L'avant-veille de la réunion, il reçoit, du collège où
son fils travaille, une dépêche signée du recteur de l'établissement
et l'appelant près de l'enfant qu'on lui peint mourant. Bien entendu,

il n'est plus question d'élections pour le père désespéré. Il part, il arrive à Santiago, puis au collège, se précipite chez le recteur : — Comment va-t-il? — Qui cela? — Mon fils. — Votre fils! il a donc été malade. Ébahissement du père, production de la dépêche, étonnement du recteur, explications d'où il ressort clairement pour le conservateur qu'il a été le jouet du gouvernement. Indigné, il se précipite au chemin de fer et demande qu'on lui fasse chauffer un train spécial, qu'il paiera, car il veut moralement remplir son devoir de citoyen. On l'amuse quelque temps avec l'encombrement de la voie, les nécessités du service ordinaire de l'exploitation; ensuite, on ne peut trouver de machine; bref, on finit par lui refuser ce qu'il demande. Il est vrai qu'à la même heure, le ministre de la guerre partait par un train spécial pour aller influencer les contribuables de son département. Il est vrai aussi que la justice divine rectifia un peu les choses et que le ministre, fort mal reçu, en fut pour son déplacement; mais il est vrai encore qu'il ne l'avait pas payé.

L'autre exemple n'en est pas moins réjouissant! A *Castro*, sur le littoral, les catholiques avaient la majorité dans les réunions. Pour déplacer cette majorité, il fallait écarter un des membres conservateurs. Justement se trouvait dans le port un petit bâtiment de guerre le *Tolten*. Une escouade de police se jette sur le contribuable désigné, le conduit à bord et le loge malgré lui dans l'entre-pont.

Mais, ici, le succès ne devait pas couronner les efforts du libéralisme; le bruit de l'enlèvement se répand, le peuple se fâche, court à la maison du gouverneur et la prend d'assaut, et, s'emparant de sa précieuse personne, le met en devoir d'opter entre la délivrance du contribuable et sa propre pendaison aux arbres de la place publique. Pas n'est besoin de dire que le fonctionnaire préféra encore la défaite du gouvernement à la pendaison.

Si le gouvernement était aussi hardi et ingénieux à se débarrasser des contribuables dangereux, il n'était pas moins décidé à les remplacer par des personnes agréables et dévouées.

A Curico, là où nous avons signalé l'arrestation arbitraire d'un contribuable conservateur, il fallait bien le remplacer par un libéral; mais tous les libéraux étaient occupés ou connus. L'intendant ne pouvait, faute d'un gredin, laisser échouer la victoire du gouvernement. La caserne n'étant pas éloignée, un vieux sergent fut mandé, affublé de vêtements civils, et introduit dans la réunion au lieu et place du manquant. Malheureusement, la plaisanterie dépassait les

imites permises. L'air du sergent *civilisé* était tel qu'on ne pouvait
se méprendre sur sa qualité; les libéraux eux-mêmes se fachèrent,
et quelques-uns d'entre eux, au risque de passer pour traîtres, exigè-
rent l'expulsion de ce contribuable improvisé.

IV

Nos lecteurs sont édifiés, n'est-ce pas? sur la moralité du gouvernement chilien, du président Santa-Maria et du ministre Balçameda,
ancien séminariste; mais ils ne connaissent pas tout encore. Nous
ne sommes encore qu'aux préliminaires de l'élection. Le scrutin
devait donner lieu à bien d'autres scènes; les unes grotesques, les
autres terribles.

Rappelons que, par suite du vol des registres électoraux de la
capitale et l'abstention intelligente du parti conservateur, les élections ne pouvaient être faites à Santiago, la capitale.

Cette abstention permettait aux libéraux de disposer de la garnison de la capitale et de la garde municipale urbaine. On l'envoya
dans les départements les plus reculés, mais principalement dans
ceux où le ministre craignait une déroute. Dragons et gens de
police eurent pour mission d'entourer les bureaux de vote et d'empêcher les conservateurs d'approcher des urnes. Quelques-unes de
ces dragonnades furent trop bien conduites pour qu'il ne soit pas
utile d'en tracer un crayon.

Transportons-nous à Valparaiso, la seconde capitale du Chili.

Les catholiques de ce département soutenaient la candidature
d'un des plus honorables commerçants de la ville, le docteur
Santiago-Lyon. Il devait passer naturellement en tête de la liste,
le nombre des électeurs inscrits étant d'un peu plus de 8000. Sur ce
nombre, les catholiques avaient entre leurs mains plus de 1500 bulletins d'inscription; or, comme chaque électeur du parti, au lieu
de voter pour 5 députés, était résolu à accumuler les votes sur le
même nom, il était raisonnable de compter à peu près sur 7500 votants pour le candidat. Et cependant, au dépouillement du scrutin,
on ne compta sur ce nom que 4000 votes. Comment ce tour de
passe-passe s'était-il produit? Nous allons le comprendre, en laissant
la parole au journal *l'Union de Valparaiso.*

« Jusqu'à trois heures de l'après-midi, un ordre relatif régnait
dans la ville et autour des différents bureaux, mais à partir de cette

heure, fixée sans doute par l'autorité, tout change. Le cercle catholique est attaqué par une bande d'individus, dirigé par un lieutenant de la police secrète ; les fenêtres et les bancs sont brisés, les
portes enfoncées, on pille même les maisons voisines pour inti-
mider les électeurs du quartier en grande majorité conservateurs.
Cependant, dans les bureaux, les conservateurs s'approchaient sans
trop de difficulté des urnes. Une pareille facilité donnée par les
libéraux n'était pas naturelle.

« En effet, si, dans les quelques sections où les bureaux étaient
composés de libéraux honnêtes, — il y en a, paraît-il, quelques-uns
au Chili, — le candidat catholique sortait le premier ou le second
de la liste ; mais dans d'autres bureaux, non.

« Dans une section, le dépouillement commencé donnait en
faveur du candidat catholique 580 votes. Ce n'était pas le compte
du président. Sous le fallacieux prétexte qu'une erreur a été commise, ce libéral de la plus belle eau remet tous les bulletins dans
l'urne et recommence le scrutin. Mais quelle n'est pas la surprise
du membre conservateur présent, en voyant à ce second dépouillement qu'il ne sort pas un seul bulletin en faveur de son parti. La
manœuvre de substitution fut tellement parfaite, que le membre
conservateur ne peut même revoir son propre bulletin. Il eut beau
protester, que faire contre quatre libéraux certifiant la validité du
vote. »

Dans notre pays, il est certain que de pareils procédés ne sont
pas encore en usage, et que la sincérité du vote est encore à peu
près pratiquée. Mais nous ne sommes pas encore entre les mains des
révolutionnaires proprement dits, de ceux qui veulent bien se servir
du suffrage universel, quand il répond oui à toutes leurs demandes,
mais qui le réprouvent, au nom *du droit supérieur de la Révolution*, quand il se prononce contre eux. Et ils ne sont pas loin, ces
citoyens-là, moins loin qu'on ne le pense. Qu'on se souvienne que
les élections des membres de la Commune de 1871, au point de
vue électoral, furent viciées ; chaque membre de cette soi-disant
assemblée, n'ayant pas réuni le quart des électeurs inscrits, minorité que la loi exige. Et pourtant ils n'en lèvent pas moins la tête
quinze ans après, comme si seuls ils avaient représenté la ville tout
entière.

Les événements de Valparaiso, pillage de quelques maisons,
substitution de bulletins sont encore honnêtes en comparaison de la

pression exercée dans les provinces et du caractère éhonté de l'intimidation gouvernementale.

Les détails suivants sont extraits de *l'Indépendant* du 2 avril 1885 et relatifs aux élections du département de Casabianca :

« Ce département, favorisé entre tous, avait à sa tête un intendant honnête homme, qui avait mis ses soins à ce que l'élection fût régulière. Les inscriptions s'étaient faites paisiblement, et les catholiques comptaient sur une majorité respectable. Le ministre de l'intérieur n'y trouvant pas son compte, envoie à ce gouverneur des ordres précis, il y répond par sa démission. Elle est aussitôt acceptée, et le même jour un décret ministériel nomme à sa place le propre frère du candidat officiel et libéral.

« La veille de l'élection, un escadron de dragons envoyé de la capitale et une compagnie d'infanterie de marine bivouaquaient au chef-lieu du département. Les troupes entourèrent les bureaux des différentes sections électorales et reçurent l'ordre de repousser les électeurs catholiques. Ceux-ci ne purent donc approcher des urnes qu'après des efforts inouïs faits pour percer les rangs pressés des soldats et de la police.

« Malgré tous ces efforts dans les trois sections, *Dichas, Lagunillas·* et *Vasquez*, le libéral ne l'emportait que de 56 voix; l'élection dépendait de la section électorale de *San-José*, où les conservateurs étaient dans la proportion de 90 pour 100. Les libéraux ne l'ignoraient pas, et leurs principaux coups se portèrent sur les électeurs de cette section.

« Le bureau s'installe à la porte de la maison du président; les électeurs libéraux, soigneusement triés, reçurent l'hospitalité dans cette maison, puis les troupes firent reculer les autres électeurs à deux cents pas en arrière. Force était aux électeurs catholiques qui devaient s'approcher du vote escortés de dragon. Pendant que le président obligeait tout catholique à signer afin de constater son identité, les trois autres membres du bureau de vote s'amusaient à secouer la table pour empêcher le pauvre électeur de signer tout à leur aise. Les campagnards, on le comprend sans peine, traçaient, grâce à cette manœuvre, des paraphes notablement différents de ceux des registres; et la majorité, en chœur, de refuser le vote, Mais d'un autre côté, comme le président avait déjà inscrit au dos du bulletin d'inscription « voto » (il a voté), le secrétaire jetait dans l'urne un bulletin en faveur du candidat libéral. Si cependant l'électeur paraissait de mauvaise composition et en posture d'en imposer à ce bureau, on le laissait voter régulièrement. Seulement le président en prenant son bulletin avait eu soin de tremper au préalable sa main dans l'encre, de façon à faire des marques extérieures. Et au dépouillement, le vote était annulé. »

Mais ce n'est pas tout, le représentant du candidat conservateur ayant voulu protester, on le saisit, on le bâillonne et on le jette, pieds et poings liés dans une mare voisine, où il aurait infailliblement péri sans le dévouement de quelques conservateurs généreux.

V

Tout commentaire, autre des faits que nous avons relatés, sur la foi de notre correspondant, serait superflu. Nous devons ajouter, cependant, qu'il appert de ces documents que le parti conservateur catholique n'est nullement découragé. Il compte justement sur les élections complémentaires. D'autre part, de tels événements si clairs, si audacieux, si éhontés, sont de ceux auxquels un pays peut s'associer dans la passion du moment, mais que plus tard il réprouve, même s'il s'y est laissé entraîner. Déjà une réaction se fait sentir, que le temps et les énergiques réclamations des députés catholiques accroîtront encore.

Pour nous, nous ne pouvons qu'envoyer aux catholiques du Chili nos vœux de succès et l'expression de toute notre sympathie pour leurs malheurs et leur énergie. Elle produira ses fruits dans l'avenir, cette énergie, quand, dégrisés du suffrage universel, les peuples ruinés, épuisés de sang, de cervelle, tournés à l'idée d'un vaste suicide à la façon des philosophes désespérés de l'Allemagne, commenceront à comprendre qu'on s'est joué d'eux, qu'en leur promettant le bonheur terrestre pour prix du renoncement à Dieu, on leur a promis l'impossible et qu'on leur a retiré ainsi le seul support de la vie, le seul soulagement à leur misère, l'espoir d'une vie de justice et de repos éternels.

F. DE FLANQUINMONT.

L'ANTHROPOLOGIE ET LE TRANSFORMISME

LEUR PASSÉ ET LEUR AVENIR

I

Si l'on en jugeait par le bruit qu'elle menait, il y a quinze ou vingt ans, l'anthropologie serait la première des sciences. Il ne faut pas chercher si le succès fut exempt d'habiles manœuvres ; si la propagande de la libre-pensée, dont elle épousait les intérêts, n'y eut point la meilleure part. Le début fut brillant ; mais l'admiration baisse sensiblement lorsqu'on se demande ce qu'elle a produit de sérieux ; l'estime est près de disparaître pour qui cherche à savoir ce qu'elle veut et ce qu'elle peut faire.

Mais je m'aperçois que je mêle à l'appréciation de la science celle de la Société d'anthropologie de Paris ; c'est que, en effet, les destinées des deux institutions sont intimement associées : l'une vit par l'autre ; toutes deux sont nées, toutes deux sombreront en même temps. Je ne tenterai point de les séparer.

Toute science a sa mission, laquelle est le sincère accomplissement des études que sa constitution lui impose ; et, en même temps, elle a son but, qui est l'objectif visé par les hommes dont elle reçoit la direction. Il est facile de juger de l'avenir d'une science, lorsque l'on connaît sa mission et la façon dont elle s'applique à remplir le but qu'elle s'est assigné.

La mission de l'anthropologie est de « décrire les évolutions physiques de l'homme, dans l'espace et dans le temps ». Étudier l'homme dans l'espace, c'est chercher les aspects divers sous lesquels il apparaît aux yeux de l'observateur, selon les pays et les sociétés ; l'étudier dans le temps, c'est suivre la succession logique des modifications que sa constitution a subies depuis les époques les plus reculées jusqu'à nos jours.

Le sujet n'est pas extrêmement vaste; car remarquez que j'ai dit l'homme et non l'humanité. N'étant que l'une des branches de la grande famille des sciences naturelles, l'anthropologie considère l'homme dans un type de convention, auquel elle compare les types divergents, qu'elle classe en races, variétés, espèces, toujours à la façon des naturalistes. Lorsqu'elle veut se soustraire à cette tyrannie de la nomenclature, considérer les sociétés elles-mêmes, leurs aptitudes, leurs croyances et leurs mœurs; en un mot, étudier l'humanité dans son évolution continue, ce qu'elle a tenté quelquefois sans y jamais réussir, l'anthropologie n'y peut suffire et c'est de l'ethnographie qu'elle fait.

Mais l'ethnographie est une science historique surtout, et dont la mission est de chercher les destinées de l'humanité, d'après les traditions et les mœurs; dont le but est nécessairement spiritualiste, et par conséquent fort opposé à celui que l'anthropologie s'est assigné. L'anthropologie n'y saurait atteindre : cause d'un succès momentané, son matérialisme rend impossible toute expansion nouvelle.

II

Existant depuis longtemps, à l'état d'aspiration mal définie, l'anthropologie ne s'est véritablement constituée qu'en 1859, sous la forme d'une société presque exclusivement composée de médecins : par ce fait même, sa liberté d'action était aliénée dès le début, et il y parut bientôt. On sait que toute société savante subit plus ou moins profondément la direction de son secrétaire général : la Société d'anthropologie fut le reflet de la personnalité de Broca; et, quoique cette influence ait été contrariée d'abord, et qu'elle soit détournée aujourd'hui hors des voies primordiales, la trace en est toujours reconnaissable.

Les deux impulsions opposées entre lesquelles la Société se trouva dès ses débuts furent celle de Gratiolet et celle de Broca : tous les deux grands anatomistes, tous les deux Gascons de Sainte-Foy-la-Grande. Seulement, le premier se rattachait au principe aristocratique et aux idées religieuses; le second avait cédé au courant de la démocratie et à celui de la libre pensée.

Quoiqu'il n'ait jamais pu atteindre que le grade d'aide-naturaliste au Muséum, Gratiolet était le premier anatomiste de ce temps-là. Son *Mémoire sur le cerveau des Primates* le mit hors de pair : dès lors, son influence ne connut pas de bornes : s'il se prononçait, nul n'osait y redire. On subissait la supériorité du talent, en déclarant ne s'incliner que devant la dignité parfaite du caractère. Il avait mis au grand jour l'immense différence qui distingue le cerveau de l'homme de celui des singes : on n'essaya pas de le réfuter, lorsqu'il réduisit à néant cette fameuse famille des *Anthropoïdes*, prétendus parents de l'espèce humaine, et qu'il déclara que le gorille, l'orang et le chimpanzé ne sont que des babouins, des macaques et des cynocéphales. Pourquoi s'arrêta-t-il en chemin ? C'est que, subissant la fâcheuse impulsion de Leuret et de Flourens, ennemis intéressés de la phrénologie, il se mit dans l'impossibilité de tirer parti du côté intellectuel de ses découvertes.

Gratiolet avait établi que, dans les animaux supérieurs, le cerveau ne montre que deux lobes : l'antérieur, affecté aux facultés intellectuelles ; le postérieur, répondant aux impulsions animales. Chez l'homme, il trouvait, entre ces deux lobes, une masse qu'il a désignée sous le nom de *plis de passage*. S'il avait ajouté que ces plis répondent aux facultés morales dont l'homme seul est doué, il eût passé pour phrénologiste : il n'eut garde. Je ne dis pas que l'attribution eût été irréprochable : elle demandait une rectification qui est toujours à faire et très difficile. Gratiolet ne songea même pas à la tenter.

Broca aussi avait une renommée d'anatomiste : il avait concouru à la publication d'un important ouvrage didactique et fait plusieurs découvertes. En anthropologie, il était l'écho de Gall, de Geoffroy Saint-Hilaire et de Morton : singulière association.

Gall fut le bon génie de ses débuts : c'est à lui que Broca dut la profond sentiment du rôle essentiel que le système nerveux joue dans les manifestations intellectuelles, sentiment sans lequel l'étude de la névrologie se perd dans une vaine nomenclature. Un jour, en 1861, il osa y puiser, — une fois n'est pas coutume —, le courage de discuter les assertions de Gratiolet, qui, contrairement à ses propres constatations, reprenait la vieille thèse de l'action générale du cerveau dans les phénomènes de l'intelligence. Au fond, ils avaient tort tous les deux : la théorie est à refaire ; l'âme est une, comme le voulait Gratiolet, les manifestations se localisent, ainsi que le faisait observer Broca ; mais cela ne prouve ni l'unité, ni la division des organes. La discussion et le mémoire de Broca : *Sur la forme et le volume du cerveau*, sont ce qu'il a jamais fait de mieux. Il aurait bien voulu reprendre l'œuvre de Gall; mais il ne s'avouait pas son disciple, c'eût été se perdre aux yeux de la génération médicale. Étrange destinée d'une science qui garde le juste milieu de la vérité! Combattue par les philosophes, comme matérialiste, la phrénologie est repoussée des médecins, comme spiritualiste : à vrai dire, les uns et les autres ne savent ce qui en est; les anthropologistes n'ont pas suivi Broca dans cette voie, qui est d'un ordre trop élevé pour la plupart d'entre eux.

L'influence de Geoffroy ne peut conduire qu'à l'erreur. Sa théorie de l'unité de composition est une idée préconçue : il est téméraire de vouloir juger le plan du Créateur, sans s'être bien assuré qu'on le connaît; si l'on élimine le Créateur, on tombe dans les creuses entités de nature, harmonie, ordre préétabli, panthéisme, mysticisme. Broca poussa la chose à l'extrême; il avait imaginé une échelle des êtres, dont chaque degré devait être rempli, pour l'harmonie du coup d'œil; s'évertuant à trouver l'échelon entre le singe et l'homme, il cherchait à se persuader qu'il l'avait découvert dans le gorille, récemment signalé. Sans doute, le navigateur carthaginois Hannon, du sixième siècle avant notre ère, a pris le gorille pour un homme : le dauphin de la fable s'y trompa, mais nos savants sont tenus à plus d'exactitude. La théorie avait l'inconvénient de pencher vers l'abime du transformisme, dont Broca se défendait de toutes ses forces. On assure qu'il y aurait succombé avec le temps. En tout cas, ses élèves n'attachèrent qu'une médiocre importance à la doctrine de la « non-interruption de la série », et il leur reprocha de n'y pas aller « avec les yeux de la foi ».

Depuis qu'il n'est plus, la plupart d'entre eux verse dans le transformisme.

Le troisième système, celui de Morton, étroit et grossier, réussit tout d'abord. Morton mesurait le cerveau au poids, le crâne à la capacité, comme il l'aurait fait d'une jatte remplie de fromage blanc : c'est-il assez américain? Dans les crânes vides, il mettait du millet, qu'on mesurait ensuite : le cube obtenu donnait l'étendue de l'intelligence. Les résultats sont extraordinaires : le Teuton est au Celte comme 92 est à 87; l'ancien Grec atteint 88 seulement, le Romain moins encore; le Hottentot et l'ancien Égyptien s'arrêtent à 80 ; le Péruvien, à 75 ; mais le Caribe monte à 84, l'Iroquois à 88, comme l'Athénien. Dans une liste générale, on voit les Esquimaux passer avant les Chinois, les Japonais et les Parisiens ; les Malais égalent les Hauts Allemands, et la race saxonne plane au-dessus de tout, sauf les cadavres de la Morgue et les fossiles de Cro-Magnon (1). Comment Broca se consacra-t-il à la vulgarisation d'une aussi piètre invention ? L'invention réussissait, n'était-ce pas assez ?

Gratiolet l'avait jadis combattue (2) ; il en arrêta partiellement l'expansion ; mais lorsqu'il ne fut plus là, ce fut une orgie de mesurages : de Londres à Moscou, de Rome à Berlin, on se mit à jauger des crânes. Mécanicien et algébriste de naissance, le secrétaire général de la Société d'anthropologie avait trouvé le débouché dont avait besoin son esprit inventif ; d'innombrables mécaniques virent successivement le jour et, selon l'expression d'un des adeptes, « on obtint les 64 mesures du crâne, dont la recherche coûta plus de calculs que la découverte de la planète Neptune ».

On ne s'attendait guère
A voir Neptune en cette affaire.

Franchement, j'aimerais mieux avoir découvert Neptune.

Du reste, Broca brisait quelquefois ses idoles : le système de Morton lui devint antipathique, en même temps que celui de Retzius, sur lequel il s'était greffé.

Le Suédois Retzius, ayant remarqué que certains hommes ont la tête allongée d'avant en arrière, tandis que d'autres l'ont courte, prétendit trouver dans ce fait un caractère de race, et il appela les premiers *dolichocéphales*, les autres *brachycéphales* : jolis mots, mais dont on a fort abusé. Retzius croyait même que toutes les anciennes races montraient ce dernier type, et que la civilisation développait le premier. Il est vrai que certaines formes sont plus fréquentes chez tel peuple que chez tel autre : la raison en est dans l'état cérébral résultant de celui de l'intelligence, lequel se rattache à la manière de vivre, à l'éducation et à cent autres causes combinées selon diverses proportions. Ce qui n'est pas exact, c'est que ces formes soient des caractères propres aux races et se transmettant par le seul fait de l'hérédité. On n'a qu'à regarder autour de soi, pour

(1) Huxley, *Man's place in Nature.*
(2) Gratiolet, *Anatomie complète du système nerveux,* t. II.

voir, dans une même famille, les types et les formes les plus disparates.

Mais les anthropologistes n'ayant alors qu'une seule préoccupation, celle de trouver des races nouvelles et même des espèces
distinctes dans l'humanité, on se mit à classer les peuples en dolichocéphales et brachycéphales, et ces termes ne suffisant pas, à ce
qu'il paraît, on inventa vingt subdivisions affublées de termes
baroques, qui n'eurent d'autre mérite que celui de compliquer la
besogne : c'est tout ce que l'on voulait.

Broca eut bientôt le regret, c'est lui qui le déclare, « d'obtenir
des résultats en contradiction avec la séduisante théorie de Retzius...
Depuis lors, ajoute-t-il, j'ai pu me convaincre que la théorie de
Retzius est entièrement erronée ». Voici à quelle occasion : Retzius
affirmait que les Basques étaient brachycéphales, comme les
Finnois, leurs congénères, et il prétendait l'avoir vérifié. En effet,
il l'avait vérifié sur deux crânes, qu'il croyait basques : or, l'un
venait de l'Esthonie, pays finnois; et l'autre, de l'amphithéâtre parisien de Clamart. Ayant visité, en 1863, le cimetière basque de
Zarauz, Broca n'y trouva qu'un très petit nombre de brachycéphales (1). « Il n'est plus temps, écrit-il en 1872, de changer les
termes de *dolichocéphales* et *Brachycéphales*, mais il y a longtemps que j'en ai démontré la fausseté. On sait, en effet, que
beaucoup de crânes brachycéphales sont plus longs et quelquefois
beaucoup plus longs que bon nombre de crânes dolichocéphales (2). »
Mais c'était bien lui qui avait propagé la théorie, qui l'avait régle-
mentée, en ajoutant d'abord le terme de *mésaticéphale* et plusieurs
autres (3).

On s'imaginerait à tort qu'une déclaration aussi solennelle
éteignit l'ardeur des mesureurs de crânes : il n'en fut rien; que
seraient-ils devenus? La plupart d'entre eux ne savent point faire
autre chose : on continua, mais le système fut modifié.

Broca venait de découvrir une autre méthode qu'il jugeait meilleure, parce qu'elle était plus compliquée que celle de Morton et de
Retzius : celle des indices ou moyennes mathématiques, « la base
la plus sûre en anthropologie. » Qu'est-ce que l'indice? « L'indice
est le rapport contésimal entre une longueur et une largeur. »

(1) Broca, *Mémoires d'anthropologie*, t. II, p. 118.
(2) *Ibid., Recherches sur l'indice nasal.*
(3) *Ibid., Classement et nomenclature crâniologiques.*

Exemple : si l'orbite de l'œil a $0^m,05$ de longueur et $0^m,04$ de hauteur, l'indice est 80, soit 80 pour 100. Après avoir mesuré les orbites de tous les crânes d'une race, d'un peuple, d'une région, l'on fait la moyenne des indices, puis l'indice des moyennes et ainsi de suite, jusqu'à extinction ; il paraît que c'est fort amusant pour les amateurs de proportions arithmétiques.

En possession de ces beaux procédés, les anthropologistes se sont mis à mesurer en tous sens tous les organes du corps humain ; on tombe en admiration devant les longues colonnes de chiffres qu'ils ne se lassent pas de remplir et de publier. Mais dans quel but? demandera-t-on peut-être. Eh ! dans le but de fournir de la besogne à une foule de braves gens qui n'en veulent pas d'autre.

Je n'insiste pas sur l'illégitimité d'une méthode qui impose aux sciences naturelles les procédés propres aux sciences exactes. Rigides et dépourvues de l'élasticité que la nature a mis au fond de tous ses principes et qu'elle réserve à chacune de leurs applications, les lois mathématiques, bornées comme l'esprit humain qu'elles reflètent, marchent, selon la ligne droite, dans les sentiers de convention qu'elles se sont tracés ; au contraire, les phénomènes naturels procèdent par gradations insaisissables, adoptent des directions capricieuses en apparence, des voies souvent sinueuses et que l'on pourrait croire sans limites définies : pour eux, la fixité est moins dans le résultat que dans le principe, formule d'une haute sagesse, inaccessible à nos faibles moyens.

D'un autre côté, les rapports mathématiques sont choses abstraites, dont le moindre défaut est de ne point porter en elles-mêmes leur explication. Aussi, cette théorie est-elle voilée d'un manteau de mysticisme scientifique, cachant un vague secret que les initiés eux-mêmes ne saisissent point : s'ils le connaissaient, il y a longtemps qu'ils nous en auraient fait part.

Mais, encore une fois, que fait aux esprits sérieux et sincères cette collection bizarre d'indices, céphalique, orbitaire, céphalo-orbitaire, nasal, alvéolo-sous-nasal, mastoïdien, scapulaire et sous-épineux de l'omoplate, fémoral, etc.? Quel rapport y trouve-t-on avec la distinction ou les aptitudes des races? Cela rappelle le fameux problème : étant données les trois dimensions d'un navire, trouver l'âge du capitaine. Ce n'est pas dans de vains rapports de chiffres, que l'on montrera la signification des dispositions physiques des individus. Constatons les faits, cherchons les causes prochaines,

et jetons de côté une fantasmagorie dont l'inexactitude est le moindre
défaut.

Est-ce donc à cela que les anthropologistes s'occupent? Oui, pour
la plupart, la science n'est pas autre chose. Il serait injuste, cependant, d'oublier qu'un certain nombre d'entre eux, les plus forts et
les mieux intentionnés, ont soulevé des problèmes intéressants, et
qu'ils en ont résolu quelques-uns, au point de vue de l'observation
positive. D'autres se sont lancés dans les spéculations philosophiques des origines de l'espèce humaine et des espèces animales. Le
plus souvent, ces recherches les ont conduits au transformisme,
parce que c'est de ce côté que la libre-pensée penche désormais et
qu'elle sombrera.

III

Lorsque la libre-pensée déguisait encore à ses adeptes la tyrannie
de son exclusivisme, le grand champ de bataille fut celui de l'unité
ou de la pluralité des races ou des espèces humaines : monogénisme
et polygénisme étaient les termes conservés. Quel pouvait être
l'intérêt de ces discussions? Il y en avait un : s'il était prouvé que
tous les hommes ne descendent pas d'un même homme, la tradition
biblique était mise en défaut, et c'est tout ce que l'on voulait.

Les polygénistes, partisans de la pluralité des origines humaines,
se mirent donc en campagne, dès le début du siècle; ils prétendi-
rent faire honneur à l'homme, en lui assignant toute une série
d'espèces distinctes : deux, selon Virey, seize et vingt-cinq races,
d'après Desmoulins, quinze espèces en deux classes, suivant Bory-
Saint-Vincent; le tout subdivisé en autant de variétés que les fan-
taisies les plus puériles en purent imaginer.

Mais on avait oublié le point principal, celui d'éclairer le fanal
scientifique. Non seulement on n'était pas d'accord sur les rapports
de tant de races et d'espèces, mais on n'avait pas l'idée nette de la
signification des termes. Les polygénistes affectaient de n'y attacher
aucun sens précis : lorsqu'on finit par s'entendre, ils furent perdus.

L'espèce est « une collection d'individus qui se ressemblent et
qui paraissent dérivés d'une même souche par voie de génération
continue ». Le critérium de l'espèce réside dans la fécondité indéfinie; si la fécondité s'arrête, on n'a que des mulets, des hybrides
résultant du croisement d'espèces d'un même genre. Chez l'homme,
tous les croisements sont doués d'une fécondité indéfinie, il

n'y a jamais de mulets. Conclusion : l'unité de l'espèce humaine.

L'espèce étant connue, que dire de la race? C'est une fraction de l'espèce, où les individus ont des caractères communs. Mais, dans les races dont l'histoire est connue, on voit ces caractères avoir un commencement, subir les modifications causées par les influences extérieures, et faire prévoir leur disparition, pour se fondre dans quelque autre type. La race n'est donc qu'un état transitoire dont l'inconsistance prouve une fois de plus l'unité de l'espèce.

Battu sur ce terrain, le polygénisme se réfugia dans la théorie des *centres de création*, récemment formulée par Agassiz. Dans ce système, l'humanité se compose d'un nombre indéfini de races susceptibles de fusion entre elles, mais provenant de sources primitivement différentes et sorties du sol, comme les autochthones ou aborigènes des anciens. Cela ne satisfaisait guère les tendances de la libre-pensée : le mot de création rappelle de trop près l'idée de Dieu ; l'essai n'eut pas de suite.

Du reste, Broca déplaça la question : à ses yeux, l'humanité était l'échelon suprême de la « chaîne des êtres » ; réservant la définition du genre et de l'espèce, il s'attachait à montrer la fixité des caractères de race, disant que ces caractères étaient indélébiles, et ne se perdaient plus, une fois acquis. Sans doute, les caractères acquis et confirmés constituent la race, dans l'espèce ; mais, d'abord, ces caractères ne sont pas indélébiles ; ensuite la plupart d'entre eux ne dépendent pas des conditions physiques externes, au moins chez l'homme, qui subit surtout les influences intellectuelles et morales, et celles du milieu social. C'est ainsi qu'un grand nombre des déformations faciales ou crâniennes, que l'on constate chez divers peuples, sont les résultats d'un vice d'éducation, et sont susceptibles de disparaître, à la suite d'un changement de direction morale.

L'anthropologie n'a point réussi à établir la distinction des races humaines : elle n'a pu formuler aucune nomenclature ayant une apparence de raison, et déjà la recherche est presque abandonnée : c'est par simple habitude et sans y attacher aucune vue ultérieure, que l'on constate des différences de conformation dont on ne tire pas de conséquences philosophiques. Le résultat négatif provient des constatations anthropologiques qui ont partout démenti les théories préconçues de la pluralité des espèces. Il n'est pas inutile d'en présenter le résumé. Le tableau des désillusions du polygénisme est la meilleure preuve de la saine doctrine de l'unité.

IV

La plus généralement admise des divisions anthropologiques des prétendues races ou espèces humaines est fondée sur la couleur de la peau, d'après des types de convention : blanc, jaune, rouge, noir. Cuvier et Lacépède en ont tiré leurs bases de classification. Ces couleurs, inexactes dans leurs types mêmes, se dégradent en une infinité de nuances qui se confondent entre elles. Dans la pratique, la distinction est impossible : après avoir réuni les principales nuances en un tableau distribué en cinq ou six séries, on a reconnu que les teintes, rarement exactes, varient selon les individus, l'âge, le tempérament, l'état physiologique ; elles ne sont pas les mêmes sur toutes les parties du corps ; le contact de l'air et de la lumière en modifient la valeur : ici, l'air fonce la nuance ; là, il la rend plus claire. Avec de pareilles données, une division des races permanentes est exposée à de constants démentis. D'ailleurs, on sait maintenant que la nuance de la peau provient d'un pigment ou matière colorante que le sang apporte et dépose entre les couches de la peau ; ce pigment est de nature identique chez tous les hommes, quels que soient la race et le pays : la proportion de son accumulation donne seule les différentes nuances (1). Il doit bien y avoir quelque autre chose ; mais en tout cas, la conclusion est : l'unité des races humaines.

Les cheveux et les poils des hommes diffèrent absolument de ceux des animaux : ils offrent certaines particularités de conformation selon les groupes, et il est des pays où telle disposition domine, ou même règne presque exclusivement. C'est un caractère de race, en ce sens que la population subit dans une forte proportion les conditions qui produisent cette conformation. Mais le caractère n'a aucune consistance, il n'est spécial à aucun groupe, à aucun pays ; il varie selon les temps, dans une même race : au temps de Notre-Seigneur Jésus-Christ, tous les Juifs étaient blonds, et les Gaulois également. En est-il ainsi de nos jours ? Il varie selon les lieux : l'Europe blanche et caucasique renferme toutes les dispositions : on y trouve le cheveu bouclé du blanc, le cylindrique de l'Indien d'Amérique, le crépu du nègre, toutes les variétés de

(1) Voy. Kölliker, *Elém. d'histologie* ; et Sappey, *Anatom. descr.* Splanchnologie.

forme, toutes les nuances de couleur; le caractère est relatif. Conclusion : l'unité.

Que dire du système nerveux ? Sauf des écarts du plus au moins et quelques variations dans la nuance des tissus, on n'a pu signaler aucune différence entre les races.

Quant au cerveau, les populations inférieures sont généralement moins bien fournies que nous ne le sommes; cela tient à la manière de vivre et surtout au développement intellectuel et moral qui détermine le volume et la qualité de l'organe. La composition, la disposition sont les mêmes, et, en somme, c'est encore l'unité.

Le cerveau de l'homme pèse trois et quatre fois plus que celui des plus gros singes; avec les autres animaux, l'écart, relativement au poids du corps, est encore plus considérable.

Ajoutez que chez l'animal, le volume des systèmes nerveux a surtout pour objet la locomotion et l'action; chez l'homme, il sert principalement l'intelligence et le sentiment.

On a étudié avec un soin minutieux tous les organes de l'homme, depuis le sommet de la tête jusqu'au dernier des orteils : l'espoir que l'on avait d'y découvrir des caractères de race a été complètement déçu; on n'a rien découvert, ou ce qui revient au même, les trouvailles d'un jour sont tombées, le lendemain, comme châteaux de cartes. Toujours des différences du plus au moins provenant des habitudes, de l'état de civilisation, de la manière de vivre. Dans le crâne, on a reconnu des déformations artificielles; dans le bassin, des dispositions transitoires qui montrent l'intervention de la Providence venant au secours de la faiblesse humaine.

Ce que Prichard appelle la *disposition sculpturale de la face*, qui nous frappe si vivement, n'a donné rien d'assuré. L'épreuve en fut faite au Congrès allemand de 1880, où l'on constata qu'une série de crânes originaires du Hanovre présentait les caractères de *prognathisme* qu'on avait supposés n'appartenir qu'aux nègres. Il est certain que cette disposition n'est pas rare chez les femmes de la Prusse, et l'on en trouve quelques exemples parmi nous.

Déjà M. Loudun nous a fait l'agréable récit de la déconvenue des savants allemands au sujet des nègres de leur pays. Je ne résiste pas au plaisir de le reproduire :

« Et je vous dirai bien plus, reprend M. Kolmann : il y a dans tous les pays des crânes de toutes les formes, même des crânes qui semblent des crânes de brutes. Il y a de ces crânes, même chez les peuples les plus civilisés, en Europe, dans notre Allemagne ; oui, en pleine Allemagne, dans la savante Allemagne, on trouve des crânes déplorablement brachycéphales, et oserai-je le dire, des mâchoires plus prognathes que chez les nègres d'Australie.

« Et en voilà une preuve irréfragable : un de mes amis, savant anatomiste du Hanovre, a formé, depuis de longues années, une magnifique collection de crânes. Récemment, il a convoqué pour les examiner les savants les plus distingués de l'Allemagne : tous ont été d'avis que la plupart de ces crânes étaient des crânes de nègres ou d'Indiens. Eh bien, pas du tout ! C'étaient des crânes hanovriens, provenant des environs de Gœttingue, des crânes de sujets du roi de Hanovre. Nos confrères les savants ont été stupéfaits du nombre de crânes de nègres que produisait le sol du Hanovre (1) ! »

Le tronc et les membres, les os et les muscles présentent assurément des dispositions plus fréquentes en certains pays qu'en d'autres. Mais, d'abord, ces différences sont très légères ; ensuite, il faut que l'anatomiste qui examine ces organes soit informé d'avance de leur provenance : sinon, il n'est rien de plus facile que de le tromper. En un mot, les organes sont identiques, à peu de chose près ; et la conclusion, c'est l'unité.

Cette question des formes et des régions, dont on a voulu faire une science particulière, sous le nom pompeux de *Morphologie*, est celle où l'on avait espéré de trouver les meilleures preuves de la parenté de l'homme et du singe. Il est certain que, de tous les animaux, le singe est celui dont les formes se rapprochent le plus de celles de l'homme ; mais il n'est pas un seul des organes de ces deux êtres qui permette de les confondre : une comparaison détaillée prouve que, chez chacun d'eux, tous les organes et même toutes les fonctions sont appropriés à des missions aussi différentes que le sont les destinées de l'homme et celles de l'animal.

Ce qui est vrai des organes externes ne l'est pas moins des organes de l'intérieur opérant les fonctions involontaires de la vie végétative : unité de composition des viscères chez tous les hommes, différences sensibles avec ceux des animaux.

Ici, nous rencontrons l'élément le plus important de l'organisme : le sang sert à former tout le reste ; vérité vieille comme le monde :

---

(1) Eug. Loudun, *les Découvertes de la science sans Dieu*, p. 117.

« la vie est dans le sang », dit le Lévitique (1). On n'a découvert aucune particularité dans la composition de ce liquide, quelle que soit la race humaine : il n'y a probablement pas d'autres différences que celles qui résultent du climat et du genre de vie ; en se confirmant, elles forment la constitution individuelle, et en se généralisant, une sorte de caractère de race. Exemple : le sang du nègre est visqueux et noir, surtout en Afrique et sous l'Équateur. Mais, arrivé dans ces pays, le blanc ne tarde pas à ressentir l'influence du climat : son sang est modifié si rapidement que, le plus souvent, il succombe ou du moins contracte des infirmités qui s'opposent à une reproduction favorable. S'il résiste, le sang s'épaissit, ce qui est nécessaire pour vivre en ces lieux.

Les singes sont, de tous les animaux, ceux dont le sang est le plus semblable à celui de l'homme : cependant, les globules sont déjà plus petits. A un point de vue général, les conditions physiologiques diffèrent en proportion de la diversité de nature des animaux, et la transfusion qui est possible et salutaire entre individus de la même espèce, devient mortelle entre individus d'espèces éloignées. Il est probable que le sang de l'homme infusé dans les veines d'un singe lui serait très nuisible, et réciproquement.

Il n'est pas nécessaire de montrer que tous les hommes ont les mêmes sens et en font le même usage ; ils s'y ressemblent tous, autant qu'ils diffèrent des animaux.

Les moyens d'expression sont surtout remarquables : la voix, les intonations, le cri, la plainte, la parole articulée, sont organisés d'une même façon pour tous les hommes ; aucun animal ne s'y peut comparer ; les gros singes, qualifiés d'*anthropoïdes*, sont précisément ceux qui s'en éloignent le plus. Leurs organes vocaux, disent les anthropologistes, sont conformés comme ceux de l'homme : oui, sauf les *sacs laryngiens*. Au moment d'arriver à l'arrière-bouche, le son vocal émis par le singe passe par un trou percé dans la paroi du larynx et s'engouffre dans une poche membraneuse qui descend sur la poitrine : il y produit un grondement féroce et la voix devient un hurlement. On dirait qu'une ironie de la nature a voulu détourner, dans les *sacs laryngiens*, les sons dont le singe ne saurait faire usage, faute de dispositions intellectuelles appropriées ; cet organe affirme l'animalité, au plus haut degré de la série zoolo-

(1) *Lévitique*, XVII, 11.

gique. Les gibbons et quelques autres n'ont point ces sacs, mais ils n'en parlent pas davantage.

La station, la locomotion, les attitudes, les mouvements dérivent des impulsions du cerveau et se concilient avec les formes du corps : par conséquent, le genre humain présente à cet égard la plus parfaite unité. Par la même raison, aucun animal, même le gorille, ne saurait être assimilé à l'homme : il se tient et marche tout autrement.

Je passe le sujet scabreux de la reproduction : tout ce que l'on en sait distingue l'homme des animaux.

Stature, longévité, force, santé, lois d'évolution, sont les mêmes partout, sauf les concessions à faire aux influences ambiantes et aux modifications résultant de l'état social et de la manière de vivre. On a fait observer que le nègre s'abrutit, en passant de l'enfance à l'état adulte, et qu'il en est de même du singe. Mais chez l'animal, c'est un effet purement naturel; chez l'homme, la mauvaise éducation en est la principale cause : les droits que l'animalité reprend sont absolus dans le premier cas, ils ne sont que partiels et accidentels dans le second. Voici le signe caractérisque de cette distinction : à partir de l'adolescence, le nègre voit se prononcer le prognathisme, qui transforme en museau le bas de son visage; mais le crâne et le cerveau continuent à progresser, en même temps que l'intelligence : il reçoit l'éducation et, par elle, il devient sociable. Dans le singe, au contraire, tout s'abrutit à la fois : la mâchoire inférieure s'épaissit et déborde, le crâne s'aplatit, le volume du cerveau décroît, l'intelligence diminue : le singe adulte revient à la brute, l'éducation est impossible, cet animal est dépourvu de sociabilité. Il est bon de remarquer que, dans nos climats, les grands singes n'atteignent jamais l'état adulte : c'est pourquoi nous ne les connaissons que par leurs beaux côtés.

L'acclimatement est un point que les anthropologistes ont particulièrement maltraité. Ils ont remarqué que les Français, les Anglais, les Allemands, ne peuvent vivre et surtout constituer une lignée vivace dans les contrées tropicales; que les nègres périssent rapidement dans les pays du Nord : ils en ont conclu que chaque race appartient « au climat qui la produisit », et la pluralité des races. Mais ils ont oublié qu'Espagnols, Italiens et Portugais vivent très bien dans les pays chauds, parce qu'ils tiennent des conditions de leurs propres pays un commencement d'acclimatement; que les nègres, après s'être façonnés aux conditions du sud des États-Unis qu'ils envahissent, peuvent maintenant se transporter, sans trop d'inconvénients, un peu plus au nord. Là est la solution : l'homme ne peut passer brusquement d'un climat à un autre ; il est condamné à ne procéder que par gradations de très longue durée ; dans ces conditions, il s'acclimate sûrement. C'est, d'ailleurs, ainsi que se sont opérées les migrations primitives.

V

Le résultat final de toutes les études d'anthropologie, c'est que le genre humain forme un ensemble complet, entièrement distinct de toutes les espèces animales. Quelques-unes de ses variétés conservent et perpétuent, à travers le temps, certaines qualités ou défauts que l'on se plaît à reconnaître comme constituant des caractères de races, c'est-à-dire se transmettant par voie de génération. Il ne faut point s'y fier : ces prétendus caractères varient selon les influences physiques et surtout morales. Prenons pour exemple le Juif : jadis uniformément blond, le voilà brun presque partout ; pour quel motif, il serait difficile de le dire. Mais, partout, il est obstiné, ami du lucre, inhabile aux exercices du corps, sordide, hostile à tous ceux dont la foi diffère de la sienne, sans esprit de nationalité, sans patrie. Ces caractères appartiennent aux Juifs de la Méditerranée, qui descendent en partie d'Abraham et des Chananéens ; mais ils sont bien plus accentués chez les Juifs de la Baltique qui sont les restes des Khazars, des Bulgares et surtout des Moscovites convertis au Judaïsme pendant la première moitié du moyen âge ; ce n'est pas la race, c'est l'éducation religieuse qui a tout fait.

Quant aux prétendus caractères *simiens*, il n'y en eut jamais chez l'homme. Notre étude sur la préhistorique l'a démontré pour les âges primitifs ; les sauvages des peuplades les plus inférieures ne méritent pas davantage ce reproche. L'homme, ainsi que Gratiolet l'a fait très justement remarquer, peut tomber au dernier niveau de la dégradation, sans jamais perdre aucun des caractères qui distinguent sa nature de celle des animaux (1).

Tenez pour bien assuré que tout ce que l'on raconte au sujet de

---

(1) Gratiolet, *la Microcéphalie.*

confusions possibles entre l'homme et la bête n'est qu'un tissu de
vaines assertions, où l'ignorance et le mensonge font assaut d'audace. On oublie trop facilement à quels excès la mauvaise foi peut
se porter en ce genre. J'en veux citer un exemple, curieux et
partiellement inédit. C'est celui des *hommes à queue.*

Il y avait à Paris, vers 1845, un célèbre aventurier qui se nommait Ducouret, mais qui se faisait appeler Hadji-Abd-el-Hamid-
Bey (1). Il s'était fait mahométan, sous prétexte d'aller à la Mecque,
et il se disait colonel turc, pour se mêler aux Arabes, qui le
maltraitèrent souvent, le prenant pour un espion. Ayant obtenu du
gouvernement une mission pour visiter le Grand Désert, il se rendit
à Sfax, en Tunisie, et au lieu de poursuivre la périlleuse entreprise,
qu'il n'a jamais réalisée, il s'arrêta, pendant plusieurs mois, dans la
maison de l'agent consulaire de France; là, il eut l'occasion de voir
un nègre nommé Bellal, qui passait pour être orné d'un coccyx excessif. D'un naturel assez farouche, Bellal avait un goût particulier
pour la chair crue, et il obtenait, une fois par mois, l'autorisation de
se satisfaire, en dévorant un gigot de mouton cru. Ducouret voulut
vérifier la difformité; le nègre manifestant la plus vive répugnance
pour cette exhibition, il fallut qu'Espina, son maître, intervînt et le
menaçât de le priver du régal mensuel. Toujours de Sfax, Ducouret
transmit son observation à Paris; mais, généralisant le fait, il sup-
posa l'existence d'une race d'hommes à queue et lui attribua le nom
de *Ghilanes*, qui signifie les monstres. Il ajoutait que ce devaient
être les mêmes que les Nyam-Nyam, auxquels d'autres relations
avaient déjà fait don de cet appendice.

Publié par le *National*, journal dont un de ses confrères a dit que
la spécialité était « d'aboyer à la robe du prêtre », le fait fut accueilli
par la libre-pensée de ce temps-là, comme donnant la transition du
singe à l'homme : on oubliait que plusieurs espèces de singes n'ont
pas de queue. Plus tard, Ducouret ne craignit pas d'adresser à l'Académie des Sciences une communication accompagnée d'un dessin
représentant le prétendu Ghilane qu'il avait vu, non pas à Sfax,
mais à la Mecque, en 1842. Huit ans plus tard, Alexandre Dumas
prêta les charmes de son style au récit de cette découverte (2) : le

(1) *Hadji*, pèlerin; *Abd-ed-Hamid*, serviteur du louable (Dieu), nom
propre; *Bey*, colonel.
(2) Hadji-Abd-el-Hamid-Bey, *Voyage au pays des Niam-Niam*, avec une
notice d'Alex. Dumas, 1854.

dessin du frontispice, représentant un sauvage armé d'une lance, trahit le mensonge et l'erreur ; la queue est placée beaucoup trop haut : au lieu de faire le prolongement du coccyx avec lequel elle doit se confondre, elle paraît attachée au milieu du sacrum : l'auteur n'a pas vu ce qu'il a dessiné, et il n'en a aucune idée exacte. Du reste, après avoir recueilli ce qui court dans les livres de voyage sur le Nil Blanc et la Nubie, le prétendu voyageur ne va pas au pays des Nyam-Nyam et il se borne à répéter, une fois de plus, l'histoire du nègre Bellal, qu'il aurait vu à la Mecque.

Cependant, les voyageurs continuaient à recueillir de vains bruits en Égypte, en Nubie, à Tunis, où les marchands d'esclaves auraient coupé l'appendice des sujets mis en vente, comme s'il s'agissait de la plus simple opération. L'existence des hommes à queue devint un article de foi pour les naïfs de la libre-pensée ; mais il en fut de cette affirmation comme de toutes les autres : le fait s'évanouit à la vérification.

Brun-Rollet a coulé à fond la question des Nyam-Nyam : « Nous en avons vu, dit-il, chez les Djour, entre les cinquième et sixième degrés de latitude nord. Ils venaient de Dembo, ville située à quelques journées de marche plus au sud. Ces gens entouraient leur bas-ventre d'une espèce de sac de peau retenu derrière eux, de manière à laisser pendre comme ornement deux ou trois pouces de la queue de l'animal dont ils portaient la peau. » Les femmes n'employant à cet usage que des feuilles d'arbre, on avait remarqué que l'appendice leur manquait. Ces faits sont confirmés par tous les voyageurs qui ont visité ces parages (1). Enfin, G. Lejean, qui a étudié avec soin les Nyam-Nyam, fait observer que ce ne sont pas des nègres, mais qu'ils sont de race rouge et ressemblent prodigieusement aux Gallas et aux Peuls, c'est-à-dire aux Foulahs, lesquels sont, à n'en pas douter, de race caucasique.

En résumé, tout ce qu'on a dit des hommes à queue de l'Afrique n'est que vain bruit et mensonge. Le cas de l'exagération du coccyx se produit en tous les pays, à l'état de monstruosité : les chirurgiens en font, de temps à autre, l'opération, au milieu de nous : j'en ai vu un exemple chez un jeune Français, auquel on désarticula les dernières vertèbres pour lui donner la faculté de s'asseoir. Mais, nulle part, ce n'est un caractère de race.

---

(1) Brun-Rollet, dans les *Annales des voyages*, 1863. — Comparez Escayrac de Lauture, Arnault, Trémaux, etc.

VI

Voilà le passé de l'anthropologie. Quel est son avenir?

Si elle abandonne les fausses voies où l'entraîne la passion anti-religieuse, si elle veut poursuivre la sincère recherche de la vérité, l'anthropologie deviendra l'utile introduction de l'ethnographie, étude complète de l'humanité. D'un autre côté, elle fournira de précieux enseignements aux sciences économiques et médicales qui s'appliquent à l'amélioration des sociétés humaines. Je compte le montrer dans un traité spécial.

Mais nous sommes encore bien loin d'un pareil résultat. La libre-pensée ne lâche point sa proie : les rêves polygénistes s'étant envolés, elle se lance à corps perdu sur le transformisme, sa dernière planche de salut.

Voyons donc ce que c'est que le transformisme.

A. CASTAING.

(*A suivre.*)

DE L'APOLOGÉTIQUE AU DIX-NEUVIÈME SIÈCLE[1]

III

CONTROVERSE POLITIQUE ET RELIGIEUSE

Une controverse des plus ardentes et des plus passionnées s'agite autour de la question si vaste et si complexe des rapports de l'Église et de l'État. Les chrétiens timides s'en effrayent. Quelques-uns n'aperçoivent pas très nettement la cause du conflit et seraient tentés d'en faire retomber la responsabilité sur l'Église, qui en est la victime. D'autres enfin, et des meilleurs, sont parfois déconcertés devant certains incidents et se trouvent comme perdus au milieu des complications qui se produisent; ils ne savent plus quelle conduite tenir et se sentent envahis par la lassitude et le découragement.

Notre intention n'est point d'aborder ici cette grave question. Pour la traiter un peu à fond, il faudrait un volume, et nous devons nous renfermer dans quelques pages. Notre dessein est beaucoup plus modeste : nous voudrions simplement déterminer, en quelques mots, le vrai motif de la lutte, énumérer les ressources dont les catholiques disposent encore pour la soutenir et indiquer surtout la tactique à suivre pour amener une solution qui ne soit pas trop désavantageuse à l'Église et aux âmes.

Ce n'est point d'aujourd'hui que la puissance civile est portée à exagérer ses droits. Sa tendance fut toujours de mettre la main sur tout, de confisquer à son profit toutes les activités et toutes les

---

(1) Voir la *Revue* du 1er et du 15 septembre.

forces; il semble que personne ne puisse se mouvoir et agir que
par son ordre, ni penser sans sa permission. D'après ce système
l'État est tout, les individus et les familles ne sont rien ou presque
rien; si nous ne craignions de profaner ici une formule sacrée,
nous dirions que les personnes et les groupes qu'elles constituent
naturellement et nécessairement, ont en lui *l'être*, le *mouvement
et la vie*. L'État est devenu dieu. Cette conception essentiellement
païenne était en pleine vigueur avant Jésus-Christ.

On prétend que l'Église a toujours voulu s'emparer du Pouvoir;
il serait bien plus vrai de dire que dès l'origine, elle essaya de le
transformer. Ses efforts ne furent point inutiles. Ne lui a-t-elle pas
longtemps imposé une loi morale qui reconnaît et consacre dans
l'individu et dans la famille des droits antérieurs et supérieurs à
tous les autres? Elle est parvenue à soustraire aux oppressions de la
force les âmes libres d'adorer et de servir Dieu, comme il veut être
adoré et servi. Cette émancipation de la conscience, principe de
toutes les libertés légitimes, était une véritable révolution; pour
l'opérer, des millions de martyrs durent verser leur sang.

Cependant le Pouvoir civil, en se faisant baptiser, n'a point
complètement dépouillé le vieil homme; trop fréquemment ses
instincts absolutistes se réveillent. Chaque fois que les circonstances lui ont été favorables, il a essayé de ressaisir ses prérogatives
antiques. Voyez-le, en plein moyen âge, à l'époque catholique par
excellence, dans cet empire qui se constitua au sein de l'Europe
féodale fractionnée à l'infini, afin d'en rattacher les lambeaux et d'y
refaire une certaine unité. Les chefs de cet empire entreprennent
de restaurer le vieux despotisme romain, et les papes sont contraints de liguer contre eux toutes les forces libres de l'Europe. A
peine la monarchie française avait-elle abattu les maisons rivales et
aussi les institutions qui au jour de la tempête lui auraient servi
de rempart, qu'elle obéissait aux mêmes tendances. Louis XIV
entrait botté et éperonné, la cravache à la main dans son parlement et prononçait cette parole païenne : l'État c'est moi. Napoléon Ier, élevé si haut par la victoire et les services rendus, affectait,
avec plus de brutalité et d'insolence, des prétentions aussi hautaines. Mais de tous les absolutismes, le plus intolérable est celui
que nous subissons, l'absolutisme démocratique.

Les origines en sont connues. Des méprisables folliculaires, tra-
vestis en précepteurs du peuple, travaillent avec une fiévreuse

ardeur à lui former ce qu'ils appellent des mœurs électorales.
Quand ils ont entassé, pendant trois ou quatre mois, dans leurs
journaux, mensonges, perfidies, diffamations et extravagances,
quand ils ont enflammé toutes les convoitises par d'irréalisables
promesses, couvert d'outrages les gens honnêtes, préconisé des
candidats aptes aux plus déshonorantes besognes, prêts à vendre
non pas leur conscience, ils n'en ont plus, mais leur vote, leur
parole, leur influence; on apporte les urnes. Une minorité tapageuse, ivre de vin et de passion, les assiège. Les indécis, les indifférents, les lâches, trop amis de leurs aises et d'une fausse
tranquillité, c'est-à-dire le grand nombre, s'en éloignent moitié
par dégoût, moitié par peur. Le soir venu, on compte les suffrages,
et le plus souvent on a la résultante des appétits inassouvis, des
haines secrètes ou avouées, des fripponneries de quelques meneurs
trop bien servis par les inepties et les ignorances des masses. La
représentation nationale est constituée. Elle sera fidèle à ses
origines. Les passions un instant surexcitées s'apaiseront dans la
foule; mais elles demeureront éveillées et toujours aussi malfai-
santes chez les hommes qui en vivent. Pour s'en convaincre, il
suffit d'assister à l'une de ces séances scandaleuses où les Paul
Bert et les Jules Roche dénoncent à l'animadversion de leurs
collègues le grand ennemi, le cléricalisme. En entendant les cris
inarticulés d'un Madier de Montjau, les frénétiques applaudissements et les grossières injures qui se croisent; en voyant s'agiter,
dans un pêle-mêle indescriptible, ces têtes pour la plupart blanchies,
ces crânes dénudés où les années n'ont mis aucune sagesse, vous
diriez une assemblée de furieux et d'épileptiques.

Voilà pourtant les successeurs de Louis XIV et de Napoléon Iᵉʳ;
leur morgue est la même, mais elle blesse bien davantage; elle est
si peu justifiée. Ils revendiquent les mêmes droits, la même autorité,
et nous savons comment ils en usent. En parlant des prérogatives de
l'État, de l'irrésistible puissance de l'État, des droits de l'État, ils
se palpent avec une orgueilleuse satisfaction. Ne sont-ils pas l'incarnation nécessaire et vivante de cet État omnipotent!

Si du moins ils se contentaient de légiférer! mais ils administrent.
En d'autres termes, ils ont des millions d'yeux pour surveiller ce
qui se fait dans les moindres villages, des millions d'oreilles pour
écouter aux portes et saisir ce qui se dit au foyer des familles, des
milliers de mains pour fouiller les poches des contribuables et y

prendre autant d'argent qu'il leur convient. Le télégraphe transmet leurs ordres; les chemins de fer transportent leurs soldats. En un mot, ils ont à leur service toutes les ressources que leur offre pour prévenir ou briser les moindres résistances, la civilisation la plus savante et la plus raffinée. Aussi les despotismes qui, au cours des siècles, ont pesé sur les nations ne furent que jeux d'enfants, si on les compare à celui-ci. Les pouvoirs d'autrefois étaient entourés d'influences subordonnées, mais réelles, qui étaient comme des points d'arrêts, des foyers de résistance avec lesquels il fallait bien compter. Aujourd'hui le niveau égalitaire a passé partout; il a pulvérisé tous les obstacles. Le monde est mûr pour une immense servitude.

Cette situation, il faut le reconnaître, n'a point été créée par nos oppresseurs d'aujourd'hui; ils l'ont aggravée sans doute, mais elle existait avant eux. L'impulsion est depuis longtemps donnée; nous marchons vers ce que l'on a très justement appelé le socialisme d'État. Une seule force contrarie cette marche délirante, c'est l'Église, avec sa hiérarchie autonome et ses fonctions saintes, avec son immuable constitution; l'Église, appuyée sur les promesses de son fondateur et les innombrables services qu'elle a rendus, sur la foi des populations, foi affaiblie et chancelante, mais qu'il importe de ne point froisser trop ostensiblement, enfin sur de vieilles habitudes toujours impérieuses et je ne sais quel instinct religieux qui ne périt jamais complètement au cœur de l'humanité. Peut-être sommes-nous au début d'une ère de luttes plus terribles que celles du sacerdoce et de l'Empire, qui agitèrent si profondément le moyen âge. Les sectaires du socialisme d'État ne reculeront devant aucun crime. La hideuse Convention dépassa en cruautés les pires persécuteurs. Tout récemment la Commune a essayé de recommencer Quatre-vingt-treize; elle n'a pas réussi, il est vrai, mais ce n'est que partie remise. Si, un jour ou l'autre, l'absolutisme démocratique ne replonge les chrétiens dans les catacombes, c'est que la Providence, toujours plus forte que toutes les perversités humaines, aura déjoué ses desseins.

Qu'avons-nous à faire dans cette situation, si ce n'est de reprendre l'œuvre des premiers apologistes, cette polémique vigoureuse dont Tertullien nous a laissé le modèle, si ce n'est de revendiquer les droits méconnus, d'en appeler à une opinion plus équitable et de travailler à l'éclairer et à la convaincre. L'Église, dans ses légitimes et indispensables revendications, aura tôt ou tard pour auxiliaires tous les esprits honnêtes, les publicistes et les jurisconsultes qui gardent quelque souci des libertés publiques menacées, les philosophes dignes de ce nom, des savants et des lettrés de toute nuance, cette aristocratie intellectuelle, de toutes la plus légitime, que repousse l'absolutisme démocratique. Contre les envahissements de l'État, il faut en appeler tour à tour au droit naturel, à la législation écrite, à une science économique, sérieuse et largement progressive.

Chose étrange, rien n'est plus universellement ignoré que cette partie de la science philosophique que l'on nomme le droit naturel, c'est-à-dire le droit qui sort du fond et de la nature même des êtres, le droit que nul ne peut violer sans attenter à la puissance créatrice de laquelle il émane, le droit imprescriptible qui se redresse par sa propre vigueur et inflige à l'arbitraire des défaites qui, pour se faire attendre, n'en sont pas moins certaines et, parfois, deviennent définitives. Dans ce droit naturel sont écrites toutes les libertés, aujourd'hui foulées aux pieds, tous ces droits particuliers que méconnaît l'absolutisme, droits de l'individu, droits de l'époux, droits du père, droits du citoyen, de l'homme privé, de l'homme public, droits de la conscience, droits de Dieu lui-même. Ce droit naturel a été, est et sera la base de toutes les législations passées, présentes et à venir; tout ce qui blesse la moindre de ses prescriptions doit être réputé nul et non avenu. Cependant, il ne tient presque aucune place dans le programme de nos écoles publiques. On y étudie le droit romain, le code français, les législations comparées; mais, de droit naturel, il n'en est pas question. Contradiction singulière dans un siècle rationaliste, au sein d'une société qui se pique de n'obéir qu'à la raison! Comme si le droit naturel n'était pas le domaine propre de la raison, domaine où tout est soumis à son exploration directe et immédiate, où la moindre prescription n'est obligatoire qu'après avoir été promulguée par elle. Nous nous en étonnerions si, depuis longtemps, il ne nous était démontré que rien n'est plus opposé, plus contradictoire que le rationalisme et l'exercice sensé et légitime de la raison. On parle de liberté de pensée et on est esclave d'un traditionalisme routinier et aveugle, d'idées toutes faites que personne ne se donne la peine ou, plutôt, ne se sent la force de contrôler et de vérifier.

Les catholiques ne sont point toujours exempts de cette infirmité. Il est affligeant de surprendre parfois, chez des hommes animés des intentions les plus droites, une sorte de culte supersti- tieux, non pour la loi (on n'ose prononcer ce nom), mais pour la légalité, alors que cette prétendue légalité est évidemment injuste. Sans doute le respect de la loi est le principe tutélaire de l'ordre et de la sécurité publique. Mais il ne faut pas confondre la loi et ce qui n'en a que les apparences et n'est, en réalité, que la violation du droit. C'est au nom de cette avilissante théorie du respect quand même de la légalité que l'histoire rationaliste a eu l'impudeur de condamner nos premiers martyrs. Il est incontestable que la législation était contre eux; cette législation ordonnait de rendre aux divinités païennes les hommages traditionnels et pros- crivait le culte nouveau. Un jour, bientôt peut-être, si l'on veut arracher aux griffes de la bête révolutionnaire la société expirante, il faudra sortir de la légalité pour rentrer dans le droit.

En dépit de tous ces aveuglements, nous devons le constater avec un légitime orgueil, le droit naturel a remporté parmi nous un insigne triomphe. Pour n'être pas contraints de le violer, presque tous les magistrats français sont descendus ensemble de leur siège; ils ont sacrifié leur passé, leur avenir, le fruit de longs travaux, une situation conquise à force de science et de services rendus ; quel- ques-uns ont sacrifié, chose plus douloureuse encore, le pain de leurs enfants. C'est là l'un des actes les plus glorieux qui se puis- sent rencontrer dans les fastes d'une nation, l'une de ces toutes-puis- santes et inoubliables revendications du droit contre l'iniquité. Que le nom de ces héros ne sorte jamais de la mémoire des catholiques! Il devrait demeurer gravé au fond de tout cœur gardant, avec le souci de la dignité humaine, quelque amour de la liberté.

Une digue, moins ferme peut-être que le droit naturel, mais assez puissante encore contre les envahissements du socialisme d'État, c'est le droit positif tel que les siècles nous l'ont fait. Certes, l'omni- potence du pouvoir est écrite à bien des pages de notre code ou, pour mieux dire, on la sent partout. La triste race des légistes ser- viles pullulait dès le moyen âge dans toutes les cours. Grâce à elle, aucun des éléments de despotisme qui existaient au sein de l'empire romain n'a péri. Lorsqu'au fractionnement féodal succéda, pour le très grand bien de ce pays, l'unité de la patrie française, nos rois, auteurs et principaux bénéficiers de cette révolution, surent bien faire revivre ces doctrines autoritaires. Notre législation s'en inspira

de plus en plus. Napoléon Iᵉʳ ne les laissa point tomber en désuétude; au besoin il les eût inventées. Dans les mémorables discussions du Conseil d'État, où fut élaboré le code actuel, le glorieux
despote trouvait parfois, pour ces doctrines, des formules puissantes, qui, comme tant de choses, portent l'empreinte de son génie.
Cependant, à côté des droits exorbitants de l'État, notre législation
en reconnaît d'autres et les consacre; elle ne justifie point l'absorption complète, l'universelle confiscation que rêve l'absolutisme
démocratique. Aussi nos jurisconsultes, nos avocats et nos publicistes ont-ils bien su récemment tirer de notre code des moyens
légaux, des arguments victorieux pour défendre nos libertés et
flétrir les envahissements de l'État. Il est vrai, ces moyens légaux
ont été inefficaces, comme tout le reste. C'est que l'absolutisme
démocratique ne respecte pas plus le code civil que le droit naturel;
la force brutale lui tient lieu de tout.

La science économique, déjà si vaste, et appelée à une extension
plus considérable encore, peut fournir aussi des armes contre le
socialisme d'État. Les esclaves du pouvoir tentent, à certaines
heures, de suprêmes efforts pour la faire mentir. Ses moyens
d'accroissement et d'information, nous voulons dire les renseignements et les statistiques officiels, sont entre leurs mains. Ils n'en
livrent au public que ce qui leur convient; ils dissimulent et, trop
souvent sans doute, ils altèrent le reste. N'importe! tôt ou tard, la
vérité éclate et blesse ceux qui l'ont trop longtemps comprimée et
méditaient de l'étouffer. Il appartient aux économistes et aux savants
consciencieux de hâter ces manifestations, de démasquer les four-
beries et de mettre en lumière les leçons qui sortent, en dépit de
tout, du cours des événements et du fond même des choses.

Les congrès catholiques peuvent donner plus d'éclat et de portée
à toutes ces revendications, formulées au nom de la science sociale,
du droit naturel et du droit positif. Il en est un dont la compétence
est hors de pair dans la plupart de ces questions, c'est le congrès
des jurisconsultes. Aussi aimerions-nous à le voir prendre une
importance exceptionnelle. Tout avocat, tout jurisconsulte, tout économiste faisant profession de foi catholique, quelles que fussent
d'ailleurs ses opinions, devrait lui donner, ce nous semble, sa pleine
adhésion et, dans la mesure possible, un efficace concours. Qu'importent les divergences qui se produiraient au sein d'une assemblée
ainsi faite! Elles ne porteraient pas, évidemment, sur ces principes

de droit naturel, partie intégrante de l'enseignement catholique, mais seulement sur des déductions plus ou moins lointaines de ces principes, ou bien sur des questions de droit positif ou d'économie sociale. Dès lors ces divergences ne peuvent qu'être utiles; si elles n'existaient pas, il faudrait les provoquer. Le génie humain est toujours court par quelque endroit, a-t-on dit; à plus forte raison l'esprit de chacun de nous, qui n'avons, sans doute, pas la moindre prétention au génie. Par suite de cette étroitesse native, nous ne voyons, le plus souvent, surtout dans ces questions si mêlées et si complexes, qu'une partie de la vérité, un côté des choses que nos aptitudes intellectuelles nous portent à considérer. Dès lors n'est-il pas utile que des esprits différents, ayant d'autres inclinations et d'autres aptitudes étudient ces mêmes questions, en considèrent les faces que nous avons négligées, et viennent, à leur tour, formuler leurs appréciations et leurs avis? Qui dit diversité ou même divergence, ne dit point toujours contradiction. Très souvent il suffira d'examiner d'un peu près ces opinions divergentes, pour les voir se souder par un certain point d'abord inaperçu, s'unir sans se confondre, se compléter les unes les autres et donner ainsi la totale révélation de la vérité. Tel serait le résultat final des débats qui se produiraient entre des hommes sincères, sérieux, bien élevés et surtout charitables comme doivent l'être toujours des catholiques. Cela ne vaudrait-il pas mieux que de s'enfermer dans un exclusivisme peu sûr de lui, puisqu'il refuse d'entendre toute opinion étrangère? Laissons cet exclusivisme aux esprits absolus qui parlent sans cesse de principes catholiques sans dire jamais et peut-être sans savoir au juste quels ils sont, ni surtout quelle est leur souplesse, leur flexibilité dans les mille applications qui en peuvent être faites. Les catholiques français, au lieu de se diviser misérablement, formeraient une grande armée, aux rangs serrés et profonds, prête à marcher contre l'ennemi commun, le socialisme d'État. Cette union est la pressante nécessité de l'heure actuelle et le strict devoir de tous. Telle est, sans aucun doute, la ferme conviction de Léon XIII qui, depuis plusieurs années, n'écrit pas une encyclique, pas un bref, pas la moindre lettre sans nous recommander cette union. Après avoir inventé, pour exprimer des sentiments bien anciens, l'expression légèrement emphatique de la dévotion au Pape, il ne siérait guère de refuser au Vicaire de Jésus-Christ l'obéissance qui lui est rigoureusement due sur ce point comme sur tous les autres. Au reste, le salut de la France est dans l'union des catholiques ou il n'est nulle part, et il faut désespérer de l'avenir de ce pays.

On le conçoit, le clergé ne peut demeurer indifférent et inerte en face des empiètements du socialisme d'État; il a l'obligation de prendre une part active à la controverse si ardemment engagée. La tâche qui lui incombe, à lui, c'est de redonner au peuple chrétien, qui l'a depuis trop longtemps perdue, l'idée nette et précise de l'Église et de ses droits. Cette tâche n'est pas sans difficultés. La théologie catholique n'a point encore un traité de l'Église vraiment complet et répondant aux nécessités actuelles. Les grands scolastiques du moyen âge se sont peu occupés de l'Église. A quoi bon? Son action était partout sensible et triomphante; tel point de son dogme était parfois contesté audacieusement, mais nul ne songeait à la contester elle-même. Le protestantisme modifia profondément cette situation; cependant il affecta de vouloir simplement transformer la hiérarchie ecclésiastique et non point la détruire. De fait, il la décapita en niant la primauté effective du Souverain Pontife, et substitua des ministres sans juridiction aux vrais successeurs des apôtres, les évêques, et aux prêtres délégués par eux. Ainsi les apparences furent en partie sauves; dans quelques pays, notamment en Angleterre, rien ne sembla changé, et les populations y furent trompées.

Les théologiens catholiques saisirent parfaitement la perfidie de cette tactique, et il leur fut facile de la démasquer. Ils mirent dans une vive lumière les marques distinctives de la véritable Église, ce quadruple caractère d'unité, d'universalité, d'apostolicité et de sainteté, qui ne permet point de la confondre avec ses rivales. Il suffit d'ouvrir Bellarmin pour voir cette thèse se dérouler dans toute sa puissance logique. Notre tort, à nous, est d'en être demeuré à peu près là. Dans tous nos traités on insiste très au long sur ces notes de l'Église, quoiqu'elles n'aient d'importance que dans la controverse avec les protestants, et ne servent presque à rien dans la lutte bien autrement terrible contre les rationalistes. Ceux-ci, en effet, essayent-ils de remplacer la hiérarchie catholique par des clergés nationaux, comme au seizième siècle? Point du tout, Ils veulent la détruire radicalement; à les entendre, elle n'est qu'une institution purement humaine, sans laquelle la religion peut parfaitement exister; le christianisme lui-même en est tout à fait indépendant. La hiérarchie est une superfétation qui est venue se greffer sur l'idée chrétienne dont elle épuise la sève; si bien que pour restaurer le christianisme primitif, il faudrait commencer par la détruire.

On le voit, la lutte s'est déplacée, ou plutôt elle s'est élargie et porte plus à fond. La défense s'est-elle modifiée dans une égale mesure? Nous ne le croyons pas.

Ce qu'il faudrait pénétrer, disséquer, analyser, c'est cette constitution de l'Église si méconnue, sa structure interne, ses organes essentiels, ses fonctions vitales et nécessaires. C'est une étude physiologique de ce corps immense et si parfaitement organisé par la main de Jésus-Christ qu'il faudrait entreprendre et pousser jusqu'au bout. On trouverait palpables et saisissantes, dans les entrailles mêmes de l'organisme catholique, des preuves de sa divine origine et de sa mission céleste. On verrait quels liens étroits et nécessaires la rattachent au christianisme tout entier, dogme, morale, sacrements; ou plutôt on verrait qu'elle n'est autre chose que le christianisme vivant, parlant et agissant dans une merveilleuse continuité à travers le temps et l'espace. Il serait facile alors de déterminer les droits qui en résultent, les prérogatives dont cette Église a été investie. L'écrivain qui mettrait tout cela dans une vive lumière ferait faire un pas considérable à l'apologétique contemporaine.

Avouons-le, rien de complet n'a été efficacement tenté dans ce sens parmi nous. En Italie et en Allemagne, des théologiens éminents ont entrepris des études fragmentaires sur cette question; mais un travail d'ensemble, un traité lumineux, décisif, intégral, nous ne le connaissons pas. Le R. P. Palmiéri a publié sur le Souverain Pontificat une œuvre magistrale; mais le Souverain Pontificat n'est pas toute l'Église, pas plus que la tête n'est tout l'homme. Le cardinal Franzelin a étudié dans son traité de la Tradition quelques-unes des fonctions et des immenses ressources de l'Église enseignante. Un autre théologien de marque, membre lui aussi du Sacré-Collège, Tarquini, a résumé dans quelques pages substantielles tout ce qui a été dit de meilleur sur le droit public de l'Église. Le P. Martin (un Français!), dans la préface de son beau livre sur *le Mariage*, a exposé avec une rare élévation les principes généraux qui dominent et éclairent la question des rapports de l'Église et de l'État. Ce sont là les éléments du traité que nous demandons; mais le traité reste à écrire. Quand donc une haute et forte intelligence s'emparera-t-elle de ces éléments et de quelques autres, épars çà et là, pour les fondre, les compléter, et nous donner une synthèse larg, élevée, profonde et lumineuse de toute la question? On dit qu'à une certaine époque, le P. Franzelin, simple professeur, s'était occupé de ce travail dans sa studieuse solitude du Collège romain. S'il l'avait définitivement abandonné, nous regretterions vivement, pour notre part, que son élévation à la dignité cardinalice l'empêchât de rendre à l'Église ce service suprême.

Les mêmes lacunes se remarquent chez nos apologistes français. Le P. Lacordaire s'est contenté d'effleurer la question de l'Église; ses successeurs ne l'ont point sensiblement avancée. Nous n'entendons nullement formuler ici une critique, mais constater un fait qui ne diminue en rien notre respectueuse et reconnaissante admiration pour leur talent. Ils n'ont pu tout dire, sans aucun doute, et voilà pourquoi l'Église ne tient qu'une place relativement restreinte dans leur enseignement apologétique, tandis qu'elle occupe, hélas! à elle seule, presque toute la controverse contemporaine.

Faut-il s'étonner que beaucoup de fidèles ignorent les droits essentiels et les plus indispensables prérogatives de l'Église? Les droits et prérogatives de l'État, au contraire, ne sont que trop connus et sentis. L'État est un *être de raison* qui, à certaines heures, devient tout à fait palpable; on le voit, on le touche, dans le maire, le gendarme, le percepteur, le juge, et les innombrables agents dont il nous entoure. Si c'est un dieu, comme on le prétend, ce dieu compte plus d'incarnations que Vichnou; il se manifeste de mille manières. La religion, elle, a pour unique représentant auprès du peuple un pauvre curé, derrière lequel il est difficile, au plus grand nombre, d'apercevoir ce corps immense et puissant, cette Église qui porte dans son sein la vérité, la grâce, la juridiction, les pouvoirs de Jésus-Christ et Jésus-Christ lui-même en personne, dont elle nous dispense la vie.

Il nous appartient, à nous prêtres, de redonner aux fidèles une grande et large conception des droits de l'Église, de ses inaliénables prérogatives. Les rapports qui peuvent et doivent se nouer entre elle et l'État seront alors beaucoup mieux compris. Telle est la part exclusivement doctrinale et théologique qui nous revient de droit dans la controverse contemporaine.

Une part beaucoup plus lourde incombe à la presse religieuse. Le développement logique de notre thèse nous oblige à en dire un mot; il sera court et discret; la question est épineuse et particulièrement délicate aujourd'hui. Nos lecteurs auraient grand tort de chercher ici la moindre allusion à des faits encore récents ; nous émettons, non sans quelque embarras et avec une certaine timidité, des idées générales qui nous semblent justes, en dehors de toute appréciation de personnes.

Nous avons entendu parfois formuler contre la presse religieuse d'assez gros griefs. Quels que soient ses inconvénients, le journalisme catholique est d'une absolue nécessité. Comment sans lui faire échec au socialisme d'État, en dénoncer quotidiennement les perfidies, les envahissements occultes, les oppressions violentes ? comment revendiquer les libertés perdues, les droits outragés, mettre en lumière les principes méconnus, redresser peu à peu cette opinion capricieuse qui se laisse si facilement égarer ? comment, en un mot, plaider efficacement la cause catholique et en préparer le futur triomphe ?

On semble craindre aussi la prédominance de ce que l'on appelle le laïcisme dans les affaires religieuses... Et d'abord les laïques sont bien quelque chose au sein de l'Église ; à vrai dire, tout le reste ne subsiste que pour eux. Qui leur dénierait le droit de prendre souci des intérêts catholiques et le devoir de les défendre autant qu'ils le peuvent ? Leur place est toute marquée dans la presse périodique ; les luttes qui s'y livrent quotidiennement leur conviennent mieux qu'au prêtre lui-même qui y perd souvent de sa dignité. Il n'est permis à personne d'oublier les services immenses que certains journalistes ont rendus à l'Église ; si la cause de la vérité a remporté au cours de ce siècle quelques victoires signalées, nous le leur devons en partie.

Mais pour continuer d'être utile, il faut que la presse religieuse se tienne en étroite communauté d'idées et de sentiments avec l'Épiscopat et le Souverain Pontife. Les soldats que leur bravoure a poussés aux avant-postes pour y harceler l'ennemi, se replient sur le gros de l'armée sitôt que le clairon sonne le ralliement. Rien ne serait plus dangereux que de rêver une presse catholique indépendante de l'Épiscopat et du Souverain Pontife, non seulement dans les choses doctrinales, mais dans les questions de conduite, dans la discussion quotidienne des intérêts religieux, dans ces controverses qui peuvent naître chaque jour.

Qu'on le veuille ou non, les journalistes catholiques détiennent une part de l'action doctrinale et gouvernementale de l'Église elle-même. N'est-il pas vrai que dans nos feuilles religieuses on aborde des points de doctrine, on apprécie les faits qui importent le plus à la direction et au gouvernement de l'Église, on discute parfois les actes, la conduite et même les intentions des personnes ecclésiastiques? On engage ainsi dans une certaine mesure devant l'opinion et devant les puissances séculières les intérêts religieux, et, bon gré mal gré, l'Église elle-même. Les rédacteurs de ces feuilles s'adressent aux fidèles par-dessus la tête des évêques, et exercent sur le clergé une influence qui a pu parfois sembler excessive. Ils parlent de théologie, de droit canonique, d'histoire sacrée et de mille autres choses, sans être précisément de bien sûrs docteurs en ces matières; et leur parole a toujours un retentissement très considérable.

Autrefois les luttes d'opinions expiraient à la porte des écoles ou du moins n'avaient d'écho que dans le clergé, ce qui ne les empêchait pas d'être souvent très âpres, alors même que l'autorité ecclésiastique était là pour les modérer, les diriger, et, au besoin, pour imposer silence aux belligérants. Aujourd'hui ces débats ont pris de bien autres proportions. La presse les a transportés dans la rue, sur la place publique. Les laïques sont pris à témoin, érigés en juges; ou plutôt ils acceptent les jugements tout faits que leur sert quotidiennement leur journal. De là peuvent naître des divisions profondes, capables de compromettre la cause catholique et de mettre en péril l'Eglise elle-même.

Aussi est-il absolument impossible que l'Église se désintéresse de ces querelles; son intervention devient de plus en plus nécessaire et sera de jour en jour plus fréquente.

Plusieurs fois déjà elle a parlé. Si on recueillait les documents émanés du Saint-Siège et de l'Episcopat depuis un demi-siècle, on aurait un commencement de législation canonique sur la presse. Cette législation se complétera; les écrivains et les publicistes y trouveront des lumières précieuses. Sans doute leur tâche demeurera toujours rude et méritoire; toutes les difficultés ne peuvent être ni prévues ni écartées; les circonstances, en se modifiant, rendent des changements de tactique nécessaires. Les journalistes auront à recevoir, peut-être à provoquer de nouvelles directions; elles ne leur manqueront pas. Le Pape et les évêques seront toujours là pour répondre à leur appel et leur prêter un nécessaire concours; Dieu leur inspirera de parler en temps utile, et la presse religieuse rendra des services d'autant plus précieux, qu'elle se montrera plus docile à écouter et à suivre ces assentiments d'en haut.

(A suivre.)   FONTAINE, *S. J.*

DANS LA FOURNAISE ⁽¹⁾

En nous dirigeant vers les lacs, nous avions vu se dessiner à notre gauche les collines de Meudon que ne masquaient plus les arbres. Sur ces hauteurs se déroulaient des masses noires et qui me semblaient mouvantes. Était-ce l'ennemi?

Pendant notre promenade, je me penchais vers le sol pour y chercher des balles ou des débris d'obus. N'en trouvant pas, je ramasse vers la ligne de nos avant-postes, près du rond de la Source et de la Butte-Mortemart, l'une des branches d'arbre qui jonchent la terre. Mon père, avisant un petit pin d'Écosse, recueille pieusement le charmant arbuste.

Après avoir contemplé le Mont-Valérien, nous rentrions à Paris, nous marchions au milieu des formidables défenses de l'avenue Uhrich (2), quand nous apprenons que, depuis le matin, on connaît à Paris le rejet de l'armistice. La détonation que nous avions entendue pouvait déjà nous faire pressentir cet événement. La pensée que l'armistice était peut-être conclu nous avait donc permis de quitter Paris, de nous débloquer à notre manière ; et le doute que nous conservions à cet égard avait donné à notre promenade ce charme étrange d'un péril qu'on brave. Je sais bien qu'il est ridicule de se jeter au-devant d'un danger quand aucun devoir de patriotisme ou d'humanité ne nous y oblige ; et que, si nous avions été tués, nulle gloire n'aurait suivi notre trépas. Mais enfin, j'ai entrevu les Prussiens, et j'ai acquis l'intime conviction que Paris est imprenable.

Pendant que, par la nuit noire, nous suivions les larges avenues qui nous ramenaient au logis, la vue de l'arbuste que portait mon

(1) Voir la *Revue* du 15 septembre 1885.
(2) C'était le nom que portait alors l'avenue de l'Impératrice, aujourd'hui l'avenue du Bois de Boulogne.

père m'a rappelé, outre *la forêt qui marche*, un doux souvenir de mon enfance : « Ce pin, c'est l'arbre de Noël! » Hélas! privé de sa racine, vivra-t-il jusqu'au 24 décembre? Et nous-mêmes serons-nous là pour l'illuminer et l'orner comme autrefois dans notre pauvre Alsace?

J'ai accordé les honneurs du calon à ce cher arbrisseau qui nous envoie son parfum balsamique, et nous sourit tristement par son feuillage :

Deuil de l'été, parure des hivers (1).

Puis, j'ai placé dans le plus apparent de ses rameaux un drapeau tricolore en miniature (2). Et pourquoi pas? La terre sur laquelle était renversé cet arbuste, est presque sur la limite que n'a pas encore profanée le contact de l'étranger; puis, c'est pour aider à notre défense que ce pin a été coupé; enfin, comme nous l'avons recueilli sous les batteries de l'ennemi, c'est notre trophée, et il est tout naturel que nous y arborions nos couleurs nationales!

Pauvre relique! nous la conserverons.

... Et maintenant nous voici en présence d'une lutte sans trêve ni merci, d'une lutte à outrance. Les desseins de Dieu sont insondables. Qui sait ce que nous réservait l'armistice? Si, après vingt-cinq jours, nous avions dû recommencer notre existence de privations et de souffrances, notre force ne se fût-elle pas émoussée? Nous aurons aujourd'hui le courage du désespoir; et cette force surhumaine peut nous sauver avec l'aide du Dieu qui soutiendra notre énergie.

13 novembre... (Au retour d'une visite.)

Dans l'omnibus qui nous ramenait, j'ai été témoin d'une scène attendrissante. Il y avait là de jeunes époux couvant du regard leur enfant, une petite fille qui reposait sur les genoux de sa mère. En face d'eux était un homme jeune encore, et qui leur a demandé l'âge de l'enfant. — « Seize mois », a répondu la mère. « J'ai aussi une petite fille de cet âge », a répliqué l'inconnu, « mais je ne sais ce qu'elle est devenue... » — « Ah! elle est en province. » — « Oui... » Et cet homme était triste et pensif... Sans doute il avait envoyé sa famille dans un département non envahi... Et maintenant

---

(1) Vers de M. de Sabran.
(2) Que j'ai cependant voilé de noir peu de jours après.

il était seul, dans ce double isolement que crée l'absence totale de nouvelles...

Le père de la jolie petite fille l'a prise dans ses bras, et l'a tendrement caressée; puis il se sera dit que ce spectacle était poignant pour son voisin moins heureux, et, avec un mouvement d'une touchante délicatesse, il a penché son enfant vers l'inconnu qui l'a embrassée... Ce baiser allait plus loin..., et cherchait, j'en suis sûre, une autre enfant!

15 novembre. — Que d'émotions en sens contraire, j'éprouve ce matin!... Je n'ai pu retenir une exclamation de bonheur en apprenant, d'une manière certaine, une nouvelle qui déjà circulait hier. Une de ces armées de secours *qui existent, qui existent réellement,* a repris Orléans après une véritable victoire! Dieu soit loué!...

Que Mgr d'Orléans aura été heureux de revoir flotter le drapeau français sur cette ville épiscopale que l'éclat de son nom et l'élan de sa charité apostolique avaient déjà protégée contre l'étranger!

Ainsi, c'est la ville sauvée par Jeanne d'Arc, c'est Orléans, qui voit la première victoire remportée par la France. Et c'est Paris, la cité sauvegardée par sainte Geneviève contre les Huns, c'est Paris qui arrête avec une héroïque fermeté la terrible invasion sous laquelle notre pays allait être submergé.

L'intercession de nos deux saintes libératrices nous protège encore auprès du Dieu des armées.

17 novembre. — On dit qu'Étampes est repris par l'armée de la Loire... Serait-il vrai que cette armée fût si près de nous? Ah! je n'ose encore ajouter trop de foi à cette heureuse nouvelle... Mais j'espère, j'espère toujours.

... La visite d'une ancienne amie m'a représenté bien vivement le souvenir de nos désastres. Le fils de Mme C..., capitaine d'infanterie, a dû être fait prisonnier à Metz, à moins que la mort ne l'ait préservé de la captivité... (1). Quel doute! Quelle alternative! Mme C... nous racontait que, dernièrement, l'une de ses parentes qui, elle aussi, a un fils dans la même situation, lui disait que si Paris se rendait, elles connaîtraient du moins toutes deux le sort de leurs enfants. « Non, pas à ce prix, répondit Mme C..., ma patrie avant mon fils! » J'ai trouvé que cette admirable réponse était digne des beaux temps de Sparte.

(1) Hélas! ce brave officier était mort.

26 novembre. — En allant acheter à la mairie un bon de fromage, mon père a rencontré un référendaire de la cour des comptes qui en rapportait... un petit paquet de charbon.

Les rencontres du siège ne sont plus précisément celles de nos salons.

28 novembre. — Cette nuit le canon a retenti d'une manière étrange. Les décharges d'artillerie semblaient se répondre. Depuis hier matin les portes de la ville sont fermées. On attend le grand combat. Paris est triste. Que de douleurs et que d'angoisses les gardes nationaux mobilisés ont laissées derrière eux en partant! C'est demain, dit-on, que sera livrée la bataille qui se prépare... Quelle attente!

D'amers découragements se trahissent chez les personnes que je vois depuis ces derniers jours. J'essaye de faire passer dans leurs âmes l'indomptable espérance qui m'anime. Mes forces physiques s'épuisent, mais mon énergie est toujours la même.

« Décharge sur Jéhovah ta destinée; il te soutiendra. » (Ps. LV.) ... « Ils s'assemblent, ils se cachent, ils guettent mes pas... Mes ennemis sont en arrière, je le sais, parce que Dieu est pour nous. » (Ps. LVI.)

« Mon cœur est affermi, Dieu, mon cœur est affermi... Réveille-toi, ma gloire, réveillez-vous, lyre et harpe : je réveillerai l'aube matinale. »

L'aube matinale! Puisse ce mot s'appliquer à demain. Demain!

29 novembre, 9 *heures du matin.* — Je ne me suis couchée qu'à une heure du matin. Les grondements répétés du canon m'ont alors empêchée de prendre le repos qui m'était si nécessaire. Mes fenêtres tremblaient et, à deux ou trois reprises, les éclairs produits par les décharges d'artillerie ont brillé à travers mes persiennes et mes rideaux. Enfin j'ai pu dormir; mais à peine avais-je sommeillé pendant peu d'heures, que j'étais réveillée par un grand tumulte. Qu'était-ce? Une émeute? Un passage de troupes? Non. Je me suis alors souvenue que c'était le départ des ambulances militaires... La bruyante gaieté des infirmiers m'a d'abord causé une étrange impression. Elle me semblait aussi lugubre que le serait celle de croque-morts qui iraient chercher les défunts en sautant. Puis je me suis dit qu'après tout, il était heureux que ces braves garçons

eussent un si alerte courage. « Au feu! » criait, je crois, l'un d'eux.
Oui, au feu! non pas pour se battre, mais pour relever les victimes!
Et les voitures d'ambulances se succédaient... Comment reviendront-
elles? — Des bruits de pas se faisaient aussi entendre. Les gardes
nationaux, appelés pendant la nuit, se rendaient aux remparts.

Une demi-heure après, les coups de canon se succédaient avec
précipitation et formaient un feu roulant...

Comment alors aurais-je pu dormir? L'homme combat, la femme
prie! Grâce à Dieu, je n'ai à cette heure d'autre préoccupation que
celle de la patrie. Les anxiétés de celles qui ont dans la mêlée un
père, un frère, un mari, un fiancé, ces anxiétés me sont épargnées;
mais avec quelle ardente sympathie je les comprends! Puis nous
avons aussi des amis qui, en ce moment, peuvent se trouver exposés.
Que la Providence veille sur eux et sur leurs compagnons d'armes!

... Depuis 8 heures environ, je n'entends plus les décharges
d'artillerie. Le combat a dû s'éloigner.

Midi. — Même silence.

Mon Dieu, mon Dieu, aujourd'hui comme cette nuit, je vous
invoque à notre secours! Oui, notre France fut bien coupable envers
vous! Mais vous, Seigneur, vous dont l'infinie miséricorde aurait
fait grâce aux villes maudites si elles avaient pu compter dix justes
seulement, pardonnez à notre pays, en faveur de ce grand nombre
de Français qui vous ont toujours aimé, autrefois et maintenant!
Pardonnez-lui en faveur de l'admirable élan qui, relevant ceux-là
même dont vous étiez méconnu, leur fera sentir que vous vivez
toujours en eux! Pardonnez à notre pays en faveur de ce titre qu'il
mérita naguère et dont il est redevenu digne : le soldat de Dieu!
Pardonnez-lui enfin, au nom de ce que nous souffrons pour son
salut! Et vous, Mère de notre Dieu, céleste Patronne de la France;
et vous, virginales libératrices de notre sol, sainte Geneviève, *sainte*
Jeanne d'Arc; et vous, âmes qui avez béni, illustré notre pays,
votre patrie terrestre! ah! groupez-vous à cette heure autour du
Dieu des armées, et priez-le d'accorder uue glorieuse délivrance au
peuple qui a été l'objet de votre protection ou de votre dévouement!

Pitié, ô mon Dieu, pour tous ceux qui tombent, amis ou ennemis!
Soulagez les souffrances des blessés, et accordez aux morts la récompense du devoir accompli!

Même jour. — Comment nos soldats ne seraient-ils pas électrisés par l'émouvante proclamation du général Ducrot! Courage, confiance, puisque nos chefs conduisent leurs troupes au combat en invoquant Dieu!

... Si nous sommes vainqueurs, quelle belle fête religieuse nous pourrions consacrer annuellement au *Dieu de la délivrance!* Ne serait-ce pas l'occasion de canoniser Jeanne d'Arc?

30 *novembre* (bataille de Villiers).

3 *heures.* — Un effroyable roulement ébranle l'air depuis plusieurs heures. Les détonations du canon, le craquement des mitrailleuses, le bruit strident de la fusillade, tout se confond en une sauvage harmonie qui fait rêver à ces terribles orages pendant lesquels la foudre ne cesse de gronder. C'est du sud-est que vient le bruit, c'est là qu'est la bataille.

Que de femmes, en entendant ces détonations, doivent se dire : « Peut-être est-ce ce coup qui tue l'être aimé pour lequel je tremble? » Aussi, depuis hier, en rencontre-t-on à peine une ou deux dans la rue. Paris est désert... Les hommes sont partis, et leurs mères, leurs compagnes, leurs sœurs, pleurent ou gémissent au foyer solitaire.

Ce matin, des brancardiers portaient un blessé sous nos fenêtres. Peu de moments après, passait le convoi d'un garde national.

Quel aspect doit offrir le champ de bataille! Nos soldats, y portant la sainte et généreuse indignation de l'homme qui défend son foyer, ont, j'en suis sûre, l'ivresse du courage français. Je les vois s'élancer sous la mitraille... Hélas! je vois aussi ceux qui sont renversés.

... Que j'aime à lire aujourd'hui ce passage de l'hymne chantée pendant l'Avent :

« Vous qui serez notre souverain Juge au dernier jour, nous vous en conjurons, défendez-nous contre nos ennemis avec les armes de votre céleste grâce.

« ... Cieux, répandez votre rosée, et que les nuées pleuvent le juste.

« Que la terre s'ouvre et germe le Sauveur. »

Dieu bénit nos espérances. En réveillant par un succès *l'aube matinale* d'hier 29, nous avons ouvert une campagne qui promet d'être glorieuse.

Aujourd'hui nous occupons Montmesly.

1er *décembre*. — La bataille continue, disait la dépêche officielle publiée ce matin et datée d'hier soir, 5 heures. La principale action se déroule à Cœuilly et à Villiers-sur-Marne.

En allant faire une prière devant le saint Sacrement exposé à la chapelle des Bénédictines, j'ai trouvé le sanctuaire tout à fait désert. Deux femmes seulement y étaient. L'une, élégante et jeune, appuyait son mouchoir sur son visage. Quand je l'ai vue, je me disposais à sortir, mais je me suis arrêtée en deçà du seuil et j'ai associé ma prière à celle de l'inconnue.

Mon père m'a conduite sur divers points de la ville... Pendant notre longue promenade à l'ouest et au nord de Paris, nous avons vu partout des enterrements, des voitures d'ambulances, des gardes nationaux marchant, ou stationnant, ou s'exerçant, — des femmes formant la queue aux boucheries — et nombre de boutiques fermées.

Comme nous rentrions vers le soir, mon père a dû passer au Ministère de la guerre. Je l'ai attendu à Sainte-Clotilde. J'avais cru trouver l'église froide et déserte comme dans une soirée d'hiver. Combien j'ai été surprise en la voyant illuminée comme dans les grandes solennités ! Un service allait y être célébré pour appeler sur nos armées la protection de Dieu, et le saint Sacrement rayonnait sur l'autel. De même qu'Israël était protégé par l'arche d'alliance, nous le sommes par le tabernacle où réside le Verbe fait chair.

Pendant le salut, j'ai pensé avec émotion au contraste qu'offraient et cette pieuse retraite, et le champ de bataille dont les échos ne nous parvenaient plus. Là-bas, le bruit du canon et de la mitraille ; ici, les sons doux et majestueux de l'orgue ; là-bas, les cris des combattants et les plaintes des blessés ; ici, les chants des lévites ; là-bas, les hommes qui déchargeaient leurs fusils ou tiraient leurs épées ; ici, les femmes en deuil qui employaient pour eux la plus douce et la plus puissante des armes : la prière.

En rentrant au logis, nous lisons que ce jour a été consacré par nos troupes à relever les blessés et à recueillir les morts, abandonnés les uns et les autres par les Allemands en fuite.

2 *décembre.* — Bataille de Champigny.

10 *heures.* — Que se passera-t-il aujourd'hui ? Austerlitz nous vengera-t-il de Sedan ?

Bon espoir ? Le temps est superbe. Le froid est vif, mais nous avons *le soleil d'Austerlitz !*

... Le furieux combat recommence... Comme avant-hier, le fracas en arrive jusqu'à nous.

Midi. — Émue, haletante, j'entends l'effroyable tumulte de ces coups qui se pressent et qu'on ne peut plus compter... Heureux les soldats qui combattent pour le salut de la France! J'ai la fièvre, le cœur me bat violemment et j'ai de la poudre dans les veines. Je ne me reconnais plus... Je voudrais être homme! je voudrais me battre !

Que ne puis-je trouver une occasion de servir mon pays, dussé-je mourir...

Mais je suis femme... Je ne dois pas verser le sang... Ah! si du moins, comme Jeanne d'Arc, nous, femmes, qui voudrions sacrifier notre vie à notre France, nous pouvions nous élancer dans la mêlée en agitant le drapeau national qui serait notre seule arme!...

Où s'égare mon imagination? Mon cœur et ma raison me ramènent à la seule occupation qui maintenant convienne à mon sexe... L'arme que je dois tenir est le ciseau qui va me servir à préparer les compresses de quelques blessés... Prions en travaillant !

2 heures un quart. — On bat la générale dans notre rue... Pendant que le canon gronde, que veut dire ce signal d'alarme? Notre armée faiblit-elle, ou bien les Prussiens tentent-ils une diversion du côté opposé à celui de la bataille?

Soir. — Non, la générale n'est pas, aux jours où nous sommes, un signal d'alarme ; ce solennel appel n'est employé que pour réunir les gardes nationaux, afin que ceux-ci se tiennent prêts à marcher *en cas de danger.*

3 décembre. — Dieu soit loué! La victoire a continué de nous sourire hier...

Ce matin encore, la générale était battue dans notre quartier pour appeler ceux des gardes nationaux mobilisés qui devaient partir. Le cœur se serre quand l'on voit s'éloigner ceux qui peut-être ne reviendront pas...

Ce soir je suis inquiète. Nous sommes en plein dégel; la pluie tombe en abondance. Pourvu que ce temps ne contrarie pas les plans de nos généraux! Je redoute un nouveau débordement de la Marne... Comme nos pauvres gardes nationaux en campagne vont souffrir pendant la nuit!

... Je lis que le correspondant du *Times*, à Versailles, s'imagine

que les femmes de Paris doivent être les alliées des assiégeants...
Si ce rédacteur entrait dans la ville bloquée, il serait bien vite
détrompé. Nous n'avons pas, il est vrai, le théâtral courage des
Lacédémoniennes, mais nous avons, pour la plupart, l'humble fermeté des chrétiennes. Aussi n'éprouverons-nous jamais cette défaillance qu'Aristote reproche aux femmes de Sparte qui, devant l'invasion thébaine, jetèrent plus de trouble dans la ville que l'ennemi
lui-même. Loin de là! Quelles que soient nos souffrances, nous con-
tinuerons d'exalter le fier courage de nos concitoyens.

4 décembre. — (A propos de la mort héroïque du colonel de
Grancey, tombé à Champigny.) Ancien officier de marine, M. de
Grancey avait renoncé à sa carrière militaire pour épouser Mlle de
Rivière, fille du duc de ce nom. Il sentait avec ravissement les joies
si calmes de sa nouvelle existence, lorsque l'ennemi envahit notre
territoire. Mme la vicomtesse de Grancey était sur le point de devenir
mère; son mari la conduisit en province. Dans la nuit même qui
suivit son arrivée, Mme de Grancey donna un enfant à son époux, qui
repartit immédiatement pour Paris avec le régiment de la Côte-d'Or.
M. de Grancey a été frappé avant-hier sur le champ de bataille et
ses dernières paroles ont été pour sa femme absente.

M. de Grancey commandait le régiment auquel appartenait M. de
Dampierre. Que de rapprochements entre la mort de ces deux gentilshommes!

Accusera-t-on encore la noblesse de France? Sous la république
même, ne donne-t-elle pas au pays le plus pur de son sang!

... Aujourd'hui encore nous avons entendu les coups de canon,
mais ce bruit était lointain et sourd.

Que l'office divin de ce jour est consolant! « Peuple de Sion,
voici que le Seigneur vient pour sauver les nations : le Seigneur
fera entendre sa voix avec gloire et vous vous en réjouirez... L'éclat
de la gloire sortira de Sion : Dieu viendra visiblement... Lève-toi,
Jérusalem, tiens-toi sur un lieu élevé; considère les grâces que ton
Dieu va t'accorder. »

Ces paroles, oui, je le sais, s'appliquent à la venue du Sauveur;
mais ne nous est-il pas permis de les étendre à ce salut national
que nous attendons?

5 décembre. — Pourquoi s'inquiéter de ce que le général Ducrot ait fait repasser la Marne à nos soldats? Ne nous rappelons-nous point la proclamation par laquelle on nous avertissait que nos généraux ordonneraient de fausses attaques et de fausses retraites?

6 *décembre*. — Depuis avant-hier, j'ai peu entendu le canon. Des deux côtés on soigne les blessés, on enterre les morts, on se prépare enfin à reprendre le sanglant combat...

7 *décembre*. — Ce matin j'avais pressenti un nouveau malheur national en entendant les voix lugubres qui annonçaient le *Petit Moniteur*. Ce n'était plus cet accent triomphal avec lequel les crieurs de journaux lancent, comme une joyeuse fanfare, les heureuses nouvelles de nos rares succès. C'était une psalmodie qui ressemblait au chant du *Requiem*. Je connaissais ce rythme sinistre : c'était celui avec lequel les vendeurs de journaux annonçaient la reddition de Metz.

D'après une communication du comte de Molkte au général Trochu, notre armée de la Loire est défaite, Orléans est repris. Ces nouvelles m'ont porté un coup terrible; puis, me relevant d'un abattement passager, je me suis dit : Notre armée est défaite... Est-elle anéantie? Non, M. de Molkte n'aurait pas oublié de nous le mander... Eh bien! cette même armée qui, après un premier échec, avait déjà vaincu les Prussiens et pris Orléans, ne peut-elle se relever encore? Jeanne d'Arc, Jeanne d'Arc, sainte que j'ose invoquer de nouveau, laisserez-vous au pouvoir de l'étranger la ville que vous avez sauvée?

Ne perdons pas l'espérance... Mais, hélas! que les morts vont vite! Ladreit de la Charrière, Renault *l'arrière-garde*, deux braves généraux de moins... Et le valeureux Franchetti... et tant d'autres encore... Où se terminera cette liste funéraire?

... Nos privations augmentent... Mais les Prussiens se trompent s'ils croient que la souffrance nous affaiblira : loin de là; cette souffrance, patiemment supportée, finit par devenir une habitude que nous fortifions en l'exerçant.

Soir. — Les grandes calamités ont cet heureux résultat que, non seulement elles agrandissent ou épurent les caractères, mais font surgir de sublimes dévouements. A côté de nos vaillants défenseurs qui affrontent la mort pour nous sauver, nous admirons aussi ces hommes si humbles qui exposent silencieusement leur vie pour relever et pour ensevelir les victimes du combat... Nous admirons ces Frères de la Doctrine chrétienne! Le petit enfant a reçu sur leurs genoux les premières notions du devoir; devenu homme, c'est encore dans leurs bras qu'il se trouve lorsque, blessé ou mort au service de son pays, il a mis en pratique leurs saintes leçons!

Mais ce ne sont pas seulement leurs élèves, leurs fils adoptifs, qu'ils vont chercher sous le feu de l'ennemi. Tout homme, fût-il le plus acharné de leurs adversaires, a le même droit à leur dévouement. Ce sont les vrais fils de Celui qui, en mourant, priait Dieu pour ses bourreaux... Parmi les hommes que nos *frères* ont recueillis et sauvés, peut-être en est-il qui, naguère, applaudissaient lorsqu'il était dit : « Les religieux ne veulent pas se battre; mais nous les mettrons à l'avant-garde, et s'ils ne savent pas tenir un fusil, ils nous serviront au moins de barricades. » Oui, ils vous ont servi de barricades, lorsque, courant volontairement sur ce champ de bataille où vous tombiez, ils vous ont fait un rempart de leurs corps!

Devant ce dévouement, le libre-penseur lui-même a tressailli... Et c'est ainsi que la religion doit son plus sûr triomphe à un apostolat qui a été celui de son divin Fondateur : l'apostolat de la charité!

Clarisse BADER.

(*A suivre.*)

L'ÉGLISE ET SON ŒUVRE LÉGISLATIVE [1]

V

A PARTIR DE QUATORZIÈME SIÈCLE, LES TRIBUNAUX *laïques* REVIENNENT AU DROIT ROMAIN ET AUX SUPPLICES. TOUTE JURIDICTION PÉNALE *est retirée* A L'ÉGLISE EN MATIÈRE D'HÉRÉSIE.

Jusqu'au commencement du quatorzième siècle, la justice séculière se ressent de l'influence du droit canonique, bien que les pénalités civiles fussent toujours plus rigoureuses, comme le commandait l'intérêt de la défense sociale.

A partir de cette époque, la sévérité devient de la rigueur, la rigueur devient de la cruauté. La justice *laïque* revient à l'ancien droit romain et, avec lui, à ses pénalités barbares, à la *question*, à la torture, aux supplices. C'est le moment où la puissance royale tend à devenir absolue et à secouer le joug de l'Église. Non seulement le roi, mais les parlements, les légistes, les juges royaux engagent une lutte acharnée avec le Pape, les conciles et les juges d'Église; lutte qui devait finir par la diminution, puis la disparition complète de la juridiction ecclésiastique dans ses rapports avec la société civile.

Le clergé se voyant dépouillé de cette juridiction qu'il avait exercée avec honneur à une époque où, seul à peu près, il possédait assez de lumières pour rendre une justice éclairée, se considéra comme méconnu, victime de la jalousie et de la force, au lieu de recueillir la reconnaissance à laquelle il croyait justement avoir droit. Aussi les conciles excommuniaient-ils les juges laïques lorsqu'ils empiétaient sur la juridiction des *cours de chrétienté*. De leur côté, les légistes se plaignaient de l'extension qu'avait prise la juridiction ecclésiastique, sans songer que ç'avait été à la demande des souverains, ou avec leur approbation, pour les progrès de la justice et pour le bien général.

[1] Voir la *Revue* du 1er septembre 1885.

La lutte dura près de deux siècles. Malgré les protestations d'un grand nombre de conciles, notamment de Château-Gonthier, en 1268 et 1336; de Bourges, en 1276; d'Angers, en 1279; de Rouen, en 1299; de Melun, en 1300; de Compiègne, en 1301; d'Avignon, en 1326; de Lavaur, en 1368; de Paris, en 1429; malgré la bulle de Sixte IV, en 1476, la juridiction ecclésiastique disparut, sauf en ce qui concerne la discipline et le régime *intérieurs* de l'Église.

Par une conséquence naturelle, dès le commencement du quatorzième siècle, *la responsabilité des cruautés juridiques, qui apparaissent alors, écheoit tout entière aux tribunaux séculiers.* Nous le constatons à l'honneur de l'Église.

On doit dire que les tribunaux laïques furent, alors, mieux organisés, plus éclairés, que précédemment. On conçoit donc, en principe, la prétention du pouvoir temporel à reprendre, seul, la juridiction criminelle qu'il avait partagée avec les *cours de chrétienté*, en matière d'hérésie. On comprend que Pierre de Cugnières dans ses conférences, en 1329, avec le cardinal Pierre Bertrand, devant le roi Philippe de Valois, ait assuré le triomphe définitif de la juridiction séculière dans des affaires qui avaient évidemment un côté civil. Mais enfin, puisque ce sont les tribunaux civils, devenus les seuls dispensateurs de la justice criminelle, qui ressuscitèrent l'ancien droit romain, et, avec lui, la question et les supplices, proscrits par le droit canonique, il est juste de leur en laisser la responsabilité et d'en exonérer l'Église.

Voilà ce que nous tenons à constater.

Or, qu'étaient les supplices édictés par le droit romain?

« La loi romaine, dit Chateaubriand, prescrivait *la croix*, à laquelle fut substituée *la potence; le feu, la décollation, la précipitation, l'étranglement dans la prison, la fustigation jusqu'à la mort, la livraison aux bêtes, la condamnation aux mines, la déportation dans une île.* La mort par la prison ou la faim, d'abord permise, fut ensuite prohibée. »

« Les supplices de la question étaient : *le chevalet*, qui étirait les membres et détachait les os du corps; *les lames de fer rougies au feu; les crocs à traîner, les griffes à déchirer.*

« Le même homme pouvait être mis plusieurs fois à la torture. Les bornes des tourments étaient laissées à la discrétion des juges (1). »

_____

(1) *Etudes historiques*, t. III, p. 47, 48.

Voilà, à quelques exceptions près, les pénalités auxquelles revinrent les tribunaux laïques, à partir du commencement du quatorzième siècle, et qui durèrent en partie, jusqu'au dix-huitième.

Voici maintenant celles qu'ils y ajoutèrent successivement, en opposition avec le droit canonique.

Au quinzième siècle, le meurtrier était étranglé, ou roué, ou enfoui tout vif.

L'*ancis*, ou *encis*, c'est-à-dire l'auteur d'un coup brutal donné à une femme enceinte, était traîné et pendu jusqu'à ce que la mort s'en suivît.

Les sodomites étaient d'abord amputés, puis brûlés.

Le parricide était enfermé dans un sac avec un chien, un chat, un singe et une vipère, puis jeté dans un fleuve ou à la mer.

L'hérétique était condamné au bûcher, avec confiscation des biens au profit du roi.

La vente, aux ennemis, de substances alimentaires ou autres était défendue, sous peine de perdre *corps* et *avoir*.

Le commerce avec les infidèles juifs ou sarrasins était puni de la confiscation des biens. C'est en vertu de cette loi que Jacques Cœur fut mis à la question, et subit une condamnation flétrissante. Il aurait même été mis à mort s'il ne se fût échappé.

La marque, le carcan et le pilori remontent aussi au quinzième siècle (1).

C'est à dater de la même époque, et par conséquent sous le régime de la justice *séculière*, qu'on vit surgir en abondance les procès de sorcières, inconnus avant le onzième siècle, et très rares jusqu'au quatorzième. Là encore, on voit apparaître la question et les supplices. La torture déjà existante, en fait, fut érigée en loi générale, par une ordonnance de Louis XII, en mars 1498.

Passons au seizième siècle. Plus on s'éloigne, par le temps, de l'époque où le droit canonique était en faveur, plus on s'éloigne aussi de son esprit de modération. Indépendamment des peines énoncées plus haut, dont les unes furent maintenues et dont les autres tombèrent en désuétude, on voit, à partir du seizième siècle jusqu'au dix-huitième, apparaître des peines nouvelles, qui prouvent qu'en dehors de la religion, les prétendus progrès de l'humanité sont un mensonge et un leurre.

. (1) Routeiller, *Somme rurale. Action criminelle*, fol. 53 et seq., cité par Du Boys.

Parmi les peines capitales, il y a toujours la mort par le feu; celle par la roue fut décrétée, à nouveau, par une ordonnance de François Ier, en janvier 1535. Enfin, on voit apparaître la potence et *l'écartèlement*. La décapitation était réservée aux gentilshommes.

La peine des galères était considérée aussi comme une peine capitale. Le premier monument législatif qui la consacre est une ordonnance de Henri II du 15 mars 1548; mais on trouve déjà des criminels condamnés à cette peine par deux arrêts, l'un de 1532, l'autre de 1535, sous François Ier. Ils étaient préalablement marqués au fer chaud. La peine des galères était tellement cruelle que, pour s'y soustraire, les galériens se coupaient quelquefois un bras ou une main. Cette mutilation fut punie de mort par une déclaration de 1677, tant Louis XIV avait besoin de rameurs pour sa marine.

Au-dessous des peines capitales, on remarque :

L'arrachement de la langue;

L'abscission des lèvres;

L'essorillement, ou l'arrachement des oreilles;

L'amputation ou le brûlement du poignet. C'était un préliminaire de la peine capitale dans les cas de crime de lèse-majesté divine ou humaine, ou de parricide.

La marque au fer chaud. Elle s'imprimait sur les épaules, sous la forme des lettres G. A. L. pour les condamnés aux galères, sous celle d'un v pour les femmes condamnées pour vol; sous celle d'une fleur de lys, quand cette peine était jointe à celle du fouet, du carcan ou du pilori. C'est celle qui fut infligée à Calvin, pour sodomie, avant qu'il se sauvât à Genève.

Ainsi à partir du quatorzième siècle, *alors que les juges d'Église étaient chassés du prétoire*, les tribunaux *séculiers* qui les remplaçaient, au lieu des pénalités *modérées* et *pénitentielles* de l'Église, faisaient tuer, pendre, étrangler, enterrer vif, rouer, brûler, écarteler, mutiler de mille façons.

Du moins avons-nous tout dit? Non. Dans l'interminable catalogue des supplices en usage dans la justice *laïque*, il nous reste à mentionner un exemple atroce.

Le crime de lèse-majesté humaine était puni de l'écartèlement, nous l'avons dit. On y ajouta des raffinements de barbarie pour les assassins Jean Châtel en 1594, Ravaillac, en 1610, et Damiens en 1757. Les magistrats qui condamnèrent ces trois monstres, dit Muyard de Vouglans, firent précéder et suivre l'écartèlement de plusieurs autres peines qui sont marquées dans l'ordre suivant, par le dernier arrêt, celui rendu contre Damiens, savoir :

1° L'amende honorable ;

2° Le poing coupé ;

3° Le tenaillement aux mamelles, bras, cuisses et bas des jambes, sur lesquels on jette du plomb fondu, de l'huile bouillante, de la poix de résine, de la cire et du soufre fondus ensemble ;

4° Les membres ramassés et jetés au feu pour être consumés ;

5° La confiscation de tous les biens au profit de Sa Majesté ;

6° La démolition et le rasement de la maison où demeurait l'assassin, avec défense d'y construire à l'avenir ;

7° Le bannissement à perpétuité des père, mère et enfants du criminel, avec défense de jamais revenir dans le royaume sous peine d'être pendus ou étranglés, sans autre forme de procès ; enfin défense à ses frères et sœurs, oncles ou autres parents de jamais porter son nom (1).

Quittons enfin l'horrible tableau des cruautés juridiques qui vont toujours *crescendo* depuis que l'autorité des légistes et des parlements l'a emporté sur l'influence ecclésiastique. Depuis le bûcher de Jacques Molay, jusqu'à celui de Calas, la justice séculière est seule responsable de tous les supplices pour cause d'hérésie. C'est là, la calme déposition de l'histoire.

La réflexion et la logique l'expliquent. Il existait une *religion d'État ;* les crimes contre cette religion étaient considérés comme des crimes *contre les lois de l'État.* Ils formaient même une classe à part et la première de toutes, aux yeux de la société et de l'opinion : c'étaient le sacrilège, l'hérésie et l'apostasie.

En France ces crimes étaient même appelés *cas royaux et privilégiés.* La peine était celle du feu avec confiscation des biens. Philippe le Bel avait fait revivre cette pénalité en France ; Frédéric II en Allemagne.

Depuis le seizième siècle surtout c'était une maxime que : toute justice *émane du Roi.* Elle était elle-même la reproduction de cette maxime de certains jurisconsultes romains : *quod principi placuit legis habet vigorem,* d'où ces axiomes bizarres qui déshonorèrent si longtemps les tribunaux : *La loi veut ce que veut le Roi ;* le commandement du Roi est absolu et absolument obligatoire (2).

(1) Muyard de Vouglans, *Lois criminelles,* p. 133.
(2) Aug. Thierry, *Sur l'ancien esprit des légistes.*

C'est donc bien l'autorité royale ou l'autorité judiciaire émanée d'elle qui doit justement endosser la responsabilité de toute pénalité injuste ou inhumaine depuis cette époque.

Louis XV le sentit bien, lors de la condamnation du malheureux Calas. Il comprit que l'odieux du meurtre juridique commandé par son Parlement de Toulouse rejaillissait, non sur l'Église, mais sur lui. Aussi fit-il appeler le Président auquel il adressa cette sévère apostrophe : *Est-ce ainsi, Monsieur le Président, qu'on rend la justice dans mon royaume?*

Le Président fit cette réponse triviale : *Sire, si j'osais, je dirais à Votre Majesté qu'il n'est si bon cheval qui ne bronche.*

Le Roi qui savait que la condamnation avait été prononcée à la presque unanimité, lui répliqua : *Passe pour un cheval, Monsieur le Président, mais toute une écurie!...*

Voltaire, on le sait, saisit habilement cette occasion de se faire à bon marché un renom de tolérance dont ne sont pas dupes ceux qui connaissent le persécuteur acharné de Fréron, de Maupertuis, de La Beaumelle et de Jean-Jacques Rousseau, coupables seulement d'avoir froissé l'amour-propre d'auteur du philosophe de Ferney (1).

---

(1) Le fanatisme antireligieux de Voltaire était son principal mobile; la tolérance pour lui n'était qu'un masque. Aussi le président de Brosses avait-il le droit d'écrire à Voltaire : « Je voudrais que vous eussiez dans le cœur seulement le demi-quart de la tolérance et de la philosophie que vous affichez dans vos écrits. »

En effet Voltaire, courtisan habile, avait usé de son influence à la cour pour faire enfermer deux fois La Beaumelle à la Bastille, et il le fit enfin exiler. Il persécutait aussi Rousseau à Genève. Il obtint son bannissement et fit brûler son *Emile.* Il alla jusqu'à écrire : « Je vous réponds que si ce polisson de Jean-Jacques s'avisait de revenir à Genève, il courrait grand risque de monter à une échelle qui ne serait pas celle de la fortune. » La potence, voilà ce que le chevalier de la tolérance souhaitait à ses contradicteurs. Aussi Rousseau écrit-il à son tour à Buffon : « Qu'ai-je fait pour m'attirer les persécutions de M. de Voltaire? M. de Buffon veut-il que je fléchisse cet homme? Il sait bien que rien n'apaise la fureur des tigres. »

« Je m'occupe, écrit Voltaire, dans une lettre à Dalembert, à faire aller un prêtre aux galères. »

Voilà la tolérance de Voltaire et son respect de la liberté de discussion. On aurait peine à croire jusqu'à quel degré d'absurdité l'amour-propre froissé a pu l'entraîner si l'on n'avait, comme témoin, son *Mémoire présenté au Ministère de France,* pour obtenir une condamnation sévère de La Beaumelle. Ce mémoire a paru dans le *Journal* encyclopédique de 1767, numéros du 1er et du 15 août. En voici la conclusion : « L'intérêt de la société, dit Voltaire, demande qu'on effraie les CRIMINELS INSENSÉS, car il peut s'en trouver quelqu'un, parmi eux, *qui joigne un peu d'esprit à ses fureurs. Ses*

On confond facilement la tolérance avec les tirades sur la tolérance, qui n'ont été pour Voltaire qu'une réclame de parti. En défendant Calas, il servait sa haine contre la religion qu'il voulait impliquer dans l'affaire. C'était là le but constant de ses efforts, le mobile de sa conduite et de ses écrits. « Je suis fatigué, disait-il, d'entendre répéter qu'il a suffi de douze hommes pour fonder la religion chrétienne, je veux prouver qu'il suffit d'un seul pour la détruire. » *Écrasons l'infâme*, écrivait ce maniaque à Diderot, son complice, en parlant du christianisme. Dans le procès de Calas, rien n'avait révélé, pourtant, l'intervention de l'Église. Un religieux y figure : c'est celui qui accompagna la victime à l'échafaud et qui s'écria en en descendant les degrés : *C'est un juste qu'on a fait mourir.*

Voltaire, avec sa monomanie, n'était pas apte, malgré tout son esprit, à porter un jugement juste sur tous les faits où la religion était intéressée de près ou de loin. *Voltaire écrit pour son couvent,* disait Montesquieu. Il a vu, dans l'affaire de Calas, surtout un scandale à exploiter contre l'Église, au lieu d'y voir la victime d'un esprit public surexcité par des luttes religieuses séculaires, la victime de témoins fanatiques, de juges légers et d'anciennes lois barbares *ressuscitées par l'autorité civile* (1).

Voltaire tendait à entretenir le préjugé qui s'obstine à voir la main de l'Église dans toutes les procédures pour cause religieuse, même après qu'elle y était étrangère *depuis des siècles*. Il ne restait, de l'ancienne influence de l'Église, qu'une religion d'État, et chez le gouvernement comme dans le peuple, la volonté de la venger quand elle était outragée.

Le clergé n'avait pas à s'occuper des édits parus sous Philippe le Bel, Louis XII, François Ier, Henri II, Louis XIII, Louis XIV ou Louis XV. Il n'avait pas qualité pour demander leur application ou s'y opposer. La jalousie des Parlements et leur animosité étaient telles qu'il était sûr d'être éconduit quand il intervenait. Quand il est intervenu, ce fut dans le sens de la douceur. Voltaire le savait bien, mais il avait ses raisons pour le cacher. Ce prince des menteurs (2)

écrits peuvent durer... Les rois, les princes, les ministres peuvent dire alors : « A quoi nous sert de faire du bien, si le prix en est la calomnie? » Que diront les partisans sincères de la liberté de la presse et de la tolérance en face de ces excitations à la rigueur de la part d'un homme qui vilipendait lui-même ses contradicteurs?

(1) *Vie de Voltaire* (par un anonyme, son admirateur). Genève, 1786, p. 166.

(2) Lefranc de Pompignan l'a désigné en pleine académie française comme

a fait plus, il a pratiqué constamment le conseil qu'il donnait à Damilaville : *Mentez, calomniez, il en restera toujours quelque chose*. Il écrivait à son ami Thiériot : « Il faut mentir comme un diable, non pas timidement et pour un temps, mais hardiment et toujours, mentez, mes amis, mentez, je vous le rendrai à l'occasion. »

Nous le répétons, l'Église n'a été pour rien dans les peines renou-velées du droit pénal romain, par l'autorité séculière depuis cinq siècles. Quand ses membres ont joué, dans ces drames judiciaires, un autre rôle que celui de jurés ou d'assistants des condamnés, comme nos aumôniers actuels des prisons, *ce fut contre les lois et la volonté de l'Église*. Cela leur était formellement interdit par les conciles et les Décrétales des Papes. L'histoire ecclésiastique est pleine de leurs remontrances à cet égard, de leurs anathèmes, de leurs excommunications. Nous en citerons des exemples plus loin et dans notre étude sur l'Inquisition.

On dira que cela prouve l'existence des contrevenants. Sans doute; mais on ne saurait en rendre l'Église responsable, elle qui n'a jamais cessé de lutter contre les instincts cupides et cruels de l'homme faisant irruption jusque dans son propre sein. La routine et la méchanceté humaines sont si puissantes, qu'elle n'a pu toujours, malgré ses efforts, en avoir raison. Est-il juste de le lui reprocher? Ne suffit-il pas à sa justification que la participation de certains de ses membres à des actes inhumains soit une violation formelle de ses lois, et n'ait plus, par conséquent, que la valeur de faits indivi-duels qu'elle réprouve, la valeur d'accidents, non d'une loi!

L'organisation sociale d'autrefois, le morcellement indéfini des pouvoirs, des seigneuries qui avaient droit de haute et basse justice, donnaient à l'arbitraire judiciaire une latitude malheureusement très grande. Si un seigneur avait des penchants cruels, il est évident qu'il lui était facile de forfaire aux lois de l'Église, à ses devoirs, à ses serments. Il pouvait braver l'autorité lointaine de Rome.

Il y avait, en outre, des évêques simoniaques qui furent long-temps la plaie de l'Église, des évêques indignes, complaisants des souverains, attachés à leur cour, éblouis de leur grandeur, vivant de leurs libéralités, hommes sans foi qui trahissaient l'Église comme Judas avait trahi Jésus-Christ. On en vit en assez grand nombre

« *un des plus menteurs historiens qui aient paru,* sans en excepter Varillas. » (Lettre du czar Pierre à M. de Voltaire sur son *Histoire de Russie*, 1761, p. 37. Cette lettre est attribuée à La Beaumelle, à la Bibliothèque nationale.)

quelquefois pour former de petits conciles soutenant contre la Papauté les prétentions de leurs protecteurs. L'empereur Henri IV en trouva à Worms pour prendre sa défense contre Grégoire VII. Philippe le Bel eut son concile de Paris présidé par Marigny, frère de son premier ministre Enguerrand de Marigny, pendu plus tard au gibet de Montfaucon.

Mais, en bonne conscience, peut-on imputer à l'Église les mesures prises par ces lâches complaisants des souverains, aveuglément soumis à leurs passions et à leurs ordres? Tout ce qu'ils ont fait sous cette influence ne doit-il pas être attribué à leurs *maîtres*, à leurs inspirateurs? Ceux-ci, en se servant habilement d'un clergé vendu pour faire retomber sur l'Église l'odieux de leur conduite, ont commis une fourberie. Il faut être Voltaire pour oser reprocher à l'Église, par exemple, la condamnation au bûcher de cinquante-quatre Templiers par le petit concile de Philippe le Bel. Quand le philosophe ajoute à ce sujet : « Si l'Église a horreur du sang, il paraît qu'elle n'a pas le même éloignement pour les flammes ». cela peut paraître spirituel à des gens gagnés d'avance, mais c'est une tartuferie digne de l'auteur, qui savait à quoi s'en tenir sur le souffleur de cette odieuse sentence et sur le bénéficiaire des immenses richesses qu'elle lui rapportait. L'ordre des Templiers comptait neuf mille commanderies, tant en Orient qu'en Ooccident, qui rapportaient environ 112 millions de francs, somme énorme pour cette époque. Quelle aubaine pour le roi faux monnayeur.

Malheureusement Voltaire, qui connaissait la nature humaine, avait raison : il reste toujours quelque chose de la calomnie. L'igno-rance et les préjugés populaires dénaturent les faits les plus inno-cents dès qu'il s'agit de l'Église.

On sait que, dans les scènes d'exécution, figuraient pour en rehausser la solennité terrible, de longues files de religieux psal-modiant des prières pour les condamnés. Nous avons entendu, dans un groupe regardant un tableau qui reproduisait une scène de ce genre, cette exclamation d'un jeune anticlérical : *Sont-ils con-tents! Comme cela les amuse d'en voir griller un!* Voltaire n'eût pas dit mieux.

G. ROMAIN.

(*A suivre.*)

UN VOYAGE AU BRÉSIL [1]

Ce n'est pas seulement pour des crimes que les fouets sont en usage, mais pour des fautes légères. J'ai vu flageller un enfant de onze ans par un sous-administrateur, parce que l'enfant s'était plaint d'avoir mal à la tête. J'ai fait mon possible pour soustraire ces malheureuses créatures à de telles barbaries, et souvent j'ai réussi ; mais ce n'est pas sans précaution ; plus d'une fois même j'ai dû user de ruse. Un jour une pauvre femme de vingt-cinq à trente ans, cuisinière des autres esclaves, était accusée d'avoir bu un peu de vin d'Espagne sur la table de l'administrateur : c'était un simple soupçon ; personne ne l'avait prise en flagrant délit. Elle n'en fut pas moins condamnée à la flagellation pour le soir. Elle put s'échapper un instant et venir se jeter à mes pieds, me suppliant de la sauver. Je fis aussitôt les démarches nécessaires : l'administrateur promit qu'elle serait pardonnée, et, confiant en sa parole, je ne fis aucune surveillance. Mais j'appris le lendemain que, pendant la nuit, on avait arraché cette malheureuse de son grabat, et elle fut traitée plus cruellement encore, parce qu'elle était venue se plaindre. Dans la suite, je devinai un excellent moyen pour faire cesser de telles horreurs : il suffisait de menacer ces négriers d'un article de journal. Ils redoutent la publicité : car l'opinion publique, aidée par la presse de Rio, est tout à fait opposée à l'esclavage.

Je m'empresse d'ajouter que les négriers ne se livrent pas tous à de telles horreurs envers les noirs. Aujourd'hui surtout, il y a de nombreuses et honorables exceptions. Je pourrais citer des *fazendaires* qui ont interdit la flagellation d'une manière absolue, qui ont installé dans leurs campagnes des maisons d'écoles, où les enfants des noirs peuvent s'instruire. On donne même aux esclaves la moitié de la journée du samedi pour cultiver leurs petites plan-

(1) Voir la *Revue* du 1ᵉʳ septembre 1885.

tations, afin qu'ils puissent se reposer le dimanche et recevoir l'instruction religieuse.

Voilà une œuvre morale, humanitaire et civilisatrice au premier chef. Aussi, je suis persuadé que ces *fazendaires* ne redoutent en rien l'abolition de l'esclavage, qu'ils l'appellent même de leurs vœux, parce qu'ils sont sûrs que la plupart de leurs nègres resteront ou reviendront à titre de serviteurs libres.

Souvent on rencontre des *fazendaires* qui n'aiment pas à voir châtier les esclaves ; mais, vivant dans la paresse et la nonchalance, ils abandonnent le soin des esclaves et des plantations à des administrateurs. Ils ignorent ce qui se passe et ne sont pas toujours bien renseignés. Un jour, une esclave surveillante frappe une enfant de treize ou quatorze ans à qui elle était chargée d'apprendre les travaux à l'aiguille. La victime porte des traces sanglantes au visage : elle est rencontrée par la dame du *fazendaire*, qui lui demande la cause de telles blessures, et l'enfant, à qui la surveillante a eu soin de faire la leçon, répond qu'elle est tombée sur des pierres, parce qu'elle songe au châtiment dont elle est menacée, si elle fait connaître la vérité. Elle sait que la punition serait alors infligée d'une manière plus discrète et plus intelligente.

C'est ainsi que plusieurs maitres, par leur faute, ignorent la véritable situation. Des enfants de négriers, que j'avais soumis à une enquête sévère, à cause de soupçons fort légitimes, ont fini par m'avouer qu'ils s'étaient mordu la main eux-mêmes ou avaient causé tel dégât pour accuser des nègres et jouir de la distraction ou du plaisir de les faire châtier. Et les parents acceptent sans contrôle de tels témoignages ! Habitués comme ils le sont à voir traiter les esclaves en bête de somme, ces mêmes enfants m'ont demandé sérieusement si les nègres ont une âme.

En général, ceux-ci ont une nourriture assez abondante, mais détestable (un brouet de haricots noirs ou de maïs), qu'ils prennent un peu à la manière des animaux.

Après ce tableau de la vie corporelle chez l'esclave, il sera facile de comprendre que la vie de l'âme doit être le dernier des soucis du *fazendaire* : il ne faut donc pas s'étonner des tristesses dont on est le témoin journalier.

Lorsqu'un nègre vient à mourir, il est jeté en terre comme un animal, sans recevoir les derniers adieux de ses compagnons d'infortune, qui ne doivent pas être distraits de leurs travaux, ni les bénédictions de l'Église, même quand le prêtre est à deux pas et ne demande qu'à être prévenu pour offrir son ministère. Or, chez les nations les plus sauvages, on trouve encore une cérémonie religieuse quelconque en l'honneur des défunts, témoignage rendu à l'âme immortelle dans tous les siècles et par tous les peuples. Nous nous représentons difficilement que des hommes civilisés puissent agir envers leurs semblables avec un tel mépris : car la plupart de ces nègres ont été baptisés et rachetés tous par le sang de Jésus-Christ : ils sont appelés au même titre que nous à la jouissance des biens éternels.

Ces impressions, je les ai communiquées à plusieurs *fazendaires*, en ajoutant qu'ils seront punis par où ils ont péché. Ils ont abusé de leurs semblables; ils se sont enrichis par des procédés honteux, c'est-à-dire, par les sueurs *obligatoires* des malheureux, pour ne pas dire avec leur sang, et, par avarice, ils les ont souvent obligés au travail du dimanche.

C'est le cœur rempli de tristesse que j'ai vu, un jour de Pâques, pendant les offices, ces pauvres nègres conduire des voitures de pierres ou de combustibles, et ils étaient au service d'un maître qui aime à passer pour religieux. Lorsque des prêtres, amis du dévouement, ont voulu se consacrer à la moralisation de ces pauvres esclaves, on répondait que ceux-ci doivent être avant tout aux plantations. Si, dans un but de moralité, le prêtre a fait des démarches pour obtenir des mariages légitimes, la plupart du temps, il a vu ses efforts infructueux, parce que les *fazendaires* n'y trouvent pas leurs intérêts. Eh bien! franchement, si ces planteurs perdent leurs esclaves plus tôt qu'ils ne s'y attendaient, ils ne doivent s'en prendre qu'à eux-mêmes : les crimes contre la liberté humaine se paient tôt ou tard, même en ce monde, et tous les honnêtes gens seront heureux d'applaudir à une victoire glorieuse pour l'humanité (1).

Que le lecteur veuille bien me permettre d'ajouter un détail de mœurs comme épilogue à ce chapitre de l'esclavage.

Ces noirs aiment la danse jusqu'à oublier toutes les fatigues. Quand, à certains jours, ils obtiennent la permission de danser le

---

(1) Le nombre des esclaves chez *les fazendaires* dépend de la richesse de ces derniers et surtout de l'étendue de leurs plantations. Je connais des négriers qui ont à leur service quatre à cinq cents esclaves, et d'autres qui en possèdent jusqu'à deux mille.

soir, ils passeraient la nuit à cet exercice, malgré les travaux de la journée. Leur danse est assez monotone : ce sont des vis-à-vis continuels, avec des cris, des chants, des pirouettes de toutes sortes, au son d'une musique toute primitive. Une vieille peau tendue remplace le tambour, et des marmites ou autres objets font l'office des instruments de musique. Tout le monde chante : le chœur et le parterre, et, pendant des heures entières, ils répéteront, dans leur idiome africain des bords du Niger, toujours la même phrase et la même harmonie. Je m'avisai un soir, en contemplant ces esclaves qui paraissaient heureux un instant, d'interroger un des plus lettrés, pour le prier de me traduire en portugais l'une de ces phrases, qui, ce jour-là, avait été le refrain de toute la soirée. Et voici la traduction que j'obtins : « X... a rencontré M... : il lui a demandé la permission de l'embrasser. Elle refusa, mais il prit le baiser quand même et elle en fut contente. »

XIII

LA RELIGION AU BRÉSIL

La question religieuse est pour l'écrivain catholique un sujet fort délicat, et je me suis demandé s'il ne vaudrait pas mieux garder ici un silence complet.

Mais, après avoir entendu souvent critiquer l'Église catholique à cause du Brésil, par des hommes qui profitent des exceptions pour généraliser leurs théories, il me semble que nous avons tout à gagner à dire aussi notre avis. J'ai vu, non seulement au Brésil, mais à New-York et dans plusieurs ports des Antilles, des protestants dont l'occupation consistait à distribuer aux voyageurs des prospectus, des bibles ou des brochures. Ayant un jour accepté un de ces prospectus, dans le but de connaître les heures de départ des paque-bots et quelques renseignements utiles, quel ne fut pas mon étonne-ment de trouver deux ou trois pages consacrées à des calomnies contre l'Église romaine, à la suite de longues tirades sur la corrup-tion et la vénalité du clergé brésilien ! Or, lorsque le mensonge trouve accès jusque dans les feuilles d'un indicateur des lignes de terre ou de mer, je suis d'avis qu'on doit publier la vérité, en mon-trant que l'exception ne fait pas la loi générale, que cette prétendue corruption est bien exagérée, et qu'il est important et curieux d'en connaitre les motifs : car ils sont tous à l'avantage de l'Église et à la honte des persécuteurs.

Eh bien ! oui, c'est vrai, le clergé indigène du Brésil n'est pas la perfection ; l'esprit sacerdotal lui fait défaut, et son zèle pour le bien des âmes n'est pas toujours inspiré par le désintéressement le plus pur. Mais ne nous contentons pas de constater les effets : cherchons-en les causes.

Je suis heureux de pouvoir ici donner un autre témoignagne que le mien, et ce témoignage ne saurait être suspect de partialité : car il vient d'un ministre protestant américain, qui a étudié le Brésil et n'est pas habituellement tendre pour l'Église. Or cet auteur et plusieurs autres sont d'accord avec les catholiques pour déclarer que la décadence du clergé brésilien date de l'expulsion des Jésuites et de tous ces dignes prêtres, qui étaient un obstacle puissant aux ténébreuses entreprises de la franc-maçonnerie (1).

Grâce à la toute-puissance des sociétés secrètes au Brésil, si nous ajoutons à ce qui précède les éducateurs les moins aptes à former ou à instruire le prêtre, les mauvais exemples, la paresse naturelle au climat des Tropiques, il nous sera facile de comprendre ce qu'a dû être l'éducation cléricale depuis un siècle : ces pauvres prêtres sont donc moins coupables qu'on ne le croirait tout d'abord.

Sans doute, il y a des progrès à faire pour sortir de cette nonchalance, et c'est une vérité admise unanimement. Mais bâtons-nous d'ajouter que l'avenir semble réserver des jours meilleurs à l'Église du Brésil.

De concert avec les évêques, les Pères Lazaristes, qui dirigent déjà un certain nombre de séminaires, ont organisé, depuis deux ou trois ans, des retraites sacerdotales, qui exercent une bienfaisante influence sur l'esprit du clergé.

Je ne veux pas décrire tous les faits dont j'ai été le témoin dans

---

(1) Après la bataille de Marathon, Aristide montra une si grande probité dans la garde des dépouilles conquises sur l'ennemi, qu'il mérita le surnom de *Juste*. Les Athéniens excités par Thémistocle, qui était jaloux d'un rival, expulsèrent Aristide, comme l'on ferait aujourd'hui d'un religieux. Or, un citoyen, interrogé sur la cause de sa haine contre Aristide, répondit : « Je suis las de l'entendre toujours appeler le Juste. » C'est la lutte du mal contre le bien, histoire vieille comme le monde : le vice ne supportera jamais la vertu, qui est une critique, un reproche vivant pour certains hommes : voilà, au fond, le véritable motif, qu'on n'ose pas avouer, de l'expulsion des moines dans tous les pays.

le bien ou dans le mal, je me contente d'ajouter que le peuple, ayant peu d'occasions d'entendre la parole de Dieu, est par nature superstitieux et ignorant. J'ai assisté sous ce rapport à des pratiques aussi grossières que ridicules : plus un peuple s'éloigne de l'Évangile, plus il devient superstitieux. Des hommes qui n'admettent pas les enseignements de l'Église ou refusent de croire à la parole du Pontife infaillible, ajouteront foi aux rêveries d'une dormeuse ou aux divagations d'un cerveau exalté.

Le peuple brésilien, d'un caractère naturellement doux et pacifique, aime les cérémonies religieuses. L'âme ne reste pas insensible devant les splendeurs du culte, et les Brésiliens, ayant une religion peu intelligente, trouvent un aliment suffisant à leur piété facile et commode dans les chants et la musique. Ils n'en demandent pas davantage, et c'est pourquoi ils ne sont pas d'une grande exigence envers leurs pasteurs.

On m'a cité des familles qui, au lieu de combattre chez leurs enfants les instincts pervers de la nature corrompue, promettaient, à titre de récompense, de leur procurer les moyens de les satisfaire.

Je pourrais nommer un riche propriétaire, qui se flatte d'être catholique, qui possède une chapelle privée, assiste à la messe, et entretenait chez lui une gouvernante luthérienne et fanatique. Celle-ci exerçait une fâcheuse influence auprès des enfants dont elle avait la garde, aussi bien qu'auprès des nègres et de la domesticité. Le *fazendaire* déplorait ces abus ; mais il n'avait ni la volonté ni le courage d'y mettre une fin.

On a répété maintes fois que la franc-maçonnerie n'est pas redoutable au Brésil et qu'elle n'a dans ce pays qu'un seul but, la bienfaisance.

Cette doctrine ne peut être soutenue par les catholiques devant les condamnations du Saint-Siège, et, en particulier, depuis l'Encyclique, *Humanum genus*, du pape Léon XIII. Du reste, des faits authentiques viennent à l'appui des enseignements de l'Église. Qui ne se rappelle l'odieuse persécution dirigée, il y a dix ans, par la maçonnerie brésilienne contre les courageux évêques d'Olinda et de Para? L'écho en retentit jusqu'en Europe. Ils avaient voulu appliquer les lois catholiques dans leurs diocèses, en exigeant que les francs-maçons ne pussent faire partie des confréries religieuses, ce qui était non seulement le droit des évêques, mais leur devoir strict. A ce sujet, les membres des sociétés secrètes se montrèrent ce

qu'ils sont partout, c'est-à-dire les ennemis de la liberté de l'Église :
sous leur règne le clergé aura bien encore une petite place dans le
sanctuaire, mais à la condition d'être asservi et de se soumettre à
leurs tyranniques exigences. Partout où règne la maçonnerie, nous
en avons des preuves éclatantes.

Les vrais libéraux pensaient que si les sociétés secrètes n'approu-
vaient pas la décision des prélats, elles auraient au moins assez de
libéralisme pour admettre que chacun d'eux pût user de son droit
dans les limites de sa juridiction. C'était bien peu connaitre l'intolérance maçonnique.

Les évêques furent traduits devant le tribunal supérieur de Rio-
de-Janeiro ; mais ils refusèrent de se défendre, estimant que ce
tribunal manquait de compétence. Ils voulaient bien subir un interrogatoire, mais devant leurs juges naturels, c'est-à-dire devant le
métropolitain de Bahia.

En effet, on demeure stupéfait de voir des laïques, juifs, protestants ou libres-penseurs, qui, à tout instant, proclament la neutralité de l'État au point de vue théologique, venir s'arroger le
droit de juger des évêques sur une question religieuse, entièrement
soumise au domaine épiscopal.

Les prélats furent à l'audience d'une dignité qui leur attira les
sympathies de tous les assistants. Personne n'eût voulu être à la
place des juges, dont le rôle semblait peu honorable, tandis que les
catholiques étaient fiers de voir l'attitude des accusés, qui grandis-
saient au milieu de la persécution. Avec quel enthousiasme on
applaudit les confesseurs de la foi, lorsque le jeune évêque d'Olinda
répondit à une interrogation du président : *Jesus autem tacebat!*
Le divin Maitre, accusé injustement, gardait le silence. Comme les
persécuteurs sont petits devant la douce, mais inébranlable résistance des Martyrs! Il va sans dire que les juges se vengèrent de la
honte qui les accablait, en condamnant les deux courageux évêques
à cinq ans de travaux forcés.

L'empereur, plus humain, commua la peine des galères en cinq
années de forteresse.

Mais si les chênes et les moines sont immortels, a dit Lacordaire,
l'Église est divine, et il faut qu'elle ait toujours le dernier mot : on
ne fera pas mentir l'Évangile.

Les évêques, consolés dans la prison par un bref de Pie IX,
profitèrent de leurs loisirs pour écrire des pages admirables sur les

sociétés secrètes, et forts de leur droit, ils jetèrent un interdit sur leur diocèse.

Nos contemporains sont ainsi faits qu'ils aiment de temps à autre à s'insurger contre le prêtre et son autorité divine, qui contrarie les passions et les vices de la nature déchue; mais si le clergé disparaît, les plus grands adversaires de la religion sont quelquefois les premiers à réclamer leurs pasteurs. Il est des circonstances dans la vie où l'âme domine les choses du monde, et alors la voix de la raison parle plus fort que celle des passions : nous en avons une preuve de plus dans ce qui eut lieu au Brésil. Le peuple réclama à grands cris l'ouverture de ses temples, et le gouvernement fut contraint de céder. L'empereur gracia les évêques bien avant l'expiration de la peine : c'était par là qu'il fallait commencer : on se serait épargné l'ennui et l'humiliation d'une défaite.

L'un des deux évêques, celui de Para, Mgr de Macedo, est encore aujourd'hui à la tête de son vaste diocèse (Para et l'Amazone), où il possède une grande influence et travaille avec un zèle véritablement apostolique au bien des âmes. Malheureusement, l'évêque d'Olinda, Mgr Vital d'Oliveira, est mort après un voyage à Paris et à Rome, et l'opinion publique est unanime à dire que le digne prélat a été empoisonné par ordre de la franc-maçonnerie.

Mais la persécution, comme toujours, n'a pas été sans résultat. Dieu sait tirer le bien du mal. Beaucoup d'âmes, qui étaient de bonne foi, sont aujourd'hui mieux éclairées sur les œuvres diaboliques des sociétés secrètes, et le terrain est tout préparé à recevoir les derniers enseignements de Léon XIII sur la franc-maçonnerie.

Le Brésil possède 1 archevêché à Bahia et 11 évêchés suffragants. Bahia est restée la capitale de la province ecclésiastique.

Les 20 provinces sont divisées spirituellement de la manière suivante :

Fondation.	Sièges épiscopaux.	Provinces comprises.
1° année 1550	Bahia.	Bahia et Sergipe.
2° — 1718	Para.	Para et l'Amazone.
3° — 1677	Maranhaò.	Maranhaò et Piauhy.
4° — 1854	Ceara.	Ceara (Un des diocèses les plus religieux).
5° — 1676	Olinda ou Pernambuco.	Pernambuco; Rio-Grande-de-Norte; Parahyba et Alagoas.

Fondation.		Sièges épiscopaux.	Provinces comprises.
6°	— 1676	Rio-de-Janeiro.	Rio-de-Janeiro; Espirito-Santo; Santa-Catharina et une petite partie de Minas.
7°	— 1745	Saò-Paulo.	S. Paulo; Parana et une partie de Minas.
8°	— 1848	Saò-Pedro-de-Rio-Grande.	Rio-Grande-do-Sul. (Résidence à Porto-Alegre.)
9°	— 1745	Marianna.	La moitié (partie méridionale) de Minas-Geraes.
10°	— 1854	Diamantina.	L'autre moitié (partie septentrionale) de Minas.
11°	— 1826	Goyaz.	Goyaz et une petite partie de Minas.
12°	— 1826	Cuyaba.	Matto-Grosso.

XIV

A TRAVERS LES PROVINCES

Ces diocèses ont environ 1,500 cures, avec des territoires fort étendus. Bahia, Rio-de-Janeiro et Marianna comptent à peu près chacun 200 paroisses et Cuyaba en possède à peine 20, pour un territoire presque triple de celui de la France. Saint-Paul en a 180 et Olinda 160. Le Municipe neutre de Rio-de-Janeiro a 21 paroisses, dont 13 pour la ville et 8 pour la banlieue.

NOM DES PROVINCES	CAPITALES	HABITANTS	SUPERFICIE en kil. carrés	POPULATION DES PROVINCES	HABIT. par kil. car.
1° Amazonas	Mandas ou Rio-Negro	4.000	1.897.020	60.000	0,03
2° Para	Para ou Belem	35.000	1.149.712	280.000	0,2
3° Maranhào	S. Luiz-de-Maranhao	32.000	459.884	350.000	0,8
4° Piauhy	Therezina	6.000	301.797	210.000	0,7
5° Ceara	Fortaleza	16.000	104.250	710.000	6,9
6° Rio-Grande-do-Norte	Natal	12.000	57.485	220.000	4,1
7° Parahyba	Parahyba	13.000	74.731	380.000	5,0
8° Pernambuco	Pernambuco ou Recife	120.000	128.395	850.000	6,6
A reporter.			4,173,274	3,160,000	

PROVINCES	CAPITALES	HABITANTS	SUPERFICIE en kil. carrés	POPULATION DES PROVINCES	HABIT. par kil. car.
	Report. . .		4,173,274	3,160,000	
9° Alagoas	Maceio	11.000	58.491	350.000	5,9
10° Sergipe	Aracaju	5.000	39.090	180.000	4,5
11° Bahia	Bahia de Todos-Santos ou Saò Salvador	170.000	426.427	1.360.000	3,2
12° Espirito-Santo	Nossa-Senòra-da-Victoria	6.000	44.839	80.000	1,8
13° Rio-de-Janeiro	Nichteroy	15.000	68.982	780.000	11,3
14° Saò Paulo	Saò Paulo	26.000	290.876	840.000	2,9
15° Parana	Curitiba	3.000	221.319	150.000	0,6
16° Santa-Catharina	Nossa-Senòra-do-Desterro	11.000	74.156	160.000	2,2
17° Rio-Grande-do-Sud	Porto-Alegre	25.000	236.553	420.000	1,8
18° Minas-Geraes	Ouro-Preto	10.000	574.855	2.000.000	3,5
19° Goyaz	Goyaz	3.000	747.311	160.000	0,2
20° Matto-Grosso	Cuyaba	14.000	1.379.651	60.000	0,05
Municipio neutro	Rio-de-Janeiro	300.000	1.394	400.000	
	Total.		8.337.218	10.000.000	(Moyenne) 1,2

On comprend que la population n'est qu'approximative : car il est difficile d'avoir un chiffre parfaitement exact, à cause d'un million de sauvages qui sont encore errants dans les différentes provinces ou près des forêts.

Nous allons commencer notre excursion à travers les provinces par le nord de l'empire, aux environs de l'Équateur. Le littoral présente un développement des côtes d'environ 6,000 kilomètres. En général, le sol est montagneux vers le centre : il est, du reste, très accidenté. De hautes chaînes de montagnes déversent de grands fleuves à travers de belles prairies et au milieu des immenses plaines des Pampas.

Les plus hauts sommets sont dans les serras de Mar, de Mantiqueira, d'Espinhaço, au centre. Le pic d'Itatiaia s'élève à 3,000 mètres.

1° *Province de l'Amazone*. — La province de l'Amazone commence dans l'hémisphère boréal, vers le 5e parallèle (5° 10′) et s'étend jusqu'au 11e de l'hémisphère austral. Sa longitude est comprise entre 13° 40′ et 32°, à l'ouest du méridien de Rio-de-Janeiro, pris pour point de départ dans cette étude.

L'Amazone est une des provinces les plus étendues et les moins habitées du Brésil. L'évêque de Para organise en ce moment un système de paroisses ambulantes, au moyen d'un bateau à vapeur qui remontera le fleuve, en s'arrêtant à différentes stations. Les habitants du littoral pourront venir assister aux offices et remplir leurs devoirs religieux dans le vaisseau-église : il aura le nom de *Christophore.*

Il y a trois cents ans environ que le pays de l'Amazone est découvert, et il y a encore les deux tiers des habitants qui ne sont pas civilisés. C'est au milieu du seizième siècle que l'expédition fut entreprise par Gonzalvo Pizarre, le frère de François Pizarre, qui découvrit le Pérou. Il était accompagné d'un dominicain, le P. Gaspard. C'était en décembre 1541, et le chevalier Orellano commandait l'expédition. Il est le premier qui ait descendu le fleuve; mais la découverte en est attribuée à Pinzon.

Amazone dérive du mot indien *Amassona*, à cause du phénomène de ses eaux élevées, deux jours avant et deux jours après la pleine lune, lequel phénomène s'étend jusque vers le confluent du Madeira.

Sa capitale est Manaos, à l'embouchure du Rio-Negro dans l'Amazone.

2° *Province de Para.* — La province de Para est comprise entre 4° 10′ de latitude nord et 8° 40′ de latitude sud : elle est donc coupée par l'Équateur.

Sa longitude s'étend de 2° 10′ à 15° 20′ à l'ouest du méridien de Rio.

Para signifie le *Père des eaux.* Para ou Belem a été fondé en 1616, par le capitaine Francisco Cadeira, sous la protection de Notre-Dame Nossa-Senòra-de-Belem.

En 1637, deux frères franciscains et six soldats descendirent l'Amazone en partant de Quito, et, après une multitude de dangers au milieu des cannibales, ils arrivèrent à Belem.

Un autre voyage eut lieu en 1639, sous la direction de Pierre Teixeira. Il parvint aussi à Belem avec une vingtaine de soldats, et, depuis cette époque, les voyages sur l'Amazone furent nombreux. Para est un port accessible aux plus grands navires. C'est dans l'estuaire de l'Amazone, du côté de Para, mais en amont, que se trouve le confluent du Tocantins.

En 1745, nous rencontrons la Condamine dans ces parages, et, de nos jours, les lieutenants Smith et Gibbon, M. Wallace, etc.

L'embouchure de l'Amazone est sur le territoire de Para, et le fleuve a une largeur de 60 lieues quand il se jette dans l'Océan, dont il repousse les eaux à plus de 300 kilomètres au large, comme le prouve l'eau douce à cette distance. Depuis 1867, l'Amazone est ouvert à la navigation marchande de toutes les nations, et Macapa est devenu port franc. Un service de bateaux à vapeur remonte le fleuve jusque bien au-delà de Maoàos, au-delà même du Teffe, jusqu'à Tabatinga, à la frontière du Brésil et de la République de l'Équateur, sur un parcours de plus de 3,000 kilomètres depuis Para. Le fleuve, à son origine dans les Andes du Pérou, porte le nom de Maranhào; mais plusieurs regardent l'affluent de l'Ucayali comme la source même, à cause de sa longueur.

L'Amazone a plus de deux cents affluents considérables et plus de 50,000 kilomètres de navigation par ses tributaires. Dans les deux bras de son embouchure, l'Amazone embrasse la grande île de Marajo, qui a plus de 60,000 kilomètres carrés de superficie.

A 80 lieues de la côte, les eaux du fleuve gardent encore une impétuosité de près de 7 kilomètres à l'heure.

C'est principalement sur les rives chaudes et humides de ces grands fleuves des Tropiques que les forêts prennent des proportions gigantesques, d'une majesté incomparable. Ces forêts sont nourries par une sorte d'ivresse végétale, qu'entretiennent les profondes alluvions tropicales.

J'ai entendu aux bouches de l'Amazone ce bruit des vagues luttant contre les eaux du fleuve : c'est une sorte de tonnerre lointain, dont l'écho se rapproche du spectateur à chaque instant. J'ai été témoin du même phénomène à l'embouchure de l'Orénoque; mais il n'a pas la même solennité qu'aux bouches de l'Amazone.

Pierre DU PARMONT.

(A suivre.)

CHRONIQUE GÉNÉRALE

Dans les élections qui se préparent, ce qu'il y a de plus remarquable, c'est l'espèce d'indifférence au milieu de laquelle elles vont
s'accomplir. Depuis le scrutin de 1871, qui devait donner à la
France vaincue et désorganisée un gouvernement, aucun n'a eu
autant d'importance que celui-ci, aucun n'aura moins éveillé de
sollicitude. Les élections du 4 octobre agitent à peine l'opinion.
Elles sont un grand intérêt et elles n'ont pas d'intérêt. Le public n'y
voit qu'une lutte obscure de partis et il y demeure étranger. Ni la
question politique, ni la question religieuse ne sont posées devant
le suffrage universel : c'est la raison de cette indifférence. On ne
comprend pas sur quoi ni pourquoi les élections ont lieu. Il n'est
pas question de remplacer la République par la Monarchie, non
plus que de sauver la religion. Les élections, telles qu'elles s'annoncent, avec les appels des Comités et les programmes des candidats,
n'impliquent pas de changement de gouvernement, ni ne préparent
une politique de préservation religieuse. Les accusations émises
contre le régime républicain, les promesses faites au nom de l'union
conservatrice, ne parviennent pas à secouer la torpeur des esprits,
parce qu'on ne voit pas dans le succès électoral le triomphe d'un
parti monarchique ou d'un parti catholique. Il n'y a rien de décisif
qui intéresse, qui attire, qui agite.

Les élections donneront-elles un autre gouvernement? Il n'est
personne qui puisse le croire devant les divisions du parti monarchique. Les élections feront-elles surgir au moins une majorité
catholique? On ne saurait s'y attendre, puisque cette majorité
n'existe même pas dans les listes électorales et les programmes. Dès
lors que signifient les élections? Que peut-on en attendre? On n'a
pas compris les conditions de la lutte. Les élections sont manquées
d'avance : tout le monde en a le pressentiment. Au fond de l'indif-

férence que le pays garde devant le scrutin, il n'y en a pas moins une grande inquiétude. La France honnête et travailleuse sent bien que la République la ruine et menace de la perdre, mais pour s'en défaire, il faudrait qu'elle vît l'homme ou le parti capable de lui assurer une autre solution. Il n'y en a point. Tout ce que le dégoût et l'aversion de la République a pu produire, c'est cette union conservatrice dans laquelle toutes les compétitions se sont dissimulées, et qui est, en réalité, la manifestation de l'impuissance des partis monarchiques. Tout ce qu'on a pu réaliser, à la faveur de cette fusion électorale, c'est la trêve des partis, mais ce n'est point là un dénouement dans lequel le pays puisse se reposer de crises par lesquelles il lui faudrait passer pour se défaire de la République. A tort ou à raison, l'opinion ne croit pas à la possibilité d'une restauration monarchique, soit avec la royauté, soit avec l'empire, les divisions du parti conservateur ne permettant guère d'y croire.

Avec l'unité monarchique, avec la perspective d'un nouveau gouvernement offrant les garanties désirables d'ordre et de stabilité, on aurait pu, dans les circonstances actuelles, déterminer un mouvement général d'opinion contre l'état de choses dont le pays souffre depuis si longtemps. On aurait pu alors avoir des élections qui eussent été une manifestation du suffrage universel contre la République. Avec les divisions du parti monarchique et l'inçertitude du lendemain, les élections ne sauraient être que la protestation des électeurs d'élite contre la politique républicaine.

Elles auront ce caractère, et il importe qu'elles l'aient. Si incomplet que soit ce résultat, il faut du moins lui donner toute son étendue. C'est à quoi doivent s'employer toutes les influences, toutes les forces conservatrices. Quoiqu'il n'y ait aucun espoir d'arriver à une solution par le scrutin du 4 octobre, le devoir n'est pas moins d'en tirer tout le profit possible. On ne peut cesser de le répéter. A défaut de l'unité monarchique, absolument irréalisable en l'état des partis, on eût pu réaliser l'unité religieuse et, avec elle aussi, il eût été possible de provoquer un soulèvement général des consciences contre le régime actuel. On n'y est pas parvenu davantage, faute d'avoir compris l'importance des intérêts religieux engagés dans le prochain scrutin, et surtout faute d'avoir cru à la puissance du mobile religieux. Néanmoins, dans tous les programmes des candidats de l'union conservatrice, une part est faite aux préoccupations de la lutte religieuse et aux revendications de la conscience chrétienne; toutes les listes offrent des noms qui sont une garantie que cette partie du programme ne sera pas moins fidèlement remplie que les autres. C'en est assez pour que les catholiques aillent partout avec ardeur au scrutin.

L'intérêt des élections va, en effet, bien au-delà du résultat immédiat qu'on en peut attendre. Des divisions du parti conservateur, des difficultés de la lutte électorale, des incertitudes de l'avenir se dégage de plus en plus l'idée qu'il n'y a de solution et de salut que dans la formation d'un grand parti catholique. On ne peut pas reprocher aux conservateurs de n'avoir pas suffisamment agi pendant la période électorale : ils se sont même agités. Le scrutin du 4 octobre démontrera l'impuissance d'un parti qui ne veut être que conservateur. Il sera prouvé qu'on ne peut rien attendre d'efficace de ces tentatives plusieurs fois renouvelées des libéraux et des politiciens de constituer un régime gouvernemental quelconque dans la fusion de toutes les opinions, à la faveur des institutions parlementaires. L'événement forcera bien à sortir de cette voie. Une meilleure issue s'offre à toutes les bonnes volontés, à tous les dévouements au bien public, à tous les généreux désirs d'une restauration sociale. Après le nouvel échec qui attend l'union conservatrice aux élections prochaines, il faudra nécessairement changer de conduite, s'organiser autrement, chercher en soi la force qu'on n'aura pas tirée du suffrage universel, et tendre à un autre but vers lequel on puisse diriger le pays.

Des élections, tout le fait espérer, on verra sortir une nouvelle action catholique. Des hommes de principes avaient voulu organiser dès longtemps cette action catholique en vue des élections elles-mêmes. La ligue de la contre-révolution, peu comprise à l'époque de sa formation et oubliée depuis, n'avait pas d'autre objet que de substituer le programme des principes catholiques au programme des théories politiques et de concentrer toutes les forces de la lutte autour des intérêts religieux, qui sont, par excellence, les intérêts de tout l'ordre social. Cette idée, exprimée de nouveau dans le manifeste aux catholiques, que l'on a appelé le programme des Treize, a été reprise avec une nouvelle force et avec toute l'actualité des circonstances. L'initiative qu'il fallait prendre auprès des catholiques pour les engager à se grouper et à s'organiser, moins encore pour les élections qu'en vue de l'avenir, M. de Mun l'a prise dans une éloquente et forte lettre adressée à l'amiral Gicquel des Touches, signataire comme lui du manifeste des Treize et comme lui persuadé de la nécessité de la formation d'un parti catholique.

Le vrai programme des élections, le devoir du moment, M. Albert de Mun expose l'un et l'autre avec une netteté et une fermeté de vues qui eussent pu faire prendre une meilleure direction à la lutte électorale, si la situation avait été mieux comprise tout d'abord; car, avant tout, il fallait porter la défense là où était l'attaque et combattre la République par la Religion. M. de Mun le dit très bien. « Défendre les droits imprescriptibles de l'Église et ses libertés nécessaires, jeter une digue au-devant du torrent d'impiété qui ravage la France, et qui, demain, rompant les derniers liens formés par le Concordat, laissera le culte sans asile et ses ministres sans subsistance; frapper d'une irréparable déchéance les hommes néfastes qui ont outragé toutes nos croyances et fait de la guerre contre Dieu le but de leur politique : c'est en effet le devoir évident de tous les catholiques. »

L'honorable député observe avec raison qu'aucun terrain n'est plus propre à l'union si désirable des bons citoyens, aucun ne leur offre, avec une cause plus juste, des armes plus légitimes et de meilleures chances de succès. C'est en levant le drapeau de la croix contre les ennemis de la religion que l'on eût marché avec le plus d'avantages au combat. Il ne peut y avoir d'autre règle de conduite pour les catholiques aux élections que de donner leurs voix aux candidats qui feront profession de revendiquer et de défendre les droits, les intérêts et les libertés de l'Église, et c'est ce qui les fera voter pour les listes de la coalition conservatrice, malgré l'insuffisance de ces programmes où une trop petite part est faite à la religion. Dans le nombre des élus il s'en trouvera quelques-uns qui répondront pleinement au programme catholique, les autres en seront encore à quelque degré des auxiliaires. Mais tout n'est pas là. Comme le dit M. le comte Albert de Mun, il faut porter ses regards au-delà de la lutte qui s'apprête, et, en combattant pour le présent, songer à l'avenir. Rien ne fait mieux comprendre cette nécessité que le tableau de la situation présente si fortement tracé par le vaillant promoteur de l'action catholique. « La France veut vivre, et la Révolution la tue. Elle la tue par l'athéisme officiel qu'elle lui inflige et qu'aucune autre nation n'a connu. Elle la tue par le mépris de la loi divine, sur lequel sont fondées ses institu-

tions et ses lois; elle la tue par la violence qu'elle oppose au libre
ministère de l'Église, par l'éducation antichrétienne, par la des
truction des coutumes traditionnelles; elle la tue, enfin, par la
tyrannie de l'individualisme, par l'égoïsme et la haine qu'il enfante,
par la guerre sociale et la ruine matérielle qui en découlent nécessairement. »

Cet état de choses appelle un prompt et énergique secours. Mais
au point où en est le mal, la défense sociale ne peut plus venir que
de l'action de l'Église. En elle seule se trouve le salut, s'il est
quelque part encore pour la France. Il est donc nécessaire d'organiser fortement les forces catholiques dans l'intérêt suprême de
la patrie et de la société. C'est ce que proclame énergiquement
M. de Mun; c'est ce que feront, sans doute, les prochaines élections qui, en aggravant le mal par le succès du parti républicain,
rendront la défense plus nécessaire encore. Avec l'ardent et généreux orateur, ne verra-t-on pas alors combien il serait urgent
« que, au milieu des agitations publiques, un parti se levât qui
posât franchement la question sur ce terrain et qui, s'adressant au
peuple des villes, des usines et des campagnes, lui montrât, d'un
côté, la Révolution, sa véritable ennemie, l'abusant depuis un
siècle par des promesses chimériques, ne donnant à ses souffrances ni remèdes ni apaisement, et ne lui laissant contre l'injustice d'autre recours que la haine; de l'autre, l'Église catholique, sa
tutrice naturelle et séculaire, lui offrant dans des institutions
sociales, placées sous son égide, le repos, la concorde et la stabilité
dans une législation inspirée par son esprit, la protection dont il a
besoin contre les abus de la force dans des mœurs gouvernées
par sa doctrine, l'exemple et le patronage que lui doivent les classes
élevées de la nation. »

C'est tout un programme que M. de Mun trace dans les lignes
suivantes, c'est le devoir qu'il montre clairement à tous : « Je voudrais que les catholiques, convaincus que là est le véritable terrain
du combat, y portassent toutes leurs forces, et que, laissant de côté
les conventions et les petitesses de la politique, ils offrissent ainsi
aux conservateurs, menacés par les tempêtes sociales, le rempart
qui leur fait défaut. Je voudrais enfin que, non contents de revendiquer, avant tout, les droits et les libertés de l'Église, ils vinssent
dénoncer au pays le mal que la Révolution lui a fait, le néant de ses
œuvres et l'avortement de ses espérances, et sommer ses tenants

d'accepter la lutte, non plus avec des mots et des promesses, mais avec des faits et des résultats. »

Les catholiques seront convaincus de l'importance de leur vote, de la place qu'ils ont à prendre, s'ils considèrent encore avec l'éloquent auteur de ce manifeste ce que la Révolution leur a donné à faire en face des catastrophes sociales auxquelles doivent fatalement aboutir les fausses théories, les erreurs politiques et économiques, les idées subversives à l'aide desquelles on a trompé et perverti le pays. « Maîtres absolus du pouvoir, les hommes de la Révolution n'ont rien su faire pour le peuple : opportunistes et radicaux, si acharnés aujourd'hui dans leurs controverses personnelles, se sont rencontrés pendant quatre ans dans une égale impuissance; empressés à obéir aux engagements de la franc-maçonnerie, par la persécution religieuse, hypocrite ou avouée, habiles à épuiser les richesses du pays et à abaiser son honneur, ils n'ont donné au peuple ni une loi protectrice, ni une institution féconde, et ne lui ont laissé, en partant, que la déception d'une enquête sans conclusion. Le monde industriel, livré tour à tour aux excès du travail et aux chômages forcés, dévoré par la spéculation et rongé par la misère, retentit du bruit des menaces et des violences : la question agraire se lève sur le pays, engendrée par la destruction des foyers et l'oubli des coutumes chrétiennes; la ruine est universelle, la plainte générale, et ce siècle, enivré de sa révolte contre Dieu, va s'achever dans la colère, la discorde et la stérilité. Voilà les fruits de la grande apostasie nationale, consommée par la Révolution. »

C'est donc le moment pour les catholiques de se mettre sérieusement à l'œuvre; c'est leur mission de sauver la France en la ramenant au christianisme. « Les luttes sociales sont la fatalité de notre temps; désormais elles domineront toutes les questions politiques, et c'est elles qui décideront de la destinée des nations. Il faut que les catholiques y soient préparés et que, dès aujourd'hui, ils s'organisent pour y faire face; or, la condition nécessaire de toute organisation, c'est un programme net et précis. Il faut donc que les catholiques en aient un, et qu'opposant à la politique matérialiste, qui s'appuie sur les droits de l'homme et qui ne donne d'autre règle aux rapports sociaux que l'intérêt individuel, la politique chrétienne, qui s'appuie sur les droits de Dieu, garantie de tous les droits humains, et qui détermine suivant sa loi le régime de la famille, du travail, du crédit et de la propriété, ils arrachent à

leurs adversaires, avec le masque dont ils se couvrent, ce grand mot
de justice, qu'ils leur ont dérobé, pour en faire le but et dernier
terme de la réforme sociale. »

Voilà bien l'œuvre à accomplir, l'œuvre nécessaire de restauration, l'œuvre du salut. Les catholiques n'ont qu'à se grouper autour
de ce programme et à organiser, pour le faire prévaloir, une grande
et active propagande. S'il devait sortir des élections un parti catholique fortement constitué et résolu, comme le demande M. Albert
de Mun, à défendre les droits de Dieu, la liberté de l'Église et
l'indépendance des consciences chrétiennes, et à revendiquer, au
nom de Jésus-Christ, la réforme de la législation sociale, la justice
pour le peuple et la protection des petits et des faibles, un grand
résultat aurait été obtenu et l'on pourrait concevoir de sérieuses
espérances pour l'avenir. Il n'y a vraiment plus autre chose à faire
que de tendre à la constitution d'un vrai parti conservateur, c'est-
à-dire d'un parti catholique en vue de la défense et de la réforme
sociales par l'Église et avec l'Église. C'est à quoi il faut employer
toutes les ressources, tous les moyens d'action que nous laissent
encore les lois pour mettre le bulletin de vote, le journal, la tribune,
le livre, l'enseignement au service de ces grands intérêts.

Nous en avons encore pour longtemps des divisions politiques
et par conséquent, nous sommes loin de pouvoir attendre d'un
gouvernement conservateur l'œuvre de préservation et de salut qui
incombe aujourd'hui au parti catholique. La rivalité des royalistes
et des impérialistes, que les élections ont accentuée, nous livre pour
longtemps à la République. On ne peut guère compter que le suffrage
universel se prononce de lui-même pour l'une ou l'autre forme de
gouvernement, et l'occasion ne lui sera pas donnée de choisir. Les
divisions ne cesseront que si l'un des deux partis disparaît, ou si
l'un s'empare du pouvoir et réduit l'autre à l'inaction.

On a vu par les prétentions électorales des bonapartistes que loin
de vouloir s'effacer, ce parti s'affirme de plus en plus. Le chef a
beau lui manquer, il n'en est que plus ardent et plus exigeant, et
l'on doit présumer par ses antécédents, par son langage même, que
si un coup de force doit en finir jamais avec la République, il
viendra plutôt de ce côté-là que du côté des princes de la maison
royale. A l'occasion des élections, le prince Napoléon Jérôme tout
déconsidéré qu'il soit dans son propre parti, a reparu avec un manifeste qui ne l'exposera pas, cette fois, aux rigueurs du gouverne-

ment de la République. C'est dans une lettre à un ami que le César déclassé a fait part de ses idées au peuple français. Le prince suppose que la France, placée entre une restauration monarchique et l'application du programme radical, ne veut pas plus de l'une que de l'autre et que, dès lors, il faut attendre qu'elle réclame d'elle-même le rétablissement de l'Empire. C'est pourquoi, il s'est abstenu de la lutte présente ; mais il ne dissimule pas ce qu'il attend de l'avenir.

Le plan qu'il trace à la marche des événements est simple. Placé entre ces deux alternatives d'une restauration monarchique, à laquelle résistent ses instincts démocratiques, ou de l'application des utopies du radicalisme, auxquelles son bon sens répugne, le suffrage universel sera naturellement conduit à choisir ses représentants dans les éléments de l'ancienne majorité. « La majorité nouvelle, dit l'auteur du manifeste bonapartiste, et, en cela, il ne se trompe pas, la majorité nouvelle sera aux prises avec les mêmes difficultés, com-mettra les mêmes fautes, car ces fautes ne tiennent pas seulement aux hommes, mais aux institutions. »

Le prince qui a foi en la destinée des Napoléons et en son avenir estime donc que le patriotisme lui commande d'attendre que l'expé-rience qui se poursuit fasse éclater à tous les yeux la nécessité de la véritable solution. « Ce jour là, poursuit-il, l'opinion exigera qu'une Assemblée, investie du pouvoir constituant, remette le peuple dans la plénitude de son droit et lui confie l'élection du chef de l'État. » Et ainsi, selon les prévisions du prince, se rétablira l'Empire dont il sera le chef... pourvu que Dieu lui prête vie.

Confiant dans cet avenir, l'auteur du manifeste qui n'a point voulu compromettre le nom de Napoléon dans une mêlée électorale dont il n'a rien à attendre, blâme formellement « ceux qui s'intitulent impérialistes » de s'être « mis au service des bourboniens ». Il désavoue aussi bien l'union conservatrice, dans laquelle sont entrés les bonapartistes, que le petit schisme de famille qui a donné un chef à la fraction dissidente du parti. Le mot de Napoléon qu'il rappelle est dur pour ceux qui n'ont vu dans l'union conservatrice qu'un moyen de faire servir le succès des idées communes d'ordre et de liberté au triomphe de leur cause particulière : « Se servir d'un parti pour l'attaquer le lendemain, de quelque prétexte qu'on s'enveloppe, c'est trahir. » Mais plus on aura lieu de craindre que l'union contractée en vue des élections ne tourne ensuite au détri-

ment des grands intérêts sociaux, à de fâcheuses rivalités dynas-
tiques, plus il sera nécessaire qu'un parti catholique se constitue en
dehors et au-dessus des partis politiques et poursuive, à travers les
compétitions et les intrigues des prétendants au pouvoir, l'œuvre
de véritable restauration marquée à la fois dans le programme de la
ligue de la Contre-Révolution, dans le manifeste des Treize et dans
la lettre de M. Albert de Mun.

Il ne faut pas compter sur les divisions du parti républicain. Les
incidents de la lutte électorale ont montré combien sont ardentes les
compétitions des divers groupes. On a vu les radicaux et les opportunistes s'excommunier réciproquement, on a vu les modérés mis à
l'écart par les uns et les autres, on a vu dans le parti radical des
rivalités, des schismes. La concentration des forces républicaines,
tant réclamée par les habiles, ne s'est pas faite; le parti républicain
va aux élections plus divisé encore que n'est le parti conservateur.
Mais qu'importe pour le résultat? Il y a deux choses sur lesquelles
les républicains de toutes nuances, depuis M. Ribot, le chef des
modérés, jusqu'à M. Clémenceau, et au-delà de ce personnage qui
s'est posé dans la lutte électorale en chef futur de gouvernement,
jusqu'à M. Rochefort, jusqu'au plus avancé des demeurants de la
Commune : premièrement, au scrutin, les républicains, quelles que
soient leurs dissensions, s'entendront tous pour voter pour la République; en second lieu, après le vote, au milieu de leurs rivalités et
de leurs luttes intestines, ils s'entendront de la même manière pour
combattre le catholicisme. Ce dernier point a fait l'objet, pendant la
période électorale, de nombreuses déclarations qui ne laissent aucun
doute sur l'intention unanime du parti de continuer la lutte ou plutôt
la persécution religieuse. A travers certaines assurances hypocrites
données par les hommes du pouvoir, on discerne très bien que les
opportunistes du gouvernement se réservent de préparer à loisir la
séparation de l'Église et de l'État, la suppression du budget des
Cultes, la confiscation des propriétés ecclésiastiques, et qu'ils ne
désapprouvent la réalisation immédiate de ces mesures que parce
qu'ils ne sentent pas encore l'État suffisamment armé, suffisamment
fort contre l'Église pour en venir à la lutte des consciences contre
l'oppression gouvernementale. MM. Allain Targé et Goblet, M. Brisson lui-même, ont parlé de manière à ne pas trop inquiéter pour
le moment les masses croyantes et à ne pas soulever le clergé
contre leurs projets; mais en maintenant le programme républicain

de la séparation de l'Église et de l'État, ils ont indiqué par là même que, après comme avant les élections, la politique du parti tendra à l'asservissement et à la spoliation de l'Église pour assurer le règne de l'impiété ou de l'indifférence dans la France républicaine. Le succès de la République aux élections présage donc la reprise de cette politique néfaste que les déchirements, les luttes du parti républicain, ne feront que rendre plus ardente. Moins on s'entendra sur le reste, plus on se mettra facilement d'accord sur les mesures qui viseront l'ennemi commun, « le cléricalisme ». S'il est impossible, avec les divisions des groupes, de faire d'autre politique, on fera de la politique antireligieuse ; si la répartition des forces républicaines empêche la constitution d'une majorité ministérielle quelconque au sein de la nouvelle Chambre, on formera des majorités intermittentes contre l'Église.

Un des plus grands embarras de cette Chambre, à qui ses électeurs auront imposé la paix, ce sera l'affaire du Tonkin qui entre dans une phase interminable d'incidents et de complications. Au milieu des troubles de Hué, le général de Courcy voulant s'assurer dans la capitale un gouvernement sûr et ami, a fait un nouveau roi à la place du jeune roi fugitif. Chanh-Mong a été proclamé roi d'Annam et solennellement intrônisé par les soins de l'autorité française. Le général en chef paraît bien augurer de ce changement. Suffira-t-il toutefois de la proclamation d'un nouveau roi pour que la résistance cesse ? On espère que l'avènement de ce souverain établi par la France, fera perdre à Thuyet, le chef de l'insurrection, la plupart des avantages que lui donnait la présence, dans son camp, du jeune roi fugitif. N'ajoutera-t-on pas par là aux difficultés de l'expédition celles d'une guerre civile ? Le gouvernement a reculé devant l'annexion de l'Annam à la France, que le général de Courcy réclamait comme le seul moyen de terminer l'entreprise ; la responsabilité que la France assume en faisant un roi n'entraînera-t-elle pas pour elle les mêmes obligations, les mêmes charges, et le protectorat ne sera-t-il pas aussi difficile, aussi coûteux que l'annexion ? En outre, il y à compter avec la Chine. N'est-il pas à craindre que la cour de Pékin ne proteste contre la révolution politique accomplie à Hué, en invoquant ses droits de suzeraineté et devant une opposition de sa part, ira-t-on jusqu'à vouloir en finir avec la suzeraineté chinoise sur l'Annam ? De quelque manière qu'on envisage la situation, l'affaire du Tonkin devient de plus en plus grave, de plus en plus difficile. Comment s'en tirera la nouvelle Chambre?

En attendant une solution quelconque, de nombreux massacres en masse de chrétiens ont eu lieu dans la Cochinchine orientale, à l'instigation des mandarins annamites. On tue les missionnaires et les chrétiens en haine de la France. C'est pour la troisième fois que ces grandes tueries ont lieu, en quelque sorte, sous les yeux de l'armée française. Cette dernière tentative d'extermination du nom chrétien semble avoir été préparée de longue main par le premier régent Thuong, aujourd'hui arrêté et mis au bagne, mais en qui le général de Courcy a eu trop longtemps confiance. Soit imprévoyance au milieu des avertissements de nos missionnaires, soit insuffisance des moyens d'action, le général en chef n'a rien fait pour prévenir ces massacres, et cela seul prouve combien précaire est notre domination au Tonkin et combien il nous reste à faire pour recueillir les avantages de nos succès militaires. Puisqu'on entreprenait cette expédition du Tonkin, il fallait la faire aboutir. Combien les conseils et les résolutions énergiques de l'amiral Courbet n'étaient-ils pas préférables à la politique cauteleuse et incertaine de M. Ferry! Cet homme néfaste demeure responsable des massacres de la Cochinchine, comme de l'inutilité du sang français versé au Tonkin. L'expédition du Tonkin, puisqu'on la croyait juste et opportune, devait aller jusqu'à l'annexion de l'Annam. C'était le terme nécessaire de l'entreprise.

Le conflit entre l'Espagne et l'Allemagne paraît en voie d'apaisement. On assure même que les deux puissances sont d'accord pour soumettre au Souverain Pontife le litige relatif aux îles Carolines. Cet arbitrage décerné à Léon XIII, c'est un hommage d'autant plus éclatant rendu à la papauté, que l'Allemagne est protestante et que la décision est plus délicate à rendre. Mais à peine les craintes soulevées par le conflit entre l'Espagne et l'empire allemand étaient-elles dissipées, qu'un incident non moins grave surgissait tout à coup en Orient. Par suite des stipulations du Congrès de Berlin qui a terminé la guerre entre la Russie et la Turquie, la Bulgarie s'est trouvée divisée en deux parties, dont l'une a formé une principauté indépendante sous le prince de Battemberg, et l'autre est restée vassale de la Turquie avec une certaine autonomie. Le jour devait venir où les communes tendances d'un peuple de même race réagiraient contre l'œuvre factice créée par la diplomatie.

Jamais les Bulgares n'avaient accepté le partage, et depuis la séparation, ceux de la Roumélie orientale aspiraient à se réunir à leurs frères, pour former avec eux un État indépendant.

Tout à coup, sans que rien pût faire prévoir un pareil événement, une révolution a éclaté à Philippopoli, capitale de la Roumélie orientale. Le télégraphe annonçait du même coup que le gouverneur général relevant de la Porte avait été arrêté, la garnison turque désarmée, un gouvernement provisoire établi, et l'union avec la Bulgarie proclamée. De son côté, le prince Alexandre de Battemberg acceptait l'union, ordonnait la mobilisation de l'armée bulgare et se rendait à Philippopoli.

Ces nouvelles n'ont pas moins alarmé que surpris l'Europe. On se demande si en provoquant ou en acceptant une révolution qui remet en question le Congrès de Berlin, le prince Alexandre a agi de lui-même, ou s'il n'a pas suivi plutôt l'impulsion de la Russie; on se demande si la Turquie consentira à cette nouvelle diminution de son empire, si amoindri déjà par les derniers événements, et, enfin, si les autres puissances signataires de l'acte de Berlin ratifieront cette violation du traité. Les préparatifs militaires de la Turquie annoncent l'intention de s'opposer aux événements de Philippopoli. Tout est grave en Orient, et les événements de Philoppopoli sont de nature à inspirer les plus vives appréhensions pour le maintien de la paix européenne. Les puissances paraissent vouloir régler dans une conférence les questions soulevées par la résolution bulgare. C'est bien si elles s'entendent et si la situation est intacte lorsque s'ouvrira le Congrès. En attendant, les événements marchent, l'unité se fait en Bulgarie.

Arthur LOTH.

MEMENTO CHRONOLOGIQUE

9 *septembre.* — Parmi les nombreux actes de vigilance apostolique auxquels Notre Très Saint-Père le Pape Léon XIII s'est, depuis qu'il a pris la charge du souverain Pontificat, empressé d'avoir recours pour rendre, avec le secours de Dieu, à l'Église et à toute la société, la paix désirée, on voit briller avec splendeur l'encyclique *Supremi apostolatus*, du premier jour de septembre MDCCCLXXXIII, sur la récitation du très saint Rosaire de Marie, la très sainte Mère de Dieu, pendant tout le mois d'octobre de cette année.

DÉCRET URBI ET ORBI

« Le Rosaire a été surtout institué par une providence véritablement particulière de Dieu, afin d'implorer le très puissant et efficace secours de la Reine du ciel contre les ennemis du nom chrétien, pour protéger l'intégrité de la foi dans le troupeau du Seigneur et arracher des voies de la perdition éternelle les âmes rachetées au prix du sang divin. Or, les fruits très heureux de piété chrétienne et de confiance dans le patronage céleste de la Vierge Marie, produits en ce mois dans tout l'univers catholique par cette pratique si salutaire, ainsi que les calamités encore persistantes, furent cause que l'année suivante, le trentième jour d'août MDCCCLXXXIV, d'autres lettres apostoliques furent publiées, comme l'année précédente, avec les mêmes exhortations et les mêmes prescriptions pour célébrer le prochain mois d'octobre par de semblables solennités religieuses et une semblable ferveur de piété en l'honneur de la bienheureuse Vierge Marie du Rosaire ; attendu que le principal fruit de cette bonne pratique et le gage de la victoire à venir est la persévérance dans l'œuvre entreprise.

« S'attachant donc à ces motifs — en présence des maux nombreux qui de toute part nous assiègent — et afin que demeure et florisse dans le peuple chrétien cette foi qui opère par la charité, ainsi que la vénération et la confiance en quelque sorte sans limites envers la très aimante Mère de Dieu, Notre Très Saint-Père veut que partout on persévère avec plus d'amour encore et d'allégresse dans la prière envers Marie, Mère de Jésus. L'espérance est certaine que, si nous offrons de dignes fruits de pénitence, Celle qui seule extermine les hérésies dans le monde entier fléchira enfin la colère vengeresse de la justice divine et ramènera le salut et la paix.

« C'est pourquoi Sa Sainteté prescrit et ordonne que tout ce qu'elle a, les deux années passées, institué pour le mois où se célèbrent les solennités de la bienheureuse Vierge Marie du Rosaire, soit également observé cette année et les années suivantes, tant que dureront ces tristes circonstances pour l'Église et les affaires publiques et qu'il ne sera pas donné à l'Église de rendre grâces à Dieu de la restitution au Souverain Pontife de sa pleine liberté.

« Il ordonne donc et mande que chaque année, à partir du premier jour d'octobre jusqu'au second jour de novembre suivant, dans toutes les églises paroissiales de l'univers catholique, dans tous les oratoires publiques dédiés à la Mère de Dieu, ou même en tous autres sanctuaires choisis par l'ordinaire, on récite tous les jours au moins cinq dizaines du Rosaire de Marie avec les Litanies lorétaines. Si c'est le matin, la messe sera célébrée pendant les prières. Si c'est à midi, le Saint Sacrement de l'Eucharistie sera exposé à l'adoration des fidèles; enfin les fidèles auront soin de se purifier. Il désire aussi que les processions religieuses, partout où elles seront permises par les lois civiles, soient publiquement accomplies.

« Renouvelant chacune des indulgences déjà concédées à tous ceux qui, aux jours fixés, assisteront à la récitation publique du Rosaire, à ceux qui prieront aux intentions de Sa Sainteté, à ceux aussi qui, empêchés par une cause légitime, prieront ainsi en particulier, il accorde pour chaque fois une indulgence de sept ans et sept quarantaines. Il accorde, en outre, sur le trésor des mérites de l'Église, une indulgence plénière à ceux qui, au temps prescrit, réciteront au moins dix fois les mêmes prières, soit publiquement dans les églises, soit, s'ils sont légitimement empêchés, en particulier, pourvu qu'ils se soient dûment confessés et qu'ils aient participé au banquet divin. Il accorde également ce plein pardon des fautes et cette rémission des peines à tous ceux qui, au jour même de la fête de la bienheureuse Vierge du Rosaire ou à l'un des huit jours suivants, s'approcheront des sacrements et imploreront dans une église quelconque Dieu et sa sainte Mère à ses intentions.

« C'est pourquoi, pensant aux fidèles qui vivent à la campagne et sont absorbés par les travaux des champs, principalement au mois d'octobre. Sa Sainteté accorde que chacune des dispositions ci-dessus, et aussi toutes les saintes indulgences, puissent être prorogées pour eux aux mois suivants de novembre ou de décembre, selon le jugement prudent de l'ordinaire.

« Et Notre très Saint-Père a ordonné que le présent décret fût rendu sur toutes et chacune de ces choses par la Sacrée Congrégation des Rites et transmis à tous les ordinaires pour être fidèlement exécuté.

« D., cardinal BARTOLINI,
« *Préfet de la Sacrée Congrégation des Rites.*

« Laurent SALVATI,
« *Secrétaire de la Sacrée Congrégation des Rites.* »

Les membres de la droite de l'ancienne Chambre des députés adresse le manifeste suivant aux électeurs :

« Les républicains sont au pouvoir depuis assez longtemps pour que l'heure soit venue de les juger.

« Après la guerre, la France s'était relevée par un grand effort patriotique.

Elle avait payé sa rançon, rétabli ses finances, reconstitué son armée, étonnant l'Europe par l'énergie de sa vitalité.

« Aujourd'hui, les emprunts succèdent aux emprunts; les impôts s'aggravent; les communes, suivant l'exemple ou subissant les injonctions du pouvoir, s'obèrent sans mesure; l'agriculture et l'industrie sont également frappées; la dette publique s'est accrue comme si nous avions subi une nouvelle invasion.

« Cependant, la France appauvrie voit son budget absorber, chaque année, des sommes plus considérables pour l'entretien d'une administration dont la faveur et la délation ont bouleversé le personnel, sans égard aux droits acquis ni aux services rendus. Et, pour que la magistrature fût enveloppée dans ces exécutions arbitraires, on a violé les garanties les plus sacrées de la justice.

« De tous les engagements pris par la République, combien en a-t-elle remplis? Quelles réformes a-t-elle réalisées en faveur des classes laborieuses? Pour les ouvriers, dont elle prétend servir les intérêts mieux que tout autre régime, qu'a-t-elle fait, sauf une enquête sans résultat?

« Une seule promesse a été fidèlement tenue, même par ceux qui ne l'avaient pas faite. Une guerre perfide a été entreprise contre la religion, l'image et le nom de Dieu ont été proscrits de l'école et de l'hôpital; les droits des pères de famille ont été méconnus, la liberté civile profondément atteinte.

« Enfin, aussi dédaigneux des leçons du passé que des intérêts du présent, le Gouvernement républicain nous a engagés, à quatre mille lieues de nos frontières, dans une guerre sanglante, dispendieuse, stérile, guerre qu'on a commencée sans le savoir, poursuivie sans l'avouer, et terminée par une paix trompeuse, dont la première conséquence est l'envoi de nouveaux renforts dans l'Indo-Chine.

« En présence d'un pays dont le patriotisme aurait accepté tous les sacrifices pour assurer sa défense, la Chambre n'a pas su organiser une armée coloniale qui eût épargné à nos jeunes soldats bien des souffrances.

« Il est temps d'en finir avec les incapables et les prodigues.

« Il faut à notre pays un pouvoir stable et fort qui sache :

« Garantir les grands intérêts de la société;

« Ranimer le commerce, dégrever l'agriculture et favoriser l'industrie;

« Donner à tous la vraie liberté, celle qui protège les faibles et prévient l'oppression des minorités;

« Nous rendre la paix religieuse, en respectant toutes les consciences, en assurant à l'Église la justice et la liberté qui lui sont dues, en observant avec loyauté l'esprit autant que la lettre du Concordat;

« Former une armée qui, en temps de guerre, fasse concourir tous les Français à la défense de la Patrie; qui, en temps de paix, laisse le plus de bras possible au travail national et n'entrave pas le développement des forces intellectuelles de la France;

« Fondre ensemble et consolider par une vigoureuse discipline, en dehors de toute préoccupation politique, les éléments divers de cette armée; faire respecter son uniforme et honorer ses vaillants chefs;

« Suivre à l'extérieur une politique prévoyante, qui nous ménage des alliances, nous préserve des aventures et soit le meilleur gage de nos intentions sincèrement pacifiques.

« Un gouvernement supérieur aux partis et servant de contrepoids à leur mobilité pourrait seul nous procurer tous ces biens dont jouissent autour de nous les grands États de l'Europe.

« Parmi les diverses formes de la République, en est-il une qui soit capable de nous donner un tel gouvernement? L'expérience n'apprend-elle pas que, si l'on veut des assemblées contrôlant sans administrer, au lieu d'administrer sans contrôle, il est nécessaire que la puissance exécutive ait une base solide et immuable?

« A cette question vitale pour notre avenir, la Chambre qui va être élue n'aura pas.à répondre, un article récemment introduit dans la Constitution lui en a retiré le droit.

« Nous avons protesté contre cette interdiction, et nos efforts tendront toujours à faire restituer aux mandataires de la nation le droit inaliénable, sous un régime purement électif, de disposer librement de ses destinées.

« Mais, avant tout, il faut songer aux périls de l'heure présente. D'accord avec tous les conservateurs, arrêtons la France sur la pente de l'anarchie et de la ruine, et remettons-la en des mains loyales, habiles et honnêtes. »

La fédération républicaine socialiste tient une réunion générale à la salle Molière, pour la présentation des candidatures socialistes. Le bureau, entièrement *féminin*, est composé des citoyennes Moreau, Vivier, Barberousse et Godard. La citoyenne Rouzade prend la parole pour démontrer l'intérêt général des candidatures de femmes. L'oratrice préconise l'éducation, l'entretien, l'habillement des enfants par l'État. Elle éreinte en terminant l'élément masculin. Bref, les candidatures des citoyennes Rouzade, Barberousse et Deraismes sont acclamées et leurs noms placés à.côté des Rochefort, Allix, Reclus, Pyat, Gambon, Laguerre, Vaillant, etc.

Les tisseurs lyonnais se réunissent à la Croix-Rousse et envoient aux maires et aux conseillers municipaux des délégations chargées d'exposer la situation précaire dans laquelle ils se trouvent. Ils demandent du travail et réclament des chantiers nationaux.

M. Henri Brisson, président du Conseil des ministres, fait, au restaurant des *Vendanges de Bourgogne*, un *discours-programme*, dans lequel il expose la politique qu'il personnifie et dont il souhaite le triomphe. C'est un composé de mensonges et de ruses qui contraste *singulièrement* avec la déclaration franche et loyale des délégués royalistes que tout le monde connaît.

Le ministre de la guerre reçoit du général de Courcy la dépêche suivante :

« Hué, 8 septembre, 2 heures du soir.

« C'est avec une grande satisfaction que je puis vous annoncer que le choléra peut être considéré comme terminé au Tonkin, sauf à Phu-Lang Thuong. Quelques cas ont éclaté à Hué, mais ils vont en diminuant, grâce à la dispersion des troupes. »

10. — Le *Journal officiel* publie l'état du rendement des *impôts et revenus indirects* pendant le mois d'août dernier. Il ressort de ce relevé *officiel* que

ces impôts ont produit une moins-value de 2,869,000 francs par rapport aux évaluations budgétaires, et de 198,000 francs par rapport au produit d'août 1884. En résumé, le produit des impôts et revenus indirects, pendant les huit premiers mois de 1885, se trouve en *moins-value* de 17,083,000 francs par rapport aux évaluations budgétaires, et de 2,624,200 par rapport à la période correspondante de 1884, c'est là ce que MM. Brisson et Consorts appellent la *prospérité républicaine?*

Les ministres se réunissent en Conseil de cabinet, sous la présidence de M. Brisson. M. de Freycinet fait connaître à ses collègues les notes diplomatiques qu'il a reçues au sujet du conflit hispano-allemand. De son côté, le ministre de l'intérieur soumet à l'approbation du Conseil les mesures qu'il compte prendre pour l'assainissement de Toulon.

Un télégramme de Hué, daté du 10 septembre, annonce que le premier régent Thuong vient d'être arrêté et conduit au bagne de Pulicondor. Il est remplacé par le gouverneur d'Hanoï. De nombreux massacres sont signalés dans les provinces de Quinhon et Tourane. Thuyet est toujours dans les montagnes de Thamhoa avec le roi. Il n'y a pas de Pavillons-Noirs dans l'Annam.

La ville de Hué est tranquille. L'épidémie est en décroissance. Le moral des troupes est excellent; le général de Courcy dirige les opérations.

Un service funèbre est célébré à la cathédrale de Metz pour les soldats français tombés sous les murs de cette ville en 1670. Après la cérémonie religieuse, un grand nombre de personnes se sont rendues à pied et en voiture au cimetière et ont déposé des couronnes sur le monument élevé en l'honneur de nos morts.

11. — Une nouvelle note du gouvernement espagnol, approuvée en Conseil des ministres, est envoyée au gouvernement allemand. Cette note demande que l'Allemagne renonce formellement à l'intention d'établir son protectorat sur les archipels des Carolines et de Pelew. Le même Conseil décide également d'attendre la réponse de l'Allemagne avant d'accorder une réparation au drapeau allemand pour les derniers événements.

12. — Mort de Mgr Forcade, archevêque d'Aix. Le vénérable prélat vient de succomber à une attaque de choléra dont il avait contracté les germes au cours de ses visites aux cholériques de Salon et autres localités voisines d'Aix.

Le *Journal officiel*, publie le rapport de la Commission supérieure du travail des enfants et des filles mineures employés dans l'industrie, pour l'année 1884. Dudit rapport il appert que, pendant cette année, le chiffre des enfants employés s'est abaissé de 213,000, chiffre de l'année précédente, à 193,258, soit une différence en moins de près de 20,000. C'est là une nouvelle preuve de l'intensité de la crise industrielle qui sévit.

Le général de Courcy, dans sa dernière dépêche, demande au gouvernement français l'autorisation de déposer, au besoin, le jeune roi de l'Annam. Le gouvernement laisse le général libre d'agir pour le mieux de nos intérêts.

Un télégramme de Berlin annonce que l'Allemagne ne continuera les négociations relatives à la possession des Carolines, qu'après que la question des excuses dues par le gouvernement espagnol pour l'insulte faite au drapeau allemand, à Madrid, sera réglée. Le prince de Bismarck doit venir à Berlin, pour prendre directement en main les négociations avec l'Espagne.

14. — M. Clémenceau, à défaut de local, fait une conférence en plein air, sur l'esplanade même de Draguignan. Son discours forme une sorte de programme de politique générale et ne touche point aux questions locales. M. Clémenceau ne veut pas des listes électorales ne réunissant que des personnes ennemies. Il réprouve également les aventures lointaines, comme étant dangereuses pour la France et la démocratie. « Il est nécessaire, dit-il, de concentrer nos forces et d'épargner notre argent pour être prêts à défendre l'indépendance de la patrie. » La journée se termine par un banquet, et l'on porte de nombreux toasts à la *République radicale.*

M. Hervé fait, à la salle Lévis, une conférence sur les octrois et les petits logements. Il se prononce pour la suppression des octrois que l'on remplacerait par une augmentation de droits sur l'alcool. Il traite également la question des petits logements, avec la haute compétence que chacun lui reconnaît.

M. Allain Targé, de son côté, répète, dans les salons du Grand Orient de France, le discours de son maître, M. Henri Brisson. Il repousse la politique des expéditions lointaines, tout en ayant voté pour elles, il termine en exprimant l'espoir que l'union se fera entre tous les républicains et amènera le triomphe du régime actuel.

A la suite de nouvelles manifestations anti-allemandes, en Espagne, le drapeau et l'écusson du vice-consulat d'Allemagne à Altoa (province d'Alicante) ont été arrachés et brisés sur la place du Marché.

Un télégramme particulier de Haï Phong annonce qu'un poste de onze soldats a été enlevé par l'ennemi devant Haï Phong.

15. — Le ministre de la guerre reçoit du général de Courcy la dépêche suivante :

« Hué, 14 septembre.

« Conformément aux vœux réitérés de la famille royale et du Comat, et avec l'autorisation du gouvernement français, un nouveau roi, Métrien, prince Chanh-Mong, fils adoptif de Tu-Duc, a été installé solennellement à Hué, aujourd'hui. Il est entré dans son palais, à huit heures du matin, suivi des princes du sang, du Comat et de la cour. La haie était formée par des troupes françaises et annamites. Les drapeaux des deux nations flottaient sur les miradors.

« Le roi a témoigné fort dignement de son attachement à la France.

« Il est âgé de vingt-trois ans. Son extérieur est agréable et a produit la meilleure impression sur les Français. Le rite annamite déterminera le nom qu'il prendra dans la dynastie. Toutes les richesses artistiques recueillies et sauvegardées par l'armée française victorieuse, au moment de la prise de la citadelle, ont été remises. Le couronnement aura lieu le 19. »

Le ministre de l'intérieur envoie aux préfets une dépêche circulaire, leur prescrivant de ne tolérer, sous aucun prétexte, des réunions électorales sur la voie publique. Qu'en pense M. Clémenceau?

M. Lagarde, commandant de la station française, à Obock, arbore le drapeau de la France dans le port d'Ambado, conformément au décret rendu le

22 août dernier, pour ratifier le traité qui consacre notre protectorat sur Ambado.

16. — Réunion des électeurs conservateurs du département de la Seine au cirque d'hiver. Plus de quatre mille personnes y assistent malgré la cabale organisée par les anarchistes socialistes et un noyau de jérômistes. MM. Calla, Hervé, Denys Cochin et Ferdinand Duval prennent successivement la parole et flétrissent éloquemment, avec preuves à l'appui, les agissements de nos gouvernants actuels.

A la fin de la séance, M. Ferdinand Duval donne lecture de la liste conservatrice, qui est acclamée par une immense majorité.

M. Clémenceau prononce également, à Toulon, un discours électoral dans lequel il renouvelle ses attaques contre la politique opportuniste, et répond aux accusations portées contre lui pour avoir demandé la séparation de la Corse de la France, il se livre à des attaques violentes contre l'empire.

Les fiançailles de la princesse Marie, fille du duc de Chartres, avec le prince Valdemar, fils du roi de Danemark, ont lieu à Copenhague; l'empereur et l'impératrice de Russie, le roi de Grèce, le prince et la princesse de Galles et le duc et la duchesse de Cumberland assistent à cette fête de famille.

17. — Réunion des ministres en conseil de cabinet. On s'occupe principalement du Tonkin et de l'Annam. Le général Campenon et M. de Freycinet entretiennent leurs collègues des derniers incidents qui se sont passés en Annam, par suite de la proclamation du nouveau roi. M. Allain Targé fait connaître les mesures qu'il a cru devoir prendre pour empêcher les réunions électorales sur la voie publique, comme celles de M. Clémenceau, à Draguignan.

Le ministre de la guerre reçoit du général de Courcy une dépêche contenant des renseignements sur la situation de Hué.

M. Spuller prononce, rue de Lancry, un long discours sur la politique générale. L'orateur opportuniste reproduit les opinions déjà formulées par MM. Brisson et Allain-Targé. Comme eux, il redoute l'influence des monarchistes, il se réjouit du rétablissement du scrutin de liste, il préconise les bienfaits du régime républicain; il parle également des expéditions lointaines, sans les approuver, et de la séparation de l'Eglise et de l'Etat qui, selon lui, ne saurait s'accomplir que par degrés.

18. — Le ministre de la marine reçoit de l'amiral Miot des nouvelles de Tamatave. L'amiral a dirigé, le 10, une reconnaissance offensive dans le but de constater les travaux exécutés par les Hovas dans les positions de Farafat; il a conduit sa colonne vers le gué Saamaf, à la droite de l'ennemi et a reconnu la présence d'un corps nombreux, retranché derrière quatre ouvrages réguliers, paraissant bien établis.

Un engagement a eu lieu, dans lequel nos troupes ont eu trente-trois hommes hors de combat, deux tués et quatre officiers blessés.

Les troupes ont été pleines d'entrain.

M. Clémenceau fait une conférence politique à Dôle, dans laquelle il critique vivement les opportunistes. Il attaque M. Jules Ferry et lui reproche de n'avoir réalisé aucune réforme, il nie qu'il ait institué l'instruction laïque et obligatoire. Il constate qu'on a dépensé des millions au Tonkin que l'on ne saurait occuper, à cause de l'étendue du pays et du climat, et que l'on a perdu là 3,500 hommes dans une expédition stérile. Il termine en demandant que le suffrage universel soit désormais souverain. M. Trouillet essaie en vain de lui répondre, mais il en est empêché par le bruit et les cris.

19. — Un manifeste anarchiste annonçant, à brève échéance, l'extermination des bourgeois de toutes conditions, est affiché dans les environs de l'hôtel de ville de Paris.

La cérémonie du sacre du nouveau roi d'Annam a lieu à Hué. De grandes réceptions et des fêtes sont données à cette occasion.

M. le duc de Broglie prononce, à Evreux, devant un nombreux auditoire, un réquisitoire foudroyant contre la politique néfaste et criminelle, inaugurée par les républicains depuis leur entrée au pouvoir. Il flétrit énergiquement leur conduite antipatriotique, leurs gaspillages financiers. L'éminent orateur affirme la nécessité rigoureuse d'une concorde absolue entre tous les conservateurs. Une entente complète est le seul moyen d'arriver à une réorganisation politique capable de relever la France.

Une insurrection éclate en Roumélie. Le gouverneur turc de cette province est renversé, les fonctionnaires turcs sont arrêtés et emprisonnés. Les milices font cause commune avec la population. Un gouvernement provisoire administre le pays et adresse un appel aux Bulgares.

20. — Le ministre de la guerre reçoit du général de Courcy la dépêche suivante :

« Hué, 19 septembre 1885.

« Le nouveau roi a été couronné en grande pompe aujourd'hui. Tous les membres du gouvernement sont régulièrement entrés en fonctions. J'espère que la pacification générale est proche.

« Le roi a pris le nom de Donc-Khanh ; ce nom symbolise en langue annamite l'union de deux nations. »

Une réunion organisée par le parti ouvrier socialiste a lieu dans l'intérieur de la Bourse de Paris. Les principaux complices de cette bagarre radicale sont les citoyens Joffrin, Allemane, Albert Goullé, Eudes, Legendre, Digeon et Chabert. Le programme du parti est *l'abstention électorale*, *l'anarchie pratique;* faire le vide autour des urnes et des ambitieux, tel est le but à atteindre. Les anarchistes ne peuvent s'entendre entre eux pour la formation du bureau, on en vient aux coups de revolver, plusieurs personnes sont blessées. Après un moment d'indescriptible panique, la réunion est reprise et les discours commencent, et quels discours! ils se résument tous en ces quelques pensées radicales : Les ouvriers socialistes *sont las de travailler pour vivre, ils veulent jouir du bien des autres; ils veulent partager; tout partager, les propriétés mobilières, le sol, l'or, tout enfin, absolument tout.* Ils adoptent un ordre du jour formulé dans ce sens. Vers six heures, les bruyants acteurs de cette tragi-comédie se séparent.

Une révolution éclate à Guatémala; l'état de siège est proclamé; plusieurs officiers supérieurs sont arrêtés, et deux anciens ministres sont expulsés du pays.

21. — Enterrement d'un ancien membre de la Commune. Le citoyen Antoine Arnaud, ancien membre de la Commune et de l'Internationale, a été enterré dimanche, au cimetière d'Ivry. Le convoi, composé de cinq à six cents personnes, s'est mis en marche aux cris de : *Vive la Commune!* M. Clément, commissaire de police aux délégations judiciaires, ayant sommé un ex-membre du Comité central de retirer l'écharpe rouge qu'il avait ceinte, fut assailli par la bande communarde, aux cris de mille fois répétés : *Vive la Commune! à bas la police.* Les agents durent dégainer pour dégager leur chef, le cortège se reforma bientôt et conduisit le corps jusqu'au cimetière.

M. Allain-Targé prononce un discours politique à Angers. La harangue ministérielle n'est qu'une longue diatribe contre les conservateurs. A l'entendre, ce sont les conservateurs qui ont provoqué la guerre du Tonkin, de Madagascar, la crise industrielle et agricole, la persécution religieuse, etc., etc. Par contre tout va pour le mieux dans la meilleure des républiques possibles. Les déficits ne sont que de *vaines apparences*, le gouvernement ne pèse jamais sur les fonctionnaires qui gardent une neutralité exemplaire.

Il faut de l'aplomb pour parler ainsi, et M. Allain Targé n'en manque pas. En voici une nouvelle preuve.

M. Clémenceau, de son côté, fait une conférence au casino de Dijon. Son discours a roulé sur trois questions principales : réformes économiques, séparation de l'Église et de l'État, et expédition du Tonkin, ce qui lui a permis de diriger de nouvelles et vives attaques contre MM. Jules Ferry et consorts.

MM. Floquet et Lockroy ont également donné une représentation électorale au Salon des familles, avenue de Saint-Mandé.

Le point capital des discours des deux députés radicaux a été la *séparation immédiate* de l'Église et de l'État. Contrairement à l'avis des hommes du gouvernement, ils ne se préoccupent point des ménagements dus *aux consciences humaines* (sic). La révolution a voulu renverser la *monarchie* et l'*Église*. L'Église seule est restée debout, donc *il faut abattre l'Église*.

22. — Le ministre de la guerre reçoit du général de Courcy la dépêche suivante :

« Haïphong, 21 septembre 1885.

« Je suis arrivé à Haïphong, et mon intention est de visiter le plus tôt possible les positions de Thon-Quan sur le fleuve Rouge, et aller de là à la rivière Claire. Je vous ferai connaître prochainement les mesures d'ordre qu'il y aurait lieu de prendre dans ces régions. Je vous remercie d'avoir accordé à la flottille les décorations que j'avais demandées pour elle. »

Réunion des femmes *candidates aux prochaines élections législatives*, salle Molière, rue Saint-Martin. Plusieurs discours tous plus excentriques les uns que les autres sont prononcés par *la gente féminine radicale*.

Le prince Alexandre de Bulgarie fait son entrée solennelle à Philippopoli, et adresse de là aux puissances une note annonçant l'union de la Roumélie à la Bulgarie.

Ouverture du congrès eucharistique à Fribourg. Le nombre des congressistes dépasse trois cents. Parmi eux, on cite deux archevêques, huit évêques, plusieurs prélats et dignitaires, un grand nombre de vicaires généraux ou secrétaires épiscopaux, des délégués d'ordres religieux, des laïques qui ont un nom dans la politique, dans la science sacrée et profane ou dans le journalisme catholique.

La lettre suivante a été adressée par le Saint-Père à Mgr Mermillod, évêque de Lausanne et Genève, à l'occasion de la réunion du Congrès eucharistique à Fribourg.

« LÉON XIII, PAPE.

« Vénérable Frère, Salut et Bénédiction apostolique.

« Nous avions déjà plus d'une preuve que votre zèle pastoral, loin d'être brisé par la difficulté des temps, y puise, au contraire, plus d'ardeur. Une nouvelle assurance Nous en est donnée par la lettre si agréable à Notre cœur que vous Nous avez écrite le douze du mois d'août dernier.

« Cette lettre nous apprend, en effet, qu'après la réunion de tous les évêques suisses, qui doit se tenir à Fribourg, il y aura dans la même ville une autre assemblée préparée par vos soins, composée de prélats et d'autres hommes distingués, semblables à celles qui se sont tenues naguères à Lille, à Liège et à Avignon, pour accroître la piété et le culte envers l'adorable Sacrement de l'Eucharistie.

« Vous ne pouvez pas douter que ces pieuses réunions, qui ont pris le nom de *Congrès eucharistiques*, n'aient toute Notre approbation, puisqu'elles prennent modèle sur celles qui ont déjà mérité Nos encouragements et Nos éloges.

« Nous Nous étendrions plus longuement sur ce sujet, si votre lettre ne Nous prouvait assez que, dans la préparation de ce Congrès, votre âme est enflammée d'un zèle et animée de sentiments que Nous voudrions voir partagés par tous ceux qui y prendront part avec vous. Qu'ils vous entendent donc développer, avec la force et l'à-propos de la parole qui vous distinguent, les idées énoncées dans votre lettre : sur la nécessité de puiser des forces toujours nouvelles à cette source des grâces, afin que l'Église sorte victorieuse des rudes combats où elle est engagée ; sur les fruits de salut qui se cueillent à cet arbre de vie, surtout pour garder l'unité des esprits dans la vérité et l'union des cœurs dans la charité ; enfin sur l'abondance de tous les biens qu'il faut demander et attendre avec assurance de ce trésor des divines richesses, soit pour l'édification des fidèles, soit pour la conversion de ceux qui sont assis dans l'ombre de la mort.

« Que tous Nos Vénérables Frères et Nos Fils bien-aimés que vous verrez réunis autour de vous pour prendre part à cette œuvre, reçoivent ces enseignements de votre bouche comme si Nous les leur adressions Nous-même ! Qu'ils apprennent par vous que leur zèle réjouit grandement Notre cœur et trouvera encore plus de faveur auprès de Nous, s'ils prennent les mesures les plus propres à atteindre le but indiqué et s'ils ont soin de propager autour d'eux les pratiques adoptées, en les observant eux-mêmes.

« En attendant, Nous supplions le Père des lumières de vous assister dans votre réunion tenue en son Nom, et de vous inspirer, en répandant sa clarté dans vos esprits, les résolutions les plus avantageuses à la gloire de son Nom, à l'honneur de l'Église et à l'avancement de votre perfection spirituelle.

« Comme gage de ce secours divin que Nous appelons sur vous, Nous vous donnons avec amour dans le Seigneur, Notre bénédiction Apostolique, à vous, Vénérable Frère, aux autres Evêques et aux Fidèles qui assisteront avec vous au Congrès, ainsi qu'au Clergé et au peuple confiés à votre sollicitude.

« Donné à Rome, auprès de Saint-Pierre, le XX du mois d'août de l'année MDCCCLXXXV, la huitième année de Notre Pontificat.

« Léon XIII, Pape. »

23. — La Porte adresse aux puissances signataires du traité de Berlin une note, protestant contre la conduite du prince Alexandre de Bulgarie, et déclarant que le sultan est décidé à exercer les droits que lui a reconnus ce traité.

Le prince Alexandre de Bulgarie, de son côté, adresse à la Porte un message dans lequel il rend hommage au sultan et déclare qu'en se substituant à Gavril Pacha, après le renversement de ce dernier, il ne s'est pas mis en insurrection contre la Porte et qu'il n'a cédé qu'à la force *majeure* des événements en se rendant à Philippopoli.

24. — Réunion du Conseil des ministres. Le ministre de la marine entretient ses collègues de la question de Madagascar. L'amiral Galiber déclare qu'aussitôt la rentrée des Chambres, il demandera un envoi de troupes à Madagascar. Quelle sera l'importance de cet envoi de troupes ? *Nous le saurons après les élections.*

Le prince Napoléon publie, dans le *Figaro*, un manifeste sous forme de lettre adressée à un ami anonyme. Il y explique les causes qui l'ont empêché de descendre dans l'arène et prend à partie le comte de Paris, et même le parti Victorien.

Un télégramme daté de Hanoï, 24 septembre, annonce qu'une ordonnance de non lieu est rendue à l'égard du lieutenant colonel Herbinger qui revient en France. Le général de Courcy rentre à Hanoï, de retour de Quinhame. L'État sanitaire s'améliore.

Réunion privée électorale à la salle Chagnet, à la Villette. M. Calla y développe le programme de l'opposition conservatrice que tout le monde connaît, et répond loyalement et victorieusement à quelques questions qui lui ont posées par des membres de la réunion.

La coalition socialiste révolutionnaire, de son côté, tient une réunion, des plus comiques, salle Rivoli, rue Saint-Antoine. Les orateurs plus ou moins excentriques qui prennent la parole y éreintent sans distinction Jules Ferry, Clémenceau, Spuller et Floquet. C'est un amalgame de phrases et de mots plus que vulgaires. La comédie finit par une quête au profit des blessés de la Bourse.

Charles de Beaulieu.

BULLETIN BIBLIOGRAPHIQUE

Études sur Victor Hugo, par Louis Veuillot, introduction, notes et appendice par Eugène Veuillot. Un beau vol. in-12, de 372 pages. Prix : 3 fr. 50. Société générale de Librairie catholique, 76, rue des Saints-Pères, Paris.

Ces études, quoique partielles, suffisent à faire apprécier à .leur juste valeur Victor Hugo et toute son œuvre. M. Louis Veuillot. qui se connaissait vite en hommes, ne partagea jamais l'engouement dont l'auteur des *Oles et Ballades* fut longtemps l'objet de la part d'amis aveugles ou inconscients.

Il eut le courage, au plus fort de la faveur dont était entouré Victor Hugo, de s'élever contre la ridicule prétention de la coterie littéraire qui présentait *leur maître,* comme *le nec plus ultra* du poète, du romancier, du littérateur et du politique, et de signaler, sans parti pris, tout ce qu'il y avait d'exagéré dans une pareille prétention.

Dans une série d'articles, dont plusieurs furent publiés dans la *Revue du Monde catholique,* M. Louis Veuillot examine à fond la portée morale, le système littéraire des plus gros ouvrages de cet écrivain surfait à tous les points de vue; c'est ainsi que les *Contemplations,* le *Rhin,* les *Misérables* et d'autres publications de moins longue haleine, sont jugés avec impartialité et ramenés à leur valeur réelle. L'éminent critique nous montre Victor Hugo posant à la tribune, comme homme politique, tandis qu'il n'est, en définitive, qu'un orateur médiocre, vulgaire et souvent même grotesque. Il nous fait assister aux diverses transformations qui font de ce caméléon littéraire et politique, un être à part et l'une des figures les plus singulières de ce siècle qui en compte un si grand nombre. Ces esquisses tracées de main de maître sont saisissantes de vérité et resteront dans l'histoire littéraire du dix-neuvième siècle, comme des modèles de la plus pure et de la plus sévère critique de cet homme que l'orgueil fit tomber dans les bas fonds de la libre pensée.

M. Eugène Veuillot a complété le travail de son frère en y ajoutant quelques. articles, des notes très intéressantes au point de vue des renseignements, et une introduction faite d'après le livre de Victor Hugo, intitulé : *Victor Hugo raconté par un témoin de sa vie.* Cette introduction est un curieux chapitre de redressement en matière religieuse, suivi de quelques pages sur l'une des dernières œuvres du poète, *l'Ane,* et *d'un appendice* où se trouvent réunis les articles que M. Eugène Veuillot a publiés dans *l'Univers,* à l'occasion des funérailles de Victor Hugo.

Histoire de M. Émery et de l'Église de France pendant l'Empire, par l'abbé Élie Méric, docteur en théologie et eu droit canon, 2ᵉ partie. Un vol. in-8ᵉ de 500 pages. Prix : 6 francs.

Le deuxième volume de cet important travail vient de paraître. Il embrasse toute la période comprise entre les années 1800 à 1811, période laborieuse pour l'Église, dans laquelle M. Émery joue un rôle prépondérant. Il est mêlé à tous les pourparlers qui précèdent et amènent la signature du Concordat

et contribue en grande partie à aplanir les difficultés sans nombre qui entra•
vent la marche des négociations et lui sont suscitées tout à la fois par les
Jansénistes et les prêtres et évêques constitutionnels. Son admirable et
héroïque patience triomphe de tout et finit par assurer la paix dans l'Église.

Il y a là tout un chapitre d'histoire religieuse et politique des plus curieux,
des documents inédits qui seront consultés et lus avec une avide curiosité par
tous ceux qui recherchent la vérité sur cette époque troublée de notre histoire nationale. Les portraits politiques qu'esquisse en passant l'abbé Méric,
sont tracés de main de maître et ne laissent rien à désirer sous le rapport
de la ressemblance des traits et des modèles.

Vie du bienheureux Jourdain de Saxe, deuxième maître général
de l'ordre des Frères Prêcheurs, par le R. P. Fr. Joseph Pie Mothon, du
même ordre, lecteur en S. Théologie. Un vol. in-12 de 381 pages. Prix :
3 fr. 50.

Ce livre, revêtu des hautes approbations épiscopales de NN. SS. les Archevêque et Évêques de Chambéry, de Montpellier, de Nîmes, d'Annecy et
d'Anthédon, est appelé à un grand succès. Il reproduit, dit Mgr l'Archevêque
de Chambéry, avec le plus grand charme et la plus saisissante vérité, dans
un style correct et élégant, l'une des figures du treizième siècle, portant au
plus haut degré le cachet de la grandeur morale et tous les caractères
de la plus parfaite sainteté.

Il montre le bienheureux Jourdain, attirant à lui par sa parole et souvent
par le seul fait de sa présence, des multitudes de jeunes gens de toute nationalité, la plupart nobles, instruits, destinés à un brillant avenir ; et quoique
laïques, il les courbe amoureusement sous le joug de la perfection religieuse...

Ce livre retrace aux enfants de Saint-Dominique, dans un type admirable, l'esprit de prière, de pénitence, de pauvreté de leurs premiers
Pères. Il leur montre l'ensemble de toutes les vertus propres à la vocation
dominicaine, et leur rappelle le haut enseignement de la doctrine puisée
dans les œuvres de l'immortel saint Thomas d'Aquin.

La Politique d'un villageois, par André Barbes. Un beau vol. in-18
de 290 pages. Prix : 2 francs

L'ouverture de la période électorale donne à ce livre une grande et palpi-
tante actualité. En effet, le spirituel auteur de ces articles, dont les chapitres
sont extraits du petit et populaire journal *le Paysan,* y aborde toutes les questions qui intéressent l'agriculture, le fermier, le manouvrier, l'École, l'Église
et la politique, il les traite avec vigueur et netteté, dans un langage plein de
verve, de bon sens, d'originalité et du sel gaulois, qui égaye presque toujours
les fines réparties de l'habitant de nos campagnes. Cet ouvrage est inspiré
par l'affection la plus vive, l'intérêt le plus haut et le respect le plus
profond pour les classes rurales, pour les travailleurs du sol, qui sont
restés des hommes de foi et de patriotisme. Il se résume en ces deux mots :
Dieu et Patrie. Cette noble devise ne peut manquer de lui porter bonheur
et de lui assurer une place d'honneur aux foyers rustiques.

Le Directeur-Gérant : Victor PALMÉ.

PARIS. — E. DE SOYE ET FILS, IMPRIMEURS, 18, RUE DES FOSSES-SAINT-JACQUES.

PUBLICATIONS NOUVELLES DE LA SOCIÉTÉ GÉNÉRALE DE LIBRAIRIE CATHOLIQUE

Victor PALMÉ, DIRECTEUR GÉNÉRAL, 76, RUE DES SAINTS-PÈRES

ÉTUDES SUR VICTOR HUGO

Par Louis VEUILLOT

INTRODUCTION, NOTES ET APPENDICE, PAR EUGÈNE VEUILLOT

Un volume in-12 de 372 pages. . . . .   3 fr. 50

VIE DU BIENHEUREUX JOURDAIN DE SAXE

DEUXIÈME MAITRE GÉNÉRAL DE L'ORDRE DES FRÈRES PRÊCHEURS

Par le R. P. Fr. JOSEPH-PIE MOTHON

DU MÊME ORDRE, LECTEUR EN THÉOLOGIE

Un beau volume in-12 de 381 pages, 3 fr. 50

LA

POLITIQUE D'UN VILLAGEOIS

Par André BARBES

Un beau volume in-12 de 290 pages. . . . .   2 francs.

HISTOIRE DE M. ÉMERY

ET DE L'ÉGLISE DE FRANCE

1re PARTIE : **La Révolution (1732-1799)**. — 2e PARTIE : **L'Empire (1800-1811)**

Par Élie MÉRIC

DOCTEUR EN THÉOLOGIE ET EN DROIT CANON

2 volumes in-8o de xiv-490 et 500 pages, 12 francs.

BIBLIOTHÈQUE DU *JEUNE AGE ILLUSTRE*

LA FILLE DU PÊCHEUR

Par V. VATTIER D'AMBROYSE

LAURÉAT DE L'ACADÉMIE FRANÇAISE

Un beau volume in-12 de 285 pages. . . . .   2 francs.

PARIS. — E. DE SOYE ET FILS, IMPRIMEURS, 18, RUE DES FOSSÉS-SAINT-JACQUES.

LE TRAITÉ DE BERLIN

I

Au moment où des événements violents et imprévus remettent en question, après sept années, les décisions d'un Congrès auquel ont pris part les représentants de l'Allemagne, de l'Autriche-Hongrie, de la France, de la Grande-Bretagne, de l'Italie, de la Russie et de la Turquie, il n'est pas sans utilité de rechercher quels étaient, en 1878, les intérêts rivaux en présence. Le traité de Berlin a été une œuvre de transaction. Les protestations du cabinet anglais, l'arrivée de la flotte anglaise devant Constantinople, donnaient lieu de craindre qu'une guerre entre l'Angleterre et la Russie succédât à la lutte sanglante dont les principautés danubiennes et les Balkans venaient d'être le théâtre.

Les efforts faits pour le maintien de la paix par les grandes puissances européennes ont réussi à tempérer les exigences extrêmes, les prétentions et les revendications dont l'exagération eût amené un conflit. Mais les documents diplomatiques révèlent que, dans la pensée même des signataires du traité, les formes les plus solennelles ne devaient pas réussir à donner à cette œuvre une valeur durable. Les aspirations refoulées se résignaient en apparence, sans abandonner aucune des chances de l'avenir.

En vain, à la dernière séance du Congrès, le prince de Bismarck disait-il, dans son discours d'adieu aux plénipotentiaires :

« J'ai le ferme espoir que l'entente de l'Europe, avec l'aide de Dieu, restera durable. »

D'ordre exprès de l'Empereur de Russie, le prince Gortchacow avait présenté une proposition destinée à assurer la sanction des actes du Congrès. Le prince de Bismarck avait déclaré, comme

représentant de l'Allemagne, qu'il ne faisait pas d'objection à l'insertion au traité d'un article particulier, établissant que les puissances se réservaient le droit de contrôler par leurs agents l'exécution des résolutions de la haute Assemblée.

La proposition russe, remaniée trois fois, n'ayant pas été accueillie, le comte Andrassy, plénipotentiaire de l'Autriche-Hongrie,
y substitua une rédaction nouvelle, d'après laquelle les parties contractantes envisageaient la totalité des articles du traité « comme
formant un ensemble de stipulations dont elles s'engageaient à
contrôler et à surveiller la mise en vigueur ».

L'inquiétude de s'engager à une sanction que les événements
pouvaient rendre dangereuse l'emporta sur les considérations que
faisait valoir, avec beaucoup de force, le plénipotentiaire russe.

« La Russie, disait-il, est particulièrement intéressée à ce que la
paix soit solide et durable. Elle a porté de grands sacrifices durant
la guerre ; elle en a fait de considérables en vue du rétablissement
de la paix et du maintien de l'entente européenne. Elle est en droit
de compter que, du moins, ces sacrifices ne seront pas gratuits, et
que l'œuvre dont on a posé les fondements ne restera pas stérile,
faute d'exécution, comme l'ont été les précédentes tentatives de
pacification de l'Orient. Elle ne pourrait pas accepter la perspective
du renouvellement de crises pénibles, semblables à celle à laquelle
le traité de Berlin a été appelé à mettre un terme. »

Faisant un pressant appel à la dignité de la haute Assemblée,
invoquant le souvenir des mécomptes qui avaient suivi le traité de
1856, le prince Gortchacow adjurait le Congrès de « ne pas élever
un édifice éphémère, qui exposerait la paix de l'Orient et de l'Europe
à de nouveaux périls ».

Il fut impossible de s'entendre sur la formule de cette sanction,
et l'on dut se borner à considérer la signature du traité comme une
obligation formelle, n'ayant besoin d'aucune confirmation.

M. Dufaure, alors président du Conseil, chargé par intérim du
ministère des affaires étrangères, ne paraît pas s'être fait beaucoup
d'illusion sur l'efficacité des délibérations poursuivies entre les représentants des grandes puissances de l'Europe. En félicitant, au nom
du gouvernement, M. Waddington de l'accomplissement de son
mandat, et en rappelant que, « du fait de circonstances d'ordre
général qui la dominent, la France était condamnée, en quelque
sorte, à s'oublier elle-même », il constatait que, « *quelle que dût être*

la valeur durable des stipulations de Berlin comme œuvre de tran-
saction entre des intérêts rivaux », la France ne s'était engagée
dans aucun lien compromettant pour sa neutralité. De retour à
Paris, M. Waddington, envoyant une circulaire à tous les agents
diplomatiques, confessait avec une sorte de mélancolie « qu'il ne
pouvait préjuger l'avenir, ni représenter sous un jour trop favorable
les conditions d'une entreprise à laquelle les épreuves ne pouvaient
manquer ».

La preuve la plus éclatante du sentiment qu'avaient les puissances
de la précarité de leur œuvre est la convention d'alliance défensive
par laquelle l'Angleterre et la Turquie s'unissaient à l'heure où les
plénipotentiaires de l'Europe se rendaient à Berlin.

En vertu de cette convention, l'Angleterre s'engageait à s'unir au
sultan pour la défense par la force des armes des territoires qui
seraient conservés à la Turquie par le traité de paix définitif, si
aucune tentative de s'en emparer était faite à une époque quelconque
par la Russie. Elle obtenait du sultan la remise immédiate « comme
base d'opération » de l'île de Chypre, pour être occupée et admi-
nistrée par le gouvernement britannique pendant tout le temps que
durerait l'alliance défensive.

Le marquis de Salisbury, dans la nécessité d'expliquer au gouvernement français une initiative aussi hardie, invoquait l'entier
isolement de la Grande-Bretagne en tant qu'il s'agirait d'une
action matérielle pour s'opposer aux annexions de la Russie. « Si le
gouvernement de la reine avait pu considérer, disait-il, le traité à
trois de 1856 comme étant toujours en vigueur, il aurait pu faire
appel à deux puissants alliés militaires et réclamer leur assistance
pour le maintien de l'intégrité de la domination ottomane. Mais
l'Autriche n'était disposée à agir que pour rendre à la Porte une
certaine indépendance en Europe, tandis que le gouvernement
français, par les déclarations de neutralité qu'il avait faites à plusieurs reprises, soit publiquement, soit dans le cours de sa correspondance diplomatique, avait clairement fait connaître son intention
de ne pas s'engager dans une guerre ayant pour but le maintien des
stipulations de 1856. »

Ainsi, au moment même où le traité de Berlin se discutait et allait
être signé, quelques-unes des parties contractantes prenaient des
précautions exceptionnelles dans l'éventualité, probable à leurs
yeux, de sa prochaine violation. On peut se demander si ces pré-

cautions elles-mêmes n'étaient pas une première infraction au traité.

Aujourd'hui l'entreprise du prince Alexandre de Bulgarie boule-verse les stipulations qui avaient essayé d'établir une sorte d'équi-libre entre des prétentions inconciliables, et il semble aussi difficile de revenir au *statu quo* que de remplacer par une œuvre nouvelle les combinaisons éphémères de la diplomatie européenne. Les aspirations et les rivalités vont se donner de nouveau libre carrière. Les plus modérés réservent la liberté de leurs résolutions dans le cas où les efforts des cabinets européens pour le maintien du traité de Berlin devraient définitivement échouer.

Comme en 1878, on trouve en présence la politique tradition-nelle de la Russie tendant à s'ouvrir la voie de Constantinople et ne permettant à aucune combinaison définitive de la lui fermer, la susceptibilité des intérêts anglais surexcitée par tout événement de nature à augmenter le prestige de la Russie en Orient, l'impatience des populations chrétiennes soumises au joug ottoman, les rivalités des États grecs et slaves affranchis de ce joug depuis le commence-ment du siècle, la préoccupation de l'Autriche-Hongrie de ne laisser porter atteinte à aucun de ses intérêts vitaux; enfin, malgré la réserve prudente dans laquelle la France s'est renfermée au Congrès de Berlin, le sentiment qu'elle ne peut entièrement déserter des traditions séculaires qui lui assuraient jadis une si haute influence morale dans le Levant.

L'étude du conflit qui s'est dénoué pacifiquement en 1878 éclaire d'une vive lumière la situation actuelle. Ce sont les mêmes intérêts opposés, les mêmes aspirations contradictoires qu'il s'agit de con-cilier. Pour se rendre compte de la gravité des incidents qui mena-cent en Orient la paix européenne, il importe de bien connaître ces intérêts et ces aspirations tels que les a révélés les délibérations du Congrès de 1878.

II

Le prince Gortchacow, premier plénipotentiaire de Russie, à l'ouverture de la séance du 24 juin 1878, disait avec un sentiment de légitime fierté, que les héroïques efforts des armées russes lui donnaient le droit de faire remarquer, « que la Russie apportait au Congrès des lauriers ». Le Congrès les convertira, ajoutait-il, en branches d'oliviers. Les représentants de la Russie rendaient d'ail-leurs hommage à la bravoure de l'armée turque. A l'une des dernières séances, le comte Schouvaloff donnait lecture d'une proposition ainsi conçue :

« Il y a dans la chaîne des Balkans un point qui a été le théâtre de luttes héroïques : elles ont pu être égalées, mais non surpassées dans l'histoire. Jamais il n'y a eu un déploiement plus énergique de toutes les vertus militaires et patriotiques dont le drapeau est le symbole.

« Ce que j'en dis s'applique également aux deux parties. De pareilles luttes laissent, après elle, l'estime réciproque et le respect qui s'attache à la mémoire de milliers de Russes et de Turcs dont les ossements blanchissent dans les ravins de Schipka.

« Nous demandons à la haute assemblée de donner un témoignage de ce respect aux braves qui dorment à Schipka, en faisant de ce point un glorieux cimetière où il ne s'élèvera plus de batteries et où jamais le canon ne grondera. »

A la suite de ces luttes qui inspiraient à son représentant ce langage ému, la Russie était restée définitivement victorieuse. Après une longue et vaillante résistance, les troupes ottomanes avaient dû capituler dans les lignes de Plewna, et, au milieu même de l'hiver, l'armée russe avait traversé la chaîne des Balkans et envahi la Roumélie. Maîtresse d'Andrinople, elle était arrivée par une marche rapide aux portes de Constantinople. Les préliminaires de paix avaient été signés à Andrinople au quartier général du grand-duc Nicolas, commandant en chef de l'armée russe. Un mois après, le traité préliminaire de San Stefano mettait fin à la guerre.

L'œuvre du Congrès consistait à arracher à la Russie une part notable des avantages qu'elle s'était assurés par la force des armes. L'Angleterre avait eu l'initiative des premières protestations. Elle avait apporté dans son attitude et dans son langage beaucoup de hauteur et de défiance. Le gouvernement russe s'en montrait froissé. Il rappelait que si l'Angleterre avait voulu épargner à la Turquie des cessions territoriales, conséquence naturelle de la guerre, elle n'aurait eu qu'à se joindre à la Russie, comme la proposition lui en avait été faite à deux reprises, afin d'exercer sur la Porte une pression maritime collective qui aurait probablement suffi pour atteindre les résultats acquis depuis au prix d'une grande effusion de sang.

« Le gouvernement anglais s'y étant refusé, ajoutait-il, n'est pas fondé à contester aujourd'hui à la Russie qui a versé son sang le droit de réclamer la création d'un état de choses qui la dispense désormais de pareils sacrifices ou les lui rende moins onéreux. »

Les plénipotentiaires russes saisissaient toutes les occasions d'affirmer que la Russie n'avait pas fait une guerre d'aspirations et de tendances. Longtemps spectatrice passive de la violation constante et journalière des obligations contractées par la Porte en 1856 au Congrès de Paris, elle avait été obligée d'intervenir en présence d'événements déplorables qui avaient ému l'Europe entière. Elle n'avait eu qu'un seul but, celui de venir au secours de populations chrétiennes et de leur assurer un sort meilleur. L'Angleterre reconnaissait qu'il y avait lieu de faire disparaître de justes sujets de plaintes, que, par la malheureuse résistance du gouvernement ottoman, la politique, tendant à garantir aux populations chrétiennes de la Turquie les bienfaits de la liberté et de la paix, avait échoué. L'empereur Alexandre attachait le plus grand prix à sa mission protectrice : il voulait donner à ces populations une existence autonome avec des garanties efficaces. Ce n'était nullement un acheminement vers une prise de possession qui n'entrait pas dans ses vues. La création d'un nouvel État de Bulgarie, l'affranchissement définitif de la Roumanie et de la Servie ne devaient pas développer l'influence prépondérante de l'Empire moscovite sur les nations du sud-est de l'Europe. La Russie avait puissamment contribué, dans le passé, à émanciper la Grèce et la Roumanie. Son pouvoir n'en avait pas plus profité que celui des autres puissances et l'équilibre européen n'avait pas eu à en souffrir. « Si, dans la vie privée, il arrive souvent qu'en rendant service à un ami, on le transforme en adversaire, cette vérité est encore plus applicable à la politique », dit à ce sujet le prince Gortchacow, en faisant remarquer que l'irritation des Roumains contre la Russie devait rassurer ceux qui semblaient redouter que la Russie n'acquît le dévouement absolu des populations, pour lesquelles elle s'était imposé les plus grands sacrifices. Le diplomate russe exprimait le vœu qu'au lieu d'une prépondérance anglaise, française ou russe, que l'histoire montrait avoir existé à Constantinople à différentes époques, il n'y eût en Orient aucune prépondérance quelconque, pas plus pour la Russie que pour un autre État, et qu'une action collective des grandes puissances, épargnant à la Turquie bien des illusions et bien des fautes, se substituât à la lutte mesquine et malsaine des amours-propres sur le terrain mouvant de Constantinople.

Le traité de San-Stefano avait fait de la nouvelle Bulgarie un puissant État slave, possédant des ports importants dans la mer Noire et dans l'Archipel, englobant toute la Roumélie orientale et s'étendant jusqu'à la mer Egée. Les diplomates russes admettaient que cette délimitation, n'ayant été indiquée qu'en termes généraux, pouvait être modifiée, mais non pas de manière à anéantir les résultats d'une guerre pour laquelle la Russie s'était imposé tant de sacrifices.

En fait, la Russie accepta une énorme réduction du territoire de la nouvelle principauté, refoulée au nord des Balkans, privée de tout débouché dans l'Archipel. La principauté de Bulgarie qui devait avoir, d'après le traité de San Stefano, une superficie de 163,965 kilomètres carrés, n'obtint, d'après le traité de Berlin, que 64,390 kilomètres.

La Russie défendit, avec plus de persévérance et d'énergie, l'intégrité de ses conquêtes en Asie. L'acquisition du port de Batoum sur la mer Noire, celle des forteresses de l'Arménie excitaient, au plus haut degré, la susceptibilité du gouvernement britannique. Lord Salisbury alla jusqu'à déclarer, à la séance du 6 juillet 1878, que, si la Russie croyait devoir retenir les forteresses de Kars et d'Ardahan, l'Angleterre se réserverait le droit de sauvegarder ses intérêts et son influence par les moyens qu'elle jugerait convenables.

La Russie consentit à constituer Batoum en port franc et à abandonner Erzeroum. Elle fit la concession de Bayazid et de la vallée d'Alachkerd, trajet des caravanes et principale route commerciale vers la Perse. En ce qui concerne Kars, elle se montra intraitable, ne voulant pas avoir, pour sa propre sécurité, à assiéger, à chaque guerre, cette forteresse qu'elle avait dû prendre trois fois dans l'espace d'un demi-siècle. Elle conserva définitivement la majeure partie de ses conquêtes en Arménie, réduites de 35,650 kilomètres carrés à 25,050.

Dans l'intérêt de la paix générale et pour limiter les lourds sacrifices que la guerre avait imposés à ses finances, ayant, d'ailleurs, des ménagements à garder vis-à-vis de l'Autriche-Hongrie, la Russie apporta, dans les délibérations du congrès de Berlin, un réel esprit de conciliation. Elle admit, sans trop de peine, la révision dans une large mesure du traité que ses victoires avaient imposé à la Turquie. A la suite de réunions particulières et intimes entre les représentants des puissances directement intéressées, réunions recommandées d'une manière toute spéciale par le prince de Bismarck, président du Congrès, l'entente se fit au détriment de la Bulgarie, réduite aux deux cinquièmes de sa superficie primitive et séparée de la Roumélie par la chaîne des Balkans.

La constitution d'un grand État, qui pouvait s'affranchir, tôt ou tard, de l'influence russe et former le centre du mouvement panslaviste, ne risquait-elle pas de devenir un obstacle à toute extension future de la Russie vers Constantinople? Il n'est pas impossible que cette considération ait influé sur les concessions faites par la puissance victorieuse. L'événement a prouvé que la Bulgarie délivrée ne devait pas tarder à se montrer en maintes circonstances indépendante de la Russie.

III

L'Angleterre avait vu, avec un extrême déplaisir, les résultats de la guerre. Protestant dès la première heure contre les arrangements faits entre les deux belligérants en tant qu'ils tendraient à modifier les traités européens et à affecter les intérêts de la Grande-Bretagne, elle avait déclaré ne leur reconnaître aucune valeur tant qu'ils ne seraient pas devenus l'objet d'un accord formel entre les puissances parties au traité de Paris. Elle avait appuyé cette déclaration par l'envoi de sa flotte devant Constantinople.

Ses principaux griefs étaient la constitution d'un puissant État slave, sous les auspices et la direction de la Russie, donnant à l'empire moscovite une influence prépondérante sur les relations tant politiques que commerciales de la mer Noire et de l'Archipel, l'absorption dans cet État d'une masse considérable de populations grecques de race et de sympathies, le protectorat russe s'étendant au-delà des frontières de la nouvelle Bulgarie par la stipulation d'institutions meilleures en faveur des populations de la Thessalie et de l'Epire, enfin et, par-dessus tout, l'acquisition du port de Batoum et des forteresses de l'Arménie complétant la prépondérance du gouvernement russe sur tout ce qui entoure la mer Noire, et plaçant les populations arméniennes sous l'influence immédiate de cette puissance.

L'effet combiné de ces stipulations, disait une importante circulaire du marquis de Salisbury, sera de comprimer l'indépendance du gouvernement de Constantinople au point d'en faire presqu'un vassal. « Le gouvernement ottoman est maître de fermer ou d'ouvrir les Détroits qui sont la route naturelle des nations pour aller de la mer Egée dans la mer Noire. Sa souveraineté est reconnue à l'entrée du golfe Persique, sur les rivages du Levant et dans le voisinage immédiat du canal de Suez. Ce ne peut être qu'un objet d'extrême appréhension pour l'Angleterre de voir le gouvernement qui dispose de ce pouvoir, serré de si près par les avant-postes politiques d'une puissance qui lui est tellement supérieure en force, que son action indépendante, voire son existence, en demeure presque annihilée. »

Sur la plupart des points, la résistance de l'Angleterre, ses menaces de rupture, obligèrent la Russie à d'importantes concessions. Le grand État slave, créé par le traité de San-Stefano, fut réduit à une principauté d'importance secondaire, n'ayant que le port de Varna sur la mer Noire et sans aucun débouché dans l'Archipel. Mais les réclamations anglaises, relatives à l'Arménie, n'eurent pas le même succès. L'occupation de Kars et d'Ardahan inspirait au gouvernement britannique les plus vives inquiétudes. Il voyait toute l'Asie occidentale sans défense aux pieds de la Russie, le prestige des victoires de cette puissance, proclamé par la prise et la conservation d'une place forte aussi célèbre que Kars, l'indiquant aux populations de la Mésopotamie et du reste de l'Asie comme la puissance de l'avenir. De là la prise de possession de Chypre à titre de compensation.

Aujourd'hui l'initiative du prince Alexandre de Bulgarie réduit presque à néant les résultats obtenus par l'Angleterre au Congrès de Berlin, précisément au moment où les difficultés survenues dans l'Afghanistan mettent en contact immédiat les intérêts russes et les intérêts anglais sur la route des Indes.

IV

Il est hors de doute que les aspirations des sujets chrétiens du sultan devaient faciliter toutes les entreprises de démembrement de l'empire ottoman. L'Angleterre elle-même, si intéressée au maintien de l'intégrité territoriale de la Turquie, reconnaissait que son gouvernement avait le devoir de donner aux populations chrétiennes assez de motifs d'être satisfaites de leur situation pour leur inspirer l'esprit de patriotisme et les décider à défendre l'empire ottoman en loyaux sujets du sultan.

Le maintien de la Roumélie orientale sous l'autorité du sultan rendait plus nécessaires encore les stipulations devant assurer le respect des personnes et des propriétés, malgré la perturbation profonde apportée par les événements de la guerre.

En vertu de l'article 13 du traité, le gouverneur général de cette province, nommé, pour cinq ans, par le sultan, avec l'assentiment des puissances, devait être de religion chrétienne. Une gendarmerie indigène, assistée d'une milice locale, devait seule assurer l'ordre dans la province. Dans le choix des officiers, il devait être tenu compte de la religion des habitants. Aucune troupe irrégulière, telle que bachi-bozouks et circassiens, ne devait être employée dans les garnisons des frontières. Sauf dans le cas où des événements graves menaceraient la sécurité intérieure ou extérieure de la province, le gouverneur général n'avait pas le droit d'y appeler des troupes ottomanes. Dans cette éventualité, le gouvernement turc devait donner connaissance aux représentants des puissances à Constantinople des nécessités justifiant cette mesure.

Les plénipotentiaires anglais défendirent au Congrès le pouvoir souverain du sultan. Les plénipotentiaires russes insistèrent sur la nécessité d'empêcher des représailles sanglantes.

Le prince de Bismarck intervint avec beaucoup d'autorité. Les instructions qu'il avait reçues de l'empereur, avant l'ouverture du Congrès, ne lui permettaient pas, comme plénipotentiaire allemand, de rester tout à fait neutre. A ses yeux la condition faite aux chrétiens dans l'armée turque n'était pas de nature à faciliter leur engagement : l'armée régulière gardera, disait-il, par la force des choses, toujours un caractère essentiellement musulman. Il émit l'avis d'éviter les cantonnements des troupes musulmanes partout où il y avait différence de religion.

Le Congrès dut être également saisi des aspirations des Hellènes de la Turquie, qui réclament depuis un demi-siècle leur union à la Grèce.

M. Delyannis, ministre des affaires étrangères de Grèce, et M. Rangabé, ministre de Grèce à Berlin, furent entendus. Les puissances les plus favorables à la cause hellénique avaient insisté pour leur faire comprendre que des revendications exagérées rendraient plus difficiles des concessions reconnues opportunes. La plus grande modération leur avait été conseillée : le danger de demander à la Porte des sacrifices impossibles leur avait été signalé. La Grèce ne figurait pas d'ailleurs parmi les puissances belligérantes, et les plénipotentiaires ottomans faisaient remarquer, non sans quelque raison, que « l'opportunité ou la convenance qu'on trouve à s'annexer des provinces d'un État voisin, n'est pas une raison suffisante ».

Ainsi prévenu, M. Delyannis eut le soin de dire au début de ses observations que « la ferme résolution de l'Europe d'établir la paix en Orient sans trop ébranler l'état de choses existant indiquait au gouvernement hellénique les limites qu'il devait imposer à ses aspirations ».

Malgré ces réserves, il fit de la situation un exposé qui ne peut pas laisser d'illusion sur l'existence très redoutable d'un élément d'agitation hellénique en Orient.

Aux yeux du gouvernement grec, la Grèce libre ne constitue qu'une petite partie de la nation hellénique. Malgré leurs conseils de modération, la France, l'Italie, l'Angleterre, la Russie elle-même, semblent admettre que dans l'avenir le royaume de Grèce puisse espérer un développement de son territoire. Suivant l'expression de lord Beaconsfield, « personne ne saurait douter de l'avenir de ce pays ».

En 1878, la Grèce demandait l'annexion de l'île de Candie et des provinces limitrophes du royaume. Elle a obtenu une rectification de frontières beaucoup moins étendue. Chaque fois qu'une occasion favorable a paru se présenter, les Hellènes de la Turquie ont réclamé leur union à la Grèce. Ils n'ont pas hésité même à prendre les armes à plusieurs reprises et à s'attirer tous les malheurs de la guerre pour la réaliser.

Toute manifestation de ces vœux nationaux, disait M. Delyannis, au congrès de Berlin, produit une profonde émotion dans le royaume hellénique. « Les originaires des provinces grecques de l'Empire ottoman s'y comptent par milliers : un grand nombre y occupent des places distinguées dans toutes les branches de l'administration, dans la marine et dans l'armée ; d'autres, non moins nombreux, s'y distinguent par leur activité industrielle et commerciale. Le contrecoup que la nouvelle d'une insurrection hellénique en Turquie produit dans leurs cœurs, est trop puissant pour ne pas les remuer. Il pousse les uns à passer les frontières pour s'unir aux combattants, les autres à vider leurs bourses pour la cause commune. Cette commotion est vite communiquée à tous les habitants du pays, quoique non originaires des provinces combattantes, et la population entière du royaume, qui ne peut oublier ce qu'elle doit aux combats antérieurs de ses frères déshérités, ni rester impassible vis-à-vis de cette lutte de délivrance, court se mettre dans leurs rangs pour les aider à reconquérir leur liberté.

« ... Ne pouvant refuser ses sympathies aux Hellènes des provinces en question, unies à la Grèce libre par des liens d'histoire, d'origine et de malheurs communs, ne devant afficher une indifférence qui le frustrerait de la confiance de l'hellénisme et étoufferait les justes espérances que les Hellènes de la Turquie ont de tout temps fondées sur la Grèce libre, tout gouvernement hellénique serait impuissant à résister au courant. »

Sans pouvoir satisfaire l'impatience des populations chrétiennes d'Orient, le congrès ne négligea aucune occasion d'affirmer que la protection de la liberté des cultes était une de ses premières préoccupations.

Cette préoccupation était bien légitime. A l'une des dernières séances furent produits des télégrammes indiquant les plus déplorables désordres dans les districts du Rhodope, une population de plus de cent mille âmes livrée à une complète anarchie, des villages brûlés, des massacres commis. En Bosnie et en Herzégovine, la Turquie se montrait impuissante à rétablir l'ordre.

Le prince de Bismarck prévoyait que de pareils événements pourraient compromettre de nouveau la paix du monde. De sérieux avertissements furent également donnés à la Porte par le gouvernement français constatant, après la signature du traité, une perturbation fatale dans l'état des provinces turques.

L'ardent désir des populations de ces provinces d'être définitivement affranchies du joug ottoman est une des aspirations les plus naturelles avec lesquelles la diplomatie européenne ait à compter.

V

Mais une fois cet affranchissement accompli, des tendances rivales devaient se produire dans les États de récente formation.

L'Angleterre affirmait, la Russie niait qu'il y eût antipathie entre les populations d'origine grecque et les populations d'origine slave. Les populations de race grecque, disaient les diplomates anglais, voient avec effroi la perspective d'une absorption dans une communauté qui leur est étrangère, non seulement comme nationalité, mais encore par ses croyances politiques et ses tendances religieuses. Ils invoquaient comme preuve de cette situation la récente rupture des anciens liens d'amitié qui avaient existé entre les sujets grecs et slaves de la Porte. Les Slaves qui reconnaissaient autrefois l'autorité du patriarche grec se sont ralliés à une nouvelle organisation ecclésiastique. Dans une grande partie du territoire habité par la race grecque, le droit de posséder les églises et les écoles a donné lieu à des contestations, souvent à des luttes, entre les populations des deux races.

« Le conflit, disait le marquis de Salisbury, s'est profondément aggravé à la suite des derniers événements, et les passions engendrées par ces conflits ont de plus en plus éloigné les deux races l'une de l'autre. Il s'agissait de quelque chose de plus que d'une divergence d'opinion sur la question du régime ecclésiastique. Les Grecs redoutent, et avec raison, la subjugation de leur Église, la suppression de leur langue, l'absorption et la disparition progressive de leur race, si leurs rivaux se trouvaient dans une situation prépondérante. »

Le prince Gortchacow repoussait ces appréciations comme excessives. Le but du gouvernement russe était de rapprocher les deux races ; loin d'être exclusivement dévoué aux intérêts des Slaves, il s'intéressait à toutes les populations chrétiennes de la Turquie. La séparation des deux Églises s'était faite, non sur une dissidence religieuse entre le patriarchat grec et l'exarchat bulgare, mais uniquement sur une question de liturgie. « Toutes les nationalités appartenant à l'Église d'Orient, disait-il, ont successivement revendiqué le droit d'avoir leur Église autocéphale, c'est-à-dire leur hiérarchie ecclésiastique indépendante, et leur langue nationale pour le culte et les écoles. Tel a été le cas pour la Russie, la Roumanie, la Servie, et même pour le royaume de Grèce. » Le plénipotentiaire russe affirmait qu'il n'en était résulté ni la rupture des liens qui unissent ces Églises indépendantes avec le patriarchat œcuménique de Constantinople, ni un antagonisme quelconque entre les races. Malgré ces appréciations optimistes, l'antipathie des deux races est un fait que ne peuvent nier ceux qui connaissent l'Orient.

A ces difficultés intestines entre les populations des provinces affranchies se joignaient les regrets des Bulgares frustrés des espérances que leur avait données le traité de San Stefano. Il n'était pas difficile de prévoir que la délimitation si favorable donnée au nouvel État par cette convention deviendrait l'objet d'aspirations nationales, que tout moyen serait bon pour briser la frontière factice imposée par les délibérations de l'Europe à la Principauté.

En vain le Congrès regardant le maintien du mot de Bulgarie comme un drapeau, comme un appât à des aspirations dangereuses avait-il substitué le nom de Roumélie orientale à celui de Bulgarie du Sud, « démarquant, suivant l'expression du comte Schouvaloff, toute une population d'un nom qui lui appartenait », la réalité des choses ne pouvait pas ne pas l'emporter sur les dénominations diplomatiques. En Bulgarie comme en Grèce, le gouvernement a été et devait être impuissant à résister à ce courant.

D'autre part, tout agrandissement de la Bulgarie donne au royaume voisin de Servie l'occasion de réclamer pour lui-même des annexions dans l'intérêt de l'équilibre à établir entre les États du Danube. Les traités de San Stefano et de Berlin ont consacré l'indépendance de la Servie et ont accru son territoire. Le traité de Berlin a même ajouté quelque chose à ce que le traité de San Stefano avait accordé aux Serbes. Cependant ce jeune royaume ne possède actuellement qu'une superficie de 53,855 kilomètres carrés. Il voit d'un œil jaloux toute extension qui serait donnée à la Principauté de Bulgarie.

Plus prudente et plus réservée dans l'expression de ses vœux, la Roumanie n'en a pas moins conservé des traités de San Stefano et de Berlin un souvenir pénible. Comme la Servie elle a obtenu la consécration de son indépendance, avec un accroissement de territoire très inférieur à celui qui a été stipulé, soit au profit de la Servie, soit au profit de Monténégro. Elle a dû en outre acheter cet accroissement par la cession à la Russie d'une partie de la Bessarabie.

Dès son entrée en campagne, la Russie lui avait garanti l'intégrité actuelle du territoire roumain. Bientôt le concours de la nation roumaine se transformait en coopération militaire effective, en complète alliance. « Nos troupes, disait au Congrès M. Cogalniceano, ministre du prince Charles de Roumanie, ont combattu côte à côte avec les armées russes... Depuis Pierre le Grand jusqu'à nos jours, la Roumanie a été tour à tour ou simultanément la base des opérations militaires de la Russie, le grenier où s'alimentaient ses armées, alors même qu'elles agissaient au-delà du Danube, et le théâtre trop souvent préféré des plus terribles collisions... Pendant la dernière guerre, elle a eu sous les drapeaux, tant comme armée active que comme armée de réserve, plus de soixante-dix mille hommes.

« Elle a subi des pertes considérables ; ses villes et toute la rive du Danube ont été saccagées par le bombardement, ses voies de communication détériorées, son matériel de guerre endommagé. Dix mille Roumains sont tombés autour de Plevna pour mériter à leur patrie la liberté et l'indépendance. »

Les représentants roumains constataient que la période des négociations avait été moins propice à leur pays que la fortune des armes.

Mais la Russie maintenant ses prétentions à une rectification de frontière en Bessarabie, déclarant même faire une question d'honneur de la revendication de ce lambeau de son ancien territoire comme revanche de la guerre de Crimée, il était extrêmement difficile d'accorder à l'État de Roumanie de plus amples compensations, tout agrandissement ne pouvant lui être concédé qu'aux dépens de la principauté bulgare, déjà considérablement réduite.

Malgré la sympathie du prince de Bismarck pour un État dont le souverain appartient à la famille impériale d'Allemagne, malgré l'intervention de la France, de l'Autriche-Hongrie et de l'Italie reconnaissant que les Roumains avaient été traités un peu durement, et que la compensation offerte par la Russie n'était pas suffisante, l'extension de territoire qui leur fut accordée fut très limitée. Elle comprenait, il est vrai, le delta du Danube, l'île des Serpents, située à son embouchure, 150 kilomètres de la rive droite du fleuve dont la Roumanie possédait déjà la rive gauche, et un littoral important de la mer Noire, jusque et y compris Mangalia.

La Roumanie, après toutes ses épreuves, aspirait à un repos absolu, nécessaire à la réparation des dommages causés par la guerre. Elle sollicitait comme un bienfait une garantie réelle de neutralité, la constituant au nom de l'Europe la fidèle gardienne de la liberté du Danube à son embouchure.

Au lieu de cette garantie absolue, le Congrès se borna à décider la destruction des forteresses et des fortifications sur tout le parcours du fleuve, depuis les portes de Fer jusqu'à ses embouchures, et l'interdiction de navigation pour les bâtiments de guerre, sauf pour les stationnaires autorisés à remonter des embouchures jusqu'à Galatz. La Roumanie obtint d'être représentée dans la commission européenne du Danube, maintenue dans ses fonctions et investie de pleins pouvoirs pour les exercer jusqu'à Galatz dans une complète indépendance de l'autorité territoriale.

Au cours de la discussion, le prince de Bismarck avait eu occasion de s'en désintéresser, en déclarant « que l'opinion qui représente le Danube comme la grande artère du commerce allemand avec l'Orient repose sur une fiction, les navires allemands venant d'en amont de Ratisbonne, ne descendant pas le Danube pour exporter des marchandises allemandes en Orient ».

Malgré les efforts de l'Angleterre pour défendre, au sujet de la Bessarabie, les stipulations du traité de 1856, la France s'abstenant, la Roumanie dut se résigner.

Le Monténégro qui avait pris part à la guerre fut définitivement reconnu indépendant. Cette indépendance, contestée dans le passé par l'Angleterre, avait été antérieurement reconnue, d'une manière formelle ou implicitement, par l'Allemagne, la France, l'Autriche-Hongrie et la Russie. A cette déclararation d'indépendance le traité de San Stefano avait ajouté une augmentation de territoire très importante. D'une superficie de 4,405 kilomètres carrés. le Monténégro avait été porté à 15,335 kilomètres avec les ports de Spitza et d'Antivari sur l'Adriatique.

Une réduction considérable lui fut imposée. Le territoire du Monténégro, d'après le traité de Berlin, ne comprit plus que 8,655 kilomètres. Le port d'Antivari resta à la principauté, mais il fut, ainsi que toutes les eaux monténégrines, fermé aux bâtiments de guerre de toutes les nations. Il fut interdit au Monténégro d'avoir des bâtiments de guerre et un pavillon de guerre maritime.

Ces précautions, réclamées par l'Autriche-Hongrie, furent complétées par l'annexion du port de Spitza à la province autrichienne de Dalmatie, le baron de Haymerlé ayant déclaré « que la possession de Spitza, qui domine Antivari, pouvait seule assurer le but de l'Autriche-Hongrie qui était de veiller à ce que le port d'Antivari et son littoral conservassent un caractère purement commercial ».

Le Monténégro a subi cette réduction sans se plaindre. Cependant il est impossible que ce petit peuple n'espère pas à récupérer tôt ou tard les territoires que le traité de San Stefano lui avait accordés et auxquels il a dû renoncer.

VI

Ce n'est pas seulement en ce qui concerne le Monténégro que l'Autriche-Hongrie intervint pour défendre ses intérêts personnels.

Le traité de San Stefano se bornait à stipuler, au profit des provinces turques de la Bosnie et de l'Herzégovine, l'application immédiate de mesures admises avant la guerre par la Conférence de Constantinople. Mais sur l'initiative du comte Andrassy, l'unanimité des membres du Congrès se prononça dans le sens d'une remise de ces deux provinces à l'Autriche pour être occupées et administrées par elle.

Toutes les puissances furent d'accord pour reconnaître qu'un État puissant et disposant des forces nécessaires pouvait seul rétablir l'ordre dans ces provinces et assurer l'avenir de populations fanatiques dans l'antagonisme qui les divise.

Dans ce pays déchiré par les haines religieuses et par les rancunes sociales, toute la propriété foncière se trouve dans les mains des musulmans pendant que les chrétiens laboureurs ou fermiers forment la majorité des habitants. C'était en Bosnie et en Herzégovine qu'avait eu son origine le mouvement qui avait conduit à la guerre en Orient. La guerre à peine achevée, la recrudescence de cet antagonisme se manifestait après avec plus de vivacité même qu'au commencement des désordres.

Le gouvernement autrichien déclarait avoir sur son territoire plus de 200,000 émigrés de ces deux provinces qui, se méfiant du sort qui les attendait à leur retour, se refusaient à rentrer dans leur patrie. Leur entretien depuis trois ans avait coûté au Trésor autrichien 10 millions de florins. Il fallait procéder à leur rapatriement.

Lord Beaconsfield, défenseur au Congrès de l'indépendance du sultan, comme souverain européen, se prononça lui-même, avec vivacité, en faveur de la demande de l'Autriche-Hongrie. « Si le sultan, dit-il, n'a pas pu avant la guerre, lorsque ses ressources étaient considérables, maintenir l'ordre en Bosnie et en Herzégovine et préserver ainsi la paix générale, il n'y a aucune raison de croire qu'aujourd'hui, après une lutte qui lui a fait d'ailleurs le plus grand honneur, le gouvernement ottoman soit en mesure de donner à la paix de l'Europe les sécurités qu'elle est en droit de demander. »

L'Angleterre reconnaissait en définitive que le grand devoir de maintenir l'ordre, d'établir la prospérité, ne pouvait s'accomplir en Bosnie et en Herzégovine par aucune nation mieux que par l'Autriche-Hongrie.

Les efforts des plénipotentiaires turcs ne pouvaient prévaloir sur de pareilles déclarations. Devant cette unanimité des membres du Congrès, la Turquie dut céder. Le prince de Bismarck fit d'ailleurs valoir une considération décisive. Sans l'intervention du Congrès, la Turquie se serait trouvée en présence de la totalité des articles du traité de San Stefano. Cette intervention lui rendait une province beaucoup plus grande et plus fertile que la Bosnie, c'est-à-dire le territoire situé entre la mer Egée et les Balkans. Ces résolutions formaient un ensemble dont il était impossible d'accepter le bénéfice en répudiant les désavantages. Si la Turquie eût fait échouer les travaux du Congrès en refusant son assentiment, les puissances auraient été dans le cas d'aviser, en dehors d'elle, à leurs propres intérêts.

VII

Pendant ce temps, la France se trouvait condamnée par des considérations de toute sorte au rôle le plus modeste. M. Waddington avait reconnu à la tribune de la Chambre des députés que toutes les ressources du Trésor étaient engagées par une foule de travaux de longue haleine, création d'un vaste réseau de chemins de fer, reconstruction d'écoles, développement de l'instruction à tous les degrés. L'année 1878 était d'ailleurs celle de l'Exposition universelle. La France ne pouvait intervenir en Orient que dans l'intérêt de la paix.

Avant de se rendre au Congrès, le gouvernement français avait exclu de toute discussion l'état de choses existant dans le Liban, les lieux saints et l'Égypte. Quelques semaines après, sans égard pour ses légitimes susceptibilités comme puissance méditerranéenne, l'Angleterre ne craignit pas de lui notifier comme un fait résolu et accompli l'occupation de l'île de Chypre, située dans la position stratégique et maritime la plus favorable pour dominer à la fois les côtes de Syrie et celles de l'Égypte.

M. Waddington fit parvenir au gouvernement anglais ses doléances. Mais il dut se contenter de prendre acte de la déclaration, bientôt démentie par l'événement, que le gouvernement anglais répudiait toute politique qui tendrait à lui faire prendre matériellement pied soit en Égypte, soit seulement même sur les bords du canal de Suez.

Le marquis de Salisbury écrivait le 7 juillet 1878 à M. Waddington :

« Le gouvernement de la reine a reçu de différents côtés et à plusieurs reprises le conseil pressant d'occuper l'Égypte et de s'emparer tout au moins des bords du canal de Suez. Une opération de ce genre n'aurait pas été en contradiction avec les intérêts britanniques, mais une telle politique n'a jamais été adoptée par le gouvernement de la reine. Nous avions reçu du gouvernement français l'avis que tout procédé semblable serait très mal vu par le peuple français, et nous ne pouvions que reconnaître la justesse de ses objections dans les circonstances présentes. Le gouvernement de la reine a constamment fermé l'oreille à toutes les suggestions qui lui ont été faites dans ce sens. »

Ces scrupules n'ont pas longtemps arrêté l'Angleterre.

Du moins, faut-il reconnaître que M. Waddington tint à honneur de défendre une cause à laquelle la France est attachée par ses traditions séculaires.

En quittant Paris, M. Waddington avait dit à la tribune de la Chambre des députés :

« En allant au Congrès, la France se souviendra qu'il y a d'autres chrétiens que les Bulgares dans la péninsule des Balkans. »

Les plénipotentiaires français intervinrent pour assurer la liberté religieuse et l'égalité des droits civils et politiques, malgré les objections de la Russie qui, non sans raison peut-être, signalait les juifs de la Servie et de la Roumanie comme un véritable fléau pour les populations indigènes.

Mais M. Waddington prit l'initiative d'une proposition plus explicite. Il demanda l'insertion d'un article additionnel portant qu' « une pleine et entière liberté serait assurée aux *religieux* et évêques catholiques étrangers pour l'exercice de leur culte en Bulgarie et dans la Roumélie orientale ».

Si cet article additionnel ne figure pas dans le texte du traité de Berlin, du moins cette proposition donna-t-elle lieu à une déclaration du plénipotentiaire turc garantissant l'entière liberté des cultes dans l'empire ottoman. Le prince de Bismarck termina l'incident en constatant « que l'unanimité du Congrès s'associait au désir de la

France de prendre acte des déclarations données par la Turquie en faveur de la liberté religieuse. »

Aussi le Saint-Siège chargea-t-il le Nonce apostolique de Paris d'être, auprès du Ministre des affaires étrangères et, par son entremise, auprès du gouvernement français, l'interprète de la reconnaissance la plus vive de Sa Sainteté pour les démarches des plénipotentiaires français tendant à ce qu'en Orient la pleine liberté des catholiques dans l'exercice de leur culte fût solennellement garantie.

Deux ans ne s'étaient pas écoulés que la France proscrivait chez elle les religieux catholiques dont elle venait de revendiquer la protection vis-à-vis de gouvernements musulmans et schismatiques.

VIII

Telle était, en 1878, la situation des intérêts rivaux au sud-est de l'Europe. Elle ne s'est pas sensiblement modifiée depuis. Une forte pression des grandes puissances a imposé silence aux plus impatients : l'audacieuse initiative du prince de Bulgarie remet tout en question. La Servie et la Grèce se préparent à intervenir : en dehors des gouvernements, des insurrections locales peuvent rendre bien difficile, sinon impossible, le maintien de la paix en Orient. Les cabinets européens ont dû éprouver, de cet acte imprévu, une vive contrariété : aucun d'eux n'a un intérêt réel à rompre si vite l'accord péniblement obtenu à Berlin. Mais ils sont obligés de compter avec le fait accompli, avec les éléments d'excitation que le temps écoulé est loin d'avoir apaisés.

Chaque crise nouvelle montre la faiblesse du gouvernement ottoman en Europe, malgré l'incontestable valeur de son armée. Le redoutable problème de sa disparition définitive inspire de telles appréhensions que les puissances cherchent à retarder autant qu'il dépend d'elles l'heure où elles auront à résoudre cette difficulté si menaçante pour la paix universelle.

Si elles y parviennent encore cette fois, il est facile de prévoir que leurs combinaisons n'auront pas un meilleur sort ni une plus longue durée que les précédentes.

A. ROBINET DE CLÉRY.

DE L'APOLOGÉTIQUE AU DIX-NEUVIÈME SIÈCLE [1]

IV

CONTROVERSE SCIENTIFIQUE ET RELIGIEUSE

Pour avoir une idée complète de la controverse contemporaine, il faut la suivre sur le terrain scientifique; là surtout elle a pris depuis quelques années d'effroyables proportions. Ces sciences si nombreuses que l'on désigne sous le nom de sciences naturelles se déploient en ligne de bataille. La géologie donne le premier assaut; elle prétend démontrer la fausseté de la Genèse et lui substituer ses théories sur l'origine et les transformations du globe, sur le déluge, et mille autres questions. L'astronomie fait valoir des oppositions apparentes entre ses constatations authentiques et certaines affirmations que quelques exégètes croient trouver dans la Bible. La biologie élimine le Créateur au moyen des générations spontanées. La paléontologie fait chaque jour des découvertes incompatibles avec les enseignements de l'hexaméron; ses fossiles ne semblent sortir de dessous terre que pour arracher les fondements du christianisme. L'anthropologie contredit les données bibliques sur l'origine et la nature de l'homme, sur l'unité de l'espèce humaine, son antiquité et sa propagation. Il suffit à la physiologie d'étudier le crâne humain et les fonctions du cerveau pour mettre à néant le dogme de la spiritualité de l'âme. L'ethnologie, avec ses différentes branches, philologiques, géographiques et autres, aboutit à des conclusions aussi radicales.

Ce sont là évidemment des ombres vaines, des antagonismes sans réalité. Cependant il n'est pas facile de les faire évanouir. Pour cela, il faudrait posséder non seulement la science religieuse déjà bien vaste, mais encore ces sciences naturelles si nombreuses; or on n'acquiert une certaine compétence dans une seule de ces sciences qu'après plusieurs années de travail. La controverse prend ici une

(1) Voir la *Revue* du 1er, du 15 septembre et du 1er octobre.

telle extension, que pour la soutenir avec éclat il nous faudrait des légions de savants, d'exégètes et d'apologistes. Quelques-uns, du moins, ont pris en face de l'ennemi une position qui nous paraît excellente. Nous allons essayer de la déterminer, après avoir dit un mot de la véritable cause du conflit.

L'objet propre des sciences naturelles, leur nom l'indique, c'est la nature, le monde entier. La science étudie tout ce qui existe et en décompose les éléments; elle recherche la manière dont ces éléments se combinent ou se repoussent, les forces qui les meuvent et les lois qui les régissent. Son droit et son devoir, c'est d'embrasser dans son vaste et compréhensif génie le merveilleux ensemble de cet univers livré à ses investigations. Jamais plus qu'aujourd'hui elle ne fut fidèle à sa vocation; jamais non plus ses efforts ne furent couronnés d'aussi éclatants succès. Les progrès accomplis sont admirables et en promettent de plus étonnants encore; le mouvement est donné, il se continuera sous l'empire de deux mobiles toujours puissants, la curiosité et l'intérêt. A chaque pas qu'il fait dans la voie des découvertes, l'esprit humain sent grandir sa soif de connaître. S'il étreint par un effort plus puissant la création tout entière, c'est afin d'en tirer ces immenses richesses, ces inépuisables ressources que la main du Créateur s'est plu à y cacher.

Pourquoi faut-il que les résultats obtenus aient inspiré à la science un orgueil sans mesure? Il n'est pas de transformations qu'elle ne rêve. Elle en est venue à un degré d'infatuation qui confine à la folie. Si nous en croyons M. Renan, un jour, bientôt peut-être, l'humanité surprendra les derniers secrets de la vie, et cueillera sur l'arbre de la science un fruit d'immortalité; nos arrière-neveux pourront alors se dérober aux coups de cette inexorable puissance qui jusqu'à cette heure a mis au tombeau toutes les générations.

N'est-ce pas là recommencer le rêve suggéré à notre mère Ève par le serpent tentateur? Coupable aberration d'un cerveau malade d'impiété doucereuse et de systématique incrédulité!

Sans rien retrancher de nos éloges, qu'il nous soit permis de faire remarquer que les sciences naturelles auraient les plus justes motifs pour se défier un peu d'elles-mêmes. La modestie leur siérait si bien. Aucune n'est encore en pleine possession de son objet; plusieurs sont à l'état d'enfance et balbutient à peine; toutes ont beaucoup à apprendre. Voici pourtant qu'au lieu de se tenir dans une prudente réserve, elles ont la prétention de tout expliquer, même ce qu'elles ignorent. Rien de plus habituel que de les entendre hasarder des hypothèses que des études un peu plus approfondies démentiront demain. Lorsqu'elles devraient marcher discrètement, s'appuyer sur des faits et des observations parfaitement établies, elles se contentent d'apparences frivoles et courent les plus témé- raires aventures. Ainsi ces sciences qui se disaient positives et expérimentales deviennent conjecturales et hypothétiques; en d'au- tres termes, elles n'ont plus rien de sérieux.

C'est précisément dans cette partie conjecturale que s'embusque l'incrédulité. Ce qui contredit nos dogmes, ce n'est pas ce qu'il y a de démontré et de positif dans les sciences, ce ne sont pas les faits reconnus et consacrés par tous les hommes sérieux; ce sont les hypothèses par lesquelles on prétend compléter les démonstrations elles-mêmes; ce sont les conclusions excessives, ces lois que l'on s'efforce de dégager de faits étudiés à la hâte. En un mot, ce qui contredit la religion, ce n'est pas la science; ce sont des systèmes peu scientifiques, éclos sous l'empire du préjugé; disons mieux, inspirés par la passion la plus malfaisante, la haine de Dieu.

Il ne faut pas perdre de vue que les sciences naturelles sont nées pour la plupart à une époque de scepticisme, vers la fin du dix- huitième siècle et au commencement du nôtre. Au lieu de chercher Dieu dans la nature, d'y admirer sa puissance et sa sagesse, les reflets partout répandus de ses infinies perfections, on le considéra comme un ennemi qu'il fallait chasser au plus tôt d'un domaine trop longtemps usurpé. Le Dieu que l'on poursuivait ainsi, c'est le Dieu de la révélation, qui, pour nous mieux instruire de nos obli- gations, a levé d'une main discrète un petit coin du voile qui nous dérobe l'origine du monde matériel, de cet univers dont l'homme est le roi. Le premier des écrivains inspirés, Moïse, a touché indi- rectement aux problèmes que scrutent les sciences naturelles; on s'efforcera de le prendre en défaut, tout ce qu'il a dit devra dispa- raitre et faire place aux théories de la libre-pensée.

Certes, tous les savants n'ont point tenu cette conduite. Les plus autorisés s'inclinent aujourd'hui même devant le Dieu de la création. Cependant un trop grand nombre suivent les errements du dix-hui- tième siècle; les plus avancés sont sûrs des encouragements du pouvoir. Si dans le corps enseignant, une voix indépendante s'élève et fait entendre une protestation un peu énergique, elle est vite étouffée.

On a longtemps fermé les yeux sur le péril de cette situation ou du moins on semblait ne point assez s'en émouvoir. Pour y porter remède, il s'est enfin formé, au sein de l'Église de France, un petit groupe, nous n'osons dire une école d'exégètes d'une compétence véritable. De notables divergences se sont produites entre eux sur des points importants. Toutefois, ils poursuivent le même but et obéissent aux mêmes tendances; ils ont des principes communs que chacun applique avec plus ou moins de hardiesse selon la nature de son esprit. Nous l'avons déjà dit, leur position en face de l'ennemi nous paraît excellente.

La Bible, tant attaquée par les sciences naturelles, n'est point, à elle seule, la règle de notre foi; c'est là, précisément, ce qui nous sépare du protestantisme de toutes nuances. Ce livre, le plus profond de tous, a besoin d'être expliqué et interprété; il renferme tant de choses! Nous y remarquons d'abord tout ce qui concerne la foi et les mœurs, et pour parler comme le concile de Trente, la pleine édification de la doctrine chrétienne; en d'autres termes, les textes doctrinaux. Ces textes doctrinaux sont répandus partout: toutefois ils sont principalement condensés dans le Nouveau Testament, expression dernière du christianisme, à ne considérer du moins que les saintes Écritures. Dans l'Ancien Testament, ils sont moins pressés et mêlés à d'autres leçons. Outre la doctrine religieuse, on y trouve, en effet, un code à la fois politique, civil et domestique, une histoire nationale, des poèmes et des chants, des indications scientifiques, ethnographiques, géographiques, etc...

Pour interpréter ce livre immense, rempli des enseignements les plus divers, nous avons une double exégèse : l'exégèse authentique et catholique donnée par l'Église elle-même, l'exégèse privée et individuelle. Si nous voulons mesurer le champ très vaste où s'exerce la première de ces exégèses, il importe de relire le canon du concile de Trente expliqué par le concile du Vatican.

« Pour refréner les esprits turbulents, le saint concile décrète : que dans les choses de la foi et des mœurs qui appartiennent à l'édification de la doctrine chrétienne, nul ne s'appuie sur sa propre sagesse pour détourner la sainte Écriture à des sens inventés par lui, et pour l'interpréter contrairement au sens qu'a admis et qu'admet notre mère, la sainte Église, à qui il appartient d'en juger, ou bien contrairement au consentement unanime des Pères. »

Le concile du Vatican ajoute : « Renouvelant le même décret, nous déclarons que sa vraie signification est celle-ci : dans les choses de la foi et des mœurs qui concernent l'édification de la doctrine chrétienne, il faut tenir pour le vrai sens de la sainte Écriture, celui qu'a tenu et que tient notre mère, la sainte Église, à qui il appartient, etc. »

Il résulte de ces deux canons que l'objet propre et immédiat de l'exégèse catholique, ce sont les textes doctrinaux contenus dans l'Ancien et le Nouveau Testament ; en d'autres termes, c'est tout ce qui concerne la foi, les mœurs et l'édification de la doctrine chrétienne. L'Église les interprète, elle en donne le sens exact, et son interprétation s'impose à la conscience de tous les baptisés ; elle est là, dans sa sphère, et elle s'y sent absolument souveraine. Nous ne l'ignorons pas, toutes les difficultés ne sont point dissipées par le seul énoncé de ce principe. Lorsqu'il s'agit de délimiter exactement la sphère d'interprétation de l'Église, de préciser ce que l'on doit entendre par *la doctrine concernant la foi et les mœurs*, bien des discussions peuvent s'élever encore. Le P. Corluy, jésuite, professeur d'Écriture sainte à Louvain, vient de publier, dans la *Controverse*, deux remarquables articles sur *l'Interprétation de la sainte Écriture et les conclusions de la science humaine*. Dans le second de ces articles, il s'efforce de déterminer, avec quelque exactitude, la frontière où s'arrêtent les authentiques interprétations de l'Église. Nous ne le suivrons pas dans ses observations fort judicieuses. Il suffit à notre dessein que l'existence de cette frontière soit bien constatée et reconnue de nos lecteurs. Tout ce qui se trouve en deçà tombe sous la sanction suprême de l'exégèse ecclésiastique et doit être absolument sacré. Si donc la science humaine se heurte à l'un des points définis ou communément enseignés par l'Église, à l'un de ces textes doctrinaux interprétés par les Pères et la Tradition, la science humaine a évidemment fait fausse route. Qu'elle recommence ou plutôt qu'elle poursuive ses expérimentations et elle se redressera elle-même. Ici la moindre concession serait criminelle, puisqu'elle entamerait plus ou moins profondément la doctrine, égarerait les fidèles et encouragerait les dangereuses témérités d'une science conjecturale.

Ces principes sont universellement reconnus ; les exégètes de la nouvelle école ne sont point hommes à les mettre en oubli ; ils professent trop ouvertement la soumission la plus parfaite aux enseignements de l'Église.

Dans la crainte d'être pris nous-même en défaut, nous ferons remarquer, après le R. P. Corluy, que nous ne prétendons nullement enfermer l'autorité de l'Église dans la sphère des textes doctrinaux; nous savons trop bien que la Bible, livre inspiré dans toutes ses parties, a été confiée tout entière à sa sollicitude. Nous constatons simplement un fait, c'est que jamais l'Église n'a franchi cette limite et qu'elle ne semble point vouloir se départir de cette réserve; sa prudence exégétique devient de plus en plus scrupuleuse. Le jour où il lui plairait d'agir autrement et de préciser le sens de textes bibliques qui paraîtraient n'avoir aucun rapport avec son dogme, ni avec sa morale, notre soumission serait aussi prompte que facile; nous irions au-devant de ses décisions. Mais nous ne reconnaissons qu'à elle le droit de modifier les limites qu'elle s'est librement imposées.

En attendant, sitôt que nous sortons de cette sphère réservée, quand il s'agit de textes bibliques non doctrinaux, nous ne rencontrons plus qu'une exégèse que nous sommes contraint d'appeler *privée* et *individuelle*. L'autorité de cette exégèse se mesure d'après la compétence de ses auteurs, leur science acquise, et leurs connaissances spéciales; on conçoit fort bien que les derniers venus aient sur tous les autres des avantages immenses. Ils bénéficient des travaux exégétiques antérieurs et aussi des lumières que projettent parfois sur les questions débattues les découvertes des sciences naturelles. Dans un livre fort remarquable qu'il vient de publier sur le déluge, M. l'abbé Motais se défend d'avoir obéi à des considérations scientifiques. De fait l'éminent auteur se montre avant tout exégète; il a sur le plan et le but de la révélation mosaïque, sur la composition et la structure intime de la Genèse une théorie qu'il serait imprudent de repousser sans un mûr examen; c'est de cette théorie qu'il tire la preuve la plus significative en faveur de sa thèse. Nous le savions depuis longtemps, lorsque M. Motais étudie une question, il n'est pas homme à la laisser au point où il l'a prise. Mais n'est-ce pas sous la pression des objections accumulées par les sciences naturelles contre l'ancienne exégèse que M. Motais a été amené à serrer de plus près le récit biblique, à le sonder plus à fond et à en faire jaillir, il le croit du moins, de plus vives lumières. La nouvelle exégèse n'a aucun intérêt à le nier : sur beaucoup de points elle devra compter de plus en plus avec les sciences naturelles. Les règles d'une sage herméneutique le lui commandent,

M. l'abbé Vigouroux, dont l'autorité est si grande en ces matières, l'a fort judicieusement remarqué : « L'apologiste de notre siècle ne fait que marcher sur les traces des Pères de l'Église et se conformer à leurs principes, en interprétant la parole de Dieu à l'aide des lumières que lui fournit la science. De même qu'il a le devoir de mettre à profit les découvertes archéologiques, historiques, géographiques, philologiques pour expliquer les passages jusqu'ici restés obscurs ou même mal compris, de même est-il obligé de se servir des découvertes scientifiques, quand elles sont certaines, pour fixer le sens des endroits de la Bible, qu'elles peuvent éclairer. En ce point, au lieu d'être infidèle à la tradition de l'Église, il ne fait que suivre les exemples du passé (1).

Ici comme partout l'excès est à craindre; dès qu'une hypothèse scientifique se produit, on aurait grand tort de songer à modifier le sens usuel, l'interprétation jusque-là acceptée d'un texte sacré. Il convient de procéder avec plus de lenteur et de sagesse; le respect de la parole sainte l'exige. Laissons à l'hypothèse le temps de faire ses preuves; au lieu de se justifier, elle croulera peut-être. Mais si elle se vérifie et devient une certitude acquise, un point admis par tous les hommes compétents, si elle entre, pour n'en plus sortir, dans le domaine scientifique, l'exégète devra nécessairement en tenir compte.

Pour se soustraire à cette obligation, on serait mal venu d'arguer de l'inspiration du texte sacré qui n'est ici nullement en cause. Aussi a-t-on recours pour l'ordinaire à un autre moyen : on cherche dans la tradition catholique, chez les saints Pères, les interprétations qui en ont été données, on les collationne et on les présente en masse au lecteur. Voici, lui dit-on, un texte sacré et divin, puisqu'il est écrit dans la Bible, dont le moindre verset est l'œuvre du Saint-Esprit; ce texte fait bien évidemment partie du dépôt de la révélation. De plus il a été expliqué par les autorités les plus hautes; les saints Pères en ont fixé le sens; leurs explications ont traversé les âges, respectées de tous comme l'expression authentique de la pensée divine. Mais après tant de siècles, pour obéir à des considérations tout humaines et tenter un accord impossible avec les conjectures de sciences au berceau qui déjà se sont cent fois démenties, des catholiques s'empressent d'abandonner l'enseignement des Pères

---

(1) *La Cosmogonie biblique*, d'après les Pères de l'Église.

et des plus grands docteurs; ils faussent la signification des textes
révélés afin de les adapter aux exigences de la science moderne. Ne
sont-ce pas là des nouveautés bien dangereuses, et allons-nous
assister à la formation, au sein même de l'Église, d'une exégèse
rationaliste qui ruinera l'autorité de la Bible?

Ainsi présentée cette argumentation peut produire quelque effet
sur des esprits étrangers aux questions exégétiques; si on l'examine
un peu attentivement, elle s'évanouit. De loin c'est quelque chose,
et de près ce n'est rien.

Les Pères, au dire d'une saine théologie, remplissent deux fonctions qu'il faut distinguer soigneusement, si l'on veut apprécier avec
quelque exactitude l'autorité de leurs affirmations. La plus haute de
ces fonctions, c'est d'être les témoins de la foi; ils certifient d'une
façon authentique l'enseignement de l'Église à leur époque. Ces
grands hommes ont saisi, au cœur ou plutôt dans l'intelligence de
l'Église, les vérités révélées dont Jésus-Christ lui a confié le dépôt,
et ils s'en sont faits les organes. Ils les ont exprimées avec une
clarté et une précision admirables, si bien que l'Église se reconnaissant elle-même dans leurs écrits, écoutant dans leur parole un écho
fidèle de la sienne, a donné à leurs œuvres une consécration
suprême. Dès lors, ces œuvres ont été considérées comme l'une des
sources où il faudrait puiser la doctrine du Maître. Si vous aimez
mieux, ces grands hommes sont comme des géants qui se dressent
au début des siècles chrétiens et les dominent; aujourd'hui encore,
ils attestent de leur voix puissante la transmission intégrale qui
nous a été faite du dépôt divin. On saisit immédiatement l'importance de ce rôle. Leur autorité vient-elle de leur science, de leur
sainteté, de leur génie? Oui, sans doute; mais elle vient surtout
de l'Église, dont ils sont les mandataires, du magistère infaillible
dont ils sont les organes; de la tradition, dont ils sont les instruments; de la doctrine, dont ils sont les témoins. Eux-mêmes ont
soin de nous en avertir; ils s'effacent, et nous montrent derrière
eux l'Église et Jésus-Christ. Aussi ne souffrent-ils point qu'on discute leurs affirmations; ils les imposent sous peine d'anathème. Leur
enseignement se confond avec celui de l'Église. Cependant, après
avoir parlé au nom de l'Église, ils parlent souvent en leur propre
nom; ils ne sont plus alors les témoins de la foi, mais des docteurs
privés, et leur autorité se mesure à l'étendue de leurs connaissances
et de leur génie. Le plus souvent, cette autorité est fort grande et

vraiment incomparable. S'agit-il, par exemple, de théologie, de métaphysique religieuse ou de questions philosophiques, se rattachant d'une façon plus ou moins directe à la foi, leur compétence est hors de pair. Nous ne saurions assez admirer cette puissance intuitive qui, du premier coup, va aux entrailles mêmes des choses et en saisit les derniers secrets. Mais abordent-ils, en commentant un texte biblique, l'un de ces problèmes que les sciences naturelles essayent de résoudre ; pour apprécier l'autorité de leurs affirmations, il faut se reporter à l'époque où ils ont écrit. Personne n'ignore qu'à cette époque, la plupart des sciences naturelles étaient encore à créer ; on n'en soupçonnait pas même les éléments, et l'on manquait de tous les moyens d'investigations dont on dispose aujourd'hui. A moins de les supposer favorisés du don de seconde vue ou d'une assistance supérieure dont on ne trouve nulle part la moindre trace, comment les Pères pourraient-ils avoir dans ces sortes de questions une autorité qu'ils n'ont jamais revendiquée ? Qu'importe alors leur assentiment plus ou moins unanime ? Lorsque l'un d'eux avait hasardé quelque explication semblable à celles que relate M. Motais à propos du déluge, les autres se croyaient obligés de la suivre ; à peine osaient-ils y apporter quelques retouches qui n'avançaient guère la question ; la seconde et la centième affirmations, aussi gratuites que la première, avaient tout juste la même valeur.

Si saint Augustin revenait aujourd'hui, il s'étonnerait bien de cette universelle compétence que des esprits trop généreux lui attribuent complaisamment. N'en doutons pas, il déclinerait tous ces diplômes de docteur en géologie, en minéralogie, physique, chimie, physiologie, histoire naturelle, et se contenterait d'être le docteur ès sciences ecclésiastiques, que tout le monde connaît. Cela suffit à l'incomparable et éternelle gloire de son nom ; ne le contraignons pas à descendre du piédestal où l'admiration des siècles chrétiens l'a placé, pour le mêler aux petites querelles de sciences qu'il n'a point étudiées.

Les textes bibliques que l'Église n'a jamais interprétés, et probablement n'interprétera jamais, sont très nombreux. Ce sont, au témoignage du R. P. Corluy, « ces endroits de l'Écriture où il s'agit de choses étrangères au dogme et à la morale, telles que l'histoire, la géographie, les sciences naturelles, etc., par rapport auxquelles, disent Patrizi et Ubaldi, l'Église n'a pas coutume de se prononcer. Dans ces matières, les Pères de l'Église ne sont pas témoins de la tradition et, par conséquent, leur autorité vaut autant que les arguments sur lesquels repose leur interprétation. On pourra s'en écarter toutes les fois que ces arguments ne sembleront pas démonstratifs (1) ». D'après le même professeur, certains récits en grande partie doctrinaux, puisqu'ils énoncent des faits expressément dogmatiques, ou se rattachant par des liens manifestes au dogme, renferment cependant des détails qui n'ont aucunement ce caractère et sont indifférents à la doctrine. Cette règle d'herméneutique doit être toujours présente à l'esprit, lorsqu'il s'agit d'interpréter les deux passages de la Genèse, qui ont donné lieu aux plus âpres contestations entre l'exégèse et les sciences naturelles, nous voulons dire le récit du déluge et de l'œuvre des six jours.

Le fait du déluge appartient, au jugement de tous, à la doctrine catholique. Mais en est-il de même de la double universalité que, pendant des siècles, l'exégèse lui a prêtée? En d'autres termes, le déluge a-t-il couvert *toute* la terre et détruit *tous* les hommes, à l'exception de la famille de Noé?

M. Vigouroux abandonne la première de ces universalités, M. Motais les sacrifie toutes deux, et prétend tirer de la Bible elle-même les raisons qui l'ont amené à limiter ainsi l'action destructive du cataclysme diluvien. M. Motais serait-il sorti de la sphère où se meut légitimement l'exégèse privée; aurait-il blessé l'orthodoxie catholique? Après une attentive lecture de son livre, nous ne le pensons pas; volontiers cependant nous abandonnons à de plus habiles le soin d'en décider (2).

(1) *La Controverse* du 15 juillet 1885.

(2) Nos lecteurs nous sauront gré de placer sous leurs yeux une page de M. Motais, l'une des plus belles de son livre sur le déluge; elle éclaire, ce nous semble, d'une assez vive lumière tout son système exégétique. « Il nous paraît permis d'admettre avec des théologiens de la plus haute marque que le système de la doctrine catholique pivote autour de deux centres tout à la fois distincts et unis : la divinité de Jésus et la vie divine de l'Église. De là rayonne la lumière, qui s'en échappe comme de deux foyers, qui y converge comme vers deux centres. Plus une vérité biblique est en rapport immédiat avec ces deux idées génératrices de la doctrine chrétienne, plus elle les met en lumière; plus par conséquent, elle jette du jour sur la sphère doctrinale entière et devient nécessaire *ad ædificationem doctrinæ christianæ.* Mais les vérités dogmatiques et morales qui procèdent de la vie divine de Jésus et constituent l'être surnaturel de l'Eglise ne sont relativement ni très nombreuses, ni très étendues dans le cercle des révélations bibliques. Autour de ce noyau sont amassés des souvenirs historiques et des dictons moraux, des descriptions géographiques ou ethnographiques, mille choses diverses enfin sans connexion nécessaire ou même apparente avec les vérités

Quant au récit de la création, un auteur très compétent, M. l'abbé
Thomas, vicaire général de Verdun, rappelait ici même tout récemment les dernières interprétations qui en ont été données. Nous
nous garderons bien de reprendre une thèse qui a été exposée si
magistralement. Les lecteurs de la *Revue* se rappellent quelle
hardiesse l'école idéaliste porte dans l'interprétation des parties
scientifiques de la Bible. M. l'abbé Thomas a discuté les affirmations
du plus audacieux de ses partisans, Mgr Clifford. Quel sort est
réservé à la théorie de l'évêque de Clifton? L'avenir le dira.
Naguère M. l'abbé Motais lui portait, lui aussi, des coups dont elle
aura beaucoup de peine à se relever. De toutes ces discussions
savantes, nous ne voulons retenir que cette conclusion : puisque
une interprétation aussi radicale des pages les plus importantes
de l'Ancien Testament (si l'on ne considère que le côté scientifique)
peut se produire au sein de l'Église, et sous la plume d'un évêque,
sans que Rome ait formulé un blâme, sans qu'un seul membre de
l'épiscopat ait fait entendre une protestation ; puisque des hommes
d'une véritable compétence, comme M. Motais et M. Thomas dis-
cutent une telle opinion sans la taxer d'hétérodoxie, il faut bien
reconnaître que, dans l'immense champ de la révélation biblique,
une partie considérable est de fait abandonnée à l'exégèse privée et
individuelle. Lors donc que des érudits s'établissent sur ce terrain
pour faire face aux attaques du naturalisme scientifique, il faut y
regarder à deux fois avant de diriger contre eux des accusations
qu'inspirerait le préjugé bien plus que l'étude consciencieuse des
questions débattues. On les trouvera modérés si on les compare aux
éxégètes allemands et anglais, à Mgr Clifford et à Bernard Shafer,
par exemple. M. Duilhé de Saint-Projet a judicieusement ob-

premières. Bien que portant comme elles le sceau de l'inspiration générale,
elles n'entrent point par elles-mêmes dans le patrimoine divin des doctrines
que l'Eglise, par le magistère traditionnel, a reçu la mission de distribuer et
de maintenir infailliblement dans l'humanité...

Dans la page mosaïque sur le déluge, nous avons devant nous une prophétie
et sa réalisation exposée dans le récit d'un fait. Si quelqu'un expliquait le
texte de façon à compromettre, soit l'existence de la prophétie, soit celle de
son objet, le fait qui la réalise, il porterait une grave atteinte à une doctrine
dans laquelle le dogme chrétien est entièrement intéressé. Mais quand il
s'agit de savoir si l'*omnes* doit être pris dans le sens relatif ou absolu,
aucune autorité apostolique ou divine n'est en cause, puisque aucune n'a
prononcé ; aucun principe n'est renversé parce que l'inspiration demeure
certaine et que le sens seul est discuté ; aucun dogme n'est en péril, etc.

servé que « l'exégèse biblique, l'interprétation de l'Écriture dans les matières mixtes et certainemènt libres, est plus timide chez nous que partout ailleurs. Faut-il attribuer cette timidité relative à une infériorité dans les études bibliques? On pourrait tirer cette conclusion de certaines appréciations critiques, récemment publiées, trop sévères à coup sûr et d'ailleurs incomplètes. Ne serait-il pas plus vrai de dire qu'en France l'habitude et le tempérament national portent à voir dans une scrupuleuse concordance plus de piété, plus de respect à l'égard des saintes Écritures? C'est l'orthodoxie sentimentale mise à la place de l'orthodoxie raisonnable et raisonnée (1). »

Impossible d'être plus courtois; nous le voulons croire, l'orthodoxie sentimentale part d'un bon naturel, et est pleine d'intentions excellentes; mais quelle figure ferait-elle dans la controverse scientifique? Nous comprenons que l'orthodoxie rationnelle (en dépit de l'habitude et du tempérament national) inspire plus de confiance aux meilleurs esprits.

Pour aider les exégètes catholiques et donner à la controverse religieuse tout son développement, il nous faudrait des groupes de spécialistes, poussant, dans tous les sens, des excursions scientifiques d'où ils reviendraient les mains chargées de documents précieux pour la justification de nos dogmes. Grâce à Dieu, ces groupes existent ou sont en formation; ce sont nos universités. Que ces universités préparent des médecins, des avocats, des jurisconsultes, des ingénieurs, des lettrés, qui feront plus tard de leur profession un apostolat véritable, c'est très bien. Il y a mieux encore; ces universités deviendront autant de centres lumineux et de foyers intellectuels. Leurs professeurs conquerront une autorité qui s'imposera à tous. Mis dans l'heureuse nécessité de fournir un travail persévérant et de se spécialiser en cultivant surtout une branche de la science, ils ne peuvent manquer d'aller très loin. Au lieu de marquer le pas sur place ou de tourner, comme on le fait trop souvent, dans un cercle d'idées convenues, ils seront contraints de se développer sans cesse et de se tenir au courant de toutes les découvertes; c'est la marche en avant, continue et obligatoire; c'est le progrès.

Soyez persuadés que l'Église ne tardera pas à en recueillir le bénéfice; la polémique religieuse prendra une élévation, une force,

(1) *Apologie scientifique de la foi,* page 93.

une grandeur qu'elle ne connaît plus. Ce n'est point que, dans les travaux de nos professeurs, le but apologétique doive se substituer au but scientifique, ni qu'ils aient à élaborer de parti pris des systèmes tendant à justifier nos dogmes. Ce point de vue serait faux; il gênerait la liberté de leur mouvement et les ferait dévier peut-être; l'Église aurait à gémir de la stérilité de leurs efforts. Qu'ils soient simplement et sérieusement des spécialistes, des savants et des érudits d'une compétence incontestable dans la partie qu'ils auront embrassée. Les résultats certains et véritablement scientifiques auxquels ils auront abouti, viendront un peu plus tôt ou un peu plus tard corroborer les données de la révélation. Les controverses probables qui s'élèveront entre ces groupes ne nous effrayent nullement; elles contribueront au triomphe de la vérité. Ces controverses ne porteront jamais que sur des matières réservées; le public qui en sera le témoin et le juge demeurera toujours très restreint; c'est assez pour empêcher qu'elles ne dégénèrent. Si du moins les petites passions humaines y paraissent encore, elles ne se livreront jamais à ces éclats scandaleux qui sont à redouter sur d'autres terrains.

Voilà quelques-uns des avantages de ce haut savoir que préconisait naguère en termes éloquents l'éminent recteur de l'Institut catholique de Paris. Nous souhaitons de grand cœur, avec Mgr d'Hulst, que ce haut savoir prenne parmi nous la place qui lui convient et rende en services et en honneur à l'Église de France ce qu'il lui aura coûté de labeurs et de sacrifices.

Un invincible espoir soutient et console l'apologiste : la cause à laquelle il se dévoue est sûre de vaincre, et il le sait. Au moment même où l'Église élève au milieu de la bataille son front meurtri et ensanglanté, il voit ce front déjà ceint de lauriers et rayonnant de gloire. Ne doit-elle pas s'appeler un jour l'Église triomphante? Mais, en attendant ce triomphe définitif, que de défaites partielles et parfois bien rudes lui sont infligées! A certaines époques, son dogme paraît sans lumière pour le plus grand nombre, sa grâce sans attrait, sa morale sans efficacité; la foi diminue, l'ignorance s'étend comme une nuit profonde; des erreurs monstrueuses engendrent une immoralité plus monstrueuse encore; toutes les passions se coalisent et entraînent dans les voies de l'éternelle damnation des millions d'âmes. Un souffle dévastateur passe sur le monde. Voici une nation privilégiée entre toutes, d'une nature vive et spirituelle, brave et généreuse; elle parle une langue incomparable par sa clarté limpide et son harmonieuse souplesse; elle possède un ciel clément, un climat tempéré, un sol riche en produits de toute espèce, protégé par de hautes montagnes, baigné par deux océans, sillonné par de grands fleuves. Rien n'y fait; il y a partout souffrance et instabilité, manque absolu de confiance et de sécurité durable. Dieu s'est retiré et l'a livrée à l'esprit de vertige; des divisions en apparence irrémédiables se creusent comme des abîmes sans fond entre ses meilleurs citoyens; les masses populaires, si souvent déçues et trahies, se défient de tout, ne croient plus à rien et estiment que l'honneur et le désintéressement sont d'introuvables chimères. Dans leur désarroi, elles se laissent conduire, exploiter et ruiner par des hommes qu'elles méprisent. Ces hommes sont hardis, audacieux, entreprenants, sans le moindre scrupule, prêts à employer les moyens les plus criminels pour garder ou ressaisir le pouvoir. Leur influence est née du malheur de la patrie et a grandi dans la mesure de ses abaissements.

Pour leur faire échec, il eût fallu une immense coalition de tous les gens honnêtes; cette coalition, tous en comprennent la nécessité, mais presque personne ne la veut sincèrement, parce que l'on aurait à étouffer de vieilles rancunes, à faire taire des préjugés, peut-être même à oublier de sérieux et légitimes griefs.

On aurait efficacement protégé l'Église, si on l'avait aimée pardessus tout et pour elle-même, sans aucun retour d'égoïsme et d'intérêt personnel. Mais combien ne consentent à la servir qu'à la condition expresse qu'elle-même contribuera au triomphe de leurs idées, de leurs opinions, de leur coterie ou de leur école?

Le dogme catholique ne peut être victorieusement défendu que par les hommes qui en ont sondé les intimes profondeurs; mais on n'y atteint que par de longues et patientes études; à ce prix seulement, on le fera resplendir de tout l'éclat qui lui est propre. Or les plus brillantes intelligences du siècle se sont adonnées à des travaux secondaires, ou bien se sont perdues dans des querelles déplorables, et usées au sein d'acrimonieux et stériles débats où la charité a péri sans le moindre profit pour la vérité.

Pour mettre en déroute les nombreux adversaires de l'Église et de la révélation, il eût fallu bien choisir son terrain, se rendre compte de leurs forces, étudier leurs doctrines, en dégager la part de vérité qui pouvait y être contenue et leur enlever par là tout leur prestige ; il eût fallu les attaquer ensuite résolument, frapper fort, sans ménagement ni secrète complaisance pour leurs erreurs, mais surtout frapper juste et sans acrimonie envers les personnes ; à quoi bon les coups les plus vigoureux s'ils portent à faux. Au lieu de procéder ainsi, n'a-t-on pas trop souvent déserté le champ de la discussion sérieuse ? Triste aveu d'impuissance de n'avoir à opposer que des railleries d'un goût douteux ou des injures aux plus dangereux sophismes, à des théories insidieuses présentées avec une habileté incontestable et sous les formes les plus littéraires !

Quelles qu'en soient les causes, il est certain que le christianisme a perdu, dans les vingt-cinq dernières années, une partie considérable de son influence au sein de notre pays. Le début de ce siècle fut marqué par un mouvement religieux qui s'accentua à partir de 1820, et plus encore après 1830. Le progrès était sensible dans la littérature, dans l'art, dans la science, dans la philosophie elle-même. Les œuvres catholiques naissaient de toutes parts, ce fut une germination comparable à celle des plus heureux printemps. Des hommes puissants par la parole et par la plume défendirent vaillamment l'Église, leur mère ; ils surent la faire respecter de tous, et lui assurèrent même, à certaines heures, des triomphes dont il ne nous reste plus, hélas ! qu'un glorieux souvenir.

Nous avons vu ce mouvement se ralentir, s'arrêter, reculer même sous les coups de la réaction la plus malfaisante. L'incrédulité a relevé la tête ; elle a mis la main sur toutes les forces vives du pays et a engagé contre l'Église une lutte meurtrière.

Comment soutenir cette lutte ? Nous avons essayé de le dire, il y a sans doute bien d'autres moyens de défense ; ceux que nous avons indiqués ont leur valeur ; il suffirait, croyons-nous, de les employer avec une infatigable constance pour remporter de sérieux avantages. En les proposant, nous n'avons eu d'autre but que de servir la noble et sainte cause à laquelle nous avons consacré notre vie ; et si nous avions besoin d'excuse auprès de nos lecteurs, nous la trouverions dans la pensée qui a inspiré ce travail encore bien imparfait, mais que nous espérons, avec l'aide de Dieu, compléter un jour.

FONTAINE, *S. J.*

DANS LA FOURNAISE [1]

8 *décembre*. — Ce matin Paris se réveille dans la neige. Ainsi la nature jette son linceul sur toutes les vaillantes victimes que recouvre depuis quelques jours notre pauvre sol.

Ce voile blanc, tombé sur Paris, est aussi celui de la Vierge immaculée que nous fêtons aujourd'hui. Marie semble l'étendre sur nous pour protéger cette terre française qui lui est dédiée.

Jamais nous n'aurons dit avec plus de ferveur ces paroles de l'office divin qui se célèbre : « Demandez la paix pour Jérusalem. »

Pauvres naufragés que nous sommes, disons avec confiance :

« Salut, Étoile de la mer... Délivrez-nous de tous nos maux... »

... *Soir*. — A deux reprises nous avons entendu une fusillade.

M. de Bismarck nous impose un carême de quatre jours. Notre ration, pour ce laps de temps, est d'un maigre irréprochable. *Cinq harengs salés*, aussi laids que petits, tel est le menu auquel nous réduisent nos ennemis. C'est là toute la *viande fraîche* qu'on a pu trouver aujourd'hui chez notre *boucher*.

Cinq harengs salés, pour la durée de quatre jours et pour la subsistance de trois personnes, donneront à chacun de nous la ration quotidienne suivante : les cinq douzièmes d'un hareng.

Joli régime pour une personne enrhumée! Mais après tout, j'aurai toujours dans mon état actuel une précieuse ressource : celle de faire diète... devant mes cinq douzièmes de hareng. J'aime encore mieux cette alternative que la vue des approvisionnements que nous devrions à une reddition.

... Les vieillards qui ne pouvaient contribuer à la défense nationale, les femmes qu'aucun lien ne retenait à Paris, les jeunes mères qui devaient sauvegarder la vie de leurs enfants, ne sont pas

---

[1] Voir la *Revue* du 1ᵉʳ octobre 1885.

à blâmer de s'être épargné, aussi bien que les dangers qui nous pressent, les épreuves que nous subissons. Cependant, parmi les fugitives, il est des épouses qu'aucun devoir n'entraînait loin de Paris... On leur a dit qu'elles étaient des *bouches inutiles*, et elles sont parties. Des *bouches inutiles!* Lorsque le garde national, fatigué de sa veille aux remparts, rentre au logis, transi de froid et mourant de faim, serait-ce donc une *bouche inutile* que celle qui lui préparerait une chambre bien chauffée, un repas aussi substantiel que le permet la famine? Une domestique peut, il est vrai, remplir cet office, mais donnera-t-elle à son maître l'appui moral que l'épouse seule peut donner à l'époux? N'aurait-il pas mieux valu alors que l'épouse restât, et, s'il y avait une bouche inutile, que la domestique partît?

Hélas! il y a, en ce moment, des hommes qui meurent et qui, avant de fermer les yeux, n'ont pu recevoir les soins et les adieux de leurs familles absentes...

Il est vrai que les femmes qui ont quitté Paris, se sont senties faibles devant le danger, et que, si elles étaient restées, elles auraient pu énerver par leurs terreurs le courage de ceux qui les entouraient. Ne les jugeons donc pas, ne regrettons pas leur départ, et plaignons-les... Plus d'une, parmi elles, pleurera en rentrant à son foyer désert... Seulement, de grâce, ne qualifions pas de *bouchès inutiles* les femmes qui sont demeurées auprès de leurs maris, de leurs frères, de leurs fils, de leurs pères. Chaque jour, la plupart d'entre elles s'exposent à la pluie, au vent, au froid, à la neige pour procurer quelque nourriture à ceux des leurs qui sont aux remparts. Rentrées au logis, elles allument le feu qui réchauffera les chers absents, et, de même que leurs compagnes plus favorisées par la fortune, elles entretiennent aussi avec vigilance cet autre feu, ce feu sacré, qui soutiendra le courage de nos défenseurs. L'homme tombe-t-il malade? Il trouve auprès de lui ces tendres soins qui peuvent même éloigner la mort, et qui sont le secret des femmes aimantes... Sont-ce des *bouches inutiles* que celles qui ont conservé ou rendu à la défense nationale de nombreux combattants? Il serait d'autant plus cruel de leur appliquer une semblable épithète que, pour remplir leurs devoirs, elles souffrent de dures privations et affrontent la mort.

Qu'à leur retour à Paris, nos chères émigrées ne s'étonnent pas si elles remarquent, dans celles de leurs compagnes qui sont restées ici, une grande transformation morale. Ce n'est pas impunément que, pendant de longs mois, celles-ci auront vécu en face de la mort... Leurs cœurs garderont longtemps le reflet de ce deuil national qu'elles portent encore dans leurs vêtements. Peut-être quelques femmes qui n'ont pas souffert comme les assiégées, reviendront-elles avec les goûts luxueux et mondains du Paris d'autrefois... Combien alors elles froisseront chez leurs concitoyens ces blessures morales que le temps n'aura pas encore cicatrisées ! Mais non. En rentrant dans une ville, victorieuse, espérons-le, mais souffrante encore de ses plaies, nos fugitives prendront les mêmes précautions que la personne qui entre dans la chambre d'un malade..., et leur douce et silencieuse sympathie achèvera de nous guérir !

11 décembre. — Troisième dimanche de l'Avent.

« Faites éclater votre puissance, Seigneur, et venez nous sauver...

« Seigneur, vous avez béni votre terre : vous avez fait cesser la captivité de Jacob, vous avez remis l'iniquité de votre peuple...

« Dites à ceux qui ont le cœur abattu : prenez courage et ne craignez point : Dieu va venir, et il vous sauvera. »

J'ai lu avec une vive émotion la lettre éloquente par laquelle Mgr d'Angers exhorte les séminaristes de son diocèse à marcher contre les envahisseurs de son sol. Ainsi, l'Abbé Général de la Trappe envoyait les moines de son ordre dans les rangs de l'armée active ou de la garde nationale. A la patriotique démarche de Mgr Freppel, nous avons reconnu le sang alsacien qui coule dans les veines de notre éminent et vénéré compatriote. Je me souviens en cette occasion de la gracieuse bienveillance que je rencontrai en Mgr Freppel, quand l'évêque d'Orléans voulut bien me mettre en rapport avec le prélat qui était alors professeur d'éloquence sacrée à la Sorbonne.

Comme les lévites d'Israël, les jeunes séminaristes vont servir leur Dieu, en défendant la terre de leur pays; terre vraiment sacrée avec laquelle se sont amalgamées les cendres de nos saints, celles de nos aïeux, celles de nos grands hommes ! Hélas! il y a peu de jours encore, elle s'ouvrait pour recevoir dans son sein maternel les dernières victimes de nos grands combats. De pieux fossoyeurs, encore nos Frères de la Doctrine chrétienne! remuaient les entrailles de ce pauvre sol pour lui confier les héros qu'accompagnaient les dernières bénédictions de l'Église...

13 *décembre*. — Chaque habitant de Paris reçoit maintenant en huit jours 80 grammes de viande fraîche de cheval et la même quantité de salaisons. Nous renoncerons de grand cœur à ces dernières lorsqu'elles seront représentées par ces horribles petits harengs qui nous ont rendus si malades que nous nous sommes crus empoisonnés. Je redoute l'influence qu'un pareil régime peut exercer sur la santé de mes pauvres parents. Enfin, espérons que le terme de nos épreuves approche, et qu'une prochaine bataille, quelle qu'en soit l'issue, nous couvrira d'une gloire si pure qu'elle nous permettra de signer, hors de nos murs, la paix attendue, cette paix après laquelle la France, purifiée par le sang qui lave son honneur national, et régénérée par la salutaire épreuve du sacrifice, marchera plus que jamais à la tête de la civilisation...

14 *décembre*. — Nous avons reçu ce matin une visite qui nous a rendus bien heureux : celle de notre excellent ami, le docteur H..., médecin-major au ***. Nous lui avons vu pour la première fois ce petit bout de ruban rouge qui vient de récompenser sa belle conduite à Villejuif. C'est sous le feu même de l'ennemi que le docteur H... a secouru les blessés ; les balles pleuvaient autour de lui, et lui seul ne s'en apercevait pas, tant il était absorbé par son œuvre de dévouement. Dernièrement, je m'inclinais devant le courage de nos infirmiers religieux. Aujourd'hui, c'est à un médecin israélite que je rends cet hommage...

Certes, personne plus que moi n'admire la valeur militaire ; mais n'y a-t-il pas quelque chose de plus touchant encore dans l'héroïsme du médecin et de l'ambulancier ? Si le soldat est exposé à recevoir la mort, il la donne aussi ; et l'ivresse du combat lui fait oublier le danger qu'il court. Quant au médecin, quant à l'ambulancier, ce n'est pas pour frapper, c'est pour guérir qu'ils se jettent à travers la sanglante mêlée, et nulle autre exaltation que celle du devoir ne les soutient dans cette rude épreuve. Ce genre d'héroïsme a particulièrement distingué le *vertueux Larrey*, le créateur des ambulances volantes, l'homme illustre à qui Dieu a réservé une suprême récompense : celle de revivre dans un fils digne de lui.

Mon père a assisté ce soir à la réunion du comité électoral de notre quartier, séance présidée par M. Vitet... Dans une touchante allocution, M. Cochin a promis à la France un glorieux lendemain. Après tous les découragements que nous avons eu à combattre

autour de nous ces derniers jours, la belle et consolante parole de
M. Cochin a vivifié nos espérances et nous a fait du bien.

Malgré la vivacité avec laquelle je proteste quand j'entends prononcer ce terrible mot de capitulation, je comprends la douleur qui
l'arrache à quelques personnes. Les privations et les épidémies font
de terribles ravages dans Paris. La semaine dernière, on a enregistré
2455 morts!

Oui, tout cela est affreux! Et cependant il y aurait quelque chose
de plus cruel encore : ce serait de laisser entrer l'ennemi dans Paris
sans avoir épuisé toutes nos ressources et toutes nos espérances!
Aussi le comprend-on si bien que la masse du peuple préfère encore
et de souffrir et de mourir, plutôt que de se rendre...

16 *décembre.* — Enfin nous avons des nouvelles de la province.
Elles sont à moitié bonnes et à moitié mauvaises. D'une part,
l'armée de la Loire, quoique défaite, existe encore, forte de
200,000 hommes et de 500 canons. Malheureusement cette armée,
au lieu de se rapprocher de Paris, a dû s'en éloigner encore...
Arrivera-t-elle à temps pour nous secourir? Aurons-nous assez de
vivres pour attendre jusque-là? Ah! s'il ne faut que souffrir jusqu'au moment où nos forces physiques nous manqueront complètement, acceptons encore un délai qui peut nous sauver. Qu'un
moment de défaillance ne stérilise pas les épreuves que nous avons
déjà supportées. Ces épreuves peuvent encore être fécondes si nous
nous y soumettons quelques jours de plus. Combien nous serions
humiliés et malheureux, si l'on nous disait un jour : « Voyez, le
salut était là... et, au moment où il était tout près de vous, vous
vous y êtes dérobés... »

Mais si le salut ne doit pas venir? Ah! même alors, ne rendons
les armes qu'au moment où la faim les fera tomber de nos mains.
Attendons encore; et laissant à ceux qui connaissent nos ressources
le soin douloureux de nous dire quelle sera l'heure fatale, suppor- ·
tons avec une patiente énergie les privations que peut encore nous
imposer notre honneur national.

Loin de moi la pensée de souhaiter que les tortures de la faim
fassent périr deux millions d'hommes, de femmes, d'enfants! Nos
sentiments d'humanité se révolteraient contre un patriotisme si mal
entendu. Si, pendant les premières semaines du siège, je m'écriais :
« Plutôt nous faire sauter que de nous rendre! » je m'attendais à

une lutte ouverte, au bombardement de Paris, à l'assaut de nos remparts ; et comme c'était sur un terrain miné que les envahisseurs devaient marcher pour entrer à Paris, peu nous importait que la même explosion nous perdît avec eux ! C'était une mort aussi prompte que glorieuse et qui nous arrachait à la terre avec tous ceux que nous aimions. Nous ne laissions aucun regret derrière nous, et nous vengions notre pays. Mais nous n'avions pas prévu qu'en nous envoyant une mort lente et froide, et qui ne nous épuiserait les uns qu'après les autres, l'ennemi nous ôterait peu à peu la force de le combattre, et nous enlèverait jusqu'à la ressource de lui rendre fatal le sacrifice de notre vie !

Mais le moment de la chute n'est pas encore venu. Prions Dieu qu'il nous l'épargne à jamais, et qu'une heureuse sortie, préparée par le bombardement des positions prussiennes, puisse nous débloquer à défaut d'autre secours.

D'ailleurs, tant que nous aurons à manger les chevaux qui ne sont pas indispensables à la cavalerie ou à l'artillerie, nous aurions tort de crier famine...

11 heures 1/2. — Le soir, comme aujourd'hui, comme ces jours passés, coups de canon sonores, éclatants... *Bien rugi, lion !*

17 décembre. — Nous avons remarqué ce matin que nous nous étions singulièrement amincis depuis quelques jours. Si nous tous, habitants de Paris, nous allions passer à l'état de sylphes, et si nous pouvions, comme ceux-ci, n'avoir d'autre nourriture que l'air ! Quelle belle victoire nous obtiendrions !

Quoi qu'il en soit, nous sommes très fiers de notre amaigrissement.

> *Maigrir* pour la patrie
> Est le sort le plus beau,
> Le plus digne d'envie...

Soir. — Nous avons reçu une visite assez curieuse. Une amie de Strasbourg nous présentait l'un de ses parents que nous n'avions pas encore vu, et que ma mère croyait Alsacien. Comme nous parlions de la guerre, inépuisable sujet de toutes les conversations, ma mère a dit à celui qu'elle prenait pour un compatriote : « N'est-ce pas, Monsieur, que vous ne voulez pas être Prussien ? — Mais, Madame, a répondu avec flegme notre interlocuteur, c'est comme si je l'étais. Je suis Bavarois. »

La déclaration de l'étranger, rapprochée de la demande que lui adressait ma mère avec tant de confiance, m'a fait rire de bon cœur. J'ai profité de cette découverte pour exalter plus que jamais mon cher pays, et cela, du reste, n'a pas paru déplaire à l'étranger qui, depuis un an, est en instance de naturalisation. Sa jeune parente déplorant qu'après Sedan, nous n'eussions pas accepté la paix en consentant à une cession de territoire, je lui ai vivement répondu : « Ah! sans doute, si la paix avait été signée alors, nous n'aurions pas enduré les souffrances que nous supportons; mais aussi la France serait tombée avec ignominie, tandis que si maintenant elle succombe, ce sera avec gloire. »

Mais, pendant tous le cours de la conversation, j'ai maintenu mon espoir dans la délivrance de notre pays.

18 *décembre.* — Antienne O, du jour. « O Dieu, chef d'Israël, qui êtes apparu à Moïse au milieu d'un buisson ardent, et qui avez donné votre loi sur la montagne du Sinaï, venez nous racheter par la force de votre bras puissant. »

Oh! oui, bras de la Force divine, bras de la Loi suprême, délivrez-nous du bras de la force brutale.

« Le Seigneur est près de ceux qui l'invoquent dans la vérité... Venez, Seigneur, et ne tardez plus : pardonnez les iniquités d'Israël, votre peuple. » (Graduel de la messe du jour, IVᵉ dimanche de l'Avent.)

Comme l'attente de la venue du Rédempteur se confond maintenant avec celle de notre salut national. Venez, ô Jésus-Christ, venez rappeler aux hommes qui nous tuent par une mort violente ou par la famine, venez leur rappeler votre doctrine de douceur et d'amour! Et s'ils vous résistent encore, Dieu de la paix, Dieu de l'Évangile, soyez pour nous et avec nous le redoutable Dieu des batailles, le Dieu de l'Ancien Testament!

19 *décembre.* — Mon cœur se serre à la pensée que nous ne pourrons peut-être célébrer Noël comme d'habitude. Pour la première fois depuis tant d'années, serons-nous donc privés de notre chère messe de minuit? Comment traverser, la nuit, les rues même du voisinage, alors que mon père ne veut plus nous faire sortir après quatre heures, dans une ville qui est un camp?... Et cette

raison elle-même n'existât-elle pas, pourrions-nous entendre sans frisonner les chants joyeux qui nous ravissaient naguère?

Une année, l'un de nous étant indisposé, et le brouillard étant des plus intenses, il avait été décidé que nous n'irions pas à cette solennité nocturne. Soudain, vers dix heures du soir, les cloches sonnèrent à toute volée, et, à ce joyeux carillon, nous nous regardâmes... Nous lever, nous habiller, partir, tout cela fut l'affaire d'un instant...

Joyeuse et pieuse veillée de Noël, sous quelles impressions te célébrerons-nous samedi prochain? Qui sait? Si Dieu nous secourait de telle sorte que nous pussions chanter, en même temps que l'*Alleluia* de la fête du Sauveur, le *Te Deum* de la délivrance! Je n'ose me bercer d'un pareil espoir... Cependant, si Dieu le voulait... Espérons au moins que nous célébrerons la Pâque sur une terre libre, et qu'après avoir été mise au tombeau comme le Dieu fait homme, la France ressuscitera comme lui.

Quoi qu'il arrive, que notre force morale ne nous abandonne pas. Quand le courage ne peut plus se nommer espérance, il peut toujours s'appeler résignation.

Bien des Allemands souffriront encore plus que nous le 24 et le 25. Dans leur pays, le pin de Noël s'illuminera sans eux, et dans plus d'une famille germanique, un crêpe couvrira cet arbuste... Nos ennemis nous envieront peut-être, pendant ces jours-là! Beaucoup de nos défenseurs seront du moins au sein de leurs familles. Et si nous ne nous réjouissons pas ensemble, du moins nous prierons en commun. Et puis, je le répète, qui sait? Un combat se prépare...

Comme pour exalter par de grands exemples ou soutenir par de justes récompenses le courage des soldats qui vont affronter de nouveaux dangers, le général Trochu cite à l'ordre du jour les plus braves combattants de nos grandes journées. Parmi ceux-ci, il en est qui ont succombé à leurs blessures, et le soldat apprend ainsi combien a d'attraits une mort à laquelle survit ici-bas un nom glorieux, là-haut la récompense du devoir accompli.

Parmi les noms cités à l'ordre du jour, je remarque avec bonheur celui de l'abbé du Marhallach (1).

« L'abbé du Marhallach, aumônier du régiment du Finistère, s'est toujours porté aux postes les plus périlleux sur la ligne la plus

(1) Voir la *Revue* du 15 septembre, p. 652.

avancée des tirailleurs, où, avec un calme et un sang-froid admirables, il a prodigué ses soins comme prêtre et comme médecin aux nombreux blessés de l'Hay (1). »

Un semblable hommage fut rendu dernièrement au R. P. Tailhan, blessé au combat de (la Malmaison?).

Demain, on enterre l'abbé Blanc, aumônier des ambulances de la Presse, blessé à l'attaque de Choisy.

Pendant cette mémorable campagne, l'Église de France, qui s'est montrée dévouée jusqu'au martyre à la cause nationale, a resserré par son amour et par son sacrifice le lien qui l'unit à ses enfants.

... Le canon prélude ce soir à la bataille. Solennelle ouverture d'un terrible concert.

21 *décembre*. — (A la suite de combats livrés entre le Mont-Valérien et Nogent, nos troupes occupent Neuilly-sur-Marne, Ville-Evrard, la Maison-Blanche, etc.

Matin, neuf heures un quart. Hier la journée était calme, et à une heure très tardive de la soirée seulement, la canonnade a interrompu un grand silence.

Préoccupés par l'attente de la bataille qui doit se livrer aujourd'hui, nous avons peu dormi. J'ai voulu donner, dans un songe, un si grand élan à la défense nationale, que ce brusque effort m'a réveillée. Vers trois heures, j'ai entendu sonner le rappel. La nuit était si noire que je distinguais à peine la fenêtre de ma chambre. Des bruits de pas résonnaient souvent dans la rue; c'étaient les gardes mobilisés qui partaient.

« Que d'hommes vont mourir aujourd'hui! » me disais-je. Et un bruit plaintif s'élevait dans l'air : c'était le vent qui gémissait vaguement.

Ce matin, avant neuf heures, de lointains coups de canon semblent annoncer que l'action s'est engagée ou va s'engager. Le temps est gris et froid. Requises pour le service des ambulances, des voitures de déménagement défilent sous nos fenêtres.

Clarisse BADER.

(A *suivre*.)

---

(1) Citation qu'a justement suivie la croix de la Légion d'honneur, décernée aussi à M. l'abbé de Locmaria.

L'ANTHROPOLOGIE ET LE TRANSFORMISME

LEUR PASSÉ ET LEUR AVENIR (1)

Fournir une arme nouvelle aux champions de la prétendue libre-pensée, telle est, à vrai dire, la principale, sinon la seule préoccupation de ceux qui se font parmi nous les promoteurs du transformisme. Pareille ambition ne peut manquer d'être déçue, à la fin : le transformisme, n'étant qu'une simple spéculation philosophique visant le mode d'évolution de la matière organisée, n'atteint pas le principe supérieur qui règne sur cette matière et ne prouve ni son absence, ni son inefficacité. Du reste, la plupart des transformistes convaincus croient en même temps à Dieu et même à l'immortalité de l'âme ; quelques-uns le proclament hautement : « Je n'ai pas à me défendre contre l'accusation d'athéisme, est-il dit dans un ouvrage populaire en cours de publication... Mais on jette si facilement cette accusation à la face des savants les plus respectables... Cela ne veut pas dire non plus qu'il n'y ait pas des savants athées (plusieurs se flattent même de l'être sincèrement). » Oui, sans doute, et ces savants, athées de profession, sont les complaisants adeptes du transformisme, parce qu'ils espèrent y trouver un appui. Il y a enfin la tourbe des prétendus libres-penseurs, qui ne pensent guère, prenant pour des raisonnements les impulsions de leurs instincts vaniteux et brutaux ; et tous ensemble, ils répandent à l'envi, dans les intelligences incultes ou incomplètement cultivées, ce qui est souvent pis encore, les plus fausses notions scientifiques, décorées du nom de la *science* et relevées par le prestige du style et de l'art. Le bruit que l'on mène autour du mot,

(1) Voir la *Revue* du 1er octobre 1885.

les dangereuses idées qu'on répand au sujet de la chose, qui est
« la grande question à l'ordre du jour », méritent examen et
réfutation.

I

QU'EST-CE QUE LE TRANSFORMISME?

Le transformisme est la doctrine d'après laquelle « toutes les
espèces d'êtres animés, organisés et non organisés, proviennent les
unes des autres, par voie de transformation successive ». Pour être
mienne, la définition n'est pas moins exacte; elle rend sincèrement
la tendance générale de ce panthéisme de la science. On part de
la matière la plus inerte, puis enfin, au haut bout de l'échelle
animale, ou selon une autre expression à la mode, en tête de la
série zoologique, l'homme serait la suite et le dérivé de l'une des
espèces ou de l'un des genres appartenant à la famille la plus
voisine par les formes : celle des singes dits *anthropoïdes*, comprenant les gorilles, les chimpanzés, les orang-outans et les gibbons.
L'homme serait donc un gorille transformé, un gibbon perfectionné,
à moins toutefois qu'il ne vînt de quelque fossile, plus parfait
lui-même que les singes actuels; espèce éteinte, dont le type, en
se perdant, a laissé dans la nomenclature une lacune entre le gorille
et l'homme. Voilà la question nettement posée.

L'attribution d'une pareille parenté soulève instinctivement les
répugnances de ceux qui ont quelque souci de la dignité humaine :
un grand nombre la repousse avec horreur, sans lui vouloir faire
l'honneur de l'examiner. Ce sentiment fort respectable témoigne de
la conscience de nos hautes destinées; il contraste heureusement
avec l'obstination que d'autres mettent à ravaler la condition
humaine au niveau de l'animalité. Toutefois, considéré en lui-même,
le scrupule est excessif : il ne s'agit en tout cela que de procédés
d'organisation naturelle; et s'il était démontré que la dérivation
successive ou réciproque des espèces rentra dans le plan de la
Sagesse suprême, nous ne pourrions que l'adorer, « car rien n'est
impossible à Dieu », et quoi qu'il fasse, « son nom est saint (1) ».
Ramenée à ce point, la question revêt le caractère purement scientifique; tel est l'aspect sous lequel je me propose de la traiter.

La plus jeune de nos sciences est vieille comme le monde. Ce

(1) Saint Luc, i, 37 et 49.

n'est pas que les imaginations primitives aient jamais cherché à creuser le problème des origines: les fables des Orientaux et les mythes des Grecs n'abordaient pas un tel labeur. Leurs métamorphoses étaient de simples prodiges déterminés par quelque force supérieure, et l'on ne voyait nul inconvénient à ce que le dieu, l'homme et la bête fissent l'échange de destinées dont les linéaments n'avaient encore rien de précis.

La science, qui se nommait alors philosophie, commença au sixième siècle avant notre ère. Anaximandre s'imagina, dit Plutarque, « que les hommes ont premièrement été nez dans les poissons mêmes et nourris comme les petits, et puis quand ils furent suffisants de s'aider, alors ils en furent jetés dehors et se prirent à la terre. Aussi, Anaximander, en prononçant que le poisson soit le père et la mère des hommes, il en blâme et condamne le manger (1). » Cette fantastique théorie ne fit point fortune. Les épicuriens soutinrent bien que rien n'a été créé, que tout vient de composition et de décomposition, de rencontre d'atomes (2); mais de doctrine, point.

Vers le milieu du siècle dernier, la théorie d'Anaximandre fut reprise par De Maillet, qui passa pour un original ou pour un fou. A la suite de quelques idées assez justes en géologie, il se lance dans le système des tourbillons et des soleils éteints; puis il explique les révolutions de la terre par la théorie neptunienne. La mer a tout produit; les germes marins qu'elle laissa sur les terres desséchées donnèrent, en se transformant, les plantes et les animaux terrestres : l'homme actuel provient des hommes marins dont les récits et même les images ont été publiés par les voyageurs anciens et modernes (3).

Vingt ans plus tard, Robinet a plus d'ampleur : écartant ces importuns germes d'espèces, contestant les espèces mêmes, sa doctrine résume déjà le futur transformisme; du reste, l'observation n'y a point de place et tout repose sur l'hypothèse du perfectionnement continu de tous les êtres. L'évolution de l'homme est loin d'être achevée, et la beauté des Circassiens et des Turcs, malgré l'estime toute spéciale qu'il lui accorde, n'est pas le dernier mot

(1) Plutarque, *Symposiaques*, viii, 8, trad. Amyot.
(2) Plutarque, *Opinions des Philosophes*, v, 19.
(3) *Tellamed ou les entretiens d'un philosophe indien avec un missionnaire français*, etc., 1748.

de l'espèce. Grâce à l'hermaphrodisme, où la nature s'est timidement essayée, nos heureux successeurs, qui ne seront pas nos descendants, mais le produit d'une espèce nouvelle, réuniront « tous les attraits des Apollons et des Vénus », en attendant mieux (1).

Buffon a soutenu successivement la fixité et la variabilité des espèces. La droiture d'un esprit supérieur est sortie victorieuse de ces fluctuations : finissant comme Aristote a commencé, il pressent que les caractères nécessaires font l'espèce qui est immuable, tandis que la race qui est mobile, dérive des caractères contingents.

Lamarck passe pour être dans la science, mais il ne fait que rajeunir les vieux préjugés de l'antiquité : influence des milieux, génération spontanée, etc. Des amas de matières mucilagineuses s'étant formés dans les eaux, par l'effet de l'attraction, la chaleur et l'électricité les ont transformés en tissu cellulaire. Qui a produit tout cela? C'est « le pouvoir de la nature ». Nous voilà bien renseignés. Quant à la transformation même, la théorie est une macédoine des plus folles conjectures ; les mammifères dérivent de certains sauriens semblables au crocodile, qui, passant d'abord à l'état d'amphibies, ne se sont arrêtés qu'à celui d'hommes. Une loi domine tout : « Le besoin crée l'organe. » La girafe est une antilope qui s'est allongé le cou en s'obstinant à brouter sur les arbres, au lieu de chercher la verdure à ses pieds ; par la même raison, l'homme peut bien n'être qu'un singe qui s'est décidé à marcher sur l'extrémité du membre inférieur, « pour voir de loin », ce qui a changé en pieds les mains qu'il y avait ; ses canines ne servant plus à mordre et accrocher les branches, sont spontanément rentrées dans la ligne des autres dents (2). Est-ce là de la science?

Geoffroy Saint-Hilaire mit tant d'ardeur à soutenir sa théorie de l'unité de composition, qu'on le considéra comme le fondateur de la doctrine de la transformation. Contestant les effets de l'habitude et de la volonté invoqués par Lamarck, il insiste sur l'action des milieux et y bâtit une autre théorie : les animaux actuels descendent des fossiles antédiluviens, et il ne trouve pas d'objections au changement des écailles de poisson en plumes d'oiseaux : le reptile dont le corps éprouve une contraction devient un oiseau. L'analogie des formes le préoccupe au point de lui faire oublier que les organes sont appropriés au but qu'ils ont à remplir ; but évidemment prédé-

(1) Robinet. *Considérations philosophiques sur la gradation des êtres*, 1768.
(2) Lamarck, *Philosophie zoologique*, 1809.

terminé, puisqu'il est accusé par les impulsions intellectuelles et par les organes qui les servent, ainsi que par le plan général de l'individu. La même tendance se trouve dans ses continuateurs directs; toutefois, Broca en s'efforçant de démontrer la « non-interruption de la série », c'est-à-dire la continuité de la chaîne des êtres, au point de vue anatomique, repousse le transformisme. Ceux-ci sont d'ailleurs de véritables savants, qualification qu'on est tenté de ne point accorder à tous ceux qui vont suivre.

II

LE DARWINISME

Tels sont les précédents de la doctrine à laquelle Darwin eut la chance d'imposer son nom, il y a quelque vingt-cinq ans (1). Ce qu'il a voulu faire, on serait fort embarrassé de le dire : souvent contradictoires, ses idées sont enveloppées dans une foule d'atténuations et de réticences; si la netteté du concept a pour condition nécessaire la clarté de l'expression, il est permis de douter que la conviction de ce rêveur ait jamais été achevée.

Des deux principes du transformisme, il ne poursuit que le moindre, la sélection naturelle. Quant à la parenté de tous les êtres, à travers la série animale et végétale, qui est le fond de la doctrine et son but essentiel, cette idée n'est pas de lui, mais de Lamarck : c'est pourquoi, dit Haeckel, la doctrine devrait s'appeler *Lamarckisme; le Darwinisme*, c'est la sélection (2). » Le fait important d'une origine commune aux animaux et aux plantes, dit de son côté Wallace, n'a, selon M. Darwin, aucune autre base que l'analogie, et il ajoute qu'il est indifférent de l'accepter ou de la rejeter (3). »

Mais le principe, qu'il évite de formuler, découle de ses données. En s'élevant dans la série, Darwin devient plus affirmatif, sans jamais aboutir aux extrèmes conséquences qu'on lui prête, et surtout à celles que nous propose l'exagération de ses disciples; il proclame l'unité de l'espèce humaine, il reconnaît sa spécialité : « Les Fuégiens, dit-il, les plus grossiers des barbares, ont la même

(1) Darwin, *On the origin of species by means of natural selection.* London, 1859.
(2) Haeckel, *Histoire de la Création des êtres organisés.*
(3) Wallace, *Natural Selection,* p. 402. — Darwin, *ouv. cité,* p. 571.

intelligence, le même caractère que nous. » Et il ajoute qu'entre les
races humaines, « il n'y a aucune différence fondamentale (1) ».

La théorie de la parenté de tous les êtres ne fut, dans sa pensée,
qu'un fugitif aperçu provenant de la constatation de certaines ana-
logies de forme; celle de la sélection lui apparut obscurément
d'abord, et si Wallace ne l'a pas le premier formulée, il en dessina
plus puissamment le relief (2). Pour Darwin, c'est une hypothèse de
plus, et il n'y est amené que par la nécessité de justifier les tran-
sitions d'une espèce à une autre. Ce qu'il veut affirmer, c'est
l'absence de fixité dans les caractères : la race est une espèce com-
mençante, l'espèce est un genre commençant; tous les échelons de
la nomenclature se fondent les uns dans les autres. Sa vraie doctrine est la négation des principes admis, et cette négation est basée
sur des conjectures.

Mais à la sélection naturelle de Wallace, Darwin donne le
caractère de sélection sexuelle, et ce principe l'oblige à négliger les
organismes inférieurs, où les animaux se reproduisent par scissiparité, bourgeonnement, étant soit hermaphrodites, soit appariés :
comme il n'y a point de génération réciproque, la sélection ne trouve
aucune occasion de s'y exercer. Dans les insectes mêmes, les
abeilles éludent méthodiquement cette loi : par un changement
d'alimentation des larves, les ouvrières produisent à volonté des
mâles, des mères et des neutres. Le génie humain ne va pas heureusement jusque-là.

Darwin n'entend pas bouleverser la belle ordonnance de la nature;
il lui répugnerait d'admettre que la baleine n'est qu'un échinoderme
perfectionné, et il assigne des origines différentes aux divers
embranchements de la série animale. Cependant chez les vertébrés,
qu'il met seuls en scène, les premiers lui échappent : il n'y a point
d'accouplement chez les poissons, la laitance féconde les œufs à la
suite d'une rencontre fortuite; c'est le procédé des végétaux, ce n'est
pas celui des vertébrés supérieurs.

Comment une théorie aussi dénuée de logique a-t-elle séduit les
badauds de la science? Par le prestige d'un mot, — les hommes se
laissent prendre aux mots, — et celui-ci est magique, parce qu'il
réveille le souvenir de nos misères.

(1) Darwin, *Descendance de l'homme.*
(2) Les deux communications furent publiées ensemble (juillet 1858); mais
celle de Wallace est antérieure.

« La lutte pour l'existence », *Struggle for life*, emprunté à Malthus. Rien de plus faux, d'ailleurs, fait justement observer Howard. La stérilité est la conséquence habituelle d'une santé exubérante et des commodités de la vie. D'un autre côté, la reproduction des animaux est subordonnée à des règles d'ordre supérieur où la sélection et la lutte n'ont que peu de chose à voir. Il semble, en effet, que Dieu ait mis la fécondité en raison inverse de la force vitale ; ou bien, selon une formule connue, la puissance de reproduction s'accroît en raison des chances de destruction. Sans ce principe providentiel, certaines espèces disparaîtraient instantanément. Dans chaque espèce, les fluctuations suivent les modifications de l'existence ; nos animaux domestiques en donnent la preuve, chaque jour : les mieux nourris sont les moins féconds. La chienne et la chatte à demi sauvages des campagnes ont de huit à dix petits ; celles qui vivent dans nos appartements, n'en donnent que deux ou trois, à chaque portée. Les produits de la jument ne sont bons que lorsqu'elle a perdu la force de la jeunesse, c'est pourquoi le cheval sauvage ou marron se rabrougrit. Les procédés des éleveurs, en vue d'un résultat déterminé, sont absolument inconnus des animaux.

Ainsi se trouve sapé dans sa base le principal argument de la doctrine de Darwin : la sélection naturelle et sexuelle n'est qu'une vaine hypothèse.

III

LA SÉLECTION

Le grand défaut de l'école darwinienne, et·la principale source de ses erreurs, consiste donc à ne savoir pas distinguer les caractères immuables de l'espèce et les caractères mobiles de la race. Ceux par lesquels l'homme diffère des animaux sont rebelles à tout changement essentiel, et la nature semble résolue à n'y point transiger. Au contraire, les caractères de race sont ce qu'il y a de plus ondoyant : leur apparente fixité déclare la persistance des causes accidentelles qui les ont produits ; mais ils ne résistent pas à l'action des milieux, au genre de vie ; les croisements les accentuent ou les suppriment. En cas d'égalité des éléments de métissage, il se forme des variétés intermédiaires ; si l'équilibre est rompu, le retour se fait du côté dominant ; enfin, l'élément trop faible disparaît, en se fondant au milieu des autres.

L'hypothèse transformiste méconnaît tous les principes : elle attribue aux caractères de race une fixité qu'ils ne connurent jamais, elle gratifie les caractères d'espèce d'une faculté de modification dont ils sont totalement dépourvus, c'est là le moindre souci de ces *savants :* ne donnant attention à rien, et s'inquiétant peu de l'observation exacte, ils invoquent successivement l'inconsistance ou la fixité, au mieux des intérêts de leurs théories. Cette faculté d'option fantaisiste est l'essentielle condition de leur doctrine. Sommés de fournir des exemples de transformation d'espèces, et n'en ayant jamais pu découvrir l'ombre, ils ne se dissimulent pas qu'ils violentent l'ordre de la nature : c'est pourquoi ils recourent, sans relâche, à de nouvelles hypothèses. Celle qu'ils jugent avoir le mieux réussi, est la théorie de la sélection.

Pour les éleveurs de bestiaux, la sélection est une direction zoonomique, qui n'admet à se reproduire que les animaux possédant, à un haut degré, les qualités que l'on veut maintenir ou développer dans la race. Les transformistes se plaisent à supposer, dans la nature, la pratique de cette méthode absolument artificielle. L'hypothèse est complètement illégitime. Qui donc ignore que le choix dans les unions est un privilège de l'humanité? le choix n'a jamais lieu chez les autres mammifères : l'accouplement s'y fait au hasard de la rencontre, et les considérations d'affection ou de beauté qui dirigent les hommes y sont aussi étrangères que les calculs de conformation et d'amélioration qui préoccupent les éleveurs.

Mais admettons provisoirement le fait de la sélection naturelle, en attendant que l'on' nous en administre la preuve. Sous quelle impulsion, dans quelles conditions la voit-on s'exercer? Est-elle spontanée ou réfléchie, obéit-elle à des lois positives, ou bien est-elle abandonnée au caprice et au hasard? Que l'on formule, avec quelque clarté, des lois rigoureusement observées : des lois? non, il n'y a que des hypothèses ayant la physionomie la plus puérile; jugez-en.

On avait à expliquer comment le corps du singe, qui est uniformément velu, a pu prendre l'aspect externe du corps humain, dont la plus grande partie est glabre, surtout dans les races inférieures, que l'on veut assimiler au singe; comment le crâne de l'homme est couvert de cheveux, et ses joues garnies de barbe, contrairement à ce qui existe chez les animaux; on a donc imaginé ce qui suit :

« Dans les relations sexuelles, les mâles des singes anthropo-
morphes choisissaient les femelles les moins velues, tandis que les
femelles donnaient leur préférence aux mâles les plus barbus et les
plus chevelus ; il en résulta que le pélage s'amoindrit peu à peu,
tandis que la barbe et la chevelure se développèrent beaucoup (1). »
Et quand les choses se sont-elles passées ainsi ? on ne le sait ; mais
Haeckel, qui attribue à Darwin cette belle découverte, paraît croire
que l'on y trouvera la solution de tous les problèmes du système
pileux.

Il se trompe : le singe n'a pas un poil que l'on puisse confondre
avec ceux de l'homme ; par conséquent, la sélection pourrait bien
modifier la distribution, mais jamais changer la nature des poils et
leur donner la forme humaine.

Quant à la direction des poils de l'avant-bras vers la main, on
nous explique que cela vient de ce que « nos ancêtres (singes) élevaient leurs bras au-dessus de leur tête, lorsqu'il pleuvait », comme
le font encore le gorille et les gibbons. Telle est la science nouvelle.

IV

LA PORTÉE DU DARWINISME

Darwin, loin d'être le positiviste ou le matérialiste que l'on veut
bien nous dire, penche visiblement vers un naïf mysticisme : à ses
yeux, la loi de sélection naturelle est basée sur une loi antérieure
qui est celle de l'utilité ; mais qui l'a donc reconnue et sauvegardée,
cette utilité ? Les belles couleurs des fleurs sont dues, en grande
partie, dit-il, à ce qu'il faut qu'elles attirent les insectes dont
l'intervention est nécessaire à leur fécondation ; mais qui a donné
aux fleurs ces belles couleurs et aux insectes le don de s'y plaire ? Du
reste, rien n'est plus hasardé et les vrais motifs paraissent être tout
différents.

La variété des téguments, dit-il encore, permet aux animaux de
se cacher, les uns pour échapper à leurs ennemis, les autres pour
atteindre leur proie. Le besoin de protection explique également les
couleurs sombres des femelles des oiseaux, dont les mâles sont
ornés des plus vives nuances. Ces observations, dès longtemps
admises par les naturalistes, ont paru jurer contre le principe trans-

(1) Haeckel, *Anthropogénie*, XXe leçon.

formiste, et Darwin a été accusé « de prêter des intentions à la nature », de chercher, avec obstination, l'imitation dans les questions de forme, d'accumuler les termes indiquant « un but intelligemment poursuivi, artifice, curieux artifice, admirable artifice (1) ». Tout cela, dit le duc d'Argyll, n'est que le résultat des lois générales. Mais qu'importe, si l'intention préméditée ressort des phénomènes eux-mêmes? ordonnateur, législateur suprême, créateur, c'est une simple question de mots et de nuances, de point de vue, d'appréciation humaine. Quel que soit le titre qu'on donne à ce pouvoir suprême, on invoque, sans la nommer expressément, la haute intelligence qui fit toutes choses : cette théorie, qui ne diffère pas essentiellement de celle des causes finales, domine toute l'école anglaise. Wallace, vulgarisateur de la doctrine de sélection naturelle, la formule ainsi qu'il suit :

« Une intelligence supérieure guida l'espèce humaine, dans une direction déterminée, vers un but spécial, et il en est de même pour la plupart des formes animales et végétales (2). »

Cette opinion est celle de Darwin : les théories qu'on lui prête, en France et en Allemagne, ne sont pas, à beaucoup près, l'expression aussi exacte de ses obscures intentions. Mais, alors, que cherche-t-il donc dans la transformation? Il cherche une théorie propre à expliquer les procédés de la création. Et ce n'est même point le premier de ses soucis : son but primordial se rattache à l'économie politique; avant d'être savant, il est Anglais : il veut donner la raison suffisante de la doctrine de Malthus (3) !

Ne se faisant donc pas d'illusion sur les intentions du maître, Wallace ne croit pas infirmer la théorie darwinienne, en avouant que la sélection naturelle est inhabile à expliquer les différences dans la distribution du poil, son absence sur les principales parties du corps humain, quelles que soient la température et la latitude; le développement si caractéristique du cerveau; enfin, la forme de la main et celle du pied. Il insiste sur ce dernier point :

« Le pied des quadrumanes, dit-il, est un organe de préhension, et il aurait fallu une sélection très sévère pour donner aux os et aux muscles la disposition qui a fait du pouce un orteil, et l'a si complètement transformé, qu'il a cessé d'être opposable; cette dis-

(1) Argyll, *le Règne de la loi.*
(2) Wallace, *la Sélection naturelle,* p. 377.
(3) Darwin, *Lettre à M. Haeckel.*

position n'existe dans aucune race d'hommes, bien que certains savants aient avancé le contraire. » Il y a, certes, bien mieux à dire, et je le dirais s'il s'agissait de comparer l'homme et le singe.

Wallace ne croit pas que la question de la main soit plus près d'une solution : « La main de l'homme renferme des qualités latentes, dont les sauvages ne font aucun usage, et dont ont dû se servir moins encore l'homme de l'âge paléolithique et ses prédécesseurs plus grossiers que lui. Elle a toute l'apparence d'un instrument préparé pour l'homme civilisé, et sans lequel la civilisation n'eût pas été possible. »

Mêmes considérations, quant à l'organe vocal :

« Les mœurs des sauvages ne nous indiquent pas comment la voix (le chant) aurait pu se développer ainsi par la sélection naturelle, car ils n'en ont aucun besoin, et ils n'en font aucun usage (musical). Le chant du sauvage n'est qu'un cri plaintif; les femmes mêmes, en général, ne chantent pas. La voix ne compte assurément pour rien dans le choix de leurs femmes. » Il semble donc que cet organe a été préparé en vue des futurs progrès de l'homme, puisqu'il renferme des qualités latentes qui sont inutiles à l'individu, dans sa condition primitive. Les détails délicats d'organisation qui donnent au larynx sa merveilleuse puissance ne proviennent pas de la sélection.

« La sélection n'aurait pu donner au sauvage qu'un cerveau un peu plus grand que celui du singe, tandis qu'il en possède un à peu près égal à celui du penseur. »

« La peau douce, nue et sensible de l'homme, entièrement libre du vêtement de poils commun à tous les mammifères, ne peut pas non plus s'expliquer par la sélection naturelle (1). »

La doctrine transformiste n'est pas ce qu'un vain peuple pense. Broca n'y veut pas entendre :

« La continuité de la série, dit-il, n'implique nullement à mes yeux l'idée de la transformation des espèces. Le transformisme est une hypothèse hardie, à l'aide de laquelle on tente d'expliquer le phénomène de la disposition sériaire des caractères morphologiques. Cette hypothèse exerce sur les esprits une attraction d'autant plus forte, qu'on ne lui en a opposé aucune autre; mais ceux qui l'envisagent froidement, avec la rigueur de la méthode scientifique, doi-

(1) Wallace, *ouv. cité*, passim.

vent reconnaître qu'elle ne repose jusqu'ici sur aucune preuve directe.

« Quant à moi, je ne suis pas de ceux qui nient l'influence modificatrice que l'action combinée du temps et des milieux peut exercer sur certains caractères organiques ; mais rien ne me prouve que ces modifications peuvent aller jusqu'à transformer les espèces, ni même produire de véritables races (1). » C'est une erreur ; ces modifications produisent les races, mais elles ne changent pas les espèces.

En Allemagne, des voix autorisées condamnent l'hypothèse à la mode :

« La filiation génésique entre les singes et l'homme considérés comme père et fils, dit Lucæ, est une fausse conception : en se développant, le singe n'a pu que s'éloigner de l'homme davantage, comme l'a parfaitement dit Virchow. D'après les lois fixes de la génération, un singe ne deviendra jamais un homme : l'un et l'autre parcourt, dans son développement, une voie diamétralement opposée. Je penserais plutôt, avec Meynert, qu'une évolution progressive peut élever les nègres au niveau des Européens, car la voie de leur développement paraît être absolument la même (2). »

Lucæ fait allusion au principe de la croissance, à l'état adulte. Dès que le singe atteint l'âge adulte, il décroît intellectuellement, tandis que l'intelligence de l'homme se développe jusqu'à la vieillesse. Le nègre a cette dernière tendance, parce qu'il est homme ; mais les effets en sont contrariés partiellement, parce que sa race est dégradée.

Chez les singes, avait déjà dit Gratiolet, en parlant de ceux que l'on se plaît à nommer anthropoïdes, rien n'indique un passage aux formes humaines :

« Ce paradoxe, ce défaut de parallélisme entre l'homme et les grands singes, dans le développement d'organes tels que le cerveau et la main, montre qu'il s'agit ici d'harmonies différentes et d'autres destinées. Tout, dans la forme du singe, a pour raison spéciale quelque accommodation matérielle au monde ; tout, au contraire, dans la forme humaine, révèle une accommodation supérieure aux fins de l'intelligence. De ces harmonies et de ces fins nouvelles résultent, dans les formes, l'expression d'une beauté sans analogue

---

(1) Broca, *Mémoires d'Anthropologie*, t. II, p. 148.
(2) Lucæ, dans *Archiv für Physiologie*, t. VI. — Virchow, *Menschen und Affenschadel*, 1870. — Meynert, *Über unterschiede in Gehirnbau des Menschen und der Saugethiere*. Wien, 1870.

dans la nature, et l'on peut dire sans exagération que le type animal se transforme en lui.

« L'anatomie ne donne aucune base à cette idée violemment défendue de nos jours, d'une étroite parenté entre l'homme et le singe (1). »

Ailleurs, Gratiolet avait montré cette différence de plan dans le fœtus de l'homme et celui du singe : les circonvolutions cérébrales du premier, débutant par le front, poussent vers les tempes les organes de l'intelligence; celles du singe, commençant par les côtés, enrichissent le front au profit des instincts animaux (2).

Concluons, avec Huxley, qu'entre l'homme et le singe, il y a un abîme qu'il est impossible de combler (3).

V

LE TRANSFORMISME DE HAECKEL

En tout cela, il n'y avait point de science sérieuse basée sur les procédés d'une rigoureuse observation. Les Allemands ont prétendu combler cette lacune. Haeckel, professeur à Iéna, s'est chargé de la difficile besogne. Pour qui connait les Allemands du Nord, le résultat n'était pas douteux. M. E. Loudun l'a très bien vu :

« ... Les Allemands d'aujourd'hui sont les mêmes que ceux d'autrefois, le caractère ne change pas. A la fois esprits lourds et rêvassiers, s'enfonçant à plaisir dans les espaces infinis où ils s'égarent, Gœthe les a bien représentés dans son deuxième *Faust*, dont on ne pourrait dire ni la figure ni la stature et qui semble vivre d'une vie factice. Leurs poètes, leurs historiens, grands fabricants de théories; leurs philosophes, féconds inventeurs de systèmes; leurs savants si fertiles en hypothèses, sont tous de même nature, des songeurs, qui se laissent enlever par le vent, s'y abandonnent sans résister et se complaisent à être bercés tant que le vent souffle, jusqu'à ce qu'il les dépose à terre, un peu étourdis, n'ayant rien vu de précis, n'apportant aucune idée nouvelle, mais ravis d'avoir vogué dans l'air, et tout disposés à recommencer.

« Et c'est ce qui fait qu'ils adoptent si aisément les idées exa-

---

(1) Gratiolet, *Comparaison des bras et de la main des singes*, etc.
(2) Gratiolet, *la Microcéphalie*.
(3) Huxley, *Man's place in Nature*.

gérées, les projets impraticables, les plans gigantesques, les vues fantastiques, transformations, métempsychoses, palingénésies, révolution universelle. Voilà la raison de tous ces systèmes absurdes qui nous viennent d'Allemagne. L'Allemagne ne les a pas tous inventés, mais elle les accueille avec enthousiasme, s'y attache, les embrasse et les développe, sans s'occuper des catastrophes, des chutes, des morts et des ruines qui peuvent être la conséquence de ces monstruosités insensées.

« Ainsi, M. Haeckel : il n'a pas inventé l'*évolution* et le système de l'homme descendant du singe ; il l'a pris à Darwin, à Lamarck, à tous les matérialistes. Mais il l'a complété, en y apportant une quantité de détails (1). »

La réussite d'un système nouveau, ou qui, du moins, a les apparences de la nouveauté, tient moins à la vérité du fond et des détails, qu'aux dispositions intellectuelles et morales de ceux auxquels il s'adresse. La troupe scientifique à laquelle Haeckel avait affaire ne demandait qu'une chose : que l'idée de Providence fût éliminée de l'exposé des phénomènes de la création, et remplacée par une théorie des évolutions spontanées de la matière. Cette théorie, il l'a donne, et cela suffit à son triomphe. A vrai dire, il y a, dès le début, un sous-entendu : la puissance d'évolution est une entité ; cette entité équivaut à la puissance créatrice, à la Providence elle-même ; sinon, nous tombons dans le mysticisme des forces innommées. Mais de pareilles observations sont au-dessus du commun niveau des libres-penseurs : c'est pourquoi Haeckel eut raison.

Quant au fond, tout l'artifice consistait à jeter les auditeurs dans le mystérieux labyrinthe de l'histologie, d'en faire un fantastique exposé. L'histologie est la science de la composition des tissus : comprenant la première partie de l'anatomie générale, elle y ajoute les principes généraux de la physiologie : l'observation microscopique, montrant quelle est l'intime composition de toute matière organisée, la met sur la voie des origines et des fonctions. C'est la vraie science de l'avenir, pour tout ce qui touche aux éléments matériels de l'organisation et de la vie.

Haeckel mériterait de grands éloges pour avoir amené la question sur ce terrain positif, si ses tendances avaient le caractère pro-

(1) Eug. Loudun, *les Découvertes de la Science sans Dieu*, p. 83, suiv.

gressif qu'on leur attribue fort gratuitement; mais des doctrines démodées qu'il essaye de rajeunir en les dénaturant, selon le procédé germanique, composent le fond de ces romans de la science.

, En histologie, il en est encore à la vieille *théorie cellulaire*, où Schwann condensa, en 1838, les hypothèses accidentellement proposées par des savants français (1); c'est la loi du *développement continu* que Virchow a voulu depuis lors faire passer dans la pratique (2). En histoire naturelle, on appelle *cellule* un petit sac fait de matière albumineuse, qui contient des granulations ou ne contient rien du tout. Dans la doctrine de Schwann, qui est une hypothèse sans appui, tout est cellule, et toute cellule provient d'une cellule, *omnis cellula ex cellula;* tous les éléments qui composent le corps de l'individu adulte résultent de la segmentation de cellules blastodermiques (embryonnaires et primitives) qui proviennent elles-mêmes de la division d'une cellule primordiale, qui est l'*ovule : omne vivum ab ovo*, selon le principe du mysticisme oriental. Cette fausse conception dérive de la théorie chimique de Raspail : l'organisation est une cristallisation vésiculaire (cellulaire). Ces corps vésiculaires ont été précédemment des vésicules, dont les cloisons se sont rompues pour constituer des canaux, des tubes, des fibres, etc. (3).

Ainsi, toute organisation dériverait de la vésicule de substance amorphe englobant un noyau non organisé; cellule serait donc même chose qu'élément primitif. C'est là qu'est l'erreur histologique, repoussée par l'école française actuelle : on sait maintenant que la cellule n'est que l'une des formes des éléments, car il en est d'autres, telles que les fibres et les tubes qui peuvent offrir d'abord une vague ressemblance, dit Robin; mais jamais fibre ou tube ne fut antérieurement cellule. Chacun de ces éléments montre, dès le début, des caractères propres qui ne permettent pas de les confondre : il n'y a pas de métamorphose, dans le sens de transformation d'une espèce en une autre (4).

Ce fait ruine d'emblée toute la théorie cellulaire et spécialement le système de Haeckel : en effet, sa *monère*, forme première de l'organisation des êtres animés, n'est autre chose qu'un corps unicellu-

(1) Turpin, Dutrochet, Raspail, etc.
(2) Virchow, *Pathologie cellulaire.*
(3) Raspail, *Nouveau système de chimie organique.*
(4) Robin, *Programme du Cours d'histologie.*

laire, non à l'état d'élément, mais à celui d'être indépendant.

Leibnitz, quoique très grand philosophe, est parfois aussi mauvais logicien que pas un de ses modernes compatriotes. La « raison suffisante » dont Voltaire tira un si plaisant parti, trouble son jugement : or la monade est la raison suffisante du monde physique, et la *loi de continuité* se fonde sur la liaison de la raison suffisante d'une chose avec la raison suffisante d'un être précédent. La *monère* de Haeckel dérive de la *monade* de Leibnitz, revêtue des formes contemporaines.

Cette combinaison d'hydrogène, d'oxygène, de carbone et d'azote, sans noyau, n'est pas, comme on pourrait le croire, l'atome crochu des épicuriens, la molécule indivisible des chimistes, l'élément histologique : naturaliste, Haeckel présente, sous le nom de monère, un animal, du moins un être vivant, formant la première classe du règne des *Protistes* : « C'est, dit-il, un très petit corpuscule vivant, ne méritant pas, à vrai dire, le nom d'organisme », car il n'est pas composé d'organes ; c'est une petite boule mucilagineuse invisible à l'œil nu ou de la grosseur d'une tête d'épingle ; changeant de forme, lorsqu'elle se met en mouvement, elle s'alimente en englobant la proie dans sa propre substance et se reproduit par scissiparité (1).

Voilà qui est fort curieux : « des organismes sans organes » comme disent nos *savants*, copistes inconscients de Haeckel. Mais, qu'est-ce que cela fait à l'histoire de l'évolution de la nature organisée, et surtout à l'origine de l'homme? Notre corps est-il donc composé de *monères?* Cela fait beaucoup, dit Haeckel : il n'y a qu'une seule forme primordiale, qui est la *monère*, et l'homme est le dérivé d'une *monère*, qui s'est développée, en passant par les vingt-deux degrés de l'évolution. Dans ce passage, qui dure depuis des millions d'années, le type primordial a considérablement changé.

Mais il reste une question, et la plus importante : comment ces changements ont-ils pu se faire? Réponse : par la sélection et l'hérédité.

Qu'est-ce à dire? L'hérédité, dont la mission est de transmettre et de maintenir les caractères, n'est-elle pas précisément le plus grand obstacle aux transformations? Oui, sans doute, lorsqu'on prend le terme dans le sens habituel; mais Haeckel et son école font glisser, en dessous du terme d'hérédité, la théorie surannée

---

(1) Haeckel, *Monographie des Monères*, 1870. — *Scissiparité* est la faculté de se diviser pour produire des êtres semblables à soi.

des arrêts de développement embryonnaire, théorie renouvelée des Grecs. Il y a quatre-vingts ans qu'Étienne Geoffroy Saint-Hilaire la formulait à peu près en ces termes :

« Tous les animaux qui dérivent d'un même type fondamental marchent, pendant un certain temps, dans la même voie embryogénique, et ils se ressemblent pendant une période d'autant plus longue de ce travail d'organisation, qu'ils ont entre eux une plus étroite parenté zoologique; puis, déviant de la route commune, ils acquièrent les caractères qui leur sont propres. » Étendant les idées de Geoffroy, ses imitateurs ont longtemps conclu, dit Milne Edwards, « que la diversité des espèces résulte d'une série d'arrêts de ce genre, s'effaçant à divers degrés de l'évolution embryonnaire » et que « tout animal supérieur, pour arriver à sa forme définitive, passe par la série des formes propres aux animaux qui lui sont inférieurs... que l'homme, par exemple, avant de naître, est d'abord une sorte de ver, puis un mollusque, puis un poisson ou quelque chose de pareil, avant que de revêtir, dans le sein de sa mère, les caractères propres à son espèce (1). »

Amplifiant cette doctrine vieillotte, Haeckel prétend la prouver, en exhibant dans une même planche les images à peu près identiques de fœtus de poule, de tortue, de chien et d'homme, aux premiers temps de l'évolution embryonnaire : on y voit le poulet de huit jours ayant exactement la même forme que les fœtus de chien et d'homme de huit semaines. A première vue, c'est incroyable : et l'on ne retrouve plus ses souvenirs et l'on se demande si l'on rêve : le mot de l'énigme, c'est que Haeckel a faussé les faits, comme l'ont prouvé Agassiz, Rütimeyer, Pfaff, K. Semper, His. « Dans son *Histoire de la Création*, M. Haeckel a inséré des gravures qui représentent l'embryon du chien, du poulet et de la tortue; or, ces trois figures ne sont que trois clichés de la même planche; cela a été prouvé, ainsi que pour une autre gravure. Ailleurs, ce sont des gravures copiées dans d'autres auteurs et qu'il a modifiées dans le sens favorable à ses idées » (2).

Dans une autre planche, la commune origine des vertébrés est démontrée par l'exhibition du « membre antérieur », c'est-à-dire de la main de l'homme et de huit autres animaux. On ne saurait dire lequel de ces squelettes est le plus inexactement rendu; celui de

(1) Milne-Edwards, *Leçons de Physiologie et d'Anat. comparée*, I, 1857.
(2) Arduin, *la Controverse*, janv. 1881. — Loudun, *ouv. cit.* p. 92.

l'homme lui-même n'est pas satisfaisant. Le sophisme réside en ce que la plupart de ces mammifères n'ont pas de mains; comme tous ont des pieds, c'est sur cet organe que la comparaison aurait dû porter : la différence alors serait manifeste, l'homme seul ayant des pieds propres à la station verticale.

Malgré tous ces subterfuges et ces mensonges, la théorie transformiste ne résout pas la question essentielle : Comment se font les transformations et quelles en sont les preuves? On n'a jamais répondu, on ne saurait répondre. D'ailleurs les lois de l'histologie enlèvent à la recherche tout intérêt. Les tissus qui composent le corps de l'homme ne sont pas composés de monères; ils le sont de fibres, de globules et autres éléments constituants qui ne sont pas des monères et dont la forme et les propriétés sont différentes : l'assimilation de la monère et des éléments humains n'est qu'un sophisme. Or le sang parcourt les tissus, les vivifie, les forme et les décompose incessamment, en y versant le liquide neuf qui vient du cœur, et en recueillant les matériaux usés qu'il abandonne au courant veineux. Les éléments réparateurs, dont il s'y fait une consommation très considérable, sont aussitôt remplacés par des éléments nouveaux, qui se forment dans le sang même ou lui sont apportés tout faits dans la lymphe, ou que le chyle emprunte au produit de la digestion. Certains de ces éléments sont plus simples que la prétendue *monère*, d'autres plus compliqués : leur production se fait à chaque instant, par milliers. Le corps de l'homme est donc dans un état d'incessante recomposition, par le seul effet de l'activité vitale dont il est doué.

En présence de ce mouvement continu, qui dira ce que l'homme adulte peut tenir encore d'éléments dus à la mère qui l'a nourri, et surtout au père qui prit à sa formation une si faible part? Ce qu'il leur doit, c'est le principe même de la vie, de quelque nom que l'on veuille l'appeler, cette activité vitale qui le rend apte à s'assimiler les éléments matériels auxquels elle a donné la forme et les conditions propres à sa nature. Ce principe est également ce que les ancêtres se sont transmis, en remontant les générations jusques au premier homme. S'il fallait aller plus loin, si l'homme venait du singe et de la monère, il n'en aurait reçu rien autre chose. Mais comment la monère et le singe auraient-ils pu transporter à l'homme ce principe humain, cette humaine puissance, dont ils sont eux-mêmes dépourvus? Et, en fait d'éléments matériels et décomposables, qu'ont-ils pu lui transmettre, qui n'ait été, des millions de fois, décomposé, refait, expulsé et remplacé par les produits de son incessante activité?

En vérité, les prétendus rapports entre les êtres organiques sont de creuses entités, qui n'ont même pas l'apparence de la raison.

VI

CONCLUSION

Les premiers concepts du transformisme, depuis Anaximandre jusqu'à Lamarck, sont de vaines spéculations philosophiques, qui ne peuvent soutenir l'examen.

La doctrine de la sélection naturelle de Wallace et de la sélection sexuelle de Darwin fournirait, si elle était bien assise, l'explication de modifications successives; mais elle laisse intact le principe de la transformation; ne fournissant aucune preuve, elle reste dans la catégorie des hypothèses improbables.

La transformation est une chimère, dit Agassiz; il le prouve par la paléontologie. Les organismes les plus élémentaires, polypes, acalèphes, échinodernes, n'ont pas varié depuis les millions d'années où leurs fossiles remontent. Les poissons sont restés les mêmes, et les plus parfaits sont les plus anciens : requins, raies, torpilles, esturgeons, tandis que l'amphioxus et autres de plus simple conformation sont relativement récents. La gradation du simple au composé, sur laquelle le transformisme repose, est une rêverie.

Entre l'homme et le singe, il n'y a aucune gradation de structure, et ces deux êtres sont construits sur des plans différents. Le premier est un marcheur, le second est un grimpeur, et toute leur organisation est réglée en conséquence. Il en est de même des fonctions intellectuelles : dans le premier, c'est le développement continu, de la naissance à la vieillesse; dans le second, l'âge adulte produit un arrêt de développement avec retour; cette dernière marche est celle de toute l'animalité; l'autre n'appartient qu'à l'humanité seule.

Le système de Haeckel repose sur une série de sophismes.

D'abord, l'auteur annonce que sa théorie porte sur la composition moléculaire de la matière (histologie); mais ne trouvant pas d'appui dans cet ordre d'idées, il revient à l'anatomie des formes (morphologie), à la sélection, à l'hérédité.

En second lieu, il suppose, dans la transmission des éléments moléculaires, une continuité qui ne saurait exister à travers les générations, puisqu'elle est détruite, à chaque instant, dans l'individu, par le travail incessant de décomposition et de recomposition.

Enfin, il proclame le principe de l'hérédité, comme fondement de sa théorie. Son procédé consiste, au contraire, à nier constamment l'hérédité, qu'il ne cesse de mettre aux prises des pouvoirs de transformation.

En résumé, le transformisme est une rêverie basée sur des hypothèses.

Mais il faut revenir à la question primitive :

Qu'y a-t-il au fond du transformisme ?

Il n'y a rien.

A. CASTAING.

UN VOYAGE AU BRÉSIL [1]

3° *Province de Maranhào*. — La province de Maragnan, qui appelle des souvenirs français, est comprise entre 1° 5′ et 10° 40′ de latitude australe, et 1° 45′ de longitude orientale et de 5° 43′ de longitude occidentale.

Saint-Louis de Maragnan, la capitale, est situé dans l'île de ce nom, sur une baie qui forme un port excellent.

L'estuaire du fleuve de Maranhào (700 kilomètres) a été découvert par Pinzon, en 1500. Dès l'année 1530, Maranhào fut une capitainerie, et devint un séjour permanent en 1612. Cette ville fut fondée par les Français, qui la nommèrent Saint-Louis, en l'honneur du patron de la France et de la famille royale, et la baie fut appelée Sainte-Marie.

4°, 5°, 6° et 7° *Provinces de Piauhy, de Ceara, de Rio-Grande du Nord et de Parahyba*. — En descendant vers le sud nous trouvons les provinces de Piauhy, de Ceara, de Rio-Grande, du Nord et de Parahyba, moins importantes que les précédentes. Elles sont arrosées par de grands fleuves, dont le cours a souvent lieu à travers d'immenses forêts vierges. Quelques villes de la côte ont de bons ports de cabotage, mais inaccessibles aux transatlantiques. Ces villes ont peu d'animation, et il n'est pas rare de trouver des rues assez semblables à des prairies : on pourrait y conduire les troupeaux au pâturage.

Je pourrais en dire autant d'une ville importante comme Maragnan : je crois qu'il faut en chercher la cause dans cette chaleur

[1] Voir la *Revue* du 1er octobre 1885.

15 OCTOBRE (N° 20). 4e SÉRIE. T. IV.   13

tropicale, qui oblige presque toujours à voyager en tramways. Le commerce de ces provinces est assez florissant : on exporte les produits habituels des Tropiques.

Notons en passant que les premiers Européens abordèrent au Brésil sur le territoire de Rio-Grande-do-Norte, en 1499, sous la conduite du célèbre Florentin Améric Vespuce.

Rio-Grande-du-Nord a donné le jour à plusieurs hommes remarquables dans l'histoire du Brésil. Les nombreuses et vaillantes tribus indigènes qui habitaient cette province furent civilisées par les jésuites : aussi ce territoire acquit rapidement de l'importance.

8° *Province de Pernambuco.* — A la province de Pernambouc, nous arrivons au 7e parallèle de l'hémisphère austral. Elle s'étend jusqu'à 10° 40′ de latitude sud, et se trouve comprise entre 1° et 8° 25′ de longitude est.

Le territoire de Pernambouc a été découvert pour la première fois par Vincent Pinzon, en 1499. Quand, l'année suivante, Pierre-Alvarez Cabral aborda un peu plus au sud, à Porto-Seguro, comme nous l'avons vu, il envoya aussitôt en Portugal Gaspard de Lemos porter la bonne nouvelle, et celui-ci, au commencement de la traversée, découvrit aussi la terre de Pernambouc, alors habitée par des indigènes d'une grande férocité.

Après l'expulsion des Hollandais, Pernambouc devint une capitainerie générale, qui obtint même, en 1685, l'annexion des territoires de Parahyba et de plusieurs autres terres voisines, et, en 1701, celle de Rio-Grande-du-Nord, colonies qui étaient soumises au gouverneur de Bahia.

En 1718, elle s'agrandit encore, jusqu'à ce que, dans la suite, tous ces territoires devinrent eux-mêmes provinces indépendantes.

Le grand fleuve du Sâo-Francisco arrose le sud de la prince de Pernambouc, qu'il sépare de celle de Bahia. Ce fleuve, de 3,000 kilomètres de longueur, vient des montagnes de l'Itacolumi. (Minas).

Mais la rivière qui arrose la capitale, Recife ou Pernambouc, est le Capibaribe. Cette province est une des plus florissantes de l'empire.

Recife est le grand marché du sucre; c'est la troisième ville du Brésil pour la population et la cité la plus européenne. Elle nous apparaît toute radieuse au milieu de ses hautes tours, de ses verdoyants palmiers et de ses bananiers. Son port, ses canaux, ses ponts, ses rivières, l'ont fait surnommer la Venise du Brésil.

L'île Fernando de Noronha, beaucoup plus au nord, vers le 4e parallèle, dépend de Pernambouc. C'est une colonie pénitentiaire, pour les travaux forcés. Cet archipel contient des gisements importants de phosphate de chaux.

Olinda, qui garde toujours le titre épiscopal, bien que l'évêque réside habituellement à Pernambouc, n'est éloignée de cette dernière ville que de 5 kilomètres. Olinda est reliée au chef-lieu de la province par un petit chemin de fer américain, faisant l'office de tramway.

Je ne quitterai pas ces charmantes cités de Pernambouc et d'Olinda sans rendre un témoignage de vive reconnaissance aux aimables missionnaires, Lazaristes français, qui, là comme ailleurs, sous un climat meurtrier, se consacrent avec un zèle au-dessus de tout éloge aux progrès de l'Évangile et de la civilisation. Et qu'ils me permettent de le dire, pour la gloire de l'Église de France, j'ai vu combien leur dévouement patriotique et leur influence acquise par la vertu et le talent ont su inspirer autour d'eux l'amour de notre pays.

Que les bonnes Sœurs françaises d'Olinda et de Pernambouc reçoivent aussi l'expression de ma vive gratitude pour leur bienveillant accueil et l'empressement qu'elles ont montré à me rendre le témoin ravi des progrès rapides de leurs élèves et des admirables travaux accomplis par ces jeunes personnes !

9° et 10° *Provinces d'Alagoas et de Sergipe*. — Alagoas et Sergipe sont deux provinces peu étendues, comprises entre Pernambouc et Bahia. Elles produisent principalement le sucre et le coton.

Les Français avaient cherché autrefois à s'établir à Sergipe, en entretenant des relations amicales avec les indigènes. Ils obtinrent assez peu de succès.

L'histoire de ces provinces reste assez obscure jusqu'à la fin du dix-septième siècle.

11° *Province de Bahia*. — La province de Bahia est comprise entre 9° 55′ et 18° 15′ de latitude méridionale et 5° 30′ de longitude est et 3° ouest.

Bahia ou Saô-Salvadov, la capitale, est la deuxième ville de l'empire. Elle est divisée en ville basse et ville haute. La première s'étend au milieu des palmiers du rivage, et la seconde domine la baie de tous les Saints.

Bahia fut la capitale du Brésil jusqu'en 1763, et elle est restée métropole ecclésiastique. Ce territoire fut découvert en 1503, par Americ-Vespuce, sous le patronage du roi de Portugal. En 1510, un vaisseau commandé par Diogo-Alvarez Correa y fit naufrage, mais Diogo fut sauvé. Les Indiens, qui avaient d'abord été dans la crainte en voyant tuer des oiseaux, lui accordèrent leur faveur, grâce aux fusils et à la poudre que Diogo avait sauvés du naufrage et dont il leur fit présent. Le chef indien lui donna à choisir une de ses filles en mariage, et Diogo appela ce lieu Saô-Salvador, en souvenir du salut qu'il avait trouvé au port de Bahia.

Diago vint ensuite à Paris avec son épouse, Paraguanu, la première Indienne vue dans la capitale de la France. Elle se convertit au christianisme, et de grandes fêtes eurent lieu à Paris à l'occasion de son baptême. Elle fut appelée Catherine Alvarez, en l'honneur de Catherine de Médicis, et Henri II fut parrain.

Le jeune Pedro Fernandez Sardinha fut le premier évêque de Bahia.

On avait informé dom Jean III, de Portugal, de l'importance d'une colonie dans ce territoire, et un premier gouverneur fut nommé, Thomas de Souza, en 1549. Saô-Salvador souffrit. beaucoup des déprédations des Hollandais, en 1624. C'était l'époque où le Portugal payait tribut à l'Espagne; mais Bahia fut repris aux Hollandais, en 1625. Ceux-ci revinrent à l'attaque, en 1638, sous la conduite de Maurice, comte de Nassau, qui était alors en possession de Pernambouc; mais il fut entièrement défait, et les Brésiliens, ayant à leur tête Henri Dioz, chassèrent les Hollandais de Pernambouc, en 1654, lesquels abandonnèrent le Brésil en 1661.

Au sud de la province de Bahia se trouvent quatre îles, appelées les *Abrolhos*, dont le nom signifie *ouvrez les yeux*, à cause des rochers que l'on rencontre dans ces parages, entre le 17° et le 25° parallèle austral, sur une étendue de 2 à 10 lieues de la terre ferme.

Le grand fleuve de ce territoire est le Saô-Francisco, qui, au nord de la province, à Paulo-Affonso, offre le spectacle d'une cataracte remarquable, appelée le Niagara du Brésil. Les eaux se précipitent, par une seule chute, à travers des rochers et d'une hauteur de 265 pieds.

12° *Province do Espirito-Santo*. — La province de Espirito-Santo est comprise entre 18° 5' et 21° 28' de latitude australe, et 1° 40' et 3° 22' de longitude orientale.

Cette province fut tout d'abord une terre de donation et appartint aux donataires jusqu'en 1718. La cour de Portugal racheta ce territoire au dernier donataire, Rollin de Moura, pour 40,000 cruzades (une cruzade d'or vaut 3 fr. 30), et Espirito-Santo devint alors une capitainerie, qui eut un gouverneur en 1800. La capitainerie de Parahyba-do-Sul, qui a été réunie à la province de Rio-de-Janeiro, en 1813, faisait partie de Espirito-Santo.

Ce pays est encore souvent dévasté par des tribus sauvages.

Son fleuve important est le Rio-Doce, sur les rives duquel les forêts ont des proportions colossales, ainsi que sur les bords du Saò-Francisco, du Tocantins et de l'Amazone. Cette province est assez pauvre.

Il y aurait là, comme dans la province de Bahia et plusieurs autres, un vaste champ ouvert au zèle des ouvriers évangélistes, si les vocations étaient plus nombreuses. J'ai vu, dans la province de Espirito-Santo, un seul prêtre obligé de suffire aux besoins spirituels des populations pour une superficie égale à celle de trois ou quatre de nos départements.

J'ai écouté avec un bien vif intérêt le récit des Lazaristes français de Bahia et de Rio-de-Janeiro, me faisant connaître avec quelles démonstrations de joie et de bonheur ils sont accueillis à l'intérieur des provinces par ces populations qui sont parfois des années entières avant de voir le prêtre ou les missionnaires. Ceux-ci voyagent souvent vingt ou trente jours à cheval, dans des pays peu habités, au milieu des périls et des privations de toutes sortes, afin d'aller pendant quelques semaines offrir les secours et les consolations du ministère apostolique à des peuplades éloignées, qui sont alors heureuses de recevoir le prêtre et de lui faire honneur.

13° *Province de Rio-de-Janeiro*. — La province de Rio-de-Janeiro est comprise entre 20° 50' et 23° 19' de latitude sud. Sa longitude est, à l'ouest, de 1°42' et à l'est de 2°9', avec le méridien de Rio pris pour point de départ.

. Sa capitale est Nichteroy, jolie petite ville de 15,000 habitants, située sur les bords de la baie, en face de Rio. Cette province se compose des anciennes capitaineries qui furent les dotations de Martin Affonso de Souza et de ses successeurs. Souza n'apprécia pas tout d'abord la magnifique situation de la baie de Rio : ce furent des Français et plusieurs missionnaires qui montrèrent les avantages que pouvait offrir ce port important.

Le plus beau fleuve de cette province est le Parahyba du sud, qui traverse le territoire au milieu des paysages les plus attrayants et les plus variés. Il donne son nom à une ville gracieusement assise sur ses rives, où nous trouvons encore nos chers et dévoués concitoyens toujours prêts à rendre service, et où j'ai reçu une hospitalité toute française, aussi cordiale que généreuse : elle a été d'autant mieux appréciée que, depuis un certain temps, j'avais vécu dans l'intérieur au milieu des sauvages.

Que le modeste et aimable M. Simon veuille bien me permettre de lui envoyer, par-delà l'Océan, mon affectueux et reconnaissant souvenir.

Municipio neutro do Rio-de-Janeiro. — La ville de Rio-de-Janeiro forme un municipe neutre, qui relève directement de l'administration centrale.

Il est compris entre 22° 43′ et 23° 6′ de latitude. Sa longitude s'étend de 4′ à l'est et de 35′ à l'ouest.

Ce territoire était un district de la province de Rio, et il ne fut indépendant qu'à partir de l'époque où la cour vint se fixer à Rio-de-Janeiro. La constitution du municipe neutre a été établie en 1833, telle qu'elle existe aujourd'hui. C'est à cause des luttes que le Brésil avait à soutenir avec les peuplades du Rio-de-la-Plata, que la capitale fut transférée de Bahia à Rio-de-Janeiro. La ville est défendue par les forts de Santa-Cruz, de Lage, de Saint-Jean, de Villegagnon.

La grande baie de Rio renferme un nombre assez considérable d'îles, dont les principales sont les îles du Gouverneur, des Serpents, de Paqueta, de Bom Jesus, de Pombeba, de Mirdy, des Melons, de la Santé, etc. ..

Rio-de-Janeiro possède plusieurs faubourgs et dépendances très agréables et recherchés comme habitation ; la plage de Botafoga, où je trouve la maison mère des Pères Lazaristes, de pieuse mémoire, et un important collège des Sœurs de Saint-Vincent de Paul ; l'avenue du Jardin botanique, si connu par sa majestueuse allée de palmiers ;

Rio-Comprido, où perche le petit séminaire, avec une église dédiée au Sacré-Cœur, dont l'achèvement est désiré par tous les cœurs amis du divin Maître. La construction de cet édifice est due, en partie, au zèle du jeune et vénéré supérieur du séminaire, un de ces bons et dévoués prêtres de la Mission ; puis le faubourg d'Andarahy, avec ses remarquables points de vue ; celui de Tijuca, avec ses frais ombrages ; de Engenho-Velho, où domine, au milieu des bosquets et des avenues, le beau collège de Mgr Couturier ; celui de Larangeiras (orangerie), d'où l'on monte au *Corcovado*, à 2,306 pieds, pour contempler l'immense baie de Rio, le panorama des montagnes, les grands horizons et le vaste océan. Un chemin de fer semblable à celui du Rigi transportera bientôt les touristes au sommet de ce pic curieux, le *Corcovado*, qui peut se traduire en français par *le Bossu.*

A Larangeiras ou l'orangerie, les religieuses de Saint-Vincent de Paul ont aussi un collège, qui leur sert de noviciat pour la province du Brésil.

14° *Province de Saô-Paulo.* — La province de Saint-Paul est comprise entre 19° 54′ et 25° 15′ de latitude méridionale et 56′ et 10° 18′ de longitude ouest.

Ce territoire et celui des provinces voisines firent d'abord partie des dotations faites à Souza.

Située au commencement de la zone tempérée, la province de Saint-Paul est une des plus agréables et des plus aptes à l'émigration. Elle donne les fruits des tropiques et des régions tempérées ; elle a de nombreux troupeaux.

La capitale est Saint-Paul, aux rues étroites, mais ville intéressante, et offrant un foyer peut-être plus intellectuel que la plupart des cités du Brésil. Elle est située sur un affluent du Parana, le Tiété, et communique par un chemin de fer au port de Santos.

La fondation de Saint-Paul remonte à 1553. Des Jésuites, qui avaient accompagné Thomas de Souza, premier capitaine général, établirent une bourgade, où ils rassemblèrent les Indiens pour les instruire. Un collège s'éleva rapidement et fut inauguré par une fête religieuse, le 25 janvier 1554, jour de la conversion de saint Paul, d'où ce nom de Saô-Paulo donné à la ville et à la province. Dans une lettre envoyée à leurs confrères de Portugal, en 1560, et conservée à la bibliothèque nationale de Rio-de-Janeiro, les Jésuites célèbrent avec enthousiasme la beauté, le climat, la fertilité, la salubrité du pays, et l'appellent un paradis terrestre. Ils y ont entretenu cet amour de l'étude, dont la tradition s'est maintenue jusqu'à notre époque. Ces apôtres de l'Évangile et de la science, que les ennemis de l'Église appellent intolérants, voulurent s'opposer à l'esclavage, et c'est pourquoi ils furent persécutés et chassés par les prétendus libéraux. Leurs maisons furent confisquées, ainsi que celles d'autres établissements religieux, et la Faculté de droit de Saint-Paul, ou le palais de la jurisprudence occupe encore aujourd'hui le vaste local du couvent des Franciscains.

A ce sujet, constatons une fois de plus combien le protestantisme est peu tolérant envers les catholiques. Un ouvrage important sur le Brésil, écrit en anglais par un Révérend, d'ailleurs modéré, et que je lisais à bord dans la traversée de l'Amazone, fait allusion à ces vols des couvents et des collèges ecclésiastiques de Saint-Paul; eh bien! il va sans dire que ces prêcheurs hypocrites de tolérance louent sans réserve les confiscations accomplies au détriment des religieux, qui ne sont coupables que d'une chose, faire le bien et se dévouer pour instruire le peuple avec un zèle et un esprit de sacrifice, dont les Révérends de la Réforme sont incapables. Celui qui ne sait pas défendre la liberté ou la propriété de son voisin, lors même que celui-ci serait son ennemi, un religieux ou un Jésuite, ne mérite pas de garder ces précieux biens pour lui. Du reste, il est assez rare de voir ces disciples de Luther ou de Calvin être justes envers le catholicisme. Le même ouvrage dont je parle nous représente, dans les maisons religieuses, des moines à figure commune, aux traits abrutis, de manière à les tourner en ridicule le plus possible aux yeux du lecteur. Pourquoi donc ces injustices? Pourquoi le fanatisme irréligieux aveugle-t-il de doux pasteurs, jusqu'à être injustes et menteurs? Car, nous aussi, nous avons visité ces mêmes monastères, et nous avons vu un grand nombre de physionomies distinguées, dont l'expression nous paraissait plus transparente encore sous l'influence d'une vie studieuse et austère. Mais laissons ces fauteurs de mensonge ou d'hérésie. Jésus-Christ les a caractérisés par ces paroles : *Ex diabolo estis.*

15° et 16° *Provinces de Parana et de Santa-Catharina.* — En continuant notre route vers le sud, nous arrivons aux provinces de Parana et de Sainte-Catherine. La première, dont le chef-lieu est Curitiba, sur la rivière du même nom, sous-affluent du Parana, possède sur la côte Paranagua, excellent port, d'un commerce très actif. La seconde fut d'abord habitée par une peuplade anthropophage; elle obtint plus tard le rang de capitainerie, et tomba, le 7 mars 1777, au pouvoir des Espagnols, commandés par Pierre Cevallos. Elle fut rendue au Portugal, le 30 juillet 1778. La capitale de cette province est Nossa-Señora-do-Desterro, Notre-Dame-du-Détroit, située dans l'île de Sainte-Catherine, qui a donné son nom à toute la province. Son port, beaucoup moins étendu et moins important que celui de Rio-de-Janeiro, a pourtant été comparé à celui-ci pour la beauté et la magnificence. L'île produit aussi du café. Elle est située entre le 27ᵉ et le 28ᵉ parallèle, près du 5ᵉ méridien à l'ouest de Rio-de-Janeiro, et elle est fort convoitée, dit-on, par l'Angleterre. Un officier de marine brésilien, que j'ai tout lieu de croire bien renseigné, m'affirmait naguère que les Anglais, profitant de l'état peu prospère des finances du Brésil, avaient fait au gouvernement de l'empire des propositions en vue d'acheter cette île importante : cela paraît assez vraisemblable, l'Angleterre n'ayant aucune station maritime dans l'hémisphère austral, sur la côte américaine.

17° *Province de Rio-Grande-do-Sul.* — La province de Rio-Grande-du-Sud est comprise entre 27° 5′ et 33° 45′ de latitude australe et 6° 22′ et 14° 18′ de longitude occidentale.

Saô-Pedro-do-Rio-Grande-do-Sul, ou communément aujourd'hui Rio-Grande-do-Sul, fut ainsi nommé à cause de sa première église paroissiale, dédiée à saint Pierre, et proche de la rivière appelée Grande. Souvent, dans les actes officiels de l'empire, le pays est désigné sous le nom de Saô-Pedro, pour le distinguer de Rio-Grande-du-Nord. Ce territoire est remarquable par la salubrité et la fertilité du sol, qui jouit à peu près des mêmes propriétés que celui de l'Uruguay. Il est, comme la province de Saint-Paul, très favorable à l'émigration. La colonie impériale de Saô-Leopoldo, fondée en 1821, et occupée par les Allemands, est aujourd'hui bien florissante. On y récolte du blé en abondance, et de nombreux troupeaux font la richesse du pays. On y cultive aussi la canne à sucre, le coton, le manioc, la vigne, et il s'y fait une grande exportation de cuirs et de viande de bœuf salée.

La conquête de cette belle province a coûté beaucoup d'or et de sang. Elle ne fut, dans l'origine, qu'un lieu de déportation pour les

criminels et les femmes de mauvaise vie. Les premiers établissements datent de la fin du dix-septième siècle. La Révolution française
ayant paralysé les forces de l'Espagne, un déserteur, du nom de
Joseph de Canto, vint, avec le secours des Indiens, faire la conquête
de cette province pour le roi de Portugal. On comprit alors la nécessité de lui donner une administration régulière, et, en 1807, le pays
fut élevé au rang de capitainerie générale et indépendante. C'est
dans cette province que se trouve le grand lac de Los Patos, le plus
étendu du Brésil (300 kilomètres sur 60).

18° *Province du Minas-Geraes.* — Nous avons jusqu'à présent
suivi la côte maritime brésilienne du nord au sud. Il nous reste à
poursuivre nos excursions dans trois provinces situées à l'intérieur
des terres.

La province de Minas-Geraes, qui touche à celle de Rio-de-Janeiro,
est la plus considérable comme population.

Elle est comprise entre 13° 55′ et 23° de latitude méridionale, et sa
longitude s'étend entre 3° 33′ à l'est et 7° 48′ à l'ouest.

Le premier colon qui pénétra dans cette contrée fut Sébastien-
Fernand Tourinho, parti de Porto-Seguro (Bahia), en 1573.

Les colons de Saint-Paul entreprirent des guerres pour repousser
les tribus indigènes : ce fut l'origine de la fondation de Minas, en
1720. Les premières mines furent découvertes en 1727.

La capitale, Ouro-Preto (or noir), appelée aussi Villa-Rica, est
située au pied de l'Itacolumi, et, sous peu, le chemin de fer arrivera
jusqu'à ce chef-lieu de la province. C'est un pays de grandes et
belles forêts, de hauts plateaux, et d'une fertilité admirable ; mais
l'agriculture a été négligée : car le pays a servi de refuge à toutes
sortes d'aventuriers, qui venaient à la recherche de l'or et des
pierres précieuses. La ville de Diamantina est la résidence de l'intendant général des mines. C'est au sud de cette province que le
Saô-Francisco prend sa source, ainsi que le Rio-Doce, le Rio-
Grande, etc.

19° et 20° *Provinces de Goyaz et de Matto-Grosso.* — Ces provinces, fort étendues (1), ont été fondées en 1738, par les chercheurs
d'or.

_____

(1) La province de Goyaz est comprise entre 5° 10′ et 19° 20′ de latitude sud
et 3° 54′ et 9° 58′ de longitude ouest. Celle de Matto-Grosso (grande forêt) est
comprise entre 7° 30′ et 24° 10′ de latitude sud, et 7° 25′ et 22° de longitude
occidentale.

La première a pour capitale Goyaz (du nom d'une tribu indienne) : cette ville est devenue très commerçante par suite de ses relations avec Rio-de-Janeiro, grâce aux voies ferrées de Minas-Geraes.

La province de Matto-Grosso est fertile; mais l'agriculture y est délaissée. On y voit çà et là quelques troupeaux. Les mines sont très riches et importantes; mais elles ne sont pas exploitées. La capitale, Cuyaba, sur la rivière de ce nom, affluent du Paraguay, n'est pour ainsi dire qu'un village. Les maisons sont en briques, en bois ou en argile durcie.

La province, fort étendue, presque trois fois la superficie de la France, est peu habitée; elle compte à peine 80,000 habitants. Les prêtres, les églises et les écoles y sont rares.

Cuyaba est cependant reliée à Montevideo, depuis 1856, par un service régulier de bateaux.

Ces trois provinces de Goyaz, de Minas-Geraes et de Matto-Grosso, renferment les mines les plus abondantes, après celles du Pérou et du Mexique : elles sont mêmes classées avant les mines de la Californie et de l'Australie; mais elles sont abandonnées à cause des frais d'exploitation. De 1740 à 1822, la période la plus prospère pour les mines de diamants, la production a été de 3 millions et demi de livres sterling.

. . . .

Ces vingt provinces, occupent une étendue presque égale à celle de l'Europe entière; le climat est loin d'être constant pour tout l'empire. Néanmoins, aucune province n'est véritablement froide : car celles qui ne sont pas dans la zone intertropicale, jouissent du meilleur climat des régions tempérées. La saison des pluies a lieu en été, de décembre à la fin d'avril : c'est une pluie chaude et humide, qui, prolongée, occasionne la fièvre; mais c'est, pour l'ordinaire, un orage bienfaisant, qui a lieu presque chaque jour, entre trois et cinq heures du soir, avec des coups de tonnerre d'une majesté terrible et solennelle, comme il n'y a d'exemples qu'aux Tropiques. La pluie est assez régulière pour qu'on entende répéter ces paroles : « J'irai demain vous faire visite après l'orage. » Ces pluies quotidiennes, pendant une heure ou deux d'une journée splendide, rendent les chaleurs plus supportables dans la soirée, et ensuite on se figure facilement ce que doit être la végétation sous l'influence d'un soleil ardent et de pluies abondantes. C'est une ressource des plus précieuses pour les troupeaux. Sur les côtes, les pluies sont plus fréquentes que dans l'intérieur. La moyenne de l'eau tombée, dans un an, est de 2 mètres à 2 mètres et demi sur le littoral.

La belle saison est l'hiver, de mai à décembre. Alors les matinées sont fraîches et agréables ; les soirées et les nuits splendides : c'est l'époque des grandes excursions.

En général, pour la zone torride, le thermomètre ne monte guère au-delà de 36° à 42° centigrades. Il y a une différence de 7° à 9° entre le jour et la nuit. La température n'arrive jamais à 0°, et, dans la vallée de l'Amazone, la moyenne pour l'année est de 27°.

Je me rappelle que, le jeudi 7 février 1884, me trouvant dans l'intérieur des terres, par le Tropique du Capricorne, au milieu d'un vallon environné de forêts et, par là même, soumis à une température habituelle moins élevée que sur la côte, mon thermomètre marquait à l'ombre, dans une chambre, fenêtre ouverte, 36°. A trois heures de l'après-midi, j'exposai l'instrument au soleil, et, dans l'espace de cinq minutes, le mercure avait franchi toute l'échelle thermométrique, qui était de 60° centigrades.

XV

CONCLUSION

Un poète a dit que si l'Amérique n'existait pas, Dieu aurait dû la créer. En effet, rien n'est capable de relever l'âme comme ces spectacles grandioses où Dieu se révèle si visiblements à nos yeux ravis, et nous repose des vulgarités dont nous sommes si souvent les témoins attristés dans notre vieille Europe.

Là, on respire à l'aise ; on contemple les magnifiques horizons, on sent la vie couler à pleins bords ; c'est la liberté ; c'est la paix et le calme, au milieu d'une nature immaculée et toujours vierge. La main ou le travail des hommes ne l'a pas encore déflorée, et on peut l'admirer avec l'enthousiasme de ses vingt ans : car on n'est jamais blasé sur les œuvres de Dieu. On se fatigue des hommes, même des plus grands génies ; on ne se fatigue pas de la création, si variée dans son épanouissement.

Je n'ai pas la prétention de vouloir décrire toutes les scènes dignes d'admiration dont j'ai été le témoin. Toutefois, avant de prendre congé de l'Amérique du Sud, que le lecteur veuille bien me permettre de le transporter sur un des sommets de la serra de Mar, vers le 23ᵉ parallèle, non loin de la mer, pour contempler un coucher et un lever du soleil au nouveau monde !

Nous sommes en présence d'un théâtre presque unique : d'un côté, le vaste Océan, avec des ondes tranquilles comme les eaux limpides d'un lac ; de l'autre, la vue si imposante et si pittoresque des montagnes, avec leurs formes multiples ; en face de nous, là, au fond de la vallée, un large fleuve, sur les rives duquel le bonheur semble avoir fondé son royaume. Il court vers l'Océan, tantôt en jetant la vie sur ces vastes régions peu habitées, tantôt en roulant son cours au milieu des bosquets, aux arbres divers, au feuillage luxuriant. C'est le calme du soir, le moment où un silence universel va succéder au bruit du jour, et le soleil se prépare à éclairer la scène de ses derniers rayons.

On dirait que les ondes se parent des couleurs du ciel, qu'elles brillent du même éclat et des mêmes splendeurs. Notre globe disparaît pour devenir un reflet de ce qui se passe au firmament. Les rayons commencent à être plus doux et leur réverbération sur l'Océan semble unir le ciel et la terre dans un mystérieux hymen. On croirait que le monde aérien descend vers nous : c'est l'heure de l'admiration et de la rêverie. Mais il faut se hâter de jouir : car, une fois l'astre lumineux enfoncé dans les flots, la nuit vient rapidement surprendre le spectateur, les Tropiques ayant peu de crépuscule. Aussi l'obscurité avait-elle déjà répandu son voile sombre sur la nature, que j'étais encore plongé dans la contemplation des œuvres divines, et les regards élevés vers le ciel, où scintillent d'un doux et vif éclat les mille et une étoiles de l'hémisphère austral, je célébrais les louanges du Très-Haut : *Cœli enarrant gloriam Dei.*

C'est alors que, dans la solitude de la nuit, je fus rappelé à la vie réelle par le hennissement de mon cheval, que j'avais attaché à un buisson, à une petite distance du sommet.

Le jour suivant s'annonçait radieux : j'aurais voulu dormir quelques heures sur le tapis de verdure que je foulais aux pieds ; mais la crainte des insectes et des serpents, si nombreux dans ces parages, me décidèrent à descendre chercher un abri dans une chaumière de la vallée, bien résolu à venir assister au réveil du jour.

En effet, à l'heure voulue, j'étais au poste de la veille, avide de nouvelles jouissances.

Un coucher de soleil a toujours un certain mélange de mélancolie et de tristesse : c'est une séparation, c'est un adieu; c'est la lumière qui s'en va pour nous laisser les ténèbres; mais il y a dans un lever de soleil un je ne sais quoi qui réjouit : c'est la jeunesse, c'est le renouvellement de la vie, c'est la joie, et les phénomènes célestes revêtent un autre caractère.

L'aurore, comme le crépuscule, n'est pas de longue durée : aussi l'obscurité voile encore la nature; mais celle-ci commence à se réveiller au concert de ces multitudes innombrables d'oiseaux, dont les espèces sont si variées au Brésil. C'est un mélange de cris sauvages et plaintifs, de chants mélancoliques et joyeux, dont la diversité même forme une harmonie ravissante : ce sont les êtres inférieurs de la création, qui, à leur manière, chantent le psaume de la reconnaissance à Dieu et l'hymne de la gloire ou de la louange. Nous sommes dans l'attente du messager céleste : bientôt il paraît dans tout son éclat, prêt à verser de nouveau ses bienfaits sur le monde.

Les pics des montagnes semblent alors s'imprégner d'une chaude et vive lumière : tout se réveille, tout s'anime à la marche triomphale de l'astre du jour, qui s'avance avec une majesté incomparable.

Ce n'est plus le gracieux de la veille au soir : c'est le grandiose. La scène parle surtout à l'esprit : on est pour ainsi dire accablé par les preuves de l'existence de Dieu, et le cri de l'admiration et de l'amour s'échappe des lèvres pour s'élever jusqu'au ciel.

Mais le sublime trop prolongé fatigue. Notre âme, faite pour le divin, n'en supportera tout l'éclat que sortie de la prison du corps. Aussi, après les grandes émotions, nous avons besoin d'un tableau plus harmonisé avec notre faiblesse.

C'est pourquoi, en descendant de ces hauteurs, les regards se reposent agréablement sur une petite chaumière ou une *fazenda*, coquettement située sur le flanc d'une colline ou sur le bord du fleuve, qu'ombragent des bosquets de bambous.

C'est après ce spectacle, plein de poésie et de splendeur, que nous quittons cette nature toute parée d'un vêtement de fête, dont elle ne se dépouille en aucune saison, et que nous disons adieu au Brésil.

Pierre DU PARMONT.

L'ÉGLISE ET SON ŒUVRE LÉGISLATIVE[1]

VI

PRÉVENTIONS CONTRE L'ÉGLISE, LES VRAIS AUTEURS DU RETOUR AUX SUP-PLICES, OPINION DE DALLOZ, LA FERRIÈRE, GUIZOT, MICHELET, ETC.

On nous a dit à nous-même : « L'Église ne prononçait pas la peine de mort ni la torture, soit; mais qu'importe si elle les faisait prononcer par les tribunaux séculiers qui ne faisaient que lui obéir? C'est la même chose, moins la franchise. »

Les ennemis de l'Église ont des préventions indéracinables; ils s'y plaisent, ils les aiment, ils les cultivent, et ne veulent pas écouter ce qui pourrait les en guérir. Elles ont beau être contraires à l'histoire, à la logique, au bon sens, rien n'y fait. Par un tour d'esprit qui ne leur fait pas honneur, ils supposeront gratuitement, de la part de l'Église, les plans les plus machiavéliques plutôt que de lui rendre justice.

Où ont-ils vu que l'Église ait jamais inspiré aux pouvoirs civils leur droit criminel, elle qui, précisément, créa le droit canonique pour l'opposer au droit barbare, au droit féodal ou romain alors en usage, et adoucir par là les pénalités?

Du quatrième au treizième siècle, il est vrai, les États chrétiens l'écoutèrent avec déférence, mais c'est précisément pendant cette période que la torture disparut des législations *civiles*. Nous disons la torture et non pas la peine de mort simple. Celle-ci n'a jamais cessé d'exister; elle existe encore, et nous ne pensons pas qu'on songe à en accuser l'Église. A ceux qui en demandent l'abolition, Alphonse Karr a répondu spirituellement : *que messieurs les assas-sins commencent.*

(1) Voir la *Revue* du 1er octobre 1885.

On ne la prononce plus, du moins, pour cause d'hérésie, dit-on. C'est vrai. Mais l'Église non plus ne l'avait jamais prononcée pour ce fait ni pour d'autres. Nous avons vu que, dans ce cas, la peine la plus élevée du droit canonique était habituellement la réclusion temporaire. Les Parlements retirèrent aux tribunaux ecclésiastiques la juridiction de tous les crimes, dont l'hérésie faisait légalement partie, et s'en réservèrent *seuls* le jugement, parce qu'ils l'envisageaient au point de vue de l'unité et de la défense sociales. Eh bien, quelle peine substituèrent-ils à la peine canonique de la réclusion? La mort par le feu.

Ce n'est pas tout : les tribunaux séculiers ne se contentèrent pas de la peine de mort, ils rétablirent en même temps la torture. Cette peine barbare fut ressuscitée par *les légistes* ou jurisconsultes *laïques* de Philippe le Bel, ennemis de l'Église.

Est-ce clair et péremptoire?

C'est de cette époque que datent aussi les lettres de *Committimus, les lettres royaux* et les *lettres de cachet*, qui témoignent de la juridiction supérieure de la royauté sur les tribunaux et même les Parlements.

Les lettres de *Committimus* avaient pour but de distraire les accusés de leurs juges naturels, ainsi que les *lettres royaux*, parmi lesquelles on remarque les lettres de *rémission*, de *respit*, de *rappel de ban*, de *joyeux avènement* (amnistie), de *prinse de corps*, de *dispense d'appel*, etc. (1).

Enfin, les *lettres de cachet* étaient la négation la plus nette de la liberté individuelle et l'affirmation de l'omnipotence royale.

Les *procès à l'extraordinaire* et les *commissions royales* ont été, à leur tour, une des formes de l'arbitraire au seizième siècle.

Ainsi, dès le quatorzième siècle, la justice séculière remplace la justice ecclésiastique, les légistes contrarient l'œuvre du prêtre, les parlements bravent les papes et les conciles, le roi prétend ne relever que de Dieu et de son épée; tous s'affranchissent de l'Église et ne souffrent plus son ingérence dans les tribunaux, *même pour affaires d'hérésie*, et l'on voudrait lui attribuer la responsabilité des cruautés de la justice civile !

Qu'on dise que tout en respectant la miséricorde de l'Église dans sa jurisprudence, l'État ne la jugeait pas opportune chez lui, que la

(1) *Grand stille et protocolle de la chancellerie de France,* cité par Du Boys, *Droit criminel,* t. I, p. 213.

défense sociale et la raison d'État justifiaient, à ses yeux, l'emploi de supplices inspirant une terreur salutaire aux hérétiques; qu'on dise encore que le droit romain avait pour lui l'autorité des siècles et lui paraissait l'idéal de la justice humaine, soit. Mais cela même met à sa charge le retour à d'inutiles et cruels tourments.

Nous appuyons à dessein sur ce triple fait que, depuis le moyen âge, l'Église n'a plus la tutelle de la société temporelle, que celle-ci s'est émancipée au point de vue politique, civil et judiciaire; que la juridiction pénale, en matière d'hérésie, a passé, de l'Église aux tribunaux séculiers, et qu'en même temps ceux-ci sont revenus aux antiques pénalités barbares.

Un jurisconsulte distingué, Dalloz, parlant de la pratique barbare de la *question* ou *torture, tombée en désuétude*, dit-il, pendant les premiers siècles de la monarchie française, ajoute « qu'elle reparut au treizième siècle, *sous l'influence des antiques lois romaines et devint une partie essentielle de l'instruction criminelle.* Selon un autre jurisconsulte, Laferrière, « ce sont les légistes qui ont généralisé la *question* dans la jurisprudence des Parlements. »

« Les légistes, dit Michelet, furent, sous les petits-fils de saint Louis, les tyrans de la France. Ils procédèrent avec une horrible froideur, dans leur imitation servile du droit pénal romain (1). »

« Longtemps, dit Augustin Thierry, les légistes, représentants de la justice, réglèrent les décisions qu'ils rendaient en son nom, sur les volontés capricieuses des puissants ou sur les maximes serviles des docteurs à gage (2). »

« Les légistes, dit à son tour un grave historien, appliquaient avec une implacable rigueur les odieuses prescriptions d'une législation farcie de droit romain, imbue d'idées césariennes (3). »

« La métamorphose de la royauté en despotisme, dit Guizot, tel est le caractère du règne de Philippe le Bel. Le rapide développement de ce despotisme doit être attribué à deux causes, dont l'une fut que le pouvoir *fut exercé par des jurisconsultes.*

Les légistes ou les jurisconsultes, voilà donc les vrais coupables.

Or sous l'autorité de qui étaient-ils, sinon d'un pouvoir temporel *anticlérical?* Qui ne sait qu'ils étaient les ennemis à outrance

(1) *Hist. de France,* t. II, p. 266.
(2) *Dix ans d'études historiques,* p. 452.
(3) Boutarie.

de l'Église? Qui ne sait que le meurtre de Boniface VIII et l'empoisonnement de Benoît XI leur sont attribués par les historiens du temps? Qui ne sait que ce sont eux qui fournirent à Philippe le Bel les moyens légaux fondés sur des arguments tortueux de faire brûler les Templiers, qui avaient demandé à être jugés par des tribunaux ecclésiastiques?

Ainsi, au lieu des peines relativement douces édictées par le droit canonique, on voit à la fin du treizième siècle, et surtout au quatorzième, les crimes et délits politiques et civils punis avec la dernière cruauté. La *question* est ressuscitée; les supplices de la roue, du feu, de la corde, des chevalets, de l'écartellement, des tenailles, des oubliettes et autres horreurs surgissent ou sont remis en usage après des siècles d'oubli. Les faux monnayeurs sont suspendus dans une cuve d'eau bouillante.

Pourquoi voudrait-on, à tout prix, décharger le pouvoir civil, qui, seul, édictait ces peines, de celles qu'il édictait, *seul aussi*, en matière religieuse? La société civile rangeant le sacrilège et l'hérésie parmi les crimes capitaux, leur en appliquait les pénalités sans que l'Église eût rien à y voir. N'importe, on continue de l'accuser. Il n'y a peut-être pas d'exemple d'une prévention pareille dans l'histoire. Celle-ci montre qu'à mesure que l'influence de l'Église baisse, les instincts cruels innés dans l'homme, montent. Elle les avait domptés pendant tout un millénaire; mais, semblables à des bêtes féroces qui sont sorties de leur cage et méconnaissent le dompteur, ces instincts ont repris leur essor et leur empire.

VII

PROCÈS DE JEANNE D'ARC, CALAS, SIRVEN ET LABARRE

Parmi les procédures auxquelles donna lieu la nouvelle jurisprudence séculière, en France, il y en a de célèbres, au sujet desquelles l'opinion publique, victime des préjugés dont nous venons de parler, confond les responsabilités. Le procès de Jeanne d'Arc, au quinzième siècle, ceux de Calas, Sirven et Labarre, au dix-huitième, servent tous les jours de texte aux ennemis de l'Église.

Un simple exposé des faits relatifs à ces affaires spéciales va corroborer la justesse de nos remarques générales sur le rôle de l'Église et celui de l'État dans les poursuites contre l'hérésie.

C'est au pouvoir séculier d'Angleterre que revient l'odieux du meurtre juridique de la vierge de Domrémy, non à l'Église. La noble héroïne, vendue par un évêque infâme au duc de Bedford, auquel il était vendu lui-même, avait demandé, ainsi que les Templiers, à être jugée par les juges d'Église, c'est-à-dire par l'Inquisition, qui l'eût sauvée. Aussi cette touchante victime, en jetant du haut de son bûcher cet anathème à son bourreau : *Evêque, c'est par vous que je meurs!* n'accusait-elle pas l'Église. Elle la vénérait au contraire au point de dire : *L'Église et Notre-Seigneur, c'est tout un.* Elle avait raison, car la part de l'Église dans ce drame douloureux de nos annales, c'est le procès en réhabilitation ordonné par elle à la demande du cardinal d'Estouteville pour glorifier l'héroïne et flétrir ses bourreaux.

Plus près de nous, au siècle dernier, il y eut, presque à la fois, trois procès déplorables, dont deux furent suivis de mort : nous voulons parler des procès de Calas, de Sirven et de Labarre. Ces procès célèbres servent encore de texte à d'injustes accusations contre l'Église. Un simple exposé des faits va y répondre.

Les anciennes guerres de religion, dans le midi de la France, avaient divisé les populations en deux partis ennemis. A Toulouse, les haines étaient particulièrement vives entre catholiques et protestants. En 1761, la rumeur publique accuse Jean Calas, négociant protestant, fort honnête homme, d'avoir étranglé son fils Marc-Antoine (qui s'était pendu dans sa boutique), parce que celui-ci voulait se faire catholique. Jean Calas est condamné par le Parlement de Toulouse à la question, à la roue et au bûcher. Plus tard, on reconnut qu'il était innocent.

La religion étant mêlée à cette affaire, beaucoup de personnes rendent encore l'Église responsable de son terrible dénouement. Voltaire a fait tout ce qu'il a pu pour cela. Rien n'est plus injuste. En examinant sans parti pris les pièces du procès, cette erreur judiciaire s'explique par la prévention des magistrats, la légèreté de leurs informations et un concours fatal d'apparences accusatrices. Voilà ce qui causa l'erreur des juges. Cette erreur fut si sincère que le principal d'entre eux, le capitoul David de Beaudrigue, mourut, fou de remords, quelques années après, en 1765.

Le malheureux Jean Calas, victime de cette procédure, fut lui-même une des causes de l'erreur qui persista dans l'esprit des juges. D'après les mœurs de cette époque, le suicide était un déshonneur

et une note d'infamie pour la famille. La loi voulait que le cadavre
du suicidé fût traîné sur une claie par la ville, et pendu à un gibet.
Calas père, pour éviter cette ignominie, affirma que son fils ne s'était
point suicidé. Sur un mot d'ordre, sa femme, ses filles, son autre
fils, Pierre, et la domestique déposèrent dans le même sens. Mais
Calas n'avait pas songé que cela même impliquait le meurtre et sa
propre culpabilité. La porte de la maison était fermée à l'intérieur
quand on fut obligé de l'ouvrir pour chercher du secours, il n'y
avait que les parents qui eussent pu étrangler Marc-Antoine, s'il ne
s'était pas pendu lui-même. Alors ceux-ci se décidèrent à avouer
la vérité, mais les juges, déjà prévenus, ne purent plus croire à la
sincérité de ceux qui s'accusaient d'un premier mensonge.

« Le mensonge, dit Voltaire, est, en ce cas, une piété paternelle.
Les Calas n'ont fait que ce qu'ils ont dû faire. »

« Tous les sophismes de Voltaire ne prouveront jamais que les
Calas aient eu raison de recourir à ce mensonge qui devait les
perdre, en justifiant les soupçons de leurs juges. La preuve, c'est
qu'il eut les plus funestes conséquences (1). »

Un second fait devait tromper les juges : c'est l'attitude lâche et
équivoque de Louis Calas, second fils de Jean, au cœur sec, à l'âme
cupide, qui s'était fait catholique pour extorquer de l'argent à ses
parents.

Une troisième cause explique cette erreur judiciaire : sur cent
cinquante témoins, cent quarante-neuf étaient des témoins à charge,
un seul à décharge. Devant une telle unanimité, comment des juges,
même moins passionnés et moins prévenus, ne se seraient-ils pas
crus sûrs de la justice de leur sentence?

Enfin, la présomption, tirée de ce qu'on savait ou de ce qu'on
croyait savoir, des intentions de Marc-Antoine, de se faire catholique, devait achever d'égarer la justice. Il voulait se faire avocat,
et il ne pouvait l'être qu'en se faisant catholique, les carrières libérales et même beaucoup d'autres étant alors fermées aux protestants
par les anciens édits, et notamment par la Déclaration royale du
11 juillet 1685. Or, on l'avait vu fréquenter les églises catholiques,
écouter les sermons; on prétendait même l'avoir vu *près* des confes-
sionnaux, on n'osait pas dire : *dedans*. On crut à un projet arrêté
d'abjuration; et quand se répandit le bruit de sa mort, la rumeur

(1) *Causes célèbres*. Calas, par Fouquier, 1859, p. 8.

publique en accusa immédiatement ses parents, attristés par ce qu'ils appelaient la *désertion* de leur autre fils.

L'Église n'y fut pour rien. Voltaire le savait bien; mais avec de l'adresse il lui était facile, à son tour, d'égarer et de passionner les esprits; et il ne voulait pas autre chose. Voilà pourquoi il écrivait à Damélaville : *Criez et qu'on crie.*

Le *Monitoire*, lu dans toutes les églises, n'avait pour but que d'obliger les fidèles à déposer de ce qu'ils pouvaient savoir. Il avait été rédigé par Charles Lagane, procureur du roi. L'évêque n'avait pas le droit de refuser la lecture de ce document laïque en chaire.

Un seul prêtre figure au cours du procès; c'est le curé de Saint-Étienne, paroisse des Calas. Sollicité par Marc-Antoine de lui donner un certificat de catholicité, il s'apprêtait bénévolement à le lui signer, lorsqu'un domestique vint lui dire : *Mais tous ces Calas sont de la religion.* Dans ce cas, répondit le brave homme, vous savez que je ne puis vous délivrer de certificat que sur un billet de confession.

Enfin, deux religieux figurent au procès-verbal de la condamnation de Calas.

« Après la *question*, dit ce procès-verbal, avons remis ledit Calas entre les mains des révérends pères Bourges, docteur royal de l'université, et Caldaigués, professeur en théologie, des Frères Prêcheurs, *pour l'entendre en confession et l'exhorter à bien mourir.* »

Le P. Bourges, devant toutes les charges apparentes qui pesaient sur la victime, lui dit sur l'échafaud : « Mon cher frère, vous n'avez plus qu'un instant à vivre. Par ce Dieu que vous invoquez, en qui vous espérez et qui est mort pour vous, je vous conjure d'avouer la vérité. »

« Quoi donc, mon Père, s'écria Calas, vous aussi vous croyez qu'on peut tuer son fils? J'ai dit la vérité, je meurs innocent. » ·

Mais l'idée de sa culpabilité était tellement invétérée dans les esprits, qu'après l'exécution, le procureur général Riquet courut au-devant du P. Bourges, et lui cria de loin : *Eh bien, mon Père, a-t-il avoué, enfin?*

Rien, lui répondit le religieux, *il est mort en protestant de son innocence.*

Nous avons déjà dit, d'après un historien de Voltaire et son admirateur, que le P. Bourges se serait même écrié : *C'est un juste qu'on a fait mourir.*

Quant au principal auteur de cette erreur homicide, David de Beaudrigue, nous répétons qu'il l'expia cruellement. Destitué le 25 février 1765, il avait perdu la raison. Il ne voyait que gibets et bourreaux. Il se précipita par sa fenêtre et expira en murmurant le nom de Calas.

Lorsque la République voulut réhabiliter à nouveau la mémoire de Calas, déjà vengée par ordre de Louis XV, la Convention crut la venger mieux, en envoyant à l'échafaud le petit-fils du capitoul David, *pour expier le seul crime de son nom*.

Le 29 mars 1764, un autre jugement condamnait à la pendaison le calviniste Sirven, accusé faussement d'avoir fait périr sa fille pour l'empêcher d'embrasser la foi catholique. Heureusement il réussit, lui, sa femme et ses deux autres filles, à se sauver à Genève après un voyage de plusieurs mois à travers les montagnes et les neiges. Il réclama l'appui de Voltaire, mis à la mode depuis l'affaire des Calas.

Enfin, en 1766, le jeune chevalier de La Barre fut condamné, à son tour, par le tribunal d'Abbeville, à être brûlé vif, pour avoir tenu des propos sacrilèges et mutilé un crucifix. Le Parlement de Paris, par indulgence, lui accorda d'être décapité avant que son corps fût envoyé au bûcher. Il fit brûler en même temps un volume du *Dictionnaire philosophique portatif* de Voltaire, qu'on avait trouvé dans sa poche, et qui avait tourné la tête à ce malheureux jeune homme.

Louis XV, fatigué des récentes luttes avec la magistrature, voulait la paix à tout prix. De son côté, le Parlement, qui venait d'expulser les Jésuites, avait à cœur de prouver qu'il n'en respectait pas moins la religion. Par suite de ces considérations *politiques*, les philosophes furent avertis d'avoir à réserver pour une autre occasion leurs sermons sur la tolérance. Voltaire comprit à demi-mot, donna le mot d'ordre à son parti et le jeune de La Barre fut sacrifié.

On s'attendait, d'ailleurs, à une grâce royale, à une commutation, Louis XV fut inflexible.

Si l'Église est hors de cause dans le dénouement du procès de La Barre, elle l'est encore plus dans son origine.

Ce procès est dû à une vengeance personnelle du lieutenant criminel Pierre Duval de Soicourt.

Mme Feydeau de Brou, abbesse de Villancourt, avait refusé de servir les projets du lieutenant criminel qui désirait faire épouser à son fils, homme nul et brutal, une demoiselle du couvent de Villan-court dont il était le tuteur. Cette demoiselle se refusant absolument à ce mariage, l'abbesse, pour couper court aux obsessions persis-tantes de Duval de Soicourt, lui fit retirer la tutelle. Dès lors, celui-ci jura de se venger.

L'occasion s'en présenta bientôt.

Le chevalier de La Barre, neveu de l'abbesse, fut reconnu cou-pable d'irrévérence publique envers une procession du Saint-Sacre-ment, de chansons obscènes et du brisement d'une croix. Tout cela rentrait dans la catégorie des *sacrilèges*, qualifiés *crimes* par la loi civile. Celle-ci était formelle; et, bien qu'on fermât quelquefois les yeux dans des cas analogues, l'application de la loi étant formelle-ment demandée par le lieutenant criminel, ne pouvait être évitée.

Dans les trois affaires judiciaires célèbres dont nous venons de parler, on voit que l'agent responsable est bien la justice séculière, telle qu'elle avait été instituée par la royauté et les légistes depuis cinq siècles,

Après examen des trois affaires, que reste-t-il des imputations passionnées contre l'Église? Rien.

On est très prompt, dans le monde irréligieux, à l'accuser à tort et à travers et, pour cela, à fausser l'histoire. Quand on en vient à l'étude sincère et approfondie des faits, il se trouve qu'on l'avait calomniée et qu'il faut souvent mettre au compte de ses adversaires ce qu'on lui reprochait à elle-même.

G. ROMAIN.

LES LIVRES RÉCENTS D'HISTOIRE

I. *Lettres d'un soldat,* par le colonel de Montagnac. (Plon.) — II. *Un roi et un conspirateur,* par A. Bouillier. (Plon.) — III. *Les Catholiques libéraux,* par A. Leroy-Beaulieu. (Plon). — IV. *La Civilisation en Italie,* par J. Burckhardt. (Plon.) — V. *Fin de la vieille France,* par Mme Coignet. (Plon.) — VI. *Anne de Montmorency,* par P. Decrue. (Plon.) — VII. *Vie de Mgr Paulinier,* par Mgr Besson. (Retaux-Brayet.) — VIII. *Deux codex manuscrits,* par F. Robert. (Viest, Nancy.) — IX. *Documents sur l'histoire ecclésiastique,* par Mgr Duc. (Paravia, Turin.) — X. *Documents sur l'ethnogénie.* (Klinc Ksiech.)

I. — II

Oui, ce sont bien les lettres d'un soldat pendant neuf années de campagne en Afrique, passées presque toujours sous la tente, œuvre d'un militaire intrépide, amoureux avant tout de son métier, qui s'éleva successivement, à force de labeur honnête et consciencieux, du grade de lieutenant à celui de colonel, et qui mérita de tomber en brave dans l'affaire sanglante de Sidi-Brahim. C'est dire qu'il ne faut pas chercher, dans ces épanchements familiers adressés à des parents tendrement aimés, les raffinements de l'atticisme. Bien qu'écrites d'une plume toujours alerte, souvent élégante, ces confidences, ou plutôt ces impressions militaires, sentent parfois le corps de garde, si bien que, tout en en goûtant la forte saveur et sans demeurer indifférent à cette verve endiablée, on se surprend çà et là à trouver que

Le *soldat,* dans les mots, brave l'honnêteté.

Mais quelle bonne et franche nature ! quel amour du drapeau ! quel culte de l'honneur ! Montagnac a l'écorce rude, la parole brève, le geste emporté. Il se met souvent en colère, comme le bourru bienfaisant, mais il s'occupe du bien-être de ses hommes, sans les dorloter toutefois, car il va jusqu'à dire que la mort de tout le genre humain ne pèse pas, dans sa balance, le poids d'un fétu, quand il s'agit de procurer le bien général. Reste la question de savoir qui profitera du bien général quand le genre humain aura été fauché, mais notre brave militaire a oublié de la résoudre.

Ce volume de cinq cents pages, indépendamment de l'attrait d'un caractère énergique qui se photographie lui-même sans y penser, offre un sérieux intérêt au point de vue historique et militaire. On y assiste aux diverses péripéties de la conquête de l'Algérie, on est témoin de nos succès entremêlés de revers et qui devaient être couronnés par le triomphe final. Montagnac ne vit pas ce triomphe. Il avait débuté dans la carrière des armes en participant énergiquement à la répression de l'émeute qui ensanglanta, en 1832, les rues de Paris. Nommé chevalier de la Légion d'honneur en récompense de sa brillante conduite, il refusa, par un excès de modestie, la croix que lui offrait le roi Louis-Philippe de ses propres mains. Le chef de l'État ne pouvait en croire ses yeux, l'état-major qui l'entourait se montrait presque indigné : le ministre-maréchal Soult, tout d'abord interloqué, finit par en rire. Nous avons indiqué comment finit cette victime du devoir. Blessé de deux coups mortels, il galopait encore, retenant de sa main défaillante les entrailles qui lui sortaient du bas-ventre. Quand il fut forcé de mettre pied à terre, il se fit soutenir par un chasseur et ferma les yeux en s'écriant dans un suprême effort : « Courage, mes enfants, courage! » Il est difficile, pour un militaire, de trouver un plus noble trépas.

· L'histoire contemporaine nous offre, sur un plus grand théâtre, un triste contraste, c'est le spectacle d'un succès inouï obtenu par des moyens déloyaux. M. A. Bouillier met, à la fois, sous les yeux de ses lecteurs, deux personnages bien divers, un roi et un conspirateur, Victor-Emmanuel et Mazzini. Le but que l'auteur se propose est de montrer que tandis que le second n'a fait qu'agiter les esprits et les peuples sans jamais aboutir à un résultat sérieux, le premier, en se servant quelquefois du second, plus souvent en le contenant, a fini par mettre sur sa tête la couronne de l'Italie unifiée. En quoi la morale, en quoi la politique, nous entendons la haute, la vraie politique, peuvent-elles bénéficier de cette leçon? Les documents

sont là : les lettres et les factums de l'intarissable Mazzini, les rares
pièces émanées de ceux qui possédaient la confiance de Victor-
Emmanuel. Il en ressort, avec une pleine évidence, que le souverain du Piémont ne craignait pas de s'appuyer sur la Révolution
pour arriver à ses fins ambitieuses, mais il faisait ses conditions que
l'ancien triumwir était bien forcé de subir. Il nous semble que
M. Bouillier fait la part trop petite aux révolutionnaires. Il est bien
certain que, sans la téméraire équipée de Garibaldi en Sicile et sur
le continent, jamais Victor-Emmanuel n'eût osé envahir le royaume
de Naples. Quant à Mazzini, son action sur les jeunes et sur les
exaltés est incontestable, et ce sont ceux-là qui ont mis le feu aux
poudres et aplani la voie au pseudo-triomphateur qui a fini par
s'installer au Capitole. Quelque peu d'estime que nous inspire le
conspirateur, nous avons peine à le mettre au-dessous de son collaborateur princier. Dans cette coalition ténébreuse entre l'homme qui
sait faire abnégation de lui-même et de ses aspirations républicaines
pour affranchir l'Italie de la domination étrangère, et celui qui veut
bien guerroyer contre l'Autriche, mais à la condition d'avoir des
alliés et de garder le gâteau pour lui seul, il nous semble que le
premier a le beau rôle, son sacrifice ne manque pas d'une certaine
grandeur, tandis que l'autre n'est, à nos yeux, qu'un joueur habile
occupé à dissimuler ses tricheries. Nous croyons volontiers, avec
M. Bouillier, que la Révolution est impuissante à rien fonder, mais
nous estimons qu'elle peut faire des ruines que le machiavélisme
des gouvernements malhonnêtes s'épuisera en vain à relever.

III

L'histoire du catholicisme libéral est à la fois intéressante et périlleuse, surtout sous la plume d'un écrivain qui, comme M. Leroy-
Beaulieu, s'affirme libéral sans s'avouer catholique. Son récit offre,
à côté de précieuses constatations, des inexactitudes de doctrine
que nous ne nous attacherons pas à relever. Il nous paraît préférable d'insister sur les sentiments d'équité qui inspirent le libre-
penseur dans son appréciation du rôle que joue le catholicisme dans
le monde. Il importe de remarquer que M. Leroy-Beaulieu ne se pose
pas en philosophe, mais en politique. Il examine, en dehors de toute
spéculation rationnelle, l'influence de la religion sur la société, et,
en somme, il la juge bienfaisante. Aussi ne se gêne-t-il pas pour

blâmer sévèrement la conduite de nos hommes d'État républicains.
Il faut entendre ses graves et judicieuses paroles :

« Un peuple peut-il impunément se passer de religion ; et une
nation catholique peut-elle demeurer religieuse en cessant d'être
catholique? Cette double question, est-ce ainsi qu'affectent de le
dire des esprits bornés ou aveugles, la religion, l'Église qui y sont
seules intéressées? Nullement, c'est à un degré, non moins égal,
la vie politique des peuples modernes, les libertés civiles, l'ordre
social tout entier. Si la religion, en soulevant contre elle les aspirations des peuples, risque d'amoindrir, d'année en année, son ascen-
dant sur les sociétés civilisées, une nation, un régime, un gouvernement ne s'exposent pas à de moindres périls en tournant contre
eux, avec ces habitudes, les besoins les plus impérieux de l'âme
humaine. Il n'est permis à personne de mettre aux prises, impunément, les plus nobles instincts de notre nature. »

L'auteur combat avec force l'opinion de ceux qui voient dans cet
empire de la religion un préjugé. « On va répétant que la force des
religions est épuisée et leur sève tarie. On s'imagine que l'humanité,
enfin affranchie des superstitions de sa longue enfance, est arrivée
au terme de sa phase religieuse, qu'elle est désormais entrée dans
l'âge scientifique ou positif. On se persuade que, tout comme le
poète banni de la République de Platon, le christianisme, sorte de
divine épopée de l'adolescence de notre civilisation, doit être recon-
duit, à son tour, en dehors des sociétés devenues adultes, et Dieu
lui-même expulsé de la cité humaine, avec ou sans « remerciements
« pour ses services provisoires ». Vues superficielles d'aveugles
savants, ignorants de la nature humaine! Naïves et téméraires rêveries d'hommes oublieux de l'histoire et de l'impérissable vitalité
des religions!... »

M. Leroy-Beaulieu insiste sur l'erreur des philosophes du dix-
huitième siècle qui ont cru le catholicisme, le christianisme même
expirant, et il nous montre le catholicisme plus vivant, plus agissant, plus puissant qu'à la veille de la Révolution. « Aguerri par
les luttes passées, retrempé dans les épreuves, qui l'ont toujours
fortifié et tonifié, il est tout équipé pour les combats du siècle qui
vient. »

Si les masses populaires semblent en train de lui échapper en
France, il a, par contre, restauré son empire sur les classes élevées, sur celles mêmes qui, naguère, semblaient l'avoir secoué à

jamais. En outre, ce qu'il perd en surface, il le gagne en profondeur, par l'intensité de la foi, par la ferveur du zèle qu'il souffle à ses adeptes.

Ce témoignage d'un indifférent a du poids.

M. Leroy-Beaulieu signale les funestes effets de l'irréligion.

« Le scepticisme gouailleur et l'irréligion grossière qui s'infiltrent dans les sociétés n'affectent pas seulement les mœurs publiques ou privées en altérant la notion du droit et du devoir, ils compromettent d'une manière plus directe encore la société et la liberté en ébranlant la paix et la stabilité sociales. Jusqu'ici, en effet, la religion a été, comme l'étymologie l'indique, le grand lien des sociétés humaines, la meilleure garantie de l'ordre et du repos des États..., suivant le mot de Tocqueville, « il faut qu'un peuple « croie ou serve ».

« Mais la morale sans sanction divine perd, pour le plus grand nombre, toute vertu pratique!... Cette morale sans Dieu a perdu la meilleure part de son empire sur le cœur et la volonté des hommes. Il faut quelque chose de plus que la haute notion de la divinité, il faut de plus des rites, des observances qui en rappellent le souvenir et en alimentant la foi, c'est-à-dire des pratiques ou des actes religieux... Le peuple qui n'attend rien du ciel tombe presque fatalement dans une sorte de millénarisme qui, pour faire fi du surnaturel, pour être réaliste et matériel, n'est ni moins naïf, ni moins chimérique, ni moins décevant. » De là les rêveries du socialisme et du nihilisme.

L'auteur conclut en disant que : « Être catholique ou n'être rien, tel est le dilemme pour les masses dans une bonne moitié de l'Europe. »

Ces considérations d'ordre purement politique sont à peu près irréprochables, et nous savons beaucoup de gré à l'auteur d'avoir rendu justice à l'Église. Quant à la partie historique du livre, nous pourrions citer plus d'un jugement où se déploie une rare sagacité : ainsi plusieurs de ses vues sur La Mennais sont d'une justesse remarquable. Mais on comprendra que nous ne voulons entrer dans aucun débat sur ce terrain. Une réserve absolue, on le sait, nous est commandée par le vœu bien connu d'une autorité devant laquelle tous les catholiques sont tenus de s'incliner. Il ne nous sera pas toutefois défendu de faire observer que si l'auteur montre, ce dont nous sommes loin de le blâmer, la plus vive sympathie pour les hommes généreux qui s'efforcèrent de dissiper le malentendu, ou, si l'on veut, le désaccord entre l'Église et les sociétés modernes, il aurait pu se dispenser de traiter leurs adversaires avec une rigueur qui confine à l'injustice. Un croyant seul peut s'expliquer l'ardeur qui fut déployée dans la lutte. M. Leroy-Beaulieu, que nous avons le regret de ne pas compter parmi les nôtres, à ce point de vue, a du moins le mérite de bien mettre en lumière, bien qu'avec certaines nuances d'expression qui détonnent légèrement une vérité d'ordre social très importante. C'est que l'Église, tout en réprouvant formellement certaines erreurs de principes, sait condescendre à la faiblesse humaine et tolérer, en fait, des déviations qu'elle déplore. L'Église ne sera donc jamais un instrument de discorde, comme le lui imputent à tort les politiciens fanatiques d'irréligion : tout au contraire, elle ne cesse de prêcher la paix, la tolérance, la résignation, tout en indiquant avec une constance que rien ne saurait lasser, la voie droite qui part de la vérité pour aboutir au bien.

IV

L'Italie a précédé les autres nations de l'Europe dans le passage de l'époque intermédiaire aux temps modernes proprement dits. On sait que c'est chez elle que le mouvement de la Renaissance a été inauguré. Cette contrée, centre et foyer de la culture romaine, en avait, d'ailleurs, toujours conservé les traces, et les Barbares, tout en dominant absolument les populations, semblent les avoir moins pénétrées que partout ailleurs. Ces raisons expliquent l'intérêt tout spécial qui s'attache à l'étude des prodômes de ce que l'on est convenu de nommer la civilisation moderne dans un pays où elle s'est développée tout d'abord avec tant d'éclat. Il faut dire, d'ailleurs, que les monuments abondent. Sans parler des chroniqueurs, des historiens proprement dits, et des auteurs de mémoires particuliers, la littérature qui prit un si vif essor, est riche en témoignages de tous genres : les poésies, les discours, les pièces dramatiques qui donnent tant de jour sur les mœurs intimes, et les contes ou *Nouvelles*, qui appartiennent en propre à la péninsule et où se révèle, avec l'art naissant du romancier, le point de vue sous lequel les contemporains concevaient la vie. M. J. Burckhardt a savamment exploité tous ces filons, et il a disposé le résultat de ses études dans tout l'ordre qui est compatible avec la tournure de l'esprit allemand.

Les deux volumes, revus, modifiés légèrement et complétés par M. J. Geiger, attestent une immense lecture : ils sont surtout bourrés de faits classés méthodiquement. L'auteur indique de nombreux rapprochements, il s'attache aussi à généraliser, mais il s'abstient souvent de conclure. La complexité et la délicatesse du sujet de ses travaux explique cette réserve qui prend sa source aussi, croyons-le, dans l'absence d'une doctrine religieuse ou philosophique bien précise. Nous voudrions essayer de donner une idée de l'ensemble et des détails de cet ouvrage où règne, il faut bien le dire, une certaine confusion.

L'auteur commence par considérer l'État au point de vue du mécanisme, il remonte à la situation de l'Italie au treizième siècle, à l'issue du règne de Frédéric II qui inaugure le scepticisme moderne; il décrit la tyrannie au quatorzième et au quinzième siècles, nous en met sous les yeux les principaux spécimens ainsi que les adversaires, expose comme contraste le régime des deux grandes républiques de Venise et de Florence, signale les premiers essais de politique générale et les premières tentatives d'équilibre, l'appel à l'étranger, les sympathies pour la France, la guerre comme on la faisait à la fin du quinzième siècle avec toutes ses horreurs. Un chapitre spécial est consacré à la papauté temporelle et à ses dangers; il représente Jules II comme son sauveur et termine cette première partie en montrant Rome qui combat la Réforme.

Dans la seconde partie, l'auteur insiste surtout sur ce qu'il appelle le développement de l'individu, phénomène qui marque, selon lui, la fin du moyen âge; il décrit, sous toutes ses faces, le culte de la gloire, la célébrité des humanistes dont le règne commence, l'illustration des grandes maisons, les honneurs extraordinaires rendus aux grands hommes de l'antiquité, les gloires locales, la gloire dépendant des écrivains, la passion de la gloire; puis il s'étend sur la raillerie, passe en revue les bouffons et les diseurs de bons mots, ce qui l'amène, par une transition naturelle, aux diffamateurs.

La résurrection de l'antiquité est traitée fort longuement. M. Burckhard nous montre la poésie latine existant en Italie dès le douzième siècle, les papes s'intéressant à l'exhumation et à la conservation des ruines de la ville éternelle, la vulgarisation des auteurs anciens au quatorzième siècle, les découvertes du siècle suivant, le triomphe de l'humanisme préparé par Dante, Pétrarque et Boccace;

ses promoteurs, les bourgeois de Florence, les premiers Médicis, les princes, la position des humanistes dans les écoles et les universités, l'importance qu'on attachait au style épistolaire, les sermons en latin, la manie des citations et des noms latins ou latinisés, l'imitation de la vie latine, la superstition des Cicéroniens, la conversation en latin, la poésie néo-latine, l'épopée tirée de l'histoire de l'antiquité, l'épopée chrétienne mélangée d'allégories païennes, la poésie didactique et lyrique, les odes en l'honneur de certains saints, l'épigramme. Puis vient, après tant d'excès et d'exagérations, la décadence de l'humanisme, pour lequel l'auteur se montre assez sévère. Plusieurs des humanistes méritaient les reproches qui leur furent adressés, par leur immoralité et leur irréligion. M. Burckhard s'étaie de l'opinion du fameux Pic de la Mirandole, leur contemporain, qui ayant embrassé l'universalité des sciences, put juger de la médiocrité foncière de la plupart de ces beaux diseurs. Nous citons ce passage pour donner une idée de la manière de l'auteur, et parce que nous y trouvons la note juste en même temps qu'un hommage à la supériorité des génies chrétiens de l'époque précédente.

« Pic de la Mirandole est le seul qui ait eu le courage de défendre énergiquement la science et la vérité de tous les temps contre les esprits étroits, qui mettaient au-dessus de tout l'antiquité classique. Il estime, d'après leur valeur intrinsèque ... les scolastiques du moyen âge; il croit les entendre dire : « Nous vivrons éternellement, non pas dans les écoles des éplucheurs de mots, mais dans le monde des sages, où l'on ne discute pas sur la mère d'Andromaque ou sur les fils de Niobé, mais sur l'essence des choses divines et humaines; celui qui approfondira ces questions verra que les Barbares (les descendants des Barbares au moyen âge), avaient, eux aussi, l'esprit dans le cœur et non sur la langue... Il méprise le purisme des pédants et la valeur exagérée qu'ils prêtent à une forme qui n'est pas la leur, surtout quand ils sacrifient à cet ornement étranger l'idée même et la grande et forte vérité. »

Ces réflexions sont pleines de sens. On trouvera peut-être moins de sagesse dans l'idée par trop tudesque que la découverte du monde et de l'homme n'a eu lieu qu'à cette époque, où dominent cependant des esprits « étroits ». De ce que Colomb a découvert un nouveau continent, il ne suit pas que l'antiquité ni le moyen âge fussent dans une complète ignorance de la géographie : en réalité, ils connaissaient les principales, les plus importantes portions du monde qui ont toujours été éclairées du soleil de la civilisation.

Ce qui est dit du sentiment des beautés de la nature est peut-être plus vrai. « Les Italiens sont les premiers des modernes qui ont vu dans un paysage un objet plus ou moins beau, et qui aient trouvé du plaisir à regarder un site pittoresque. » Dante donne des preuves sérieuses d'une impression profonde, lorsqu'il gravit de hautes montagnes dans l'unique but de jouir d'une belle vue et d'embrasser un vaste horizon. Pétrarque voit la nature par lui-même, il fait l'ascension du mont Ventoux, près d'Avignon, et se recueille dans la contemplation du spectacle qui se déroule sous ses yeux, après avoir lu un passage de saint Augustin. Le pape Pie II est un grand admirateur des sites grandioses; son œil ravi se plaît à contempler l'horizon que l'on aperçoit du sommet de Monte-Cavo, près d'Albano. Souvent il a tenu le consistoire ou donné audience à des ambassadeurs, sous de gigantesques châtaigniers séculaires ou sous des oliviers, sur la verte prairie, à côté d'eaux jaillissantes.

Que Dante, Pétrarque et Boccace aient été des contemplateurs profonds et des peintres fidèles de l'âme humaine, nous n'y contredisons pas, mais c'est aller trop loin que de soutenir qu'ils l'ont découverte. Le dernier excelle dans la description de la beauté extérieure de l'homme. Tout ce qui précède fournit la matière de la quatrième partie.

La cinquième a pour titre : La sociabilité et les fêtes, sujet varié et qui prête à de longues digressions : le nivellement des classes, le rapprochement dans les villes, sur le pied de l'égalité, de la bourgeoisie et de la noblesse, en opposition avec la hiérarchie du moyen âge, les raffinements extérieurs de la vie, la parure, les bonnes manières, la formation d'une langue idéale, les grandes dames et leurs salons, l'homme de société accompli, ses aptitudes physiques et intellectuelles, le dilettantisme dans la société, la situation de la femme, son instruction toute masculine, qui la fait passer quelquefois à l'état de *virago*, les formes principales des fêtes, les mystères, les processions, les représentations profanes, les cortèges, les triomphes religieux ou profanes, le carnaval à Rome et à Florence.

Avec la sixième et dernière partie, le ton se relève. Nous abordons ce qui concerne les mœurs et la religion. L'auteur refuse de porter un jugement général sur l'Italie à cette époque, et de la comparer avec les autres nations; il accumule seulement les faits, et la plupart, il faut en convenir, ne sont pas favorables à cette contrée, dont il s'est attaché précédemment à montrer le beau côté. D'après notre Allemand, l'imagination est le trait principal du caractère italien; il définit l'honneur « la conscience limitée par l'égoïsme, le sentiment du devoir en partie fortifié, en partie combattu, par un retour sur soi-même ». Il est intéressant de lire tout ce qui est dit sur l'amour, tantôt très matériel, tantôt spiritualisé, sur la fréquence des adultères, le meurtre payé, les empoisonnements. Quant à ce qui concerne la religion proprement dite, l'auteur donne librement cours à ses préjugés de protestant, il tonne contre le monachisme, et réédite sur le compte des religieux des deux sexes les absurdes et odieuses calomnies, dont la Réforme a presque fait un article de foi pour ses adeptes. Il est vrai que les auteurs de « Nouvelles » ne se font pas scrupule de représenter les moines et les nonnes sous des traits grotesques. Mais qui ne sait que ces excès de la plume, ces saillies des fabliaux, ne préjudiciaient en rien au respect que les populations vouaient au clergé, tant séculier que régulier? Juger de l'esprit public au moyen âge par ces publications où la fantaisie de l'auteur se donnait libre carrière, et où il cherchait surtout, de son propre aveu, l'amusement de ses lecteurs, est aussi judicieux que d'apprécier la société contemporaine d'après les romans de Gustave Flaubert ou de Zola.

Nous ne voulons pas fermer ces volumes sans faire connaître le rôle de ces lettrés qui, dans leur engouement pour les anciens, allaient jusqu'à méconnaître ce que Chateaubriand a si bien nommé le génie du christianisme.

L'indifférentisme se fait jour; un humaniste va jusqu'à déclarer que toutes les religions sont également bonnes, et que pourvu que l'on observe la loi naturelle, on est assuré d'entrer au ciel. D'autres vont plus loin encore et nient l'existence de Dieu, ainsi que l'immortalité de l'âme. A ceux-ci peuvent se rattacher les fauteurs de l'épicurisme qui, sans se préoccuper aucunement du devoir et de l'honneur, ne cherchent que les satisfactions sensuelles. Par une coïncidence digne de remarque, à mesure que les saines croyances religieuses subissent des atteintes sérieuses, la superstition fait des progrès. L'astrologie préside aux destinées des individus et au gouvernement des États, et la magie recrute des adeptes.

L'auteur, se fondant sur quelques apparences extérieures, rapproche à tort le catholicisme, même tel qu'il était pratiqué par les gens du peuple en Italie, du paganisme. Il n'en est pas moins vrai que le sens chrétien s'oblitère sous l'influence de la Renaissance et du culte exagéré de l'antiquité. On ne voulait pourtant pas renier son baptême et l'on traduisait avec enthousiasme les Pères de l'Église grecque. « Le résultat de ces aspirations à la fois païennes et chrétiennes, dit M. Burckhard, fut que l'Académie platonicienne de Florence se proposa formellement pour but de fondre ensemble l'esprit du paganisme et du christianisme, heureuse et louable tentative de l'humanisme d'alors. » Nous nous arrêterons sur ce dernier trait qui suffit à faire juger et l'époque et son appréciateur.

V. — VI. — VII. — VIII. — IX. — X.

Cette Renaissance qui sous des apparences spécieuses récélait tant de germes de décadence et de décomposition eut ses jours de faveur dans notre pays. Le règne de François Ier en marque les brillants débuts, et c'est avec raison que Mme Coignet voit dans cette période la fin des vieilles mœurs et de la vieille France. Le tableau que l'auteur trace de la première moitié du seizième siècle est plein de vie et d'intérêts. Les événements politiques se succèdent dans un récit qui emprunte aux mémoires du temps, aux rapports diplomatiques, aux papiers d'État, à des sources nombreuses d'information, des allures et des couleurs pleines de séduction. Les portraits y abondent et la cour y est peinte sur le vif. On regrette que ces pages si colorées servent de passe-port à des doctrines philosophiques et religieuses qu'un catholique ne saurait accepter et qui s'appuient sur des faits notoirement faux ou dénaturés. Il n'est pas exact que l'Église ait refusé de se réformer elle-même : le concile de Trente, la fondation de l'ordre des Jésuites, les travaux de saint Charles Borromée, dont nous avons eu précédemment l'occasion de parler ici même, démentent cette audacieuse assertion. On ne saurait non plus soutenir que la France eût gagné à embrasser le protestantisme. Prétendre que la Royauté eût pu entraîner la nation dans l'hérésie est une assertion au moins téméraire en présence de la popularité de la Ligue. Nous voulons bien admettre avec Mme Coignet que la Réforme contenait en germe plusieurs des idées qui passionnent les sociétés modernes, mais on attend encore la démonstration de la justesse et du triomphe définitif de ces idées.

N'est-ce pas précisément à l'époque de la Réforme, qu'ont pris naissance ces doctrines, qui tendent à tarir chez les nations la sève chrétienne, et contre le développement desquelles le Saint-Siège n'a cessé de protester?

Au nombre des personnages qui posent devant l'auteur de ce volume figure le connétable de Montmorency. Il est jugé avec une rigueur extrême, que l'amour de la vérité ne permet pas d'approuver. Montmorency a évidemment le tort, à ses yeux, de défendre avec énergie la vieille religion de la France. Si l'on veut avoir une appréciation plus équitable de l'illustre guerrier, il faut consulter le volume que M. Decrue lui consacre et où nous notons une très grande impartialité. Ce n'est pas une biographie de fantaisie, ni un éloge académique, ni un modèle bon à insérer dans le Plutarque français, c'est un portrait fidèle. Comme Montmorency a joué un très grand rôle pendant tout le règne de François Ier, dont il fut pendant quelque temps le confident et le ministre dirigeant, l'ouvrage très sérieux qui retrace sa vie comme homme public peut servir à rectifier ce qui se trouve de hasardé dans la narration plus brillante que solide que nous avons cru devoir précédemment critiquer. Il est bon de savoir que M. Decrue s'arrête à la disgrâce subie par Montmorency à la suite de l'échec de sa politique, quand l'alliance qu'il avait rêvée entre son maître et Charles-Quint fut rompue. Ce dessein que l'on blâma fort parce qu'il ne réussit pas était pourtant l'œuvre d'un cœur honnête et d'une grande âme. Certainement si les deux principales puissances catholiques s'étaient unies sincèrement au lieu de se faire une guerre de rivalité, les progrès de la Réforme ne se seraient pas accomplis et les destinées de l'Europe eussent été tout autres et plus heureuses qu'elles ne le sont devenues. Il nous semble qu'un second volume qui nous retracerait la seconde partie de la vie du grand connétable et le rôle encore important qu'il joua sous les successeurs de François Ier et qui fut couronné par sa mort glorieuse sur le champ de bataille de Saint-Denis, serait lu avec non moins d'intérêt que le premier où il n'y a que peu de chose à reprendre.

L'œuvre des plus grands politiques ne leur survit guère, ou du moins, après leur mort, des événements qu'ils n'ont pu prévoir en modifient singulièrement le caractère et la portée. Que reste-t-il aujourd'hui des desseins conçus, nous ne dirons pas par Montmorency, mais par Richelieu? Mais la vie des hommes de bien, de ceux surtout qu'anime le dévouement chrétien, laisse des traces toujours fécondes, et on ne se lasse point de les relire, surtout lors-

qu'elles sont écrites avec le talent que déploie Mgr Besson, évêque
de Nîmes, dans ses biographies. Le pieux et disert prélat excelle à
faire vivre et mouvoir sous nos yeux ces belles figures d'évêques
qui n'ont fait servir la haute dignité dont ils étaient revêtus que pour
le bien des âmes. Un lien affectueux unissait, d'ailleurs, les deux
évêques. Mgr Paulinier s'est assis sur le siège de Besançon auquel
Mgr Besson a été pendant longtemps attaché, et c'est des mains du
premier que le second a reçu l'onction épiscopale. L'éminent auteur
a donc cédé à un mouvement du cœur en retraçant la carrière de
celui qui, professeur, missionnaire, curé, évêque, a passé en faisant
le bien. On s'en aperçoit en lisant son livre, qui encourage à la
vertu dont il présente un attachant modèle.

Nous recommandons aux érudits qui s'intéressent au moyen âge
deux publications spéciales : 1° l'analyse de deux manuscrits concernant l'abbaye de Gorze, antérieure à Charlemagne, car elle fut
fondée par Chrodegand, évêque de Metz; 2° des pièces trouvées par
l'évêque d'Aoste, à la suite d'un pontifical, et qui contiennent, entre
autres choses, la description, datant d'environ 800 ans, de la plupart
des provinces de la chrétienté et des évêchés de l'ancienne Gaule.

En Russie, où tout est hiérarchité, les moindres questions prennent un caractère politique. Il ne pouvait manquer d'en être ainsi
de la question importante, entre toutes, dans un pays aussi bigarré :
celle des origines des populations, dont la Société d'Ethnographie
a confié la solution à une commission placée sous la présidence de
M. Castaing, notre collaborateur, qui est aussi chargé de rédiger le
rapport définitif. Le premier fascicule des documents préparatoires, que la Commission vient de publier, se ressent de ces préoccupations actuelles; et la principale des pièces qu'il contient est
consacrée à montrer que, si les populations dites Slaves, Polonaises,
Ruthènes appartiennent au grand courant chrétien et primitivement
catholique de l'Europe occidentale, les Moscovites-Grands-Russes
se rattachent à l'Asie Centrale et Orientale, égalitaire et commu-
niste. Un *fac-simile* d'un oukase autographe de la Grande Catherine
illustre les assertions de l'exposé.

La publication, qui ne fait que commencer, donnera la parole
aux opinions diverses : prochainement, ce sera le tour du pansla-
visme, exposant les droits qu'il prétend avoir à la conquête du
monde.

LÉONCE DE LA RALLAYE.

CHRONIQUE GÉNÉRALE

Après dix ans de domination républicaine, on peut considérer les élections comme une revanche des conservateurs. C'est le premier réveil sérieux de l'opinion, la première grande manifestation du pays contre le régime actuel. Cent quatre-vingts députés conservateurs élus au premier tour de scrutin sur cent trente républicains seulement; deux ministres, MM. Pierre Legrand et Hervé Mangon, avec deux sous-secrétaires d'État, battus à une forte majorité; deux autres, MM. Brisson et Goblet, en ballottage dans leurs départements respectifs, le Cher et la Somme, sans aucune probabilité de succès; un grand nombre de membres de l'ancienne majorité parlementaire rejetés par le suffrage universel; des ballottages dans la moitié des départements avec une avance considérable des listes conservatrices sur chacune des listes adverses et des chances sérieuses dans plusieurs contre la coalition républicaine : tel est le résultat du scrutin du 4 octobre.

Si les conservateurs en ont été surpris, les républicains en sont consternés. Ce n'est pas qu'on puisse affirmer que la Monarchie ait gagné du terrain, mais la République en a perdu beaucoup. La monarchie n'était pas directement en cause et ne pouvait pas l'être avec les divisions du parti monarchique. Ce n'est pas elle non plus qui triomphe du succès partiel des conservateurs, et, eût-il été plus considérable encore, on ne pourrait pas dire davantage que la Royauté ou l'Empire l'emporte. C'est la cause conservatrice qui a prévalu dans la lutte électorale, par l'union du parti monarchique tout entier. La République en a reçu un échec qui suffit à jeter le désarroi parmi ses partisans.

Plus ce résultat était inattendu, plus il a paru important. Il ne faut même pas s'étonner que, sous l'émotion du premier moment, de part et d'autre on l'ait exagéré. Autant il était permis aux conservateurs de s'abandonner à la joie de ce succès inattendu, autant il était naturel que les républicains en conçussent du dépit et de l'inquiétude. L'avenir seul montrera l'importance du mouvement

d'opinion qui s'est manifesté aux élections du 4 octobre. Pour le
moment, l'on doit se borner à y voir une protestation de la partie la
plus sage et la plus éclairée de la population contre les agissements
du parti au pouvoir et un avertissement sérieux à la République.

Si les élections avaient une signification bien marquée, si elles
étaient franchement monarchiques ou nettement catholiques, leur
importance serait bien plus grande. Elles n'ont, il faut le reconnaître,
ni l'un ni l'autre de ces caractères. Le pays avait conscience qu'il
ne sortirait pas du scrutin un nouveau gouvernement, et c'est pour
cela que l'élan ne s'est pas communiqué à toute la population, et
que beaucoup de gens, mécontents de la situation, n'en ont pas
moins donné leurs voix aux candidats du régime établi, par crainte
de l'inconnu. Il en eût été autrement si, par-delà la République, on
avait aperçu une monarchie prête à prendre sa place et offrant assez
de garanties de stabilité pour décider les masses indifférentes à un
changement. Mais l'état du parti monarchique, divisé en deux
groupes rivaux, ne permettait pas de poser encore la question de
gouvernement.

Du moins, les élections auraient pu être surtout catholiques et le
résultat en eût été plus favorable encore. Par le fait, la lutte engagée contre le régime actuel était avant tout une lutte religieuse.
C'est, en effet, à la religion que la République, dans les huit dernières années, s'est attaquée avec une ardeur et une persévérance
telle qu'elle semblait n'avoir pas d'autre politique que de déchristia-
niser la France. Les principaux actes du gouvernement et des Chambres, les discours des chefs du parti républicain, les projets en
préparation, le langage des journaux révolutionnaires et, dans la
période électorale, les manifestes des comités, les programmes des
candidats de la gauche, les déclarations et les circulaires ministérielles, tout annonçait que la question religieuse dominait les élections. C'est pourquoi il aurait fallu que la lutte électorale fût surtout
engagée sur le terrain religieux. Les populations, restées fidèles aux
croyances chrétiennes, eussent mieux compris la nécessité d'écarter
les hommes du jour et d'en finir avec le régime actuel pour sauvegarder leur liberté religieuse et l'existence même du culte. Qui dou-
tera que si, dans l'Ille-et-Vilaine, dans la Seine-Inférieure, dans le
Tarn, dans le Cantal, dans la Dordogne, on avait fait appel au sentiment religieux, par la vue du danger d'un triomphe du parti
républicain pour la foi, au lieu de s'en tenir aux intérêts matériels, la

majorité ne se fût pas portée de préférence du côté des conservateurs ?

Malgré cela, les élections ont encore le caractère d'une protestation de la conscience chrétienne. On est las de la persécution, las de cette politique d'hostilité contre le catholicisme, on ne veut plus de la continuation de ces luttes religieuses qui divisent le pays et les familles. On répudie les nouveaux projets annoncés contre le clergé et le culte. On veut la paix des consciences, des foyers, des cités. C'est le sens le plus clair, le plus significatif du scrutin du 4 octobre. La politique a fait le reste. Évidemment, dans cette explosion inattendue des sentiments conservateurs du pays, il y a un désaveu formel du gouvernement. Si ce n'est pas la fin du régime actuel que veulent les électeurs, et malheureusement ils n'auraient pu se mettre d'accord pour lui en substituer un autre, c'est au moins un changement de politique qu'on réclame. Tout ce qui est indépendant et vraiment honnête dans le pays, tout ce qui a un intérêt de famille et d'argent, à l'exception des sectaires du parti républicain, est mécontent du pouvoir, mécontent de la conduite des affaires. Le pays, en général, blâme la mauvaise gestion politique et financière du gouvernement et de la majorité républicaine. Les élections le disent hautement. Cet énorme déplacement de voix, en faveur de l'opposition conservatrice dans des départements entiers, et dans les plus importants, comme le Nord, le Pas-de-Calais, le Calvados, l'Eure, la Manche, la Haute-Garonne, indique une indisposition générale, un grand mouvement d'opinion contre l'état de choses présent.

Les causes de ce revirement des esprits sont multiples. La persécution religieuse, la mauvaise administration, la souffrance des affaires, la crise industrielle et agricole, la menace d'impôts nouveaux, la crainte du socialisme, y ont chacune leur part. La funeste guerre du Tonkin a beaucoup contribué aussi à détacher les populations de la République. La masse des électeurs n'a pas compris cette politique coloniale dont l'opportunisme avait fait la grande pensée du régime. Les intérêts lointains pour lesquels ces expéditions du dehors ont été entreprises ne pouvaient guère les toucher. Par contre, le sentiment public s'est très bien rendu compte des fautes qui ont présidé à la conduite de cette fatale guerre du Tonkin.

On a bien vu que les intérêts, plus ou moins sérieux, au nom desquels se faisait l'expédition, étaient subordonnés à l'intérêt personnel des fauteurs de l'entreprise, à l'intérêt politique du parti :

sous ce rapport, les lettres de l'amiral Courbet ont été une révélation accablante pour l'ancien ministère, dont tous les membres, à
l'exception du seul M. Ferry, réélu par ses compatriotes, ont piteu-
sement échoué aux élections. On a compris l'inutilité des sacrifices
faits pour une guerre sans but appréciable et si mal menée, au
milieu d'alternatives de succès et de revers, que la paix elle-même
n'est qu'une nouvelle cause de guerre. L'impopularité de l'expédition du Tonkin retombe lourdement sur M. Ferry. Ce ne sont peut-
être plus de vaines menaces que celles que les radicaux font
entendre avec une nouvelle ardeur contre l'ancien président du
Conseil. Il ne tiendrait à rien que M. Ferry fût mis en accusation
dès la rentrée des Chambres.

L'homme néfaste à qui l'opinion reproche la vie de milliers de soldats, inutilement prodiguée dans les marais du Tonkin, compte, sans
doute, pour échapper à la vindicte publique, sur les sacrifices que les
radicaux seront obligés de faire à l'union républicaine. Les opportunistes consentiraient-ils, en effet, à laisser accuser de haute trahison,
l'homme dont ils ont constamment approuvé et soutenu la politique?
Les radicaux ne craindraient-ils pas de poser une cause immédiate de
division entre eux et les opportunistes en demandant à ceux-ci de
s'unir à eux pour condamner, en M. Ferry, leur propre faute?

En face du succès des conservateurs, l'union s'impose à tout le
parti républicain. Les intransigeants eux-mêmes le reconnaissent.
Ils n'ont pas été les moins ardents à recommander l'entente au
scrutin de ballottage contre la faction réactionnaire. Avant tout il
s'agit de sauver la République. Le premier tour a donné un telle
avance aux conservateurs, que les républicains ne peuvent plus
conserver la majorité qu'à la condition de remporter un succès
marqué au second tour. La première condition de ce succès, c'est
une entente complète entre les groupes opposés. Il faut que partout
les radicaux et les opportunistes s'effacent les uns devant les autres,
suivant les résultats du premier scrutin, en sorte qu'il n'y ait plus
qu'une liste républicaine en face de la liste conservatrice. C'est la
règle approuvée par tous les comités et tous les journaux, règle à
laquelle il ne sera dérogé que là où l'infraction à la discipline générale sera reconnue comme ne devant pas nuire au succès de la
cause républicaine.

A Paris, où les compétitions étaient les plus ardentes, on s'est mis
résolument d'accord sur ce point. Chacun des groupes, chacun des

journaux représentés à la réunion du Grand-Orient a déclaré (c'est la formule elle-même de la résolution) qu'il prenait pour règle de conduite, au second tour de scrutin, de soutenir les candidats républicains qui ont obtenu le plus de voix au premier tour. En même temps la réunion a invité tous les républicains des départements à suivre cet exemple. L'alliance contractée en vue du scrutin de ballottage et que le mot d'ordre républicain a fait observer presque partout aura coûté cher aux opportunistes, car, dans la plupart des départements, elle profitera aux radicaux. A Paris, sur les trente-quatre députés qui restent à élire, c'est à peine si les opportunistes comptent un ou deux des leurs. Le scrutin de ballottage, quel qu'en soit le résultat pour le parti conservateur, achèvera donc la déroute des opportunistes. Ce sont les radicaux qui domineront à la future Chambre. Déjà les deux premiers élus de Paris, MM. Floquet et Lockroy, parlent en maîtres. Le président de l'ancienne Chambre se sent l'homme de la situation. C'est en cette qualité qu'il a adressé, de concert avec M. Lockroy, un appel à la population parisienne, pour tracer la règle de conduite au scrutin de ballottage, et qu'il a lancé un véritable manifeste dans un banquet offert en son honneur.

Là, M. Floquet, après avoir prêché l'union pour la victoire et après la victoire, a annoncé que la majorité républicaine prendrait sa revanche des avantages obtenus au premier tour de scrutin par les conservateurs, en recommençant les invalidations de 1877. Ce sera le premier acte de gouvernement du parti radical, le prélude des mesures de violence qui marqueront son règne. Avec ce parti va triompher, en effet, son programme. En majorité dans la nouvelle Chambre, et traînant à leur remorque les opportunistes obligés de les suivre pour ne pas diviser le parti républicain, les radicaux devront et voudront faire ce qu'ils ont annoncé. La liste qui triomphera à Paris a un programme fait d'avance, qui deviendra celui de tout le groupe radical; c'est le programme du comité départemental radical-socialiste de la Seine, voté en assemblée générale des groupes, le 10 septembre dernier. En voici les points principaux : Suppression du Sénat et de la présidence de la République; une Assemblée unique et souveraine, légiférant et administrant, comme autrefois la Convention; la magistrature élective et temporaire; substitution progressive de la garde nationale à l'armée permanente; autonomie communale; suppression du budget des cultes et confiscation des propriétés ecclésiastiques; rétribution de toutes les fonctions électives; dépossession des grandes compagnies; suppression du droit d'hérédité en ligne collatérale; impôt progressif sur le revenu; organisation par l'État du crédit aux travailleurs; assurance par l'État contre les incapacités et les accidents de travail; impôt spécial sur les capitaux improductifs, etc., etc.

Mais pour inaugurer cette politique de réformes radicales et violentes qui sortira des élections, il faudra débarrasser le terrain à la Chambre, c'est-à-dire réduire la minorité conservatrice à l'impossibilité d'entraver l'exécution du programme. Les radicaux devront commencer par des invalidations en masse.

Cependant, cette mesure révolutionnaire deviendrait plus difficile, si le second tour de scrutin répondait au premier. Un nouveau succès, même partiel, des conservateurs, qui accentuerait ce mouvement d'opinion contre la République, rendrait à la fois plus odieux le coup de force de la majorité, et plus périlleux un nouveau recours au suffrage universel. Ce ne serait rien d'invalider contre tout droit et toute raison, si les choses devaient en rester là; mais les invalidations seront forcément suivies de nouvelles élections, et il n'est pas certain, quels que fussent même les moyens d'intimidation et de fraude qu'emploieraient les républicains pour s'assurer l'avantage dans cette nouvelle consultation du suffrage universel, que les électeurs ne voudraient pas venger l'injure qui leur serait faite. C'est ce que certains esprits, plus calmes et mieux avisés, font valoir pour dissuader la majorité de recourir à une mesure aussi arbitraire.

La situation du parti républicain, il faut le reconnaître, est devenue des plus embarrassantes et des plus critiques à la suite des élections. On comprend très bien que les meneurs soient fortement tentés de revenir au système des invalidatious de 1877. Avec une minorité d'opposition aussi nombreuse, aussi compacte que celle qui sortira des élections, toute action, toute politique, toute marche de gouvernement devient impossible à gauche, Ce sera déjà une grande difficulté que de former, avec une autorité morale suffisante, un ministère quelconque, en dehors d'un groupe de deux cents députés et plus qu'il aura d'avance contre lui. Cette difficulté s'accroît de la rivalité des deux groupes de la gauche, dont l'accord ne survivra pas aux élections. Quelle part pourra-t-on faire, qui puisse contenter les deux à la fois, et quelle combinaison de personnes trouvera-t-on, qui satisfasse aux vues et aux exigences particulières de chacun d'eux? La question va se poser tout de suite. Le ministère Brisson, battu aux élections dans la personne de plusieurs de ses membres, est fini. S'il se représente devant les Chambres, ce ne sera que pour laisser le temps à la majorité de former un autre ministère. Là commencera l'embarras. Mais le nouveau cabinet constitué, ce sera une difficulté encore plus grande de le faire vivre. Comment se maintiendra-t-il, avec une opposition de droite numériquement assez forte pour déplacer à chaque instant la majorité, et que toute alliance de rencontre avec un groupe dissident de modérés ou d'intransigeants rendra maîtresse de son sort? Que soixante voix seulement se détachent du gros du parti républicain, pour aller avec la droite, et voilà la majorité parlementaire de ce côté-là! Avec une éventualité de tous les jours comme celle-là, l'existence de tout ministère est impossible, et il n'y aurait de remède à cette situation que dans une dissolution de la Chambre, et un nouvel appel au pays en faveur de la République.

Devant cette extrémité qui se présente déjà comme prochaine, il est naturel que les républicains cherchent à en finir d'un coup avec cette minorité menaçante sortie du scrutin de liste. Entre la dissolution inévitable de la Chambre, ou l'invalidation en masse des députés de l'opposition conservatrice, les républicains pourront-ils hésiter? Quoi qu'ils fassent, ils iront au-devant de très graves embarras. S'ils invalident la moitié au moins des nouveaux élus pour réduire la droite, comme ils le veulent, au chiffre où elle était avant les élections, ils s'exposent, même avec tous les moyens d'intimidation et de pression qu'ils emploieront ensuite, à ce que le suffrage universel lui renvoie ses élus, avec de plus fortes majorités encore. L'expérience toute récente des élections sénatoriales d'Ille-et-Vilaine, arbitrairement invalidées, sous prétexte de pression cléricale, prouve que ce moyen finit toujours par se retourner contre ceux qui l'emploient, parce qu'il blesse profondément les électeurs. S'ils recourent à une dissolution de la Chambre pour se débarrasser de l'opposition conservatrice, ne risquent-ils pas encore davantage de voir le pays, de plus en plus mécontent et inquiet du régime républicain, se prononcer nettement, aux nouvelles élections, pour la Monarchie?

De l'impuissance même du parti républicain de sortir de la situation que lui ont faite les élections peuvent résulter des mesures de la dernière violence. Le programme radical ne fournit-il pas un expédient tout trouvé? Ce serait le moment, en effet, d'en venir à l'idée d'une Assemblée unique. Le Sénat, tel qu'il est composé actuelle-

ment, fournirait un appoint important de voix à une majorité
républicaine. Il se peut qu'on s'arrête à un projet de fusion de
deux Chambres en une seule Assemblée dans laquelle l'opposition
conservatrice, amoindrie de tout l'accroissement de la majorité, perdrait beaucoup de son importance. Pour cela il faudrait, il est vrai,
une modification radicale de la Constitution. Mais la réunion obligée
du Congrès en janvier prochain en fournirait l'occasion.

C'est à cette époque, en effet, qu'expirent les pouvoirs septennaux
de M. Grévy. Il y aura lieu à la réélection du président de la
République. M. Grévy paraît tout disposé à conserver des fonctions
aussi faciles que lucratives. Mais peut-être le Congrès serait-il tout
aussi disposé à supprimer simplement la place. C'est encore un
article du programme radical que la suppression du président de la
République, dont l'inutilité se trouve confirmée par une expérience
de sept ans. Qui dit que le Congrès, où dominera le radicalisme, ne
trouvera pas bon d'accomplir les deux réformes à la fois, de supprimer le président de la République et d'ériger les deux Chambres
en une Convention? Mais que de secousses, que de troubles pour en
arriver là! Si tel était le plan dicté au parti républicain par les
élections, avant qu'il se réalisât il y aurait plus d'une crise et, après
son accomplissement, il n'y aurait plus de terme à la série des
mesures révolutionnaires inaugurée par cette double réforme.

Tout est grave dans la situation actuelle. Ce devrait être un
motif de plus pour les électeurs de prévenir toutes les difficultés du
moment et tous les périls de l'avenir en nommant une majorité
conservatrice. Dès que la force et la légalité seraient de son côté, la
situation se résoudrait d'elle-même par l'organisation d'un gouvernement conservateur, dût-on, dans l'état de division du parti monarchique, conserver provisoirement la Constitution. Un peu de paix et
de sécurité serait rendue à la France; il y aurait aussi plus d'ordre
et de justice, partant plus de prospérité. Si le pays était assez sage
et assez éclairé, il conjurerait la crise par de bonnes élections.

En vrais successeurs de M. Ferry, les ministres actuels ont eu
soin qu'aucune complication ne vînt, du côté du Tonkin, aggraver
la situation électorale. Une fois de plus la guerre a été subordonnée
à la politique, et dans des circonstances plus humiliantes pour la
France que ne le seraient des défaites sur le champ de bataille. C'est à
la faveur de l'inaction imposée à notre corps expéditionnaire, qu'ont
eu lieu, en effet, les épouvantables massacres de chrétiens anna-

mites immolés, pour ainsi dire, sous les yeux de nos soldats. Vingt-quatre mille chrétiens tués en haine de la France et parmi eux trois cents religieuses et huit missionnaires; tous les établissements ecclésiastiques de ces malheureuses provinces, écoles, collèges, orphelinats, églises, évêchés, sans compter les habitations particulières, pillés et incendiés; des chrétientés entières détruites : tel est le résultat d'une expédition qui a coûté jusqu'ici plus de cent millions et dix mille soldats. Ce n'est pas tout. Malgré le traité de paix de Hué, la reprise des hostilités est imminente. Grossis par les transfuges de l'armée chinoise, les Pavillons-Noirs se sont reformés plus nombreux, sous la direction d'un général chinois et déjà ils recommencent à envelopper nos troupes. Plus il a fallu attendre pour ne pas troubler la période électorale, plus la situation s'est aggravée pendant ce temps-là. De nouvelles et grandes difficultés nous attendent au Tonkin. Les hommes qui connaissent le pays, les marins et les militaires expérimentés en sont à craindre que l'expédition conduite par M. Ferry et continuée par M. Brisson n'aboutisse à une prompte catastrophe qui nous ferait perdre, non seulement le Tonkin, mais la Cochinchine elle-même.

A l'Orient de l'Europe, les événements paraissent s'apaiser. C'est d'abord l'Angleterre qui se serait entendue avec la Turquie au sujet de l'Égypte. On l'annonce, sans que les conditions de l'accord soient encore connues. La question égyptienne se complique de plusieurs points qui doivent être réglés à la fois : l'occupation indéfinie de, l'Égypte par les Anglais, les compensations réclamées par l'Italie, la répression de l'insurrection du Soudan. Si la question anglo-russe n'est pas définivement résolue par le règlement relatif à la délimitation des frontières de l'Afghanistan, il semble qu'elle soit en voie d'arrangement et que les deux grandes puissances intéressées reculent devant un conflit dont les conséquences les entraîneraient bien au-delà de l'objet du litige en cause.

C'est dans la presqu'ile des Balkans que la situation s'annonçait comme plus menaçante pour la paix de l'Europe. Les événements de la Roumélie ont eu immédiatement leur contre-coup dans le voisinage. L'insurrection de Philippopoli a mis en mouvement les aspirations de tous ces petits peuples qui ne rêvent que d'unions de races et d'agrandissements de territoire. Il n'y a pas eu jusqu'ici, ce qui était le plus à craindre, de soulèvement en Macédoine; mais la Serbie et la Grèce ont pris les armes pour revendiquer l'une, la

Vieille-Serbie, l'autre, le reste de l'Epire et de la Thessalie, sans invoquer d'autre raison que le trouble que l'union de la Roumélie à la Bulgarie apporterait à l'équilibre de la presqu'île des Balkans. Les puissances européennes ont dû aller au-devant de ces prétentions qui détruiraient l'œuvre du Congrès de 1878 et amèneraient un nouveau démembrement de la Turquie. La conférence réunie à Constantinople s'occupe de régler cette situation fort troublée.

Pendant que les représentants des puissances délibèrent, la Turquie continue ses armements, décidée à maintenir la Macédoine en dehors de cette agitation et à repousser par la force les revendications serbes et grecques. La question de l'union bulgare a moins d'importance parce qu'elle ne compromet guère l'intégrité territoriale de l'empire Ottoman, tandis que les prétentions de la Grèce et de la Serbie feraient perdre à la Turquie de nouvelles provinces.

Les puissances se sont mises d'accord pour qu'il soit touché le moins possible à l'acte de Berlin, leur œuvre commune. Grâce à cette entente, si elle est réelle et si elle persévère, l'insurrection de Philippopoli, qui ne semblait pas être aussi spontanée que les puissances veulent bien de le croire, se trouverait neutralisée d'avance dans ses conséquences révolutionnaires à l'égard de la Turquie. On peut dès lors espérer que la paix générale ne se ressentira pas de ces mouvements de peuples qui allàient encore une fois ranimer la question d'Orient. Une demi-satisfaction seràit donnée à la Bulgarie dont le souverain, le prince Alexandre, retiendrait la Roumélie, mais à la condition de respecter la frontière qui la sépare de la Bulgarie, en sorte qu'il n'obtiendrait cette nouvelle acquisition territoriale qu'en qualité de pacha de la Turquie. Quant à la Serbie et à la Grèce, on calmerait leurs impatiences nationales et on les inviterait à licencier leurs troupes, sous peine de les laisser aux prises avec la Turquie.

Ce que la Conférence de Berlin va chercher à faire dans la presqu'île des Balkans, pour le maintien de la paix publique, le Souverain Pontife Léon XIII le fera avec plus d'autorité encore dans le conflit entre l'Allemagne et l'Espagne. Si l'Europe a été surprise de cette médiation déférée au chef de l'Église, et qui implique la reconnaissance de sa souveraineté temporelle, elle n'en est pas moins rassurée. Elle sait qu'au lieu d'une guerre entre les deux puissances la paix résultera de la décision du Pape dans le litige qui lui est soumis.

Arthur LOTH.

MEMENTO CHRONOLOGIQUE

25 *septembre.* — Ouverture de la Chambre des représentants de Bulgarie. L'Assemblée sanctionne toutes les mesures prises par le gouvernement. Elle vote une adresse à l'empereur de Russie, le suppliant de permettre aux officiers russes de servir dans l'armée bulgare.

26. — Mort du maréchal Tso, à Pékin. C'était le chef du parti de la guerre et l'un des personnages les plus importants de la Chine.

Le gouvernement bulgare adresse à ses agents diplomatiques, pour être communiquée aux puissances, une circulaire rappelant la dépêche du prince Alexandre qui garantit la tranquillité du pays, signalant le vote unanime des Chambres et exprimant l'espoir que les puissances s'interposeront pour éviter un conflit.

Le gouvernement allemand fait savoir officiellement au gouvernement espagnol qu'il est satisfait des explications de l'Espagne, en ce qui concerne le bris des écussons à l'ambassade allemande.

Ouverture du Parlement autrichien, par l'empereur en personne. Il ressort des déclarations faites dans le discours de la couronne que toutes les puissances européennes sont unanimes dans leurs efforts pour maintenir la paix.

27. — Le ministre de la guerre reçoit du général de Courcy, une série de dépêches relatives à des détails de service. L'une de ces dépêches signale quelques cas de choléra à Tourane et la réoccupation par nos troupes, le 23 septembre, de la ville de Kouang-Nam, située au sud de Tourane.

Réunion publique électorale et radicale à Rennes. Les candidats opportunistes n'osent s'y présenter. Par contre, M. Estancelin y prononce un discours qui est vivement applaudi.

Arrivée à Paris de l'ambassade birmane. Le chef de l'ambassade est porteur du traité dont les préliminaires ont été signés le 21 janvier dernier, et qui doit être soumis aux Chambres dès la rentrée.

Election sénatoriale de Seine-et-Marne. Le candidat radical l'emporte sur son concurrent opportuniste.

Le ministre de la guerre reçoit du général de Courcy le télégramme suivant :

« J'attendais mon retour à Hanoï pour vous rendre compte du procès Herbinger, qui est terminé.

« Le colonel Mensier, rapporteur, s'appuyant sur ce que le colonel Herbinger récemment promu avait pris le commandement dans des circonstances exceptionnellement difficiles et qui réclamaient toute l'expérience et toute l'autorité du général Négrier, a conclu au renvoi des fins de la plainte. J'ai prononcé, en conséquence, une ordonnance de non-lieu. Vous recevrez par le courrier tout le dossier de cette affaire.

« Le lieutenant-colonel Herbinger rentre en France. »

Nomination des délégués chinois pour la commission de délimitation de la frontière du Tonkin. Les travaux de cette commission doivent commencer le 9 novembre.

La Porte fait occuper un village roumeliote près de la frontière, afin d'affirmer ses droits par un acte matériel.

28. — M. Goblet, ministre des cultes, adresse aux évêques de France la circulaire suivante que nous donnons ici sans commentaire, tant elle nous paraît surannée et peu polie pour le fond et pour la forme :

« Paris, 28 septembre 1885.

            « Monsieur l'Evêque,

« L'article 1er de la loi du 18 germinal an X, portant promulgation en France du Concordat, dispose qu'aucune bulle, rescrit, décret, mandat, provision, signature servant de provision, ni autres expéditions de la cour de Rome, ne pourront être reçus, publiés, imprimés, ni autrement mis à exécution sans l'autorisation du gouvernement.

« Cet article, auquel il n'a été dérogé, par le décret du 25 février 1810, qu'en ce qui concerne les brefs de la pénitencerie pour le for intérieur, n'a fait que rappeler une ancienne maxime de notre droit public que le gouvernement français a toujours eu à cœur de faire respecter.

« Vous trouverez notamment, dans les archives de votre évêché, une lettre-circulaire en date du 30 juillet 1829, par laquelle l'un de mes prédécesseurs, M. Feutrier, évêque de Beauvais, invitait les autorités diocésaines à se conformer à la règle que je viens d'indiquer.

« Cependant quelques-uns de vos collègues ont cru pouvoir publier *in extenso*, dans des lettres pastorales adressées au clergé et aux fidèles de leur diocèse, des lettres apostoliques en date du 1er novembre dernier et un décret de la Congrégation des Rites du 20 août 1885, et en ordonner la lecture en chaire. Or, mon collègue des affaires étrangères ne m'a pas informé, jusqu'à ce jour, qu'il ait reçu officiellement le texte de ces documents, qui n'ont pu, dès lors, être enregistrés au conseil d'État. Au surplus, il est douteux que l'enregistrement du second de ces actes eût pu être autorisé dans la forme où il a été reproduit, car vous n'ignorez pas que les décisions des congrégations romaines ne sont pas reçues en France.

« Ces infractions m'ont mis dans la nécessité de rappeler à quelques-uns des membres de l'Episcopat que la publication par vous de lettre pastorale et la lecture en chaire des actes émanés de la cour de Rome, avant leur enregistrement régulier, rentrent dans le cas d'abus prévu par l'article 6 de la loi précitée du 18 germinal an X, comme constituant une atteinte aux franchises et coutumes de l'Eglise gallicane et une contravention aux lois de la république.

« Je crois devoir vous mettre en garde contre une irrégularité que le gouvernement ne saurait autoriser par son silence, et je désire prévenir l'effet de quelques exemples isolés en vous renouvelant les avertissements qui ont, à plusieurs reprises, été donnés par mes prédécesseurs.

« S'il est loisible à tous les membres du clergé de profiter de la liberté de la presse, assurée aujourd'hui à tous les citoyens, pour livrer à la publicité les documents qu'ils croient utile de propager, il ne saurait appartenir aux évêques de promulguer officiellement, en leur qualité et dans l'exercice de leur autorité épiscopale, des actes dont l'enregistrement n'a pas été préalablement autorisé. L'oubli de cette règle constituerait une atteinte portée à des droits qui sont inhérents à la souveraineté nationale et une violation du pacte en vertu duquel l'Eglise catholique est reconnue en France.

« Je vous prie, en conséquence, de vouloir bien à l'avenir, avant toute publication de documents de cette nature, vous assurer qu'ils ont été l'objet des formalités prescrites par les lois du pays.

« Je vous serais reconnaissant de vouloir bien m'accuser réception de la présente communication.

« Agréez, monsieur l'Evêque, l'assurance de ma haute considération.

« *Le Ministre de l'Instruction publique, des Beaux-Arts et des Cultes.*

« René Goblet. »

Le gouvernement espagnol, sur la proposition du gouvernement allemand, consent à choisir Léon XIII comme médiateur dans l'affaire des Carolines.

M. Pouyer-Quertier fait une conférence à Elbeuf. L'orateur, dans un discours financier et économique, combat vivement le renouvellement des traités de commerce. Il aborde ensuite la question des travaux publics et signale les exagérations des dépenses. Il parle également des chemins de fer, et critique, d'une façon particulière, les tarifs de pénétration, désastreux pour l'industrie et l'agriculture françaises.

29. — Le maire de Philippopoli (Roumanie orientale) envoie à M. de Freycinet, ministre des affaires étrangères, une adresse analogue à celle que M. Henri Brisson a déjà reçue, dans laquelle il insiste pour que le gouvernement français appuie de son influence la consécration de l'union de la Roumélie orientale et de la Bulgarie.

30. — M. Bocher, sénateur, prononce, dans une réunion du comité conservateur, un remarquable discours. L'orateur retrace, en termes saisissants, la situation qui est faite au pays par ceux qui détiennent le pouvoir, leur gestion financière, leur politique religieuse, leurs fautes dans la conduite de nos affaires nationales.

Le ministre de la guerre reçoit du général de Courcy une dépêche par laquelle cet officier général appuie la demande faite par le général Brière de l'Isle, dans le but de rentrer en France. Le ministre de la guerre autorise le départ du général Brière de l'Isle, qui aura lieu par le premier courrier du mois d'octobre. Il sera pourvu prochainement à son remplacement.

1er *octobre.* — Le *Journal officiel* annonce que le ministre du commerce vient de décerner, pour dévouement en *temps de maladies épidémiques, des médailles d'honneur à trois religieuses* attachées à l'hôpital de Saint-Claude (Jura).

Réunion d'électeurs conservateurs au gymnase Pascaud. Cette réunion est présidée par M. Vacherot, membre de l'Institut. MM. Calla et Lerolle y prennent la parole. M. Calla, dans un discours plein de feu, attaque, avec sa verve ordinaire, la politique opportuniste qui a conduit le pays à deux doigts de la banqueroute.

Il rappelle que c'est lui qui, au Parlement, a réclamé une enquête sur la terrible crise qui sévit sur les affaires de toute la France et de Paris en particulier.

M. Vacherot, avant de lever la séance, engage les électeurs à apporter la plus grande attention aux futures élections qui doivent être le suprême verdict du pays.

M. Goblet, ministre de l'instruction publique, adresse aux préfets la *singulière* circulaire suivante, relative à l'inspection et à la surveillance des Petits Séminaires :

« Paris, le 30 septembre 1885.

        « Monsieur le préfet,

« La loi du 15 mars 1850, dans son article 70, tout en consacrant l'existence des écoles secondaires ecclésiastiques ouvertes au moment de sa promulgation sous le nom de Petits-Séminaires, a soumis ces établissements à la surveillance du gouvernement. Aucune disposition législative ou réglementaire n'ayant déterminé la nature et l'objet de cette surveillance, une certaine hésitation avait régné jusqu'à présent sur les conditions dans lesquelles elle devait s'exercer et sur le choix des agents auxquels elle devait être confiée. Une circulaire adressée aux recteurs, le 10 mai 1850, avait fixé les règles particulières suivant lesquelles se ferait l'inspection des écoles secondaires ecclésiastiques; une autre circulaire, du 28 janvier 1882, revenant sur certaines dispositions de la précédente, avait stipulé que ces écoles seraient, pour l'inspection, assimilées aux écoles secondaires libres ordinaires.

« Une récente décision du conseil supérieur de l'instruction publique est venue fixer la véritable place qu'il convient d'assigner, dans le système de la loi de 1850, aux écoles secondaires ecclésiastiques, et les principes suivant lesquels doit être organisée la surveillance que l'Etat s'est réservée sur ces établissements.

« Il a été reconnu que les écoles ordinairement connues sous le nom de Petits-Séminaires ne rentrent ni dans la catégorie des écoles publiques, ni dans celle des écoles libres visées par l'article 17 de la loi de 1850.

« Affranchis des prescriptions relatives à l'ouverture et au régime des écoles libres, soustraits à la juridiction disciplinaire de l'Université, dispensés du certificat de stage et de la déclaration exigés par l'article 60 de la même loi, les supérieurs qui les dirigent ne relèvent que de l'évêque, qui les nomme et les révoque sans contrôle. Par leur organisation comme par le but en vue duquel ils sont autorisés, les Petits-Séminaires sortent des cadres tracés par la loi de 1850 et échappent au contrôle des autorités qu'elle a instituées.

« Il s'ensuit que la surveillance à laquelle ils sont soumis par la loi répond à un autre ordre d'idées que le contrôle universitaire exercé sur l'ensemble des établissements d'instruction secondaire; qu'elle doit, dès lors, s'inspirer d'autres préoccupations et être confiée à d'autres agents.

« C'est au ministre des cultes, sur les propositions duquel sont accordées et peuvent être retirées les autorisations d'ouvrir les écoles secondaires ecclésiastiques, qu'il appartient de les surveiller, au même titre que tous les établissements dont l'existence a été reconnue soit par des lois, soit par des décrets. C'est à vous, monsieur le préfet, qu'il incombe d'exercer cette surveillance dans votre département, sous votre responsabilité, et à charge de me rendre compte de ses résultats. Vous devez exclusivement faire appel, à cet effet, aux fonctionnaires de l'administration départementale, placés immédiatement sous vos ordres, tels que le secrétaire général de la préfecture ou les conseillers de préfecture auxquels vous croiriez devoir confier une délégation spéciale.

« Les inspections que vous prescrirez devront avoir lieu au moins une fois par an et s'effectuer, dans chaque localité, au moment de l'année scolaire que vous jugerez le plus convenable, sans qu'il soit nécessaire de prévenir l'autorité diocésaine, qui sera avertie par moi, d'une façon générale, qu'elle doit toujours se tenir prête à recevoir la visite de vos délégués. Je désire que votre premier rapport annuel me parvienne avant le mois de janvier 1886.

« Laissant de côté les questions d'intérêt purement pédagogique, la direction donnée aux études et les résultats obtenus au point de vue scolaire qui ne relève pas de votre contrôle, les inspecteurs par vous délégués devront se préoccuper, en première ligne, de tenir exactement et constamment à jour les renseignements déjà demandés par une circulaire de mon prédécesseur en date du 22 mai 1883 et fournis à cette époque à mon administration, concernant :

« 1° Le nombre des établissements qualifiés de Petits-Séminaires existant dans votre département;

« 2° La date du décret qui en a autorisé l'ouverture;

« 3° Le nombre des élèves qui les fréquentent;

« 4° Le nombre de ces élèves qui, au sortir de ces établissements, entrent au Grand-Séminaire par rapport à celui des élèves qui se dirigent vers d'autres carrières;

« 5° La proximité ou l'éloignement de ces établissements des pensions, lycées ou collèges.

« Mais là ne devront pas se borner leurs investigations. Ils devront, en outre, examiner la tenue des écoles secondaires ecclésiastiques au point de vue de la moralité et du bon ordre, ainsi que de la salubrité des locaux.

« Si des irrégularités m'étaient signalées, j'userais des pouvoirs que la loi me confère pour les faire cesser, et je n'hésiterais pas, en cas de désordre persistant ou de résistance à mes invitations, à retirer leur titre aux établissements qui auraient mérité cette mesure de sévérité et à les faire rentrer ainsi dans la catégorie des écoles secondaires libres, dépourvues des privilèges et immunités qui ont été concédés aux Petits-Séminaires.

« Parmi les renseignements que vous devez me transmettre, il n'en est pas de plus essentiels que ceux qui concernent l'objet poursuivi par les établissements que vous aurez à inspecter. Ce n'est que comme auxiliaires de l'œuvre des Grands-Séminaires tendant à assurer le recrutement du clergé que ces établissements ont été autorisés et munis de prérogatives importantes.

« La préparation à l'entrée au Grand-Séminaire est la seule raison d'être du régime spécial sous lequel ils fonctionnent et des avantages qui leur ont été conférés. Ils cesseraient d'avoir droit à ces avantages, parmi lesquels il faut mettre au premier rang l'exemption d'impôts et la participation à la capacité civile du Grand-Séminaire si, déviant de leur but, ils se proposaient comme objet principal de donner l'instruction secondaire en vue des carrières laïques et en concurrence avec les établissements soumis au régime universitaire.

« On ne peut exiger, sans doute, que tous les enfants entrés dans les écoles ecclésiastiques passent de là au Grand-Séminaire, ni tirer un grief contre le Petit-Séminaire de ce qu'un certain nombre d'élèves, au sortir de ses classes, ont renoncé à poursuivre leurs études en vue du ministère ecclésiastique et montré leur inaptitude à s'y préparer. Il est, par suite, légitime qu'en vue de cette éventualité, les Petits-Séminaires donnent à leurs élèves les connaissances générales qui leur permettent d'aborder d'autres carrières et d'obtenir les diplômes universitaires au besoin. Mais s'il vous était démontré que de subsidiaire cet objectif devient principal, que sous le nom de Petit-Séminaire un établissement fonctionne exclusivement ou principalement en vue de préparer au baccalauréat des jeunes gens qui y font leurs classes sans aucune intention de jamais entrer dans les Ordres ; qu'en un mot, l'esprit de l'institution est faussé et qu'elle fait un abus illicite de ses prérogatives, vous auriez à me faire connaître cette situation. Quelque délicate que soit cette appréciation, je l'attends de votre zèle éclairé au sujet de tous les établissements placés sous votre surveillance, et je compte que vous me mettrez à même, par l'exactitude et la régularité de vos renseignements, de ramener à l'observation de la loi les établissements qui s'en seraient écartés, ou de les exclure de la catégorie privilégiée à laquelle ils auraient perdu le droit d'appartenir.

« Recevez, monsieur le préfet, l'assurance de ma considération très distinguée.

« *Le ministre de l'instruction publique, des beaux-arts et des cultes,*

« René GOBLET. »

2. — Son Em. le cardinal Guibert, archevêque de Paris, adresse au clergé et aux fidèles de son diocèse un mandement prescrivant des prières pour l'Église et pour la France. L'importance de ce document nous oblige à en renvoyer la publication à notre prochain numéro.

3. — Le Cardinal-Vicaire de Rome reçoit du Vatican le rescrit pontifical suivant :

« Du Vatican aux premières vêpres du Saint-Rosaire, 3 octobre 1885.

« Sa Sainteté le pape Léon XIII, voulant pourvoir à ces temps exceptionnels par des secours exceptionnels de religieuse piété, a décidé d'accorder pour l'année prochaine, au monde catholique, un jubilé extraordinaire.

« Sa Sainteté, voulant placer sous le patronage de la Reine des cieux le succès d'une si grande grâce, en donne la première nouvelle à l'heure même où l'Église commence à l'honorer sous le glorieux titre de la Vierge du Rosaire.

« Tous les fidèles de l'univers, spécialement les prédicateurs, les associés de la confrérie du Rosaire ainsi que les divers ordres du séraphique patriarche (la fête du Rosaire coïncidant cette année avec celle de saint François), salueront avec joie cette nouvelle et se prépareront, dès à présent, à en profiter effectivement à l'époque fixée. »

Une grave dépêche venant de Madagascar annonce que l'amiral Miot a attaqué Farafatte, le 10 septembre, avec 1500 hommes. Les Hovas lui auraient fait une résistance énergique. Ils étaient retranchés derrière une forte position. Après quatre heures de combat, les Français auraient été repoussés avec des pertes sérieuses. Les Hovas les auraient poursuivis dans leur retraite, et auraient depuis lors attaqué Tamatave, pendant la nuit, et lancé des bombes dans la ville.

Le roi Milan de Serbie ouvre, à Nisch, la session extraordinaire de la Skouptchina et prononce, à cette occasion, un discours dans lequel il dit que le gouvernement serbe s'efforcera de faire maintenir le *statu quo* ou de faire en sorte que l'équilibre nécessaire soit rétabli pour la sécurité des diverses nations balkaniques. Le gouvernement soumet ensuite à l'Assemblée un projet d'emprunt de 25 millions de francs pour faire face aux besoins du moment.

4. — Elections législatives dans toute la France. Le résultat complet ne pourra être connu que dans quelques jours, en raison des difficultés du dépouillement des scrutins de liste.

5. — Une dépêche de l'agence Havas annonce la *reprise prochaine* des opérations au Tonkin. Il faut que les choses aillent bien mal là-bas pour arracher ce grave aveu à *l'agence* officieuse, surtout au moment des élections législatives.

6. — La grande préoccupation du jour est le résultat des élections au Corps législatif. Les résultats connus à l'heure où nous écrivons ces lignes, sont les suivants :

Conservateurs élus. 176
Républicains élus. 136
Ballottages. 228

C'est plus de 100 sièges gagnés par les conservateurs. Aussi les radicaux ne peuvent dissimuler leur dépit et s'en prennent aux opportunistes, de l'échec subi par les républicains.

Manifestation tumultueuse, le soir, devant les bureaux du journal royaliste *le Gaulois*. Ce journal, pour fêter le succès des conservateurs, avait illuminé. Aussitôt des attroupements se forment. On acclame, on siffle, aux cris entre-coupés de : A bas le roi! A bas le coq! Vive la République! auxquels répondent non moins bruyamment ceux de : Vive le roi! Le cri de : A bas le coq! visait l'écusson formé d'un coq gaulois portant cette devise : « Je chante clair » et sous lequel des cordons lumineux formaient ces mots :

Députés monarchistes

172

Vive la France!

Bientôt la manifestation se complique : òn arbore un drapeau tricolore, et, au chant de la *Marseillaise*, on se dirige vers les journaux républicains du voisinage, *l'Événement* et *l'Intransigeant*, pour revenir, en criant, en se bousculant, vers le *Gaulois*. M. Gragnon, préfet de police, M. Caubet, chef de la police municipale, flanqués de plusieurs brigades d'agents, arrivent et essaient de contenir la foule. Une mêlée s'engage, les pierres volent contre les bureaux du *Gaulois*, deux coups de revolver sont tirés, mais heureusement pour aller seulement se loger sur les murs de la maison. L'échauffourée finit par une soixantaine d'arrestations.

Les derniers avis de Madagascar mandent que l'amiral Miot vient de proclamer le blocus de la côte de Vatoumandry, à partir du 5 octobre.

7. — Les Pavillons-Noirs profitent de la saison des pluies pour bloquer le Delta depuis Hong-Hoa jusqu'aux provinces septentrionales de l'Annam. Voilà donc la guerre qui recommence en dépit des traités de paix !

Des scènes de désordre fomentées par des individus obéissant à un mot d'ordre, se reproduisent encore sur les boulevards de Paris. De nombreuses arrestations sont faites.

Des troubles sérieux éclatent à Bône (Algérie). La force publique est forcée d'intervenir pour disperser les manifestants.

8. — Réunion du Conseil des ministres sous la présidence de M. Jules Grévy.

Aucune démission n'est donnée. Le cabinet restera à son poste. Il n'arrêtera l'attitude qu'il doit prendre qu'après les ballottages.

Le ministre de l'intérieur fait connaître que les rapports des préfets sont tous unanimes à constater qu'il se produit, dans les départements soumis à un second tour de scrutin, un fort courant d'opinion en faveur de l'union entre les républicains de différentes nuances.

Le président de la République reçoit le prince de Hohenlohe, ambassadeur d'Allemagne, qui lui remet ses lettres de rappel.

9. — Une dépêche de Madagascar annonce qu'une nouvelle rencontre a eu lieu entre les Français et les Hovas.

10. — Les résultats des élections législatives du 4 octobre dans le département de la Seine sont enfin proclamés à l'Hôtel de ville par la commission de recensement. Quatre candidats radicaux seulement sont élus et il y a ballottage pour l'élection de 34 députés.

Le ministre de la guerre reçoit du général de Courcy plusieurs dépêches relatives à des demandes de matériel et donnant, en outre, les nouvelles suivantes :

« En Annam, il y a encore quelques désordres dans les parties, non occupées par nous, de·la région du sud.

« La tranquillité règne presque partout, de Hué au Tonkin ; nos garnisons sont bien approvisionnées et bien installées. Rien à craindre.

« Tinjet, avec l'ex-roi et un petit nombre d'adhérents, sont réfugiés dans le Laos. Aucun souci à avoir de ce côté.

« Les Français ayant appris que les Hovas s'avançaient, sont allés à leur rencontre. Les Hovas étaient en grandes forces, mais presque tous armés de lances.

« Les Français craignant d'être entourés, prirent position sur une montagne, où ils attendirent l'attaque.

« Plusieurs engagements ont eu lieu, mais sans résultat. Les pertes sont considérables des deux côtés. Vatoumandri a été bloqué par les Français. L'amiral Miot se rend à Majurga. »

Mort du cardinal Mac-Closkey, primat des États-Unis, à l'âge de soixante-quinze ans.

11. — Le comité conservateur de la Seine [adresse aux électeurs le manifeste suivant :

« Messieurs les électeurs,

« Vous avez répondu à notre appel en donnant 92,000 voix à la liste que nous vous avons présentée.

« Le 18 octobre, vous viendrez, plus nombreux encore, voter pour les candidats de l'opposition conservatrice.

« Au premier tour de scrutin, beaucoup d'électeurs pouvaient se faire illusion. La multiplicité des listes républicaines les empêchait de voir la vérité. On leur disait qu'une de ces listes représentait une force dans le pays, une majorité dans la Chambre, dans le gouvernement quelque chance de durée.

« Ils ne peuvent plus le croire aujourd'hui.

« Les trente-huit premiers noms qui sont sortis de l'urne n'ont pas besoin d'être commentés; ils sont à eux seuls un programme. C'est entre ces noms et les nôtres que se pose le débat.

« Vous avez à choisir entre l'alliance radicale et l'opposition conservatrice.

« Vous comparerez, Messieurs, et vous jugerez.

« Vous vous demanderez de quel côté on peut vous donner la paix avec honneur, l'ordre sans violences, la tranquillité durable, la stabilité dans le gouvernement, le retour de la confiance et la reprise du travail.

« Votre réponse ne saurait être douteuse.

« Nous attendons avec confiance le résultat du deuxième tour de scrutin. »

Nomination du général Jamont au commandement en chef de la deuxième division du corps expéditionnaire du Tonkin, en remplacement du général Brière de l'Isle, qui rentre en France.

M. le contre-amiral Riennier est nommé au commandement en chef de la division navale de l'Extrême-Orient.

Le contre-amiral Marcq de Blond de Saint-Hilaire est nommé commandant en chef de la division navale de l'océan Pacifique.

12. — Réunion du comité conservateur de la Seine à la salle Levis. M. Ferdinand Duval félicite les électeurs de Paris d'avoir donné 92,000 voix aux candidats de l'union conservatrice. « Le 18 octobre vous aurez, dit-il, à choisir entre les radicaux et les conservateurs. Si vous voulez la paix, la liberté de conscience, le respect de la religion, vous voterez pour les candidats de l'opposition conservatrice. »

M. Denys Cochin fait ressortir que depuis que les républicains sont au pouvoir, ils n'ont fait que des promesses dont ils n'ont tenu aucune. Enfin,

M. Lerolle examine l'attitude de la majorité républicaine pendant la dernière législation, et il s'écrie en terminant son discours : « Conservateurs, sauvez la France! debout pour le salut de la Patrie! »

Les opportunistes, de leur côté, font la paix avec les radicaux, dans un banquet organisé par la fédération radicale, dans la salle du Grand-Orient, rue Cadet. Les adversaires acharnés d'hier s'embrassent aujourd'hui. MM. Lockroy et Floquet font les frais des discours en faveur de l'union républicaine de tous les partis.

Les élections législatives au Sénégal ne donnent lieu à aucun résultat. Il y a lieu à ballottage.

13. — Le *Moniteur de l'empire d'Allemagne* publie la nomination du prince de Hohenkohe au poste de Statthalter de l'Alsace-Lorraine, en remplacement de feu le maréchal de Manteuffel.

Le ministre des finances vient de faire publier à l'*Officiel* la statistique de recouvrement des impôts pendant le mois de septembre 1885.

Il ressort de la statistique officielle qu'il y a eu le mois dernier une *moins-value* de 3,305,000 francs sur les prévisions budgétaires, ce qui porte les *moins-values totales* pour l'ensemble des neuf premiers mois de l'année à 19,891,000 francs.

Des télégrammes particuliers annoncent les résultats suivants des élections dans les colonies :

Dans l'Inde française, M. Alype est réélu. En Cochinchine, il y a ballottage.

14. — Le gouvernement espagnol adresse à Berlin une note par laquelle il déclare accepter définitivement la médiation du Pape dans la question des Carolines, tout en repoussant les arguments contenus dans la dernière note allemande contre les droits historiques de l'Espagne à la souveraineté sur cet archipel.

La Porte remet aux ambassadeurs une nouvelle circulaire relative aux armements gréco-serbes. 760 hommes sont partis pour Dedeagatch. Quarante-quatre wagons contenant des cartouches, de la poudre et des boulets sont partis pour Andrinople.

La Porte reçoit la note collective des ambassadeurs en réponse aux circulaires du gouvernement ottoman relatives à la Roumélie. Cette note, tout en regrettant les événements survenus à Philippopoli, exprime l'espoir que la violation du traité de Berlin ne dépassera pas les limites actuelles et que la Porte conservera son attitude conciliante.

Charles DE BEAULIEU.

BULLETIN BIBLIOGRAPHIQUE

L'ÉGLISE ET SA DIVINE CONSTITUTION
Par dom GRÉA.

1 fort volume in-8° de 650 pages. Prix : 7 fr. 50. — Société générale de Librairie catholique, 76, rue des Saints-Pères.

Nous avons déjà brièvement parlé de ce livre, œuvre magistrale dont la haute valeur, sans parler de l'opportunité, dépasse de beaucoup tout ce qu'a produit la librairie contemporaine, et qui soulève l'admiration du monde catholique et savant. Pour le présenter de nouveau à nos lecteurs, nous empruntons la plume autorisée de M. Wieille-Cessay, directeur au séminaire de Besançon :

Cet ouvrage, récemment édité par V. Palmé, classe son auteur au rang de nos meilleurs écrivains. Ce n'est pas son moindre mérite de ne ressembler en rien à ces productions hâtives avec lesquelles notre siècle semble prendre à tâche de débiliter l'intelligence du lecteur. Patience et maturité, originalité et profondeur, il n'est pas étonnant que ce soit là sa marque distinctive : il est né dans le cloître; le tombeau de saint Claude lui a donné le jour.

Nous avons déjà reproduit ici, en partie, les lettres du cardinal Caverot, de NN. SS. Mermillod et Gay, qui avaient lu les épreuves de **l'Église et de sa divine constitution.**

Depuis, et par ordre, le cardinal Jacobini a envoyé à dom Gréa les félicitations et les bénédictions de Sa Sainteté Léon XIII; et les approbations, les éloges et les remerciements sont venus de toutes parts à l'éminent religieux. On en jugera par les simples extraits suivants :

Lettre de l'archevêque de Montréal :

Très vénéré Père dom Adrien,

Vidi Civitatem sanctam Jerusalem novam descendentem de cœlo a Deo!
Ces paroles me sont venues tout naturellement sur les lèvres après avoir lu et relu plusieurs fois l'Introduction de votre admirable livre, *De l'Eglise et de sa divine constitution.* Elle ne se lit pas; elle ne s'étudie pas; elle se contemple. Sa lecture a toutes les délices de la contemplation.

Quand on les a goûtées une fois, l'âme ne sait plus s'en détacher. Rien de plus beau que votre exposition des trois grandes œuvres de Dieu, la création des anges, celle de l'homme, et la mission du Christ; les relations du Père avec le Verbe incréé et le Verbe fait homme; les relations du Christ avec son Eglise, et de l'Eglise avec Dieu : le Père, premier principe dans l'éternité; Jésus-Christ, principe de son Eglise; l'Evêque, principe de son Eglise particulière.

Je suis encore au commencement du livre, et je vois bien que j'en ai encore pour longtemps avant d'arriver au bout. Sa lecture, en effet, est pour moi plus qu'une méditation; elle est une contemplation du genre de celles que les mystiques appellent de silence.

L'âme absorbée en Dieu, en contemple alors les grandeurs, elle s'abîme dans l'immensité de sa miséricorde. Les miséricordes divines qui, vous le dites fort bien et d'une manière très heureuse à la page 7, ne connaissent pas de limites, à la différence des autres œuvres de Dieu où sa toute-puissance est modérée par la sagesse qui fait tout avec poids et mesure. Quand elle contemple dans votre livre *la profondeur* de Dieu même, s'il est permis d'ainsi parler, l'âme se retire dans son néant, elle se tait.

Mgr de Genève a fort bien dit dans la belle lettre que vous avez mise en tête de votre livre, que la nécessité de la lutte a réduit les autres auteurs à décrire seulement l'architecture extérieure de l'Église. Le don de la contempler dans sa nature intime, dans son essence même, est réservé par le Fils à ceux qu'il appelle à la connaissance plus parfaite du Père.

Si, mon Révérend Père, pareille théologie ne s'apprend pas dans les livres, ce n'est pas non plus dans l'étude, quelque longue et assidue qu'elle soit, qu'on peut trouver une connaissance aussi pleine, aussi claire et aussi sûre de la grandeur des œuvres divines. Elle est un don que Dieu fait à qui il veut se révéler. Je le bénis, je le remercie d'avoir bien voulu vous donner cette connaissance, et par votre moyen à nous-mêmes.

Saint Paul l'Ermite passait de longues nuits, absorbé dans les divines contemplations, et le matin il se plaignait de ce que le soleil se levait trop tôt pour en interrompre les douceurs.

Hélas! moi aussi quand je lis votre livre, ou mieux quand je contemple en lui les richesses cachées du Christ et de son Eglise, je suis réduit à me plaindre de mes occupations et de mes devoirs de pasteur qui en interrompent à chaque instant la lecture. Que sera-ce dans le ciel, quand nous pourrons les contempler pleinement et sans interruption aucune? Laissez-moi donc entrer plus avant dans la méditation de votre livre. J'y trouve une mine inépuisable de richesses théologiques, et dans leur exposition ce langage clair et en même temps sûr et élégant que je ne rencontre que dans Bossuet.

A première vue, il semble que votre ouvrage n'est destiné à servir qu'aux études de quelques théologiens ou aux contemplations de quelques mystiques. Il a, au contraire, une immense importance pour notre siècle. Il réfute toutes les absurdes théories qui ont cours de la séparation de l'Eglise et de l'Etat, sans autre argument que la seule vue de la grande œuvre de Dieu. C'est ainsi que dans le ciel un seul regard des Bienheureux jeté dans la lumière infinie de Dieu leur dévoile toute la fausseté des erreurs qui obscurcissent l'intelligence des hommes d'aujourd'hui.

Je me réserve de parler plus savamment de votre livre quand je serai plus avancé dans sa lecture. En attendant, comme évêque et comme confrère très affectionné, je vous remercie du grand bien que vous avez fait avec votre livre à la sainte Église, à moi et à tous ceux, qui, comme nous, mettent à la tête de toutes leurs pensées, la gloire de Jésus-Christ et de son Eglise.

Lettre de Mgr Besson, évêque de Nîmes (27 juin 1885) :

J'ai pris à peine le temps de parcourir le bel ouvrage que vous venez de m'envoyer ; mais je ne veux pas tarder davan'age à vous dire tout le bien que j'en pense. Voilà un livre plein de science et d'érudition. On ne s'étonne pas qu'il vous ait coûté tant d'années de patience et de travail. Ce n'est pas seulement avec conscience, c'est avec amour que vous étudiez l'Église et sa divine constitution. C'est l'amour et la foi qui vous ont fait pénétrer si sûrement dans la merveilleuse ordonnance qui règle les mouvements et la vie de l'Épouse de Jésus-Christ. Personne que je sache n'est allé aussi loin que vous dans ce sujet. Personne n'a fait voir aussi bien comment se superposent ces pierres vivantes de l'Église sur leur fondement unique et véritable qui est le Christ ; comment se meut cette hiérarchie tracée dans le plan divin, manifestée dans le monde par l'Église universelle, et atteignant, non seulement chaque peuple, mais chaque âme par les églises particulières.

Ce sont là de grandes leçons en ces temps de négations et de doute, où les uns annoncent la fin prochaine de l'Église, tandis que les autres voudraient accommoder sa constitution à leur esprit rétréci par la société moderne.

Pour apprécier la valeur de votre travail, il suffirait, d'ailleurs, de jeter un coup d'œil sur le trésor des textes et des citations dont vous avez enrichi votre volume. Où trouver une science plus saine, plus abondante, plus variée ?...

Lettre de Mgr Marchal, archevêque de Bourges (1ᵉʳ juillet 1885) :

J'ai reçu hier votre ouvrage de *l'Eglise et de sa divine constitution*, et aujourd'hui votre lettre qui me rend si agréable et si précieux le don que vous avez bien voulu m'offrir. Je me suis empressé hier soir de lire l'introduction et les deux premiers chapitres, laissant tout pour obéir à un mouvement de curiosité excité par le sujet du livre et par mon affection pour l'auteur. C'est assez pour que je jouisse par avance de la satisfaction que me causera la lecture de tout l'ouvrage, et que je me promette autant de profit que de plaisir de cette lecture.

* *

Lettre de Mgr Foulon, archevêque de Besançon (8 juillet 1885) :

... Vous avez fait là une œuvre de grande doctrine et de fort grand mérite ; j'ajoute que vous y avez déployé une érudition remarquable et une connaissance peu commune des sources ecclésiastiques.

Si vous étiez sensible à la gloire humaine, je vous dirais que vous vous êtes fait le plus grand honneur en écrivant ces pages. Je veux les relire à loisir, estimant que ce *Traité de l'Eglise* est un des plus complets et des plus savants que j'aie lus.

Lettre du T. R. P. Giraud, missionnaire de la Salette (21 juin 1885) :

... Vous avez fait l'œuvre d'un maître ; vous avez écrit des chapitres triom-phants, celui en particulier que vous m'avez désigné sur l'état religieux. Tout cela est très remarquable.

Lettre de M. Grandclaude, directeur au séminaire de Saint-Dié (24 juin) :

... C'est un livre *entièrement neuf* sur un sujet très rabattu, surtout en ces derniers temps. Le plan général, le point de vue auquel les questions de détail sont envisagées, tout présente un caractère de nouveauté qui frappera les lecteurs attentifs. Érudition vaste et de bon aloi, doctrine empruntée aux sources les plus pures de la tradition, exposition pleine de charme et d'onc-tion : tels sont les caractères qui apparaissent tout d'abord.

Lettre de M. Bacuez, directeur au séminaire Saint-Sulpice (6 juil-let 1885) :

... On sent en lisant ce livre qu'il sort de votre cœur et qu'il est le fruit de vos méditations. Les choses nouvelles s'y joignent aux choses anciennes et tout répond à la grandeur et à la beauté du sujet : *Gloriosa dicta sunt de te civitas Dei.*

Lettre de M. J.-B. de Rossi, archéologue romain (5 août 1885) :

... Ce n'est pas un volume à dévorer, il faut le lire tranquillement et le déguster comme un livre de haute théologie et de haute piété... C'est une synthèse complète, vivante, lumineuse. Il y a des pages qui intéressent même l'archéologue ; il y en a surtout, et d'un bout à l'autre du volume, qui doivent faire réfléchir ceux qui peuvent contribuer à une révolution salutaire de la discipline ecclésiastique dans le sens du retour aux anciennes institu-tions et à la réalisation des vœux et des recommandations du concile de Trente.

Lettre de M. Tardif, ancien directeur des cultes (12 juillet 1885) :

... Votre livre m'a très vivement intéressé par le fond et par la forme. En étudiant l'Église à un point de vue nouveau ou presque complètement né-gligé, vous avez très heureusement combiné, pour établir votre thèse, la théologie et le droit canonique, la méthode historique et la méthode scolastique, et donné à vos déductions un tour vif et animé qui soutient l'attention et la maintient constamment dans ces *templa serena* qui doivent dominer les controverses.

A tout cela nous voudrions pouvoir ajouter encore les appréciations de la presse ; elles n'ont pas, du reste, un autre ton, et nous n'en détacherons que celle-ci, à cause de la comparaison très juste qu'elle établit et du nom très connu qui la signe, M. Stephen Morelot. Le savant rédacteur de la *Chronique*, après avoir résumé le livre, conclut :

Dans ce vaste exposé, l'auteur fait preuve d'une érudition peu commune. Il se meut dans l'antiquité ecclésiastique avec la familière aisance d'un homme qui y vit habituellement. A cet égard, il avait depuis longtemps fait ses preuves, son essai historique sur les archidiacres, présenté comme thèse à l'Ecole des chartes, au début de sa carrière et alors qu'il était encore dans le siècle, offrait déjà ce caractère, et nous aimons à nous souvenir qu'il avait vivement frappé un juge entre tous compétent en ces matières, l'illustre cardinal Pitra.

A ce point de vue, de l'érudition et de la manière large et aisée de la traiter, l'écrivain dont se rapproche le plus dom Gréa nous paraît être notre célèbre Thomassin, le prince de la science canonique. Mais c'est là le seul rapport que l'on puisse établir entre les deux écrivains. Au lieu d'un exposé froid et méthodique, comme celui que traça la plume du docte oratorien, nous nous trouvons ici en présence d'un tableau plein de mouvement et de vie, et dont se dégage une chaleur communicative, inspirée par la piété de l'auteur et le sentiment profond qu'il a de la grandeur de son sujet.

Histoire de Charles VII, par G. du Fresne de Beaucourt. 3e volume in-8º de 543 pages. Prix : 8 francs.

Il y a trente ans que l'auteur travaille à cette *Histoire de Charles VII.* On peut dire qu'aucune source d'information n'a été négligée par lui. Malgré l'érudition qui apparaît à toutes les pages, dans ces notes précises et abondantes qui seront appréciées des travailleurs, le récit n'est point surchargé, et le grand public y trouvera un exposé clair, agréable des faits. Pour la première fois, on voit apparaître bien nettement sur la scène le personnage dont la figure, mal dessinée jusqu'ici, a été l'objet d'appréciations si diverses et si contradictoires.

Le tome Ier, intitulé *le Dauphin,* s'ouvre par une vaste introduction, où l'auteur fait connaître les appréciations des historiens depuis trois siècles, où il se livre à une étude critique des sources du règne, où il indique son but et son plan. Puis on entre dans l'histoire de cette période de 1418 à 1422, si curieuse et si instructive, où, en face des Anglais qui envahissent le territoire et du duc de Bourgogne qui bientôt s'empare de la capitale et de la personne du Roi, le Dauphin organise son gouvernement.

Le tome II, intitulé : *le Roi de Bourges*, est consacré à la période du règne qui s'étend jusqu'au traité d'Arras (1422-1435). Le caractère de Charles VII, durant ces années où il est condamné à un effacement presque complet, est tracé d'après les documents originaux, et l'on constate comment, en 1425, Charles VII dut se résigner à une véritable abdication. Les reproches adressés à sa jeunesse, sa conduite à l'égard de Jeanne d'Arc, sont l'objet d'un examen approfondie. Enfin les tentatives de réconciliation avec le duc de Bourgogne, poursuivies sans relâche depuis l'avènement du jeune Roi, sont racontées dans une série de chapitres où se trouve élucidé un point historique d'une haute importance.

Le tome III porte ce titre : *le Réveil du Roi*, et comprend les années écoulées du traité d'Arras à la trêve avec l'Angleterre (1435-1444). Charles VII apparait enfin sur la scène. La figure royale se dessine bientôt avec netteté, et l'action personnelle du Roi grandit d'année en année. En 1437, Charles VII dirige la campagne contre Rodrigue de Villandrando et fait le siège de Montereau ; en 1440, il triomphe de la Praguerie ; en 1441, il pacifie la Champagne et, après un long siège, chasse les Anglais de Pontoise ; en 1442, il entreprend le « voyage de Tartas » et fait une expédition en Guyenne. Il force les princes du sang à reconnaître son autorité, réprime les désordres des gens de guerre d'une main prudente et habile, touche, pour les réformer, à toutes les branches de l'administration ; enfin, par la trêve avec l'Angleterre, il prépare la délivrance du territoire.

Le Directeur-Gérant : Victor PALMÉ.

PARIS. — E. DE SOYE ET FILS, IMPRIMEURS, 18, RUE DES FOSSÉS-SAINT-JACQUES.

Supplément à la *Revue du Monde catholique* du 1ᵉʳ octobre 1885

PUBLICATIONS NOUVELLES DE LA SOCIÉTÉ GÉNÉRALE DE LIBRAIRIE CATHOLIQUE
Victor PALMÉ, DIRECTEUR GÉNÉRAL, 76, RUE DES SAINTS-PÈRES

ALMANACHS POUR 1886

ALMANACH HISTORIQUE ET PATRIOTIQUE

Une brochure in-18 de 144 pages avec nombreuses gravures.

Prix : 30 centimes.

Almanach des Campagnes

Une brochure in-18 de 72 pages,
avec gravures.

Prix : 15 centimes.

Almanach du Paysan

Une brochure in-18 de 36 pages,
avec gravures.

Prix : 10 centimes.

LE JOURNAL-ALMANACH

Une brochure de 160 pages, ornée de nombreuses gravures.

Prix : 25 centimes.

L'ALMANACH-JOURNAL

PARAISSANT TOUS LES MOIS

Jolie petite brochure in-16 de 32 pages, ornée de nombreuses gravures.

2 francs par an. — 10 centimes le numéro.

LE GRAND ALMANACH DE LA FAMILLE

Volume grand in-8 de 100 pages, beau papier, caractères elzéviriens.

Prix : 50 centimes.

VIENT DE PARAITRE

HISTOIRE DE CHARLES VII

Par G. DU FRESNE DE BEAUCOURT

TOME III

LE RÉVEIL DU ROI

1435-1444

Un fort volume in-8 cavalier . . . . 8 francs.

PUBLICATIONS NOUVELLES DE LA SOCIÉTÉ GÉNÉRALE DE LIBRAIRIE CATHOLIQUE
Victor PALMÉ, DIRECTEUR GÉNÉRAL, 76, RUE DES SAINTS-PÈRES.

LES SAINTS ET LES MORTS

L'autre Vie, par M. l'abbé E. Méric, professeur à la Sorbonne. 2 beaux volumes in-12 de XIII-501 et 402 pages.. 6 »

— LE MÊME. 2 volumes in-8... 10 »

Les Élus se reconnaîtront au ciel, par le même. 1 charmant volume in-32 de 212 pages. Prix... 1 50

Le Ciel, ou le bonheur des saints dans le Paradis, par M. l'abbé J. Marc, prêtre de la Mission, 3e édition. 1 volume in-12 de 360 pages, titre rouge et noir....................... 3 »

Vie des Saints, d'après le P. Giry, par Mgr Paul Guérin, camérier de Sa Sainteté Pie IX, nouvelle édition, notablement améliorée et augmentée de la vie des saints et bienheureux nouveaux et du *Martyrologe romain*. 4 forts vol. in-12 de XLVI-753, 650, 823, et 738 p.   16 »

Vie des Saints à l'usage des familles chrétiennes et des communautés religieuses, d'après les Bollandistes, les PP. Giry, Ribadeneyra et le *Bréviaire romain*, par l'abbé A. Vaillant, nouvelle édition, entièrement revue, soigneusement corrigée et considérablement augmentée. 1 fort volume in-8 de XVI-695 pages.. 5 »

Le Saint de chaque jour (liturgie romaine), par M. l'abbé Chapiat, curé-doyen de Vitel, membre correspondant de l'Institut historique de France, de l'Académie de Stanislas, chevalier de la Légion d'honneur, 6e édition. 1 fort volume in-12 de XI-762 pages.............. 3 50

La Sainte de chaque jour, par le même, nouvelle édition. 1 fort volume in-12 de XI-780 pages... 3 50

Édition artistique. — **Vie des Saints**, par Mgr Paul Guérin, auteur des *Petits Bollandistes*, grand in-4°, illustré avec le plus grand soin par Yan'Dargent. — 12 aquarelles, groupant les Apôtres, les Martyrs, les saints Ouvriers, les saintes Femmes, les saintes Pénitentes, etc. — 24 lettres ornées. — 12 titres symboliques. — 365 encadrements, avec environ mille sujets inédits se rapportant à la vie de chaque saint. — L'élite des grands artistes graveurs et chromolithographes a prêté son concours à l'exécution de ce volume.

Les 6 premières livraisons ont paru et forment un magnifique volume de 450 pages. *Prix, broché : 30 francs.*

Toute personne ayant souscrit avant la fin de la publication, aura droit *gratuitement* à la reliure de grand luxe, et recevra avec la dernière livraison un bon à cet effet.

Conférence sur le Purgatoire et le culte des morts, d'après les prédicateurs contemporains. (*Bibliothèque de la prédication contemporaine.*) 1 volume in-12 de 352 pages.   3 »

Le Cimetière et le Purgatoire, Considérations pour l'octave et le mois des morts, suivies de prières et de pratiques de piété enrichies d'indulgences applicables aux âmes du purgatoire, par P. Andrieux, curé de Melay, missionnaire du Sacré-Cœur. 1 volume in-12 de VI-201 pages... 1 50

Le Livre de tous ceux qui souffrent, par Léon Gautier, 2e édition. 1 volume in-32 de VIII-440 pages encadrées d'un filet rouge, titre rouge et noir, sur papier vergé........ 3 »

— LE MÊME, 3e édition. 1 charmant petit volume in-32 de VIII-447 pages, encadr. de vignettes moyen âge, caractères elzéviriens, etc., comme ci-dessus................................ 4 »

La Charité pour les morts et consolation pour les vivants, par G.-B. Gergerès, ancien magistrat, membre titulaire de l'Institut des provinces de France, membre correspondant de la Société des antiquaires d'Ecosse, auteur du *Culte de Marie*, de la *Conversion du pianiste Hermann*, etc. Ouvrage approuvé par Son Em. le cardinal Donnet, archevêque de Bordeaux, 2e édition, entièrement refondue. 1 volume in-18 de XXIV-600 pages........ 2 50

PARIS. — E. DE SOYE ET FILS, IMPRIMEURS, 18, RUE DES FOSSÉS-SAINT-JACQUES.

L'ARGUMENT PRINCIPAL DE L'ATHÉISME

On connaît l'histoire de ce calife que l'ennui faisait mourir à petit feu. Il était, disait-il, le plus malheureux des hommes, et l'on sait si les hommes jouissent de la béatitude. Son médecin finit par lui dire qu'après avoir bien réfléchi, il avait trouvé pour son mal un remède infaillible, qui était de mettre la chemise d'un homme heureux. Seulement il fallait se procurer la merveilleuse chemise. Des messagers sont envoyés de tous côtés : ils parcourent l'univers. Peine perdue, tous ceux qu'ils rencontrent se plaignent, nul ne consent à se dire vraiment heureux. A la fin, l'un des serviteurs du calife trouve dans un coin reculé un homme parfaitement content, le phénix du bonheur : c'était un berger. Le messager le prie en grâce de lui céder, au prix qu'il voudra, sa chemise. Hélas! il n'en avait point.

Cette historiette montre assez bien, non pas que le genre humain est vraiment malheureux, mais qu'il se croit volontiers malheureux. Il ne lui déplaît pas d'être comparé à Prométhée rongé par son vautour, sans paix ni trêve, quoique ses souffrances, quand il souffre, soient très fréquemment celles d'un malade imaginaire, pour ne pas dire celles d'un forcené. Se plaindre, être plaint, plaindre les autres, sont des choses qu'il aime par instinct et aux-quelles il s'abandonne sans raison ni mesure.

Ses plaintes ne manquent pas toujours de fondement : il y a du mal au monde, et beaucoup de mal. Pourquoi ce mal, sous le gouvernement d'un Dieu sage, bon! et puissant? Les philosophes s'en étonnent et tâchent d'en pénétrer le mystère. Les incrédules y cherchent le moyen de tourner en révolte le sourd ressentiment qu'éprouve l'humanité. Espèrent-ils alléger de la sorte le fardeau qui nous déchire les épaules? Ils ne peuvent persuader qu'en l'aggravant; mais il leur importe peu d'augmenter le mal, pourvu que leur malfaisante doctrine obtienne quelque crédit : c'est l'intérêt de leur amour-propre qui les touche, ce n'est pas celui de l'humanité.

Les incrédules emploient tour à tour un double procédé quand ils essayent de faire servir à leurs fins le triste fait de l'existence du mal : ils s'adressent tantôt à la sensibilité et tantôt à la raison. Ils tâchent d'allumer l'indignation au moyen de peintures qui réveillent la pitié, ou bien ils s'efforcent de prendre dans leurs sophismes des esprits déjà presque aveuglés par la passion. Assistons à cette double manœuvre.

I

La machine la plus ordinairement mise en jeu pour aigrir la pitié des âmes sensibles est le spectacle des souffrances auxquelles sont condamnés par la nature, c'est-à-dire par Dieu, les animaux sans raison. Instinct féroce et impitoyable d'une part, d'autre part faiblesse sans remède, et cela sur toute la face de la terre, voilà le spectacle auquel l'athéisme nous convie, comme à la constatation d'un crime flagrant. Mais on n'offre d'abord que de petits tableaux, sans doute parce qu'ils sont plus faciles à saisir et à peindre; on laisse à l'imagination du spectateur le soin d'achever la peinture d'ensemble. Dans ces petits tableaux, il y a place pour ce que la nature a de plus humble : on se flatte même de nous apitoyer sur le sort déplorable des mouches et des chenilles.

« Voici la toile tendue », dit un disciple de Schopenhauer; il parle de (1) la toile de l'araignée. « La mouche arrive et s'empêtre; l'araignée, prudente, surgit soudain; elle calcule la force probable de sa victime, puis elle bondit sans danger pour elle-même, semblable à quelque spadassin qui tirerait l'épée contre un adversaire désarmé; la proie est égorgée et crochetée à distance par des coups rapides et adroits. Elle proteste en vain contre la mort, elle voudrait vivre longtemps, toujours... C'est en vain, le monstre est sans pitié; la voici affaiblie, aveuglée, le meurtrier s'approche, la ligotte dans le linceul de sa trame sécrétée; avide il l'aspire vivante; longtemps la dévorée tressaille, sursaute en agonisant; puis peu à

(1) Guilly, *la Nature et la morale*, p. 60 et suiv. Cet amateur de la nature l'observe surtout dans son imagination.

peu elle meurt enfin délivrée. Que peut-on voir de providentiel dans ce petit drame? »

Nous ne voulons pas examiner présentement la question de la douleur dans le règne animal et de son rôle providentiel. Seulement M. Guilly voudra bien nous permettre de ne pas prendre parti avec lui : il est pour les mouches, nous sommes pour les araignées. Pourquoi pas? Nous avons vécu en des régions où le diptère de ses préférences abonde, et nous certifions qu'il est on ne peu plus agaçant pour les hommes d'étude, sans parler des incongruités qu'il se permet à la cuisine et à la salle à manger. Les araignées en détruiraient toute l'engeance que nous en prendrions occasion, non de déclamer contre la Providence, mais de la bénir. — Que dites-vous? Ignoreriez-vous qu'il faut qu'il y ait des mouches? — Ah! vraiment? mais pas trop n'en faut. C'est pour cela qu'il faut aussi des araignées.

M. Guilly a d'autres clients, et nous confessons qu'à ceux-ci nous ne pouvons refuser quelque sympathie sans sortir toutefois d'une mesure raisonnable. « Changeons de spectacle, dit-il. Un félin dans l'Inde, un tigre armé, souple et fort, acier et ouate, guette sa proie. Un herbivore quelconque, qui ne vit pas de sang (et qui par conséquent ne mérite pas d'être châtié pour ses crimes), sans armes (l'imprudent!), sans mauvais précédents (n'êtes-vous pas touché de tant d'innocence?), passe à portée; le tigre le coiffe d'un coup de sa patte formidable et tranchante. Il l'écrase et le maintient; alors frénétique, altéré, accroupi, ronronnant de cruauté avec des crispations de volupté sur sa face terrible, il l'égorge et boit son sang chaud tout vivant. Que peut-on voir de providentiel dans cet autre petit drame? »

Si M. Guilly a voulu nous donner le spectacle d'innocents herbivores méchamment mis à mort, pourquoi prend-il la peine de se transporter dans les jungles de l'Inde et de nous y transporter avec lui? Tous les tigres réunis répandent moins de sang innocent en une année que n'en voient couler les abattoirs de la Villette en un seul jour. Quelle cruauté! Ce n'est pourtant pas de ce côté que les incrédules portent leur indignation; ils condamnent sévèrement le carnassier, mais ils excusent leur boucher. Ils ont bien raison : le boucher n'est que leur serviteur, l'exécuteur de leurs volontés. C'est, disent-ils, qu'ils ont besoin de bonnes côtelettes et de bon filet de bœuf. Est-ce bien vrai, Messieurs? Le tigre, oui, le tigre a de ces besoins; mais pour vous la viande est un luxe, un aliment

de pure gourmandise, vos besoins seraient tout aussi largement
satisfaits, et à coup sûr plus innocemment, si vous vouliez vous
nourrir de végétaux. Pourquoi blâmez-vous dans la nature ce que
vous faites vous-mêmes? O philosophes! avant d'accuser la Providence de barbarie, mettez-vous à brouter, si vous ne voulez mériter
d'être appelés comédiens.

M. Guilly prend, contre la Providence, le ton d'un procureur de
cour d'assises qui a quelque intention de littérature; un autre
incrédule, déjà connu de nos lecteurs, s'emporte contre Dieu
jusqu'à la fureur. Écoutons ce monologue de l'abbé anonyme, mis
en scène par M. Couturier.

« ... Je suivais un sentier qui côtoie la montagne. Une ineffable
sérénité descendait du ciel enveloppant toutes choses. En moi, hors
de moi, tout était douceur et pureté, et mon cœur attendri s'élevait
à Dieu, père et Providence des créatures..., je pliai les genoux et
j'adorai.

« Alors quelque chose, à mes pieds, attire mon regard.

« ... Un beau papillon, de la plus forte race (circonstance aggra-
vante), venait d'éclore sous la tiède influence du jour, dans l'herbe
en fleur; il agitait, pour les déplier, ses ailes encore inhabiles au
vol; il allait prendre possession de l'espace, de la lumière, d'une
innocente vie. Des fourmis l'avaient rencontré, lui avaient scié les
ailes (alors, comment agitait-il ses ailes sciées?), lui avaient scié les
pattes et le dévoraient vivant. Elles étaient dans sa chair, fouillant,
de leurs pinces aiguës, ce corps palpitant qui se tordait sur place,
impuissant dans une affreuse agonie.

« Je me levai, saisi d'horreur... Une inexprimable angoisse
m'étreignait les entrailles, je sentis un dégoût subit, un vide affreux,
un profond accablement. Mon âme s'emplit de ténèbres, et un mot
effroyable s'échappa de mes lèvres avec un sanglot : Moloch! En
frémissant, j'écrasai du pied, pour faire cesser le martyre, le
papillon et ses bourreaux (1), et je m'enfuis... éperdu.

« ... Je détournai mes regards de la terre, et les levai vers le
ciel dans un élan désespéré. Au-dessus de moi, dans l'azur planait
un milan. Immobile sur ses ailes, le brigand des airs cherchait une
proie. Tout à coup, ses ailes se replient, il s'abat comme une pierre
lancée par la fronde, et j'attends en vain qu'il reparaisse; il a

(1) Pourquoi les fourmis, barbare!

atteint sa victime; il tient dans ses serres tranchantes le faible qui agonise, il le déchire, le dévore tout palpitant...

« Eh bien, quoi! Celui-là aussi obéit à l'instinct qu'il a reçu, ce féroce accomplit la loi qui le gouverne. La loi de Dieu! qui l'a armé pour le carnage.

« Je fuis de nouveau, oppressé comme dans un rêve d'épouvante... Je m'arrête enfin, dans un chemin creux, à l'ombre d'une haie... Près de moi, sur une branche flexible que la brise agite, chante une fauvette : « Pauvre petite! ton chant est un piège! Le meurtre rôde autour de toi. Mais chante! chante encore, être aimable et doux. Si ton ennemi se montre, je te défendrai de sa serre, chante! »... Mais la fauvette interrompit son chant; elle s'élance vive et rapide, s'arrête brusquement dans son vol, et saisit au passage un insecte. Elle revient au buisson, se perche sur une grosse branche, dépèce sa proie, dont elle dévore les parties tendres, puis rejette, mutilé, l'insecte qui se traîne sur le sol, péniblement (1).

« Alors, pour la seconde fois, je poussai vers le ciel l'effroyable clameur : Moloch!...

« Ainsi, voilà la loi! la loi divine! et c'est là la Providence! la vie jetée en pâture à la vie! la créature, sépulcre vivant de la créature! le carnage consenti, institué, l'appétit brutal donné en exemple à l'homme! Et partout, dans le ciel, sur la terre, dans la mer immense et dans la goutte d'eau où pullule l'animalcule invisible, s'accomplit l'implacable loi (2). »

Moloch! Le blasphème est un peu gros sur des lèvres qui adoraient, il n'y a qu'un instant. Il n'est pas moins inconsidéré. Est-ce que Dieu est le père des mouches, des fourmis, voire des fauvettes? Il ne l'est pas même de l'homme. Il est le Créateur seulement de tous les êtres créés, parmi lesquels le *chrétien seul* est *son fils d'adoption*. Mais, c'est le prendre de bien haut pour répondre à M. Couturier. Cet écrivain, nous le savons déjà, professe l'athéisme. Pour lui, Dieu n'existe pas. Son indignation furibonde est donc une simple comédie, car il est impossible de s'irriter contre ce qui n'est pas. Nous soupçonnons que sa compassion pour les animaux n'est guère plus sérieuse. S'il avait réellement à cœur le bien-être des bêtes, ce n'est pas en insultant un Dieu qui n'existe pas qu'il mani-

(1) M. Couturier, lui aussi, observe la nature dans son imagination.
(2) Le *Manuscrit de l'abbé N...*, p. 72 et suiv.

festerait sa bienveillance, c'est en exhortant les hommes, ses semblables, les ennemis les plus redoutables des animaux, à cesser
d'horribles carnages, à rompre avec ces professions criminelles
qu'on appelle chasse, pêche, boucherie, c'est surtout en commençant
lui-même à respecter la flamme sacrée de la vie dans les moindres
animalcules. Le papillon dont la mort lui a déchiré l'âme avait été
chenille, qu'il fasse réformer toutes les ordonnances contre les chenilles, dont se rendent coupables tant d'officiers municipaux et qui
sont bien plus redoutables pour les papillons que toutes les fourmi-
lières du monde.

Indiquons-lui aussi ce fait remarquable, la médecine va bientôt
n'être plus qu'une guerre savante et meurtrière contre des légions
sans nombre d'intéressants microbes. Que M. Couturier renverse
nos écoles de médecine, il le doit.

Un homme a paru dans les siècles passés, lequel s'est apitoyé
sincèrement sur les douleurs du règne animal, c'est Çakya-Mouni,
le fondateur du Bouddhisme. Ses fidèles sectateurs, partageant sa
compassion, se font une obligation de conscience de respecter
jusqu'aux insectes qui les dévorent. Si M. Couturier et les incrédules
qui pensent comme lui veulent être pris au sérieux, ils n'ont qu'un
moyen, celui de se faire talapoins.

Les récriminations paraissent plus sincères, quand des misères de
l'animal, les incrédules passent à celles de l'homme. N'en ont-ils pas
leur part? Mais, soit qu'ils imitent les malades qui veulent se faire
plaindre, soit pour les besoins de leur cause, ils exagèrent. Écoutez
M. Viardot.

« Le mal existe, s'écrie-t-il ; qui peut le nier ? Le mal physique, le
mal moral, le mal sous toutes ses formes, possibles et *impossibles*. »
Il dit : *impossibles!* Évidemment la douleur l'égare : elle lui fait
oublier la mesure et la syntaxe. « Nous souffrons les intempéries
des saisons, entre le froid glacial des pôles et l'ardeur brûlante des
tropiques », c'est-à-dire à Paris, le pauvre homme! dans une
chambre bien chauffée en hiver, bien aérée en été. C'est là aussi
qu'il souffre (ce verbe et ces régimes sont de lui, spontanés témoignages de son trouble) « les volcans, les tremblements de terre,
les tempêtes, les incendies, les inondations, la sécheresse (ah!),
la famine (ah! ah!) ». Est-ce tout, ô grands dieux? « Nous ressen-
tons les maladies plus nombreuses que nos organes, les blessures,
la mort, les affections brisées, les séparations éternelles. Nous

sommes témoins (passe encore, mais nous sommes aussi) victimes
d'innombrables injustices, violences, spoliations, tyrannies, meurtres sauvages, guerres fratricides. » Pauvre, pauvre M. Viardot,
pauvre victime d'innombrables meurtres sauvages, où se réfugiera-
t-il, puisque la capitale de la civilisation l'abandonne à tant de
maux, au lieu de lui garantir un asile? Se réfugiera-t-il « dans
la nature? » Vous la connaissez bien pour faire une telle proposition. « Mais elle n'a ni justice, ni moralité (ni moralité!),
elle commet envers l'homme tous les crimes que l'homme, à son
tour, peut commettre contre son semblable. » En doutez-vous?
« Elle le tue, souvent avec des raffinements de cruauté; elle le vole,
lorsqu'elle détruit brusquement les fruits de son travail; elle le
trompe, etc. » Vous avez nommé la société? Mais qu'est-ce que
Paris, où M. Viardot est si épouvantablement malheureux? N'est-ce
pas le cœur de la société? « Là partout, la ruse triomphe de la
sincérité, la force prime le droit; » au point que M. Viardot n'est
pas bien sûr de n'avoir pas lui-même trompé quelque ingénu,
opprimé quelque innocent. Bref, cet implacable justicier fait le
procès même aux sciences, « ces bienfaisantes (1) sœurs », aux
arts, « ces fils délicats de la paix », et il emprunte à Michelet son
exclamation indignée : « Bataille horrible des sciences et des arts au
profit de la mort! »

Arrêtons-nous. Job n'a pas éprouvé tous ces maux, et Job pourtant est un assez beau modèle de misère.

Le genre humain n'est pas si malheureux que cela. Dans la trame
de ses jours, il y en a de mauvais, mais il y en a qui ne sont pas
mauvais, et il y en a qui sont fort bons. On y pleure quelquefois,
quelquefois on y rit, et le plus souvent on n'y rit ni on n'y pleure,
on y jouit tout doucement d'une vie qui a bien encore quelque prix.
M. Brunetière démontre aux pessimistes que, en somme, ils n'ont pas
tant de dégoût pour la vie; c'est la mort qui les épouvante, parce
qu'elle leur dérobe la vie comme un voleur dont on ne peut arrêter
l'audace.

« La mort est là, toujours présente, ce n'est pas assez dire qui
les guette, mais qui les attaque tous les jours, de tous côtés, en
mille manières, qui les travaille comme ferait une bête rongeuse
qu'ils porteraient au dedans d'eux, qui les dégrade, qui les défigure,

(1) Encore une épithète à mettre sur le compte du trouble.

qui teint en blanc leurs cheveux noirs, qui leur prend leur peau ferme, leurs muscles, leurs dents, tout leur corps de jadis, et en deux mots, qui leur enlève l'un après l'autre tous leurs moyens de jouir. C'est pourquoi son ombre effrayante les suit, ou plutôt les accompagne au milieu des plaisirs; ils ne sauraient goûter de contentement si vif que la pensée de ne plus être un jour, ne le corrompe en y mêlant son indicible amertume...

« Si cependant ils pouvaient trouver un refuge contre la mort, comme ils s'y précipiteraient, de quel élan, de quelle ardeur! Comme ils trouveraient la vie bonne, l'homme heureux, la nature indulgente et clémente; comme ils jouiraient surtout, et de ce qu'ils font, et de tout ce qu'ils voient, et de tout ce qu'ils mangent, et de tout ce qu'ils boivent et de tout ce qu'ils aiment. Or que n'aiment-ils pas, quel plaisir les a jamais laissés indifférents, quelle jouissance ou quelle volupté? Ce n'est donc point la vie qu'ils trouvent mauvaise, mais la mort qu'ils redoutent (1). »

Il ne faut donc pas faire attention aux plaintes de M. Viardot, ni à celles de ses amis, quand ils s'écrient en sanglotant que la vie est affreusement amère. Ce qui est amer pour eux, c'est que la vie ne dure pas toujours, c'est la mort. Et quand ils se permettent d'accuser Dieu d'injustice pour nous avoir donné l'existence sans attendre notre consentement, quand ils disent avec le même M. Viardot que « nos malheurs sont immérités, car nul de nous n'a demandé la vie, nul de nous n'a choisi son sort »; ils méritent qu'on leur applique l'épithète que Proudhon infligeait à ses coreligionnaires politiques. Ajoutons que la mort est particulièrement affreuse pour eux; mais à qui la faute? Qu'est-ce, après tout, que leur espoir hideux d'anéantissement, sinon une industrie de leur raison dépravée pour jouir plus pleinement des biens de la vie... enviée par l'Enfant prodigue?

Cependant les inconséquences de nos philosophes d'aventure n'empêchent pas le mal d'exister. Leurs tableaux sont chargés, exagérés, sans conception tolérable; mais la donnée en est vraie. Le sentiment du genre humain tout entier dépose contre l'optimisme. Il ne faut pas leur permettre d'en abuser, de l'égarer par leurs arguties. Voyons donc quels arguments les incrédules tirent de l'existence du mal.

(1) *Revue des Deux-Mondes,* 1er juillet 1885.

II

Nos lecteurs sont prévenus qu'ils ne trouveront ici qu'une sorte d'escarmouche. La question du mal sera foncièrement examinée plus tard.

Généralement nos modernes empruntent aux anciens leurs sophismes. On répète, avec le baron d'Holbach, de lourde mémoire : « Les animaux, dites-vous, sont des œuvres merveilleuses. Ces machines admirables s'altèrent sans cesse et finissent toujours par se détruire. Où est la sagesse, la bonté, la prévoyance, l'immutabilité de l'ouvrier qui, d'après vous, les aurait faites, puisqu'il paraît ne s'occuper, après les avoir construites, qu'à déranger et briser les ressorts de ces admirables machines. Si Dieu ne peut faire autrement, il n'est ni libre, ni tout-puissant. S'il change de volonté, il n'est pas immuable. S'il permet que des machines, qu'il a rendues sensibles, éprouvent de la douleur, il manque de bonté. S'il n'a pu rendre ses ouvrages plus solides, c'est qu'il a manqué d'habileté. »

Le créateur intelligent! On dit que l'homme est son chef-d'œuvre : chef-d'œuvre de misère! « Il y a des peines, des chagrins, des souffrances que nul autre animal ne connaît et qui dépassent en acuité tous les autres maux. Ce sont les conséquences de sa nature supérieure, dont l'excellence consiste surtout à être une source plus riche de misères. Mais par quoi cette haute nature demandait-elle que notre race fût soumise à ce cortège hideux de maladies dont la seule énumération inspire l'horreur? Était-il vraiment nécessaire que la vie commençât et finit dans les étreintes de la douleur? Pourquoi la femme enfante-t-elle dans les tortures, et pourquoi la mort n'arrive-t-elle pas comme le sommeil au lieu de nous arracher le dernier souffle par l'excès de la douleur? Où est ici la sagesse? Où est la bonté? »

Nos incrédules, peu habiles dans l'art précis et serré de la logique, emploient volontiers l'interrogation. Ils semblent vouloir faire croire à leurs lecteurs qu'il n'y a pas de réponse à leurs demandes. Ils ne voient pas que le silence ne montrerait à la rigueur, chez le fidèle, pas autre chose que ce que la manie de questionner montre chez eux, l'ignorance, et que l'ignorance ne prouve rien. M. Guilly, que nous avons déjà cité, pose aussi des *pourquoi*.

« Pourquoi, dit-il, tant de créatures atrophiées, de monstres acéphales (?), d'enfants innocents voués à l'imbécillité, à la cécité, à la surdi-mutité, à la laideur, à la douleur? »

« A quoi bon tant de maladies? Si c'est pour produire la mort nécessaire dans le plan tel qu'il est, pourquoi guérit-on de certaines affections (1)? »

« A quoi sert la souffrance ainsi prodiguée? Pourquoi tâtonner? Pourquoi avilir la mort en y faisant triompher toutes les laideurs, toutes les déjections, toutes les ordures de l'animalité (2)? »

Après les points d'interrogation, vient un point d'exclamation singulièrement comique. « Quel terriblé compte à régler avec la Providence, si c'est elle qui désigne ceux que nous aimons à la Parque (oh!) implacable! » Evidemment M. Guilly se propose de citer un jour le bon Dieu à sa barre, et ce jour-là on ne rira pas.

On serait difficilement plus grotesque. C'est une des misères de l'athéisme. Mais il est une arme avec laquelle il se flatte de triompher d'une manière définitive, et, chose curieuse, cette arme ce n'est pas un athée qui l'a forgée. Nous voulons parler du fameux argument d'Epicure, que chacun de nos athées modernes essaye d'arranger à sa guise.

« Serrons de plus près, dit M. Viardot, qui jusqu'ici n'a rien serré du tout, la question décisive : Si Dieu existe, il est toute-puissance, et, pouvant tout, toute bonté. C'est ainsi qu'on le définit, qu'on l'enseigne et qu'on l'adore (3). Pourquoi donc laisse-t-il subsister le mal? S'il ne peut le détruire, il est impuissant; s'il le peut il ne le veut pas, il est méchant, il est le mal lui-même (4). »

Que M. Viardot nous permette d'abord une observation qui a son prix. Il a vécu plus de quatre-vingts ans et nous en sommes heureux. Nous ne croyons pas cependant lui faire une injure bien sensible en insinuant qu'il n'était pas tout à fait un saint, qu'il y avait bien chez lui quelque mal venu de son propre fait. Si donc Dieu l'avait pris au mot aurait-il eu la joie d'une aussi verte vieillesse? Vous deman-

(1) Ce monsieur, qui prétend en remontrer à Dieu en fait de sagesse, voudrait par sagesse rendre mortelles toutes les maladies, une douleur de dents, une migraine! Merci de la sagesse!
(2) Ces questions méritent en général une réponse profondément philosophique que j'ai entendue dans mon enfance : « Pourquoi ceci? pourquoi cela? — Pour faire parler les gens d'esprit. »
(3) Quel français!
(4) Quelle logique!

dez pourquoi Dieu laisse subsister le mal? Eh, Monsieur, c'est pour
la consolation de vos amis. En général, quand on y regarde de près,
on reconnaît vite que ces haines vigoureuses du mal s'adoucissent
passablement quand il s'agit d'un certain mal. Ce qui fâche ces
justes, ce n'est pas que le mal, le vrai mal existe, mais c'est qu'il y
ait un mal qui les empêche eux-mêmes de commettre ce mal sans
fin, et de le goûter toujours pleinement (1).

M. Viardot juge que « ce raisonnement », celui qu'il vient d'emprunter à Épicure, « a toujours été et sera à tout jamais sans
réplique. » En somme, les incrédules n'en ont pas d'autre, ils le
ressassent, ils y reviennent sans cesse ; parce que leur maître à tous,
Bayle, a imprimé, avec sa légèreté ordinaire, qu'il n'y a rien à
répondre, ils s'imaginent que leur cause ne demande rien de plus
pour être à jamais inébranlable. Les affirmations de l'Église, dit
M. Boutteville, « soulèvent contre Dieu, une accusation formidable :
elles mettent en cause sa toute-puissance et sa bonté, elles provo-
quent et laissent subsister dans toute sa force le célèbre argument
d'Épicure (*la Morale de l'Eglise*, p 13).

M. Béraud écrit de son côté : « Quoi qu'on fasse, l'objection est
irréfutable. » Et il conclut avec ces paroles de Voltaire, qui cependant croyait en Dieu : « Mille bacheliers, mille licenciés ont jeté les
flèches de l'école contre ce rocher inébranlable, et c'est sous cet
abri terrible que se sont réfugiés tous les athées. »

Mais il est bon de reproduire ici ce fameux argument tel qu'il
nous a été conservé par un Père de l'Église ; car nos ennemis ont
l'habitude et l'impudeur de venir prendre chez nous leurs meilleures
armes pour s'en servir contre nous. Épicure, d'après Lactance, rai-
sonnait ainsi : « Ou Dieu veut supprimer les maux et ne le peut ; ou
il le peut et ne le veut pas ; ou il ne le peut, ni ne le veut ; ou enfin il
le veut et le peut. S'il le veut et ne le peut, il est faible, ce qui ne se
rencontre pas en Dieu ; s'il le peut et ne le veut pas, il est méchant,
ce qui est également étranger à Dieu ; s'il ne le veut ni ne le peut,
il est à la fois méchant, faible et par conséquent il n'est pas Dieu ;
s'il le veut et le peut (seule chose qui convienne à Dieu), d'où viennent donc les maux? ou pourquoi ne les supprime-t-il pas ? »

(1) M. Viardot se plaint, à la fin de la tirade dont nous avons rapporté la
partie principale, que « la génération » soit « empoisonnée dans l'acte même
qu'elle (la nature) commande », p. 63. Il répète même à ce sujet une polis-
sonnerie de Voltaire et de Diderot.

« J'avoue, ajoute Lactance, que la plupart des philosophes qui ont pris parti pour la Providence, se laissent troubler par cet argument, et peu s'en faut qu'ils n'en viennent à concéder, suivant la principale prétention d'Épicure, que Dieu ne s'occupe pas des choses de ce monde. Mais, si l'on veut bien faire attention à la raison de ce redoutable argument, il n'est pas difficile de le résoudre. »

Nous verrons plus tard quelle est la solution de Lactance. Bayle déclare qu'elle est pitoyable, et tous les avocats de l'incrédulité, qui ne manquent pas de lire Bayle à ce sujet, déclarent après lui qu'il est impossible de mieux répondre que Lactance. Ni Bayle, ni ses émules n'ont compris Lactance; ils n'ont pas même compris Épicure, qui ne s'est pas compris lui-même (1).

Bayle, après avoir rapporté l'argument d'Épicure, suppose qu'un Manichéen le tourne contre les adorateurs du vrai Dieu, et il déclare que les raisons du Manichéen sont irréfutables. « Si nous ne dépendons, fait-il dire à son disciple de Manès, que d'une cause toute-puissante, infiniment bonne, infiniment libre, et qui dispose universellement de tous les êtres selon le bon plaisir de sa volonté, nous ne devons sentir aucun mal. » C'est là une première conséquence : sous une bonté toute-puissante, nous ne devons sentir aucun mal, c'est-à-dire n'éprouver aucune douleur. *Sentir* est mis ici pour cette signification. Le sophiste établit donc une identité entre la douleur et le mal. Mais, s'il y a des douleurs qui sont mauvaises, il y en a qui sont bonnes; et de plus, il y a des maux qui ne sont pas douloureux. Dieu devra-t-il, parce qu'il est bon, nous mettre à l'abri des douleurs qui sont bonnes? mais alors, il nous fera du mal. De ce chef seulement, la première conséquence du Manichéen de Bayle, cette conséquence si rigoureuse, n'est qu'un sophisme. Il continue :

« Tous nos biens doivent être purs, nous n'y devons jamais trouver le moindre dégoût. » Voulez-vous dire que nos divers plaisirs doivent durer toujours? Vous voudriez manger toujours, boire toujours, et le reste? Mais de tels plaisirs, indéfiniment continués, seraient un mal indéfiniment continué, s'ils pouvaient durer sans tuer. Il faut donc qu'ils cessent au moment où ils commenceraient à devenir nuisibles. Ce moment est marqué par le dégoût. Le dégoût

(1) Epicure n'était pas athée; il admettait l'existence des dieux. Seulement il prétendait que les dieux ne s'occupent pas des choses de ce monde. Son argument vise là, il n'a pas d'autre portée.

est à ce point de vue un vrai bien et vouloir le supprimer c'est ne pas savoir ce qu'on désire.

« L'auteur de notre être, ainsi continue le Manichéen, s'il est infiniment bienfaisant, se doit faire un plaisir continuel de nous rendre heureux, et de prévenir tout ce qui pourrait troubler ou diminuer notre joie. » Passons sur ce « plaisir continuel de Dieu », quoique ce soit une idée passablement ridicule; mais que dire du devoir que Bayle lui impose ici? Faudra-t-il pour le contenter que, s'il nous arrive de rire, Dieu nous conserve à tout jamais dans un état inaltérable d'hilarité? Joie sentie et bien ne sont pas synonymes. C'est dans cette confusion qu'est tout le spécieux du sophisme de Bayle. Il a réservé le trait le plus fort pour la fin.

« En donnant à votre principe la toute-puissance, fait-il dire encore à son Manichéen, et la gloire de jouir seul de l'éternité, vous lui ôtez celui de ses attributs qui passe devant tous les autres; car l'*optimus* précède toujours le *maximus* dans le style des plus savantes nations, quand elles parlent de Dieu : vous supposez que n'y ayant rien qui l'empêche de combler de biens ses créatures, il les accable de maux. » Ne parlons pas ici de ces maux dont Dieu *accable* ses créatures : il en sera question plus tard. Tenons-nous-en à l'*optimus*. Bayle refuse de reconnaître que Dieu soit très bon s'il ne comble de biens ses créatures. Il ne se contente évidemment pas des biens que comportent les capacités naturelles de chaque être, car il répondrait que Dieu est le maître des capacités de toutes ses œuvres : une telle réponse est dans le sens de sa philosophie. Combler de biens veut dire, dans sa langue, donner sans mesure. Mais, si l'on analyse cette jolie pensée, on arrive à toute sorte d'applications joyeuses, par exemple, que Dieu n'est pas très bon, s'il ne donne à l'âne et à l'huître le moyen de se faire ouvrir les portes de nos académies, etc., etc.

On voit par la citation que nous venons de faire, avec quelle intelligence Bayle s'est servi de l'argument d'Épicure. Qu'on juge par là comment ont dû le comprendre une foule d'autres sophistes d'un esprit incomparablement moins délié. Nos athées contemporains ont prétendu s'en faire une arme contre l'existence de Dieu. Épicure, qui admettait des dieux, avait seulement voulu argumenter contre la Providence. Nous ne voulons pas examiner si sa doctrine n'en éprouvait pas quelque dommage. Toujours est-il que l'athée est mal venu à se servir de tels arguments pour prouver que

Dieu n'existe pas. C'est ce que nous allons montrer maintenant.

Nous avons vu que l'équivoque est ce qui donne quelque apparence de force au sophisme d'Épicure. Présentement nous voulons négliger ce point de vue; nous voulons supposer que les termes en sont pris dans toute leur rigueur et que la conclusion de chaque membre est aussi légitime que possible. Nous faisons le jeu de nos adversaires aussi beau qu'ils peuvent le désirer; mais nous affirmons qu'ils font une lourde bévue en se promettant comme gain que Dieu n'existe pas.

En effet, tout l'argument d'Épicure revient à ceci : l'existence du mal dépose contre la sagesse, ou contre la bonté, ou contre la puissance de Dieu; non que Dieu perde de ce chef toute sagesse, toute bonté ou toute puissance; mais le fait du mal prouve rigoureusement que ces trois attributs sont limités en lui, qu'il n'est ni infiniment sage, ni infiniment bon, ni infiniment puissant. Qu'on retourne les propositions du philosophe grec; si on les suppose rigoureusement concluantes, bien qu'il n'en soit rien, elles ne contiennent pas autre chose. Il ne serait peut-être pas difficile d'en faire convenir nos adversaires. Eh bien! cette raison, supposez-la aussi puissante que vous le voudrez, cette raison diminue Dieu, elle ne le détruit pas!

— Diminuer Dieu, ce n'est pas le détruire! — Attendez, nous allons nous expliquer là-dessus. Je dis que votre argument ne touche pas à l'existence de Dieu, et je le prouve. Il suffit, pour démontrer mon dire, de rappeler en deux mots la preuve la plus ordinaire de l'existence de Dieu.

L'univers existe, cela n'est pas douteux. Or, ce qui n'est pas moins certain, c'est que l'univers n'a pas en lui-même la raison de son existence, c'est qu'une cause supérieure a dû lui donner d'exister. Ou bien vous renverserez les bases de tout savoir humain, ou bien vous admettrez cela. Donc, il est indubitable que Dieu est, qu'il a assez de sagesse, assez de bonté, assez de puissance pour avoir produit et ordonné l'univers, ce qui n'est pas peu dire.

Le monde est imparfait, il a des défauts, des lacunes, il n'est pas exempt de mal : on serait peut-être aussi mal venu à nier ces imperfections, qu'à nier son existence. Que conclure de là? que l'auteur d'un si grand ouvrage n'existe pas? Faudra-t-il donc soutenir que tous les ouvrages défectueux sont éternels, ou qu'ils se sont faits tout seuls? Mais où nous conduirait une logique aussi fantaisiste? A nier l'industrie humaine, car parmi les milliers d'ouvrages qu'elle a produits, il ne s'en est pas encore rencontré un seul qui n'eût quelque défaut. Il est clair que l'imperfection de l'ouvrage prouverait tout au plus l'imperfection de l'ouvrier; il faut avoir perdu l'esprit pour en conclure que l'ouvrier n'existe pas.

C'est donc en vain que les athées se réfugient sous le raisonnement d'Épicure comme « sous un abri terrible, sous un rocher inébranlable ». Cet abri n'abrite rien, ce rocher est de sable. Malheureux! si votre logique prouve quelque chose, elle prouve l'existence d'un Dieu qui se plaît au mal, aux souffrances de ses créatures, et vous ne craignez pas de le traiter avec légèreté, avec mépris; vous ne craignez pas de l'irriter; vous ne craignez pas de provoquer son épouvantable fureur!

L'athée se retourne et répond : Mais si Dieu est imparfait, il n'existe pas? — Ah! vraiment? Et pourquoi donc? Est-ce que *être imparfait* et *exister* sont deux termes incompatibles? Vous existez vous-mêmes, Messieurs, et, certes, on peut vous rappeler sans vous faire injure que vous n'êtes pas parfaits. Allez-vous, pour être conséquents avec votre doctrine, soutenir que vous n'existez pas? Ce serait du même coup supprimer vos objections.

— La question, reprend l'athée, est tout autre quand il s'agit de Dieu. C'est vous, théistes, qui enseignez ce qui nous appuie : en disant que Dieu est parfait ou qu'il n'existe pas, nous vous renvoyons une de vos affirmations. — Voilà de singuliers procédés. Vous empruntez à vos adversaires leurs principes, vous les empruntez sans les vérifier, et vous prétendez tirer de là des vérités absolues, des vérités pleines de conséquences aussi redoutables que celle-ci : Dieu n'existe pas! Eh bien, ou le principe que vous invoquez présentement est faux ou il est vrai. S'il est faux, la conséquence que vous en tirez et qui est toute votre doctrine, est fausse; s'il est vrai, il est par lui-même une démonstration contre l'athéisme. Vous avez été donc bien mal inspirés en voulant le tourner contre vos adversaires, puisqu'il vous frappe en pleine poitrine de quelque côté que vous vous tourniez.

Il est bien évident que s'il est faux, votre conclusion : « Dieu n'existe pas », est aussi fausse que le principe. Inutile d'insister sur ce point. Quant à l'autre alternative, elle a besoin d'explication. Que veut dire cette proposition : « Dieu est parfait ou il n'existe pas? » Veuillez me suivre un instant, vous allez le comprendre. Rien n'est réel et rien n'est possible que par un être réel qui en contienne la raison; principe équivalent à cet autre dont les athées font leur cheval de bataille sans trop connaître la bête : *ex nihilo nihil;* le néant n'est la source de rien, il ne produit que le rien; il n'est pas même capable du stérile attribut de la stérilité, car être stérile suppose la possibilité éloignée de n'être pas stérile; il ne serait pas même nommé sans un artifice de langage. Donc rien n'existe ou n'est possible qui n'existe sous quelque forme éminente dans un être actuellement réel, car la raison réelle des êtres ne peut être que dans un être actuellement réel. Or un être qui renferme en soi la raison réelle de tout ce qui est et la raison réelle de tout ce qui est possible, est un être qui renferme absolument toute perfection. Donc l'être absolument parfait est la plus réelle de toutes les réalités.

Que veut donc dire cette locution : « Dieu est parfait ou il n'existe pas? » Veut-elle dire qu'il y a une hypothèse possible suivant laquelle Dieu n'existerait pas? Cette hypothèse, après ce que nous venons de dire, serait insensée. C'est une manière de parler pour signifier ceci : « Tout être qui n'est pas absolument parfait n'est pas Dieu; mais il suppose Dieu, qui est absolument parfait. Si l'auteur immédiat du monde, par exemple, n'est pas parfait, il y a au-dessus de lui un être parfait dont le Créateur, créature lui-même, est le puissant ministre. » Cette manière de parler signifie encore : « Si, par impossible, Dieu n'était pas parfait, la raison de tout ce qui est et de tout ce qui est possible n'existerait pas; alors ni Dieu, ni aucune chose au monde n'existerait; il n'y aurait que le néant, c'est-à-dire la suprême absurdité. Donc, en résumé, ou le Dieu parfait existe, ou rien n'existe et rien n'est possible (1). »

Tel est le sens du principe que les athées nous ont emprunté pour le tourner contre nous. On voit maintenant avec quelle intelligence. L'arme leur a éclaté entre les mains en les frappant à mort.

Le mieux est encore pour eux de rester chez eux et de se tirer avec leurs propres principes de l'étreinte de cette conclusion : « Le monde existe; donc, parfait ou imparfait, le Créateur existe. » A

---

(1) Cette proposition : « Si Dieu n'était pas parfait, il n'existerait pas » ne suppose pas que la condition soit possible; l'admettre serait déraisonner. Elle est de même ordre que cette autre : « Si deux et deux faisaient cinq, il n'y aurait pas d'arithmétique »; où la condition est une évidente impossibilité. Ce ne sont que des formes de langage pour affirmer plus fortement des vérités absolues.

moins de faire appel à la haute métaphysique et à s'en tenir à la philosophie du gros bon sens, on ne voit pas la nécessité qu'un effet imparfait demande une cause parfaite; on voit seulement qu'il demande une cause, mais cela de toute rigueur. Que les athées tâchent de se débarrasser du Créateur par d'autres moyens que par les imperfections de son œuvre. Il est maintenant acquis que ce moyen n'a pas l'ombre de valeur.

Nous n'avons voulu montrer ici qu'une chose, à savoir que l'argument d'Épicure, ce « refuge terrible » de l'athéisme, est absolument sans force contre l'existence de Dieu. Que si l'on prétendait que le problème du mal n'en reste pas moins tout entier, nous ferions observer que ce problème s'impose à toutes les opinions. Les athées et les panthéistes répondent que le mal est une condition nécessaire de l'existence, sans se douter qu'en répondant ainsi ils ôtent toute force à leurs attaques contre le dogme de l'existence de Dieu; car Dieu ne peut rien pour empêcher ce qui est nécessaire, la toute-puissance, en toute hypothèse, ne s'étendant pas jusqu'à l'impossible. Les docteurs chrétiens ne craignent pas d'aborder franchement la question pour y jeter quelque lumière; nous tâcherons de faire comme eux en marchant à leur suite. En attendant, nous dirons avec Arnobe :

« A cette question : D'où viennent les maux? il n'est pas nécessaire de répondre; car, que la réponse soit possible au non, cela nous importe peu; nous ne croyons pas qu'il y ait à s'inquiéter beaucoup d'ignorer ou de connaître ce point. Il nous suffit d'avoir établi cette vérité, que de Dieu principe suprême rien ne procède qui soit nuisible ou funeste. Ce que nous croyons fermement, ce que nous savons, ce que nous tenons en notre esprit avec la certitude d'une vérité indubitable, c'est que Dieu ne fait rien qui ne soit salutaire à tous, qui ne surabonde d'amour, de douceur, de joie et d'allégresse, qui ne conduise aux plus pures jouissances, que chacun ne désire ardemment de posséder, et ne déclare opposé au mal et à la mort (1). »

J. DE BONNIOT. S. J.

(1) Lib. II, c. LV.

NOS COLONIES ET NOTRE MARINE

Une puissance irrésistible emporte depuis quelques années les peuples chrétiens à la conquête des nations infidèles ou barbares; le champ de la politique, limité naguère aux étroits confins de l'Europe, singulièrement élargi par les derniers événements, embrasse aujourd'hui le monde entier.

Plus de quantités négligeables; plus de peuples renfermés dans un incorrigible égoïsme; plus de races déshéritées et comme vouées à l'abrutissement sans fin! Désormais chacun doit occuper sa place au banquet de l'Évangile; chacun doit contribuer à la glorification du Christ; Celui dont le sang a été versé sur le Calvaire pour laver toutes les souillures ne va pas laisser plus longtemps les enfants de Cham eux-mêmes privés des bienfaits de la rédemption et de la régénération universelles.

Les temps sont proches évidemment où, pour l'accomplissement parfait des promesses sacrées, l'humanité tout entière ne formera plus qu'un immense troupeau dirigé par un seul pasteur.

Déjà l'Afrique, notre voisine, peuplée de monstres et de chimères par l'imagination des anciens, *Africa portentosa*, ouvre ses routes les plus larges aux hardis explorateurs. Quand nous étions écolier, on nous la montrait vide et nue comme les pôles; en quelques années elle s'est couverte de grands lacs, de fleuves, de forêts, de plaines et de coteaux où grouillent des nations innombrables, n'attendant plus que la semence de la divine parole pour voir germer et mùrir d'abondantes moissons de chrétiens. Les îles de l'Océanie sont divisées en diocèses dont les fidèles les plus fervents sont les malais, les canaques et autres autochtones, hier encore anthropophages et tombés au dernier échelon de la dégradation intellectuelle et morale. Le Japon, dont la foi sommeillait depuis deux siècles dans un linceul ensanglanté, se réveille comme Lazare au lendemain du jour où

Pie IX couronne ses martyrs sur nos autels, et accueille de nouveau nos missionnaires avec autant d'empressement que nos savants et nos industriels. La Chine voit tomber une à une les pierres des murailles épaisses qui la dérobaient aux regards du reste du monde, et l'on peut maintenant prévoir le jour où tomberont également, soit de gré, soit de force, les dernières barrières des préjugés qu'elle a si longtemps opposés aux progrès et à la religion de l'Occident. Enfin, qui ne sent l'islamisme, impuissant à conjurer l'anathème porté contre lui par Daniel et par saint Jean, chanceler sur ses bases, crouler de toutes parts, prêt à acclamer le Christ vainqueur et à recevoir l'eau sainte du baptême, qui seule peut légitimer ce bâtard d'Abraham et de l'ancienne loi?

Aveugle qui n'aperçoit pas cette fermentation générale de la race humaine! Bien mal inspirés sont les Français qui, dans l'intérêt de leurs étroites combinaisons politiques, refusent d'associer leur pays à ce nouveau partage de la terre, auquel sont conviés les enfants de Noé! La France, au contraire, devrait marcher à la tête du mouvement et le diriger, autant pour sauvegarder ses intérêts présents et futurs, que pour rester fidèle à ses plus constantes et plus nobles traditions, « Je suis partisan du développement colonial de la France », s'écriait l'éloquent évêque d'Angers, à la tribune de la chambre, le 26 novembre dernier. « Non jamais, ajoutait-il, je ne renoncerai pour mon pays à la puissance civilisatrice qui a fait dans l'histoire sa grandeur et sa gloire. »

Mgr Freppel, sous la haute autorité duquel nous aimons à abriter notre sentiment, a pris la peine de déduire, en sa qualité d'homme d'État, les raisons purement humaines qui justifient, qui nécessitent même l'extension de notre puissance coloniale.

« Messieurs, disait-il dans la même séance; que la possession de colonies fortes et relativement nombreuses, de colonies florissantes et bien choisies ajoute à la puissance militaire, commerciale et industrielle d'un pays, c'est là une vérité tellement évidente par elle-même et si bien démontrée par toute l'histoire, qu'il me paraît superflu d'y insister; et, d'autre part, qu'une puissance maritime comme la France, — et, à cet égard, elle occupe le deuxième rang dans le monde, — qu'une puissance maritime comme la France doive tenir essentiellement à s'assurer un nombre de postes straté-giques, de stations navales, de colonies même lointaines en rapport avec l'état de ses flottes, avec les besoins de sa navigation, avec la part de domination qu'elle est appelée à exercer sur les mers, c'est une vérité à laquelle il serait difficile de contredire sans méconnaître la nature même des choses. »

M. le comte de Mun n'a pas tenu un autre langage dans la séance du 26 mars 1884, en parlant de Madagascar. Et cependant plusieurs députés de la droite ont voté contre les diverses expéditions du Tonkin, comme si les vérités d'ordre général n'étaient pas aussi bien applicables dans les mers de Chine que dans l'océan Indien, comme s'il était plus urgent de planter la croix à Tananarive que sur les bords du fleuve Rouge. Nous tâcherons d'expliquer les inconséquences apparentes de ces hommes politiques; avant tout, nous allons essayer de détruire quelques idées fausses répandues, même dans le public chrétien, au sujet du principe de la colonisation en lui-même et de redresser quelques erreurs relatives aux aptitudes colonisatrices de la race française.

II

« Que la possession de colonies fortes et florissantes ajoute à la puissance d'un pays, c'est là une vérité tellement évidente qu'il paraît superflu d'y insister », répéterions-nous volontiers avec Mgr Freppel, si de récentes polémiques n'avaient réussi à remettre en question l'évidence elle-même.

Les défenseurs du paradoxe ne manquent pas d'ailleurs d'arguments spécieux. Ils reconnaissent que la possession de vastes colonies a élevé successivement le Portugal, l'Espagne, l'Angleterre et la Hollande au plus haut degré de gloire et de prospérité, et qu'elle a marqué l'ère la plus brillante de leur histoire; mais ils ajoutent que l'excès même des richesses exotiques a fini par appauvrir les métropoles, que l'obligation de les maintenir est devenue un embarras, un fardeau, une source de guerres ruineuses et d'humiliations nationales. Pour l'Angleterre même, ils font le compte des dépenses et des sacrifices énormes qu'ont coûtés les colonies; ils rappellent les millions prodigués et gaspillés dans les guerres avec l'Espagne, avec la Hollande, avec la France, pour la conquête ou la conservation des domaines d'outre-mer.

Si on leur objecte l'intérêt commercial, les adversaires de la colonisation répondent par l'exemple de plusieurs grands pays qui, sans posséder aucune colonie, entretiennent au dehors un immense trafic. Ils citent les États-Unis, qui n'ont pas même un îlot et dont le pavillon se montre dans tous les ports du monde ; ils citent l'Allemagne, dont les produits apparaissent sur tous les marchés ; ils pourraient aussi bien citer la Chine qui peuple tout l'Orient de ses colons, trafiquant et s'enrichissant à l'abri des pavillons étrangers. Ils admettront, peut-être, que dans les temps passés, alors que le régime colonial reposait sur les monopoles et sur les restrictions douanières, les nations dépourvues de colonies se voyaient, à leur désavantage, écartées des marchés lointains dont les possesseurs se réservaient la jouissance exclusive ; mais aujourd'hui, disent-ils, sous le régime de liberté et de concurrence qui tend à prévaloir, à quoi bon se donner les embarras et s'imposer les charges d'un établissement colonial, puisque tous les marchés sont ouverts et que chacun peut y échanger ses marchandises ? Tel est résumé exactement le langage des économistes et des politiques qui condamnent le principe même des colonies ?

De cet entassement de sophismes, il est possible de dégager une demi-vérité : c'est que la possession de colonies n'est pas une condition absolument indispensable pour atteindre à la puissance et à la fortune, mais il faut un véritable effort d'imagination pour en conclure qu'elles sont inutiles ou même nuisibles. Se figure-t-on, en effet, ce que serait l'Angleterre sans ses colonies ? et la Hollande sans Java ? Le mouvement industriel de la Grande-Bretagne et le commerce maritime de la Hollande eussent été étouffés dans leur germe, s'ils n'avaient pu s'étendre au-delà des confins de l'Europe et trouver en Amérique comme en Asie d'inépuisables ressources d'expansion. Otez à l'Angleterre cette pléiade de colonies que sa loi souvent brutale, mais toujours obéie, gouverne à tous les points de l'horizon, et vous n'aurez plus l'empire, le vaste empire britannique. Enlevez à la Hollande le magnifique archipel qui rayonne sur les mers de la Malaisie, et il ne reste plus qu'un lambeau de terre sablonneuse, à demi noyée dans l'Océan. L'Espagne n'a jamais été si glorieuse qu'à l'époque où l'un de ses souverains pouvait dire que le soleil ne se couchait jamais dans ses États ; et aujourd'hui encore, bien que son domaine soit bien amoindri, la possession de Cuba et des Philippines suffit pour lui assurer une grande part d'influence dans les affaires du monde. Elle serait plus que mutilée si elle venait à perdre la perle des Antilles.

L'objection tirée de la politique des États-Unis perd toute sa valeur, si l'on veut réfléchir que cette vaste république a trop à faire chez elle avant de songer à étendre au loin sa domination. Un pays assez riche pour offrir vingt hectares de terre fertile à chacun de ses habitants, ne s'en va pas essaimer au loin le trop-plein de sa population; une nation qui en est encore à codifier un recueil de lois positives, où les sectes les plus diverses et les plus extravagantes se disputent l'empire des consciences, ne peut ambitionner de conquérir de nouveaux territoires et de régenter les barbares. Du reste, en prévision de l'avenir sans doute, le gouvernement de Washington a pris dernièrement des mesures pour faire reconnaître sa suprématie sur quelques îles de l'Océanie et sur quelques points du royaume de Corée.

Quant à l'Allemagne, sa situation géographique l'a empêchée jusqu'à ces derniers temps de créer pour ses enfants émigrants de nouvelles patries sous des soleils plus bienfaisants que celui qui mûrit à peine ses pâles moissons. Elle a dû abandonner leur sort à la générosité des étrangers qui les accueillent en les soumettant à leurs lois et à leurs règlements; elle a confié à leur cœur le souvenir de la mère patrie, mais on peut affirmer qu'elle a toujours subi à contre-cœur cette cruelle nécessité. La politique actuelle de M. de Bismarck en est la preuve.

Cet homme d'État, qui, par le prestige de la victoire et du succès, est devenu l'oracle incontesté de l'Europe, sait, en effet, que l'Allemand vivant à l'ombre du drapeau de l'empire, même au fond de l'Afrique méridionale, appartient toujours au domaine national; il sera plus intéressé que celui qui vit sous les lois américaines à alimenter le commerce, l'industrie et la marine de la mère patrie, dont la culture et les productions augmenteront en proportion même de l'extension du territoire.

On fait observer que pour fonder une colonie, il faut nécessairement exporter une partie de la population et des capitaux. Y a-t-il dans ce double fait déperdition de forces ou soulagement? L'un et l'autre. L'accroissement de la population sédentaire est toujours en raison directe de l'émigration, comme en témoignent l'Angleterre et l'Irlande qui fournissent au monde entier le plus fort contingent d'émigrants. D'autre part, tous les économistes modernes admettent que la sortie du numéraire est profitable parce qu'elle le fait circuler.

La colonisation est une nécessité de premier ordre, au point de vue exclusivement politique et économique, surtout depuis l'immense mouvement industriel développé à partir de 1815. Il faut à tout prix nous approvisionner de denrées alimentaires et de matières premières. Où se les procurer, l'Europe étant comme épuisée et surchargée d'habitants, si nous ne forçons pas les portes des Indes, des îles, de l'Asie orientale et de l'Afrique, ces réservoirs inépuisables de richesses naturelles, accumulées par la nature et laissées vierges par des peuples débiles ou ignorants.

Les horizons de l'Occident se sont singulièrement agrandis. Heureuses les nations qui savent prendre les devants et se maintenir à l'avant-garde!

III

C'est de l'Angleterre qu'est parti, pour la première fois, ce cri hypocrite qui a trouvé en France un écho trop docile : plus de colonies. Il existe même dans ce pays de toutes les audaces et de toutes les perfidies une école prétendue radicale, s'inspirant des principes homicides de Malthus, qui prêche l'abandon de toutes les possessions britanniques et la libération des peuples à demi sauvages que la reine retient sous sa domination. Pour bien affermir la sincérité de pareilles théories, l'Angleterre ne laisse d'ailleurs passer aucune occasion d'élargir le cercle de son empire, même en foulant aux pieds les droits les plus sacrés de l'humanité. C'est un point sur lequel les wighs et les tories sont toujours d'accord, et si les radicaux eux-mêmes arrivaient au pouvoir, on peut tenir pour certain qu'ils ne modifieraient point la politique nationale et qu'ils relègueraient sans façon leurs théories dans le domaine abstrait du rêve ou de la spéculation fantaisiste. La colonisation continuerait à être enseignée en chaire publique, à Oxford et à Cambridge, comme une science d'intérêt général; les livres de M. Merivale ou de lord Grey resteraient toujours les bréviaires des colonisateurs.

Et, cependant, si, par impossible, ce cri allait être entendu, si, dans un élan de folie, l'Angleterre abandonnait à eux-mêmes ses sujets coloniaux, ou, éventualité plus probable, si la défaite la dessaisissait de ses plus belles possessions, nous serions loin de considérer un pareil événement comme funeste, au point de vue chrétien. Aucun peuple n'a plus abusé que le peuple anglais de la fortune et des faveurs divines. Appelé à gouverner chrétiennement les nations subjuguées, il s'en est fait le bourreau ; chargé de leur apporter le bien-être matériel par une sage réglementation du travail, il les a écrasées d'exactions ; invité à les initier aux bienfaits des lois équitables et aux lumières de l'Évangile, il a pris envers elles l'arbitraire pour règle et les a laissées systématiquement croupir dans le plus honteux fétichisme, afin de mieux les asservir et de les exploiter plus facilement. Sur les 200 millions d'Hindous tremblants sous ses verges de fer, c'est à peine si quelques milliers lisent la Bible. Le diocèse de Pondichéry, resté français, compte à peine 300,000 habitants ; près de 120,000 d'entre eux sont convertis à la foi catholique. On peut juger par là ce que serait l'Inde aujourd'hui ou ce qu'elle serait demain, si elle était demeurée française ou si elle le redevenait.

Certes, il serait puéril de nier les crimes commis par les Espagnols et les Portugais conquérants de l'Amérique, et par leurs premiers colons. Mais tout en blâmant les violences des chercheurs d'or et des pêcheurs de perles, l'historien impartial doit constater que les gouvernements de Madrid et de Lisbonne se sont toujours préoccupés du salut éternel des malheureux Indiens. En même temps qu'ils administraient trop sévèrement leurs immenses royaumes, ils ajoutaient des provinces nouvelles au patrimoine de l'Église ; ils n'ont point méconnu leurs devoirs de catholiques et, depuis quatre siècles, les louanges du vrai Dieu retentissent dans ce monde mystérieux que saint Clément, le premier successeur de saint Pierre, avait pressenti, quand il annonçait, dans sa fameuse épître, que les terres elles-mêmes qui sont couchées au-delà de l'Océan chanteraient un jour la gloire du Très-Haut.

Néanmoins, l'Espagne et le Portugal, infidèles jusqu'à un certain point à leur mission, ont été châtiés durement. Les Portugais, peuple mercantile, qui subordonnaient la religion au commerce, ont perdu toute prospérité et presque toute indépendance, en devenant les vassaux des Anglais, plus mercantiles encore qu'eux-mêmes. Les Espagnols ont vu se retourner contre eux les esclaves qu'ils torturaient pour assouvir une insatiable cupidité. Des joyaux magnifiques qui ornaient la couronne de Philippe II, un seul reste intact : les Philippines, conquises plutôt par les prédications des moines, que par le fer meurtrier des soldats. Ni l'un ni l'autre de ces peuples n'est, du reste, en état d'entreprendre les expéditions

lointaines qui faisaient leur force et leur grandeur. Ils ont manqué
à la grâce; la grâce leur manque.

Nous attendons avec une entière confiance le châtiment exemplaire de la plus grande coupable des temps modernes : de l'Angleterre. Qu'elle soit déchirée par ses propres factions; que son corps,
revêtu d'une robe d'or, mais dévoré par la lèpre, tombe de lui-
même en décomposition; que les millions d'êtres humains qu'elle a
condamnés à l'abjection du paupérisme, incendient ses palais et
jettent au vent ses richesses mal acquises; qu'une nation jalouse
lui dérobe par surprise les provinces qu'elle a acquises par trahison,
peu importe! Ce qui importe avant tout à la conscience humaine,
ce qui semble aujourd'hui prochain et inévitable, c'est la chute de
ce monstrueux édifice britannique, inauguré par un monarque
apostat et adultère, cimenté par une rebelle hypocrite et régicide.

Il est temps de se préoccuper de son vaste héritage et d'occuper,
dès à présent, les citadelles qui commandent aux routes du Gange.

Laisserions-nous la Russie se placer au premier rang? Ce serait
jouer un rôle de dupes et s'exposer à des dangers mille fois plus
grands que ceux que fait courir l'Angleterre à la liberté commune.

La Russie, évidemment, n'aurait nulle envie de partager avec
nous le produit des victoires que nous lui laisserions remporter
seule sur l'Indus. D'autre part, s'imagine-t-on ce que serait l'empire des czars, tout entier d'un seul tenant, depuis Ceylan jusqu'aux
déserts glacés du pôle nord, peuplé de plus de trois cents millions
d'hommes, obéissant militairement à un souverain tout-puissant, qui
n'aurait qu'à dire une parole pour les rassembler, qu'à faire un
geste pour les précipiter, avalanche irrésistible, à travers les plaines
d'Europe. Ce ne serait pas seulement la ruine de toute liberté, ce
serait aussi l'anéantissement de toute conscience, car on sait que la
tyrannie moscovite, assez légère aux musulmans et aux païens, est
impitoyable aux catholiques. Une telle omnipotence attribuée au
schisme russe serait le pire des fléaux qui puisse affliger l'humanité.

Nous serons, par la force des choses, obligés de prendre parti
dans la furieuse conflagration que chacun sent imminente, que la
diplomatie peut différer, mais ne saurait conjurer indéfiniment. Le
corps d'occupation que nous entretenons dans l'Inde transgangique
deviendra un corps d'observation des plus utiles. Quand nous
n'aurions pas d'autre raison de nous réjouir de la conquête de
l'Indo-Chine, elle devrait suffire. Les raisons politiques sont aussi

fortes que les raisons économiques, pour nous faire désirer vivement l'extension de notre empire colonial.

IV

Poussés dans leurs derniers retranchements, les adversaires de la colonisation déclarent que les Français ne sont pas colonisateurs.

Si l'on s'entendait sur le sens des mots « colonies et colonisation », peut-être cesserait-on de reproduire cet argument devenu bien banal à force d'être répété.

Il est évident que les Français émigrent peu de nos jours et qu'on recruterait difficilement un nombre d'hommes suffisant pour aller, à 2000 lieues du sol natal, défricher des territoires entiers, sols vierges que la Providence semble avoir tenus en réserve pour les livrer aux races fortes et fécondes. Cependant nous remarquerons, avec Mgr Freppel, qu'en ouvrant de nouveaux débouchés au commerce et à l'industrie, en ouvrant de nouvelles et de plus larges perspectives à l'initiative individuelle, à l'activité des fils de famille, on parviendrait peut-être à réduire, sinon à faire tomber ces malheureux calculs qui entravent le progrès de la population française. L'utilité d'une colonie ne se tire pas d'ailleurs du nombre plus ou moins considérable des nationaux qui vont l'habiter. Les Carthaginois n'étaient qu'une poignée d'hommes et n'en avaient pas moins des colonies dans le monde entier,

Mais ne remontons pas si haut.

Proportionnellement aux masses indiennes dont ils ont fait leurs tributaires ou leurs sujets, les Anglais sont en très petit nombre dans l'Inde; et il en de même des Hollandais par rapport à Bornéo et à Java.

Il n'est pas nécessaire que des flots d'émigrés français aillent remplir nos colonies pour les rendre prospères et fructueuses; ce serait, sans nul doute, à désirer, si nous avions un trop-plein de population, mais cela n'est pas indispensable pour le but que nous voulons obtenir.

Le rôle que le poète avait assigné au peuple romain *regere imperio populos* est certes assez beau pour remplir une noble ambition et exciter les plus belles émulations.

S'il est vrai, malheureusement, que la fatale loi sur les héritages et le partage égal des successions ait eu pour résultat de ralentir l'accroissement de la population française et de rendre bien des mariages stériles, il est non moins vrai que les femmes françaises, transportées sous un autre climat, soumises à des lois plus conformes au droit chrétien que celles du code civil, reprennent la fécondité qui est traditionnelle dans la race gauloise et n'entravent plus criminellement les prescriptions de la nature. Les voyageurs sont tous d'accord là-dessus. Il n'est pas rare de trouver dans le Canada et dans la Louisane des femmes d'origine française qui ont enfanté vingt, vingt-cinq et même trente enfants. La moyenne des familles dans la France du Nord est de six et sept enfants. Elle n'est plus que de deux et demi dans la mère patrie. Ce Canada, que nous opposons victorieusement à tous les détracteurs de notre génie colonisateur, a vu augmenter sa population dans des proportions qui rappellent la prodigieuse fécondité des filles de Jacob exilées en Égypte. Montcalm avait laissé, en 1763, soixante-dix mille de nos nationaux seulement pour perpétuer sur le théâtre de sa gloire le souvenir de notre langue, de nos mœurs et de notre religion. Ils sont trois millions aujourd'hui, plus de quatre fois décuplés en cent vingt ans. Ainsi de la Louisianne, de la Martinique, de Bourbon, de Maurice, de tous les points du globe où, dans les siècles passés, nos pères ont jeté cette semence française qui se conserve pure à travers les âges, nonobstant les révolutions et la perte de la nationalité.

C'est même un trait particulier à notre race de ne se laisser déformer, ou même modifier, ni par le climat, ni par le changement d'habitudes et de régime. Les Espagnols deviennent des Péruviens et des Chiliens qui n'ont plus rien de commun avec l'Andalous ou le Catalan, ni rien de commun entre eux. Les Anglais deviennent Yankees, perdant non seulement les traits et l'élégance native de leurs ancêtres, au point de constituer une race nouvelle et sans analogie avec aucune autre, mais oubliant jusqu'à la prononciation exacte de la langue maternelle. Les Français conservent une identité absolue avec leurs compatriotes du sol natal, tant les trappeurs de l'Amérique du Nord que les planteurs des Antilles.

Ce privilège que nous partageons uniquement avec les Israélites, ces cosmopolites par destination, suffirait seul à établir que les Français ne sont déplacés nulle part, qu'ils poussent partout, comme disait Henri IV des Gascons, qu'ils sont *vraiment colonisateurs* au sens le plus étendu du mot.

On s'étonne beaucoup que l'Algérie, cette extension de notre frontière, et, en même temps, cet avant-poste de l'Europe en Afrique, ne soit pas encore couverte de villes, de villages et de fermes à.la française, absolument comme un département de Normandie ou de Provence. L'argument paraît irrésistible aux adversaires de la colonisation, comme si cinquante-cinq ans avaient dû amplement suffire pour provoquer l'exode de plusieurs millions de nos nationaux vers un pays neuf, où tout était à créer, où une administration maladroite créait des entraves et suscitait des difficultés sans nombre aux colons de bonne volonté, où le sol avait la réputation d'être malsain, où chaque buisson, chaque pli de terrain recélait un ennemi embusqué. C'est à peine si l'Algérie est réellement pacifiée depuis quinze ans, si les nouveaux possesseurs sont sûrs de recueillir, sans la protection des régiments, les fruits de leur travail, et déjà l'émigration volontaire a jeté dans les trois provinces barbaresques plus de 200,000 de nos nationaux, sans parler des 200,000 Espagnols et Italiens dont les descendants deviendront Français tôt ou tard. Cette situation est loin d'être décourageante, et l'objection qu'on cherche à en tirer tombe d'elle-même après un examen sérieux. Peu de colonies, même les plus vantées, ont attiré, en un si court espace de temps, un aussi grand nombre d'Européens, sauf celles où l'on a découvert·des mines d'or. Les Boers, ces Hollandais primitifs dont personne ne songe à nier les vertus colonisatrices, ne forment pas dans l'Afrique australe, après deux siècles d'occupation, une population plus nombreuse que les Français établis sur les côtes barbaresques.

Laissons passer un siècle sur l'Algérie, comme sur le Canada; donnons à nos compatriotes d'Afrique des lois qui favorisent l'esprit d'entreprise, même aventureux, qui permettent d'asseoir la propriété terrienne sur des bases solides et défendent de l'émietter par le partage égal des héritages entre les enfants; civilisons les Kabyles; refoulons dans le désert les Arabes *incivilisables;* abolissons le malheureux article 11 de la capitulation d'Alger, qui garantit aux musulmans le libre exercice de leur culte, y compris la polygamie, et nous pouvons prédire à coup sûr que la France nouvelle, la France mauresque doublera sans efforts le nombre des enfants de la mère patrie, augmentera sa richesse en proportion, et reculera· ses frontières à des limites que n'a pas atteintes Carthage, que Rome n'a pas soupçonnées. Déjà nous avons senti la nécessité

de les élargir vers l'est de toute la Tunisie ; la terre où mourut saint
Louis est de nouveau et pour toujours, sans doute, soumise à nos
lois. Ce n'est pas assez. Tant qu'un coin de la Mauritanie, depuis la
Cyrénaïque jusqu'au cap Vert, échappera à notre domination, tant
que la croix n'y aura point, sous nos auspices, remplacé partout le
croissant, nous n'aurons pas le droit de nous reposer dans la poursuite de notre ambition légitime, et l'œuvre si merveilleusement
inaugurée par Charles X ne sera pas accomplie.

La France a besoin de toute l'Afrique du Nord, pour rayonner de
là sur tout le continent noir et pour le relier au vieux monde chrétien,
à travers cette Méditerranée si vite franchie de nos jours et qui ne
doit plus être qu'un lac français, comme il fut jadis un lac romain :
mare nostrum.

V

Peu nous importe quels hommes remplissent, au nom de la
France, cette mission providentielle ! Nous n'avons ici mission ni de
les attaquer ni de les défendre. Mais il nous sera permis de reconnaître que le gouvernement pervers et persécuteur qui a osé faire
les expéditions de Tunis et du Tonkin a été, en fait, l'exécuteur
testamentaire de Charles X et de Louis XVI. En même temps qu'il
a relevé notre prestige militaire dans le monde, il a suivi la politique
traditionnelle de la France, celle qui conduit Richelieu à Madagascar, Colbert au Canada, Dupleix et Labourdonnais aux Grandes-
Indes, M. de Montmorin en Indo-Chine, celle qui a planté la croix
fleurdelisée au milieu des peuplades les plus sauvages.

Que les promoteurs de ces croisades nouvelles aient obéi à des
mobiles d'ordre inférieur ; que des pensées de lucre soient entrées
dans leur cœur ; qu'on puisse reprocher à M. Jules Ferry d'avoir
favorisé M. Bavier-Chauffour, à M. Charles Ferry d'avoir mis en
action le sang de nos soldats ; que la majorité opportuniste, cent
fois plus coupable que son ministre, ait été guidée uniquement
par l'espérance d'avoir sa part dans une riche proie, c'est ce qu'il
est inutile d'approfondir.

Du reste, M. J. Ferry est tombé hier, les opportunistes tomberont
demain, châtiés les uns et les autres par la vengeance divine qui
nous a fait cinq ans attendre le châtiment de leurs impiétés et de
leurs proscriptions sacrilèges ; les vilenies qui tachent des conquêtes

glorieuses disparaissent sous les victoires de Courbet et de Négrier, et un résultat merveilleux est acquis : la constitution d'un magnifique empire indo-français, aux portes de la Chine, prêt à présider au démembrement de la Chine, s'il est dans la destinée de cette nation d'éclater comme une grenade trop mûre, ainsi qu'en sont convaincus tous ceux qui l'ont étudiée de près. C'est la revanche de Dupleix.

Dans ces conditions, et tout en flétrissant les fautes énormes, les crimes même commis dans la conduite de ces affaires du Tonkin, notre devoir est de marcher de l'avant, sans regarder derrière nous, sans prendre garde à qui marche avec nous. Catholiques, nous devons accepter la bénédiction de Balaam lui-même, parce qu'il est malgré lui l'organe de la volonté de Dieu ; patriotes, nous devons suivre le drapeau du pays, sans nous inquiéter de l'indignité de celui qui le porte ; monarchistes nous devons favoriser tout ce qui peut contribuer à l'agrandissement du pays, nous devons continuer les traditions des rois et des empereurs.

VI

En ce qui concerne le Tonkin spécialement, on semble trop oublier que cette opulente province est un legs imprescriptible de Louis XVI et de son ministre de la marine, M. de Montmorin, deux hommes qui ne perdirent pas un instant de vue leur devoir de relever notre marine marchande et notre puissance coloniale si malheureusement compromises par Louis XV et M. de Choiseul. Aucuns sacrifices ne leur semblaient trop lourds pour atteindre ce but vraiment patriotique, et nous ne savons rien de plus intéressant que le récit des négociations de leurs diplomates secondés par les missionnaires, et des exploits de leurs soldats et de leurs ingénieurs pour rendre incontestable la suprématie de la France sur toute l'Indo-Chine. C'est une histoire héroïque qui commence en 1787, et dont Francis Garnier et le commandant Rivière sont les glorieux continuateurs.

L'ancienne dynastie des Ly, qui avait régné sur tout l'empire d'Annam pendant quatre ou cinq siècles, venait d'être renversée par un usurpateur. Son dernier représentant, Gia-Long, alla demander asile et secours à l'empereur de Siam. Celui-ci concéda l'asile, mais refusa le secours. Sa capitale Bankok était alors le siège d'une importante station de missionnaires français qui virent dans cette circonstance une occasion favorable d'augmenter l'influence française en Orient. L'évêque, Mgr Pigneau de Béhaine, proposa à Gia-Long d'emmener son fils aîné, nommé Canh-Dzue, à Paris, pour demander au roi de France aide et protection, et Gia-Long y consentit.

Ainsi, dès 1787, le souverain légitime de l'Annam, victime d'une révolution, réclamait le secours d'un autre roi légitime qui ne devait pas tarder, lui aussi, à devenir la proie d'une révolution autrement grave. Louis XVI reçut le prince Canh-Dzue avec beaucoup d'empressement; mais avant de songer sérieusement à prendre ouvertement son parti, il voulut avoir des détails circonstanciés sur le pays et sur les avantages qu'il pourrait en retirer.

Voici, en résumé, les arguments que fit valoir Mgr Pigneau de Béhaine. Quoique son rapport date de cent ans, il n'a rien perdu de son actualité.

« Il est nécessaire, disait l'évêque, de contre-balancer l'influence anglaise dans les Indes. L'occupation de l'empire d'Annam serait un moyen très efficace pour arriver à ce but. Si l'on prend, en outre, en considération les productions du pays et la situation des ports, on verra que l'on peut attendre les plus grands avantages d'une occupation de la contrée, aussi bien en temps de paix qu'en temps de guerre.

« *Premier avantage.* — Nous nous trouverons plus voisins de la Chine que les Anglais, et nous arriverons facilement, en raison de cette proximité, à absorber le commerce de ce grand pays en temps de paix.

« *Second avantage.* — En temps de guerre, il nous sera encore plus facile de bloquer les ports chinois, d'en interdire l'entrée ou la sortie aux vaisseaux ennemis.

« *Troisième avantage.* — Nos vaisseaux marchands trouveront à se ravitailler dans les ports de l'Annam, et les forêts fourniront des matériaux pour en construire de nouveaux.

« *Quatrième avantage.* — Ce pays nous fournira les vivres nécessaires pour nos croisières d'extrême Orient.

« *Cinquième avantage.* — Occupant une position si avantageuse, il nous sera facile d'empêcher les Anglais d'étendre leurs possessions à l'est, etc. »

Il n'en fallait pas davantage pour décider le jeune monarque.

Par les soins de M. de Montmorin, un traité fut rédigé et signé, en vertu duquel la France devenait virtuellement protectrice de l'Annam, moyennant des conditions qui ont toutes été remplies de notre côté.

Louis XVI s'engageait, en effet, à restaurer Gia-Long sur son trône et à lui fournir, dans ce but, des hommes, des munitions et cinq millions de francs.

En retour, Gia-Long s'engageait à nous abandonner en toute souveraineté une partie de son territoire et plusieurs ports, à recevoir nos consuls dans toutes les villes de son empire où il nous plairait d'en accréditer, à nous donner la concession de ses travaux publics, à choisir parmi les Français les collecteurs des taxes, à fournir une armée auxiliaire, en cas de guerre contre l'Angleterre, enfin à favoriser, de tout son pouvoir, la propagande de la religion chrétienne.

Malgré 89 et malgré 93, toutes les clauses qui nous concernaient furent exécutées, grâce surtout à l'habileté et à l'énergie de l'évêque de Bankok. L'argent promis fut versé entre ses mains; avec les ressources mises à sa disposition par M. de Montmorin, il put lever une petite armée de soldats de fortune parfaitement disciplinée; cette armée anéantit les bandes révolutionnaires annamites et, plus heureux que son infortuné protecteur, Gia-Long recouvra son royaume.

Il ne fut pas ingrat envers les officiers français auxquels il devait son trône; il leur fit de magnifiques présents, leur confia la réorganisation de son armée et la construction de plusieurs forteresses; enfin, grâce à leur concours, en l'année 1804, il reconquit la province du Tonkin. Les premiers pionniers de la civilisation française dans l'Annam se doutaient peu que les forteresses qu'ils avaient construites serviraient, avant la fin du siècle, à repousser leurs compatriotes, et que le sang français coulerait à flots pour reprendre ces citadelles au successeur de Gia-Long.

Tant que Gia-Long sentit qu'il avait besoin des officiers français, il leur laissa la plus entière liberté; les missionnaires catholiques qui, depuis plus de deux siècles, étaient établis en Cochinchine continuaient leur œuvre avec succès; mais, en 1820, Gia-Long mourut laissant la couronne à son plus jeune fils, Minh-Mang, à l'exclusion des enfants de son fils aîné, le prince Canh-Dzue, qui, en 1787, avait été son ambassadeur en France.

Dans les pays orientaux, la mort d'un roi ne se passe pas sans quelque révolution; l'Annam ne fit pas exception à cette règle; les amis et les adhérents de Canh-Dzue se révoltèrent non seulement en Cochinchine et dans l'Annam, mais aussi au Tonkin. Le roi Minh-Mang eut beaucoup de peine à calmer ces rébellions et en reporta toute la faute sur les Français, amis de Canh-Dzue. Les missionnaires furent traités avec une grande rigueur, plusieurs d'entre eux furent menacés d'être mis à mort.

En 1833, la haine du roi pour les Français se montra ouvertement; par un édit royal, il leur interdit l'accès du pays et fit exécuter ceux qui refusaient de se retirer.

Depuis cette époque, l'histoire de l'Annam n'est plus qu'un long martyrologe des Français et des chrétiens, au mépris formel du traité de 1787.

Le fils de Minh-Mang, Thien-Tri, ne se contenta même pas de violer la convention qui laissait aux chrétiens pleine liberté de leur culte, il refusa aux vaisseaux français l'accès de la baie de Tourane qui nous appartenait en toute souveraineté. En 47, en 48, en 56, on dut employer la force pour rappeler l'empereur d'Annam au respect de ses engagements et de ceux de son aïeul; chaque fois les nouvelles promesses qu'il a faites sous le canon de nos navires ont été violées. Il fallut prendre des gages plus sérieux que la parole d'un despote d'Orient, et en 1862, après deux brillantes campagnes exécutées sous les ordres de l'amiral Rigault de Grenouilly et de l'amiral Charnier, le successeur de Thien-Tri, Tu-Duc, signa un traité par lequel il nous abandonnait toutes ses provinces méridionales, s'engageant, en outre, aussi solennellement que Gia-Long à respecter et à favoriser la religion chrétienne dans le reste de ses États. Ce traité, qui faisait de la Cochinchine une province désormais aussi française que l'Algérie, est une des gloires les plus incontestables du règne de Napoléon III. Les utilitaires eux-mêmes, qui réduisent tout à une question de chiffres, conviennent que cette province non seulement suffit à ses propres besoins, mais verse en sus 3 millions par an au trésor français; et la Cochinchine est la province la moins peuplée, la moins fertile et la plus petite de l'Indo-Chine·

La religion catholique y a fait d'immenses progrès, et s'il est vrai, comme M. Guizot a été contraint de l'avouer en un jour de franchise, que France et catholicisme sont synonymes en Orient, le jour est prochain où les 1,500,000 naturels de la Cochinchine seront aussi français que les paysans de Picardie ou d'Auvergne.

Malheureusement, la situation de la religion n'a fait qu'empirer dans le reste de l'empire d'Annam. Rompant ses engagements pour la cinquième fois, Tu-Duc n'a cessé d'y massacrer ses sujets convertis à la vraie foi et d'y molester nos missionnaires. Pour comble d'audace, il a fomenté des troubles sur nos frontières, et, au mépris de l'article 11 du traité de 1862, il a entretenu des jonques de pirates, tant sur les côtes que sur le fleuve Rouge, pour entraver le paisible trafic des négociants de ses États avec les nôtres.

C'est pour réprimer de tels abus et pour les prévenir qu'ont eu lieu successivement les expéditions plus ou moins aventureuses de MM. Senez, et Dupuis, et Francis Garnier, lequel, avec cent quatre-vingts hommes, parvint à enlever la ville de Hanoï renfermant plus de 100,000 habitants et la citadelle défendue par sept mille soldats. Cortez et Pizarre ont été dépassés.

Francis Garnier est mort, on se le rappelle, sur le théâtre même de son triomphe. Son sang a cimenté sa gloire, mais n'a pas été inutilement répandu. Pour sanctionner ses exploits et pour consacrer sa tombe, un troisième traité, le plus important de tous, intervenait, le 15 mars 1874, entre la France et l'Annam.

Le protectorat de la France y est mieux défini et le fleuve Rouge est ouvert à navigation jusqu'au Yunnan, en un mot, la frontière de Chine est virtuellement forcée, en attendant qu'elle le soit matériellement par les obus de Négrier.

Voici, du reste, le texte même de l'article spécial qui consacre ce grand fait :

« Article 11. — Le gouvernement annamite s'engage à ouvrir au commerce les ports de Thin-Nai, dans la province de Binh-Dinh; de Ninh-Hai, dans la province de Hai-Dzuong; la ville de Hanoï et le passage par le fleuve du Nhi-Ha, depuis la mer jusqu'au Yunnan. »

L'article 9, tout entier consacré à prescrire et à définir la liberté de la religion catholique, n'est pas moins intéressant à reproduire :

« Article 9. — S. M. le roi de l'Annam, reconnaissant que la religion catholique enseigne aux hommes à faire le bien, révoque et annule toutes les prohibitions portées contre cette religion, et accorde à tous ses sujets la permission de l'embrasser et de la pratiquer librement.

« En conséquence, les chrétiens du royaume d'Annam pourront se réunir dans les églises en nombre illimité, pour les exercices de leur culte. Ils ne seront obligés, sous aucun prétexte, à des actes contraires à leur religion ni soumis à des recensements particuliers. Ils seront admis à tous les concours et aux emplois publics, sans être tenus pour cela à aucun acte prohibé par la religion.

« Sa Majesté s'engage à faire détruire les registres du dénombrement des chrétiens fait depuis quinze ans, et à les traiter, quant aux recensements et impôts, exactement comme tous ses autres sujets. Elle s'engage, en outre, à renouveler la défense si sagement portée par elle d'employer, dans le langage ou dans les écrits, des termes injurieux pour la religion, et à faire corriger les articles du Thàp Dieu, dans lesquels de semblables termes sont employés. »

Est-il besoin d'ajouter que tous les articles de ce traité ont été violés, de 1874 à 1881, par les empereurs d'Annam; que leurs sujets chrétiens, notamment, ont été en butte aux vexations les plus tyranniques, quand ils n'ont pas été massacrés en masse, comme cela a eu lieu tout récemment encore?

Il fallait s'y attendre; mais plus la mauvaise foi de ces despotes d'Orient devenait évidente, plus nos griefs s'accumulaient, et plus le devoir s'imposait au gouvernement français de faire respecter la foi jurée. Les républicains ont eu cette fortune inouïe, inespérée, de réussir dans une entreprise qui n'était pas sans péril, mais qui n'a pas été sans honneur. Il y a peut-être mieux à faire pour les discréditer dans l'opinion, que de décliner toute solidarité dans une politique coloniale, qui sera nôtre tôt ou tard, qui l'est déjà par les généraux et les amiraux, qui ont ramené la victoire sous nos drapeaux; par les évêques, comme NN. SS. Puginier et Freppel, qui l'ont bénie et secondée. Mais nous craindrions, en insistant sur ces questions, de verser dans des discussions irritantes, et nous avons hâte d'arriver à la seconde étude que nous nous sommes proposé d'aborder en commençant ce travail. Il est impossible, en effet, d'entretenir le lecteur des colonies, sans lui dire quelques mots de la marine marchande. Les deux sujets sont connexes et se complètent l'un par l'autre.

Paul DE LAMASSE.

(*A suivre.*)

LE BUDGET DES CULTES ET LA RÉVOLUTION

I

Longtemps avant les orages de la Révolution, les membres du haut clergé et des hommes d'État avaient reconnu la nécessité de faire, en [France, des réformes considérables dans l'ordre politique et social et dans l'ordre religieux. Ils avaient signalé les abus, insé-parables, d'ailleurs, de toutes les sociétés humaines, qui, dans notre pays aussi bien que dans tous les pays de l'Europe, appelaient l'attention et les sévérités d'un gouvernement qui saurait concilier le progrès social, les sages réformes, le perfectionnement politique de nos institutions avec les traditions séculaires de notre histoire. Dévoués au progrès, ennemis des bouleversements et des révolutions sanglantes qui en retardent l'avènement, ces esprits clairvoyants, modérés, inébranlables dans leurs revendications pacifiques, avaient offert au roi par leurs assemblées provinciales les sacrifices accomplis avec tant de fracas dans l'enthousiasme irréfléchi de la nuit du 4 août 1789. La preuve est faite sur ce point, et elle défie la contradiction (1).

Mais on oublie que le clergé dont l'histoire et la vie se confondent avec l'histoire et la vie même de notre pays dans les siècles passés, était animé des mêmes intentions de sage réforme, qu'il avait reconnu et signalé les abus que la faiblesse humaine et de longues années de prospérité avaient laissé grandir dans son sein. On oublie les qualités incomparables de cet ancien clergé si ferme dans sa foi, si grand dans l'exil et sur l'échafaud, si résolu dans un dévouement qui ne séparait jamais l'Église et la patrie. On ne relit pas, on ne lit plus les procès-verbaux des assemblées du clergé, où nos pères

(1) Consulter *la Révolution*, par M. Taine, et l'excellent ouvrage de M. René Stourm, *les Finances de l'ancien régime et la Révolution.*

dans la foi ont écrit sous la forme modeste de remontrances et de doléances, avec une gravité souveraine, l'histoire politique, religieuse et sociale de la France.

Dans la dernière assemblée, qui précéda immédiatement les séances des états généraux, en 1789, les membres de l'ordre du clergé avaient dressé un tableau exact des abus qui résultaient de la manière de distribuer les grâces et les offices dans l'Église. A la suite d'une longue discussion, les prélats réunis, animés d'un zèle intelligent qui ne leur fit jamais défaut, avaient affirmé leur volonté de réformer ces abus, en ajoutant même que l'on devait aller plus loin dans la répression, et ne pas s'arrêter si tôt dans la voie des réformes commandées par la justice et par les intérêts de la religion.

L'un des membres les plus intelligents et les moins connus de l'ordre du clergé, Thiébauld, député et supérieur du séminaire de la ville de Metz, nous a laissé un mémoire intéressant, qui nous révèle l'état des esprits. Il y signale la nécessité de combattre la pluralité des bénéfices, les commendes, l'acception des personnes dans la distribution des bénéfices; et, s'éclairant des principes les plus solides de la discipline ecclésiastique, de l'esprit de l'Église, des prescriptions du concile de Trente, des maximes de Thomassin, il rappelle avec fermeté l'obligation de renouveler et d'exécuter les anciens canons de l'Église. « Je prie le Seigneur qu'il lui plaise d'inspirer au roi une sainte résolution, d'abolir les commendes. Il faut qu'aucun clerc ne puisse jamais posséder aucun bénéfice avant le sous-diaconat; « tout au plus », ajoutait Thiébauld, « je souffrirais ces prébendes destinées à l'entretien d'un jeune homme qui se croit appelé à l'état ecclésiastique et qui n'a pas le moyen de faire ses études (1). »

Mais ce n'est pas tout. Le clergé de Paris demande, dans ses cahiers rédigés en 1789, qu'il soit promulgué une loi générale laquelle énonce et déclare positivement les principaux droits des citoyens. Il y demande encore la suppression de l'esclavage, le secret des lettres, la responsabilité des ministres, des assemblées administratives pour chaque province, la rédaction d'un nouveau code civil et d'un nouveau code criminel, l'adoucissement et l'égalité des peines, l'abolition de la torture, l'établissement de taxes sur les

(1) Thiébauld, député de Metz, *Discussion du rapport de Martineau sur la constitution civile du clergé.*

objets de luxe et l'immunité complète des meubles et outils du pauvre.

On ne se lasse pas de relire et de méditer cette charte de la France moderne écrite par notre clergé. Elle embrasse toutes les questions sociales, et elle manifeste l'étendue des connaissances et la largeur d'esprit de ces prêtres qui s'intéressaient à la prospérité matérielle et morale de notre pays. Ils proposaient encore, dans leurs cahiers, la suppression des droits féodaux, des droits de chasse, des corvées, des droits de péage et de prévôté, des douanes intérieures et des privilèges qui étaient un obstacle à la liberté du commerce. Ils insistaient sur la nécessité de créer des tribunaux de commerce et d'admettre le Tiers-État à toutes les charges et emplois de robe et d'épée réservées jusqu'alors à la seule noblesse.

Le clergé lui-même demandait donc des réformes. Au lieu de la réforme attendue, la Révolution a éclaté, elle a emporté dans son tourbillon tout ce qui restait de l'ancienne France, et elle a laissé des ruines qui attendent et qui attendront longtemps encore un restaurateur.

Entre toutes les institutions disparues, celle qui assurait au clergé sa sécurité, sa dignité, son indépendance par la possession d'un patrimoine avait un intérêt particulier. Indépendant de l'État, maître de sa fortune et de ses biens, le clergé tenait des assemblée régulières dans les quelles les députés ecclésiastiques s'occupaient de la gestion et de la répartition de leurs vastes propriétés. Je m'occupe du principe et je ne signale pas ici les abus. Si, un jour, après la suppression du budget des cultes, le clergé, devenu indépendant et soumis au droit commun, à l'exemple de tous les citoyens, est appelé à s'occuper lui-même de l'acquisition, de l'administration, et de la répartition de ses biens, il trouvera dans les procès-verbaux des anciennes assemblées ecclésiastiques, jusqu'à la veille de la Révolution, des enseignements et des lumières qu'il ne devra pas négliger.

Ces biens, dont la mauvaise foi s'est empressée d'exagérer l'importance, n'étaient pas destinés exclusivement à l'entretien du clergé, comme on voudrait le faire croire, et les députés ecclésiastiques étaient appelés à traiter les questions les plus importantes de l'ordre social. Avec ses revenus, le clergé était obligé de suffire aux dépenses du budget des cultes : traitement des ecclésiastiques et entretien des édifices religieux ; aux dépenses de l'assistance publique : asiles, maisons de retraite, hôpitaux ; aux dépenses de l'instruction publique : écoles, séminaires, collèges et entretien de ces bâtiments.

Profondément dévoué au gouvernement, le clergé ne se contentait pas d'assurer des services publics par la distribution intelligente de ses biens ; mais, dans des circonstances difficiles, aux jours de disette, au lendemain de nos défaites, à la veille d'une grande guerre, il offrait au roi des millions pour combattre la misère et pour relever l'honneur et le prestige de la nation.

Après la guerre de Sept ans, dans l'assemblée extraordinaire du 1er mai 1762, le clergé vote avec empressement le don gratuit de 700,500,000 livres pour réparer les désastres de la guerre, et de 1 million pour l'augmentation des forces navales. Le 25 mai 1765, les commissaires du roi lui demandent un don gratuit de 12 millions. Le 6 août 1770, il fait un don gratuit de 16 millions pour concourir aux frais du mariage du dauphin (depuis, Louis XVI) avec l'archiduchesse Marie-Antoinette. Dans l'assemblée de 1780, c'est 30 millions qu'il donne au roi pour soutenir nos armes dans la guerre d'indépendance américaine.

Le clergé avait ainsi à sa charge le budget des cultes, le budget de l'instruction publique, le budget de l'assistance générale et de la charité, une partie même du budget de la guerre ; et quand on s'étonne avec naïveté, ignorance et injustice de l'étendue des biens ecclésiastiques, avant la Révolution ; quand on cherche dans ces biens une arme de combat contre l'Église ou un moyen malhonnête d'allumer les colères de la foule et de l'exciter contre le clergé ; quand on néglige avec intention de rappeler la destination de ces biens ; quand on parle avec une indignation feinte de l'opulence de l'ancien clergé pour justifier ce qui s'est fait et ce qu'on veut faire, on suppose dans l'auditeur un étrange oubli de l'histoire ou une facilité coupable à devenir le complice intéressé du mensonge.

Au-dessous du clergé supérieur, il y avait un nombre considérable de curés à *portion congrue* (1). Certes, leur condition n'aurait n'aurait pas dû exciter l'envie. En 1571, un édit de Charles IX leur accordait 120 livres par an. Louis XIII leur alloua 200 livres. Sous Louis XIV, ils recevaient 300 livres. Enfin, en 1765, en présence du renchérissement des denrées, l'Assemblée du clergé décida que

---

(1) On appelait curés à *portion congrue* les desservants des paroisses dont les dîmes étaient attribuées à des communautés ou à des bénéficiers appelés *décimateurs*. Ces curés n'avaient droit qu'à une fraction.

la portion congrue serait de 500 livres dans toute l'étendue du royaume (1). Il serait difficile d'être plus modeste. Au dix-huitième siècle, les philosophes déclaraient la guerre au clergé parce qu'il était propriétaire; aujourd'hui, les révolutionnaires lui déclarent la guerre parce qu'il reçoit un salaire. Il est impossible de vivre cependant, quand on n'est ni salarié, ni propriétaire et que la mendicité est interdite.

Qu'il y ait eu des abus dans l'inégale répartition des biens ecclésiastiques; qu'une sage réforme fût nécessaire; qu'une législation plus équitable fût appelée de tous les vœux du clergé inférieur trop délaissé par les gros décimateurs et les commendataires de cour, je le reconnais, et c'est un devoir de le constater : mais toutes ces misères ne nous empêchent pas d'admirer les grands services rendus par le clergé : son dévouement au pays, ses sacrifices pour assurer le fonctionnement des services publics et maintenir l'honneur de la couronne et de nos armes. Si le clergé pouvait donner au roi des millions aux heures difficiles de notre histoire, c'est qu'il empruntait lui-même, il se faisait débiteur. En 1762, la dette entière du clergé s'élevait déjà à plus de 76 millions de capital, et à plus de 3 millions et demi d'intérêt.

Certes, je n'ai pas l'intention de défendre les biens de mainmorte, de tenter une justification coupable des richesses de certains abbés et de certains prélats, d'approuver l'état lamentable d'une partie considérable du clergé inférieur sous l'ancien régime. Je reconnais même que si l'Église est immuable dans sa doctrine et dans ses dogmes, le clergé, considéré comme ordre politique et dans sa vie temporelle, subit les influences, et participe à l'évolution de toutes les sociétés humaines, il est donc évident qu'un changement profond dans les conditions du pouvoir civil, de l'État, de la société, devait amener une modification profonde dans les conditions d'existence et les attributions civiles du clergé. Mais ce que je condamne, ce qu'il est impossible de ne pas condamner, c'est la pensée qui inspirait les adversaires des propriétaires ecclésiastiques, c'est le but qu'ils poursuivaient avec l'opiniâtreté d'un ressentiment implacable. Ils avaient une autre pensée que celle de faire reconnaître et respecter les droits de l'État.

---

(1) *Mémoire au roi concernant un projet de loi pour l'augmentation des portions congrues*, dans les *Procès-verbaux du clergé*, t. VIII, 2ᵉ page; *Pièces justificatives*, page 503.

II

L'indépendance du clergé effrayait les ennemis de la religion chrétienne qui, depuis longtemps, rêvaient un clergé appauvri, salarié, dépendant de l'État, dépouillé de son autorité sociale et de son influence dans les affaires temporelles de la nation. Dans la séance du 8 août 1789, un gentilhomme du Poitou, le marquis de Lacoste, s'écria : « Les biens ecclésiastiques appartiennent à la nation ; il est temps de les revendiquer. » Le chevalier de Lameth, une des trente voix, ajouta : « Je demande qu'on donne aux créanciers de l'État les biens ecclésiastiques pour gage de leur créance. » Un évêque apostat, Talleyrand, appuya ces dangereux projets. Après de brillantes discussions où l'on entendit l'abbé Maury et l'abbé de Montesquiou défendre avec une haute sagesse et une grande éloquence le principe de la propriété, l'Assemblée constituante, composée de généreux utopistes et d'implacables ennemis de l'Église, décréta, sans préjuger la question de droit, que les biens du clergé étaient à la disposition de la nation.

On vit sortir de cette résolution, par voie de conséquence, la planche aux assignats, le papier monnaie gagé sur le produit de la vente des biens ecclésiastiques dont l'État venait de s'emparer.

A partir de ce moment, le clergé cessait d'être un ordre politique de l'État : en perdant la possession et l'administration de ses biens, il perdait la liberté de tenir ses assemblées régulières, dans lesquelles il s'occupait de l'instruction publique, des besoins du culte, de l'assistance générale, des grandes questions sociales avec une compétence, une élévation, un dévouement sans limite au pays, une dignité que l'on ne retrouvera jamais dans les assemblées politiques d'aucune nation. Le rôle social du clergé finissait avec cette confiscation prévue ; son influence religieuse n'y gagnait pas, et la banqueroute dont on évoquait le fantôme pour justifier la confiscation, restait toujours menaçante aux portes de l'Assemblée. Mais des agioteurs véreux s'étaient enrichis ; l'Église catholique était frappée, le clergé subissait une première défaite. C'était la réalisation des vœux du parti jacobin à sa première heure ; il trouvait déjà dans les naïves complaisances des royalistes la complicité qui lui permit de devenir plus tard le maître redouté du pays.

On se trouvait, alors, en présence d'une situation nouvelle ; il fallait bien s'occuper du culte catholique et du clergé dépossédé.

Un comité ecclésiastique composé, de prêtres apostats, de parlementaires jansénistes fut chargé d'élaborer le projet de constitution civile du clergé, et de déterminer le traitement qui serait alloué aux ministres du culte catholique dépossédés de leurs biens. C'est l'origine du budget des cultes.

Considérer le prêtre comme un fonctionnaire civil, dépouillé de tout caractère surnaturel et religieux; substituer à la constitution divine de l'Église une constitution laïque et civile; s'inspirer de cette pensée dans la détermination du traitement des ecclésiastiques, telle fut la tâche des membres du comité. Ce n'était pas seulement une misérable question de budget qui agitait les esprits, c'était la vie même de l'Église que l'on voulait atteindre; et à travers les ténèbres voulues, les réticences habiles, les formules vagues et respectueuses des orateurs qui prirent part au débat sur le traitement du clergé, on voit paraître avec clarté l'idée bien arrêtée de séculariser le prêtre et d'abolir la religion.

Dans la séance du 30 mai 1790, Robespierre exposa ce plan des nouveaux conjurés :

« Les prêtres », disait Robespierre, « sont de véritables magistrats destinés au maintien et au service du culte. De cette notion simple dérivent tous les principes. J'en présenterai trois qui se rapportent aux trois chapitres du plan du comité. Premier principe. Toutes les fonctions publiques sont d'institution sociale; elles ont pour but l'ordre et le bonheur de la société; il s'ensuit qu'il ne peut exister dans la société aucune fonction qui ne soit utile. Devant cette maxime disparaissent les bénéfices et les établissements sans objets, les cathédrales, les collégiales, les curés et tous les archevêques que ne demandent pas les besoins publics. Je me bornerai à ajouter que le comité a négligé les archevêques qui n'ont aucune fonction séparée de celle des évêques, qui ne présentent qu'une vaine suprématie. On ne doit donc conserver en France que des évêques et des curés.

« Il est une autre application du principe déjà préparée par l'opinion publique, elle concerne une dignité étrangère conférée par un prince étranger, et qui lui donne, pour ainsi dire, des sujets hors du pays soumis à sa domination. Ainsi les cardinaux disparaissent également devant le principe.

« Second principe. Les officiers ecclésiastiques étant institués pour le bonheur des hommes et pour le bien des peuples, il s'ensuit que le peuple doit les nommer. Il est de principe qu'il doit conserver tous les droits qu'il peut exercer; or le peuple peut élire ses pasteurs comme les magistrats et autres officiers publics. Vous devez donc conclure que, non seulement le peuple doit nommer ses évêques, mais vous devez encore écarter les entraves que le comité lui-même a mises à l'exercice de ce droit.

« Troisième principe. Les officiers ecclésiastiques étant établis pour le bien de la société, il s'ensuit que la mesure de leur traitement doit être subordonnée à l'intérêt et à l'utilité générale et non au désir de gratifier et d'enrichir ceux qui doivent exercer ces fonctions... Ne perdons pas de vue que ces traitements seront payés par le peuple, par la classe la moins aisée de la société. Ainsi, déterminer ces traitements avec réserve, ce n'est pas être cruel envers les évêques, c'est seulement être juste et compatissant envers les malheureux. Ces trois principes renferment la justification complète du plan du comité.

« Je finis en présentant des articles qui forment le résumé de mes opinions : 1° Il n'existera plus d'autres officiers ecclésiastiques que des évêques et des curés dans un nombre qui sera proportionné aux besoins de la société. 2° Les titres d'archevêques et de cardinaux seront supprimés. 3° Quant au traitement des évêques et des curés, je me réfère au comité. 4° Les évêques et les curés seront élus par le peuple. »

L'argumentation de Robespierre était habile, et pour justifier les rigueurs du comité dans la détermination des traitements, l'orateur insistait sur ce paradoxe répété, depuis, par ses collègues révolutionnaires : c'est avec l'argent du pauvre que vous allez payer le clergé. Il flattait ainsi le peuple, lui désignait le clergé comme un quémandeur exigeant, insatiable; il prenait lui-même, en présence des députés hésitants et de la nation attentive, le rôle généreux de défenseur des opprimés et des malheureux.

Il savait bien, cependant, que ce n'était ni au peuple ni aux déshérités de la fortune que l'on demandait le salaire du clergé. Il savait bien que ce salaire était loin de représenter les intérêts des biens enlevés au clergé; qu'il était la conséquence de la loi qui mettait les biens du clergé à la disposition de la nation, que l'État s'emparait du capital ecclésiastique et s'engageait à payer une rente, et qu'il était contraire à la vérité, à la justice, à l'honnêteté naturelle de représenter le clergé comme un créancier impitoyable du

peuple et du pauvre; mais les sophistes révolutionnaires ne connaissent pas de tels scrupules; ils ne reculent pas devant le mensonge quand le mensonge peut servir à la satisfaction de leurs
rancunes coupables et à la réalisation de leurs projets criminels.

L'erreur dangereuse de Robespierre, celle qui devait faire éclater
bientôt la persécution sanglante et provoquer la résistance héroïque
du clergé dans les cachots et sur l'échafaud, c'était l'assimilation
sacrilège du prêtre à un fonctionnaire civil, nommé par le peuple,
utile aux intérêts matériels de la société, révocable par l'État. Ce
n'est ni du peuple, ni d'un souverain que le prêtre tient sa puissance, son caractère et sa juridiction sur les âmes; il les tient de
plus haut, il est supérieur aux peuples et aux souverains. C'est de
l'Église, et par l'Église, de Jésus-Christ lui-même que le prêtre a
reçu le droit d'enseigner, de prêcher, de diriger les âmes, d'administrer les sacrements, de remplir les fonctions divines de son
ministère. Il n'appartient pas à l'État de faire un prêtre, de lui conférer un caractère indélébile et de lui donner juridiction. Une telle
puissance est au-dessus de lui. Entre le prêtre et le fonctionnaire
civil, il y a un abîme que rien ne pourra combler.

L'abbé E. Expilly, rapporteur du comité, capable de toutes les
faiblesses et ambitieux jusqu'à l'apostasie, acceptait légèrement les
conclusions que Robespierre avait formulées, mais il n'osait pas
encore accepter les motifs et les principes qui les soutenaient.
C'est par des arguments d'un autre genre qu'il demandait un clergé
salarié plutôt qu'un clergé indépendant.

Dans la séance du 20 mai 1790, l'abbé Expilly, recteur de Saint-
Martin, de Morlaix, député de Bretagne, prit la parole, exposa ses
idées, et, n'osant pas s'attaquer encore à la constitution divine de
l'Église, il se contenta de développer les raisons d'un ordre purement naturel qui rendaient nécessaire la suppression des biens
ecclésiastiques et la détermination d'un salaire accordé par l'État.

« Vous avez décrété, le 2 novembre, disait Expilly, que les biens
du clergé étaient à la disposition de la nation, à la charge de fournir
*aux frais du culte, à l'entretien de ses ministres et au soulage-
ment des pauvres...* Par vos décrets du 20 avril dernier, vous avez
ordonné que l'administration des biens déclarés être à la disposition
de la nation seraient confiée aux assemblées de département et de
district, et qu'à compter du 1er janvier 1790, le traitement de

tous les ecclésiastiques serait payé en argent, aux termes et sur le pied qui seront fixés; qu'en conséquence, les ecclésiatiques seraient tenus de verser leurs revenus dans les mains du receveur de leur district, sauf à se retenir leurs traitements ou pensions. »

Après avoir ainsi rappelé les déterminations de l'Assemblée, l'orateur exprime en ces termes sa reconnaissance, sa joie et les raisons de son adhésion. Ces raisons, les voici :

« 1° L'intérêt de la religion : oui, Messieurs, il est temps de faire cesser ce contraste scandaleux entre l'esprit d'une religion fondée sur l'humilité et le mépris des richesses, et l'opulence orgueilleuse dans laquelle vit une partie de ses ministres, à l'ombre même du respect qu'inspire leur auguste caractère. Abus révoltant! dont les ennemis de l'Église n'ont su que trop profiter, et qui l'a plus affaiblie, peut-être, que les attaques répétées de l'hérésie...

« 2° Les ministres de la religion débarrassés des soins d'une administration temporelle se livreront exclusivement à l'exercice de leurs fonctions; le temple du Seigneur ne sera plus une maison de trafic et de commerce; placés dans l'heureuse impuissance d'acquérir des richesses, les ecclésiastiques ne sont plus tentés d'abuser de l'autorité de la religion pour s'en procurer.

« 3° Le respect et la véritable considération que l'abus des richesses avaient écartés d'autour d'eux, les attendent au sein d'une heureuse médiocrité qui leur promet, de plus, un asile contre les traits de la calomnie.

« 4° Enfin, Messieurs, l'intérêt de l'État commande cette réforme; je ne parle pas seulement des secours que la nation doit attendre des biens du clergé pour l'acquittement de la dette publique, mais encore des avantages que l'agriculture saura retirer de ces biens confiés jusqu'à présent à des usufruitiers peu soigneux, et surtout de *l'extinction de cette influence politique du clergé*, qui sera toujours un sujet d'étonnement pour l'homme sincèrement religieux, comme pour le philosophe (1). »

L'orateur répond ensuite aux difficultés élevées contre sa thèse. Les propriétaires ecclésiastiques ont pris des engagements, contracté des dettes, consenti à des hypothèques, sans prévoir qu'ils seraient bientôt dépossédés? Tant pis pour eux; ils ont eu tort. Ils ont des charges de famille considérable? Tant pis, c'est encore un abus.

(1) *Archives parlementaires de la France*, t. XV, page 597.

Ils s'occupaient des pauvres? Qu'importe? l'État s'en occupera.

Expilly avait raison, sans doute, de rappeler au prêtre la grandeur de sa vocation, le détachement des biens de ce monde, l'amour de la pauvreté, de rappeler aussi que l'opulence du prêtre condamnée par l'Évangile et par l'Église, excite l'envie et étonne la foule jalouse, qui ne sait pas concilier la conduite et les paroles dans le prédicateur enrichi qui prêche le mépris des richesses de la terre, mais ces conseils, excellents dans une église, dans la chaire chrétienne, dans une réunion ecclésiastique manquaient d'à-propos dans cette assemblée où les révolutionnaires qui avaient juré la ruine du catholicisme écoutaient avec une satisfaction bruyante ce réquisitoire et ces déclamations d'un complice égaré, contre ses frères dans le sacerdoce, contre les représentants de l'Église persécutée. Dans toutes les révolutions les grands coupables ont trouvé des auxiliaires inconscients et précieux dans les naïfs trompés par des sentiments généreux. Toute révolution politique ou sociale commence par un naïf et finit par un scélérat.

Il y a, d'ailleurs, un écart considérable entre le principe et les conclusions du raisonnement que le futur apostat venait d'exposer. Si des membres du clergé qui avaient perdu l'esprit de leur état, s'étaient malheureusement rendus coupables par un usage lamentable de leurs richesses, il fallait leur rappeler cet esprit oublié, leurs engagements violés, la justice et la charité méconnues et les ramener à l'accomplissement rigoureux de leurs devoirs. Voilà ce que la logique et la justice pouvaient commander. Le clergé était disposé à cette réforme; elle avait été demandée avec une rare élévation de pensée par les prélats et par les curés dans les dernières assemblées du clergé.

Mais conclure, comme Expilly venait de le faire, par une révolution dans l'organisation sociale du clergé, enlever à l'Église sa grande et nécessaire influence dans le pays, la dépouiller de ses attributions dans l'instruction publique et dans le soulagement des malheureux; s'emparer de tous les biens ecclésiastiques; faire disparaître ces magnifiques assemblées du clergé qui rattachaient le prêtre à la société civile, à la vie du pays, en l'intéressant à sa fortune politique à ses revers, à ses victoires, à sa prospérité même temporelle; faire du prêtre un citoyen qui n'a plus son indépendance, l'indépendance glorieuse de son ministère, et qui sera privé de salaire s'il a le courage en respectant, cependant, les droits légi-

times de l'État, et en restant dans l'ordre spirituel, de répéter la
parole vengeresse qui flétrit les grands crimes : « Ce n'est pas
permis » ; assurément agir ainsi, ce n'était pas agir en prêtre, ni
défendre la cause de la religion et de la justice.

III

L'Assemblée passe à la discussion des articles présentés par la
commission ecclésiastique : elle va s'occuper des évêques, des curés
et des vicaires, des chanoines et des séminaires. Elle s'attribue le
droit de trancher en dehors de l'Église et sans son consentement des
questions qui intéressent la hiérarchie ; elle va fixer le traitement
qu'il convient de donner en compensation des propriétés légalement
enlevées. Ce débat ne manque pas d'actualité ; il nous fait assister
à la naissance du budget des cultes, tel à peu près qu'il existe
encore aujourd'hui, après la promulgation solonnelle du concordat.

Le traitement des évêques est en discussion. M. de Cazalès demande la parole ; il se déclare contraire à l'égalité de traitement
pour tous les évêques, et, après avoir fait l'éloge de la charité, de la
générosité des prélats qu'il appelle les bienfaiteurs et les pères
des pauvre, il exprime le désir que le traitement soit élevé dans
les villes commerçantes et maritimes où les pauvres sont nombreux, et moins élevé dans les villes florissantes. Mais la pensée des
révolutionnaires était bien différente. Ennemis déclarés de l'influence du prêtre et de son action sociale, ils voulaient bien accorder aux évêques le nécessaire, mais ils refusaient de leur laisser le
moyen de reconquérir par l'exercice de la charité l'autorité dont on
voulait les dépouiller.

Le Chapelier est très violent dans sa réplique, et il s'oppose à la
proposition de Cazalès, en rappelant les besoins du peuple, l'abondance des prélats, la nécessité de ménager le budget, et en faisant
appel aux passions antireligieuses d'une partie de l'Assemblée.

Robespierre invoque des raisons d'État. Il est plus habile et
moins violent que Le Chapelier. Son argumentation est ferme et
rapide ; il rappelle avec une puissante énergie l'esprit de l'Évangile, les principes des sociétés humaines et les devoirs du gouvernement à l'égard des déshérités.

« J'adopte les principes du préopinant, dit Robespierre, mais j'en
tire une conséquence un peu différente : on vous a parlé de religion
et de charité : saisissons l'esprit de la religion, agrandissons les

idées de charité, et nous verrons que l'article du comité ne pèche rien moins que par l'économie. L'auteur pauvre et bienfaisant de la religion a recommandé au riche de partager sa richesse avec les indigents; il a voulu que ses ministres fussent pauvres; il savait qu'ils seraient corrompus par les richesses; il savait que les plus riches ne sont pas les plus généreux; que ceux qui sont séparés des misères de l'humanité ne compatissent guère à ces misères; que, par leur luxe et par les besoins attachés à leur richesse, ils sont souvent pauvres au sein même de l'opulence. D'après ces idées qui paraissent ainsi inspirées par la raison et par la vérité, il est évident que le vrai moyen de soulager les pauvres n'est pas de remettre des sommes considérables entre les mains d'un petit nombre de ministres. Sont-ce donc là les vues d'un législateur? Le législateur doit travailler à diminuer le nombre des malheureux, et, pour cela, il ne suffit pas de remettre des trésors entre les mains de quelques-uns, et de les charger de les répandre. Non, les législateurs ne soumettront pas la vie des hommes, le bonheur du peuple au caprice et à l'arbitraire de quelques hommes; c'est par les grandes vues de l'administration qu'ils peuvent secourir les malheureux; c'est en réformant les lois qui outragent l'humanité; c'est en faisant que des lois égales pour tous frappent également sur tous, et protègent tous les bons citoyens, sans distinction. Voilà la véritable bienfaisance qui convient à des législateurs (1). »

On ne saurait blâmer Robespierre d'avoir ainsi rappelé l'esprit de l'Évangile aux membres de l'Assemblée. Il faut même le louer d'avoir reconnu les principes si justes de l'égalité de tous les citoyens devant la loi, l'impôt, et les charges de l'État. Travailler à diminuer le nombre des malheureux et à éteindre le paupérisme, c'est une œuvre digne des législateurs; mais, si prévoyantes que soient les combinaisons politiques, il restera toujours des malheureux à consoler, des misérables à secourir. Or, pendant des siècles, le clergé avait rempli cette noble et chrétienne mission de soulager les pauvres, et, en présence des agioteurs prêts à spéculer sur la vente des biens ecclésiastiques, pour réaliser de gros bénéfices au détriment des pauvres abandonnés, il demandait, avec Cazalès, que le traitement accordé aux évêques leur permît de continuer leur rôle charitable au sein de la société.

_____

(1) Séance du 16 juin 1790.

Le marquis de Foucault prit la parole après Robespierre, et ramena la question sur son vrai terrain : « J'adopte les conclusions de M. de Cazalès, dit Foucault, mais, quelque traitement que l'Assemblée accorde, je la prie de se rappeler qu'à l'époque où elle a décrété que les biens du clergé seraient à la disposition de la nation, on a mis sous ses yeux les malheurs du peuple. Le comité aurait dû prouver à tous les Français que vous voulez faire une meilleure distribution des aumônes; nous devrions dire qu'une partie de ces biens appartient à la religion, que l'autre est le patrimoine des pauvres. Je demande qu'avant tout on adopte le projet que je vais proposer : « Les biens du clergé que l'Assemblée a décrété être, à la disposition de la nation, serviront uniquement à payer les frais du culte et de ses ministres. » (*On rappelle vivement l'orateur à l'ordre du jour.*) « Je suis excellent patriote et je vais le prouver, car je vais recommencer. Que ferez-vous? Vous fixerez les frais du culte et de la religion, et le reste, vous le vendrez... (*Une voix dit : oui!*) Ah! vous le vendrez! qu'on me laisse lire mon amendement... (*On observe que c'est une motion.*) Vous avez raison, cela vaut mieux qu'un amendement. Je vais donc achever ma motion : (ainsi qu'au soulagement et à la subsistance des pauvres, dont ces biens sont le patrimoine). »

M. Durand de Maillane fit une motion analogue. Faire deux parts des biens ecclésiastiques, l'une affectée au traitement du clergé et à l'entretien du culte, l'autre affectée au soulagement des pauvres, par la création de caisses de retraite pour les vieillards, les infirmes, les nécessiteux, par la fondation d'asiles et de maisons de secours, c'était reconnaître la pensée charitable des donateurs qui avaient laissé leurs richesses au clergé et aux ordres religieux, mais les agioteurs qui voulaient s'enrichir par un coup rapide, et dont la cupidité souffrait d'une privation trop longue, n'étaient pas de cet avis. Les motions de Foucault et de Durand de Maillane furent repoussées par la question préalable, et le traitement des évêques fut ainsi fixé :

Titre III, art. 3. — « Le traitement des évêques sera, savoir : pour l'évêque de Paris, de 50,000 livres; pour les évêques des villes dont la population est de 50,000 âmes et au-dessus, de 20,000 livres; pour les autres évêques, de 12,000 livres. »

Élie Méric.

(*A suivre.*)

UN

MANIFESTE DE L'ÉCONOMIE POLITIQUE LIBÉRALE

I

Quelle influence les phénomènes économiques modernes exercent-ils sur la répartition des richesses? Les inégalités qui ont existé jusqu'à ce jour dans la vie sociale sont-elles destinées à disparaitre?

Les conditions tendent-elles à se rapprocher, pour le plus grand bien des classes populaires? Celles-ci doivent-elles s'applaudir de la concentration de toutes les entreprises industrielles et commerciales, qui amène la création des usines aux milliers d'ouvriers, des grands magasins dans les cités populeuses? Le monde est-il gouverné par la loi du progrès, loi continue, illimitée, fatale, dont chaque jour nous révèle une nouvelle manifestation?

Telles sont les questions devant lesquelles notre époque agitée pose un point d'interrogation.

L'économie politique a voulu les élucider par la plume de M. Leroy-Beaulieu. (1) Nul n'avait plus qualité que lui pour le faire. Professeur au collège de France, où il occupe la chaire de M. Michel Chevalier, membre de l'Institut qui l'a plusieurs fois couronné, rédacteur en chef d'un organe fort répandu, *l'Économiste français*, M. Leroy-Beaulieu est aujourd'hui la plus brillante incarnation des doctrines de l'économie politique. Essayant de rajeunir une « science » quelque peu usée, il ne s'est pas enfermé dans des

---

(1) *Essai sur la répartition des richesses et la tendance à une moindre inégalité des conditions*, par Paul Leroy-Beaulieu, membre de l'Institut. Guillaumin, édit.

formules, mais il a jeté sur les faits un coup d'œil souvent perspi-
cace. Écrivain financier, il a combattu, avec autant de courage que
d'esprit et de raison, les folies budgétaires du gouvernement et de
la Chambre des députés, les aberrations du plan Freycinet.

Les ouvrages de M. Leroy-Beaulieu méritent donc d'être examinés avec soin; nous avons devant nous le représentant autorisé
d'une école puissante, un des premiers publicistes de notre temps.

II

A toutes les questions que nous avons posées plus haut, M. Leroy-
Beaulieu donne une réponse. Son livre est la synthèse la plus complète que l'économie politique ait tentée jusqu'à ce jour de la
question sociale.

La question sociale, pense l'auteur, « se résoudra graduellement
d'elle-même, par l'action continue des grandes causes économiques
qui sont depuis quelque temps en travail, et ces causes tendent
toutes aux mêmes résultats : une répartition plus égale des
richesses. » Les grandes fortunes s'abaissent, les petites montent, et
chaque nouveau progrès de la science, chaque transformation politique, chaque mouvement social, concourent à amener ce résultat.
Les riches perdent les avantages dont ils étaient jadis investis. Aux
capitalistes, la baisse du taux de l'intérêt enlève une partie de leurs
revenus. Les débouchés qui avaient assuré la fortune des industriels
se ferment. Pour les propriétaires ruraux, la concurrence de l'agriculture des contrées neuves amène une crise quasi-permanente. Les
ouvriers, au contraire, voient leur situation s'améliorer progressi-
vement. Ils sont les favoris de la société moderne.

On parle souvent des droits que possédait l'homme primitif,
avant que l'appropriation du sol ait imposé des limites à sa liberté.
Mais que paraissent ces droits à côté du patrimoine commun qui
est constitué dans les sociétés modernes? « D'abord l'homme du
dix-neuvième siècle se trouve dans une société où il y a une énorme
accumulation de travail amorti; il en résulte que son travail est
infiniment plus productif et lui vaut plus d'objets utiles ou agréables en même temps que plus de loisirs. S'il est faible, infirme, il
lui faut recourir, comme il l'eût fait autrefois, à la charité, soit
publique, soit privée; mais comme la société et chacun des membres
qui la composent ont beaucoup plus de richesses, c'est-à-dire plus
de provisions, il est assuré d'être plus efficacement secouru qu'au-

trefois. Enfant, il trouve une école gratuite pour le recevoir, pour l'abriter pendant le jour, pour l'instruire; si les vêtements convenables lui manquent, il se rencontre une institution, la caisse des écoles, qui lui en donne; vieillard et infirme, il a l'hospice qui lui est ouvert; des soins hygiéniques, la vaccine gratuite, le préservent des maladies cruelles qui enlevaient autrefois des tribus entières; malade, l'hôpital le reçoit, le traite avec humanité et avec science. A chaque instant de sa vie, il fait un usage inconscient de cette énorme richesse commune qui va toujours en s'accumulant. »

Bastiat avait déjà célébré le bien-être qui devait résulter des *harmonies économiques* :

« L'on ne peut certes rien concevoir de plus aisément pratique que ceci : laissons les hommes travailler, échanger, apprendre, s'associer, agir et réagir les uns sur les autres, puisque aussi bien, d'après les décrets providentiels, il ne peut jaillir de leur spontanéité intelligente qu'ordre, harmonie, progrès; le bien, le mieux, le mieux encore, le mieux à l'infini. »

M. Leroy-Beaulieu écrit à son tour : « Nous ne devons pas envisager le passé avec regret ni l'avenir avec défiance. Si nous pensons à l'existence de nos descendants, si nous considérons qu'elle sera peut-être moins opulente, moins brillante que la nôtre, nous devons songer en même temps qu'ils auront un esprit plus calme, des désirs plus limités, qu'ils seront aussi plus à l'abri des revers et des chutes profondes. Les descendants des riches d'autrefois sont souvent les ouvriers d'aujourd'hui. Ainsi, beaucoup des enfants ou des arrière-petits-enfants des bourgeois de ce siècle retomberont, ou par leur faute, ou par les accidents, dans ce vaste réceptacle que l'on appelle la classe des prolétaires; ils y auront une existence plus douce, plus assurée, que les prolétaires d'à présent. Riches ou pauvres, bourgeois ou ouvriers, peuvent rêver avec tranquillité d'esprit au sort de leurs descendants; cette pensée doit réconcilier toutes les classes de la société avec ce phénomène économique si considérable : la tendance à une moindre inégalité des conditions. »

Le docteur Pangloss de *Candide* avait formulé la même opinion d'une manière plus concise : Tout est pour le mieux dans le meilleur des mondes.

Telle est la rapide esquisse de la thèse soutenue par M. Leroy-Beaulieu. C'est l'optimisme économique, et l'auteur traite avec une hauteur dédaigneuse, peu digne de lui, tous ceux qui s'inquiètent des destinées de la société moderne. Les socialistes de la chaire, les socialistes démocratiques, les catholiques, Mgr Ketteler, M. le comte Albert de Mun, M. Le Play et l'école de la réforme sociale, ne trouvent pas grâce devant lui; il semble les mettre tous sur le même rang.

Pour examiner, comme il conviendrait, cette thèse, un volume serait à peine suffisant, et nous ne disposons que de quelques pages. Aussi, laissant de côté les questions secondaires, nous aborderons seulement les principales idées autour desquelles pivote tout le système. Nous essaierons de montrer, en même temps que l'importance des vérités morales, le rôle secondaire joué par le principe de l'égalité dans une société. A cette marche ascendante et bienfaisante vers l'égalité des conditions, nous opposerons le développement des inégalités individuelles, plus pesantes que l'ancienne hiérarchie et dont l'application des faux dogmes modernes demeure responsable. Quant à la situation de l'ouvrier, nous l'avons déjà assez souvent dépeinte ici, pour qu'aujourd'hui nous nous contentions d'en dire quelques mots (1). .

III

M. Leroy-Beaulieu touche à tous les problèmes sociaux qui agitent une société troublée, et cependant, dans tout le cours de cet ouvrage, nous n'avons pu saisir un mot, une allusion même relative aux questions morales, à l'influence de l'idée religieuse sur le développement d'une société.

Lassale disait spirituellement que, pour avoir un économiste, il suffisait d'enfermer un sansonnet dans une cage et de lui faire répéter les mots : échange! échange! Il aurait dû y ajouter le mot production. Nous aurions eu un économiste presque complet. Car, pour l'économie politique, même si elle semble dégagée des pré-

---

(1) Voir la *Revue* des 1er et 5 février 1884. Cf. Art. sur les *Ouvriers parisiens et leurs salaires*. — La *Revue* des 1er et 15 janvier 1885. Art. sur la *Crise financière*. — Voir dans l'*Association catholique* de janvier, mars, juin, juillet, août 1885, les articles très substantiels de M. Lesevitz sur le même sujet. Ils sont intitulés : *la Législation du travail*. L'auteur a surtout envisagé dans l'ouvrage de M. Leroy-Beaulieu les passages qui ont trait à la doctrine économique du laisser-faire, laisser-passer et à la situation des ouvriers.

jugés de l'école, il n'existe, dans le monde, que des sacs d'écus. Elle a inventé un homme sur lequel elle raisonne, comme les philosophes du dix-huitième siècle avaient imaginé un être idéal par lequel ils justifiaient leurs théories. L'homme économique c'est un être matériel capable d'acquérir, de produire, d'échanger. Mais, dans cet être abstrait, nous ne reconnaissons plus l'homme, être « ondoyant et divers », entraîné vers le mal par le vice originel, dépendant d'inflexibles règles morales qui, en dépit de ses efforts et de ses négations, gouvernent sa destinée.

Les économistes affectent de considérer comme des idéalistes les hommes qui accordent aux questions morales une place prépondérante dans les affaires humaines. L'observation la plus minutieuse des familles comme des nations démontre au contraire la vérité éternelle de la parole de l'Évangile : l'homme ne vit pas seulement de pain. Partout elle a constaté que les questions morales jouaient le premier rôle; dans les événements heureux ou malheureux de l'histoire, elle retrouve la violation ou le respect à la loi de Dieu, et les nations qui tombent n'ont pas à accuser la fatalité, ce dieu aveugle et inconscient des anciens, mais la défaillance de leur conduite. Forte à l'intérieur comme à l'extérieur, tant qu'elle prit pour guide la loi divine, la France perdit au contraire sa puissance, lorsque, envahie par des idées nouvelles, elle se révolta contre la tradition universelle du genre humain. Depuis, ballottée par les révolutions, en proie à une instabilité permanente, rongée par l'antagonisme social, la France est déchue de la haute position qu'elle occupait jadis, et, malgré le développement continu de la richesse, malgré les progrès matériels dus aux découvertes scientifiques, elle se débat au milieu de crises qui épuisent sa vitalité.

Concentrons maintenant nos regards sur un terrain plus modeste. Pénétrons dans l'intérieur d'une famille et appliquons à son étude les procédés rigoureux que le maître de la science sociale a eu le glorieux mérite de créer. Les conclusions auxquelles nous conduit l'observation des faits ne sont pas différentes : les familles prospères, ce ne sont pas celles qui touchent le salaire le plus élevé, mais les familles auxquelles les conditions économiques rendent plus facile le respect des lois éternelles de la morale. Qu'un ouvrier, comme un monteur en bronze (1), gagne un salaire annuel de

(1) *Ouvriers des Deux-Mondes*, t. V, 2ᵉ partie, 2ᵉ fascicule.

4000 francs, son avenir sera-t-il mieux assuré que celui de ce pauvre chiffonnier qui trouve avec peine dans la vente des ordures de la rue une somme suffisante pour nourrir lui et sa famille (1)? Dépensant au jour le jour, consacrant à la bonne chère la majeure partie de son gain, le premier ne se soucie pas de se préparer, par la pratique de l'épargne, un refuge contre les misères de la vieillesse.

Malgré la différence des salaires, son avenir demeure aussi incertain que celui du chiffonnier qui, ayant descendu successive-ment tous les échelons de l'échelle sociale, vit au jour le jour au milieu d'un dénuement absolu.

Ces deux familles, si diverses en apparence, se présentent au fond absolument identiques aux yeux de l'observateur impartial. L'oubli de la loi divine, l'absence de direction morale, compromettent leur stabilité.

Que l'observateur s'associe au foyer des familles, habitant les pays les plus éloignés, et partout il trouvera la confirmation de cette vérité oubliée par les économistes : l'impuissance de la richesse à assurer le bonheur des sociétés humaines, la nécessité impérieuse des vérités morales.

Tous les jours nous entendons les hommes qui vivent en contact avec les ouvriers, affirmer que les plus imprévoyants sont ceux qui touchent les gros salaires. Souvent même l'épargne constituée est en raison inverse de la somme touchée par le travailleur. Un fermier de Seine-et-Oise disait récemment : « Parmi les ouvriers que j'occupe, il s'en rencontre que j'appelle les banquiers. Ce ne sont pas ceux qui gagnent 7 ou 8 francs par jour, mais ceux qui gagnent 2 fr. 50. Ce modeste salaire suffit à leurs besoins et à l'occasion même ils viennent au secours des amis. » J'ai vu, ajou-tait l'observateur, le même fait se produire dans d'autres métiers. Les maroquiniers, les ouvriers faïenciers, se trouvent dans des con-ditions identiques. Ceux qui gagnent le plus sont les plus pauvres (2).

Ces faits s'observent dans toutes les régions. « J'emploie, dans la Beauce, un certain nombre d'ouvriers dont le salaire varie de 3 fr. 65 à 4 francs par jour, disait un propriétaire ; tandis que les mieux rétribués font entendre des plaintes continuelles sur leur

(1) *Ouvriers des Deux-Mondes*, t. V, 2ᵉ partie, 1ᵉʳ fascicule.
(2) *Bulletin de la Société d'Economie sociale*, séance du 26 février 1882. — *Réforme sociale*, du 15 octobre 1882.

sort, trouvent la vie très chère et éprouvent de fréquents besoins
d'argent, les autres, plus contents de leur destinée, arrivent parfois
à réaliser, à ma connaissance, de sérieuses économies, c'est que le
bien-être de l'ouvrier dépend moins encore du taux des salaires que
des habitudes de modération, de sobriété et d'épargne, auxquelles
une augmentation trop brusque des salaires porte presque toujours
un coup mortel. »

Que les salaires s'élèvent donc de plus en plus, que les progrès
s'accomplissent chaque jour plus nombreux dans le monde matériel,
que des machines soient inventées qui doublent la puissance de
production, la société sera-t-elle plus heureuse, si les hommes qui
la composent sont en proie à des vices qui détruisent la sécurité de
leur existence? Ainsi voyons-nous s'élever des villes splendides où
s'accumulent tous les produits de la richesse; mais, sous ces dehors
éclatants, il ne reste plus rien des forces morales qui soutiennent
une société, et un jour les hontes de la Commune viennent rappeler à un peuple distrait l'inefficacité de la richesse pour le maintien de la paix sociale parmi les hommes. Qu'on le remarque, les
ouvriers qui se sont distingués par leur attachement aux idées révolutionnaires n'étaient pas les moins payés, mais ils touchaient au
contraire des salaires élevés. De même dans les grèves, les meneurs
se rencontrent toujours parmi les favorisés de la fortune.

Les économistes répondent, il est vrai : nous ne nous préoccu-
pons pas de ces questions, nous examinons seulement celles qui ont
rapport à la production des richesses, à leur répartition et au développement de la puissance industrielle.

Or, si on fait abstraction de ces questions morales, on persuade à
l'homme que le plus grand bien social est l'acquisition de la
richesse. On répand par là dans la société une erreur dangereuse.
En elle-même la richesse n'est pas mauvaise; mais toute l'histoire
démontre qu'au point de vue social, elle est pleine de dangers, car
elle apporte à ceux qui la possèdent des moyens de corruption
auxquels ils ne savent pas toujours résister. « C'est toujours par la
tête que pourrit le poisson », dit le proverbe des pêcheurs de la
mer d'Azof, résumant énergiquement une vérité sociale de tous les
temps.

M. Leroy-Beaulieu insiste avec raison sur l'importance que les
questions économiques ont prise dans le monde moderne; cette
importance, elles l'ont eue de tout temps du reste. Le pain quoti-

dien est un des premiers besoins de l'homme, et il n'a pas la possibilité de dédaigner les questions d'ordre matériel pour vivre exclusivement de la vie morale. « Qui veut faire l'ange, fait la bête », a écrit Pascal. Toutefois l'erreur de toute l'école économique, et avec elle de M. Leroy-Beaulieu, est d'avoir séparé ces deux ordres de questions et de n'avoir pas compris que derrière chaque problème économique se cachait un problème moral. Examiner les premiers, sans même faire allusion à l'existence des seconds, c'est se livrer à une étude stérile.

Notre auteur a accordé, par exemple, une légitime attention à la question de la population. Maintes fois, dans la presse quotidienne, dans son cours fait au collège de France, dans l'*Économiste français*, il a dénoncé le péril que faisait courir à la France l'inquiétant ralentissement de notre population. Comparant notre état quasi-stationnaire avec celui des autres pays, tels que l'Angleterre, l'Allemagne, la Russie, il a montré, avec une clairvoyance patriotique, que, dans quelques années, la France, noyée au milieu des grandes nations de l'Europe, aurait perdu toute influence, et il n'a pas craint d'en rendre responsable notre législation successorale (1). Cela est vrai. Les résultats du dernier recensement, corroborés par les mouvements de la population en 1882, 1883, 1884, sont effrayants. Citons quelques chiffres qui établissent notre infériorité; l'accroissement annuel moyen de la population pour 10,000 habitants est en Angleterre de 101 habitants, en Allemagne de 115, dans les États-Unis de 240, et en France de 26 seulement, chiffre vraiment dérisoire. Nos mariages ne comptent en moyenne que 3.31 enfants, tandis que l'Allemagne en donne 5.25, et l'Angleterre 4.79.

Mais cette stérilité, elle ne tient pas aux causes les plus souvent signalées, telles que service militaire, augmentation des impôts, diminution des mariages; elle est surtout proposée par notre loi successorale vicieuse et par l'oubli des préceptes chrétiens.

(1) « Les lois de succession, a-t-il écrit dans l'*Economisie français*, peuvent entrer pour une part considérable dans la lenteur de l'accroissement de la population française... On a voulu empêcher le bourgeois comme le paysan de faire ce que l'on appelait jadis un aîné, c'est-à-dire d'avantager un des enfants : on n'y a réussi qu'en partie. On peut toujours faire un aîné, en supprimant les cadets; c'est à ce bon résultat que s'ingénient une foule de familles françaises. Si les lois ont pour effet de pousser la plus grande partie de la population à n'avoir qu'un enfant par famille, il faut avouer que ces lois pour sacro-saintes qu'on les tienne, non seulement outragent la morale, mais conspirent contre la grandeur nationale.

A la mort du père, la loi exige la répartition égale des biens entre les héritiers; elle ne se contente pas de l'égalité des lots, mais elle veut leur composition identique en meubles et en immeubles. Il en résulte qu'avec un tel système ceux qui désirent maintenir le foyer n'ont d'autre alternative que de frauder la loi ou violer la morale. Ce dernier moyen est à la portée de tous.

Dans les vieilles familles de paysans du Midi, comme dans celle que nous avons décrite à Lévignacq, une lutte énergique et tenace est engagée contre le Code civil. Les familles tiennent passionnément à la conservation du domaine sans laquelle elles ont la conscience de n'être plus rien; toutefois, fidèles à la loi religieuse, elles refusent d'atteindre ce résultat au prix de l'immoralité. Elles tournent le Code en s'exposant à tomber sous ses foudres. Malheureusement dans les régions où l'attachement à la loi de Dieu a faibli, et où, sous l'influence des causes diverses, les habitudes de transmissions intégrales ont disparu, les pères de famille ne manifestent aucun scrupule à restreindre le chiffre de leurs héritiers; ils n'ont pas le courage d'entreprendre contre la loi une lutte périlleuse et aux hasards de laquelle ils ne sont pas accoutumés. Ne pouvant plus faire de cadets, ils les empêchent de vivre.

Quand même la préoccupation de l'intégrité du domaine ne se présenterait plus à l'esprit du père, l'amour du bien-être, la crainte des sacrifices passagers qu'exige une nombreuse postérité, l'emportent dans trop de familles sur le respect de la loi divine. L'atténuation du sentiment religieux concourt donc avec les vices de la loi civile à ralentir l'accroissement de la population.

L'économiste qui aurait étudié ce grave problème uniquement au point de vue moral, sans porter son attention sur les faits d'ordre économique, n'aurait en conséquence aperçu qu'une face de la question. Il ne se serait pas rendu compte des obstacles que la loi humaine oppose au respect des prescriptions divines. Le remède au mal lui aurait échappé. Mais celui qui n'aurait envisagé que le côté matériel de la question n'aurait pas commis une moins grave erreur. En s'arrêtant aux causes qui, aux yeux des esprits superficiels, motivent l'état stationnaire de la population, il aurait laissé de côté et la constitution de la famille et l'influence exercée par l'idée religieuse, c'est-à-dire qu'il aurait négligé les éléments les plus importants du problème.

Nous avons cité cet exemple; il prouve d'une manière péremptoire la connexion intime qui lie les questions économiques aux questions morales, et si nous voulions passer en revue toutes celles dont la solution s'impose à nous, nous aboutirions à la même constatation.

Cependant, dans tout le cours de son étude, M. Leroy-Beaulieu n'a examiné que les questions matériellés. Les conclusions auxquelles il aboutit reposent donc sur une base trop étroite; elles ne répondent pas à la réalité, et c'est alors qu'il convient de rappeler les belles paroles de M. Le Play, dans sa première édition des *Ouvriers européens* :

« Le rang qu'une société occupe dépend assurément des conditions matérielles où elle est placée, et des institutions politiques qui la régissent, mais ses éléments essentiels de prééminence appartiennent à l'ordre moral. Que la science multiplie ses découvertes, que la liberté déploie ses ressources et l'autorité son pouvoir, que la société tout entière accumule ses grandeurs et ses merveilles, leur labeur ne sera qu'impuissant si, sans rien abandonner des droits de la raison, elles ne maintiennent fermement dans les âmes la loi de Dieu. En analysant les faits et en remuant les chiffres, la science sociale ramène toujours les vrais observateurs aux principes de la loi divine. »

IV

La principale conclusion de M. Leroy-Beaulieu est la disparition de toutes les inégalités sociales et la marche progressive des sociétés modernes vers l'égalité des conditions. Cette marche constitue aux yeux de l'auteur la grande supériorité de la société moderne sur les sociétés du passé, puisque l'égalité est un principe absolu et primordial.

Nous prouverons plus loin, d'après des faits nombreux, que cette égalité apparente des sociétés modernes n'est souvent qu'un trompe-l'œil. Derrière elle se cachent des inégalités plus cruelles et moins justifiées que les hiérarchies du passé. Mais nous sommes d'abord obligés d'examiner rapidement la thèse principale de l'auteur, en faveur de laquelle il n'apporte aucune démonstration expérimentale.

Si l'égalité des conditions est le véritable criterium du bonheur social, la logique, le bon sens, le patriotisme, commandent de ne plus opposer aux apôtres de l'égalité providentielle, une fin de non-recevoir. Ceux-ci en effet soulèvent le peuple en faisant luire devant ses yeux la perspective d'une égalité complète ; ils lui représentent que tout le mal provient de l'inégalité des conditions.

Les économistes objectent, il est vrai, que, repoussant l'emploi des moyens violents, ils attendent exclusivement le triomphe de l'égalité du libre jeu des éléments économiques. Mais le peuple ne se résignera pas à attendre que le jeu des éléments économiques lui procure cette égalité représentée comme le plus grand bienfait, et les générations modernes se consoleront difficilement de leurs maux par la perspective du bonheur promis à leurs descendants.

L'erreur de M. Leroy-Beaulieu sur ce point provient encore du peu d'importance qu'il accorde aux questions morales. Nous le voyons, en effet, et par le passé et par le présent : il a existé des sociétés dans lesquelles les conditions étaient parfaitement tranchées, et cependant ces sociétés ont compté au nombre des plus prospères, des plus stables. Il s'est rencontré des sociétés où l'égalité des conditions a été presque absolue, et cette égalité ne les a pas empêchées de connaître les désordres sociaux qui avaient épargné les premières.

Nous parlons pas seulement des peuples primitifs. L'égalité des existences individuelles est leur trait caractéristique ; parmi elles, ni riches accumulant la richesse, ni pauvres souffrant des maux que d'autres plus fortunés ignorent. Voilà bien l'égalité si chère à nos contemporains, et néanmoins une telle égalité n'empêche pas ces peuplades de souffrir aussi bien du dénuement matériel que de la misère morale. Toutefois pour rendre la démonstration plus convaincante, examinons en peu de mots l'état d'une société à laquelle les conditions naturelles n'imposent pas une organisation aussi différente de la nôtre.

Lorsqu'on jette les yeux sur l'histoire du treizième siècle, non pas sur l'histoire défigurée par les œuvres haineuses des hommes de nouveauté, mais l'histoire vraie, telle qu'elle nous apparaît d'après les vieilles chartes et les documents authentiques, on voit les classes inférieures séparées sans doute des classes élevées par une hiérarchie universellement acceptée mais en même temps protégées contre les incertitudes du sort. « Le régime féodal est celui qui a le mieux assuré le bien-être de la classe inférieure, a écrit M. Le Play dans les *Ouvriers européens*, car il a pour caractères la dépendance réciproque du patron et de l'ouvrier, les devoirs d'assistance du patron, l'usufruit du foyer et de l'atelier assuré à la famille de l'ouvrier; il constitue la propriété de manière à garantir les ouvriers des prêts hypothécaires et des dangers de l'usure (1). »

Si l'égalité, telle que nous la comprenons aujourd'hui, n'existe pas entre le maître et l'ouvrier, des liens intimes ne les unissent pas moins. Le premier reste attaché à l'atelier agricole ou industriel; fortune et richesse sont pour lui synonyme de devoir et de protection. « On vit bien ensemble quand on vit ensemble depuis la naissance jusqu'à la mort, familièrement, avec les mêmes intérêts, les mêmes occupations, les mêmes plaisirs : tels des soldats avec leurs officiers, en campagne, subordonnés quoique camarades, sans que la familiarité nuise au respect (2). »

L'ouvrier des villes n'était pas moins bien soutenu contre les dangers de l'isolement par les devoirs du patronage universellement pratiques; car l'idée de considérer le travail humain comme une simple marchandise n'était pas inventée, et les classes ouvrières s'abritaient à l'ombre des corporations dont le pouvoir ne gênait pas la libre expansion et au sein desquelles ne s'étaient pas glissés les abus des derniers jours. La société du moyen âge demeure la société la plus forte qui ait encore existé; elle a souffert d'une organisation souvent défectueuse de la souveraineté, mais non des hiérarchies nécessaires qui maintenaient la paix sociale.

Tous les hommes naissent égaux, tous doivent être placés dans la société sur le même réseau, prétendre aux mêmes fonctions, exercer les mêmes droits, ont dit, au contraire, les novateurs de 1789. Aussi depuis la fin du siècle dernier, une soif d'égalité s'est-elle emparée de tous les esprits. L'ouvrier prétend être l'égal du patron; ce dernier même est proscrit, parce qu'il suppose des liens hiérarchiques. La nouvelle langue démocratique dit l'employeur. Le fils ne veut plus reconnaître au père de famille le droit de diriger sa conduite. Le mot de classes dirigeantes paraît une insulte aux autres classes qui, d'après la nouvelle théorie, sont déclarées souveraines. Toute hiérarchie est condamnée, toute inégalité dénoncée comme un mal qu'il faut extirper.

Malheureusement pour les théoriciens, les inégalités naturelles ne sont pas rayées d'un trait de plume. Si démocratique qu'aspire à être une société, elle renfermera toujours des hommes qui auront reçu ou acquis la fortune, ou d'autres placés à la tête de grandes

(1) Cf. *les Ouvriers européens*, t. II, p. 478 et 479.
(2) Taine, *l'Ancien régime*, p. 40.

entreprises. Que le nom odieux de patron ou de maître ne soit plus de mode, cela ne changera pas l'organisation du travail, il restera l'employeur. Seulement, avant que le dogme de l'égalité providentielle eût été prêché aux hommes, l'employé acceptait l'autorité de celui qui commandait. Aujourd'hui, plein de jalousie, il cherche à s'y dérober, et l'autorité devient en revanche d'autant moins affectueuse qu'elle est plus contestée. En représentant aux hommes l'égalité absolue comme le but vers lequel il faut tendre, on développe parmi eux des sentiments d'envie et de haine. Leurs rapports deviennent plus difficiles. L'idée de protection et de patronage disparaît.

Cette importance accordée au faux principe de l'égalité entraîne encore d'autres conséquences funestes pour les classes appelées, dit-on, à en bénéficier; chacun jalousant celui qui est ou semble placé au-dessus de lui, s'efforce de paraître son égal. De là cet amour insensé du luxe qui sévit dans les classes ouvrières, ce désir d'effacer à tout prix par les apparences les distinctions sociales, ces achats désordonnés qui grèvent lourdement le budget des familles. La monographie d'une famille de serrurier-forgeron de Paris nous montre un exemple frappant de ces tendances au luxe. Les enfants sont mis avec une élégance au-dessus de leur condition, leur mère ne voulant qu'aucune différence ne les distingue des enfants appartenant à des familles plus fortunées (1). Que de fois, lorsque les modestes sommes gagnées par le travail ne permettent plus aux jeunes filles des classes ouvrières de faire face aux dépenses d'un luxe croissant, celles-ci cèdent à la tentation du mal. On cherche en même temps à s'élever au-dessus de son sort. Ne voulant plus embrasser la profession paternelle, le fils de l'agriculteur abandonne les champs pour se hausser dans un bureau ou s'asseoir derrière un comptoir (2).

Par une conséquence naturelle, la population urbaine qui était de 24,42 pour 100 en 1846 est maintenant de 31,06, tandis que la population rurale est tombée dans la même période de 75,58 pour 100 à 68,94. Tout récemment, au cours d'une étude faite dans le département de Seine-et-Oise, nous avons constaté que les populations des communes exclusivement rurales avaient diminué depuis

(1) *Ouvriers des Deux-Mondes*, t. V, nouvelle série, 2ᵉ fascicule.
(2) Voir, dans notre monographie du serrurier de Léognacy, les détails relatifs à l'émigration des campagnes vers les villes.

cinquante ans au détriment des communes présentant un caractère quasi-urbain.

L'ouvrier rêve à son tour de se transformer en bourgeois, et la fille du petit commerçant ou du modeste employé qui a reçu une instruction quelque peu étendue, mais superficielle, rougit de se livrer à une occupation manuelle; elle brûle de s'élever au rang d'institutrice. Trouvera-t-elle là une existence aussi assurée que si elle était restée dans les rangs où le sort l'a fait naître! Peu lui importe. Mademoiselle était ouvrière. Une institutrice est une quasi-dame. Obéissant à cette tendance, les jeunes filles munies de brevet se présentent maintenant en foule aux bureaux de l'instruction primaire. Il y a à Paris plus de sept cents jeunes filles qui ne peuvent être placées. Si elles n'eussent pas été piquées de l'aiguillon égalitaire, elles eussent fait sans doute d'excellentes ouvrières, de modestes mères de famille. Aujourd'hui demi-bourgeoises, demi-manantes, elles grossiront l'armée des déclassés, à laquelle d'ardentes aspirations vers une égalité chimérique envoient des recrues multipliées.

Prêcher l'égalité des conditions comme un bien absolu, comme l'indice du bonheur d'une société, c'est méconnaître l'enseignement de l'expérience qui nous montre les sociétés prospères donnant l'égalité qu'il est légitime de demander, mais reposant sur le respect des hiérarchies. Quel bienfait une société retirera-t-elle de la confusion des rangs, si toute supériorité est considérée comme une injustice du sort. Que sert-il aux hommes de jouir tous d'une aisance plus grande, lorsque leurs désirs croissent hors de proportion avec ce qu'ils possèdent? Entre un ouvrier d'une de nos grandes cités gagnant un salaire de 7 ou 8 francs par jour, libre d'aspirer à de hautes positions politiques, jouissant des mêmes droits que son patron, mais incertain du lendemain, dévoré d'envie, dénué de toute foi religieuse, et un ouvrier du treizième siècle, encadré dans une forte société, jamais inquiet du lendemain, ne cherchant pas à s'élever plus haut que ses aptitudes ne le comportent, fils pieux de l'Église, il n'y a pas lieu de rechercher longuement quel est le plus heureux.

Le chef de l'école positiviste, Auguste Comte, a écrit sur les ouvriers une parole d'une profonde justesse. On s'occupe toujours à notre époque, dit-il, de ceux qui s'élèvent; mais qui pourvoira au sort de ceux qui restent dans leur condition? Là, en effet, est le

revers de ce mouvement vers l'égalité, représenté comme un indice
de bien-être et de prospérité. On se pousse pour gravir les échelons
de la vie sociale; mais, dans cette lutte ardente, dans .cette âpre
poussée, ceux qui ne peuvent monter au haut de l'échelle sont
foulés aux pieds, et les bienfaits de l'égalité se traduisent pour le
plus grand nombre par un redoublement de misères.

En résumé, si nous recherchons les éléments de la constitution
essentielle d'une société, nous observons d'abord la famille qui forme
la première cellule de l'organisme social. Là s'élève l'homme, là se
perpétue la race; là se transmettent les traditions qui préparent les
nouvelles générations à la vie sociale. Là encore est constitué le
premier atelier où s'apprend le travail de la vie. A côté du père de
famille, le prêtre enseigne les vérités religieuses sans lesquelles
l'enseignement moral, jouet des caprices humains, est dépourvu
d'autorité. Dans tous les pays, sous toutes les latitudes, son
influence se retrouve, et si des voyageurs ont rencontré quelques
peuplades chez lesquelles les manifestations de la vie religieuse
semblaient quasi-éteintes, ces peuplades comptaient parmi les plus
misérables et les plus dégradés de l'espèce humaine. Aidant le père
de famille et le prêtre dans leur mission, le pouvoir souverain
empêche la manifestation publique du mal, réprime les attentats
qui se commettent contre la loi suprême et pourvoit aux intérêts
multiples qui naissent de la réunion des hommes en société.

Une société enfin ne repose pas en l'air; elle s'appuie sur le sol
qui lui fournit les moyens de subsistance et elle l'exploite par la
propriété qui, suivant les lieux, revêt diverses formes, mais se
retrouve partout; la propriété est-elle mal constituée, les moyens de
subsistance sont insuffisamment garantis, l'antagonisme divise les
hommes et la société tout entière est en proie au malaise. Lorsque
le travail se développe, alors se manifeste la nécessité du patronage,
fortifié comme au moyen âge par de bienfaisantes associations pour
assurer la stabilité de l'ouvrier et rapprocher les classes.

Mais dans ces éléments essentiels à une société, l'égalité ou la
liberté n'apparaît pas. Que la famille ou la religion, que la souveraineté ou la propriété soient viciées, la société est en proie à d'into-
lérables souffrances : elle demeurera néanmoins prospère, même
sans que l'égalité y soit développée.

L'auteur de la *Réforme sociale* a résumé cette idée dans quelques lignes très nettes qui s'appliquent mot pour mot au livre de

M. Leroy-Beaulieu. « On se met en contradiction avec l'expérience et la raison, quand on présente aux peuples l'égalité et la liberté comme des principes absolus dont il faudrait poursuivre à tout prix la réalisation pratique. L'égalité et la liberté ne sauraient prétendre à être élevées, comme la religion, la propriété et la famille, au rang des principes primordiaux. Ce sont des préceptes d'ordre secondaire dont l'application, variant partout avec la nature des hommes et des choses, doit être tempérée et souvent interdite par les préceptes d'ordre supérieur qui recommandent au respect des peuples l'autorité et la hiérarchie (1). »

L'économiste envisageant seulement la question sociale sous le rapport de l'égalité ressemble au médecin, qui, voulant se rendre compte du mécanisme du corps humain, se bornerait à examiner la couleur du teint.

Le premier coup d'œil jeté sur l'ouvrage de M. Leroy-Beaulieu nous montre donc l'auteur s'éloignant des vérités établies par l'expérience. Il laisse de côté les facteurs essentiels du problème économique et social. Il accorde à l'égalité une importance démentie par les faits.

Dans notre prochain article, nous étudierons les inégalités qu'engendrent les phénomènes économiques et sociaux de notre époque.

Urbain GUÉRIN.

(*A suivre.*)

(1) *Réforme sociale*, t. II, 5e édition.

L'HEURE DE DIEU

Une paysanne, d'une cinquantaine d'années, à l'opulente chevelure rousse, au teint basané, dont les traits gardaient de nombreuses traces de beauté, venait de s'asseoir sur un banc adossé au mur d'une rustique habitation. Cette femme tenait entre ses mains calleuses une lettre, restée dans son enveloppe. Après avoir longuement regardé cette enveloppe, avoir épelé chaque mot de l'adresse, elle se décida à l'ouvrir et en tira une feuille de papier, pliée en quatre.

Ses yeux coururent à la signature.

— C'est de Pierre! s'écria-t-elle, d'un accent joyeux et le regard brillant de bonheur.

En face du banc, sur lequel elle était assise, se trouvait un large et superbe pommier, dont les branches, chargées de fruits, tombaient presque jusqu'à terre.

Elle se plaça sur ce banc de manière à ne pas recevoir, en plein visage, les rayons du soleil qui dardait ses feux ce jour-là sur la campagne. Mais quoi qu'elle fît, et malgré l'ombrage de l'arbre, sa figure et son papier étaient voilés de si multiples fils d'or, qu'elle essaya vainement de faire la lecture de sa lettre en cet endroit et dut se résigner à rentrer dans l'intérieur de sa demeure.

Au moment d'en franchir le seuil, elle se retourna et, avisant, à quelque distance dans une prairie qui faisait face à la maison, un jeune garçon de dix-huit ans environ, occupé à traire des vaches, elle le héla.

— Paul! cria-t-elle.

Elle dut répéter son appel à cause de l'éloignement, et, cette fois, elle eut soin, non seulement d'élever la voix davantage, mais de s'entourer la bouche de ses deux mains pour éviter une déperdition de son.

Celui qui était ainsi interpellé entendit, et, se dressant, regarda dans la direction d'où venait la voix.

La femme, au lieu de l'appeler de nouveau, se contenta de lui faire signe avec le bras, en agitant la lettre qu'elle tenait entre les doigts.

Le jeune homme ne se fit pas attendre, il abandonna sa besogne, et, en moins de quelques minutes, après avoir traversé en courant la prairie, il se trouva devant la ferme.

— Une lettre de ton frère, lui dit alors la fermière, puisque tu es ici, tu vas me la lire.

Elle la lui tendit.

Il la prit et, à son tour, il l'examina, la tournant et la retournant en tous sens.

Paul n'était pas beau. Son visage hâve et ses yeux sans franchise ne pouvaient être le miroir d'une belle âme.

— Lis, commanda la mère avec impatience.

Il obéit et commença la lecture demandée.

La lettre était ainsi conçue :

« Ma bonne mère !

« J'ai une si grande et si heureuse nouvelle à vous annoncer, qu'au lieu de vous adresser d'abord les questions d'usage et de m'enquérir de votre chère santé, ainsi que de celle de Paul, je ne puis résister au bonheur de vous apprendre tout de suite de quoi il s'agit :

« La fortune, qui est décidément une meilleure personne qu'on ne le prétend, vient d'en donner la preuve, en m'accordant une de ses faveurs, d'autant plus précieuse qu'elle était plus inespérée.

« Il faut avant tout que je vous fasse un aveu : grâce aux conseils d'un mien camarade, qui est placé dans une agence financière et par conséquent au courant de tous les petits agiotages du métier, j'avais disposé depuis quelques temps de mes économies et les lui avais confiées, pour qu'il les fît fructifier. Ce garçon a tant de flair et de perspicacité, que les deux premiers milliers de francs que je lui remis, m'en rapportèrent un troisième en moins de quinze jours. — J'ai *la veine*, me dit mon camarade, veux-tu que je recommence?

La veine signifie, à Paris, la chance. J'étais, comme vous pouvez le penser, fort tenté, non que je n'eusse point quelques craintes au fond de mon cœur, mais, ainsi que l'affirme le proverbe : *qui ne risque rien n'a rien*, et je risquai de nouveau. Huit jours plus tard au lieu de trois mille francs j'en avais quatre mille cinq cents. Vous savez, ma bonne mère, que mes appointements annuels ne se montent pas à la somme que ces deux simples coups de bourse avaient mis en ma possession. Aussi mon camarade n'eut-il pas besoin de faire beaucoup de frais d'éloquence pour que je lui promisse de continuer une partie semblable. Bref, de coup de bourse en coup de bourse, je suis à l'heure qu'il est en possession de douze superbes billets de mille francs, que vous recevrez demain et dont vous vous servirez pour acheter *la fameuse garenne* du père Boiset, que vous désirez depuis si longtemps. J'ai attendu, pour vous envoyer ce présent, la veille de votre fête. Il ne manque qu'une petite joie à mon immense félicité, c'est de ne pouvoir entreprendre le voyage et venir en personne vous apporter, avec mon cadeau, les vœux que je forme pour la continuation de votre bonne santé. C'est la première fête de saint Louis, hélas ! où je ne pourrai pas poser mes lèvres filiales sur vos fraîches joues maternelles, ces belles joues où les années n'empêchent pas les roses de fleurir. »

La fermière ne put en entendre davantage... Arrachant la lettre des mains de son fils cadet, elle la porta à sa bouche et l'embrassa passionnément.

— Mon Pierre ! mon Pierre ! murmura-t-elle. Ce ne sont pas tes billets de mille francs qui me font le plus de plaisir. Je paierais de millions, si j'en avais, le bonheur de posséder un fils tel que toi...

Elle s'interrompit, et, regardant Paul dont le visage était boudeur :

— Des fils tels que les miens, reprit-elle. Car toi aussi, n'est-ce pas, mon gars, tu es un bon fils ?

Ce disant, elle attira à elle le jeune homme.

Il hocha la tête.

— Pierre a de la chance, gronda-t-il.

— Tu en auras un jour.

Il hocha de nouveau la tête, et, cette fois, d'une façon clairement négative.

Elle insista.

— Mais si, plus tard, quand tu auras son âge et que tu l'auras rejoint à Paris. Car tu iras à Paris, n'est-il pas vrai ?

— Certainement, dit-il, en acquiesçant d'un signe.

— Et tu m'enverras à ton tour de beaux cadeaux pour ma fête...

Il se dégagea de l'étreinte maternelle, et, se reculant de quelques pas, il fixa sa mère étrangement.

— Des cadeaux de douze mille!... Rien que cela, maman!... Vous y prenez goût.

Elle protesta.

— Il ne s'agit pas de la valeur du cadeau, mais simplement de l'attention. Ton frère ne m'eût-il envoyé que douze pâquerettes, je lui aurais autant de reconnaissance.

Les lèvres de Paul eurent une crispation d'incrédulité.

Elle le remarqua.

— Tu en doutes, peut-être?

Il n'osa pas répondre affirmativement; seulement, à son silence, la mère ne se trompa point.

— Eh bien, reprit-elle, je te l'affirme; et, quand tu seras loin de moi, sache bien que je tiendrai autant compte d'un souvenir de ton cœur que de tous les trésors de ta bourse, et que je m'en contenterai pour te qualifier, comme j'ai qualifié Pierre, tout à l'heure, de bon fils.

— Il faudra bien que vous vous en contentiez, car moi je ne posséderai jamais assez de ressources pour vous fournir les moyens de vous payer des *garennes*.

Elle eut un sourire triste.

— Quand tu aurais ces ressources, il n'est pas sûr, ajouta-t-elle, que tu m'en fournirais les moyens.

— Quand on peine pour gagner sou à sou quelques milliers de francs, on n'en est pas prodigue.

— Que veux-tu dire?

Il ne baissa pas les yeux, mais, les attachant, au contraire, sur sa mère, il ajouta :

— Ce que je dis, et c'est clair, à savoir qu'il n'en a pas coûté gros à Pierre pour se procurer les 12,000 francs qu'il vous envoie, trois ou quatre coups de bourse et le tour est joué, ricana-t-il. Moi, je ne suis pas un joueur, et je ne le serai jamais. Je préfère l'argent gagné à l'argent escamoté.

— Oh! protesta la fermière... Je suis sous ce rapport de ton avis, et même je vais écrire à Pierre, dans ce sens, pour le gronder de s'être laissé entraîner par cet appât terrible d'un gain facile. Il ne faut qu'un guignon pour engouffrer le peu qu'on possède, et toutes les nobles et généreuses intentions du cher enfant ne le garantiraient pas d'un désastre.

Cette conclusion, en lui donnant raison, ôta à Paul le prétexte de répliquer.

Paul pouvait avoir de dix-neuf à vingt ans. C'était une contrefaçon de *Monsieur*, un paysan à demi dégrossi, qui lisait les journaux radicaux et faisait, en compagnie de M. le maire, un drôle de son espèce, opposition à M. le Curé. Sa mère, Louise Motron, demeurée veuve encore jeune, se montrant assez peu soucieuse des principes de son fils, l'avait laissé s'engager dans cette voie sans songer aux conséquences qui devaient en résulter. Le scepticisme religieux des autres paysans de son entourage l'avait quelque peu gagnée, et, aux anciennes pratiques pieuses de sa jeunesse, elle laissa tout doucement succéder la plus absolue indifférence, s'en enorgueillissant naïvement, toujours, bien entendu, par esprit d'imitation et pour ne pas rester en arrière des notabilités de son village, situé en pleine forêt des Ardennes, au centre du département de ce nom et non loin de la Meuse, le fleuve si souvent ensanglanté par les luttes des Français et des Allemands.

La ferme de Louise Motron s'élevait à l'entrée d'un chemin vicinal, ouvert sur la grande route de Mézières. Ce délicieux chemin était bordé de chaque côté par des champs de blé, par des prés et aussi par une haute lisière d'arbres.

Les bâtiments de la ferme ne manquaient pas d'apparence. On y retrouvait, çà et là, quelques vestiges de construction ancienne. En effet, à en croire les récits des vieillards de l'endroit, la ferme aurait été bâtie avec les matériaux de l'ancien château, démoli en 1793, dont les propriétaires d'alors, les seigneurs du lieu, avaient porté, comme tant d'autres, leur tête sur l'échafaud.

A quelque distance de cette habitation rustique, s'élevait une autre ferme moins vaste; mais non moins riante, dirigée, celle-là, par un homme veuf, un vigoureux paysan, d'une soixantaine d'années, aux cheveux grisonnants et dont le visage hâlé attestait de longues stations sous le soleil dans les champs.

Quiconque se représenterait ce brave homme sexagénaire, sous l'aspect d'un vieillard aux genoux repliés, aux membres tremblants, se tromperait fort et serait loin du compte avec l'original.

Jean Massin, au contraire, était dans toute sa force, à ce point qu'il lui arrivait de faire reculer à cent pas le complaisant qui voulait, par exemple, lui donner un coup de main lorsqu'il s'agissait de charger un sac de blé, quelque lourd qu'il fût. Nul autre, mieux que lui, ne savait, le cas échéant, saisir à la course un cheval violent, fougueux, le rendre docile et le forcer à s'arrêter net, fût-il emporté. Dans sa jeunesse, il avait fait de tels exploits, que les gars disaient de lui, avec admiration, ce que les Gaulois, nos ancêtres, disaient d'eux-mêmes : « Qu'il ne redoutait que la chute du ciel. »

Jean Massin avait passé toute sa vie dans ce village. La ferme, dont il était actuellement le propriétaire, avait été exploitée depuis des siècles, de père en fils, par ses aïeux, sans que ceux-là en fussent alors les propriétaires comme l'était Jean Massin. Ses économies, lentement et sagement amassées, lui avaient permis d'acquérir ce bien d'un ancien intendant des premiers possesseurs, c'est-à-dire des châtelains. Celui-ci l'avait acheté à l'État, lorsqu'on le décréta *bien national* pendant la terrible époque révolutionnaire.

Jean Massin vivait fort retiré et, à l'exception de sa voisine, Louise Motron, il voyait peu de monde et ne franchissait les limites de son village, que quand il s'agissait de porter à la ville les produits de son exploitation. Jean Massin était un homme du bon vieux temps, qui avait su se garantir de la contagion du scepticisme, si fort en vogue, même dans nos campagnes où, grâce à l'ignorance, il fait encore plus de ravages dans les âmes que partout ailleurs.

Jean Massin déplorait, et ne s'en cachait pas, l'indifférence religieuse de sa voisine. Maintes fois, dans les longues heures des soirées d'hiver, il la gourmandait à ce sujet, et parfois même, il avait avec elle, sur ce point, d'interminables discussions, auxquelles ne manquait jamais de se mêler Paul, le jeune bel esprit que l'on sait.

Sa position de fortune lui donnait dans le village une certaine autorité qui contre-balançait celle du maire, choisi, comme dans la plupart des communes de notre pays, parmi de simples cultivateurs. Malgré ses idées, prétendues rétrogrades, ses concitoyens, pleins de confiance en son honorabilité, l'avaient désigné, de préférence à tout autre, pour administrer leurs intérêts. Mais plutôt que de rompre en visière avec les hommes qui étaient au pouvoir, Jean Massin avait décliné cet honneur et gardé fièrement, avec son indépendance personnelle, le droit de dire tout haut ce qu'il pensait des gens et des choses. Grâce à cette attitude, le village était partagé en deux camps. Il y avait dans l'un les amis de M. le Curé, dans l'autre ses ennemis. De même que Jean Massin était à la tête des premiers, Paul Motron, par suite des idées de sa mère, tenait une des places les plus larges dans les rangs des seconds.

L'hostilité des opposants était bruyante et ne se bornait pas seulement à un échange d'arguments; plus d'un trait scandaleux avait été la conséquence de cette animosité; deux ou trois fois, des croix, placées par la piété de nos ancêtres sur les chemins, avaient été l'objet de cyniques insultes; l'une, même, ayant été brisée, Jean Massin entra dans une si violente colère, qu'il fit, de son chef, une enquête et ne se gêna point, lorsqu'il eut découvert les coupables, pour mettre au service de Dieu outragé, la force herculéenne qu'il avait reçue de lui, et administra une correction à plusieurs des vauriens reconnus pour les auteurs du sacrilège. De ce nombre se trouva Paul Motron à qui, par égard pour sa mère, il se borna à tirer les oreilles, non sans lui avoir fait ensuite sentir *ailleurs*, que son pied valait sa main.

Il s'ensuivit une telle rancune de la part du jeune mauvais sujet, que Louise Motron dut intervenir pour rétablir la bonne intelligence entre eux et pour empêcher que leurs relations ne s'en ressentissent. Elle tenait à ces relations qui se perdaient, déjà pour elle, dans la nuit des temps. Elle ne se souvenait pas d'avoir vécu sans l'amitié de Jean qui, dès leur plus tendre enfance, s'était montré son ami, en tenant compte, bien entendu, de la différence de leur âge. Elle se plaisait à évoquer les souvenirs d'antan, et, dans ces souvenirs, il s'en trouvait qui l'attachaient à son camarade, comme l'eussent fait des liens formés par le sang. Que de fois n'avait-elle point raconté à ses fils que, lorsqu'elle n'était encore qu'une *mioche*, Jean, petit Hercule en herbe, de dix ans plus âgé qu'elle, la protégeait si efficacement contre la malveillance des autres gamins et gamines, que peu à peu elle était, en quelque sorte, devenue pour tous une sorte de petite reine, ayant sa cour et ses courtisans. En un mot, la reconnaissance, l'habitude, et enfin une réelle réciprocité de sympathie, lui avaient rendu sa société agréable et nécessaire. Aussi, en dépit de ses tendances antireligieuses et de sa faiblesse maternelle, non seulement elle ne céda rien des sentiments qui l'unissaient à Jean Massin, mais elle usa, en cette circonstance, ainsi qu'elle l'avait fait en maintes autres, de son autorité pour forcer Paul à subir Jean Massin et à le respecter.

Sachant qu'il ne gagnerait rien à entrer en lutte avec elle sur cette question, il avait paru se soumettre, non toutefois sans nourrir contre cet homme une haine mortelle dans le fond de son cœur, dont la violence était telle que, par instant, elle rejaillissait jusque sur sa mère elle-même, et étouffait en lui les plus saintes protestations de la nature.

Jean Massin avait perdu sa femme après quelques années d'une heureuse union. Il lui restait un fils, nommé Jacques, qui, manifestant du goût pour l'état militaire dès son extrême jeunesse, quitta le pays avant l'âge de la conscription et prit du service. Sa bonne conduite lui valut quelque avancement, surtout parce qu'il était parti volontairement pour notre colonie d'Afrique. Une seule fois, depuis son départ du village, il était revenu en congé, ce fut pour fêter sa nomination de sergent-fourrier. Il y avait de cela six ou sept ans. Paul se souvenait vaguement d'un beau militaire qui leur avait rendu de longues visites à la ferme, et l'avait emmené faire, avec lui, de superbes promenades à travers la forêt, en lui racontant de fantastiques et intéressantes histoires sur les sites pittoresques et sauvages de l'Algérie. C'était tout. Il ne se le rappelait pas autrement et il aurait passé vingt fois, auprès de lui, sans que les traits de son visage frappassent sa mémoire. Ce jeune homme était la joie et l'honneur de son père. Le vieillard n'avait pas de plus grande satisfaction que de parler de lui. Louise Motron, avec autant de fierté, lui opposait son fils aîné, dont réellement sa vanité de mère pouvait à bon droit s'enorgueillir.

Elle n'avait avec elle, à part son fils, qu'une servante sous son toit. Le berger couchait dehors pendant une partie de l'année, avec son troupeau, et, pendant les mauvais temps de l'hiver, il se gîtait dans une partie de l'étable aménagée à son usage. Il en était à peu près de même chez Jean Massin, sauf une vieille et robuste servante, il ne gardait d'autre domestique à l'année que son berger, et engageait, au fur et à mesure que l'exigeaient les travaux des champs, les employés que son exploitation réclamait.

Une des grandes distractions du fermier et de Louise Motron consistait à se lire les lettres de leurs enfants absents.

La fermière n'eut garde de tenir secrète à son ami celle qu'elle venait de recevoir et dont elle avait tant de raison d'être joyeuse et fière. Aussi, après l'avoir lue et relue, se tournant tout à coup vers Paul, encore irrité de la discussion que cette lecture avait provoquée, elle l'interpella :

— Tu vas, lui ordonna-t-elle, te rendre à l'instant chez Massin et le prier de venir.

Le regard de Paul se rembrunit.

— Massin, répondit-il, est à sa fauchée de la rigole.

— Cours-y.

Il regarda sa mère.

— J'ai ma besogne à faire; si je ne profite pas du soleil pour retourner mes foins, ils pourriront sur place.

C'était vrai, Louise le savait et n'insista pas.

— Seulement, conclut-elle, tu peux toujours bien porter la commission à la Roussotte et la charger de dire à son maître qu'il ne nous fasse pas attendre sa visite ce soir.

La Roussotte était la servante du fermier.

— Oh! *nous*, protesta Paul, relevant aigrement ce mot.

— Eh bien, quoi! demanda-t-elle.

— Parlez pour vous, osa-t-il riposter, quant à moi, je ne souhaite pas sa visite. Il pourrait me la faire attendre toute sa vie que je ne m'en plaindrais point.

— Il se passerait peut-être aussi bien de toi que tu te passerais de lui; seulement, comme il ne s'agit pas de toi dans la circonstance, et que tu ne comptes pas, fais la commission, sans te préoccuper du reste.

Il obéit de mauvaise grâce. Déjà il allait ouvrir la barrière de la haie qui entourait l'entrée de la ferme, quand il entendit retentir la voix de sa mère. Il s'arrêta, impatienté, et, dirigeant son regard de son côté, il s'écria :

— Quoi, encore?

— Je pense que la soirée sera trop courte, s'il ne vient qu'après son souper, dis à la Roussotte que le couvert de Jean Massin sera mis ce soir à côté du nôtre... et répète-lui qu'il me tarde de le voir.

— Oui.

Elle lui fit un nouveau signe.

— Surtout, ne parle pas de ce que contient la lettre de ton frère.

— Non.

— Ne parle même pas de sa lettre.

— Soyez tranquille.

Et comme il attendait de nouvelles recommandations.

— Va vite, commanda-t-elle, en lui montrant la grande route de la main.

— C'est bien tout, cette fois, gronda-t-il en s'éloignant, et il ajouta d'un accent rageur et sombre :

— Vous pourrez vous en payer du tête-à-tête ce soir, et en garder le souvenir.

II

— Eh bien, voisine, interrogea Jean Massin, le soir en arrivant, du plus loin qu'il aperçut Louise. Eh! bien, il y a donc du nouveau?

Elle sourit finement.

— Et quel nouveau! si vous saviez.

A son tour, il eut un sourire malicieux.

— Si je le devinais!

— Faites.

— Il s'agit du fieu, le Parisien.

Elle acquiesça d'un signe.

— Alors? questionna-t-il en s'interrompant pour la laisser achever.

— Devinez toujours.

Il se piqua au jeu.

— Pourquoi pas!

Et, dévisageant Louise.

— Regardez-moi bien en face, dit-il, je vais lire ce qu'il en est dans vos yeux.

Elle se mit à rire.

— Mes yeux ne sont pas un livre.

— Vous croyez ça.

— J'en suis sûre.

Et le défiant, elle le regarda.

Il la contempla en se recueillant.

— Vous avez une lettre.

Elle eut une moue.

— La belle découverte! vous avez rencontré le facteur.

— Non, parole d'honneur! Mais, enfin, reprit-il, je conviens que la chose arrive assez souvent pour ne pas avoir de mérite à tomber juste sur ce point, aussi nous allons continuer notre jeu de devin, si vous voulez, et je vous en dirai plus long.

Elle hocha la tête.

— Allez.

— Il la regarda encore plus attentivement et insinua :

— Non seulement il y a une lettre, une bonne lettre, mais ce message apporte une grande, une heureuse nouvelle.

Elle devint sérieuse.

— Laquelle?

— J'ai donc dit juste? demanda Jean Massin, triomphalement.

Elle fit un mouvement affirmatif.

— Laquelle? répéta-t-elle.

Il hésita.

Elle eut un rire railleur.

— Ah! ah! fit-elle.

Il redressa la tête.

— Je sais! il vous annonce sa visite.

L'ironie du rire de Louise s'accentua.

— Vous n'y êtes pas.

— Vrai!

Il semblait si surpris et interloqué, qu'elle eut pitié de lui, d'autant plus que sa vanité maternelle s'impatientait de ces atermoiements de leur badinage.

— Tenez, lisez, s'exclama-t-elle en lui présentant soudain la lettre de son fils aîné, qu'elle tira solennellement de sa poche.

Paul était présent à cette scène et venait de prendre place à table sur laquelle Jeanie, leur servante, avait déposé une soupière toute fumante.

Cette fille, que les derniers mots de sa maîtresse frappèrent, ne se hâta pas de se retirer et, poussée par la curiosité, elle feignit d'être retenue dans la salle à manger par une occupation quelconque, pour savoir ce que pouvait bien contenir cette fameuse lettre.

Personne ne faisait attention à elle.

La pièce qui servait de salle à manger était en même temps le salon, et attenait à une autre vaste pièce servant, celle-là, de cuisine. Jeanie pouvait, en prêtant quelque peu l'oreille, surprendre presque aussi clairement le secret de la lettre, et ce fut, d'ailleurs, ce qu'elle fit lorsqu'elle fut forcée de vaquer au soin de son service.

Faro, le berger, vint, comme il en avait l'habitude, prendre son repas lorsque celui des maîtres touchait à sa fin.

— Silence, lui dit Jeanie en mettant significativement un doigt sur ses lèvres et en jetant un coup d'œil du côté de la salle à manger, silence! M. Pierre envoie 12,000 francs demain à Mme Motron. Hein, c'est beau!

— 12,000 francs! répéta le paysan avec une sorte d'hébétement admiratif, 12,000 francs!

— Nous n'en aurons jamais tant de notre vie, déclara Jeanie.

Faro leva les bras au ciel.

— Le mien, disait le fermier, ne m'en enverra pas tant de là-bas.

— Dame! reprenait Louise, on ne peut pas tout avoir, la gloire et l'argent. Votre fieu a des galons, c'est quelque chose; mon gars a des gros sous, c'est une compensation.

— Peste! des gros sous, rectifia Jean, représentés par de beaux billets de la banque de France, excusez du peu!

Elle l'interrompit :

— Dites donc que vous voudriez changer avec moi.

— Hein! avoua-t-il, ça ne serait pas à dédaigner pour l'heure.

Elle l'interrogea vivement.

— Est-ce que les affaires ne marchent pas, voisin?

— Vous savez bien par vous-même, répondit-il, que les blés ont été coulés par la pluie l'année dernière, et la récolte présente ne nous promet pas de dédommagement.

— Allons donc! reprit Louise, vous n'êtes pas à cela près d'une récolte!

— Hein! fit-il encore.

— Vous ne me ferez point croire, Massin, que vous êtes besoigneux.

— Chacun, voisine, a la liberté de son avis; laissez-moi pourtant vous dire qu'il n'y a que le cuisinier pour bien savoir ce qui bout dans sa marmite.

Le visage de Mme Motron s'attrista.

— Et moi, murmura-t-elle d'un ton plein de reproche à l'adresse d'elle-même, qui fais devant vous étalage de mes 12,000 francs.

— Je ne les convoite pas, assura Jean Massin en riant.

— Ils seraient à votre disposition en pareil cas, déclara-t-elle, vous m'en avez avancé plus d'une fois et ce ne serait, entre nous, qu'un prêté pour un rendu.

Comme il ne répliquait pas, elle insista.

— Voulez-vous?

Il secoua la tête.

— Non, dit-il, quoique ces 12,000 francs, en s'adjoignant à mes économies, feraient bien mon affaire pour établir la fromagerie que je rêve, je vous remercie... d'abord, continua-t-il avec un regret dans la voix, n'avez-vous pas votre fauchée du père Boiset qui vous tient autant au cœur que je puis tenir à ma fromagerie..

— J'ai attendu jusqu'à cette heure, j'attendrai encore.

Il eut un mouvement de protestation.

— Ce que vous feriez, je peux le faire.

Cette réplique péremptoire ne lui ferma pas la bouche.

— Non, voyons, voisin, pria-t-elle, acceptez.

Il secoua la tête négativement.

Elle insista.

— Ce sera une marque de bonne amitié.

Il lui jeta un regard affectueux et persuasif.

— C'est en n'acceptant pas, que je vous la donne cette preuve d'amitié.

A son tour, elle voulut protester, il l'en empêcha :

— Ne me tentez pas...

— Parce que ?

Il sourit.

— Je suis décidé à résister et pour cause.

Elle l'enveloppa d'un coup d'œil questionneur.

Il comprit cette muette interrogation.

— Je ne veux pas, expliqua-t-il, contracter de dettes.

— Oh ! envers moi !

— Raison de plus.

— Que voulez-vous dire ?

— Que si l'on est obligé de payer ce que l'on doit aux indifférents on est doublement obligé de le faire et avec une exactitude plus scrupuleuse encore, lorsqu'il s'agit d'une créance entre de bons et vieux amis tels que nous le sommes.

Elle ne se tint pas pour battue.

— Je ne suis pas à cela près de 12,000 francs, insinua-t-elle.

— Je le sais... mais je sais aussi, ajouta-t-il malicieusement que la belle *fauchée* du père Boiset est tout près du *champ aux pies*.

Le champ aux pies était un des herbages appartenant déjà à Louise Motron, lequel ne se trouvait séparé de la *fauchée*, tant convoitée, que par un étroit cours d'eau.

Elle saisit la main du vieillard.

— Vous ne me convaincrez pas, c'est inutile de me prêcher. Je vous répéterai ce que je vous disais il n'y a qu'un instant : j'ai attendu jusqu'à cette heure la *fauchée de Boiset*, j'attendrai encore... d'autant plus que même en admettant, comme vous le supposez, que sa proximité de mon champ soit une des raisons qui m'en font désirer la possession, il n'y a pas à craindre qu'elle perde jamais cet avantage, puisque tant que la terre sera terre, la fauchée restera où elle est.

— Enfin, dit-il, n'importe.

Elle s'impatienta.

— Ainsi vous refusez?

— Oui.

Et comme il vit qu'elle avait pris un air boudeur, il voulut essayer d'atténuer ce que ce refus laconique pouvait avoir d'un peu trop brusque et reprit :

— Ces 12,000 francs, il faudrait vous les rendre.

A ces mots, Paul qui assistait maussade et silencieux à cette lutte de générosité et de délicatesse entre les deux vieux amis, eut un froncement de sourcils.

Il faudrait vous les rendre, répéta Jean Massin, comme répondant à une objection mentale.

Elle releva cette parole.

— Vous prendrez votre temps, et...

Il l'interrompit.

— ... Sans doute vous ne m'enverrez pas de papier timbré si je fais faute à l'échéance, je le sais, mais à défaut de l'huissier j'aurais ma conscience pour me poursuivre. Aussi, voisine, n'en parlons plus, gardez votre argent, achetez *votre fauchée* et laissez-moi continuer à rêver de ma fromagerie. C'est peut-être encore le plus sûr moyen de ne pas avoir de déboire avec mon entreprise... Allons, adieu et merci.

Il se leva et se dirigea vers la porte. Louise Motron l'accompagna.

— Vous êtes un vieil entêté, Jean Massin, lui dit-elle en lui serrant la main, lorsqu'ils se séparèrent.

— Eh bien, interrogea Paul dès qu'elle rentra, il ne veut décidément pas.

— Non, déclara-t-elle mécontente, il ne veut pas sous prétexte qu'il devrait tôt ou tard me rendre cette somme.

— Il préférerait que vous lui en fissiez cadeau, ricana-t-il.

— Il n'est pas bête, le vieux! s'exclama Faro du fond de la cuisine où il se trouvait en compagnie de la servante, prêtant comme toujours l'oreille aux propos des maîtres.

Olivier DES ARMOISES.

(A suivre.)

LE DOYEN DES ÉCRIVAINS CATHOLIQUES

En lisant l'*Histoire posthume de Christophe Colomb*, par M. le comte Roselly de Lorgues, livre rempli d'érudition, vigoureux de logique et d'un style brillamment coloré, personne, assurément, ne se douterait qu'il sort de la plume d'un octogénaire. Il nous semble opportun, à propos de la publication de cette œuvre considérable et féconde en résultats, d'esquisser, à grands traits, la biographie de l'auteur, devenu aujourd'hui le doyen de nos écrivains catholiques.

L'*Histoire posthume de Christophe Colomb* est le couronnement des travaux entrepris depuis plus d'un demi-siècle par celui que la cour de Rome a jugé digne d'être le Postulateur de la cause de Béatification du grand Navigateur. Elle dissipe les dernières ténèbres, anéantit les dernières erreurs qui, peut-être, voilaient encore la pure mémoire de Colomb, si violemment attaqué, à cause même de sa mission providentielle; elle met cette figure admirable en pleine lumière; enfin elle répond victorieusement et d'une façon définitive à toutes les polémiques suscitées, soit par des considérations politiques, soit par les passions jalouses de quelques détracteurs, soit par la haine intéressée des auteurs protestants.

L'*Histoire posthume de Christophe Colomb* a un grand retentissement dans les pays de race latine et dans les deux Amériques. Il n'en saurait être autrement. Dans quelques années, en 1892, le quatrième centenaire sera célébré de l'événement le plus extraordinaire qui se soit produit, dans l'ordre naturel, depuis le commencement du monde : la découverte d'un autre hémisphère, jusque-là dérobé aux antiques traditions religieuses et privé de l'Évangile. Colomb donna ce nouveau monde à l'Eglise.

On se préoccupe, à juste raison, des fêtes magnifiques que cet anniversaire va provoquer, et tout ce qui, de près ou de loin, se rattache à la gloire du Révélateur du Globe, prend à cette heure une importance qui ne saurait échapper à personne. Il nous sera donc permis, avant de parler du Héros, de parler de son Historien ; et il nous est doux d'entrer en matière par ces pages du plus éminent de nos critiques, de celui-là même qui pressentit le premier l'autorité de la parole de M. le comte Roselly de Lorgues, la grandeur de son but et la puissance des résultats. C'est M. J. Barbey d'Aurevilly, qui juge en ces termes :

« C'était en 1856. Un homme, en ce temps-là, s'aperçut, un jour, de la monstruosité sous laquelle le monde vivait en paix et allait son train. C'est que Christophe Colomb, — l'un des hommes les plus grands qui aient jamais existé, s'il n'est pas même le plus grand, — n'avait littéralement pas d'histoire. Transporté de honte pour le compte du genre humain, cet homme, qui était un écrivain du talent le plus élevé, résolut d'arracher, dans la mesure de ses forces, Christophe Colomb à la destinée de silence et d'ingratitude qui pesait depuis près de quatre siècles sur sa mémoire, et qui avait mis la grandeur de l'oubli en proportion avec la grandeur du service rendu, par lui, au monde tout entier. Jusque-là, de maigres notices, menteuses ou dérisoires, griffonnées sur Christophe Colomb, avaient montré qu'elles étaient dignes des mains qui avaient raturé son nom pour en mettre un autre à sa place sur sa grandiose découverte... et, pour la première fois, la vie de Christophe Colomb fut écrite.

« Malheureusement le marbre de l'oubli est plus dur à égratigner que le marbre d'un tombeau et, il faut bien le dire, cette *Histoire de Christophe Colomb*, par le comte Roselly de Lorgues, malgré tout le bien qu'on en dit, n'eut point, dans un temps où la publicité se prostitue aux plus basses œuvres littéraires, le succès retentissant que les hommes prennent pour de la gloire. Mais voici qui vengea le livre resté trop obscur ! Voici où la semence de vérité jetée aux vents légers et imbéciles tomba !

« Elle tomba dans le cœur du Pape qui gouvernait alors l'Eglise, et tout à coup, elle y leva !... Dans l'immense grand homme qui fut Christophe Colomb, Pie IX *vit* le Saint qu'il fallait en faire sortir, — et, de sa main pontificale, — de cette main qui dispose de l'éternité, il lui prépara son autel. A dater de ce moment, la Béatification de Christophe Colomb fut résolue... Pour s'être rencontré avec l'intuition latente au cœur mystique de Pie IX, le comte Roselly de

Lorgues fut solennellement désigné pour être, en style de chancellerie romaine, « le Postulateur de la cause auprès de la Sacrée
Congrégation des rites ». C'était la gloire! la gloire manquée,
venant tard, mais enfin venue, et non pas d'en bas d'où elle vient
souvent, mais d'en haut, d'où elle devrait toujours descendre.
Malgré tout, en effet, malgré la contagion de la libre-pensée, ce
terrible choléra moderne de la libre-pensée qui les ronge et qui les
diminue chaque jour, les chrétiens sont encore assez nombreux pour
faire de la gloire, comme le monde la conçoit et la veut — et, de
cela seul que l'Église mettait en question la sainteté de Christophe
Colomb, il avait sa gloire, même aux yeux des ennemis de l'Église,
qui, au fond, savent très bien, dans ce qui peut leur rester d'âme,
qu'il n'y a pas sur la terre de gloire comparable à celle-là!

« Et du même coup, le comte Roselly de Lorgues eut aussi la
sienne. Il avait trop indissolublement attaché sa noble vie à la vie
colossale de Christophe Colomb pour qu'il fût possible de l'en détacher. Désormais, qui pensera au héros, pensera forcément à l'historien qui l'a raconté. Le comte Roselly de Lorgues a écrit son nom
à une telle profondeur dans le nom de Christophe Colomb qu'on ne
peut plus lire l'un sans lire l'autre, dans la clarté que l'Église
répand sur eux, de son flambeau. Christophe Colomb et Roselly de
Lorgues arriveront, chacun à son rang, dans le partage de la même
immortalité (1). » Celui qui écrivait ces lignes, récemment, est à
peu près le seul critique, dans la presse française, qui ait rendu un
juste hommage à l'historien complet et définitif de Christophe
Colomb. Il le lui rendit, sans le connaître, poussé par la force mystérieuse de la vérité, car dès 1856 il s'écriait : « L'histoire de
Colomb par M. Roselly de Lorgues est un vaste morceau d'hagio-
graphie. *C'est comme le premier acte d'un procès-verbal de cano-
nisation pour plus tard...* C'est une œuvre capitale d'efforts et
même de résultat. C'est la première grande œuvre qu'on ait érigée
à la mémoire d'un des plus grands hommes qu'ait eus l'humanité. »

Il n'est point indifférent de remonter à la genèse d'œuvres aussi
considérables, et la biographie d'un homme comme l'historien de
Christophe Colomb devient, pour ainsi dire, partie intégrante de
son œuvre. Nous résumerons, à grands traits, cette vie si noble-

(1) Jules Barbey d'Aurevilly : Préface au livre *le Révélateur du Globe*, de
M. Léon Bloy.

ment remplie par d'utiles travaux, consacrée tout entière au culte du beau, du bien et du vrai.

La famille des Rosselli, dont le nom s'écrit indifféremment Roselli et Roselly, ou Rosselli et Rosselly, est une des plus anciennes familles d'Italie, originaire de la ville d'Arezzo, en Toscane, d'où elle s'est répandue en divers états de la péninsule. Ses armes sont : *d'azur, à un cœur percé d'une flèche d'or*, au *chef d'argent chargé de trois roses de gueules*, avec deux lions pour support, et la devise : *Vulnerasti cor meum, ros cœli*. En 1309, un Jean Roselly accompagnait le pape Clément V à Avignon, et se trouvait témoin d'une charte octroyée par le roi d'Angleterre à Raymond de Séguin. A la fin du siècle suivant, un autre Roselly, jurisconsulte célèbre, joua un rôle important. Les papes Martin V et Eugène IV le chargèrent de plusieurs négociations. Il reçut de l'empereur Sigismond le titre de comte, avec le privilège extraordinaire de créer des chevaliers et des notaires, de légitimer et d'émanciper les enfants sans l'intervention du magistrat. C'était le mettre au-dessus des lois, mais l'empereur croyait qu'on ne pouvait moins faire pour un homme qu'on avait décoré du titre fastueux de *monarque de la Sagesse*. A Padoue, où il vint professer le droit avec un grand éclat, il fut encore appelé le monarque des deux droits. Il publia plusieurs ouvrages d'une haute portée (1). Ce fut un de ses proches parents, le comte palatin César Rosselli, qui devint le chef de la branche française de cette illustre maison. Il avait embrassé, avec ardeur, le parti du roi René qui revendiquait la couronne de Naples, fort du testament de la reine Jeanne. On sait que René, trahi par ses généraux, fut obligé de fuir devant Alphonse d'Aragon (1442). Rosselli préféra l'exil à la violation de ses serments et s'expatria; mais il mourut presque en débarquant à Marseille, ne laissant qu'un fils, compagnon de sa mauvaise fortune, Antonio.

Le roi René accueillit avec bonté celui-ci, auquel il donna, pour l'indemniser de ses biens perdus en Italie, la charge noble de notaire de la couronne de Provence, titre équivalent à celui de conseiller, qui avait des privilèges fort étendus. Un mariage fixa Antoine Roselli dans la petite ville de Seillans; il y acquit des terres

---

(1) Voyez sur la maison Roselly : Gamurrini, *Italia genealogica;* — Pithon-Curt, *Histoire du Comtat-Venaissin;* — Borel d'Hauterive, *le Monarque de la Sagesse;* — le vicomte de Magny, *le Nobiliaire universel de France.*

et y transporta sa charge de notaire royal, charge qui prit fin en
1486, par suite de la réunion du comté de Provence à la France;
mais le notariat royal, privé dès lors de ses anciens droits, demeura
néanmoins dans la famille, transmis de père en fils, jusqu'à la fin
du siècle dernier. Les Roselli firent donc souche à Seillans, où ils
s'allièrent aux familles de Pellicot, de Pastoret, de Jordany, de
Pellicot-Seillans.

Mais c'est à Grasse que naquit, le 11 août 1805, Antoine-Fran-
çois-Félix, comte Roselly de Lorgues, chef de nom et d'armes,
unique représentant actuel de l'antique maison dont le Souverain
Pontife Pie IX parle avec éloges dans son bref du 24 avril 1863.
Parent du marquis de Pastoret, alors chancelier de France,
M. Roselly de Lorgues fut d'abord destiné à la carrière préfectorale.
Il faisait ses premières armes dans l'administration, comme chef
de cabinet du préfet de Chartres, lorsque survint la révolution de
1830. Le jeune gentilhomme, décidé à ne point servir la nouvelle
dynastie, se retira, refusant les offres les plus séduisantes, pour se
consacrer uniquement à la défense des grandes vérités sociales,
ainsi qu'à l'amélioration des classes laborieuses. On sait assez combien déplorable était la situation du pays, à la suite des funestes
journées de Juillet : l'esprit d'impiété, d'insubordination se manifestait partout; l'émeute était en permanence. Afin d'essayer de
porter remède à ces maux, M. Roselly de Lorgues entreprit d'agir
simultanément sur toute la surface du territoire, au moyen de
l'influence des instituteurs communaux, qu'il voulait donner comme
auxiliaires aux curés, en qualités de vicaires civils, de répétiteurs
de la morale et de la religion auprès de l'enfance. En 1833, il fonda
la première publication d'enseignement progressif et religieux qui
ait paru en Europe, sous ce titre : *Journal des instituteurs pri-
maires*. Comme corollaire, il remit aux Chambres législatives la première pétition qu'on ait faite pour améliorer le sort de ces modestes
fonctionnaires.

Après s'être ainsi adressé aux enfants et aux instituteurs, le noble
écrivain voulut s'adresser aux pères de famille, aux hommes lettrés,
et c'est alors qu'il composa ce livre magnifique : *le Christ devant
le siècle, ou nouveaux témoignages des sciences en faveur du
catholicisme*. Dans ce livre, l'auteur avait rassemblé toutes les
preuves que fournit l'histoire mieux comprise et creusée plus avant,
en faveur de l'authenticité de la Bible et de l'Évangile. On y trouve

toutes les caractéristiques de son talent : une sérieuse érudition mise au service de convictions profondes et sincères, une belle chaleur d'âme qui inspire à l'écrivain des accents d'une haute éloquence. Il y a dans cet ouvrage, dont le succès fut immense, des pages superbes; par exemple dans les chapitres où il prouve le caractère surnaturel des prophéties de l'Ancien Testament, en les montrant justifiées par la situation actuelle des grandes cités, comme Babylone et Ninive, des grands empires que les prophètes ont maudits et dont il était impossible de prévoir humainement alors la décadence et la destruction (1). « Moins grand écrivain que Chateaubriand, si ce n'est par éclairs, moins aigu et moins transperçant que de Maistre, le comte Roselly de Lorgues s'est montré infiniment supérieur par la doctrine au premier de ces deux aigles, et il étreint, il enveloppe mieux que le second la vérité dont il s'empare ou l'erreur qu'il veut étouffer (2). » *Le Christ devant le siècle* fut accueilli avec reconnaissance par tous les vrais chrétiens. Le ministre des cultes et le ministre de l'instruction publique demandèrent au roi Louis-Philippe de récompenser par la croix d'honneur un ouvrage si utile. On le traduisit aussitôt en plusieurs langues étrangères et, à Paris seulement, vingt-trois éditions se succédèrent.

Cependant l'éminent écrivain poursuivait toujours la réalisation de son plan, et songeait à opérer la parfaite conciliation des trois influences sociales dans chaque centre de population. Il écrivit alors le *Livre de Commune, ou régénération de la France par le presbytère, l'école et la mairie.* Le président de la Chambre des députés fit à ce nouvel ouvrage l'honneur de l'analyser, et distribua son résumé à l'Institut et aux deux Chambres. L'année suivante, 1840, le comte Roselly de Lorgues, prévoyant l'invasion du panthéisme, voulut défendre, par l'autorité de l'histoire générale, les cosmogonies et les données de la science positive, le dogme universel de la chute de l'homme, fondement de tous les cultes chrétiens. Son ouvrage, intitulé : *De la mort avant l'homme et du péché originel*, est assurément l'œuvre la plus hardie qui soit sortie d'une plume orthodoxe.

Ces derniers livres attestent chez l'auteur un pressentiment très méritoire à cette époque des dangers du scepticisme scientifique, et

(1) Baron Ernouf, *la Minerve*, avril 1885.
(2) Léon Bloy : *le Révélateur du globe.*

des meilleurs moyens de le combattre. Dans ces pages, M. de Lorgues a été, sous bien des rapports, un précurseur. Bien des écrivains, venus longtemps après lui, n'ont fait autre chose que de reproduire ses idées, ses arguments, souvent dans des termes identiques, en affectant d'ignorer jusqu'à son existence, ou de ne le nommer qu'avec dédain; procédé assez adroit, sinon honnête, pour dissimuler un plagiat (1).

C'est dans un quatrième ouvrage, publié en 1844 : *la Croix dans les deux mondes*, qui eut un retentissement comparable à celui *du Christ devant le siècle*, que M. Roselly de Lorgues essaya pour la première fois de restituer à l'histoire la véritable physionomie de Christophe Colomb, et de montrer qu'il avait été autre chose et mieux qu'un grand homme. Ce livre a donc ceci de particulier, qu'il fut le point de départ de la grande évolution par laquelle son auteur est devenu l'historien de Christophe Colomb. « Le rôle providentiel de l'Ambassadeur de Dieu lui apparut spontanément, et l'élan d'intuition qui le lui fit apercevoir fut si complètement illuminateur, dit M. Léon Bloy, que l'étude stricte et laborieuse qui vint ensuite, n'ajouta presque rien à cette prime-sautière aperception. L'effet, d'ailleurs, en fut tellement contagieux, que c'est à *la Croix dans les deux mondes* que la ville de Gênes, — honteusement ingrate pour le plus illustre de ses fils, — doit son monument à Christophe Colomb, monument élevé par l'ordre du roi Charles-Albert, étonné de l'insouciance des Génois, après la lecture de ce livre. Telle fut aussi l'origine du choix de Pie IX, qui ne voulut pas d'autre historien pour son héros de prédilection, que l'écrivain français favorisé d'une telle sagacité historique, et qui justifie par là l'incertitude de Joseph de Maistre, se demandant si l'infaillibilité des Papes ne va pas au-delà de ce qu'on suppose, et si elle ne porte pas quelquefois sur certains points extrêmement éloignés des conjectures de la raison chrétienne! »

Par une coïncidence singulière, Pie IX était, en effet, le premier pontife qui, *de visu*, eut connu le Nouveau Monde. Ce pape, d'un si grand esprit et d'un si grand cœur, doublement auguste par sa résignation dans l'infortune,. donna la mission officielle à M. Roselly de Lorgues d'écrire la vie de Christophe Colomb, qui parut en 1856, en deux volumes, et dont le succès fut considérable en Europe et

(1) Baron Ernouf, article cité.

en Amérique. Cet ouvrage souleva de violentes polémiques, et fit naître trois autres livres encore : *l'Ambassadeur de Dieu* (1874), et *Satan contre Christophe Colomb* (1876), dans lesquels le noble historien réfute victorieusement les efforts des écrivains protestants et libres penseurs, pour dénaturer le caractère de l'entreprise de Colomb, pour *laïciser* sa mémoire (selon l'heureuse expression du baron Ernouf), et enfin l'*Histoire posthume de Christophe Colomb*, couronnement de cet édifice énorme de matériaux, élevé comme un monument à la gloire du Révélateur du globe.

Ce n'est pas ici qu'il nous appartient d'analyser ce majestueux récit des merveilles accomplies par le grand navigateur, d'insister sur le côté surnaturel de sa mission dans le monde, de raconter enfin, dans ses détails, l'œuvre accomplie par son historien, devenu le Postulateur de sa cause de Béatification. Plus de six cents évêques, c'est-à-dire la majorité du corps épiscopal de l'univers catholique, ont adhéré, par leur signature, au *postulatum* présenté en cour de Rome, par le comte Roselly de Lorgues. On se figure aisément ce que ce résultat représente de veilles, de labeurs, de voyages, et l'on ne sera point étonné qu'il ait fallu toute la vie d'un octogénaire, une persévérance surhumaine, un courage infatigable, une puissante volonté, pour mener à bonne fin une pareille entreprise.

Le comte Roselly de Lorgues est aujourd'hui le doyen de la presse catholique. Vieux par les années, il est jeune par le cœur, jeune par l'esprit. « L'ancienneté de son initiative, dit un de ses biographes, sa courageuse franchise, sa droiture, son intraitable indépendance, son aversion de toute coterie, son refus de toute collaboration, en ont fait un défenseur toujours volontaire de la religion et de l'ordre public; combattant l'erreur, l'impiété, l'esprit de révolte à sa manière, avec ses propres armes, sans arborer de cocarde, ni se laisser enrégimenter. Ce qui ajoute à l'autorité de sa parole, c'est le caractère de ses affirmations, son dédain de la controverse que soutient une conviction éclairée et forte; c'est ce sentiment de convenance qui l'a constamment écarté des discussions de personnes, des débats de partis. Il a toujours fait de l'enseignement, et n'est jamais tombé dans les passions de la polémique. Il a eu la bonne fortune de se trouver hardi et progressif, tout en ne s'éloignant point de la plus rigide orthodoxie (1). »

_____

(1) *Annales historiques et biographiques.*

Ce portrait, si fidèle soit-il, ne dit pas tout. L'historien de Christophe Colomb, l'historien définitif, après lequel il n'y a plus rien à dire sur la découverte de l'Amérique, après lequel il n'y a plus rien à glaner dans l'immense quantité de matériaux accumulés par quatre siècles sur le fait le plus important, le plus miraculeux des annales du monde chrétien, cet historien qui s'est donné tout entier, avec un désintéressement inouï à la tâche la plus attrayante, mais la plus ardue, celle de réhabiliter une figure historique, attaquée par la calomnie, exploitée par le protestantisme, sacrifiée par l'humaine ingratitude et par l'indifférence des siècles; le comte Roselly de Lorgues, enfin, a mérité, dans le Panthéon des hommes illustres de notre époque, une place que la postérité ne lui marchandera pas. « Nul n'est prophète en son pays et pour les siens!... » Cette sentence de l'Écriture, trop souvent exécutée, hélas! par l'envieuse race dont nous sommes, elle ne sera point réalisée, plus tard, quand les passions apaisées, les vanités froissées, les orgueils blessés, laisseront surgir dans sa lumineuse sérénité et son auguste dignité l'imposante figure de ce vieillard dont le nom, ainsi que le dit M. d'Aurevilly, notre maître, est désormais immortel, comme celui de son héros, et glorieux pour toujours!

Charles BUET.

P.-S. — Le *Christophe Colomb* de M. le comte Roselly de Lorgues a été édité, avec un luxe inouï, par la *Société générale de Librairie catholique*. M. Victor Palmé a convié les maîtres de la plume et du pinceau les plus illustres de ce temps-ci à orner ce bel ouvrage, dont une troisième édition, avec chromolithographies, gravures, dessins, portraits, encadrements à chaque page, paraîtra dans le courant de l'année 1886.

REVUE LITTÉRAIRE

VOYAGES ET VARIÉTÉS

Un Printemps sur le Pacifique : les îles Hawaï, par M. Marcel Monnier; *Une Promenade dans le Sahara*, par M. Charles Lagarde; *Au pôle en ballon*, voyage extraordinaire, par Victor Patrice. (E. Plon et Cᵉ.) — *Constantinople, Smyrne et Athènes*, par M. Paul Eudel. (E. Dentu.) — *En Tunisie et au Maroc*, par Raoul Postel. (Librairie générale de vulgarisation.) — *Les Sept merveilles du monde moderne*, par Félix Belly. (Lebègue et Cᵉ, à Bruxelles.) — *Études sur Victor Hugo*, par Louis Veuillot. (Société générale de Librairie catholique.) — *Les Chers voisins!* par Max O'Rell. (Calman Lévy.)

I

Les premiers livres de voyage publiés, lors de l'engouement géographique qui a suivi nos récents désastres, ne répondaient qu'imparfaitement, — on peut bien l'avouer maintenant, — non seulement à l'avidité de connaissances étrangères qui avait saisi notre pays, mais surtout au goût français. Exacts, mais secs; non pas utiles, utilitaires; scientifiques à la lourde façon allemande : ils manquaient de cet agrément, de cette *personnalité* que nous demandons à toute production qui veut passer pour littéraire.

Tout ceci est bien changé. Les collections, en s'enrichissant, ont dû exiger des auteurs moins de compilation et plus de souvenirs personnels; c'est-à-dire plus de vérité et de passion. La science n'y a rien perdu, je parle de la vraie science, qui n'apparaît pas hérissée de termes barbares et qui se contente de constater les faits, sans vouloir en tirer à toute force une théorie matérialiste ou athée.

·Voici deux livres de la collection Plon, qui sont pour établir que nous n'avançons rien sans preuves. Il suffira à nos lecteurs d'y jeter les yeux, pour s'assurer que nous ne leur rendons que la justice qui leur est due. L'un, de M. Marcel Monnier, *Un Printemps dans le Pacifique*, donne vraiment l'impression que l'on attend d'un ouvrage portant ce titre; l'autre, *Une Promenade dans le Sahara*, souvenirs personnels d'un officier qui a beaucoup aimé l'Afrique, nous trace un portrait saisissant et vrai des hommes et des choses de notre colonie algérienne.

Les îles Hawaï, que nous connaissons géographiquement sous le nom d'îles Sandwich, et qui ont été découvertes ou retrouvées par le capitaine Cook, ont le privilège de faire tomber en admiration poétique les Américains eux-mêmes, assez peu enthousiastes d'admiration et de poésie, en général. Ces îles, où règne un printemps éternel, sont une sorte de paradis terrestre, où vit, au milieu des fleurs, des chants, dans une douce paresse, une race aimable, mais qui diminue tous les jours; tant il est vrai que la loi du travail, contre laquelle l'homme se révolte si injustement, est à la fois sa punition et son salut, sa seule raison d'être.

Laissons la parole à M. Marcel Monnier, pour nous peindre la capitale des îles Hawaï, Honolulu, et ses habitants, au teint doré, souriants et enguirlandés de fleurs.

« Nous ne sommes pas dans une ville, mais dans un parc, que l'on croirait entretenu avec le soin jaloux d'un propriétaire princier... Chaque maison, isolée de ses voisines, se prélasse au milieu d'un jardin, dans un épanouissement de fleurs, tel qu'il n'en est guère de pareil au monde. Fleurs d'Europe, fleurs d'Asie s'y confondent pêle-mêle avec la flore océanienne. Les roses trémières, les mimosas, les volubilis, toutes les variétés de plantes grimpantes... s'enroulent aux troncs lisses des cocotiers et des manguiers, grimpent à l'assaut des grands acajous et des érables; dans chaque bouffée d'air se fondent les mille parfums de la forêt fleurie... En cherchant dans mes souvenirs, je ne vois rien, même parmi les plus riches combinaisons des fleurs d'Europe, qui puisse donner l'idée de ce déluge de fleurs, de cet amalgame de nuances, dont le regard reste ébloui et l'imagination confondue. »

Passons maintenant aux habitants :

« Sur ce warf (ou quai de débarquement), se pressait une foule bariolée, composée de résidents d'origine européenne et de natifs; l'élément féminin dominait dans ses plus beaux atours. Costume très simple : une robe longue sans taille, ce qu'en termes vulgaires, on nommerait une chemise, d'étoffe rose, blanche, bleue ou noire de jais, èt un large chapeau de paille orné de fleurs; au cou, un collier de fleurs également, tombant en triple rang sur la poitrine. On en change plusieurs fois par jour. Parfois, sur les coiffures, au lieu de fleurs, un large ruban de plumes enchevêtrées, duvet d'oiseau au reflet de pierres précieuses. Et rien ne saurait rendre l'allure et la démarche de ces figurines au teint d'or pâle, point belles assurément dans le sens strict du mot, mais d'une grâce infinie, souple et ſonduleuse. »

Ce pays gracieux et enfantin qui, il y a soixante ans encore, en était aux sacrifices humains, grâce aux efforts des Européens, des ministres anglicans, d'abord jaloux de nos missionnaires, et qui ont fini, vaincus par leur charité, par les laisser s'établir à côté d'eux, est à peu près christianisé, autant cependant que peut l'être un pays soumis à de terribles éruptions volcaniques qui, jetant la population dans une terreur profonde, la ramène momentanément aux anciens dieux. Il possède de plus une constitution à l'Européenne, des Chambres, à l'inauguration desquelles l'auteur nous fait assister! Mais tout ceci est factice et ne change en rien la nature de ces indolents enfants d'une nature trop belle, trop souriante, qui les forme à la paresse et à toutes les voluptés. Du reste, le temps n'est pas éloigné où ces pauvres gens disparaîtront d'un pays, que l'Amérique et l'Angleterre convoitent avec un égal désir; car, depuis cent ans, la population s'est réduite au tiers de ce qu'elle était à l'arrivée du capitaine Cook.

Et puis ces îles fortunées, où il n'y a ni bêtes venimeuses, ni froid, ni humidité persistante, sont soumises à un terrible fléau, le plus hideux de tous, la lèpre. La peinture de *l'île de Misère*, où l'on relègue les malheureux atteints de ce mal horrible, inconnu il y a trente ans, et qui a pris des développements affreux, ne fait pas seulement honneur à l'artiste, mais à l'homme qui l'a tracée. Elle fait aussi honneur à l'esprit de justice de l'auteur qui, par contraste à ces figures de malheureux, mourant en détail, nous montre les religieuses catholiques vivant à côté d'eux, le sourire du renoncement aux lèvres. Un prêtre, l'abbé Damiens, passe sa vie dans l'île de Misère, pour donner à ces misérables, retranchés brusquement du sein de la vie commune, les soins temporels et les consolations spirituelles.

« Seul, au milieu de ces spectres, un homme vit pourtant. Celui-là était jeune, instruit, d'une rare distinction d'esprit et de manières; ses éminentes facultés le destinaient à un avenir brillant; prêtre, il pouvait prétendre à un poste élevé dans l'Église. Et il est venu, spontanément, dans cette funèbre plaine de Kalawao, s'enfermer entre la montagne âpre et l'Océan, et s'asseoir, plein de vie et de santé, au foyer des pestiférés. Il s'est offert à ceux que le monde repoussait, comme l'ami des mauvais jours, le bras qui soutient, la voix qui console...

« J'ignore s'il y eut jamais un tel exemple de sacrifice, accompli aussi simplement; mais il est bon que ces choses-là soient sues, car elles ne sont pas seulement l'honneur de l'Église, mais la gloire de l'humanité tout entière. Il semble, du reste, que la renommée se plaise à exalter les humbles. Sur cet immense Océan, des Marquises à Samoa, d'Hawaï aux Pomotou, il n'est personne, voyageurs, marins, colons de toutes nations et de toutes sectes, qui ne connaissent l'apôtre des lépreux, le P. Damiens. J'ai vu les plus indifférents, j'ai vu des protestants, fanatiques acharnés dans leur haine contre le papisme, se découvrir, émus, en prononçant ce nom. »

Nous arrêterions ici nos citations, si nous ne tenions à donner encore à nos lecteurs une idée du volcan de Kilaua, qui se dresse au milieu de l'île d'Hawaï, volcan recouvert de végétation jusqu'à son cratère, un petit cratère de 16 kilomètres de tour.

« Une dernière montée à travers un amoncellement de blocs mal équilibrés et le lac inférieur apparaît tumultueux avec ses caps, ses golfes, ses flots incandescents. Il peut avoir un kilomètre de long sur une largeur moyenne de 500 mètres; à sa surface jaillissent plus de cent fontaines de feu. La lave était projetée à de grandes hauteurs en minces jets, en épaisses colonnes; elle s'épanouissait en gerbes, retombait en pluie. A l'extrémité nord une cascade se précipitait avec fracas d'une caverne embrasée, soulevant des vagues monstrueuses dont les ondulations peu à peu ralenties s'éteignaient sur l'autre rive en un léger clapotement. D'un rouge ardent lorsqu'elle bouillonne, la lave au repos prend une nuance pourpre qui tourne au brun noirâtre. »

Le tableau ne manque pas de couleur et de force. Le lecteur trouvera dans ce récit tout l'agrément d'une promenade à travers une nature d'une exubérance extraordinaire, qu'il est intéressant de connaître. Il peut y pénétrer sans crainte; car c'est peut-être le seul livre sur ce *paradis du Pacifique*, qui, en dépit des mœurs de ces enfantins habitants, dont la langue n'a pas de mot pour exprimer le devoir et la chasteté, ait su éviter tous les écueils du sujet, indiquant à peine et d'un trait adouci les côtés scabreux où se serait attardé un écrivain de moins bonne compagnie. Le livre n'y perd rien, au contraire.

II

L'impression qui reste de la lecture des pages intitulées : *Une Promenade dans le Sahara* est profonde. Ce n'est pas le récit plus ou moins amusant d'un voyage superficiel, c'est un amas d'observations allant du particulier au général et se gravant nettement en l'esprit. Il y a là comme une sorte de philosophie du pittoresque, à la fois très indulgente pour le passé et très amère pour la civilisation actuelle. Cette civilisation qui uniformise tout, M. Lagarde l'accepte ; mais au nom d'un esprit artiste, d'une âme personnelle, au nom de l'individualité qu'elle tend à noyer, il la crible de coups de flèches et de pierres. Misanthrope, mais avec pitié pour l'humanité, il ne semble pas avoir l'esprit religieux, chrétien, mais plutôt un certain penchant pour la gravité religieuse, la piété fertile en pratiques extérieures de la religion de Mahomet ; mais ceci n'est qu'une supposition, car le livre ne s'engage pas sur ce terrain. Ce que l'artiste, le philosophe, a cherché, c'est de peindre et il peint bien. A notre gré nous placerions ce récit entre le livre célèbre de Fromentin et les voyages de M. Taine ; car s'il peint comme l'un, il n'est pas bien loin de tirer de ses peintures des conclusions tranquillement désespérées dans le genre de celles de l'auteur des voyages en Italie. Jugez-en par cette analyse de la façon dont il convient d'examiner l'Orient.

« En général, les impressions les plus solides, les plus exactes se sont imposées à nous à première vue. L'aspect d'un mendiant sordide nous raconte le poème de la misère, un cavalier lancé à travers la plaine nous dit les vitesses de la vie errante, une tente, un palmier, nous peignent les poésies du désert. L'examen nous apprend ensuite beaucoup, mais n'ajoute rien à la sensation, loin de là, il l'affaiblit et la déroule. Observez, avec les yeux, l'âme, tout est lumière ; scrutez, étudiez, cherchez le fond, tout est confusion, le trait d'ensemble se perd, les nuances, les détails, les contrastes encombrent l'image d'abord si nette et si ferme.

« L'Orient demande une dose médiocre d'analyse au voyageur : de prime abord il se livre, s'imprime, se burine dans l'imagination en traits vigoureux et sûrs ; sa physionomie, c'est lui-même. Son ciel, son architecture, ses types reflètent son âme et la traduisent en un langage dont aucune philosophie ne saurait égaler la force. Il serait téméraire de juger les nations européennes d'après une promenade à travers les villes ; nos civilisations compliquées ont mille faces qui exigent une observation multiple, des études historiques, une synthèse ingénieuse pour arriver seulement à en retracer quelques faces avec une incontestable vérité..... Une société avancée et sans préjugés est nécessairement sans relief et sans couleur ; la sagesse y a planté ses racines, la poésie s'en est éloignée. L'Orient n'a vu se produire encore rien de pareil : tel il a été, tel il est ; son génie est immuable ; c'est pourquoi nous le trouvons inférieur. Cette face de virtualité a été la source de sa puissance ; elle devient un levain de mort : l'immobilité est atonie, car l'homme doit marcher. Mais de tout cela quelque chose est resté de bien étrange et qui nous offre un merveilleux intérêt, c'est le spectacle de ces sociétés si simples, si originales, si naturelles, si harmonieuses, ou tout nous apparaît tel qu'il doit être logiquement. »

On le voit, M. Charle Lagarde a été, comme tous les esprits distingués de ce temps, atteint d'un doute cruel en présence de cette transformation du globe qui tend à en détruire la poésie au profit d'une uniformité sans grandeur, assurément. Ce nouvel effort humain, cette tour de Babel d'un nouveau genre, ce tourbillon où nous sommes entraînés malgré notre résistance, le révolte comme artiste et lui fait peur comme penseur. Conquérants d'un peuple que nous n'avons pu pénétrer parce qu'il est impénétrable et que nous trouvons toujours prêt à se soulever contre nous au nom de son dieu différent, et de sa fierté brisée mais non anéantie, d'un peuple dont la destruction *s'impose* à nous, en dépit des efforts que nous faisons pour le cacher aux autres et à nous-même, nous hésitons, au nom des idées chrétiennes qui s'agitent en nous, et nous avons peur de l'œuvre qui nous incombe. C'est que nous n'avons pas ce don de férocité froide et calculatrice qui a fait des Anglais le peuple le plus colonisateur du globe.

Revenons maintenant au peintre quand il peint le désert où il s'enfonce, ce désert que nous voyons comme une mer de sable, mais qui n'est rien moins que cela.

« Les ondulations du plateau s'adoucissent, s'allongent ; mais les montagnes persistent de tous côtés non plus très hautes mais accentuées, anguleuses. La plaine s'enrichit des teintes les plus variées : l'ocre, le vert clair, le blanc des roches polies. La terre fauve et fendillée n'est d'une infertilité absolue qu'autour de Boghar; au-delà du Chélif paraissent de fines graminées parmi les touffes d'absinthe sauvage, les lavandes, les herbages sombres, mais rien ne dépasse ces végétations écourtées; delà, l'impression de vide et de néant. Cependant ces espaces sont des pâturages... »

« La poésie de cette région est dans les horizons, les perspectives dans des choses vagues, des montagnes échelonnées de tons tour à tour rouges, bleus, roses et tout au loin violets, dans la limpidité de l'air, l'azur éclatant du ciel, l'incomparable netteté des lignes. »

Voici encore une strophe sur le palmier, car il y a vraiment, dans cette prose, un nombre qui serait bien utile à certaines poésies.

« C'est un arbre monumental, puissant, royal. Sa tige isolée remplit un cadre de 5 lieues et peuple une solitude. Son élan vers le ciel est magnifique de simplicité et se rehausse encore des nivellements qui l'entourent; il accroît, par le contraste, les vastes nappes sablonneuses où s'allonge, au couchant, son ombre mince et démesurée. En groupe il a des attitudes remplies de grâce; entre les rejets touffus jaillissent ses troncs inégaux et divergents qui, tour à tour, se penchent et redressent orgueilleusement leurs aigrettes. Le vent, dans ses palmes, a des modulations étranges. Les oscillations ont je ne sais quoi de voluptueux. La tempête l'éprouve sans l'ébranler; il se tord comme un arc et se relève avec la vigueur d'une lame d'épée. Tout en lui respire les énergies primordiales et chante le cantique de l'Orient. »

Nous voudrions citer davantage, car les pages colorées et pensées ne manquent pas dans cet ouvrage posthume, dont il ressort cependant quelque chose d'un peu triste et pessimiste. M. Charles Joliet, dans une préface de bon style et de bonne façon, nous explique ce sentiment, en nous faisant observer que M. Lagarde s'inquiète à peine des hommes. Malgré cela, l'ouvrage est de ceux que l'on doit garder et consulter; mais il ne convient qu'aux hommes faits qui seuls pourront en goûter la force et en supporter l'amertume.

Ne quittons pas la collection Plon, sans recommander non plus aux parents, mais aux jeunes gens, un voyage extraordinaire qui, pour s'accomplir en cent trente jours et ne pas être signé de Jules Verne, n'en est pas moins un des meilleurs, faits à l'imitation du maître. Imitant ses procédés, mais condensant habilement, en un seul ouvrage, ceux qui ont servi à plusieurs, M. Victor Patrice est arrivé à écrire des pages d'un réel intérêt et qui surprennent même quelquefois. Ce voyage extraordinaire a, en outre, le mérite de donner aux enfants des notions exactes sur les voyages réels accomplis pour découvrir le pôle Nord, par tant de hardis compagnons.

M. Patrice n'a pas oublié non plus le côté comique. Il y a, à côté de l'ingénieur qui a trouvé le ballon gonflé en permanence et dirigeable, un certain Philippin qui, dans les circonstances les plus graves, égaye la situation. C'est lui qui fait fonction de gracioso, qui tombe dans les trous, casse les montres, reçoit les coups de feu ou de bâton et se tire enfin de son rôle à la satisfaction générale. Lecture amusante et sans danger aucun pour les jeunes imaginations en vue de qui il a été écrit.

III

Il ne faut pas demander aux notes de M. Paul Eudel, sur *Constantinople*, *Smyrne* et *Athènes*, des descriptions éclatantes, de profonds aperçus politiques ou philosophiques; mais ce que le livre perd en profondeur, il le gagne, je ne dirais pas en éclat, mais en facilité et en belle humeur. L'auteur, du reste, ne se gêne pas pour nous dire qu'il ne voulait pas publier ce carnet de voyage. Hum! voilà qui est bien sujet à caution, par ce temps où l'on n'écrit pas une ligne qu'on ne la voie briller aussitôt en caractères d'imprimerie les plus nets et délicats qu'on puisse rêver. La librairie Dentu ne les a pas refusés à M. Paul Eudel et elle a eu raison, car son « carnet » nous paraît appelé à un très joli succès.

C'est un Parisien qui regarde, qui voit et qui écrit; il a l'esprit prime-sautier, la moquerie facile et bon enfant qui distinguent le type. Il ne se pique pas de faire du Théophile Gautier à qui il renvoie en toute humilité, il tient à avoir vu suivant ses propres yeux et ne met pas de gants à ses phrases. Elles n'en sont pas moins bien venues. Témoin ce crayon d'une promenade sur le Bosphore :

« Quand, après avoir essuyé quelques bousculades et nombre de jurons, on peut monter dans un caïque et qu'on file rapidement entre cette double ligne de palais, de kiosques, de villages, de jardins, de collines, sur cette eau ensoleillée où le sillage du caïque soulève des milliers de perles, quel ravissement de l'esprit! »

« On aperçoit d'abord le lycée français, puis un fouillis de vieilles maisons turques aux murailles tantôt grises, tantôt rouges. Un peu plus loin, on se croirait transporté en Italie, à la vue d'édifices rappelant l'architecture du Palladio ; puis en Angleterre, en rencontrant une église anglaise d'un air sévère et froid.

« Ce qu'il y a de charmant c'est la verdure qui tranche agréablement sur la blancheur des constructions modernes, puis la vue de l'eau qui scintille de tous les côtés comme une gaze à paillettes. Tout au fond se détachant sur l'admirable ciel bleu, le mont Olympe aux sommets neigeux ; c'est à ses pieds qu'est Brousse. »

Voici pour l'admiration, mais voici pour la critique.

« Quant à ces fameux minarets flamboyant au soleil, dont il est toujours question dans les descriptions de Constantinople, je dois avouer qu'ils ne brillent plus guère actuellement, tout dédorés qu'ils sont ; ils ressemblent plutôt à de longues chandelles coiffées d'un énorme éteignoir qu'à des phares lumineux. »

Comme on le voit, le voyageur s'inquiète peu de nous donner l'impression technique des pays par où il passe. S'il s'émerveille devant le Parthénon, il résume ses impressions sur l'Athènes moderne de cette façon un peu leste, et qui est peut-être exacte.

« Plus je regarde Athènes et plus je trouve qu'elle ressemble à une ville d'eau, avec ses allées correctes, ses belles places, ses villas noyées dans la verdure et ses étrangers cosmopolites qui animent sans cesse ses promenades ombragées. »

« Afin de donner un peu de couleur locale au tableau, quelques palikares se promènent de long en large. On jurerait qu'ils défilent ainsi, payés par le gouvernement, tout exprès pour l'agrément des voyageurs. »

En revanche, on fait connaissance, dans ce livre, avec mille types intéressants ; on y apprend à voyager au bazar, à se contenter d'une nourriture orientale, à attendre les paquebots qui n'arrivent point ; tout cela présenté avec une gaieté qui vous gagne. Seulement il serait à désirer que M. Paul Eudel retranchât de son livre les quelques phrases d'assez mauvais goût où il laisse percer l'oreille du libre-penseur, injuste avec la religion catholique et ses ministres. Il faut croire qu'il n'a pas bien compris le rôle que ces ministres jouent en Orient, rôle, avant tout, patriotique et utile... même aux libres-penseurs.

IV

M. Raoul Postel, à qui l'on doit divers livres de vulgarisation que nous avons eus à mentionner ici avec éloge, nous envoie un nouvel ouvrage de ce genre sur la Tunisie et le Maroc.

Le livre est traité avec la simplicité qui convient à un livre de renseignements, ce qui n'empêche pas l'auteur de savoir écrire avec couleur. Cette peinture de la petite mer de Tunis le prouvera :

« Tunis se dessine au loin comme une ligne blanchâtre. Son lac « la petite mer (El-Baheira) » mesure plus de 4 lieues de circonférence, mais seulement 1 ou 2 mètres de profondeur, ce qui empêche les navires européens d'y pénétrer. Néanmoins il est couvert de *sandales*, grandes barques à voiles latines, montées par des Arabes... Souvent il y a un tel mouvement sur cette nappe limpide, toujours d'une pureté admirable en dépit des immondices qui s'y déversent, d'un bleu immobile, resplendissante de lumière, que l'on croirait assister à des régates. Le coup d'œil devient encore plus féerique à l'heure où des troupes de grèbes, de mouettes, de cormorans, de pigeons sauvages la traversent en tous sens de leur zigzag capricieux. De place en place de graves ibis et d'énormes flamants roses dans une pose sibyllique semblent interroger l'avenir. Sous l'influence de ce ciel radieux, l'homme insensibilisé en arrive à partager leur insouciance. Il se laisse vivre et ce souci paraît lui suffire. »

On voit donc qu'en dépit du parti-pris de faire un livre utile et plein de renseignements techniques, M. Raoul Postel ne s'est pas juré d'être sec, et qu'il sait relever, par quelques coups de pinceau, non sans charme, le travail spécial dont il est chargé. Ce nouveau volume de la bibliothèque variée de l'éditeur Degorce-Cadot y fera bonne figure.

V ·

C'est une heureuse idée qu'a eue M. Félix Belly de réunir en sept études, d'une simplicité de ton qui n'exclut pas l'élégance et la fermeté de la langue, les sept principaux grands-œuvres de l'industrie moderne, et qu'il oppose avec bonheur aux sept merveilles du monde antique. L'idée est d'autant plus heureuse que M. Belly ne crie pas au miracle, et n'est pas de ces idolâtres du progrès qui s'agenouillent devant l'idole nouvelle et ne voient rien en dehors de ses manifestations matérielles. Dès la préface, on est instruit que l'on se trouve en présence d'un homme qui voit clair dans cette marche de l'humanité qui crée mais qui détruit aussi, et tant de belles et bonnes choses qu'on est en droit de s'épouvanter.

« La raison humaine, dit-il, n'a pas tous les jours à se féliciter de ce qu'on appelle les progrès de la civilisation. Bien des symptômes de ruine ébranlent même parfois sa confiance dans la sécurité de l'avenir. Le rôle prépondérant de la force et la corruption grandissante qui menace de tarir la sève morale des générations, font un douloureux contraste avec les besoins de paix, de travail intérieur et de relations fraternelles dont tous les peuples sont possédés... »

Il était bon que ces paroles fussent dites et sur ce ton grave et calme par un auteur qui déclare « n'avoir voulu voir de la civilisation que ses œuvres capitales, celles qui se signaleraient aux âges futurs par leurs bienfaits ».

Sous ces réserves, il est certain que le chemin de fer qui, à travers des pays pestilentiels, a réuni Panama à Colon, c'est-à-dire l'Océan au Pacique, le canal de Suez, les percements du Mont-Cenis et du Saint-Gothard, le chemin de fer transcontinentale du Pacifique, celui des Andes perruviennes, enfin le percement de l'isthme de Panama, sont des entreprises que notre siècle pourra être fier à bon droit d'avoir vu exécuter. Les résultats pratiques sont grands, la question est de savoir si ces résultats pratiques en apparence pacifiques, en facilitant les relations commerciales, ne rapprocheront pas le moment de conflagrations de peuple, plus terribles que celles que nous avons vues.

N'importe, il était bon qu'un livre fût fait sur ces matières, et en fixât nettement le bon et le mauvais côté. Ce livre est fait et bien fait par un homme de grand talent.

VI

Victor Hugo jugé par Louis Veuillot, n'est-ce pas une bonne fortune littéraire? Grâce à M. Eugène Veuillot qui poursuit avec une grande piété fraternelle la mise en ordre et en lumière de tout ce qu'a écrit le grand polémiste, l'écrivain, si franc et si large, nous avons un volume qui rassemble des jugements épars dans l'œuvre

ournalière du grand défenseur de l'Église. Il n'y avait qu'à les unir
par quelques explications; le frère et exécuteur testamentaire n'y a
point failli. Il y a mis tout son art et tout son cœur.

Ce qu'on remarque en parcourant ces pages imprimées d'un joli
caractère et fort bien éditées par la Société générale de Librairie
catholique, et qui seront une des publications les plus courues de
cette année, c'est une admiration que l'indignation coupe tout à
coup. Devant les beautés de l'œuvre du poète, Louis Veuillot, qui
ut un des claqueurs d'*Hernani*, mais qui siffla le reste de ce théâtre
où les jeunes premiers sont laquais, admire avec la chaleur d'une
âme que ses lettres ont achevé de dévoiler aux profanes. Ils commencent à comprendre maintenant, ces profanes, que ce rude
champion, aux éclats de nom et de style un peu forts, si bon
manieur de bois vert, bois funeste à tant d'épaules libres-penseuses,
fut surtout un grand cœur et le plus sincère des hommes. Mais
quand le poète touche aux choses sacrées, l'admirateur n'a pas de
termes assez violents pour tomber sur le sacrilège. Ces sentiments,
contradictoires seulement en apparence, se font jour dans un sonnet
déjà publié, mais que M. Eugène Veuillot a bien fait de rééditer
encore dans ce volume où il se trouve tout à fait à sa place. Il est
intitulé *Olympio*. C'est le nom que, dans les *Contemplations*,
Victor Hugo se donne à lui-même.

OLYMPIO

Je t'admire vraiment. Et franchement personne
Ne me rappelle mieux parfois le mardi gras
Quel porteur d'oripeaux! Quel faiseur d'embarras!
Et que souvent il pèse, et quel creux rauque il sonne.

On dit, et pour ma part j'accorde sans débats,
Que sa chère antithèse à contre-sens bourdonne;
Qu'en ses meilleurs endroits la cheville foisonne,
Et que les bouts rimés y prennent trop d'ébats.

Mais comme lui pourtant, qui sait chanter et peindre?
Que vit-on comme lui d'un seul coup d'aile atteindre
Ou le fond de l'abîme, ou la hauteur des cieux?

Nul n'a fait tant de vers, ni si beaux, ni si drôles,
Il est grand, il est bas, il engraissa nos Gaules,
— Mais jusqu'à les crever d'un fumier précieux.

Il n'est pas une page des polémiques, déjà anciennes, réunies dans cet intéressant volume, qui ne soit nettement pensée et dite avec verve. Peut-être trouverions-nous que M. Louis Veuillot ne rend pas assez justice à la *Légende des siècles*, qui sort du fatras ordinaire. L'œuvre de Victor Hugo s'y noiera dans ce fatras jusqu'à ce que ses héritiers, las de battre monnaie avec sa gloire, où jusqu'à ce que le public lassé, ne contraignent de faire un choix et d'en tirer deux ou trois volumes, peut-être moins, qui formeront quelque chose bien près de la perfection si on consent à n'y faire entrer rien de haineux contre la religion et le pouvoir. Mais comme en revanche, il juge bien l'art merveilleux qu'a toujours eu le poète de faire de la réclame à ses œuvres. Nous ne savons plus qui disait récemment qu'il y avait eu trois grands Barnums en France dans ce siècle : Victor Hugo, de Lesseps et Sarah Bernardt! Cela est vrai pour Victor Hugo. Voyez plutôt. Il s'agit de l'apparition du *Rhin* en 1842.

« Constatons comment un livre de M. Hugo paraît au jour. C'est d'abord un petit bruit que de discrets amis répandent : « On dit que « Hugo va publier quelque chose. — Ah! prose ou vers? — Je ne « sais. » On laisse passer une semaine. La semaine suivante : « Ce « sera de la prose. — Quel sujet? Quel titre? — Je ne sais. » On laisse passer quinze jours. Quand on peut supposer que les têtes ont assez travaillé, les révélations reprennent de plus belle. Le livre sera politique. M. Hugo ou, plus respectueusement Hugo, maintenant qu'il est de l'Académie, ne renonce pas précisément à la littérature; mais renonce du moins à la poésie et aux œuvres de pure imagination; il veut aborder les questions de gouvernement... Cela se redit, s'amplifie, se commente; mais ce ne sont encore que des rumeurs. Tout à coup, comme une lueur subite au milieu de ces ténèbres éveillées, la réclame paraît, non pas la réclame insignifiante et terne qui sort des boutiques des libraires; mais la réclame à ciselures et qui sent une origine parnassienne, trahissant par mainte façon l'œil, sinon la main du maître. Elle donne le titre de l'ouvrage : *le Rhin...*

« Cette réclame est pour mettre le public en goût; mais le livre ne se hâte point. On sait ce qu'il sera; il convient maintenant qu'on le désire. Cependant les confidents se donnent carrière; ils promettent des choses inouïes, des aperçus lumineux, des contrastes extraordinaires : tempête et soleil, corps de tonnerre et chants d'oiseau; de la science à pleines mains, de la fantaisie à pleins bords, une politique comme le monde n'en a jamais vu. »

Il faut lire tout le morceau. N'est-il pas juste et si vivant que l'on croit être encore aux réclames qui ont précédé l'apparition des *Quatre vents de l'esprit* de *Torquemada* et de l'*Ane* de folle mémoire. Seulement, en 1842, c'étaient les *Débats* qui avaient la primeur du plus mirifique fragment, maintenant c'est le *Rappel*. Les journaux changent, le procédé demeure.

En quittant, à regret, ces pages si intéressantes et si vives, il convient de constater que M. Eugène Veuillot a su ramasser la plume de son frère pour juger les dernières productions du poète, et que cette plume a criblé de traits assez vifs les faiseurs d'apothéose qui ont jonglé avec le bon sens et la langue française pour écraser la dépouille du poète sous des cris d'admiration plus nombreux et de plus mauvais goût encore que les couronnes étalées sur les marches du Panthéon. On lira avec autant d'intérêt les deux proses, dont l'une continue si bien l'autre qu'on s'y trompe à son plus grand plaisir.

VII

Le *John Bull et son île*, de M. Man O'Rell, a reçu du public un accueil assez favorable pour qu'il ait été porté à continuer d'exploiter la veine rencontrée. C'est le défaut du succès de nous faire marcher dans une voie jusqu'à épuisement même, et recommencer le même sujet jusqu'à évaporation d'originalité.

Cette critique ne nous est pas spécialement inspirée par la lecture du volume présent, ses *Chers voisins* qui n'est pas indigne du premier. Il a même, celui-ci, quelque chose qui le recommanderait plus à notre attention, c'est le désir très net de réconciliation entre les deux peuples. Voyez l'avis au lecteur.

« Ami lecteur, qui que tu sois, Français au Anglais, ferme ce livre au plus vite si tu espères y trouver l'éreintement de ton voisin. »

Et certainement M. Man O'Rell tient parole. Sa peinture de M. et Mme Jacques Bonhomme (ainsi appelle-t-il, suivant une vieille coutume, nos paysans) et de M. Joseph Prudhomme tiennent de la bonne observation. Nous y remarquons ce paragraphe auquel les événements électoraux du jour donnent quelque relief.

« On le dit républicain. Je veux bien le croire puisqu'il vote aujourd'hui pour la République; mais c'est moins par conviction profonde que dans la crainte d'apprendre que l'on s'insurge à Paris qu'il vote pour le gouvernement du jour. *Beati possidentes*, s'écrie-t-il ; c'est la tranquillité qu'il me faut. »

Ce portrait de l'Anglais n'est pas moins net et vrai.

« L'Anglais ne fait rien à demi. Son adjectif de prédilection est l'adjectif *thorough* (complet, à fond, qui va jusqu'au bout). Plus il a des difficultés à surmonter, plus il est dans son élément ; c'est un curieux mélange de lion, de mulet et de pieuvre. M. Gladstone disait un jour (il y a bien des années de cela !) : « Quand je travaille, « je travaille aussi fort que possible ; quand je cours, je cours « aussi vite que possible ; quand je saute, je saute aussi loin que « possible. »

Un chapitre bien piquant, c'est celui où l'auteur nous montre les Français et les Anglais occupés à se dénigrer mutuellement. Il constate que lorsque, en France, on parle d'une marchandise inférieure, un tissu par exemple, on dit article anglais, comme on dit article français en Angleterre. Il s'amuse de voir comme les deux pays semblent s'être ingéniés à trouver le moyen de faire chacun le contraire de ce que fait l'autre :

« En voulez-vous quelques preuves assez divertissantes prises çà et là ?... Nous autres, nous portons notre montre chez *ma tante*, l'Anglais porte la sienne chez *son oncle*. En France, le *curé* a sous ses ordres un certain nombre de vicaires ; en Angleterre, ce sont les curés qui sont les subalternes du vicaire. (En ceci, l'étymologie donne raison à la France.) En France, les cochers prennent la droite ; en Angleterre, ils prennent la gauche. Nous appelons le pas de Calais ce que les Anglais appellent le pas de Douvres... La table des matières est placée à la fin d'un livre français, elle l'est au commencement d'un livre anglais. »

On pourrait multiplier les citations, mais nous pensons en avoir donné suffisamment pour inviter nos lecteurs à lire ce volume. Il appartient à cette classe de livres d'observation, en apparence légers, mais qui finissent par détruire bien des préjugés. Les Anglais sont égoïstes et tirent volontiers à eux la couverture, les Français sont légers et se vantent d'une façon quelquefois insupportable, cela est vrai ; il n'en est pas moins vrai que ces deux peuples sont plus près l'un de l'autre, en dépit d'une rivalité qui n'est pas près de finir, que les autres peuples du globe.

Ch. LEGRAND.

CHRONIQUE GÉNÉRALE

Par l'union, par la discipline, le parti républicain l'a emporté, comme on s'y attendait, au second tour de scrutin. Tout a été sacrifié à ce résultat : les dissentiments d'opinion et les intérêts de groupes. Sans regarder ni aux personnes, ni aux programmes, on a composé les listes de ceux des candidats qui avaient obtenu le plus de voix au premier tour et, en même temps, le mot d'ordre a été donné partout aux électeurs républicains de voter pour ces listes. Grâce à cette entente, le scrutin de ballottage a rétabli les affaires de la République, assez compromises au premier tour, et le parti républicain est sorti, encore une fois, avec la majorité, des élections du 18. Deux cents conservateurs, trois cent quatre-vingt républicains : telle est la proportion des élus.

Ce chiffre de deux cents conservateurs sortis des urnes, malgré le prestige et l'influence de tout gouvernement établi, malgré la pression administrative et la propagande républicaine, c'est, sans contredit, un grand succès pour la cause conservatrice. Il faut le considérer en bloc, sans rechercher si le second tour de scrutin n'a pas été un recul sur le premier. Il est bien vrai qu'au ballottage les conservateurs qui avaient remporté, du premier coup, près de cent quatre-vingts sièges, n'en ont obtenu que vingt-cinq. Les républicains ont triomphé de ce fait avec une joie qui témoignait assez de la crainte qu'ils avaient d'un résultat contraire. En réalité, le scrutin de ballottage n'a pas contredit au succès du précédent. Partout les minorités acquises aux conservateurs se sont considérablement accrues, tellement que sur les sept millions et demi d'électeurs, il n'y a qu'un écart de cinq ou six cent mille voix entre les vainqueurs et les vaincus. Un déplacement de la moitié de ces voix suffirait à reporter la majorité de gauche à droite. C'est là le fait considérable des dernières élections. Après avoir succombé aux élections de 1877 et de 1881 à de faibles minorités, les conservateurs ne sont plus aujourd'hui qu'à quelques centaines de mille voix des républicains. Les deux partis se balancent, et même s'il était possible d'éliminer l'action du gouvernement, le parti conservateur l'emporterait, par ses propres forces, sur l'autre.

Le sens des élections est donc clair. Le pays, par ses voix honnêtes et indépendantes, a signifié hautement qu'il était las du régime actuel. Son verdict est un désaveu formel des agissements du parti dominant, qui n'ont produit que l'oppression des consciences, le trouble des intérêts, le mauvais état des affaires, la division dans le pays, l'épuisement des forces nationales, l'inquiétude du lendemain; c'est aussi une protestation contre les tendances de plus en plus radicales du pouvoir. Le vote des 4 et 18 octobre n'a peut-être pas de signification politique bien marquée : s'il n'est pas directement monarchique, il est certainement conservateur. Il y a eu là une manifestation considérable de l'opinion qui constitue un élément nouveau dans la situation. Quel compte le parti républicain en tiendra-t-il?

Surpris par ce réveil de l'esprit conservateur, déconcertés par l'avertissement du suffrage universel, inopinément arrêtés dans leurs projets par le pays, les républicains se demandent eux-mêmes ce qu'ils vont faire. S'ils étaient capables de mettre à profit la leçon des élections, ils n'hésiteraient pas, dans l'intérêt même de la République, à déférer au vœu du pays. Ils renonceraient à cette politique de secte, qui est cause de la persécution religieuse, du gaspillage financier, de la crise industrielle et agricole, des embarras et des maux des expéditions lointaines; ils adopteraient une politique sage et modérée, une politique de bon gouvernement, comme le désire, sans contredit, la majorité de la nation. Ils se dirigeraient à droite au lieu de continuer à aller à gauche; ils s'efforceraient de marcher dans le sens du pays.

Devant une minorité aussi forte que celle qui est sortie des élections, les républicains n'avaient qu'un parti à prendre, s'ils eussent été capables de sagesse, c'était de faire en sorte que l'opposition conservatrice n'eût plus de raison d'être. Cela eût été beaucoup plus expédient que de recourir, vis-à-vis de la minorité, à des invalidations en masse, comme l'idée en est venue d'abord à bon nombre d'entre eux. Une mesure aussi simple, aussi expéditive de venir à bout de ses adversaires, en les réduisant d'un coup de plus de moitié, avait de quoi tenter des hommes aussi peu scrupuleux sur les moyens que les maîtres du jour. Beaucoup conseillent encore d'y recourir. Le moyen, quoique commode, n'est pas toutefois sans inconvénient. Serait-il prudent de soulever à gauche la question des manœuvres et des fraudes électorales? Sans doute, le cléricalisme fournirait un prétexte facile pour incriminer les élections dans maints départements. Dans le Finistère, dans le Morbihan, dans le Maine-et-Loire, dans l'Aveyron et dans d'autres où les populations sont plus religieuses, où l'influence des prêtres est plus grande, on convaincrait facilement le clergé de faits de pression électorale, n'eût-on pas d'autres arguments à alléguer que les appels des évêques à la prière, que les recommandations générales en faveur des candidats dévoués à la religion. Mais à cette prétendue ingérence du clergé dans les élections, ne pourrait-on pas opposer, à droite, avec plus d'avantage, les agissements de l'administration républicaine? Au scrutin de ballottage surtout, la pression administrative a donné lieu à de tels abus et à de telles fraudes qu'il serait tout à fait imprudent à la majorité de fournir l'occasion à la droite de les révéler. Croit-on, par exemple, que l'élection de M. Goblet, dans la Somme, à qui, au second tour de scrutin, étaient dévolues environ dix mille voix de plus qu'au premier, que l'échec de M. de Broglie dans l'Eure, à deux cent cinquante voix, et même moins, de minorité, n'amèneraient pas, par manière de représailles, des révélations qui montreraient l'abus le plus criant de la candidature officielle? En outre, rien ne serait moins sûr que de voir le suffrage universel ratifier les invalidations prononcées par la majorité. Les électeurs de tout un département, qui ont donné leurs voix à la liste conservatrice, admettraient difficilement qu'on les accusât d'avoir cédé à un entraînement condamnable; ils ne comprendraient guère qu'on vînt remettre leur vote en question et il s'en trouverait peu parmi eux qui consentissent à se déjuger soit par crainte, soit par intérêt, sous le coup d'une intervention plus active et plus immédiate des agents du gouvernement. Après des invalidations suivies d'autant de réélections, la situation serait pire qu'auparavant pour les républicains.

Une autre idée s'est présentée à quelques meneurs du parti. A défaut d'invalidations qui eussent réduit considérablement l'importance de l'opposition de droite, on a songé à une organisation de la gauche qui permettrait d'obvier aux inconvénients d'une aussi forte minorité. M. Lockroy, en sa qualité de premier élu de Paris, et de personnage devenu tout-à-coup considérable, a proposé à tous les députés républicains de se réunir avant la rentrée des Chambres pour se concerter sur les moyens de perpétuer l'entente électorale. Dans cette réunion plénière, on eût arrêté d'un commun accord les points principaux du programme autour duquel la gauche tout entière se serait groupée. C'était, déjà en 1881, l'idée de M. Gambetta de préluder à la session parlementaire par la fusion des divers groupes de gauche en un seul et par l'adoption d'un programme commun. Elle n'a pas réussi de son vivant, et dans des circonstances beaucoup plus favorables. Pouvait-elle avoir plus de succès avec M. Lockroy ? Du premier coup, on a vu les difficultés de l'entreprise. Pour le scrutin de ballottage, le parti républicain a pu s'unir, au prix de la suppression de tous les programmes politiques. C'est de l'existence seule de la République qu'il était question alors et chacun, surtout en vue du succès, a pu facilement sacrifier à la cause commune ses idées particulières. Il n'en a pas trop coûté à MM. Frédéric Passy et Basly, par exemple, de figurer ensemble sur une même liste de candidats sans programme, l'un et l'autre ayant la certitude d'être élus à la faveur de ce compromis ; mais le résultat obtenu, l'union cessait par cela même et elle ne pouvait plus se reformer que dans une identité de vues et de tendances impossible à obtenir dans le parti républicain. Autre chose était de se taire, d'abdiquer toute personnalité devant les électeurs pour se faire élire à titre seul de républicain, autre chose sera de gouverner. De l'effacement il s'agit maintenant de passer à l'action. C'est là le difficile.

Les promoteurs de la réunion plénière avaient imaginé de formuler un programme en trois ou quatre points seulement, sur lequel on eût établi un accord préalable de toute la majorité. Les questions choisies étaient, comme de juste, celles qui pouvaient amener la division du parti républicain, notamment la politique coloniale, les rapports de l'Église et de l'État, les mesures financières. Mais sur chacun de ses points, il était aisé de voir qu'il se trouverait deux systèmes contraires, en rapport avec les divergences d'opinion qui divisent les républicains en opportunistes et en radicaux. Quel moyen d'arriver à un accord entre gens qui veulent, les uns l'achèvement de la conquête et l'organisation du Tonkin, le maintien du Concordat, la continuation du système actuel d'impôts, et les autres qui réclament l'évacuation immédiate du Tonkin, la séparation de l'Église et de l'État, l'établissement de l'impôt sur le revenu? Trouverait-on un terrain commun de transaction? Réussirait-on à former à l'aide de compromis déterminés d'avance, une majorité compacte, bien unie, capable de faire face à l'opposition dans les questions les plus critiques où l'existence du ministère se trouverait engagée?

Tout le monde, dans le parti républicain, est loin d'être convaincu de l'efficacité de ce procédé. Plusieurs même pensent, et ce ne sont pas les moins avisés, qu'au lieu de remédier à l'embarras de la situation en réunissant dans un seul groupe toutes les fractions de la majorité, ce serait le moyen le plus rapide et le plus certain de les diviser à l'infini. Il est douteux que le parti républicain très nettement partagé en radicaux et en opportunistes, adhère à cette idée d'une réunion plénière qui ne serait que l'absorption d'une des fractions par l'autre. D'ailleurs, le rôle du gouvernement est incompatible avec ce programme parlementaire tracé d'avance auquel le ministère serait obligé de se conformer, sous peine d'avoir contre lui toute la gauche. L'initiative et l'indépendance du pouvoir exécutif se trouveraient supprimées de fait par le contrat préalable qui lierait la majorité et en réalité, il n'y aurait plus d'autre pouvoir que le pacte anonyme et impersonnel qui dominerait la Chambre et le gouvernement.

Devant l'insuffisance de ces expédients, certains conseillers de la République proposent divers moyens dont ils attendent des résultats plus efficaces pour la consolidation du régime. Ils se plaignent de l'incurie du gouvernement, de son inaction, et en quelque sorte de son absence dans la lutte électorale. Les élections ont montré, en effet, une certaine mollesse dans le personnel des fonctionnaires; la machine administrative n'a pas bien fonctionné; on sentait comme une détente dans tous les rouages. Pour ceux qui ont le mieux compris combien il s'en fallait de peu que la victoire électorale n'échappât, la première mesure à prendre contre la réaction serait de renforcer le gouvernement, de doter le pays d'une administration plus homogène et mieux disciplinée, d'épurer encore une fois le personnel des fonctionnaires, de n'y admettre que des républicains éprouvés et zélés. En même temps, pour tenir la Chambre en éveil et stimuler l'ardeur des fonctionnaires, on ferait revivre l'action des clubs. L'opinion démagogique régnerait du dehors et elle serait à la fois un avertissement pour les pouvoirs publics et une menace contre les partis réactionnaires. Mais on se demande comment le gouvernement le mieux disposé à suivre les conseils de la fermeté et de la vigilance s'y prendrait pour renouveler une fois de plus le personnel administratif et judiciaire ; on cherche ce qu'on pourrait ajouter à la liberté des réunions publiques et des démonstrations populaires. Les préfets, sous-préfets et maires, les magistrats, les divers agents des services publics, n'ont-ils pas été successivement transformés au point de rendre un nouveau changement inutile ? Et d'autre part, les revendications les plus outrées du radicalisme et même de l'anarchie n'ont-elles pas eu toute liberté de se produire ; le drapeau rouge lui-même n'a-t-il pas eu la permission de se montrer ? Y a-t-il quelque chose de plus à faire ?

En réalité, le parti républicain est embarrassé de sa victoire et inquiet de la situation. De son propre mouvement et par sa première impulsion le suffrage universel, pris dans son ensemble, s'est prononcé contre le régime actuel ; la moitié la plus saine du pays a clairement fait entendre qu'elle voulait une autre politique, une meilleure direction des affaires. A côté de la portion indifférente, non encore désabusée de l'essai de la République ou acquise par tempérament ou par situation au gouvernement établi, une fraction violente a hautement réclamé l'exécution des promesses du radicalisme, qui engageraient la République plus avant dans la voie révolutionnaire d'où l'opinion honnête et indépendante lui a signifié de sortir. Ce scrutin complexe crée une situation des plus confuses. Quelle est l'influence qui dominera au sein du parti républicain ? Quelle marche suivra-t-on ? Ira-t-on plus à droite ou plus à gauche ? Quelle action se dégagera de cette majorité qui a le nombre pour elle, mais qui est plus divisée sur les moyens de gouvernement qu'elle n'est d'accord sur le principe républicain ? A laquelle des deux politiques représentée par chacune des fractions de la gauche, appartiendra le gouvernement de demain ?

Maintenant que le résultat du scrutin est acquis, on sent toute la difficulté de faire de la coalition électorale une majorité de gouvernement, et d'établir un ministère sur une base quelconque. Si l'on s'en rapportait aux indications du suffrage universel il faudrait retourner à une politique plus conservatrice ; mais où prendre dans la nouvelle Chambre les éléments d'un cabinet capable d'adopter cette politique ? Sera-ce dans le groupe opportuniste ?

Mais un ministère formé uniquement des membres de cette fraction se trouverait pris aussitôt entre la droite et l'extrême gauche et mis en demeure d'abandonner une politique trop peu républicaine pour satisfaire aux exigences de la gauche et pas assez conservatrice pour contenter la droite. Il ne durerait pas trois mois. Par la force même des choses, on sera amené, contre le vœu du pays, à un cabinet de gauche radicale. C'est le seul moyen de grouper la majorité. Le Président de la République et ses conseillers préféreront forcément un ministère Clémenceau à un ministère Waldeck-Rousseau ou Spuller, dans l'espérance que la gauche modérée et le Sénat, par patriotisme républicain et pour échapper à la nécessité d'une dissolution, le suivront le plus longtemps possible et en faisant au radicalisme toutes les concessions. On verrait donc alors se produire, suivant un mot très juste, cette anomalie singulière d'un pays qui a donné trois millions cinq cent mille voix à la droite, trois millions environ à la gauche opportuniste ou modérée et un million au plus à la gauche radicale, gouverné par la plus petite fraction, à l'encontre même de ses votes. La situation parlementaire veut cette contradiction. En résumé, la répartition de la nouvelle Chambre en trois groupes à peu près égaux profitera au radicalisme. Les violents s'empareront de la situation et les modérés ou soi-disant tels n'auront que la ressource de les suivre. On ira aux excès ; à moins que l'attitude résolue de la droite ne déconcerte les projets des radicaux et ne rende impossible le fonctionnement de la Chambre. Alors ce serait la dissolution à bref délai, au milieu de troubles dont on ne saurait encore prévoir les conséquences et avec un avenir absolument inconnu.

On va vite sur la voie des violences. Déjà s'annoncent pour l'ouverture de la Chambre des propositions grosses d'orages parlementaires. M. Rochefort veut inaugurer la session par une demande de mise en accusation de M. Jules Ferry. C'est toute la question des responsabilités dans la guerre du Tonkin qui se poserait à la Chambre ; et ce n'est pas seulement le précédent cabinet mais aussi l'ancienne majorité qui serait mise en cause. Il y a aussi une proposition d'expulsion des membres des anciennes familles régnantes, qu'on tient toute prête pour la rentrée. Le succès inattendu du parti monarchique aux élections sera un argument auquel la plus grande partie de la gauche aura de la peine à ne pas se rendre.

Mais le caractère d'une pareille mesure devra donner aussi à réfléchir aux républicains d'entre-deux qui comprendront qu'après avoir fait d'emblée, au radicalisme, une pareille concession, ils n'auront plus rien à lui refuser. Certains membres de l'extrême-gauche veulent encore introduire tout de suite la question de la séparation de l'Église et de l'État, en demandant : les uns, l'abrogation immédiate du Concordat ; les autres, la suppression du budget des cultes. Comme moyen terme, d'autres proposent l'adoption d'un ensemble de mesures préparatoires qui raviveraient la persécution religieuse. Enfin, quelques-unes des revendications les plus radicales du programme démagogique commencent à se faire jour sous le patronage des représentants du parti socialiste nommés aux dernières élections. Les grèves de Lyon, de Lille, de Bordeaux qui dénotent un état profond de souffrance et d'exaspération dans la classe ouvrière, les autres grèves attendues sur d'autres points donneront un caractère aigu à ces revendications. Ce sont là autant de sujets d'agitation qui peuvent faire prendre promptement une tournure violente aux débats. Il est à craindre, en effet, que cette confusion parlementaire d'où ne pourra sortir aucune organisation, aucune action politique régulière et normale, ne profite aux audacieux, aux violents et que la République ne dégénère bientôt en anarchie.

La politique extérieure influera nécessairement sur nos affaires intérieures. Loin de s'améliorer, notre situation s'aggrave au Tonkin. Le choléra s'ajoute à la fièvre et à la guerre pour décimer cruellement nos soldats. Plus l'effectif du corps expéditionnaire diminue, plus le nombre des ennemis s'accroît. Des renforts périodiques de troupes sont devenus nécessaires pour combler les vides ; les journaux officieux eux-mêmes estiment à un millier d'hommes la relève mensuelle. Les dépenses sont déjà incalculables et le résultat de nos efforts devient de plus en plus précaire. Les entraves apportées de nouveau à l'action militaire depuis le commencement de la période électorale ont rendu plus difficiles et plus chanceuses les opérations qu'il est urgent de reprendre pour défendre, non seulement notre conquête mais le salut même de notre petite armée. Avec une mauvaise foi dont aucun gouvernement n'avait fait preuve jusqu'ici, le cabinet Brisson-Freycinet s'est efforcé, durant la période électorale, de dissimuler la vérité. Ses agents avaient reçu ordre de démentir comme de fausses nouvelles les renseignements les plus certains sur la situation critique de notre corps expéditionnaire, sur les pertes énormes de notre effectif, sur les envois de renforts, sur la reprise des opérations. La veille même du scrutin de ballottage, les préfets traitaient de manœuvres coupables les informations de la presse, et le lendemain, sans que la pudeur des hommes du pouvoir ait paru en souffrir, les renforts partaient, les nouvelles de faits de guerre arrivaient du Tonkin et l'on avait, par le gouvernement lui-même, la preuve qu'il en avait menti au pays.

C'est surtout à propos des nouveaux massacres survenus au Tonkin que la conduite du gouvernement et de ses amis a été la plus odieuse. Pendant qu'on apprenait, avec horreur, la mort de sept mille nouveaux chrétiens annamites tués, brûlés, massacrés en haine de la France et, en quelque sorte, sous les yeux de notre armée, à qui l'ordre avait été donné de ne rien faire pour ne pas troubler la quiétude électorale, le gouvernement faisait démentir audacieusement, par ses journaux, l'atroce nouvelle et il poussait l'impudence jusqu'à laisser accuser de mensonge et de fourberie la Congrégation des Missions-Étrangères, de qui émanait la dépêche. Elles n'étaient que trop vraies ces horribles tueries de chrétiens, qui rappellent les plus sanglantes hécatombes de la persécution de Dioclétien. Aujourd'hui le sang de ces victimes de la politique des Ferry, des Brisson et des Freycinet crie vengeance contre les hommes néfastes qui ont conduit la France dans la voie des catastrophes, du crime et du déshonneur. C'est une honte ineffaçable pour l'honneur français que des chrétiens, nos alliés, aient pu être immolés en vue de notre drapeau, près de notre camp et de nos vaisseaux, moins encore à la haine des lettrés annamites qui ont juré d'exterminer les Français du dedans avant d'en finir avec ceux du dehors, qu'aux exigences de la politique électorale de la République! Mais il faut peut-être s'attendre encore à d'autres hontes, car tandis que les uns réclament, au prix de notre honneur, l'évacuation immédiate du Tonkin pour mettre fin à l'entreprise, les autres en sont à craindre que cette nécessité ne soit le dénouement fatal d'une expédition où il n'y a eu que des fautes à côté d'exploits militaires rendus inutiles.

Si l'avenir de notre colonie annamite nous faisait un devoir d'intervenir dans le différend qui s'est élevé entre l'Angleterre et la Birmanie, et pour lequel le roi Thibaw sollicitait l'entremise de la France, notre situation au Tonkin ne nous le permettait pas en ce moment. Depuis longtemps l'Angleterre cherche à s'emparer du cours de l'Iraouaaddy qui lui ouvrirait une route directe au cœur de la Chine méridionale. Elle déborde de plus en plus de l'Inde sur la Birmanie. Déjà maîtresse de la côte occidentale et de la Basse Birmanie, elle est parvenue jusqu'au royaume d'Ava, une des sous-provinces de l'empire, qui.forme la frontière de la Haute Birmanie. Elle voudrait aller plus loin. Une difficulté survenue à propos d'une concession de coupes de bois à une compagnie anglaise lui a fourni l'occasion d'émettre de nouvelles prétentions. L'envoi d'un ultimatum au roi Thibaw, accompagné de préparatifs militaires, annonçait l'intention de la Grande-Bretagne d'aller jusqu'à la guerre. C'est sous le coup de cette menace que la Birmanie a sollicité l'intervention de la France, devenue sa voisine au Tonkin. Ne pouvant obtenir de secours de notre part, la Birmanie devra céder aux nouvelles exigences anglaises. Des pourparlers sont engagés. Il est probable que les négociations aboutiront au gré de l'Angleterre qui fera un grand pas de plus pacifiquement dans sa conquête; autrement ce serait la guerre et, par suite, l'annexion de la Birmanie à l'empire des Indes, à moins que le roi Thibaw ne trouve auprès de l'Allemagne l'appui qu'il a vainement sollicité de la France.

Par suite des lenteurs de la diplomatie, l'effervescence a grandi dans la presqu'île du Balkan. La Grèce continue ses armements avec un enthousiasme belliqueux qui a gagné tout le peuple; la révolution bulgare tend à devenir un fait accompli; les Serbés, de leur côté, semblent n'attendre qu'une occasion de pénétrer en Bulgarie. L'Europe ne peut plus tarder à intervenir. Toutes les puissances ont adhéré en principe à la conférence qui va se tenir à Constantinople. L'idée du rétablissement de l'état de choses existant avant la révolution de Philippopoli semble abandonnée. L'unification des deux Bulgaries est aujourd'hui trop avancée pour que l'on revienne complètement sur le passé. Le prince Alexandre, qui paraît bien avoir agi de lui-même, promet de se soumettre aux décisions de la conférence. Dans leur désir d'arriver à une solution pacifique, les trois empires inclinent sans doute à accorder quelque satisfaction aux vœux bulgares, même au détriment de la Turquie accoutumée depuis longtemps à faire les frais de la paix, toutes les fois qu'une crise surgit en Orient.

Arthur LOTH.

MEMENTO CHRONOLOGIQUE

15 *octobre.* — Le dernier paquebot de Cochinchine apporte les nouvelles les plus navrantes sur l'état de l'Annam. Les massacres s'y poursuivent sans interruption.

Le ministre de la guerre a reçu du général de Courcy des dépêches extrêmement importantes relativement à notre situation dans ce pays. Ces dépêches ont été communiquées au conseil des ministres, qui a jugé prudent d'en ajourner la publication... jusques après les élections. *Ceci ne présage rien de bon.*

16. — Réunion électorale conservatrice, à Montreuil ; M. Calla attaque le ministère Ferry avec l'éloquence que tout le monde lui connaît. Il demande que le pays, par son vote de dimanche prochain, confirme la condamnation déjà prononcée au premier tour de scrutin. Il déclare que la politique du gouvernement doit être changée, si on ne veut pas aller au-devant d'une catastrophe.

M. Levolle prend à son tour la parole et, dans un discours vigoureux, il demande quelle confiance peut être accordée aux candidats de l'alliance républicaine. Il constate qu'il y a quelques jours à peine les opportunistes signalaient au pays le radicalisme et ses partisans *comme le plus grand péril* à craindre et que les *radicaux* qualifiaient de traîtres les opportunistes, et il ne voit guère que de nombreux impôts comme résultat d'une alliance aussi *monstrueuse.*

M. Levolle supplie en terminant de faire abstraction de parti, de voter non pas pour telle ou telle couleur, mais pour les intérêts de la France.

M. Ferdinand Duval clôt la séance en rappelant les années de son administration dans le département de la Seine ; il prie les électeurs de faire la comparaison du gouvernement conservateur avec celui d'aujourd'hui.

Il termine en disant : « Les conservateurs donneront à la France la tranquillité, la confiance et le bien-être que les opportunistes lui ont enlevés. »

Lettre pastorale de Son Éminence le Cardinal-Archevêque de Paris, prescrivant des prières pour la France et pour l'Église :

« Nos très chers frères,

« Un des spectacles les plus consolants et les plus fortifiants pour nos âmes est celui que présente l'Église accomplissant sa mission divine au milieu de l'incertitude et de la mobilité des choses humaines. Depuis dix-neuf siècles elle donne aux hommes l'enseignement de la vérité, soutenue, non par les moyens humains, mais par la force surnaturelle qu'elle puise incessamment dans la prière.

« Nous avons eu ce spectacle sous les yeux durant le long et glorieux pontificat de Pie IX. Nous l'avons encore aujourd'hui sous le pontificat non moins glorieux de son successeur.

« Depuis sept ans que Léon XIII est assis sur la chaire de saint Pierre, il n'a pas cessé de rappeler au monde les principes salutaires dont la société ébranlée a besoin pour retrouver le calme et la sécurité Nous l'avons vu successivement, dans les lettres admirables adressées à l'Épiscopat catholique, combattre les systèmes destructifs de l'ordre social, mettre en lumière la notion véritable de la société domestique dont le mariage chrétien est l'origine et la garantie, faire connaître, d'après les principes de la sagesse chrétienne, l'essence du pouvoir politique aussi bien que ses relations avec le salut des princes et des peuples.

« L'année dernière encore, dans l'encyclique *Humanum genus*, Léon XIII, résumant les enseignements qu'il a fait descendre de la chaire apostolique depuis que la Providence divine lui a confié le bercail de Jésus-Christ, a dessiné nettement les caractères du grand combat qui se livre aujourd'hui entre l'Église et Satan ; il a démontré avec quelle sage clairvoyance du salut des âmes et de la conservation de la société, les pontifes romains avaient signalé et condamné les sociétés secrètes dont l'action se fait sentir de plus en plus dans le monde.

« C'est la destruction du christianisme que poursuit l'impiété contemporaine. Elle prétend substituer à la société fondée sur la vérité et la morale de l'Évangile, une société nouvelle, où la raison humaine sera maîtresse et souveraine, où il n'y aura plus ni dogme religieux, ni autorité chargée d'enseigner la révélation divine. Par une audace que les siècles antérieurs n'ont pas connue, elle veut bannir le nom de Dieu du langage humain.

« Or, comme la mission tout à fait propre et spéciale de l'Église catho-
« lique, dit excellemment le Souverain Pontife dans l'encyclique *Humanum*
« *genus*, consiste à recevoir dans leur plénitude et à garder dans une pureté
« incorruptible les doctrines révélées de Dieu, aussi bien que l'autorité
« établie pour les enseigner, avec les autres secours donnés du ciel en vue
« de sauver les hommes, c'est contre elle que les adversaires déploient le
« plus d'acharnement et dirigent leurs plus violentes attaques. »

« Ce qui caractérise en particulier la lutte présente, c'est la persévérance avec laquelle les hommes hostiles à la religion travaillent à faire pénétrer dans les lois leurs doctrines subversives. De là les efforts sans cesse renouvelés pour enlever à l'éducation de l'enfance le caractère religieux, contrairement à l'expérience de tous les siècles qui n'ont cessé de proclamer qu'il n'y avait pas d'éducation possible sans religion. De là les efforts pour entraver le ministère sacerdotal, tenir le prêtre éloigné du lit des mourants. De là encore les efforts pour écarter toute sanction religieuse des actes principaux de la vie humaine, et ne plus permettre à la croix de couvrir de son ombre et de ses consolantes espérances les tombes de nos morts.

« Dans cette grande lutte, que fait l'Église, que fait le Pasteur suprême ?

Aujourd'hui, comme dans les siècles passés, le Vicaire de Jésus-Christ ne se contente pas d'enseigner la vérité; il excite les peuples à la prière. Voilà pourquoi, dès l'année 1883, Léon XIII a prescrit dans le monde catholique la récitation du saint Rosaire durant le mois d'octobre, et a renouvelé cette même prescription l'année dernière. Par un décret de la Sacrée Congrégation des Rites du 20 août 1885, le Pape nous invite pour la troisième fois à la prière durant le mois d'octobre. Puis, considérant que les combats de l'Église se prolongent et deviennent plus ardents, il fait du saint Rosaire une institution permanente, en ordonnant que le mois d'octobre demeurera désormais consacré à ces supplications universelles, « tant que durera ce « triste état de choses pour l'Église et pour les affaires publiques, et qu'il « ne sera pas donné à l'Église de rendre grâces à Dieu pour la restitution au « Souverain Pontife de sa pleine liberté. »

« Les sages du monde souriront peut-être, en voyant ce grand Pontife d'une raison si haute et d'une intelligence si complète des conditions de la civilisation dans nos temps modernes, prendre pour arme la prière des humbles et des petits. Pour nous, enfants de l'Église, nous reconnaîtrons une fois de plus que Jésus-Christ est la force et la sagesse de Dieu, qui choisit ce qui est humble et faible pour confondre ce qui est grand et fort.

« L'impiété veut chasser des institutions sociales Dieu et son Christ. Le saint Rosaire combat directement ces efforts de l'impiété. Remarquez, en effet, ces belles paroles que Léon XIII nous adressait dans son encyclique du 30 août 1853 : « La nécessité du secours divin n'est pas moindre aujourd'hui qu'à l'époque où saint Dominique introduisit l'usage du rosaire de Marie pour rémédier aux maux publics de la société. Éclairé d'une lumière divine, il comprit que nul remède ne serait plus efficace et plus opportun pour guérir les maux de son siècle que de ramener les hommes à Jésus-Christ, qui est la voie, la vérité et la vie, par le souvenir continuel du salut qu'il nous a procuré, et d'employer pour médiatrice auprès de Dieu la Vierge bénie, à qui il a été donné de détruire toutes les hérésies. » En effet, le saint Rosaire est composé de telle sorte qu'il nous fait repasser et méditer successivement les mystères de la vie, de la passion et de la résurrection de Notre-Seigneur Jésus-Christ, pendant que nous répétons l'Oraison dominicale et la Salutation angélique, ces douces et saintes prières qui sont l'expression la plus vraie des aspirations et des besoins de l'âme humaine.

« L'impiété veut bannir le nom de Jésus-Christ de la société : dans la récitation du Rosaire, nous répétons cent fois ce nom adorable et le nom béni de Marie sa mère. L'impiété veut supprimer les habitudes, les pensées, les espérances chrétiennes dans la famille et dans la société : le Rosaire nous remet sans cesse sous les yeux les mystères de l'enfance, de la pauvreté, de l'humilité de Jésus durant sa vie mortelle, les douleurs de son âme et les souffrances de son corps dans sa passion, les joies et les espérances de sa résurrection; leçons vivantes pour toute existence humaine, qui connaît le labeur et la tristesse plus souvent que la joie et le repos, et à qui l'espérance du ciel est nécessaire pour ne pas succomber au découragement.

« Nous répondrons, avec un filial empressement, à l'appel du Souverain

Pontife, et nous remercierous Dieu qui nous envoie au temps opportun le secours puissant de la prière catholique.

« Nulle part, en effet, la lutte que nous venons de décrire n'est plus active ni plus profonde que dans notre pays, comme si la destinée de la France était de se trouver toujours au premier rang dans les combats de l'Église. Depuis plusieurs années, nous sommes témoins des efforts incessants que font parmi nous les sectes antichrétiennes pour bannir Dieu de l'école, de la famille, de la société, et faire de la France, si la chose était possible, une nation athée.

« Au commencement du siècle, après ces années de douloureux souvenir où l'on avait vainement tenté d'arracher le christianisme du cœur de la France, une convention solennelle entre le Pape et le Chef de la nation avait ramené le calme dans le pays et dans les consciences. On ne se cache plus aujourd'hui pour déclarer qu'il faut briser ce pacte, qui a donné quatre-vingts ans de paix religieuse à la France sous les régimes divers qui s'y sont succédé. Seulement, ici se forment deux partis : les uns veulent briser immédiatement et violemment le concordat; les autres veulent le détruire graduellement. Déjà ces projets ont reçu un commencement d'exécution : nous voyons successivement restreindre l'exercice du culte public par la prohibition des processions, renvoyer des hôpitaux les sœurs de la Charité, retrancher une portion des indemnités dues au clergé et des secours néces-saires aux églises, multiplier les entraves et les charges pour les commu-nautés religieuses, même celles dévouées uniquement au soin des pauvres et des malades; et l'on annonce que l'on continuera ainsi, jusqu'à ce que l'Église catholique ait cessé d'exister légalement au milieu de nous.

« Nous sommes, à la veille de l'un de ces grands actes de la vie nationale où tous ceux qui aiment leur pays sentent le besoin de se recueillir dans la méditation des graves devoirs qui leur incombent et de s'affermir dans la résolution de les remplir avec la droiture de la conscience et l'oubli des intérêts privés.

« La France, fidèle à ses traditions séculaires, demeurera-t-elle une nation chrétienne, ou renoncera-t-elle à sa foi pour devenir une nation athée?

« C'est la question que lui posent les sectes antichrétiennes.

« L'Église ne demeure pas indifférente aux grands intérêts de la société. L'apôtre saint Paul exhortait autrefois les chrétiens à prier pour ceux qui ont la charge du gouvernement des nations, afin qu'ils puissent vivre en paix dans le service de Dieu. C'est la même exhortation que nous vous adressons aujourd'hui. Mais sachez-le, les pensées de l'Église s'élèvent au-dessus des pensées de la politique, toujours étroites par quelque côté. Ce qu'elle veut, c'est le salut éternel des âmes; ce qu'elle réclame, c'est la liberté de prêcher l'Évangile et de conduire les hommes au salut. Elle laisse aux puissances civiles le soin des intérêts terrestres; elle vit en bonne harmonie avec tous les régimes politiques et ne leur demande qu'une chose, c'est que les lois de la justice et de la charité chrétienne ne soient pas oubliées dans le maniement des affaires publiques.

« L'Église restera donc étrangère aux compétitions de la politique. Mais nous prierons avec ardeur pour la paix et la prospérité de notre patrie. Nous mettrons nos supplications sous la protection de la très sainte Vierge Marie, que Paris aime à saluer du nom de Notre-Dame, que la France a toujours invoquée comme sa céleste patronne; et nous avons la confiance que, suivant la parole du Prince des apôtres, les chrétiens de notre temps, à l'exemple des chrétiens des premiers jours, fermeront la bouche aux calomnies de ceux qui méconnaissent l'Eglise en se montrant les serviteurs les plus dévoués de leur pays et les plus fermes soutiens de l'ordre social. »

17. — *Nouveaux massacres dans l'Annam.* M. l'abbé Martin, missionnaire apostolique, représentant des missions annamites à Saïgon, envoie de cette ville, sous la date du 17 octobre, la nouvelle et lamentable dépêche suivante :

« Chatelet, missionnaire, dix prêtres indigènes, sept mille chrétiens de Hué ont été massacrés. »

Le gouvernement Serbe envoie aux grandes puissances une note pour se plaindre des agissements révolutionnaires des émigrés serbes réfugiés en Bulgarie.

Réunion électorale conservatrice à la salle Lemardelay et à Montrouge.

Chez Lemardelay, M. Ferdinand Duval compare le relèvement de la France dû aux conservateurs nommés au lendemain de nos désastres, avec le gâchis universel dans lequel l'administration opportuniste a plongé la France. Il demande aux électeurs s'ils désirent continuer un pareil état de choses ou rendre leur mandat aux conservateurs qui seuls peuvent faire renaître la confiance, l'ordre et la prospérité de la France.

A Montrouge, M. Calla prend la parole. Il s'étonne de voir sur la même liste, à côté les uns des autres, le ministre de l'intérieur, chargé de veiller sur la sécurité du pays, et des hommes qui ont aidé à brûler Paris. Le singulier assemblage de ces noms ne promet rien de bon. Les opportunistes ont jeté bas leur masque. les voilà accouplés aux radicaux, dont on connaît trop les funestes et dangereuses tendances.

L'orateur termine par un rapide coup d'œil sur la situation financière et montre comment, depuis quatre ans, les déficits se sont sans cesse accumulés. Après lui M. Levolle raille avec bonheur la malencontreuse phrase échappée, il y a quelques jours, à un journaliste républicain qui a qualifié de marquis et marguilliers tous ceux qui ont voté pour les candidats de l'opposition conservatrice.

Le *Journal officiel* publie le mouvement du commerce français pendant les neuf premiers mois de 1885.

Les importations se sont élevées à 3 milliards 163,324,000 fr., contre 3 milliards 203,058,000 fr. en 1884. Les exportations ont atteint 2,303,729,000 fr. contre 2,255,804,000 fr. en 1884.

En septembre, les différences atteignent 31 millions sur les importations et plus de 60 millions sur les exportations. Ces chiffres *n'ont pas besoin de commentaire.*

18. — Scrutin de ballottage pour élections législatives. Grâce à la pression administrative, aux manœuvres électorales de la dernière heure et à l'alliance monstrueuse des opportunistes avec les révolutionnaires, les républicains sont parvenus à regagner un peu de terrain.

Les résultats définitifs des élections des 4 et 18 octobre se décomposent de la manière suivante :

Conservateurs élus. 203

Républicains élus. 375

Il ne manque plus actuellement que les résultats des colonies.

19. — Le consul américain, à Canton, annonce qu'une nouvelle campagne de persécution a commencé contre les chrétiens de Chine. Et cependant le traité de paix est signé. Quel traité ?

Le gouvernement bulgare répond à la note collective des puissances et déclare qu'il s'engage formellement à ne pas permettre qu'une agitation se produise ou soit fomentée dans les régions voisines du pays où se tiennent actuellement les forces bulgares et à suspendre les armements.

20. — Réunion du conseil des ministres sous la présidence de M. Jules Grévy.

MM. Pierre Legrand, ministre du commerce; Hervé Mangon, ministre de l'agriculture; Hérault, sous-secrétaire d'État au ministère des finances, et Rousseau, sous-secrétaire d'État au ministère de la marine et des colonies, donnent leurs démissions à M. le Président, qui les accepte. Ils restent chargés de l'expédition des affaires jusqu'à la nomination de leurs successeurs.

Le cabinet fixe au 10 novembre la rentrée des Chambres et décide que la réunion du Congrès à l'effet de renouveler les pouvoirs du Président de la République aura lieu avant les fêtes de Noël.

Mariage civil à la mairie du huitième arrondissement de la princesse Marie d'Orléans, fille du duc de Chartres, avec le prince Valdemar, fils du roi de Danemark. Toute la famille d'Orléans y assiste, ainsi que le prince de Galles.

M. Kœchlin-Schwartz, maire de l'arrondissement, prononce une allocution pleine de patriotisme, de tact et de goût dans laquelle il se fait l'interprète des sympathies profondes de la France pour le Danemark et pour son roi.

Le mariage religieux sera célébré jeudi dans la chapelle du château d'Eu.

Manifestations tumultueuses dirigées par des bandes de voyous contre les journaux conservateurs, à Bordeaux et à Lyon, aux cris de *Vive la République! A bas les cléricaux!*

A Lyon, une bande de ces énergumènes se rend devant l'archevêché et se répand en menaces de mort contre S. Em. le cardinal Caverot.

21. — Le général Campenon reçoit du général de Courcy, un télégramme en date d'Hanoï, 19 octobre, dans lequel il est fait allusion, pour la première fois, aux troubles qui ont eu lieu dans l'Annam. Des troubles ont éclaté autour de Kouang-tsi et de Camelo, dans la province de Kouang-tsi. C'est là qu'un certain nombre de chrétiens auraient été massacrés.

Et cependant, à entendre *la presse gouvernementale et les affiches préfectorales, l'ordre n'a cessé de régner dans l'Annam.*

Encore la dynamite! Une nouvelle explosion de dynamite a lieu à Montceau-les-Mines, dans l'intérieur d'un appartement habité, et à Tulle, près de l'église Saint-Cernin de Brive. Heureusement, les dégâts sont purement matériels.

22. — Célébration du mariage religieux de la princesse Marie d'Orléans avec le prince Valdemar de Danemark, dans la chapelle du château d'Eu. Mgr d'Hulst, grand vicaire de Paris et Recteur de l'Institut catholique donne la bénédiction nuptiale et prononce une remarquable allocution dont nous donnons ici le fragment le plus important :

« Heureuse union, qui prend le ciel pour témoin, et qui, sur la terre, en rapprochant deux jeunes destinées, resserre aussi l'amitié de deux peuples. Entre la France et le Danemarck, le passé avait formé plus d'un lien. Sans remonter aux âges lointains, le commencement de ce siècle avait vu la nation danoise payer, par des souffrances héroïquement portées, sa fidélité à l'alliance française. En des temps plus voisins de nous, elle a connu de nouveau les rigueurs d'un sort qui devait si tôt après devenir aussi le nôtre, celui qui accable le droit sous la force, mais qui n'empêche pas l'âme d'un peuple de survivre à sa fortune détruite, puis de la refaire après avoir sauvé son honneur,

« Ces grands souvenirs avec leur fière tristesse; d'autres, plus nombreux et plus joyeux, qui redisent les gloires antiques des royaumes de saint Canut et de saint Louis, vous accompagnent en ce moment solennel où vos deux vies vont se fondre en une.

« La France salue en vous, Monseigneur, le rejeton d'une race royale qui, depuis plus de quatre siècles, assure au Danemarck la prospérité, l'honneur et la paix, et qui, dans les limites d'un territoire étroit, disputé à l'Océan, sait donner à la royauté assez de prestige pour mériter de voir une même. génération de ses enfants s'asseoir sur trois trônes et former à elle seule des liens de fraternité entre les familles souveraines de cinq États.

De leur côté, une reine et tant de princes accourus ici de toutes les extrémités de l'Europe, disent éloquemment, par leur présence, qu'aucune vicissitude politique n'empêchera jamais la Maison de France d'occuper, dans l'estime et le respect du monde, la place que lui assigne la grandeur de son passé, que lui conserve, dans le présent, la valeur de ses princes. Et, sans demander à l'avenir aucun de ses secrets, il suffit d'écouter l'opinion générale pour reconnaître que l'union qui va se sceller ici continue et embellit la tradition brillante des alliances danoises.

« Et vous, Madame, en devenant sœur de tant de rois, vous vous souviendrez de qui vous êtes fille, vous vous rappellerez que, née dans l'exil, à peine aviez-vous appris à prononcer le nom de la France, vous appreniez en même temps à pleurer ses malheurs et à joindre, dans vos prières d'enfant, ce nom si cher à celui que votre père dissimulait alors sous un pseudonyme héroïque, pour surprendre aux basses défiances le droit de défendre son pays. Avec le souvenir de votre noble et douce mère, une autre image encore vous suivra sur la terre danoise, celle de l'aïeul qui sourit aujourd'hui à votre bonheur, mais dont la mâle figure parut si redoutable aux ennemis de la France, lorsque, caché, lui aussi, sous un nom d'emprunt, il allait rejoindre ses vieux marins échoués dans la cité de Jeanne d'Arc, pour sauver du moins l'honneur du drapeau.

« Et vous direz que la femme chrétienne n'a pas trop de toutes ces exhortations à la vaillance, puisque, dans cette place honorable que l'Évangile lui assigne au foyer, elle a pour mission de former les caractères, de tremper l'âme des enfants, de relever le courage des hommes et d'entretenir autour d'elle une atmosphère de générosité et de dévouement.

« Le sang des braves qui coule dans vos veines est aussi le sang des saints, de saint Louis et de la reine Blanche qui, à travers cinq cents ans, avait gardé assez de vigueur surnaturelle pour faire germer, parmi les lis flétris des derniers siècles, cette fleur de sainteté, Madame Louise de France.

« C'est le sang de cette noble reine, votre aïeule, dont le peintre d'Augustin et de Monique a pu, sans changer d'inspiration, tracer l'admirable figure, et de cette autre reine votre tante, que la voix populaire, écho cette fois de la voix de Dieu, proclamait sainte dans les rues de Bruxelles, tandis que tout un peuple pleurait sur son cercueil.

23. — Les candidats de l'opposition conservatrice et les membres du Comité conservateur de la Seine envoient aux électeurs conservateurs l'adresse suivante :

Aux électeurs conservateurs du département de la Seine.

« Chers concitoyens,

« Les résultats du scrutin viennent d'être proclamés.

« A la liste de candidats que le Comité conservateur vous a proposée et que vous avez faite vôtre en l'acceptant tout entière, vous venez de donner plus de cent mille suffrages-

« Les candidats de l'opposition conservatrice et le Comité conservateur vous remercient du concours que vous leur avez prêté, de la sympathie que vous avez montrée dans les réunions préparatoires du scrutin et du vote où vous avez tenu à n'établir aucune différence entre ceux qui ne s'étaient mis en avant que pour vous rallier autour d'eux.

« Désormais il faudra compter à Paris avec le parti conservateur, avec les opinions et les vœux de cent mille citoyens, fortement unis et résolus à se faire respecter.

« Vous avez donc, par l'imposante manifestation du 18 octobre, rendu un grand service à la cause que nous défendons en commun, et au pays tout entier.

« En prenant congé de vous, nous vous donnons rendez-vous autour du scrutin aux élections prochaines. »

24. — Le gouvernement français décide qu'il prendra part à la conférence relative à la question bulgare, sous quelques réserves. Le ministre des affaires étrangères notifie cette décision à l'ambassadeur de Russie.

L'Empereur d'Autriche, dans la réponse qu'il fait à l'adresse des Présidents des délégations, laisse espérer que les affaires de Roumélie se dénoueront pacifiquement, grâce à l'unanimité avec laquelle les gouvernements cherchent à sauvegarder les grands intérêts de la paix gravement compromis par les événements qui viennent de se passer en Roumélie.

25. — Toutes les puissances européennes adhèrent à la proposition de conférence pour le règlement de la question bulgare.

Les radicaux de Paris célèbrent leur triomphe électoral au Salon des Familles. — On y remarque l'absence des principaux chefs de la démocratie. — Les citoyens Lokroy, Yves Guyot et Brousse, représentant des Pyrénées Orientales, y figurent au premier plan.

Nous donnons ici les principaux passages du discours de M. Lockroy et de M. Yves Guyot. Les déclarations de ces deux radicaux donnent la mesure de ce qu'il faut attendre du parti qu'ils représentent :

« Il nous faut réaliser des réformes, dit M. Lockroy, et apprendre à ceux qui font semblant de l'ignorer, que si le gouvernement de la République est plus libéral que les autres, il est non moins énergique. D'aucuns, effrayés ou malintentionnés peut-être, prétendent que, devant le succès monarchique une seule politique est possible, la politique du *statu quo*. A ceux-là, nous répondrons, sans nous laisser aller à de vaines récriminations, sans raviver des querelles passées et dont il serait mal à propos de parler ici, que nous pouvons leur fournir, pour les éclairer et pour les convaincre, le bilan de cette politique inaugurée et suivie pendant la législature dernière.

« Ce bilan n'est-il pas inscrit en lettres formidables ou plutôt en chiffres indéniables dans les totaux des élections dernières? Oui, c'est cette politique au jour le jour, c'est cette politique qui évite le danger d'aujourd'hui, sans s'inquiéter du péril qu'elle crée pour le lendemain, c'est cette politique qui avoue que les événements la conduisent, c'est cette politique dite des résultats qui a produit ce résultat : cent sièges gagnés par les monarchistes.

« Cette politique est condamnée. Il faut donc chercher une orientation différente, et c'est à gauche que nous devons la trouver. Elle nous est d'ailleurs indiquée par le pays. Les deux scrutins qui se sont succédé, le 4 et le 18 octobre, en sont l'éclatante démonstration.

M. Yves Guyot, après avoir récriminé contre l'attitude électorale de la Bretagne, puis déclaré que le meilleur moyen d'opérer la séparation de l'Eglise et de l'Etat était de supprimer le budget des cultes, le nouveau député de Paris a terminé en ces termes :

« Ce qui nous manque le plus, c'est d'avoir le courage de prendre les res-
« ponsabilités. La Chambre nouvelle a le droit de demander à ses ministres
« de la décision et de la volonté. Rien de pire que la timidité. Qu'ils marchent
« dans le sens de la république et de la démocratie; qu'ils ne disent jamais :
« Le péril est à gauche! et le pays les suivra. Mais, comment voudraient-ils
« que le pays les suivît, si, se lançant dans les folies à l'extérieur, ils pié-
« tinent sur place à l'intérieur? Marchez, dirai-je au Gouvernement; vous
« rassurerez les indécis, vous réchaufferez les tièdes, vous entraînerez les
« gens de bonne volonté qui ont besoin d'un guide! Marchez à gauche! le
« pays ne demande qu'à vous suivre! »

Mort de M. de la Basselière, député conservateur de la Vendée et orateur de talent.

26. — Le ministre de la guerre reçoit du général de Courcy la dépêche suivante :

« Than-Maï, 24 octobre.

« Les trois colonnes du général Jamont entrent à Than Maï après trois jours d'opérations. La résistance vigoureuse le premier jour au passage du fleuve

Rouge en amont de Hong Hoa, et vaincue avec grand succès par la colonne Mourlan, a molli ensuite chaque nuit. Les rebelles ont cherché à se frayer un passage, laissant beaucoup de cadavres sur ce terrain.

« Than-Maï, entouré de six forts, était lui-même formidablement retranché. Trois chefs commandant les Pavillons-Noirs ont été tués. Nous n'avons perdu que huit hommes, grâce à un grand déploiement de forces et aux mesures fort habiles et fort sages prises par le général Jamont; en outre, 5 grièvement blessés.

« De nombreux rebelles cachés dans les hautes et épaisses broussailles sont ramassés par nos troupes. Nous avons trouvé de grands approvisionnements en vivres et en munitions.

« Grand résultat au point de vue de la pacification de Than-Maï, un des derniers et des plus sérieux centres de résistance, ayant été fortement organisé pendant la période des chaleurs. Je quitte Than-Maï et vais à la colonne Négrier qui poursuit les pirates dans la portion de territoire comprise entre le canal des Bambous et le canal des Rapides. »

Un grand banquet de conservateurs a lieu à Avesnes pour célébrer la victoire si éclatante que le scrutin du 4 octobre a donné au parti conservateur dans le Nord. M. Lefèvre Pontalis, député élu d'Avesnes développe de la façon la plus conciliante et la plus populaire le programme de la politique conservatrice, en répondant au toast de M. Parfait Dubois.

26. — Léon XIII reçoit de l'empereur du Japon une lettre en réponse à celle que Sa Sainteté lui avait écrite pour le féliciter des progrès introduits dans l'empire et le prier de protéger les chrétiens.

L'empereur du Japon s'est montré très satisfait de la lettre du Saint-Père qui lui a été présentée solennellement par le vicaire apostolique du Japon méridional et a promis de donner aux chrétiens la même liberté qu'aux autres Japonais. Il enverra à Rome un ambassadeur extraordinaire, porteur d'une lettre de remerciement pour Léon XIII.

Le Saint-Père reçoit en audience privée la députation du diocèse de Cologne, venue pour offrir ses hommages à son ancien archevêque, Mgr Melchers, promu au cardinalat, et lui adresse l'allocution suivante :

« C'est avec joie que Nous vous recevons, et c'est dans une bienveillance toute paternelle que Nous vous accueillons, vous, Nos chers fils, qu'un même amour a conduits ici, après une longue route, pour offrir vos hommages et vos vœux à l'homme éminent, autrefois votre archevêque, que Nous avons récemment agrégé à l'illustre collège des cardinaux de la Sainte Eglise romaine. Et ce n'est pas avec une moins grave allégresse que Nous voyons ici devant Nous Notre cher fils se faire l'interprète de votre soumission et de votre inébranlable attachement envers le Siège apostolique.

« Ses mérites insignes, ses éclatantes vertus et ses travaux accomplis pour la cause de la religion appelaient assurément votre pasteur à un si haut degré de dignité. Lui cependant, par modestie, se fût volontiers dérobé à cet honneur et il eût préféré, d'un autre côté, demeurer au milieu de vous le reste de ses jours, dans l'exercice de son ministère pastoral, uniquement occupé, comme sans cesse auparavant, au salut de vos âmes. Vous savez, chers fils, par quels nombreux liens de charité, de zèle apostolique et de sollicitude il était attaché à vous et à son siège. Et Nous aussi Nous comprenions bien que rien ne pourrait lui être plus pénible que d'abandonner le soin de son troupeau, ni que rien ne serait plus douloureux et plus affligeant pour le troupeau que d'être séparé d'un si bon pasteur.

« Pour ce qui est de vous, Nos chers fils, la considération de la divine Providence, qui dispose toutes choses avec douceur et sagesse, vous commande, à vous ainsi qu'à tout le clergé et à tout le peuple fidèle de votre archidiocèse, la résignation et la docilité. Si les Colonais ne peuvent plus jouir désormais de la présence et du ministère pastoral d'un si éminent pontife, maintenant agrégé à Notre Sénat, qu'ils considèrent cependant qu'ils auront en lui, dans cette ville maîtresse du nom chrétien, un patron permanent auprès du Souverain Pontife, lequel, quoique absent de corps, leur sera néanmoins toujours présent en esprit et par le plus affectueux dévouement.

« Que la pensée du pasteur qui, heureusement, doit bientôt prendre à sa place, par la grâce de Dieu, le gouvernement et l'administration de l'archidiocèse, vous soit encore une consolation. Lui aussi a accompli de nombreux et multiples travaux pour la cause de la religion et de l'Église ; lui aussi brille par ses insignes vertus, par sa science renommée, par sa rare sagesse. Vous aurez également en lui le plus aimant des pères et un chef que vous pourrez suivre en toute sûreté au milieu des difficultés, encore nombreuses et graves, contre lesquelles l'Église catholique a à lutter en Allemagne.

« Soyez donc, chers fils, toujours obéissants envers lui, suivez avec promptitude et zèle ses désirs et sa parole, et conservez toujours cet admirable lien, formé par la foi et la charité, qui doit unir entre eux tous les fidèles du Christ et leurs pasteurs.

« Pour Nous, chers·fils, Nous avons la douce espérance que Dieu mettra prochainement fin aux maux qui vous affligent, et nous donnera de jouir des fruits d'une heureuse et longue paix. Comme gage de ce bienfait et en témoignage de notre particulière bienfaisance, Nous vous donnons à vous, affectueusement dans le Seigneur, Notre cher fils, à votre vénérable frère votre successeur sur le siège archiépiscopal de Cologne, à tout l'archidiocèse, à tous et à chacun de ceux qui sont ici présents, la bénédiction apostolique. »

27. — Les élections législatives aux colonies françaises donnent les résultats suivants :

M. Blancsubé est élu en Cochinchine. MM. Hurard et Deproge sont élus à la Martinique.

M. Gasconi est réélu au Sénégal.

Un décret *officiel* révoque d'une manière *déguisée*, MM. de Puyfontaine et Tony·Conte, ministres plénipotentiaires, en les présentant comme démissionnaires. Ces fonctionnaires protestent contre cette singulière façon d'agir dans deux lettres adressées au président de la République. Leur crime est d'avoir patronné des candidats que le gouvernement considère comme lui étant hostiles.

Charles DE BEAULIEU.

BULLETIN BIBLIOGRAPHIQUE

NOS ALMANACHS POUR L'ANNÉE 1886

L'Almanach est le livre populaire par excellence. On le rencontre partout, à la ville et à la campagne. A ce titre, il exerce sur l'esprit des lecteurs une influence heureuse ou funeste, suivant qu'il est bon ou mauvais.

De là le devoir pour tout homme bien pensant de choisir et de propager de bons almanachs, des almanachs que l'on puisse mettre sans danger entre les mains du premier venu.

La Société générale de Librairie catholique offre au public, comme les années précédentes, des almanachs destinés à faire aimer le bien, le beau et le vrai. Ce sont : L'*Almanach des campagnes*; l'*Almanach du Paysan*; l'*Almanach historique et patriotique* et le *Grand Almanach de Famille*. On jugera de leur valeur littéraire, morale et religieuse par le sommaire des principaux articles qu'ils contiennent.

Almanach du Paysan (3e année). 1 vol. in-16 de 36 pages avec gravures. Prix : 10 cent.

PRINCIPAUX ARTICLES :

L'amiral Courbet. — Les douze mois du Calendrier, avec : lever et coucher du soleil et de la lune, noms des saints, indication des travaux agricoles, horticoles et vinicoles, proverbes rimés. — Anecdotes et récits divers. — Recettes nombreuses et variées, concernant l'hygiène, le ménage, les animaux domestiques et les récoltes.

Almanach des campagnes (6e année). 1 vol. in-16 de 72 pages avec gravures. Prix : 15 cent.

SOMMAIRE

Mois avec indication des fêtes et saints. — Phases du soleil et de la lune. — Calendrier agricole proverbial. — Revue de l'année. — Avis à la fermière. — Le grand-père. — Causerie agricole. — L'agriculture et les impôts. — L'étendard du Sacré-Cœur à Patay. — Conseils pratiques aux agriculteurs. — L'Honneur et l'Argent. — La République favorise-t-elle l'instruction du pauvre? — Effrayant châtiment de la justice de Dieu. — Conseils d'hygiène par un vieux médecin. — L'Ecole obligatoire à la campagne.

Almanach historique et patriotique (6e année). 1 vol. in-18 de 144 pages, avec 20 gravures, prix : 30 cent.

TABLE ABRÉGÉE DES MATIÈRES

Calendrier. — Revue des événements de l'année. — La carte à payer. — Un clubiste à la tribune. — L'amiral Courbet. — Signes précurseurs de la décadence de la République. — La guerre avec la Chine. — La croix de Lyon. — Les budgets ministériels accrus. — Le revenu foncier. — La montagne Sainte-Geneviève. — Le général de Négrier. — Les religieuses décorées. — La France maçonnique et les francs-maçons. — Le cardinal Lavigerie. — Nos morts au Tonkin. — La conversion de Léo Taxil, etc., etc.

Le Grand Almanach de famille.

1 vol. in-4° de 80 pages, avec belles gravures, prix : 50 cent.

SOMMAIRE

Les Etats de l'Europe. — Calendrier. — Éphémérides 1884-1885. — Découvertes et inventions. — Anecdotes et bons mots. — Le P. Monsabré. — L'amiral Courbet. — Victor Hugo. — La première confession. — Le général de Négrier. — L'Expiation. — Noël. — La Saint-Nicolas. — La punition. — *Pater, Ave.* — En rade, etc., etc.

Vingt ans de Polémique, par M. Woeste, ancien ministre de la justice en Belgique. — 3 vol. in-8°. Prix : 18 francs.

En attendant que la *Revue du Monde Catholique* consacre une étude spéciale à l'ouvrage de M. Woeste, nous croyons devoir en donner ici un résumé succinct, qui permettra aux lecteurs d'en apprécier la valeur et la portée historique,

Cet ouvrage est un choix d'articles publiés par l'auteur, revus et remis à jour. — L'œuvre comprend trois forts volumes in-8°, soit un ensemble de près de douze cents pages; il touche à toutes les grandes questions agitées en Belgique, depuis le congrès de Malines jusqu'à nos jours.

Les deux premiers volumes contiennent des études sur le roi Léopold Ier, l'évolution anti-catholique et radicale du libéralisme belge, l'enseignement gratuit et obligatoire, la législation scolaire de tous les pays, le service militaire personnel obligatoire, la laïcisation des hospices et des hôpitaux, etc., etc.

Le troisième volume intitulé *Mélanges religieux, littéraires et historiques,* renferme plusieurs articles sur les ordres religieux, sur les couvents, sur la morale neutre, la chute du P. Hyacinthe, la proscription des Jésuites et diverses études sur l'histoire contemporaine de France et ses hommes politiques depuis l'époque de la Restauration.

Cette simple énumération de titres indique assez la variété et l'importance des questions discutées.

Essais de mythologie et de philologie comparée, par J. Van Den Chayn, de la Comp. de Jésus. — 1 vol. in-8°, pp. xiii-431. Prix : 8 fr.

Ce volume renferme un grand nombre d'études relatives à la mythologie et à la philologie comparée. La première fait l'*histoire* de la mythologie comparée et en critique les résultats. Cette critique fournit à l'auteur l'occasion de parler de Guillaume Mannardht, le fondateur de la mythologie végétale, du *mythe de Cerbère*, du *personnage d'Arlequin*, des *contes lorrains*, de la *légende indienne de Viravara*, des travaux des indianistes belges, des langues du Pamir et de l'Hindou-Kousch.

Ce livre ne s'adresse pas seulement aux érudits, mais à tous les esprits cultivés, qui trouveront dans les notions qui composent ce volume un sujet d'études sérieuses et intéressantes.

Le Directeur-Gérant : Victor PALMÉ.

PARIS. — E. DE SOYE ET FILS, IMPRIMEURS, 18, RUE DES FOSSÉS-SAINT-JACQUES.

Supplément à la *Revue du Monde catholique* du 1er novembre 1885

PUBLICATIONS NOUVELLES DE LA SOCIÉTÉ GÉNÉRALE DE LIBRAIRIE CATHOLIQUE

Victor PALMÉ, DIRECTEUR GÉNÉRAL, 76, RUE DES SAINTS-PÈRES

VIENT DE PARAITRE

VINGT ANS DE POLÉMIQUE

Par M. WOESTE

ANCIEN MINISTRE DE LA JUSTICE EN BELGIQUE

Trois volumes in-8º. . . . .   18 francs.

HISTOIRE DE M. ÉMERY

ET DE L'ÉGLISE DE FRANCE

1re PARTIE : **La Révolution (1732-1799).** — 2e PARTIE : **L'Empire (1800-181)**

Par Élie MÉRIC

DOCTEUR EN THÉOLOGIE ET EN DROIT CANON

2 volumes in-8º de xiv-490 et 500 pages, 12 francs.

HISTOIRE DE CHARLES VII

Par G. DU FRESNE DE BEAUCOURT

TOME III

LE RÉVEIL DU ROI

1435-1444

Un fort volume in-8 cavalier.   8 francs.

VIE DU BIENHEUREUX JOURDAIN DE SAXE

DEUXIÈME MAITRE GÉNÉRAL DE L'ORDRE DES FRÈRES PRÊCHEURS

Par le R. P. Fr. JOSEPH-PIE MOTHON

DU MÊME ORDRE, LECTEUR EN THÉOLOGIE

Un beau volume in-12 de 381 pages, 3 fr. 50

PUBLICATIONS NOUVELLES DE LA SOCIÉTÉ GÉNÉRALE DE LIBRAIRIE CATHOLIQUE

Victor PALMÉ, DIRECTEUR GÉNÉRAL, 76, RUE DES SAINTS-PÈRES.

LES SAINTS ET LES MORTS

L'autre Vie, par M. l'abbé E. Méric, professeur à la Sorbonne. 2 beaux volumes in-12 de XIII-501 et 402 pages.. 6 »

— LE MÊME. 2 volumes in-8... 10 »

Les Élus se reconnaîtront au ciel, par le même. 1 charmant volume in-32 de 212 pages. Prix.. 1 50

Le Ciel, ou le bonheur des saints dans le Paradis, par M. l'abbé J. Marc, prêtre de la Mission, 3º édition. 1 volume in-12 de 360 pages, titre rouge et noir...................... 3 »

Vie des Saints, d'après le P. Giry, par Mgr Paul Guérin, camérier de Sa Sainteté Pie IX, nouvelle édition, notablement améliorée et augmentée de la vie des saints et bienheureux nouveaux et du *Martyrologe romain*. 4 forts vol. in-12 de XLVI-753, 650, 823, et 738 p. 16 »

Vie des Saints à l'usage des familles chrétiennes et des communautés religieuses, d'après les Bollandistes, les PP. Giry, Ribadeneyra et le *Bréviaire romain*, par l'abbé A. Vaillant, nouvelle édition, entièrement revue, soigneusement corrigée et considérablement augmentée. 1 fort volume in-8 de XVI-695 pages... 5 »

Le Saint de chaque jour (liturgie romaine), par M. l'abbé Chapiat, curé-doyen de Vitel, membre correspondant de l'Institut historique de France, de l'Académie de Stanislas, chevalier de la Légion d'honneur, 6ᵉ édition. 1 fort volume in-12 de XI-762 pages............. 3 50

La Sainte de chaque jour, par le même, nouvelle édition. 1 fort volume in-12 de XI-780 pages... 3 50

Édition artistique. — **Vie des Saints**, par Mgr Paul Guérin, auteur des *Petits Bollandistes*, grand in-4º, illustré avec le plus grand soin par Yan'Dargent. — 12 aquarelles, groupant les Apôtres, les Martyrs, les saints Ouvriers, les saintes Femmes, les saintes Pénitentes, etc. — 24 lettres ornées. — 12 titres symboliques. — 365 encadrements, avec environ mille sujets inédits se rapportant à la vie de chaque saint. — L'élite des grands artistes graveurs et chromolithographes a prêté son concours à l'exécution de ce volume.

Les 6 premières livraisons ont paru et forment un magnifique volume de 450 pages. *Prix*, broché : 30 *francs*.

Toute personne ayant souscrit avant la fin de la publication, aura droit *gratuitement* à la reliure de grand luxe, et recevra avec la dernière livraison un bon à cet effet.

Conférence sur le Purgatoire et le culte des morts, d'après les prédicateurs contemporains. (*Bibliothèque de la prédication contemporaine.*) 1 volume in-12 de 352 pages. 3 »

Le Cimetière et le Purgatoire, Considérations pour l'octave et le mois des morts, suivies de prières et de pratiques de piété enrichies d'indulgences applicables aux âmes du purgatoire, par P. Andrieux, curé de Melay, missionnaire du Sacré-Cœur. 1 volume in-12 de VI-201 pages.. 1 50

Le Livre de tous ceux qui souffrent, par Léon Gautier, 2ᵉ édition. 1 volume in-32 de VIII-440 pages encadrées d'un filet rouge, titre rouge et noir, sur papier vergé........ 3 »

— LE MÊME, 3ᵉ édition. 1 charmant petit volume in-32 de VIII-447 pages, encadr. de vignettes moyen âge, caractères elzéviriens, etc., comme ci-dessus............................. 4 »

La Charité pour les morts et consolation pour les vivants, par G.-B. Gergerès, ancien magistrat, membre titulaire de l'Institut des provinces de France, membre correspondant de la Société des antiquaires d'Ecosse, auteur du *Culte de Marie*, de la *Conversion du pianiste Hermann*, etc. Ouvrage approuvé par Son Em. le cardinal Donnet, archevêque de Bordeaux, 2ᵉ édition, entièrement refondue. 1 volume in-18 de XXIV-600 pages........ 2 50

PARIS. — E. DE SOYE ET FILS, IMPRIMEURS, 18, RUE DES FOSSÉS-SAINT-JACQUES.

LE BUDGET DES CULTES ET LA RÉVOLUTION [1]

IV

L'article 5 du titre III, présenté à l'Assemblée par le comité ecclésiastique, déterminait le traitement des curés. Il était conçu en ces termes :

. « Le traitement des curés sera, savoir : à Paris, de 6,000 livres. Dans les villes dont la population est de 50,000 âmes et au-dessus, de 4,000 livres ; dans celles dont la population est au moins de 50,000 âmes et de plus de 10,000 âmes, de 3,000 livres. Dans les les villes et bourgs, dont la population est au-dessous de 10,000 âmes, et au-dessus de 3,000 âmes, de 2,400 livres. Dans toutes les autres villes et bourgs, et dans les villages, lorsque la paroisse offrira une population de 3,000 âmes et au-dessous, jusqu'à 2,500, de 2,000 livres ; lorsqu'elle en offrira une de 2,500 jusqu'à 2,000, de 1,800 livres ; lorsqu'elle en offrira une de moins de 2,000 et de plus de 1,000, de 1,500 livres ; et lorsqu'elle en offrira une de 1,000 âmes et au-dessous, de 1,200 livres. »

C'est ce dernier chiffre qui fut l'objet de la discussion. L'abbé de Marolles, curé de la paroisse Saint-Jean de Saint-Quentin, fit un tableau touchant de l'état lamentable du curé condamné à ne recevoir que 1,200 livres. Il établit le budget de ses dépenses : gages et nourriture des domestiques, entretien personnel, entretien des meubles, réparations locatives, paiement de l'impôt, et après avoir démontré l'insuffisance du traitement alloué par le projet du comité ecclésiastique, il demanda que l'on élevât à 1,500 livres le *minimum* du traitement des curés.

. Le discours de l'abbé Marolles, simple, sans prétention, avait

(1) Voir la *Revue* du 1er novembre 1885.

15 NOVEMBRE (N° 22). 4e SÉRIE. T. IV. 84e DE LA COLLECT.   25

produit une impression favorable; il avait intéressé les esprits à la classe délaissée des curés de campagne les plus pauvres, et souvent les plus dévoués dans l'accomplissement des devoirs de leur ministère. Malheureusement, un autre ecclésiastique, l'abbé Jacquemart, prit la parole après lui et prononça un pitoyable discours, qui provoqua, principalement dans les rangs du clergé, de très vives protestations. Cet ecclésiastique était loin de pratiquer le détachement des biens de ce monde, si nous en jugeons par sa harangue.

« Après l'estime dont vous avez honoré les curés dans toutes les occasions, dit l'abbé Jacquemart, je ne m'attendais pas au traitement mesquin que le comité propose de leur faire. Est-ce donc à cela que devaient aboutir les promesses dont on nous avait flattés, le vœu des peuples, les réclamations de toutes les âmes sensibles, les efforts de la philosophie? Ouvrons nos cahiers; nous y trouverons la réclamation des peuples en faveur de ces hommes qui travaillent sans cesse, qui portent le poids du jour et de la chaleur, de ces hommes toujours conciliateurs, toujours bienfaisants, ministres d'un Dieu miséricordieux, et amis de tout homme souffrant ou égaré. Comment oseront-ils prêcher la bienfaisance quand ils ne pourront plus en donner l'exemple? A quoi se borne votre génèrorosité? A réduire les neuf dixièmes des curés pour augmenter le reste de 200 livres. (Il s'élève des murmures.)

M. L'ABBÉ GOUTTES. — On parle comme si l'impôt ne devait rien coûter au peuple. Les curés n'ont pas chargé monsieur de présenter leurs sentiments. Ils se sont confiés à la sagesse et à la générosité de l'Assemblée nationale, et, assurément, ils persistent dans leur confiance.

M. L'ABBÉ JACQUEMART. — Le comité donne 1,500 livres aux curés des paroisses où il y aura plus de 1,000 âmes, et 1,200 livres à ceux dont les paroisses ne comprennent pas ce nombre. Ainsi, dix âmes de plus ou de moins mettront une différence aussi considérable entre les curés. On donne 1,280 livres à des hommes qui sont obligés de tenir maison, d'avoir un certain nombre de domestiques, pour qui l'hospitalité est un devoir rigoureux, et dont la maison doit être un centre commun. Veut-on priver de tout agrément, de toute liaison, de tout commerce, ces hommes qui sont condamnés par état à la plus affreuse solitude? Le père détournera son fils d'un état aussi misérable. Qu'on ne nous dise pas que des ecclésiastiques vertueux veulent peu, parce qu'ils vivent de peu; qu'ils sont les

ministres d'un Dieu pauvre. Ces lâches plaisanteries seraient dépla-
cées de la part de quelques particuliers ; elles le seraient bien
davantage de la part des représentants de la nation. Vous nous
rappelez à la primitive Église ; nous vous rappelons au temps où les
fidèles abandonnaient leurs biens aux ministres des cultes. Vous avez
voulu nous donner l'espoir du bonheur. Sans les faveurs de la fortune, je n'en conçois pas la possibilité... (*Tous les curés placés
dans la partie gauche se lèvent.*)

M. l'abbé Grégoire. — Tous les curés désavouent ce qui vient
d'être dit.

M. l'abbé Aubert, *curé de Couvignon*. — Nous demandons, et
on ne peut nous le refuser, de consigner dans le procès-verbal notre
désaveu formel.

M. l'abbé Jacquemart. — L'expression : *faveurs de la fortune*,
a déplu ; je dirai : secours de la fortune. Vous verrez par mes conclusions...

M. le curé Dillon. — Les conclusions ne valent rien quand les
principes sont détestables.

M. l'abbé Jacquemart. — La modeste fortune des curés peut-elle
être un objet d'envie et de scandale ? Ah ! si vous pouviez entendre
le peuple des campagnes, il vous dirait que les curés sont, de tous
les propriétaires, les plus utiles, les plus généreux. Vous donnez
2,000 livres aux curés des petites villes et des bourgs ; mais, avec
une population plus considérable, ils ont encore moins de peine que
les curés de campagne ; leurs paroissiens sont plus rassemblés dans
un espace moins étendu. Si le comité a été déterminé par la cherté
des denrées, je dirai qu'il est faux, évidemment faux, qu'on vive à
meilleur marché dans les campagnes. Le curé tire sa subsistance des
villes et des bourgs, et il doit ajouter au prix des denrées celui du
transport. La maison du curé est, dans un village, la seule maison
où un galant homme puisse descendre... Je conclus à ce qu'à
l'exemple de l'empereur Joseph, auquel il serait honteux que la
nation française le cédât en générosité, les curés n'aient pas moins
de 1,500 livres, et qu'ils soient augmentés, quand la cherté des
subsistances et les circonstances l'exigeront (1). »

Plusieurs curés impatientés demandent la clôture de la discussion.
La clôture est prononcée. L'abbé Gouttes, et après lui Treilhard,

_____

(1) Séance du 17 juin 1790.

font encore quelques observations secondaires. Un député, M. Garat *l'aîné*, fit une déclaration importante qui répondait catégoriquement à ceux qui invoquaient sans cesse les charges de l'État, les droits du peuple, pour diminuer à l'excès le traitement du clergé. Cette déclaration n'a rien perdu aujourd'hui de son actualité :

« Tout ceci, dit Garat, répondant à Treilhard, n'est que calcul de finances. Les calculs mériteraient quelque considération, si la nation devait fournir à ces dépenses, mais LES FIDÈLES Y AVAIENT FOURNI, ET LA NATION A TIRÉ CES FONDS A ELLE. CE N'EST DONC PAS DU PLUS PUR TRÉSOR DE L'ÉTAT QUE LES TRAITEMENTS DES CURÉS SERONT PAYÉS ; A VRAI DIRE, LA NATION NE PAIE RIEN ICI ; ELLE NE FAIT QUE DISPENSER UNE PARTIE DE CE QUI ÉTAIT DESTINÉ A CE SERVICE. IL FAUT CONSERVER CE SOUVENIR DE JUSTICE DEVANT LEQUEL DISPARAISSENT LES CALCULS DE FINANCE. »

Le traitement des vicaires était fixé par l'article VI, et conçu en ces termes : Le traitement des vicaires sera, savoir : à Paris, pour le premier vicaire, de 2,400 livres ; pour le second, de 1,500, pour tous les autres de 1,000. Dans les villes dont la population est de 50,000 âmes et au-dessus : pour le premier vicaire de 1,200 livres ; pour le second, de 1,000 livres, et pour tous les autres, de 800 livres. Dans toutes les autres villes et bourgs où la population sera de plus de 3,000 âmes, de 800 livres, pour les deux premiers vicaires, et de 700 livres, pour tous les autres. Dans toutes les autres paroisses de villes et de campagne, de 700 livres pour chaque vicaire.

L'abbé Grégoire fit observer que le traitement des premiers et des derniers vicaires offrait une contradiction choquante : ou l'un aurait du superflu, ou l'autre n'aurait pas le nécessaire, et, afin d'éviter cette inégalité injuste, il proposait de donner 2,000 livres au premier vicaire, 1,800 au second, et 1,400 aux autres. M. Martineau défendit les conclusions du comité, en rappelant que l'usage était depuis longtemps de ne payer que les deux premiers vicaires, et de considérer les autres comme des prêtres habitués auxquels on se contentait d'accorder 3 ou 400 livres. M. Loys appuya la proposition de l'abbé Grégoire, en insistant sur l'impossibilité de vivre décemment dans une ville, avec un traitement de 1,000 livres. Mais l'abbé Gibert, un prêtre facétieux, gagné aux idées révolutionnaires, et doué, sans doute, d'un embonpoint remarquable, s'écria « Je demande la question préalable sur tous les amendements. Il semble que plus l'on accorde, plus l'on demande. J'ai été, pendant dix ans, vicaire à 250 livres, et vous voyez que je n'en suis pas plus maigre. » L'orateur dut souligner d'un geste expressif l'affirmation de sa santé florissante.

Un certain nombre d'ecclésiastiques avaient demandé que le traitement des curés fût payé en biens-fonds. C'était l'avis de l'abbé Gouttes et de l'abbé Simon, député de Dol. Ils faisaient valoir des raisons plausibles à l'appui de leur amendement.

Le paiement en biens-fonds aurait permis aux curés de ne pas s'éloigner de leur paroisse, de veiller à leurs intérêts, de payer les gages et de pourvoir à la nourriture de leurs serviteurs, et puisqu'il était évident pour tout le monde que les curés étaient les agriculteurs les plus intelligents, — les mémoires si remarquables qu'ils envoyaient aux sociétés d'agriculture en faisaient foi, — on favoriserait les intérêts de la nation en leur donnant le moyen d'utiliser leur capacité.

Ces observations étaient sages, mais quelques députés révolutionnaires s'effrayaient à la pensée que le clergé posséderait encore une parcelle du sol, et Treilhard fit observer que tous les biens-fonds étaient nécessaires pour faire face aux assignats. On connaît la suite : la banqueroute, malgré les assignats et l'enrichissement secondaire des agioteurs.

L'abbé Thibaut proposa un amendement qui obligeait les vicaires à cohabiter avec les curés. Les raisons favorables à cette proposition n'étaient pas du ressort de l'Assemblée, et on aurait pu les présenter et les développer plus décemment dans une réunion ecclésiastique ou dans un synode diocésain.

« J'observe, s'écrie M. Garat l'aîné, que s'il y a quelque chose qui doive rester libre parmi les hommes, c'est la cohabitation : la raison éternelle nous dit que si on la rend forcée, c'est ouvrir une source de querelles. J'adopte le logement du vicaire, sans l'asservir à une habitation commune. » Le Chapelier, que son enthousiasme pour les idées nouvelles rendait follement aveugle, répliqua que, grâce à l'élection des curés par le peuple, on n'avait pas à craindre tant de dangers et de querelles, et qu'il n'y aurait plus de contestations. Mais l'abbé Grégoire, appuyé par M. Bourbon, curé d'Evaux, lui répond : « Rapprocher les hommes, c'est les diviser. Il est bien étonnant que l'on veuille nous forcer de vivre sous le même toit. C'est violer le droit des gens que d'obliger quelqu'un à vivre avec un autre, malgré lui. »

L'Assemblée rejeta l'amendement.

Le comité ecclésiastique supprimait les chanoines et attribuait aux vicaires supérieurs et aux vicaires directeurs des séminaires une partie des attributions qui appartenaient aux chapitres des cathédrales. Dans la séance du 30 mai 1790, Treilhard défendit le projet du comité, et prononça un réquisitoire sévère contre les chanoines. L'intérêt, disait-il, a divisé les évêques des chapitres, et les chanoinés entre eux. Ils ont autrefois formé le conseil de l'évêque, ils en sont devenus, depuis, les rivaux pour ne pas dire les ennemis; ils concouraient avec le prélat pour établir la paix et l'harmonie dans les familles, ils la troublent souvent aujourd'hui par cette foule de procès et de contestations qu'ils suscitent à tout ce qui les environne; ils supportaient le poids de l'administration et des fonctions publiques; ils s'honorent actuellement de n'être tenus à d'autres devoirs qu'à celui de réciter quelques offices; et ce relâchement est si public et si notoire qu'on représente communément l'insouciance, la mollesse et l'oisiveté sous l'emblème d'un chanoine. Il est vrai, ajoutait Treilhard, que, dans les fêtes solennelles, leur présence peut ajouter à la pompe du culte; mais le culte sera bien plus auguste lorsque le séminaire sera placé dans son lieu naturel, sous les yeux de l'évêque, et lorsqu'une foule d'ecclésiastiques assisteront avec le prélat aux offices divins, et en augmenteront la majesté. Ainsi nul motif ne peut et ne doit vous porter à conserver les chapitres des cathédrales.

En effet, dans le titre premier de la constitution civile du clergé, à l'article XIII, nous voyons que les vicaires supérieurs et les vicaires directeurs des séminaires étaient tenus d'assister avec leurs élèves à tous les offices de la paroisse cathédrale, et de servir à l'évêque de conseil habituel et permanent. L'évêque ne pouvait faire aucun acte de juridiction en ce qui concernait le gouvernement du diocèse et du séminaire qu'après en avoir délibéré avec eux.

V

Le comité ecclésiastique s'était aussi occupé des séminaires dans la constitution civile du clergé. Le séminaire devait être établi près de l'église cathédrale, et même dans l'enceinte des bâtiments destinés à l'habitation de l'évêque. La direction et l'enseignement des minaires étaient confiés à un vicaire supérieur et à trois vicaires directeurs, subordonnés à l'évêque. Le traitement des professeurs et les dépenses totales des séminaires étaient réglés.

Un membre de l'Assemblée dont j'ai déjà parlé, l'abbé Thiébauld, curé de Sainte-Croix, ancien supérieur de séminaire, député de la ville de Metz, nous a laissé une critique fine, enjouée et très solide des prétentions du comité ecclésiastique dans l'administration temporelle des séminaires. Cette réponse au rapport fait par M. Martineau, à l'Assemblée nationale, dans la séance du 21 avril 1790, n'a pas été insérée au *Moniteur;* elle devrait y être. Nous la trouvons dans un recueil précieux et très étendu, indispensable aux historiens qui veulent connaître la révolution française, *les Archives parlementaires,* tome XV, p. 752. Je n'hésite pas à le citer.

« Le comité décrète que la dépense totale des séminaires, celui de Paris excepté, ne pourra excéder la somme de 15,000 livres. Voici notre réponse. En réduisant le nombre des séminaires à celui des évêchés, à quatre-vingt-trois, on doit supposer qu'il y aura au moins cent séminaristes dans chacun d'eux (de mon temps, et lorsque j'étais directeur du séminaire de Saint-Simon, à Metz, leur nombre était de cent vingt à cent trente). De ces cent, il y en aura soixante-dix ou quatre-vingts qui seront à pension gratuite (à Saint-Simon, il y en avait au moins quatre-vingts; on y recevait grand nombre d'élèves de la classe des pauvres, pour avoir à choisir après un certain temps d'épreuves). Prenons un juste milieu; supposons soixante-quinze séminaristes dont les parents seront hors d'état de payer les pensions, mettons les pensions à 250 livres, multiplions 75 fois cette somme, nous aurons 18,750 livres.

« Ajoutons aux pensions des disciples celle des maîtres, au nombre de cinq, dont un supérieur, un assistant, un procureur, deux professeurs en théologie (il faudrait en ajouter deux s'il y avait aussi philosophie au séminaire). Ces hommes utiles et à talents auront-ils moins qu'un religieux défroqué? Aussitôt *calamistré?* J'y consens; je conseus que vivaut eu communauté, sans charge de fabrique, etc., etc., ils soient réduits à 600 livres; $5 \times 6 = 30$. Voilà donc encore 3,000 livres qu'il faut ajouter à la somme principale de 18,750 livres; en voilà donc une de 21,750 livres.

« Ces maîtres et ces disciples n'auront-ils pas une maison de campagne pour y prendre leurs ébats, une fois la semaine, comme il est d'usage nécessaire pour de jeunes étudiants assujettis à une règle austère? La louera-t-on cette maison? Voilà des frais de loca-

tion. Y dînera-t-on ? Voilà des frais de fourgon, de bois, d'ustensiles
de cuisine, etc. Voilà une dépense de 1,000 livres au moins. Ajoutez
cette somme à celle de 21,750 livres, vous avez un total de 22,750 livres, sans qu'il soit fait mention de médecins, de chirurgiens sti-
pendiés, etc. .

« Il résulte de ces observations, Messieurs, que votre comité
ecclésiastique, ou connaît peu le régime des séminaires, ou qu'il
prend un intérêt bien faible à des établissements qui sont de la première importance pour le bien de l'Église et de l'État. »

Le travail de l'abbé Thiébauld est très étendu ; il suit pas à pas
les rédacteurs de la constitution civile du clergé, détruit leurs arguments, dément leurs affirmations, leur rappelle les canons de l'Église,
les décisions des conciles, l'état réel et les besoins des ecclésiastiques,
des séminaires ; tour à tour ironique et incisif, grave et éloquent, il
parle en homme qui connaît à fond son sujet, mais il plaide une
cause perdue. La situation du clergé était profondément modifiée.

VI

En modifiant cette situation, l'État se substituait au clergé et
prenait un engagement irrévocable, solennel. Il disait au clergé :
Jusqu'à ce jour, c'est vous qui vous étiez chargé du temporel des
cultes, de l'instruction publique, de l'assistance des pauvres.
Aujourd'hui, je prends vos biens et vos obligations, c'est moi qui me
charge du temporel des cultes, de l'assistance des pauvres, de l'instruction de la nation.

Et en vous dépouillant ainsi de vos propriétés, je prends l'engagement irrévocable, ou de vous rendre ces biens, ou d'assurer le
paiement régulier des traitements que je viens d'établir, selon le
vote de l'Assemblée.

La perpétuité de cet engagement qui lie l'État possesseur des
propriétés ecclésiastiques envers le clergé, aujourd'hui et toujours,
est incontestable, elle est établie par les textes les plus authentiques,
les plus sérieux.

Je prends la Constitution de 1791, je m'arrête à l'article 2, du
titre V, *des contributions publiques*. Il est ainsi conçu :

« Sous aucun prétexte, les fonds nécessaires à l'acquittement de
la dette nationale ne pourront être refusés, ni suspendus. — Les
traitements des ministres du culte catholique pensionnés, conservés,

élus ou nommés en vertu des décrets de l'Assemblée constituante, FONT PARTIE DE LA DETTE NATIONALE. »

Le 5 décembre 1791, le directoire du département de la Seine présentait au roi une adresse relative au décret du 29 novembre 1791, et il s'exprimait ainsi :

« Sire, l'Assemblée fait dépendre, pour tous les ecclésiastiques non fonctionnaires, le paiement de leurs pensions de la prestation du serment civique, tandis que la Constitution a mis EXPRESSÉMENT ET LITTÉRALEMENT CES PENSIONS AU RANG DES DETTES NATIONALES. Or, le refus de prêter un serment quelconque, DE PRÊTER LE SERMENT MÊME LE PLUS LÉGITIME PEUT-IL DÉTRUIRE LE TITRE D'UNE CRÉANCE QU'ON A RECONNUE? Et peut-il suffire dans aucun cas, à UN DÉBITEUR, D'IM-POSER UNE CONDITION POUR SE SOUSTRAIRE A L'OBLIGATION DE PAYER UNE DETTE ANTÉRIEURE? »

Dans le projet d'adresse au peuple français, lu dans la séance du 14 janvier 1791, Mirabeau reconnaissait lui-même le caractère de cette dette nationale : « Du moment », disait Mirabeau, *que la puissance nationale prenant sur elle toutes les charges de l'état temporel de la religion, et pourvoyant à tous les besoins du culte et de ses ministres*, A GARANTI, SUR LA FOI DE LA NATION ET SUR LES FONDS DE SON TRÉSOR, LA PERPÉTUITÉ ET L'IMMUTABILITÉ de l'acceptation qu'elle a faite du christianisme, dès lors cette religion a reçu dans l'État une existence civile et légale qui est le plus grand honneur qu'une nation puisse rendre à la sainteté et à la majesté de l'Évangile. »

L'article 2 de la constitution de 1791 est formel; la réclamation du directoire de Paris, signée par des hommes favorables aux idées de la Révolution est formelle; la déclaration de Mirabeau est for-melle; et personne ne proteste ou n'élève une objection de droit contre la déclaration du directoire, contre l'interprétation de Mira-beau, contre l'article de la constitution qui confond avec la dette nationale obligatoire pour lui donner le même caractère; la dette contractée par la nation envers le clergé! Et si l'État retenait le capital et cessait de payer le traitement du clergé, il commettrait une injustice aussi réelle que s'il refusait de payer les intérêts ou de rendre le capital aux détenteurs de la rente sur l'État.

Par le concordat du 15 juillet 1801, Bonaparte reconnaissait la validité de cet engagement solennel. L'article 11 du concodat est ainsi conçu : « Les évêques pourront avoir un chapitre dans leur

cathédrale, et un séminaire pour leur diocèse, sans que le gouvernement s'oblige à les doter. » L'article 14 assure un traitement
convenable aux évêques et aux curés. Les articles organiques de la
convention attribuent aux archevêques 15,000 francs ; aux évêques,
10,000 francs ; aux curés de première classe, 1,500 francs ; à ceux de
seconde classe, 1,000 francs ; les vicaires et les desservants devaient
être choisis parmi les ecclésiastiques pensionnés en exécution des
lois de l'Assemblée constituante ; leur traitement devait être formé
du montant de ces pensions et du produit des oblations.

En échange de l'engagement pris par la nation, Sa Sainteté
déclarait, dans l'article 13 du Concordat, que ni Elle ni ses successeurs ne troubleraient en aucune manière les acquéreurs des biens
ecclésiastiques aliénés.

Ce régime est-il le meilleur que l'on puisse concevoir? Est-il le
plus favorable à la dignité, à l'indépendance, à l'autorité sociale de
l'Église? — Non.

Avant la Révolution, le clergé français était un ordre politique
dans l'État. Il avait une influence politique considérable et une
fortune territoriale immense. Il tenait des assemblées, adressait au
roi des remontrances, concourait au gouvernement du pays. Il était
maître de l'enseignement, maître de l'assistance publique ; ses lois
ecclésiastiques étaient des lois d'État ; ses vœux religieux et solen-
nels étaient reconnus par l'État ; sa foi était protégée par l'État
contre le crime d'hérésie ; le mariage n'était pas seulement un
contrat devant l'État, il était encore un sacrement, et, par les
mariages et les baptêmes, l'état civil était dans les mains du clergé.

Mais le clergé achetait cette situation au prix de grands sacrifices, et de lourdes chaînes pesaient sur ses mains, ne l'oublions
pas. Nous avons entendu parler des libertés désignées avec raison
sous le nom de *servitudes gallicanes*. Elle serait longue la liste
de ces servitudes : continuelle intrusion du pouvoir royal dans les
affaires ecclésiastiques ; contrôle des mandements épiscopaux par
les parlements ; contrôle des bulles pontificales par le conseil d'État ;
défense aux évêques de communiquer librement avec le Pape :
défense aux évêques de s'assembler sans la permission du roi ;
appels comme d'abus, persécution tracassière du pouvoir qui
entretenait dans les esprits à tous les degrés de la hiérarchie
ecclésiastique un sentiment de défiance à l'égard du Pape, sous
prétexte de défendre les droits de la couronne et les privilèges de

l'Église de France; servitudes dangereuses qui tenaient l'Église à deux doigts du schisme et de la révolte; qui de nous n'en a gémi? Mais, tout en reconnaissant l'existence de ces entraves odieuses à l'action spirituelle de l'Église, il faut bien dire aussi que le clergé avait dans la société française une autorité morale et une puissance sociale qu'il n'a pas recouvrées.

Le regret de la situation politique et sociale de l'ancien clergé serait superflu et il ne faut pas demander la suppression du Concordat, sous le prétexte très contestable, que, le Concordat déchiré, l'Église sera libre. En réalité, toute la pensée des révolutionnaires qui demandent aujourd'hui avec tant de bruit la séparation de l'Église et de l'État est dans ces deux propositions : 1° Nous refusons de rendre au clergé ses biens confisqués et de lui donner le traitement promis par la nation; 2° nous refusons toute faculté d'acquérir et de posséder au clergé dépouillé. En effet, les révolutionnaires qui réclament la suppression du budget des cultes, c'est-à-dire la banqueroute de l'État, sont des ennemis ardents, implacables, acharnés de l'Église catholique dont ils ont juré la ruine. Impies jusqu'à l'athéisme, arrivés aux dernières négations de l'incrédulité sauvage, ils ont déclaré la guerre à l'idée de Dieu, et le simple spiritualisme philosophique de la religion naturelle leur est aussi odieux que les dogmes de la religion révélée. Ils rêvent la destruction de l'ancien ordre social, tout pénétré, à la surface et jusqu'à la moelle, des idées chrétiennes, et la création d'une société nouvelle fondée sur la négation radicale de la croyance à l'immortalité de l'âme et à l'existence de Dieu. Ce que les nihilistes ont tenté de faire, à l'extrémité de l'Europe, et par des moyens violents, ils rêvent de le faire chez nous, d'une manière lente, et plus sûre, et plus terrible, par la légalité.

Or, ces hommes savent bien que le sentiment religieux est une force redoutable et qu'il n'est pas facile de l'extirper. Ils savent bien que l'Église catholique, dans la pleine possession de son indépendance, libre d'acquérir et de posséder, libre dans le recrutement du clergé, libre dans la nomination de ses vicaires, de ses curés, de ses évêques; libre dans son enseignement, dans sa parole, dans son action surnaturelle au milieu des peuples; libre dans ses communications entre les évêques et avec le Pape; ils savent bien qu'une telle Église, malgré l'épreuve de la misère, malgré les humiliations et les douleurs passagères de la mendicité

serait encore une puissance, aujourd'hui redoutable, demain, victorieuse, et quand ils parlent avec tant d'emphase de séparation et de
liberté, c'est pour tromper les faibles, c'est pour cacher leur dessein
bien arrêté d'étouffer l'Église après lui avoir infligé l'épreuve d'une
persécution sàvante.

Ne soyons pas victimes de cette manœuvre, il faudrait expier
bientôt notre illusion par le spectacle douloureux de cruelles réalités.
N'oublions pas que nos ennemis, après avoir confisqué le budget des
cultes, nous refuseraient toute liberté, sous prétexte de défense sociale; ne déchirons pas le Concordat, malgré ses imperfections
désagréables; nous qui aimons la France de toute notre âme, et
qui désirons de nos vœux les plus ardents la pacification des esprits,
la concorde entre tous les citoyens, le respect des droits légitimes
de la puissance civile, la fin des divisions amères qui troublent
notre chère et malheureuse patrie, demandons qu'il soit loyalement
observé dans l'intérêt de l'Église et pour la paix de l'État, et rappelons-nous cette sage parole d'un évêque dont le dévouement à
la chaire de Pierre n'a jamais été contesté : « Qui de nous ne béni-
rait ce précieux Concordat qui a été, pour tout un demi-siècle déjà,
le point de départ de tout ce travail, de tout ce mouvement religieux dont s'étonnera la postérité (1)! »

Élie MÉRIC, professeur à la Sorbonne.

(1) *Œuvres de Mgr Fie, évêque de Poitiers*, t. Ier, page 216.

NOS COLONIES ET NOTRE MARINE [1]

VII

Pendant des siècles, la doctrine du monopole et de la protection à outrance a prévalu dans le régime commercial de l'Europe. Une colonie ne se comprenait pas sans port d'attache la reliant exclusivement à la mère patrie, et réciproquement. Les Indes occidentales, par exemple, ne pouvaient exister sans Lorient, ni Lorient sans les Indes occidentales.

Aujourd'hui, on le sait, tout est changé, du moins quant au principe. Nous n'avons pas à donner ici notre avis sur les deux systèmes qui rencontrent encore, l'un et l'autre, leurs partisans et leurs détracteurs; mais nous devons constater le fait. Les ports des colonies sont maintenant des monuments presque publics, des marchés forains, où pénètrent sans obstacles les navires portant tous les pavillons, et les colons ne sont plus tenus de donner la préférence aux représentants des armateurs français.

Cette extrême liberté de commerce et de la navigation a, dit-on, été particulièrement avantageuse aux Anglais, outillés d'avance pour profiter de la tolérance universelle. Avec leurs vaisseaux innombrables, ils se sont institués les commissionnaires du monde entier, devenu, par la force des choses, son tributaire indirect, et le trafic de nos colonies elles-mêmes serait tombé entre leurs mains.

Pourquoi s'imposer de lourds sacrifices en vue d'établissements nouveaux, qui ne serviraient qu'à enrichir nos voisins? se sont écriés les adversaires de la colonisation. Cette assertion repose heureusement sur une erreur de fait. La population coloniale de la France, sans tenir compte de l'Algérie, ne dépasse pas, en effet, 3 millions d'âmes; le mouvement commercial de nos lointaines

(1) Voir la *Revue* du 1er novembre 1885.

provinces avec la mère patrie a dépassé 500 millions de francs en 1882, date de la dernière statistique du ministère de la marine. Que sera-ce, lorsqu'une plus grande extension de notre empire colonial nous aura permis d'occuper de plus vastes territoires, et d'entrer en relations commerciales avec des populations bien plus nombreuses?

Malheureusement, et à ce sujet on ne saurait se montrer trop sévère à l'égard des gouvernements qui ont laissé dépérir notre marine marchande, et à l'égard de ceux qui ne font rien pour la relever, nous ne sommes point en mesure de satisfaire immédiatement aux ambitions commerciales qu'ont suscitées nos récentes conquêtes.

Les renseignements donnés à ce sujet par le bureau *Veritas* sont navrants. La statistique de tous les navires qui sillonnent les mers nous place au septième rang seulement pour le nombre des vaisseaux et pour le tonnage, après l'Allemagne et après la Norvège.

Ce serait à désespérer si nous ne savions que, sous Colbert, notre marine marchande a occupé la première place sur tous les océans, et si nous n'avions la ferme conviction qu'elle peut la reprendre. En tout cas, le mal n'est pas sans remèdes. Les causes en sont connues et, sans prétendre les énumérer toutes ici, nous pensons qu'il ne sera pas inutile d'en déterminer quelques-unes. Un homme des plus éminents et des plus honorables qui a visité trois parties du monde, rendant des services signalés, soit à sa patrie d'origine, la France, soit aux républiques hispano-américaines qu'il a représentées comme ministre plénipotentiaire, soit en Angleterre, soit en France, tout en conservant sa qualité de Français, M. Victor Herran, sera notre guide sûr dans cette partie de notre étude. Nul mieux que lui n'était autorisé à jeter le cri d'alarme à propos de la décadence de notre marine marchande, et nul n'a traité cette difficile question avec plus de profondeur et de clarté, dans une brochure qu'il vient de rééditer sous ce titre : *Notre marine marchande; causes de son infériorité; possibilité de la relever*. Nous sommes heureux de lui rendre un hommage mérité.

VIII

Parmi les causes de cette décadence, les unes tiennent essentiellement aux mauvaises mœurs que la Révolution nous a faites : l'état de commerçant est tombé en discrédit au sein d'une nation qui se vante d'avoir aboli toutes les distinctions sociales. Le fils du marchand qui a fait fortune rougit de la profession de son père et s'empresse de rechercher les carrières libérales.

« Tout au contraire, chez les Anglais et les Yankees, écrit M. Herran, les fils de négociants restent négociants de père en fils, pendant des siècles, quelle que puisse être leur fortune ; il en est de même dans tous les autres corps d'état, à peu d'exceptions près. « Le travail est à l'homme ce que le soleil est aux fleurs. » Le proverbe anglais, exprimant une pensée si saine, soutient le courage de l'Anglais et le met en présence des devoirs que Dieu nous a imposés en ce monde : l'honneur et la fortune de notre famille ; la gloire de notre patrie.

« Les fils de négociants anglais, dès qu'ils ont fini leurs études, s'expatrient et vont faire ce qu'ils appellent le tour du monde, chacun dans la contrée, dans le pays avec lequel sa maison a des relations d'affaires. Là il étudie les lieux, les mœurs des indigènes, leurs passions dominantes, leurs goûts, et jusqu'à leur langue. Une fois que cette étude est complète, ils retournent chez eux avec de nouveaux éléments de richesse pour leur commerce, et se mettent courageusement au travail avec leurs pères, comme s'ils avaient une fortune à faire.

« En Angleterre, il existe un esprit d'association qui fait la grandeur et la fortune nationales. L'industriel s'associe avec l'armateur, c'est-à-dire qu'il prend un intérêt dans ses opérations hasardeuses ; le fabricant de tissus prend également, si on le lui propose, un intérêt dans la maison d'armement qui opère avec les pays qui consomment ses produits fabriqués. L'armateur met un navire en charge pour Valparaiso, par exemple. Il annonce son départ pour tel jour ; s'il trouve du fret, il l'accepte, sinon il charge son navire de marchandises convenables et assorties, selon le besoin des marchés qu'il va visiter. Dans la composition de ce chargement, il y a beaucoup de produits anglais, peu de français ou d'allemands. Aussitôt le voyage du navire décidé, l'armateur écrit à son correspondant pour lui annoncer le départ de son navire et lui recommander de lui trouver un trait de retour. Si le correspondant lui en trouve un, il le prend de préférence ; sinon il achète les denrées du pays qu'on lui désigne et les charge pour le compte de la maison d'armement.

« Le navire n'est pas encore arrivé, que le correspondant connaît ce qu'il porte, car les échantillons lui ont été envoyés par Panama, avec la facture et le manifeste complet du chargement. Quand le navire entre dans le port, la maison a déjà réalisé une partie du chargement sur les échantillons; elle livre au débarquement les objets vendus, contre des règlements à six mois (terme qu'on accorde aux acheteurs connus et qui méritent confiance).

« Une fois le débarquement terminé, le navire se dispose à prendre son chargement de retour, et cela de manière à perdre le moins de temps possible. Le correspondant paye aussi les denrées par des règlements à six mois ou par des traites qu'il fournit sur la maison d'armement ou tout autre port si son chargement est à fret, sans perdre de temps.

« Le navire est de retour dans son port d'armement, bien avant l'échéance de payement du chargement d'aller, attendu que les expéditeurs pour les mers du Sud, pour les mers de l'Inde obtiennent des fabricants et commissionnaires un crédit de dix-huit mois par des renouvellements semestriels.

« Il y a des établissements de crédit en Angleterre qui escomptent ces billets et prêtent au besoin 50 pour 100 sur les chargements d'aller et de retour. Ce genre d'opération produit à ces maisons de très beaux bénéfices et facilite à tel point les opérations lointaines, qu'un armateur anglais peut faire quatre opérations dans un an, tandis que l'armateur français ne peut en faire qu'une.

« L'Anglais, grâce au terme de dix-huit mois qu'on lui accorde, n'a point à s'occuper des échéances de l'expédition, l'opération ayant tout le temps d'être réalisée, lui sert à payer les billets à échéance avec son produit. De manière que tous les trois mois, l'Anglais renouvelle son expédition tantôt sur un point, tantôt sur un autre, car les Anglais ont des agents établis, considérés et surtout bien protégés par leur gouvernement, dans tous les pays de l'univers.

« Voilà des avantages incontestables qu'ont les armateurs anglais. D'abord le crédit, ensuite des correspondants sûrs et de toute confiance pour exécuter strictement leurs ordres.

« Il n'en est pas de même pour l'armateur français. Lorsqu'on lui propose un fret de sortie pour un pays où il n'a pas de relations; il demande un prix qui lui assure toutes les dépenses d'aller et de retour; outre que, dans ce cas, un fret de retour est éventuel pour lui, il est obligé de consigner son navire à une maison qu'il ne connaît pas, le plus souvent anglaise ou américaine. Or, si dans l'endroit où il envoie son navire il se trouve un fret, il est bien certain que son consignataire le réservera de préférence pour un navire de sa nation ou pour une maison avec laquelle il est en rapports d'affaires suivies et ne le donnera que s'il ne peut faire autrement à un armateur qu'il ne connaît pas.

« Le capitaine voudrait-il acheter, pour compte de l'armateur, le chargement de retour qu'il ne le pourrait pas, n'ayant d'autre argent que celui du fret et pas assez de crédit sur la place pour faire accepter des traites sur son armateur.

« Conséquemment, il se voit obligé de relever à l'aventure pour d'autres parts à la recherche d'un chargement à fret. Il y parvient quelquefois, après avoir visité plusieurs ports, faisant beaucoup de dépenses en perdant un temps précieux qui prolonge énormément son voyage.

« Supposons maintenant que l'armateur soit obligé d'opérer pour son compte afin de ne pas laisser son navire inactif dans le port et qu'il jouisse d'un bon crédit sur place. Il achète le chargement payable, en moyenne, dans trois mois, limite qu'on accorde généralement en France; une fois le navire chargé, les factures des fournisseurs pleuvent sur lui; il lui faut signer des billets à ordre à trois mois et souvent le navire n'est pas encore au bas de la rivière que l'échéance de payement est arrivée.

« Une fois les billets payés, la caisse de notre armateur se trouve vide, le navire et son chargement lui représentent environ 800,000 francs, somme forte pour un armateur français. Le voilà donc réduit au *statu quo* jusqu'au retour du navire. Si le voyage dure un an, il ne peut faire qu'une opération, tandis que l'Anglais en a fait quatre, admettons que chaque opération, au bout de l'année, rapporte 5 pour 100; l'Anglais a gagné 20 et le Français 5 seulement. A moins qu'il n'ait vendu à des prix excessifs, — hypothèse presque inadmissible, — et les frais généraux auront été d'ailleurs les mêmes pour l'un et l'autre. Le contraire se produira même, car l'Anglais, sûr d'écouler ses produits, les livrera toujours à meilleur marché. »

IX

Des réformes bien comprises dans notre code maritime remédie-
raient à ce dernier et grave inconvénient.

On pourrait également modifier le caractère et l'humeur des Français, en rendant au commerce, loyalement pratiqué, et surtout à
l'industrie des armateurs l'honneur qui leur est dû. Sous l'ancienne
monarchie, ces derniers voyaient leur carrière presque toujours couronnée par une lettre d'anoblissement, et cette perspective était un
puissant stimulant. Ils risquaient courageusement leur fortune, leur
tranquillité et parfois même leur réputation pour entrer dans les
vues du prince et augmenter, à leurs risques et périls, la richesse
et la gloire publiques, mais ils gardaient l'espérance de voir leurs
noms inscrits aux archives des citoyens utiles à la patrie, et cette
espérance enfantait quelquefois des Jean Bart et des Duguay-Trouin
qui ne furent, en réalité, que d'illustres armateurs. C'est alors que
florissaient à Saint-Malo, à Nantes et ailleurs ces familles puissantes
qui devaient tout leur prestige au service de mer et dont les enfants
étaient tous élevés pour continuer ce service.

Aujourd'hui, l'armateur qui aura construit sur ses chantiers des
centaines de bâtiments ne sera pas même nommé chevalier de la
Légion d'honneur, s'il n'a pas donné des témoignages de sympathie
au pouvoir existant. Dans ce cas, c'est son républicanisme qui sera
récompensé et non point les services qu'il aura rendus au pays.
Nous serions injustes cependant si nous ne reconnaissions que le
Parlement, tardivement préoccupé de la décadence de notre marine
marchande, a voté, il y a quelques années, une prime de construction pour les nouveaux navires; mais cet encouragement pécu-
niaire, insuffisant d'ailleurs pour compenser les risques énormes
des armateurs, n'équivaudra jamais, aux regards des hommes aventureux, à un encouragement honorifique.

Depuis que cette prime est votée, les chantiers, sauf un ou deux
en Normandie, n'ont pas repris une plus vive animation, et les
grandes lignes de steamers continuent à porter le pavillon anglais,
allemand ou américain.

Pour expliquer cette apathie des pouvoirs publics en face de la
ruine croissante d'une grande industrie qui s'en va et qui, en tout
état de cause, serait indispensable à la bonne gestion de nos colo-

nies, on prétend que la France n'ayant pas ou presque pas de fret de sortie, il serait téméraire de construire un trop grand nombre de vaisseaux qui, généralement, partiraient à vide de nos ports. C'est encore une erreur de fait contre laquelle il faut protester. Nous avons des frets de sortie plus que toutes les autres nations, sauf l'Amérique. Le charbon et le fer anglais ne sont pas du fret, mais du lest. Le véritable fret de sortie des navires anglais provient de denrées exotiques qui se trouvent entassées dans leurs docks, devenus l'entrepôt du commerce extérieur universel. Les ventes publiques qui s'y font périodiquement attirent tous les acheteurs du nord de l'Europe. Ce mouvement colossal assure actuellement au commerce de l'Angleterre une suprématie incontestable.

Qui pourrait nous empêcher d'établir chez nous des docks semblables avec des ventes publiques périodiques? Le projet fut soumis à l'empereur Napoléon III qui se disposait à l'appuyer. La révolution du 4 septembre a fait ajourner cette réforme. Espérons que les promoteurs de notre nouvel empire colonial comprendront qu'elle est devenue nécessaire.

Nous pouvons rivaliser avec les autres puissances maritimes, si nous voulons y mettre un peu de bonne volonté et si le gouvernement garantit à notre marine marchande une intelligente sollicitude.

Dans un éloquent discours qu'il prononçait en 1867, M. Rouher faisait remarquer que la France se trouve placée dans des conditions plus favorables que l'Angleterre elle-même pour prétendre à l'empire commercial. Baignée par trois océans, elle a accès direct sur toutes les mers par où passent les richesses du monde, et ses côtes offrent des abris nombreux et sûrs; elle peut aspirer à devenir entrepositaire d'une partie des produits que l'Angleterre détient seule jusqu'à présent; mais il lui faudrait, au préalable, exécuter le programme anglais :

C'est-à-dire, pour nous résumer : encourager la construction des navires et les vocations maritimes par tous les moyens possibles; refondre notre code maritime, établir à Marseille, à Bordeaux et au Havre, des docks comme à Liverpool et à Londres, avec des ventes publiques périodiques; créer des banques de crédit à l'usage exclusif du commerce maritime; augmenter le nombre de nos colonies; établir au moins des comptoirs sur tous les points du globe où l'intérieur des terres nous serait provisoirement fermé.

X

Mais après avoir fait au commerce toutes les concessions compatibles avec les traditions chevaleresques et désintéressées de la France; après avoir reconnu que l'échange des marchandises a toujours été un moyen des plus puissants pour préparer la propagation des idées, il nous sera permis de revenir à notre point de départ et de déclarer que l'intérêt de nos marchands ne doit pas être l'unique objectif de nos entreprises coloniales.

Est-ce par le commerce seulement qu'une nation fait figure dans le monde? Sa grandeur morale, son influence légitime, le prestige et l'autorité de son nom, tout cela ne se chiffre point par des ballots de marchandises exportées ou importées. Notre patrie, avec son génie expansif, sa langue devenue presque universelle, ses merveilleuses facultés d'enseignement et d'assimilation, s'est attribué de tout temps la mission de faire rayonner au loin ses doctrines et ses idées, et c'est quand elle a eu pleinement conscience de cette mission que ses efforts ont été particulièrement bénis.

La France est avant tout une nation catholique, et le premier devoir du catholique est d'être apôtre, de recruter pour le Christ des âmes nouvelles aussi bien que de lui ramener des âmes égarées. Qu'importe si cette vérité incontestable est aujourd'hui tournée en dérision comme tant d'autres! c'est pour nous un motif de plus de la proclamer très haut dans un journal comme celui-ci.

D'ailleurs, il est clair qu'elle frappe certaines intelligences pénétrantes quoique sectaires, par sa nécessité même. Il n'y a pas six mois, un ministre déchu s'évertuait à expliquer que les races supérieures sont redevables aux races inférieures de leur culture intellectuelle, des lumières dont elles sont le principal foyer, etc. Cette logomachie pénible, dont tous les termes sont dictés par un respect humain ridicule, prouve du moins qu'il ne serait pas impossible de ressusciter en France l'enthousiasme héroïque qui enfanta les Croisades et assura pour toujours notre suprématie en Orient.

La vérité vraie, c'est qu'il n'y a au fond ni races supérieures, ni races inférieures. La race humaine est une, mais il y a les familles qui sont demeurées filles d'Adam et du péché, et celles qui ont été régénérées par le sang du Christ; il y a les races baptisées et les races non baptisées; les races dont la route est éclairée par le flambeau de la foi et celles qui végètent au hasard dans les ténèbres de l'erreur. A celles-ci nous sommes redevables de la civilisation chrétienne, la seule authentique, la seule efficace, car toutes les autres, soit celle de la Chine, soit celle de la Grèce antique, ne sont que des barbaries plus ou moins bien ordonnées.

Il pensait comme nous, ce brave et fervent chrétien, le capitaine de vaisseau, M. le comte Stanislas Russel, que l'empire envoyait en 1860 conquérir pacifiquement certains points de la côte d'Abyssinie.

Le génie français entreprenait alors ce travail gigantesque qui suffirait seul à illustrer notre siècle : le percement de l'île de Suez; et déjà il était à craindre, suivant l'expression pittoresque d'un marin, que le canal ne devînt le conduit d'une vaste souricière anglaise. Une sage politique commandait de prévenir ce danger, en créant, en face d'Aden et de Périm, des stations navales capables de rivaliser d'importance et de force avec les deux repaires britanniques de la mer Rouge. M. le comte Stanislas Russel remplit ponctuellement les instructions de son ministre. Le roi légitime d'Abyssinie, Négoussié, lui céda, par traités parfaitement en règle, l'île de Disseh et la baie avec le port de Zulla, l'ancienne Adulis, qui a été, sous les Ptolémées, le grand emporium de l'Éthiopie, et qui reprendrait vite entre nos mains son rôle et son importance d'autrefois.

Après avoir assuré ainsi les intérêts de notre commerce et le ravitaillement de nos vaisseaux de guerre, le marin négociateur estima que sa tâche n'était pas finie tant qu'il n'aurait pas assis solidement l'influence française dans ce pays mystérieux qui se rappelle encore que l'apôtre saint Philippe lui a porté jadis la bonne nouvelle. M. Stanislas Russel pénétra dans l'intérieur avec ses deux frères d'armes, MM. de Bonsonge et Georges de la Guéromière, et tous trois, après avoir couru des aventures qui tiennent de la légende et entouré le nom français d'une nouvelle auréole d'intrépidité, s'en retournèrent convaincus qu'il suffirait d'un bataillon de chasseurs et d'une légion de missionnaires pour transformer en quelques mois l'Abyssinie en terre catholique et française.

Il faut lire le récit de sa mission, qui vient seulement d'être publié, mais qu'il avait rédigé en 1862, — une mort glorieuse l'a frappé depuis au champ d'honneur, — pour comprendre quelle belle occasion de gloire et de fortune la politique des partis ou une inconcevable pusillanimité nous fait perdre.

« Les Abyssins, dit-il, sont de grands enfants, ayant les qualités et les défauts d'une civilisation à peine ébauchée et déjà vieille pourtant. Il y a en eux du Grec ou plutôt du Cophte, le type le plus complet de la finesse orientale. Il y a du sauvage, par le sang africain, par la peau noire, par la nature du pays, coupé de torrents et de précipices, hanté des lions et des éléphants; mais il y a des sentiments épurés par le christianisme, une foi superstitieuse, il est vrai, sincère, qui ouvre cependant un vaste champ et de grandes espérances au catholicisme et à la civilisation dans ces contrées. La puissance européenne catholique qui le voudra s'établira en Éthiopie sans difficulté par la justice appuyée sur une force suffisante, et cette force ne devra même pas être considérable. »

Le roi Négoussié professait pour la France de vifs sentiments d'estime et d'amitié; il protégeait les catholiques, son successeur Kassa suit son exemple. Si nous étions établis à Disseh et à Zulla, comme nous en donne le droit le traité de 1860, il se jetterait entre nos bras. A moins de renoncer, d'une manière définitive, à toutes les espérances qui, depuis quelques années, nous consolent de nos désastres, il faudra bien songer à reprendre l'œuvre préparée par le commandant Russel, que la brutalité de la fortune ou la sévérité de la Providence ne nous a pas encore permis d'accomplir.

D'aucuns vont nous accuser sans doute d'être plus belliqueux que M. Ferry, et nous reprocheront de troubler le recueillement de la France accroupie sur la trouée des Vosges. N'importe! nous répondrons en invoquant le témoignage de Mgr Freppel, de Mgr Lavigerie, du Saint-Père lui-même qui ne cesse de pousser le monde catholique à la conquête et à la conversion des infidèles.

Du reste, recueillement n'a jamais signifié abdication. Tout en se recueillant le czar est devenu l'empereur de l'Asie centrale; chassée de l'Europe par Napoléon 1er, l'Angleterre s'est recueillie en s'installant solidement dans l'Inde; et si nous remontons dans l'histoire, nous y verrons aussi que Carthage s'est recueillie vingt ans durant, après la première guerre punique, mais c'était pour conquérir l'Espagne.

Nous ne craignons point d'affirmer que le recueillement de la France doit être pareil, s'il veut être fécond.

Paul DE LAMASSE.

MANIFESTE DE L'ÉCONOMIE POLITIQUE LIBÉRALE [1]

---

ll (2)

Dans un remarquable article, publié par la *Revue catholique des Institutions et du Droit* et consacré à l'examen du livre de M. Leroy-Baulieu, M. Claudio Jannet observait avec raison que si les distinctions de classe tendent à s'effacer de nos jours, les inégalités individuelles augmentent au contraire, et dans une grande proportion.

Des causes multiples tendent à produire ce fait qui semble avoir échappé à l'attention de l'auteur : la concentration des entreprises manufacturières et commerciales, la dépopulation des campagnes au profit des agglomérations urbaines, la destruction des vieilles familles de paysans par suite de l'application du partage forcé, les progrès de la démoralisation dans la classe ouvrière, conséquence de l'isolement auquel elle est livrée et de la diffusion des doctrines révolutionnaires.

M. Leroy-Beaulieu est un partisan enthousiaste des grands magasins. Leur création constitue, à ses yeux, un progrès incontestable sur le commerce de détail, institution arriérée, qui ne présente que des inconvénients au point de vue économique. Il souhaite même que les grands magasins se multiplient et qu'il se forme, d'après ces modèles, des sociétés alimentaires, soit pour fabriquer le pain, soit pour distribuer la nourriture.

Nous ne saurions partager cette appréciation optimiste à l'égard des grands magasins, l'observation des faits leur apportant un absolu démenti. Ils n'offrent que des avantages économiques illu-

(1) Voir la *Revue* du 1ᵉʳ novembre.
(2) *Essai sur la répartition des richesses et la tendance à une moindre inégalité des conditions*, par Paul Leroy-Beaulieu, membre de l'Institut.

soires, tandis que leurs mauvaises conséquences sociales demeurent une incontestable réalité.

Un honorable négociant, M. Feyeux, a traité cette question avec beaucoup de compétence :

« Est-il parfaitement prouvé, dit-il, que le consommateur trouve un profit réel à acheter dans les grands magasins? J'ai établi, tout à l'heure, d'une part, que, dans l'état actuel des choses, grands et petits détaillants s'approvisionnent aux mêmes sources; de l'autre, que leurs frais généraux sont aussi élevés. Sur quoi donc peut porter la différence? Sur les apparences.

« La vérité est que le bon marché des grands détaillants est plus apparent que réel et qu'ils s'appliquent plus à vendre des marchandises faisant bon effet que bon usage. Autrefois nos ouvriers portaient volontiers des chemises de grosse toile dure et écrue, qui ne s'assouplissait et ne blanchissait qu'après de nombreuses lessives. Aujourd'hui ils trouvent tout confectionnées, au prix de 3 fr. 75 ou 4 francs, des chemises de coton, bien coupées, bien apprêtées et qui, en apparence, *habillent bien.* Pour les premières, le marchand, qui vendait la toile, prenait un honnête bénéfice; l'ouvrière, qui les confectionnait, avait un salaire équitable. Sur les secondes, il faut, pour arriver à créer un article d'un bon marché stupéfiant, que l'ouvrière accepte un salaire insuffisant et que fabricant et marchand renoncent à tout bénéfice. L'acheteur, me dira-t-on, profite de tous ces bénéfices, je le nie; les chemises de grosse toile, quoique beaucoup plus chères, lui coûtaient, en définitive, meilleur marché. Je crois inutile de multiplier les exemples. Mais, si nombreux qu'ils puissent être, je ne prétends pas que toutes les marchandises se vendent au prix de revient et qu'on se rattrape sur la quantité. L'art du grand détaillant consiste à faire porter ses bénéfices sur les marchandises qui se vendent sans tapage et qui se vendent sans que l'acheteur y prête attention (1). »

<hr/>

(1) *Réforme sociale* du 1er avril 1883. — M. Feyeux a publié, dans le numéro de la *Réforme sociale* du 15 septembre 1883, un second et non moins remarquable article sur *la délimitation des commerces.* Cet article montre le mal qui a été causé au commerce par l'application des doctrines de liberté illimitée. L'auteur termine par ces paroles d'une si profonde vérité : « Tant pis aussi pour la nation qui reste indifférente à ces questions ou qui, préférant ses faux dogmes aux saines doctrines, laisse chacun entrer dans la vie sans règle, ni guide, au risque d'avoir ensuite à compter avec une armée de déclassés, d'envieux et de mécontents. »

On objectera, il est vrai, qu'à notre époque la masse des consommateurs tenant plus à l'éclat qu'à la qualité, les grands magasins donnent satisfaction sous ce rapport aux goûts volages du public. Mais, ces goûts, les grands magasins ont été habiles à les faire naître. Grâce aux journaux, à l'envoi d'innombrables prospectus, à une vaste publicité, ils ont créé des mœurs qui existaient à peine avant eux. L'art avec lequel les étalages sont disposés, les dessins qui ornent les prospectus stimulent la furie des acheteuses. Les produits les plus divers, nouveautés, tapis, meubles, linge, article de Paris, jouets d'enfants sont réunis dans le même local, « il y a là une fructueuse économie de temps pour les consommateurs », représentent les admirateurs des entreprises nouvelles. Oui, peut-être, si on se contente d'examiner la question au point de vue théorique. Mais, en réalité, les grands magasins enlèvent la femme à son foyer; ils la poussent à la dépense, avec un art que le magasin de détail n'a jamais pratiqué. L'acheteuse se met en route avec la pensée d'une seule acquisition, et, séduite par le bon marché apparent des produits exposés, elle revient munie d'objets qu'elle n'eût jamais eu la possibilité de se procurer, sans ces prix provoquants et cet entassement de marchandises dans le même local. La prétendue économie se traduit par un surcroît de dépenses.

Le talent du grand détaillant consiste à attirer la foule par des inventions ingénieuses et des attraits changeants : expositions à toutes les saisons, liquidations pour soldes, distributions d'images, à créer des besoins factices par la mise en vente d'objets neufs. Aussi les exigences de la mode sont-elles devenues plus impérieuses, depuis que les grands magasins ont renouvelé à chaque saison leurs costumes féminins. Jadis, par exemple, une jeune fille faisait, au moment de son mariage, l'acquisition d'un châle qui se portait pendant toute la vie; la mère le transmettait à sa fille. Aujourd'hui le règne du châle est fini; il a été détrôné par les confections dont la forme varie au caprice intéressé des oracles de la mode. En dehors de la foule qui s'y entasse les jours de vente exceptionnelle, les bazars modernes comptent leurs habituées de tous les jours; celles-ci ne sauraient se passer de leur vaine agitation. Pour beaucoup de femmes, il est devenu une sorte de club.

Le mal n'a pas seulement sévi dans les villes, il s'étend partout et jusque dans les villages les plus reculés. L'envoi des prospectus illustrés promène les exigences de la mode, surexcite la coquetterie féminine, donne un aliment au désir de paraître, écueil contre lesquels se brise la vertu d'un si grand nombre de jeunes filles des classes ouvrières. Faust n'enverrait plus aujourd'hui à Marguerite un coffret de bijoux, mais un prospectus du *Bon Marché* ou du *Louvre*.

Un romancier que nous sommes peu habitué à citer, M. Émile Zola, a décrit, dans son roman *au Bonheur des Dames*, la physionomie d'un grand magasin en termes d'un brutal réalisme, mais d'une vérité saisissante. Folie des acheteuses, dépenses exagérées résultant du bon marché, rivalités et démoralisation des employés des deux sexes, ruine des petits commerçants de détail, aucun trait ne manque au tableau.

Le grand magasin détruit la petite boutique, le fait est certain. Nous connaissons un marchand de parapluies qui succédait à son père dans son commerce de détail. Il avait élevé son fils dans la même intention; devant la concurrence de son puissant voisin, il a dù abandonner ce projet. Au lieu d'aspirer à la position indépendante de chef de métier, le fils se contentera d'être un employé soumis à une étroite sujétion dans le bazar voisin.

Les exemples pourraient être facilement multipliés. Même le commerce de province n'a pas résisté à cette concurrence écrasante, la facilité donnée par la poste pour l'envoi des imprimés ayant multiplié les rapports avec les magasins de la capitale.

Nous n'avons pas encore dit tous les maux sociaux qu'a engendrés la concentration du commerce de détail, car elle entasse au milieu d'une complète promiscuité jeunes gens et jeunes filles; ils sont sans défense contre les tentations qui les assiègent. Le *Bon Marché*, nous le savons, a pris des mesures louables en faveur de ses commis; mais, forcé de suivre les fluctuations d'une vente capricieuse, il ne peut assurer à ceux qu'il emploie le bienfait d'engagements permanents. Un certain nombre d'employés doit être congédié, lorsque la vente se ralentit. Aucun lien intime n'unit ces employés trop nombreux à leurs maîtres. Le patronage même est mené administrativement.

Chez le petit marchand, l'employé, au contraire, mangeait à la même table que le patron, couchait sous le même toit, vivait au même foyer, faisait absolument partie de la famille. « Le sentiment intime d'une parfaite égalité sociale rendait d'ailleurs faciles ces rapports affectueux, patrons et employés se considérant avec raison comme de futurs confrères.

« Quand la prospérité du commerce de petit détail permettait à tous les employés de devenir chefs de maison, ajoute M. Feyeux, il est incontestable qu'ils occupaient alors dans leur petite boutique une position moins précaire et un rang social plus élevé que les commis actuels des maisons de grand détail.

« ... Les petits commerçants s'établissaient jeunes, et, dès le début de leur carrière, avaient devant les yeux le but à atteindre, c'est-à-dire se marier, élever une famille et transmettre leur établissement à un de leurs fils. Quel est le rêve d'un commis .de grand détail ! Il peut espérer une augmentation d'appointements, une gratification même, dans les années où l'inventaire donne de bons résultats, mais un établissement, une famille, il n'y peut prétendre. »

Veut-il, en effet, se constituer un foyer, il doit en être séparé toute la journée et est incapable d'élever des enfants qu'il connaîtra à peine. Le travail le prend dès le matin ; il le rend à sa famille le soir, où le poids du labeur du jour ne lui laisse d'autre préoccupation qu'un désir impérieux de repos.

Le grand magasin multiplie donc l'inégalité individuelle ; il transforme des chefs de métier en des subordonnés.

Nous nous sommes étendu sur cet exemple, parce que M. Leroy-Beaulieu revient à plusieurs reprises sur les grands magasins dans lesquels il admire la réalisation d'un progrès économique et social.

En même temps que le bazar moderne a tué la boutique, l'usine a détruit l'atelier, et je ne sache pas que cette transformation ait, plus que l'autre, favorisé les progrès de l'égalité individuelle. Tel chef d'atelier qui, employant autrefois un petit nombre d'ouvriers, vivait simplement et librement au milieu des siens, s'est transformé en ouvrier d'usine. Il n'aura plus l'ambition de transmettre à ses enfants l'entreprise à laquelle il aura consacré les efforts de toute sa vie ; comme lui, ceux-ci seront des salariés ou des employés.

Dans toutes les branches d'industrie, des modifications analogues s'opèrent. L'industrie des transports, notamment, comptait jadis beaucoup de petits patrons qui se chargeaient de l'expédition des messageries ou voitures publiques. Dans les grandes villes, un grand nombre de cochers possédaient leur voiture. Les chemins de fer ont fait disparaître les premiers. Les sociétés anonymes accaparent de plus en plus les entreprises des seconds.

Là encore le chef de métier a changé sa position indépendante pour celle plus servile d'employé.

II

L'application de nos lois de succession vient s'ajouter à la con_centration des entreprises commerciales et manufacturières; elle augmente les inégalités individuelles, en brisant les foyers de famille et en en jetant les débris dans les villes.

Prenons l'exemple d'une famille qui pratique les coutumes de la transmission intégrale. Tous les membres de la famille trouvent place au foyer que les générations successives se transmettent comme un dépôt sacré. L'héritier choisi par le père, ou désigné par la coutume (1), se regarde comme obligé à des devoirs particuliers de protection vis-à-vis de tous les siens. Les membres de la famille que le goût des aventures porte à émigrer, partent avec l'appui du chef de la communauté. La protection de la famille, assurée par la permanence du foyer et la persistance des sentiments religieux, les empêche de tomber jamais dans les rangs des déclassés. Ceux que leurs goûts plus tranquilles retiennent au pays natal meurent paysans, comme ils étaient nés paysans, associés à l'héritier, qu'ils secondent dans son rude labeur.

Nous n'écrivons pas un roman, en retraçant cette organisation sociale d'une famille; elle a pu être observée dans l'ancienne France,

(1) M. Leroy-Beaulieu semble considérer cette organisation de la propriété comme une propriété indivise. Il la juge contraire « à la liberté des per-sonnes », peu favorable à la production », nuisible « à la facile circulation des biens ».

Cette appréciation nous paraît curieuse à citer; elle jette une vive lumière sur les tendances de l'auteur. Les enfants d'une même famille sont unis et protégés. Cela est une atteinte à la liberté. La liberté consiste-t-elle, à ses yeux, dans l'isolement absolu. « Peu favorable à la production », mais un domaine ainsi aggloméré ne donne-t-il pas un revenu plus élevé que ces lambeaux de terre dans les pays qui poussent jusqu'à ses dernières limites la loi du partage, — « nuisible à la facile circulation des biens ». L'idéal de l'auteur serait donc une propriété changeant sans cesse de maîtres, et dont les possesseurs n'ont ni tradition, ni stabilité. Quant aux bienfaits qui résul-tent de la stabilité des propriétés et des familles, l'auteur semble ne les soupçonner même pas.

Dominé par l'idée de production, il mesure tellement le bonheur d'un pays au développement de la richesse, qu'il considère les cantons primitifs de Suisse comme les plus pauvres et les plus arriérés. Or, deux années d'études faites sur les lieux mêmes nous ont convaincu que ces cantons étaient ceux qui offraient les plus grands exemples de prospérité. L'indigence s'y déve-loppe moins que dans les autres cantons. (Voir nos articles dans l'*Association catholique* des 15 août 1880 et 15 octobre 1881, Bulletins de la Société d'éco-nomie sociale, p. 230 et 53, VIIe volume.)

et de nos jours encore, surtout dans la région du Midi, il se rencontre de nombreuses familles qui engagent une lutte tenace contre l'application du Code civil.

Que le domaine soit, au contraire, partagé d'une manière égale, chacun s'en va de son côté et aucune protection n'est garantie aux enfants qui succombent dans les luttes de la vie.

Lorsque nous rédigions notre monographie du résinier de Lévignacq, le sentiment de l'abaissement social qui résulte de l'application stricte du partage forcé nous a été exprimé, avec une grande énergie, par un des enfants de la famille, qui n'était cependant pas appelé à recueillir le domaine. « Quand le foyer est dispersé, nous disait-il, on n'est plus rien. » Tous les jours, en effet, des foyers stables se détruisent. Parmi les enfants, les uns, et c'est le plus petit nombre, resteront attachés à la terre et ne sortiront pas de leur condition. Les autres recherchent des positions qu'ils imaginent être plus élevées; ils se précipitent vers les villes dont les distractions et la vie, en apparence plus facile, exercent sur eux un irrésistible attrait.

Aussi, à mesure que le Code civil triomphe des résistances qui lui sont opposées, la population des villes augmente. En 1851, les villes de 200,000 habitants comptaient 2,857,860 habitants; en 1876, 6,236,733. Les populations rurales diminuent, en revanche, dans une proportion sensible. En 1831, elles comprenaient 25,877,200 âmes, en 1876, seulement 24,945,064.

Si on supposait que la population fût, en 1851, de 100, elle serait, en 1876, dans les grandes villes de 219, dans les petites villes de 149, dans les campagnes de 96.

Mais les petites villes ne gardent pas toujours ceux qui ont déserté les travaux agricoles. Des déceptions multiples les y attendent, et, croyant alors trouver un sort moins âpre dans une plus grande cité, ils s'en vont à Bordeaux, à Lyon, à Marseille, à Paris surtout. La capitale figure en conséquence pour une plus forte proportion dans la population totale de la France à chaque nouveau recensement. En 1846, elle ne représentait que 2.70 pour 100. En 1866, la proportion était de 4.79 pour 100. En 1881, elle s'élevait à 5.92 pour 100 (1).

---

(1) Ces chiffres, ainsi que ceux qui suivent, sont empruntés à deux articles de l'*Economiste français*, l'un du 5 mai 1883, de M. Leroy-Beaulieu, sur la

Un trait exprime bien le sort réservé à un trop grand nombre de ces malheureux émigrants. La population indigente qui s'était maintenue jusqu'en 1872 aux environs du chiffre de 100,000, a monté, en 1873, à 113,733 et, en 1880, elle atteignait 1,235,735. Les garnis, c'est-à-dire ces affreux logements, repaire d'une population misérable, sont également plus peuplés qu'autrefois. En 1875, la statistique n'en trouve que 9,297 contenant 132,643 locataires; huit ans plus tard, en 1883, ce nombre est de 11,753, avec 240,164 locataires. Sans doute ce chiffre a été augmenté par les démolitions qui ont chassé la population pauvre des logements qu'elle occupait jadis, dans le centre de Paris; mais il provient aussi de la quantité, chaque jour plus considérable, d'émigrants venus de la province.

La misère, les difficultés de toutes sortes, les déceptions s'abattent sur eux. Les plus favorisés du sort se placent comme employés; quelques-uns recherchent les places de concierge. Les autres, trouvant l'égalité dans la pauvreté, vivent, au jour le jour, d'expédients misérables. Mais presque tous, les plus heureux comme les moins fortunés, subissent une diminution de position sociale. Pour un qui s'élève, il y en a cent qui tombent.

Que même cette émigration vers les villes ne se produise pas, l'application de notre législation successorale n'amènera pas moins de grandes inégalités individuelles. Un des traits les plus caractéristiques de notre constitution sociale est, en effet, la multiplication des propriétaires indigents. Les enfants partagent, avec une rigueur envieuse, jusqu'aux moindres lambeaux de l'héritage paternel. Dans les villages de la Champagne et du Laonnais notamment, « il n'est pas rare de rencontrer des champs qui ont à peine un mètre de largeur; tel pommier, tel noyer couvre ainsi de ses branches quatre ou cinq parcelles, et le propriétaire ne peut en enlever la récolte qu'en présence de ses voisins et en leur laissant la moitié des fruits tombés dans leur champ. »

Le père de famille éprouvait les plus grandes difficultés à vivre sur un domaine trop exigu. Mais lorsque ce domaine, déjà si restreint, a été partagé, aucun des enfants n'est en état de vivre de cette exploitation. Le père était paysan, les fils seront journaliers ou domestiques. « Ce fait se produit surtout quand un père a plus

population de Paris, l'autre du 23 juin 1883, de M. Paul Robiquet, sur les logements à Paris.

de deux enfants. Aussi voit-on, à S*** et dans les communes voisines, des fils et des petit-fils de riches cultivateurs descendus, par suite de ces partages successifs, à la condition de journaliers ou de domestiques, quelques-uns mêmes mendient. » Dans cette même commune, sur 469 chefs de ménage, on n'en rencontre que 38 ayant la qualité de paysan, et encore ils ne doivent le maintien de leur position qu'à la pratique de la stérilité systématique.

La condition économique dans laquelle vivent ces petits propriétaires n'a pas seulement pour effet de compromettre leur bien-être physique, elle réagit sur leurs habitudes morales. Toute idée élevée est étouffée par des préoccupations matérielles excessives. L'esprit d'individualisme et l'amour du gain, poussés jusqu'aux limites les plus extrêmes, paraissent avoir détruit les sentiments les plus naturels de l'humanité et tout rapport affectueux entre les diverses classes (1).

N'étant pas même toujours en mesure de garder leurs propriétés, ils les laissent accaparer par des parvenus enrichis qui, sous l'empire d'un grossier matérialisme, traitent sans pitié les gens moins fortunés. Abusant de leur influence dans les conseils municipaux, ils organisent la vaine pâture ou le parcours dans des conditions telles que les pauvres journaliers qu'ils nomment « petites gens » ne puissent profiter, en proportion de leur part de propriété, des avantages de l'institution. Ainsi se constitue une aristocratie de bas étage, pesant lourdement sur la classe inférieure, sans pitié pour elle.

Certes, au point de vue théorique, les pauvres gens sont les égaux des paysans enrichis qui les traitent si durement; ils sont, comme eux, déclarés souverains, ils prennent part au scrutin, ils peuvent aspirer aux plus hautes fonctions. Mais dans la pratique cette égalité disparaît; elle fait place à la plus cruelle de toutes les oppressions, celle du pauvre par le mauvais riche.

L'application de notre loi successorale que ses partisans représentent comme la sauvegarde des classes populaires, conduit donc à l'inégalité des conditions ou, quand elle ne produit pas ce résultat, elle amène l'égalité par l'abaissement général, elle détruit les groupes vivants et autonomes, les remplace par des individus exposés sans défense à toutes les incertitudes de la vie.

Or, dans tout le cours de son ouvrage, M. Leroy-Beaulieu n'a fait

_____

(1) *Ouvriers des Deux-Mondes*, t. IV. Monographie du paysan à banlieue morcelée du Laonnais, par M. Callay.

aucune allusion à ces conséquences du Code civil, quoiqu'ailleurs il n'ait pas craint de signaler quelques-uns de ses vices. Fidèle à la méthode adoptée par les économistes, il a pris pour guide les moyennes trompeuses des statistiques, les généralisations et il n'a pu saisir les faits sociaux dans leur complexité infinie.

III

Les inégalités individuelles s'accroissent encore à notre époque par le développement des valeurs mobilières et l'extension des jeux de Bourse. Dans l'article que nous avons cité plus haut, M. Claudio Jannet faisait remarquer que l'existence d'une dette publique considérable est une cause croissante et très active d'inégalité sociale. Les détenteurs de rentes, surtout s'il s'agit de rentes perpétuelles, voient leur fortune grossir par le seul effet de l'amélioration de la chose publique et sans aucun travail de leur part. Par exemple les personnes qui ont acheté du 5 pour 100 au taux de 80 francs en 1871, ont réalisé un grand bénéfice, la valeur de ces titres étant montée à 120 francs, c'est-à-dire ayant augmentée d'un tiers. Une classe nombreuse de spéculateurs emploie à amener la hausse des effets publics une somme d'efforts qui, appliqués à l'agriculture, aux manufactures et au commerce, créeraient véritablement la richesse au lieu de n'en produire que l'apparence. Pendant ce temps, quel est le sort des autres classes de la société? Les intérêts des rentes sont payés au moyen d'impôts. « Or, la plupart finissent par retomber sur le peuple sous forme de renchérissement général de tous les produits et de la difficulté plus grande de la vie. »

Au milieu de nos sociétés modernes, toute une classe vit de spéculation et d'agiotage. Par la spécialité et la hardiesse de ses combinaisons, elle réalise en quelques jours, peut-être même en quelques instants, des fortunes que l'économie patiente et le travail persévérant de plusieurs générations eussent été impuissants à amasser. Forte de ses écus, la classe des capitalistes acquiert une influence qui se fait sentir sur toutes les manifestations de la vie sociale. Elle achète les plus belles et les plus vastes propriétés, lorsque les hasards capricieux de la Bourse ne donnent à son activité qu'un aliment insuffisant, à ses désirs qu'une satisfaction trop modérée. Elle construit aussi bien les somptueuses maisons de nos grands boulevards que les demeures plus modestes dans lesquelles s'entassent les ménages d'ouvriers. Enfin, portant ses visées plus haut, elle exerce sur toute la chose publique une influence puissante par la voix des journaux que trop souvent elle mène à sa guise, et par les perspectives séduisantes de gain qu'elle fait miroiter devant les yeux de politiciens faciles à gagner.

En même temps, la classe des capitalistes ne se préoccupe que de la production de la richesse. Dans la prospérité, elle considère uniquement le placement, le revenu; quant aux devoirs qui s'attachent à la propriété, cette pensée ne se présente même pas à son esprit; que les tenanciers, les locataires paient ce qu'ils doivent, et le propriétaire n'a aucun autre rôle à jouer. Jamais aristocratie n'envisagea de la sorte les rapports que les hommes entretiennent entre eux.

Cette puissance du capital est hors des atteintes des familles de condition modeste. Elle pèse sur elles sans qu'elles soient jamais en état de la posséder, car les jeux de Bourse ne sont permis qu'aux spéculateurs de profession ou aux hommes qui disposent de quelque crédit. Lorsque la naissance, l'intelligence et les vertus donnaient le pouvoir, les hommes auxquels il appartenait savaient favoriser ceux qui, au-dessous d'eux, se distinguaient par leurs mérites. Mais de nos jours un capitaliste jouissant de l'opulence, conquise par d'heureuses spéculations, ne songera guère à permettre à ses inférieurs la possession des mêmes biens.

IV

Le travail « des causes économiques » est accompagné des progrès inquiétants de la démoralisation parmi les familles ouvrières.

M. Leroy-Beaulieu, dans les dernières lignes de son ouvrage, représente nos descendants comme devant être animés de désirs plus modérés. Or, un des traits les plus caractéristiques de notre époque, c'est au contraire l'extension démesurée des désirs, aussi bien dans les classes élevées que dans les classes populaires, c'est l'âpreté de l'ambition, la folie de l'avancement. Que diraient, par exemple, aujourd'hui les jeunes gens sortant de nos écoles militaires, s'ils n'entrevoyaient d'autres perspectives à leur ambition que celles qui contentaient les gentilshommes de l'ancien régime; ceux-ci ne demandaient rien de plus que de se retirer du service avec une maigre pension de retraite et la croix de Saint-Louis. En ce moment notre armée recrute avec la plus grande peine des sous-officiers, malgré tous les avantages qui leur sont accordés et dont un seul autrefois aurait suffi à les retenir. Le mécanisme de nos lois mili-

taires explique peut-être ces difficultés, mais elles se rencontreront
toujours dans une société démocratique où, sous l'empire des idées
d'égalité, nul ne consent plus à rester dans une position subalterne
sans espoir de s'élever.

C'est surtout dans la classe ouvrière que s'observe cette extension
immodérée des aspirations. Les nombreuses grèves qui troublent le
monde du travail, ne le prouvent que trop ; dans toutes ces manifestations, les ouvriers réclament, avec une augmentation de salaires,
une diminution de travail, une plus grande liberté vis-à-vis de
« l'employeur », et cela sans se soucier des conditions dans lesquelles l'industrie se trouve placée aujourd'hui. Comme nous
l'avons déjà remarqué, ces demandes se manifestent parfois d'autant
plus vives que les ouvriers ont une situation moins difficile.

A cette augmentation des prétentions de la classe ouvrière, correspond la diminution des fortes vertus qui, seules, rendent les
familles prospères. Développement du luxe, fièvre de paraître,
progrès de l'alcoolisme, augmentation des naissances naturelles,
dégradation du langage qui s'accuse par l'emploi habituel de mots
orduriers et des blasphèmes, violation de la loi divine, tels sont les
faits que l'observateur rencontre, lorsqu'il étudie la condition des
classes populaires.

Or ces atteintes à la moralité du peuple contribuent encore à
accroître les inégalités individuelles. Dans une bonne organisation
du travail, alors que les devoirs de patronage seraient pratiqués
dans toute leur étendue, et que des associations bienfaisantes réuni-
raient dans une commune entente patrons et ouvriers, les faibles
et les imprévoyants seraient protégés contre leurs propres défail-
lances. Mais aujourd'hui l'individu est livré à lui-même, sans abri
contre les excès d'une concurrence illimitée, dénué de protection
morale ; au milieu de cet isolement, seuls les forts triomphent, sans
qu'ils soient tenus à aucune obligation vis-à-vis de ceux qui ont
trébuché dans les luttes de la vie.

La destruction de toutes les coutumes, de toutes les lois protec-
trices, a été opérée au nom de la liberté et de l'égalité. Souvent
même des ouvriers se défient des efforts tentés par de généreux
patrons, parce qu'ils repoussent comme contraire à l'égalité toute
idée de hiérarchie, toute manifestation de l'autorité. Quel est le
dernier mot de ce mouvement égalitaire ? L'accentuation des inégalités individuelles, la démoralisation de la classe ouvrière.

Théoriquement égales, les classes ne sont plus liées par aucun lien affectueux. Nous nous souvenons qu'à une des assemblées générales de l'OEuvre des cercles catholiques, M. le comte Albert de Mun rappelait qu'il avait vu, dans un coin de la Bretagne qui avait été préservée de l'invasion des idées nouvelles, chez le représentant d'une ancienne famille, maîtres et vieux domestiques assis familièrement à la même table. De telles habitudes de familiarité respectueuse deviennent une exception, et les maîtres traitent comme des étrangers ces serviteurs passagers qu'aucune affection ne rattache plus à la maison ; de leur côté, ceux-ci sont tentés de répéter comme dans la fable : notre ennemi, c'est notre maître.

Partout s'observent les mêmes faits ; follement entiché de ses droits, l'ouvrier, l'employé, le subordonné, écoutent d'un air mécontent celui qui commande, et ce dernier, ayant perdu la conscience de ses devoirs aussi bien du reste que celle de ses droits, se considère comme dégagé de toute obligation vis-à-vis de ceux dont l'élévation compromettrait la sienne. Chacun se pousse lui-même, et Darwin contemplerait avec joie la société moderne. C'est la lutte pour la vie avec toute son âpreté.

« Les classes inférieures, a dit le grand penseur que nous avons déjà cité, sont peu portées à demander à leurs chefs la direction sans laquelle elles ne sauraient s'élever, tandis que ces derniers s'épargnent volontiers les soucis qu'elle impose. Lorsque la hiérarchie sociale est régulièrement fondée sur la vertu, le talent ou la richesse, ou sur le souvenir des services rendus, les classes dirigeantes ont intérêt à la fortifier par l'affection et les succès de leurs subordonnés. Lorsque, au contraire, elle est sans cesse contestée par la haine et l'esprit de nivellement, les chefs de la société sont disposés à étouffer tous les mérites naissants qui pourraient, dans l'avenir, leur faire concurrence. C'est ainsi que les sociétés s'élèvent et prospèrent à la faveur d'une hiérarchie légitime, tandis qu'elles s'abaissent et souffrent par l'exagération du principe d'égalité (1). »

V

Nous avons rapporté les faits qui détruisent les conclusions optimistes de l'auteur sur le rapprochement des classes. Leur égalité théorique n'a pas empêché l'antagonisme social de ronger profondé-

(1) *Réforme sociale*, 3ᵉ édit., IIᵉ vol., p. 440.

ment la France moderne. Reconnaissons cependant que tout n'est pas à reprendre dans l'ouvrage de M. Leroy-Beaulieu. Il contient des pages aussi remarquables par la justesse de la pensée que par la finesse de l'analyse; entre autres, celles concernant la propriété urbaine, les conséquences de la baisse du taux de l'intérêt, le rôle anormal des histrions, les envahissements de la bureaucratie dans les sociétés modernes. Nous recommandons la lecture de ces pages instructives. Car si l'oubli des questions morales empêche d'apercevoir la vérité sociale, la méconnaissance des faits économiques contemporains ne permet pas de panser les plaies morales. La première condition de la guérison est un diagnostic sûr et minutieux.

Malgré cette part de vérité, et quoiqu'il nous en coûte de le dire à un publiciste aussi brillant, ses conclusions nous paraissent dangereuses. Loin de contribuer au relèvement de la France, un tel ouvrage aggravera les erreurs qui nous ont perdus.

En 1846, M. Guizot écrivait, dans une lettre adressée à M. de Metternich : « La question sociale domine aujourd'hui toute l'Europe. » Le mot est encore plus vrai aujourd'hui qu'il y a quarante ans. La question sociale agite toute l'Europe, et les troubles qui n'épargnent aucun État indiquent un malaise général. Partout les efforts des hommes de nouveauté contre les vérités traditionnelles redoublent de vigueur. Partout les mœurs, les coutumes, les institutions auxquelles le monde a été redevable d'une prospérité séculaire, sont ou détruites ou ébranlées. Partout l'homme, plein d'une orgueilleuse présomption, rejette tout frein moral et se persuade que, par ses propres lumières, il est capable d'arriver à la vérité et au bien.

En présence de ces dispositions, enseigner dogmatiquement que le progrès se réalise seul par le travail des forces économiques, qu'il n'y a aucune inquiétude à concevoir sur la solution des problèmes sociaux, que toutes les difficultés se résolvent d'elles-mêmes, c'est dire nettement aux hommes qu'ils peuvent se dispenser de tout effort moral, qu'ils n'ont pas à s'imposer le respect des vérités traditionnelles, à exercer sur eux-mêmes un empire sévère. Pourquoi s'efforceraient-ils de mériter un sort meilleur par leurs vertus, pourquoi chercheraient-ils à ramener les pratiques qui ont maintenu dans les sociétés le bienfait de la paix, puisque le progrès s'accomplira d'une manière fatale! On retrouve là l'influence de l'erreur fondamentale des temps modernes, à savoir la croyance à la perfection originelle de l'homme, la foi dans la loi continue du progrès.

Certes, l'économie politique subit une transformation, et M. Leroy-Beaulieu met lestement de côté les théories gênantes de l'école orthodoxe que les faits contemporains ne permettent plus de soutenir. Mais cette transformation n'atténue pas les dangers de l'école économique libérale. Aujourd'hui comme hier, elle porte une lourde part de responsabilité dans les plaies sociales, de la guérison desquelles dépend le salut de la France.

Elle a désorganisé les ateliers, en enseignant que le travail humain devait être assimilé à une marchandise. Dans cette nouvelle manière d'envisager l'industrie, l'ouvrier a disparu, il n'est plus resté qu'une machine. Au contraire, l'organisation économique des sociétés bien établies, dit M. Le Play, a toujours été subordonnée à cette règle, que chaque industrie est tenue d'assurer des moyens réguliers d'existence aux ouvriers qui en dépendent.

Elle a prôné l'acquisition de la richesse comme le bien le plus précieux d'une société. Dans l'âpre poursuite de la richesse que ces doctrines ont provoquée, les vérités morales ont été jetées de côté comme une gêne insupportable.

Elle a élevé à la hauteur d'un dogme l'idée fausse de la liberté systématique. Tous les abus de la concurrence, tout le désordre de l'industrie et du commerce, ont été justifiés au nom de ce faux dogme. Laisser faire, laisser passer, telle était sa réponse à ceux qui dénonçaient les conséquences antisociales de ses doctrines.

Derrière chacun de nos maux se cache, en réalité, une erreur économique (1). Car l'économie politique a imprégné de ses théories la société tout entière, et souvent même ceux qui se croient ses adversaires, en partagent inconsciemment les erreurs.

Mais la fin de son règne approche. Ses amis même le constatent; tout récemment un écrivain de la *Revue des Deux-Mondes* (2) tenant de près à M. Leroy-Beaulieu, avouait d'un ton mélancolique le suprême avortement du libéralisme, dans les derniers jours d'un siècle qui y avait placé tout son espoir. Les faits ne se sont pas pliés à ses théories; avec leur brutalité habituelle, ils les ont jetées par terre.

Urbain Guérin.

(1) Voir, à ce propos, les articles de M. le comte de Breta, sur l'économie politique et la morale. (*Association catholique* des 15 octobre, 15 novembre, 15 décembre 1882.)

(2) Voir la *Revue des Deux-Mondes* du 15 mai 1885.

L'HEURE DE DIEU ⁽¹⁾

III

Le lendemain était une grande fête à la ferme de Louise Motron. Le 25 août n'avait jamais passé sans être célébré.

Autrefois, dans les beaux jours de sa jeunesse, sa première pensée, comme son premier acte, à cette date, était pour Dieu. Elle se rendait dès l'aube à la messe, et, après avoir allumé un cierge à l'autel de son patron, elle déposait de sa main une offrande dans le tronc des pauvres pour honorer dignement saint Louis. Les temps avaient changé, et le seul souvenir de ces pratiques d'antan la faisait maintenant sourire de pitié.

Quand on est jeune, murmurait-elle, pour s'excuser, on est si naïf.

Elle en était venue, la pauvre femme, à penser, elle aussi, comme les esprits forts de notre siècle, qu'il faut être naïf pour croire en Dieu et pour lui rendre les adorations auxquelles il a droit.

Paul, suivant une vieille habitude, vint, un bouquet à la main, la saluer à son réveil.

Elle l'attendait, et dès qu'elle eut reçu ses vœux, elle fit allusion à leur petit dissentiment de la veille à propos des 12,000 francs annoncés par Pierre.

Le jeune homme sut habilement se soustraire à l'affectueuse semonce.

— C'est ce matin, dit il, que nous allons recevoir cette somme.

— Oui, du moins, je l'espère.

Son attente ne fut pas déçue. Les 12,000 francs, apportés à la ferme avec toutes les formalités d'usage, étaient en sa possession avant le déjeuner.

(1) Voir la *Revue* du 1er novembre 1885.

Paul ne pouvait se lasser de contempler cet argent dont il semblait faire fi, le jour précédent.

Jeanie et Faro, étant venus tous deux présenter leurs bons souhaits à la fermière, furent gratifiés chacun d'une belle pièce de 5 francs.

Puis après le repas, plus copieux et plus recherché ce jour-là que les autres jours, Louise, par extraordinaire, fit sa toilette, et sortant, pour la circonstance, du fond de son armoire une ample robe de soie marron, elle s'en revêtit.

Paul ne put s'empêcher de s'étonner. Jadis sa mère, il se le rappelait, mettait cette robe chaque dimanche pour assister aux offices, mais depuis qu'elle avait rompu avec les pratiques chrétiennes, elle ne s'en parait tout juste que deux fois par an. Au 1er janvier et à la fête du village.

— Où allez-vous? lui demanda-t-il.

Elle secoua la tête, comme s'il lui en coûtait de l'avouer.

Il répéta sa question.

— Remplir un devoir, dit-elle laconiquement.

Il devint plus curieux.

— Vous m'intriguez.

— Que t'importe!

— Je sais, s'écria-t-il sous le choc d'une idée soudaine, c'est encore auprès de ce butor de Massin que vous vous rendez?

Elle releva la tête.

— Non, tu te trompes, mais ta supposition me fait penser que je n'aurais peut-être pas tort de renouveler ma démarche d'hier soir.

Les yeux du jeune paysan prirent une expression hostile.

— Il ne manquerait plus à présent que ce soit à ma suggestion que vous lui abandonnassiez cette somme, qu'il repousse.

— S'il persiste dans son refus, je n'insisterai pas; seulement comme la nuit porte conseil, il a pu réfléchir et revenir sur sa décision.

— Il persistera le fin matois et vous insisterez tant qu'il finira par accepter pour vous être agréable.

Il eut un éclat de rire ironique.

— Cet argent vous brûle les mains.

— Voilà, fit-elle sans s'offenser, où est ton erreur, et la preuve est que si Jean Massin n'en veut pas, j'irai tout droit chez Boiset pour commencer les pourparlers, au sujet de la vente de sa garenne.

— Vous tenez à cette broussaille?

— Une broussaille, reprit-elle vivement, qui a pour plus de 12,000 francs de bois, rien qu'à la coupe.

Il ne put réprimer une grimace de dénégation.

— C'est Boiset qui affirme ce mensonge?

— Ce n'est pas un mensonge. Il n'y a personne ici qui ne soit du même avis, quant à l'évaluation du prix de la garenne.

Paul eut un nouveau mouvement d'incrédulité.

— On fait semblant d'être d'accord devant vous, parce qu'on sait que votre intention est d'acheter ce mauvais terrain troué.

Il parlait ainsi par allusion au sol de la garenne, dans lequel se terrait toute une population de lapins.

Louise Motron s'impatienta.

— Tu es de parti pris, dit-elle, toujours en contradiction avec ma volonté. Cette garenne, je la veux encore plus pour toi, ingrat, que pour moi...

Il l'interrompit.

— Pour moi, et dans quel but?

— Afin de te permettre de t'y distraire de temps en temps, en allant y tirer un coup de fusil.

Il la regarda étrangement.

— Et vous croyez que ce mince plaisir vaut 12,000 francs!

— Il n'y a pas que ce plaisir, nous aurons les lapins et le bois. Chaque coupe rapporte...

— Il l'arrêta... Des ennuis et rien de plus.

— C'est faux. Au reste, Pierre m'envoie cette somme en lui affectant cette destination, et je ne tromperai pas son espoir.

— Oh! lui, objecta Paul, il s'en soucie fort peu. S'il a spécifié l'usage que vous devez en faire, c'est qu'il connaît vos désirs.

Cette fois Louise Motron se fâcha.

— Enfin, que voudrais-tu donc que je fisse de ces 12,000 francs?

— Vous en êtes embarrassée, ricana-t-il, avec une impertinente ironie.

Elle lui jeta un regard mécontent.

— Dame! à moins de les mettre à dormir dans mon armoire.

— Ils y seraient aussi bien, en tout cas, que dans la fromagerie de Massin ou dans la garenne de Boiset; mais pour parler raisonnablement, placez-les sur l'État en bonnes rentes dont nous jouirons mieux que nous ne jouirions de la garenne, y compris les lapins, dont Jeanie, avec tout son talent de cuisinière, ne réussirait pas à nous faire seulement un bon semblant de civet.

Pendant qu'il causait, la fermière continuait sa toilette, et, lorsqu'elle eut couvert sa robe de soie marron d'un châle de mousseline de laine aux multiples couleurs, elle tira d'un carton, un chapeau de paille anglaise orné de fleurs et de plumes qu'elle mit sur sa tête et dont elle noua les brides de dentelles sous son menton, en se mirant dans une glace placée en face d'elle.

Il y eut un moment de silence, elle n'avait pas relevé les dernières phrases de Paul.

— Est-ce pour aller chez le père Boiset, que vous avez fait cette belle toilette? demanda-t-il.

Elle secoua négativement la tête.

— Si ce n'est ni chez Massin, ni chez Boiset que vous vous rendez, chez qui donc est-ce, alors?

Elle le fixa, et souriant :

— Ah voilà!

— Serait-ce un secret?

Elle parut réfléchir, puis, cédant à une subite résolution :

— Ris tant qu'il te plaira, déclara-t-elle, je vais chez M. le Curé.

Les traits de Paul se contractèrent.

— Vous allez vous faire capter?

Elle sourit de nouveau.

— N'aie pas peur.

— Qu'avez-vous à lui dire?

— Ça ne te regarde pas.

— Est-ce pour vous confesser?

Elle rougit sous l'affront!

— Pour qui me prends-tu?

— Enfin, que voulez-vous que je pense de cette démarche?... Vous n'avez pas l'habitude, que je sache, de fréquenter le presbytère.

— Une fois n'est pas coutume. Au surplus, ne te mets point martel en tête à ce propos. M. le Curé aura ma visite aujourd'hui, non pour lui personnellement, mais pour les pauvres, parce que c'est la Saint-Louis et que je ne veux pas avoir ce jour-là 12,000 francs en poche, sans que les déshérités en aient leur petite part.

— Vous n'avez pas besoin de lui pour distribuer vos aumônes.

— Si, M. le Curé a ses pauvres.

— Des cagots !

— Oui.

— Et c'est à ceux-là que vous voulez donner !

— A ceux-là et aux autres. Je tiens à ce qu'il n'y ait pas de malheureux au village quand je suis si heureuse.

— En vérité, maman, murmura Paul d'une voix sombre, votre bonheur nous coûterait cher si vous étiez heureuse souvent.

Elle eut un sourire amer.

— Tu te charges d'y mettre bon ordre, répliqua-t-elle.

Elle sortit sans que le mauvais fils protestât.

Aussitôt après son départ, il gagna la chambre dans laquelle se trouvait l'armoire de la fermière, et, ouvrant un meuble, il y fureta jusqu'à ce qu'il eût trouvé une petite clef, qu'il saisit avidement et introduisit dans la serrure de l'armoire.

— C'est bien cette clef-là, fit-il entre ses dents, je ne me trompe pas.

Il plongea le bras sur une des planches couvertes de linge, et en retira une cassette en fer, de médiocre dimension.

— Et les billets, se demanda-t-il, qu'en a-t-elle fait ?

Il secoua la boîte.

— Il n'y a que de l'or, là dedans. Elle n'a pas eu le temps de les y enfermer.

Il chercha, et, comme il ne rencontrait pas les billets, il s'irrita.

— A moins qu'elle ne les ait emportés ! s'exclama-t-il.

Saisi d'inquiétude, il activa ses recherches, et non seulement il ne se borna pas à plonger les mains dans le linge et dans les autres objets qui encombraient les rayons de l'armoire, mais il jeta violemment tout à terre. Soudain, il poussa un cri et ses yeux brillèrent.

Entre les plis d'un drap, qui s'était ouvert dans sa chute, la liasse de billets de banque apparut.

Le jeune homme se précipita et la saisit. Il compta alors soigneusement les billets.

— Les douze y sont, dit-il.

Et il respira longuement.

— J'avais craint quelque folie. Par bonheur, conclut-il, elle bornera ses libéralités aux ressources de son porte-monnaie.

Le front rasséréné, il replaça chaque chose à sa place, ce qui ne fut pas une facile besogne. Il lui fallut faire des efforts de mémoire pour remettre tout suffisamment en ordre, afin que sa mère ne s'aperçût pas de la perquisition à laquelle avait été soumise son armoire.

Il eut soin de replier le drap, dont les plis contenait les 12,000 fr., et de le réinstaller au même endroit. Fait étrange, il parut classer ce détail dans ses souvenirs.

IV

Le presbytère se trouvait situé à une assez grande distance de la ferme de Louise Motron. Il fallait traverser le village pour s'y rendre. Chemin faisant, elle reconnut, au détour d'une route, Jean Massin, vêtu d'un sarreau et se dirigeant vers un de ses champs, dans lequel les moissonneurs étaient occupés à faire la rentrée des blés.

Elle hâta le pas et, comme il ne se retournait pas, lorsqu'elle l'atteignit.

— Jean Massin, cria-t-elle.

Il s'arrêta et l'avisant :

— En l'honneur de quel saint, sommes-nous si *faraude*, voisine? demanda-t-il en l'enveloppant d'un regard surpris.

— D'aucun saint, répondit-elle, quoique ce soit aujourd'hui la Saint-Louis. Mais...

Il ne la laissa pas achever.

— Permettez que je vous la souhaite bonne et heureuse.

Et il lui prit les deux mains.

— Tout comme s'il s'agissait de la nouvelle année, dit-elle en se mettant à rire.

Il acquiesça d'un signe.

— Et pour plus de ressemblance, ajouta-t-il, je souhaite que cette Saint-Louis soit accompagnée de beaucoup d'autres.

— Et moi, dit gaiement la fermière, je désire vous payer, par une bonne accolade, les vœux que vous formez pour ma prospérité et que je sais sincères.

Il se redressa.

— Il ne manquerait plus que vous en doutassiez, gronda-t-il amicalement menaçant.

Il se recula et l'enveloppant d'un nouveau regard.

— Je ne suppose pas que cette belle toilette ait été faite à mon intention.

— Non... devinez où je vais?

— A la ville sûrement.

Elle le dévisagea triomphalement.

— Comme vous ne le devineriez jamais, je vous le dirai tout de suite sans vous faire languir... Je me rends, de ce pas, au presbytère...

Le fermier sourit finement.

— Est-ce que ce ne serait pas pour vitrioler M. le Curé, par hasard?

— Oh! protesta-t-elle. Voyez combien vous avez la pensée calomniatrice. Je ne lui fais visite que dans la charitable intention de lui porter une obole pour ses indigents... A propos, Jean Massin, j'ai reçu les 12,000 francs ce matin.

— Tant mieux, voisine.

— Il n'est pas question de me féliciter, vous savez bien pourquoi je vous en parle. Cet argent, aujourd'hui comme hier, est à votre disposition.

— Aujourd'hui comme hier, je vous remercie et... je refuse.

— Vieil entêté! s'exclama-t-elle.

— C'est une qualité quelquefois, riposta-t-il.

— Quand ce n'est pas un défaut.

En se séparant elle lui adressa un signe de la main et ajouta :

— A bientôt.

Il lui en coûtait un peu d'affronter un tête-à-tête avec M. le Curé.

— J'aurais bien pu, en somme, pensa-t-elle, me dispenser de cette corvée, il est vrai que si, pour m'épargner un aussi petit ennui, je manquai à un aussi grand devoir que l'est celui de prélever sur mon bonheur la dîme du pauvre, ça pourrait porter malheur à Pierre.

Cette réflexion réveilla sa vaillance, elle marcha d'un pas plus ferme.

De même que la plupart des ignorants qui sont incrédules sans raisonnement, par esprit d'imitation, rappelant, jusqu'en cela, les moutons de Panurge, elle était en même temps superstitieuse et croyait volontiers qu'un acte plutôt qu'un autre, pût avoir une influence surnaturelle sur la destinée des humains, sans se douter que cette conviction contradictoire, était un indirect hommage à la Divinité, à laquelle il rendait témoignage, ne fut-ce qu'en reconnaissant son pouvoir suprême et mystérieux dans l'administration et dans la conduite des affaires de ce monde.

La main de Louise Motron trembla quelque peu lorsqu'elle agita la sonnette du presbytère.

En attendant qu'on vînt ouvrir, elle prit une attitude convenable, ne voulant laisser place ni à la timidité ni à l'arrogance.

— Ce fut une vieille femme, la servante du curé, qui répondit à son appel.

— Monsieur le Curé? demanda la fermière.

Quoique surprise de la présence, en pareil lieu, de cette dernière, la bonne femme ne le montra pas et répondit :

— Il est chez lui. Entrez, je vais le prévenir de votre visite.

Elle lui indiqua une pièce, dont la porte était devant elle.

Cette pièce, assez grande, mais fort simple, n'avait d'autre luxe qu'une extrême propreté.

Le curé du village se nommait l'abbé Aubierge. C'était un homme d'une cinquantaine d'années, d'une taille moyenne, aux cheveux grisonnants et rares. Ses traits se faisaient remarquer par une expression de profonde bonté.

Bien que prévenu par sa servante, il ne put aborder la visiteuse sans trahir l'étonnement qu'il éprouvait de la voir chez lui.

— Mon Dieu, oui, Monsieur le Curé, c'est moi, dit-elle en le saluant. Vous ne vous attendiez point à une visite de ma part, n'est-ce pas?

Il eut un sourire discret.

— Non, avoua-t-il.

Il lui avança un fauteuil et, pendant qu'elle y prenait place, il s'assit sur une chaise, à quelques pas.

— Voici ce qui m'amène, dit-elle, sans attendre qu'il l'interrogeât.

Elle raconta l'histoire des 12,000 francs, n'omit pas un détail de la lettre de son fils, duquel elle fit longuement et complaisamment l'éloge; puis, tirant son porte-monnaie de sa poche, elle en sortit un billet de 50 francs.

— J'en donnerai autant, continua-t-elle, aux pauvres qui partagent mes idées.

Le prêtre accepta le billet.

— Comment voulez-vous que je l'emploie et avez-vous, dans le nombre de mes pauvres (il appuya sur ce mot, des gens que vous désirez que j'assiste plus particulièrement?

— Non, déclara-t-elle, je m'en rapporte entièrement à vous, tant du soin de choisir les plus nécessiteux que de la manière de leur venir en aide. La différence des croyances, ajouta-t-elle sentencieu-sement, n'empêche pas l'estime.

Le prêtre eut de nouveau un imperceptible sourire, empreint de tristesse cette fois.

— Ceci vous prouvera, Monsieur le Curé, qu'il n'y a pas que les dévôts qui soient bienfaisants, et que la charité est aussi bien l'apa-nage des libres-penseurs que des autres.

L'abbé Aubierge hocha la tête.

— Non, affirma-t-il, c'est une erreur de le croire.

— Et pourtant qu'est-ce que je fais en ce moment, moi qui ne suis pas catholique.

— Vous ne l'êtes plus, mais vous l'avez été.

— C'est tout comme.

— Nullement.

— Enfin, Monsieur le Curé, je puis vous assurer que je ne cède à aucune pensée religieuse en vous donnant ces 50 francs.

— Vous en êtes sincèrement persuadée, je n'en doute pas.

— Mieux encore, j'en suis sûre, tous les jours on lit dans le jour-nal que des fêtes de bienfaisance, des quêtes, des souscriptions sont organisées, à Paris, par des athées fieffés, au profit des pauvres, et il n'y a pas à admettre que ceux-ci aient même jamais été catholiques.

— Qu'en savez-vous? Au reste, la charité est d'origine et d'es-sence chrétiennes. Les personnes qui n'ont pas de religion et qui la pratiquent, nous l'ont empruntée. Nous ne les en blâmons pas, loin de là. La charité est fille de Dieu, et partout où elle se trouve, elle le porte, qu'on le veuille ou non, en elle et avec elle. C'est pourquoi nous l'approuvons, même lorsqu'elle est faite par ceux qui nous considèrent comme des ennemis. Seulement, soyez certaine que jamais elle ne sera pratiquée, en dehors du christianisme, avec la délicatesse qui seule la rend digne du berceau divin où elle est née.

Ce disant, le prêtre se leva, ne voulant pas que cette courtoise et amicale contestation prît des développements contraires à la réserve dans laquelle il tenait à demeurer vis-à-vis de sa paroissienne.

Celle-ci n'osa pas prolonger sa visite, malgré le désir qu'elle en avait.

— N'oubliez pas, Monsieur le Curé, dit-elle, avant de franchir le seuil de la porte qu'il venait d'ouvrir devant elle, que vous me feriez autant de plaisir que d'honneur en me rendant ma visite un de ces jours.

Il s'inclina.

— Je me souviendrai, répondit-il, de votre aimable invitation.

— Quoique Paul ne soit pas plus que moi des vôtres, il me ressemble et il apprécie, ainsi que je le fais, les honnêtes gens.

Elle accompagna ce lourd compliment d'un regard significatif.

Les lèvres du bon curé se plissèrent sous un sourire plein de mansuétude.

— Vous viendrez nous voir, n'est-ce pas? insista-t-elle une dernière fois.

L'abbé Aubierge sourit de nouveau, et avant de refermer sa porte.

— Oui, j'irai vous voir, promit-il.

— Vous serez le bienvenu.

Elle le salua encore et s'éloigna.

Le presbytère attenait presque à l'église, n'en étant séparé que par le cimetière, au milieu duquel s'élevait le pieux édifice.

La paysanne pénétra dans le champ des morts; après s'être agenouillée sur plusieurs tombes, elle hésita si elle s'en irait, sans entrer dans la maison de Dieu, et s'avança, tout en réfléchissant, jusqu'à la porte du sanctuaire.

Au moment de mettre la main sur le loquet, elle recula tout à coup.

— Non, décida-t-elle, non, car si on m'apercevait et qu'on le racontât à Paul, il se moquerait trop de moi.

Sans nouvelles hésitations, elle sortit du cimetière et regagna son habitation.

Nombre de passants l'arrêtèrent pour lui exprimer leurs bons souhaits. Tous la connaissaient et n'ignoraient pas que la Saint-Louis était une grande date pour elle et les siens.

A chacun elle racontait avec orgueil le cadeau envoyé par son fils.

Elle eut l'idée de suivre son projet, et d'aller au passage, chez Boiset, seulement les stations faites auprès des uns et des autres avaient dépensé déjà beaucoup de temps, et comme il était près de cinq heures, elle résolut de rentrer directement chez elle.

Paul, le visage plus souriant que jamais, l'attendait à la barrière de la ferme.

— Eh bien, interrogea-t-il, votre visite est faite?

— Oui, et M. le Curé me la rendra, il me l'a promis.

Paul eut un étrange sourire.

— Et votre aumône?

— Je la lui ai remise.

— Il n'a pas demandé mieux que de l'accepter, hein!

— Il n'avait pas le droit d'agir autrement, puisque je la lui remettais pour les pauvres.

— Ce que les pauvres en verront, insinua-t-il, ne les empêchera pas de mourir de faim, je vous en réponds.

Cette calomnie la révolta.

— Tu as décidément une mauvaise langue. Ce n'est pas une raison parce qu'on ne va pas à l'église et qu'on ne croit pas aux balivernes qui s'y débitent, pour nier l'honnêteté d'un aussi saint homme que l'abbé Aubierge.

Paul ne répliqua que par une grimace.

Pendant l'absence de Louise Motron, Jeanie, reconnaissante de la pièce de cent sous de gratification qu'elle avait reçue le matin, s'était fait un devoir de fêter la Saint-Louis à sa manière. Dans ce but, la brave fille prépara d'avance le couvert pour le repas du soir, avec un luxe inusité; elle mit, non seulement de son chef, sur la table une belle nappe blanche, mais moissonna toutes les fleurs du jardin et en orna la place de sa maîtresse, qui, en voyant cette gracieuse et champêtre décoration, en fut si touchée qu'elle voulut que la bonne Jeanie s'assît, par faveur, ce soir-là, en face d'elle et dînât à sa table comme un membre de la famille, pendant que Faro la remplacerait dans son service. Au dessert, quand on porta la santé de Pierre, le cher absent, Faro eut sa part de vin et choqua son verre contre celui de ses maîtres.

Le soir, vers les neuf heures, Jean Massin arriva galamment, les bras chargés d'un superbe bouquet de roses. En retour de cette amabilité inattendue, la fermière commanda à sa servante de faire du café noir, et tira, pour la circonstance, une jolie cave en cristal doré, dont les flacons contenaient d'exquises liqueurs.

La conversation de la veille reprit de nouveau entre elle et Jean Massin; elle lui reproposa ses 12,000 francs, avec les mêmes instances, de nouveau il refusa, pour les mêmes raisons. Faro, de son côté, qui écoutait encore du fond de sa cuisine, répéta son exclamation, y ajoutant la certitude, ainsi que l'avait fait Paul la veille, que *le rusé voisin préférerait qu'on lui fît cadeau de l'argent que de le lui prêter.*

Il était près de onze heures quand ce dernier songea à regagner sa ferme.

. . . .

A l'aube du jour suivant, il se répandit, dans le village, une nouvelle qui terrifia la population : Louise Motron venait d'être trouvée assassinée.

V

Ce n'est point pour la justice une affaire de peu d'importance que d'avoir à constater un meurtre et de se livrer à une enquête, surtout lorsque les tribunaux sont à une assez grande distance du lieu où le crime a été commis. Ce fut ce qui arriva pour l'assassinat de la malheureuse fermière. Il fallut prévenir la gendarmerie de Mézières et, en attendant que la police et les magistrats eussent le temps de parvenir à destination, le maire procéda à une constatation sommaire des faits.

A part la disparition des 12,000 francs qui établissait, à elle seule, la preuve que le meurtre avait eu le vol pour mobile, la blessure horrible de la victime ne pouvait laisser aucun doute sur la nature de sa mort violente.

Ce fut la servante Jeanie qui donna l'éveil. Cette fille étant entrée, suivant sa coutume, dans la chambre de Mme Motron, pour la prévenir de l'heure, fut surprise de trouver le lit ouvert et vide. De plus, malgré la demi-obscurité dans laquelle la chambre était plongée à cause des rideaux qui, étant fermés, interceptaient la lumière extérieure, elle crut remarquer un désordre insolite. Prise soudain d'un pressentiment, elle courut à la fenêtre, arracha presque les tentures tant elle les souleva brusquement et, jetant un regard effaré autour d'elle, elle aperçut sa maîtresse à moitié nue, gisant au pied d'une chaise, dans une mare de sang qui s'était échappé d'une blessure à la gorge, blessure si large et si profonde, que la tête ne tenait plus au tronc que par quelques membranes.

L'épouvante la glaça d'une si vive émotion, qu'il lui fut impossible de pousser un cri. Elle se traîna, par un effort surhumain, jusqu'à la chambre de Paul et, toujours muette, elle ne put l'appeler; mais elle pénétra dans la pièce avec une si grande violence, que celui-ci, couché dans son lit, se dressa sur son séant.

Jeanie était trop troublée elle-même pour remarquer le trouble du jeune homme.

— Quoi! fit-il blême et tremblant. Qu'y a-t-il?

Elle secoua la tête comme une folle et, le fixant de ses yeux, à l'expression terrifiée, elle balbutia avec peine :

— Venez!

— Qu'y a-t-il? répéta le jeune homme.

— Venez! s'écria-t-elle.

Après de nouvelles difficultés, elle put ajouter :

— Votre mère!...

Et comme il ne bougeait pas et continuait à la dévisager, elle s'impatienta et, le saisissant par le bras...

— Vous ne comprenez donc pas, hurla-t-elle, qu'elle est là! là! à côté! morte! assassinée!

Tout en parlant de la main et des yeux, elle désignait la chambre de Louise Motron.

— Il ne fit qu'un bond hors de son lit; seulement, au lieu de se précipiter vers l'endroit qu'elle lui indiquait et surtout de s'abandonner à la stupeur que devait lui causer une découverte de cette nature, il ne témoigna qu'une douleur sans spontanéité et, allant d'abord à l'une des fenêtres, dont les volets étaient clos, il l'ouvrit et lança à travers l'espace des cris stridents et des appels inutiles.

Jeanie, affolée, ne l'écouta pas et, le laissant, elle retourna vers le cadavre. Elle voulut lui porter secours, mais, devant la rigidité du bras qu'elle essaya de soulever, elle recula. Ne sachant que faire ni où aller, elle sortit de la maison et gagna en courant le grand chemin, où Paul, courant derrière elle, ne tarda pas à la rejoindre.

C'était jour de marché à Mézières. La route, ordinairement solitaire, était peuplée de piétons et de charrettes.

Il ne tarda pas à se former un rassemblement autour d'eux.

Malgré l'incohérence du langage de Jeanie, un des paysans, comprenant tout de suite de quoi il s'agissait, confia sa charrette aux soins d'un jeune garçon qui l'accompagnait et se rendit immédiatement à la mairie, située à quelque distance, afin d'avertir les autorités. Par un contre-temps inattendu, à une heure aussi matinale, le maître d'école, qui occupait seul la demeure communale et qui n'avait fait qu'un saut jusqu'à la ferme du maire, ne le trouva pas chez lui. Le fonctionnaire rural, appelé au dehors par les travaux des champs, était parti de chez lui depuis la première apparition du jour. Enfin, on mit la main sur le garde champêtre qui, pendant qu'un enfant, employé dans la ferme en qualité de gardeur de bestiaux, était envoyé à la recherche de son maître, se rendit sur le théâtre du crime, suivi de quelques membres du conseil municipal, qu'il avait pris chez eux au passage.

Ces derniers eurent la présence d'esprit de télégraphier, avant tout, au parquet de Mézières.

Le maire, qu'on finit par trouver à grand'peine, arriva essoufflé à la ferme de Mme Motron, moins d'une heure avant les magistrats, la police et la gendarmerie.

Par suite de la peur qui paralyse chacun en face de la mort produite dans ces circonstances mystérieuses, nul ne s'était permis d'approcher du cadavre, ni de déranger quoi que ce fût.

Le procureur fit ouvrir tout et, aidé du commissaire, commença les recherches.

Le médecin du village, mandé lui aussi, n'eut, bien entendu, qu'à constater que le décès, étant donné le genre de la blessure, avait été instantané.

Il résulta de l'enquête que l'assassin était venu du dehors. Une vitre brisée et un champ de pommes de terre visiblement piétiné et portant de nombreuses empreintes de pas, l'attestaient. La chambre de Mme Motron était située au premier étage. Le champ de pommes de terre se trouvait derrière la maison et la séparait d'un petit chemin encombré d'herbes, dans lequel on passait rarement. C'est par ce chemin que l'assassin était venu et avait réussi à s'introduire dans la maison, en escaladant un treillage couvert de rosiers grimpants qui garnissaient la muraille de ce côté de la ferme. Nul doute sur l'effraction ne restait possible devant les dégâts commis sur ce treillage, dont les branches et les fleurs jonchaient le sol. La vitre brisée, dont les morceaux se mêlaient aux débris de l'églantier, ajoutait son témoignage accablant à tant d'autres preuves accumulées.

Il suffit d'un interrogatoire pour que les soupçons se portassent sur Jean Massin.

Les deux domestiques, Jeanie et Faro, ayant raconté l'entretien que la victime avait eu l'avant-veille avec le fermier, à propos des 12,000 francs dont celui-ci avait avoué avoir besoin, mais qu'il ne voulait pas emprunter pour ne pas avoir à les rendre, confirma le doute des hommes de loi. Et, comme si rien ne devait manquer à cette accumulation de preuves, les souliers de Jean Massin, placés dans les empreintes laissées dans la terre, y correspondirent. De plus, on trouva cachée, dans un coin de la haie, une blouse ensanglantée;

celle qui, évidemment, avait servi au misérable pour commettre son épouvantable forfait, et elle fut reconnue pour appartenir au fermier accusé. Lui-même, malgré ses dénégations formelles, quant à la perpétration du crime, convint qu'en effet, la blouse était à lui.

Les magistrats firent procéder immédiatement à son arrestation, et ce fut d'autant plus facile, qu'on le trouva parmi les paysans qui s'étaient empressés d'accourir à la ferme de Louise Motron, dès que la nouvelle du meurtre leur en parvint.

Les haines anticléricales soulevées depuis si longtemps contre cet homme et contenues par la peur que sa force musculaire inspirait à tous, éclatèrent si furieuses, que la police dut employer presque la violence pour le soustraire à la fureur de la populace.

La gendarmerie et jusqu'au magistrat lui-même, tous intervinrent, et ce ne fut finalement que par la ruse, en le faisant sortir du village par un chemin détourné, qu'on réussit à l'emmener.

La foule s'était montrée un instant si excitée et si menaçante, qu'il avait été question de se procurer un véhicule quelconque pour y faire monter l'inculpé. Toutefois, comme on ne rencontra pas d'obstacle sur la route isolée où l'on s'était engagé, le malheureux, les menottes aux mains, fut conduit à pied à Mézières, entre deux gendarmes à cheval.

Pierre, averti du malheur, accourut.

En dépit de son désespoir et de sa rancune contre l'auteur du meurtre de la mère qu'il chérissait, il ne put se défendre d'un instinctif sentiment de commisération pour Jean Massin.

— Si pourtant ce n'était pas lui, répétait-il involontairement.

Paul entrait en rage chaque fois que son frère émettait ce soupçon.

L'enterrement de Louise Motron eut lieu au milieu d'une véritable affluence, jamais, même aux jours des solennités religieuses, l'église n'avait eu à contenir une telle foule. Les neuf cents habitants qui formaient la population du village, s'y étaient donné rendez-vous. En un mot, ce fut un véritable événement pour la localité.

La douleur de Pierre était calme, mais profonde et digne. Par contre, celle de Paul était bruyante, presque tapageuse. On sentait qu'il voulait avant tout qu'elle fût remarquée et que personne ne pût mettre en doute qu'il était inconsolable.

Cette intention parut si évidente qu'elle choqua plusieurs des assistants et souleva leurs commentaires. D'autres ne virent là qu'une manifestation particulière à la nature de son caractère.

— C'est une affaire de tempérament, conclurent ceux-là.

Aussitôt après la mort de sa mère, Paul s'en alla à Paris en compagnie de Pierre. La ferme, en pleine exploitation, fut mise en vente et achetée à beaux deniers comptant.

Celle de Jean Massin, abandonnée, ne tarda pas à prendre l'aspect d'une demeure maudite. On ne passait plus dans ses environs sans la montrer du doigt avec horreur, si bien que les enfants, pris de peur en l'apercevant, faisaient de grands détours pour ne pas en approcher; et s'il arrivait que l'un d'eux fût amené par ses occupations à sa proximité aux heures où la nuit commence à couvrir la terre de ses ombres, il rentrait chez lui le visage blême, les dents claquant les unes contre les autres et presqu'en proie à des convulsions.

L'instruction du procès de Jean Massin ne demanda que quelques mois. Les preuves étaient trop précises pour que les recherches eussent besoin de s'étendre davantage. Il y en avait plus du double que n'en réclamait la justice pour appuyer la sentence.

Dans l'espace de ces quelques mois, Jacques, prévenu de la catastrophe, avait donné sa démission et, atterré de la honte imméritée dont cette seule accusation le couvrait, il était arrivé en France pour essayer d'aider à la réhabilitation de son père dont il ne suspectait pas l'innocence.

Jacques était un beau garçon de vingt-sept ans, brun de cheveux et de teint, de haute taille et d'aspect viril.

A peine le malheureux se fut-il montré dans le village natal qu'il fut hué et poursuivi par tant d'insultes et d'hostilité qu'il ne se risqua plus à y paraître et se résigna à demeurer à Mézières, jusqu'à l'ouverture des assises. Plusieurs fois il fut admis à voir son père. Leur entrevue fut douloureuse. Jean Massin, toujours courageux et confiant, disait-il, en Celui pour qui rien n'est caché, souffrit plus des blessures infligées par son malheur à la fierté de son fils, que des anxiétés personnelles que lui inspirait sa situation.

Son avocat, malgré la meilleure volonté, ne pouvait pas lui cacher les appréhensions que lui causait la perspective de ce procès, non plus que ses terreurs à la pensée de l'issue probable qui le terminerait. Rien n'avait fait la lumière, au contraire, tout devenait plus noir chaque jour. Il n'était pas jusqu'à une somme de 12,000 francs en billets de banque et correspondant doublement ainsi à la somme volée, qui ne fût trouvée en sa possession.

Il expliquait bien que cet argent lui appartenait et provenait d'économies qu'il avait eues en divers titres jusque-là et qu'il avait changé, peu de temps auparavant, avec l'intention d'en disposer en partie pour solder des arriérés.

On ne le crut pas. D'ailleurs, la fatalité s'en mêlant, le banquier dont il donna l'adresse ne put être retrouvé. On apprit qu'il avait disparu dans des circonstances désastreuses pour son honorabilité. Ce fut une charge de plus.

Dans de pareilles conditions, il ne restait à l'infortuné que peu d'espoir de se sauver. Le défilé des témoins fut un véritable scandale, tout le clan irréligieux du village, le maire en tête, déposèrent avec une animosité si évidente qu'à plusieurs reprises le magistrat, qui présidait les assises, dut les rappeler non seulement au sentiment de l'impartialité et des convenances, mais leur faire comprendre, à mots à peine voilés que la tête d'un homme était en jeu dans ces mesquines questions de personnalités et de coteries.

Le curé, demeuré fidèle au malheureux, déposa seul en sa faveur et le fit en termes énergiques.

— Je ne viens pas, déclara-t-il, pour payer à Jean Massin l'appui que j'ai toujours trouvé en lui contre la malveillance, que le caractère dont je suis revêtu m'attire de la part de mes concitoyens. En lui apportant mon témoignage, je parle suivant ma conscience, sans considérer les preuves qui pèsent sur lui. Ses antécédents me répondent de son innocence. A ce point, Messieurs, ajouta-t-il, que eussé-je vu de mes yeux l'accusé égorger la victime, je ne le condamnerais pas, sans me demander encore si je ne me trompe point.

Cette déposition fit courir un murmure dans toute la salle. Les juges eux-mêmes eurent un tressaillement que leur impassibilité obligée ne put dissimuler.

Le réquisitoire fut impitoyable et conclut à la culpabilité. La plaidoirie, quoique sincère, manqua de l'éloquence qu'il eût fallu pour combattre les terribles arguments du ministère public. Enfin, pour chacun et pour tous, il n'y avait pas à douter que Jean Massin ne fût condamné à la peine capitale.

Quand le président lui demanda s'il avait quelque chose à ajouter pour sa défense, il se leva et, regardant en face ses juges, sans forfanterie, mais aussi sans défaillance, il dit d'une voix sonore, qui ne trahissait pas de trouble intérieur.

— J'ai à ajouter pour ma défense que je suis un citoyen intègre, et un chrétien irréprochable, et je vous adjure, Messieurs, de ne pas me condamner à mort, non que je redoute l'échafaud ; dans ma position, la mort serait une délivrance, mais parce que, chrétien jusqu'envers ceux qui me veulent du mal, je veux leur épargner le remords d'une injuste condamnation. L'heure de Dieu sonnera, j'en ai la conviction et le pressentiment. Condamnez-moi à la perpétuité d'une peine infamante. Si l'heure de Dieu ne sonnait jamais, la justice humaine ne serait pas encore frustrée, et si cette heure sonne, mon sang innocent ne retombera pas sur mes juges et sur mes accusateurs.

Cet appel suprême ne resta pas sans écho. Jean Massin ne fut condamné qu'aux travaux forcés à perpétuité.

Un cri terrible accueillit ce verdict. Jacques, qui avait espéré malgré tout jusqu'à la fin, en entendant la sentence qui frappait définitivement son père d'infamie, s'était levé pour protester ; mais, la parole expirant sur ses lèvres, il ne put que proférer un cri sans formule et, battant l'air de ses bras, il tomba sans connaissance. On l'emporta pendant que le condamné était emmené.

Paul Motron, cité comme témoin, avait obtenu d'envoyer sa déposition écrite.

On comprit trop à quel sentiment il obéissait, pour songer à le blâmer.

Il fut décidé que Jean Massin serait envoyé à Toulon pour y subir sa peine.

Avant son départ, il manifesta le désir de voir Jacques et, celui-ci, ayant adressé, à qui de droit, la même prière, on ne leur refusa pas cette suprême consolation.

L'entrevue des deux infortunés fut navrante, Jean Massin, toujours droit et fier, aborda son fils le front haut.

— Que penses-tu de moi? demanda-t-il en plongeant son regard dans les yeux de son fils.

Le jeune homme, pour toute réponse, ouvrit ses bras au vieillard et, le serrant sur sa poitrine, il l'embrassa en sanglotant.

— C'est bien, fit le condamné, si tu avais hésité, les adieux que nous allons échanger eussent été éternels et je ne te léguerais pas la tâche que je vais te léguer. Écoute-moi bien, murmura-t-il en approchant son visage tout près de celui de Jacques, il y a un coupable et Paul Motron le connaît.

Jacques tressaillit.

— Je n'accuse personne. Seulement je me défends, c'est plus que mon droit, c'est mon devoir. Je n'ai imploré la grâce de la vie que dans ce but et je dois justifier la miséricorde dont on a usé à mon égard, par tous les moyens en mon pouvoir.

Un sourire amer lui crispa les lèvres.

— D'autant plus, reprit-il, que la flétrissure de l'injuste condamnation qui me frappe, ne frappe pas qu'un innocent, elle en atteint deux. Un dont les pieds déjà sont dans la tombe, et l'autre devant qui l'existence ouvre ses portes et déroule ses espaces. Mon fils, à toi de prendre cette mission de nous réhabiliter tous les deux.

Il s'interrompit.

Deux larmes brillèrent sous ses paupières.

— Tu n'as plus d'autre occupation. Ma honte te ferme toutes les carrières. Il faut que le temps dont tu vas forcément disposer devienne une arme entre tes mains, avec ce que tu retireras de la vente de mes terres, crée-toi une petite indépendance, change de nom et va vivre à Paris. Tu y retrouveras Paul Motron.

Jacques tressaillit de nouveau.

— Que tes suppositions n'aillent pas au-delà de mes paroles. Je n'accuse personne, répéta Jean Massin, je sais qu'il y a un crime, et comme je ne suis pas le criminel, il faut qu'un autre le soit.

Quelque chose m'avertit que Paul Motron, s'il n'est pas le complice de celui-là, du moins le soupçonne, si même il ne le connaît point. Attache-toi à ses pas, deviens son compagnon, ne le perds pas de vue, suis-le toujours et partout. Il ne te devinera point sous un nom supposé. Le vague souvenir qu'il a gardé de tes traits ne saurait te trahir. Au reste, le soleil de l'Afrique t'a mis un masque de hâle suffisant pour que tu puisses affronter sans trouble une rencontre avec cet enfant qui, j'en ai le sentiment, tient dans ses mains le secret qui pèse sur nous et nous accable, à ce point qu'il ne faut rien moins que l'espoir de l'honneur à reconquérir pour m'inspirer le courage de lutter, vaincu et impuissant comme je le suis, contre les décrets de l'impitoyable destinée. Ce serait douter de Dieu que de croire que je périrai innocent dans les fers et sous les verrous de la dégradation, en te léguant un nom déshonoré.

Non, Celui qui a créé la vertu ne voudra pas le triomphe éternel du vice... Là-bas où je vais, dans les longues heures de la solitude du cachot, mes mains chargées de chaînes s'élèveront vers

lui pour le succès de la tâche que je t'impose. Pendant que tu lut-
teras, je prierai. Adieu, mon fils! Adieu je te bénis et je le fais en
m'appuyant sur le triple droit que je tiens de ma paternité, de mon
innocence et de mon malheur.

Les deux hommes s'étreignirent. Au moment de se séparer, Jean
Massin se penchant une dernière fois vers Jacques lui dit encore :

— Ne te lasse pas d'attendre et d'espérer. Le succès, fût-il lent à
venir, ne doute pas de la justice de Dieu. Il dispose de l'éternité, et souvent il ne se presse point. Qu'importe, ses châtiments
retardés n'en sont que plus terribles. Le temps est à lui; tôt ou tard,
il a son heure et l'heure de Dieu, mon fils, ce sera la nôtre.

VI

Se conformant aux conseils de son père, Jacques vendit ses
terres... à vil prix, le préjugé qui s'attachait au souvenir du condamné fit déprécier toùt ce qui, de près ou de loin, lui touchait.
Quant à la ferme elle-même, il ne put trouver d'acquéreur. La
superstition l'emporta, personne n'en voulut. Il n'est pas certain,
l'eût-il donnée pour rien, que quelqu'un, parmi ces paysans, y
compris les esprits forts du lieu, eût osé l'accepter et y élire domi-
cile. La maison fut donc fermée et abandonnée.

Il ne retira, une fois les frais de vente déduits, que 33,000 francs
des biens paternels. Après avoir placé cette somme, il s'installa à
Paris et se mit à la recherche de Paul Motron, en évitant de se
rencontrer avec Pierre qui, lui, peut-être avait suffisamment gardé
souvenance de ses traits pour le reconnaître. Toujours pour se conformer aux désirs de son père et aussi pour mener à bien la tâche
qu'il entreprenait, il changea de nom et s'inscrivit, partout où il se
présenta, sous le nom de Thierry.

Il ne tarda pas à découvrir la demeure de Paul dans le centre
même du quartier latin, Pierre n'habitait pas avec lui. Au bout de
quelque temps d'observation, il en vint à conclure que les deux
frères devaient être brouillés, ou qu'ils se voyaient, en tous cas,
aussi rarement que si la rupture eût été un fait avéré.

Paul ne travaillait pas et passait sa vie dans les brasseries, si
nombreuses de ce quartier, hantées par la jeunesse studieuse et...
tapageuse.

Après informations il apprit que la vente des biens de Louise

Motron avait rapporté aux deux frères une somme de 42,000 francs, soit 21,000 francs par chacun, ce qui, formant un maigre revenu de moins de 2,000 francs, ne pouvait expliquer la vie dispendieuse et oisive que menait Paul.

— Où puise-t-il des ressources? se demanda Jacques.

Cette première question, à laquelle il ne put répondre, amena un soupçon dans son esprit. Il songea aux 12,000 francs volés.

Une pensée si épouvantable lui vint, qu'il la repoussa.

— Non, non, se dit-il, ce serait trop horrible. Il aura eu sa part, mais ce n'est pas lui. Seulement, conclut-il, mon père avait raison, il doit connaître le meurtrier.

Comment savoir la vérité? Comment la surprendre? Il était clair que Paul la possédait, mais par quel moyen la lui arracher? Hélas! il n'y avait point à reculer, il fallait s'approcher du jeune vaurien, et, obéissant encore en ceci à la volonté de Jean Massin, s'attacher à ses pas, le suivre et ne pas se lasser. La brasserie, étant ouverte à tous, lui en fournissait le moyen. Un jour donc, il se hasarda à y pénétrer et, se plaçant à une table à quelque distance de celle où Paul tapageait, il se fit servir une consommation. Redoutant qu'il ne le reconnût, malgré tant d'années qui s'étaient écoulées depuis leur rencontre au village, il s'installa de façon à recevoir indirectement et par gradation son premier coup d'œil. Paul l'entrevit et, comme il ne marqua aucune surprise lorsque leurs regards se croisèrent, il se rassura peu à peu et s'enhardit.

Cette première fois ne les mit pas en rapport. Le lendemain Jacques eut soin de se rapprocher de celui qu'il poursuivait. Paul venait là chaque jour en fort mauvaise compagnie, les jeunes gens qui l'accompagnaient paraissaient être, à en juger par leurs allures, des libertins de la pire espèce. Quelque effort que fît le pauvre garçon, il ne réussissait pas à prendre part, même simplement à feindre de prendre part à leur gaieté de mauvais aloi, et cependant ce n'était qu'à cette condition qu'il parviendrait à se lier avec Paul. La Providence eut pitié de lui. Les vacances de Pâques arrivèrent, et beaucoup des écervelés dont se formait la société du jeune drôle durent s'absenter. Le vide qui soudain se creusa autour de lui, lui fit chercher des dédommagements auprès des fidèles qui lui restaient. Jacques étant de ce nombre, il lui adressa d'abord quelques banales politesses, puis, pour rendre ses avances plus significatives, il lui offrit de le conduire au spectacle, sous le prétexte qu'un ami à lui, artiste dramatique, le gratifiant souvent de billets, il aimait à en faire profiter ses camarades.

Jacques accepta avec empressement et manifesta une vive gratitude de l'amabilité dont il était l'objet.

Au retour du théâtre, leur liaison était scellée. Paul, qui ne supportait pas l'isolement, proposa, à son nouvel ami, une partie de campagne pour le lendemain.

Il fut convenu qu'on se rendrait dans une des banlieues de Paris et qu'on y passerait gaiement la journée. On fit ainsi, et les jours suivants on recommença. Paul tenait toujours à payer. Il se plaisait à faire sonner ses pièces d'or. Jacques, transformé en policier par devoir et par dévouement filial, ne perdait pas un seul mot, ni un seul acte. Jusque-là Paul n'avait pas fait d'allusion au drame terrible de la mort de sa mère. Il évitait même d'aborder ce sujet, quoi que Jacques fît, pour le mettre sur ce chapitre. Ce dernier ne tarda pas à remarquer que Paul, quelque lancé qu'il fût, se gardait, avec un soin vigilant, de tout excès de boisson.

— Il doit avoir l'ivresse prolixe, se dit-il, et craint de se livrer à quelque révélation, sans doute dangereuse. S'il n'avait pas de redoutables secrets dans son sac, il ne se ferait pas scrupule de le vider.

Cette conviction une fois acquise, Jacques n'épargna pas les occasions de pousser Paul dans la voie des aveux. Bien que les anciens compagnons de ce dernier fussent de retour, il ne rompit pas les liens de la nouvelle amitié qui l'unissait au fils du condamné et tous deux demeurèrent d'inséparables amis.

Les soupçons de Jacques, sur la complicité de Paul dans le meurtre de sa mère, s'accentuaient de plus en plus. Il n'était pas, jusqu'à la tempérance exagérée du jeune homme qui n'y contribuât et surtout la discrétion qu'il affectait sur tout ce qui se rapportait au drame. En effet, pensait-il, tout autre qu'un coupable se fût, au contraire, plu à en raconter sinon les détails, du moins à en évoquer le souvenir, en tout cas il n'eût pas mis cette ténacité, de parti pris, à le chasser de sa mémoire ainsi que de sa conversation.

— De quel pays es-tu? lui demanda-t-il un jour, impatienté de n'aboutir à aucun résultat.

Paul se troubla.

— Que t'importe! lui répondit-il sans cacher son mécontentement.

Jacques joua l'indifférence.

— Je ne savais pas que ce fût un secret.

— Aussi n'en est-ce point un, reprit Paul, craignant d'éveiller la défiance de son interlocuteur, et puisque ce détail, sans importance, t'intéresse, je te dirai que j'ai l'avantage d'être né en pleine forêt des Ardennes.

Jacques parut concentrer ses souvenirs.

— La forêt des Ardennes n'a-t-elle pas fait parler d'elle, il y a quelque temps?

Paul tressaillit.

— De quelle façon l'entends-tu? Politiquement, pour une élection?...

Jacques l'interrompit.

— Non, judiciairement. N'y a-t-il pas eu là un meurtre? un procès?

Paul se troubla de nouveau.

— Oui, fit-il séchement.

— Tu te le rappelles!

— Certes! et je suis payé pour ne jamais l'oublier.

Jacques feignit la surprise.

— Quoi! comment?

Paul secoua la tête et garda le silence.

— Tu connais le village?

— Mieux encore.

Jacques devint tout attention.

— Le meurtrier peut-être?

Il fit un signe d'assentiment.

— Et la victime aussi?

Paul pâlit et regardant étrangement celui qui l'interrogeait.

— C'était ma mère,... dit-il.

Il ajouta :

— Ces réminiscences me font mal. Causons d'autre chose.

A quelque temps de là, il arriva que Paul ayant prêté de l'argent à un camarade, voulut rentrer dans ses fonds.

A force de puiser dans la succession maternelle, il commençait à craindre de ne pouvoir bientôt plus y trouver les ressources suffisantes pour faire face aux dépenses de la vie coûteuse qu'il menait et qui, après lui être devenue une habitude, était maintenant pour lui une nécessité.

L'emprunteur, plus besoigneux que jamais, accueillit sa requête par une fin de non-recevoir, renvoyant son créancier aux calendes grecques, c'est-à-dire à l'époque indéfinie où sa mère mourrait et où il entrerait en possession de son patrimoine.

Paul se fâcha. Mais inutilement, l'autre ne lui rendit rien.

Pendant ce temps, les folies continuaient et les ressources menaçaient tout doucement de s'épuiser.

Jacques intervint et prit sa double part des dépenses. Bien plus, il offrit à Paul la vie commune, affirmant que sa chambre, trop grande pour lui seul, serait suffisante pour deux.

Paul accepta.

Jacques n'avait pas agi avec un entier désintéressement. Il nourrissait l'espoir que, dans le long tête-à-tête de leur existence quotidienne, il surviendrait une occasion de surprendre le secret auquel étaient attachés la liberté de son père et leur honneur. Il put le croire dès les premiers jours. Paul, touché de cet acte de cordialité, dont il ne soupçonnait pas le mobile, s'abandonna, en effet, à plus de confiance. Ce fut ainsi que Jacques apprit de lui qu'il était brouillé avec son frère.

Cette confidence en amena quelques autres. Néanmoins il restait toujours sur la défensive, et ne s'écartait jamais de sa tempérance de parti pris.

Parfois, Jacques se sentait envahi par le découragement.

— Ou il ne sait rien, ou il ne se trahira pas, se disait-il. Dieu se détourne de nous.

Dans ces moments, il ne lui fallait rien moins que faire appel à toute sa foi de chrétien, pour ne pas renoncer à cette lutte qui lui apparaissait sans issue.

Plusieurs années s'écoulèrent.

Le mal moral qui le minait ne lui laissait plus de repos. Jusque dans son sommeil, il se reportait, par la pensée, auprès du captif innocent qui languissait dans les hontes du bagne. Il se rappelait ses paroles d'adieu, ses conseils, ses prières, ses adjurations, puis aussi sa bénédiction suprême ; et, involontairement, en jetant un regard en arrière et en se rendant compte du peu de résultat obtenu dans les années qui venaient de disparaître, il lui semblait qu'il n'avait pas été à la hauteur de la tâche sacrée que son père lui avait imposée et qu'il avait promis de remplir.

Les embarras financiers de Paul croissaient constamment. Encore quelque temps, et il en serait réduit aux expédients. Jacques, depuis qu'ils vivaient ensemble, ne le suivait plus dans les brasseries et, plus d'une fois, il avait dû recourir à sa bourse pour trouver l'argent du quart d'heure de Rabelais; seulement, les moyens de son camarade étaient trop limités, pour qu'il se permît de revenir souvent à la charge.

Quant à son débiteur, il continuait à se montrer insolvable, quoique sa mère, dont il était l'unique enfant, passât pour être riche.

La somme que lui avait prêtée Paul ne manquait pas d'importance et se montait à 2,800 francs. Ce dernier avait de plus commis l'imprudence de la lui livrer sur parole, au commencement de son arrivée à Paris, lorsque ses poches étaient encore pleines des milliers de pièces d'or retirées de la vente des biens de la fermière. Il est vrai que cet acte de franche camaraderie s'était accompli en face de nombreux témoins, et qu'il n'eût pas été possible de nier cette dette. Au reste, le pauvre diable n'y songeait guère, et nul doute que, s'il l'eût pu, il n'eût éprouvé, tout le premier, un réel plaisir à s'acquitter. Paul ne lui savait aucun gré de ce bon vouloir et se répandait en invectives contre lui. Plus d'une fois, il l'avait violemment interpellé jusque dans la rue et, malgré ses protestations, il ne se privait pas, dans sa rage, du plaisir de lui adresser les plus terribles menaces.

— Je te tuerai, s'était-il écrié, un jour que sa colère avait atteint au paroxysme.

— A ton tour on te tuera, répliqua le malheureux.

Paul eut un étrange mouvement de dénégation.

— Je m'arrangerai, fit-il d'une voix sombre, pour qu'on en tue un autre à ma place.

— La justice ne s'y trompera point, insinua Jacques, qui assistait à cette scène et n'en perdait pas un mot.

Stimulé par la contradiction, Paul, les yeux hors de leur orbite, le regardant en face, s'écria :

— Tu crois ça, toi !

Jacques eut un tressaillement, mais, se dominant :

— J'en suis sûr, les erreurs judiciaires sont rares, heureusement.

Paul eut un rire de démon.

— Tout dépend de la manière dont on s'y prend. On ne coupe le cou qu'aux imbéciles, et je n'en suis pas un, je l'ai prouvé.

Jacques resta muet de stupeur.

Que signifiaient ces imprudentes paroles? Se rapportaient-elles au drame de la mort de sa mère? Y faisaient-elles allusion, ou

n'étaient-elles dictées que par l'emportement et une banale forfanterie.

Lorsque Paul eut repris possession de son calme, il parut saisi
d'une soudaine appréhension.

Pressentant, par instinct, qu'il ne gagnerait rien à éveiller ou plutôt
à justifier ses défiances, Jacques ne changea pas d'attitude à son
égard et lui témoigna, en quelque sorte, plus de confiance qu'à
l'ordinaire.

Enfin, le moment arriva où les ressources de Paul furent entièrement épuisées. Il eut alors une inspiration.

— Je vais, dit-il, réunir dans le restaurant le plus fréquenté du
quartier, tous nos amis. Je leur donnerai un vrai dîner de Gargantua
auquel je convierai mon débiteur et là, en face de tous, après avoir
exposé ma situation désespérée, je le nommerai et lui réclamerai
la somme qu'il me doit. S'il se déclare impuissant à la restituer
intégralement, je lui proposerai un arrangement, consistant à pourvoir à mes besoins. Il n'est pas juste que je meure de faim quand il
ne manque de rien. S'il refuse, j'en appellerai à l'honneur de tous,
et le mépris que chacun lui prodiguera, du moins, me vengera en
le châtiant.

Jacques ne vit pas d'objection à faire contre le projet de ce dîner,
qui eut lieu dans les conditions déterminées, et auquel il dut participer de sa bourse.

Les amis qui y furent conviés étaient en si grand nombre, qu'on
dut consacrer une salle spéciale à ce festin.

Le débiteur, confiant, accepta [l'invitation qui lui fut adressée,
autant pour ne pas déplaire à son créancier, que pour son plaisir
personnel.

— C'est mon dernier atout, dit Paul à Jacques, en donnant ses
ordres à l'hôtelier, je cours ma dernière chance. Peut-être eussé-je
encore vécu huit jours avec l'argent que va me coûter ce dîner,
seulement au bout de ces huit jours, il ne me resterait plus infailliblement alors qu'à me mettre une balle dans la tête. Aujourd'hui,
j'ai une chance de me sauver et je la tente. Si je ne réussis pas,
qu'est-ce que je risque? Huit jours de misère. J'ai tout à gagner,
rien à perdre, huit jours de plus ou de moins!...

Un geste d'insouciance acheva sa pensée.

Le repas ne fut pas d'abord aussi gai que semblaient le comporter
les circonstances. On eût pu croire que les causes secrètes qui

avaient amené cette réunion étaient devinées. Il régnait une inex-
plicable contrainte entre les convives, et cependant, d'un bout à
l'autre de la table, les verres se remplissaient des vins les plus
capiteux.

Paul, malgré sa volonté de demeurer impassible, était ému. Il
s'était promis de n'interpeller son débiteur qu'au dessert, lorsque
les têtes seraient déjà un peu échauffées. Certain de la justice de
ses réclamations, il ne doutait pas que les avis ne lui fussent
favorables.

Lorsque le moment approcha, il sentit redoubler son émoi, et,
pour se donner plus de courage et plus de verve, il but contre son
habitude.

Dans les dispositions d'esprit où il se trouvait, le champagne eut
de prompts effets sur sa raison.

Tout à coup, interrompant les conversations bruyantes des divers
groupes de la joyeuse société, il se leva, et, après avoir demandé le
silence, il raconta son histoire, fit un tableau de sa situation et, en
appelant à la conscience et à l'honneur de ses camarades, il les
pria de se prononcer, non seulement entre lui et son débiteur, mais
de joindre à leur sentence l'obligation, pour ce dernier, de s'acquitter
de sa créance ou de s'engager à pourvoir aux frais de son entretien
et de sa subsistance.

Il y eut un silence d'étonnement.

— Car enfin, conclut Paul, dont la tête se montait, vous ne sau-
riez admettre que j'en sois réduit à me brûler la cervelle, alors que
le drôle qui me doit près de 3,000 francs mène grandement la vie.

Tout en parlant, il désigna de la main son débiteur, qui, se
levant à son tour, s'écria avec indignation :

— Cette réunion n'était donc qu'un guet-apens, un traquenard...

Il reprit en promenant son regard sur les convives.

— Je n'ai pas d'argent... Si j'en avais je ne lui rendrais pas seulement ce que je lui dois, je lui en donnerais le double pour avoir le
droit de ne lui garder aucune reconnaissance du maudit service qu'il
m'a rendu et qu'il m'a déjà tant reproché.

Le silence continuait.

Paul, croyant y voir une désapprobation à son adresse, ne connut
plus de mesure et, pâle d'une rage qu'augmentait son ivresse, il
s'exclama :

— Quand on n'a pas d'argent et qu'on a une mère riche, on lui en demande, et si elle refuse, on la vole, et si elle crie, on la tue.

Un frémissement d'horreur courut parmi ces hommes à demi avinés, et le silence se fit plus terrible.

Jacques, haletant, écoutait.

— Tu divagues, objecta celui des jeunes gens qui se trouvait placé aux côtés de l'ivrogne, dis des choses raisonnables et on te répondra.

A ces mots, Paul bondit, et se tournant vers son interlocuteur :

— Qu'est-ce qui prétend que j'ai dit des bêtises?

— Oui, tu en a dis.

Dix voix applaudirent, et dans le silence qui suivit, l'une de ces voix murmura gravement :

On ne tue pas sa mère.

Paul accueillit cette déclaration par un ricanement de brute.

— J'ai bien tué la mienne! glapit-il triomphalement.

Jacques se dressa en jetant un regard au ciel et en tendant les mains dans un élan spontané de reconnaissance :

— L'heure de Dieu! s'écria-t-il. Puis, embrassant d'un coup d'œil tous ceux qui l'entouraient, il ajouta :

— Je vous invite, Messieurs, à prendre note de l'aveu que vous venez d'entendre, afin d'en pouvoir témoigner en faveur d'un innocent condamné pour le crime dont ce monstre est coupable.

Il posa sa main sur l'épaule de Paul.

— Parricide! conclut-il en le foudroyant de son mépris.

Celui-ci, subitement dégrisé, voulut nier, mais tous déjà s'étaient écartés de lui.

Éperdu, il alla à Jacques, et le dévisageant, il balbutia terrifié :

— Qui donc es-tu pour t'acharner ainsi à ma perte... Thierry...

Avant qu'il eut achevé, ce dernier lui coupant la parole.

— Je ne suis pas Thierry, déclara-t-il, je suis Jacques Massin... le fils du condamné. . . . .

Paul fut arrêté. On révisa le procès de Jean Massin, et la nouvelle enquête établit que, non seulement le jeune scélérat avait commis le meurtre sans complice, mais qu'il était l'auteur de toutes les charges accumulées contre la victime. La sentence rendue fut annulée, et le verdict de la justice, en atteignant enfin le vrai coupable, fit sonner l'heure de Dieu.

Olivier DES ARMOISES.

DANS LA FOURNAISE [1]

22 *décembre*. — ... Le bon résultat de la campagne ouverte depuis hier nous fortifie dans nos chères espérances. Hélas! nous avons encore à enregistrer le nom d'une victime de la charité : le frère Néthelme, de la Doctrine chrétienne.

Cette nuit, ou plutôt ce matin, vers cinq heures, les clairons ont sonné... Les portes des maisons s'ouvraient et se refermaient fréquemment. A ce bruit se joignait celui de pas nombreux que le froid précipitait. J'ai cru que les gardes nationaux étaient convoqués à un service extraordinaire. Dans le silence de la nuit j'entendais à certains intervalles la voix d'un gamin de Paris, criant à chaque groupe de passants : « Ohé, Messieurs, ohé! ils sont là les gueux, les pendards! » J'ai eu un instant la pensée que l'ennemi tentait une attaque sur Paris. Au temps où nous vivons, chaque mot, chaque geste semble un indice ; l'on prend tout au sérieux, tout, jusqu'à l'espièglerie à laquelle j'ai eu la naïveté d'accorder mon attention.

23 *décembre*. — ... Par un beau temps d'hiver, nous nous sommes promenés ce matin pour aspirer à la fois la fraîcheur de la gelée et les rayons d'un soleil éclatant. Nous dirigeant vers le midi, nous passions sur le boulevard Montparnasse, mais comme les corbillards vides se succédaient en revenant du cimetière, j'ai prié mon père de me faire prendre un autre chemin que celui des enterrements. La mortalité devient effrayante. C'est surtout parmi les pauvres réfugiés que les épidémies sévissent avec une impitoyable rigueur. Les malheureux, qu'ils sont à plaindre! Ils ont quitté leurs riantes maisonnettes, les émanations balsamiques de leurs champs et de leurs bois ; ils ont abandonné ce qui les faisait vivre : le fruit de ces travaux agricoles qui leur avaient coûté tant de sueurs, et

(1) Voir la *Revue* du 5 octobre 1885.

pendant que leur village brûle, ils s'entassent ici dans des locaux
où leur agglomération vicie l'air qu'ils respirent. Ils ont faim, ils
ont froid, ils sont exilés; et quand les fléaux les fauchent, ils n'ont
pas la consolation de penser que, près de tombes aimées, une
croix de bois marquera leur dernière demeure dans le hameau où
ils ont vécu et où ils n'ont pu mourir. C'est la fosse commune du
grand Paris qui les attend, et plus d'un, peut-être, seul et abandonné, n'a vu personne à son lit de mort et a su que personne
ne suivrait son cercueil. Est-il rien de plus navrant qu'un convoi
funèbre qu'aucun ami n'accompagne? Depuis ce triste siège, ce
sont surtout les petits corbillards d'enfant que l'on voit ainsi passer.
Si la viande manque aux hommes, le lait manque aux enfants. Puis,
bien des jeunes mères, privées de nourriture et brisées par les émotions, ont vu leurs enfants naître et mourir à la fois.

Si la pensée s'arrêtait trop longtemps sur de semblables tableaux,
le courage manquerait. Reportons cette pensée vers le Dieu qui
guérit et console, et demandons-lui, en même temps que la délivrance de notre patrie, le salut des membres qui la composent.

Antienne du jour : « O Emmanuel! notre roi et notre législateur,
l'attente et le Sauveur des nations, venez nous sauver, Seigneur,
notre Dieu. »

24 décembre, soir. — ... Il a vécu, ce pin que nous avions
recueilli au bois sous les batteries ennemies; et nous aussi, nous
avons vécu, non pour l'illuminer dans une joyeuse veillée, mais
pour contempler avec tristesse ces couleurs nationales que j'y avais
arborées et voilées d'un crêpe.....

Pauvre arbre de Noël! Ce soir, je n'ai pu y placer qu'un emblème
religieux, une *Sainte-Famille*, douce et riante miniature dont les
fraîches couleurs, s'harmonisant avec celles de notre drapeau national, se détachent avec éclat sur la sombre verdure du pin et me
rappellent ces images et ces ex-voto que nous rencontrions autrefois
dans les forêts de Meudon et de Saint-Germain. Ah! de même que
cette *Sainte-Famille* surmonte le drapeau tricolore dans mon arbre
de Noël, puisse-t-elle, dans les combats, protéger nos couleurs françaises! Puisse le Sauveur des nations délivrer aujourd'hui la France!

Pauvre arbre de Noël, pauvre émigré! que j'aimerais à te charger
de jouets destinés à de petits enfants réfugiés comme toi; mais ce
qui leur faudrait maintenant, à ces frêles créatures, ce n'est pas

le hochet qui les amuserait, c'est la laine qui les couvrirait.

Veillée de Noël, qui m'eût dit que tu me serais un jour si douloureuse! Ah! depuis quelques jours, j'avais prévu les angoisses qui
m'étreignent le cœur...

Une pensée aussi m'afflige profondément. Je vois nos soldats, nos
gardes nationaux mobiles et mobilisés, tomber et mourir, non sous
le feu de l'ennemi, mais sous la gelée intense qui retarde les opérations de l'armée. Parmi nos défenseurs, il en est tant qui n'avaient
jamais quitté leur doux et confortable foyer... Et les voilà qui débu-
tent par une vraie campagne de Russie... Que la Providence veille
sur eux!

Noël, anniversaire du grand avènement qui aurait dû fondre à
jamais les haines de races dans un seul et immense amour, celui de
l'humanité! Et c'est dans cette nuit, grand Dieu! que nous, chrétiens, nous sommes contraints, par un inexorable ennemi, à souhaiter que, puisque le carillon de Noël ne peut être sonné dans les
tours de nos églises, il retentisse du moins dans les canons de nos
forts! Quel vœu! Allemands, frères en Jésus-Christ, à quelle extrémité nous réduisez-vous? Vous nous forcez de désirer votre perte...
Et cependant, nous qui souffrons tant par vous, nous vous plai-
gnons de ces mêmes malheurs que nous vous souhaitons!

Il n'y aura pas de messe de minuit. Tant mieux. Ne pouvant y
aller, j'aurais été trop malheureuse d'entendre la cloche qui en eût
annoncé la célébration.

11 *heures.* — A ce moment autrefois, nous nous trouvions dans
notre chère et belle chapelle, étincelante de lumières et parée de
fleurs. Les cloches sonnaient à toute volée, l'orgue faisait entendre
le chant pastoral du Ranz. Les voix des vierges consacrées à Dieu
vibraient éclatantes et pures. Et tandis que de jeunes lévites lançaient l'odorante fumée de leurs encensoirs d'or, l'officiant commençait le saint sacrifice qui célébrait la venue de l'Enfant-Dieu.

« Pourquoi les nations ont-elles frémi et les peuples ont-ils formé
de vains projets? » (Introït de la messe de minuit.)

« Au même instant il se joignit à l'ange une grande troupe de
l'armée céleste, louant Dieu, en disant : Gloire à Dieu au plus haut
des cieux, et *paix sur la terre aux hommes de bonne volonté.*

« Que les cieux se réjouissent, que la terre tressaille devant le
Seigneur, parce qu'il vient. »

Venez, ô Sauveur, venez!

25 *décembre*. — NOEL, centième jour du siège.

« Une nouvelle lumière nous éclairera aujourd'hui, parce que le Seigneur est né, il sera appelé... prince de paix... Le Seigneur s'est revêtu de force et a pris ses armes. »

« Fille de Sion, soyez ravie de joie ; fille de Jérusalem, poussez des cris d'allégresse ; voici votre roi, le saint, le Sauveur du monde. »

« Toutes les extrémités de la terre ont vu le salut que notre Dieu a envoyé. »

« Dieu, choisissant Sion, a dit : Je couvrirai de confusion ses ennemis... »

« Aujourd'hui le Sauveur est né. »

26 *décembre*. — La ville fait chercher dans notre demeure les cendres qu'elle a requises pour la fabrication de la poudre. Ainsi la cendre même que produisent nos foyers se convertira en poudre pour les défendre...

... Pendant la longue course que j'ai faite aujourd'hui, Paris m'est encore apparu sous un aspect nouveau. A l'approche du jour de l'an, c'étaient les merveilles de l'industrie parisienne qui attiraient l'attention des promeneurs. Aujourd'hui, remarquant une foule de curieux devant un étalage de la Chaussée d'Antin, je me suis approchée, et j'ai vu que l'objet de cette contemplation était... de l'oseille conservée. Rue Royale, j'avais vu se former un groupe autour de petits poulets à 33 francs la pièce. Plus loin une paire de pigeons était cotée à un prix reíativement raisonnable : rien que 15 francs.

Aux queues des boucheries et des cantines municipales, s'ajoutent maintenant les queues des chantiers. Une foule de personnes attendent, sous une bise glaciale, les bûches qui réchaufferont pendant quelques instants leurs membres engourdis. La plupart ont des charrettes. Ici un pauvre petit enfant a une hotte sur le dos.

Pour suffire au chauffage de notre immense population, il faut maintenant mutiler les derniers débris du bois de Boulogne et de Vincennes. Quand reviendra le printemps, combien loin il nous faudra chercher les verts ombrages !

Daus les brillants quartiers que j'ai parcourus, les chariots d'ambulance et les fourgons du train militaire ont remplacé et les belles voitures qui ont disparu, et les chevaux de luxe que nous mangeons. Les blessés convalescents se traînent au soleil. Où sont nos élégants promeneurs? Gardes nationaux, ceux que nous voyons ici, marchent au son du clairon, au bruit des tambours; ou bien, graves et résolus, ils continuent leurs exercices. Le soir, la rude et sombre garde des remparts suppléera les fêtes où ils couraient naguère. Mais il en est parmi eux qui remplissent une tâche plus sévère encore : ils n'attendent pas seulement l'ennemi sur nos remparts; ils courent à lui sur les champs de bataille.

J'ai remarqué aujourd'hui beaucoup de soldats en tenue de campagne. A mon retour j'ai su qu'une partie de nos troupes étaient rentrées... Hélas! mes douloureux pressentiments de la veillée de Noël n'étaient que trop fondés. A ce moment, de nombreux soldats étaient frappés de congélation... Les opérations militaires sont donc suspendues de nouveau.

Devant les coups redoublés dont nous sommes atteints, nous levons les yeux vers le ciel, et nous disons : « Seigneur, est-ce assez? »

« Mon Père, s'il est possible, faites que ce calice passe loin de moi; néanmoins que ce que vous voulez soit fait, et non pas ce que je veux... Mon Père, si ce calice ne peut passer sans que je le boive, que votre volonté soit faite. »

Oui, nous nous inclinons toujours sous la main qui ne nous frappe aujourd'hui que pour nous bénir demain. En nous armant de la résignation de Job, nous ne perdons pas l'espérance. Nous attendons encore le jour où notre drapeau, sanctifié par tant de glorieux martyres, planera avec fierté sur notre sol délivré. Bénie soit la religion qui, plaçant l'espérance parmi les vertus théologales, nous impose comme un devoir ce pressentiment du bonheur!

La fête que l'Église célèbre aujourd'hui, doit nous fortifier dans nos épreuves : c'est la fête du premier martyr. Que saint Étienne souffrant pour sa foi, nous encourage à souffrir pour notre patrie!

« Les princes assis sur leurs tribunaux ont prononcé contre moi, et les méchants m'ont persécuté; secourez votre serviteur, Seigneur, parce qu'il a été fidèle à votre loi. »

Dans cette fête, l'Église nous fait demander à Dieu la grâce d'imiter la générosité du saint qui mourut en aimant ses persécuteurs... Ah! qu'il nous est plus facile de pardonner à nos ennemis personnels qu'aux ennemis de notre patrie! Que de mouvements divers nous agitent quand nous pensons aux meurtriers de notre pauvre France! En voyant notre sol envahi, saccagé, nos paysans qui fuient leurs villages brûlés, nos soldats, nos concitoyens qui tombent en foule pour nous défendre, nos pauvres et leurs petits enfants qui meurent de faim et de misère; nos amis, nos parents qui, âgés si souvent, endurent avec nous de cruelles privations; en voyant cet horrible spectacle de sang, de feu et de larmes, nous sentons s'éveiller en nous des instincts de vengeance que nous ne nous étions jamais connus, et nous sommes prêts à maudire nos oppresseurs. Mais, devant ces malheureux qui combattent et tombent loin de leurs foyers, nous nous arrêtons soudain; et nous disant : « Eux aussi, ils souffrent; eux aussi, ils meurent », nous leur accordons notre pitié, et le pardon remplace l'anathème sur nos lèvres frémissantes!

« J'aperçois les cieux ouverts, et le Fils de l'homme debout à la droite de Dieu tout-puissant. Seigneur Jésus, recevez mon esprit et ne leur imputez pas ce péché. »

On a enterré aujourd'hui le frère Néthelme. La fête du premier martyr convenait aux funérailles d'un de ses successeurs.

... Avant de nous endormir nous entendons quelques coups de canon.

27 décembre. — (Bombardement des forts de l'Est et du plateau d'Avron.)

Matin. — Les décharges d'artillerie se précipitent avec une telle rapidité qu'elles semblent annoncer un combat.

Soir. — Non, ce n'est pas un combat qui s'engageait, c'est le bombardement de nos forts qui commençait, — prélude du bombardement de Paris.

Eh bien! ce mot terrible me soulage. Je l'ai dit souvent ici, ce que nous endurons depuis tant de semaines, c'est la mort lente et froide. Chaque jour nous enlève nos forces physiques. Riches ou pauvres, nous sommes tous privés de cette nourriture substantielle qui soutient la puissance vitale; et lorsque, par le hasard d'une bataille, le nombre des chevaux tués permet d'élever le rationnement de la viande, nous ne pouvons plus supporter cette forte alimentation, à quelque faible dose que nous la prenions d'ailleurs, et alors, non sans sourire, nous nous souvenons de ces tortures auxquelles, dit-on, une nourriture généreuse expose les malheureux qui en ont été longtemps sevrés.

Maintenant, c'est la lutte ouverte qui commence... Qu'elle soit la bienvenue! Nous y sommes préparés. Pendant que les hommes veilleront sur nos remparts, nous veillerons sur nos foyers, nous préviendrons l'incendie ou nous le combattrons; si les obus tombent autour de nous, nous panserons les plaies des victimes; et si les bombes nous atteignent nous-mêmes, mieux vaut, je le répète, tomber glorieusement sous le ciel embrasé que de dépérir sous la glaciale étreinte d'une obscure agonie. Remettons nos âmes entre les mains de Dieu, veillons et prions, c'est l'heure...

Paris brûlé avec ses vaillants défenseurs, avec ses vieillards, ses femmes, ses petits enfants, quel beau feu de Noël pour l'envahisseur! Et comme le Sauveur du monde sourira à l'holocauste de cette noble victime!

J'apprends à l'instant qu'une récente victoire aurait été remportée par les Prussiens près d'Amiens. Ce nouveau revers, peu important sans doute, ne saurait nous ébranler dans un moment aussi solennel.

28 décembre. — Fête des saints Innocents. Matin. Avant de m'endormir, j'ai recommandé à Dieu notre Paris et notre foyer.

Parmi les assiégés de Paris, plus d'une jeune mère doit célébrer en pleurant la fête de ce jour, la fête des saints Innocents. Comme Bethléem, Paris voit moissonner ses petits enfants. Pauvres anges qui, pendant ce cruel blocus, n'ont pu trouver la goutte de lait qui les eût fait vivre! « Un grand bruit a été entendu dans Rama, des plaintes et de grands cris : Rachel pleurant ses enfants et ne voulant pas se consoler de leur perte. »

Ce soir, à huit heures et demie, a sonné l'anniversaire de ma naissance. Encore une fête de famille qui s'écoule bien tristement. Mon Dieu, puisse l'année dans laquelle j'entre aujourd'hui, voir la victorieuse délivrance de mon cher pays... Mon Dieu, vous connaissez mes autres vœux.

29 décembre. — Aujourd'hui, pendant l'octave de Noël, de cette fête qui vit naître le Sauveur dans une crèche, j'ai vu, *dans une écurie*, une famille de réfugiés... Pauvres voyageurs, ils partagent, comme naguère Marie, Joseph et l'Enfant-Dieu, la paille sur laquelle reposent les animaux domestiques. Un loueur de voitures leur a prêté cet abri, et pour les séparer de ses chevaux, il a établi une clôture en planches. Deux compartiments ont été ainsi réservés,

dans cette écurie, à une famille de *treize personnes*, émigrée du
Mesnil-Amelot, et qui comprend une bisaïeule presque octogénaire,
ses petits-enfants et ses arrière-petits-enfants. L'humidité, le mauvais air, la misère et la nostalgie, les ont rendus malades. Le mari
d'une des jeunes femmes, atteint d'une entorse, ne peut sortir que
depuis hier. C'est sa compagne qui m'a reçue dans la cour. Maigre,
les joues creuses, elle relève d'une affection inflammatoire. Me
faisant entrer dans l'écurie, elle m'a guidée près de deux grabats
sur lesquels étaient étendues son aïeule et sa fille. Son fils était
couché sur une botte de paille et s'y tenait si tranquille que je ne
l'ai pas aperçu : la femme qui m'accompagnait et qui m'avait révélé
cette misère, a seule remarqué la présence du pauvre petit. Je me
suis approchée de l'aïeule, et comme je m'informais de sa santé,
elle s'est soulevée pour me répondre... Quel spectacle! La vieille
malade, à moitié nue, n'avait même pas une camisole pour couvrir
ses épaules décharnées. C'était un squelette que j'avais devant
moi : « J'ai toujours froid, me dit-elle... »

Et pendant que les pauvres réfugiés meurent ici de faim et de
misère, ils pensent qu'à 27 kilomètres de Paris, ils habitaient une
métairie qui leur donnait le bien-être, et que les Prussiens occupent
aujourd'hui... J'ai dit à la vieille paysanne que, dans quelques jours,
elle reverrait son pays et que les envahisseurs seraient chassés. « Ils
nous bombardent », m'a-t-elle répondu; car de son lit de douleur,
elle entendait le fracas des obus. « C'est nous qui les bombardons »,
ai-je répliqué... Nos forts ne répondent-ils pas aux batteries prussiennes?

... Depuis hier, l'administration de la Seine fait appel aux femmes
de Paris, pour que celles-ci donnent à nos combattants les lainages
qui les aideront à combattre cet affreux allié des Prussiens : le froid!
Avec mon père j'allais porter à la mairie un passe-montagnes,
quand le roulement des tambours nous a arrêtés dans la rue de
Varennes. Un bataillon de guerre se rendait au combat ; c'était, je
crois, le 71me. Les hommes qui le composaient étaient silencieux et
recueillis comme ceux qui ont accepté d'avance le sacrifice de leur
vie... Je les regardais avec émotion, quand une idée subite m'a
traversé l'esprit : « Si, au lieu de faire passer à mon capuchon la
filière administrative, je le donnais directement, ai-je demandé à
mon père. — Soit. Prie alors un officier de le remettre à l'un de ses
soldats. Tiens, adresse-toi à ce capitaine. — Ah! je n'ose pas... »

Cependant je fais un mouvement en avant... L'officier le remarque et s'approche de nous. Comme le bataillon était en marche, le temps des discours n'était pas opportun, et la concision était de rigueur : « Pardon, Monsieur, un passe-montagnes pour l'un de vos hommes... Auriez-vous la bonté de l'accepter ? » Le capitaine reçoit avec une grâce chevaleresque ma pauvre petite offrande. Il cherche dans les rangs de sa compagnie le garde auquel il remet cet objet ; il me présente de loin celui qu'il a choisi, nous nous saluons tous les quatre... et le bataillon s'éloigne suivi d'une voiture d'ambulance...

Nos prières accompagnent, et les braves que j'ai vus partir, et particulièrement ces deux inconnus que je ne reverrai sans doute jamais et auxquels mes parents et moi nous avons porté un toast ce soir...

30-31 décembre. — Continuation du bombardement des forts de l'Est.

31 décembre. — J'avais espéré qu'à l'occasion du renouvellement de l'année, les Prussiens auraient l'amabilité de nous adresser leurs cartes *p. p. c.* Ils préfèrent nous envoyer de jolis souvenirs, des obus qui éclatent comme les pétards de nos bonbons. On n'est pas plus gracieux, et j'ajouterai, plus charitable ! Oui, des hauteurs qu'ils occupent, nos ennemis ont vu nos toits couverts de neige et la Seine glacée. Ils ont éprouvé quelques remords de penser qu'ils empêchaient nos arrivages de bois et de charbon, et pour nous réchauffer ils s'apprêtent à brûler nos maisons !.. Mais j'ai tort de sourire. D'autres meurent là-bas.

Année 1870, année à jamais mémorable dans les fastes de l'humanité, et qui seras marquée en lettres de sang ! dans quelques heures tu auras terminé ton cours... En te voyant disparaître, j'allais te maudire... et soudain une pensée a arrêté cette imprécation sur mes lèvres ! Non, je ne te maudirais pas, toi qui as été choisie par le Seigneur pour nous rappeler à Lui par la souffrance ; je ne te maudirai pas, toi, qui n'as vu notre abaissement que pour assister à notre régénération, toi qui as été pour nous le temps de l'épreuve salutaire ! 1870, tu as préparé la voie à l'année qui te succède, et qui, avec l'aide de Dieu, pourra être nommée dans notre histoire nationale : l'année de la délivrance. Année 1870, sois donc bénie... comme la douleur ! De toi datera pour notre France une ère nouvelle.

La levée du blocus de Paris et le salut de la France, tels sont les seuls vœux que s'offriront aujourd'hui et demain les habitants de la grande ville investie.

1871. 1er *janvier*. *Matin*. — C'est au bruit du canon que 1870 a disparu ; c'est aussi au bruit du canon que 1871 a été inauguré.

Entre deux obus les horloges des chapelles voisines ont sonné les douze coups qui nous annonçaient l'avènement d'une autre année : Minuit ! Et de mon cœur s'est échappée cette prière : « Vive Paris, vive la France ! Mon Dieu, exaucez-nous. »

Soir. — De graves mesures sont prises : Paris, *en masse*, court chasser l'envahisseur. Puissent bientôt les Allemands se trouver emprisonnés entre nos braves concitoyens et nos armées de secours !

Les volées d'artillerie nous annoncent que le bombardement continue. Combien la reine de Prusse doit souffrir de voir le barbare traitement qui, malgré ses généreux conseils, est réservé à la France ! Que ce carnage doit répugner à cette vaste intelligence, à ce noble cœur qui comprend et soulage les douleurs humaines ! Ah ! l'auguste fille de l'Athènes allemande (1), la première protectrice de l'œuvre destinée au soulagement des blessés, trouvera que sa couronne de reine était plus belle que ce manteau impérial qui devra sa pourpre au sang le plus pur de la nation française !

Nous assistions aujourd'hui à une touchante et solennelle cérémonie célébrée à l'église Sainte-Clotilde : la procession et la bénédiction du Saint-Sacrement. Le canon retentissait sous les voûtes ogivales de l'église, et pendant que, dans cette pieuse retraite, tout était harmonie et lumière, qui nous disait qu'un obus n'allait pas soudain y répandre la nuit de la mort ! Cette pensée, loin de m'effrayer, avait pour moi un charme infini. Si, même en dehors du lieu saint, je me sens abritée et portée par la maternelle Providence, combien plus encore je me trouvais en sécurité sous l'aile immédiate du Seigneur ! Certes, la tristesse était empreinte sur les visages des fidèles ; mais dans leur attitude se lisait une religieuse confiance. Aussi en entendant les hymnes qui, au bruit des obus, s'élevaient harmonieusement vers le Dieu d'amour et de paix, admirais-je cette liberté et cette immatérialité par lesquelles les âmes échappent au règne de la force pour en appeler à celui de l'éternelle justice. Quand le Saint Sacrement a été porté processionnellement dans

(1) Weimar.

l'église pour attirer sur notre pays la miséricorde divine, je me suis jointe au cortège en deuil qui suivait le Sauveur du monde, et je pensais : O Dieu, peut-être est-ce dans votre passion que nous vous accompagnons, mais ce sera aussi dans votre résurrection!... A l'heure où les grands d'ici-bas nous font tant souffrir, que j'aime à suivre le Maître et le Juge des grands de la terre, la seule puissance qui ne se trompe jamais!

Comme toujours l'office divin nous offre de consolantes perspectives : « Demandez la paix pour Jérusalem... »

« Si le Seigneur ne garde lui-même la ville, c'est en vain que veille celui qui la garde. »

« ... Jérusalem, louez le Seigneur... car il a fortifié les barrières de vos portes, il a béni vos enfants au milieu de vous.

« Il a établi la paix sur vos frontières. »

2 janvier, *4 heures.* — La mort est là, fauchant et moissonnant... Depuis ces derniers temps, au milieu du silence de la rue, j'entends parfois glisser sur la neige des attelages au pas lent... Quand ce ne sont pas des voitures d'ambulances, ce sont des convois funèbres. Hier, il est mort quatre personnes dans notre rue, et à l'heure où j'écris, trois autres victimes de nos fléaux sont portées à l'église dans de pauvres corbillards qui, accompagnés par des religieuses, défilent à la suite l'un de l'autre. *Miserere...*

3 janvier. — C'est aujourd'hui que s'ouvre la neuvaine de sainte Geneviève. Vénérée patronne de Paris, plus que jamais c'est l'heure de secourir votre ville! Au jour de votre fête, au jour de votre triomphe, le Roi des cieux vous refusera-t-il la délivrance de la cité que vous avez déjà préservée d'une barbare invasion? Sainte Geneviève, priez pour nous!

Clarisse BADER.

(*A suivre.*)

REVUE LITTÉRAIRE

LES ROMANS NOUVEAUX

I à IV

Lorsqu'il s'agit d'apprécier des romans en y cherchant quelque chose de plus que le savoir-faire, de mettre le lecteur en garde contre les séductions de la forme ou l'entraînement de la vogue, la tâche est souvent bien difficile. Le public voudrait qu'on l'aidât à se permettre certaines lectures attrayantes, mais dangereuses; les auteurs sont toujours prêts à se plaindre des sévérités de la critique. Ils prétendent n'être jugés qu'au point de vue de l'art et, pour un bon nombre, l'art consiste à obtenir le succès, n'importe par quels procédés.

Nous évitons, en général, de mentionner les romans purement naturalistes, mais ceux qu'on nomme psychologiques, qui, à l'aide de cette dénomination, prennent place jusque sur la table de la famille, qui se font lire par tous, ne sont-ils pas, pour la plupart, très proches cousins des autres? Leurs auteurs s'inquiètent-ils d'y étudier les parties nobles de l'âme, de tirer la divine étincelle du choc des passions avec l'idée du devoir?... Le goût du jour est à l'analyse minutieuse des sensations, des impressions, des déterminations produites par les objets matériels; la pathologie la moins relevée remplace la morale.

C'est contre ces tendances, approuvées des uns, mollement subies par les autres, qu'il nous faut réclamer sans cesse; le titre seul de cette Revue nous y obligerait, quels que puissent être l'inutilité de nos réclamations, leur peu d'écho ou le mauvais accueil qu'on leur réserve.

Comment, par exemple, ne pas reprocher à l'auteur de *l'Aventure de Mlle de Saint-Alais* d'abuser d'une analyse très fine, très habile peut-être, mais presque absolument sensualiste. Encore n'y insisterons-nous point, de peur de nous laisser entraîner à l'y suivre trop au fond. Nous avons déjà parlé du *Roman d'un Fataliste*, par le même écrivain; son nouveau livre a le mérite de ne rappeler ni les situations ni les personnages du précédent seulement M. Rabusson y conserve l'habitude des dissertations. « Il est plus facile, comme le remarque Vauvenargues, de caractériser les hommes que de les faire se caractériser eux-mêmes. » Notre romancier les peint avec une certaine misanthropie, tout en déclarant que « les bons sont en majorité dans tous les partis ». On ne s'en doute guère d'après ce qu'il nous montre, car on trouve à peine deux justes parmi cette société corrompue où son héroïne fait preuve, à vingt ans, d'une si étrange dépravation de cœur et d'esprit. La mère d'Edmée ne vaut pas mieux que sa fille; son portrait est tellement chargé, qu'elle pourrait en appeler à toutes les mères. L'invraisemblance même des détails de l'intrigue témoigne en outre des difficultés, mêmes matérielles, de sa réalisation, malgré le relâchement des mœurs de la société où l'auteur la place. On se demande si l'on doit savoir gré au romancier de ne point augmenter le scandale, en commençant, comme tant d'autres, par marier son héroïne. Mais cette jeune fille, qui écoute sans indignation un homme lui proposer une liaison coupable, dont les derniers nœuds ne devront se serrer qu'après que tous deux se seront mariés, chacun de leur côté; cette Mlle de Saint-Alais, qui ose discuter une pareille hypothèse avec sa conscience, n'est-elle pas plus révoltante qu'une femme mariée, affolée par la passion? On en conviendra Edmée ne mérite guère le chevaleresque dévouement avec lequel un honnête homme la sauve au milieu de l'aventure là plus risquée, et lui donne son nom. Le romancier espère que la leçon sera suffisante, un mari ferait bien de ne pas s'y fier. Le monde où Mlle de Saint-Alais a failli laisser ses plumes de colombe, est celui des désœuvrés, des raffinés en jouissances, des hommes sans principes, des femmes sans vertus, qui recouvrent leur immoralité de tous les dehors du luxe et du bon ton, qui n'ont profité d'aucune des terribles leçons données par les révolutions et auxquelles, comme le rappelle M. Rabusson, Balzac appliquait déjà la jolie devise du cygne : « Je meurs en chantant. » Au milieu de ces gens assemblés pour le plaisir, se détache, avec des allusions transparentes, une physionomie singulièremeut chevaleresque, vers laquelle le romancier semble entraîné presque malgré lui. « M. de Preu, dit Edmée, a des idées, des croyances, que je n'ai pas qualité pour juger; aussi me garderai-je bien de le faire. Ce que je sais, c'est que sa constance à poursuivre la réalisation d'une œuvre généralement considérée comme aussi grande qu'elle paraît impraticable, son mépris absolu des niaiseries mondaines, son courage, son éloquence d'apôtre, bref, tout ce qui le met en dehors et au-dessus des hommes de son monde, en avait fait, pour moi, celui auquel on rêve volontiers. » Et plus loin, l'auteur déclare que « cette personnalité sera peut-être la plus sympathique, la plus marquante de ce temps-ci » — Si le roman de Mlle de Saint-Alais a une moralité, c'est dans ce contraste des viveurs mondains avec l'homme utile et généreux, c'est dans un hommage si éclatant et si sincère, qu'il faut la chercher.

Cet appel aux plus nobles sentiments de l'âme humaine ne saurait excuser le sensualisme de certaines pages, il l'accentuerait plutôt; mais enfin, ce livre n'est pas purement érotique, comme le roman intitulé : *les Épreuves d'une Héritière*, dont l'auteur semble partager l'avis de Musset :

> Oui, c'est un vieux mensonge à plaisir inventé,
> Que de croire à l'amour hors de la volupté.

Afin de donner un décor plus riche et plus voluptueux aussi, à ses

scènes, M. de Bernard nous transporte dans la Venise moderne,
qu'il peint avec des couleurs à la Titien. Ce ne sont que gondoles,
palais splendides, fêtes de nuit merveilleuses, rendez-vous amoureux. Le monde factice qui s'agite au milieu de ce luxe et de ces
plaisirs n'est occupé que d'amour, de jouissances, d'aventures sensuelles. Mlle de Saint-Alais se croyait trop pauvre pour se marier à
son gré; Ellen Hérigton s'imagine qu'on n'aime que sa cassette et
ne trouve pas d'autre moyen de se faire adorer pour elle-même,
que de descendre jusqu'au rôle de courtisane. Elle va plus loin
qu'Edmée, car, en sa qualité d'Anglaise, elle ne craint pas de se
compromettre publiquement. Elle se complaît à exciter la passion
d'un jeune marquis Italien, sans décourager celle d'un Anglais, son
parent, qui la suit partout, fidèle et féroce comme un boule-dogue.
Chose curieuse, Ellen finira par épouser un parvenu français immen-
sément riche, mais aussi positif que vain. L'intérêt de ce roman se
résume dans les luttes, parfois brutales, entre Ellen et les deux
rivaux, dont elle repousse ou attise tour à tour les ardeurs. Une
très jeune fille, la fiancée du marquis Valpieri, figure ici l'innocence,
mais une innocence bien passionnée. Quant au jeune Italien, il fait
une assez pauvre mine au milieu des adorations des trois femmes
qui ne vivent que pour lui : sa mère, Ellen et sa fiancée. On entrevoit, à l'arrière-plan, un ministre protestant jouant un fort vilain
rôle. Le romancier n'est point un libre penseur, il semble même
avoir gardé une douce souvenance de la piété de sa mère; il n'a
nullement voulu se montrer hostile au sentiment religieux, et pourtant, si peu sacerdotal que puisse être le personnage du ministre,
avouons-le, de telles caricatures choquent toujours le sens chrétien.

Hors du Monde, on nous en avertit sur la couverture du roman,
sort de la même plume que *l'Impératrice Wanda*. Nous n'avons
pas cru devoir parler de cet autre ouvrage, malgré son succès,
ou plutôt à cause du succès dû, en partie, à la curiosité du scandale.
Mais cette fois, *l'authoress* qui se dissimule sous le pseudonyme de
Jack Franck, renonce aux personnalités trop éclatantes et aux
indiscrétions trop tapageuses. Elle eût pu prendre, comme épigraphe, le vers de Boileau :

> ... L'honneur est une île, escarpée et sans bords,
> On ne peut y rentrer, dès qu'on est en dehors.

L'héroïne, femme du meilleur monde et capable de comprendre

la vertu, s'est laissé entraîner à une première chute qui l'amènera
bientôt à s'afficher complètement. Une telle vie fatigue Mme de
Fontane, elle manœuvre de manière à se faire épouser par un de
ses adorateurs, le marquis Herbert de Sonis. Le monde, si indulgent
pour les femmes tombées, tant qu'elles restent à la place qu'il leur
assigne, ne pardonne guère au repentir et n'admet pas facilement
les réhabilitations. Nadine ne parvient point à rentrer dans les
salons fréquentés par son mari. La famille de ce dernier, d'ailleurs,
se montre inflexible, et lui-même se reproche sa faiblesse. Nadine a
beau se condamner à l'isolement complet, supporter sans plaintes
les infidélités outrageantes du marquis, mener une vie irréprochable, s'élever même jusqu'aux sentiments de la résignation la
plus chrétienne, elle ne désarme personne. Il faut qu'un acte
héroïque de dévouement, accompli par la malheureuse femme, lui
ouvre les bras de sa belle-mère; mais l'appui même de cette digne
matrone ne peut faire revenir le monde de ses préventions. Les
hommes continueront à insulter la marquise par le genre d'hommages dont ils l'accablent, les femmes la fuiront toujours, les
domestiques ne cesseront de l'appeler tout bas : *la* Fontane.
Cependant la jeune belle-sœur de Nadine, élevée au couvent, cela
va sans dire, mariée à seize ans, tenue en tutelle par la douairière
de Sonis, ayant tous les secours pour se conduire en honnête
femme, succombe, un beau matin, au premier souffle, avec une
incroyable faiblesse. Aliette voudrait bien croire à un mauvais
rêve, mais son complice la regarde désormais comme une proie, et,
pour sauver la famille d'une honte nouvelle, celle qui a causé le
premier scandale, Nadine, assumera toutes les apparences de la
faute. Elle mourra de chagrin, pleurée comme une fille par sa belle-
mère, proclamée innocente par Aliette, qui se repent et se fait pardonner. On comprend le danger du parallèle : toutes les vertus chez
l'ancienne pécheresse; la plus honteuse facilité à déchoir chez la
femme que son éducation devrait préserver. La sévérité de la société
trop juste, en pareil cas, n'a été exagérée, semblerait-il, que pour
faire excuser les situations irrégulières. Le romancier, d'ailleurs, ne
renonce pas, dans plus d'une scène, aux couleurs crues de certaine
palette de famille dont on connaît les audaces. Ses pinceaux ne
sont pas assez essuyés, même pour peindre la femme de devoir,
la mère pieuse. Cette douairière de Sonis gâte toutes ses vertus
par l'orgueil, si bien qu'on se sent presque heureux de la voir

humiliée devant l'aventurière qu'elle avait maudite. Elle ne réussit point à inspirer à ses enfants ses principes religieux, elle élève son petit-fils avec une faiblesse déplorable ; elle ne sait empêcher un duel que par un mensonge, « ne se reconnaissant ni le droit ni le devoir » de se mêler des affaires d'honneur... La conclusion du roman est assez peu claire. Devons-nous en tirer cette conséquence : qu'une fois engagé dans le vice, il vaut mieux ne point essayer d'en sortir ? Ce serait fort immoral. Le romancier a-t-il voulu atteindre, tout d'un coup, la plus haute spiritualité, en faisant de sa pécheresse une pénitente accomplie, qui se purifie dans la douleur, et faut-il finir avec Corneille, après avoir commencé avec Boileau, en disant que Nadine ne pouvait prétendre aux félicités temporelles :

> Celle d'un vrai chrétien n'est que dans la souffrance,
> Les plus cruels tourments lui sont sa récompense !

Ce serait singulièrement édifiant de la part d'un auteur qui se pique, en général, de toute autre chose.

On n'a point oublié, sans doute, les croquis si vrais, si spirituels, si vivants du fonctionnarisme en province, qui ont assuré le succès de *Monsieur le Préfet des Hauts-Monts*. Leur auteur complète la série par *Monsieur le Député de Chavone*, étude pleine d'actualité aussi, mais où la verve est moins prime-sautière, où les scènes et les caractères restent trop à l'état d'ébauches, où la leçon ne se déguise peut-être pas assez. M. Narjoux raconte, non sans quelque malice, comment « un éminent critique refusait, naguère, de s'occuper de *Monsieur le Préfet des Hauts-Monts*, « cet esprit supérieur » ayant remarqué que l'ouvrage de M. Najoux « enlève le prestige dont les fonctionnaires républicains doivent être entourés ».

Le romancier se défend de toute intention subversive et s'étonne du peu de « consistance » qu'on suppose au « prestige » des fonctionnaires de la république. Il « a travaillé sur une individualité, non sur une généralité ; son procédé sera le même pour le *député*. Si le personnage ressemble à beaucoup de députés, on ne peut qu'en féliciter l'observateur ; il prend ses types et ses matériaux où bon lui semble, aucune corporation n'a le droit de se soustraire à son étude... Ceci posé, disons, en deux mots, que le héros du roman, Marcel Talvas, débute par être avocat ; un acte tapageur d'impiété le pose parmi les radicaux de son canton ; il a, d'ailleurs, spéculé

sur une cause politique pour faire entendre de ces mots sonores
auxquels le populaire ne résiste point. On le nomme député, et le
voilà lancé dans ce grand Paris où la fièvre des plaisirs, des affaires,
de l'ambition, lui fait oublier les intérêts du pays. « Il se trouve
acoquiné avec des gredins », il s'engage au milieu d'une société
qu'il ne connaît pas... Puis « un beau jour tout craque, on tombe
à l'eau, les complices vous poussent au fond afin de rester à la
surface ». Talvas, impliqué dans une spéculation véreuse, sort du
tribunal sans condamnation, mais flétri « par les considérants ».
Son vieux père et sa mère elle-même, aveuglés par le naïf orgueil
de ses premiers succès, lui pardonnaient ses fanfaronnades d'impiété, sa honte les brise. « Femme, dit le père, il eût mieux valu
que nous n'ayons pas de fils! » Ces honnêtes gens ne survivent
point à une pareille douleur, et Marcel rentre à l'église derrière leur
cercueil, car ce député républicain, lui, du moins, n'était pas un
mauvais fils. Il pleure, il prie, il résiste à la tentation du suicide;
son caractère léger reprend le dessus, il rêve une revanche sur la
fortune et s'embarque pour la chercher. De toute la notoriété qu'il
a si chèrement achetée, il ne recueille que les injures de l'ancien
client sacrifié, quand celui-ci le reconnaît sur le port. Sauf quelques
pages un peu lestes, ce roman serait un vrai livre de morale s'adressant au bon sens et à l'expérience du public de notre pays. Il a
peut-être déjà fait du bien, Dieu veuille qu'il en puisse faire encore!

V à IX

Le roman de M. S. Cambray : *le Mal du Pays* vise également à
un but moralisateur. Ce mal cause peu de ravages maintenant, des
fièvres autrement pernicieuses l'ont remplacé; aussi l'auteur nous
fait-il reculer d'une cinquantaine d'années pour le décrire et pour
peindre les plaines de sa chère Champagne, dans leur aridité et leur
mélancolique poésie d'autrefois. Cette Champagne crayonneuse
et stérile, à laquelle les paysans donnaient un nom si expressif,
était passionnément aimée de ses enfants, car, suivant la remarque
du romancier, une loi providentielle a plus fortement attaché le
cœur de l'homme à la patrie la plus déshéritée. Noël le principal
personnage de cette étude est né d'une pauvre ouvrière et d'un professeur de collège, qui n'ose le reconnaître; ii a été élevé chez de
modestes cultivateurs dont il se croit d'abord le fils. Le digne curé

du village dirige ses premières années et lui conseille d'entrer dans le corps universitaire, la faiblesse de son tempérament lui interdisant les travaux de la campagne. Son triste père le protégera secrètement. Le pauvre garçon quitte ses champs, il va à la ville, puis à Paris. Hélas! le séjour de la grande ville étiole son corps, perd son âme; il végette parmi la foule des déclassés et ne se ranime qu'au moment où il peut respirer, enfin, le grand air de sa « doulce Champagne », comme disaient nos aïeux.

Un poète du quatorzième siècle caractérisait ainsi ses compatriotes :

> Veux-tu connaissance avoir,
> Des Champenois et leur nature?
> Pleines gens sont, sans décepvoir,
> Qui aiment justice et droiture.
> Nulz d'eulz grant estat ne procure.
> Et ne peuvent souffrir dangier (*oppression*).
> Contents sont de vivre en franchise
> Et ne se savent avancier, — etc.

Que l'auteur l'ait voulu ou non, Noël reproduit les principaux traits si bien marqués par Eustache Deschamps. Indépendant, mais timide, il ne cherche pas beaucoup à « s'avancer », une place d'inspecteur des écoles de son canton suffit à son ambition. Fixé dans son village, où une fidèle fiancée l'attendait, il sera toujours respectueux envers son curé, sans partager la foi du pieux pasteur. « Il ne parlera jamais ni de politique, ni de religion », « restant d'accord sur un point » avec le vénérable prêtre auquel il doit tant : « c'est qu'il faut travailler sans cesse à l'amélioration de l'espèce humaine, en commençant par l'enfance et que ce n'est pas trop, pour cette œuvre, de la coopération de tous les hommes de bonne volonté ». M. Cambray est d'autant plus empressé à améliorer la race humaine qu'il n'espère pas beaucoup en une vie meilleure et veut « au moins agrandir et *diviniser* » celle-ci. On reconnaît encore l'esprit champenois dans ce scepticisme conciliant, hésitant, modéré, dans ce mélange de respect et de doute sur les choses religieuses, trop fréquent chez les compatriotes de Noël. Ajoutons, cependant, que l'auteur se prononce avec fermeté contre les doctrines, les manœuvres, les mises en scène de la Franc-Maçonnerie et, avant de terminer cette trop courte analyse, qu'il nous soit permis d'exprimer tout le plaisir que nous ont fait éprouver certaines pages de ce livre. Elles avaient pour nous tout le charme des souvenirs d'enfance, joint à celui d'une si poétique description.

Dans les *Mémoires d'un Commis-Voyageur*, M. Beugny d'Hagerue, qui tient la plume sous le nom de son héros, se garde d'esquisser le type trop connu de l'employé de commerce nomade et mal élevé, fléau des tables d'hôtes, agent des sociétés secrètes. Jean Brunombert est un jeune homme laborieux, modeste, intelligent, dirigé par les principes religieux qu'il a puisés chez les *Frères*. Il voyage non seulement en France, mais en Amérique, où il fait la conquête d'une riche héritière; après bien des traverses, des épreuves, des tempêtes essuyées, des périls conjurés, Jean revient en France et s'y marie avec une brave et généreuse fille, qui a eu la constance de l'attendre. On lira en famille cette honnête et très intéressante odyssée.

On y pourra lire aussi, le roman de *Nelly Mac Edwards*, par M. de Woelmont. Les scènes de ce récit se passent tantôt sur l'Océan, tantôt en Europe ou en Amérique. Nelly est bien un peu passionnée, mais on pardonne tout aux Américaines! La malheureuse enfant, broyée dans un horrible accident de chemin de fer, « emporte avec elle cet amour qui a fait toute sa vie » et qui passera sans doute « comme un simple épisode dans celle de Philippe ». Philippe est un Français que l'auteur belge doue de la légèreté proverbiale; en bonne conscience pourtant, voudrait-on vouer le pauvre garçon à un veuvage anticipé et perpétuel?

Le nom seul de son auteur recommande *la Dette de l'Honneur*, Mme Maryan, si aimée des familles chrétiennes, excelle, on le sait, à peindre les humbles vertus, les joies, les chagrins obscurs, les dévouements de ceux que le monde appelle avec ironie les « bonnes âmes », et qui sont les grandes âmes devant Dieu. On trouvera dans cette œuvre nouvelle des exemples attachants comme toujours et, en même temps, une sage protestation contre les tendances de l'éducation actuelle. « Nos mères, dit Mme Maryan, étaient des ignorantes, cependant elles lisaient, elles réfléchissaient. Elles jouaient dans leurs maisons un rôle autrement important que les femmes d'aujourd'hui. Elles savaient conseiller leurs maris, diriger leurs fils et mériter un respect qui n'est plus guère commun de nos jours. Apprendre à penser et à penser juste, voilà la grande science, y arrivera-t-on avec tout ce fatras de pédagogie moderne? » Il est certain que les ouvrages de cet excellent auteur ne peuvent qu'y aider. C'est pourquoi nous sommes heureux de signaler cette publication nouvelle.

La Fille du Régicide sera également bien accueillie dans les milieux chrétiens, et on devra répandre cet excellent livre le plus possible. Il est écrit avec l'entrain des convictions ardentes et généreuses et tient plus de l'histoire que du roman ; mais on ne se lasse guère d'entendre parler de la Révolution, dont les passions et les crimes semblent toujours de l'actualité. Tandis que l'enseignement officiel accumule les mensonges sur cette sanglante époque, il est bon de propager des œuvres où la vérité éclate d'une manière si frappante. M. G. Pradel commence par un tableau des guerres vendéennes et de leurs horreurs, il raconte ensuite les abominations commises à Nantes, fait bonne justice de la légende de Hoche, montre jusqu'où peut aller la mauvaise foi du parti révolutionnaire, termine enfin, par quelques scènes de la campagne d'Espagne sous l'empire. Un roman, largement indiqué et fort dramatique, sert à grouper les faits de l'histoire et à leur donner, sinon plus d'intérêt, du moins plus de vie.

X à XIII

La bibliothèque des mères de famille n'est sans doute composée que pour leur usage particulier ; des quatre volumes publiés par elle, et qui vont suivre, aucun ne nous semble convenir à des jeunes gens. Les *Esquisses provinciales*, entre autres, ne pourraient être mises qu'avec précaution sous les yeux d'une jeune fille, les jeunes femmes elles-mêmes feront bien de ne pas imiter toutes les héroïnes de M. Meunier.

Sous prétexte de convertir son mari par la condescendance, une nouvelle épousée ne doit ni enfreindre les commandements de l'Église, ni mépriser les traditions de sa famille. Régine et Gabrielle qui se séparent de leurs époux, en invoquant le motif élastique « d'incompatibilité d'humeur », ou en s'excusant sur ce que ces *messieurs* ne répondent plus à leur *idéal*, oublient que la vertu consiste précisément à supporter, avec l'aide de Dieu, les plus rudes épreuves de la vie, sans déserter son poste. Régine fonde un orphelinat, quand elle devrait fonder une famille... Mêlés à des traits un peu légers, il en est d'autres, disons-le bien vite, d'une délicatesse de pinceau et d'une moralité parfaites, dans lesquels notre narrateur fait preuve de sentiments aussi chrétiens que patriotiques.

Quant à l'*Expiation de lady Culmore*, comme dans tous les romans d'origine anglaise, l'exaltation amoureuse, la liberté illimitée dont jouissent et abusent les jeunes héroïnes, étonneraient, nous aimons à le croire, nos jeunes Françaises bien élevées. Cela ne nous empêche pas de reconnaître un véritable talent analytique chez le romancier, et une grande habileté de narration qui tient en suspend jusqu'à la fin du volume. Nous voudrions louer aussi la traductrice, si elle ne s'était laissée aller à un style trop négligé parfois, à ces *parisianismes*, si l'on peut s'exprimer ainsi, qu'on se permet de plus en plus, au grand détriment de la langue. Nous regrettons, en outre, qu'elle ait tu le nom d'un auteur qui méritait, certes, d'être connu en France. Mais ce qui frappera surtout un lecteur sérieux, en parcourant ce récit empreint de l'esprit protestant, c'est le peu de secours offert à la faiblesse humaine par la doctrine et la pratique de la religion réformée, c'est l'insuffisance de la direction qu'elles donnent à la conscience; c'est la preuve, involontairement fournie ici, de la nécessité de la confession sacramentelle. Une femme, témoin d'un crime, ne peut se décider à emporter son secret dans la tombe. Catholique, elle eût fait sa confession à un prêtre, dont l'autorité l'aurait calmée, et dont les conseils auraient évité les tortures de toute une vie à un innocent qu'une pareille révélation jette dans le désespoir.

Nous nous contenterons, pour présenter *Miss Tommy*, de citer quelques lignes de la préface que lui consacre M. J. Girardin. Il proclame ce petit livre « singulièrement remarquable pour le fond comme dans la forme »; il y découvre « un trésor d'observation vraie et pratique d'où se dégage un parfum délicieux de poésie intime et familière. »

M. Girardin n'exagère point l'éloge, *Miss Tommy* augmentera encore la juste réputation de mistress Craix, l'auteur de *John Halifax*. Cependant, il faut bien le dire, les romans de ces honnêtes *authoress* ont amené, pour leur part, le goût du réalisme parmi nous, et l'âme vraiment catholique se sentira toujours mal à l'aise dans le cadre étroit de leur morale toujours tant soit peu utilitaire.

L'histoire du *Pauvre Petit Franichko*, empruntée à la littérature allemande, trahit, chez le romancier, de violentes rancunes contre l'Église et la société. Certaines lectrices, très scrupuleuses, en ce qui touche les mœurs, prétendent s'apercevoir à peine des coups dirigés contre la foi; nous ne saurions trop les mettre en garde contre une légèreté si dangereuse pour elles et pour leurs enfants.

L'histoire du petit chaudronnier slovaque, d'ailleurs, ne s'adresse point à ces derniers, comme on pourrait le supposer. Pour comprendre l'âpre et mordante critique de l'écrivain étranger, il faut l'expérience de la vie. Sous la forme, gracieusement naïve et presque enfantine, de son étude, Mauthner a glissé des récriminations amères, souvent injustes, contre tout l'ordre social. Le chapitre intitulé : *Comment on ôte la foi à Franichko*, troublerait perfidement une jeune intelligence mal préparée contre les sophismes. Le romancier représente le prêtre catholique comme une sorte de fonctionnaire avide, ignorant, sans entrailles. A l'entendre, le clergé bohémien aurait usé d'une insigne fourberie en *inventant* saint Jean Népomucène, afin d'en substituer le culte à celui de Jean Huss, le fameux hérésiarque. De graves controverses sont encore ouvertes sur la date de la mort et l'identité de personne du patron de la Bohême, mais conclure d'un seul trait, à la non-existence du saint martyr, c'est agir d'une façon peu loyale. Un second conte : *l'Archet d'or*, complète le volume, il ne convient pas mieux aux enfants, car le romancier y raconte, un peu à la façon d'Hoffmann, les diverses phases de la maladie mentale d'un malheureux artiste fou d'orgueil, de génie et d'amour.

XIV à XVI

Il ne faut pas prendre *Livadia* pour un roman russe, son auteur nous semble très français et l'héroïne vient se fixer très jeune en France, où elle épouse le descendant d'une noble famille limousine. Le romancier a voulu évidemment dissuader ceux qui pensent pouvoir unir deux âmes, séparées par la nationalité, les instincts de race et surtout par les croyances. La lutte inévitable, après les premiers moments d'illusion et de bonheur, ne se termine pas toujours par une conversion aussi consolante que celle de Livadia. Quoique M. J. Bret ait cherché à donner du relief à son type slave, on sent que les ombres vigoureuses ne lui sont pas naturelles, son crayon reste léger, ses tons un peu indécis... Le roman s'achève par la réconciliation des époux devant le berceau d'un enfant malade, tandis qu'un chœur de paysans célèbre les joies du château, comme il en avait chanté les douleurs, ce qui, hélas! ressemble un peu à un anachronisme dans le temps où nous sommes. Le *Correspondant* a publié ce joli rêve d'une imagination fraîche et poétique, avant qu'il parût en volume.

L'Héritage de Jacques Faruel fait songer à la *Maison rustique* abrégée, rajeunie, agrémentée d'un petit roman. L'Académie a couronné cette étude rurale, ce livre honnête et sain où l'on prêche l'amour des champs, la culture intelligente, le travail productif, l'économie bien entendue. Nous regrettons seulement que l'auteur s'y montre plus déiste que chrétien. M. Le Gall La Salle respecte, en général, les coutumes pieuses des populations bretonnes, auxquelles son livre est dédié et dont il a longtemps partagé la vie, mais certains passages de son œuvre sont fâcheux. Ainsi son « vieux laboureur sentant sa fin prochaine » adresse à ses enfants les plus sages avis, mais déclare en même temps que, s'il supposait à sa fille l'intention d'entrer chez les « bonnes sœurs », cette pensée *empoisonnerait* ses derniers moments. Une pareille inintelligence de la grandeur du dévouement religieux peut avoir des effets déplorables dans un ouvrage destiné à moraliser les masses.

Mlle Poitevin écrit de même pour les classes populaires. *Les Sept Poussins de Claudine* sont sept enfants fort turbulents qui, avant de devenir d'honnêtes gens tous bien posés et en état de gagner leur vie, donnent de terribles soucis à la pauvre veuve. Heureusement, un digne monsieur de la ville, retiré aux champs, l'aide dans sa lourde tâche. L'auteur sait morigéner avec tant de bonne grâce et de gaieté, que les plus récalcitrants profiteront sans doute des leçons cachées sous une forme si amusante. La mignardise des appellations : poussins, canards, pouponne, etc., ne déplaira point à un public enfantin, et les bonnes mères de famille riront de certaine scène un peu *naturaliste* peut-être, au goût des délicats. — Nous aurions un reproche plus grave à faire à Mlle Poitevin ; elle a trop laïcisé sa morale, mais au fond on y reconnaît la forte coloration chrétienne qui l'empêche d'être faux teint.

XVII

« Moraliser, dit M. Nisard, a été de tous temps un tour d'esprit propre à notre pays. » De récentes publications lui donnent raison de nouveau, même dans notre siècle où la morale ne paraît plus guère en honneur. Nous achèverons avec plaisir notre *Revue des Romans* par un charmant et modeste petit recueil, intitulé : *Sur le vif*, quoique le romanesque s'y laisse à peine entrevoir... Une mère et sa fille ont alternativement rempli ces pages de leurs « remarques

et de leurs pensées ». Chose étrange, celle qui connaît le monde
depuis plus longtemps est, dit-on, la moins désenchantée. On ne les
distingue pas facilement du reste, tant il y a d'harmonie et de
reessemblance entre ces deux âmes si intimement unies. Un indiscret prétend que Mlle Mathilde a parfois des mots violents, presque
cruels. L'expérience plus récente, ou l'appréhension du mal, la
disposent peut-être à l'amertume; on se défend rarement de la
misanthropie, quand on étudie de près les hommes. Les deux
aimables femmes n'aspirent pas sans doute à la profondeur d'un
Pascal ni à la science des passions si sûre et si complète chez un
la Rochefoucauld; elles jugent avec leur sens droit et délicat; elles
interrogent avec leur tact subtil; elles savent habilement imiter les
bons auteurs tout en restant originales; leur idée, ainsi que le
demande Voltaire, pour ce genre d'ouvrage, se renferme « dans un
tour vif, précis et délicat ». Leurs remarques sont justes, puisque
tout le monde pourrait se croire capables de les avoir faites, et que
le sens commun les reconnaîtrait comme siennes. Il fallait l'art de
bien saisir sa pensée et le talent de la formuler; c'est ce que ces
dames font entendre en termes excellents, quand elles écrivent :
« Une idée à peine ébauchée peut nous satisfaire, parce que nous
nous comprenons facilement nous-mêmes; mais, celui qui écrit,
pour être lu, doit mettre tous ses soins à exprimer sa pensée d'une
manière simple, claire, précise, afin de ne pas rebuter le lecteur. »
La mère et la fille dissèquent « sur le vif », sans néanmoins l'écor-
cher par trop, ce pauvre cœur humain « si ondoyant, si divers »,
formé de tant de contradictions, surtout quand il bat dans des
milieux où la civilisation est raffinée; si ingénieux, alors, à dissimuler sa pente naturelle, et si impuissant à y résister. Est-ce la
plus jeune qui revient volontiers sur le chapitre de l'amour, qui
le traite avec une affectation de « positivisme » d'autant plus
grande qu'elle le rêve plus idéal? Est-ce elle qui nous recommande
« de ne pas croire qu'un homme mente lorsqu'il dit à une femme
qu'elle est son premier amour; il est sincère, puisqu'en ce moment
il oublie toutes les autres... » Nous voudrions savoir aussi à laquelle
des deux on doit attribuer cette pensée : « Les mères enseignent à
leurs filles que pour être aimées il faut être bonne, douce, tendre,
point coquette; l'expérience de la vie prouve trop souvent que les
femmes auxquelles manquent ces suaves qualités, inspirent de
grandes et véritables passions. » L'insinuation semble quelque peu

dangereuse, elle eût eu besoin de commentaires. On préférera cette remarque, aussi neuve, peut-être, dans la forme qu'elle est vraie : « Nous nous verrions vieillir avec beaucoup plus d'amertume, si nous n'espérions toujours que les années nouvelles nous apporteront ce que nous avons souhaité. » Ou encore celle-ci : « Ils ne connaissent pas l'impitoyable impassibilité du temps, quand l'affliction nous torture, ceux qui, sans souffrir, osent se plaindre de la constante ressemblance des jours et des années. »

La plupart des pensées de ce recueil s'appuient sur un fond de philosophie chrétienne qui donne à l'ensemble sa solidité. Il serait aisé de rapprocher un certain nombre de pensées du genre de celles-ci : « On cherche à se persuader qu'au-delà de ce monde c'est le néant, et il n'y a pas un de ceux qui sèment cette désespérance dont le cœur ne proteste... » — « La nature révèle la puissance et la grandeur du Créateur, mais l'Évangile nous pénètre de sa bonté et de sa compassion. » — « Le vaisseau de notre vie ne va à la dérive que lorsqu'il n'est pas orienté par l'espérance d'un avenir meilleur et l'amour de Dieu. »

La note religieuse ne domine point dans ce petit livre, cependant nos deux observatrices étudient l'humaine nature en la dépouillant des faux dehors que lui impose le monde ; elles ne l'envisagent pas en théologiennes, mais elles ont, on le sent des aspirations vers le ciel, qui les consolent des misères d'ici-bas. — Qu'on lise donc ce petit ouvrage, on y trouvera plaisir et profit ; sans en faire un « livre de chevet », comme le souhaite l'auteur de sa préface, on voudra y revenir plus d'une fois. Il plaira aux gens sérieux aussi bien qu'aux femmes du monde ; il enseignera la réflexion aux esprits qui n'y songent point assez. — Son élégant et gracieux format est, à lui seul, une invitation qui ne trompe pas dans ses promesses.

J. DE ROCHAY.

CHRONIQUE GÉNÉRALE

La rentrée des Chambres s'est faite sans solennité. Pas de message du président de la République, pas même de déclaration ministérielle. On eût dit une simple reprise de session. Est-ce l'expiration prochaine de ses pouvoirs qui a empêché M. Grévy de remplir ce qui paraît être le devoir de tout chef d'État, dans les pays de régime parlementaire, surtout au début d'une nouvelle législature? Est-ce l'amoindrissement subi par le ministère aux élections générales, ou la difficulté de la situation politique, qui l'a tenu dans une réserve contraire aux règles et aux traditions parlementaires? Cette réouverture des Chambres, faite en dehors et en quelque sorte à l'insu du gouvernement, ne manque pas seulement de prestige, elle est surtout un signe de l'affaiblissement du pouvoir exécutif. Qu'à la suite d'une manifestation aussi considérable du suffrage universel, qu'en vue de la situation nouvelle créée par les élections, le gouvernement ne trouve pas une parole à dire, c'est la preuve ou qu'il ne sait pas ce qu'il veut, ou qu'il n'ose pas ce qu'il devrait vouloir. Il n'y a pas moins de désarroi dans les conseils du gouvernement que de confusion au sein de la nouvelle Chambre.

Le ministère atteint par les élections semble avoir conscience de son infirmité. A la veille de la rentrée des Chambres, il s'était décidé à donner sa démission, qui n'a pas été acceptée. Aucun homme nouveau ne s'offrait, aucune nouvelle combinaison ministérielle ne paraissait possible. Il a fallu se borner à une reconstitution du cabinet Brisson, dont les deux nouveaux membres, MM. Dautresme, ministre du commerce, et Gomot, ministre de l'agriculture, n'augmentent ni le prestige ni la force. La condition de ce cabinet sans signification particulière, sans programme propre, est telle, qu'il est obligé d'attendre que la Chambre elle-même lui donne une majorité et lui trace une ligne de conduite.

Mais la Chambre, de son côté, est ainsi composée, qu'elle ignore de quels éléments sera formée en elle la majorité et quel genre de politique se dégagera de groupes aussi disparates que ceux qui sont appelés à donner la direction. Le ministère attend la Chambre et la Chambre s'attend elle-même. Les républicains sont, à bon droit, préoccupés de cette situation. Les plus avisés s'attachent obstinément à la concentration des forces républicaines. L'idée fait sans doute quelque chemin parmi les députés de la gauche les plus capables de tempérament et de concession. Toutefois le projet de réunion plénière, mis en avant par M. Lockroy, qui s'est cru appelé, comme le premier député élu de Paris, à jouer le premier rôle dans la nouvelle Chambre, ce projet appuyé principalement par les organes opportunistes a, jusqu'ici, avorté. Rien n'annonce même qu'il doive se réaliser dans le groupement des fractions parlementaires de la gauche. Une majorité consistante à l'intérieur paraît aussi difficile à constituer qu'il l'a été de former à l'extérieur une réunion plénière. La difficulté de la situation est apparue dès le premier jour. Y aura-t-il une majorité et de quoi sera-t-elle formée? Les journaux républicains s'interrogent anxieusement. Les incidents du début même de la session ne sont pas pour rassurer les opportunistes. La question qui s'est posée à la première séance, dit la *République française*, est fort grave et dans l'intérêt supérieur du régime, il importe qu'elle soit immédiatement résolue. Cette question est celle-ci : la majorité qui va gouverner et administrer sera-t-elle composée de défenseurs des institutions républicaines, des représentants que la démocratie a choisis pour combattre la réaction, ou bien, au contraire, ne sera-t-elle qu'une coalition éphémère et changeante de tel ou tel groupe républicain avec la droite monarchiste?

La question s'est posée, en effet, à propos de l'élection du bureau. Après M. Floquet, réélu presque unanimement par les groupes de la gauche, comme président de la Chambre, les deux vice-présidents de l'ancienne Chambre, MM. Anatole de la Forge et Spuller, étaient naturellement désignés au choix de la majorité unie sur le nom de M. Floquet. On devait s'attendre à ce que les diverses fractions de cette majorité marcheraient au scrutin avec la même discipline et qu'elles feraient triompher les deux candidatures qui représentaient précisément les deux nuances de cette majorité. Mais, au premier tour de scrutin, M. Anatole de la Forge, à qui un certain nombre de membres de la droite avaient donné leur suffrage, de même qu'à M. Floquet, est seul élu, et au second tour, M. Spuller abandonné des radicaux reste sur le carreau, tandis que leurs voix se reportent sur M. Blanc, président d'âge de la Chambre, qui est nommé, grâce à la coalition du groupe dissident de la gauche et de toute la droite.

Cet incident a montré, dès le premier jour, que la défection d'une partie de la gauche, sur les questions où tantôt les radicaux tantôt les opportunistes ne voudraient pas voter les uns avec les autres, suffirait à mettre perpétuellement en question la majorité et par conséquent l'existence du ministère; en outre, qu'il n'y avait pas à compter sur la discipline des groupes de la gauche qui avait ainsi succombé à la première épreuve. Le mot de la situation, comme l'observe avec dépit la *République française*, pourrait bien avoir été prononcé par ce député de la droite qu'on a entendu dire à la fin de la séance : « Allons, nous commençons à gouverner! »

Le mot deviendrait tout à fait exact, si la droite le voulait. Il dépendrait d'elle, en adoptant une ligne de conduite sage et résolue, en maintenant dans ses rangs une stricte discipline, de dominer la Chambre et le ministère. Moins forte que les deux groupes réunis de la gauche, mais plus nombreuse que chacun d'eux séparément, elle peut, en se portant, suivant les circonstances, d'un côté ou de l'autre, couper continuellement en deux la majorité et battre une moitié par l'autre. Unie tantôt au centre, tantôt à l'extrême gauche, elle peut tenir constamment en échec le ministère et faire avorter la plupart des projets de loi. Sur peu de questions, en effet, les radicaux et les opportunistes demeureront unis, à moins que ceux-ci ne fassent à ceux-là toutes les concessions.

C'est là, à vrai dire, le grand danger de la situation. Il n'y a pas à compter que l'union qui, le premier jour, n'a pu se faire sur les personnes, se fasse, ultérieurement, sur les programmes. Mais ce qui est possible, ce qui est à craindre, c'est que dans l'impuissance du parti républicain à s'entendre et à agir de concert, l'extrême gauche n'aille résolument de l'avant et ne finisse par entraîner les groupes modérés auxquels on persuadera qu'il est de l'intérêt de la République de céder. Si les choses prennent cette tournure, comme on peut le présumer, la droite n'aura plus à jouer un rôle aussi important ni à exercer une action aussi décisive sur les votes. L'habileté ne lui servirait de rien ; elle n'a qu'à attendre et à se tenir unie. Les excès du parti républicain seront alors sa force. Elle devra se réserver pour le jour où la gauche aura convaincu le pays de l'impuissance de la République à réaliser les conditions nécessaires d'un gouvernement.

C'est dans cette éventualité que M. Paul de Cassagnac a inventé, d'un mot assez barbare, la politique et le parti du « solutionnisme ». Le programme en est simple. Il consisterait pour les députés des deux fractions de la droite à attendre que les événements aient fait disparaître la république et à se prononcer ensuite pour la solution gouvernementale que les circonstances amèneraient elles-mêmes. Suivant le cas, les royalistes auraient à accepter l'empire et les bonapartistes à se rallier à la royauté. Le simple intérêt conservateur, tel que l'entend la majorité des gens d'ordre, n'en demanderait peut-être pas d'avantage. Beaucoup verraient indifféremment la royauté ou l'empire succéder à la république, pourvu que le nouveau gouvernement procurât au pays ce qui lui manque en ce moment. De fait, c'est peut-être la politique solutionniste qui s'imposera, si les circonstances tournent contre la république. D'ici là, une telle politique ressemble trop à de l'indifférence et, en tout cas, elle est trop contraire aux intérêts de chaque parti, pour que les royalistes convaincus et les bonapartistes décidés consentent à y adhérer. Ce serait l'abdication de l'un et l'autre parti. L'idée de M. Paul de Cassagnac pourrra rallier le petit groupe des hommes d'entre-deux qui se contentent d'être monarchistes, sans préférence bien marquée pour l'une ou l'autre forme de la monarchie ; elle ne réunira jamais toute la droite. Le véhément et loyal député du Gers objecterait en vain que le parti dont il propose la constitution, serait, en définitive, le plus facile à former et celui qui répondrait le mieux à la situation ; sa proposition se heurtera toujours à des convictions et à des préférences personnelles auxquelles le plus grand nombre des députés de la droite demeurent attachés, même dans l'état de confusion où la mort de M. le comte de Chambord, d'un côté, celle du prince impérial de l'autre, ont laissé les deux partis royaliste et bonapatiste.

On ne peut se dissimuler que le grand obstacle à l'union de la droite, et par conséquent à l'efficacité de son action, ne vienne de cette compétition des partis qui n'entendent travailler de concert contre la république, que dans l'intention de profiter, chacun pour leur compte, de sa ruine. L'entente, dans ces conditions, ne peut être ni absolument sincère, ni perpétuellement durable. Tant que la république persistera dans la politique d'excès et de désordre qui s'accentue d'année en année, tant qu'elle maintiendra surtout son système de tracasseries et d'hostilité à l'égard de la religion et du clergé, elle rendra cet accord facile. Il suffira, en effet, à la droite d'être conservatrice, pour combattre la politique d'aventures, la mauvaise gestion des finances, la partialité de l'administration, la laïcisation de l'enseignement, la suppression du budget des cultes, l'abolition du Concordat. Tant qu'on ne sortira pas de ce terrain de résistance, elle pourra rester unie. Mais le jour où une action monarchique s'engagerait dans un sens ou dans l'autre, la division se mettrait immédiatement dans ses rangs, et l'on perdrait, en vue d'un résultat probablement chimérique et en tous cas fort éloigné, le bénéfice d'une opposition conservatrice solidement constituée par l'accord de plus de deux cents députés, unis contre l'ennemi commun, pour la défense des intérêts sociaux et religieux.

La tentative de M. de Mun, pour constituer par-dessus les partis politiques un parti d'action catholique, est restée, grâce à des oppositions de diverse sortes, un généreux effort sans résultat. L'idée se propageait et les adhésions arrivaient de jour en jour plus nombreuses. Avec les difficultés de la situation, devant les incertitudes de l'avenir, il semblait à beaucoup de personnes que rien ne pouvait être plus utile et plus opportun que de former une vaste organisation en vue de la défense des droits et des libertés de l'Église d'abord, et de la réforme sociale ensuite. Il était à craindre, en effet, que les divisions et les préoccupations politiques des partis ne nuisissent encore une fois aux intérêts supérieurs de la religion et de la société, et ne vinssent paralyser les forces catholiques, toutes prêtes à s'employer pour le bien, et qui ne demanderaient qu'à être plus efficacement organisées. L'opposition faite, dans le principe, au projet de M. de Mun s'est accrue, en même temps que les adhésions lui arrivaient. Dès lors qu'une entreprise, qui devait être une œuvre d'union catholique, rencontrait de telles contradictions et de tels obstacles qu'elle ne devenait qu'une cause de division, il n'y avait plus qu'à l'abandonner. C'est ce que M. de Mun a pensé. N'étant pas compris des uns, étant même abandonné et combattu par d'autres qui auraient dû être avec lui, ayant enfin à déférer à de hauts conseils de prudence et de réserve, qui s'imposaient à son zèle, le vaillant député du Morbihan s'est désisté publiquement de son entreprise.

On objectait surtout à M. de Mun l'inconvénient de désunir le parti conservateur dans les Chambres et de chercher, en dehors de l'action parlementaire et des œuvres catholiques existantes, une autre base d'organisation, un terrain nouveau d'action. Plaise à Dieu que le désistement du généreux promoteur du projet d'union catholique profite à l'entente du parti conservateur et augmente son énergie et son activité! S'il ne fallait que ce sacrifice au maintien de l'union et de la concorde, il est fait, et l'on doit espérer maintenant que, au Parlement comme dans la presse, toutes les forces conservatrices vont se resserrer et agir d'un commun accord sur le terrain où l'on veut les maintenir. Il est à désirer, surtout, que les conservateurs de la droite, divisés en politique, se montrent au moins unis sur la question religieuse, de manière à ne pas trop faire regretter l'œuvre d'organisation de M. de Mun qui, prenant son point d'appui dans le groupe parlementaire purement catholique, aurait embrassé au dehors tous les éléments catholiques et aurait créé une puissante réciprocité d'action entre le pays et le Parlement, un vaste champ de résistance aux entreprises antireligieuses des républicains.

Cette haute conception était peut-être au-dessus des idées du temps. Peut-être le parti catholique ne peut-il être encore que le parti conservateur. C'est ce que les conseillers de M. de Mun veulent qu'il soit uniquement. Dans le pays, on s'en tiendra aux œuvres et aux associations établies; à la Chambre des députés, l'ancienne droite, accrue des cent vingt nouveaux membres que les élections lui ont adjoints, se bornera à étendre son opposition. L'union des conservateurs déjà faite au sein du Parlement sur les questions religieuses, notamment sur le maintien du Concordat et du budget des cultes, sur la liberté de l'enseignement, continuera d'exister, pourvu toutefois que les intérêts contraires de la politique ne viennent pas la détruire.

On constate au sein de la gauche un certain désir d'éviter, pour le moment, les questions irritantes. La vérification des pouvoirs, l'approche des étrennes, enfin l'imminence du congrès pour l'élection du président de la république, ce sont là autant de motifs d'ajourner à l'année prochaine les débats qui pourraient provoquer des orages à la Chambre et troubler le pays. Toutefois, il sera difficile d'attendre deux mois encore pour s'occuper des affaires du Tonkin. Malgré les succès partiels remportés par nos colonnes depuis la reprise des opérations militaires, la situation devient chaque jour plus critique. Les nouvelles de Hanoï, de Hué et de Saïgon, sont de nature à accroître l'inquiétude. La maladie et surtout le choléra ont fait de tels vides dans les rangs du corps expéditionnaire que, malgré les envois répétés de renforts, nos positions en pays conquis ne sont plus occupées que par un petit nombre de soldats, et que les troupes restées disponibles sont tout à fait insuffisantes pour tenir la campagne et arrêter les bandes de Pavillons-Noirs qui se reforment partout avec le concours de réguliers Chinois. La moyenne avouée de la mortalité est de six cents hommes par mois. Elle ne fait que croître. Le général en chef n'a avec lui que quelques milliers d'hommes avec lesquels il doit opérer dans le Delta; la division du général Négrier est composée en majeure partie de troupes indigènes assez mal aguerries. Nos forces sont éparpillées et peu en état d'agir. C'est à cette impuissance autant qu'à l'inaction imposée par le gouvernement pendant la période électorale, qu'on doit attribuer les horribles massacres de ces derniers temps, qui ont porté la mort et la ruine dans les missions les plus florissantes de l'Annam. De tous les côtés, la charité chrétienne s'est émue en faveur des malheureuses victimes de la haine de la religion et de la France. Mais que de temps il faudra pour refaire tout ce qui a été détruit par l'effet de la triste politique des Ferry, des Brisson et des Freycinet !

Les nouvelles du Japon sont une heureuse compensation aux épreuves des chrétientés de l'Annam. Dans sa sollicitude pour le salut des âmes et les progrès de la religion, Sa Sainteté le pape Léon XIII avait adressé, au mois de mai dernier, à l'empereur du Japon, une lettre semblable à celle qu'il avait précédemment écrite à l'empereur de Chine, en faveur des missionnaires et des chrétiens de leurs États. Non seulement le message pontifical a été accueilli favorablement, mais le délégué du Saint-Siège, chargé de remettre la lettre, Mgr Osouf, vicaire apostolique du Japon septentrional, a été reçu, par l'entremise du représentant de la France, avec les honneurs des ambassadeurs. A la démarche de Léon XIII, le mikado a répondu qu'il était heureux d'entrer en relations avec le Souverain Pontife comme avec les autres souverains, et au témoignage de sa satisfaction, il a ajouté la promesse de protéger les chrétiens de son Empire à l'égal de ses autres sujets.

Ainsi s'ouvrent en Asie, comme en Afrique, des perspectives heureuses pour les destinées de l'Église. A la faveur des promesses impériales et des nouvelles relations avec Rome, il est permis d'espérer que le christianisme, jusque-là proscrit ou à peine toléré en Chine et au Japon, grandira au sein de ces peuples et y fera luire à la longue la lumière de l'Évangile. Les conquêtes déjà réalisées en · Afrique, depuis un demi-siècle, par les admirables travaux des Jacobis, des Massaïa, des Comboni, des Lavigerie en présagent de plus grandes encore pour la foi. Le mouvement d'évangélisation s'étend de plus en plus dans l'Océanie, qui vient de tenir son premier concile national et de recevoir son premier cardinal. Les progrès de la religion dans l'Amérique du Nord, dus principalement à l'émigration irlandaise, qui y multiplie les familles catholiques, et aussi à la liberté dont y jouit l'Église, laissent entrevoir le temps où le catholicisme aura aux États-Unis une position égale à celle du protestantisme. Dans l'Amérique du Sud, la République de l'Équateur offre le spectacle d'un État officiellement voué au Sacré-Cœur de Jésus; le président de la République de Saint-Domingue, de son côté, vient de montrer, dans une noble lettre au Saint-Père, un chef de gouvernement qui s'incline devant la majesté de l'Église et reconnaît l'influence de la religion dans les affaires humaines; le Brésil, affranchi du joug maçonnique et gouverné par un ministère catholique, sera un exemple pour les autres États où la franc-maçonnerie est encore la rivale de la religion.

En Europe même, le mouvement d'opinion qui s'observe dans plusieurs pays, et qui dénote un réveil de l'esprit conservateur, paraît être un présage du retour des vieilles nations au catholicisme. Il s'en faut bien, sans doute, que l'Église, qui a à lutter, à la fois, contre la révolution d'un côté, contre le schisme et l'hérésie de l'autre, soit prête de reconquérir son ancienne situation prépondérante; néanmoins, d'heureux symptômes annoncent qu'elle recommence à compter aux yeux des souverains et reconquiert son influence parmi les peuples.

C'en est un que les élections de Belgique, d'Autriche, d'Allemagne, de France et de Hollande, qui témoignent de l'accroissement de la force catholique dans ces pays; c'en est un que cet arbitrage déféré à Léon XIII, par l'Allemagne et l'Espagne, dans le différend relatif aux îles Carolines. L'Europe a été étonnée de voir la papauté reprendre comme d'elle-même, et par la seule force de son prestige, son rang de première puissance morale dans le monde. L'Italie a senti par là qu'elle avait pu s'emparer de Rome, mais qu'elle n'avait rien pris à la papauté. Cette demande de médiation adressée à Léon XIII par l'empire prépondérant, a été pour l'Italie un avertissement que l'Europe ne considérait pas la question du pouvoir temporel des papes comme résolue par l'occupation prolongée de Rome. Léon XIII n'a pas encore rendu sa sentence, mais déjà l'on augure de la haute intelligence et de la sagesse du Pontife que la décision sera telle qu'elle sera agréée des deux partis.

Parmi les événements les plus heureux pour l'Église, en ce temps, on comptera la mémorable Encyclique *Immortale Dei opus* que Sa Sainteté Léon XIII vient d'adresser au monde catholique. Aux théories de la révolution ouvertement professées aujourd'hui et mises en pratique dans la plupart des nations, le Souverain Pontife oppose l'immuable doctrine catholique sur les rapports de l'Église et de l'État. En même temps qu'il rappelle avec une souveraine autorité et une opportunité nouvelle l'enseignement constant du Saint-Siège sur cette grave matière qui a souvent opposé l'un à l'autre le pouvoir temporel et le pouvoir spirituel et suscité des conflits d'opinion entre les catholiques eux-mêmes, Léon XIII en fait l'application à la société moderne avec une fermeté et une sagesse qui mettront fin aux doutes et aux divergences de vues parmi les fidèles. Le Pape y enseigne la distinction des deux pouvoirs, spirituel et temporel, dans la coordination du second au premier, en tant que celui-ci est d'un ordre supérieur et se rapporte à une fin plus élevée que celui-là. Il établit magistralement que toute la vérité se trouvant dans la religion catholique, qui a pour but de conduire les hommes par-delà la terre à leur fin éternelle, le devoir de la puissance civile est de seconder l'Église et de la couvrir de l'autorité tutélaire des lois. Mais le pouvoir civil, qui a sa sphère propre, peut revêtir telle forme ou telle autre de gouvernement, forme monarchique, forme républicaine, forme autocratique, forme constitutionnelle. L'Église reconnaît tous les pouvoirs légitimement établis, et s'accommode de tout mode de gouvernement qui respecte ses lois et procure la justice et le bien ; elle prescrit aux catholiques le respect de l'autorité et des lois, et même elle les engage à prendre une part active aux affaires publiques, dans l'avantage de la religion. Vis-à-vis de la société moderne, l'Église ne repousse pas plus les justes revendications de la liberté, qu'elle ne répudie les conquêtes de la science. Préoccupée, avant tout, de la ramener aux conditions du christianisme, elle ne désire rien tant que la paix et l'union entre les catholiques, en vue de l'efficacité de la lutte contre la Révolution et de la fécondité des œuvres de zèle, d'enseignement et de charité. Telle est, dans ses grandes lignes, cette Encyclique qui expose la doctrine en même temps qu'elle trace la règle de conduite, qui rappelle les principes de la constitution des États chrétiens et les maintient comme l'idéal auquel on doit tendre, au milieu des déviations que l'hérésie et l'esprit révolutionnaire ont fait subir à la société, enfin, qui affirme d'autant plus la doctrine qu'il y a plus sujet de tenir compte des nécessités de fait, dans une société établie en dehors de l'ordre chrétien.

La médiation papale aura suffi à prévenir une guerre entre l'Allemagne et l'Espagne. Le conseil des puissances, tenu à Constantinople, ne parvient pas à régler aussi facilement le conflit qui vient de surgir dans la presqu'île des Balkans. Depuis l'insurrection de Philippopoli, la question bulgare a passé par différentes phases obscures qui ne laissent pas entrevoir encore le terme de cet imbroglio. On eût compris le coup d'État du prince Alexandre de Battemberg avec l'appui de la Russie; mais aujourd'hui, il paraît bien que la puissance moscovite n'est pour rien dans cette entreprise, et, dès lors, on n'aperçoit plus le mobile qui a poussé le prince Alexandre à proclamer l'union de la Bulgarie et de la Roumélie. L'entrée en scène de la Serbie et de la Grèce, alors que la Turquie seule avait à intervenir pour maintenir l'intégrité de son empire, a compliqué les événements au point que le conflit turco-bulgare peut devenir un conflit bulgare-serbe. De leur côté, les puissances qui paraissaient être d'accord dans les premières délibérations à Constantinople pour maintenir la paix et l'ordre dans la presqu'île des Balkans, ne s'entendent plus, depuis qu'elles sont réunies en conférence, sur les conditions du *statu quo*. Tandis que les unes veulent que la Roumélie soit rendue à la Turquie, les autres veulent qu'elle reste unie à la Bulgarie. Jusqu'ici, il n'y a que confusion dans le conseil des puissances.

Arthur LOTH.

MEMENTO CHRONOLOGIQUE

LETTRE ENCYCLIQUE DE NOTRE TRÈS SAINT PÈRE LÉON XIII

PAPE PAR LA DIVINE PROVIDENCE

DE LA CONSTITUTION CHRÉTIENNE DES ÉTATS

A TOUS NOS VÉNÉRABLES FRÈRES LES PATRIARCHES, PRIMATS, ARCHEVÊQUES ET ÉVÊQUES DU MONDE CATHOLIQUE EN GRACE ET EN COMMUNION AVEC LE SAINT SIÈGE APOSTOLIQUE.

LÉON XIII, PAPE

Vénérables Frères, salut et bénédiction apostolique.

Œuvre immortelle du Dieu de miséricorde, l'Église, bien qu'en soi et de sa nature elle ait pour but le salut des âmes et la félicité éternelle, est cependant, dans la sphère même des choses humaines, la source de tant et de tels avantages, qu'elle n'en pourrait procurer de plus nombreux et de plus grands, lors même qu'elle eût été fondée surtout et directement en vue d'assurer la félicité de cette vie. — Partout, en effet, où l'Église a pénétré, elle a immédiatement changé la face des choses et imprégné les mœurs publiques non seulement de vertus inconnues jusqu'alors, mais encore d'une civilisation toute nouvelle. Tous les peuples qui l'ont accueillie se sont distingués par la douceur, l'équité et la gloire des entreprises. — Et toutefois c'est une accusation déjà bien ancienne que l'Église, dit-on, est contraire aux intérêts de la société civile, et incapable d'assurer les conditions de bien-être et de gloire que réclame à bon droit et par une aspiration naturelle toute société bien constituée. Dès les premiers jours de l'Église, nous le savons, les chrétiens ont été inquiétés par suite d'injustes préjugés de cette sorte, et mis en butte à la haine et au ressentiment, sous prétexte qu'ils étaient les ennemis de l'empire. A cette époque, l'opinion publique mettait volontiers à la charge du nom chrétien les maux qui assaillaient la société, tandis que c'était Dieu, le vengeur des crimes, qui infligeait de justes peines aux coupables. Cette odieuse calomnie indigna à bon droit le génie de saint Augustin et aiguisa son style. C'est surtout dans son livre de *la Cité de Dieu* qu'il mit en lumière la vertu de la sagesse chrétienne dans ses rapports avec la chose publique, si bien qu'il semble moins avoir plaidé la cause des chrétiens de son temps, que remporté un triomphe perpétuel sur de si fausses accusations. — Toutefois, le penchant funeste à ces plaintes et à ces griefs ne cessa pas, et beaucoup se sont plu à chercher la règle de la vie sociale en dehors des doctrines de l'Eglise catholique. Et même désormais, *le droit nouveau*, comme on l'appelle, et qu'on prétend être le fruit d'un âge adulte et le produit d'une liberté progressive, commence à prévaloir et dominer partout. — Mais en dépit de tant d'essais, il est de fait qu'on n'a jamais trouvé, pour constituer et régir l'Etat, de système préférable à celui qui est l'épanouissement spontané de la doctrine évangélique. — Nous croyons donc qu'il est d'une importance souveraine et conforme à Notre Charge Apostolique, de confronter les nouvelles théories sociales avec la doctrine chrétienne. De cette sorte, Nous avons la confiance que la vérité dissipera, par son seul éclat, toute cause d'erreur et de doute, si bien que chacun pourra facilement voir ces règles suprêmes de conduite qu'il doit suivre et observer.

Il n'est pas bien difficile d'établir quel aspect et quelle forme aura la société, si la philosophie chrétienne gouverne la chose publique. — L'homme est né pour vivre en société, car ne pouvant dans l'isolement ni se procurer ce qui est nécessaire et utile à la vie, ni acquérir la perfection de l'esprit et du cœur, la Providence l'a fait pour s'unir à ses semblables en une société tant domestique que civile, seule capable de fournir ce qu'il faut à la perfection de l'existence. Mais comme nulle société ne saurait exister sans un chef suprême et qu'elle imprime à chacun une même impulsion efficace vers un but commun, il en résulte qu'une autorité est nécessaire aux hommes constitués en société pour les régir; autorité qui, aussi bien que la société, procède de la nature, et par suite a Dieu pour auteur. — Il en résulte encore que le pouvoir public ne peut venir que de Dieu. Dieu seul, en effet, est le vrai et souverain Maître des choses : toutes, quelles qu'elles soient, doivent nécessairement lui être soumises et lui obéir; de telle sorte que quiconque a le droit de commander, ne tient ce droit que de Dieu, chef suprême de tous. *Tout pouvoir vient de Dieu.* — Du reste, la souveraineté n'est en soi nécessairement liée à aucune forme politique : elle peut fort bien s'adapter à celle-ci ou à celle-là, pourvu qu'elle soit de fait apte à l'utilité et au bien commun. Mais quelle que soit la forme de gouvernement, tous les chefs d'État doivent absolument avoir le regard fixé sur Dieu, souverain modérateur du monde, et dans l'accomplissement de leur mandat le prendre pour modèle et règle. De même, en effet, que, dans l'ordre des choses visibles, Dieu a créé des causes secondes, en qui se reflètent en quelque façon la nature et l'action divines, et qui concourent à mener au but où tend cet univers; ainsi a-t-il voulu que dans la société civile il y eût une autorité dont les dépositaires fussent comme une image de la puissance que Dieu a sur le genre humain en même temps que de sa providence. Le commandement doit donc être juste; c'est moins le gouvernement d'un maître que d'un père, car l'autorité de Dieu sur les hommes est très juste et se trouve unie à une paternelle bonté. Il doit d'ailleurs s'exercer pour l'avantage des citoyens, parce que ceux qui ont autorité sur les autres en sont exclusivement investis pour assurer le bien public. L'autorité civile ne doit servir, sous aucun prétexte, à l'avantage d'un seul ou de quelques-uns, puisqu'elle a été constituée pour le bien commun. Si les chefs d'État se laissaient entraîner à une domination injuste, s'ils péchaient par abus de pouvoir ou par orgueil, s'ils ne pourvoyaient pas au bien du peuple, qu'ils le sachent, ils auront un jour à rendre compte à Dieu, et ce compte sera d'autant plus sévère que plus sainte est la fonction qu'ils exercent et plus élevé le degré de la dignité dont ils sont revêtus *Les puissants seront puissamment punis.* — De cette manière la suprématie du commandement entraînera l'hommage volontaire du respect des sujets. En effet, si ceux-ci sont une fois bien convaincus que l'autorité des souverains vient de Dieu, ils se sentiront obligés en justice à accueillir docilement les ordres des princes et à leur prêter obéissance et fidélité par un sentiment semblable à la piété qu'ont les enfants envers les parents. *Que toute âme soit soumise aux puissances plus élevées* — Car il n'est pas plus permis de mépriser le pouvoir légitime, quelle que soit la personne en qui il réside, que de résister à la volonté de Dieu : or ceux qui lui résistent courent d'eux-mêmes à leur perte. *Qui resiste au pouvoir, résiste à l'ordre établi par Dieu; et ceux qui lui résistent s'attirent à eux-mêmes la damnation.* Ainsi donc secouer l'obéissance et revolutionner la société par le moyen de la sédition, c'est un crime de lèse-majesté non seulement humaine, mais divine.

La société politique étant fondée sur ces principes, il est évident qu'elle doit, sans faillir, accomplir par un culte public les nombreux et importants devoirs qui l'unissent à Dieu. — Si la nature et la raison imposent à chacun l'obligation d'honorer Dieu d'un culte saint et sacré, parce que nous dépendons de sa puissance, et que, issus de Lui, nous devons retourner à Lui, elles astreignent à la même loi la société civile. Les hommes, en effet, unis par les liens d'une société commune, ne dépendent pas moins de Dieu que pris isolément; autant au moins que l'individu, la société doit rendre grâce à Dieu, dont elle tient l'existence, la conservation et la multitude innombrable de ses biens. C'est pourquoi, de même qu'il n'est permis à personne de négliger ses devoirs envers Dieu, et que le plus grand de tous les devoirs est d'embrasser d'esprit et de cœur la religion, non pas celle que chacun préfère, mais celle que Dieu a prescrite et que des preuves certaines et indubitables établissent comme la seule vraie entre toutes : ainsi les sociétés politiques ne peuvent sans crime se conduire comme si Dieu n'existait en aucune manière, ou se passer de la religion comme étrangère et inutile, ou en admettre une indifferemment, selon leur bon plaisir. En honorant la Divinité, elles doivent suivre strictement les règles et le mode suivant lesquels Dieu lui-même a déclaré vouloir être honoré. — Les chefs d'État doivent donc tenir pour saint le nom de Dieu, et mettre au nombre de leurs principaux devoirs celui de favoriser la religion, de la protéger de leur bienveillance, de la couvrir de l'autorité tutélaire des lois, et de ne rien statuer ou décider qui soit contraire à son intégrité. Et cela, ils le doivent aux citoyens dont ils sont les chefs. Tous, tant que nous sommes, en effet, nous sommes nés et elevés en vue d'un bien suprême et final auquel il faut tout rapporter, placé qu'il est aux cieux, au-delà de cette fragile et courte existence. Puisque c'est de cela que dépend la complète et parfaite félicité des hommes, il est de l'intérêt suprême de chacun d'atteindre cette fin. Comme donc la société civile a été établie pour l'utilité de tous, elle doit, en favorisant la prospérité publique, pourvoir au bien des citoyens, de façon, non seulement à ne mettre aucun obstacle, mais à assurer toutes les facilités possibles à la poursuite et à l'acquisition de ce bien suprême et immuable auquel ils aspirent eux-mêmes. La première de toutes consiste à faire respecter la sainte et inviolable observance de la religion, dont les devoirs unissent l'homme à Dieu.

Quant à décider quelle religion est la vraie, cela n'est pas difficile à quiconque voudra en juger avec prudence et sincérité. En effet, des preuves très nombreuses et éclatantes, la vérité des prophéties, la multitude des miracles, la prodigieuse célérité de la propagation de la foi, même parmi ses ennemis et en dépit des plus grands obstacles, le témoignage des martyrs et d'autres arguments semblables, prouvent clairement que la seule vraie religion est celle que Jésus-Christ a instituée lui-même et qu'il a donné mission à son Église de garder et de propager.

Car le Fils unique de Dieu a établi sur la terre une société qu'on appelle l'Église, et il l'a chargée de continuer à travers tous les âges la mission sublime et divine que Lui-même avait reçue de son Père. *Comme mon Père m'a envoyé, moi je vous envoie. — Voici que je suis avec vous jusqu'à la consommation des siècles.* De même donc que Jésus-Christ est venu sur la terre afin que les hommes *eussent la vie et l'eussent plus abondamment,* ainsi l'Église se propose comme fin le salut éternel des âmes; et dans ce but, telle est sa constitution qu'elle embrasse dans son extension l'humanité tout entière, et n'est circonscrite par aucune limite, ni de temps, ni de lieu. *Prêchez l'Evangile à toute créature.* A cette immense multitude d'hommes, Dieu lui-même a donné des chefs avec le pouvoir de les gouverner. A leur tête, il en a préposé un seul, dont il a voulu faire le plus grand et le plus sûr maître de vérité et à qui il a confié les clefs du royaume des cieux. *Je te donnerai les clefs du royaume des cieux. — Pais mes agneaux... Pais mes brebis. — J'ai prié pour toi afin que ta foi ne défaille pas.* Bien que composée d'hommes, comme la société civile, cette société de l'Église, soit pour la fin qui lui est assignée, soit pour les moyens qui lui servent à l'atteindre, est surnaturelle et spirituelle. Elle se distingue donc et diffère de la société civile. En outre, et ceci est de la plus grande importance, elle constitue une société juridiquement parfaite dans son genre, parce que, de l'expresse volonté et par la grâce de son fondateur, elle possède en soi et par elle-même toutes les ressources qui sont nécessaires à son existence et à son action. Comme la fin à laquelle tend l'Église est de beaucoup la plus noble de toutes, de même son pouvoir l'emporte sur tous les autres et ne peut en aucune façon être inférieur ni assujetti au pouvoir civil. — En effet, Jésus-Christ a donné plein pouvoir à ses apôtres dans la sphère des choses sacrées, en y joignant tant la faculté de faire de véritables lois, que le double pouvoir qui en découle de juger et de punir. *Toute puissance m'a été donnée au ciel et sur la terre, allez donc, enseignez toutes les nations, apprenez-leur à observer tout ce que je vous ai prescrit. — Et* ailleurs : *S'il ne les écoute pas, dites-le à l'Église.* Et encore : *Ayez soin de punir toute désobéissance.* De plus : *Je serai plus sévère en vertu du pouvoir que le Seigneur m'a donné pour l'édification et non pour la ruine.* C'est donc à l'Église et non à l'État, qu'il appartient de guider les hommes vers les choses célestes, et c'est à elle que Dieu a donné le mandat de connaître et de décider de tout ce qui touche à la religion; d'enseigner toutes les nations, d'étendre aussi loin que possible les frontières du nom chrétien; bref, d'administrer librement et tout à sa guise les intérêts chrétiens. — Cette autorité parfaite en soi et ne relevant que d'elle-même, depuis longtemps battue en brèche par une philosophie adulatrice des princes, l'Église n'a jamais cessé ni de la revendiquer, ni de l'exercer publiquement. Les premiers de tous ses champions ont été les apôtres qui, empêchés par les princes de la Synagogue de répandre l'Évangile, répondaient avec fermeté : *Il faut obéir à Dieu plutôt qu'aux hommes*. C'est elle que les Pères de l'Église se sont appliqués à défendre par de solides raisons quand ils en ont eu l'occasion, et que les Pontifes romains n'ont jamais manqué de revendiquer avec une constance invincible contre ses agresseurs. — Bien plus, elle a eu pour elle en principe et en fait l'assentiment des princes et des chefs d'États qui, dans leurs négociations et dans leurs transactions, en envoyant et en recevant des ambassades, et par l'échange d'autres bons offices, ont constamment agi avec l'Église comme avec une puissance souveraine et légitime. Aussi n'est-ce pas sans une disposition particulière de la Providence de Dieu que cette autorité a été munie d'un principat civil, comme de la meilleure sauvegarde de son indépendance.

Dieu a donc divisé le gouvernement du genre humain entre deux puissances : la puissance ecclésiastique et la puissance civile; celle-là préposée aux choses divines, celle-ci aux choses humaines. Chacune d'elles en son genre est souveraine : chacune est renfermée dans des limites parfaitement déterminées et tracées en conformité de sa nature et de son but spécial. Il y a donc comme une sphère circonscrite dans laquelle chacune exerce son action, *jure proprio*. Toutefois leur autorité s'exerçant sur les mêmes sujets, il peut arriver qu'une seule et même chose, bien qu'à un titre différent, mais pourtant une seule et même chose, ressortisse à la juridiction et au jugement de l'une et de l'autre puissance. Il était donc digne de la sage providence de Dieu qui les a établies toutes les deux, de leur tracer leur voie et leurs rapports entre elles. *Les puissances qui sont, ont été disposées par Dieu*. S'il en était autrement, il naîtrait souvent des causes de funestes contentions et de conflits, et souvent l'homme devrait hésiter perplexe comme en face d'une double voie, ne sachant que faire, par suite des ordres contraires de deux puissances dont il ne peut en conscience secouer le joug. Il répugnerait souverainement de rendre responsable de ce désordre la sagesse et la bonté de Dieu, qui, dans le gouvernement du monde physique, pourtant d'un ordre bien inférieur, a si bien tempéré les unes par les autres les forces et les causes naturelles, et les a fait s'accorder d'une façon si admirable, qu'aucune d'elles ne gêne les autres, et que toutes dans un parfait ensemble conspirent au but auquel tend l'univers.

Il est donc nécessaire qu'il y ait entre les deux puissances un système de rapports bien ordonné, non sans analogie avec celui qui dans l'homme constitue l'union de l'âme et du corps. On ne peut se faire une juste idée de la nature et de la force de ces rapports, qu'en considérant, comme Nous l'avons dit, la nature de chacune des deux puissances, et en tenant compte de l'excellence et de la noblesse de leurs buts, puisque l'une a pour fin prochaine et spéciale de s'occuper des intérêts terrestres, et l'autre de procurer les biens célestes et éternels. — Ainsi tout ce qui dans les choses humaines est sacré à un titre quelconque, tout ce qui touche au salut des âmes et au culte de Dieu, soit par sa nature, soit par rapport à son but, tout cela est du ressort de l'autorité de l'Eglise. Quant aux autres choses qu'embrasse l'ordre civil et politique, il est juste qu'elles soient soumises à l'autorité civile, puisque Jésus-Christ a commandé de rendre à César ce qui est à César, et à Dieu ce qui est à Dieu. — Des temps arrivent parfois où prévaut un autre mode d'assurer la concorde et de garantir la paix et la liberté : c'est quand les chefs d'Etat et les Souverains Pontifes se sont mis d'accord par un traité sur quelque point particulier. Dans de telles circonstances, l'Eglise donne des preuves éclatantes de sa charité maternelle en poussant aussi loin que possible l'indulgence et la condescendance.

Telle est, d'après l'esquisse sommaire que Nous en avons tracée, l'organisation chrétienne de la société civile, et cette théorie n'est ni téméraire ni arbitraire, mais elle se déduit des principes les plus élevés et les plus certains, confirmés par la raison naturelle elle-même. Cette constitution de la société politique n'a rien qui puisse paraître peu digne ou malséant à la dignité des princes. Loin de rien ôter aux droits de la majesté, elle les rend au contraire plus stables et plus augustes. Bien plus, si l'on y regarde de plus près, on reconnaîtra à cette constitution une grande perfection qui fait défaut aux autres systèmes politiques, et elle produirait certainement des fruits excellents et variés, si seulement chaque pouvoir demeurait dans ses attributions, et mettait tous ses soins à remplir l'office et la tâche qui lui ont été déterminés. — En effet, dans la constitution de l'Etat, telle que Nous venons de l'exposer, le divin et l'humain sont délimités dans un ordre convenable, les droits des citoyens sont assurés et placés sous la protection des mêmes lois divines, naturelles et humaines; les devoirs de chacun sont aussi sagement tracés que leur observance est prudemment sauvegardée. Tous les hommes, dans cet acheminement incertain et pénible vers la cité éternelle, savent qu'ils ont à leur service des guides sûrs pour les conduire au but et des auxiliaires pour l'atteindre. Ils savent de même que d'autres chefs leur ont été donnés pour obtenir et conserver la sécurité, les biens et les autres avantages de cette vie. — La société domestique trouve sa solidité nécessaire dans la sainteté du lien conjugal, un et indissoluble; les droits et les devoirs des époux sont réglés en toute justice et équité; l'honneur dû à la femme est sauvegardé : l'autorité du mari se modèle sur l'autorité de Dieu : le pouvoir paternel est tempéré par les égards dus à l'épouse et aux enfants; enfin, il est parfaitement pourvu à la protection, au bien-être et à l'éducation de ces derniers. — Dans l'ordre politique et civil, les lois ont pour but le bien commun, dictées non par la volonté et le jugement trompeur de la foule, mais par la vérité et la justice. L'autorité des princes revêt une sorte de caractère sacré plus qu'humain, et elle est ainsi contenue de manière à ne pas s'écarter de la justice, ni excéder son pouvoir. L'obéissance des sujets va de pair avec l'honneur et la dignité, parce qu'elle n'est pas un assujettissement d'homme à homme, mais une soumission à la volonté de Dieu régnant par des hommes. Une fois cela reconnu et accepté, il en résulte clairement que c'est un devoir de justice de respecter la majesté des princes, d'être soumis avec une constante fidélité à la puissance politique, d'éviter les séditions, et d'observer religieusement la constitution de l'Etat. — Pareillement, dans cette série des devoirs se place la charité mutuelle, la bonté, la libéralité. L'homme qui est à la fois citoyen et chrétien n'est plus déchiré en deux par des obligations contradictoires. Enfin les biens considérables dont la religion chrétienne enrichit spontanément même la vie terrestre des individus, sont acquis à la communauté et à la société civile : d'où ressort l'évidence de ces paroles : « Le sort de l'État dépend du culte que l'on rend à Dieu ; et il y a « entre l'un et l'autre de nombreux liens de parenté et d'étroite amitié. »

En plusieurs passages, saint Augustin a admirablement relevé, selon sa coutume, la valeur de ces biens, surtout quand il interpelle l'Eglise catholique en ces termes : « Tu conduis et instruis les enfants avec tendresse, « les jeunes gens avec force, les vieillards avec calme, comme le comporte « l'âge non seulement du corps, mais encore de l'âme. Tu soumets les « femmes à leurs maris par une chaste et fidèle obéissance, non pour « assouvir la passion, mais pour propager l'espèce et constituer la société de « la famille. Tu donnes autorité aux maris sur les femmes, non pour se « jouer de la faiblesse du sexe, mais pour suivre les lois d'un sincère amour. « Tu subordonnes les enfants aux parents par une sorte de libre servitude ; « et tu préposes les parents aux enfants par une tendre autorité. Tu unis « non seulement en société, mais dans une sorte de fraternité, les citoyens « aux citoyens, les nations aux nations et les hommes entre eux par le sou- « venir des premiers parents. Tu apprends aux rois à veiller sur les peuples « et tu prescris aux peuples de se soumettre aux rois. Tu enseignes avec soin « à qui est dû l'honneur, à qui l'affection, à qui le respect, à qui la crainte, « à qui la consolation, à qui l'avertissement, à qui l'encouragement, à qui « la correction, à qui la réprimande, à qui le châtiment : et tu fais savoir « comment, si toutes ces choses ne sont pas dues à tous, à tous est due la « charité, et à personne l'injustice. » — Ailleurs le même Docteur reprend en ces termes la fausse sagesse des politiques philosophes : « Ceux qui « disent que la doctrine du Christ est contraire au bien de l'État, qu'ils « nous donnent une armée de soldats tels que les fait la doctrine du Christ, « qu'ils nous donnent de tels gouverneurs de provinces, de tels maris, de « telles épouses, de tels parents, de tels enfants, de tels maîtres, de tels « serviteurs, de tels rois, de tels juges, de tels tributaires enfin, et des per- « cepteurs du fisc tels que les veut la doctrine chrétienne ! Et qu'ils osent « encore dire qu'elle est contraire à l'État ! Mais que bien plutôt ils n'hési- « tent pas d'avouer qu'elle est une grande sauvegarde pour l'État quand on « la suit. »

Il fut un temps où la philosophie de l'Évangile gouvernait les États. A cette époque, l'influence de la sagesse chrétienne et sa divine vertu pénétrait les lois, les institutions, les mœurs des peuples, tous les rangs et tous les rapports de la société civile. Alors la religion instituée par Jésus-Christ,

solidement établie dans le degré de dignité qui lui est dû, était partout
florissante, grâce à la faveur des princes et la protection légitime des magistrats. Alors le sacerdoce et l'empire étaient liés entre eux par une heureuse
concorde et l'amical échange de bons offices. Organisée de la sorte, la société
civile donna des fruits supérieurs à toute attente, dont la mémoire subsiste
et subsistera, consignée qu'elle est dans d'innombrables documents que nul
artifice des adversaires ne pourra corrompre ou obscurcir. — Si l'Europe
chretienne a dompte les nations barbares, et les a fait passer de la férocité à
la mansuétude, de la superstition à la vérité ; si elle a repoussé victorieusement les invasions musulmanes ; si elle a gardé la suprématie de la civilisation, et si, en tout ce qui fait honneur à l'humanité, elle s'est constamment
et partout montrée guide et maitresse ; si elle a gratifié les peuples de la vraie
liberté sous ses diverses formes ; si elle a très sagement fondé une foule
d'œuvres pour le soulagement des misères, il est hors de doute qu'elle en
est grandement redevable à la religion, sous l'inspiration et avec l'aide de
laquelle elle a entrepris et accompli de si grandes choses. — Tous ces biens
dureraient encore, si l'accord des deux puissances avait persévéré, et il y
avait lieu d'en espérer de plus grands encore, si l'autorité, si l'enseignement
si les avis de l'Église avaient rencontré une docilité plus fidèle et plus constante Car il faudrait tenir comme loi imprescriptible ce qu'Yves de Chartres
écrivit au Pape Pascal II : « Quand l'empire et le sacerdoce vivent en bonne
« harmonie, le monde est bien gouverné, l'Église est florissante et féconde.
« Mais quand la discorde se met entre eux, non seulement les petites
« choses ne grandissent pas, mais les grandes elles-mêmes dépérissent
« misérablement. »

Mais ce pernicieux et déplorable goût de nouveautés que vit naître le
seizième siècle, après avoir d'abord bouleversé la religion chrétienne, bientôt
par une pente naturelle passa à la philosophie, et de la philosophie à tous les
degrés de la société civile. C'est à cette source qu'il faut faire remonter ces
principes modernes de liberté effrénée, rêvés et promulgués parmi les
grandes perturbations du siècle dernier, comme les principes et les fondements d'un *droit nouveau*, inconnu jusqu'alors, et sur plus d'un point en
désaccord non seulement avec le droit chrétien, mais avec le droit naturel.
— Voici le premier de tous ces principes : tous les hommes, dès lors qu'ils
sont de même race et de même nature, sont semblables et, par le fait, égaux
entre eux dans la pratique de la vie; chacun relève si bien de lui seul, qu'il
n'est d'aucune façon soumis à l'autorité d'autrui; il peut en toute liberté
penser sur toute chose ce qu'il veut, faire ce qui lui plait; personne n'a le
droit de commander aux autres. Dans une société fondée sur ces principes,
l'autorité publique n'est que la volonté du peuple, lequel ne dépendant que
de lui-même est aussi le seul à se commander. Il choisit ses mandataires,
mais de telle sorte qu'il leur délègue moins le droit que la fonction du pouvoir, pour l'exercer en son nom. La souveraineté de Dieu est passée sous
silence, exactement comme si Dieu n'existait pas, ou ne s'occupait en rien
de la société du genre humain, ou bien comme si les hommes, soit en particulier, soit en société, ne devaient rien à Dieu, ou qu'on pût imaginer une
puissance quelconque dont la cause, la force et l'autorité ne résidât pas tout

entière en Dieu même. De cette sorte, on le voit, l'État n'est autre chose que la multitude maîtresse et se gouvernant elle-même, et dès lors que le peuple est censé la source de tout droit et de tout pouvoir, il s'ensuit que l'État ne se croit lié à aucune obligation envers Dieu, ne professe officiellement aucune religion, n'est pas tenu de rechercher quelle est la seule vraie entre toutes, ni d'en préférer une aux autres, ni d'en favoriser une principalement; mais qu'il doit leur attribuer à toutes l'égalité en droit, à cette fin seulement de les empêcher de troubler l'ordre public. Par conséquent, chacun sera libre de se faire juge de toute question religieuse, chacun sera libre d'embrasser la religion qu'il préfère, ou de n'en suivre aucune si aucune ne lui agrée. De là découlent nécessairement la liberté sans frein de toute conscience, la liberté absolue d'adorer ou de ne pas adorer Dieu, la licence sans bornes et de penser et de publier ses pensées.

Étant donné que l'État repose sur ces principes, aujourd'hui en grande faveur, il est aisé de voir à quelle place on relègue injustement l'Église. — Là, en effet, où la pratique est d'accord avec de telles doctrines, la religion catholique est mise dans l'État sur le pied d'égalité, ou même d'infériorité avec des sociétés qui lui sont étrangères. Il n'est tenu nul compte des lois ecclésiastiques; l'Église, qui a reçu de Jésus-Christ ordre et mission d'enseigner toutes les nations, se voit interdire toute ingérence dans l'instruction publique. — Dans les matières qui sont de droit mixte, les chefs d'État portent d'eux-mêmes des décrets arbitraires, et sur ces points affichent un superbe mépris des saintes lois de l'Église. Ainsi ils font ressortir à leur juridiction les mariages des chrétiens; portent des lois sur le lien conjugal, son unité, sa stabilité; mettent la main sur les biens des clercs, et dénient à l'Église le droit de posséder. En somme, ils traitent l'Église comme si elle n'avait ni le caractère ni les droits d'une société parfaite, et qu'elle fût simplement une association semblable aux autres qui existent dans l'État. Aussi tout ce qu'elle a de droits, de puissance légitime d'action, ils le font dépendre de la concession et de la faveur des gouvernements.

Dans les États où la législation civile laisse à l'Église son autonomie, et où un concordat public est intervenu entre les deux puissances, d'abord on crie qu'il faut séparer les affaires de l'Église des affaires de l'État, et cela dans le but de pouvoir agir impunément contre la foi jurée et se faire arbitre de tout, en écartant tous les obstacles. — Mais comme l'Église ne peut le souffrir patiemment, car ce serait pour elle déserter les plus grands et les plus sacrés des devoirs, et qu'elle réclame absolument le religieux accomplissement de la foi qu'on lui a jurée, il naît souvent entre la puissance spirituelle et le pouvoir civil des conflits dont l'issue presque inévitable est d'assujettir celle qui est le moins pourvue de moyens humains à celui qui en est mieux pourvu.

Ainsi, dans cette situation politique que plusieurs favorisent aujourd'hui, il y a une tendance des idées et des volontés à chasser tout à fait l'Église de la société ou à la tenir assujettie et enchaînée à l'État. La plupart des mesures prises par les gouvernements s'inspirent de ce dessein. Les lois, l'administration publique, l'éducation sans religion, la spoliation et la destruction des Ordres religieux, la suppression du pouvoir temporel des Pontifes romains, tout tend à ce but : frapper au cœur les institutions chrétiennes, réduire à rien la liberté de l'Église catholique et à néant ses autres droits.

La simple raison naturelle démontre combien cette façon d'entendre le gouvernement civil s'éloigne de la vérité. — Son témoignage, en effet, suffit à établir que tout ce qu'il y a d'autorité parmi les hommes procède de Dieu, comme d'une source auguste et suprême. Quant à la souveraineté du peuple, que, sans tenir aucun compte de Dieu, l'on dit résider de droit naturel dans le peuple, si elle est éminemment propre à flatter et à enflammer une foule de passions, elle ne repose sur aucun fondement solide, et ne saurait avoir assez de force pour garantir la sécurité publique et le maintien paisible de l'ordre. En effet, sous l'empire de ces doctrines, les principes ont fléchi à ce point que, pour beaucoup, c'est une loi imprescriptible en droit politique, que de pouvoir légitimement soulever des séditions. Car l'opinion prévaut que les chefs du gouvernement ne sont plus que des délégués chargés d'exécuter la volonté du peuple; d'où cette conséquence nécessaire, que tout peut également changer au gré du peuple et qu'il y a toujours à craindre des troubles.

Relativement à la religion, penser qu'il est indifférent qu'elle ait des formes disparates et contraires équivaut simplement à n'en vouloir ni choisir ni suivre aucune. C'est l'athéisme moins le nom. Quiconque, en effet, croit en Dieu, s'il est conséquent et ne veut pas tomber dans l'absurde, doit nécessairement admettre que les divers cultes en usage entre lesquels il y a tant de différence, de disparité et d'opposition, même sur les points les plus importants, ne sauraient être tous également vrais, également bons, également agréables à Dieu.

De même la liberté de penser et de publier ses pensées, soustraite à toute règle, n'est pas de soi un bien dont la société ait à se féliciter; mais c'est plutôt la source et l'origine de beaucoup de maux. — La liberté, cet élément de perfection pour l'homme, doit s'appliquer à ce qui est vrai et à ce qui est bon Or, l'essence du bien et de la vérité ne peut changer au gré de l'homme, mais elle demeure toujours la même, et non moins que la nature des choses elle est immuable. Si l'intelligence adhère à des opinions fausses, si la volonté choisit le mal et s'y attache, ni l'une ni l'autre n'atteint sa perfection, toutes deux déchoient de leur dignité native et se corrompent. Il n'est donc pas permis de mettre au jour et d'exposer aux yeux des hommes ce qui est contraire à la vertu et à la vérité, et bien moins encore de placer cette licence sous la tutelle et la protection des lois. Il n'y a qu'une voie pour arriver au ciel, vers lequel nous tendons tous : c'est une bonne vie. L'État s'écarte donc des règles et des prescriptions de la nature, s'il favorise à ce point la licence des opinions et des actions coupables que l'on puisse impunément détourner les esprits de la vérité et les âmes de la vertu. — Quant à l'Église, que Dieu lui-même a établie, l'exclure de la vie publique, des lois, de l'éducation de la jeunesse, de la sociéte domestique, c'est une grande et pernicieuse erreur. Une société sans religion ne saurait être bien réglée; et déjà, plus peut-être qu'il ne faudrait, l'on voit ce que vaut en soi et dans ses conséquences cette soi-disant morale civile. La vraie maîtresse de la vertu et la gardienne des mœurs est l'Église du Christ. C'est elle qui conserve en leur intégrité les principes d'où découlent les devoirs, et qui, suggérant les plus nobles motifs de bien vivre, ordonne non seulement de fuir les mauvaises actions, mais de dompter les mouvements de l'âme contraires à la raison, quand même ils ne se traduisent pas en actes. Prétendre assujettir l'Église au pouvoir civil, dans l'exercice de son ministère, c'est à la fois une grande injustice et une grande témérité. Par le fait même on trouble l'ordre, car on donne le pas aux choses naturelles sur les choses surnaturelles; on tarit, ou certainement on diminue beaucoup l'influence des biens dont l'Église, si elle était sans entraves, comblerait la société; et, de plus, on ouvre la voie à des haines et à des luttes dont de trop fréquentes expériences ont démontré la grande et funeste influence sur l'une et l'autre société

Ces doctrines, que la raison humaine réprouve, et qui ont une influence si considérable sur la marche des choses publiques, les Pontifes romains, nos prédécesseurs, dans la pleine conscience de ce que réclamait d'eux la Charge Apostolique, n'ont jamais souffert qu'elles fussent impuuément émises. C'est ainsi que, dans sa Lettre Encyclique *Mirari vos* du 15 août 1832, Grégoire XVI, avec une grande autorité doctrinale, a repoussé ce que l'on avançait dès lors : qu'en fait de religion il n'y a pas de choix à faire : que chacun est maitre d'en juger à son aise, que chacun ne relève que de sa conscience et peut, en outre, publier ce qu'il pense et ourdir des révolutions dans l'État. Au sujet de la séparation de l'Église et de l'État, ce Pontife s'exprime en ces termes : « Nous ne pouvons pas attendre pour « l'Église et l'État [des résultats meilleurs des tendances de ceux qui pré-« tendent séparer l'Église de l'État, et rompre la concorde mutuelle entre le « sacerdoce et l'empire. C'est qu'en effet les fauteurs d'une liberté effrénée « redoutent cette concorde, qui a toujours été si favorable et salutaire aux « intérêts religieux et civils. » — De la même manière Pie IX, chaque fois que l'occasion s'en présenta, a condamné les fausses opinions les plus en vogue, et ensuite il en fit faire un recueil, afin que, dans un tel déluge d'erreurs, les catholiques eussent une direction sûre.

De ces décisions des Souverains Pontifes il faut absolument admettre que l'origine de la puissance publique doit s'attribuer à Dieu, et non à la multitude; que le droit à l'émeute répugne à la raison; que ne tenir aucun compte des devoirs de la religion, ou traiter de la même manière les différentes religions, n'est permis ni aux individus, ni aux sociétés : que la liberté illimitée de penser et d'émettre en public ses pensées ne doit nullement être rangée parmi les droits des citoyens, ni parmi les choses dignes de faveur et de protection. — De même il faut admettre que l'Église, non moins que l'État, de sa nature et de plein droit, est une société parfaite; que les dépositaires du pouvoir ne doivent pas prétendre asservir et subjuguer l'Église, ni diminuer sa liberté d'action dans sa sphère, ni lui enlever n'importe lequel des droits qui lui ont été conférés par Jésus-Christ. — Dans les questions de droit mixte, il est pleinement conforme à la nature ainsi qu'aux desseins de Dieu, non de séparer une puissance de l'autre, moins encore de les mettre en lutte, mais bien d'établir entre elles cette concorde qui est en harmonie avec les attributs spéciaux que chaque société tient de sa nature.

Telles sont les règles tracées par l'Église catholique relativement à la constitution et au gouvernement des États. — Ces principes et ces décrets, si l'on veut en juger sainement, ne reprouvent en soi aucune des différentes formes de gouvernement, attendu que celles-ci n'ont rien qui répugne à la doctrine catholique, et que si elles sont appliquées avec sagesse et justice, elles peuvent toutes garantir la prospérité publique. — Bien plus, on ne réprouve pas en soi que le peuple ait sa part plus ou moins grande au gouvernement; cela même, en certain temps et sous certaines lois, peut devenir non seulement un avantage, mais un devoir pour les citoyens. — De plus, il n'y a pour personne de juste motif d'accuser l'Église d'être l'ennemie, soit d'une juste tolérance, soit d'une saine et légitime liberté. — En effet, si l'Église juge qu'il n'est pas permis de mettre les divers cultes sur le même pied légal que la vraie religion, elle ne condamne pas pour cela les chefs d'État qui, en vue d'un bien à atteindre, ou d'un mal à empêcher, tolèrent, dans la pratique, que ces divers cultes aient chacun leur place dans l'État. — C'est, d'ailleurs, la coutume de l'Église de veiller, avec le plus grand soin, à ce que personne ne soit forcé d'embrasser la foi catholique contre son gré, car, ainsi que l'observe sagement saint Augustin, *l'homme ne peut croire que de plein gré*.

Par la même raison, l'Église ne peut approuver une liberté qui engendre le dégoût des plus saintes lois de Dieu, et secoue l'obéissance qui est due à l'autorité légitime. C'est là plutôt une licence qu'une liberté, et saint Augustin l'appelle très justement *une liberté de perdition* et l'apôtre saint Pierre, *un voile de méchanceté*. Bien plus, cette prétendue liberté étant opposée à la raison est une véritable servitude. *Celui qui commet le péché est l'esclave du péché*. Celle-là, au contraire, est la liberté vraie et désirable qui, dans l'ordre individuel, ne laisse l'homme esclave ni des erreurs, ni des passions, qui sont ses pires tyrans, et dans l'ordre public trace de sages règles aux citoyens, facilite largement l'accroissement du bien-être, et préserve de l'arbitraire d'autrui la chose publique. — Cette liberté honnête et digne de l'homme, l'Église l'approuve au plus haut point et, pour en garantir aux peuples la ferme et intégrale jouissance, elle n'a jamais cessé de lutter et de combattre. — Oui, en vérité, tout ce qu'il peut y avoir de salutaire au bien général dans l'État, tout ce qui est utile à protéger le peuple contre la licence des princes qui ne pourvoient pas à son bien, tout ce qui empêcho les empiètements injustes de l'État sur la commune ou la famille; tout ce qui intéresse l'honneur, la personnalité humaine et la sauvegarde des droits égaux de chacun, tout cela l'Église catholique en a toujours pris soit l'initiative, soit le patronage, soit la protection, comme l'attestent les monuments des âges précédents. Toujours conséquente avec elle-même, si d'une part elle repousse une liberté immodérée qui, pour les individus et les peuples, dégénère en licence ou en servitude, de l'autre, elle embrasse de grand cœur les progrès que chaque jour fait naître si vraiment ils contribuent à la prospérité de cette vie, qui est comme un acheminement vers la vie future et durable à jamais.

Ainsi donc, dire que l'Église voit de mauvais œil les formes plus modernes des systèmes politiques, et repousse en bloc toutes les découvertes du génie contemporain, c'est une calomnie vaine et sans fondement. Sans doute, elle répudie les opinions malsaines, elle réprouve le pernicieux penchant à la révolte, et tout particulièrement cette prédisposition des esprits où perce déjà la volonté de s'éloigner de Dieu; mais comme tout ce qui est vrai ne peut procéder que de Dieu, en tout ce que les recherches de l'esprit humain découvrent de vérité, l'Église reconnaît comme une trace de l'intelligence divine : et comme il n'y a aucune vérité naturelle qui infirme la foi aux vérités divinement révélées, que beaucoup la confirment, et que toute découverte de la vérité peut porter à connaître et à louer Dieu lui-même, l'Église accueillera toujours volontiers et avec joie tout ce qui contribuera à élargir la sphère des sciences, et ainsi qu'elle l'a toujours fait pour les autres sciences, elle favorisera et encouragera celles qui ont pour objet l'étude de la nature. En ce genre d'études, l'Église ne s'oppose à aucune découverte de l'esprit; elle voit sans déplaisir tant de recherches qui ont pour but l'agrément et le bien-être; et même, ennemie née de l'inertie et de la paresse, elle souhaite grandement que l'exercice et la culture fassent porter au génie de l'homme des fruits abondants. Elle a des encouragements pour toute espèce d'arts et d'industries, et en dirigeant par sa vertu toutes ces recherches vers un but honnête et salutaire, elle s'applique à empêcher que l'intelligence et l'industrie de l'homme ne le détournent de Dieu et des biens célestes.

C'est cette manière d'agir, pourtant si raisonnable et si sage, qui est discréditée en ce temps où les États non seulement refusent de se conformer aux principes de la philosophie chrétienne, mais paraissent vouloir s'en éloigner chaque jour davantage. Néanmoins, le propre de la lumière étant de rayonner d'elle-même au loin et de pénétrer peu à peu les esprits des hommes, mus comme Nous sommes par la conscience des très hautes et très saintes obligations de la mission apostolique dont Nous sommes investi envers tous les peuples, nous proclamons librement, selon notre devoir, la vérité. Non pas que nous ne tenions aucun compte des temps, ou que nous estimions devoir proscrire les honnêtes et utiles progrès de notre âge; mais parce que Nous voudrions voir les affaires publiques suivre des voies moins périlleuses et reposer sur de plus solides fondements; et cela en laissant intacte la liberté légitime des peuples, cette liberté dont la vérité est parmi les hommes la source et la meilleure sauvegarde : *La vérité vous délivrera.*

Si donc dans ces conjonctures difficiles les catholiques Nous écoutent, comme c'est leur devoir, ils sauront exactement quels sont les devoirs de chacun tant en *théorie* qu'en *pratique.* — En théorie d'abord, il est nécessaire de s'en tenir avec une adhésion inébranlable à tout ce que les Pontifes Romains ont enseigné ou enseigneront; et, toutes les fois que les circonstances l'exigeront, d'en faire profession publique. Particulièrement en ce qui touche aux *libertés modernes,* comme on les appelle, chacun doit s'en tenir au jugement du Siège apostolique et se conformer à ses décisions. Il faut prendre garde de se laisser tromper par la spécieuse honnêteté de ces libertés, et se rappeler de quelles sources elles émanent et par quel esprit elles se propagent et se soutiennent. L'expérience a déjà fait suffisamment connaître les résultats qu'elles ont eus pour la société, et combien les fruits qu'elles ont portés inspirent à bon droit de regrets aux hommes honnêtes et sages. — S'il existe quelque part, ou si l'on imagine par la pensée un État qui persécute effrontément et tyranniquement le nom chrétien, et qu'on le confronte au genre de gouvernement moderne dont Nous parlons, ce dernier pourrait sembler plus tolérable. Assurément les principes sur lesquels se base ce dernier sont de telle nature, ainsi que Nous l'avons dit, qu'en eux-mêmes ils ne doivent être approuvés par personne.

En pratique, l'action peut s'exercer soit dans les affaires privées et domestiques, soit dans les affaires publiques. — Dans l'ordre privé, le premier devoir de chacun est de conformer très exactement sa vie et ses mœurs aux préceptes de l'Évangile, et de ne pas reculer devant ce que la vertu chrétienne impose de quelque peu difficile à souffrir et à endurer. Tous doivent, en outre, aimer l'Église comme leur mère commune, obéir à ses lois, pourvoir à son honneur, sauvegarder ses droits, et prendre soin que ceux sur lesquels ils exercent quelque autorité la respectent et l'aiment avec la même piété filiale. Il importe encore au salut public que les catholiques prêtent sagement leur concours à l'administration des affaires municipales, et s'appliquent surtout à faire en sorte que l'autorité publique pourvoie à l'éducation religieuse et morale de la jeunesse, comme il convient à des chrétiens : de là dépend surtout le salut de la société. — Il sera généralement utile et louable que les catholiques étendent leur action au delà des limites de ce champ trop restreint, et abordent les grandes charges de l'État. *Généralement*, disons-Nous, car ici Nos conseils s'adressent à toutes les nations. Du reste, il peut arriver quelque part que, pour les motifs les plus graves et les plus justes, il ne soit nullement expédient de participer aux affaires politiques et d'accepter les fonctions de l'État.

Mais généralement, comme Nous l'avons dit, refuser de prendre aucune part aux affaires publiques serait aussi répréhensible que de n'apporter, à l'utilité commune ni soin ni concours; d'autant plus que les catholiques, en vertu même de la doctrine qu'ils professent, sont obligés de remplir ce devoir en toute intégrité et conscience. D'ailleurs, eux s'abstenant, les rênes du gouvernement passeront sans conteste aux mains de ceux dont les opinions n'offrent certes pas grand espoir de salut pour l'État. Ce serait, de plus, pernicieux aux intérêts chrétiens, parce que les ennemis de l'Église auraient tout pouvoir et ses défenseurs aucun. Il est donc évident que les catholiques ont de justes motifs d'aborder la vie politique; car ils le font et doivent le faire non pour approuver ce qu'il peut y avoir de blâmable présentement dans les institutions politiques, mais pour tirer de ces institutions mêmes, autant que faire se peut, le bien public sincère et vrai, en se proposant d'infuser dans toutes les veines de l'État, comme une sève et un sang réparateur, la vertu et l'influence de la religion catholique.

Ainsi fut-il fait aux premiers âges de l'Église. Rien n'était plus éloigné des maximes et des mœurs de l'Évangile, que les maximes et les mœurs des païens; on voyait toutefois les chrétiens, incorruptibles en pleine supers-

tition et toujours semblables à eux-mêmes, entrer courageusement partout
où s'ouvrait un accès. D'une fidélité exemplaire envers les princes, et d'une
obéissance aux lois de l'État aussi parfaite qu'il leur était permis, ils jetaient
de toute part un merveilleux éclat de sainteté, s'efforçaient d'être utiles à
leurs frères, et d'attirer les autres à suivre Notre-Seigneur, disposés cependant à céder la place et à mourir courageusement s'ils n'avaient pu, sans
blesser leur conscience, garder les honneurs, les magistratures et les charges
militaires. De la sorte, ils introduisirent rapidement les institutions chrétiennes, non seulement dans les foyers domestiques, mais dans les camps,
la Curie et jusqu'au palais impérial. « Nous ne sommes que d'hier, et nous
remplissons tout ce qui est à vous : vos villes, vos îles, vos forteresses, vos
municipes, vos conciliabules, vos camps eux-mêmes, les tribus, les décuries,
le palais, le Sénat, le Forum. » Aussi, lorsqu'il fut permis de professer
publiquement l'Évangile, la foi chrétienne apparut dans un grand nombre
de villes, non vagissante encore, mais forte et déjà pleine de vigueur.

Dans les temps où nous sommes, il y a tout lieu de renouveler ces exemples de nos pères. — Avant tout, il est nécessaire que tous les catholiques
dignes de ce nom se déterminent à être et à se montrer les fils très dévoués
de l'Église; qu'ils repoussent sans hésiter tout ce qui serait incompatible
avec cette profession, qu'ils se servent des institutions publiques, autant
qu'ils le pourront faire en conscience, au profit de la vérité et de la justice;
qu'ils travaillent à ce que la liberté ne dépasse pas la limite posée par la loi
naturelle et divine; qu'ils prennent à tâche de ramener toute constitution
publique à cette forme chrétienne que Nous avons proposée pour modèle. —
Ce n'est pas chose aisée que de déterminer un mode unique et certain pour
réaliser ces données, attendu qu'il doit convenir à des lieux et à des temps fort
disparates entre eux. Néanmoins, il faut avant tout conserver la concorde
des volontés et tendre à l'uniformité de l'action. On obtiendra sûrement ce
double résultat si chacun prend, pour règle de conduite, les prescriptions
du Siège apostolique et l'obéissance aux évêques que *l'Esprit Saint a établis
pour régir l'Église de Dieu.*

La défense du nom chrétien réclame impérieusement que l'assentiment
aux doctrines enseignées par l'Église soit, de la part de tous, unanime et
constant, et de ce côté il faut se garder ou d'être en quoi que ce soit de
connivence avec les fausses opinions, ou de les combattre plus mollement
que ne le comporte la vérité. Pour les choses sur lesquelles on peut discuter
librement, il sera permis de discuter avec modération, et dans le but de
rechercher la vérité, mais en mettant de côté les soupçons injustes et les
accusations réciproques. A cette fin, de peur que l'union des esprits ne soit
détruite par de téméraires accusations, voici ce que tous doivent admettre :
la profession intègre de la foi catholique, absolument incompatible avec les
opinions qui se rapprochent du *rationalisme* et du *naturalisme*, et dont le but
capital est de détruire de fond en comble les institutions chrétiennes et
d'établir dans la société l'autorité de l'homme à la place de celle de Dieu.

Il n'est pas permis non plus d'avoir deux manières de se conduire, l'une
en particulier, l'autre en public, de façon à respecter l'autorité de l'Église
dans sa vie privée, et à la rejeter dans sa vie publique; ce serait là allier

ensemble le bien et le mal, et mettre l'homme en lutte avec lui-même, quand, au contraire, il doit toujours être conséquent et ne s'écarter en aucun genre de vie ou d'affaires de la vertu chrétienne. — Mais s'il s'agit de questions purement politiques, du meilleur genre de gouvernement, de tel ou tel système d'administration civile, des divergences honnêtes sont permises La justice ne souffre donc pas que l'on fasse un crime à des hommes dont la piété est d'ailleurs connue, et l'esprit tout disposé à accepter docilement les décisions du Saint-Siège, de ce qu'ils sont d'un avis différent sur les points en question. Ce serait encore une injustice bien plus grande de suspecter leur foi ou de les accuser de la trahir, ainsi que nous l'avons regretté plus d'une fois.

Que ce soit là une loi imprescriptible pour les écrivains, et surtout pour les journalistes. Dans une lutte où les plus grands intérêts sont en jeu, il ne faut laisser aucune place aux dissensions intestines ou à l'esprit de parti; mais dans un accord unanime des esprits et des cœurs, tous doivent poursuivre le but commun, qui est de sauver les grands intérêts de la religion et de la société. Si donc, par le passé, quelques dissentiments ont eu lieu, il faut les ensevelir dans un sincère oubli : si quelque témérité, si quelque injustice a été commise, quel que soit le coupable, il faut tout réparer par une charité réciproque et tout racheter par un commun assaut de déférence envers le Saint-Siège. — De la sorte, les catholiques obtiendront deux avantages très importants : celui d'aider l'Église à conserver et à propager la doctrine chrétienne, et celui de rendre le service le plus signalé à la société, dont le salut est fortement compromis par les mauvaises doctrines et les mauvaises passions.

C'est là, Vénérables Frères, ce que Nous avons cru devoir enseigner à toutes les nations du monde catholique, sur la constitution chrétienne des États et les devoirs privés des sujets.

Il Nous reste à implorer par d'ardentes prières le secours céleste, et à conjurer Dieu de faire lui-même aboutir au terme désiré tous nos désirs et tous nos efforts pour sa gloire et le salut du genre humain, Lui qui peut seul éclairer les esprits et toucher les cœurs des hommes. Comme gage des bénédictions divines et en témoignage de Notre paternelle bienveillance, Nous vous donnons dans la charité du Seigneur, Vénérables Frères, à vous, ainsi qu'au clergé et au peuple entier confié à votre garde et à votre vigilance, la bénédiction apostolique.

Donné à Rome près de Saint-Pierre, le 1er novembre 1885, la huitième année de Notre Pontificat.

LÉON XIII, PAPE.

28 *octobre*. — Le gouvernement français reçoit la notification officielle de la nomination du comte Munster, actuellement ambassadeur d'Allemagne en Angleterre, comme ambassadeur en France, en remplacement du prince de Hohenlohe.

Lettre du Souverain Pontife à l'Empereur du Japon.

« Très grand Empereur,

« Bien que d'immenses espaces nous séparent l'un de l'autre, Nous n'ignorons pas cependant le zèle extraordinaire que vous déployez pour développer la prospérité du Japon. Tout ce que vous avez entrepris de réaliser dans l'intérêt matériel et moral de vos sujets est une preuve de votre sage prévoyance et mérite l'éloge de tous les hommes désireux de voir les nations prospérer et recevoir la communication des biens dont la civilisation est la source. D'autant plus que cette civilisation prépare parfaitement les esprits à s'ouvrir à la sagesse, et à accueillir la lumière de la vérité. Pour ces motifs, Nous vous prions d'agréer l'offre de nos bons services, que Nous vous faisons avec empressement et en toute sincérité.

« En vous écrivant cette lettre, Nous avons pour objet de vous exprimer Nos sentiments de gratitude. Sachez que Nous nous tenons pour obligé envers vous à cause de la bienveillance que vous avez pour les missionnaires et les chrétiens de votre vaste Empire. Les uns et les autres, Très grand Empereur, Nous ont rendu témoignage de cette bienveillance. Vous ne pourriez rien faire de plus louable au point de vue de la justice, ni rien de plus utile au point de vue de l'intérêt public, car vous devez attendre de la religion catholique un puissant secours pour le maintien de votre autorité.

« La justice est le fondement de toute autorité; or, il n'y a aucune face de la justice qui ne soit l'objet d'un des devoirs du chrétien. Il résulte de là que quiconque fait profession de la foi chrétienne, est déterminé moins par la crainte des châtiments que par la voix de la religion à respecter la majesté royale, à obéir aux lois et à ne désirer que ce qui est honorable et en rapport avec la tranquillité de l'État. C'est pourquoi Nous vous prions vivement d'accorder aux chrétiens la plus grande liberté possible, et de continuer à couvrir les institutions de votre bienveillance et de votre protection. Il Nous appartiendra, en retour de supplier Dieu, l'auteur de tous les biens, de conduire au succès désiré vos utiles entreprises, et d'accorder à Vous et au Japon tout entier, des bienfaits toujours plus grands.

29. — Les ambassadeurs des puissances européennes tiennent à Constantinople une réunion préparatoire de la Conférence concernant les affaires de Bulgarie et de Roumélie.

Le ministre de Serbie communique à la Porte la réponse de son gouvernement à la note collective des ambassadeurs.

Le gouvernement serbe se félicite de la teneur de cette déclaration condamnant les événements de Philippopoli.

Il proteste de son respect pour le traité de Berlin, et exprime son désir d'un prompt et intégral établissement du *statu quo*, conformément aux droits souverains du sultan et au maintien de l'équilibre balkanique.

Mort du général américain, Mac Clellan, l'un des généraux que la guerre de sécession entre les États du Nord et les États du Sud de la Confédération américaine, avait mis le plus en lumière.

30. — Le comte de Munster prend possession de son ambassade.

31. — Réunion du conseil des ministres.

On s'occupe dans ce conseil des voies et moyens relatifs à l'établissement du budget de 1887. Les ministres sont décidés, dit-on, à accuser le déficit existant *en toute sincérité* et à *montrer non moins d'énergie* dans les moyens d'y remédier... avec de nouveaux impôts.

L'agitation ouvrière à Lyon est plus intense que jamais, et inspire des craintes de plus en plus sérieuses au gouvernement.

Le gouvernement continue l'Œuvre qu'il a si misérablement commencée, c'est-à-dire l'achèvement de la laïcisation de l'église patronale de Sainte-Geneviève.

Aujourd'hui a eu lieu la dispersion, par la vente publique, des accessoires du mobilier de l'église.

Cette vente, opérée dans le Panthéon même, transformé en salle de commissaire-priseur, a produit une somme totale, y compris les frais, de 2,151 fr. 45 centimes.

1er *novembre*. — M. le comte Albert de Mun adresse à M. le vicomte de Belizal la lettre suivante, dans laquelle l'honorable député catholique développe un plan d'union à adopter par le parti catholique.

« Paris, 1er novembre 1885.

« Mon cher ami,

« Vous avez bien voulu adhérer, en termes particulièrement chaleureux, aux idées exprimées dans la lettre que j'ai eu l'honneur d'adresser, le 8 septembre dernier, à M. l'amiral Gicquel des Touches. C'est à ce titre que je viens aujourd'hui faire appel à votre concours.

« Nous avons promis aux catholiques d'organiser leurs forces sur le terrain politique. L'heure est venue de passer des paroles aux actes.

« Le résultat des élections nous prépare, en effet, de grandes obligations. Soit que nos adversaires cherchent, dans un redoublement de la persécution religieuse, un terrain de ralliement, soit qu'ils s'efforcent, par une apparente modération, d'apaiser un moment la révolte des âmes, il faut être prêts à leur résister.

« Et si le réveil du pays devait être le signe avant-coureur d'un changement profond dans les institutions publiques, notre devoir n'en serait que plus grand; car nous n'aurions plus seulement à repousser les tentatives du présent, mais à préparer les œuvres du lendemain.

« C'est pourquoi notre programme doit être un programme de gouvernement.

« Le temps des protestations est passé, celui des revendications commence.

« Le Pape Léon XIII en a lui-même tracé le vaste cadre dans la magnifique encyclique *Humanum genus*, donnée le 20 avril 1884.

« Il a désigné l'ennemi : c'est la franc-maçonnerie; il a défini son but et ses moyens d'action : c'est « de réduire à rien, au sein de la société civile,

« le magistère et l'autorité de l'Eglise, d'exclure des lois et de l'administra-

« tion publique la très salutaire influence de la religion catholique, et de
« constituer l'Etat tout entier en dehors des institutions et des préceptes de
« l'Eglise. »

« Voilà donc le terrain de la lutte.

« C'est la rencontre suprême de l'Eglise et du rationalisme. Et le Pape,
voulant joindre à l'exposé du mal l'indication du remède, s'exprime encore
en ces termes :

« Notre meilleur et plus solide espoir de guérison est dans la vertu de
« cette religion divine que les francs-maçons haïssent d'autant plus qu'ils la
« redoutent davantage; il importe donc souverainement de faire d'elle le point
« central de la résistance contre l'ennemi commun. »

« Et il ajoute un peu plus loin :

« Que les gens de bien s'unissent donc, eux aussi, et forment une immense
« coalition de prières et d'efforts. »

« Le programme et l'organisation du parti catholique sont tout entiers
dans ces paroles du Souverain Pontife.

« Dociles à sa voix, nous demandons :

« Pour l'Eglise :

« L'entière liberté de son ministère et la protection publique du culte
catholique, qui en est la garantie; comme conséquences, l'exemption pour
les prêtres du service militaire, l'organisation des secours religieux dans les
camps, les casernes et les hôpitaux; le droit pour les associations religieuses de se constituer et de se développer librement; dès aujourd'hui,
l'application loyale et sincère, dans sa lettre et dans son esprit, du Concordat consenti par le Saint-Siège à la France.

« Pour la famille :

« La liberté complète de l'enseignement à tous les degrés, et comme
minimum le retour aux lois de 1850 et 1875.

« L'instruction religieuse dans les écoles publiques et, aussi promptement
que possible, l'abrogation de la loi du 28 mars 1881.

« Le respect du sacrement de mariage, qui consacre l'indissolubilité du
lien conjugal, et, dès que nous pourrons l'obtenir, l'abrogation de la loi du
divorce.

« Enfin, la conservation du foyer domestique par la révision des articles
du Code civil relatifs au droit de tester.

« Pour le peuple :

« La limitation du travail par le respect légal du repos dominical, l'interdiction du travail de nuit pour les femmes, et la suppression progressive du
travail à l'usine pour les mères de famille et les enfants des deux sexes.

« Une législation protectrice contre les accidents, la maladie, le chômage
involontaire et l'incapacité de travail résultant de la vieillesse.

« Et, pour rendre cette législation pratique et efficace, une organisation
corporative, destinée, suivant les termes de l'encyclique *Humanum genus*,
« à protéger, sous la tutelle de la religion, les intérêts du travail et les
« mœurs des travailleurs. »

« Pour soutenir ce programme, il faut nécessairement former dans la
nation un parti compacte et puissant, qui ait, dans le Parlement, ses repré-

sentants autorisés, qui s'appuie dans le pays tout entier sur le peuple chrétien, et qui mette au service de ses revendications une active et incessante propagande.

« Ce parti, qui pourrait prendre le nom d'Union catholique, aura, dans tous les départements, dans tous les arrondissements, tous les cantons et toutes les communes, des représentants chargés de répandre son programme, de lui recruter des adhérents, d'assurer la diffusion des brochures et des journaux, et d'entretenir une action constante en vue de la préparation des élections législatives, départementales et communales.

« Il usera de tous les moyens que la loi autorise pour se développer et étendre son influence.

« Des congrès spéciaux permettront à ses membres d'arrêter les résolutions dictées par les circonstances, et des réunions fréquentes offriront, aux orateurs catholiques, l'occasion de vulgariser les idées qu'ils se proposent de défendre.

« Enfin, une souscription permanente, ouverte dans tout le pays, lui donnera le moyen de soutenir, avec toutes les armes légales et sur tous les terrains, une lutte politique vigoureuse et ininterrompue.

« La presse catholique ne refusera certainement pas son concours dévoué à cette œuvre patriotique.

« Mais ce ne serait pas assez qu'elle eût ses cadres et son organisation, il faut aussi qu'elle ait un centre d'où parte la direction du mouvement. La place de ce centre d'action est naturellement dans le Parlement, où les représentants des catholiques trouvent, avec une tribune pour exposer leurs revendications devant le pays, l'autorité que leur mandat leur donne pour les faire valoir.

« Un groupe de députés adhérant au programme catholique et décidés à en poursuivre l'application peut demain, sans jeter aucunement la division dans les rangs de la droite parlementaire, mais en s'unissant pour cette œuvre spéciale, annoncer publiquement sa formation et entreprendre immédiatement l'organisation du parti. C'est la marche que je vous propose de suivre.

« Nous ne ferons ainsi que répondre aux vœux d'un très grand nombre de catholiques français et imiter l'exemple des nations voisines, comme la Belgique, où l'action catholique a porté des fruits politiques si abondants; comme l'Autriche, où les membres catholiques du Parlement se sont concertés pour prendre l'initiative des réformes sociales; comme l'Allemagne enfin, où le centre catholique opposa au Kulturkampf une si admirable résistance, en même temps qu'il s'est constitué le défenseur intrépide de tous les intérêts populaires.

« Je sais, mon cher ami, que vous partagez mes vues sur tous les points, et j'espère que plusieurs de nos collègues voudront bien s'y associer. Le temps presse, car les événements sont plus incertains que jamais. Il faut que la réunion prochaine du Parlement nous trouve prêts à entrer en campagne. Je vous promets, pour ma part, d'y travailler de toutes mes forces, et je vous prie, mon cher ami, de me croire toujours votre bien cordialement dévoué. « A. DE MUN. »

2. — MM. de Mahy et Dureau de Vaulcomte sont réélus députés à l'île de la Réunion.

3. — Le ministère de l'agriculture fait publier à l'*Officiel* le relevé des quantités de froment, grains et farines, importées et exportées du 1er août au 15 octobre 1885.

Le total des importations en grains, pour cette période de deux mois et demi, s'élève au chiffre de 924,914 quintaux.

Les exportations en grains pour cette même période sont de 3,578 quintaux. Ces chiffres signifient purement et simplement que nos agriculteurs ne peuvent pas lutter contre la concurrence étrangère. De là, la cause principale de la crise agricole qui sévit dans le pays.

4. — Un télégramme de Constantinople mande que les pourparlers entre les ambassadeurs des grandes puissances ont enfin abouti, et qu'ils ont prié le comte Corti, leur doyen, d'informer Saïd-Pacha qu'ils sont prêts à se réunir définitivement en conférence.

Encore une grève. — Les ouvriers constructeurs de bateaux de Merville (Nord) se mettent en grève. Un certain nombre de grévistes parcourent les rues en chantant la *Marseillaise.*

M. Vaillant, membre du Conseil municipal de Paris, recommence à demander l'amnistie de tous les délits politiques et il dépose une proposition dans ce sens, à l'ouverture de la session du Conseil municipal de Paris.

5. — Le Président du Conseil des ministres communique à ses collègues le résumé de la déclaration gouvernementale, qui sera lue aux Chambres à la rentrée. Cette déclaration s'étend surtout sur la situation financière.

En vertu d'un ordre du jour de l'empereur de Russie, le prince de Bulgarie, qui était lieutenant général à la suite de l'armée russe, est rayé des cadres et relevé en même temps des fonctions de chef honoraire du 13e bataillon de tirailleurs russes.

M. le comte de Munster, nouvel ambassadeur d'Allemagne en France, remet, en audience solennelle, ses lettres de créance au Président de la république.

Ouverture des travaux de la Conférence de Constantinople. Saïd-Pacha prononce un discours dans lequel il exprime l'espoir que la question de Roumélie sera réglée pacifiquement avec le concours des puissances.

6. — Le ministre de la guerre reçoit du général de Courcy deux télégrammes relatifs aux opérations qui se font dans le Delta :

« De nombreuses colonnes combinent leur action pour purger tout le territoire des bandes de rebelles. Ceux-ci sont nombreux, mais mal armés; ils perdent beaucoup de monde dans les engagements. Nos pertes sont minimes; malheureusement le choléra enlève cinq ou six hommes par jour.

« La prise de Than-Maï a fait tomber en notre pouvoir un colonel rebelle, nommé général en chef par Thuyet, ainsi que beaucoup d'autres chefs.

« En résumé nos colonnes exécutent une véritable œuvre de gendarmerie en grand, contre les bandes soulevées par les agents de Thuyet. »

Un télégramme de Madagascar annonce que les Hovas augmentent leurs moyens de défense et que les Français continuent de les bombarder chaque jour.

Le consul de France à Beyrouth est arrivé à Tamatave. On pense qu'il se propose de rouvrir les négociations.

Les députés de la Réunion sont également arrivés. Ils veulent se rendre compte de la situation.

La mortalité est considérable parmi les troupes.

Le Conseil municipal de Paris tient décidément à *faire parler de lui.* La harangue de début de M. Maillard, le nouveau président, a été à la hauteur des idées radicales qui distinguent ce Conseil. Cette harangue n'a été d'un bout à l'autre qu'une longue revendication en faveur de l'autonomie communale de Paris. il va sans dire que la question de laïcisation des établissements hospitaliers tient une large place dans le discours de M. Maillard.

Mais cela ne suffit pas, malgré les observations du directeur de l'Assistance publique, malgré les protestations du Dr Desprès, au nom des malades, au nom des intérêts de la République elle-même, le Conseil, sur la proposition de M. Monteil, par 53 voix contre 10 sur 63 votants, ordonne à l'administration de l'Assistance publique de laïciser l'hospice des Enfants-Assistés, Necker et Cochin, avant le 1er décembre de cette année.

7. — Les ministres offrent, pour la forme, leur démission au Président de la République qui refuse de l'accepter, sous prétexte que la constitution actuelle du cabinet répond à la nouvelle situation politique résultant des élections.

En conséquence, le ministère décide de se compléter et de se représenter devant les Chambres. Il n'y aura pas de changement dans l'attribution des portefeuilles. M. Allain-Targé conservera celui de l'intérieur ; M. Sadi-Carnot, celui des finances ; et M. Demôle, celui des travaux publics.

Les massacres des catholiques continuent dans l'Annam, notamment près de Binh-Dinh où les Français ont une petite garnison. Un missionnaire a été tué avec une cruauté inouïe. Sa tête a été plantée sur une perche et exposée ; son corps a été écorché, puis coupé en morceaux, et, enfin, brûlé sur la route. L'agitation est toujours très grande dans le pays.

Le ministre de la marine de Danemark fait savoir officiellement que l'île du Moine, au sud du groupe des Féroë, vient d'être engloutie.

La base de l'île était exposée à l'action de courants d'une extrême violence. Cette île n'était qu'une immense falaise de 80 pieds de haut. Elle avait une extrême utilité pour les navigateurs auxquels elle signalait des tourbillons fort dangereux. Elle était inhabitée.

8. — Le *Journal officiel* publie l'ordre du jour de la séance de rentrée des Chambres.

Pour le Sénat, cet ordre du jour ne comporte que le tirage au sort des bureaux et la fixation de l'ordre du jour :

Pour la Chambre des Députés, voici le résumé de l'ordre du jour :

1° Installation du président et des secrétaires d'âge ;

2° Scrutin pour la nomination du président provisoire ;

3° Scrutin pour la nomination de deux vice-présidents provisoires ;

4° Installation du président provisoire ;

5° Tirage au sort des bureaux ;

6° Fixation de l'ordre du jour.

Charles DE BEAULIEU.

BULLETIN BIBLIOGRAPHIQUE

Histoire de la Norville et de sa Seigneurie, par l'abbé A.-E.
Genty, curé de la Norville. Un beau vol. in-12 de 364 pages, prix : 3 fr. 50.
Victor Palmé, 76, rue des Saints-Pères, Paris.

Faire connaître l'histoire de la Seigneurie et des Seigneurs de la Norville,
celle des fiefs libres et celle des fiefs servants, parler des propriétés et des
droits possédés par différentes communautés, de l'église et de la terrible
Révolution qui a mis fin à l'ancien ordre de choses, tel est le but de cet
ouvrage.

L'auteur, dont on ne saurait trop louer l'œuvre, esquisse à grands traits,
dans un chapitre préliminaire, l'histoire de la Norville jusqu'à l'an 1090. A
partir de cette époque, cette histoire s'éclaircit, les seigneurs de la Norville
jouent un rôle important dans les grands événements qui s'accomplissent
entre Orléans et Paris, et leurs noms figurent dans presque tous les actes
et transactions qui ont lieu à la suite de ces événements.

Le premier chapitre est consacré à l'histoire des fiefs de la Norville, au
treizième siècle, à celle des seigneurs de Ballainvilliers et de Gravelles.
Nous assistons à la réunion de la seigneurie de la Norville à celle de la
Bretonnière, aux ruines que la guerre de Cent ans fait partout dans nos
contrées, aux hostilités sans cesse renaissantes entre la France et l'Angleterre et aux divers faits d'armes qui nous conduisent jusqu'à la prise de
Paris par Charles VII, en 1436.

La famille de Lignières entre alors en scène jusqu'au moment où Jacqueline,
dame de ce nom, porte en mariage les grands biens de sa maison à Édouard
de Beaujeu, seigneur d'Amplepuits. Son fils, Jacques de Beaujeu, cède tous
ses droits et ceux de sa famille sur les seigneuries de la Norville et de la
Bretonnière à Charles Leprince, dont l'histoire forme un chapitre des plus
intéressants.

A sa mort, sa veuve prend en main l'administration des biens de son mari,
mais bientôt de grandes et longues contestations s'élèvent entre ses enfants
à l'occasion du partage de sa succession; Charles Leprince devient enfin
seigneur de la Norville, il se trouve mêlé à ce titre dans les guerres de
religion et prend parti pour Condé dans les rangs des calvinistes.

La Norville échoit successivement à Pierre Leprince, à Josias Mercier
qui joue un rôle considérable dans l'Église calviniste et dans les différentes assemblées que les sectaires tiennent alors en France. Il construisit
le château de la Norville sur l'emplacement de l'ancien. A la mort de Jacques
Mercier, son fils, la Norville fut cédée à Choderlot de La Clos. C'est en sa
faveur que cette seigneurie fut érigée en châtellenie par lettres patentes de
Louis XIV. A son décès, la Norville passe au marquis de Péry, époux
d'Athénaïs Choderlot de La Clos, célèbre par ses exploits militaires.

Sa veuve vend la seigneurie de la Norville au marquis de la Simiane,

qui la cède à Messire Honoré, comte de Sabran. Ce dernier en consent la
vente au profit de François-Jules Duvancel, fermier général, qui y ajoute de
nombreuses dépendances et y fait des dépenses exagérées qui le conduisent
à la ruine. Il est obligé de vendre sa terre à Louis-René Binet de Boisgiroult,
qui la vend bientôt lui-même à messire Louis-Joseph Bédé, marquis de la
Grandville. Le nouveau seigneur abandonne sa terre en 1784 à Jacques Baron,
receveur général des finances du comté de Bourgogne. Quelques années
plus tard, elle entre, par suite d'une alliance, dans l'illustre famille du
maréchal de Castries, qui la possède encore aujourd'hui dans la personne de
Mme la comtesse Gaspard de Castries.

L'auteur ne se borne pas à retracer l'histoire de la Norville, mais il fait
encore celle des fiefs dépendant de cette Seigneurie et notamment celle de la
Boucherie, de *Châtres*, de *Voisins-le-Pretonneux*, de la *Maison-Rouge*, de
Videlles, de *Viviers*, du *Bois de Presles*, de *la Lance*, de *la Rue du Clos*, de
Marivatz, de *Vallorge*, des *Bois-Defendus*, des *Granges* et fiefs en dépen-
dant, de *Basville*, de *Folleville*, de *la Vacheresse*, des *dîmes de Ragonnant*,
d'*Échainvilliers*, du *fief des Carneaux*, de la *ferme de l'abbaye de Villiers*, de la
Dîme du chapitre de Notre-Dame de Paris, des *Chartreux de Vauvert*, du
Collège du cardinal Le Moine, de *Mondonville* et de l'*Église de la Norville*.

Un dernier et intéressant chapitre retrace les événements qui se sont
succédé à la Norville pendant et depuis la Révolution de 1790 ; le tout se
termine par une série de pièces justificatives et de documents curieux,
contenant la liste des maires, des curés et des instituteurs de la Norville.

Nous faisons des vœux pour que l'exemple que vient de donner M. l'abbé
Genty lui suscite de nombreux imitateurs.

Il serait à désirer que chaque curé prît à tâche de faire l'histoire de sa
paroisse, et de sauver de l'oubli du temps et de la poussière des archives
communales des documents précieux, souvent inconnus et presque toujours
inédits.

Maçonnerie pratique. Cours d'enseignement supérieur de la Franc-
Maçonnerie, rite écossais ancien et accepté par le très puissant souverain
grand commandeur d'un des suprêmes Conseils confédérés à Lausanne en
1875. — Tome I. Un vol. in-18 jésus, LXXXIX-472 pages. — Prix : 6 francs.
(Le tome second paraîtra le 15 novembre.) Voir aux annonces.

La Franc-Maçonnerie, dont l'influence a été assez grande pour faire
nommer à Paris presque autant de maçons que de députés et s'assurer les
trois quarts environ des sièges occupés dans le Parlement par les républicains, croyait voir dans ce triomphe éclatant l'avènement d'une ère nouvelle
pour sa toute-puissance.

Mais la Roche tarpéienne est toujours près du Capitole, et voilà que cette
victoire est maintenant suivie d'un coup de massue mortel, foudroyant, qui
détruit à tout jamais la Franc-Maçonnerie française, en tant que société
secrète.

La politique irresponsable des chefs de la Maçonnerie était fondée sur la
cohésion de l'association maçonnique. Cette cohésion était elle-même la

conséquence du serment d'honneur que prêtent tous les maçons de garder à jamais inviolables *certains* secrets maçonniques.

Or, tous les secrets maçonniques, même les plus cachés, les plus terribles, sont formulés en toutes lettres, développés avec la clarté la plus complète dans l'ouvrage intitulé : *Cours de Franc-Maçonnerie pratique.*

L'étude sérieuse, réfléchie, du *Cours de Franc-Maçonnerie pratique,* désormais historique, s'impose à tous sans distinction de classes, car dans la lutte dont il révèle la tactique, c'est la société humaine tout entière qui est l'enjeu.

Journal de dix ans, *Souvenirs d'un impérialiste,* par Fidus, 1 vol. in-18 jésus, 3 fr. 50. Librairie Fetscherin et Chuit, 18, rue de l'Ancienne-Comédie. Paris.

C'est le journal, dont le *Figaro* a publié des extraits, qui a si vivement attiré l'attention et excité un intérêt universel. Il contient une suite de récits, de portraits et de révélations inattendues, qui jettent une lumière nouvelle sur les événements les plus importants de l'histoire contemporaine.

Les efforts des partis, leurs projets d'alliance, leurs plans de restauration, sont racontés avec des détails nouveaux et inconnus : l'empereur en exil, la fusion légitimiste impérialiste, le projet d'adoption du prince impérial par le comte de Chambord, la fusion orléaniste-légitimiste, la chute de M. Thiers, la lutte du Maréchal contre Gambetta, la curieuse négociation qui précéda sa démission ; les études, les projets, la mort du prince impérial, autant de récits variés, animés, émouvants qu'on suit avec un intérêt passionné.

La curiosité éveillée a cherché plusieurs fois à soulever le voile de l'anonyme qui couvre Fidus. On a attribué ces révélations à plusieurs personnages mêlés aux événements de ces dernières années, à un ancien ministre de l'empire, à un ami de la famille impériale, etc. On n'est pas encore arrivé à connaître le nom de l'auteur.

Il a été violemment combattu, mais on n'a pas contesté un seul de ses récits, tant ils portent le caractère de la vérité. Ce sont là des anecdotes piquantes, mais des documents historiques de première valeur.

Publié en volume, et complété par de nouveaux et nombreux récits, le *Journal de dix ans* aura le même succès universel.

Grand Dictionnaire de Géographie universelle, ancienne et moderne, par Bescherelle aîné et Devars. 4 volumes in-4°, brochés. Prix : 35 fr. au lieu de 50 fr.

Le *Dictionnaire national* ou Dictionnaire universel de la langue française est entre les mains de tout le monde. Il a pour complément nécessaire un autre ouvrage du même auteur : Le *Grand Dictionnaire de Géographie universelle, ancienne et moderne.* 4 volumes in-4°.

Cet ouvrage, mis au courant de la science géographique et aussi complet que possible, est entièrement terminé et peut rendre de grands services à l'enseignement.

La Société générale de Librairie catholique qui en possède un certain nombre d'exemplaires, les offre à des conditions exceptionnellement avantageuses, au prix de 35 francs les quatre volumes au lieu de 50 francs C'est une occasion dont chacun s'empressera de profiter.

Le Directeur-Gérant : Victor PALME.

PARIS. — E. DE SOYE ET FILS, IMPRIMEURS, 18, RUE DES FOSSÉS-SAINT-JACQUES.

TROIS QUESTIONS D'HISTOIRE ESPAGNOLE

I

SAINT JULIEN DE TOLÈDE ET LE PAPE BENOIT II

Dans les premiers jours de l'an 683, le notaire régionaire Pierre, envoyé par le pape saint Léon II, apportait à Tolède le décret de condamnation porté contre les monothélites par le VIe concile œcuménique, célébré deux ans auparavant à Constantinople, et quatre lettres respectivement adressées par le Souverain Pontife à tous les évêques d'Espagne, à Quiricus, primat de Tolède, mort depuis trois ans et remplacé par saint Julien, au roi et à un des seigneurs de sa cour. Dans ces lettres, traitant toutes du même argument, Léon invitait les prélats espagnols à confirmer le susdit décret de condamnation par l'apposition de leurs signatures au bas de la copie qu'il leur communiquait, et qu'il les priait de lui renvoyer pour être déposée sur la tombe du prince des apôtres. Par les soins de Julien et du roi Ervige, le décret transmis aux évêques que les rigueurs de la saison ne permettaient pas de réunir en concile, fut signé par chacun d'eux et réexpédié à Rome suivant le désir du pape Léon. Saint Julien y joignit une *Apologie de la vraie Foi* contre Apollinaire et les monothélites, que ses envoyés, partis de Tolède avec le notaire Pierre, vers le mois de juillet 683, devaient remettre au Souverain Pontife (1).

Quand ils arrivèrent à Rome, Léon II était mort et remplacé par Benoît II, intronisé le 26 juin 684. Le nouveau pape examina ou fit examiner l'*Apologie de la Foi* composée par saint Julien. Dans sa réponse à l'auteur, Benoît II l'avertissait que cette apologie soulevait quelques objections qui lui seraient communiquées par son

(1) Cf. Concil. Tolet. xiv, can. 2-4 ; S. Leonis II. Epist. ad Episc. Hisp. (Conc. de Esp. i, 135.)

propre envoyé, auquel il les avait fait connaître de vive voix. Il s'agissait de quatre propositions ou formules que le Pape trouvait imprudentes ou singulières, théologiquement parlant, et qu'il désirait voir corroborer et légitimer par l'autorité des anciens Pères ou Docteurs. Saint Julien se hâta d'obéir aux désirs de Benoît II, et composa, à cette fin, l'*Apologie de sa propre foi*, qui fut écrite et expédiée au Souverain Pontife, entre le 11 mai 685 et le 11 mai 686 (1).

Le 11 mai 688, avant le retour à Tolède des envoyés de saint Julien, mais lorsqu'était déjà connue en cette ville et dans toute l'Espagne la mort du saint pape Benoît II, arrivée trois ans auparavant, le 8 mai 685 se réunissait dans la capitale de l'Espagne gothique un concile national, le quinzième de ceux qui ont été célébrés dans cette ville. Dans cette assemblée, après la profession de foi ordinaire, saint Julien rendit un compte sommaire de ce qui s'était passé entre Benoît II et lui, puis il donna lecture d'un abrégé de l'*Apologie de sa propre foi*, adressée, plus de deux ans auparavant à ce Souverain Pontife, et la termina par des paroles de dédain à l'adresse de ceux de ses adversaires, qui, après avoir lu sa défense, s'obstineraient encore à s'écarter de l'enseignement dogmatique des Pères qu'il avait reproduit (2).

Les faits que je viens de rappeler ont motivé de graves accusations contre la mémoire du glorieux saint Julien. Ces accusations ont été récemment renouvelées par un éminent critique. Non seulement il se les est appropriées, mais il ne s'explique mon refus de les accepter que par une indulgence quelque peu aveugle pour toutes les faiblesses de mes vieux Espagnols (3). Me serai-je vraiment rendu coupable de l'indulgence qu'on me reproche? c'est ce qu'il importe de constater, non dans mon intérêt, mais dans celui d'un grand saint et de la vérité. Passons donc rapidement en revue ces accusations.

Tout d'abord, mon savant contradicteur blâme saint Julien de n'avoir pas fait comme tous les autres évêques, en acceptant le décret de condamnation du VIe concile, sans le surcharger d'accessoires théologiques au moins inopportuns (4).

---

(1) Concil. Tolet. xv, p. 535, 538, 544. Cf. *Chroniq. rimée des derniers rois de Tolède*, p. 127.

(2) *Ibid.*, p. 544.

(3) L'abbé Duchesne, *Bull. critique* du 1er septembre, p. 335, 336.

(4) *Bull. crit.*, p. 336.

La réponse est facile. En premier lieu, saint Julien, comme tous les autres évêques d'Espagne et du monde chrétien, a signé purement et simplement le décret de condamnation prononcé par le VIe concile œcuménique. Il ne l'a surchargé d'aucun accessoire théologique opportun ou inopportun. Après avoir ainsi satisfait aux désirs du Souverain Pontife, il a voulu donner au chef de l'Église une nouvelle preuve de son zèle pour la vérité en écrivant une *Apologie de la vraie Foi*, où il réfutait, par l'autorité des Pères et de la tradition ecclésiastique, les erreurs des monothélites récemment condamnés. En quoi ce travail du saint évêque était-il plus *inopportun* que les écrits et traités de saint Athanase, de saint Hilaire, de saint Augustin et de tant d'autres contre les ariens déjà condamnés par le concile œcuménique de Nicée? Tout catholique, et à plus forte raison tout évêque, a le droit et, si les circonstances le réclament, le devoir d'établir par de solides arguments et sur bonnes preuves, la légitimité des condamnations prononcées par l'Église contre les hérétiques. Il ne méritera d'être blâmé que s'il entreprend, sans la science nécessaire, cette glorieuse tâche. Or je ne pense pas que la science théologique de saint Julien puisse faire doute pour personne. J'ajoute, en second lieu, et ceci justifierait pleinement saint Julien, si une justification était nécessaire, qu'en écrivant son *Apologie de la vraie Foi*, comme en signant le décret du VIe concile, le saint évêque croyait répondre aux vœux exprimés par le pape Léon II ; c'est ce que Julien, dans les actes du XIVe concile de Tolède, laisse entendre très clairement (1).

Le second tort de saint Julien, nous dit-on, aurait été de s'embarquer dans une controverse malheureuse avec le pape Benoît II, à propos de la doctrine définie par la VIe concile œcuménique. Il en fut réprimandé par le Pape, et crut devoir s'en justifier dans un mémoire maintenant perdu (2).

Ceci n'est pas tout à fait exact. D'abord entre Benoît et Julien il

(1) « Placuit proinde illo tunc tempore, *apologeticæ defensionis nostræ responsis satisfacientes Romano pontifici,* ea ipsa gesta (*Concilii Constantinopolitani*) firmare. Conc. Tolet. xiv (14 novemb., a. 684), can. 4. Dans sa lettre à Quiricus de Tolède, prédécesseur de saint Julien, Léon II disait : Contradi... facientes... definitionem venerabilis synodi..., acclamationem quoque reverendissimorum episcoporum in ea convenientium et edictum piissimi filii nostri... Imperatoris, cui... providentiam atque *concursum omnem exhibeat* vestra in Christo Dilectio. » (*Concil. de Esp.* i, p. 136.) Il y a là, ce me semble, équivalemment exprimé le désir dont parle saint Julien.

(2) *Bull., crit.,* p. 336.

n'y a pas eu *controverse*, c'est-à-dire discussion plus ou moins prolongée entre tenants d'opinions contraires. Le pape ne condamne rien, ne décrète rien que le primat de Tolède se refuse à condamner avec lui ou à souscrire ; il exprime des doutes sur l'exactitude théologique de certaines expressions, et demande à Julien de les justifier par l'autorité de la tradition, ce que ce dernier s'empresse de faire, et c'est tout, absolument tout ce qui se passe entre le Souverain Pontife et l'évêque de Tolède (1). Mais supposée l'existence de la controverse, il n'est pas vrai que Julien s'y soit embarqué comme on l'en accuse. C'est le Pape qui l'a contraint à s'y embarquer, en demandant à notre saint, qui n'avait eu jusqu'alors de relations qu'avec Léon II, les explications que l'on sait, à propos de l'*Apologie de la vraie Foi*, adressée par Julien, non à Benoît II, mais à son prédécesseur.

Rien, en second lieu, soit dans la lettre de Benoît à Julien, soit dans les communications verbalement transmises à ce prélat par l'intermédiaire de son envoyé, telles que les actes du XVe concile de Tolède nous les font connaître, qui, de près ou de loin, ressemble à une *réprimande*. Et de quoi donc Benoît aurait-il pu *réprimander* notre saint évêque? D'avoir écrit son *Apologie de la vraie foi*? Mais, comme je l'ai établi plus haut, en l'écrivant, Julien avait usé d'un droit que Benoît II ne pouvait méconnaître, et cédé à une invitation qui transformait ce droit en devoir. De s'être servi d'expressions inexactes? Mais Benoît II, lui-même nous l'apprend, était si peu assuré de leur inexactitude, qu'il priait Julien de les corroborer de témoignages d'anciens docteurs.

Je dois, en troisième lieu, faire observer qu'il n'est pas exact de dire que Julien *crut devoir se justifier*, puisque, en réalité, il n'était ni réprimandé, ni accusé. Il n'a même pas *cru devoir justifier* les expressions qu'on jugeait quelque peu hasardées; c'est sur la demande formelle de Benoît II, et non de son propre mouvement, qu'il en a établi sur bonnes preuves la légitimité.

Le troisième reproche adressé à saint Julien est *d'avoir fait la leçon au Pape*, dans sa lettre à Benoît II, et l'on part de là pour rejeter, comme absolument invraisemblable, ce que l'anonyme de Cordoue nous raconte de l'accueil enthousiaste fait à cette réponse par celui des successeurs de Benoît II, quel que soit son nom,

---

(1) Conc. Tolet., xv, p. 535.

qui siégeait sur la chaire de Pierre quand cette apologie parvint à Rome (1).

Mais cette apologie ou défense personnelle du primat de Tolède étant perdue, comment sait-on que Julien y *faisait la leçon au Pape*. De tout ce qui nous en est connu par les déclarations de notre saint au XVe concile de Tolède, il ressort simplement qu'elle satisfaisait à la demande d'explications formulée par le bienheureux Benoît II (2). Serait-ce là, par hasard, *faire la leçon au Pape?* Je le veux bien. Mais alors, si résoudre les doutes d'un Souverain Pontife sur la prière qu'il nous en fait ou l'ordre qu'il nous en donne, c'est lui faire la leçon, je cherche vainement ce qu'il y a, dans cette leçon, d'humiliant pour la personne du Pape ou pour sa dignité ; ce qui, par conséquent, pourrait rendre absolument invraisemblable l'approbation même enthousiaste donnée à cette leçon par un des successeurs de celui qui l'a reçue. Il n'existe donc, de ce chef, aucune raison de rejeter ce que l'anonyme de Cordoue nous raconte de l'accueil triomphal que reçut à Rome la réponse de Julien au pape Benoît II.

Venons au dernier grief qu'on fait valoir contre ce saint homme. Au XVe concile de Tolède, Julien, nous dit-on, aurait fait à Benoît II une véritable *algarade*. Car c'est bien à ce Pape, que, dans son discours aux Pères assemblés, discours *qui n'est pas loin d'être schismatique*, ce prélat adresse les paroles suivantes : « Si maintenant on se met en désaccord avec les dogmes des Pères que je viens de citer, il ne faut plus disputer avec ces adversaires (*pars illa*, le Pape), mais suivre le droit chemin tracé par nos ancêtres ; le jugement de Dieu fera triompher notre assertion aux yeux des amis de la vérité, bien que les ignorants, dans leur jalousie, la déclarent inacceptable (3). » Avouons-le avec dom Gams, Julien se pose ici en juge de la doctrine du Pape...

_____

(1) *Bull. crit.*, p. 336.

(2) Ad illa nos illico convertimus capitula *pro quibus muniendis* ante hoc biennium beatæ memoriæ Romanus Papa Benedictus nos litterarum suarum significatione monuerat. Quæ tamen non in scriptis suis annotare curavit, sed homini nostro verbo renotanda injunxit. Ad quod illi jam eodem anno sufficienter, congrueque responsum est. Conc. Tol. xv. (*Conc. de Esp.*, ii, p. 535.)

(3) Jam vero si post hæc et ab ipsis dogmatibus Patrum quibus hæc prolata sunt in quocumque dissentiunt, non jam cum illis est amplius contendendum ; sed majorum directo calle inhærentes vestigiis, erit per divinum judicium

Quel que soit mon respect pour ce savant bénédictin et pour mon contradicteur non moins docte, je ne puis me résigner à pareil aveu. Il m'est impossible de croire que Julien, dans la dernière partie de sa péroraison qu'on vient de lire, ait visé le personnage désigné par les mots *pars illa* dans la première partie de cette même péroraison, c'est-à-dire le pape Benoît II, qui seul, à l'exclusion de tout autre Souverain Pontife, a réclamé de saint Julien la démonstration dont il est question dans cette première partie (1). Or, cela m'est impossible pour deux raisons : 1° parce que je ne puis admettre que Julien, parlant d'un Pape qu'il sait mort depuis trois ans, émette la supposition absurde et ridicule que, dans le passé, ce Pape ait refusé son assentiment aux témoignages des saints Pères recueillis à son intention par Julien et expédiés à Rome, mais arrivés en cette ville un an après la mort de celui à qui ces témoignages étaient adressés ; et que, dans l'avenir, ce même Pape, plus mort que jamais, puisse être tenté de rejeter ces mêmes témoignages reproduits ou résumés dans le discours de Julien aux Pères du concile célébré à Tolède en l'an de grâce 688 ; 2° parce qu'il est absolument invraisemblable qu'un saint et savant prélat, aussi distingué par les qualités de l'esprit que par celles du cœur au témoignage de son biographe contemporain, ait poussé l'infatuation et, tranchons le mot, la sottise jusqu'à voir dans le saint pape Benoît II un *rival ignorant* (*ignorantibus æmulis*) et à lui jeter cette injure en plein concile de la catholique Espagne. C'est cependant ce qu'il faudrait admettre si la dernière partie de la péroraison de Julien vise le personnage dont il est parlé dans la première sous le nom de *pars illa*.

Ce n'est donc pas à Benoît II que Julien s'est attaqué. Encore moins a-t-il eu en vue les successeurs de ce saint Pontife. A quel titre, en effet, les aurait-il mis en cause? Pour leurs retards à lui répondre? Mais, en ce temps-là, se rendre de Tolède à Rome, traiter en cette ville une affaire importante et revenir de Rome à Tolède, entraînaient toujours d'aussi longs retards. Saint Julien ne l'ignorait pas et ne pouvait par conséquent s'irriter de ceux que

---

amatoribus veritatis responsio nostra sublimis, etiam si ab ignorantibus æmutis conseatur indocilis. (*Ibid.*, p. 544.)

(1) Ac sane quatuor specialitatis capitulorum *quæ ut a nobis solida efficerentur hortati sunt*, quid a quo fuerit doctore prolatum, congesto in uno responsionis nostræ libro catholicorum dogmate Patrum ante hoc biennium *parti illi* porreximus dignoscendum. (Concil. Tolet. xv, *Ibid.*)

subissait la réponse attendue par lui. Cette réponse d'ailleurs ne lui était pas due et il ne pouvait raisonnablement se plaindre de ne pas la recevoir. Rome ne l'avait ni blâmé, ni condamné; elle lui avait simplement demandé des explications. Ces explications reçues, Rome se taisait; elle était donc satisfaite et Julien justifié.

Mais si les paroles de dédain citées plus haut ne s'adressent ni à Benoît, ni à ses successeurs, nous pouvons et par conséquent nous devons épargner à saint Julien le double reproche de tendances schismatiques en son discours et de s'être fait juge de la doctrine du Pape.

Quels sont alors, me demandera-t-on, ces *rivaux ignorants* avec lesquels, s'ils persistent dans leur opposition à la doctrine des Pères, Julien déclare ne vouloir plus discuter désormais? Il est difficile de répondre à cette question autrement que par des conjectures. Celle qui me paraît la plus probable, cherche ces rivaux, dont l'envie n'avait d'égale que l'ignorance, parmi les compatriotes du primat de Tolède. Jaloux de la réputation universelle de savoir et de sainteté dont jouissait ce fils ou petit-fils de juifs convertis, de la haute dignité dont il était revêtu, de son crédit auprès des rois qui depuis dix ans se succédaient sur le trône de Tolède, ces rivaux de race hispano-romaine ou gothique guettaient avec anxiété l'occasion de lui nuire. Ils crurent l'avoir trouvée dans la demande d'explications venue de Rome à l'adresse de saint Julien. Ils se hâtèrent donc de transformer cette demande en condamnation formelle, et répétèrent ce premier mensonge tant et si bien, qu'il finit par être accepté comme une vérité. Il s'accrédita même à ce point en Espagne, malgré le démenti que lui avaient infligé les actes du XVe concile de Tolède, que soixante-six ans plus tard l'anonyme de Cordoue lui donnait place dans sa chronique rimée. Il est aussi très vraisemblable que ces mêmes adversaires du saint évêque ne se firent pas faute d'attaquer les expressions qu'ils déclaraient condamnées par le Pape et qu'ils en tirèrent des arguments contre la pureté de la foi de ce prélat qu'ils essayaient sans doute de présenter comme un juif mal converti, suspect d'erreur dans son enseignement des adorables mystères de la très sainte Trinité et de l'Incarnation. Cette hypothèse, car ce n'est pas autre chose, a le mérite d'expliquer d'une façon plausible tout ce qui s'est passé au XVe concile de Tolède. Et d'abord, la réunion de ce concile plénier de toutes les Espagnes décrétée par le roi Egica, ami et protecteur de saint

Julien, pour permettre à celui-ci de repousser devant tous ses frères
dans l'épiscopat, les injustes attaques dont il était poursuivi depuis
deux ans. Elle nous explique en second lieu le soin que prend le
primat de Tolède de présenter par deux fois, au début et à la fin de
son discours, aux Pères du concile, la véritable nature du message
à lui adressé par le pape Benoît II, afin de couper court à ces bruits
de condamnation que la malveillance avait répandus et que la
crédulité publique avait trop facilement accueillis. Cette même
hypothèse nous aide aussi à comprendre pourquoi Julien en appelle
devant le concile pour sa justification aux mêmes docteurs dont il
avait déjà cité les *témoignages* à Benoît II, mais qu'il n'avait pas eu
l'occasion de communiquer à ses confrères de l'Espagne et de la
Gaule gothique; pourquoi il parle en termes si dédaigneux d'adversaires dont il avait toute raison de suspecter la bonne foi; pourquoi
enfin, dans la trop légitime irritation que lui faisaient éprouver leurs
odieuses chicanes, Julien s'est oublié un moment jusqu'à reprocher
au Pape défunt, dont la demande d'explications avait été la cause
première et très innocente de ces attaques, d'avoir lu trop légèrement son *Apologie de la Foi* (1).

L'anonyme de Cordoue nous a fait connaître le dénouement de
cette affaire. Rien, je l'ai déjà dit, ne s'oppose à ce que nous acceptions son récit comme vrai au fond; que nous croyions par conséquent à l'accueil favorable fait par Sergius Ier ou tout autre des
successeurs de Benoît aux explications contenues dans le second
mémoire de saint Julien, ainsi qu'à l'envoi d'un bref pontifical à
l'adresse de ce saint docteur où pleine justice était rendu à sa
doctrine. Quant à la lecture publique de ce même mémoire à Rome
aux applaudissements de tout le clergé, et à son envoi à l'empereur
de Constantinople, s'il plaît à quelque critique de révoquer en
doute ou de nier ces circonstances accessoires, je n'y contredirai
que peu ou point. Il est fort possible, en effet, que l'anonyme de
Cordoue ait été ici induit en erreur par des traditions populaires,
comme il l'a été sur le fait de la condamnation de Julien par

---

(1) Id primum capitulum jam dicto Papæ incaute visum fuisset a nobis
positum, ubi nos secundum divinam essentiam diximus : voluntas genuit
voluntatem, sicut et sapientia sapientiam. Quod vir ille, incuriosa lectionis
transcursione præteriens, existimavit hæc ipsa nomina... non secundum
essentiam, sed... secundum relativum... nos posuisse. (Conc. Tol. xv,
p. 535.)

Benoît II. Peut-être aussi a-t-il confondu l'*Apologie de la vraie Foi*, adressée à saint Léon II par Julien, avec le mémoire justificatif écrit sur la demande du successeur de saint Léon. Ce serait la première de ses apologies, dégagée de toute ambiguïté par les explications données dans la seconde, qui aurait été lue publiquement et applaudie à Rome, puis transmise par le Pape à l'empereur.

II

LA MORALITÉ HISPANO-GOTHIQUE A LA FIN DU SEPTIÈME SIÈCLE

Quelques savants espagnols d'un très grand mérite, mais à mon humble avis trop entichés de *romanisme*, affirment rondement qu'à la fin du septième siècle, la corruption des mœurs, arrivée à son comble chez les Wisigoths d'Espagne, s'était par eux communiquée au clergé hispano-romain resté jusqu'au milieu de ce même siècle un modèle accompli de science, de mansuétude et de toutes les vertus, puis devenu par son mélange avec les clercs d'origine gothique « le réceptacle de tous les crimes de toutes les scélératesses et de tous les sacrilèges ». Bien entendu, toujours d'après les savants en question, qu'à la même époque, la population hispano-romaine est atteinte elle aussi de cette contagion d'immoralité, et qu'ainsi toute chair ayant corrompu sa voie en Espagne, Dieu livre aux musulmans ce malheureux pays. De tout ceci, ajoutent-ils, les derniers conciles célébrés à Tolède ou ailleurs, sont les indiscutables témoins.

Au moment où je lisais cet acte d'accusation contre les conquérants de l'Espagne romaine, j'avais présents à l'esprit les témoignages rendus, dans la première moitié du cinquième siècle, à la pureté des mœurs de ces Barbares par Idace et Salvien, à leur humanité par Paul Orose, ainsi que les éloges vraiment enthousiastes que leur prodiguent, à la fin du sixième siècle et au commencement du septième, saint Léandre de Séville et saint Isidore, son frère et son successeur. Mon premier mouvement fut donc de passer outre, sans me préoccuper autrement de ces accusations. A la réflexion, je changeai d'avis et résolus d'en avoir le cœur net. On invoquait les conciles, je résolus d'y recourir moi-même et de leur demander la solution du problème. La marche à suivre était toute tracée : demander à celles de ces assemblées qui furent célébrées dans les dernières années du septième siècle, au moment où la prétendue corruption hispano-gothique atteignait son apogée, les renseignements sur les mœurs des habitants de l'Espagne à cette époque; puis aux conciles tenus dans la Péninsule, soit avant l'invasion des Wisigoths, soit avant leur conversion au catholicisme et leur fusion avec les anciens habitants du pays, ceux qu'ils contiennent sur la moralité hispano-romaine; comparer enfin entre elles les données fournies par cette double enquête, et tirer de cette comparaison la conséquence qui en découle. Je me suis donc livré à ce travail, dont j'ai publié ailleurs les détails et la conclusion (1). Cette conclusion est en parfaite contradiction avec les accusations lancées récemment contre les Goths et l'Espagne de leur temps. Non seulement l'Espagne gothique, aux derniers jours de son existence, n'était pas tombée aux ignominies dont on nous parle; mais elle l'emportait en moralité sur l'Espagne romaine du troisième siècle et des suivants, jusqu'à la conversion des Goths au catholicisme. Elle l'emportait si bien, qu'on ne retrouve en elle presque qu'aucun des vices et des désordres dont les anciens conciles hispano-romains signalent l'existence chez les populations soumises à leur juridiction (2).

Cette conclusion a été rejetée par l'éminent critique avec lequel j'ai déjà eu le regret de me trouver en désaccord à propos de saint Julien de Tolède. Ici encore je défendrai ce que je crois être la vérité contre les objections qu'on y oppose, tout en remerciant leur auteur de m'avoir ainsi fourni l'occasion d'entrer sur la question qui nous occupe en des explications qui, données plus tôt, m'auraient peut-être épargné quelques-unes de ces objections, celle par exemple d'avoir fait subir un triage aux renseignements produits, d'avoir écarté beaucoup de dépositions à charge et d'avoir groupé celles qui restent avec un certain art qui n'est pas pour inspirer la confiance (3).

Oui, je le reconnais, j'ai fait subir un triage, non aux renseignements fournis par la double enquête à laquelle je m'étais livré, mais aux documents conciliaires sur lesquels cette enquête devait porter. Ainsi, des dix conciles hispano-romains antérieurs à la conversion des Wisigoths, six, à savoir, celui de Girone, celui de

(1) Voir *la Chronique rimée des derniers rois de Tolède*, p. 146, texte et note 5.
(2) *Ibid.*
(3) *Bull. crit.*, p. 334.

Valence, le IIe de Tolède, le Ier de Saragosse et les deux premiers de Braga ont été mis de côté; ainsi encore sur les sept conciles célébrés à la fin du septième siècle en Espagne, les XIVe et XVe conciles de Tolède et le IIIe de Braga ont subi le même sort. J'ai également écarté du débat tous les conciles réunis à Tolède ou ailleurs de la conversion de Récarède à l'avènement d'Ervige. Mais ce triage m'était imposé. Les conciles hispano-romains éliminés ou ne s'occupent pas de la correction des mœurs, ou, comme les conciles de Braga, ont été tenus en pays suève et n'ont aucun droit de figurer dans une enquête sur les Wisigoths. Je dois en dire autant des trois conciles exclus sur les sept qui appartiennent à la période finale de l'Espagne gothique. Quant aux conciles intermédiaires je n'avais aucun renseignement à leur demander; puisque par leur date ils sont ou postérieurs ou antérieurs aux deux époques de l'histoire d'Espagne sur lesquelles portait mon enquête. De ce chef je n'ai donc écarté aucune déposition à charge qui eût vraiment le droit de figurer dans l'enquête. Il est vrai aussi que, dans chacune des deux tables de moralité hispano-romaine et hispano-gothique publiées par moi, j'ai groupé sous un même numéro d'ordre tous les canons conciliaires traitant du même sujet, mais j'ignorais alors, je l'avoue à ma honte, que ce groupement pût mettre en éveil la défiance du lecteur (1).

Un mot d'explications suffira également pour répondre à la seconde objection qui m'est faite, celle de m'être placé dans des conditions où l'optimisme est aisé; car, ajoute-t-on, les conciles hispano-gothiques tenus en Espagne à partir du règne d'Ervige, et dans lesquels, à l'exclusion de tous autres, j'ai puisé mes renseignements, donnent la plus large place aux questions de dogme et aux querelles politiques. La morale et la discipline n'y sont guères traitées qu'à propos des édits royaux qui s'en occupent? Soit, mais ce n'est pas moi qui ai choisi mon champ de bataille. L'Espagne gothique des dernières années du septième siècle est accusée d'immoralité et l'on appuie cette accusation du témoignage des conciles de cette époque. Si les conciles interrogés ne disent rien, que faudra-t-il en conclure? Évidemment qu'on les a invoqués à tort, et que l'accusation d'immoralité lancée contre les Goths d'Espagne s'évanouit faute de preuves. En réalité, d'ailleurs, les cinq derniers

(1) *Bull. crit.*, p. 335.

conciles hispano-gothiques donnent une place très suffisante à la réformation des mœurs ; s'ils ne l'ont pas faite plus large, c'est que cela ne leur a pas semblé nécessaire. Car dans leurs *tomes* ou discours d'ouverture les rois de ce temps-là leur laissaient sur ce point pleine liberté, et les pressaient vivement d'en user (1).

On insiste toutefois et l'on me dit que le silence gardé par les derniers conciles sur les mœurs déréglées de l'Espagne gothique s'explique sans difficulté par l'existence de la collection espagnole des anciens canons où les mêmes dérèglements étaient signalés, flétris et frappés de la peine qu'ils méritaient. A quoi bon, poursuit-on, renouveler à chaque concile des lois anciennes connues de tous et dont on pouvait à chaque occasion appliquer les dispositions aux délinquants (2).

Oui, le silence de ces conciles *peut* ainsi s'expliquer ; mais il *peut* aussi parfaitement s'expliquer par la non-existence de la corruption hispano-gothique. Or, c'est cette existence qu'il faut prouver, et une hypothèse à laquelle on peut en opposer une toute contraire et également probable n'est pas une preuve. En outre, il n'est pas vrai que l'existence de la collection canonique en question ait empêché les conciles de renouveler les décrets qu'elle contenait. L'*idolâtrie* proscrite par le concile d'Elvire (can. 1-3) et par le IIIe de Tolède (can. 16), dont les décrets figuraient dès l'origine dans la susdite collection, n'en est pas moins condamnée par le XIIe concile de Tolède tenu sous Ervige (can. 11) et par le XVIe célébré sous Egica, successeur de ce prince (can. 2); le *parjure politique* est successivement flétri par le VIIe concile de Tolède (can. 1), par le Xe (can. 2), par le XVIe (can. 10); l'*incontinence* des clercs de tout rang est combattue par des mesures répressives ou préventives de plus en plus sévères après les conciles d'Elvire (can. 11), de Lérida can. 5), Ier de Séville (can. 3), et IIIe de Tolède (can. 5), par les conciles IVe (can. 21-24), VIe (can. 6), VIIIe (can. 4-7) et IXe de Tolède (can. 10), etc., etc.

Peu importe, réplique-t-on, puisqu'en fait, « parmi les crimes et les abus mis au compte exclusif des Hispano-Romains, il n'en est pas un qui ne se trouve mentionné et flétri par les conciles posté-

---

(1) Voir dans le tome d'Ervige au XIIe Concile de Tolède lé passage qui débute par ces paroles : « Exurgite, quæso, exurgite. » (*Conc. de Esp.* II, p. 455.

(2) *Bull. crit.* p. 335.

riéurs à la conversion des conquérants ariens... dans le royaume Wisigoth (1). »

Même étant admise comme vraie la seconde partie de l'objection, il m'importerait beaucoup d'avoir constaté que tous les désordres, toutes les abominations signalées dans le royaume goth de Tolède existaient dans l'Espagne romaine bien avant l'invasion des barbares. Cela suffirait en effet pour faire justice de la légende, éclose de nos jours en quelques doctes cerveaux, d'une innocence hispano-romaine méchamment mise à mal par la corruption gothique. En fait d'ailleurs, il n'est pas *un seul* des désordres et des crimes portés par moi au compte exclusif de l'Espagne romaine à la suite des anciens conciles, qui soit signalé comme existant encore dans la Péninsule par les cinq derniers conciles hispano-gothiques. C'est vainement, j'ose l'affirmer de nouveau, que vous y chercheriez mentionnés et flétris l'infanticide, la prostitution des filles par leurs mères la complaisance des maris mise au service du dévergondage des femmes, la profanation des cimetières chrétiens par des débauches nocturnes, la transformation des évêques et des prêtres en brocanteurs avides courant les foires et les marchés, l'usure pratiquée par les clercs, là délation, honte et fléau de l'empire païen et chrétien des Césars de Rome et de Byzance, les mariages adultérins d'époux divorcés, les esclaves enfin mourant sous le fouet de leurs maîtresses.

Qu'importe maintenant que les Pères d'Elvire aient déployé dans la répression de ces désordres une sévérité bien propre à nous donner une haute idée de l'idéal moral représenté par eux? Qu'importe même qu'en somme ils aient réalisé ou non cet idéal dans leurs églises (2)? Il n'en reste pas moins établi qu'avant la promulgation de ces châtiments plus ou moins sévères, avant toute réalisation de l'idéal poursuivi et au moment où ces Pères étaient occupés à légiférer, la société confiée à leurs soins était souillée d'une foule d'abominations dont on ne trouve plus de traces quatre cents ans plus tard dans l'Espagne d'Ervige et d'Egica.

Cette même objection appelle d'autres remarques. Donc 1° les Pères d'Elvire et ceux des conciles tenus à Tolède sous les Hilde-

---

(1) *Bull. crit., ibid.* — J'omets la mention faite ici par mégarde du *royaume des Suèves*, dont nous n'avons pas à tenir compte dans une enquête dont les Hispano-Romains et les Wisigoths sont seuls l'objet.

(2) *Bull. crit.*, p. 335.

phonse, les Julien et les Félix n'avaient qu'un seul et même idal,
l'idéal évangélique ; 2° la sévérité des seconds à réprimer les désordres
qui s'opposaient à la réalisation de cet idéal dans les peuples commis
à leurs soins ne le cédait en rien à celle déployée par leurs prédécesseurs ; elle l'emportait même, puisqu'aux peines spirituelles
décrétées par les Pères d'Elvire et maintenues ou peu s'en faut
par les conciles plus récents, venaient s'ajouter, grâce au concours
des rois catholiques de Tolède, les peines temporelles les plus
propres à effrayer les coupables. Et on n'y allait pas de main
morte, je vous prie de le croire. Ainsi à l'excommunication perpétuelle décrétée par les Pères d'Elvire contre le vice infâme si cher
aux Grecs et aux Romains, à la peine de la mutilation décrétée par
le roi Chindarvinthe contre les coupables de ce même crime (*For.
Iud*, III, v, 5), le XVI° concile de Tolède, sur la demande du
roi Egica, ajoute la déposition et l'exil pour les évêques, prêtres et
diacres, et pour les laïques, la flagellation, la décalvation infamante
et la relégation perpétuelle ; 3° enfin les Pères d'Elvire ne réalisèrent
pas leur idéal dans les églises qu'ils gouvernaient et la meilleure
preuve que j'en puisse donner, c'est l'*existence prolongée* de la
corruption hispano-romaine jusqu'au milieu du cinquième siècle,
attestée pour cette époque, tant par le Ier concile de Tolède et
par ceux de Tarragone et de Lérida, que par Salvien, qui, après
nous avoir montré en Aquitaine, d'une part chez les Goths, alors
maîtres de cette partie de la Gaule, une rare pureté de mœurs, et
chez les Gallo-Romains, une corruption que les Barbares méprisent
tout en la tolérant, parce qu'ils la tiennent pour inséparable de la
qualité de Romain, ajoute qu'une dépravation égale sinon pire
régnait alors en Espagne (1). Salvien ne saurait être ici suspect
d'exagération, car cette corruption de l'esprit et du cœur se perpétue jusqu'à la fin du septième siècle dans la population hispano-
romaine, sous ses deux formes les plus repoussantes, l'idolâtrie et la
sodomie, en dépit des efforts combinés des rois et des conciles pour
l'en extirper.

Je dois en terminant faire observer à mon savant contradicteur

---

(1) « Offenduntur Barbari ipsis impuritatibus nostris. Ecce inter Gothos non
licet scortatorem Gothum. Soli inter eos præjudicio nationis ac nominis
permittuntur impuri esse Romani... Sed forte hoc in Aquitania tantum?...
Quid? Hispanias nonne vel eadem vel majora forsitan vitia perdiderunt? »
(De Gubern. Dei, VII, VI, VII.)

que, lorsqu'à propos de l'énumération si complète et si précise donnée par les Pères d'Elvire des fautes qui affligeaient la société chrétienne de leur temps et du silence gardé par les Pères des derniers conciles du royaume de Tolède sur l'existence de pareils désordres dans leurs églises, il écrit : « Mieux vaut le coupable qui avoue sa faute et l'expie sévèrement, que celui qui s'en tait et s'en absout (1); » il suppose précisément ce qui est en question, c'est-à-dire la corruption de l'Espagne gothique et les conciles dissimulant son existence par complaisance ou par lâcheté.

En résumé, les accusateurs modernes des Wisigoths en appellent aux conciles pour démontrer le bien fondé de leurs accusations; les conciles interrogés répondent tout le contraire de ce qu'on leur demande, et nous montrent les conquérants de l'Espagne et les populations qui leur sont soumises, supérieures en moralité aux Hispano-Romains d'avant la conquête.

Ceci soit dit sans autre enthousiasme que celui de la vérité, sans la moindre intention de transformer nos Wisigoths et leurs rois en grands ou même en *petits* saints, mais avec la prétention bien fondée d'exclure du catalogue de leurs vices historiquement démontrés l'immoralité qu'en ces derniers temps on leur a gratuitement prêtée.

III

LA DERNIÈRE ANNÉE D'ALPHONSE LE GRAND

Il y a trois ans, deux savants allemands, MM. Paul Ewald et Gustave Loewe publiaient, en un magnifique volume in-folio, un recueil très curieux de spécimens d'écriture wisogothique empruntés aux plus célèbres manuscrits de la vieille Espagne (2). Parmi ces spécimens, il en est un qui mérite de fixer notre attention moins par la rare élégance de la minuscule gothique en laquelle il est écrit, que par les souvenirs historiques qu'éveille la date assignée par le copiste à son travail de transcription. L'auteur de ce manuscrit, Léodegonde, simple religieuse du monastère de Bobadilla, dans une note de sa main qu'on lit au verso du feuillet 186 de son manuscrit,

(1) *Bull. crit.*, p. 535
(2) Exempla scripturæ Wisigoticæ XL tabulis expressa... ediderunt Paulus Ewald et Gustavus Lœwus... Heidelbergæ a. 1883 apud Gustarum Kœster. vii-30 pages de texte et 40 planches phototypiques.

déclare avoir terminé son œuvre en l'ère 950 (a. 912), sous le règne
du roi Alphonse (1). Ce roi ne peut être qu'Alphonse III, appelé le
Grand par les historiens espagnols et à bon droit. A la suite de
cette note, un anonyme du seizième ou du dix-septième siècle
déclare qu'il y a erreur, et que ce manuscrit a dû être exécuté cent
ans plus tôt, en l'ère 850 (a. 812), sous le règne d'Alphonse II, dit
le Chaste (2). Un savant allemand, Knust, et MM. Ewald et Loewe,
auxquels nous devons ces renseignements, approuvent la conjec-
ture de l'anonyme et donnent, à l'appui de leur sentiment, des raisons qui ne sont certes pas à dédaigner (3). Il est, en effet, difficile
de croire, avec Léodegonde, au règne d'Alphonse le Grand en
l'an 912, s'il est historiquement démontré que ce prince cessait de
régner et de vivre en l'an 910. Or c'est là un fait dont, de prime
abord, il ne paraît guère possible de douter. Le chroniqueur Sampire, écrivant un siècle après cet événement, entre sur les causes
qui l'ont amené, les circonstances qui l'ont accompagné et la date
de son accomplissement, les détails les plus nets et les plus précis.
Alphonse, nous dit-il, revenant d'une de ses razzias ordinaires en
pays more, s'arrête à Carrion, où il fait égorger, par ses enfants,
un de ses serviteurs convaincu d'avoir comploté l'assassinat du roi.
Arrivé à Zamora, ce prince se saisit de son fils aîné Garcia, et le
fait conduire, chargé de chaînes, au château de Gozon. Entre
temps, le gendre d'Alphonse III, dom Nuño, prend les armes et se
révolte contre son beau-père : peu après tous les fils de ce prince
se liguent contre lui et le forcent à renoncer à la couronne dans la
villa de Boydes. Ainsi trahi et dépouillé par ses enfants, Alphonse
se rend en pèlerinage au tombeau de saint Jacques. Rentré à
Astorga, il obtient de son fils Garcia la permission d'entreprendre
une nouvelle expédition contre les Sarrasins. Parti à la tête d'une
puissante armée, il fait un grand massacre de musulmans. De retour
à Zamora, après cette éclatante victoire, il y meurt de maladie
après quarante-quatre ans de règne, en l'ère 948 (a. c. 910) et
repose en paix à Oviédo, dans l'église de Sainte-Marie (4). Le

---

(1) « Mementote [mei] clientula et exigua Leodegundie qui hunc scripsi
in monasterio Bobatella regnante Adefonso principe in era DCCCL. » Exempl.
Script. Wisig., p. 12, col. 1.

(2) « Nota scriptum librum era DCCCCL, sed legendum DCCCL. » (Exempl.
Script. Wisig. p. 12.)

(3) Exempl. Script. Wisig., l. c.

(4) Sampiri Chron. dans le moine de Silos, n. 52. (Esp. Sagr., XVII, p. 292.,

moine de Silos, dans la notice qu'il a consacrée au même prince, se borne à dire qu'il mourut à Zamora, après sept jours de maladie, le 20 décembre de la susdite année 910 (1). Tout ceci est confirmé par deux chartes du fils d'Alphonse III, Don Garcia, roi de Léon après la déposition de son père, dont l'une est datée du 15 février 911, *première année* de son règne (2), l'autre du 30 août 912, *seconde année* du même règne (3). Il suit de là, soit dit en passant, que Garcia serait monté sur le trône après le 15 février 910 et avant le 30 août de la même année et que, par conséquent, la déposition d'Alphonse III, si vraiment elle a eu lieu, n'aurait précédé que de quelques mois, et non comme on l'a dit récemment, de plusieurs années (4) la mort de ce prince, placée par Sampire en cette même année 910.

Mais est-il certain que cette mort ait eu lieu à la date que Sampire et le moine de Silos lui assignent? est-il même certain que la déposition d'Alphonse III ait précédé sa mort? Pouvons-nous, par conséquent, tenir pour assuré que Léodegonde s'est, par distraction, rajeunie d'un siècle, et qu'elle terminait son manuscrit non en 912, mais en 812? Je me permets d'en douter et d'en douter très fort en dépit des documents cités plus haut.

En premier lieu, rien de moins certain que la date assignée à la mort d'Alphonse par Sampire et par le moine de Silos. Les renseignements donnés sur ce point par ces chroniqueurs postérieurs aux événements d'un et de deux siècles sont, en effet, en contradiction avec ceux que nous fournissent deux chroniques contemporaines ou quasi-contemporaines. La chronique anonyme placée en tête de Fuero-Iuzgo de San Isidro de Léon, chronique qui s'arrête à la fin de la quatrième année d'Ordoño III (janvier 955), place l'avènement d'Alphonse III à la couronne par association avec son père Ordoño Ier, au 30 avril de l'an 902 de l'ère espagnole, 864 de l'ère vulgaire et donne à ce prince quarante-sept ans et dix mois de

---

Bien entendu que le récit de Sampire est reproduit par Luc de Tuy, Rodrigue Ximenez et tous les historiens postérieurs. Ils font entrer la reine Chimène, dont Sampire ne parle pas, dans la conspiration des enfants d'Alphonse contre leur père.

(1) Monach. Sil. *Chron.*, n. 41. (*Ibid.*, p. 286.)
(2) Yepes, *Coron de... S. Benito*, t. IIII, escr. 23.
(3) Archivo Hist. de Madrid, Cajon I-1.
(4) *Exempl. Script. wisig.*, p. 12, col. I.

règne (1), ce qui rejette la fin de son règne et, à plus forte raison, celle de sa vie aux premiers jours de novembre 911, date postérieure de onze mois à celle donnée par Sampire et par le moine de Silos. La seconde chronique inscrite au recto du premier feuillet de ce même manuscrit de San Isìdro, et compilée une quinzaine d'années avant la précédente, vers 940 ou 941, est, à peu de chose près, d'accord avec elle sur la date de la mort d'Alphonse III. Ce roi, nous dit-elle, régna XL [V] I ans et quitta ce monde au mois de décembre; son fils Garcia règne à sa place en l'ère 950 (a. c. 912) (2). Le chroniqueur ne dit pas en quelle année de l'ère mourut Alphonse; mais il est évident que le mois de décembre dont il parle est celui de l'ère espagnole 949, 911 de l'ère vulgaire. Il n'a pu, en effet, avoir voulu ici désigner le mois de décembre de l'année suivante 912, car alors Alphonse aurait régné six mois de plus qu'il ne l'affirme, puisque de la mort d'Ordoño Ier, le 27 mai 866, à partir de laquelle ce chroniqueur compte les années d'Alphonse III, jusqu'en décembre 912, il s'est écoulé quarante-six ans et six mois pleins et près de sept mois si on place, avec la plupart des historiens, la mort d'Alphonse III au 20 décembre. Notre anonyme a donc fait entrer la fin de l'année 866 comme unité dans son calcul des années du règne d'Alphonse, dont la quarante-sixième et dernière se termine ainsi avec le mois de décembre de l'an 911. Il y a donc, à un mois près, accord parfait entre ces deux chroniqueurs contemporains.

La déposition d'Alphonse le Grand en l'année 910 n'est pas sujette à de moindres difficultés, car, sur ce point, Sampire est seul de son avis. Le moine de Silos qui, précédemment, marchait d'accord avec lui s'en sépare présentement et prolonge le règne d'Alphonse jusqu'à sa mort. Des deux chroniqueurs de San Isidro de Léon, l'un ne termine le même règne qu'à la fin de l'année 911, 'lautre ne fait monter Garcia sur le trône qu'en 912. Le propre fils d'Alphonse III et le successeur de Garcia, Ordoño II, confirme les témoignages précédents de tout le poids de son autorité. Il nous apprend que son père, près d'expirer, chargea saint Gennade, évêque d'Astorga, d'offrir, en son nom, à saint Jacques de Compostelle 500 écus d'or, mais que ce prélat ne put acquitter ce legs sacré parce que Garcia, *prenant alors possession du royaume*, toute voie

___
(1) *Chronique rimée des dernires rois de Tolède*, p. 198, 48.
(2) *Ibid.*, p. 176, lign. 7-9.

pour se rendre au tombeau de l'apôtre fut fermée à Gennade par ordre de ce prince (1).

En ce conflit d'opinions contraires, nous ne pouvons évidemment plus nous permettre de corriger la note chronologique de Léodegonde pour l'accommoder à l'une ou l'autre de ces opinions. Nous devons la prendre telle qu'elle est, ce qui nous donne un témoin de plus et un témoin contemporain, contre Sampire et les historiens qui l'ont suivi. Quant au désaccord entre Léodegonde faisant régner Alphonse III en l'an 912, tandis que les deux chroniqueurs Léonais du dixième siècle placent la fin de ce règne et la mort de ce prince aux derniers mois de l'année précédente, il s'explique très facilement. Léodegonde terminait son manuscrit dans les premiers jours de janvier 912 avant que la nouvelle du décès d'Alphonse et du couronnement de son successeur lui fussent connus. Si nous nous refusons et avec raison à pousser le respect pour la science chronologique de Sampire jusqu'à vieillir, malgré elle, d'un siècle entier la pieuse Léodegonde, nous ne sommes pas moins autorisés à n'accepter, de ce même chroniqueur, que les affirmations auxquelles ne contredisent pas les documents contemporains. Ainsi, quoi qu'en dise Sampire, nous assignerons pour date à la mort d'Alphonse le Grand la fin de l'année 911 et à l'avènement de son fils Garcia au trône de Léon les premiers jours de l'année suivante. Ainsi encore nous rejetterons, comme légendaire, l'abdication forcée de ce prince, dont ce même chroniqueur nous fait le dramatique récit, parce que le fait de cette abdication est explicitement ou implicitement nié par tous les contemporains sans exception ; mais nous admettrons, sans difficulté, qu'en l'année 910 Alphonse III, tout en se réservant l'autorité suprême et dominante, s'associait, avec le titre de roi, Garcia son fils aîné pour Léon et sa province, Ordoño son second fils pour la Galice, Fruela enfin, le troisième de ses enfants, pour les Asturies. Que cette association à la royauté ait eu lieu à l'époque

(1) Firmum manet atque notissimum eo quod genitor noster bonæ memoriæ Dominus Adefonsus rex ad obitum veniens ordinavit sub juramenti diffinitione... Patri Genadio episcopo quingentos auri nummos aulæ B. Jacobi apostoli deferendos. Quam rem et genitrix nostra D. Scemena regina ut completum fuisset, omnibus modis eidem pontifici... reconfirmavit. Ille vero hoc agere non valuit, quia germanus noster D. Garsea apicem regni accipiens, aditum eundi et redeundi ad eumdem locum sanctum jam dictus episcopus minime habuit. Ordoño II (30 janv. 915). *Esp. Sagr.*, XIX, p. 352.

indiquée, c'est ce que prouvent les chartes de l'an 910 et des années suivantes jusqu'en 912, où ces trois princes prennent le titre de roi (1). Que leur père ait alors conservé le pouvoir royal supérieur et dominant, c'est ce dont il est difficile, sinon impossible de douter, en lisant dans les documents contemporains, que ce prince régna jusqu'à sa sortie de ce monde, que Garcia, son fils, ne prit possession (pleine et complète) du pouvoir qu'après la mort de son père, enfin que ce même Garcia, aussitôt après la mort de son père, interdit à saint Gennade le passage pour se rendre à Compostelle où régnait Ordoño qu'il jalousait, sans doute parce que le roi de Galice ne voulait pas reconnaître son frère aîné de Léon comme héritier, par la mort d'Alphonse III, de cette royauté dominante dont je parlais tout à l'heure.

J. Tailhan, S. J.

(1) J'ai déjà cité les chartes de Garcia de Léon; pour Froila, roi des Asturies, voir Risco, *E. S.*, t. XXXVII, p. 260, n. 420; pour Ordoño de Galice, voir *Ibid.*, p. 261, n. 422, et la charte de ce prince, datée du 27 juin 912. (Yepes, iv, esc. 11.)

LES PERSÉCUTIONS

PÉNDANT LES DEUX PREMIERS SIÈCLES

Une lutte suprême est engagée contre la Religion catholique. La Franc-maçonnerie, dans laquelle se personnifie toute l'opposition antichrétienne, n'a pas d'autre but que de renverser l'édifice construit par le Christ et ses Apôtres. A ses yeux, le christianisme n'a été qu'une déviation de l'humanité dans sa marche ascendante vers son perfectionnement indéfini. Loin d'être un progrès, c'est un obstacle qu'il faut détruire. Pour cela tous les moyens sont bons : la tyrannie devient nécessité de protéger les droits de l'État contre les empiètements du cléricalisme, le mensonge est une arme licite quand, employé avec habileté, il sert à déraciner les prétendus préjugés du peuple, à dépouiller les faits historiques du [prestige du merveilleux qui les enveloppe. Les revêtir de couleurs nouvelles qui en changent la physionomie et les rabaissent au niveau des faits les plus vulgaires, c'est un acte méritoire aux yeux de ces prétendus réformateurs de l'humanité.

En conséquence, ils battent en brèche les faits les plus avérés de l'Évangile et de l'histoire de l'Église. Comprenant la force du miracle et du témoignage sanglant des martyrs, ils ont nié le premier et atténué le second par toutes sortes d'argumens sophistiques.

C'est ainsi que, dans trois ouvrages récemment mis à l'index, *l'Histoire des persécutions de l'Église jusqu'à la fin des Antonins; — l'État de la polémique païenne à la fin du second siècle, — et les Chrétiens dans l'empire jusqu'au milieu du troisième siècle,* M. Aubé a essayé de dénaturer les origines du christianisme.

L'apologétique chrétienne n'a pas failli à son devoir. Malgré les liens de la fraternité qui nous unissent, je ne craindrai pas de

signaler, parmi les meilleures réfutations de M. Aubé, un travail
excellent de dom Louis Lévêque, publié, l'an dernier, dans la
Revue des sciences ecclésiastiques, sous ce titre : « *les Persécutions de l'Église jusqu'à la fin des Antonins, critique de
M. Aubé.* » C'est une polémique vigoureuse, parfaite dans le ton
comme dans la forme.

Autre est la physionomie du livre de M. Paul Allard. Son *Histoire
des persécutions pendant les deux premiers siècles, d'après les
documents archéologiques*, publiée chez Lecoffre, est une exposition lumineuse des principales questions de l'histoire ecclésiastique
jusqu'à Septime-Sévère. Ce n'est point un ouvrage vulgaire, c'est un
livre destiné à fixer la critique historique sur la plupart des points
controversés et à montrer combien les historiens du dix-septième,
et même du dix-neuvième siècle, ont eu tort de rejeter comme
apocryphes des monuments qui, mieux étudiés, peuvent servirent
utilement à la connaissance de la situation de l'Église au deuxième
siècle. C'est la méthode de M. de Rossi, en général sagement
employée.

I

M. Paul Allard a fait précéder le récit des faits d'une savante
introduction, dans laquelle il expose ses idées générales sur les persécutions de l'Église, leurs causes, leurs prétextes. Elle contient
des pages excellentes, notamment sur la question du grand nombre
des martyrs. L'opinion du protestant Dodwell et celle de M. Aubé
sont victorieusement réfutées, de l'aveu même de M. Renan.

L'appréciation des documents hagiographiques trop facilement
rejetés par les critiques, et que l'archéologie a remis en honneur
dans une mesure plus ou moins complète, est développée ici comme
un principe de critique désormais incontestable. Ce que le volume
de M. Allard contient de neuf et d'excellent est basé sur ce principe
important, dont les écrivains catholiques devront désormais tenir
grand compte.

Après avoir exposé l'opinion des auteurs modernes qui ont essayé
de justifier ou tout au moins d'excuser les Césars persécuteurs,
sous prétexte que ceux-ci n'ont fait, en combattant le christianisme,
que leur métier de souverains, et méritent ainsi, sinon l'approbation

des siècles, du moins l'indulgence de l'histoire, dégagée enfin, selon eux, des préjugés traditionnels, M. Paul Allard croit suffisamment leur répondre en démontrant que les chrétiens n'ont jamais trempé dans aucune conspiration contre la sécurité de l'empire ou la personne des empereurs.

A notre avis, cette réponse est insuffisante. Assurément, les premiers chrétiens, non seulement ne conspiraient pas contre le gouvernement, mais encore ils priaient pour l'empereur et même pour la prospérité de l'empire, dont ils appréciaient la civilisation et dont la durée, aux yeux de plusieurs, était intimement liée à celle de l'Église. Cependant, il n'en est pas moins vrai qu'ils se faisaient un devoir de miner peu à peu les principes sur lesquels reposait la société païenne, en proclamant, à temps et à contre-temps, l'unité de Dieu, l'égalité des conditions au point de vue, non pas social, mais religieux, en un mot tous les principes qui forment la base de la civilisation chrétienne. C'est ce que font en sens inverse nos socialistes modernes, instruits par l'opportunisme. Et nous avouons franchement que nous ne les blâmerions pas, si leurs principes étaient ceux de Dieu et non pas ceux de Satan. Aussi la vraie solution, selon nous, de la difficulté posée par les apologistes des Césars persécuteurs ne consiste pas à plaider les circonstances atténuantes en faveur des chrétiens, mais à placer la question sur son véritable terrain.

L'autorité civile, quelle qu'elle soit, a-t-elle le droit d'interdire la propagation *de la vérité* dans le monde? Les libres-penseurs répondent négativement quand il s'agit des idées les plus subversives de l'ordre divin; ils répondent affirmativement quand il s'agit des dogmes révélés du christianisme. Cette solution contradictoire montre la mauvaise foi qui les guide dans leurs récriminations contre les premiers chrétiens. Ils ne les blâment que parce qu'ils ont préparé l'immense révolution morale que nos réformateurs modernes se sont donné la mission de faire disparaître. Toute la question revient à savoir de quel côté est *la vérité*.

C'est ce qu'avait parfaitement compris l'illustre Tertullien : « Vous n'adorez pas les dieux, objectez-vous. Voilà la question capitale (*summa hæc causa*), que dis-je? voilà toute la question (*imo tota est*), et elle est assurément digne d'examen; et la solution en sortira si le préjugé ou l'iniquité n'usurpe pas la place de la justice, l'un en déclarant *à priori* qu'il est impossible à l'homme d'arriver à la vérité, l'autre en refusant à celle-ci le droit de se faire entendre (1). »

M. Allard a donc tort de dire que « tous les siècles jusqu'ici ont salué les fidèles persécutés *comme des martyrs de la liberté de conscience*, et flétri ceux qui les persécutaient, *comme des violateurs de cette liberté* ».

C'est rabaisser la dignité du martyre chrétien, qui est un témoignage en faveur *des droits de Dieu*, et non en faveur *des droits de l'homme*.

Nous l'avons déjà dit, depuis Néron jusqu'au troisième siècle, la profession du christianisme pouvait difficilement s'allier avec la vie publique de la société romaine. « Les actes de la vie officielle, dit M. Allard, se confondaient sans cesse, à Rome, avec ceux de la vie religieuse : peu de magistrats pouvaient s'abstenir d'offrir des sacrifices, d'invoquer les dieux, d'assister à des spectacles où l'idolâtrie, la volupté, la cruauté, jouaient un rôle, de donner eux-mêmes aux Romains de ces jeux criminels. De là, pour le Romain que sa situation sociale appelait aux honneurs, soit dans la capitale de l'empire, soit sur le théâtre plus modeste de la vie municipale, la dure alternative, s'il était chrétien, ou de cacher sa foi, et contrevenir chaque jour, dans les actes officiels, aux préceptes de sa religion ; ou de se condamner à la retraite pour leur rester fidèle, mais attirer alors sur lui le mépris public, les soupçons injurieux, peut-être les accusations de délateurs intéressés, qui, dans l'honnête homme contraint à l'oisiveté et protestant contre elle par l'exercice de la charité, par la pratique de toutes les vertus privées, savaient reconnaître le chrétien. »

De là le reproche d'*inutilité et d'inertie* lancé comme une accusation générale contre les fidèles. Cependant, dès le milieu du second siècle, nous voyons des légions entières se former sous des bannières spéciales et affirmer hautement la profession du christianisme. C'était un pas vers la liberté d'association qui fut officiellement concédée, au commencement du troisième siècle, sous diverses formes légales, aux communautés chrétiennes. Cette liberté fut souvent violée ; mais elle était trop entrée dans les mœurs publiques pour être détruite tout à fait. Après l'orage, l'Église reprenait sa

_____

(1) Tertull. *Apolog.* x : « *Deos* inquitis, *non colitis*, et pro imperatoribus sacrificia non impenditis. Itaque *sacrilegii* et majestatis *rei* convenimur. *Summa hæc causa, imo tota est*, et utique digna cognosci, si non præsumptio aut iniquitas judicet altera quæ desperat, *altera quæ recusat veritatem.* »

marche sous la protection des rescrits de Septime et d'Alexandre-Sevère, qui, le premier, à son insu, le second, de bon gré, avaient constitué la base de ses revendications juridiques. L'édit de Milan, de l'an 313, ne fit que proclamer officiellement un fait accompli.

Nous ne dirons rien des causes des persécutions. La divergence d'opinion que nous pourrions émettre en face de celle de M. Paul Allard ne serait pas assez accentuée pour mériter d'être signalée. Nous préférons terminer là les critiques de détail que nous nous sommes permises relativement à certaines idées énoncées par l'éminent écrivain dans sa remarquable introduction, et nous étendre, avec plus de profit, sur les solutions, souvent neuves et toujours justes qu'il a données dans le cours de son ouvrage.

II

Le christianisme sort du judaïsme comme une fleur de sa tige. Pour en bien comprendre le progrès, il est utile d'avoir une idée exacte de la situation faite aux Juifs, principalement dans la capitale de l'empire, depuis César jusqu'au règne de Claude, au moment où saint Pierre vint y poser les fondements immortels de la Papauté.

Beaucoup d'hommes, même instruits, ignorent quelle influence considérable le judaïsme avait acquise dans la société romaine, lorsque le christianisme fit son apparition dans Rome. Chaque jour du sabbat, le travail semblait s'arrêter en certains quartiers. Aux jours de grandes solennités juives, beaucoup de maisons s'illuminaient. « Il n'est pas un poète du siècle d'Auguste qui ne parle du sabbat comme d'une institution connue, pratiquée, presque comme d'une observance à la mode. » Le prosélytisme juif avait pénétré dans tous les rangs de la société, mais particulièrement dans ceux de l'aristocratie. Quelques patriciens s'étaient même fait inscrire parmi les *prosélytes de justice*, astreints à toutes les prescriptions de la loi. Mais le plus grand nombre étaient seulement *prosélytes de la Porte* ou *craignant Dieu*, comme le centurion Corneille.

Cependant les Juifs de race ne se faisaient pas moins un devoir de vivre le plus possible loin du monde profane. Ils se gardaient d'habiter l'enceinte aristocratique de Servius Tullius; ils s'étaient relégués dans les faubourgs, au-delà du Tibre, dans la partie de Rome la plus pauvre et la plus sale, mais aussi la plus commerçante. Leurs synagogues et leurs écoles, protégées par les lois, placées sous le patronage de l'empereur ou de quelque personnage puissant (1), étaient des centres d'agglomération, des points de ralliement pour la population israélite de ces quartiers. Ils avaient leurs cimetières publics où ils pouvaient librement étaler les insignes de leur foi et de leur espérance.

Chassés une première fois de Rome, sous Tibère, ils y rentrèrent dix ans après et ne tardèrent pas à reconquérir leur puissance.

Tel est le tableau, esquissé de main de maître, que nous fait M. Allard, de la situation des Juifs dans la capitale de l'empire, au moment où la semence de l'Évangile y fut apportée et répandue.

Les ineptes dénégations de quelques modernes, relativement au voyage de saint Pierre à Rome, sont réfutées par l'exposition même des résultats de la science archéologique.

« Le fondateur de la Rome spirituelle, continue-t-il, exerça d'abord son ministère apostolique à 2 milles de Rome, sur la voie Nomentane, à l'endroit même, comme l'a démontré M. de Rossi, où Romulus passa pour la dernière fois la revue de son armée et disparut mystérieusement (2). Là, existait, au premier siècle, un *prædium* funéraire, que d'anciens documents appellent le cimetière d'Ostrianus (3), et d'autres le grand cimetière, *cœmeterium majus* (4). Une source abondante, ou plus probablement une nappe d'eau marécageuse (5), d'où ce lieu tirait l'appellation *ad Nymphas*, et bientôt, par un singulier rapprochement de noms, *ad Nymphas S. Petri* (6), servait au baptême des néophytes que la parole de l'apôtre enfantait au Christ. C'est là qu'il donnait ses instructions, et l'emplacement *de la chaire où d'abord il siégea*, a probablement été retrouvé par l'archéologie moderne. »

On se demande pourquoi saint Pierre choisit, pour exercer son ministère apostolique, un lieu si éloigné des quartiers juifs. La proximité de l'eau et peut-être l'habitation dans ce quartier de quelques prosélytes influents en furent sans doute la cause ou l'occasion.

(1) Deux des synagogues de Rome portaient les noms d'Auguste et d'Agrippa. (Note de M. P. Allard.)

(2) Tite Liv, i, 16... Voir de Rossi : *Del luogo appellato* ad Capream, *presso la via Nomentana, dell' eta arcaica ai primi secoli cristiani.* (Extrait du *Bulletino della commissione archeologica communale di Roma*, fasc. iv, an. 1883.)

(3) De Rossi, *Roma sotter.*, t. I, p. 189.

(4) De *Ibid. Del luogo*, etc., p. 4.

(5) De *Ibid. Del luogo*, etc., p. 14.

(6) De *Ibid. Roma sotter.*, t. I, p. 190.

Mais les Juifs de race, jaloux des progrès du christianisme naissant, ne tardèrent pas à découvrir ce nouveau foyer de propagande·
chrétienne, et aussitôt une grande partie des faubourgs de Rome
furent pleins de trouble et de tumulte.

« La police romaine ne prit sans doute pas la peine de faire, cette·
fois, une minutieuse enquête. Elle apprit que la cause de l'agitation
était un certain Christ; elle ne s'informa même pas si ce *Christus* ou
Chrestus était ou non une personne actuellement vivante. Sur son
rapport, l'autorité impériale ordonna l'expulsion immédiate de tous·
les Israélites actuellement présents dans la capitale. »

Comme sous Tibère, leur exil fut de courte durée, et leur influence
reprit peu à peu son cours. De leur côté, les chrétiens continuèrent
à se multiplier. La liste que nous a donnée saint Paul, à la fin de·
son épître aux Romains, des principaux néophytes de la communauté·
chrétienne, montre que le christianisme avait pénétré jusque dans
le palais des Césars. Beaucoup portent des *cognomina* serviles,
mais ils devaient jouir d'une grande fortune, si l'on en juge par ce
que nous laisse deviner le magnifique tombeau d'*Ampliatus*, récemment découvert dans la partie la plus ancienne du cimetière de
Flavia Domitilla (1). Car tout porte à croire que ce splendide monument a réellement été élevé à la mémoire du personnage cité par·
saint Paul, comme un des chrétiens les plus recommandables de
l'Église romaine (2) : « Qu'un esclave ou un affranchi, dit M. de
Rossi (3), ait préparé, pour lui et les siens, un monument si distingué dans une des nécropoles les plus anciennes et les plus considérées de l'Église romaine, cela montre l'importance particulière de
cet homme au sein de la communauté chrétienne et favorise l'opinion qui le rattache à l'*Ampliatus* nommé par saint Paul (4). »

Du reste, tous les monuments archéologiques attestent que dès le
règne de Néron, la communauté chrétienne de Rome était composée
de riches et de pauvres, d'esclaves et de nobles, de fidèles d'origine
et d'éducation grecque et romaine.

Parmi les grandes figures de race illustre qu'il faut rattacher au

(1) De Rossi, *Bulletin d'archéologie chrétienne*, 1881, édit. française, p. 61,
75, 77-78.
(2) Saint Paul, *ad Roman.*, xvi, 8 : « Salutate Ampliatum dilectissimum
in Domino. »
(3) *Bullet. loc. cit.*, p. 77.
(4) M. de Rossi (*loc. cit.*) observe avec raison que les documents qui font
mourir *Ampliatus*, évêque en Mésie, sont apocryphes.

christianisme primitif, apparaît, tout d'abord, la fameuse *Pomponia Græcina*, femme d'Aulus Plautinus, vainqueur des Bretons, et qui, en 47, au retour de son expédition, fut récompensé par les honneurs du triomphe. Accusée de *superstition étrangère*, traduite devant un tribunal de famille, elle fut acquittée. Le christianisme de son petit-fils, aujourd'hui certain, rend très probable le sien. On s'est même demandé, non sans raison, si elle ne serait pas cette grande dame romaine, connue sous le nom symbolique de *Lucina*, qui ouvrit, dans un *prædium* de la voie Appienne, un des plus anciens et aristocratiques cimetières chrétiens.

En 64, les Juifs, hypocritement accusés par Néron d'avoir incendié Rome, échappèrent à la fureur populaire en désignant les chrétiens comme auteurs de ce crime, se séparant ainsi officiellement de ceux que la police romaine avait jusqu'alors confondus avec eux.

On peut suivre, en étudiant de près les auteurs contemporains, les différentes phases et les atroces supplices de la première persécution, qui certainement s'étendit dans les provinces de l'empire, en vertu du décret lancé par le cruel César. Outre que Suetone, saint Meliton et Tertullien représentent Néron comme le premier empereur qui ait porté un *édit général* de persécution, la réponse de Trajan à Pline ne s'expliquerait pas, s'il n'avait pas existé, en 112, une législation considérant la profession du christianisme comme illicite. On peut même en reconstituer jusqu'à l'expression. Le décret devait porter : *Christianos esse non licet*, ou bien : *Non sint christiani*. Dans tous les cas, il déclarait certainement contraire aux lois *l'existence* du christianisme.

Avec une innombrable légion de martyrs, saint Pierre et saint Paul furent victimes de cet édit sanguinaire dans la ville de Rome, et non pas ailleurs, comme l'ont prétendu des critiques insensés, qui ont préféré leurs imaginations à l'autorité de tous les monuments de Rome et du monde catholique tout entier.

III

Néron mort, tous ses actes furent annulés. Seul son édit contre les chrétiens fut conservé : « Et tamen, dit Tertullien (1), permansit, *eratis omnibus*, hoc solum constitutum neronianum. »

(1) Tertull. *Ad nationes*, I, 7.

En fait, cependant, il y eut une trêve d'une trentaine d'années, favorisée par la révolte des Juifs, ennemis publics des chrétiens.

Vespasien et Titus, leurs vainqueurs, appartenaient, comme on sait, à la famille récente et obscure des Flaviens. Vespasien était fils de Flavius Sabinus, qui avait fondé une banque en Helvétie, et qui lui-même était fils de Flavius Petro, bourgeois [de Riéti. Vespasien n'était que le fils puîné de Flavius Sabinus. Son frère aîné, *Titus Sabinus*, avait également gravi rapidement les degrés des charges publiques; il était pour la seconde fois préfet de Rome, lorsque les légions de Syrie proclamèrent Vespasien Auguste. Il périt au Capitole, victime de la fidélité à son devoir. Tacite, qui l'appelle « domi militiæque clarus », ajoute que c'était un *homme innocent et juste*, bien que quelques-uns l'accusassent d'*inertie.* »

Ce dernier reproche était celui que l'on faisait dès lors aux chrétiens. Titus Sabinus était-il donc chrétien? On peut le croire, car tous ses enfants l'étaient. Son fils Titus Flavius Clemens, mari de l'illustre Flavia Domitilla, fondatrice du cimetière suburbain qui porte son nom (1), est mort martyr sous le règne de Domitien, son cousin. Sa fille Plautilla était non moins fervente chrétienne que son frère Clémens, et elle eut pour fille la vierge Flavia Domitilla, qui eut l'honneur de souffrir pour la foi un long exil et une mort glorieuse. Enfin, Aurelia Pétronilla, fameuse dans l'antiquité cbrétienne comme la fille spirituelle de saint Pierre, paraît se rattacher à la même famille, par son surnom *Petronilla*, qui lui a probablement été donné en souvenir de T. Flavius *Petro*, l'auteur commun des deux branches des Flaviens.

Après Vespasien et Titus, Domitien était monté sur le trône impérial, et comme Néron, après avoir débuté par la modération, il finit par la cruauté et la démence. Les chrétiens de sa famille furent ses premières victimes. L'impôt du didrachme fut exigé de toutes les catégories de gens, circoncis ou non, qui menaient la vie judaïque. Les chrétiens protestèrent comme tout à fait étrangers au judaïsme. Alors on les condamna comme faisant profession d'*athéisme et de mœurs juives*. C'est sous cette double inculpation

_____

(1) M. Allard ne fait que résumer l'excellent mémoire de M. de Rossi sur les sépultures des Flaviens chrétiens dans le cimetière de Domitille. C'est elle qui fit creuser un vaste cimetière souterrain pour sa famille et ses coreligionnaires : *Ad religionem pertinentes meam — sibi et suis fidentibus in Domino*, portent les antiques inscriptions.

que périt son cousin le consul T. Flavius Clemens, dont il avait
cependant adopté les deux fils, et que sa nièce Flavia Domitilla, la
jeune, subit la peine de la confiscation et de l'exil. En outre, une
foule de sénateurs et de patriciens illustres, notamment l'ex-consul
Glabrion, furent condamnés comme coupables de nouveautés :
Quasi molitores novarum rerum.

La persécution s'étendit dans toutes les provinces, surtout en
Asie, comme le démontrent les textes de l'Apocalypse (1) et les
Actes de saint Ignace, qui, quoique non exempts d'erreurs dans
leur teneur actuelle, remontent néanmoins au quatrième siècle, et
ont été composés avec des documents plus anciens.

M. P. Allard fait bonne justice des assertions de M. Renan et de
M. Aubé, qui attribuent aux chrétiens l'assassinat de Domitien.
Celui-ci, selon Hegésippe et Tertullien, avait même fait cesser les
poursuites contre les chrétiens, peu de temps avant sa mort.

Quoi qu'il en soit, il est certain que Nerva, son successeur, rap-
pela les exilés. L'apôtre saint Jean, relégué dans l'île de Pathmos,
bénéficia de cette amnistie. Tout porte à croire cependant que cette
mesure réparatrice souffrit des exceptions. C'est ainsi que Flavia
Domitilla fut maintenue dans son exil et que les fidèles condamnés
aux mines, gens de condition plus humble, dont le labeur pénal
profitait à l'État, furent volontairement ou involontairement oubliés
au fond de la Chersonnèse. C'est du moins ce qu'attestent, pour ces
derniers, les Actes de saint Clément de Rome.

Bien que ces Actes ne soient pas originaux, ils sont néanmoins
fort anciens. Ils ont probablement été composés au quatrième siècle,
et sont beaucoup moins méprisables que ne l'ont cru Tillemont et
M. l'abbé Duchesne. « La donnée qui lui sert de base, écrit ce dernier (2), est le culte dont jouissait à Cherson un martyr du nom de
Clément. »

Sur quoi est fondée cette assertion? Pourquoi ne pas admettre
des données traditionnelles, sérieuses et dignes de foi? « L'identité
de saint Clément de Rome et du saint Clément de Cherson ne paraît
pas bien prouvée, ajoute le même auteur. » Et pourquoi pas? Faut-
il donc absolument une autorité contemporaine pour attester un
fait qui, loin de contredire l'histoire, est en parfaite harmonie avec
les monuments archéologiques les plus incontestables?

(1) Apocalyps., vi, 9-11; xx, 4.
(2) Duchesne, *Liber pontif.*, Introd., p. xci.

M. Allard nous semble être dans le vrai lorsqu'il accepte la substance du récit des Actes et démontre la conformité des faits principaux qu'ils contiennent avec la science archéologique. « La tradition de la Crimée, ajoute-t-il, est corroborée indirectement par un fait digne de remarque : à Rome, le tombeau de saint Clément était inconnu. La basilique élevée sous son nom, et remontant au moins à Constantin, ne le contenait pas. »

M. Duchesne prétend que le martyre de saint Clément en Crimée n'a été accepté dans l'Église romaine qu'au neuvième siècle (1). C'est inexact. Le sacramentaire Léonien adopte bien, en effet, le récit des *Recognitiones* en ce qui concerne l'origine de saint Clément, mais il ne dit pas un mot qui infirme son martyre en Chersonnèse. Autre est la question généalogique, autre la question du martyre. Du reste, la *Passio* est incontestablement plus vraisemblable que les *Recognitiones*, même sous le rapport généalogique.

M. P. Allard suit avec raison la méthode de M. de Rossi, qui, loin de rejeter *à priori* les récits légendaires qui ne sont pas exempts d'erreurs, essaye d'en extraire ce qui est conforme à la vérité historique.

C'est ainsi qu'il tire un excellent parti de la légende des saints Nérée et Achillée, dont les découvertes archéologiques modernes semblent confirmer les traits principaux.

Il me permettra même de dire que si on étudie à la lumière de l'histoire le tableau des mœurs sur le mariage inséré dans les discours que l'auteur de la légende met dans la bouche de ses héros, on le trouvera moins répréhensible que plusieurs ne l'ont pensé. C'est moins une critique du mariage qu'une peinture des abus trop réels qui en étaient faits à la fin du premier siècle, principalement dans la haute société romaine.

Dans ces conditions, les prédicateurs de la virginité avaient beau jeu. Quant à l'expression *corruptio*, qui a le plus choqué, il faut la prendre dans le sens relatif, comme l'ont entendu saint Jérôme et les autres Pères qui ont parlé de la virginité.

La persécution de Trajan ouvre une ère nouvelle dans l'histoire de la lutte formidable soutenue par le christianisme contre la tyrannie des Césars.

(1) Il avoue que les églises des Gaules et d'Espagne avaient accepté cette tradition dans leur liturgie dès le sixième siècle, et cette acceptation, contre laquelle aucun document ne proteste, ne lui suffit pas.

On connaît la fameuse lettre de Pline à Trajan et la réponse de celui-ci. Cette réponse n'est ni une loi, ni un édit; c'est un simple rescrit, mais qui suppose *une loi* préexistante.

Pline, à son arrivée en Bithynie, en 112, est tout surpris d'apprendre que le culte des idoles y est presque anéanti. Dans les villes, dans les campagnes, le culte chrétien est partout dominant. Les prêtres des idoles, menacés dans leur commerce, lui dénoncent les chrétiens *par des lettres anonymes*, illégalement par conséquent. Cependant le nouveau gouverneur, sur ces délations illégales, fait arrêter ceux qu'on lui signale, et en fait mourir plusieurs. Mais bientôt il est arrêté par la multitude des gens compromis et consulte l'empereur. Celui-ci approuve sa manière de faire : ne pas rechercher les chrétiens, mais punir ceux qui avoueront et persisteront dans leur prétendu délit. Toutefois les délations anonymes doivent être écartées et les délateurs sévèrement punis.

Nous l'avons déjà dit, cette réponse serait illogique s'il n'avait pas existé antérieurement un édit qui rangeait le christianisme parmi les actes illicites.

Le tempérament que Trajan paraissait apporter au décret de Néron était amplement compensé par le caractère définitif qu'il imprimait à cette loi de proscription. Ce n'était plus une mesure prise par un prince généralement abhorré comme un tyran; c'était un rescrit revêtu de toutes les apparences de la modération légale, qui ouvrait à la délation et à la vengeance une entrée au prétoire, toujours facile. Il suffisait de dénoncer un ennemi comme propagateur fanatique de la religion prohibée. C'est sous ce prétexte qu'une foule de martyrs furent amenés devant l'autorité judiciaire, notamment saint Clément, pape, les saints Nérée et Achillée, et saint Ignace d'Antioche, dont la *Passio* est si magnifiquement confirmée, quant à la substance, par son admirable épître aux Romains.

IV

Hadrien ne parut d'abord occupé qu'à rétablir la paix sur les frontières et de multiplier les monuments à l'intérieur de l'empire; mais bientôt le fanatisme superstitieux en fit un persécuteur halluciné. Du reste, les délateurs et la populace n'avaient pas attendu ses ordres pour faire la chasse aux chrétiens.

Les récits qui nous sont restés sur la vie et la mort des martyrs de ces temps primitifs ne sont pas exempts de fautes pour la plupart; mais ils offrent presque tous des traits historiques bons à recueillir.

M. P. Allard cite, entre autres, la *Passio* des saints Faustinus, Jovita, Calocerus et Afra, qui, malgré des détails inadmissibles, doit être acceptée pour la date du martyre, qui eut lieu en 119, et pour certains faits importants.

Il faut en dire autant des Actes de saint Alexandre et de ses compagnons, et surtout de ceux de saint Getulius, mari de sainte Symphorose, qui ont reçu des découvertes topographiques une solide conformation, sinon pour les détails, au moins pour les données essentielles, grâce aux travaux de M. Stevenson.

La légende des saintes Sabine et Sérapie n'est pas sortie moins victorieuse du creuset de l'archéologie moderne.

Les Actes des esclaves Hesperus et Zoé avec leurs fils Cyriaque et Théodule, sans être contemporains, contiennent également des faits dont la véracité paraît probable. « J'en dirai autant, ajoute M. Allard, des Actes de l'esclave sainte Marie... Quand on a effacé de ce document un édit impossible et un épisode fabuleux, visiblement imité des Actes de sainte Thècle, il reste un récit non seulement vraisemblable, mais encore rempli de traits tout à fait antiques, que le compilateur de basse époque, auquel est due la rédaction actuelle, n'a pu tirer de son propre fonds. »

Cette appréciation est prouvée jusqu'à l'évidence par des rapprochements faits entre les expressions du texte et les usages contemporains.

Cependant les excès même des fureurs populaires et des délateurs excitèrent le dégoût dans l'âme honnête de quelques gouverneurs.

Q. Licinius Grananius, proconsul d'Asie, manda à l'empereur, qu'il lui semblait « inique de livrer aux clameurs du vulgaire la vie d'innocents, et de condamner, à cause de leur nom seul et de leur religion, des hommes qui n'étaient coupables d'aucun crime ». La lettre de Grananius est de 123 ou 124. L'année suivante, ce proconsul fut remplacé par Caius Minucius Fundanus, qui reçut la réponse d'Hadrien. Elle est assez ambiguë, et, à part une répression plus énergique contre les délateurs et les clameurs populaires, elle ne fait que reproduire le rescrit de Trajan. M. P. Allard en prouve l'authenticité, attestée d'ailleurs par saint Justin, qui la reproduit

dans son Apologie adressée à l'empereur lui-même, quinze ans à
peine après sa publication.

La dernière révolte des Juifs assombrit l'esprit inquiet d'Hadrien.
Il s'éloigna du monothéisme pour se rapprocher de toutes les
superstitions polythéistes, aux mystères desquelles il se fit initier.

On dirait un libre-penseur de notre temps se faisant initier, par
haine du cléricalisme, à toutes les loges maçonniques de l'Europe.
Ces initiations, qui le mirent en contact avec les prêtres païens,
ennemis jurés des chrétiens, jetèrent cet esprit sceptique dans le
parti de la violence.

Il se fit un jeu de profaner les lieux consacrés par les souvenirs
de la vie et de la mort de Jésus-Christ. « Insensé, qui croyait
cacher au genre humain l'éclat du soleil qui s'était levé sur le
monde! Il ne voyait pas qu'en voulant faire oublier les saints lieux,
il en fixait irrévocablement la place. »

C'était en 135. Hadrien inaugurait, à ce moment, la période
sombre et sanglante des dernières années de son règne... Son beau-
frère Servianus, son neveu Fuseus, périssent victimes de son
humeur ombrageuse. En même temps les chrétiens sont poursuivis.
Les plus célèbres sont, avec le pape saint Télesphore, dont saint
Irénée rapporte *le glorieux martyre*, la veuve de Getulius, Symphorose et ses sept enfants.

M. Paul Allard démontre victorieusement l'authenticité des Actes
de cette admirable femme, ne craignant pas, une fois de plus,
d'affirmer sa foi au surnaturel.

La persécution sous Antonin le Pieux et Marc-Aurèle est exposée
avec le même talent.

« Sous le règne d'Antonin, dit-il, les émeutes populaires s'étant
de nouveau déchaînées contre les fidèles, ce prince envoya, de
plusieurs côtés, des rescrits pour enjoindre de suivre dans les
causes des chrétiens les règles de procédure criminelle rappelées
par ses deux prédécesseurs. »

Le plus célèbre est sa lettre au Conseil d'Asie, rapportée par
Eusèbe (1), et dont l'authenticité est fort douteuse, comme le
prouve notre savant historien.

Après de belles pages consacrées au martyre si émouvant de
saint Polycarpe, après une rapide esquisse de la seconde Apologie

(1) Eusèb., *Hist. eccl.*, IV, 26.

de saint Justin, l'auteur ajoute : « Les dix années du règne de Marc-Aurèle sont les plus troublées et les plus cruelles que l'Église ait encore traversées. Les violentes, mais rapides tempêtes qui l'assaillirent sous Néron et Domitien, les fréquents assauts qu'elle subit sous Trajan, Hadrien et Antonin, firent couler le sang chrétien avec moins d'abondance que le gouvernement du doux et méditatif auteur des *Pensées*. »

Le point saillant de ce règne et de toute la fin du second siècle, c'est l'autorité souveraine qu'exerça, sur le gouvernement et sur le peuple, la superstition sous toutes ses formes : oracles, sorciers et devins. La philosophie acquit également une influence prépondérante. Or ces deux forces de l'opinion se réunirent contre la religion chrétienne. D'autre part, tous les fléaux à la fois s'abattirent sur l'empire ; et d'une commune voix, peuple et souverain, en rendirent les chrétiens responsables, les accusant des crimes les plus infâmes et se persuadant que leur sang pouvait seul apaiser les dieux.

La plus illustre victime de cette rage insensée fut, à Rome, sainte Félicité avec ses sept fils. Ses Actes, d'une authenticité incontestable, ont reçu des découvertes modernes une confirmation éclatante.

La Passion de l'apologiste saint Julien a été probablement rédigée d'après des notes d'audience ou des pièces tirées du greffe.

On connaît le miracle opéré en faveur de la Légion *fulminante*. L'honneur de ce prodige, — que M. Allard se garde bien de révoquer en doute, — fut très probablement attribué à Jupiter par les prêtres et les magiciens qui entouraient Marc-Aurèle ; en sorte que, loin d'apaiser la persécution, il fut le point de départ d'un redoublement de cruauté.

Nous ne dirons rien des célèbres martyrs de Lyon ; l'admirable récit de leur passion se lit dans toutes les histoires de l'Église. La liste complète de ces martyrs, rangés par catégories spéciales, à la fin de la lettre à l'Église de Smyrne, et qu'Eusèbe avait supprimée, nous a été heureusement conservée par saint Grégoire de Tours, au chapitre XLIXᵉ de son *De Gloria martyrum*, et par Adon, en son martyrologe. Dans son importante étude intitulée : *les Sources du martyrologe hyéronymien* (1), à la page 20, M. l'abbé Duchesne a

(1) Extrait des *Mélanges d'archéologie et d'histoire*, publiés par l'Ecole française de Rome. 1885. L'auteur a bien voulu me faire hommage d'un exemplaire de cette très intéressante et savante étude.

montré que ce catalogue a été conservé en partie, avec ses titres, dans le Martyrologe hyéronymien.

La légende de sainte Cécile, sans être d'égale autorité, n'est cependant pas indigne de respect. « En effaçant les conversations, les longs discours, les circonstances légendaires, évidemment imaginées par le passionnaire, en corrigeant des incohérences de chronologie et des identifications erronées, en rapprochant du fond historique, resté visible après ces éliminations, les découvertes faites à diverses époques, et particulièrement de notre temps, on arrive à reconstituer d'une manière satisfaisante l'histoire de sainte Cécile et de ses compagnons, et cette histoire s'ajuste très exactement dans le cadre des dernières années du deuxième siècle. »

La découverte du corps de sainte Cécile et de ceux des saints Valérien, Tiburce et Maxime, en 1599, a d'ailleurs donné au récit des Actes une confirmation éclatante : « L'inspection de leurs ossements a fait reconnaître les supplices soufferts par eux, et permis de constater *de visu* les particularités minutieusement rapportées par les Actes. Rarement, un document de cette nature a subi une épreuve plus concluante et en est sorti mieux justifié. »

« La mort de sainte Cécile et de ses compagnons, arrivée à Rome à la suite de nombreuses exécutions de chrétiens plus obscurs, et suivie probablement du martyre de l'évêque Urbain, est le dernier acte sanglant mis par les documents anciens à la charge de Marc-Aurèle. »

Son fils Commode se laissa entraîner à deux courants contraires. Tantôt l'impulsion *hostile au christianisme* donnée par Marc-Aurèle se continue : le sang des martyrs coule, témoins les martyrs scillitains et le sénateur Apollonius. Tantôt une influence plus douce, celle des serviteurs chrétiens qui, en assez grand nombre, habitent le palais, et, surtout, la toute-puissante prière d'une femme aimée, la célèbre Marcia, fait pencher vers la clémence l'âme mobile et les volontés incertaines de l'imbécile empereur. C'est ainsi que, pour la première fois, à Rome, des chrétiens condamnés aux mines furent l'objet d'une grâce officielle par l'intervention de cette femme qui, probablement, n'avait pas reçu le baptême, mais qui fut vraiment le bon génie du César avili et grossier.

« Le deuxième siècle est bien fini : cet épisode annonce les relations nouvelles qui vont se nouer entre l'autorité impériale et les chrétiens. Un évêque de Rome, mandé au Palatin, et sortant avec la grâce des martyrs ; un prêtre chrétien, chargé d'aller porter au *procurator* de Sardaigne des lettres du prince : ce n'est point encore une reconnaissance officielle du christianisme, mais c'est au moins un premier pas vers l'établissement d'un *modus vivendi,* devant permettre à l'Église et à l'État de coexister, sinon en droit, du moins en fait. Nous verrons cet ordre de choses se consolider pendant tout le cours du troisième siècle. Le sang chrétien coulera encore (et abondamment), mais ce sera désormais à la suite de formelles déclarations de guerre, qui pourront se terminer par des traités de paix. »

Les hommes soucieux du progrès de la vérité historique appelleront de tous leurs vœux la continuation de ce beau travail de M. Paul Allard, rempli d'aperçus nouveaux, nourri des preuves les plus complètes que peuvent fournir l'histoire et l'archéologie réunies, et écrit avec cette autorité supérieure que donnent un savoir profond et une critique judicieuse (1).

Notons, en terminant, le tableau qu'il fait de la propagation du christianisme. Il est presque identique à celui que nous avons tracé nous-même dans notre livre, *les Églises du monde romain, notamment celles des Gaules, pendant les trois premiers siècles* (2).

« Au moment où s'arrête cette première partie de nos recherches, écrit M. Allard, la religion du Christ est sortie victorieuse de deux cents ans de luttes presque incessantes... L'Église est enracinée partout. Hier encore, la science, s'emparant d'un mot mal compris d'Origène, déclarait que, pendant les deux premiers siècles, les chrétiens avaient formé une poignée d'hommes à peine perceptible dans l'immense étendue de l'empire romain. Aujourd'hui, elle avoue qu'ils étaient répandus en tout lieu, qu'on en trouvait dans tous les rangs de la société, et que Tertullien avait raison de dire aux païens : « Nous sommes d'hier, et nous remplissons vos cités, vos « maisons, vos places fortes, vos municipes, le palais, le Sénat, le

(1) Chez Palmé. 1 vol. in-8°. 1877.

(2) Ceci était écrit et livré à l'impression quand l'auteur a bien voulu m'annoncer et bientôt après m'envoyer la continuation tant souhaitée de son beau travail. Elle a paru, chez le même éditeur, sous ce titre : *Histoire des persécutions pendant la première moitié du troisième siècle.* Ce second volume en appelle nécessairement un troisième, que tous les amis de la vraie science attendront avec impatience. Le second surpasse encore le premier par l'intérêt du récit et l'importance des questions qu'il soulève et résout avec un tact critique vraiment supérieur.

« forum ; nous ne vous laissons que vos temples. Si nous nous sé-
« parions de vous, vous seriez effrayés de votre solitude, d'un
« silence qui paraîtrait la stupeur d'un monde mort. » En Asie, en
Phrygie, dans la Cappadoce, le Pont, la Propontide, les chrétiens
forment peut-être la majorité de la population. A la fin du deuxième
siècle, Edesse, avec Abgar VIII, devient un royaume chrétien.
L'Italie compte soixante évêques. La foi, dit Tertullien, a pénétré
en Bretagne. Saint Irénée fait appel contre les nouveautés gnos-
tiques à la tradition des Églises d'Espagne et de Germanie et des
Gaules. Le sang des martyrs s'est mêlé, en Gaule, aux flots de la
Saône et du Rhône. La chrétienté d'Afrique, émergeant tout à coup
à la lumière, nous apparaît constituée, florissante. »

Ajoutons que partout, en Occident comme en Orient, en Gaule
comme en Afrique et en Asie, l'Église apparaît avec une hiérarchie
complètement et fortement organisée. Le pape saint Victor Ier,
selon Eusèbe (1), ordonna de célébrer des conciles dans tout l'univers, pour résoudre la question de la Pâques : ce qui suppose
partout un épiscopat nombreux. Or, ceux des Gaules, du Pont et
de la Chosroène, aux extrémités opposées de l'empire, sont expressément signalés avec ceux de la Palestine et de la Grèce, par
l'évêque historien de Césarée, comme pour indiquer qu'aucune des
Églises de l'empire romain ne fit défaut à l'appel du Pontife suprême. Les Églises de toutes les parties, même les plus extrêmes du
monde romain, étaient donc également organisées avant l'an 180
de l'ère chrétienne. Cette conclusion, qui s'impose à tout homme
tant soit peu au courant des données de la science véritable, ne
peut manquer de prévaloir, tôt ou tard, contre des préjugés invétérés.

Dom François Chamard,
Bénédictin.

(1) Eusèb., *Hist. eccl.*, v, 23.

LA COLONISATION

CHEZ LES PEUPLES ANCIENS ET CHEZ LES PEUPLES MODERNES

Quand on jette un coup d'œil sur l'histoire de l'antiquité, ce qui frappe d'abord l'esprit, c'est la part prépondérante que la Religion prit dès l'origine dans le grand travail de formation de la société humaine. Elle ne prit pas seulement une part de cet immense travail, elle le fit tout entier. C'est elle qui a créé la société, qui lui a donné ses arts, ses industries, sa forme et jusqu'aux règles qui président encore aujourd'hui à son développement. On peut dire d'elle ce que saint Jean disait du Verbe : *Omnia per ipsum facta sunt et sine ipso factum est nihil quod factum est.*

Si vous feuilletez les auteurs qui nous racontent l'histoire de l'antiquité, non pas les auteurs sacrés, on pourrait les inculper de partialité, mais les auteurs profanes, vous verrez que la société égyptienne, la première créée, n'a connu que deux mobiles : le sentiment religieux, c'est-à-dire l'adoration de Dieu sous diverses formes ; et la croyance en l'immortalité de l'âme.

Les hautes vérités révélées au premier homme par Dieu lui-même, profondément altérées à la suite du péché, chez tous les peuples, sauf chez le peuple élu, avaient fini par se perdre, mais l'impression de la révélation avait survécu à cette révélation. Le péché avait élevé un voile entre Dieu et l'homme, et l'homme sentant Dieu partout autour de lui, faisait tous ses efforts pour le trouver ; errant au milieu des ténèbres de l'ignorance et de l'erreur, en quête de Dieu, il prit pour Dieu, dans son empressement, ce qui n'était que les plus humbles de ses productions, il tomba dans le fétichisme. Il adora la montagne couverte de sombres forêts, la vallée mystérieuse, jusqu'à l'arbre, jusqu'à la pierre, jusqu'au bœuf, jusqu'au crocodile. Les astres surtout, par leur beauté, leur puissance et leurs mouvements, devinrent l'objet de son culte. Le soleil occupa une grande place dans la hiérarchie divine. On lui donna une forme humaine, et dès ce moment l'humanité passa du fétichisme au polythéisme, c'est-à-dire au culte des attributs les plus élevés de l'être divin, que l'imagination de l'homme doua d'un corps et d'une existence propre. Pendant des siècles, l'esprit des sages s'épuisa à lever le voile qui lui couvrait Dieu, plusieurs fois il arriva presque à son but, mais cependant ne l'atteignit jamais, c'est que la révélation devait venir d'en haut pour bien prouver à l'homme son impuissance en face du Créateur du monde.

EGYPTE

La colonisation, c'est-à-dire la création d'un foyer de lumière et d'un centre de travail sur un point où il n'en existait pas ne pouvant être l'œuvre que d'un peuple déjà très cultivé lui-même, c'est du point où brilla la première flamme de la civilisation que dut partir la première colonie.

Pendant plusieurs siècles, c'est dans les Indes, dont on se plaisait à exagérer l'antiquité, que l'on a placé le point de départ de notre civilisation. Mais les travaux de la critique moderne ont fait justice d'une opinion qui ne reposait sur aucune base sérieuse. Aujourd'hui on a acquis la certitude que l'Inde n'a contribué en rien au développement intellectuel du monde.

Habitée à l'origine des temps par les peuples noirs dont les descendants sont connus aujourd'hui sous le nom de *Gongs*, puis par des tribus touraniennes apparentées aux Mogols, ensuite par des populations d'un brun rougeâtre, elle fut envahie quinze cents ans avant notre ère par des tribus aryennes qui, depuis plusieurs siècles déjà, étaient en possession du Pendjab (pays des *cinq fleuves*), à l'est-nord-est de l'Afghanistan. Entamée au sixième siècle avant Jésus-Christ par Darius, roi de Perse, qui lui enleva les provinces situées entre le Parapomise et l'Indus, dont il fit sa vingtième satrapie, elle ne fut réellement ouverte aux Grecs, qu'après les conquêtes d'Alexandre (quatre siècles avant notre ère), et reçut sa civilisation par l'intermédiaire de l'empire grec de Bactriane, fondé après la mort du conquérant macédonien par un de ses généraux. C'est de cette époque seulement que datent ses monuments les plus remarquables.

Les peintures de Babylone et de Ninive prouvent bien que, déjà aux temps les plus reculés, il existait des relations commerciales entre la Chaldée et les Indes, mais les navigateurs qui en étaient les intermédiaires, ne s'occupant que des avantages du trafic, ne touchaient, et à des intervalles assez longs et irréguliers d'ailleurs, que sur les points où ils savaient devoir trouver une quantité suffisante de marchandises pour remplir leurs navires.

La seule production intellectuelle de l'Inde, ses spéculations philosophiques n'ont jamais franchi ses frontières et seraient peut-être encore enfermées dans les vallées du Gange et de l'Indus, si la conquête musulmane et la découverte du cap de Bonne-Espérance, qui ouvrit une voie nouvelle plus facile que la voie de terre, n'eût permis aux Européens d'aller les y découvrir.

Pour qu'il arrivât à developper les puissantes facultés qui l'ont rendu maître, après Dieu, du monde qu'il habite, il fallait à l'homme une terre fertile où la recherche des moyens d'existence n'absorbât pas toutes les forces de son corps et de son intelligence, et un climat tempéré qui favorisât le travail de l'esprit et des bras. L'Inde ne pouvait être cette terre. L'énorme puissance de production qui la caractérise, son climat de feu, exercent sur l'homme une action qui lui enlève l'emploi de ses facultés morales et physiques et le livre en proie aux passions furieuses ou le conduit à un ascétisme violent qui atrophie le corps et l'âme.

Depuis qu'à la suite de travaux dont les résultats tiennent du prodige, on est parvenu à retrouver la clef, que l'on croyait à jamais perdue, des alphabets de l'Égypte, de la Chaldée et de l'Iran, depuis que les Champollion, les Mariette, les Maspero, les Vogüé et d'autres savants illustres nous ont donné la traduction des papyrus et des hiéroglyphes de l'Égypte, des tablettes d'argile cuite des Chaldéens et des Assyriens, et ont en quelque sorte fait passer sous nos yeux l'Égypte des grands pharaons, l'Assyrie des Sargonides, la Chaldée de Nabuchodonosor (Naboukoudour Oussour), on sait exactement sur quel point de notre globe brillèrent les premières flammes qui ont éclairé le monde antique. Le premier de ces points, celui qui fut le plus anciennement éclairé, est l'Égypte; le second, postérieur de plusieurs siècles, fut la Chaldée; et le troisième, la Chine. C'est dans ces trois contrées si éloignées les unes des autres que se sont créées des civilisations plus ou moins différentes, mais toutes originales (1).

Les prétentions des Indostaniens mises à néant, c'est en Éthiopie qu'on alla chercher la source des lumières, mais l'inflexible critique a prouvé que les monuments éthiopiens ne sont que des copies plus ou moins bien réussies de ce qui existait en Égypte, bien des siècles auparavant.

L'Égypte, aucun doute n'existe plus à ce sujet, est bien le véritable berceau de la civilisation. *C'est de tous les pays celui dont l'histoire, appuyée sur des documents authentiques, nous reporte le plus près de l'époque où l'homme, sorti des mains du Créateur, commença à former une société policée*; et si l'on veut se rendre compte de l'influence qu'il a exercée sur le développement de l'esprit humain dans l'antiquité, il faut étudier son histoire, sa politique, ses tendances, et les mobiles qui l'ont guidé pendant toute son existence; il faut suivre pas à pas la route que sa civilisation, à laquelle vint se joindre, sans se confondre, la civilisation chaldéenne, a suivie pour arriver d'un côté en Grèce, de l'autre jusque sur les hauts plateaux de l'Iran, et dont les étapes sont marquées encore aujourd'hui par les débris de monuments épars dans les îles de l'Archipel et dans les provinces de l'Asie Mineure.

Le trait caractéristique des anciennes sociétés est la puissance de *l'Esprit religieux*, la prééminence de l'élément conservateur et l'immobilité apparente de la civilisation. Mais, comme nous le disons, cette immobilité n'était qu'apparente, la société ancienne a progressé comme tout ce qui est humain, elle a cheminé à petits pas, mais elle a cheminé. Le fond même des croyances a subi de bien faibles modifications, même les rites et les institutions, mais il y a eu variation dans la manière de les interpréter ou de les appliquer, comme nous le verrons dans un court aperçu de la théologie égyptienne.

Une particularité également remarquable du génie égyptien a été la puissance d'assimilation qui, dès les temps les plus reculés, lui a permis d'absorber, non seulement les individus isolés mais encore les peuplades, qui, n'importe de quelle manière et dans quelles intentions, étaient venues se fixer en Égypte. C'est ce qui explique

(1) Le savant M. De Guignes, auteur de *l'Histoire des Huns*, prétend que les Chinois descendent d'une colonie égyptienne..

la durée de l'État égyptien, malgré les crises violentes qu'il traversa à plusieurs reprises,

De même dans les vallées de l'Euphrate et du Tigre, malgré les révolutions, malgré les changements de maîtres, nous voyons subsister les mêmes idées, celles qui étaient nées bien avant l'époque historique.

Bornée au nord par la Méditerranée qu'aucun navire n'avait encore sillonnée, à l'est par l'isthme de Suez et la mer Rouge, au sud par la Nubie (Ethiopie des Grecs), à l'ouest, de la Méditerranée à la mer Rouge, par des déserts sablonneux semés d'oasis, disséminées sur de grands espaces, abritée ainsi contre les invasions, l'Égypte présentait, outre la facilité de la subsistance, les avantages de la sécurité si nécessaire à toute société naissante, mal liée encore, qui a besoin de paix pour vivre et se développer.

L'Égyptien est d'origine asiatique, la Bible nous l'apprend, (*Misraïm fils, de Cham, frère de Koush l'Éthiopien et de Canaan, se fixa sur les bords du Nil avec ses enfants*), et ce témoignage admis par tous les égyptologues est encore confirmé par l'anatomie des cadavres momifiés, de toutes les époques, de tous les âges, de tous les sexes, trouvés dans les diverses nécropoles, et par la langue dont les racines sont les mêmes que celles de l'arabe. Scientifiquement, les Egyptiens sont classés parmi les peuples *protosémites*, et voici le portrait qu'en trace le célèbre orientaliste Maspero, directeur du musée de Boulaq.

« L'Égyptien était en général maigre, élancé, il avait les épaules larges et pleines, les pectoraux saillants, les bras nerveux et terminés par une main fine et longue, les hanches peu développées, la jambe sèche, les détails anatomiques du genou et les muscles du mollet sont assez fortement accusés, les pieds longs, minces et, comme c'est le cas chez les peuples marcheurs, aplatis à l'extrémité, par l'habitude de marcher sans chaussure. La tête, souvent trop forte pour le corps, présente d'ordinaire un caractère de douceur et même de tristesse instinctive. Les yeux sont grands et bien ouverts, les joues arrondies, les lèvres épaisses, mais non renversées, la bouche un peu longue garde, un sourire résigné et presque douloureux.

Ces traits communs aux statues de l'ancien et du moyen empire se retrouvent à toutes les époques et sont encore ceux de la population actuelle de l'Égypte. Telle fut, telle est encore aujourd'hui la race (1) qui a créé la société, inventé les sciences depuis l'alphabet jusqu'à l'astronomie, les arts, l'industrie, le commerce, la navigation fluviale, prélude de la navigation maritime, qui a donné au monde cette civilisation que depuis plus de soixante et dix siècles le monde s'occupe de perfectionner.

Les Grecs, qui nous ont transmis, après l'avoir agrandi et perfectionné, le magnifique ensemble des connaissances de l'époque des pharaons, ne sont que les élèves des Égyptiens. C'est dans les écoles sacerdotales d'Héliopolis déjà vieille de plus de trente-cinq siècles, qu'à l'aube de la civilisation grecque, les Solon, les Pythagore, les Platon, les Eudoxes, etc., vinrent s'initier aux sciences, aux arts, à la religion, à la philosophie. L'Égypte fut la source où s'abreuva le génie grec. Cependant son influence sur le monde antique n'en a pas moins été sinon niée, au moins contestée. On a prétendu que la société égyptienne, immuable, repliée sur elle-même, murée en quelque sorte dans l'étroite vallée du Nil, n'a pu avoir d'influence sur le monde antique qui ne la connaissait pas. L'immobilité de l'Égypte n'a été qu'apparente, comme nous l'avons dit plus haut. L'Égypte a marché, elle a même beaucoup marché, et a répandu au loin les produits de son industrie, ses arts et sa civilisation, Non que la nature égyptienne fût cosmopolite, l'Égyptien ne se plaisait que dans sa chère vallée du Nil, que rien au monde n'égalait à cette époque, c'est là qu'il voulait vivre, c'est là qu'il voulait mourir, c'est là qu'il voulait dormir du dernier sommeil sous la garde de ses divinités. Mais dès les temps les plus reculés, dès l'époque du pharaon, Ménès, le premier des princes bistoriques, le fondateur de la monarchie égyptienne, la fertilité de l'Égypte, la pureté de son ciel, la douceur de son climat, avaient fait de ce coin de terre exceptionnel un objet de convoitise pour tous les peuples de l'Asie antérieure, et donné lieu à des invasions

_____

(1) L'unité de l'espèce humaine est prouvée par la fécondité des unions entre toutes les variétés du genre humain, même entre celles dont l'extérieur présente les plus grandes différences et par la fécondité des produits de ces unions.

Quant aux différences que l'on remarque entre les diverses peuplades, elles proviennent de l'accumulation de petites et lentes modifications produites par l'influence des pays, et fixées par l'hérédité, influences que l'homme ne pouvait neutraliser ni même diminuer à l'origine par le vêtement, par la nourriture et par l'habitation.

Les descendants des compagnons d'Albukerke, établis dans l'Inde, sont aujourd'hui aussi noirs que les nègres les plus foncés.

toujours repoussées, mais toujours renouvelées, et qui avaient eu, pour conséquence naturelle, une expansion plus ou moins étendue, plus ou moins profonde de la civilisation égyptienne en Asie.

Les attaques furent si vives à la fin du règne de la troisième dynastie, que le pharaon snawrou se vit obligé, pour les arrêter, de fermer l'isthme de Suez par une longue muraille garnie de tours de distance en distance. Cet ouvrage, qui devait avoir quelque analogie avec la grande muraille de Chine, tomba si bien en ruines, qu'à l'époque de la douzième dynastie une seule tour restait debout.

Ce n'est d'ailleurs pas seulement par la guerre, mais aussi, et surtout, par le commerce, que l'Égypte fit sentir son influence sur le monde antique. A une époque très reculée, elle était déjà en relation avec l'Asie orientale, par les caravanes qui lui apportaient à travers l'Arabie, moins aride, à ce qu'on suppose, qu'aujourd'hui, les produits de la Chaldée et ceux que les Koushites, établis sur le littoral du globe Persique, allaient chercher jusque dans l'Inde barbare.

Mais la grande extension de l'influence égyptienne date de la révolution qui, en l'an 2280 ou 2300 avant Jésus-Christ, détruisit le premier empire chaldéen, empire légendaire et mythique, dont nous parlerons plus loin et poussa sur l'Occident les populations sémites établies sur le littoral du golfe Persique et dans les vallées du Tigre et de l'Euphrate. La cause de ce grand mouvement de peuples n'est pas encore bien connue, on croit qu'il fut déterminé par une poussée des Scythes orientaux, ancêtres des Mogols de Djenghiz et de Timour Leng. On ne sait pas non plus si l'émigration qui entraîna tant de peuples en Occident se fit en une ou en plusieurs fois, ce qu'on sait de positif, puisque la Bible nous l'apprend, c'est qu'antérieurement à la destruction de l'empire chaldéen, Tharé, père d'Abraham et chef des Hébreux, avait quitté la ville d'Our, sur le littoral du golfe Persique, pour s'établir plus au nord dans la Mésopotamie, à Karran, et que c'est de cette ville que partit Abraham pour gagner la Palestine et l'Égypte. Le gros de l'émigration, qui comprenait un grand nombre de populations différentes, mais en majeure partie *cananéennes* c'est-à-dire *sémites*, suivirent à peu près la même route. Quelques tribus qui formèrent plus tard la nation phénicienne s'arrêtèrent sur les bords de la Méditerrannée, où elles fondèrent d'abord Sidon et ensuite Tyr; les autres se jetèrent sur l'Égypte, déchirée à cette époque par des guerres intestines, et après une lutte qui ne dura pas moins de cent cinquante ans, finirent par se rendre maîtresses du Delta où elles créèrent un empire qui dura quatre à cinq siècles, et finit par tomber sous les coups des princes nationaux qui s'étaient retirés dans la moyenne et la haute Égypte, et avaient transporté à Thèbes le siège de leur gouvernement.

La première période de la domination chananéenne ne fut qu'une longue série de pillages et de massacres, mais la puissante influence du milieu égyptien finit par civiliser peu à peu ces farouches conquérants, et la ville de *Tanis*, devenue capitale de leur empire, vit une cour nouvelle étaler le luxe, la pompe et toutes les magnificences des anciens pharaons. Mais le peuple n'oublia jamais les maux qu'il avait soufferts, et pour caractériser la dynastie étrangère, il donna aux nouveaux pharaons le titre d'Hycsos, qui signifie *princes des pillards, des voleurs, des brigands;* l'histoire, plus indulgente, les a nommés *rois pasteurs.*

L'invasion de l'Égypte par les Chananéens est l'événement le plus important de l'antiquité, celui qui eut le plus d'influence sur la civilisation du monde. Elle permit l'expansion, à flots, de la lumière que jusqu'à ce moment le monde n'avait pu contempler que de loin.

Au lieu d'entraver, comme les anciens princes, l'émigration des étrangers en Égypte, la dynastie des Pasteurs la favorisa, parce qu'elle y trouvait un accroissement de force, parce qu'elle pouvait s'appuyer sur elle pour contenir les Égyptiens, et cette immigration fut d'autant plus nombreuse et plus forte que l'Égypte était, dès cette époque, ce quelle est aujourd'hui, un véritable grenier d'abondance, dans lequel en temps de famine les peuples voisins venaient s'approvisionner de blé. Quelque momentané que fût ce contact, il en résultait pour les grossiers habitants de la Syrie et de la Palestine l'acquisition de quelques connaissances qu'ils apportaient à leurs compatriotes.

Tout le monde connaît l'histoire des Israélites venus en Égypte avec leur chef Jacob, appelés par *le pharaon chananéen Aphobis, dont Joseph était devenu le premier ministre.* Après la chute et l'expulsion des rois pasteurs, les populations sémites qu'ils avaient attirées en Égypte furent réduites sinon en esclavage, du moins à un état de servage qui en différait peu, par les princes de la dynastie victorieuse, et traitées avec une dureté, une barbarie qui occasionna plusieurs révoltes serviles, et qui décida les *Beni-Israel* ou fils d'Israel à s'enfuir au désert sous la conduite de Moïse, à l'époque du pharaon Seti II.

Mais les résultats de l'invasion chananéenne n'en subsistèrent pas moins, non seulement les portes de l'Égypte qu'elle avait forcées ne se refermèrent pas, mais l'Égypte elle-même sortit de ses frontières, envahit la Syrie à la poursuite de ses anciens dominateurs et, trouvant les routes ouvertes devant elles poussa jusqu'à l'Euphrate, jusqu'au Tigre, envahit l'empire assyrien, et occupa même Ninive sa capitale. Pendant sept cents ans, ses armées victorieuses répandirent en Asie sa civilisation, ses mœurs et ses connaissances.

Vaincus à leur tour par les coalitions que leurs conquêtes avaient provoquées, les Égyptiens subirent successivement la domination des Assyriens, des Chaldéens, des Perses, et enfin celle des successeurs d'Alexandre, qui firent d'Alexandrie un centre de lumières.

C'est de l'irruption chananéenne que date le commencement de la civilisation grecque, c'est de deux mille à dix-sept cents ans avant Jésus-Christ, époque correspondante au règne et à l'exclusion des rois pasteurs que, d'après les légendes des Pélasges ou Grecs de l'époque héroïque, des hommes venus de l'ouest auraient apporté chez eux les sciences, les arts et la civilisation de leurs pays. Cette longue suite de luttes qui commenca vers l'an 2300 avant Jésus-Christ se continua jusqu'à Alexandre le Grand et qui fit couler des torrents de sang, eut du moins pour résultat la civilisation du monde antique. L'action des guerres fut complétée par les spéculations d'un commerce très étendu dont les Phéniciens furent les facteurs les plus actifs, et qui porta sur les points les plus éloignés du monde connu à cette époque, les produits des arts, de l'industrie et des sciences des Égyptiens.

Le prêtre égyptien Menethon, dont l'histoire est perdue, à l'exception de quelques fragments qui nous ont été conservés par les auteurs grecs et latins, place la création de l'empire égyptien par Ménès à l'année quatre mille avant Jésus-Christ ; mais un monument antérieur, attribué à une dynastie inconnue et plus ancienne, un Sphinx colossal, symbole de *Ra* Harma Khis (soleil levant), taillé en plein roc à l'extrémité septentrionale de la chaîne libyque, semble donner raison à ceux qui, comme Mariette, placent la création de l'empire égyptien à l'an cinq mille avant Jésus-Christ. Ce qui paraît certain aussi c'est qu'antérieurement à Ménès, l'Égypte possédait un gouvernement sacerdotal qui avait son siège à Tanis, et dont Ménès fut le successeur à la suite de ses victoires.

D'après les croyances populaires, Ménès était d'extraction divine et descendait' d'une dynastie de dieux qui avaient régné sur l'Égypte à une époque que l'on nommait l'âge d'or. Cette étroite liaison des dieux et des princes, qui se trouve également chez les Grecs et qu'on a remarquée en Amérique chez les Incas du Pérou, tient à l'idée que les hommes primitifs se formaient de la Divinité. L'idée abstraite, l'idée de l'esprit détaché de la matière, exigeait de l'intelligence un travail au-dessus des forces des premiers-nés de l'humanité déchue; pour eux, un dieu était un être semblable à l'homme, doué seulement d'une intelligence, d'une force, d'une puissance supérieures.

Au moment où les tribus dont l'union intime devait former la nation égyptienne, arrivèrent en Egypte, le Delta, dont la majeure partie était encore sous les eaux de la Méditerranée, présentait un aspect désolé. Près du point où allait s'élever Memphis et que le Caire occupe aujourd'hui, le Nil se divisait en cinq ou même sept branches qui changeaient de direction à chaque crue. De nombreuses lagunes, dont les lacs Menzaleh et Maréotis sont les plus importants vestiges, occupaient une grande partie du terrain. Au milieu des eaux s'élevaient les hautes tiges des roseaux des Tropiques, les ombelles striées du papyrus. et les lotus aux fleurs jaunes blanches, quelquefois roses. Les parties émergées du sol, formées d'un limon mal tassé et humide, n'étaient pas assez consistantes pour supporter d'autres constructions que des cabanes légères faites aves les tiges désséchées des herbes marécageuses et semblables aux paillots des paysans de la basse Cochinchine. Combien de générations d'hommes s'épuisèrent à régulariser le cours du Nil, à creuser des canaux, à élever des digues, c'est ce que l'on ne saura jamais, mais il est évident que l'imperfection de l'outillage dut rendre les travaux excessivement longs.

La fondation, par Ménès, de Memphis, à la pointe méridionale du Delta, sur un terrain entouré de digues, à peu près à la place que le Caire occupe aujourd'hui, l'érection d'un temple au dieu Phta (1) celle d'un palais, donnèrent à l'Égypte un centre religieux, politique,

_____

(1) Phta, dont les Grecs ont fait Ephœestos Vulcain, était le dieu du feu, considéré comme force première, le souffle créateur des Cabires, génies supérieurs de l'atmosphère de la terre et de la mer. Le feu souterrain qui entre

industriel et commercial, où vinrent se réunir toutes les forces intellectuelles et matérielles auparavant éparses par toute l'étendue de l'empire. Cette centralisation, en permettant de rassembler sur un point quelconque, selon les besoins, toutes les forces du pays, dut imprimer à tous les travaux une très grande activité en même temps qu'elle provoquait le rapide perfectionnement des arts et des sciences.

Ménès fut un homme supérieur, il construisit des digues, des canaux, des temples, des palais, régularisa le culte divin, donna au pays ses premières lois civiles et religieuses, soumit à son autorité les chefs de tribu qui se partageaient le territoire et conduisit des expéditions au dehors. Dès ce moment l'Égypte officielle fut constituée, mais l'agrégation, en une seule masse, de toutes les tribus, en un mot, la formation de la nationalité égyptienne, n'eut lieu d'une manière définitive que plusieurs siècles plus tard, encore ne fut-elle jamais complète ; les anciens chefs de tribu, soumis par la jeune royauté, conservèrent leurs possessions et leurs pouvoirs, les transmirent à leurs enfants, ce qui produisit une féodalité remuante qui troubla le pays de ses querelles et de ses révoltes chaque fois que le trône cessa d'être occupé par un souverain énergique.

Ce qui caractérise l'ancienne Égypte, avons-nous dit : c'est la croyance en l'immortalité de l'âme et l'influence que cette croyance exerça sur tous les actes de la vie. Pour l'ancien Égyptien, la vie n'était qu'un stage ; elle n'avait d'autre but que de fournir à l'homme le moyen de se perfectionner, et cette doctrine fut aussi celle des druides avant la conquête romaine.

Sauf le peuple hébreu choisi par Dieu pour nous transmettre les vérités qu'il avait révélées lui-même au père du genre humain, l'humanité déchue n'avait conservé du Créateur qu'un souvenir vague et confus, le sentiment d'une puissance supérieure dont elle dépendait. Cette puissance, elle la chercha dans la nature morte, comme la montagne couverte de sombres forêts, la vallée mystérieuse, quelquefois dans une simple pierre, dans la nature en mouvement, comme les vents, la mer, les fleuves, et elle leur fit des offrandes. C'est ainsi que le premier éveil de la pensée humaine donna naissance au fétichisme. La reconnaissance, pour l'aide qu'il lui prêtait dans ses travaux, porta l'Égyptien à déifier le bœuf. La

dans la terre en sort, remonte au premier séjour, s'y mêle aux principes humides vaporisés. C'est la foudre qui se forme dans les nuages.

peur lui fit adorer le crocodile, dont il connaissait la puissante voracité, et l'ichneumon qui, dévorant les œufs de ces terribles sauriens, empêche une trop grande propagation de la race. Il adora le Nil, son nourricier; il adora les oiseaux de proie, qui, après chaque crue, venaient dévorer les cadavres du poisson et d'autres animaux abandonnés par le fleuve, et dont la corruption aurait engendrer la peste. Il déifia même le chat, qui le délivrait de rongeurs incommodes, et jusqu'aux légumes dont il se nourrissait.

Mais de toutes les divinités de l'Égypte, c'est le soleil qui paraît avoir été la première; c'est le soleil que l'on adorait sous les noms de *Atoum*, avant son lever; de *Hor Em*, d'*Atouki Har*, d'*Armakhis*, au moment de son lever et de son coucher; de *Koper*, ou *Harpocrates*, à son lever; de *Ra*, de *Sou*, d'*Anhour*, à son midi; d'*Osiris*, pendant la nuit, lorsqu'il est enfoncé dans les ténèbres, et traverse les régions du ciel inférieur.

D'après les prêtres égyptiens, le monde aurait été créé par *Nou*, l'Océan primordial qui renfermait dans son sein le germe de toutes choses; de toute éternité Dieu s'était engendré au sein de cette masse liquide et sans forme. Ce Dieu était unique, parfait, doué de toute science et de toute puissance. Il était seul, il était immense et remplissait le monde. Il avait dit au soleil : viens à moi; et le soleil avait brillé. A son ordre, Shou, le lumineux, avait aplani la terre et séparé les eaux en deux masses distinctes : l'une, répandue à la surface de la terre, donna naissance aux fleuves et à l'Océan; l'autre, suspendue dans les airs, forma la voûte céleste sur laquelle les cieux et les astres, entraînés par un courant éternel, se mirent à flotter.

Mais à côté du bien existait le mal, les esprits malfaisants dont le chef, appelé *Apap*, avait la forme d'un long serpent sinueux, essaya d'anéantir l'œuvre divine. Un combat eut lieu entre les esprits lumineux et ceux des ténèbres. Ces derniers furent vaincus, mais non détruits, et continuent chaque jour leurs attaques contre l'ordre établi par Dieu. C'est la lutte des deux principes, qui forma plus tard le fond de la religion des anciens Perses.

Pour les Égyptiens, cette guerre représentait l'action bienfaisante du Nil, contre lequel le désert lance sans cesse ses vagues de sables brûlants.

Les hymnes égyptiens chantent la gloire de Ra, ou Ammon Ra, qui chasse les ténèbres, et accomplit sa course malgré les empêchements que lui suscitent les esprits malfaisants.

On le représente comme un jeune homme ardent, la tête entourée d'une couronne de rayons, à peu près comme le Phœbus des Grecs; seulement, au lieu d'être monté sur un char, il est assis dans une barque divine, qui a pour rameurs les *Akimou, Ordou,* et les *Akimou Sakou,* âmes des justes béatifiés ou divinisés. En avant et autour du soleil, marchent des dieux aux formes bizarres.

Quand le panthéisme commença à se répandre, comme on ne pouvait arracher du cœur du peuple le souvenir des dieux fétiches, on admit ces divinités pour en faire les attributs des nouveaux dieux auxquels on consacra les animaux qui paraissaient le mieux représenter leur caractère. L'épervier, au vol rapide et puissant, *à l'aile fulgurante,* devint l'emblème d'Horus (soleil), et comme la statuaire égyptienne n'était pas encore arrivée à ce haut degré de perfection qu'atteignit plus tard la statuaire grecque, comme elle ne pouvait représenter le caractère du dieu par la physionomie, elle donna à la statue de la divinité la tête de l'animal qui lui était consacré; Hor ou Horus était représenté par une statue de forme humaine, ayant pour tête une tête d'épervier, un autre dieu avait une tête de crocodile.

La croyance en l'immortalité de l'âme est contemporaine de la fondation de l'empire égyptien, et probablement même antérieure à cette fondation, seulement les preuves de cette croyance ne remontent pas au-delà du règne de Ménès. Mais la manière de comprendre cette immortalité a beaucoup varié, surtout à l'époque des dix-huitième, dix-neuvième et vingtième dynasties, et ses variations sont constatées par les changements, les modifications profondes qu'elles introduisirent dans l'architecture et dans la statuaire.

A l'origine, on croyait qu'au moment de la mort une ombre légère diaphane, reproduction ancienne, mais exacte du défunt, que l'on appella le *Ka,* ou le double, s'échappait du corps dans le dernier souffle. Bien qu'il semble que le Ka fût devenu libre et dût vivre d'une vie qui lui était propre, il ne pouvait cependant pas s'éloigner du corps dont il venait de sortir, et auquel un lien que l'on n'explique pas le retenait encore, il devait vivre à côté de lui dans la tombe, et sa vie était intimement liée à la conservation du cadavre. Comme la destruction du cadavre devait être suivie immédiatement de la mort du Ka, on chercha un moyen de le conserver indéfiniment, et l'on y parvint au moyen d'un procédé d'embaumement, qui nous a transmis presque intacts des corps vieux de six à sept mille ans.

Après avoir préservé le cadavre de la décomposition, il fallait le préserver des atteintes des bêtes fauves, de celles des hommes, de l'influence de l'air, il fallait, en un mot, lui assurer une demeure inviolable. C'est à ce besoin que la tombe égyptienne fut chargée de répondre. Cette tombe a varié de forme et de dimension, selon le rang des morts, et selon la forme que revêtait l'idée religieuse. Pour les pharaons des premières dynasties, pour quelques-uns, au moins, ce fut la pyramide, masse émorne de pierres et de briques, le plus grand monument de l'égoïsme tout-puissant, que nous ait transmis l'antiquité. Les tombes des grands et des riches ne présentaient pas une masse aussi imposante, mais leurs dispositions étaient à peu près les mêmes. La tombe égyptienne se composait de plusieurs chambres ou caveaux. La première chambre, dans laquelle on pénétrait d'abord, servait en quelque sorte de salon et d'oratoire, c'est là qu'aux jours consacrés aux fêtes des morts, venaient se réunir les parents, les amis ou les descendants du défunt, et *les prêtres attachés à son culte*. Cette salle était ornée de peintures représentant les actes les plus remarquables de la vie du propriétaire de la tombe, ou bien les divers actes de l'existence égyptienne. Sur un linteuil étaient écrites des prières. Au fond de la salle, à la place d'honneur, se trouvait une grande stèle quadrangulaire, et au bas de cette stèle une table à offrande en albâtre, en granit ou en pierre calcaire, et quelquefois deux petits autels en forme d'obélisque, évidés au sommet pour recevoir les dons en pain, vin et vivres destinés au Ka. Si le défunt est un personnages politique, une inscription énumère longuement ses titres, et les noms des rois qu'il a servis.

Derrière les parois de cette première pièce se trouvait un réduit plein de statues ou de statuettes représentant le mort. Un couloir ou plutôt une fente, juste assez large pour laisser passer la main, avait été ménagée dans le mur de séparation pour laisser passer les prières que les parents venaient murmurer à son orifice et les parfums qu'ils y brûlaient en l'honneur du mort, qui était censé recevoir ces prières et ces parfums

Un puits rectangulaire, construit en belles et grandes pierres, profond de dix à trente mètres et dont l'ouverture se trouvait quelquefois dans *l'Oratoire*, et plus souvent en dehors, donnait accès à un.couloir si bas de plafond qu'on n'y pouvait marcher que le corps plié en deux et conduisant à la chambre ou caveau mortuaire proprement dit, et placé au-dessous de l'oratoire. Ce dernier caveau, taillé dans le roc et denué de tout ornement, renfermait un sarcophage en granit rose, en basalte noir ou en calcaire fin gravé au nom et aux titres du défunt. Lorsque le corps, paré de bijoux, quelquefois un masque d'or sur le visage, avait été scellé dans ce sarcophage, les ouvriers déposaient sur le sol divers objets à son usage : la canope, vase de pierre, d'argile ou même de bois, contenant les viscères qu'on avait retirés du cadavre au moment où on l'embaumait; les scarabées en pierre ou en argile, qui devaient le défendre des attaques des génies malfaisants; de grands vases en poteries rouges, des bouteilles pleines de liqueurs fermentées; les quartiers des bœufs sacrifiés dans l'oratoire, puis ils muraient l'entrée du couloir et comblaient le puits, jusqu'à son orifice, avec des éclats de pierre et de sable qui, arrosés d'eau, finissaient par former un ciment impénétrable.

A l'époque des grandes dynasties thébaines, qui promenèrent leurs armes victorieuses dans l'Asie antérieure tout entière, jusqu'aux plateaux de l'Iran, les changements survenus dans les croyances, et que nous expliquerons un peu plus loin, furent suivis d'un changement important de la construction de la tombe. Les massives pyramides, dont la construction avait si lourdement pesé sur la population rurale et sur les classes serviles, furent remplacées par le caveau (Speos des Grecs), taillé dans le roc de la chaîne libyque, et plus tard à l'époque des dynasties saïtes dont le domaine se résuma, il paraît, au Delta seulement, par des temples destinés, comme notre basilique de Saint-Denys, à recueillir les cendres des monarques égyptiens, et pour les personnages inférieurs en des tertres artificiels formés de briques crues, sur lesquels les cercueils des grands et des riches, placés par rang les uns sur les autres (1), se trouvaient à l'abri des plus fortes inondations.

Insuffisamment rassurés, cependant, malgré ce luxe de précautions sur la durée de la momie dont dépendait, comme nous l'avons vu, l'existence du *Ka*, l'Égyptien imagina de lui donner comme suppléant la statue en pierre d'une durée infinie. Pour

---

(1) Les mêmes monticules artificiels, formés de cercueils, ont été trouvés en Chaldée.

qu'elle pût être acceptée par le *Ka*, pour que le dernier prît le change, il fallait que la statue reproduisît exactement et complètement les traits, la physionomie, l'âge et le sexe du mort, c'est ce qui explique le réalisme de la statuaire égyptienne au début, c'est ce qui nous a valu les portraits en pierre des rois des premières dynasties. Les changements survenus dans les croyances à l'époque des dix-huitième, dix-neuvième et vingtième dynasties amenèrent dans la statuaire égyptienne la *convention*, qu'elle avait rejetée jusqu'à ce moment. Les statues de massives qu'elles étaient devinrent plus sveltes, et finirent même par acquérir des dimensions colossales, comme nous le voyons par celle de Ramsès II, par celle d'Amenophis, que la légende grecque attribue à Memnon, fils de l'Aurore, tué au siège de Troie.

La statue unique ne présentant pas encore assez de garantie, on imagina la statuette en pierre, en bronze, en terre cuite, et comme le prix, à ce qu'il semble, n'en était pas très élevé, on en multiplia les exemplaires Ces statuettes étaient plus ou moins riches selon la fortune de l'acheteur, quelques-unes avaient des yeux en émail, d'autres des yeux en métal, d'autres étaient simplement en argile cuite au four. A l'origine, on s'attacha à leur donner la ressemblance du mort, comme on avait fait pour la grande statue. Peu à peu l'usage vint de les acheter toutes faites, et de les consacrer au mort, en inscrivant sur elles le nom et les titres de l'homme qu'elles étaient appelées à représenter. Ces statuettes furent nommées *Ous hebali*, c'est-à-dire répondantes, lesquelles devaient répondre à l'appel du nom qu'on avait écrit ou gravé sur elle.

Comme *l'ombre grecque*, le Ka était toujours affamé et, pour lui donner des aliments durables, on imagina d'enfermer avec lui dans la tombe, outre les quartiers de bœuf et les vases de liqueurs, des vivres en pierre sculptés qui, par l'intercession d'Osiris, devaient avoir pour l'autre monde, le monde des esprits, la même valeur que les mets ordinaires ont pour les hommes.

A l'époque de la dix-huitième, dix-neuvième et vingtième dynastie, il se produisit, comme nous l'avons dit plus haut, de grandes différences dans la manière de comprendre l'immortalité de l'âme. L'expression de *Ka ou de double*, qui ne répondait plus à l'idée que l'on faisait de la partie survivante de l'homme, fut remplacée par celle d'*Aba*, qui correspond à notre mot âme. Au lieu de rester mélancoliquement dans la tombe auprès du cadavre, l'*Aba* ou âme, aussitôt sa sortie du corps, entreprenait en bateau, dans les eaux inférieures de la terre, à l'imitation et sur les pas du soleil, un long et pénible voyage durant lequel elle était soumise à diverses épreuves dont elle se tirait plus ou moins bien, selon les vertus ou les vices qu'elle avait déployés dans le cours de son existence terrestre. Arrivée au terme du voyage, elle devait comparaître devant le tribunal ou *Osiris Kent ament* (le soleil de la nuit), siège entouré· des quarante-deux membres du jury infernal et *là, devant les seigneurs de la vérité et de la justice*, elle plaidait elle-même sa cause et répétait avec plus ou moins d'assurance et de succès, selon qu'elle avait bien ou mal vécu, une sorte de confession négative que l'on trouve dans le livre des morts et qui paraît résumer toute la morale égyptienne. Les juges incorruptibles ne s'en rapportaient pas d'ailleurs au témoignage que l'Aba se rendait à elle-même, ses actions étaient pesées dans la balance infaillible et, suivant qu'elles étaient trouvées lourdes ou légères, le tribunal rendait son arrêt.

L'âme impie était flagellée, livrée aux tempêtes, aux tourbillons des éléments conjurés; puis, après des siècles de souffrances, punie de la seconde mort et rejetée dans le néant.

Quant à l'âme du juste, avant d'être admise à contempler la vérité suprême, elle avait encore à livrer plus d'un combat. Pendant qu'elle poursuivait sa route à travers les sombres régions, le mal se dressait devant elle sous mille formes hideuses et tentait de l'arrêter par ses menaces et ses épouvantements. Grâce aux secours d'Osiris et des autres dieux conducteurs tels qu'Anubis, elle finissait par triompher de tous les obstacles. Identifiée avec Osiris et victorieuse comme lui, elle parcourait les demeures célestes et accomplissait dans les champs d'Aalon le labourage mystique. La fin de ses épreuves approchait, les ombres se dissipaient peu à peu, le jour de la bienheureuse éternité se levait et le pénétrait de clartés; elle se mêlait à la troupe des dieux et marchait *avec eux dans l'adoration de l'Être parfait.* Il y a deux chœurs de dieux : les uns errants, les autres fixes; celui-ci était le dernier degré de l'initiation glorieuse de l'âme. A ce point, l'âme devenait *toute intelligence,* elle *voyait Dieu face à face* et s'abîmait en lui.

Cette foi en l'immortalité de l'âme est le côté caractéristique des sémites, c'est ce qui a vivifié cette race et a posé son empreinte sur tous ses monuments. Pour l'Égyptien, *la vie présente n'était rien ou presque rien, la vie future était tout;* c'est ce qui fait comprendre la *haute importance de la Tombe, la Bonne-demeure*, comme ils l'appelaient, les dépenses excessives dont elle était l'objet. Construite pour une durée indéfinie, elle est arrivée jusqu'à nous presque intacte, tandis qu'on ne retrouve aucun vestige des habitations destinées aux vivants.

La statuaire égyptienne date des premiers temps de l'empire; l'œuvre la plus ancienne, abstraction faite du grand sphinx antéhistorique, taillée comme nous l'avons dit dans le roc de la chaîne libyque, est la statue de *Nésa*, trouvée dans le tombeau de Thotep, découverte dans la nécropole de Memphis et conservée dans le musée du Louvre. Cette statue, remarquable à cause de son antiquité, est considérée par Maspero comme le premier produit plastique de l'art égyptien; il l'attribue aux artistes de la deuxième dynastie, mais MM. Perrot et Chipiez la supposent plus ancienne; selon ces derniers, elle daterait de la première dynastie. Ce qui est certain, c'est que la statuaire égyptienne progressa d'une manière prodigieuse sous la troisième et la quatrième dynastie, et pour s'en convaincre, il suffit de comparer la statue de Nésa avec celles de Rahotep et de Sefer, la belle, retirées il y a quelques années d'une ancienne tombe située près de la pyramide de Meïdoun, et attribuées aux artistes de la troisième et de la quatrième dynastie. Ces deux statues, véritables chefs-d'œuvre de l'art égyptien, peuvent soutenir la comparaison avec ce que l'art grec a produit de plus délicat. Le musée de Boulay, qui en est devenu propriétaire, les conserve avec un soin méticuleux, mais on en trouve une magnifique reproduction dans la page 637 *du premier volume du Traité de l'histoire de l'art dans l'antiquité, par MM. Perrot et Chipiez*. La merveilleuse perfection des œuvres plastiques de l'Égypte est d'autant plus surprenante, que l'artiste ne connaissait pas la maquette et n'avait à sa disposition que des outils en silex, des polissoirs en bois et de l'émeri. C'est à l'insuffisance et à la défectuosité de cet outillage, que l'on attribue au moins en partie la lourdeur des supports laissés à la statue et la raideur de sa pose. Ce qui milite en faveur de cette opinion, c'est la différence si importante qui existe entre les statues de pierre et les statues de bronze de la cinquième et de la sixième dynastie. L'art du fondeur était même dès lors très avancé en Égypte, les statuettes de bronze que nous possédons et on en trouve des quantités dans les tombes, sont fondues en creux, c'est ce qu'on appelle *fonte en carton*, tandis que les premières statues grecques, postérieures, de plusieurs siècles, sont en fonte pleine, massive.

La défectuosité de l'outillage a dû nécessairement influer sur le faire des artistes égyptiens, mais la pose de la statue égyptienne, l'air de recueillement et de calme profond qui est son trait caractéristique, doit être attribué à l'idée religieuse qui a marqué de sa forte empreinte, dès l'origine et jusqu'à la fin, toutes les œuvres de ce peuple, premier-né de la civilisation.

L'emploi des outils en fer se reconnaît à la franchise du trait, mais on n'a pu encore, que nous sachions, préciser la date de l'introduction de ce métal en Égypte. On sait seulement qu'il lui vint du pays des Chalybes, contrée du littoral sud-est de la mer Noire, bien longtemps après le cuivre dont il existait, au mont Sinaï, des mines exploitées depuis plusieurs siècles, tout comme les mines d'or du Djébel Atoki, sur la route duquel Ramsès perça des puits artésiens ou creusa des citernes.

L'inhumation des morts avait lieu en grande pompe, comme il devait être naturel chez un peuple aussi religieux. Les convois, éclairés avec des torches, même en plein jour, se composaient d'un nombre plus ou moins considérable de barques qui remontaient ou descendaient le Nil et ses canaux pour arriver à la grande nécropole taillée dans le flanc oriental de la chaîne libyque, et c'est probablement cette coutume de transporter les morts en bateaux qui aura donné lieu chez les Grecs à la fable du Styx et du nocher Caron. Il est probable que c'est aussi de la croyance égyptienne aux rois dieux allaités par des déesses que nous est venue la fable grecque de l'allaitement d'Hercule par Junon et de la création de la voie lactée.

Mais la croyance en l'immortalité de l'âme, telle que nous l'avons expliquée, et les pompeuses cérémonies funèbres paraissent avoir été l'apanage exclusif des rois, des grands fonctionnaires, des hommes appartenant aux classes riches ou au moins aisées, car le pauvre était enterré tout nu ou bien recouvert d'un morceau d'étoffe dans le sable à un mètre de profondeur, comme nous l'apprennent les fouilles les plus récentes.

Le sort du peuple était d'ailleurs très malheureux, si l'on en croit le récit d'un vieux scribe, dont le manuscrit sur papyrus a été traduit par Maspéro. Il devait l'impôt au pharaon et aux gouverneurs, il était astreint à la corvée pour les travaux particuliers du prince et pour ceux de l'État, et ne pouvait, qu'au prix d'un travail excessif parvenir à faire vivre sa famille. Il se vengeait des misères que lui faisaient ses gouvernants par des caricatures souvent très spirituelles, mais dont à cette distance on ne peut guère donner l'explication, sinon qu'elles étaient la critique d'un état de choses défectueux, injuste, oppressif et inintelligent. Dans les tombes royales de Thèbes, un artiste dont le nom est resté inconnu, a peint sur les parois d'une pièce un lion et un âne qui chantent en s'accompagnant de la lyre et de la harpe.

Les papyrus de la dix-neuvième dynastie nous montrent l'Égyptien, gai, rieur, d'une gaieté d'enfant. Sur un des papyrus qui sont arrivés jusqu'à nous, on a dessiné bien longtemps avant Homère une bataille des chats et des rats, qui a dû être la critique de quelque récit pompeux de batailles livrées aux Syriens ou aux Ninivites. Il ne serait pas déraisonnable d'attribuer à cette farce le burlesque poème de la *Batrachomiomachie*, combat de rats et de grenouilles, parodie de l'*Illiade*, et en même temps des dieux de l'Olympe.

Un autre tableau nous montre un âne, un lion, un singe et un crocodile, exécutant un quatuor sur les instruments de musique en usage à cette époque.

Sur un autre, apparaît un âne costumé en pharaon, qui, le sceptre en main, reçoit majestueusement les offrandes que vient lui apporter un chat de haut parage, introduit en sa présence par un bœuf tout fier de cet emploi; tout à côté un oryx (antilope) semble menacer de sa harpe un chat qui est à ses genoux.

Un manuscrit du musée britannique montre une troupe d'oies conduites par un chat, et une troupe de chèvres conduites par deux loups, portant pannetière et houlette, et dont l'un joue de la flûte (1), et un lion faisant une partie de dames avec une antilope.

Mais le tableau le plus caractéristique, car il résume la situation passée et la situation actuelle de peuple égyptien, nous montre un chat craintif, offrant une oie à une lionne. C'est l'histoire navrante du fellah, cet enfant de la terre, ce producteur infatigable de la richesse qui, toujours *oppressé, battu, martyrisé, se dépouille du peu qu'il possède* pour fléchir un maître toujours insatiable, brutal, féroce, qu'il s'appelle Apophis, Ramsès, Méhémed-Aly ou Ismaël-Pacha, qu'il soit pharaon, mamelouk ou vice-roi.

GUILLINY.

(A *suivre*.)

(1) Le loup travesti en berger de Lafontaine.

LA MALDONNE DE VIRY

Au marquis César d'Oncieu de la Bâtie.

> Notre époque, grossièrement matérialiste et uti-
> litaire, a pour prétention de faire disparaître toute
> espèce de friche et de broussailles aussi bien du
> globe que de l'âme humaine. Asservie aux idées de
> rapport, la société, cette vieille ménagère qui n'a
> plus de jeune que ses besoins et qui radote de ses
> lumières, ne comprend pas plus les divines igno-
> rances de l'esprit, cette poésie de l'âme, qu'elle
> veut échanger contre de malheureuses connais-
> sances, toujours incomplètes, qu'elle n'admet la
> poésie des yeux, cachée et visible sous l'apparente
> utilité des choses.
>
> J. Barbey d'Aurevilly : *l'Ensorcelée.*

PRÉAMBULE

Du plus loin qu'il me souvienne, j'ai toujours profondément aimé mon antique et beau pays de Savoie, dont les Alpes colossales semblent porter le firmament bleu sur leurs dômes de glaciers transparents et de neiges éternelles.

Tout enfant, j'étais pénétré de la grandiose mélancolie de ses montagnes; et ses vallons, plantés de sapins, veloutés de mousses fleuries, avec leurs torrents noirs, diaprés d'écume, me rappelaient ces *glens* d'Écosse où m'entraînait, hors du temps et hors de moi, ce magicien sublime, Walter Scott, qui a su décrire avec un si puissant génie et les solitudes sauvages de sa patrie, et les secrets farouches du cœur humain.

C'est alors que j'appris à aimer cette terre privilégiée où Dieu a semé à profusion ses richesses; les arbres séculaires, toujours verts, même sous la neige; les prairies où les fleurs alpestres bordent l'herbe de leurs éclatantes étoiles; les rochers nus, gigantesques

assises du globe, et qui en sont comme l'énorme et immuable squelette ; les eaux pures et limpides murmurant sous les feuilles, ou
jaillissant en gerbes de cristal.

Grandissant au milieu de cette nature féconde, encore admirable
quand l'hiver jette sur elle l'étincelante chamarrure de son grésil
et les perles du gel, j'apprenais aussi à aimer ceux qui vivaient là,
fidèles conservateurs de traditions glorieuses, glorieux eux-mêmes
d'appartenir à une race vaillante, libre parmi toutes les autres, et
qui voulait garder la patrie telle que l'avait faite les aïeux dont
l'esprit vit au milieu de nous.

Enamouré des beautés de nos sites alpestres, épris des souvenirs
d'un passé presque vivant, tant il est aimé, tout vibrant de la
poésie merveilleuse des choses, de la grandeur magnifique des
faits, je devins l'amant passionné de mon pays, et j'y reçus tant de
leçons d'un ardent patriotisme, que bien des années d'absence
et tous les maux qui font cortège à l'absence n'ont pu voiler ces
exquis sentiments de la prime jeunesse, le charme de toute la vie.

De toutes les provinces de la France, aucune, mieux que la
Savoie, n'a conservé l'autonomie de son caractère, de ses traditions
et de ses coutumes. Le Savoyard est resté l'homme de la terre et
de la roche : le montagnard qui se rapproche de Dieu en prenant
pour piédestal ces hautes cimes, où il s'en va planter l'étendard de
la liberté et de la fraternité : la Croix !

Le caractère du Savoyard est complexe : il a pris des qualités,
et peut-être des défauts, à tous les éléments étrangers qui ont infusé
un sang nouveau dans le vieux sang allobroge. La réserve espagnole, l'impétuosité française, l'ironie italienne, peut-être aussi la
gravité orientale, corrigent parfois la ténacité, la prudence, le positivisme du montagnard.

Point crédule, il a cette mélancolie rêveuse de l'homme qui vit
toujours en face de Dieu, isolé, en quelque sorte, au milieu de ses
semblables, exposé à des périls quotidiens, constamment aux prises
avec la nature, soumis aux dures nécessités du travail sans trêve.

Il parle peu, ce qui justifierait quasi cette répartie malicieuse
d'un maire d'Aiguebelle répondant à un fonctionnaire qui lui
demandait quelle langue on parlait en Savoie avant l'annexion :

« Avant l'annexion, Monsieur ? On ne parlait pas ! »

S'il n'est pas loquace, le Savoyard est railleur, fin et caustique ;
il plaisante volontiers, mais il ne commet, que sous la garantie du

confesseur, ces jolis péchés de la langue dont on peut dire qu'ils feraient battre des montagnes.

S'il n'est pas crédule, s'il est méfiant, le Savoyard n'est pas non plus sceptique ; il se contente d'être positif et pratique ; il aime la simplicité, il déteste l'éclat, le tapage, la réclame. Il veut être pris pour bonhomme, sans façons et cordial : il ne faut pas chercher à l'éblouir par des phrases ; l'éloquence de nos tribuns modernes ne l'enflamme nullement, la phraséologie creuse des rhéteurs et des utopistes le laisse toujours indifférent. Pour naïf, il ne l'est guère : il sait observer, comprendre et se taire.

Chez lui comme chez les autres, le Savoyard est patient, persévérant, laborieux, économe. Il travaille à petit bruit, mais sans relâche. Il fait sa fortune sou à sou, parce qu'il voit que les petits ruisseaux font les grosses rivières. Jamais il ne se décourage, parce qu'il a vu que l'audace et l'obstination triomphent des pires obstacles : n'a-t-il pas tapissé de vignes florissantes les pentes caillouteuses de ses montagnes ? défriché des plateaux ou l'aigle construisait son aire, changé des marécages immenses en champs fertiles, reconquis sur les eaux vagabondes les rives qu'elles inondaient ?

Certes, le Savoyard n'a pas la maladie de l'enthousiasme : tête froide et cœur chaud ! Il réfléchit avant d'agir ; il ne réfléchit jamais avant de rendre service.

Saint Julien l'Hospitalier devrait être, avec saint Maurice, le patron de la Savoie.

Entrez dans la plus modeste maison de l'un de nos hameaux : vous verrez l'aïeul et l'aïeule, les petits-enfants s'empresser à votre service ; on ne refuse à personne place au feu et place à table : s'il n'y a pas de lit, sous le toit enguirlandé de *meilles*, il y a dans la grange du foin odorant où l'on dort un si bon sommeil !

Ces braves gens, vous les paierez d'un sourire et d'une parole amicale et, si pauvres qu'ils soient, vous les offenseriez en leur jetant quelque monnaie qui vous dispenserait de leur dire : merci !

La famille, cette institution inséparable de l'idée chrétienne, a survécu chez nous à tous les orages. La maison paternelle est un foyer où se succèdent les générations. Tous les enfants y reviennent ; les aînés y vivent, obéissants et soumis au père, quand ils seraient déjà eux-mêmes des aïeux. Les vieux imposent le respect, les jeunes inspirent la tendresse. La mère a allaité toute sa nichée : une douzaine de gentils chérubins aux joues rosées, aux boucles blondes. Elle est robuste et vaillante, épanouie par les fatigues même de la maternité. Pas un instant du jour, elle ne reste oisive; servante des grands et des petits, elle est honorée. Elle n'envie pas le sort des riches : la religion consolatrice l'assiste dans ses misères, elle a la foi, elle a le bon sens, elle a le bon sens de la Foi.

Aussi ne murmure-t-elle point, quand la tâche serait trop lourde! Et ce n'est pas cette femme-là qui suggérait à son mari les folles convoitises, les misérables haines qui remplissent de malheureux les pontons et les hôpitaux!

A l'heure où le soleil, achevant sa course, disparaît derrière les sommets, irradiant encore dans le ciel ses longues flèches d'or, cette mère s'agenouille et, avec elle, autour d'elle, les vieillards aux cheveux blancs, et les blondes fillettes, et les garçons. Alors, devant l'image enfumée, du fond de cette chaumière, ignorée du reste de la terre, s'élève une hymne de reconnaissance et d'amour que les anges recueillent pour l'offrir au Maître de toutes choses... Et la prière de ces humbles est peut-être le salut des multitudes orgueilleuses qui veulent chasser Dieu!

Les Savoyards apportent chez les autres toutes les qualités de ce caractère que j'ai discrètement esquissé, mais développées par la conscience de l'isolement, par la volonté d'atteindre le but, par cette confiance en soi qu'on ne laisse jamais voir à ses proches, parce qu'on redoute la sentence *Nemo propheta.*|

Ils s'en vont donc, puis ils reviennent, dès que le but est atteint, car si tous les pays du monde sont beaux pour y vivre, la terre natale est la seule qu'on trouve assez belle pour y mourir.

Le Savoyard se transplante, il ne s'acclimate pas.

Il travaille lentement, patiemment, tous les jours, sans varier.

Il n'égare pas sa confiance, il ne livre pas son amitié. Il va droit son chemin, et rien ne le rebute. Sa persévérance déplacerait une Alpe. Renversé, il se relève. Ruiné, il recommence. Il pense toujours à ceux qui l'attendent, là-bas! La vision du chaume frangé de pariétaires le hante sans cesse. Il revoit les visages aimés, il sourit aux remembrances lointaines, il évoque les heures joyeuses de l'enfance, et dans ces chers souvenirs qu'il caresse, il oublie la peine, la fatigue, le souci, qui creuseraient trop de rides à son front : il veut le garder pur aux baisers de sa mère!

Il court le monde, allant partout où la vocation l'appelle; et, quelle que soit la distance qui l'éloigne de son foyer, il n'en est jamais séparé.

Ouvrier à la ville, cultivateur aux champs, colporteur le long des grandes routes, fermier au Mexique, pionnier dans l'Arkansas, mineur en Californie, trafiquant aux îles Malaises, soldat aux colonies, partout il restera le Savoyard... prêt à faire bonne mine et bon accueil au *pays* que le hasard lui amènera. Et dès qu'ils se seront embrassés, l'hôte et l'ami inconnu, ils trinqueront gaiement à la vieille Savoie, avec un soupir de regret pour le petit vin blanc qu'ils fêtaient naguère sous les treilles!

Mon pays de Savoie n'est pas grand; il ne fut jamais un vaste empire, un royaume conquérant, le noyau d'annexions laborieuses, difficiles et longuement incertaines.

Il fut, au contraire, souvent disputé, souvent envahi : grande route où se coudoyaient des armées, arène où joutaient des princes, appoint de combinaisons politiques qui ne consultaient ni l'heur des peuples, a dit le naïf Paradin, ni le bon accord des rois.

Il a vu Annibal traîner ses bataillons sur les rampes escarpées des Alpes; il a vu les Sarrasins ravager ses vallées, les Espagnols et les Français assiéger ses forteresses; de l'an mil jusqu'à nos jours, de l'âge de fer à l'âge de plomb, il fut le théâtre sanglant où les ambitions royales se donnaient carrière, et pas une année ne s'écoulait qui n'y amenât un de ces événements inattendus à l'aide desquels la Providence gouverne l'univers.

Et pourtant, malgré tant de commotions, quel coin de terre a produit un aussi grand nombre de personnages illustres? Quelle province pourrait édifier un plus vaste panthéon? Quelle nation, étaler un si beau livre d'or?

Chaque époque a les hommes qu'elle mérite et qui lui sont nécessaires.

Les premières années du moyen âge ont les saints, qui sont les colonnes de l'Église et les piliers de l'ordre social. Les saints et les moines, ces grands bienfaiteurs de l'humanité! Ils défrichent les déserts, bâtissent des villes à l'ombre des sanctuaires, tracent des routes, endiguent les rivières, dessèchent les marais, utilisent toutes les forces de la nature, et, tout en livrant leur corps à ces âpres travaux de pionnier, ils conservent à travers les âges les sciences de l'antiquité, le culte des lettres, préparant le monde au superbe mouvement intellectuel dont le quatorzième siècle vit l'aurore, la Renaissance, l'éclosion, et notre siècle, à nous, l'irrésistible développement.

C'est alors qu'on voit briller dans la paix du cloître, dans les ravissements de la vie érémitique, au sein des conseils souverains, au milieu des luttes qui présagent et fondent l'affranchissement des communes, ces pures lumières qu'on dirait dérobées au nimbe de la Divinité : les saint Bernard de Menthon, les saint Anthelme de Chignin, les saint Pierre de Tarentaise ; puis après eux le doux, l'aimable, le disert, l'angélique François de Sales, gentilhomme et apôtre, jurisconsulte et théologien, évêque prudent, sujet loyal, écrivain de premier ordre, précurseur de Bossuet dans l'éloquence sacrée, qui savait aussi bien désarmer les duellistes que donner des mercuriales aux dévotes, et que Henri IV, le roi sceptique, à l'esprit subtil, préférait à tous les prélats rassemblés autour de sa personne depuis l'abjuration de Saint-Denis.

Nos saints Savoyards sont nos protecteurs et nos amis ; l'anneau du chevalier Maurice était le sceau de nos ducs, et dans tous les coins de nos vallées il reste, soit à l'ombre d'un vieux tilleul, soit au creux d'une roche, soit entre les murailles verdies et branlantes d'un oratoire, des souvenirs pieux de quelque pauvre bergère qui, filant sa quenouille en gardant ses moutons, ne se doutait pas qu'un jour son nom serait plus honoré que celui de la châtelaine à qui elle portait en redevance ses écheveaux de lin.

Aux moines, nous devons les antiques moûtiers que célèbrent nos annales : Hautecombe et Tamié, Saint-Jean de Sixt et Saint-Jean d'Aulph, Abondance et Saint-Hugon, laboratoires où perpétuellement travaillaient les pauvres fils de saint Bruno, de saint Benoît et de saint François, sans lesquels Homère, Virgile, Tacite, Cicéron, tous les poètes, tous les philosophes, tous les historiens, tous les orateurs de l'Asie, de la Grèce et de Rome, seraient depuis longtemps ensevelis dans la poussière où se sont engloutis les républiques et les empires abattus par les humbles apôtres du Galiléen.

C'est encore un Savoyard, et c'est un prêtre, Guillaume Fichet, qui fait pénétrer en France l'invention merveilleuse de Gutemberg qui, selon l'expression sacrée, renouvellera la face de la terre, et le premier livre imprimé à Paris, malgré les docteurs en Sorbonne, est le traité de rhétorique de ce hardi novateur.

Énumérer seulement les hommes dont le nom brille à chaque page de l'histoire de Savoie, prélats et capitaines, savants et poètes, politiciens et artistes, légistes et écrivains, ce serait faire un gros volume, que je n'oserais entreprendre.

Allez dans les plus humbles villages, accrochés au flanc de nos montagnes, entre les sapinières parfumées et les verts pâturages des sommets, on vous montrera le chalet vermoulu d'où est parti le petit gardeur de pourceaux devenu le cardinal de Brogny, la chaumière où naquit tel comte de l'empire qui pouvait poser son blason, timbré du bonnet aux sept panaches, sur la veste de grosse laine de son père le paysan.

Ces quelques pages disent quels infrangibles liens m'attachent à ma bien-aimée terre natale; elles expliquent pourquoi j'aime à en évoquer les souvenirs légendaires, à en décrire les beautés naturelles. Ces récits du temps jadis, ces tableaux de la vie d'autrefois, ont pour imagination un charme inexprimable, un attrait invincible. J'y reviens toujours, comme l'amateur de peinture va s'extasier d'admiration devant ses Corot, ses Daubigny, ses Jules Breton.

Et quand j'ai bien regardé la nature, au fond de mes montagnes, quand j'ai fouillé la poudre de nos archives, ou bouleversé quelque rayon de ma bibliothèque, je prends une plume et j'écris un conte comme celui qu'on va lire.

Comme tous les contes, et quoiqu'il soit vraisemblable, il est arrivé et c'est une histoire vraie. Mais qu'est-ce que cela fait, pourvu qu'il paraisse inventé à plaisir?

C. B.

Sèvres, juillet 1885.

I

Pourquoi le seigneur de Viry, dit *le Sardet*, s'en allait en Maurienne, et de ce qui lui arriva à la traversée du col de la Madeleine.

— N'est-ce pas le château de la Chambre que voici, là-haut, sur ce rempart de rochers?

— Et comment le saurais-je? C'est la première fois que je mets le pied dans ce pays de sauvages.

— Tu te feras donner sur les oreilles, Guérin!

— Oui-dà! Et par qui, s'il vous plaît?

— Par les honnêtes Mauriennais que tu traites de sauvages, vieux Guérin.

— *Thancre de bou!* Ils nous traitent bien de *culs-de-patte* et de *davallins*, nous autres!... Maudite bise!

— Assure ton bonnet par la jugulaire, et serre ta cape avec ton ceinturon, sans quoi cape et bonnet iront prendre un bain dans la rivière.

— Et où les lavera-t-on en les tirant de cette eau fangeuse? Affreux pays! les pierres sont blanches, l'herbe est rousse, l'eau est noire...

— Et le ciel est en feu, mon compaing. Gare l'éclair!... Piquons des deux, mon Guérin... l'orage éclate.

— Et pas une maison pour s'y mettre à l'abri!... Chien de pays, mon doux seigneur!... En avons-nous pour longtemps encore?...

— Une heure de trot, nous arriverons. Allons, houp!

— Prenez garde! votre cheval ne connaît pas la route, et voici que la nuit est tout à fait tombée... Au pas, Monseigneur, au pas! Prudence est mère de sûreté... Pays de loups!...

— Je commence à être inquiet, Guérin.

— Par ma foi, il est bien temps!

— Mais il faut que je voie demain, avant la messe, le révérendissime Louis de Gorrevod, évêque de Maurienne... Pique, mon vieux!... Nous festoyerons demain la Saint-Jean avec les nobles et bourgeois de la vieille cité. En avant!

Ce dialogue avait lieu, le 23 juin 1514, vigile de la fête de saint Jean-Baptiste, le précurseur, patron de la ville et du diocèse de Maurienne, sur la grand'route qui s'en va de France en Piémont, un peu au-delà de la paroisse de Sainte-Marie de Cuines, à l'entrée même du col de la Madeleine.

Or, à cet endroit, il n'y avait place, alors, que pour la rivière d'Arc, bondissant entre les deux montagnes, et pour la route, en assez méchant état, tracée sur la pente de la rive gauche, et bordée par une épaisse forêt de sapins séculaires.

Les deux interlocuteurs étaient, le maître, un tout jeune gentilhomme, assez galamment accoutré d'une soubreveste de drap bleu à boutons d'argent, ouverte sur des trousses de même étoffe, treillissée de galons, chaussé de bottes en cuir jaune, fenestrées et crénelées, et coiffé d'un chapeau à l'allemande, orné d'une plume rouge.

L'autre, évidemment serviteur du jeune damoiseau, était un vieux bonhomme, corpulent, chauve, à large face cramoisie, enveloppé d'une légère cape de couleur amadou, et coiffé d'un vaste bonnet de feutre, sans panache ni cocarde. Il montait un vigoureux mulet, de la belle race de ces montagnes, et qui tenait tête vaillamment au cheval rouan du seigneur.

Mais l'orage effrayait les bêtes, et au lieu de gravir au galop cette route un peu escarpée qui longeait la forêt, elles cheminaient au pas, s'ébrouant, secouant les oreilles à chaque coup de tonnerre, bondissant lorsqu'un éclair rayait de sa fulgurante clarté le ciel où roulaient d'énormes nuages d'un gris de plomb.

L'orage éclatait, en effet, avec furie. Les grondements de la foudre se succédaient sans relâche, mille fois répercutés par les échos de ces solitudes : les éclairs illuminaient la montagne de reflets blafards ou verdâtres ; les sapins gémissaient, tordus sous la poussée du vent, qui sifflait, hurlait, mugissait à toutes les aspérités des roches, avec un bruit effroyable.

La poussière s'élevait en tourbillons épais, aveuglants, comme les trombes de sable du désert. Puis tout à coup la pluie crépita sur les cailloux par larges gouttes. Ce fut aussitôt une averse, un déluge, balayant le sol, avec un fracas de cataracte.

L'Arc, au fond de son lit étroit où il coulait à pleins bords, fougueux, crêté d'écumes blanches, rejaillissant en cascades, heurtant violemment ses digues de granit, roulait des blocs de pierre qui s'entre-choquaient lourdement.

L'eau, épaissie par un limon d'ardoise, luisait comme un fleuve de métal en fusion, et son clapotement sourd dominait les bruissements étranges des vieux chênes et des mélèzes secoués par la tempête.

Les voyageurs n'y pouvaient plus tenir. Ils durent descendre de leurs montures et les prendre par la bride. Ils ne s'entendaient plus, si près qu'ils fussent l'un de l'autre ; Guérin poussait des cris de terreur, son maître riait à gorge déployée,

Ils ne savaient, en vérité, où se réfugier. La forêt ne leur offrait pas un asile très sûr : on la disait infestée de bandits, habitée par de petits loups fort agiles et de gros ours fort affamés, ce qui ne laissait pas que d'inquiéter nos deux cavaliers.

Le plus prochain village, à demi-lieue de là, était Pontamafrey, sur l'autre rive de l'Arc, mais si le gentilhomme savait que ce nom se traduit en latin par *Pons à Maffredi*, il ignorait absolument où se trouvait le pont construit par Maffred, et même si ledit pont existait encore.

Pas une chaumière, pas une cabane, pas une hutte aux environs.

Partout d'épaisses ténèbres. D'un côté les ramures touffues des arbres, enchevêtrés d'arbustes et de lianes; de l'autre les masses abruptes de la montagne, entassement de rochers, tapissés de lierre, d'herbes folles, de buissons rabougris.

Entre les roches et la forêt, la route surplombant la rivière, où le moindre écart, le moindre faux pas, eût précipité le voyageur.

— Tirons en avant, dit le jeune homme, dès qu'une minute d'accalmie lui permit de se faire entendre de son gros écuyer.

Celui-ci, résigné, n'osa souffler mot, et tira son mulet par la bride.

Ils se mirent donc en marche, lentement, buttant contre des fagots d'épines jetés là par le vent, contre les pierres semées à profusion sur le sol, pataugeant dans les flaques d'eau et les ornières profondes, trébuchant enfin à chaque pas, trempés jusqu'aux os, frissonnant sous les atteintes d'un vent glacial, tressaillant aux éclats multipliés du tonnerre.

Ils firent ainsi quelques centaines de pas, et gagnèrent le bord même de la rivière.

Ils se trouvèrent alors dans un étroit vallon, une sorte de clairière, plantée de bouquets de coudriers, de saules et d'aulnes, où de nombreux blocs, détachés de la montagne, formaient une série de dolmens et de menhirs. Et sous un de ces rochers, posé à plat sur deux pointes colossales, vêtues de mousses, ils aperçurent tout à coup une vive lumière.

Cette vue ranimant le courage de Guérin, lui arracha un cri de joie. Son maître, fort content, affecta néanmoins de garder le silence, et ils se dirigèrent, sans prononcer un mot, vers ce phare qui leur assurait le salut.

Ils éprouvèrent une grande surprise lorsqu'ils virent, dans une espèce de grotte, peu profonde, auprès d'un feu de bois sec, bien pétillant, une très vieille femme accroupie, serrant entre ses bras une fillette étendue sur ses genoux, et qui chantait, d'une voix rude et gutturale, une sorte de mélopée plaintive, en un langage barbare.

Elle, sans se lever, leur jeta un regard de suprême indifférence, et tandis que Guérin attachait le cheval et le mulet au tronc rugueux et tortu d'une yeuse, le jeune cavalier, pénétrant dans la grotte, s'écria :

— Dieu te bénisse, bonne femme, pour l'abri que ta prévoyance nous a ménagé!... Fais-moi place à ton feu, car je suis mouillé jusqu'aux os, et pour ta récompense, mon écuyer tirera de son escarcelle quelques pataques ou même un beau carolus d'argent.

La vieille, sans répondre, s'écarta un peu pour lui faire place. Guérin s'assit à son tour, s'empressa d'ouvrir sa gibecière d'où il tira quelques provisions, un gobelet et une gourde, et il se mit à manger et à boire en homme qui profite volontiers de toute occasion pour faire politesse à son estomac.

Son maître cependant, à la claire flamme du bois sec, considérait, avec un intérêt curieux, son hôtesse improvisée, qui n'avait point encore prononcé une parole, et sur laquelle, non plus que sur l'enfant, son habit seigneurial et ses façons, à la fois cordiales et hautaines, semblaient n'avoir fait aucune impression.

C'était une de ces vagabondes comme on en rencontrait beaucoup par les chemins, en ces temps de guerres continuelles, de villes pillées, de villages incendiés, de familles dispersées au gré des vainqueurs.

Mais toute misérable qu'elle fût, on ne reconnaissait point en elle une mendiante.

Les mèches emmêlées de ses cheveux blancs bouffaient sous un voile d'étamine rouge, constellée de paillettes de métal; ses vêtements bariolés de larges raies bleues et vertes attestaient, quoique propres, de longs services, et près d'elle séchait, étalée sur la pierre moussue, une mante de serge brune à capuchon pointu.

Le visage de cette vieille, d'un jaune de cire, avec des rehauts d'un ton plus foncé, gardait, malgré les rides, les traces d'une singulière beauté. Ses yeux noirs brillaient d'un vif éclat, et le regard sombre, profond, obstiné, exprimait une indomptable et farouche énergie.

La fillette qu'elle berçait en chantant ressemblait à la petite reine Mab dont le palais est la corolle d'un lys.

Toute frêle, toute blanche, comme taillée dans un bloc d'ivoire, avec de soyeuses boucles déroulées autour du front, avec un scintillement au diamant noir de sa prunelle, avec un sourire figé sur ses lèvres d'un rouge de corail, on eût dit une figure inanimée douée, par artifice, d'un semblant de vie. Sous ses longues paupières, à peine bistrées, son regard coulait, ne se détournant pas une minute du gentil cavalier.

Celui-ci, las sans doute de contempler les oripeaux de la vieille, la transparente pâleur de l'enfant; celui-ci, fatigué de ce morne silence, que rendaient plus triste les stridentes vibrations de la tempête, prit enfin la parole et, d'un accent de bonté qui voilait mal un secret dépit, il dit :

— Eh bien! bonne femme, es-tu muette? ou ne comprends-tu pas le langage chrétien? ou encore as-tu peur, parlant, de trop parler à l'instar de notre mère Ève? D'où viens-tu?

La vieille, d'une voix rauque, gravement, répondit, montrant d'un geste par-dessus l'épaule le chemin noyé par la pluie.

— Je viens de là-bas!... Loin.

— Où vas-tu, maintenant?

— Devant moi. Tout droit.

— Mais tu t'arrêteras?

— Quand la terre manquera sous mes pieds.

A la première de ces réponses, accentuées par la vieille d'un ton sec, dédaigneusement, Guérin avait fait la grimace; à la seconde, il haussa les épaules, et la troisième le stupéfia.

Il n'en vidait pas moins son gobelet, coup sur coup, riant sous cape.

Le gentilhomme étendit la main pour caresser l'enfant, mais l'enfant, toujours ayant aux lèvres son sourire inerte, la repoussa d'un geste gracieux.

— Vous êtes donc étrangère? demanda-t-il d'une voix encore plus douce, essayant d'exprimer l'affectueux intérêt d'un seigneur bienveillant envers des créatures malheureuses.

— Pourquoi m'interrogez-vous? dit-elle un peu moins durement. J'ai marché tout le jour... Ma petite Anissa voulait se réchauffer, aux braises rouges, sous cet abri. Je m'y arrête pour dormir tandis que le tonnerre embrase le ciel et que l'eau inonde la terre. Que vous importe?

— Peut-être avez-vous besoin d'être secourue?

— J'ai horreur de l'aumône. Je paie le pain que nous mangeons, ma fille et moi.

— Qui donc êtes-vous?

— On me nomme Naslé.

— Ne seriez-vous pas Égyptienne?

— Je suis de la tribu nomade des Rômes qui, sans cesse, vont de l'Orient à l'Occident, puis reviennent, condamnés à errer jusqu'au jour fixé par le destin... Mes frères ont passé dans ce pays la semaine dernière, et moi je restais en arrière avec Anissa, malade. Je rejoins mes frères. Je ne fais de mal à personne...

— Moi, repartit le jeune cavalier, du même ton cordial, j'ai reçu au baptême le nom de Louis, et on m'appelle le Sardet. Je suis noble et riche. Si vous le vouliez, je pourrais vous donner la mule de mon écuyer, car je touche au terme de mon voyage, et vous auriez plus tôt rejoint les gens de Bohême que vous cherchez.

Ces paroles firent, à ce qu'il parut, une impression favorable sur Naslé. Elle répondit pourtant par des signes négatifs, à la grande joie du gros Guérin qui roulait des yeux effarés et faisait la moue, ainsi menacé de cheminer à pied, humblement, comme le pauvre écuyer d'un noble gueux de Castille.

— L'offre vous honore, dit Naslé. Vous êtes le premier chrétien que je rencontre qui sache donner... Mais je refuse votre présent. A l'aurore, le vent aura balayé les nuages, le soleil montera dans l'azur, et je m'en irai, sans détourner la tête...

Guérin s'amusait médiocrement aux discours de la bohémienne. Il avisa, au fond de la grotte, un tas de feuilles sèches. Il s'y étendit, bâilla, s'étira, puis s'endormit du sommeil bruyant de l'honnête homme, las et repu.

La mignonne Anissa, cramponnée aux épaules de Naslé, avait clos les yeux et souriait aux anges. Le Sardet se taisait, un peu assombri. Une réflexion soudaine l'absorbait. Il jetait sur la vieille des regards furtifs. Il hésitait. Enfin, tout à coup, il murmura d'une voix timide :

— On assure que les gens de votre race, femme, savent prédire l'avenir... Voulez-vous?... Oui, ce n'est pas un péché, je pense! Voulez-vous me dire ma bonne aventure.

Naslé sourit, du sourire mystérieux et figé du sphinx.

Elle prit, sans mot dire, la main du jeune homme, la regarda longuement, à la clarté rouge du brasier, parut en déchiffrer les lignes entre-croisées, comme un paléographe étudierait un palimpseste. Puis elle laissa retomber cette main, une vraie main de soldat, maigre, nerveuse, à la peau forte, mais blanche.

— Eh bien? reprit-il, impatient.

Mais elle, d'une voix lente :

— Les démons peuvent seuls prévoir l'avenir, qui n'appartient qu'au Maître de toutes choses, proféra-t-elle. J'ai vu seulement, dans ta main, que tu mourras jeune et sans postérité... J'ai vu aussi qu'un danger te menace, un danger prochain... Prends garde au premier homme de ta caste qui se rencontrera sur ton chemin : c'est l'ennemi.

Le Sardet se mit à rire, dédaigneux.

— Est-ce tout? reprit-il, d'un air moqueur.

— C'est tout.

— On ment donc en vantant la science de ta race, femme? Quelle sorcière es-tu, qui ne me sache rien dire des secrets de demain? Ou peut-être, exiges-tu pour salaire les dix écus au cheval qui sonnent au fond de ma bourse.

—Je ne vends ni la vérité, ni le mensonge! répliqua la bohémienne d'un ton d'austère dignité. Je t'ai dit ce que j'avais à te dire, seigneur : tu vas au-devant de ta destinée... Et c'est en ce jour dont l'aube va luire bientôt que tu décideras toi-même du bonheur ou du malheur de ta vie.

Elle n'ajouta pas un mot, mais, se levant, elle enveloppa la petite Anissa des plis de sa mante brune, et la prenant entre ses bras, elle s'avança jusqu'au seuil de la grotte.

L'orage se calmait peu à peu; à travers les déchirures des nuages, déchiquetés par le vent, on voyait pâlir les étoiles dans le bleu; des amas de nuées s'envolaient, par larges lambeaux, ourlés d'hermine. Parfois encore le reflet livide d'un éclair lointain rayait le ciel, mais le bruit du tonnerre n'était plus qu'un murmure sourd et prolongé comme l'éternel grondement des vagues déferlant sur une grève. Et déjà l'aube naissante estompait d'une lumière indécise les contours des choses.

Naslé sortit, puisa de l'eau au creux d'une roche, lava son visage et celui de l'enfant qui s'était éveillée.

Elle se tourna vers l'Orient. Des brumes violettes voguaient dans l'azur opalisé, des teintes roses glissaient sur la crête des Alpes... Quelques instants encore, et le soleil apparaîtrait dans sa gloire de pourpre.

Le Sardet appela Guérin. Tandis que l'écuyer détachait le cheval et la mule, le gentilhomme offrit à Naslé son escarcelle de cuir brodé. Elle refusa du geste. Alors il prit une médaille, suspendue à son cou par un fil de soie, et la mit dans la main d'Anissa, qui, tout de suite, la porta à ses lèvres.

— Prends, lui dit-il, mignonne, et que la benoîte Vierge, ma dame, te tienne en sa garde!

Anissa lui sourit, mais la vieille, sans laisser tomber un regard sur lui, sans détourner la tête, gagna la route à travers la prairie inondée de rosée, et partit d'un pas allègre.

— *Thancre!* gronda le bon Guérin en enfourchaut sa mule, elles ne vous ont même pas dit : Merci, je vous souhaite !

Le Sardet se mit lestement en selle. Il suivait des yeux la vieille qui s'en allait.

— Nous serons à Saint-Jean aux coups des chanoines, pique, Guérin ! dit-il d'une voix attendrie.

Le soleil illuminait de ses rayons écarlates les cimes des montagnes. Les aiguilles de Beaune, au fond de la vallée, dressaient leur double mamelle dorée ; sur la Platière verdoyaient des prés, sertis de roches rousses, et les vastes forêts noires dévalaient sur les pentes, entre des bordures de broussailles jaunies.

Aux arbres luisaient des gouttelettes de pluie, et de la terre mouillée s'élevaient les âcres senteurs de l'été. L'Arc, moiré d'écume, coulait entre ses berges comme un torrent d'acier fondu. Là-bas, sous les falaises de granit, à pic, d'où tombaient en blanches cascatelles des ruisseaux, le village de Pontamafrey, autour de sa gothique église, rangeait ses moissons couvertes de chaume, et déjà des voix humaines répondaient par des chansons matinales aux tintements de la cloche.

Tout s'éveillait. Cependant une grande traînée d'ombre restait accrochée au revers de la montagne du Châtel, et là-haut, sur cette gigantesque pyramide de rochers, inaccessibles en apparence, brillait l'oratoire de Saint-Marin, sous l'énorme et formidable tour de Berold de Saxe, aux massives murailles rouges.

Bientôt les deux voyageurs virent, sur leur gauche, le gai village d'Hermillon, tapi dans un nid de verdure, tout près d'une cascade écumant sur le tuf jaune ; la vallée s'élargit tout à coup.

Et, entre les massifs ardoisés de roches noires couronnée de sapin, les sommets de Charvin encore chargés de neige, la colline verdoyante de Jarrier, au pied des croupes du Sapey, planté de vignes jusqu'à la chapelle de Bonne-Nouvelle, ils virent, s'étageant en amphithéâtre, avec ses vieilles tours et ses clochers, l'antique cité du roi Marius, capitale des Allobroges Garocelles, Saint-Jean de Maurienne, enfin, terme de leur voyage.

— Nous arriverons pour la grand'messe, dit le Sardet.

— Nous déjeunerons d'une tourte aux pigeons, ajouta Guérin, et je connais un certain vin des Rippes qui nous mettra en belle humeur !

Charles BUET.

(*A suivre.*)

DANS LA FOURNAISE[1]

ONZE JOURS SOUS LE FEU. — L'EXIL ET LE RETOUR. — LA PAIX.

5 janvier. — Cette nuit je m'endormis fort tard au bruit des obus que les Prussiens lançaient contre les forts de l'Est. Ce matin le tambour qui battait la générale sous nos fenêtres, me réveillait brusquement; et soudain une furieuse canonnade qui ébranlait l'air et faisait trembler mes vitres, me semblait expliquer ce que voulait dire ce signal d'alarme. C'étaient les plus formidables détonations que nous eussions jamais entendues. « Tant mieux! » criait une femme dans la rue, « c'est la fin! »

La fin! ô Dieu, que cette fin soit celle du malade qui trouve dans une dernière crise, non la mort, mais le salut!

Croyant à un grand combat entre Vanves et le Mont-Valérien, je me suis dit que du Trocadéro, nous pourrions, avec une longue-vue, suivre les mouvements de la bataille; et j'ai exprimé ce désir avec une telle insistance que mon père m'a conduite sur cette élévation. Avant d'y parvenir, nous apprenions par un passant, un capitaine d'artillerie, que ces décharges étaient dues, non pas à un engagement entre les deux armées, mais à l'attaque et à la défense des forts du Sud-Ouest.

A mesure que nous traversions le Champ de Mars et que nous gravissions le Trocadéro, l'odeur de la poudre devenait plus forte et les explosions des obus plus foudroyantes. Arrivés au sommet de la colline, nous nous regardons bombarder (2). De Montrouge à Issy s'étend une immense fumée blanche et lumineuse. Dans cette

(1) Voir la *Revue* du 15 novembre 1885.
(2) C'était de cette même place que, trois années auparavant, nous considérions l'ensemble de cette vaste exposition qui nous paraissait symboliser *la paix universelle, la civilisation européenne.*

fumée qui fuyait vers le sud, se distinguait nettement celle que produisait le feu de deux forts, Vanves et Issy sans doute. Malheureusement le soleil de midi et un brouillard assez compacte qu'il dorait, ne nous ont pas permis de voir les éclairs de ce combat d'artillerie.

Mon père qui ne m'avait conduite qu'à regret sur une hauteur que le bombardement pouvait facilement atteindre, m'a fait remarquer qu'à part une marchande d'eau-de-vie, je représentais seule mon sexe à ce moment parmi les curieux du Trocadéro. Il m'a fait rapidement descendre; et, toujours accompagnés par le fracas des obus, bruit dont l'éclat majestueux et terrible nous livrait à de solennelles impressions, nous nous dirigions vers notre demeure où nous le retrouvions.

Je servais de secrétaire à mon père pour un travail administratif, quand un obus qui nous paraissait tomber près de nous, m'a attirée à la fenêtre; je n'ai vu aucun mouvement dans notre rue (1).

Plus tard on nous parlait d'un projectile qui, disait-on, avait dû s'abattre au cimetière Montparnasse. Ainsi les premiers obus lancés sur la ville même auraient atteint le champ des morts... Quelle coïncidence!

Je ne sais si notre maison recevra quelque projectile prussien. Cette perspective nous effraye si peu, que ce soir, pendant la symphonie des canons Krupp, nous mangions avec un redoublement d'appétit notre ration de cheval et un plat de vieux haricots secs.

Au milieu de ces scènes barbares, une joie intellectuelle m'était réservée. M. Vitet m'encourageait, par un aimable mot, à publier le travail que je lui avais communiqué sur la base religieuse de l'enseignement (2). C'est encore une lutte qui m'attend, une lutte morale... Qu'elle soit bénie! Quelles plus douces souffrances que celles que nous coûte la défense d'une sainte cause!

6 *janvier*, 8 *heures du soir*. — Cette nuit, j'ai été fréquemment réveillée par les obus qui tombaient dans notre voisinage. Voici le troisième projectile qui s'abat depuis hier devant l'hôtel situé au

---

(1) L'obus était probablement celui qui était tombé au bout de la rue, près de la nouvelle église.

(2) L'opuscule intitulé : *une Question vitale*. Au moment où M. Vitet m'adressait ce message, sa demeure, aussi bien que la nôtre, était menacée par le bombardement.

coin de notre rue et du boulevard des Invalides. Les obus pleuvent autour de nous. Des détonations effroyables semblent nous avertir que les maisons rapprochées de notre demeure ne sont pas épargnées. Il est de nos voisins qui déménagent; d'autres veulent se cacher dans leurs caves. Quant à mes parents et à moi, nous resterons dans nos chambres. De même que nous n'avons pas voulu quitter Paris au moment du blocus, nous ne fuirons pas notre demeure au moment du bombardement. Et quant à végéter dans une cave comme des champignons, les épidémies nous atteindraient d'une manière plus sûre dans cette humidité malsaine, que les obus dans notre appartement. D'ailleurs, mieux vaut tomber au grand jour au milieu de nos vieux meubles, de nos objets d'art, de nos livres, que d'aller chercher dans un souterrain le sinistre avant-goût du tombeau.

En face du péril, Paris a retrouvé la vieille gaieté gauloise, et redirait volontiers la belle réponse que firent nos ancêtres à Alexandre le Grand (1).

Ce peuple qui va au bombardement comme à un feu d'artifice, ce peuple est plus que courageux et gai ; il est satisfait ! Il se dit : « Il faut que les Prussiens se sentent bien menacés pour qu'ils en viennent à une extrémité qu'ils ont si longtemps évitée et qui les couvrira d'un éternel opprobre ! »

Et quand on pense que ces fiers vainqueurs se donnent tant de mal, font tant de bruit, dépensent tant de poudre, pour aboutir... à quels résultats ? La destruction de quelques tombeaux dans un cimetière, le meurtre de deux petits enfants, d'une pauvre femme, de quelques passants inoffensifs... Et ces hommes se disent et chrétiens et civilisés ! Ils refusent aux populations civiles le droit de les combattre ; ils fusillent impitoyablement ceux de leurs adversaires qui n'appartiennent pas à un corps militaire régulier... Et ces mêmes hommes viennent frapper, au foyer domestique, la femme, l'enfant, ces êtres sacrés qui ne peuvent pas se défendre, et qui, pendant les combats récents dont le bruit leur parvenait, accordaient leur pieuse pitié même à l'ennemi blessé ou tué ! Ah ! quoi qu'il arrive, l'avenir

(1) Les enfants même ne sont pas effrayés; ils jouent dans les rues. Hier, en tournant le coin de l'avenue de Breteuil, endroit où plusieurs obus allaient tomber, je voyais une petite fille qui, s'adressant à une levrette philosophiquement accroupie, lui demandait avec gaieté : « Tu n'a pas peur du canon, toi ? »

est beau pour nous! La postérité a toujours préféré, au triomphe de l'oppresseur, les souffrances de la victime; et de même que la religion couvre ses martyrs d'une auréole, les peuples réservent la couronne de gloire aux nations qui souffrent pour leur indépendance.

C'est aujourd'hui l'Épiphanie... Quelles étranges *fèves des rois* nous envoie l'empereur d'Allemagne! Ce n'est pas dans cet appareil menaçant que les Mages vinrent à ce Roi du ciel qui s'incarnait dans les plus humbles rangs du peuple. Ah! puisse nous apparaître bientôt l'étoile qui nous guidera vers le Sauveur! Et alors nous dirons avec une pieuse reconnaissance:

« Le Seigneur qui donne tout est venu; le règne, la puissance et le commandement sont entre ses mains. » (Office du jour, Introït.)

« Levez-vous, Jérusalem. » (Graduel.)

7 janvier. — Le bombardement qui a continué cette nuit, se prolonge avec violence. Ce matin, la générale et la canonnade saluaient encore notre réveil.

8 janvier, 4 heures de l'après-midi. — Pendant la nuit, les obus qui tombaient dans le voisinage, aux deux extrémités de notre rue, retentissaient avec un tel fracas que je ressentis jusque dans la poitrine le choc produit par l'une de ces violentes détonations. Cependant je n'avais pas peur; mais je me sentis exalter par cette indignation que Dieu légitime et bénit, parce qu'elle est le cri de la conscience...

Devant cette horrible attaque dirigée contre nos foyers domestiques par les hommes qui y ont déjà semé les tortures de la faim, je cessai de voir dans nos meurtriers ces adversaires loyaux que le christianisme nous a appris à respecter; je cessai de voir dans leur souverain l'époux de cette noble femme que je vénère et que j'aime. Je vis désormais en eux, non pas même des bourreaux: le bourreau est souvent l'exécuteur de la justice humaine; non pas même des bourreaux, dis-je, mais des assassins, et je déférai au tribunal de Dieu ceux qui les excitent au fratricide: « Caïn, Caïn, qu'as-tu fait de ton frère? »

Si nous, nous faibles femmes, nous qui naguère n'élevions la voix que pour bénir; si nous, nous parlons ainsi, que doivent donc éprouver les fiers défenseurs de Paris, en voyant la mort et la dévastation planer sur les êtres chéris qu'ils laissent derrière eux en

courant à l'ennemi? La rage les anime, dit-on, et je le comprends!
Eh bien! que cette rage décuple leurs forces, qu'elle exalte leur
courage, qu'elle leur verse au cœur sa généreuse ivresse; et nos
ennemis verront que les citoyens qui défendent leurs foyers incendiés, valent les lions qui défendent leurs tanières menacées...

Un obus, tombé cette nuit dans notre voisinage (rue de Bac, 121,
au bout de la rue de Babylone), a troué le mur d'une maison et pénétré chez un charbonnier dont les quatre jeunes filles ont été blessées.

« Mais il me semble que vous êtes bien exposés, nous disait ce
matin l'excellent docteur F..., en examinant l'orientation de notre
salon. — Très exposés, en effet, répondais-je. — Vous devriez
fermer vos persiennes. — Mais, au contraire, depuis que le bombardement a commencé, je me mets souvent en observation derrière
les vitres avec ma longue-vue afin de voir la trajectoire d'un obus.
On dit que cette courbe est fort jolie. — Et pendant que vous
regarderiez venir la bombe, elle pourrait fort bien briser les vitres
et vous couper la figure. »

Je dois dire que je n'ai pas tenu compte de ce judicieux avertissement. C'est toujours la vieille histoire du papillon qui tourne
autour de la flamme... Le danger est là, mais il a tant d'attrait!

Cependant la crainte a envahi quelques âmes. On nous parle
d'une pauvre femme qui, affolée de terreur, s'est jetée par la
fenêtre et s'est tuée. Mais qu'est-ce qu'un obus aurait pu lui amener
de pire? Ainsi donc, la peur d'une mort très problématique l'a fait
courir à une mort certaine.

Aujourd'hui, dit-on, le Panthéon est particulièrement menacé.
Les servants d'artillerie courent dans cette direction au grand galop
de leurs chevaux. Il y sans doute de la poudre à sauver de ce côté.
Les vandales ne respectent pas plus les chefs-d'œuvre de l'art que
la vie des femmes et des enfants. Après la flèche de la cathédrale
de Strasbourg, la coupole du Panthéon! Que leur importe même
que dans les temples qu'ils veulent brûler, s'élèvent les prières des
mères et des femmes en deuil! Aujourd'hui dimanche, ils honorent
le Seigneur par l'hommage de leurs massacres. Pour nous, c'est
l'heure des vêpres, c'est celle du salut, c'est celle des complies...
Pendant ces saintes cérémonies, les chants de David retentissent,
comme un appel, sous les voûtes du temple bombardé; et qui sait?
peut-être les incendiaires chantent-ils aussi les mêmes psaumes en
lançant leurs obus dans une église...

Seigneur, Seigneur, ah! ce serait un sacrilège que de vous demander quelle est la prière que vous bénirez (1)!

Sainte Geneviève, pen dant la neuvaine qui t'est consacrée, venge, avec ta ville menacée, ton sanctuaire profané! Et comme nous le disait à l'instant un vieil ami, jusqu'à présent fort sceptique, tu feras, pendant l'une de ces journées, reculer ces nouveaux Huns!

Mais je fais tort à Attila. La voix de nos pasteurs n'a pas arrêté le souverain de l'Allemagne... Et l'intervention du pape Léon avait fait reculer Attila.

Qu'il est triste de penser que, pendant ces jours où nous nous proposions d'aller invoquer, à l'église de Sainte-Geneviève, le secours de notre virginale libératrice, nos ennemis nous ôtent jusqu'à cette consolation! Gardiennes de nos demeures, c'est là qu'il nous faut prier aujourd'hui. Mais Dieu est avec ceux qui souffrent; et chaque foyer que visite le malheur devient, plus que jamais, un temple d'où la prière peut s'élever au ciel.

« Jugez-moi, Seigneur, et soutenez ma cause contre une nation impie : délivrez-moi de l'homme inique et trompeur.

« Vous êtes ma force, ô mon Dieu : pourquoi m'avez-vous repoussé, et pourquoi me laissez-vous dans la douleur, opprimé par mon ennemi?

« Faites luire votre lumière et votre vérité...

« ... Mon âme, pourquoi êtes-vous triste, et pourquoi me troublez-vous?

« Espérez en Dieu, car je lui rendrai encore des actions de grâce; il est mon Sauveur et mon Dieu... »

9 *janvier, trois heures*. — Le bombardement de notre quartier a été fort vif pendant cette nuit. Pour la première fois, j'ai entendu le strident sifflement de deux obus qui, avec des frémissements d'ailes, ont passé comme un ouragan au-dessus de notre demeure. Le sifflement du second était si terrible, que j'ai cru que le projectile allait éclater dans ma chambre. J'ai cherché à abriter ma tête jusqu'à ce que le bruit sinistre eût cessé... Bientôt je n'entendais plus rien... La mort avait passé, passé sans nous atteindre. Je me suis rendormie jusqu'au matin.

(1) Si depuis, la victoire continua de sourire aux Prussiens, c'est que Dieu jugea sans doute que la France n'avait pas suffisamment expié ses fautes, et que c'était encore la bénir que de la ramener à lui par l'épreuve.

Et maintenant j'apprends les suites lugubres de ce drame nocturne. A quelques pas de notre maison, l'asile de la rue Vaneau a été atteint. La portière de cet établissement a été mortellement frappée. A trois heures du matin, son fils, tout en pleurs, venait chercher notre médecin.

A l'institution Saint-Nicolas, cinq enfants ont été tués. Comptez, ô barbares du Nord, comptez les premières victimes de votre sauvage attaque sur Paris : ce sont des femmes, ce sont des enfants ! Ah ! selon la forte expression de la Bible, le sang des faibles criera contre vous devant l'Éternel !

Soir. — Notre salon et ma chambre à coucher sont les pièces de notre appartement qui se trouvent le plus exposées aux obus prussiens. Orientées en plein midi, elles ne sont séparées de Montrouge que par les hôtels peu élevés et les parcs qui terminent, de ce côté, le faubourg Saint-Germain. Nous habitons le second au-dessus de l'entresol, et, de l'étage supérieur, on voyait, avant le siège, passer les trains sur le chemin de fer de l'Ouest.

Notre rue se trouvant à une faible distance en deçà de la limite extrême qu'atteint maintenant le bombardement, lorsque nous entendons, comme cette nuit, siffler les obus au-dessus de nos têtes, nous pouvons nous dire que la chute de ces projectiles n'est pas éloignée. Aussi mes parents, très effrayés du danger que j'ai couru cette nuit, ont-ils fait placer mon lit dans notre salle à manger, pièce contiguë à leur chambre et, comme celle-ci, exposée au nord. De ce côté, nous sommes abrités par des murs fort élevés.

Rien ne m'a plus désagréablement impressionnée que ce changement. Depuis mon enfance, j'ai toujours habité la jolie chambre qu'il me faut abandonner. Cette chambre aux blanches tentures était mon cabinet de travail, mon oratoire, mon asile de prédilection. Mes livres les plus rares y sont groupés avec mes objets d'art. Dès que paraît un rayon de soleil, il y pénètre et s'y joue au milieu des cristaux de Bohême, des porcelaines du Céleste Empire, des laques étincelantes de la Chine et du Japon. Depuis ces délicates productions jusqu'aux ouvrages en bouleau, dus aux sauvages de Michigan, chaque partie du monde se trouve représentée dans cette mignonne collection. Il n'était pas une seule de mes souffrances physiques ou morales, que je n'eusse adoucie par le seul aspect de cette chambre riante qui me rappelait tant de chers souvenirs.

A l'approche des Prussiens, la prévision du bombardement m'avait fait emballer mes plus précieuses curiosités en même temps que j'enterrais mon manuscrit (1). En exhumant celui-ci, je fis aussi reparaître ceux-là à la lumière. Je me disais : Si je dois mourir, pourquoi ne pas quitter la vie au milieu de tout ce qui s'est rattaché à mon existence ?

Maintenant il me faut quitter tout cela. Demain matin, mon premier regard ne verra plus le ciel et le soleil à travers mes rideaux de mousseline ; ce regard ne rencontrera plus que la sombre exposition du nord et les grands murs d'une cour. Rien que d'y penser, j'ai la nostalgie... Je déclarais même ce soir que je passerais la nuit sur un matelas dans mon ancienne chambre, mais mon père et ma mère m'ont sévèrement imposé silence, et je n'ose plus insister...

Depuis que nous avons opéré ce petit déménagement, les batteries ennemies se taisent, et ce silence m'impatiente encore plus contre les mesures de prudence qu'on m'a fait prendre. Il ne manquerait plus que ces précautions fussent inutiles... Mais si elles le devenaient tout à fait ? Ah ! mais alors, nous serions débloqués, et avec quel bonheur je rentrerais dans mes chères habitudes !

La Femme grecque m'a suivie dans mon nouveau séjour. Tous ces déménagements l'ont un peu chiffonnée...

Les condamnés à mort reçoivent, au moment de leur exécution, quelques aliments plus recherchés que le régime ordinaire de la prison. Je suppose que c'est pour ce motif que, dans notre faubourg si éprouvé par le bombardement, nous avons reçu aujourd'hui, pour notre ration de quatre jours, une livre... une livre... de bœuf ! de bœuf frais ! de vrai bœuf ! en chair et pas en os ! C'était un morceau de gîte, un de ces mets vulgaires qu'on regardait dédaigneusement autrefois, en disant aussi, mais sur quel ton ! « Ah ! c'est du bœuf ! » Aujourd'hui c'est un objet de curiosité qui a même eu, un instant, les honneurs du salon. Il y a plus d'un mois que nous n'en avions vu un semblable !

Puisque nous avons encore des bœufs, cela prouve que la famine n'est pas si terrible. Mon père vient de me rappeler ce mot, attribué au comte de Bismarck : *Nous ferons cuire les Parisiens dans leur jus ;* et mon père tire un favorable augure de ce que nos ennemis n'aient pas le temps de nous *réduire* à ce point ! C'est juste. Si par le bombardement, les Prussiens nous mettent sur un gril ardent,

(1) *La Femme grecque.*

c'est qu'ils ne peuvent attendre le moment de la cuisson à petit feu. Mais ils ne nous croqueront d'aucune manière.

... Quel silence! Plus de canon! Qu'est-ce que cela veut dire? Les assiégeants seraient-ils partis? Si nous allions nous réveiller débloqués!

Pas d'illusions, cependant. Peut-être nos ennemis avancent-ils leurs batteries pour le concert de la nuit prochaine.

Nous avons reçu avec bonheur l'annonce d'une victoire remportée à Bapaume par le général Faidherbe, *le 3 janvier*. Le 3 janvier, fête de sainte Geneviève! N'est-il pas remarquable que notre première bataille heureuse (1) ait été gagnée près de la ville délivrée par Jeanne d'Arc, et que notre seconde victoire ait eu pour date le jour où s'ouvrait la neuvaine de sainte Geneviève!

Sainte patronne de Paris, achevez votre œuvre, et obtenez de Dieu la délivrance de votre cité pendant les jours où elle vous invoque spécialement!

10 janvier. — Qu'on rie de moi tant qu'on voudra; mais si, parmi les souffrances que j'ai personnellement endurées pendant le siège, il en est une qui m'ait péniblement affectée, ce n'est ni le manque d'une nourriture suffisante, ni le sifflement des obus au-dessus de ma tête : c'est la nuit d'exil que je viens de passer dans cette triste salle à manger aux sombres rideaux hermétiquement fermés. Dépaysée, cherchant en vain un rayon de lumière, j'étais tourmentée, enfiévrée. Si encore l'explosion voisine de quelque projectile m'eût permis de penser que mon déménagement avait été utile... Mais non... je n'entendais plus rien (2).

Ce matin, la canonnade a repris.

Soir. — Le bombardement devient terrible. La plupart des locataires de notre maison se sauvent à la hâte et abandonnent tout ce qu'ils possèdent. Pour nous, un asile sûr nous attendrait chez un ami dévoué qui est venu nous l'offrir aujourd'hui en bravant les dangers du bombardement. Nous ne partons pas. Nous veillons et nous prions! Notre fuite effrayerait ceux qui restent.

Quelle douleur, grand Dieu, s'il nous fallait [quitter ce cher foyer que nous habitons depuis vingt ans].

(1) Coulmiers.
(2) Le bombardement continuait cependant, mais dans une autre direction ; et la situation de ma nouvelle chambre ne me permettait plus de distinguer les détonations.

11 *janvier*. — Je m'aperçois que l'alerte d'hier ne m'a pas permis d'achever une phrase que je complète par les mots que je place entre des crochets.

Ce n'était pas en effet le temps d'écrire, il fallait agir. Au bruit des obus qui, souvent avec de foudroyantes explosions, s'abattaient autour de nous, nous devions prévoir le cas où l'effondrement de la partie supérieure de notre maison nous obligerait à une fuite nocturne. Papiers de famille, autographes précieux, bijoux, diamants, argenterie et valeurs, tout fut réuni dans des sacs de voyage. Mon cher manuscrit fut placé à côté. Nous veillâmes longtemps. Ma mère, très souffrante d'une inflammation à un doigt, mon père très fatigué, se lassèrent les premiers et se couchèrent. Je ne voulais prendre aucun repos; j'aimais mieux que la mort me surprît debout qu'endormie. Cédant aux instances de mes parents, je me jetai enfin sur mon lit tout habillée. Par moments le sommeil allait me vaincre; mais j'étais brusquement arrachée à cet assoupissement par de violentes détonations.

Ce matin, à peine levée, j'ai déménagé de ma chambre mes objets les plus précieux, et je les ai de nouveau emballés. Mes pauvres livres! J'aurais voulu les sauver tous. J'ai dû me borner à préserver les éditions les plus rares. En faisant ce choix, j'avais le cœur serré. Parmi les livres délaissés, que de vieux amis j'allais peut-être ne plus revoir...

Que notre appartement est devenu laid! Enfin, dans une ville assiégée, il est permis de camper.

Je ne sais quelle panique se répand dans notre faubourg. On s'attend à y voir tomber cette nuit des bombes à pétrole. Ce serait si atroce que nous n'osons y croire. Néanmoins on fuit le quartier que menace l'incendie. Un souffle d'épouvante et de mort circule çà et là.

Je ne dissimulerai pas que tout en ne perdant pas courage, j'ai été péniblement impressionnée par les rumeurs sinistres qui circulaient. La perspective d'être brûlée vive ne me laissait pas aussi calme que celle d'être coupée en deux par un obus.

La situation de ma famille était d'autant plus périlleuse que, par suite d'un accident qu'ont amené les dernières gelées, le service des eaux ne se fait plus dans notre maison.

... Après avoir constaté qu'il nous serait impossible d'avoir aujourd'hui même l'eau et le sable nécessaires, mon père nous a pro-

posé de nous conduire dans la demeure qui nous était si cordialement offerte hier, et d'y passer la nuit... Nous étions livrés aux
impressions les plus contradictoires, quand mon père a eu l'heureuse
idée de se rendre à la caserne de Babylone pour demander si un
poste de pompiers s'y trouvait installé. Il lui a été répondu que des
mesures avaient été prises pour prévenir l'incendie de notre quartier.
Un service de pompiers est organisé à la caserne ; et un télégraphe
le met en communication avec les autres postes ; des rondes de
sûreté seront faites par la garde civique, et la garde nationale elle-
même veillera sur notre sécurité.

Nous n'avons donc plus à craindre que les dangers, agrandis
peut-être, de ces derniers jours. Et c'est avec un inexprimable sentiment de satisfaction que nous restons *at home*. Que se passera-t-il
pendant cette nuit si redoutée ? Un grand silence semble aujourd'hui
nous annoncer de graves événements...

12 *janvier. Soir.* — Cette nuit, j'ai veillé fort tard, lisant dans
mon paroissien quelques hymnes d'espérance et de paix. Avant de
m'endormir, je n'ai entendu qu'un coup de canon. La nuit a été
plus calme que nous ne l'espérions. Et cependant, parmi nos voisins, que de personnes l'ont passée dans des caves humides !

La représentation théâtrale que se promettent nos ennemis, n'est
que remise, dit-on.

Nous qui sommes restés à la maison pour veiller sur nos pénates
et les préserver de l'incendie, nous avons mis ce matin le feu... à la
cheminée de notre salon. C'est notre domestique qui a accompli ce
bel exploit, et qui est venue me réveiller pour m'en avertir. Elle a,
du reste, éteint le feu aussi promptement qu'elle l'avait allumé.

Prévoyant le cas extrême où notre demeure devrait être entièrement évacuée, nous avons complété nos préparatifs de départ. Nous
avons réuni le peu de vêtements et de vivres que nous pourrions
emporter dans une fuite précipitée. A ce moment, des parures de
fêtes se sont trouvées sous ma main, et les repoussant, je me suis
rappelé qu'autrefois, à pareille époque, c'étaient ces objets que
j'allais quelquefois chercher dans nos armoires... Cependant, j'ai
placé près de nos sacs et de nos manteaux de voyage la chaude et
blanche sortie de bal dont le capuchon me permettra d'affronter la
gelée de la nuit. Quel étrange emploi de ce vêtement...

Pendant que je prenais les dernières dispositions de ce départ éventuel, j'avais le sourire sur les lèvres, mais des larmes dans le cœur. Je me rappelais cette famille d'émigrés que j'avais visitée dernièrement..... Aurais-je pu croire alors que, nous aussi, nous pourrions devenir *des réfugiés ?*

Que je souffrais de penser que mes parents, à leur âge, seraient peut-être contraints de fuir sous le feu même des bombes incendiaires ! Et pendant la nuit, une froide nuit d'hiver.....

Devant cette cruelle éventualité, à la pensée de ne plus retrouver à notre retour notre mobilier, mes chères bibliothèques surtout ; à la pensée de perdre pour toujours ce foyer où j'ai grandi et où nous vivons depuis si longtemps, je ne puis dire quelle indignation douloureuse m'inspiraient nos oppresseurs. Moi qui ai toujours sévèrement jugé les représailles, je ne me reconnaissais plus, et je me prenais à souhaiter que nos barbares ennemis, voyant un jour la désolation, la mort et l'exil, planer sur leurs innocentes familles, comprissent quelles tortures ils nous faisaient maintenant subir, à nous, êtres faibles qui recevons la mort et qui ne la donnons pas.

S'ils se sentent invincibles, pourquoi ne se contentent-ils pas de tirer sur nos forts et sur nos remparts ? Et s'ils savent que, par la force ouverte et loyale, ils ne prendront point Paris, quelle lâcheté à eux de frapper la population inoffensive pour atteindre plus sûrement nos défenseurs !

Mais les femmes de Paris, qui n'ont pas reculé devant les dures privations de ce siège, supportent avec plus de courage encore les dangers du bombardement. Comme cette jeune marchande qui me disait gaiement : « Eh bien ! nous mourrons comme des soldats », elles sont fières de partager maintenant, non seulement les rigueurs, mais les périls de la guerre.

Un décret de ce jour donne à cet enthousiasme une noble sanction. Aussi bien que les hommes, les femmes qu'atteindront les obus ennemis, seront considérées comme tombées au champ d'honneur, et les enfants qu'elles laisseraient après elles, jouiront des avantages réservés aux orphelins des soldats morts pour la patrie.

Aussi aujourd'hui, pendant que le canon tonnait et que, au bruit du tambour et aux fanfares des clairons, je voyais passer un bataillon de guerre, pensais-je avec émotion : « Allez, *nos compagnons d'armes*, et que Dieu vous protège ! Les dangers que vous allez affronter là-bas, nous les courons ici. »

Oh ! loin d'affaiblir les hommes par nos terreurs, nous les exalterons plus encore par nos saintes et généreuses souffrances. Vivantes, nous leur dirons : « Défendez-nous! » et mourantes : « Vengez-nous! »

Vengeance! mot coupable quand une haine personnelle te prononce, tu deviens sublime sur les lèvres d'une nation en deuil.

Vers trois heures, de violentes explosions ont ébranlé l'air. Ce soir, la canonnade se fait encore entendre, mais lointaine et sourde... Enfin, quoi qu'il arrive, le crucifix sur la poitrine et nos colis près de moi, je suis prête à l'un et à l'autre voyage !

13 janvier. — La nuit dernière est la plus douloureuse que j'aie passée depuis le siège. Les bruyantes explosions des obus ébranlaient notre faubourg; mais ce n'était pas ce danger qui m'agitait. Nos préparatifs de départ ne nous avaient pas laissé la faculté de penser aux soins de l'intérieur. Ma nouvelle chambre à coucher était glacée; un désagréable courant d'air s'était établi dans cette pièce où s'ouvrent quatre portes. J'avais froid, je ne pouvais dormir. J'entendis sonner toutes les heures jusqu'à sept heures. La nostalgie que j'éprouvais dans cette chambre, les impressions pénibles de la veille, me causèrent, pendant ces longues heures d'insomnie, une douleur que je ne pus maîtriser..... A un moment où mes parents se réveillèrent, je leur criai de loin que j'aimais mieux être frappée d'un obus dans mon ancienne chambre que de tant souffrir moralement et physiquement dans l'autre.

Dans les grandes calamités au milieu desquelles nous vivons, il a suffi d'un puéril incident pour faire déborder le chagrin que je dominais depuis si longtemps.

Enfin, à sept heures du matin, mes mains crispées ont rencontré ma croix de Jérusalem, la croix, cet appui divin de toutes les douleurs. Je me suis endormie en la tenant. Une heure après, je me levais.

Ce matin, un obus a mis le feu au dépôt des Petites voitures.

Vers onze heures ou midi, j'ai entendu de loin les tambours et les clairons, et ce bruit m'a causé une impression de joie. Il me semblait qu'après notre martyre passif, commençait la lutte vengeresse qui allait nous sauver. J'ai pris ma longue-vue et, au moment où je voyais défiler, le long du boulevard, un bataillon de guerre, un obus éclatait dans cette direction, soulevant un tourbillon de poudre et de lumière.

14 janvier. — Hier soir, brisée par une insommie de quelques nuits, j'espérais dormir plus tôt que d'habitude, dans ma nouvelle chambre que mon bon père avait rendue habitable. Vaine illusion, que nos ennemis se sont hâtés de détruire! Leurs obus ont sifflé, tonné, se sont abattus avec rage. Pour la première fois, notre toit a été atteint par un éclat d'obus. Nous n'avons eu que ce dégât, tout matériel; mais, au même moment, deux pauvres soldats, casernés au quartier de Babylone, à deux pas de notre logis, ont été décapités dans leur lit par un obus. D'autres soldats ont été blessés; l'un d'eux passait sous nos fenêtres, la tête bandée.

Ce malheur, l'accident survenu à notre maison, précipitent la fuite des locataires qui étaient restés.

A peu près seuls parmi nos voisins, nous n'avons pu nous résoudre à coucher à la cave...

Sur notre toit, écorné par un obus, a plané aujourd'hui un plus doux visiteur : un pigeon messager. Le petit voyageur s'est arrêté dans notre cour, au cinquième étage de la maison voisine. Prévenue trop tard de sa présence, je n'ai pu le voir.

15 janvier matin. — Pendant toute la nuit, nous avons entendu autour de nous l'explosion ou la chute des obus... Ce matin, un autre fracas a remplacé celui-là et, à l'heure où j'écris, il retentit encore avec violence. Mais ce bruit me remplit d'espérance... et d'anxiété aussi..., car ce n'est plus celui du bombardement, c'est celui de la bataille! « C'est l'armée de la Loire qui arrive », ai-je crié de loin à mes parents. C'est de l'Ouest que nous arrive ce bruit. A cette heure, sans doute, nos sauveurs et nos défenseurs se rejoignent; et pour nos ennemis commence peut-être cette expiation qui, seule désormais, pourrait nous donner la force de leur pardonner.

O Dieu, soyez pour nous! Entre ce peuple qui souffre et qui meurt pour la sainte défense de ses foyers, et cette armée au cœur dur, qui tue jusqu'aux femmes et aux petits enfants de ceux qu'elle spolie, décidez, ô Justice souveraine!

O nos soldats, ô nos concitoyens, combattez, combattez avec l'exaltation d'une sainte cause, les profanateurs de votre sol, les meurtriers de vos mères, de vos sœurs, de vos femmes et de vos enfants!

Et si cette bataille est provoquée, non par la présence de nos

armées de secours, mais par une grande attaque des Allemands,
que, du moins, par une héroïque défense, nous fassions payer cher
aux envahisseurs, tout le sang qu'ils ont répandu et qu'ils répandent encore.

Soir. — Toute la journée, la canonnade a été si formidable que,
par moments, on aurait pu croire que nos fenêtres allaient voler en
éclats. Nous avons su positivement, ce soir, que tout ce vacarme
était causé, non par une bataille, mais par un combat d'artillerie
entre nos forts du Sud et nos remparts, d'un côté, et les batteries
prussiennes, de l'autre.

Le bombardement continue avec un redoublement d'intensité.
Jusqu'à présent ce n'était qu'après minuit que nous habitions nos
chambres du nord; mais ce soir, vers sept heures, un obus, dont
nous avons entendu le sifflement, a fait explosion si près de nous
que nous avons dû nous retirer dans la salle à manger. Nous avons
cependant attendu que celle-ci fût convenablement chauffée. Nous
avons préféré nous exposer aux dangers incertains de nouveaux
projectiles plutôt que de subir les maux très certains amenés par
un refroidissement. En pareil cas, nous ne disons pas avec le proverbe populaire : « Un *Tiens* vaut mieux que deux *Tu l'auras*. »

J'ai reçu, ce matin, un mot de M. ***... Pourvu que notre éminent ami ait pu sauver celles de ses toiles qui se trouvaient dans sa
demeure! Pourvu aussi que les obus épargnent, dans nos musées,
les toiles qui ont illustré son nom! Mais hélas! jusqu'à ce jour les
obus ne respectent ni les sanctuaires de l'art, ni les temples chrétiens où nous adorons le Dieu, principe du beau. A pareille époque
autrefois, que de journées heureuses nous passions dans nos
musées! Que nous aimions à nous arracher à notre époque pour
vivre dans la sereine contemplation des œuvres enfantées par le
génie humain! Pour nous alors, il n'y avait d'autre distinction de
race que celle qui caractérisait la manière de nos maîtres. Dans le
domaine de l'intelligence, tous les génies sont frères en Dieu.

Plus de ces joies intellectuelles maintenant. Depuis quatre mois,
nos musées, blindés, nous sont inaccessibles. Et d'ailleurs, aurions-
nous la force d'y aller, nous qui ne pouvons plus même recourir aux
richesses littéraires de nos bibliothèques particulières, nous qui
sommes dévorés par la saisissante actualité!

Combien douce sera la réaction de paix qui nous rendra à la vie
intellectuelle d'autrefois! Et cette vie de l'esprit, comme elle ouvrira

ses larges et purs horizons à ceux-là même qui ne la comprenaient pas! De même que le caractère, l'intelligence s'agrandit par l'épreuve. Ce n'est pas impunément qu'un peuple a été animé pendant quelques mois par le souffle d'un patriotisme qui s'exalte jusqu'au sacrifice, jusqu'au martyre! En se préparant chaque jour à la mort, le Français a appris comment il devait vivre désormais. Ce ne sont plus de frivoles plaisirs qui sauraient le captiver. Et quel charme les tortures de la guerre donneront aux arts de la paix! On l'a déjà rappelé : le siècle de Périclès a suivi l'invasion perse.

Pendant que ma main retrace mes regrets et mes aspirations, la chute des obus écrase lourdement mes beaux rêves et me rappelle que le règne de la force dure encore... ; le règne de la force, et aussi celui d'une autre famine que la famine de l'intelligence... Maintenant on voit se former, devant les boulangeries, les mêmes queues qui s'allongeaient devant les boucheries et les chantiers. Il m'a été dit que, pendant cette dernière nuit si froide et si brumeuse, on attendait, pendant de longues heures, sur la rive droite, le moment où l'on pourrait recevoir le pain quotidien. L'émigration des habitants de la rive gauche paraît surtout avoir causé ce fait si douloureux. Cependant, même dans notre faubourg abandonné, le pain devient rare.

Nous nous attendons à la nuit la plus périlleuse du siège. Il paraît que le bouquet qui sera offert cette nuit à l'empereur d'Allemagne pour célébrer la fête du souverain, sera le grand bombardement de nos malheureux quartiers. Ce sera, en effet, le bouquet... d'un éclatant feu d'artifice! Le sang des femmes et des enfants pourra jeter ses rouges reflets sur nos demeures incendiées : ce tableau, vu de la terrasse de Saint-Germain, serait d'un effet splendide. Mais tant que la mort ne nous aura pas atteints, nous veillerons sur nos foyers, et nous en éloignerons le péril avec l'aide de Dieu !

Qui me dit que la nuit que je vais passer ne sera pas la dernière? Je ne voudrais cependant pas que ma mort fût inutile.

Clarisse BADER.

(*A suivre.*)

LES DERNIÈRES PUBLICATIONS

RELIGIEUSES, PHILOSOPHIQUES, MORALES ET ÉCONOMIQUES

I. *Association chrétienne des honnêtes gens sur le terrain des affaires,* publié par le R. P. Ludovic. (Paris, rue des Lombards, 23. 1 vol. in-12.) — II. *Cursus Scripturæ sacræ : Historica et critica introductio in utriusque Testamenti libros sacros,* auctore Rudolpho Cornely, S. J. (Paris, Lethielleux. 1 vol. grand in-8º.) — III. *La Libre-pensée contemporaine : sa nature et ses principales formes,* par l'abbé J. Canet, ancien professeur de théologie dogmatique. (Paris, Oudin, éditeur. 1 vol. graud in-8º.) — IV. *De Deo disputationes metaphysicæ quas excipit dissertatio de mente sancti Anselmi in Proslogio,* auctore Josepho, M. Piccirelli, S. J. (Paris, Victor Lecoffre. 1 vol. grand in-18.) — V. *Traité de droit naturel, théorique et appliqué,* par Tancrède Rothe, professeur aux Facultés catholiques de Lille. (Paris, Larose et Forcel, éditeurs. 1 vol. in-8º.) — VI. *De l'Eglise et de sa divine Constitution,* par D. A. Gréa, docteur en théologie, ancien vicaire général. (Paris, librairie catholique de Victor Palmé. 1 vol. in-8º.) — VII. *La Charité privée à Paris,* par Maxime du Camp, de l'Académie française. (Paris, librairie Hachette. 1 vol. in-8º.) — VIII. *M. Louis Jacolliot et la Bible dans l'Inde,* par Victor Pitot. (Port-Louis, imprimerie de the Merchants and Planters Gazette. 1 vol. in-8º.)

I

Voici un livre comme il en faudrait beaucoup et comme il en existe malheureusement bien peu : un livre tourné tout entier à l'action et par lequel l'auteur demande à ceux qui le lisent, non point l'assentiment de leur intelligence, mais le concours de leur volonté.

Le volume porte pour titre les paroles suivantes : *Paix aux hommes de bonne volonté. Association chrétienne des honnêtes gens sur le terrain des affaires.*

Encore bien que ce titre ne soit suivi d'aucun nom, tout le

monde sait que le R. P. Ludovic de Besse est l'auteur de cette publication. C'est lui qui est l'inspirateur de cette entreprise et le promoteur de ces idées ; les rapports qu'il publie ont été évidemment dictés par les siens ; et ce qu'il appelle les *Notes théologiques*, lesquelles forment plus de quatre cents pages sur les cinq cent cinquante qui constituent le volume, ce sont, en définitive, les principes mêmes sur lesquels repose tout l'édifice.

· Il est bien à regretter qu'une conception aussi lumineuse en théorie et aussi efficace dans la pratique soit présentée au public sous une forme aussi inachevée, pour ne pas dire aussi incohérente. Le R. P. Ludovic pousse beaucoup trop loin la charité envers son prochain, s'il s'imagine qu'on peut aisément attendre du lecteur, je ne dirai pas l'impartialité requise pour juger ou l'intelligence suffisante pour le comprendre, mais même l'attention et le travail nécessaire pour le bien connaître. L'ignorance profonde de sa doctrine est peut-être le trait qui m'a le plus frappé chez la plupart de ses contradicteurs.

Le Révérend Père aurait probablement grand avantage à reprendre ce volume et à présenter, sous une forme suivie et logique, sans s'attarder aux démonstrations de détail ni à la recherche des autorités, non plus qu'aux froissements de la controverse, les principes sur lesquels reposent les recommandations qu'il prêche et les institutions qu'il organise. Il lui suffirait d'établir dans quelques notes statistiques les résultats auxquels il est déjà parvenu à Angers et à Paris, et les exemples tirés des peuples étrangers qui augmentent sa propre confiance.

Ces vérités théologiques, morales et sociales peuvent se réduire à un petit nombre d'affirmations étroitement liées les unes aux autres.

Le point de départ, c'est que tout travail demandé, tout achat accompli par un consommateur est un avantage pour celui auquel on s'adresse.

Dès lors, pour un chrétien, la liberté des transactions se trouve subordonnée à une obligation interne de la conscience, celle de réserver le travail à ceux qui l'exécutent honnêtement et chrétiennement.

L'achat de l'objet ou la rétribution de la main-d'œuvre constituent un bénéfice net entre les mains de l'ouvrier ou du marchand ; mais il serait possible de lui venir en aide autrement que par l'achat, lequel est, en définitive, la clôture d'une série d'opérations commerciales.

Le crédit constitue entre les mains du producteur ou du marchand un capital efficace. C'est là un appui que les honnêtes gens se doivent entre eux, et les précautions morales deviennent ici une garantie financière aussi solide que la fortune elle-même.

De là l'institution logique du crédit mutuel et populaire, école pratique d'honnêteté qui, dans l'ordre financier, conduit des qualités humaines aux vertus chrétiennes, comme dans l'ordre théorique l'âme va de la raison à la foi.

Cet exposé suffit pour montrer ce qu'une pareille étude aurait d'instructif pour beaucoup de nos contemporains. Elle viendrait au secours de beaucoup de gens qui prennent leurs ignorances pour des objections.

II

Le monde savant et les amis des études théologiques viennent d'être mis en possession d'un volume qui inaugure dignement une entreprise vraiment monumentale. Il s'agit d'un Cours d'Écriture sainte, présenté sous la forme, avec les ressources et les éclaircissements que comportent les progrès et les découvertes de l'histoire et de la critique modernes. C'est la science contemporaine, appelée cette fois, non plus à ébranler par de faux raisonnements et des découvertes incomplètes les témoignages de la tradition, mais, tout au contraire, à montrer dans tout leur jour l'authenticité, la valeur historique et la portée doctrinale des Écritures.

Cette immense entreprise se poursuit sous la direction du R. P. Rudolphe Cornely, professeur d'Écriture sainte au Collège Romain, avec le concours d'un certain nombre de Pères, parmi lesquels il faut citer le R. P. J. Knabenbauer et Fr. de Hummelauer.

L'ouvrage entier, comme on le pense bien, doit commencer par une Introduction historique et critique à l'Ancien et au Nouveau Testament. Cette Introduction comporte elle-même trois volumes grand in-octavo de sept à huit cents pages : le premier renfermant l'Introduction générale à l'Ancien Testament, c'est le volume même que nous avons en ce moment sous les yeux et dont nous allons donner une idée. Le second doit renfermer l'Introduction spéciale à l'Ancien Testament et, par conséquent, raconter l'histoire et marquer le caractère de chacun des livres renfermés dans le Canon. Le troisième comprend l'*Introduction spéciale au Nouveau Testament* et présente le même travail pour les livres qui le constituent.

J'aurais dû peut-être commencer par dire que tout cet ouvrage est écrit en latin, comme il sied à un travail de théologie. A moins que le prêtre ne s'adresse au commun des fidèles, il est toujours infiniment préférable, pour la clarté et pour la diffusion de sa pensée, qu'il s'exprime dans la langue même de l'Église. Il évitera ainsi d'opposer l'obstacle de son propre idiôme au lecteur qui ne le connaît pas. Je sais bien que le livre, s'il a quelque succès et s'il est appelé à faire du bien, ne manquera pas d'être traduit : mais, hélas! comment se font ces entreprises de traductions, et quelle figure le sens du texte primitif finit-il par y faire! Il ne s'agit plus ici seulement d'une nuance littéraire qui serait déjà quelque chose pour le goût, mais de la précision et de l'exactitude théologiques, si absolument nécessaires au point de vue de l'orthodoxie.

Donnons donc, pour les hommes d'étude, le vrai titre du volume dans son texte même.

Historica et critica Introductio in utriusque Testamenti libros sacros, prælectiones quas in Germania, in collegio Beatæ Mariæ Virgi i ad lacum, et Romæ in Universitate pontificia Gregoriana, habebat Rudolphus Cornely, Societatis Jesus, cum approbatione superiorum.

Introductio generalis, sive de utriusque Testamenti canonis, textus, interpretationis historia.

Notre présent volume se compose, après les Prolégomènes, de trois dissertations distribuant le volume en trois parties à peu près égales, et dont chacune forme un véritable tout.

La première dissertation renferme l'histoire du canon des saintes Écritures. Dans les deux premiers chapitres, se trouve l'histoire des livres de l'Ancien Testament depuis l'origine jusqu'à nos jours. Le chapitre troisième présente le même travail pour le Nouveau Testament. Enfin, dans le chapitre quatrième et dernier de cette dissertation, il est traité des livres des Évangiles et des Épîtres apocryphes.

On se permet de penser que cette dissertation traduite en Français et dégagée par une main habile d'une partie de son appareil scientifique, ferait un livre excellent pour les gens du monde sérieux et instruits.

La seconde dissertation, d'une plus haute science encore que la première, renferme une histoire des textes primitifs et de leurs plus anciennes versions, ainsi que la discussion critique de leur autorité. L'auteur passe successivement en revue les différents textes en langue hébraïque et en langue grecque. Il discute la valeur des versions les plus anciennes, soit en grec, soit dans les différents idiomes orientaux. Il en vient enfin à la fameuse version de la Vulgate : il en suit l'histoire jusqu'à notre temps, et il est bien difficile de se montrer plus complet et plus décisif.

C'est à cette partie du volume que se rattachent de curieux spécimens autographiques où sont mis sous les yeux du lecteur des reproductions d'alphabet et des fragments de manuscrits que tout le monde n'a pas l'occasion ni la facilité de voir dans leur original : par exemple, les notes marginales de la propre main de saint Boniface.

La troisième et dernière dissertation traite de l'interprétation des saintes Écritures : en premier lieu, de la méthode herméneutique ; puis de l'exégèse, soit ancienne, soit moderne.

L'auteur conduit son sujet jusqu'à nos jours, et jusqu'à des écrivains qui vivent encore parmi nous, M. Renan, par exemple, dont le scepticisme inconsistant et malsain, est traité comme il le mérite.

J'aime à me figurer un jeune prêtre s'assimilant, par une lecture quotidienne, la forte substance de ce livre, de la même façon qu'il fait chaque jour sa méditation.

III

Si l'ouvrage dont nous venons de parler a sa clientèle toute trouvée parmi les ecclésiastiques et parmi ceux qui font profession de théologie, voici au contraire un livre qui, tout en fournissant des arguments victorieux aux apologistes de la religion chrétienne, paraît écrit aussi bien à l'usage des gens du monde que des prêtres. Il est intitulé : *la Libre-Pensée contemporaine : sa nature et ses principales formes.*

Rien de mieux approprié à l'esprit et aux besoins du temps présent. Il n'est pas possible de comprendre mieux que notre auteur les égarements de la pensée contemporaine.

La Libre-pensée, à force de le répéter, a fini par accréditer, même auprès de certains esprits bienveillants et sensés sur beaucoup d'autres points, cette assertion étrange que la soumission à l'autorité de l'Église dans les matières de la foi, entrave et enchaîne l'exercice normal de l'intelligence ; que, du moment où l'on s'avoue croyant, il fallut renoncer à toute possession et à tout usage de son esprit. En présence de pareilles erreurs, et surtout du crédit qu'elles obtiennent auprès de tant d'âmes ébranlées, c'est un véritable service rendu au public que d'un livre ayant pour conclusion cette assertion triomphante : « La Liberté de pensée n'existe nulle part plus complète qu'au sein de l'Église catholique et n'existe même *logiquement* que là. »

En effet, à un point de vue transcendental, il n'est pas même possible d'imaginer la liberté absolue de l'intellect. Pour que cette indépendance chimérique de l'esprit existât réellement, il faudrait, suivant l'antique doctrine des sophistes, doctrine renouvelée de nos jours, que la vérité n'existât pas, et que tout pût indifféremment être affirmé ou nié. A tout le moins, faut-il se soumettre au principe de contradiction tel que Leibniz l'a défini, et reconnaître cette loi suprême : *que la même chose ne peut pas, tout à la fois, être et n'être pas.*

Les vérités de la révélation ressemblent de tous points aux principes métaphysiques qui dominent et gouvernent l'entendement. Comme les dogmes portent sur des mystères, ils se maintiennent au-dessus de la raison ; et s'ils dépassent l'ordre des vérités auxquelles nous pouvons parvenir par nous-mêmes, ils confirment les vérités naturelles et leur communiquent plus de force en leur ouvrant plus d'espace.

L'auteur a très bien vu et très bien établi que la libre-pensée a pour essence la négation et pour inspiration la haine ; qu'au fond, ce n'est point la revendication d'aucun droit méconnu, mais une révolte effrénée contre les conditions les plus essentielles de la pensée. N'est-il pas bien étrange que ce prétendu effort vers la liberté se résume, dès le premier mot, en une tyrannie ?

La libre-pensée, qui le croirait ? a ses dogmes dont il n'est pas permis de s'écarter, dogmes dont elle n'admet point la discussion. Ce qu'il y a de plus étrange, c'est que, malgré la diversité de ses formes, la libre-pensée en revient toujours au même résultat. C'est sa nature, et en même temps, sa condamnation, d'être réduite à procéder exclusivement par voie de négation. Détruire les grandes vérités qui donnent la raison des choses, les principes consolateurs qui soutiennent les âmes, contester les faits les plus avérés lorsque

ces faits l'embarrassent et refuser toute controverse sur les assertions qu'elle pose en axiomes, c'est bien là la libre-pensée tout
entière : c'est la méthode de destruction appliquée à l'entendement
humain, c'est là l'abaissement que l'on qualifie de progrès.

Ce qui rend ce livre particulièrement vivifiant, c'est qu'il ne se
passe pas tout entier en controverses et en débats purement logiques.
L'auteur a poursuivi la Libre-pensée sous les formes diverses qu'elle
emprunte et l'a accompagnée dans toutes les directions où elle se
propage. Il a voulu, en outre, associer à ce bon combat les plus
illustres des apologistes contemporains. Les citations seules de ce
livre constituent un recueil précieux. Comme la matière est parfaitement classée et divisée, on se trouve dispensé de la tâche un peu
terrifiante de poursuivre sans le quitter ce gros volume. Au contraire, il peut sans inconvénient être abandonné, puis repris, sans
qu'on cesse d'y trouver du charme et d'en tirer du profit,

IV

Un des plus doctes professeurs du collège d'Uzès, où il occupe la
chaire de théologie dogmatique, le R. P. Piccirelli, de la Compagnie
de Jésus, vient de faire paraître un ouvrage considérable intitulé :
*De Deo Disputationes Metaphysicæ quas excipit Dissertatio de
Mente sancti Anselmi in Proslogio.*

Ce livre important, comme l'auteur l'explique lui-même dans un
Avertissement adressé à ceux qui font leur scolastique dans les
maisons de l'Ordre, est destiné à compléter l'enseignement déjà reçu.
Il suppose donc de fortes études, la volonté de les poursuivre, et le
courage de les achever. C'est à dire assez que, dans le temps où
nous sommes, tout le monde, même parmi les lettrés, n'est pas en
mesure d'aborder ces fortes démonstrations et d'en suivre les évolutions logiques de manière à en tirer profit.

Il serait cependant bien utile pour les gens du monde qui abordent avec tant de légèreté et aussi de complaisance les ouvrages
impies de nos sceptiques contemporains, de se convaincre par leurs
propres yeux des secours que la foi apporte au véritable usage de la
raison. Au lieu de cette intelligence défaillante et incertaine qui
cherche sans trouver et affirme sans croire, nous nous trouvons en
face d'un esprit ferme, habitué de longue main à faire le discerne-

ment du vrai et du faux, et habile à appliquer à chaque espèce de vérité l'ordre de preuves qui la confirme.

Le grand mal du temps présent, c'est que les hommes, même dans l'ordre purement humain, ne savent plus ce que c'est que d'affirmer, de s'attacher d'une façon inébranlable à la certitude, d'exclure sans pitié ce qui n'est pas elle, et de tirer, par de puissantes et persévé-rantes inductions, les conséquences les plus lointaines que peut renfermer un principe.

C'est à quoi excelle précisément le R. P. Piccirelli; et il faut avouer que la forme latine ajoute beaucoup de précision et de rigueur à ses raisonnements. La langue française est moins accommodante et plus délicate; elle exige d'une façon absolue que l'écrivain fasse quelque chose pour l'agrément du lecteur. Ce tribut payé au goût littéraire ne laisse pas de divertir les esprits du but principal; et ceux qui savent le latin assez complètement pour en user avec com-modité trouveront, comme nous, un grand charme à ces raisonne-ments où la forme grammaticale, suivant le génie de la langue, est réduite au strict nécessaire.

Il ne paraît pas utile d'insister sur l'analyse de l'ouvrage lui-même : les questions qui se rapportent à l'existence de Dieu, à ses attributs métaphysiques ou moraux, à ses relations avec le monde des âmes et des corps, tant au point de vue de la création que de la Providence, sont partout les mêmes, attendu qu'elles nous sont dictées en même temps par la nature des choses et par l'essence même de notre intelligence. Dans de telles matières, ce qui peut changer, ce ne sont point les problèmes eux-mêmes mais les solutions qui leur sont données, ou encore les méthodes par les-quelles ces solutions sont obtenues et établies, ou enfin les termes mêmes des définitions par lesquelles ces solutions sont résumées et exprimées.

C'est dans cet ordre d'idées seulement que j'oserais, si la possi-bilité m'en était donnée, présenter à notre très docte auteur quelques observations pleines de révérence. Pour ne citer qu'un seul exemple, je lui demanderais pourquoi il a relégué à la quatre-vingt-seizième page et au point premier de la section trois des définitions logiques, lesquelles paraissent très certainement impliquées et appliquées dans les raisonnements qui précèdent. Au reste, je n'attache pas à cette remarque plus d'importance qu'il n'est nécessaire : je croirais même volontiers que la méditation attentive de ces belles pages communique à celui qui en fait une lecture attentive quelque chose de leur précision et de leur puissance logique.

V

Le droit naturel n'est assurément pas, en lui-même, une science nouvelle; il n'y a pas bien longtemps, cependant, qu'il figure d'une façon officielle sur le programme de nos Facultés de droit. Cet enseignement, de date récente, n'a point encore de tradition établie, et les ouvrages où l'on en traite ne laissent pas de présenter un certain charme de nouveauté.

M. Tancrède Rothe, professeur de droit aux Facultés catholiques de Lille, vient de publier le premier volume d'un *Traité de droit naturel, théorique et appliqué.* C'est là, évidemment, le résumé d'un cours complet; et il n'est pas difficile de reconnaître, dans les pages de l'écrivain, l'accent toujours un peu ému du professeur. Ce n'est plus tout à fait cette sévérité de méthode et cette sobriété de parole qui s'impose, quelquefois un peu durement, à l'auteur de profession. Le discours comporte, au contraire, une certaine abondance, un certain luxe de détails; il en résulte pour le style je ne sais quelle physionomie oratoire, laquelle peut avoir son bon et son mauvais côté.

Le livre de M. Rothe a, en particulier, ce très grand mérite, que, ne relevant pas d'un enseignement officiel, il n'a point de ménagements à garder, de réserves à sous-entendre, de doctrines à soutenir.

Ce n'est pas un des moindres honneurs des Universités catholiques, d'avoir pu, sans que personne s'en étonne ou s'en offusque, s'intituler : Établissements d'instruction *libre.* Cette dénomination, universellement consacrée par l'opinion publique, devrait donner à réfléchir à nos adversaires.

Quoi qu'il en soit, notre auteur, sincèrement catholique, n'est point de ceux qui pensent que la lumière doit être mise sous le boisseau, et la religion de Jésus-Christ éliminée des enseignements de la science, sinon des actions de notre vie. Soit qu'il établisse les principes sur lesquels reposeront les déductions de la science, soit qu'il en vienne à ses applications, il met toujours au premier rang les vérités qu'un chrétien est tenu de croire et de pratiquer; il revendique avec fermeté, dans l'ordre social, les droits de l'Église, et donne à ses Canons et à ses Décrets la légitime autorité qu'ils doivent avoir vis-à-vis de quiconque s'honore de porter le nom de catholique.

L'auteur poursuit ses raisonnements avec une telle intrépidité, qu'il semble parfois redouter lui-même de compromettre sa cause par un excès d'ardeur. Il en appelle à sa propre liberté pour ne point engager ses supérieurs dans les revendications qu'il soulève. Si le lecteur jugeait à propos de ne pas toujours le suivre jusqu'au bout, à tout le moins n'éprouvera-t-il pas ce malaise et cette inquiétude dont on est si légitimement obsédé, lorsqu'on voit agiter les plus graves problèmes de la philosophie morale et sociale sans plus entendre parler de Dieu que s'il n'existait pas.

L'auteur use de cette même indépendance en ce qui concerne les questions politiques. Là aussi, il est bien nécessaire de n'avoir pas d'opinions préconçue ou imposées. Il faut absolument, lorsqu'on veut traiter de l'essence de la souveraineté, de son origine et de ses limites, de la constitution et de la transmission du pouvoir, de la monarchie, soit pure, soit représentative, de sa supériorité dans l'ordre social, il faut absolument ne pas se sentir sous la férule d'un ministre inquiet de vous surveiller, jaloux de vous reprendre, et persuadé, avant tout, que vous êtes non pas l'organe de la science, mais l'instrument du pouvoir.

L'ouvrage de M. Rothe ne me semble pas s'adresser exclusivement à nos étudiants actuels. Beaucoup de ceux qui se sont occupés jadis de cette science, doivent s'estimer heureux de pouvoir acquérir ce complément de leurs connaissances. Les gens du monde, eux-mêmes, trouveront dans ce volume la réponse à beaucoup de questions qu'ils se sont très certainement posées, et que le courant habituel des idées modernes ne cesse pas de ramener devant leur esprit.

VI

Le volume intitulé : *De l'Église et de sa divine Constitution*, par dom A. Gréa, docteur en théologie et ancien vicaire général, paraît singulièrement opportun à l'heure présente où le Saint-Père vient de publier sa *Lettre Encyclique sur la constitution chrétienne des États*. Le Souverain Pontife y déclare solennellement que l'Église, « bien qu'elle soit instituée, de sa nature, pour le salut des âmes et pour obtenir la félicité céleste, n'en est pas moins appelée, même dans l'ordre terrestre, à procurer tant et de si grands avantages qu'il n'en faudrait pas attendre d'elle de plus nombreux et de plus importants, si elle était, avant tout et particulièrement, instituée pour veiller à notre prospérité ici-bas ».

On peut dire que le livre de dom Gréa est le commentaire anticipé de cette première phrase de l'Encyclique *Immortale Dei*. L'auteur poursuit un double but : il fait ressortir la solidarité qui unit l'Église, d'une part, à la personne même de Jésus-Christ et à la société angélique ; et d'autre part, à la société humaine et à la destinée des États terrestres. Dans la seconde partie du volume, il expose la hiérarchie de l'Église et les différents degrés dont elle se compose, depuis le Pape, vicaire de Jésus-Christ dans l'Église universelle, jusqu'à l'évêque, chef de l'Église particulière, jusqu'au simple prêtre, jusqu'au diacre, en y comprenant l'étude de l'état religieux et des ordres monastiques.

Le livre dont nous parlons ici, à la différence de quelques-uns de ceux que nous venons d'analyser plus haut, est loin d'être écrit seulement pour les théologiens de profession. Sans doute, en raison de sa science et de sa profondeur, il est fait pour intéresser les plus doctes ; mais j'oserais dire qu'il est destiné plus spécialement aux personnes du monde sérieuses, qui aiment à se rendre compte de leurs idées et qui éprouvent le noble besoin de les pousser jusqu'au bout. L'âme ressent une haute jouissance et un contentement supérieur à suivre, dans son progrès et sa vaste synthèse, cette solidarité qui relie entre eux tous les êtres et les rattache à Dieu par des liens de plus en plus étroits et de plus en plus sacrés. Cette progression grandiose commence avec les relations purement physiques et chimiques qui constituent les rapports des êtres inférieurs entre eux : elle s'étend au commerce des âmes dans l'ordre social et politique ; elle institue enfin la communion des fidèles avec les saints, avec les esprits célestes, avec Jésus-Christ lui-même.

De même que cette immense généralisation peut être suivie par la pensée depuis les êtres les plus humbles de la création jusqu'au Créateur lui-même, on peut, au contraire, se placer pour ainsi dire dans le sein de Dieu et au point de vue de sa toute-puissance, pour montrer comment toute autorité découle de son autorité suprême. Rien de plus intéressant, par exemple, que les chapitres VI et VII du livre Ier : intitulés : *Du pouvoir conféré à la hiérarchie. — Du triple objet de ce pouvoir : magisterium, ministerium, imperium. — Du pouvoir hiérarchique considéré dans ceux qui en sont*

*revêtus ; de sa puissance et de son acte ; de l'ordre, de la commu-
nion hiérarchique, du titre et de l'exercice actuel de la juridiction.*

En partant ainsi du plus haut sommet de la hiérarchie, on arrive
par des déductions successives à en parcourir les différents degrés.
C'est ainsi que le livre II⁰ et le livre III⁰ traitent de *l'Église universelle et de l'Église particulière.* Le livre second contient lui-même
deux parties : la première traite *du chef de l'Église universelle et
de son gouvernement :* la seconde, *du collège épiscopal et des
Évêques coopérant au gouvernement de l'Église universelle sous
leur chef saint Pierre.* En lisant ces pages pleines de science et de
sagesse, j'y trouve comme le commentaire, et comme l'interprétation raisonnée d'un des plus beaux passages de l'Encyclique *Immortale Dei,* que nous citions plus haut :

« Le Fils unique de Dieu a établi sur la terre une société appelée
Église et il l'a chargée de continuer à travers tous les âges le
sublime et divin office que lui-même avait reçu de son Père :
« Comme mon Père m'a envoyé, je vous envoie » (S. Jean, xx, 21.)
« Voici que je suis avec vous jusqu'à la consommation des siècles. »
(Saint Mathieu, xxviii, 20.)

« Donc, de même que Jésus-Christ est venu sur la terre afin que
les hommes eussent la vie et une vie plus abondante. » (Saint
Jean, x, 10), l'Église a même objet et même fin, savoir, le salut
éternel des âmes. Et sa constitution, exactement proportionnée à cet
objet, est telle qu'elle embrasse dans son extension l'humanité tout
entière, et qu'elle n'est circonscrite par aucune limite de temps et
de lieu. Prêchez l'Évangile à toute créature. » (Saint Marc, xvi, 15.)

VII

Le livre de M. Maxime du Camp, intitulé : *la Charité privée à
Paris,* est une de ces œuvres qu'on devrait se faire une obligation
de conscience de connaître. Si Bossuet a dit excellemment qu'il
n'est pas permis d'ignorer le genre humain dans son passé et de
demeurer étranger à son histoire, il est encore bien moins conce-
vable qu'on puisse fermer volontairement les yeux sur ce qui fait
la raison d'être et le salut de notre société contemporaine. De même
que l'ordre et la justice ne sont pas réellement établis et assurés
chez un peuple par les lois mais par les mœurs, de même les
misères sociales ne sont pas soulagées ni guéries par la bienfaisance

publique et légale, mais par la charité privée et le dévouement individuel. Il faut, là comme partout ailleurs, prendre la peine de rechercher, par-delà les éléments apparents de la surface, les causes qui seules expliquent tout.

Paris qui mourrait de ses vices se trouve sauvé par ses vertus, « Il est consolant de savoir », dit M. Maxime du Camp dans son *Avant-propos*, « il est consolant de savoir que, pendant que l'oisiveté parisienne mène le branle des bacchanales, la charité, humblement vêtue, la main ouverte, veille, prie, se prodigue et brille au-dessus de nos sottises, comme un fanal au-dessus d'un abîme..... Je ne puis étudier toutes ces maisons bénies où nul n'a frappé en vain ; j'en choisirai quelques-unes qui peuvent servir de type et d'exemple. Je dirai comment elles ont été fondées, à quel genre spécial d'infortune elles portent secours, à l'aide de quelles ressources elles réussissent à remplir la mission qu'elles se sont imposée et, tout en conservant la discrétion, qui n'est que correcte dans un pareil sujet, je dirai par quels efforts souvent pénibles, parfois rebutants, elles parviennent non seulement à subsister, mais à prospérer, pour le plus grand bien des malheureux. »

Le livre de M. du Camp demeure jusqu'au bout fidèle au programme que l'auteur s'est tracé. On ne sait ce qu'on doit admirer le plus dans cet ouvrage, de l'exactitude et de la précision des renseignements, de l'art avec lequel ces matériaux sont mis en œuvre, ou de la beauté du style partout digne de la pensée. En lisant ces belles pages, on ne se trouve pas seulement instruit de ce qu'on ignore, mais ému de ce qu'on apprend : on éprouve non pas seulement de l'admiration pour ce qui nous est raconté, mais je ne sais quelle émulation et quelle ardeur généreuse, et comme un désir, non pas seulement d'applaudir mais d'imiter de si nobles exemples.

Je sais qu'on ne peut raisonnablement conseiller à personne de devenir un grand écrivain, et sans doute personne n'en a attendu le conseil pour en éprouver l'ambition. Il n'en est pas moins vrai que nous oserions proposer ce livre comme un exemple et un modèle à tant de personnes bien intentionnées qui colligent des documents pleins d'intérêt pour nous les donner dans un style capahle de rebuter les plus intrépides. On se rappelle involontairement à propos d'eux le mot de Labruyère, l'homme qui amasse des matériaux pour faire un livre, et l'homme qui le fait sous sa forme définitive. M. Maxime du Camp a édifié une œuvre durable ; il a élevé un monument digne d'elle à la charité de notre temps : il a été, si l'on veut me passer cette expression ambitieuse mais exacte, l'Homère de cette guerre incessante et courageuse que livre aux misères de l'humanité l'esprit de dévouement et de sacrifice. Il ne serait que juste de ranger ce volume au nombre des lectures de piété, tant il me paraît efficace pour l'élévation des âmes et la satisfaction des cœurs.

VIII

Il nous arrive de l'île Maurice une brochure d'une centaine de pages, intitulée : *M. Louis Jacolliot et la Bible dans l'Inde*, par Victor Pitot. L'auteur appartient à un groupe de jeunes écrivains formant plutôt un essaim qu'une école. Il y a là tous les symptômes d'une grande activité intellectuelle et, comme je l'espère pour eux, d'un sérieux avenir littéraire. Il semble que Bernardin de Saint-Pierre ait porté bonheur à cette Ile de France, chantée dans *Paul et Virginie*. Je trouve dans ces jeunes hommes, à côté d'une initiative qui ne manque pas d'inspiration, une prodigieuse ardeur de s'instruire, un souci réel de l'érudition sérieuse, une fraîcheur de sentiment et de style laquelle ne sent point comme chez nous le métier d'écrivain.

M. Victor Pitot tient un rang des plus honorables dans cette pléiade. Les journaux qui se publient à Port-Louis offrent, aux jeunes auteurs, l'occasion de se produire, et le public y est assez lettré pour suivre, à travers quatre ou cinq numéros, l'analyse et la critique d'un ouvrage sérieux.

Le livre de M. Victor Pitot me paraît offrir une occasion favorable pour faire connaissance avec ce groupe d'écrivains. Ce petit volume est bien fait pour donner une idée avantageuse de leur méthode et de leur style. Je ne me permettrai guère qu'une réserve. M. Pitot me paraît exagérer la valeur littéraire et surtout la valeur scientifique des ouvrages de M. Louis Jacolliot. Cette publication *de la Bible dans l'Inde* n'est pas faite pour donner un grand souci à quiconque possède des connaissances historiques un peu précises, quelque discernement du vrai et une certaine habitude du raisonnement. Si M. Victor Pitot habitait Paris, j'oserais lui recommander d'assister aux conférences que M. Louis Jacolliot donne de temps en temps dans la salle du boulevard des Capucines : il comprendrait

bien vite pourquoi cette érudition n'est pas faite pour tenir beaucoup de place ni obtenir beaucoup d'autorité dàns le domaine de la
vraie science.

Quoi qu'il 'en soit, il faut louer, dans cette petite brochure, la
fermeté de la pensée en même temps que la verve du style, la
conscience et l'exactitude des informations, une érudition aisée et
étendue avec une certaine pointe de raillerie, et même de provoca-
tion, qui ne messied point à la jeunesse. Il serait à souhaiter qu'un
éditeur français donnât cette brochure aux lecteurs de notre pays;
ils y trouveraient tout à la fois du profit et du plaisir.

Il faut, pour aujourd'hui, arrêter ici cette revue. Toutefois notre
tâche n'est pas finie, et je vois sur ma table d'autres volumes qui
appellent notre attention. La production littéraire suit le mouvement de la vie, et il faut s'applaudir qu'elle ne se ralentisse pas. De
même que la pensée ne saurait défaillir dans un esprit, de même les
peuples ne sauraient perdre cette conscience d'eux-mêmes que leur
donnent les littérateurs et les écrivains. Voilà pourquoi la tâche de
la critique est toujours renaissante; et pourquoi, enfin, nous nous
permettons de donner rendez-vous à notre lecteur du présent article
à celui qui doit le suivre.

Antonin Rondelet.

CHRONIQUE GÉNÉRALE

On croirait vraiment qu'il n'y a rien de changé depuis les élections. C'est toujours l'opportunisme qui domine dans les conseils du gouvernement et au sein des Chambres. Le ministère est le même et il semble aussi que la nouvelle Chambre soit la même. L'expiration prochaine des pouvoirs du président de la République, qui tient tout en suspens, la fin de l'année qui, selon l'usage, met une trêve à la politique, enfin l'incertitude où l'on est de la voie à suivre, toutes ces circonstances font que la nouvelle législature semble n'être que la continuation de la précédente. Aucun des hommes nouveaux de la Chambre n'a paru encore, aucun des programmes mis en avant aux élections n'a vu le jour, aucun des projets annoncés n'a reçu le moindre commencement d'exécution. La nouvelle majorité se cherche et le ministère cherche sa majorité. Il y a autant de confusion que d'incertitude. On attend sans savoir ce qui arrivera, sans vouloir rien encore de positif.

La pondération des groupes est aussi une cause de cette espèce de stagnation parlementaire. Jusqu'à ce qu'un élément dirigeant se dégage de la gauche, soit que les opportunistes continuent de dominer, soit que les radicaux prennent la tête, il ne se fera rien dans un sens ou dans l'autre. Les forces proportionnelles des partis à la nouvelle Chambre resteront à peu près ce que les élections les ont faites. La majorité républicaine a renoncé aux invalidations en masse des conservateurs, dont plusieurs de ses membres avaient d'abord eu l'idée. Elle a eu, ou assez de pudeur pour ne pas renouveler le scandale de la coalition des 363 après le 16 mai, ou assez d'intelligence pour ne pas s'exposer à un nouvel affront de la part du suffrage universel. Quel que soit le motif, le parti républicain s'est décidé à accepter en bloc le verdict du pays. Une seule exception a été faite jusqu'ici à cette sage résolution. Contre

toute raison et toute justice la gauche a invalidé les élections de
Tarn-et-Garonne, des élections faites à quatre mille voix de majorité,
et uniquement parce que dans quelques paroisses, les curés usant
de leur droit de citoyens ont plus ou moins pris part à la lutte
électorale. La droite ne s'est pas laissée aller à des représailles.
inutiles. Elle n'a pas voulu s'associer à l'invalidation de l'élection de
Constantine, malgré le faible écart de voix entre les concurrents.
et les plus justes griefs. Mais si condamnables que fussent les faits
qui viciaient l'élection de M. Thomson, ils ne l'étaient pas plus,
comme l'a observé M. de Cassagnac, que tant d'autres qui ont
entaché les élections républicaines et sur lesquels la majorité a
passé condamnation. Ce n'est pas que la droite ait entendu
absoudre les irrégularités et les excès dont le parti républicain s'est
rendu coupable, mais elle a pensé qu'il valait mieux ne donner
aucun prétexte à la gauche d'incriminer des élections beaucoup
plus pures et plus sincères que les siennes.

Quoi qu'il en soit, si l'exemple de la droite fait jurisprudence
pour les quelques élections conservatrices réservées, la droite en
restera à son nombre approximatif de deux cents membres, et la
gauche aura toujours ses deux groupes, à peu près égaux, de cent
quatre-vingts à deux cents membres. Avec cet équilibre des forces,
la situation s'immobiliserait forcément, si l'un des groupes de la
gauche ne prenait pas la prépondérance sur l'autre, ou si le gouvernement n'imprimait pas à la gauche une impulsion décisive. Y a-
t-il lieu d'attendre du ministère actuel cette action directrice sous
laquelle une majorité viendrait se former au sein de la gauche?
Non, et dès le premier jour qu'il a parlé, le ministère s'est convaincu lui-même d'impuissance. M. Brisson a fini par apporter aux
Chambres une déclaration du gouvernement, qui a été la preuve
manifeste de l'insuffisance du cabinet actuel en face d'une majorité
hétérogène, à laquelle il aurait fallu imposer, d'une main forte autant
qu'habile, une politique nettement conçue et vigoureusement définie.
Mais quelle politique pouvait trouver un ministère Brisson?

La déclaration lue par le président du Conseil a été aussi défavo-
rablement jugée par les organes de la gauche qu'elle a été froidement accueillie par les Chambres. Cette pièce qui était censée
rendre la pensée du gouvernement et qui devait, dans son intention,
opérer la concentration des diverses fractions du parti républicain,
a laissé la majorité aussi divisée, aussi incohérente que les élections

l'ont faite. Évidemment, il y a impossibilité de gouverner exclusivement, soit avec le groupe radical, soit avec le groupe opportuniste, et c'est devant cette situation que le cabinet a dû d'abord se placer avant de composer son programme; mais il était plus chimérique encore de former un programme de gouvernement par la juxtaposition de deux politiques contradictoires. C'est précisément ce qu'ont essayé de faire M. Brisson et ses collègues. La déclaration lue aux Chambres est un véritable programme en partie double, dont l'une pourrait convenir aux opportunistes, l'autre aux radicaux, mais qui s'annulent l'une l'autre par leur opposition. Ainsi, avec les radicaux le cabinet constate le péril des entreprises coloniales, avec les opportunistes il proclame l'impossibilité de les abandonner; à ceux-ci il concède que la majorité des Français n'est pas favorable à la séparation de l'Église et de l'État, mais il se hâte de dire à ceux-là que la question n'a été posée que confusément et qu'il convient que le débat soit ouvert et approfondi dans une prochaine session; tout disposé à faire droit aux réclamations de ceux qui veulent que les élections aient pour conséquence une nouvelle épuration du personnel des fonctionnaires de tout ordre et de tout degré, il n'est pas opposé à la manière de voir de ceux qui pensent qu'une pareille opération demande du temps et de la prudence; il proclame, avec les uns, qu'il ne faut plus de déficit, mais il accorde aux autres qu'on ne doit compter ni sur des réformes financières radicales ni sur les réductions de dépenses toutes essentielles. C'est ce programme de *pour* et de *contre*, de *oui* et de *non*, que le cabinet appelle « la recherche des solutions qui unissent ». C'est sur de pareilles bases qu'il se flatte d'opérer la concentration des forces républicaines, d'asseoir son existence. Mais ce n'est pas là un programme de gouvernement, c'est bien plutôt un acte d'abdication. Le ministère montre par là qu'il n'a ni idée, ni volonté, ni puissance pour l'action; qu'il est aussi incapable de donner une direction que de proposer un but, qu'il n'a donc aucune raison d'être.

La chute du cabinet aurait dû suivre immédiatement la déclaration. Mais les circonstances ne comportaient pas une résolution aussi prompte et aussi radicale. On a reconnu les inconvénients d'une crise ministérielle avant l'élection du président de la République. D'un autre côté, il y avait dans la gauche avancée une véritable impatience d'en finir avec un ministère qui répondait si peu à l'attente du parti radical. On a imaginé alors un expédient assez étrange vis-à-vis du ministère : on est venu lui demander d'abréger lui-même son existence. C'était bien là, en réalité, l'objet de la démarche de la délégation envoyée auprès du président du Conseil pour lui demander d'avancer l'époque de la tenue du Congrès. Les membres de la réunion organisée par M. Lockroy n'étaient, en effet, si pressés de régler la question présidentielle, que parce qu'ils étaient plus pressés encore de régler la question ministé- rielle, et avec elle les affaires de leur parti. La réponse évasive de M. Brisson n'était pas pour leur plaire. Le ministère qui doit craindre de ne pas survivre au Congrès, ne peut être aussi désireux que le sont ses adversaires d'en finir avec la vie. Si l'on croit générale- ment que M. Grévy, dont la présence au pouvoir n'est une gêne pour personne, sera réélu, en dépit de certaines intrigues qui avaient pour objet de lui substituer M. Brisson ou même M. Anatole de La Forge, il n'est rien moins que sûr que le ministère reste en fonctions après le Congrès. Son programme a achevé de le discréditer. Autant les radicaux l'ont trouvé insuffisant pour eux, autant les opportu- nistes l'ont jugé incapable de représenter leur politique. On peut le croire définitivement condamné.

Ce n'est pas cependant qu'il puisse être facilement remplacé. Tous les hommes du parti républicain qui pouvaient faire quelque figure de ministres sont usés. M. Ferry a été véritablement le der- nier président de cabinet que la gauche pût produire. Si M. Brisson tombe à son tour, on ne trouvera, pour mettre à sa place, que son collègue, M. de Freycinet. Celui-ci, il est vrai, est capable de devenir un homme nouveau, dans une situation nouvelle; de se faire tout aux radicaux, comme il était tout aux opportunistes. C'est sur lui, sans doute, que l'on compte; à moins que M. Clémenceau lui- même n'obtienne d'ici là les préférences. Le Congrès achèvera de décider du sort du ministère actuel et déterminera la composition du futur ministère. Quelque résistance qu'y mettent M. Brisson et ses collègues, l'opinion se prononce de plus en plus, au sein de la gauche, pour la prompte convocation du Congrès. On en discute même la date. Aura-t-il lieu le 11 décembre, quoique les élections complémentaires de Paris doivent se faire le 14? Faudra-t-il l'ajourner après la vérification des pouvoirs de tous les députés, de manière à ce que tous les départements où les élections n'auront pas été invalidées, y soient représentées? Si on le retarde jusque-là, l'époque de la réunion des deux Chambres ne coïncidera-t-elle pas fâcheusement avec la période des étrennes? Ne vaut-il pas mieux que le Congrès ait lieu plus tôt que plus tard? Le ministère refuse jusqu'ici de fixer une date et se borne à répondre aux impatients que le Congrès aura lieu en son temps.

Pour le moment, la question du Congrès est subordonnée à l'affaire du Tonkin. C'est de là peut-être que viendra le dénouement de la situation. Le ministère a déclaré ne vouloir, en aucun cas, se retirer, avant que le Parlement ait statué sur la demande de crédits pour le Tonkin et Madagascar. Il entend poser là-dessus la question de confiance. Le débat se présente sous des auspices défavorables pour lui. L'élection de la grande commission nommée pour examiner la demande du gouvernement relative aux crédits, a donné l'occasion aux membres de la Chambre de manifester leurs sentiments sur les entreprises coloniales. Des trente-trois membres élus, dont dix appartiennent à la droite, la plupart se sont montrés plus ou moins partisans de l'évacuation du Tonkin. C'est le désaveu de la politique de M. Ferry continuée par le cabinet Brisson. Dans les bureaux, on a peu goûté la solution proposée par M. Brisson de concilier toutes les opinions, en limitant l'occupation au delta du fleuve Rouge, en organisant une administration de fonctionnaires civils et en créant des milices indigènes pour le maintien de l'ordre et de la sécurité. Ce plan n'est point d'une exécution si facile qu'on puisse le considérer comme la fin de l'expédition. Il nous laisserait aux prises avec les difficultés d'une situation troublée pour longtemps, et dont la responsabilité entière nous incomberait, en vertu du traité de Tien-Tsin qui nous oblige, vis-à-vis de la Chine, à garantir la tranquillité dans les provinces limitrophes, et de préserver la frontière du Céleste Empire de toute agression.

C'est maintenant que l'on peut apprécier les résultats de cette funeste politique, qui a subordonné l'expédition du Tonkin aux intérêts électoraux du ministère et de la majorité. L'entreprise a été menée de telle façon, qu'aujourd'hui on ne sait plus quel parti prendre. L'intérêt de la France, l'honneur national, la sécurité des Annamites, nos amis, surtout des missionnaires et des chrétiens, s'opposent à une évacuation immédiate et complète, telle que la voudraient ceux qui estiment que l'expédition a déjà coûté trop cher en hommes et en argent, et qui craignent qu'elle n'aboutisse à une catastrophe; d'un autre côté, la continuation des opérations, l'entretien d'une garnison suffisante pour garder les parties conquises, l'occupation même limitée au delta, soulèvent, à des degrés différents, de si graves objections, ouvrent des perspectives si inquiétantes pour l'avenir, qu'on hésite à voir se prolonger une expédition dont le gouvernement républicain n'a su faire qu'une désastreuse aventure. Le sort du cabinet dépend immédiatement du vote que la Chambre émettra à propos des crédits. Si elle refuse d'accorder les 75 millions demandés pour la suite des opérations, si elle se borne à voter les crédits nécessaires pour la subsistance des troupes, le ministère devra se retirer devant cette marque de défiance.

Et quel serait alors le nouveau ministère? Quel serait le résultat de ce changement de gouvernement? Aurait-on un cabinet opportuniste ou radical, ou, sous le nom de cabinet progressiste, un mélange de l'un et l'autre élément? La chute de M. Brisson et de ses collègues devrait logiquement amener les radicaux au pouvoir. Leur tour est enfin arrivé. C'est à M. Clémenceau à régner. Du reste, la situation l'appelle. Si le cabinet Brisson échappe aux conséquences du vote sur les crédits pour le Tonkin, il évitera difficilement les effets de sa déclaration. M. Brisson a échoué dans sa tentative de fondre deux partis opposés, de concilier deux programmes contradictoires. L'insuccès de cette transaction impraticable entre l'opportunisme et le radicalisme fait le pont à l'extrême gauche. Il fallait ou résister aux radicaux ou leur céder. M. Brisson a rendu leur avènement possible. La crise ministérielle qu'on voulait prévenir en différant les projets et les réformes du radicalisme, y compris l'amnistie, on la provoquait forcément, en n'opposant pas nettement un programme inspiré des doctrines du parti plus modéré et des élections elles-mêmes au programme des revendications radicales.

Si, comme les circonstances semblent l'annoncer, une nouvelle évolution s'accomplit dans le gouvernement au profit des radicaux, il ne manquera pas d'opportunistes pour les suivre. D'elle-même, la République tend à aller à gauche. C'est sa pente naturelle. L'immobilité actuelle ne saurait durer. L'élection du président de la République une fois faite, et le nouveau ministère constitué, le groupe radical réclamera la marche en avant, et les plus violents donneront l'impulsion. Déjà le mouvement se dessine. Dans un récent discours à Dinan, M. Waldeck-Rousseau, ancien lieutenant de M. Gambetta, a montré la voie. Cet opportunisme, prêt à passer au radicalisme, n'est pas de ceux qui croient que les dernières élections doivent arrêter l'essor du parti républicain et le confiner dans les limites étroites de la prudence et de la modération. Il déclare, au contraire, que la situation oblige à prendre les mesures propres à sauver la République. A son avis, si l'on veut mettre la République au-dessus des complots et des compétitions qui s'agitent autour d'elle, il faut préférer à la théorie, à la tradition de la République de 48, généreuse, illusionnée, opposant aux partis qui conspiraient sa perte, les rêves d'une fraternité impossible et la politique du désarmement, celle de la première révolution qui, avant de procéder à certaines réformes, considéra que le premier devoir de ceux qui voulaient la République était de se trouver unis, inébranlables et agissants en face des partisans de la monarchie. M. Waldeck-Rousseau voudrait donc que l'on s'unît au préalable pour reprendre plus efficacement la tradition de 92. Il ne voit qu'une chose, le salut de la République en face de la Monarchie. Cet ancien ministre estime qu' « il y a pour la République un droit supérieur à tous les autres droits : le droit de vivre, et un devoir qui est au-dessus de tous les devoirs, celui de se défendre. » C'est cette théorie du droit supérieur de la République qui a conduit au régime de la Terreur. Va-t-on la reprendre?

Sans doute, on n'ira pas d'un bond aux extrémités. La route des excès et des violences est longue à parcourir. Même si le parti avancé ne prend pas immédiatement la tête, le mouvement s'accentuera. Comme prélude à l'application du programme radical en politique, on avancera dans la persécution religieuse. Sous ce rapport, la déclaration ministérielle ouvre la voie. Même avec le cabinet actuel, on peut aller loin contre le catholicisme. La déclaration lue aux Chambres soulève à nouveau la question des rapports de l'Église et de l'État. Le document ministériel prend prétexte des élections pour accuser le clergé d'avoir jeté dans le pays une division profonde par son immixtion dans la lutte des partis et son hostilité envers la République. Voilà le grief. Comme représailles, le cabinet Brisson n'ose pas encore aller jusqu'à la séparation ouverte, déclarée de l'Église et de l'État, car il lui a fallu reconnaître et avouer que la majorité des Français n'était pas favorable à cette prétendue réforme, mais il annonce des intentions et même des mesures plus hostiles encore que précédemment contre le clergé. Cette fois, le gouvernement parle de défendre énergiquement les droits de la société civile, d'user avec fermeté des moyens que les lois lui donnent contre les entreprises cléricales, c'est-à-dire d'en agir encore avec plus d'arbitraire et de passion dans les affaires religieuses. Cette fois, le gouvernement prépare des projets directement contraires aux immunités et aux libertés de l'Église, tels que l'assujettissement du clergé au service militaire et la nouvelle législation sur les fabriques et les caisses diocésaines que la déclaration annonce.

Ce sera la réponse de la République à l'Encyclique *Immortale Dei*, où Léon XIII a tracé de nouveau et avec une souveraine autorité la règle des rapports de l'Église et de l'État. La France républicaine repousse cette haute et salutaire doctrine de la constitution chrétienne des États, tirée de l'Évangile et recommandée par la pratique des âges chrétiens, doctrine aussi avantageuse à la société civile qu'à la société religieuse. Aux enseignements de l'Église elle préfère les théories de la Révolution, et au lieu de s'inspirer des sages conseils du Pontife pour l'application des principes catholiques à l'état de choses nouveau, elle veut, dans leur logique révolutionnaire, toutes les conséquences de la société moderne. Monument de doctrine, l'Encyclique *Immortale Dei* est en même temps une œuvre de paix et de conciliation. Elle montre une fois de plus que la doctrine catholique n'est incompatible avec aucune forme de gouvernement, avec aucune organisation politique, avec aucun progrès, avec aucun genre de civilisation, avec aucune liberté légitime, et même qu'elle favorise tout ce qui est bon et utile pour la société humaine, et qu'elle est le plus puissant instrument d'ordre, de paix et de prospérité des États. La parole du chef de l'Église a produit une juste émotion qui contribuera, il faut l'espérer, à ramener les gouvernements et les peuples dans la voie d'où les théories du protestantisme et de la révolution les ont fait sortir.

La guerre évitée entre l'Allemagne et l'Espagne par la médiation du Pape est une preuve des avantages que les États peuvent trouver dans les applications de la doctrine catholique au gouvernement de la société civile. Ce haut arbitrage du chef de l'Église était la clef de voûte de l'ancienne république chrétienne des États de l'Europe, La société moderne qui s'est substituée à la chrétienté du moyen âge ne trouvera de stabilité et d'ordre que si elle reconnaît aussi la suprématie morale de la papauté. Sur un point qui intéresse immédiatement la prospérité des États, la Belgique est encore un exemple des avantages du gouvernement chrétien. Ses finances se sont bientôt ressenties de l'avènement des chatoliques au pouvoir.

Dans l'année présente, les dépenses ont été réduites de plus de 13 millions; et pour le prochain budget, on annonce de nouvelles réductions qui donneront un excédent de 3 millions à la place de l'ancien déficit.

Les événements ont suivi leur cours sur les rives du Danube. En quelques jours le conflit qui menaçait d'incendier toute la presqu'ile des Balkans a eu dénouement aussi prompt qu'inattendu. L'insurrection de la Roumélie, qui occupait seule l'Europe au point de vue des droits de la Turquie, est devenue tout à coup une guerre entre la Serbie et la Bulgarie. Pendant que la Bulgarie cherchait à s'unifier sous l'autorité du prince Alexandre de Battenberg, pour mettre à profit le coup d'État de Philippopoli, la Serbie se croyant menacée par la nouvelle organisation, ou plutôt envieuse de la suprématie que la Bulgarie allait prendre, a fait subitement irruption sur le territoire bulgare. Tel était l'élan de cette entrée en campagne, que l'on a pu croire qu'une semaine suffirait à l'armée serbe pour entrer à Sofia, sous la conduite du roi Milan. Mais les choses ont bien vite changé de face. Après leurs succès, dus à la promptitude de l'attaque, les troupes serbes battues, et manquant de tout, ont été rejetées au-delà de la frontière, et peu s'en est fallu que ce fût le prince Alexandre qui entrât à Nisch. L'abdication du roi Milan mettra fin sans doute à cette lutte entre peuples de même race, dont un vain amour-propre national voulait d'abord la continuation. Tout au moins un armistice viendra-t-il permettre de négocier la paix. La Grèce cependant continue ses armements, comme si elle voulait profiter du conflit bulgaro-serbe pour s'accroître encore aux dépens de la Turquie. De son côté, la conférence de Constantinople n'est pas encore tout à fait d'accord sur le moyen de rétablir l'ordre au milieu de ces petits peuples, que la Turquie ne pourra contenir qu'autant qu'il n'y aura pas en face d'elle quelque grande puissance intéressée à soulever de nouveau l'éternelle question d'Orient.

A l'autre extrémité de l'Europe, des troubles d'un autre genre menacent l'Espagne. La mort de son jeune roi arrive dans des circonstances peu favorables à la paix de l'État. L'avènement d'Alphonse XII au trône ne pouvait supprimer les titres et les espérances de don Carlos. Pour le parti resté fidèle à la cause légitimiste, le gouvernement précaire de la régente offre une nouvelle occasion de revendiquer les droits de l'héritier des Bourbons d'Espagne. A

Madrid, on voit déjà les carlistes s'armer dans le Nord, pendant que les républicains se soulèveraient dans le Midi. C'est plutôt des républicains que la régence aurait à craindre une insurrection en ce moment. Partagés entre ces deux craintes, les partisans de la monarchie constitutionnelle ont pensé qu'il fallait faire trêve à leurs divisions pour s'unir contre le danger commun. C'est dans cette pensée que le ministère Canovas del Castillo s'est empressé de donner sa démission, à la mort du roi, et qu'un nouveau cabinet a été constitué sous la présidence de M. Sagasta, chef de la gauche dynastique. Les conservateurs se sont retirés devant les libéraux, pour éviter les républicains. C'est toujours le même système de compromis, qui, en Espagne, moins qu'ailleurs, réussira à garantir le trône contre les entreprises du parti républicain. Ce serait un sort bien déplorable pour l'Espagne, si aux fléaux des tremblements de terre et du choléra qui viennent de tant l'éprouver, s'ajoutaient encore les maux de la guerre civile. Mais si Alphonse XII avait gouverné plus sagement, l'Espagne aurait-elle à compter avec l'éventualité qui peut la faire si promptement passer d'une Monarchie constitutionnelle libérale à la République?

Arthur LOTH.

MEMENTO CHRONOLOGIQUE

9 *novembre*. — En présence de l'opposition que la lettre de M. le comte de Mun à M. Belizal rencontre de la part de certains catholiques, cet honorable député adresse la lettre suivante à M. Eugène Veuillot :

« Paris, 9 novembre 1885.

· « Monsieur le Rédacteur en chef,

« Afin de ne pas soulever une division entre les catholiques, je renonce à donner suite au projet d'organisation que j'avais annoncé par ma lettre au vicomte de Belizal.

« Veuillez agréer, Monsieur le Rédacteur en chef, l'assurance de mes sentiments les plus distingués.

« A. DE MUN. »

S. Em. le Cardinal Lavigerie publie deux bulles du Pape, qui portent le rétablissement du siège primatial de Carthage et supprime le vicariat apostolique de Tunis.

Le titre de vicariat apostolique de Carthage est et demeure supprimé et sera remplacé par celui d'*archidiocèse de Carthage*.

L'église métropolitaine sera provisoirement Saint-Louis.

Une basilique, commencée à Carthage, servira plus tard de métropole.

Le nouveau diocèse de Carthage est divisé en trois archidiaconés :

1° L'archidiaconé de Carthage, qui comprendra la partie s'étendant entre la mer et les chemins de fer de la Goulette à Tunis et de Tunis à la frontière algérienne.

2° L'archidiaconé de Tunis, qui comprendra la ville de Tunis et sa banlieue, et le territoire situé entre le chemin de fer de Tunis à la frontière algérienne, la mer et la route de Sousse à Kairouan.

3° L'archidiaconé de Ruspe, comprenant le territoire situé entre le chemin de Sousse à Kairouan, la frontière tripolitaine et la mer, et les îles adjacentes.

Le *Journal officiel* publie deux décrets nommant M. Gomot, député du Puy-de-Dôme, ministre de l'agriculture, et M. Dautresme, député de la Seine-Inférieure, ministre du commerce.

Mort de Mgr Castillon, évêque de Dijon.

Le Conseil municipal de Paris continue la série de ses exploits. Aujour-d'hui, la majorité radicale de ce conseil adopte un ordre du jour visant la *prétendue* attitude antirépublicaine de certains agents de police, à l'occasion des faits qui se sont passés devant les bureaux du journal le *Gaulois*, les 5 et 6 octobre derniers, et revendiquant pour le Conseil le contrôle de la police municipale.

10. — Rentrée des Chambres. La Chambre des députés est présidée par M. Blanc, doyen d'âge. Les secrétaires, désignés comme étant les plus jeunes de l'Assemblée, sont : MM. Gaudin et Abbatucci, de la droite; Jaurès, Laguerre, Hubbard et Crémieux, de la gauche.

Le président d'âge prononce un long discours dont voici le résumé :

Si la France a déclaré une fois de plus qu'elle veut être fidèle à la Répu-blique, elle a, d'autre part, fait entendre de sages avertissements. On avait recommandé de suivre une politique d'apaisement; cette œuvre d'entente et de conciliation est accomplie. Mais pour qu'elle produise tous ses fruits, il faut que les républicains se constituent en une majorité solide pour soutenir un gouvernement fort et énergique.

Le président recommande ensuite de concentrer les travaux de la Chambre sur les affaires du pays, de réformer l'administration, de la simplifier dans ses rouages, d'épurer son personnel, en un mot, de marcher en avant et de faire de la République un rempart invincible contre toutes les tentatives qui pourraient se produire. Il termine son discours par quelques mots sur le Tonkin et les expéditions lointaines.

Après ce discours, M. Floquet est élu président provisoire, et MM. Anatole de la Forge et Blanc sont nommés vice-présidents.

M. Floquet prend place au fauteuil et remercie, en quelques mots, ses collègues du témoignage de confiance qu'ils viennent de lui donner.

Au Sénat, M. le Royer fait l'éloge des sénateurs décédés dans l'intervalle des deux sessions, puis M. Fresnau dépose un projet de résolution relative aux réformes à introduire dans l'achat des fournitures militaires. Le Sénat procède enfin au tirage au sort de ses bureaux, règle son ordre du jour et s'ajourne à lundi.

11. — La Chambre se réunit dans ses bureaux et reçoit communication des dossiers électoraux. Les protestations sont nombreuses, mais la plupart d'entre elles n'ont pas un caractère sérieux.

La question bulgare se complique de nouveaux et graves incidents. Les patrouilles serbes et bulgares se tirent des coups de fusil. A la suite d'une rencontre, les Serbes cherchent à envelopper les Bulgares dans les environs de Trune et pénètrent sur le territoire bulgare.

12. — La Chambre des députés valide les députés de 57 départements, soit 386 députés, et s'ajourne à demain.

Toujours le déficit. — De l'état des recouvrements des impôts pendant le mois d'octobre et les dix premiers mois de l'exercice courant, il résulte que le rendement des impôts et revenus indirects n'a été que de 205,961,000 fr., au lieu de 212,580,900 francs. Le résultat en *diminution* des recouvrements est donc de 6,619,300 francs pour le mois d'octobre et de 26,510,300 francs pour les dix premiers mois de l'année.

L'*impôt* sur le revenu des valeurs mobilières présente également une diffé‹ rence en moins de 2,304,500 francs.

La diminution des *recettes* de l'octroi s'élève à la somme de 4,211,713 fr. 03, sur la période correspondante de l'année dernière.

13. — Le *Journal officiel* publie un décret convoquant les électeurs du département de la Vendée pour le 6 décembre prochain, à l'effet d'élire un député en remplacement de M. de la Bassetière, décédé.

Suite de la vérification des pouvoirs à la Chambre des députés. Sont déclarés élus les députés des départements de la Marne, de la Vienne, du Jura, du Morbihan, des Vosges, de l'Aube, de Saône-et-Loire, de l'Hérault et du Puy-de-Dôme, ce qui porte à 442 le nombre des députés admis.

M. Floquet en prend occasion pour demander que la Chambre procède à la nomination de son bureau définitif, mais comme elle n'est pas en nombre, on renvoie cette nomination à demain.

14. — Réunion plénière des députés de la droite, à l'effet de décider ce que fera la minorité de droite pour la nomination du bureau définitif de la Chambre.

L'ordre du jour suivant est adopté à l'unanimité :

« Les députés des droites, réunis en assemblée plénière, considèrent comme leur premier devoir, au lendemain des élections, d'affirmer leur volonté commune de consacrer leurs efforts et tout leur dévouement à la défense des intérêts généraux du pays, au relèvement de ses affaires. Ils proclament leur résolution de poursuivre dans la Chambre la politique d'étroite et patriotique union qui a été la base de leurs programmes électoraux et la cause déterminante de leurs succès. »

La Chambre des députés procède à la nomination de son bureau définitif. M. Floquet est élu président *sans concurrent* par 348 voix. Les vice-présidents élus sont : MM. Anatole de la Forge, Ernest Lefèvre, Deville et Bugot. MM. Bovier, Lapierre, Dutailly, Brousse, Étienne, Thiessé, Compayré, de la Billiais et Benazet (ces deux derniers conservateurs), sont nommés secrétaires. MM. Madier de Montjau, Margaine et Martin Nadaud, questeurs de l'ancienne Chambre, sont réélus.

Les élections du Loiret et de la Meuse sont validées.

De graves nouvelles arrivent d'Orient. La Serbie déclare la guerre à la Bulgarie. Voici le texte du télégramme que le roi Milan de Serbie a adressé au chargé d'affaires serbe, à Sofia :

A M. Ranghabé, agent diplomatique grec, chargé des intérêts serbes à Sofia.

« Le commandant de la 1re division et les autorités de la frontière annoncent simultanément que les troupes bulgares ont attaqué aujourd'hui (le 13), à sept heures et demie du matin, les positions qu'occupe un bataillon du 1er régiment d'infanterie sur le territoire serbe, dans les environs de Vlassina.

« Le gouvernement royal regarde cette agression non motivée comme une déclaration de guerre, et je vous prie de notifier à M. le ministre des affaires étrangères de Bulgarie, que la Serbie, en acceptant les conséquences de

cette attaque, se considère comme étant en état de guerre avec la principauté de Bulgarie, à partir de samedi, à six heures du matin.

« A la suite de cette déclaration, les Serbes ont franchi la frontière de
Bulgarie à Tsaribrod, Klissura et Bregova. De vifs combats ont eu lieu à Turn
Blasinia et sur la route de Kustendil. Il y a eu beaucoup de morts et de
blessés. »

16. — Le grand événement du jour est la déclaration ministérielle lue aux
Chambres. Cette déclaration traite de la nécessité de l'union républicaine,
de la crise générale et du déficit, des nouveaux impôts, de la politique coloniale, de la question religieuse, de questions économiques, et tout cela sans
satisfaire aucun parti.

C'est la déclaration d'un croque-mort, dit l'un ; c'est un aplatissement
général, murmure l'autre ; tous sont mécontents, opportunistes, radicaux et
conservateurs.

M. Floquet prononce aussi son discours d'installation au fauteuil prési-
dentiel. C'est court, on se réserve pour M. Brisson.

Au Sénat, M. Brisson répète sans plus de succès ce qu'il a dit à la Chambre
des députés. Ce n'est pas une déclaration, s'écrie un sénateur de la droite,
c'est une complainte ministérielle.

Le Journal officiel signale un mouvement préfectoral dans les Alpes-Maritimes, la Haute-Garonne, la Loire-Inférieure et Seine-et-Oise.

Les Serbes, après un combat acharné, tournent les positions des Bulgares
qui se concentrent à Stionitza.

17. — Le Journal officiel publie un décret convoquant, pour le 13 décembre
prochain, les électeurs du département du Gard et de la Seine, par suite des
options de MM. Madier de Montjau, Clémenceau, Brisson, Floquet, Georges
Perin, Henry Maret et Paul Bert.

Le ministre de la guerre reçoit du général de Courcy la dépêche suivante :

« Hanoï, 16 novembre.

« Les troupes du général Jamont, après la prise de Than-Moï, ont occupé
plusieurs points entre le fleuve Rouge et la rivière Claire ; elles descendent
maintenant le Day pour chasser des deux rives de ce fleuve les pirates qui
s'y étaient établis. D'autre part, le général de Négrier mène vigoureusement
les opérations militaires en vue de la complète pacification du Delta. Les
partis rebelles sont traqués simultanément par de nombreuses colonnes ; chaque
jour de petits engagements ont lieu. Tous les points attaqués sont préalablement entourés et réduits par le feu ; les attaques de front sont ainsi
évités et, grâce à cette précaution, nos pertes sont insignifiantes, tandis que
celles des pirates sont au contraire très considérables. Aussi, une grande
panique règne-t-elle parmi eux ; de nombreuses offres de soumissions m'arrivent et les indigènes, se joignant d'eux-mêmes à nous, leur font des prisonniers et nous les livrent.

« Nos troupes sont pleines d'entrain, bien que ces opérations soient très
pénibles pour elles, des digues ayant été rompues en plusieurs endroits par
les rebelles pour inonder le pays. »

Réunion des gauches radicales. — Cette réunion a pour but de décider : 1° qu'il y a lieu de déléguer plusieurs de ses membres auprès du gouvernement, afin de lui demander d'avancer l'époque de la réunion du Congrès pour l'élection du président de la République ; 2° de demander à la réunion plénière de faire connaître son sentiment sur la déclaration ministérielle. Après une discussion assez vive à laquelle prennent part MM. Rochefort, Laisant, Peytrol, Pelletan et Clémenceau, la majorité écarte provisoirement la question de la crise ministérielle et n'adopte que la résolution relative à l'élection du président de la République.

Le Sénat adopte le projet de loi relatif à l'exécution du canal du Havre à Tancarville, ajourne la discussion du projet d'aliénation des joyaux de la couronne et valide finalement l'élection de M. Jules Guichard, dans l'Yonne.

L'armée serbe obtient de brillants succès en Bulgarie. Si l'on en croit les télégrammes reçus à la légation de Serbie, les Bulgares seraient battus sur toute la ligne avec des pertes sérieuses et de nombreux prisonniers.

Solution de la question des Carolines. — Le Saint-Père rend sa décision sur la question des Carolines. Léon XIII constate les droits historiques de l'Espagne sur les Carolines, à charge par l'Espagne d'offrir à l'Allemagne certains avantages spéciaux dans l'archipel.

18. — Les persécutions contre les chrétiens continuent dans l'Annam. Deux missionnaires français, le P. Barrat et le P. Dupont viennent encore d'être massacrés par les Annamites dans la province de Khanh-Hoa. Un autre missionnaire a pu s'échapper, après avoir été gravement maltraité.

Un navire allemand chargé de munitions de guerre, de fusils, de poudre et revolvers à destination du Tonkin pour les Pavillons-Noirs vient d'échouer à la pointe Gris-Nez.

Les Serbes éprouvent un grave échec dans leur attaque de Slivnitza, l'armée bulgare, commandée par le prince Alexandre en personne, repousse non seulement le double choc de l'ennemi sur ses deux flancs, mais encore prend l'offensive, poursuivant les Serbes à une distance de plusieurs kilomètres et leur faisant subir des pertes sérieuses.

Une communication officielle de la légation de Serbie annonce que les troupes serbes sont entrées à Bresvick, où elles se sont emparées de huit canons, et que les troupes bulgares de Widdin sont complètement désorganisées et dispersées.

La Porte répond aux télégrammes du prince Alexandre de Bulgarie en rejetant la responsabilité des événements actuels sur les fauteurs de l'insurrection, et elle promet que le gouvernement turc prendra en considération la demande du prince si celui-ci rétablit le *statu quo ante.*

La Porte répond également à la Serbie qu'elle se déclare satisfaite de l'assurance que donne la Serbie qu'elle n'a aucune intention hostile contre la Porte.

Arrivée à Paris de M. de Brazza, le courageux chef de la mission française au Congo. Il est reçu à la gare d'Orléans par des délégations de toutes les sociétés de géographie qui l'accueillent aux cris de : *Vivent de Brazza et ses collaborateurs !*

19. — M. Brisson saisit le Conseil des ministres de la question de la

réunion du Congrès qui doit procéder à l'élection du Président de la République. Après discussion, le Conseil décide que la date de cette réunion ne peut être fixée avant le vote des crédits dont la demande sera déposée samedi, et qui sont nécessaires au service de l'exercice 1886, c'est-à-dire que le ministère Brisson veut provoquer un vote de confiance avant de s'engager plus loin.

La Chambre des députés valide les élections de l'Ain, de l'Indre, de la Haute-Saône, d'Ille-et-Vilaine, des Basses-Pyrénées, de l'Eure et de la Nièvre, et sur la demande de M. Andrieux, elle ajourne l'élection du département de Constantine.

Le Sénat s'occupe de la proposition de loi tendant à l'abrogation des lois conférant aux fabriques des églises et aux consistoires le monopole des inhumations. Après une discussion à laquelle prennent part MM. Garrisson, Georges Martin et Allou, trois contre-projets de MM. Allou, Martin et Bozérian sont renvoyés à la Commission.

Ouverture du Parlement allemand. Le discours du trône annonce que, grâce à la médiation du Pape, il y a lieu d'espérer qu'un compromis aplanira sous peu le différend relatif à la possession des îles Carolines d'une façon conforme aux relations amicales de l'Allemagne et de l'Espagne.

Le discours du trône fait en outre ressortir le caractère amical des relations que l'Allemagne entretient avec tous les gouvernements étrangers. L'empereur exprime enfin le ferme espoir que la lutte engagée entre les États des Balkans ne troublera pas la paix qui règne entre les puissances européennes.

Les troupes anglaises s'emparent de Minhla en Birmanie et continuent leur marche sur la capitale du roi Thi-Bau.

Les Bulgares repoussent une nouvelle attaque des Serbes à Slivnitza.

20. — Le *Journal officiel* publie la nomination dans la Légion d'honneur de M. l'abbé de Bonde, aumônier militaire au Tonkin, et de la sœur Marie de la Croix, supérieure des sœurs de l'ambulance d'Haïphong. Ainsi les sœurs que l'on expulse des hôpitaux en France sont décorées au Tonkin.

21. — Malgré la décision de la sous-commission, la majorité de la Chambre des députés, après avoir entendu MM. Salis et Paul Bert, invalide les élections de Tarn-et-Garonne, sous le spécieux prétexte que le clergé s'est immiscé dans les élections. Les élections du Lot sont validées.

Le ministre des finances dépose un projet de loi portant ouverture d'un crédit de 79 millions pour les opérations du Tonkin et de Madagascar. La Chambre renvoie cette demande de crédits à une commission composée de 33 membres.

22. — La conférence européenne réunie à Constantinople décide l'envoi d'un commissaire en Roumélie. Tout fait croire que le bruit que l'on a fait autour de cette question se terminera en définitive par le rétablissement de l'ancien état de choses dans la Roumélie orientale.

Une nouvelle grève d'ouvriers tisseurs éclate à Saint-Quentin, à la suite d'une décision des patrons abaissant les salaires. Des manifestations bruyantes et hostiles ont lieu dans les rues.

La police et la troupe sont obligées d'intervenir pour protéger les usines contre l'invasion des manifestants. Ces derniers, dans une réunion tenue le soir, décident qu'ils ne reprendront pas leur travail lundi.

23. — Malgré les faits graves relevés par M. Andrieux contre l'élection du département de Constantine, après avoir entendu la réplique de M. Thomson et celle de M. Paul de Cassagnac qui se réserve d'interpeller à son heure le gouvernement sur la scandaleuse pression officielle qui a marqué le scrutin du 18 octobre, la majorité de la Chambre valide les élections de Constantine, puis celles des Côtes-du-Nord et s'ajourne à jeudi.

La mortalité au Tonkin. — Depuis le mois de juin jusqu'au mois d'octobre, *plus de 2000 militaires ont succombé à des blessures ou aux maladies. Un millier environ sont morts du choléra.*

24. — Election dans les bureaux de la Chambre de la commission chargée d'examiner la demande de crédits pour le Tonkin et Madagascar, déposée samedi par le gouvernement.

Sur 33 membres dont se compose cette commission, 26 sont opposés au projet du gouvernement; sept seulement lui sont favorables. *Gare au ministère Brisson!*

M. Le Royer annonce au Sénat la mort de M. Hamille, sénateur du Pas-de-Calais.

Le Sénat approuve successivement :

1° Le traité de commerce conclu entre la France et la Birmanie ;

2° Un projet interdisant la pêche aux étrangers dans les eaux territoriales de France et d'Algérie ;

3° Une convention passée avec la Compagnie des chemins de fer de l'Ouest pour l'exécution à voie étroite de divers chemins de fer ;

4° Un projet relatif au taux de l'intérêt de l'argent.

Un télégramme officiel reçu par la légation de Serbie à Paris confirme la nouvelle victoire des Bulgares et annonce le bombardement de Widdin par les Serbes, sans résultat connu.

25. — La grande nouvelle du jour est la mort du roi d'Espagne, Alphonse XII. Marie-Christine, sa femme, est nommée régente pendant la minorité de sa fille, Christine, âgée de cinq ans.

Le ministère Canovas lui remet sa démission, tout en continuant jusqu'à nouvel ordre d'expédier les affaires.

Sur l'invitation qui lui a été faite par le corps diplomatique accrédité à Belgrade, le roi Milan donne l'ordre à son armée de repasser la frontière serbe.

26. — La Chambre des députés valide l'élection des Ardennes; M. de Mackau demande alors au gouvernement que, pour assurer les droits de la souveraineté nationale, la convocation du Congrès n'ait lieu qu'après le remplacement des députés invalidés de Tarn-et-Garonne.

M. Brisson *daigne répondre* que le gouvernement n'a pas encore pris de décision sur la date de la convocation du Congrès et que, d'ailleurs, il n'existe aucun lien entre les deux questions.

M. Alype se plaint du retard apporté à la proclamation du recensement général des votes dans l'Inde française. Le ministre de la marine lui répond.

M. René Brice interpelle alors le ministère sur les acquisitions de blés

étrangers par les fournisseurs de l'armée. Il demande aux ministres de la
guerre et de la marine d'exclure des adjudications les produits étrangers.

Après une discussion à laquelle prennent part MM. Cavaignac, le marquis
de Roys, Jean-Casimir Périer, Laur, Tiessé, Yves Guyot et de Cassagnac, la
Chambre vote l'ordre du jour suivant :

« La Chambre, convaincue de la nécessité de réserver à l'agriculture
nationale les fournitures de l'État, considérant en outre que les propositions
présentées au nom de la commission d'initiative, ont pour objet de régle-
menter ces achats, passe à l'ordre du jour. Voilà la question enterrée. »

27. — Le *Journal officiel* publie le décret de convocation des électeurs de
Tarn-et-Garonne pour le 20 décembre, à l'effet de procéder à de nouvelles
élections législatives.

La commission des crédits pour le Tonkin et Madagascar entend MM. Brisson, de Freycinet le général Campenon et l'amiral Galiber, et leur pose des
questions chacun en ce qui les concerne.

Voici, en résumé, la substance des déclarations faites par le gouvernement :

1° Le gouvernement ne veut pas continuer la politique coloniale du ministère Ferry ;

2° Il ne peut pas encore évacuer le Tonkin ;

3° Pour lui, l'évacuation offre autant d'inconvénients que l'occupation ;

4° Il faut réduire l'occupation autant que possible ;

5° Il faut organiser le protectorat en prenant Hué pour centre ;

6° L'organisation doit être à la fois militaire et civile. L'organisation
militaire comporte la réduction prochaine de notre effectif par l'organisation
des troupes indigènes.

En ce qui concerne l'organisation civile, elle doit porter sur la perception
des impôts et l'administration de la justice.

Quant aux avantages matériels que l'on pourra retirer des produits des
douanes, de la régie, de l'opium, etc., etc., le gouvernement déclare *nettement* qu'il ne peut exprimer autre chose que des *espérances*. Il n'y a certes
pas là de quoi rassurer les contribuables.

Les Bulgares entrent en Serbie, ils s'avancent jusqu'à 5 kilomètres de
Pirot, la ville serbe la plus rapprochée de la frontière et, après un
combat acharné, enlèvent une partie des positions de leurs adversaires.

L'Encyclique résumée.

L'*Unità cattolica* résume, comme en un *schema*, l'Encyclique *Immortale Dei*.
Cette Encyclique, dit-elle, peut se diviser en quatre chapitres :

1° Principes de la société chrétienne ;

2° Principes de la société révolutionnaire ;

3° Absurdité des principes de la société révolutionnaire ;

4° Conduite des catholiques dans les temps présents.

CHAPITRE I. — LES PRINCIPES DE LA SOCIÉTÉ CHRÉTIENNE.

La souveraineté vient de Dieu.

Sous n'importe quelle forme de gouvernement, Dieu est le chef suprême.

Les princes sont les représentants de Dieu, et ils doivent gouverner pater-nellement.

La religion est une obligation pour la société comme pour les individus.

L'athéisme est un crime aussi bien dans les gouvernements que dans les personnes privées.

Les gouvernements doivent embrasser la vraie religion, et la vraie religion est celle qui est démontrée par les prophéties, par les miracles, par les martyrs, par sa propagation religieuse.

La vraie religion se trouve seulement dans l'Église catholique.

L'Église est une société parfaite, indépendante, qui a droit à une pleine liberté.

Les deux pouvoirs (le spirituel et le temporel) sont ordonnés par Dieu, et ils peuvent et ils doivent marcher d'accord.

Leurs droits résultent de la fin diverse, spirituelle pour l'un, temporelle pour l'autre, pour laquelle ils sont institués.

La société chrétienne, admirablement organisée, honore les princes, sanctifie la société domestique, défend la société politique, unit les hommes par les doux liens de la charité.

Les peuples ne peuvent être heureux, autant qu'il est possible d'être heureux ici-bas, que dans une société chrétienne.

L'Europe chrétienne a été couverte de gloires.

CHAPITRE II. — PRINCIPES DE LA SOCIÉTÉ RÉVOLUTIONNAIRE.

La réforme du seizième siècle s'est levée contre la religion chrétienne; elle s'est introduite ensuite dans la philosophie, puis dans la politique, et elle a bouleversé le monde avec le *droit nouveau.*

Elle a établi l'égalité, l'indépendance, la liberté de penser, la volonté populaire, le prince simple mandataire, l'athéisme social, le gouvernement de la multitude, la liberté de la presse.

Condition de l'Église dans cette société :

L'Église n'est considérée que comme une société ordinaire; mépris de ses lois; son exclusion de l'enseignement; envahissement de sa juridiction; vol de ses biens; violation des concordats; séparation de l'Église et de l'État; persécution ouverte; spoliation du pontife; menaces de destruction.

CHAPITRE III. — ABSURDITÉ DE CES PRINCIPES.

Absurdité de la souveraineté populaire, de l'athéisme d'État et de l'indifférence religieuse, de la licence de la presse et des opinions.

Dangers de la séparation de l'Église et de l'État.

Conséquences de l'asservissement de l'Église.

Condamnation de la séparation de l'Église et de l'État, prononcée par Grégoire XVI dans l'Encyclique *Mirari Vos*, et par Pie IX dans l'encyclique *Quanta Cura* et le *Syllabus.*

CHAPITRE IV. — CONDUITE DES CATHOLIQUES.

Aucune forme de gouvernement ne répugne au catholicisme; il peut vivre sous tous les gouvernements.

L'Église ne condamne pas la liberté.

Quand c'est nécessaire, l'Église tolère la liberté des cultes.

Elle ne force personne à croire.

Elle accepte le vrai progrès.

En conséquence de ces maximes, les catholiques doivent suivre les règles suivantes :

1° Dans les *opinions* : s'en remettre au jugement du Saint-Siège pour ce qui regarde les libertés modernes ;

Sous un gouvernement mauvais, souffrir les actes, détester les principes, *i principii.*

2° Dans les *actes* : dans la vie *privée :* vivre en catholiques, aimer l'Église, la défendre et la propager ;

Dans la vie *publique :* concourir aux élections administratives et à la formation des municipes.

Il est utile et bon de concourir aussi aux élections politiques, excepté en certains endroits.

On peut prendre part au gouvernement, en cherchant à l'améliorer.

On doit se glorifier d'être catholique.

Il faut marcher d'accord, obéissant au pape et aux évêques, ferme dans les doctrines catholiques, et tempéré dans la discussion des opinions libres.

Les principes du *naturalisme* et du *rationalisme* ne sont pas des principes catholiques.

On ne peut pas avoir une conduite dans la vie privée, et une autre conduite dans la vie publique.

Il est permis de n'être point d'accord, *si puo disputare* sur la forme du gouvernement et sur l'organisation de l'État.

On ne doit pas traiter de non catholiques ceux qui ne sont pas d'accord avec nous dans les choses discutables.

Avis particulier pour les journalistes catholiques : ils doivent combattre unis, oublier le passé, effacer les vieilles offenses par une plus grande charité; aider l'Eglise à propager la foi, se rendre utiles à la société civile en repoussant les doctrines pernicieuses.

28. — Le *Journal officiel* contient un mouvement préfectoral important dans la Haute-Garonne, la Manche, Saône-et-Loire, le Puy-de-Dôme, le Finistère, le Calvados, la Charente, le Lot, l'Aude, la Corse, la Nièvre, les Hautes-Pyrénées, l'Aisne, la Sarthe, la Haute-Loire, la Mayenne, les Ardennes, les Pyrénées-Orientales, la Lozère, l'Ardèche, les Basses-Alpes.

Sur la proposition du citoyen Barodet, la Chambre des députés nomme une commission de 22 membres chargée de recueillir, de classer et de publier les professions de foi des candidats à la députation pendant la dernière période électorale, puis elle valide les élections de la Haute-Garonne et du Finistère.

Charles DE BEAULIÈU.

BULLETIN BIBLIOGRAPHIQUE

PUBLICATIONS

DE LA

SOCIÉTÉ GÉNÉRALE DE LIBRAIRIE CATHOLIQUE

76, RUE DES SAINTS-PÈRES, PARIS

Œuvres polémiques de Mgr Freppel,
VIIe série. 1 volume in-12 de 485 pages. Prix : 3 francs.

L'éloge des *Œuvres polémiques* de Mgr Freppel n'est plus à faire. Il n'est personne qui ne connaisse les énergiques et courageuses revendications de l'éminent prélat à la Chambre des députés.

Aussi, nous bornerons-nous à rappeler purement et simplement le sujet des discours politiques renfermés dans le nouveau volume (VIIe série) qui vient de paraître.

Discours sur le recrutement de l'armée. — Discours pour demander la dispense du service militaire en faveur des élèves ecclésiastiques. — Discours sur la politique du ministère dans la question d'Égypte. — Discours pour le maintien des prières publiques. — Observations concernant le déclassement d'une partie de l'enceinte de la ville de Lyon. — Discours contre la proposition de loi tendant à rétablir le divorce. — Discours sur les affaires de Madagascar. — Discours au congrès de Versailles contre le paragraphe 1er de l'article 2 du projet de loi tendant à la révision partielle des lois constitutionnelles. — Discours au même congrès contre la suppression des prières publiques. — Discours à la Chambre sur les interpellations relatives aux affaires du Tonkin. — Discours contre la suppression du budget des cultes. — Discours sur le traitement des vicaires et des chanoines. — Discours contre la suppression du crédit afférent au chapitre de Saint-Denis. — Discours pour le rétablissement du crédit relatif aux bourses des séminaires. — Discours pour le rétablissement du crédit de 5,900 francs en faveur de divers établissements religieux. — Discours contre la suppression d'un crédit relatif aux aumôniers des hôpitaux militaires. — Discours contre la suppression des Facultés de théologie de l'État. — Discours contre la suppression de l'évêché de la Guadeloupe. — Discours à l'occasion de la ratification du traité de Hué. — Discours au cours de la discussion du projet de loi sur les récidivistes.

La Fille du Pêcheur. 1 vol. in-12 de 285 pages, prix : 2 francs.

La Bibliothèque du *Jeune Age illustré* vient d'ajouter un nouveau volume à *Jasper* et aux *Mémoires de Finette*. Ce volume a pour titre : *la Fille du Pêcheur*, et ne le cède en rien pour l'invention dramatique à ses aînés. Nous. allons essayer d'en donner une idée.

Il y a une quinzaine d'années vivait à la *Maison Blanche*, près du Havre, une honnête famille de pêcheurs, composée de six personnes, le père et la mère Antoine et Marguerite Lebrun, et quatre enfants : Henriette, Célestin,. Émilie et Marguerite. Les deux premiers partageaient avec leurs parents les soins du ménage et de la pêche. Émilie et Marguerite, encore en bas âge, restaient à la maison. Un jour un terrible accident faillit faire périr Antoine et Célestin. La petite barque qui composait presque tout leur avoir, sombra en pleine mer. Pendant une semaine on crut les propriétaires morts ; mais, heureusement, ils avaient été recueillis par un croiseur anglais qui les ramena au Havre. De retour à la *Maison Blanche*, Antoine songea à se procurer les fonds nécessaires pour acheter une nouvelle barque. Une amie de la famille s'offrait à les lui prêter, lorsque Antoine reçut d'un de ses frères, qui était parti depuis longtemps pour la Louisiane, une lettre lui annonçant qu'il avait fait une brillante fortune. Il priait son frère de lui envoyer Henriette. Il lui adressait en même temps une somme de 10,000 francs. pour subvenir à ses besoins et à ceux de sa famille, et une autre somme moindre pour payer les frais de la traversée d'Henriette, lui promettant de lui léguer toute sa fortune. Ce secours vint à point et permit au pêcheur de faire l'acquisition tant désirée. Mais il ne put se résoudre d'abord à se séparer de sa fille qu'il aimait beaucoup, et il en avisa son frère. Un dernier accident et la maladie le décidèrent à faire un peu plus tard ce pénible sacrifice. Henriette dut s'embarquer pour la Louisiane. Pendant la traversée, l'équipage et les passagers furent obligés de descendre à terre pour prendre des provisions. Ils s'avancèrent imprudemment dans l'intérieur d'une île,. tuant, chemin faisant, les serpents fétiches qui se trouvaient sur leur passage. Les insulaires, irrités, les attaquèrent et firent prisonniers ceux qui ne purent regagner assez vite le navire. De ce nombre était Henriette. On la conduisit dans une hutte de sauvages où on l'attacha à un poteau. Elle n'attendait que la mort, lorsqu'un serpent vint s'enrouler autour d'elle et la protégea, par ses caresses, contre toute attaque de la part des sauvages. A quelques jours de là, elle profita d'une occasion favorable pour s'évader, et se rendit, après avoir couru mille dangers, auprès de son oncle, qui l'accueillit avec une extrême bienveillance et la combla de caresses et de bien-être. Elle mit à profit son influence pour alléger le sort des esclaves qui étaient au service de son oncle et elle se fit aimer de tous. Grâce à elle, cet oncle échappa aux dangers d'une conspiration ourdie par les esclaves *marrons*. Il revint avec elle en France après avoir rendu la liberté à ses esclaves. Henriette fit un riche et heureux mariage et devint l'unique héritière de l'immense fortune de son oncle.

L'Église est-elle contraire à la liberté? par M. Georges Romain. Sa nature, son esprit, son action. 1 beau volume in-8° de 468 pages, prix : 6 francs.

Nous n'apprendrons rien de nouveau aux lecteurs de la *Revue du Monde catholique*, en avançant que l'ouvrage de M. G. Romain est un chef-d'œuvre de vigoureuse dialectique, appuyée sur des faits indéniables et des données historiques irréfutables. Ils ont pu s'en convaincre eux-mêmes en lisant les quelques extraits que nous en avons donnés ici. Ce livre est certainement une des études les plus complètes que nous connaissions sur ce sujet. On a pu traiter cette question plus *in extenso*, mais on n'a pas fait mieux.

Il est facile de voir que l'auteur y a consacré de longues veilles. Il possède son sujet à fond et il a su le mettre à la portée de toutes les intelligences, en le rendant on ne peut plus attrayant et en le dégageant de tout ce qui pourrait nuire à sa clarté.

Il suffit d'un peu de bonne volonté et surtout de bonne foi pour reconnaître toute la valeur et la force des arguments qu'il emploie pour prouver que l'Église non seulement n'est pas contraire à la liberté, mais qu'elle seule en connaît la véritable nature, en dirige l'esprit et l'action.

Quand on a lu sans parti pris cet ouvrage, on s'étonne que des vérités aussi clairement exposées, puissent trouver des contradicteurs. Ce livre vient à son heure. C'est une bonne action; à ce double titre, il sera bien accueilli par tout le monde.

Méditations sacerdotales auctore F.-X. Schouppe. S. J. 2 vol. in-8°. Prix : 10 francs.

Ces méditations ont la même valeur qui distingue les autres livres du saint et savant Jésuite : « Méditations très riches, très faciles et présentant « dans un ordre fort lucide toutes les grandes vérités ecclésiastiques. »

Elles sont divisées en trois parties ou *voies ascétiques :*

Via purgativa... : Nempe de fine hominis, speciatim sacerdotis ; de obstaculo ad finem, quod est omnigenum peccatum, dequa mediis peccata tollendi.

Via illuminativa... : De regno Christi, de incarnatione et vita Christi, de Christi exemplo, præsertim a sacerdotibus imitando, qui *alteri Christi* esse debent. Hinc perpenda veniunt sacerdotis vocatio, ejus formatio, atque Ordinationes quibus gradatim ad sacerdotii culmen evehitur; deinde virtutes in eo requisitæ, cum ministeriis ac muniis sacris a sacerdote implendis.

Via unitiva... : Contemplatio divinarum perfectionum, quæ in operibus

Dei, in Christo resurgente, in ejus sanctissima matre, necnon in ejus sponsa Ecclesia, in Ecclesiæ cultu, festis ac sanctis resplendent.

Quant à la forme : Ita meditationes digessimus ut sacerdotibus qui méditandi facilitate pollent, ordinatam offerant materiam mente pervolvendam; iis vero quibus mentalis oratio minus familiaris, exercitium esse possit lectionis meditate peragendæ : propterea methodice divisum exhibetur argumentum, et in singulis punctis sententiæ suggeruntur ac sacræ Scripturæ verba, quæ materiam meditandi copiosam, eamque praticam suppeditant.

Les Livres saints et la critique rationaliste. Histoire et Réfutation des objections des incrédules contre les saintes Écritures, par F. Vigouroux, prêtre de Saint-Sulpice, avec des illustrations d'après les monuments, par M. l'abbé L. Douillard, architecte. Tome Ier, in-8°. Prix : 7 francs. A. Roger et F. Chernoviz, 7, rue des Grands-Augustins, Paris.

Les objections contre nos Saintes Écritures sont de nos jours plus répandues et plus nombreuses que jamais. Beaucoup de chrétiens et d'âmes droites désirent savoir en quoi elles consistent et surtout quelle réponse on peut leur faire. *Les Livres saints et la critique rationaliste* ont pour but de répondre à leur désir. Dans une première partie, ils exposent l'histoire des attaques contre la Bible, en suivant pas à pas les objections soulevées par les ennemis de la révélation, depuis les commencements du christianisme jusqu'à l'époque actuelle. On y voit comment, dès les premiers siècles, on a attaqué la parole de Dieu, en lui faisant à peu près les mêmes reproches qu'aujourd'hui, et en cherchant à la discréditer au nom de la raison, de la critique, de la science et de l'histoire. On y voit en même temps comment l'Écriture a triomphé de tous ses adversaires, en répondant victorieusement, par la bouche des Pères et des Docteurs, aux difficultés accumulées par les Celse, les Porphyre et leurs imitateurs. Le tome premier raconte l'histoire des objections contre la Bible jusqu'au dix-huitième siècle. Cette histoire s'achèvera dans le tome deuxième.

Comme les découvertes archéologiques accomplies à notre époque confirment merveilleusement la véracité et l'exactitude de la Bible, et que souvent une inscription, une peinture, en disent plus que de longues discussions en faveur de tel ou tel passage des Livres sacrés, l'illustration éclaircira et complétera partout le texte.

Le Directeur-Gérant : Victor PALMÉ.

PARIS. — E. DE SOYE ET FILS, IMPRIMEURS, 18, RUE DES FOSSÉS-SAINT-JACQUES.

Mise en vente des ouvrages suivants :

TOME PREMIER

LES LIVRES SAINTS

ET LA CRITIQUE RATIONALISTE

HISTOIRE ET RÉFUTATION DES OBJECTIONS DES INCRÉDULES CONTRE LA BIBLE

Par M. l'abbé F. VIGOUROUX, PRÊTRE DE SAINT-SULPICE, AUTEUR DU *Manuel biblique*

AVEC DES ILLUSTRATIONS D'APRÈS LES MONUMENTS

Par M. l'abbé L. DOUILLARD, ARCHITECTE, MEMBRE DU JURY DE L'ÉCOLE DES BEAUX-ARTS

L'ouvrage formera 4 forts volumes in-8°, papier teinté. Prix du volume............ 7 fr.
Il a été tiré 50 exempl. sur Hollande, 15 fr.; 10 exempl. sur Japon, 25 fr.

Les objections contre les saintes Ecritures sont de nos jours plus répandues et plus nombreuses que jamais. Beaucoup de chrétiens et d'âmes droites désirent savoir en quoi elles consistent, et surtout quelle réponse on peut leur faire. *Les Livres saints et la critique rationaliste* ont pour but de répondre à leur désir. Dans une première partie, ils exposent l'histoire des attaques contre la Bible, en suivant pas à pas les objections soulevées par les ennemis de la révélation, depuis les commencements du christianisme jusqu'à l'époque actuelle.

Une seconde partie sera consacrée à examiner en détail toutes les difficultés qu'on fait aujourd'hui contre les Ecritures. On s'efforcera de ne laisser aucune objection sans réponse, et d'établir que ni les sciences naturelles, ni l'archéologie, ni l'histoire, n'ébranlent l'origine de nos Livres saints. Comme les découvertes archéologiques accomplies à notre époque confirment merveilleusement la véracité et l'exactitude de la Bible, et que souvent une inscription, une peinture en disent plus que de longues discussions en faveur de tel ou tel passage des Livres sacrés, l'illustration éclaircira et complètera partout le texte. C'est ainsi que, dans le premier volume, la fresque de Pompéi représentant le jugement de Salomon, le *graffittho* du palais des Césars à Rome, etc., mettent sous les yeux du lecteur la manière dont les païens dénaturaient l'histoire et les dogmes sacrés, tandis que la reproduction des divers monuments antiques lui fera voir le respect et l'amour des chrétiens pour la parole de Dieu.

ACTA LEONIS PAPÆ XIII

Un vol. in-32, diamant. Prix : 1 fr.

Il a été tiré 25 exemplaires sur papier impérial du Japon. Prix : 5 fr.; et 100 sur Hollande. Prix : 3 fr.
Ce volume fait partie de la BIBLIOTHECA SACERDUTUM PARVULA. Joint aux *Acta Pii IX*, prix 1 fr. 50.
Le même volume augmenté du Bref : PLANE QUIDEM *de studiis humaniorum litterarum* et de l'Encyclique : IMMORTALE DEI *de civitatum constitutione christiana*................. 1 25
On vend séparément ce supplément.. « 25

TABLEAU DE L'HISTOIRE ET DE LA LITTÉRATURE DE L'ÉGLISE

Par M. l'abbé BRUGÈRE, PROFESSEUR D'HISTOIRE AU SÉMINAIRE DE ST-SULPICE

4° cahier autographié : DE LA PAIX DE WESTPHALIE JUSQU'A NOS JOURS. 1 vol. in-4, net.. 3 fr.
1er cahier : *De l'origine jusqu'à saint Grégoire VII*. 1 vol. in-4................... 3 fr.
2° cahier : *De saint Grégoire VII à la Réforme*. 1 vol. in-4, net................. 4 fr.
3e cahier : *De l'apparition du protestantisme à la paix de Westphalie*. 1 vol. in-4, net. 5 fr.

MANUEL POLYGLOTTE POUR LA CONFESSION

DES ESPAGNOLS, DES ITALIENS, DES ANGLAIS, DES ALLEMANDS

Un volume in-8 oblong sur 6 colonnes. Prix : 1 fr. 50.

Ce manuel permet à tout prêtre d'entendre la confession des étrangers, de les instruire et de les assister dans leurs maladies, sans connaître leur langue.

ABBÉ COLOMB, supérieur de Grand Séminaire. **Examen de conscience** sur les devoirs et les péchés, avec indication de la gravité des diverses fautes, pour faciliter une confession générale·
1 vol. in-12... » 50
Le même ouvrage, abrégé.. » 15
ABBÉ FALISE. **Cérémonial romain**, 6° édition mise en rapport avec les nouveaux décrets de la Congrégation des rites. 1 vol. in-8.................................... 5 »
ABBÉ ÉLIE PHILIPPE, professeur d'Écriture sainte. **Manuel d'introduction générale aux livres saints**, t. I. — **Canons des livres saints et livres apocryphes**. 1 cahier autographié, net.. 5 »
ABBÉ VALLET, professeur à Saint-Sulpice. **La Tête et le Cœur**. 1 vol. in-12......... 2 50
ABBÉ FARGES. **Objectivité de la perception des sens externes**. 1 grand in-8.... 2 50

OUVRAGES VENANT DE PARAITRE

COURS DE PHYSIQUE

A L'USAGE

DE LA CLASSE DE MATHÉMATIQUES SPÉCIALES

PAR

M. JAMIN	**M. BOUTY**
Secrétaire pertétuel de l'Académie des sciences.	Professeur suppléant à la Faculté des sciences.

Deux beaux volumes in-8 contenant ensemble plus de 1000 pages, avec 433 figures géométriques et ombrées dans le texte et 6 planches sur acier ; 1886. . . 18 »

ON VEND SÉPARÉMENT

Tome I : *Instruments de mesure. — Hydrostatique. — Thermométrie. — Dilatations.* In-8, avec 246 figures dans le texte et 1 planche. . . . . ; . ; . : . 12 »

Tome II : *Calorimétrie. — Optique géométrique.* In-8, avec 187 figures dans le texte et 5 planches. : . . . . 8 · »

AVERTISSEMENT DE L'ÉDITEUR

Ce livre, destiné aux élèves de la classe de mathématiques spéciales, correspond exactement au programme actuel d'admission à l'Ecole Polytechnique. Il comprend quatre petits Traités distincts, extraits du grand Ouvrage de MM. Jamin et Bouty, mais rédigés spécialement, et dès l'origine, en vue des élèves des lycées.

Ceux d'entre eux qui poursuivront l'étude de la Physique, soit dans les grandes Ecoles de l'Etat ou dans les Facultés, pourront se procurer le reste du grand Ouvrage. Ils y trouveront, traitées avec tous les développements que comporte l'état actuel de la Science, les matières correspondant à l'enseignement supérieur de la Physique.

BICHAT, professeur à la Faculté des sciences de Nancy, et BLONDLOT, maître de conférences à la Faculté des sciences de Nancy. — Introduction à l'Etude de l'Electricité statique. In-8, avec 64 figures dans le texte. . . . . 4 »

PRÉFACE

Le présent Ouvrage traite, comme l'indique son titre, de l'Electricité en équilibre. Dans la pensée des Auteurs, il est destiné à établir une transition entre l'enseignement élémentaire et l'étude approfondie de la Science ; il contient le développement des questions d'Electricité statique qui peuvent être exigées des candidats à la licence ès sciences physiques. Dans la partie théorique, on a développé les calculs indispensables pour l'intelligence des phénomènes, en laissant de côté les questions qui présentent un intérêt exclusivement mathématique. Dans la partie expérimentale, on a donné la description des différents appareils en s'attachant surtout aux organes essentiels, de façon à en faire comprendre le fonctionnement, sans insister sur les détails de construction et de manipulation.

Il va sans dire qu'on a fait de nombreux emprunts aux Ouvrages spéciaux, entre autres à ceux de C. Maxwell, de Sir W. Thomson, de MM. Mascart et Joubert et de M. G. Wiedemann. A côté de ces emprunts, on trouvera un certain nombre de raisonnements et de démonstrations qui nous sont propres.

Nous espérons que ce petit livre pourra être utile aux personnes qui, possédant les premiers éléments de la Physique, désirent, soit dans un but scientifique, soit dans un but technique, acquérir en Electricité des connaissances solidement établies.

COURS DE PHILOSOPHIE

RÉDIGÉ CONFORMÉMENT AU PROGRAMME OFFICIEL DES LYCÉES ET COLLÈGES

PRESCRIT PAR ARRÊTÉ DU 22 JANVIER 1885

Par M. H. JOLY

Doyen honoraire de la Faculté des lettres de Dijon, Maître de conférences à la Faculté des lettres de Paris.

Huitième édition, entièrement refondue

Un fort volume de VIII-704 pages in-12, broché.......... 5 francs.

EXTRAITS

DE LA CHANSON DE ROLAND

SUIVIS D'EXTRAITS

DES MÉMOIRES DU SIRE DE JOINVILLE

A L'USAGE DES ÉLÈVES DE LA CLASSE DE SECONDE

Avec une introduction historique et littéraire, notes philologiques et glossaires

Par M. E. TALBOT

Dr ès lettres, Professeur de rhétorique au lycée Condorcet, Membre du Conseil académique de Paris.

Un volume de VIII-208 pages in-12, cartonné............. 2 fr. 50.

PHYSIQUE

Par M. J. LANGLEBERT

Professeur de sciences physiques et naturelles, docteur en médecine, officier d'Académie.

QUARANTIÈME ÉDITION

REVUE ET CORRIGÉE CONFORMÉMENT AUX NOUVEAUX PROGRAMMES DE 1885

Un fort volume de XVI-584 pages in-12, avec 336 gravures dans le texte et une planche en couleurs, broché.. 4 francs.

MINÉRAUX, ANIMAUX, VÉGÉTAUX

PREMIÈRES NOTIONS DE SCIENCES PHYSIQUES ET NATURELLES

RÉDIGÉES SOUS FORME DE LEÇONS DE CHOSES

Conformément au programme prescrit pour la classe préparatoire et la classe de huitième des Lycées

Par M. E. BOUANT

Agrégé des sciences physiques, Professeur au lycée Charlemagne

Un volume de IV-160 pages in-12, *avec 221 figures dans le texte*, relié toile... 1 fr. 50

LIBRAIRIE **VICTOR PALMÉ**, 76, RUE DES SAINTS-PÈRES, A PARIS

Pour paraître le 15 décembre 1885

ÉDITION ARTISTIQUE

DES

ÉPISODES MIRACULEUX

DE LOURDES

Par HENRI LASSERRE

SUITE ET TOME DEUXIÈME DE *NOTRE-DAME DE LOURDES*

LE MIRACLE DE L'ASSOMPTION — LE MENUISIER DE LAVAUR — LA NEUVAINE DU CURÉ D'ALGER
MADEMOISELLE DE FONTENAY — LES TÉMOINS DE MA GUÉRISON

UN BEAU VOLUME IN-4° ILLUSTRÉ PAR YAN'DARGENT

ENCADREMENTS VARIÉS A CHAQUE PAGE ET CHROMOLITHOGRAPHIE

Broché, 25 fr. — Cartonné avec plaques, 30 fr. — Relié, dos chagrin, fers spéciaux,
tranches dorées, 35 fr.

ÉDITION ARTISTIQUE

DE

NOTRE-DAME

DE LOURDES

Par HENRI LASSERRE

UN BEAU VOLUME IN-4°

ILLUSTRÉ D'ENCADREMENTS VARIÉS A CHAQUE PAGE ET DE CHROMOLITHOGRAPHIES

Broché, 25 fr. — Cartonné avec plaques spéciales, 30 fr. — Relié dos chagrin, fers
spéciaux, tranches dorées ou demi-reliure d'amateur, 35 fr.

PUBLICATIONS NOUVELLES DE LA SOCIÉTÉ GÉNÉRALE DE LIBRAIRIE CATHOLIQUE

Victor PALMÉ, DIRECTEUR GÉNÉRAL, 76, RUE DES SAINTS-PÈRES.

LE

LITTORAL DE LA FRANCE

PAR

CHARLES-FÉLIX AUBERT

(V. VATTIER D'AMBROYSE)

Ouvrage couronné par l'Académie française (Prix Marcelin Guérin)

ILLUSTRATION PAR SCOTT, BRUN, LALANNE, TOUSSAINT, FRAIPONT, CIAPPORI

VIENT DE PARAITRE

TROISIÈME PARTIE

COTES VENDÉENNES

DE LORIENT A LA ROCHELLE

UN VOLUME IN-4°

ONT DÉJA PARU

PREMIÈRE PARTIE	DEUXIÈME PARTIE
# COTES NORMANDES	# COTES BRETONNES
DUNKERQUE AU MONT-St-MICHEL	DU MONT St-MICHEL A LORIENT
UN VOLUME IN-4°	UN VOLUME IN-4°

CHAQUE PARTIE SE VEND SÉPARÉMENT

ET FORME UN VOLUME DE 600 PAGES, ORNÉ DE 300 GRAVURES DANS LE TEXTE
ET DE 70 PLANCHES HORS TEXTE, TIRÉES EN UNE OU PLUSIEURS COULEURS

Prix de chaque partie ou volume :

Broché, 20 fr. — Riche cartonnage avec plaques spéciales, tranches dorées, 25 fr.
Reliure demi-chagrin, plaques spéciales, tranches dorées, 30 francs.

LES GRANDS ÉCRIVAINS DE LA FRANCE
NOUVELLES ÉDITIONS
Publiées sous la direction de M. Ad. REGNIER, membre de l'Institut

ŒUVRES
DE
J. DE LA FONTAINE

NOUVELLE ÉDITION REVUE SUR LES PLUS ANCIENNES IMPRESSIONS ET LES AUTOGRAPHES

ET AUGMENTÉE DE VARIANTES, DE NOTICES, DE NOTES
D'UN LEXIQUE DES MOTS ET LOCUTIONS LES PLUS REMARQUABLES, DE PORTRAITS
DE FAC-SIMILÉS, ETC.

Par M. Henri REGNIER
ENVIRON HUIT VOLUMES ET UN ALBUM
TOME TROISIÈME
Un volume in-8º broché. 7 fr. 50

Les trois premiers volumes sont en vente

MÉMOIRES
DU MARQUIS DE SOURCHES
SUR LE RÈGNE DE LOUIS XIV

PUBLIÉS D'APRÈS LE MANUSCRIT AUTHENTIQUE APPARTENANT A M. LE DUC DES CARS

Par le Comte de COSNAC | **et Édouard PONTAL**
GABRIEL-JULES | ARCHIVISTE-PALÉOGRAPHE

TOME CINQUIÈME (Juillet 1695-Décembre 1697)
Un volume in-8º broché. 7 fr. 50

Les cinq premiers volumes sont en vente

BIBLIOTHÈQUE VARIÉE
FORMAT IN-16
PREMIÈRE SÉRIE A 3 FR. 50 LE VOLUME

JEAN-PAUL RICHTER | **ÉMILE MONTÉGUT**

ŒUVRES DIVERSES | ## LIVRES ET AMES
Étude et Traduction française | DES
Par Émile ROUSSE | ## PAYS D'ORIENT
Un volume broché | Un volume broché

Librairie HACHETTE et Cᵉ, boulevard Saint-Germain, 79, Paris.

5ᴱ ANNÉE MON JOURNAL 5ᴱ ANNÉE

RECUEIL MENSUEL

COMPOSÉ DE 16 PAGES DE TEXTE, FORMAT GRAND IN-8º ILLUSTRÉ DE NOMBREUSES GRAVURES

POUR LES ENFANTS DE CINQ A DIX ANS

Nous appelons toute l'attention des parents sur la publication intitulée MON JOURNAL. Dans notre pensée, elle doit constituer un véritable journal pour les petits enfants, nous allons jusqu'à dire pour ceux mêmes qui ne savent pas lire encore. Nous l'imprimons avec un caractère très gros et très nettement lisible; il est orné d'un très grand nombre de gravures et vignettes, que l'enfant peut regarder, qu'il est facile de lui expliquer, et qui sont à la fois pour lui un sujet d'amusement et d'étude. Quant au texte, nous nous efforçons de le mettre à la portée des plus petits.

Il se compose d'*historiettes* instructives ou morales, de *leçons de choses* présentées, sous la forme d'anecdotes ou de petits récits, de *descriptions* à l'aide d'images, de courts *morceaux* de prose ou de vers qui peuvent être appris par cœur, de spécimens de *travaux de main*, tressages, pliages, de *jeux, énigmes, devinettes* destinées à aiguiser l'esprit des enfants. Nous proposons enfin, parfois, à nos jeunes abonnés des questions dont nous insérons les solutions avec les noms de ceux qui ont trouvé les meilleures, en retour desquelles nous leur offrons des récompenses.

IL PARAIT UN NUMÉRO LE 15 DE CHAQUE MOIS

Prix de l'abonnement : **1** fr. **80** par an. — Prix du numéro : **15** centimes.

PRIME OFFERTE PAR « MON JOURNAL » A SES ABONNÉS

Un important marché, passé avec la première fabrique d'horlogerie de France, nous permet d'offrir à tous nos abonnés d'un an, à un prix exceptionnellement réduit, une jolie montre à remontoir, mise à l'heure au pendant, boîte en nikel poli, cadran à secondes et mouvement à quatre rubis.

Tous les souscripteurs dont la demande d'abonnement d'un an à Mon Journal nous sera parvenue entre les délais extrêmes du 1ᵉʳ octobre 1885 au 15 janvier 1886, pourront bénéfi-

Montant de la prime :

cier de cette prime. Ils n'auront pour cela, qu'à nous faire remettre en un mandat sur la poste le montant de l'abonnement et de la prime, qui leur sera expédiée *franco*, s'ils ne préfèrent la prendre eux-mêmes dans nos bureaux.

Ceux de nos souscripteurs dont l'abonnement est antérieur au au 1ᵉʳ octobre 1885, pourront également profiter des mêmes avantages, en nous adressant dès maintenant une prolongation d'abonnement d'un an, pour faire suite à celui qui est en cours.

ÉDITION ARTISTIQUE

DE LA

VIE DES SAINTS

Par Mgr Paul GUÉRIN

AUTEUR DES *Petits Bollandistes*

Grand in-4, illustré avec le plus grand soin par YAN'DARGENT. — 12 aquarelles groupant les Apôtres, les Martyrs, les saints Ouvriers, les saintes Femmes, les saintes Pénitentes, etc. — 24 lettres ornées. — 12 titres symboliques. — 365 encadrements, avec environ mille sujets inédits se rapportant à la vie de chaque Saint.

CET OUVRAGE PARAITRA EN 12 LIVRAISONS OU EN 2 VOLUMES DE CHACUN 6 LIVRAISONS

HUIT LIVRAISONS ONT PARU

Prix de la livraison avec titre et aquarelle, 5 francs

Toute personne ayant souscrit avant la fin de la publication aura droit GRATUITEMENT à la reliure de grand luxe

---

Premier volume paru : JANVIER-JUIN

Broché, 30 fr. — Riche cartonnage plaques spéciales, tranches dorées, 35 fr.
Reliure demi-chagrin, plaques spéciales, tranches dorées, 40 fr.

VIE ILLUSTRÉE

DE

SAINT JOSEPH

Par le R. P. CHAMPEAU

PRÊTRE DE SAINTE-CROIX

MAGNIFIQUE VOLUME IN-4°

Splendidement illustré par Yan'Dargent, Chovin, Fichot, Poirson, etc.

D'APRÈS DES DOCUMENTS AUTHENTIQUES ET DES VUES PRISES SUR LES LIEUX MÊMES

Sous la direction artistique de M. Eugène MATHIEU

Broché, 15 fr. — Cartonnage de luxe, fers spéciaux, 20 fr.
Reliure demi-chagrin, 24 fr.

LA CHEVALERIE

PAR

LÉON GAUTIER

PROFESSEUR A L'ÉCOLE DES CHARTES

Un magnifique volume grand in-4 de 800 pages, illustré de vingt-cinq grandes compositions hors texte, de trente frises, par Luc-Olivier Merson, E. Zier et G. Jourdain, de 40 lettrines et culs-de-lampe par Ciappori et d'environ 150 gravures dans le texte par Fichot, E. Garnier, Libonis et Sellier, plus une photogravure pour frontispice.

PRIX

Broché.. 40 fr.
Riche cartonnage toile avec plaques spéciales, tranches dorées........ 45 fr.
Demi-reliure chagrin, plats toile avec plaques ou reliure d'amateur.... 50 fr.

CHEVALERIE! Ce seul mot évoque le souvenir de toutes les luttes héroïques que nos pères ont soutenues pour la défense de leur pays et de leur foi. Il nous rappelle les croisades de Godefroi de Bouillon; la guerre de Cent ans avec Duguesclin et Jeanne d'Arc; les beaux coups d'épée du seizième siècle et ce Bayard « qui fut sans peur et sans reproche ». Ce même mot exprime à la fois ce qu'il y a de plus héroïque dans le courage, de plus délicat dans l'honneur, de plus désintéressé dans le dévouement, de plus large et de plus haut dans l'âme et dans la vie d'un homme. « Respecter et défendre toutes les faiblesses, se battre pour une idée, se passionner pour les causes vaincues, mourir plutôt que de s'abaisser à une vilenie, donner sa vie à Dieu et au Christ, à la France » : tel est le véritable caractère de cette Chevalerie à laquelle est consacré le livre de M. Léon GAUTIER.

Ce livre, d'inspiration toute française, s'adresse **à toutes les classes de lecteurs,** même aux femmes, même aux enfants; mais surtout aux jeunes gens et à ceux qui, aimant leur pays comme il faut l'aimer, veulent, pour reconstruire la France nouvelle, mettre à profit les traditions, les mœurs et les vertus de la vieille France.

LES

CONTES DE BRETAGNE

Par PAUL FÉVAL

TRÈS BEAU VOLUME IN-8° ORNÉ DE NOMBREUSES GRAVURES SUR BOIS

Broché, 6 fr. — Richement cartonné toile, à biseau, tranches dorées, 8 fr.
Relié demi chagrin, plaques spéciales, tr. dorées, 10 fr.

LA PREMIÈRE AVENTURE

DE

CORENTIN QUIMPER

Par PAUL FÉVAL

JOLI VOLUME IN-8° ORNÉ D'UN GRAND NOMBRE DE GRAVURES SUR BOIS

Broché, 6 fr. — Richement cartonné, toile, à biseau, tranches dorées, 8 fr.
Relié demi-chagrin, plaques, tr. dorées, 10 fr.

VEILLÉES DE LA FAMILLE

TRÈS BEAU VOLUME IN-8°

CONTENANT NEUF DÉLICIEUSES NOUVELLES DE PAUL FÉVAL

ORNÉ DE PLUS DE 60 GRANDES GRAVURES

Illustrations de MM. Férat, Kauffmann, Poirson, Toussaint, Vogel et Zier

GRAVURE DE GUSMAN

Broche, 8 fr. — Richement cartonné toile, à biseau, plaques spéciales, tr. dorées, 10 fr.
Relié demi-chagrin, plaques spéciales, tranches dorées, 12 fr.

LIBRAIRIE **VICTOR PALMÉ**, 76, RUE DES SAINTS-PÈRES, A PARIS

BIBLIOTHÈQUE DU JEUNE AGE ILLUSTRÉ

NOUVELLE COLLECTION D'OUVRAGES ILLUSTRÉS
POUR LA JEUNESSE

VOLUMES IN-12 DE 300 PAGES

ORNÉS DE NOMBREUSES VIGNETTES ET GRAVURES HORS TEXTE

Prix : Broché, 2 fr. — Riche cartonnage toile avec plaque or, tranches jaspées, 3 fr.
Riche cartonnage toile, avec plaque or, tranches dorées, 3 fr. 50

VIENT DE PARAITRE

LES PÊCHEURS D'HELGOLAND
Par J. DE ROCHAY

LA FILLE DU PÊCHEUR
Par V. VATTIER D'AMBROYSE
LAURÉAT DE L'ACADÉMIE FRANÇAISE

LES MÉMOIRES DE FINETTE
Par L. HAMEAU

EN PRÉPARATION

LES MÉMOIRES D'UN PASSEREAU
Par A. DE BEAULIEU

HÉRACLE
Par VASSEL DE FAUTEREAU

MINA
OU
LES ÉPREUVES D'UNE VIE D'ENFANT
Par J. DE ROCHAY

PRÈS DU FOYER

NOUVEL ALBUM POUR LA FAMILLE & LES ENFANTS

Par LÉON GAUTIER

UN BEAU VOLUME GRAND IN-4°

Renfermant 27 magnifiques gravures, avec texte en regard, impression encadrée d'un filet rouge, chef-d'œuvre de typographie. Cart. toile avec fers spéciaux, 10 fr.

L'ALGÉRIE CONTEMPORAINE ILLUSTRÉE

Par Lady HERBERT

UN MAGNIFIQUE VOLUME ORNÉ DE CENT GRAVURES SUR BOIS TRÈS SOIGNÉES

Sous la direction artistique de M. EUGÈNE MATHIEU

D'après des documents authentiques

TÊTES DE CHAPITRES, CULS-DE-LAMPE, LETTRES ORNÉES

4 GRAVURES EN COULEURS REPRÉSENTANT LES DIVERS TYPES ARABES ET 1 CARTE DE L'ALGÉRIE

Broché, 8 fr. — Richement cartonné plats toile, plaque spéciale, tranches dorées, 10 fr. Relié demi-chagrin avec plaques, tranches dorées, 12 fr.

CADEAUX A OFFRIR A UN ECCLÉSIASTIQUE

VITA JESU CHRISTI

DOMINI AC SALVATORIS NOSTRI

EX EVANGELIO ET APPROBATIS AB ECCLESIA CATHOLICA DOCTORIBUS SEDULE COLLECTA

Per LUDOLPHUM DE SAXONIA

Candidissimi Carthusianorum ordinis servantissimum

Prix, broché. . . . . 24 fr.
Rel. souple en belle toile noire, tr. rouges unies. . . . 32 fr.
Demi-reliure amateur, tranches peigne. . . . . . 36 fr.
Rel. chagrin plein (rel. souple), tranches dorées. . . . 60 fr.

On n'a rien écrit de plus *docte*, de plus *complet*, de plus *instructif* sur la vie de Notre-Seigneur Jésus-Christ. Pour les homélies sur l'Evangile, aucun auteur ne possède plus de matériaux et ne respire une pareille suavité. Aussi ce livre est devenu le *vade-mecum* du prêtre de Jésus-Christ.

HISTOIRE UNIVERSELLE DE L'ÉGLISE CATHOLIQUE

Par l'abbé ROHRBACHER

NOUVELLE ÉDITION, CONTINUÉE JUSQU'A NOS JOURS

Par M. l'abbé GUILLAUME, professeur au grand séminaire de Verdun

AVEC DES NOTES ET ÉCLAIRCISSEMENTS A LA FIN DE CHAQUE VOLUME

12 vol. in-4° à 2 colonnes, avec table générale et alphabétique des matières. — Brochés : 90 fr.

Ce bel ouvrage forme un très joli cadeau à offrir à un ecclésiastique. *Prix, avec reliures :* Toile noire, tr. rouges ou dorées, 125 fr. — Demi-basane, plats papier, tr. jasp. 140 fr. Demi-chagrin, plats toile, tranches dorées. . . . . . 150 fr.

HISTOIRE

DOGMATIQUE, LITURGIQUE ET ARCHÉOLOGIQUE

DU

SACREMENT DE BAPTÊME

Par M. l'abbé Jules CORBLET

Chanoine honoraire d'Amiens, chevalier de la Légion d'honneur, officier d'Académie,
ancien directeur de la *Revue de l'Art chrétien*,
correspondant du ministère de l'Instruction publique, etc., etc.

DEUX MAGNIFIQUES VOLUMES IN-8, DE IV-503 ET 645 PAGES, ORNÉS DE NOMBREUSES GRAVURES : 20 FRANCS.

Avec reliure demi-chagrin, plats toile, tranches dorées, 30 francs.

LES SERVITEURS DE DIEU

AU XIXᵉ SIÈCLE

Par M. Léon AUBINEAU

ÉDITION DE LUXE. — ILLUSTRATIONS DE M. GEOGES LAVERGNE

UN VOLUME GRAND IN-8, ORNÉ DE TREIZE BEAUX PORTRAITS

Prix, broché, 8 fr. — Relié dos chagrin, plats toile, tranches dorées............. 12 francs.

VIE DE JÉSUS CHRIST

COMPOSÉE AU XVᵉ SIÈCLE

D'après LUDOLPHE LE CHARTREUX

MINIATURES EN CAMAIEU, CHROMOLITHOGRAPHIÉES D'APRÈS LE MANUSCRIT ORIGINAL

Un volume grand in-8. — Relié dos chagrin, plats toile, tranches dorées. 25 francs

---

PARIS. — E. DE SOTE ET FILS, IMPRIMEURS, 18, RUE DES FOSSÉS-SAINT-JACQUES.

M. DURUY

HISTORIEN DU MOYEN AGE

Il y a quelques mois, les portes de l'Académie française s'ouvraient à M. Duruy. Dans ce temple du goût, dans ce sanctuaire des bonnes lettres, l'historien du peuple romain, du moyen âge, des temps modernes, de la France; l'auteur d'une foule d'ouvrages, le ministre qui attacha jadis à son nom une si fâcheuse célébrité, entrait presque inaperçu et allait s'asseoir sur le fauteuil resté vide d'un autre historien, célèbre comme lui, dévoyé comme lui, et qui disparut, comme tant d'autres, de la scène littéraire, presque sans attirer l'attention. Personne peut-être n'eût songé à se demander quel successeur l'Académie avait donné à M. Mignet, si un évêque ne se fût trouvé là pour recevoir le nouveau venu et pour donner à M. Duruy, sous une forme très académique, de grandes et sévères leçons.

Grâce à Mgr Perrand, on s'est occupé de M. Duruy, perdu de vue depuis plusieurs années; on a appris qu'il était de l'Académie et l'on a même lu son discours. On a dit de certains personnages, sur lesquels l'expérience avait glissé sans les instruire, qu'ils n'avaient rien appris, rien oublié. C'est un peu l'impression qui s'exhale du dernier discours de M. Duruy. A la haine déclarée ou voilée sous des réticences de certains hommes et de certaines institutions, il est facile de voir que si M. Duruy a oublié quelque chose, il n'a assurément rien appris. Avec quelques lustres de plus, il est resté le même homme. Il n'est plus ministre de l'instruction publique; il ne fait plus au surnaturel et à l'enseignement de l'Église catholique une guerre administrative. Mais en changeant de situation, il n'a point changé d'opinion, et ses préjugés l'ont suivi.

Un académicien, plus que tout autre écrivain peut-être, relève du public et de la critique littéraire ou historique. Sans méconnaître la sagesse des sévères gardiens de la langue française, comme les appelle M. Guizot, on peut se demander quelle raison a présidé à leur choix.

L'académicien dont parle Gilbert,

> Qui, sifflé pour ses vers, pour sa prose sifflé,
> Tomba de chute en chute au trône académique,

est une exception sans doute. Nous doutons même que jamais telle exception se soit rencontrée. Mais le mérite littéraire le mieux établi n'est pas incompatible avec de très graves défauts. Les palmes académiques qui couronnent l'écrivain ne sauraient le dérober à la critique et à un examen d'autant plus sévère que, plus un auteur est élevé dans la république des lettres, plus il a de devoirs envers ses lecteurs et envers la vérité.

Dans M. Duruy, l'homme est estimé de tous ceux qui ont l'honneur de le connaître.

Mgr Perraud, son ancien élève, a rendu hommage à son amour du vrai, à sa probité de savant. Et cette dernière qualité n'est pas chez M. Duruy une simple qualité littéraire, sans écho sur la vie privée : ministre durant plusieurs années, M. Duruy a traversé les honneurs sans s'y enrichir. De plus, il aime sincèrement la France, et la guerre de 1870 l'a vu prêt aux plus douloureux sacrifices. Enfin, nous avons vu, au moment des décrets, M. Albert Duruy, sans être désavoué de son père, relever vigoureusement l'injustice de ces lois aussi destructives de la véritable liberté que de l'enseignement catholique.

Dans M. Duruy, l'écrivain, à beaucoup d'égards, ne mérite que des éloges. Des qualités éminemment françaises, la simplicité, la finesse, le trait, je ne sais quelle allure facile ; enfin la clarté, un don remarquable de clarté, se font jour dans la plupart de ses ouvrages. Les enfants, par une sorte de jugement spontané, apprécient eux-mêmes ce mérite. Placés entre plusieurs historiens élémentaires et mis à même de choisir, c'est toujours à M. Duruy, que nous les avons vus donner la préférence. Nul auteur ne présente à la jeunesse les faits d'une manière si piquante, et ne les insinue si doucement dans la mémoire.

Dans M. Duruy, l'historien a cet amour du vrai auquel l'évêque d'Autun rendit hommage. Assurément, il ne voudrait ni se tromper lui-même, ni tromper ses lecteurs. Il rapporte même d'ordinaire le côté matériel des faits d'une manière assez exacte. Son érudition n'est pas vulgaire. Mais, privé de la véritable lumière qui doit éclairer l'historien, aveuglé par d'anciens préjugés que ses études auraient dû faire disparaître, trompé par des préoccupations de parti ou d'école, M. Duruy, dès qu'il rencontre le surnaturel, le christianisme, l'Église, n'envisage plus les faits sous leur vrai point de vue, et les présente sous un jour faux. Nous ne confondrons point M. Duruy avec des sectaires, falsificateurs éhontés de l'histoire, qui haïssent Jésus-Christ et son Église, et entassent sciemment calomnie sur calomnie. Mais M. Duruy parle quelquefois comme s'il était un sectaire. Des insinuations voilées, mais parfaitement visibles, des réticences calculées, des attaques de détail, des appréciations fausses, un esprit rationaliste, qui dénature les faits lorsqu'ils embarrassent, qui les tronque pour leur enlever un caractère divin ou une marque surnaturelle, ces procédés, et d'autres encore, rendent très dangereux les ouvrages de M. Duruy, tout classiques et tout élémentaires qu'ils sont. La forme est agréable ; le fond est tout plein d'erreurs.

On ne peut laisser de tels livres aux mains de la jeunesse, qu'en la mettant soigneusement en garde contre les tendances de l'auteur, qu'en reprenant les faits, et en les replaçant sous un autre jour, qu'en réfutant souvent page par page les théories du rationaliste.

Appliquons cette méthode à quelques-unes des productions du nouvel académicien, et, dans cette présente étude, prenons son *Histoire du moyen âge.*

I. — L'histoire du moyen âge, comme chacun le sait, présente une période de mille ans. Elle part des derniers temps de l'empire romain, envahi par les barbares, pour s'arrêter vers les premiers jours des âges modernes, à la chute de Constantinople. Nulle période peut-être des annales du monde, depuis la venue du Verbe Incarné, ne présente de si grands tableaux, car l'histoire du moyen âge, c'est l'histoire de la civilisation sauvée par l'Église, c'est l'histoire de la barbarie transfigurée par la grâce ; c'est l'histoire d'une lutte gigantesque entre le droit et la force, entre la sainteté et le vice, entre l'ignorance brutale et la vérité divine, lutte où brillent de grands saints, de grands empereurs, de grands évê-

ques, de grands papes, lutte qui aboutit au triomphe de Jésus-
Christ et de son Eglise et au plus splendide épanouissement de vie
chrétienne que le monde ait jamais vu. Dieu veut en finir avec
cette Rome, persécutrice de ses saints, et souillée du sang de ses
martyrs. Il soulève le monde barbare jusque dans ses dernières
profondeurs et le déverse sur l'Empire. Rome tombe, tout croule;
l'invasion, comme un océan immense, s'étend du nord au midi. Il
semble un instant que la civilisation va disparaître sous un nouveau
déluge. Mais la miséricorde de Dieu marche inséparable de sa justice, et le monde, châtié par l'inondation barbare, sera sauvé par
L'Église. L'Église s'avance à la rencontre de ces rudes enfants
du Nord. Elle apaise leur fureur, elle leur parle du ciel et du
calvaire, d'un Dieu mort pour tous les hommes. Un rayon céleste
semble descendre à sa voix sur le front du barbare, le Sicambre
adouci baisse la tête sous l'eau régénératrice, et l'Europe chrétienne
commence. Alors s'élève un homme plus grand que toutes les grandeurs purement humaines, un homme qui résume, pour ainsi dire,
en lui-même toute la vie du moyen âge, et dont le nom seul évoque
l'idée de toutes les gloires sanctifiées par la foi chrétienne. Conquérant, législateur, fondateur d'Empire, civilisateur de ses peuples,
invincible appui de l'Église, le Charlemagne de l'histoire peut dire,
comme celui du poète :

J'ai refait pour le Christ le vieux monde romain.

Mais son génie, qui lui survivra dans ses œuvres, ne passera point
à ses descendants. Ses pâles successeurs succombent sous le poids
de tant de grandeurs, une nouvelle invasion traverse l'Europe, mais
la désole, sans la détruire. La féodalité prend racine à travers ces
ruines. Elle pénètre toutes les institutions, et s'attache à l'Église,
comme le lierre, si fortement, qu'elle semble devoir l'étouffer. C'est
alors qu'apparaît saint Grégoire VII, et que s'engage la querelle des
investitures. Ce pape, persécuté, calomnié, chassé de la Ville éternelle, et qui finit par mourir en exil, triomphe dans son propre
tombeau. Des successeurs, dignes de lui et héritiers de ses vastes
desseins, finissent par dégager l'Église, et par établir dans l'Europe
féodale le règne de Notre-Seigneur Jésus-Christ. La lutte sera
reprise un peu plus tard par les empereurs de la maison de
Hohenstaufen, mais ils succomberont à leur tour, et l'on verra
s'établir, pendant deux cents ans, de saint Grégoire VII à Boni-

face VIII, le règne de Dieu dans le monde. C'est l'époque des cathédrales gothiques, des Sommes théologiques, des croisades, c'est l'époque de saint Louis et de saint Ferdinand, de saint Thomas d'Aquin et de saint Bonaventure, du bienheureux Albert le Grand et de Roger Bacon : c'est l'époque, dont M. de Montalembert, dans son introduction à la *Vie de sainte Élisabeth*, nous a tracé le tableau splendide.

Mais un prince français, indigne petit-fils de saint Louis, reprend les traditions des Hohenstaufen. Depuis que Dante a vu le Fleurdelysé entrer dans Anagni, et la Passion du Christ renouvelée dans son vicaire, tout a changé de face, et l'on a vu se rouvrir, avec le quatorzième siècle, l'ère d'une funeste indépendance. C'est la Papauté éloignée de Rome pendant soixante-dix ans et plus ou moins captive à Avignon, c'est le grand schisme, c'est la guerre de Cent ans, c'est le Wicleffisme, ce sont les progrès menaçants des Turcs, c'est la prise de Constantinople, qui semble ouvrir aux phalanges ottomanes une brèche dans l'Europe chrétienne. Le moyen âge finit, comme il avait commencé, par une invasion, par des catastrophes, et, dans ses débuts, comme dans sa fin, on n'aperçoit, au milieu des ruines, qu'un signe immuable de salut, l'Église et la Papauté. On le voit, pour comprendre et pour peindre cette vaste période de l'histoire, il faut, avant tout, connaître, comprendre, et aimer l'Eglise. Il faut comprendre et aimer ces évêques catholiques, dont l'action fut si bienfaisante et qui civilisèrent le moyen âge. Il faut comprendre et aimer ces saints catholiques dont les vertus subjuguèrent les barbares et les amenèrent aux pieds du Christ. Il faut comprendre et aimer ces institutions catholiques qui couvrirent le sol de l'Europe. Il faut comprendre et aimer ce chef de l'Église catholique, ce Pontife romain, qui exerça sur le monde féodal une si grande magistrature, et qui, présent partout, maintint, partout où il fut écouté, la foi, la vertu, la paix, et fut en quelque sorte, le rempart suprême de la civilisation. Or, M. Duruy, historien du moyen âge, ne comprend pas et n'aime pas les catholiques ; M. Duruy, historien du moyen âge, ne comprend pas et n'aime pas les institutions catholiques ; et surtout M. Duruy, historien du moyen âge, ne comprend pas et n'aime pas l'Église catholique, le Pontife romain. Nous allons prouver ces accusations trop bien fondées, par l'ouvrage même de M. Duruy. Nous ne traiterons pas ces points séparément et en les prenant rigoureusement les uns après les autres. Nous nous attacherons à l'ordre chronologique, qui est celui des faits, celui qu'on suit d'ordinaire en histoire.

Au début même de son livre, dans un paragraphe consacré à l'Église, M. Duruy laisse échapper de sa plume une grosse erreur théologique : « Des besoins mêmes, et c'est la meilleure origine pour ce qui doit durer, était sortie l'organisation hiérarchique, qui avait élevé les évêques au-dessus des clercs, les métropolitains au-dessus des évêques, et en vertu de laquelle le siège de Rome revendiquait une suprématie due à la vieille capitale du monde romain et à celui qu'on appelait l'héritier de saint Pierre. » Ainsi la hiérarchie de l'Église n'est pas une institution divine ; ce n'est pas Jésus-Christ qui a établi des évêques, et qui, répandant en eux la plénitude du sacerdoce, les a distingués à tout jamais des simples clercs qui n'en possèdent que des degrés inférieurs ! Ce sont des besoins qui ont créé tout cela, et qui ont élevé jusqu'à la Chaire apostolique ! Ce n'est pas le *tu es Petrus* qui a établi le Pape dans l'Église ; c'est la déférence « due à la vieille capitale du monde romain et à celui qu'on appelait l'héritier de saint Pierre ». Remarquez l'expression : qu'on appelait. Ce n'est pas sans dessein que M. Duruy l'a employée.

Mais ce qui suit est, sans contredit, plus intéressant et étonne bien davantage : « En vain tout tombera autour d'elle (de l'Église), même cet édifice impérial sous lequel elle est abritée momentanément ; elle survivra à ces ruines, elle ne sera point ébranlée de ces secousses. » Jusqu'ici M. Duruy a raison et s'exprime avec justesse. Mais il est mal à son aise dans la vérité, lorsqu'il parle de l'Église. Écoutons ce qui suit : « Bien plus, elle n'en sera point affligée, car elle n'est ni exclusive, ni patriotique ; elle n'a point d'amour pour l'empire romain et s'intéresse peu à son salut ou à sa ruine. C'est le salut des âmes qui l'occupe, etc... ».

Où M. Duruy a-t-il vu que l'Église n'était point patriotique, qu'elle n'avait point d'amour pour l'empire romain, qu'elle s'intéressait peu à son salut ou à sa ruine ? Les monuments chrétiens du quatrième siècle témoignent juste du contraire. Les malheurs de l'empire romain retentissaient douloureusement dans l'âme des saints et des évêques de cette époque.

Saint Jérôme, en apprenant la prise de Rome par Alaric, écrit une lettre poignante d'émotion, et où la douleur s'élève jusqu'au sublime. Les âmes les plus romaines, dans cet âge d'abaissement, étaient celles d'un Théodose le Grand, âme catholique, s'il en fut jamais; celle d'un Augustin, celle d'un Léon le Grand. L'Église tenait d'autant plus à l'empire, que, suivant les apparences, il était encore, malgré ses vices, l'unique asile de la civilisation. Plusieurs Pères croyaient les destinées du monde attachées à celles de Rome, et voyaient dans la chute de Rome comme un signe avant-coureur de la fin des temps. Cette pensée apparaît dans plusieurs auteurs ecclésiastiques, avant et après le quatrième siècle. On la retrouve jusque dans les homélies du pape saint Grégoire.

Mais la vie des saints, même des plus illustres, n'a pas fait, sans doute, l'objet habituel des lectures de M. Duruy. Voici comme il s'exprime sur sainte Pulchérie, c'est-à-dire sur une des figures les plus pures, les plus élevées de cette époque de décadence : « Théodose II, successeur d'Arcadius (408-450), se laissa conduire pendant tout son règne par sa sœur Pulchérie, qui s'attacha à le tenir dans une longue enfance. (1). »

On ne parlerait guère autrement d'une Agrippine ou d'une Catherine de Médicis. Si Pulchérie, gardant toutes ses qualités royales, avait été une libre-penseuse ou simplement une princesse hérétique, l'auteur n'aurait pas assez d'éloges pour ce génie supérieur, pour cette âme vraiment romaine, pour cette femme taillée sur le modèle des femmes de Corneille. Mais l'auréole de la sainteté brille sur le front de cette grande impératrice, et, à l'encontre de l'histoire, qui la montre profondément dévouée à son frère, il faut en faire une intrigante qui s'attache à hébéter son pupille, afin de retenir le pouvoir. Cette manière d'écrire est nouvelle, sans doute, mais M. Duruy ne tardera pas à nous y accoutumer.

On avait admiré jusqu'à présent saint Léon Ier, arrêtant Attila aux portes de Rome. Une peinture sublime avait consacré cette scène. On avait toujours vu dans ce grand tableau quelque chose de manifestement surnaturel. M. Duruy a une explication bien plus simple : « Telle était l'épouvante de l'Italie, qu'elle ne crut n'avoir pu être sauvée que par un miracle que le génie de Raphaël a consacré (2). »

C'est à cette époque agitée où commence le moyen âge que l'on voit s'épanouir, en Orient d'abord, puis un peu plus tard en Occi-

(1) *Hist. du moyen âge*, ch. IV.
(2) *Ibid.*, ch. II.

dent, ces ordres religieux qui doivent se développer à travers les siècles et porter de si grands fruits. L'auteur est amené par son sujet même à parler de la vie religieuse : « Une vie plus pure et plus ascétique que celle. non seulement des fidèles, mais même des ecclésiastiques, avait été le but primitif du régime monastique. Les moines, dans l'origine, n'étaient pas des membres du clergé et ne voulaient point en être : c'étaient de simples laïques qui prétendaient pousser la vertu à ses dernières limites; c'étaient les stoïciens du christianisme, mais des stoïciens exagérés... Ce n'est pas qu'on qu'on n'ait vu aussi dans nos pays ces exagérations anachorétiques, résultat de la fougue des caractères barbares. Il y eut même dans les Vosges un stylite, qui s'était mis sur une colonne à la place d'une statue de Diane qu'il avait renversée, et qui s'y laissa geler les ongles des pieds et des mains; mais, en général, les moines d'Occident firent mieux que se livrer à ces macérations inutiles (1). »

En quoi donc, Monsieur Duruy, les moines catholiques ressemblaient-ils aux stoïciens? En quoi surtout étaient-ils des stoïciens exagérés? Les stoïciens, si je ne me trompe, avaient pour la douleur un mépris stupide, ou, ce qui est également insensé, voyaient un bien dans la douleur. Les moines allaient au-devant de la douleur, non pour la braver ou pour la nier, mais pour la subir comme une expiation, pour l'embrasser comme un sacrifice. Tout chrétien sait que la douleur en elle-même n'est pas un bien, qu'elle n'est qu'une suite du péché, mais qu'elle a reçu de la Passion de Jésus-Christ une vertu divine et un nom nouveau, qu'elle s'appelle la croix pour celui qui souffre avec Jésus-Christ et que c'est la croix qui sauve.

Ces macérations des solitaires peuvent sembler « inutiles » à M. Duruy, mais les saints et l'Évangile ont un sentiment différent.

Ces moines, si malmenés par l'historien du moyen âge, n'allaient pas tarder à devenir les auxiliaires les plus actifs de la papauté dans son travail civilisateur. De sa théorie sur la vie religieuse, M. Duruy passe à une théorie sur la papauté.

« Au-dessus de l'aristocratie épiscopale, s'élevait *insensiblement* la monarchie pontificale. Dès l'origine, la parole du successeur de saint Pierre et de l'Évêque de la ville éternelle avait eu une autorité supérieure; on le consultait souvent sur les questions douteuses, et il fut *de bonne heure* considéré comme le représentant

---

(1) *Hist. du moyen âge,* ch. VIII.

de l'unité catholique. Le second concile général, convoqué par Théodose à Constantinople, en 381, reconnut solennellement cette suprématie en ne donnant que le second rang à l'évêque de Constantinople. Le nom de Pape, attribué dans le principe à tous les évêques, finit par lui être réservé : changement déjà manifeste sous Léon le Grand, quoiqu'il n'ait été complet que sous Grégoire VII, etc... (1). »

A première vue, ce morceau paraît à peu près irréprochable. Mais, en le regardant de près, on y reconnaît un procédé assez habituel à M. Duruy. L'erreur est insinuée d'une manière imperceptible, mais choisie à l'avance, et produisant son effet dans l'âme. Deux ou trois mots, qui semblent jetés là, par hasard, renferment toute une théorie rationaliste sur la formation du pouvoir papal.

Ce pouvoir s'est élevé « insensiblement » ; l'Évêque de Rome « a été considéré de bonne heure comme le représentant de l'unité catholique ». Si reculée qu'elle soit, l'origine de ce pouvoir est donc humaine, et non pas divine. Ce qui s'est élevé « insensiblement » n'est pas sorti de toutes pièces d'une promesse et d'une institution de Jésus-Christ. Être considéré de bonne heure comme le représentant de l'unité catholique, ce n'est pas la même chose que d'être dès le commencement, dès le premier jour, le chef suprême de l'Église. Toutes ces atténuations, tous ces euphémismes, cachent une pensée secrète que le lecteur entrevoit, et c'est une pensée rationaliste.

Il est un homme, un serviteur de la papauté, à qui un historien, même hostile à l'Eglise, doit, bon gré mal gré, rendre justice. Charlemagne est si haut, que l'injure ne saurait l'atteindre. M. Duruy se garde bien d'attaquer ce géant que l'admiration de dix siècles a salué comme le grand homme par excellence. Il parle convenablement de Charlemagne. Cependant quelques traits, quelques insinuations, se mêlent aux louanges qu'il donne au héros. « On n'en a pas moins voulu faire de Charlemagne un sage couronné, un prince pacifique qui ne s'était armé que pour se défendre. Rendons-lui sa vraie et rude figure. Il n'avait nulle invasion à craindre. Les Arabes étaient divisés, les Avares affaiblis, et les Saxons impuissants à faire une guerre sérieuse hors de leurs forêts et de leurs marécages. S'il a conduit les Francs au-delà de leurs

(1) *Histoire du moyen âge*, ch VIII.

frontières, c'est qu'il a eu, comme tant d'autres, l'ambition de commander à plus de peuples, et de laisser un nom retentissant dans la mémoire des hommes (1). »

M. Duruy, sans y prendre garde, se réfute lui-même, un peu plus loin : « Avant les Saxons, les Bavarois étaient soumis. C'était le plus puissant et le plus inquiet des peuples du Midi, celui qui, par sa position, servait de lien aux coalitions des peuples du Nord et du Midi. Tassillon, leur duc, appartenait aux Agilolfinges, une de ces vieilles et illustres familles souveraines, comme il s'en trouvait chez la plupart des peuples germains, et qui voyaient avec dépit l'élévation récente des Héristals. En 787, année où Charlemagne eut à combattre, non pas chaque peuple isolément, mais une ligue de presque toute l'Europe, le duc lombard de Bénévent et la cour de Byzance entraînèrent Tassillon, qui lui-même entraîna les Avares et excita les Saxons, tandis que dans le Midi les Arabes étaient également engagés à prendre les armes. Cette fois encore ce fut le pape Adrien qui instruisit Charles de ce vaste complot, etc. » Un prince entouré de tant d'ennemis et exposé à de telles ligues ne fait pas la guerre, « parce qu'il a, comme tant d'autres, l'ambition de commander à plus de peuples, et de laisser un nom retentissant dans la mémoire des hommes ».

M. Duruy se dédommage sur deux Papes des éloges qu'il a décernés au défenseur couronné de l'Église. Les démarches conciliatrices de Grégoire IV, sa médiation entre Louis le Débonnaire et ses enfants, lui inspirent les lignes suivantes : « Les fils de l'Empereur marchèrent contre lui, emmenant avec eux le pape Grégoire IV, qui venait en France comme défenseur du partage de 817. Grégoire IV était-il pour l'unité? Oui, mais pour celle qui résultait de l'acte de 817, c'est-à-dire pour *un Empereur faible, en face duquel l'unité religieuse avait bien plus de force.* »

Cette odieuse insinuation, M. Duruy ne l'a pas trouvée dans l'histoire, mais dans son aversion pour le pontificat romain. L'Église, qui avait rétabli l'Empire, ne cherchait pas à en affaiblir le chef. Elle avait intérêt à ce qu'une main forte et puissante tînt le sceptre impérial et protégeât la civilisation latine, menacée de tous côtés par la barbarie.

Après Grégoire IV, c'est le tour de saint Nicolas Ier. Ce Pape,

_____

(1) *Histoire du moyen âge,* ch. IX.

surnommé le Grand par ses contemporains, et l'un des plus beaux
génies et des caractères les plus élevés qui aient jamais passé sur
le siège de saint Pierre, ne trouve pas grâce devant la critique de
M. Duruy. « Quelques années plus tard, Lothaire II étant mort,
après la scandaleuse affaire de son double mariage, où le pape
Nicolas Ier intervint avec tant de hauteur (1). »

Mais nous avons hâte d'en arriver à saint Grégoire VII. L'histoire
est fixée aujourd'hui sur le compte de ce grand et saint Pape. Vogt,
un protestant, a commencé à mettre en lumière cette figure si belle
et si calomniée ; d'autres écrivains l'ont suivi, en Allemagne et
en France, jusqu'à M. de Montalembert, et il n'est plus permis
d'être injuste à son égard.

M. Duruy commence par établir l'état de la question, et il se
trompe dès le commencement.

« Il se trouva donc en présence, au milieu du onzième siècle,
deux puissances, le Pape et l'Empereur, le pouvoir spirituel et le
pouvoir temporel, tous deux ambitieux et dans l'état des mœurs,
des constitutions et des croyances de cette époque, ne pouvant
point ne pas l'être. Alors la plus grande question du moyen âge fut
posée. Qui, de l'héritier de saint Pierre ou de celui d'Auguste et
de Charlemagne, restera le maître du monde ? »

« L'Église n'avait pas eu encore, au moins avec tant de netteté
et de résolution, une ambition si haute. Au temps des iconoclastes
et sous les successeurs de Charlemagne, elle n'avait prétendu qu'à
sortir de l'État qui l'enveloppait, pour vivre librement de sa vie
propre : maintenant elle va prétendre à dominer elle-même la société
laïque et ses pouvoirs. »

« Celui qui fit entrer la papauté dans cette voie nouvelle fut un
moine obscur, Hildebrand, fils d'un charpentier de Soana, en Toscane, et longtemps moine à Cluny, que Léon IX, passant par ce
monastère, pour aller prendre possession du Saint-Siège, avait
emmené avec lui (2). »

J'en demande pardon à M. Duruy, mais il ne s'agissait pas dans
cette question des investitures de la domination du monde : il
s'agissait de la liberté de l'Église. L'Église, enlacée de toutes parts
par la féodalité, étouffait sous ces entraves. La grande difficulté de
la querelle des investitures, ce qui la rend même, au premier aspect,

(1) *Histoire du moyen âge*, ch. xi.
(2) *Ibid.*, ch. xvii.

assez difficile à comprendre, c'est la rencontre et le conflit de deux droits et de deux éléments très distincts, du droit féodal et du droit canonique, de l'élément spirituel et de l'élément temporel. Les évêques et les abbés, ayant pris place dans le système féodal, comme princes, ducs, comtes, etc., ayant reçu de la munificence des rois ou des empereurs des dignités temporelles, pouvaient tout aussi bien que les seigneurs laïques, rendre l'hommage et recevoir l'investiture pour les fiefs qu'on leur confiait. Il n'y avait, dans ce serment, dans cette investiture, rien d'attentatoire au droit de l'Église. Mais l'investiture, ayant une signification symbolique, il eût fallu la conférer par un signe qui désignât le fief, le domaine, la ville, que l'évêque ou l'abbé recevait du prince, et non la dignité spirituelle ou le caractère qu'il recevait de Dieu. Les princes trouvèrent plus commode de conférer l'investiture par la crosse et l'anneau, emblèmes de la juridiction spirituelle. Cette juridiction, d'origine toute divine, ne semblait donc plus venir de Dieu, de l'Église, mais du prince laïque, par le canal de l'investiture. De là à l'absorption de l'Église par l'État, au bouleversement total de la hiérarchie, à la destruction même de l'ordre sacré, il n'y avait plus qu'un pas à faire. Par la force des choses, ce dernier pas eût été bientôt fait, quand Dieu, qui veille sur son Église, et qui, permettant aux flots de l'assaillir, ne la laisse jamais submerger, suscita pour tout rétablir et rendre à l'Église sa liberté, un homme extraordinaire, saint Grégoire VII. Voilà l'état de la question.

Mais quel était donc le caractère de ce réformateur? « Hildebrand donnait dans cette juste réaction, avec toute la fougue d'un caractère ardent, austère et entier (1). » La vérité est que le caractère du grand Pape était d'une singulière douceur et d'une extraordinaire mansuétude. Son énergie, sa force de résistance, était puisée dans la prière, dans la conviction profonde que le salut de l'Église et du monde ne pouvait sortir que de la suppression des investitures, de la réforme du clergé, et du retour du pouvoir civil à la sphère d'action, dont il s'était écarté, sphère d'action, parfaitement libre dans son ordre, mais, dans l'ordre spirituel, subordonnée à l'Église.

M. Duruy fait connaître, d'une manière assez exacte, les divers plans de saint Grégoire VII, mais en répandant sur le dernier une nuance odieuse, qui le dénature, et lui fait perdre, en l'exagérant,

---

(1) *Histoire du moyen âge*, loc. cit.

son véritable caractère. « Grégoire voulait quatre choses : affranchir la papauté de la suzeraineté allemande, réformer l'Église dans ses mœurs et dans sa discipline, la rendre indépendante du pouvoir temporel, enfin dominer les laïques, peuples et princes, au nom et dans l'intérêt de leur salut (1). »

Saint Grégoire VII ne voulait pas « dominer les laïques, peuples et princes », mais il voulait les ramener tous, peuples et princes, à l'obéissance filiale due au Vicaire de Jésus-Christ et, sous une direction suprême, qui respectât la liberté et les droits légitimes de chacun, faire de toute l'Europe chrétienne, comme une grande et vaste famille.

Nous attendions M. Duruy à Canossa, bien sûr qu'il y échouerait. Notre attente n'a pas été déçue. Voici le tableau qu'il trace de cette scène :

« Il (Henri IV) résolut de prévenir la diète promise, et alla lui-même en Italie implorer le pardon du Pontife.

« Grégoire VII se le fit acheter au prix d'humiliations telles qu'un autre souverain n'en a jamais subi. Il se trouvait alors dans le château de Canossa, sur les terres de la célèbre comtesse Mathilde, toute dévouée au Saint-Siège... Henri IV, dans la seconde enceinte, vint solliciter une audience qu'il attendit les pieds nus dans la neige, pendant trois jours ; le quatrième, il fut enfin reçu et relevé de son excommunication ; mais Grégoire, trop habile pour se désarmer tout à fait, refusa de décider la question de la couronne d'Allemagne, et en la renvoyant à une diète, se réserva les moyens de susciter à Henri de nouveaux embarras. Comment ne pas trembler devant un homme reconnu pour le représentant même de la Divinité, et qui se croyait tellement sûr d'être approuvé du Ciel, qu'ayant pris la moitié d'une hostie, il adjura Dieu de le faire périr sur-le-champ, s'il était coupable des crimes dont on l'accusait ! Lorsqu'il présenta à Henri l'autre moitié de la même hostie, en lui proposant un serment semblable, celui-ci recula épouvanté. »

Dans ce tableau, *la vérité, l'exagération et l'erreur* sont comme mêlées et fondues ensemble. M. Duruy, qui trouve inutiles les macérations anachorètes, n'a pas pris sans doute la peine d'apprendre que la pénitence infligée à Henri IV était conforme aux mœurs du temps et à l'ancien usage de l'Église. Cette humiliation n'était ni

(1) *Histoire du moyen âge*, loc. cit.

plus dure ni plus profonde que celle de Théodose devant saint
Ambroise.

Luden est, sur ce point, beaucoup plus juste que M. Duruy :
« Si nous considérons sans préjugés, et eu égard au temps ce qui
se passa à Canossa, nous n'y trouverons rien qui soit indigne de
nos regards. Pas l'ombre d'inimitié personnelle envers Henri de la
part de Grégoire. Celui-ci, au contraire, s'il se montre sévère,
comme évêque, inflexible comme chef de l'Église, comme homme
n'est pas insensible, etc. »

Saint Grégoire VII faisait preuve d'une grande sagesse en différant d'absoudre un prince du caractère de Henri IV, et en mettant
à l'épreuve la sincérité de son repentir. Quant aux réserves du
Pape par rapport à la couronne de Germanie, M. Duruy, qui crie si
fort à l'ambition des Pontifes Romains, devrait en être satisfait, s'il
était conséquent avec lui-même. Le Pape disposait de la couronne
impériale que le Saint-Siège avait rétablie : il ne disposait pas du
diadème royal de Germanie. C'étaient les princes allemands qui en
disposaient et pouvaient, dans certains cas, lorsque le Pape les
avait déliés de leurs serments, enlever ce diadème du front sur
lequel ils l'avaient placé d'abord. Saint Grégoire VII voulut respecter les droits de ces princes et leur laisser la liberté. L'histoire
impartiale témoigne qu'il fit tout ce qu'il était moralement possible
de faire pour garder à Henri IV son autorité royale. Ce mauvais
prince se détrôna lui-même par ses crimes. L'élection de Rodolphe
de Souabe, et plus tard, celle d'Hermann de Luxembourg, fut beaucoup moins due à l'influence de l'Église qu'à l'exaspération des
Allemands, tyrannisés par un monstre, et recourant, pour se délivrer, à la ressource suprême que leur laissaient les constitutions
germaniques.

Le rationaliste M. Duruy ne pouvait comprendre cette scène
grandiose de la communion de Grégoire VII. Mais les hommes du
temps la comprenaient, les mauvais princes de cette époque gardaient dans l'âme un reste de foi, et le souvenir de l'épouvantable
châtiment qui suivit la communion sacrilège de Lothaire et de sa
suite n'était pas encore effacé.

Un pape français, Calixte II, eut la gloire de mettre fin, par le
Concordat de Worms, à la querelle des investitures. La lutte du
Pape et de l'Empereur parut terminée; mais elle recommença
bientôt sous une autre forme, avec Frédéric Barberousse. Ce prince,

qui avait l'étoffe d'un grand homme, mais que l'orgueil égara, engagea contre la liberté de l'Église et la liberté de l'Italie, toutes deux défendues par Alexandre III, un combat dans lequel il devait succomber.

Pendant ce temps, une lutte s'engageait en Angleterre, entre un prince ambitieux et un évêque, inflexible défenseur de la discipline.

Les souffrances et le martyre de saint Thomas Becket sont une des plus belles pages du douzième siècle. M. Duruy les raconte à sa manière. Puis il ajoute, en parlant du Pontife égorgé dans le lieu saint :

« Les Saxons en firent un martyr, et l'imagination populaire, avec la vive et puissante force de création qui l'anime, crut bientôt qu'auprès de son tombeau, les aveugles recouvraient la vue, les sourds l'ouïe, que des morts même y ressuscitaient (1). »

Ainsi, les Anglais du douzième siècle étaient des imbéciles qui s'imaginaient voir ce qu'ils ne voyaient pas, entendre ce qu'ils n'entendaient pas, et croyaient voir se lever de leurs cercueils et converser avec eux des cadavres glacés par la mort !

A quelles inepties n'est-on pas amené par la haine du surnaturel !

Si incrédule lorsqu'il s'agit du miracle, M. Duruy montre une crédulité d'enfant, lorsqu'il s'agit d'accuser l'Église :

« Villani raconte une scène lugubre, cette sinistre entrevue du Pape et du roi (de Clément V et de Philippe le Bel), dans la forêt de Saint-Jean d'Angely, où l'un vendit la tiare, où l'autre l'acheta. L'entrevue n'eut pas lieu, mais des conditions furent certainement faites et acceptées. »

M. Duruy a raison de dire que l'entrevue n'eut pas lieu. Le savant M. Boutaric a très bien réfuté cette fable. Mais si l'entrevue n'eut pas lieu, comment M. Duruy sait-il que « des conditions furent certainement faites et acceptées? »

Poursuivons. « Une d'elles n'était rien moins que la destruction de l'ordre militaire des Templiers. » Comment M. Duruy le sait-il? M. Duruy n'a en mains aucune preuve pour établir une telle accusation. M. Duruy nous dit ailleurs que « Clément V n'osa paraître à Rome, qu'il se fit couronner à Lyon et se fixa en 1309 à Avignon, où il donna, par ses mœurs et sa basse docilité à l'égard du roi de France, un spectacle de scandale ». M. Duruy devrait savoir que les

(1) *Hist. du Moyen âge*, c. xxiv.

accusations relatives aux mœurs de Clément V sont abandonnées depuis longtemps, si toutefois elles ont jamais trouvé créance auprès d'historiens sérieux. Quant à la basse docilité du Pape, M. Boutaric en a fait justice dans un beau et savant travail. Clément V fut un esprit modéré et conciliateur. Il accorda ce qu'il put accorder et ce qu'il crut, dans les circonstances où se trouvait l'Église, devoir raisonnablement accorder. Est-ce donc là une basse docilité? Mais quand les Papes ont affaire à des historiens comme M. Duruy, ils sont, pour ainsi dire, entre l'enclume et le marteau.

S'ils résistent, ce sont des ambitieux qui sortent de la sphère des choses spirituelles pour envahir la politique. S'ils font des concessions modérées, ce sont des caractères sans énergie, des esclaves du pouvoir royal.

Dans l'histoire du moyen âge, tout élémentaire qu'elle est, nous trouverions encore bien des erreurs et la matière d'un très long travail. Mais le lecteur, par les exemples que nous avons donnés, peut se faire une idée du tour d'esprit de l'auteur et des dangers que renferme pour la jeunesse chrétienne un ouvrage rempli d'attaques contre l'Église.

Nous citerons pourtant un dernier extrait sur Jeanne d'Arc. On verra si la Jeanne d'Arc, décrite par M. Duruy, est bien celle que présente l'histoire. N'oublions pas que si un fait proclame tout ensemble et la présence du surnaturel dans l'histoire, et l'action souveraine de Dieu dans le gouvernement des nations, et la vocation spéciale, la place privilégiée que la France catholique occupe dans les plans divins, c'est bien l'intervention étonnante de la vierge de Domrémy.

« La guerre alors pénétrait partout, guerre étrangère et guerre civile. Jeanne en connut les effets; les ravages atteignirent son hameau.

« Les passions politiques y étaient même si excitées que les enfants de Domrémy, village tout armagnac, livraient souvent des batailles à ceux d'un village voisin, tout bourguignon. Jeanne vit peut-être ses frères revenir plus d'une fois ensanglantés. Avec ce tempérament porté à l'extase, et d'ailleurs une santé troublée, l'exaltation politique se mêla aisément à l'exaltation religieuse, ce qui est assez ordinaire chez les femmes. Après les batailles de Crévaut et de Verneuil, elle tomba dans cet état étrange qui, aujourd'hui, nous est bien connu par des milliers d'exemples où les con-

ceptions involontaires de l'esprit prennent une réalité extérieure.
Elle eut des visions, elle entendit des voix, etc. (1). »

Ainsi, la France doit sa délivrance et ce merveilleux retour de
fortune qui la débarrassa des Anglais, aux hallucinations d'un cerveau malade !

Jeanne d'Arc était une visionnaire, et ce que n'avaient pu faire
les plus vaillants soldats, les plus expérimentés capitaines, cette
visionnaire l'accomplit ! Elle arrêta la France sur le penchant de sa
ruine et lui rendit son roi et sa liberté ! C'est très simple, et les
ressorts cachés des événements s'expliquent aisément dans un tel
système. Dès qu'une chose étonne, dès qu'elle porte un cachet
divin, il faut recourir aussitôt à la superstition, à la crédulité, à
l'ignorance du temps, à un dérangement de l'intelligence, à une
perturbation du cerveau ! Le malheur est que la superstition, la
crédulité, la folie, produisent des effets qui déconcertent les plans
les mieux concertés et triomphent de la sagesse humaine. Un Talbot,
l'Achille anglais, qui se laisse battre par une visionnaire, c'est
quelque chose d'assez remarquable !

Pour nous, nous nous rappelons involontairement la parole de
Bossuet contre les contempteurs de nos mystères : « Les absurdités
où ils tombent en niant la religion, deviennent plus insoutenables
que les vérités dont la hauteur les étonne. » La mission divine de
Jeanne d'Arc n'est pas un point dogmatique; mais c'est un fait
certain dans l'ordre historique et solidement établi. Ce fait est tout
empreint de surnaturel. M. Duruy s'efforce donc de l'écarter. Mais
les explications qu'il nous donne, outre qu'elles ne sauraient satisfaire un homme sensé, renferment plus de difficultés que le merveilleux qu'il rejette. Comme M. Renan, il construit une histoire
avec des peut-être. Il part d'une supposition gratuite, nullement
prouvée et contredite même par les faits, pour arriver à une conclusion certaine : Jeanne vit peut-être ses frères revenir plus d'une
fois ensanglantés...

« Avec ce tempérament porté à l'extase, et d'ailleurs une santé
troublée... elle tomba dans cet état étrange qui nous est aujourd'hui
bien connu, etc. » Où M. Duruy a-t-il vu que Jeanne d'Arc eut un
tempérament porté à l'extase et une santé troublée? C'était le bon
sens même que cette pauvre fille des champs qui confondit ses

(1) *Histoire du moyen âge*, ch. XXVII.

juges par ses simples et sublimes réponses. Les Anglais, qui la
virent de près, ne la croyaient guère portée à l'extase : ils l'appelaient brutalement une vachère, une ribaude. Tout ce que l'histoire
nous fait connaître sur Jeanne d'Arc, ne montre guère une santé
troublée. On voit, au contraire, s'il est permis d'employer ces
expressions pour une si poétique figure; on voit une robuste
paysanne, qui a toute la simplicité de son village, toute la vigueur
d'une éducation rustique, mais que la grâce a transfigurée et que
Dieu conduit lui-même. Quand bien même, d'ailleurs, la Jeanne
d'Arc de M. Duruy serait celle de l'histoire, il n'en serait guère plus
avancé. Il faudrait nous dire comment cette visionnaire a pu faire
accepter sa mission par la cour si peu crédule de Charles VII,
comment les prédictions de cette visionnaire ont été si bien confir-
mées par l'événement, comment les armes sont tombées des mains
des Anglais. Quand on dit que Jeanne d'Arc fut alors la personnifi-
cation de la France, le génie de la nation, etc., on ne dit rien qu'une
phrase solennelle et creuse. La France d'alors était profondément
découragée, le génie de la nation semblait l'avoir abandonnée pour
toujours. Les explications de M. Duruy n'expliquent rien du tout et
sont bien plus embarrassantes pour la raison que l'admission pure
et simple de l'intervention divine.

Une chose qui frappe dans ce récit du rationaliste et qui se
retrouve dans toutes les pages de son histoire, c'est un terre à terre
mesquin, c'est l'absence absolue de grandeur. Jamais ou presque
jamais, le souffle d'une noble et sainte émotion ne fait vibrer le
cœur de M. Duruy. Jamais ou presque jamais, on ne sent dans son
ouvrage ce lyrisme d'une âme enthousiasmée par une grande entreprise, indignée par un grand forfait, séduite par un grand spectacle
et laissant échapper avec transports son enthousiasme, sa haine ou
son admiration.

Tout chez lui se tourne en esprit et en imagination. Mais cet
esprit est plus délié que fort, cette imagination plus propre à
répandre une certaine couleur sur les faits, qu'à s'en laisser fortement frapper. Un poète païen a trouvé une expression sublime pour
célébrer la grandeur de l'homme :

Os homini sublime dedit cœlumque tueri Jussit.

Cet *os sublime* dont parle Ovide, semble avoir été refusé à
M. Duruy : il ne sait pas regarder le ciel! L'histoire, chez lui,

manque d'horizon, parce que l'historien manque de foi. Il n'a pas même ces qualités qu'on rencontre encore dans certains rationalistes, dans d'autres hommes séparés comme lui de la vérité divine. On ne trouve chez lui ni la mise en scène de M. Augustin Thierry, ni les peintures entraînantes de M. Thiers, ni la pittoresque énergie de M. Taine. Ce sont de petites phrases, courtes, détachées, sautillantes, mais d'une allure assez vive; ce sont des traits jetés en passant, mais qui ne manquent pas d'atticisme; c'est une ordonnance assez belle; c'est une rédaction d'une netteté, d'une limpidité toute française. On ne trouve dans M. Duruy ni la vaste mer, ni le ciel parsemé d'étoiles, ni ces hauteurs des montagnes que traverse le roulement de la foudre : ce sont de frais vallons, des ruisseaux bordés de fleurs, des taillis d'un agréable aspect, paysage gracieux, mais dont le grandiose est absent.

Telle qu'elle est pourtant, et à ne prendre que ses qualités, l'histoire du moyen âge serait un remarquable ouvrage élémentaire, un ouvrage éminemment propre à la jeunesse, si on pouvait en écarter cet esprit anticatholique et rationaliste que nous avons signalé et qui la traverse d'un bout à l'autre. Cet esprit ne s'accuse pas toujours d'une manière saillante; souvent il circule à l'état latent, mais habilement ménagé par des insinuations, par des mots d'une nuance et d'un effet que l'auteur a prévu et choisi d'avance, presque toujours il effleure en passant et s'efforce d'entamer la foi du lecteur chrétien. L'histoire du moyen âge reste donc un dangereux ouvrage, un ouvrage à écarter des mains de la jeunesse. Espérons que M. Duruy, éclairé un jour de ce rayon surnaturel de la foi qui a manqué à toute sa vie d'historien, reconnaîtra lui-même ses défauts et découvrira dans l'histoire celui qui en est le centre et le nœud, celui à qui aboutit et de qui part toute l'histoire du genre humain, le Verbe Incarné!

Th. MALLEY, *S. J.*

LA REVUE DES QUESTIONS SCIENTIFIQUES

Il se publie depuis quelques années à Bruxelles une revue trimestrielle de haute vulgarisation, qui commence à tenir une place importante dans la presse scientifique. Organe d'une société de savants et de gens du monde, amis des sciences mais plus encore amis de l'Église, ou plutôt les uns et les autres ses enfants dociles et dévoués, la *Revue des questions scientifiques* a pour devise et épigraphe cette parole du dernier concile : Nulla unquam inter fidem et rationem vera dissensio esse potest (*De fide catholica*, c. iv) : « Entre la foi et la raison il ne peut jamais exister de dissentiment véritable. » Par là ressort suffisamment l'esprit de la *Revue*, et de la « Société scientifique de Bruxelles », dont elle émane. Société cosmopolite ou plus exactement internationale, celle-ci compte des membres un peu dans toutes les parties du monde, bien que son noyau principal soit composé de Belges et de Français ; de même que le groupe de la Belgique et de la France comprend le plus grand nombre des lecteurs de sa *Revue*, ainsi que de ses *Annales*. Ces dernières forment un recueil technique, donnant chaque année les mémoires originaux fournis par ses membres, et le compte rendu de ses quatre sessions annuelles.

La *Revue des questions scientifiques* paraît les 20 janvier, avril, juillet, octobre, par livraison de 330 à 350 pages format in-8°. C'est un mode de périodicité, une consistance et un format tout à fait semblables à ceux de la *Revue des questions historiques*, bien connue, en France et à l'étranger, de tous les lettrés sérieux.

Il a paru, à la direction de la *Revue du monde catholique*, qu'il serait intéressant pour ses lecteurs d'être tenus au courant des travaux publiés par le recueil belge, en raison de l'importance qu'il a acquise et de la place qu'il a su se faire parmi les périodiques scientifiques. Nous voudrions aujourd'hui écrire une sorte d'introduction au compte rendu trimestriel qui désormais sera fait ici de la revue bruxelloise, en faisant connaître, à l'occasion de sa dernière livraison, quel est le plan, la division méthodique de chacune d'elles.

Trois parties bien distinctes se partagent chaque livraison. Il y a d'abord les articles de fond qui en occupent toujours la moitié ou les deux tiers, et qui, imprimés en caractères un peu forts et élégamment espacés, sont familièrement désignés, dans leur ensemble, sous la dénomination de *grand texte*. Le *petit texte*, composé de caractères sinon plus faibles, du moins un peu plus serrés, comprend les deux autres parties, savoir : la *Bibliographie* et la *Revue des Recueils périodiques*. Un appendice intitulée : *Notes*, clôt la livraison par l'énoncé sommaire des mémoires publiés dans la collection des comptes rendus de l'Académie des sciences de France. Disons, avant d'aller plus loin, que la bibliographie est traitée ici avec une grande ampleur de critique et de développements : souvent telle notice bibliographique aurait presque aussi bien tenu sa place parmi les articles de fond que dans le « petit texte ».

La partie principale, ou le « grand texte » de la livraison de fin octobre dernier, se compose de cinq articles. De chacun d'eux, nous dirons quelques mots. Le premier, dû à la plume de M. le marquis de Nadaillac, a pour titre : *l'Affaiblissement de la natalité en France*. L'auteur démontre, chiffres et statistisque en main, que toutes les nations policées nous dépassent par l'accroissement de la natalité, c'est-à-dire de l'excédent des naissances sur les décès. D'où il résulte que nous sommes fatalement destinés, dans une durée facile à établir par un simple calcul d'arithmétique, à descendre au dernier rang des nations de l'Europe et peut-être du monde civilisé, à moins qu'une heureuse transformation ne s'opère dans nos mœurs. M. de Nadaillac n'est pas le premier à jeter sur ce point le cri d'alarme : chacun a encore présente à l'esprit l'éloquente protestation récemment formulée par un illustre économiste contre ce lamentable état de choses. Avec une grande vérité, l'écrivain de la Revue do Bruxelles attribue l'origine de ce mal à l'affaiblissement du sentiment religieux et moral. « Le développement immodéré du luxe, dit-il excellemment, l'abus des jouissances matérielles,

la volonté de tout subordonner à ces jouissances, le désir de les
assurer *avant tout* à ses enfants, l'espérance d'augmenter la fortune
de la famille et d'en diminuer les charges, procèdent tous de cette
cause. » Et il ajoute, avec non moins de sens : « Le principe d'autorité est encore plus atteint dans la famille que dans l'État. »
L'auteur est incontestablement dans le vrai quand il établit une
corrélation nécessaire entre l'affaiblissement du sentiment religieux
et moral et celui de la natalité en France : toutefois cette cause,
pour être la principale, n'est pas, croyons-le, la seule. Il en est
aussi une autre, plus matérielle, provenant de notre législation
successorale : celle-ci crée une situation qui, sans cesse, met les
pères de famille entre leur intérêt et leur devoir. En détruisant,
quant à la disposition de ses biens, la liberté et partant l'autorité
du chef de la famille, la loi des successions contribue puissamment
au mal que déplore justement M. le marquis de Nadaillac. En fait,
comme le remarque justement M. Leroy-Beaulieu, elle ne l'empêche
pas de *faire un aîné*, suivant l'expression populaire ; seulement
elle l'amène à le *faire* en supprimant les cadets au lieu de les laisser
librement venir à l'existence ! Et tel est l'effet dissolvant de cette
législation funeste, qu'elle arrive à fausser le sens moral chez une
foule de gens, fort honnêtes d'ailleurs et même religieux. Tels qui
accomplissent tous les devoirs de l'honnête homme et du chrétien,
croient avoir la conscience indemne quand ils ont limité volontairement le nombre de leurs enfants. Bien mieux, il en est qui font
d'une attitude contraire un grief sévèrement qualifié contre quiconque n'a pas, par avance, des moyens d'existence assurés à donner
aux enfants qui peuvent naître de lui ! Voilà où nous en sommes et où
nous conduit la manie de l'égalité à outrance, dans la famille comme
ailleurs ! L'affaiblissement du sens religieux y est pour beaucoup,
sans doute, mais provoqué et développé par la législation elle-même.

De la France nous passons à *l'Asie occidentale*, étudiée *dans les
Inscriptions assyriennes*. C'est la fin d'une dissertation savante
du R. P. Delattre, *S. J.*, dans laquelle le très érudit religieux
s'efforce de tracer, dans le détail de toutes ses parties, la carte
de l'Asie occidentale à l'époque de la prépondérance de Ninive.
Il met en œuvre, pour cela, tablettes, cylindres et primes à caractères cunéiformes recueillis dans les inépuisables richesses archéologiques fournies par les ruines de ces contrées, et met surtout à profit

les ouvrages de MM. Fried. Delitzsch et Eb. Schrader. Après avoir discuté pied à pied les documents concernant la Syrie, la Cilicie, les deux rives de l'Euphrate, la Phénicie et la Palestine, les nombreuses tribus de l'Arabie septentrionale, il aborde, dans son étude finale, contenue dans la livraison qui nous occupe, la presqu'île du Sinaï et la vallée du Nil (Égypte et Ethiopie); cette dernière région, bien qu'appartenant au continent africain, se rattache tellement par son histoire à l'Asie occidentale, que l'on peut la considérer comme en faisant ethnographiquement partie. Ce qui ressort principalement de cette étude de haute érudition, c'est la confirmation, le développement et l'explication d'une foule de points d'histoire mentionnés incidemment dans la Bible, où ils excitaient, sans la satisfaire, la curiosité des historiens.

L'Exposition universelle d'Anvers, en tout ce qu'elle contient d'objets scientifiques ou se rattachant aux sciences, donne lieu, dans les livraisons de juillet et d'octobre, à un compte rendu détaillé du R. P. Van Tricht, *S. J.*, dont le savoir, en matière de sciences physiques, ne le cède à aucun autre savant. On comprend que nous ne puissions analyser ici un tel travail, qui consiste en lui-même eu une analyse forte et serrée. Disons seulement, pour qui ne connaîtrait pas la souplesse et la variété du talent du P. Van Tricht, qu'il sait, homme de lettres autant qu'homme de science, rester littéraire dans les descriptions les plus tchniques et manier heureusement, à l'occasion, la saillie et le trait humouristique. Citant une grande maison hambourgeoise de fabrication de dynamite, qui a, en Belgique, une succursale, *une filiale*, comme on dit en allemand, « On ne saurait, ajoute-t-il, employer des termes trop doux en parlant de choses si tendres. » Qui ne connaît, au reste, les ravissantes *Causeries* de ce religieux aux Cercles catholiques de Namur et de Liège, imprimées chez Paul Godenne, à Namur? Qu'il leur parle de *Nos Oiseaux*, de *Nos Insectes*, des merveilles de *l'Analyse spectrale* et du *Spectroscope*, des *Premiers habitants des vallées de la Meuse* et de *la Lutte pour l'existence;* ou qu'il aborde des sujets abstraits comme *le Bonheur*, comme *la Misère*, comme *le Cœur de l'homme* ou *Liberté*, c'est toujours la poésie la plus suave, les élans les plus généreux embellissant les faits que raconte le savant, ou se mariant aux plus hautes considérations du philosophe chrétien.

Le compte rendu de l'Exposition d'Anvers est suivi d'un travail
. qui, si l'on ne tenait compte que du nombre de ses pages, serait le
morceau principal de la livraison. Il a trait à une question particulièrement intéressante et délicate en ce moment, et qui tend à prendre
une importance de plus en plus grande. Jusqu'au commencement
de ce siècle, on avait interprété dans leur sens littéral et sans tenir
compte des formes superlatives et hyperboliques propres au génie
des langues orientales, les versets du chapitre vi de la Genèse, qui
racontent le grand fait historique du déluge de Noé. A vrai dire, rien
ne sollicitait les esprits à interpréter ces textes différemment; et, les
prenant au pied de la lettre, on avait admis, sans plus d'examen,
que ce déluge avait enveloppé tout le pourtour du globe d'une
épaisse couche d'eau et détruit l'humanité tout entière, Noé et sa
famille exceptés. Les rapides progrès de toute une famille de
sciences nées d'hier n'ont pas tardé pas à élever, contre la vraisem-
blance et même la possibilité d'un aussi gigantesque phénomène,
des objections d'une telle force, qu'il a bien fallu se demander si
l'interprétation jusqu'alors admise n'était pas une interprétation fau-
tive. Des esprits aussi distingués par leur élévation que par leur
savoir et leur compétence en pareille matière, tels, par exemple,
que les RR. PP. Bellynck et Delsaulx, *S. J.*, l'oratorien M. l'abbé
Motais et Mgr de Harlez le savant orientaliste, fournirent les uns
l'affirmation, les autres la démonstration de cette vérité, que l'interprétation universaliste du déluge de Noé n'intéresse ni le dogme
ni les principes de la morale, et que, par suite, une interprétation
différente est libre et partant légitime. Sur cette base, M. l'abbé
Motais, serrant de plus près la question et l'étudiant successivement
sous toutes ses faces, a montré, dans un magistral ouvrage (1),
que l'interprétation nouvelle qui ne ferait détruire par le déluge que
la race principale et privilégiée de l'humanité, non seulement supprime toutes antimonies et toutes objections venant des sciences
profanes, mais encore donne la solution de difficultés jusqu'alors
absolument inextricables dans l'interprétation d'un grand nombre
de textes de la Bible elle-même. Tout le travail de M. l'abbé Motais
est conçu dans cet esprit large et avec cette hauteur de vues et de.
savoir qui conviennent en un temps où la science vraie et dépouillée
de préventions, d'une part, la théologie et l'interprétation des Livres

(1) *Le Déluge biblique devant la foi, l'Écriture et la science.* Un vol. in-8
1885. Paris, Berche et Tralin.

saints, de l'autre, savent, comme des sœurs, s'entr'aider et se donner la main. C'est sous des auspices aussi sûrs et aussi autorisés que l'auteur des présentes lignes a voulu offrir aux lecteurs de la *Revue des Questions scientifiques*, en y mêlant quelques considérations plus personnelles, le tableau sommaire de la nouvelle théorie. Son article est intitulé : *le Déluge biblique et les Races antédiluviennes*. Le maître comme le disciple, dans cette grande question, ont été attaqués. Il fallait s'y attendre. Mais au lieu de leur porter une attaque de front, en prenant leur argumentation corps à corps pour la combattre tout d'abord dans ses grandes lignes et dans son ensemble, on a négligé à peu près entièrement cette voie normale, pour, subsidiairement, s'en prendre en quelque sorte à l'orthodoxie des deux auteurs. Pourtant ils auraient dù, ce semble, se trouver protégés, contre une telle suspicion, par leur contexte tout entier comme par des déclarations dans le genre de celles-ci que nous ne pouvons, en tout cas, que confirmer.

« Est-il besoin d'ajouter que, tout en revendiquant ici la liberté d'appréciation à laquelle nous croyons avoir droit, cette revendication même est subordonnée aux décisions possibles de l'Église? Inutile, croyons-nous, d'insister sur cette déclaration : de la part d'un écrivain catholique ayant l'honneur de tenir la plume dans un recueil catholique, elle est, semble-t-il, superflue (1). »

Mais la soumission aux décisions possibles de l'Église ne s'étend pas nécessairement aux adjurations privées de telle ou telle individualité parlant *ex cathedra sua*, si brillante et distinguée soit-elle. En compagnie des Pères Jésuites belges, de Mgr de Harlez et de bien d'autres savants exégètes, sans parler de la haute autorisation donnée après examen par Mgr l'archevêque de Rennes à la publication de M. l'abbé Motais, on peut se sentir rassuré. Laissons donc ce peu de bruit tomber de lui-même, et poursuivons notre chemin.

C'est du *Choléra* qu'il est maintenant question. M. le docteur Mœller, dans un travail étendu et fort étudié, nous donne une sorte de monographie de cette étrange maladie, toujours mystérieuse et dont le nom seul est nouveau, car elle paraît être en réalité aussi ancienne que l'humanité elle-même. Le delta du

---

(1) Cf. *Revue des questions scientifiques*, liv. d'octobre 1885, p. 550. — L'article en question, *le Déluge biblique et les races antédiluviennes* a été tiré à part en une brochure in-8° de 88 pages, en dépôt à là librairie Palmé.

Gange est, comme il a toujours été, le foyer permanent de cette épidémie redoutable qui, depuis les temps mythologiques jusqu'à nos jours, a constamment, sous différents noms, rayonné de ce centre. Et ce rayonnement croît et s'étend en raison même des progrès, des moyens de communication et des relations internationales. L'ouverture du canal de Suez a donné à cette denrée terrible un nouvel et important débouché, et bientôt l'achèvement du chemin de fer transcaucasien et de celui de l'Inde septentrionale lui en procurera un plus considérable encore.

Quoi qu'il en soit des pertes incalculables causées par l'épidémie, celle-ci a, d'après M. le docteur Mœller, « fourni l'occasion d'une découverte dont il est difficile de mesurer la portée ». Cette découverte serait celle du « microbe cholérigène », du *bacille-virgule*, dû au docteur Koch. Suit, à la louange du célèbre médecin allemand, l'exposé de ses travaux y relatifs, des caractères propres du redoutable microbe et de son « pouvoir cholérigène ». M. le docteur Mœller étudie ensuite les voies d'expansion et de diffusion de la trop célèbre bactérie et son mode de développement et de pullulation dans les milieux appropriés, pour terminer par l'examen des « applications pratiques de la découverte du docteur Koch ». L'honorable écrivain témoigne d'une foi entière à cette découverte dont l'importance et la vérité relativement au choléra sont loin d'être encore, croyons-nous, unanimement acceptées. En tout cas elle n'implique point jusqu'ici le remède assuré contre le choléra, le savant docteur Mœller le reconnaît lui-même, elle ouvre seulement la voie qui doit ou peut y conduire.

Ici se termine la première et principale partie de la livraison du dernier trimestre. Le surplus, dont il nous reste à parler, n'en représente guère plus des trois dixièmes. C'est d'abord la *Bibliographie*. Elle s'ouvre par une analyse critique fort développée, due à la plume de M. de la Vallée-Poussin, l'éminent géologue belge, ayant pour objet l'important, le monumental *Traité de géologie* de M. de Lapparent, *deuxième édition*. Nous ne saurions analyser cette analyse déjà très condensée. Disons seulement que la première édition, tirée à trois mille, a été épuisée en dix-huit mois, et que la seconde a paru aussitôt après, enrichie de tous les progrès réalisés par la science pendant ce temps. Celle-là comptait xvi-1270 pages, grand in-8°, celle-ci contient xvi-1504 pages du même format. La première, par suite de cette extrême richesse, formait déjà un volume lourd et incommode à manier. Le volume de la seconde est encore bien plus gros, contenant 234 pages de plus. On se demande pourquoi l'auteur — ou l'éditeur — n'a pas consenti à répartir en deux, ou mieux encore en trois volumes, la matière d'un ouvrage aussi considérable : sa valeur intrinsèque n'y eût rien perdu et le maniement en eût été infiniment plus commode et plus facile. — Le suivant article bibliographique fait le second début, comme collaborateur de la *Revue*, d'un jeune et brillant ingénieur des Ponts et chaussées, M. Maurice d'Ocagne, déjà connu avantageusement comme écrivain scientifique par la publication d'un mémoire sur les coordonnées tangentielles (1). Il analyse avec beaucoup de détails l'ouvrage d'Antonio Favaro sur le *Calcul graphique*, traduit de l'italien par Paul Terrier.

Des trois comptes rendus qui suivent, l'un a pour objet un *Traité de géométrie élémentaire* de M. Aug. Poulain, qui paraît ne différer guère que par la disposition des matières, de la vieille géométrie de Legendre, revue par Blanchet. Le suivant, dû à M. Buisseret, analyse un important ouvrage de paléontologie, traduit de l'allemand par le Dr Ch. Barrois : le *Traité de paléontologie* par Karl Zittel, professeur à l'université de Munich, W. Schimper et A. Schenk ; tome I, *Paléozoologie;* partie 1re : *Protozoaires, Cœlentérées, Echinodermes* et *Molluscoïdes.* Cet ouvrage, dont le but est de grouper et réunir ensemble l'exposé des multiples et journalières découvertes de fossiles, dont les résultats étaient jusqu'ici épars en une infinité de mémoires, brochures et documents divers, contribuera dans une large mesure à la diffusion des connaissances dans cet ordre de faits. — Le dernier compte rendu nous fait pénétrer dans le domaine de la philosophie qui est bien aussi une science et, on peut le dire, la reine des sciences ; (et plût à Dieu que nos savants de certaine école s'inspirassent davantage de la vraie philosophie!). Il s'agit d'une thèse ou dissertation pour le doctorat en philosophie selon saint Thomas, intitulée : *De la Sensation et de la Pensée*, par THÉODORE FONTAINE, docteur en droit. D'après ce qui nous est révélé de cet ouvrage par le R. P. de Villers, l'auteur s'attachant à la doctrine de saint Thomas, d'une part réfute les matérialistes qui

---

(1) *Les coordonnées parallèles et axiales,* par Maurice d'Ocagne, élève ingénieur des Ponts et chaussées, vice-secrétaire de la Société mathématique de France, 1885. Paris, Gauthier-Villars.

réduisent les phénomènes de la sensation et de la pensée à l'ébranlement des centres nerveux ou à une sécrétion matérielle, de l'autre
combat les idéalistes et les cartésiens pour qui l'organisme n'a
aucun rôle dans l'activité de l'être connaissant, l'âme seule possédant cette activité.

Après la Bibliographie, la *Revue des recueils périodiques*. Cette
revue ne suit point pas à pas les matières d'une série quelconque
de recueils : elle aborde un certain nombre de sujets et prend, partout où elle les trouve, dans les divers périodiques de Belgique, de
France ou de l'étranger, les données qui lui conviennent. Nous
avons ainsi : l'*Hygiène*, par le Dr Dumont qui s'inspire de divers
journaux de médecine et de pharmacie; les *Sciences agricoles* par
M. Proost, dont les différents sujets de culture proprement dite et
d'agronomie sont puisés principalement dans les Bulletins de sociétés
d'agriculture et les Annales de stations agronomiques; la *Géographie*, par un écrivain qui signe des initiales L. D., et prend ses
données de la présente livraison dans le *Cape Times* et les journaux
portugais; la Palaontologie (*Vertébrés*), par M. Dollo, qui s'occupe
principalement de l'ostéologie du genre Iguanodon, en invoquant
une foule de recueils presque tous anglais; enfin l'*Ethnographie et
Linguistique*, dont l'auteur, J. G., s'inspire surtout des travaux de
MM. Léon de Rosny, Adrien Arcelin, Castaing, Delaire, etc., publiés,
soit dans diverses revues, soit dans des monographies ou mémoires
spéciaux.

A la suite de cette revue, six ou sept pages, sous la rubrique :
Notes, sont affectées au sommaire des *Comptes rendus de l'Académie des sciences* publiés dans les trois mois précédents. M. Faye,
l'éminent président du bureau des longitudes, y figure cinq fois,
principalement au sujet de sa théorie des trombes et cyclones, et de
l'application qu'il en fait aux taches du soleil.

Ces quelques pages suffiront, on l'espère, à faire connaître le plan,
l'esprit et la marche générale de la *Revue des questions scientifiques*,
en même temps, quant à leur substance au moins, que les principaux sujets d'étude qu'elle offre à ses lecteurs. Puissions-nous avoir
été de quelque intérêt pour ceux à qui nous nous adressons ici.

Jean d'Estienne.

DANS LA FOURNAISE[1]

16 *janvier*. — Fête du roi Guillaume.

Ah! l'horrible fuite! Et comme j'avais prévu ce moment!

Depuis le 11, j'avais des heures d'anxiété. En voyant nos voisins quitter leurs demeures ou habiter leurs caves, je me demandais parfois si notre courage n'était pas de la témérité, et si le sacrifice inutile de nos existences pouvait être légitime. Tant que l'exemple de notre énergie pouvait maintenir l'espérance autour de nous, notre rôle avait sa justification; mais, dans une demeure presque déserte, à quoi pouvions-nous servir? Mes parents étaient encore retenus par la crainte de nous séparer de nos provisions de bouche et de chauffage.

Ce matin, après l'épouvantable bombardement de la dernière nuit, mon paisible sommeil, souvent interrompu déjà par les obus, était troublé par mon père qui nous criait de sa chambre : « Il faut partir! — Partir! » répondais-je, « partir! il est trop tard! les obus pleuvent autour de nous. — N'importe, préparez-vous! »

Quelques instants après, on me remet une lettre de Mme de S... Avec ces touchantes paroles dont l'aimable marquise a le secret, elle nous engage à fuir.

On se lève, on s'habille. Notre domestique, qui a passé la nuit rue de Londres, nous supplie de ne pas nous obstiner à rester. Autour de nous, les boutiques sont fermées.

Pendant que nous rassemblons à la hâte quelques colis, quel horrible fracas! Un facteur de journaux, qui vient de déposer *l'Officiel* à la maison, est tué par un obus qui blesse une jeune fille. Un obus qui siffle au-dessus de notre maison, va tomber par derrière avec une formidable explosion. J'envoie la domestique savoir

(1) Voir la *Revue* du 1er décembre.

si quelqu'un a été atteint; puis, me repentant d'avoir exposé ma
messagère à un péril auquel je devais moi-même courir, je vais
la rejoindre avec de la charpie à la main et des bandages sur le
bras... A ce moment, cette femme qui revient et que je rencontre
sur l'escalier, m'apprend que personne n'a été blessé, mais que
l'hôtel du maréchal Randon a été atteint et que la façade de ce bâtiment a croulé sous le choc (1)... Et c'est alors qu'il faut fuir; et
pour gagner la rive droite, il faut marcher pendant plus de vingt
minutes sous le feu de l'ennemi. Ma mère et moi nous sommes
malades; il tombe du verglas et nulle voiture ne peut nous chercher
dans ce quartier maudit; d'ailleurs le bruit des roues empêcherait
qu'on entendît le sifflement de l'obus. Le commissionnaire du coin,
homme qui nous est très dévoué, parvient à nous amener une
voiture à bras sur laquelle on déposera quelques colis. Mes parents
vont descendre... J'entre seule dans ces chambres méridionales
que les obus menacent particulièrement. Je dis adieu à tout ce que
je laisse, à mes souvenirs et à ces livres chéris que je ne puis
emporter. Nous descendons. Pendant que mon père, aidé du commissionnaire, cherche à la cave et fait jeter sur la charrette *la
Femme grecque*, d'autres manuscrits, mes autographes et quelques
provisions, ma mère et moi nous entrons dans la loge de la portière.
Là se trouvent de pauvres ouvrières qui ont passé la nuit à la cave
et qui veulent partir malgré la défense du chef de leur famille.
Nous leur serrons la main. Tous les rangs se confondent dans cette
suprême douleur. Une jeune marchande, qui se sauve de la maison
avec ses petits enfants et sa mère, se jette dans nos bras en pleurant. Tout à coup, encore ce sinistre sifflement! Les ouvrières
éclatent en sanglots... C'est encore la mort qui passe au-dessus de
nous... Quel fracas! C'est, dit-on, une maison qui s'effondre (2).
Les soldats quittent la caserne, en tumulte, pour courir au lieu du
danger... C'est à ce moment que nous partons, nos sacs de voyage
à la main. « Taisons-nous pour entendre siffler l'obus et groupons-
nous afin de mourir ensemble, s'il tombe », dis-je à mes pauvres
parents.

Rue Vaneau, nous rencontrons les pompiers qui courent pour

_____

(1) Le balcon de pierre s'était seul écroulé; mais l'intérieur de l'hôtel
avait subi de grands dégâts.
(2) Rumeur exagérée. Cet obus ne fit qu'allumer l'incendie dont il est
question plus bas et dont les suites ne durent pas être fort graves.

éteindre l'incendie de la maison qui vient d'être atteinte et devant laquelle nous passons.

Dieu nous protège. Aucun obus ne s'abat dans la rue Vaneau pendant que nous la traversons ; et plus tard nous apprenons qu'après notre départ du logis, quatre projectiles sont tombés près de notre demeure. Enfin nous sommes hors de danger. Mais ma mère et moi, parties de la maison avec de légères chaussures, nous avons les pieds trempés d'une eau glacée. Pas de voiture. Enfin, rue de l'Université, nous obtenons, moyennant 15 francs, qu'un loueur de voitures fasse atteler. Nous montons dans une voiture de gala, une voiture de noce (1), et avec mon manteau blanc jeté sur le bras, on pourrait de loin me prendre pour une mariée...

Avec quelle inexprimable soulagement nous entrons dans la cour du Carrousel ! Nous oublions un instant notre foyer abandonné pour ne penser qu'à nos vies sauvegardées. Nous arrivons chez M. B..., l'excellent ami qui nous avait offert son toit, et qui nous reçoit avec une cordiale sympathie.

23 *janvier*. — Il y a aujourd'hui une semaine que nous avons fui notre demeure. Ah ! la nuit douloureuse que celle qui suivit notre exil ! Jamais épreuve ne me fut plus cruelle que celle-là. Moi qui, hors de ma chambre, avait ressenti de la nostalgie dans notre appartement même, quelle ne fut pas mon amère affliction pendant ces longues heures passées sans sommeil dans une demeure étrangère, alors qu'à chaque lointaine explosion je pouvais me dire : « Peut-être est-ce sous cet obus que s'effondre ou que brûle notre foyer ! »

Nous avions essuyé pendant plus de dix jours le feu du bombardement. Souvent la mort avait été si près de nous, qu'une seconde seule nous en avait séparés... Eh bien, cette longue agonie, supportée avec courage et résignation, n'était rien comparativement à cette suprême douleur : l'abandon de ce foyer qu'on ne reverrait peut-être plus...

Le moment de notre fuite a laissé dans mon âme une si saisissante impression, que pendant les jours qui l'ont suivi, je n'ai pu me le rappeler sans frémir. Plus d'une fois même, alors que j'écrivais

---

(1) Les deux chevaux qui y furent attelés étaient les seuls de cette écurie qui n'eussent pas été mangés.

cette scène d'angoisses, la force m'a manqué et j'ai dû déposer la plume.

Et cependant, au milieu de ce violent chagrin, j'éprouvais je ne sais quelle satisfaction à la fois patriotique et religieuse. Je sentais que plus nos souffrances devenaient vives, plus s'accroissait le sacrifice d'expiation au nom duquel nous pouvions demander à Dieu notre rédemption nationale. Un instant, l'heureux début de la bataille de Montretout put nous faire espérer que la récompense de nos épreuves approchait : ce fut encore une vaine attente. A cette déception se joignit la pénible impression de notre défaite dans l'Ouest. Mais si nos illusions furent atteintes, nos espérances patriotiques demeurèrent intactes : comment celles-ci pourraient-elles être ébranlées, puisqu'elles s'appuient sur la justice et la miséricorde de Dieu !

24 janvier. — Si encore nous avions pu sauver mes livres, la douleur de notre exil me pénétrerait moins. Notre excellent et digne hôte a su nous mettre si complètement à notre aise que, suivant l'expression de mon père, sa demeure est déjà devenue pour nous un second foyer. Sa jeune et charmante femme ayant dû quitter Paris au moment du blocus pour tâcher de connaître en Suisse le sort d'un père et d'une mère très éprouvés à Strasbourg, notre ami nous a laissé la disposition de son appartement, et se retire lui-même pendant la nuit, dans une chambre d'amis. Le même feu et la même table nous réunissent pendant le jour; et dans cette intimité, mes parents et moi nous apprécions chaque jour davantage les sentiments si élevés qui distinguent notre hôte.

M. et Mme B..... appartiennent à la religion luthérienne, celle des religions protestantes qui se rapproche le plus du catholicisme. Au pied de mon lit, je retrouve le crucifix, et cette image de salut est le premier objet que le jour naissant offre à ma vue pendant les nuits où je ne puis dormir.

Dans notre ancien appartement, c'étaient les obus que je comptais pendant mes insomnies. Dans notre calme retraite, je compte les heures qu'accompagne le chant d'un coucou de la Forêt-Noire. En vain me dit-on que cette pittoresque horloge est l'œuvre de nos ennemis; je trouve qu'elle est naturalisée française, puisqu'elle a égayé les heures d'exil qu'elle a sonnées pour nous. La première fois que j'ai entendu ce chant rustique, je me suis rappelé avec un charme mélancolique ces promenades que nous faisions autrefois dans les forêts maintenant occupées par nos ennemis, et pendant lesquelles c'était la voix du coucou qui dominait dans le vague concert de la nature. Aujourd'hui, je me rappelle aussi que le coucou est ce cokila dont les poètes indiens ont célébré avec ravissement le chant plaintif et doux; et voici que les souvenirs de ma première œuvre se joignent pour moi à ceux du printemps.

Il a été décidé entre nous à l'unanimité qu'une semblable horloge nous suivrait *at home*, dès que celle de notre hôte aurait sonné l'heure de la délivrance. Heure bénie! oh! viens vite, tu seras aussi pour nous l'heure du retour au foyer!

Déjà je l'ai dit : ce qui adoucit les rigueurs de notre exil, c'est le milieu sympathique qui nous entoure. Notre émigration nous a rapprochés de nos plus intimes amis, soit que nous ayons rejoint les uns sur la rive droite, soit que les autres se soient réfugiés comme nous au centre de Paris.

... Nous avons rencontré auprès de M***, un réfugié des environs de Paris; et le village d'où celui-ci a émigré, nous a rappelé un cher et poignant souvenir. C'était un habitant de Limeil-Brevannes; Brevannes, le lieu où résidait naguère et où repose maintenant le noble comte de Sèze, l'ami dévoué, le parfait gentilhomme qui nous a rendu si cher un nom que la France a glorieusement consacré dans ses annales. Que de fois, pendant ce long blocus, nous avions souffert de penser que la tombe du comte de Sèze était foulée par nos envahisseurs! Mais non, cette profanation n'est pas à craindre, je le sais depuis dimanche. C'est dans les caveaux mêmes de l'église que repose, auprès de son digne père et de son illustre aïeul, celui qui fut, comme l'un et comme l'autre, fidèle à son Dieu, à son pays, à son roi!

Le 21 janvier m'avait rappelé, avec ce grand nom, la date mémorable à laquelle son souvenir est lié. A la même date, à soixante-dix-neuf ans de distance, la France, sous la nouvelle république, était suppliciée comme ce roi juste qu'avait sacrifié la première révolution. Quel rapprochement, quelle expiation! L'idée de ce châtiment me poursuivit à un tel point vers le 21 janvier, que, pendant la nuit, elle me donna un sursaut qui m'arracha à mon sommeil.

Pendant notre visite à M***, — c'était le 22 janvier, — nous apprenions que Paris s'agitait. Dans une autre maison amie, une jeune femme qui arrivait nous annonçait qu'elle avait vu passer un bataillon marchant sur l'Hôtel de ville et demandant la Commune. En rentrant à la maison, nous voyons des groupes se former; et des gardes nationaux, la figure crispée, regagner les hauteurs de Montmartre : l'un d'eux, armé d'un fusil, mais revêtu d'un costume ouvrier tout souillé de boue, interpelle un de ses camarades en passant et lui dit d'un air assez piteux : « Eh bien! mon pauvre ami, nous l'avons échappé belle! » A quelques pas de là, un vieillard inconnu qui nous aborde, nous apprend qu'on se bat à l'Hôtel de ville.

Quelle physionomie lugubre avait Paris ce jour-là! Grâces à Dieu, tout s'est calmé aujourd'hui; mais, hélas! le sang a coulé pour une autre cause que la défense nationale.....

Qu'ils sont coupables, les malheureux qui n'ont pas craint d'ajouter cette douleur à nos angoisses patriotiques, à nos épreuves et à nos périls personnels!

Psaumes de la pénitence, « Délivrez-nous du sang, mon Dieu... »

25 *janvier*. — Pour la première fois depuis notre fuite, j'ai revu aujourd'hui notre foyer. Je dois dire qu'à la joie de me retrouver près de nos pénates, se mêlait aussi une certaine appréhension que je n'éprouvais pas alors que je vivais au milieu même du danger. Le péril qu'on cherche a quelque chose de plus saisissant que le péril au sein duquel on vit habituellement.

Quel aspect de mort a aujourd'hui mon cher faubourg! On dirait une ville abandonnée. Et cependant avec quelle joie j'ai pénétré dans notre appartement! Et que j'aurais voulu n'en plus sortir! J'errais de mes livres à mes petits meubles, partagée entre le désir de les emporter avec moi, et la crainte que ce déménagement ne présageât un trop long éloignement du foyer. Ce dernier sentiment l'a emporté. Pouvait-il du reste en être autrement avec la pénurie actuelle des moyens de transport!

Cependant, après avoir pris quelques dispositions intérieures, mon père m'a donné le signal du départ. Je me suis alors enfermée un instant dans ma chambre, et m'agenouillant devant ma petite chapelle, j'ai supplié Dieu qu'il nous rendît bientôt notre foyer dans notre ville délivrée.

Pendant notre pèlerinage, nous avions lu en route un avis alarmant. Des déprédations avaient été commises dans les demeures abandonnées. C'était là ce que nous avions craint. L'idée de voir notre maison dévastée, se joignant à l'impression si vive que me causait la vue du foyer, nous inspira un plus vif désir de retourner dans un quartier que d'ailleurs les obus paraissaient respecter depuis deux jours.

« Le bombardement est préférable à la nostalgie », disais-je à mon père en traversant la place de la Concorde. « D'ailleurs la mort a si souvent passé au-dessus de nous sans nous atteindre! »

Mais notre hôte nous a si vivement engagés à ne pas précipiter notre résolution, que nous n'avons pu nous décider à le quitter aussi rapidement.

Voici que déjà le ciel récompense M. B..... de nous avoir offert sa demeure. Il a reçu ce soir de sa femme la première dépêche qui lui en fût parvenue depuis l'investissement. Si le pigeon voyageur qui a transmis l'heureuse nouvelle était celui qui, avant notre départ, a plané sur notre toit! Par quelle touchante coïncidence il aurait porté de là, sous son aile, la bénédiction due à l'homme excellent qui nous a arrachés à ce toit bombardé pour nous recueillir sous son toit hospitalier.

27 *janvier*. — Retour *at home*,

Hier matin, nous avions décidé que nous retournerions au logis.

..... Le soir, mon père, revenant de son ministère, nous annonçait qu'un armistice allait être négocié.

Que de sentiments divers éveillait en moi ce mot d'armistice! Certes cette perspective ruinait mes chères espérances patriotiques, et jetait sur elles un long voile de deuil. Mais pouvait-il en être autrement après les échecs simultanés de nos armées de secours! Hélas! depuis deux ou trois jours, ce que nous avions lieu de craindre, c'était la reddition de Paris affamé, c'était la profanation de nos foyers..... Cette dernière épreuve nous est du moins épargnée, et notre cité sera respectée (1).

..... Nous pouvons dire avec le sentiment du devoir accompli : « Tout est perdu, fors l'honneur! » Nous tombons, oui, nous tombons; mais pour retarder ce moment, nos défenseurs ont versé le plus pur de leur sang; et parmi nous, ceux et celles qui ne pouvaient combattre, ont souffert la faim, ont souffert le feu! O vous qui n'avez pas été éprouvés comme nous, ne flétrissez pas, honorez

_____

(1) Bientôt la nouvelle de la reddition de Paris, et plus tard l'annonce de l'entrée des Prussiens dans la ville, brisèrent ces dernières illusions. (Voir plus loin).

au contraire, une chute qui a suivi plus de quatre mois de souffrances, de privations et de périls vaillamment supportés!

Près de quatre mille cinq cents personnes sont mortes la semaine dernière (1). Pendant la journée d'hier, alors que nous croyions encore à notre salut national, on nous servit à déjeuner ce pain noir si lourd et si malsain que nous mangeons depuis quelque temps. J'en retirai un brin de paille. « Ce pain est bien noir; n'importe, c'est le pain de la liberté! » disais-je en souriant. Mais la nuit suivante, combien ce pain rendit malade mon pauvre père...

Seuls, sans secours, sans vivres, que pouvions-nous faire? Ah! je comprends et j'ai partagé ce patriotisme exalté qui nous dit : « Que, du moins, un dernier effort nous venge s'il ne nous délivre... » — « Mais si cet effort est inutile, pourquoi un carnage de plus? » répond l'humanité.

« Délivrez-moi du sang, mon Dieu », disais-je avec le Roi-Prophète, en relisant dans mon exil les psaumes de la pénitence.

Oh! la paix! la paix! La paix qui nous ramènera aux sereines occupations de l'intelligence, aux labeurs féconds de l'agriculture et de l'industrie (2)..... Ne récriminons pas contre le passé. Le temps est précieux, employons-le à assurer le présent, à préparer l'avenir!

La paix! la paix qui nous rend définitivement à notre foyer! Ah! telle qu'elle se présente à nous maintenant, combien elle nous attriste, et cependant combien elle nous soulage aussi!

De même que nous avons été des derniers à quitter notre demeure, nous y sommes rentrés les premiers. Notre maison, notre rue, notre faubourg, avaient encore à ce moment l'aspect sépulcral, que j'y remarquais à ma dernière visite. Peu à peu la vie s'est ranimée autour de nous.

Quand nous sommes rentrés à la maison, nous nous trouvions presque étrangers dans notre appartement en désordre. Aussi ai-je compris que nous ne serions tout à fait chez nous qu'au moment où nos meubles auraient repris autour de nous leur place habituelle. Notre domestique ne devant nous rejoindre que deux jours après, nous avons nous-mêmes commencé à rétablir autour de nous cette régularité qui nous rappelait à nos anciennes habitudes.

(1) Aux portes des cimetières, se déroulait une queue d'une nouvelle espèce : *la queue des corbillards!*

(2) Suivent ici dans mon manuscrit quelques réflexions qui ont trouvé place au *dernier mot* de ma *Question vitale*, et que j'ai reproduites plus loin.

6 *février*. — Hélas! dès le lendemain de notre retour à la maison nous apprenions toute la cruelle vérité. Cet armistice, c'était une reddition, une reddition qui, tout en ménageant la dignité du vaincu (1), satisfaisait l'orgueil du vainqueur. Non seulement nos forts ne nous appartiennent plus, mais notre armée, notre brave et loyale armée est, en majeure partie, prisonnière de guerre...

Et nous aussi, nous sommes prisonniers! Alors que nous aurions un si grand besoin d'écrire aux chers absents les souffrances que nous avons éprouvées, les périls auxquels nous avons personnellement échappé, nos lettres ne peuvent pas circuler cachetées. Il faut qu'elles passent sous les regards de ceux qui nous assiègent encore ainsi au point de vue moral.

Ah! Dieu, même lorsqu'il nous frappe, Dieu est toujours père! Pour tous en général, l'amertume de la suprême défaite a été adoucie par une triste mais consolante satisfaction : celle de nous être sacrifiés à notre honneur national jusqu'au moment où nous avons épuisé la paille même qui nous servait de pain (2). Et pour nous, en particulier, pour nous exilés de nos maisons bombardées, Dieu a aussi voulu que l'heure d'une trêve douloureuse coïncidât avec le moment où nous reprenions possession de ce sanctuaire qui est le principal fondement de cet amour que l'homme porte à sa patrie : le foyer domestique!

Me le pardonnera-t-on? et me le pardonnerai-je à moi-même? Peut-être, parce que je suis femme... Eh bien! après m'être pendant de longs mois si complètement identifiée avec notre chère patrie que je n'avais plus d'autre vie que sa vie, d'autres angoisses que ses angoisses, d'autres espérances que ses espérances ; après avoir souffert avec patience et souvent avec gaieté toutes les privations et tous les périls que la défense de notre fière cité imposait même aux plus humbles femmes, après avoir, jusqu'au dernier moment, répandu autour de moi mes belles illusions patriotiques, je n'ai pu, le jour même de l'armistice, me défendre d'une sereine impression Ce jour-là, — c'était le lendemain de notre rentrée au foyer, — j'avais voulu rétablir moi-même dans ma chambre mon ancienne installation. Après l'écrasante fatigue que me causa surtout le clas-

(1) Voir plus haut la note de la page précédente.
(2) A la date de ce jour, nous mangions une andouille composée d'os de rats et de souris pulvérisés. Ce n'était pas la première fois. Pendant notre exil, nous en avions déjà acheté une, à 7 francs la livre.

sement de mes livres, et qui venait s'ajouter ainsi à la faiblesse physique amenée par nos dernières épreuves, j'étais brisée, et néanmoins, quand le soir je me retrouvai dans cet asile de paix et d'étude, j'éprouvai une impression calme et douce qui, depuis longtemps, ne s'était pas approchée de mon cœur. Combien mon exil me rendait plus chère encore la retraite d'où les obus m'avaient chassée !

Depuis, à mesure que je rentrais peu à peu dans mon état normal, je pus mieux mesurer combien profonde avait été la chute de mes rêves patriotiques. Je vis rentrer nos pauvres soldats, nos vaillants défenseurs. Ils passaient, vaincus et désarmés... Mardi dernier, ils sillonnaient en foule les boulevards intérieurs. Chez beaucoup, quelle mâle et sympathique douleur ! Çà et là, circulaient aussi des blessés s'appuyant péniblement sur leurs béquilles... Je les plaignais doublement alors ; ils avaient perdu jusqu'à l'espérance de voir triompher la cause à laquelle ils avaient sacrifié leurs membres. Sur ces mêmes boulevards je vis passer deux convois funèbres de la dernière classe ; c'étaient deux gardes nationaux mobilisés qu'on allait enterrer, sans doute deux victimes de Montretout... A ce moment passait un officier à cheval. Il se croisa avec ce lugubre cortège. Se découvrant, il passa lentement, chapeau bas, devant une majesté qui n'avait d'autre char que celui de la misère, mais qui représentait à tous ce sublime spectacle : des hommes du peuple donnant simplement à leur pays une vie qui aurait pu être heureuse, et avec leur vie le pain de leurs jeunes familles peut-être...

Dans la foule qui encombrait nos boulevards, se voyaient aussi de jeunes femmes auxquelles des gardes mobilisés donnaient le bras. Elles avaient reconquis leurs époux sur la mort...

Ce matin, les clairons et les tambours se sont fait entendre sous nos fenêtres pour la première fois depuis l'armistice : c'était un régiment de ligne qui prenait possession du quartier de Babylone. Après avoir vu errer tant de soldats privés des fusils qu'ils avaient si vaillamment tenus, j'ai éprouvé une douce et triste satisfaction à voir passer un régiment armé et en tenue de campagne.

Ce soir ces clairons et ces tambours ont marqué l'heure de la retraite. J'écoutais avec un mélange de joie et de douleur ce bruit qui me rappelait une animation guerrière aujourd'hui disparue. Tout à coup, un poignant souvenir m'a serré le cœur : « La retraite, la retraite! hélas! la France l'a souvent sonnée depuis peu sur ses champs de bataille... »

Trêve à ces cruelles réminiscences! Que l'espérance survive à nos désastres! De même que l'homme, une nation ne doit pas se rouler avec un désespoir sans issue au fond de l'abîme où elle est tombée. Ce n'est pas l'heure de l'abattement, c'est l'heure de la lutte. Relevons-nous, déchirons, s'il le faut, nos mains en nous cramponnant à tout ce qui peut nous ramener à notre ancien niveau, mais, surtout, rappelons-nous que c'est avec l'aide de Dieu seul que nous pourrons reprendre notre place dans le monde.

Psaumes de la pénitence.

... Cependant, à ce moment même, il s'élève encore des voix qui nient et outragent Celui dont dépend notre salut! De nouveau il est question de laisser ignorer, même à l'enfant, le nom sur lequel repose l'univers!

Ma voix sera bien faible pour être entendue maintenant. Néanmoins j'ai hâte de publier la courte étude que j'ai écrite sur la nécessité absolue de donner à l'enseignement scolaire une base religieuse. A peine l'armistice était-il signé que je livrais ce travail à mon éditeur. Alors pourtant je ne prévoyais pas que les attaques que j'avais combattues par cet opuscule au mois d'octobre dernier, dussent sitôt se reproduire. Hélas! plus que jamais, je le répète, nous avons besoin de Dieu!

Ce journal s'arrête à la date du 6 février, et j'en écrivais les dernières lignes la nuit suivante, à une heure du matin. Quelques instants après, ma pauvre mère, indisposée depuis quelque temps, tombait gravement malade à la suite des épreuves et des privations qu'elle avait courageusement supportées. L'extrême faiblesse à laquelle elle se trouva subitement livrée, nous obligea de la veiller.

Pendant ces anxiétés domestiques, nous arrivèrent aussi les premières lettres de la province. Que de tristes nouvelles! Nous apprîmes ainsi la mort de M. C..., le fils de cette mère spartiate qui préférait le triomphe de sa patrie au salut de son enfant (1) et qui ne savait pas, en parlant ainsi, que ce fils, blessé mortellement à la bataille de Saint-Privat, gisait depuis quelques mois déjà au cimetière de Metz. Mme C..., qui, si souvent, avait eu le pressen-

(1) Voir la *Revue* du 1er octobre, page 72.

timent de ce malheur, avait repris quelque espoir au moment même
où son second fils et nous, nous apprenions, par diverses voies, que
celui qu'elle attendait ne reviendrait pas... Combien nous souffrions
alors de l'entendre dire qu'elle faisait des préparatifs pour recevoir
« son gamin » ! Bientôt elle savait tout, mais son énergie égalait sa
douleur. Elle trouvait une suprême consolation dans cette pensée
que son fils, au lieu d'assister, captif en Allemagne, à la chute
de notre patrie, était glorieusement tombé au début même de la
guerre, et que, du moins, il avait gardé, en expirant, quelques
espérances patriotiques.

Un journal nous annonçait aussi la mort d'un autre officier,
M. D..., fils adoptif d'un vieil ami dont la perte récente nous avait
bien affligés. Pendant que nous déplorions ce nouveau malheur,
quelle ne fut pas notre surprise en recevant de la Belgique une
lettre de M. D...! Mais hélas! c'était de la main gauche que nous
écrivait notre ami ; un obus lui avait enlevé le bras droit à la bataille
de Gravelotte. Après six mois de douleur, M. D... se trouvait encore
à l'ambulance.

Ce fut alors aussi que nous apprîmes la mort de M. le comte d'H...,
l'un de ces hommes si rares, qui unissent à une science profonde,
la grâce chevaleresque d'autrefois. Le salon que présidait naguère
à Paris sa noble et aimable compagne, était le premier cercle littéraire qui se fût ouvert à moi. Que de souvenirs joyeux et doux
se rattachaient pour moi à cette hospitalière demeure ! Et, pendant
la même saison que celle qu'animait autrefois pour nous le charme
de ses réceptions, M. d'H... s'éteignait dans le vieux manoir de ses
pères. Avant de fermer les yeux, l'historien qui s'était plu à retracer
nos gloires nationales, assista à l'effondrement de la France, et le
père de famille ne vit pas, à son lit de mort, deux de ses enfants, ni
son fils volontairement engagé à Paris parmi nos vaillants défenseurs,
ni sa fille aînée, l'amie des premières années de ma jeunesse, et
qui, religieuse à ..., consacre maintenant à l'éducation des enfants
pauvres les ressources de son noble cœur et de son esprit si
cultivé.

... Tous nos chagrins personnels durent bientôt se taire devant
l'humiliation infligée à Paris. Le 27 janvier, nous acceptions avec
tristesse la perspective d'une armistice qui nous préservait, croyons-
nous, d'une capitulation ; dès le lendemain, nous apprenions que
que cette trêve ne nous avait pas épargné la douleur d'une reddi-

·tion; mais nous pouvions du moins nous dire que le pied de l'envahisseur ne foulerait pas le sanctuaire de notre cité. Vers les derniers jours de février, cette triste satisfaction nous fut enlevée : on nous annonça que les Prussiens occuperaient une région de Paris.

Le dimanche 26 février, une agitation extraordinaire se manifesta dans la ville. On s'attendait à y voir entrer les Allemands le lendemain. La générale fut battue dans notre quartier pendant la nuit. Quarante mille gardes nationaux, dit-on, traversèrent alors les Champs-Élysées, et se portèrent, ivres de rage et de vengeance, à la rencontre de l'ennemi.

Notre anxiété était inexprimable. Non seulement il nous fallait subir jusque dans nos murs la marche triomphante de nos vainqueurs, mais devant l'exaspération de nos concitoyens, nous avions à craindre un conflit qui eût mis notre ville à feu et à sang.

Heureusement l'entrée des Prussiens fut retardée de deux jours, et, pendant ce temps, la première exaltation des Parisiens se calma. Puis l'occupation étrangère fut limitée à un quartier presque désert alors : celui des Champs-Élysées. Nos troupes se retirèrent sur la rive gauche, et, dans mon chagrin, il me fut doux de penser que j'habitais la rive française! Notre faubourg, si éprouvé par le feu de l'ennemi, méritait bien cette compensation. Mieux valait y avoir vu tomber les obus que d'y rencontrer nos vainqueurs.

Le mercredi 1er mars, commença l'occupation allemande. Ce jour-là, les magasins se fermèrent dans toute la ville; beaucoup de maisons arborèrent le drapeau noir. Les femmes prirent le deuil. Les statues qui, sur la place de la Concorde, représentent les principales cités de la France, eurent le visage couvert d'un crêpe. Le voile de Strasbourg était plus épais que celui des autres villes. Ce fut après le départ des Prussiens que je vis l'aspect funèbre de cette place. Pendant leur séjour, nous ne traversâmes pas les lieux où ils campaient; et lorsqu'ils se retirèrent, je pus dire que je ne les avais pas vus.

Quel soulagement j'éprouvai lorsque la prompte ratification des préliminaires de paix par l'Assemblée nationale accéléra le départ de l'armée allemande! Nos foyers du moins étaient saufs, et l'effusion du sang était arrêtée..... Hélas! pendant le peu de jours qui précédèrent l'occupation étrangère, s'accomplissait un fait qui prépara une autre lutte plus cruelle encore que ne l'eût été la collision que nous avions redoutée de voir éclater entre nos concitoyens et les Allemands! Mais le moment n'est pas venu encore de rappeler ces nouvelles angoisses.

Malgré la tranquillité relative dont nous jouissions alors après tant d'émotions violentes, que cette paix était triste pour nous, Français; pour nous surtout, enfants de l'Alsace! En même temps que nous voyions notre patrie abaissée, nous perdions notre sol natal. En vain la voix éloquente d'un prélat alsacien (1) avait-elle adjuré le vainqueur de renoncer à une contrée dont les âmes lui échapperaient toujours, le sacrifice fut consommé.

Depuis le bombardement de Strasbourg je portais le demi-deuil. La cession de l'Alsace me fit garder le deuil plus complet que m'avait fait prendre l'entrée des Prussiens à Paris.

Les communications que nous recevions de l'Alsace étaient navrantes. La plupart de nos amis émigraient. Il en était qui non seulement voulaient vendre leurs propriétés, mais se proposaient de faire exhumer les ossements de leurs pères..... Quelle ,plus poignante alternative que celle d'avoir à choisir entre la patrie et la terre natale!

Peu de jours après que furent signés les préliminaires de cette paix qui, au prix d'une cruelle mutilation, devait nous rendre le repos, nous traversions les Champs-Elysées lorsque, dans ces mêmes allées que foulait encore l'avant-veille le pied du vainqueur, passa un bataillon de soldats jeunes, tristes et fatigués... « L'armée de la Loire! » s'écria-t-on. « Dites l'armée du désespoir! » répondit un soldat en se retournant.

L'armée de la Loire! cette armée que nous attendions naguère avec une si patriotique espérance, cette armée que nous avions cru si souvent près de nous..... Est-ce dans notre cité vaincue que nous avions compté la saluer! Que cette pensée était poignante! Et néanmoins, tandis qu'émue et pensive, je voyais défiler ceux que j'attendais autrefois comme des sauveurs, je me souvenais avec une mélancolique fierté que cette armée, vaincue elle aussi aujourd'hui, avait remporté à Coulmiers cette victoire qui fut l'un de nos rares succès.

Depuis l'armistice, nul spectacle ne me cause une plus étrange impression que l'appareil militaire. Huit jours après que j'avais vu entrer les premiers soldats de l'armée de la Loire, j'entendis sous

(1) Mgr Freppel.

nos fenêtres, pour la première fois depuis la capitulation, la musique d'un régiment... Lorsque ces sons guerriers qui m'électrisaient autrefois, vibrèrent à mon oreille, je me mis à trembler.....

« Pauvre France », m'écrivait un historien célèbre, « pauvre France, la voilà obligée à recommencer son histoire et à se reporter à trois siècles en arrière. »

Quelle nouvelle douleur pour les princes exilés qui voyaient s'écrouler en un instant l'édifice qu'avaient élevé leurs royaux ancêtres : celui de l'unité française! Avec quelle patriotique émotion ils avaient suivi les péripéties de cette catastrophe! Retenu sur la terre étrangère, l'héritier de saint Louis, de Henri IV et de Louis XIV, l'auguste chef de la maison de Bourbon, autorisait naguère ses fidèles amis à reporter sur la France républicaine en péril le dévouement qu'ils eussent accordé à la France monarchique; et à la voix de leur prince, les légions de Charette et de Cathelineau défendaient leur patrie avec la même vaillance dont elles avaient fait preuve en soutenant le Vicaire de Jésus-Christ. Puis, à l'heure où Paris fut bombardé, quelle ne fut pas l'éloquence de ce cri de douleur qu'arracha à Mgr le comte de Chambord, le martyre de la cité que ses ancêtres appelaient « leur bonne ville de Paris! »

Parmi les descendants de Henri IV, il en était qui avaient pu ajouter de nouveaux lauriers à l'histoire de notre pays. La France, paisible et prospère, les avait vus grandir. Élevés avec ses enfants, ils avaient combattu avec eux et les avait guidés à la victoire. En vain, deux de ces princes voulurent-ils servir en simples citoyens la France meurtrie et chancelante : ils se virent refuser jusqu'au droit de mourir pour la patrie qu'ils avaient vaillamment servie; cette patrie, cette mère qu'ils voyaient tomber sans pouvoir la retenir sur le bord de l'abîme. Et lorsque, sous un nom supposé, le vainqueur de Saint-Jean d'Ulloa et de Mogador crut pouvoir servir obscurément son pays, la prison et un nouvel exil le châtièrent d'un sublime dévouement. En vain aussi de jeunes princes de cette royale famille offrirent-ils à leur terre natale le concours de cette brillante valeur qui s'était révélée sur des plages lointaines. Mais l'un d'eux put, du moins, conserver un généreux incognito; et nous apprîmes un jour avec une reconnaissante émotion que, pour combettre les nouveaux envahisseurs, Robert le Fort, le grand ancêtre de la maison de France, avait reparu parmi nous.

Pendant que la France agonisait, et que l'Europe étonnée, muette, la regardait mourir, une voix, une seule voix rompit le silence sépulcral qui régnait à l'étranger. Mais aussi cette voix n'était pas une voix étrangère : c'était celle d'un Père ! Le captif du Vatican n'oubliait pas la fille aînée de l'Église, la nation qui le soutenait autrefois sur son trône temporel. Au nom du Dieu de paix, le chef de la chrétienté adjura le vainqueur d'arrêter l'effusion du sang; et plus tard le pria de ne pas démembrer la nation vaincue (1).

Les nations étrangères néanmoins n'étaient pas insensibles à nos malheurs. Nous n'oublions pas la sollicitude avec laquelle la Belgique veilla au soulagement de nos blessés. Nous n'oublions pas l'admirable charité avec laquelle les Suisses reçurent celle de nos armées qui fuyait sur leur territoire. Nous n'oublions pas non plus les dons fraternels que nous prodiguèrent des nations amies, notamment notre jeune sœur, l'Amérique (2).

En Orient, des populations chrétiennes asservies ne purent contenir leur douleur en voyant tomber la grande protectrice du catholicisme. Les familles arméniennes se sentirent frappées au cœur : « On pleurait à Constantinople, me disait un Mékhitariste. »

Certes, ce n'était pas sans le secret espoir d'une revanche que notre fierté nationale acceptait l'humiliation infligée à notre pays. Mais, quant au présent, les occupations de la paix devaient seules nous absorber. La France avait besoin de repos pour réparer ses ruines et cicatriser ses blessures.

Je croyais alors que notre pays tout entier serait moralement relevé par ses malheurs. Quelques indices cependant me faisaient craindre que cette régénération ne fût pas générale. Au moment où certains maires de Paris luttaient de zèle pour chasser Dieu de nos écoles mêmes, je publiais le travail que, pendant le siège, j'avais consacré à cette QUESTION VITALE : *L'élément religieux est-il indispensable à l'enseignement scolaire dans un État libre ?* et je ter-

---

(1) Nous apprîmes plus tard que la Turquie se souvenant de son ancienne alliée, avait tenté une intervention diplomatique en faveur de la France.

(2) Ce fut alors qu'une illustre et généreuse Américaine, Mme Botta, recueillit pour la France 20,000 francs qui, parvenus trop tard, furent consacrés par la donatrice à fonder, à l'Académie française, un prix qui porte son nom et qui doit être décerné tous les cinq ans au meilleur ouvrage sur la condition des femmes. (Note postérieure.) — « Si quelque chose pouvait adoucir le souvenir de nos mauvais jours, ce serait assurément l'élan généreux, je ne dirai pas de l'Europe, mais du monde entier, pour diminuer nos maux. Il faudrait citer ici toutes les nations. » (Duc de Noailles, *discours cité.*)

minais cette étude par les lignes suivantes tracées au lendemain de l'armistice :

Lorsque j'écrivais les pages qui précèdent, c'était sous l'impression d'espérances nationales qui ne se sont pas réalisées. Là aussi toutefois, je laisserai ma pensée intacte. Dans notre malheur, ne désespérons pas de la France. Après avoir bu le calice d'expiation, peut-être notre patrie a-t-elle satisfait à la justice divine. Peut-être Dieu réserve-t-il à la noble victime purifiée par le sacrifice une gloire plus belle que celle qui lui échappe. Peut-être lui rendra-t-il en grandeur morale ce qu'il lui retire de puissance matérielle. Est-ce par la force de ses armes ou par l'empire de ses idées qu'une nation est vraiment souveraine ?

Au milieu des ruines qui nous entourent, travaillons à fonder la France nouvelle. Soutenons les courages, réchauffons et élevons les âmes. Que le plus humble d'entre nous devienne le missionnaire de cette cause sacrée.

Aux armes ! — disions-nous jusqu'à présent à ceux de nos concitoyens qui devaient défendre nos foyers. Qu'à ce cri de guerre, la paix substitue aujourd'hui un autre appel : Aux semailles !

Oui, aux semailles, paysans qui travaillerez notre sol dévasté ! Aux semailles, apôtres de la foi, hommes de pensée, hommes de science, vous qui répandrez dans les âmes blessées les graines du vrai, du bien et du beau ! Aux semailles, vous aussi législateurs, vous qui verserez sur la France meurtrie les germes d'une constitution nouvelle basée sur la justice et sur la liberté.

Le champ est préparé... O paysans, le sillon sera fructueux : vous y trouverez la trace cruelle et féconde de votre sang et du sang de vos fils ! Pour vous tous, ô mes concitoyens, ô mes compatriotes, le sillon sera fertile : une généreuse douleur l'a creusé dans vos âmes ! Courage ! Aux semailles !

Mais que cet appel s'adresse particulièrement à vous, mères et instituteurs, vous qui déposerez dans les jeunes âmes le grain de l'enseignement. Souvenez-vous que ce sont les fruits amers du matérialisme que nous récoltons aujourd'hui dans les larmes ! et pour épargner une telle moisson aux générations futures, rappelez-vous aussi que la parole de Dieu est non moins indispensable à l'éducation de l'enfant que le soleil à la germination de la plante.

Aux semailles ! hommes et nations, préparons la moisson évangélique dont nous serons les ouvriers ; et quand viendra l'heure bénie de la récolte, nous pourrons dire avec le Psalmiste : « Ceux qui sèment dans les larmes, moissonneront dans la joie. »

Quelles que fussent les inquiétudes que m'inspirait l'effervescence de la population parisienne, l'esprit général de la France me rassurait. J'aimais à voir mes espérances encouragées par des hommes auxquels une grande expérience de la vie et le ministère même des âmes donnaient le sens de l'avenir : « Il me semble, comme à vous, que, malgré nos malheurs, il faut plus que jamais nous obstiner dans l'espérance, m'écrivait, le 4 mars, l'illustre évêque d'Orléans. »

— Et, dans une lettre de Mgr le Prince de la Tour d'Auvergne, je lisais avec émotion ces belles lignes : « Comme vous, j'espère que notre pauvre France se relèvera de ses désastres; mais ce n'est pas en lui enlevant le crucifix qu'on la régénérera. La France ne retrouvera la régénération et la vie qu'en redevenant chrétienne, qu'en se rattachant à Dieu. Depuis quatre-vingts ans nous avons chassé Dieu de tout, et nous sommes morts! Nous ne revivrons qu'en le remettant à sa place, c'est-à-dire partout! Tous doivent concourir à cette œuvre de résurrection. »

Mais déjà le canon d'alarme de la guerre civile avait grondé à Paris, lorsque, dans une lettre qui, datée du 31 mars, ne me parvint que deux mois plus tard, — Son Eminence le cardinal Donnet écrivait ces réflexions d'une si éloquente tristesse : « Au milieu des désastres de la patrie, sous l'étreinte des plus poignantes douleurs, alors que tous les cœurs français devaient se tourner, humiliés et pénitents, vers le Dieu méconnu, qui si grandement nous châtie, l'impiété, toujours fidèle à son œuvre, s'est efforcée d'élargir encore l'abîme qu'elle a creusé déjà si vaste, sous les pas de nos jeunes générations. Priver l'homme de la foi qui seule dirige, élève, ennoblit, divinise son cœur, en ôtant à l'éducation sa base véritable, en jetant avec profusion sur les terres vierges de l'enfance, au lieu de la divine semence, les germes de toutes les erreurs, tel est le but qu'elle poursuit, et qu'elle poursuit acharnée : préoccupation incessante et fiévreuse, tourment pour elle, ce semble, plus cruel que celui de panser les plaies de notre patrie expirante. »

En rejetant les derniers vestiges de la foi, cette pierre augulaire qui seule soutient les nations, Paris allait s'écrouler.

Clarisse BADER.

LA COLONISATION

CHEZ LES PEUPLES ANCIENS ET CHEZ LES PEUPLES MODERNES (1)

CHALDÉE ET ASSYRIE

La Bible donne à la Chaldée le nom de pays de Sennar, et la désigne comme la première habitation des hommes venus de l'Orient. C'est là que vécut *Nemrod, fils de Kous, petit-fils de Cham*, le grand chasseur devant l'Éternel, le premier des chefs qui bâtirent des villes dans le pays de Sennar; et ce récit est confirmé par les statues et les bas-reliefs retrouvés à Babylone et à Ninive. *C'est de Chaldée que partit Assur, de la race de Sem, qui fonda Ninive dans le haut pays.*

La Chaldée a donc été, d'après les documents historiques les plus irréfutables, la seconde des sources de lumière qui ont éclairé le monde; et, coïncidence remarquable, c'est, comme en Égypte, au milieu des alluvions riches en production des choses nécessaires à la vie, qu'elle surgit, il y a environ trois mille ans, pour remonter l'Euphrate jusqu'en Syrie, où elle dut se mettre en communication avec le courant égyptien, et pour remonter le Tigre, qui l'achemina jusqu'à la base des grands plateaux de l'Iran (la Perse actuelle).

Les annales chaldéennes, écrites sur des tablettes d'argile molle, puis séchées au feu, mentionnent deux empires bien distincts : le premier est l'empire légendaire détruit, deux mille trois cents ans environ avant Jésus-Christ, par la grande invasion des Scythes ou Mogols orientaux, qui poussa, comme nous l'avons dit, les Chana-

---

(1) Voir la *Revue* du 1er décembre 1885.

néens sur l'Égypte; et l'empire historique qui lui succéda presque immédiatement, et dont l'existence est prouvée par des monuments dont, par suite de la mauvaise qualité des matériaux, la plus grande partie a été détruite, mais dont l'âuthenticité ne saurait être l'objet d'aucune contestation.

Les diverses peuplades, dont la fédération forma, avec le temps, la nation chaldéenne, puis la nation assyrienne, arrivèrent, les unes, comme les Touraniens, du plateau de l'Altaï, les autres du plateau de Pamir, que l'on considère encore aujourd'hui comme la place occupée, au moment de la création du monde, par le *Paradis terrestre*, et appelée par les nouveaux venus *Aryrianen Waidjo*, demeure des Aryas ou Aryens. Les Aryens, établis en Chaldée, conservaient le souvenir d'un grand déluge qui les avait chassés de leurs pays, et leurs traditions se trouvaient être tout à fait conformes au récit que la Bible nous a transmis.

Lorsque ces peuplades prirent possession du delta de l'Euphrate, ce pays présentait le même aspect désolé que le delta du Nil, et il fallut des siècles de travaux pour le rendre habitable.

La légende donne pour premier législateur aux Chaldéens un être partie homme, partie poisson, appelé Oannès. Cet être sortit de la mer Rouge au point où cette mer confine la Babylonie. Il possédait une voix humaine, une tête d'homme, un corps et des jambes couverts d'écailles de poissons. Il passait la journée au milieu des hommes sans prendre aucune nourriture, leur enseignant les lettres, les arts, les sciences, en un mot, tout ce qui contribue à l'adoucissement de la vie. Au coucher du soleil, il se rejetait dans les flots. Il écrivit sur toutes les choses de la civilisation un livre qu'il remit aux hommes. Cette apparition divine fut suivie, plusieurs siècles après, de la venue d'un nouveau monstre bienfaisant nommé Annedotos; puis, après un nouvel espace de temps fort long, de l'apparition du Oannès mystique; plus tard encore, d'un quatrième monstre nommé Annedotas; enfin, après une nouvelle période un cinquième monstre, également homme et poisson et nommé Annodaphos, acheva de vulgariser la doctrine du premier Oannès. Au moment de l'apparition de ces montres législateurs, le trône était occupé par dix rois qui régnèrent chacun en moyenne (43000) quarante trois mille ans, et que les historiens actuels considèrent comme les dix signes du zodiaque; et le temps de leur règne, comme calculé de manière à le faire entrer dans une grande période astronomique de douze fois quarante-trois mille deux cents ans, dont l'existence paraît prouvée bien que l'origine et la raison en soient inconnues. Mais personne, que nous sachions, n'a émis d'hypothèse au sujet des cinq dieux poissons dont la légende connue des Grecs peut bien avoir donné naissance aux naïades et aux tritons de la mythologie.

Pendant longtemps, il y eut lutte en Chaldée pour l'hégémonie entre les divers peuples qui, sous le commandement de leurs princes, avaient envahi la contrée ; et celui que la victoire favorisait, établissait de force le culte de sa divinité, de sorte qu'on eut, en quelque sorte, guerre des hommes et guerre des dieux. Fatigués de ces luttes, les confédérés consentirent à une trêve, en vertu de laquelle les diverses divinités furent admises au panthéon national : mais cette trêve fut rompue le jour où l'élément sémite, devenu le plus nombreux et le plus puissant, fit prévaloir ses opinions et imposa ses dieux à la nation tout entière.

Chassés des sanctuaires officiels, les dieux touraniens conservèrent néanmoins leur influence sur le peuple. Seulement le culte qu'on leur rendait était moins une religion qu'une espèce de sorcellerie fortement organisée, possédant un sacerdoce composé de trois classes de prêtres, les *conjurateurs*, les *médecins* et les *théosophes*. Ces prêtres cherchaient à détourner le mal et à procurer le bien, soit par des purifications, soit par des sacrifices ou des enchantements. Les rites ou incantations dont ils se servaient se trouvent en partie dans un grand ouvrage dont les débris sont conservés au Musée Britannique. On y trouve des formules dirigées contre les démons, des formules d'incantation contre les maladies et des hymnes mystérieux destinés à évoquer les dieux. Aux formules d'incantation venaient se joindre des *talismans* de diverses espèces ; c'étaient des bandes d'étoffe attachées aux vêtements et aux meubles, des amulettes de bois, de pierre ou de terre cuite, des statuettes de monstres, de génies. Le porteur ou le possesseur de ces talismans était sacré, inviolable même pour les dieux.

Le Louvre possède une statue en bronze excessivement curieuse ; elle représente *un démon au corps de chien, aux pieds d'aigle. aux bras armés de griffes de lion, à la queue de scorpion, à la tête de squelette et aux cornes de chèvre. Son dos est ombragé de quatre grandes ailes de chauve-souris déployées.* C'est un talisman. Une inscription touranienne, tracée sur le dos, nous apprend que le hideux personnage est le démon du vent du sud-ouest qui désole la

Mésopotamie, et qu'il suffit d'en placer l'image à la porte ou à la fenêtre d'une maison pour éloigner les mauvais génies.

A côté du magicien bienfaisant se trouvait l'évocateur des démons, les charmeurs, les jeteurs de sort, les *Envouteurs*, si redoutés chez nous au moyen âge, le faiseur de philtre, le vendeur de poison.

La maladie, considérée comme un ensorcellement, était par cela même beaucoup plus du domaine du magicien que de celui du médecin. On ordonnait bien au malade quelque portion connue empiriquement depuis des siècles, mais la prise de cette potion était toujours précédée ou suivie de prières, d'incantation ou de conjuration.

Au fond de la religion chaldéenne, comme au fond de toutes les religions antiques, on trouve un Dieu unique, parce que la matière émane de lui ; multiple, parce que chacun des actes qu'il accomplît sur la matière est considéré comme produit par un être distinct et porte un nom spécial. Chez les païens grecs et romains, la chaste sœur d'Apollon s'appelait Diane, quand on la considérait comme déesse de la chasse ; Phœbé, lorsqu'elle brillait au ciel pendant la nuit ; et triple Hécate lorsqu'aux enfers, elle dominait les mauvais génies. De même en Chaldée, le même dieu était adoré dans une localité sous un nom, et dans une autre sous un autre nom bien différent, selon les fonctions qu'on lui attribuait. Il en résulta un nombre d'autant plus grand de divinités, que le pays, féodalement organisé, possédait une multitude de petits gouvernements qui ne dépendaient du souverain suprême qu'en ce qui avait rapport aux impôts, aux corvées et au service militaire. Seulement, environ deux mille ans avant notre ère, sous le règne de Saryoukin Ier, roi d'Agarie, et sous celui de son fils, les prêtres, travaillant sur le vieux fond des traditions, essayèrent d'établir un système régulier où les émanations de la divinité furent subordonnées les unes aux autres. Ils réussirent à former une religion officielle, qui remplaça les cultes locaux et régna désormais sur toute la Chaldée et sur l'Assyrie.

Illoû, le grand dieu de Babylone, qui fut plus tard nommé Assur, par les Assyriens, devint le dieu suprême des deux nations. De Bab-porte et de Illou, ville d'Illou, on fit Babillou que les Grecs transformèrent en Babylone.

D'après la cosmogonie créée par les prêtres chaldéens, le *Dieu suprême créa le chaos primordial.* A son commandement les éléments; et le chaos se séparèrent, la lumière pénétra l'univers, l'animai et le maintint, tel que Dieu l'avait ordonné. L'Olympe chaldéen se composait d'un nombre considérable de dieux ou de demi-dieux qui étaient en même temps protecteurs des planètes. *Saturne, Jupiter,, Mars,, Vénus* et *Mercure.*. Ce dernier cumulait en même temps, les fonctions d'Hercule (des Assyriens); on le représentait étouffant un lion dans ses bras robustes. La *Nature* (la Cybèle des Grecs) était personnifiée par Astar, Anat et Belti; on la représentait' debout sur un lion ou sur un taureau, coiffée d'une tiare étoilée, armée de l'arc et du carquois. Cette même déesse était aussi considérée comme le symbole de la fécondité, elle prenait alors le nom de Zir Banit, et on la peignait nue, les deux bras croisés sur son sein. Venait ensuite le dieu *Nabon*, le grand ordonnateur de l'univers, le type de la perfection, le modèle auquel les rois devaient s'efforcer de ressembler. Quant à Ninus et à Sémiramis, qui occupent une si belle page dans la légende chaldéo-assyrienne, les recherches des assyriologues ont prouvé que ces deux personnages n'ont jamais existé, que ce sont des figures astronomiques.

Lorsque naquit l'empire assyrien, nous voulons dire l'empire historique, l'Égypte comptait déjà de deux mille à deux mille cinq cents ans d'existence, et; soit directement, soit par intermédiaire, les deux nations durent communiquer de bonne heure, pour leur commerce; cependant les deux civilisations ne se sont jamais confondues, elles ont gardé leur originalité, même aux époques où l'Égypte victorieuse faisait flotter ses étendards sur les palais de Ninive et de Babylone, comme aussi lorsque les Assyriens occupèrent en maîtres les palais de Thèbes et de Memphis.

L'art égyptien l'emporta sur l'art assyrien, par le fini, par la perfection du travail, mais l'art assyrien se montra plus anthropomorphe, et il peut être considéré comme ayant beaucoup influé sur la statuaire grecque, à laquelle il a transmis entre autres conceptions celle des *Harpies, du cheval Pégase, d'Hercule* et de *Janus aux deux visages*, dont la mythologie romaine avait fait un ancien roi d'Étrurie.

L'art assyrien a cheminé simultanément avec l'art égyptien vers la Grèce, mais sans se confondre avec lui; et pour peu que l'on examine la statuaire grecque, on s'aperçoit qu'elle a puisé aux deux sources et que c'est de leur mélange que sont sortis les chefs-d'œuvre inimitables que nous a laissés le génie hellénique.

Ce qui distingue surtout la statuaire égyptienne de la statuaire assyrienne, c'est que la première est presque nue, que la seconde est drapée, que l'Égyptien est rasé, nue tête ou couvert d'une perruque et assez souvent coiffé d'un capuchon appelé klaft, qui est devenu aujourd'hui en quelque sorte le trait caractéristique de l'Égypte ancienne ; et que la statue assyrienne porte une longue barbe frisée, des cheveux également longs et frisés et qu'elle est coiffée d'une haute *tiare*, dont la forme est à peu près celle du *tadje*, couronne des souverains de la Perse actuelle. D'autre part, les monuments de la Perse ancienne ont beaucoup plus de rapport avec ceux de l'Assyrie et de la Chaldée, qu'avec ceux des Égyptiens, dont ils avaient reçu la connaissance depuis longtemps par les Phéniciens, que le commerce poussait sur tous les points cultivés du monde connu à ces époques éloignées. Cette préférence pour l'art assyrien ne peut être attribuée à une affinité de race, puisque la Perse était aryenne ou touranienne, mais au voisinage de Babylone.

Autant les statues des génies malfaisants étaient hideuses, comme on peut le voir par le bronze du Louvre, dont nous avons parlé plus haut, et répugnaient à la vue, autant les représentations des dieux et des génies amis des hommes étaient gracieuses et sympathiques. Il est difficile de trouver des compositions antiques plus charmantes, plus grandioses et mieux inspirées que celle qui figuraient aux portes des palais et que l'on a rapportées de Korsabad (Korous abad., la ville de Korous) au Louvre. Une belle tête d'homme à la barbe et aux cheveux frisés et coiffée de la tiare perse repose gracieusement sur le cou d'un taureau, aux épaules couvertes d'une crinière de lion. Des ailes d'aigle attachées aux flancs du puissant animal achèvent d'en faire le symbole de l'intelligence, de la force puissante, de l'audace, en un mot, de ce qu'il y a de plus puissant sur la terre et dans les airs.

La création d'Hercule et du lion de Némée est d'origine assyrienne. L'Hercule assyro-chaldéen s'appelait *Sy du bar* ou bien *Hea Bani;* il était représenté portant sur ses épaules un lion qu'il venait d'étouffer.

En Assyrie et en Chaldée, comme en Égypte, la représentation des rois et des hommes en général était le thème favori des artistes. Comme peintres, les Chaldéo-Assyriens ont dépassé de beaucoup les Égyptiens, ils ont introduit dans leurs tableaux la nature animée, tandis que les derniers paraissent s'être tenus à la représentation des personnes.

On a retrouvé chez les Chaldéo-Assyriens les diverses industries de l'Égypte, le tissage des tissus en coton et de la gaze; mais ce qui paraît appartenir en propre à l'Assyro-Chaldée, c'est la fabrication des tissus brodés en fils de diverses couleurs. Les brodeuses chaldéennes jouissaient dans l'antiquité d'une grande réputation d'habileté et de goût. Leurs broderies, comparables, il semble, aux produits de nos manufactures de tapis, représentaient des figures, des fleurs, des personnages, des génies ailés, des guirlandes de fleurs et de boutons de rose. Les produits des manufactures de Babylone et de Ninive s'exportaient fort loin. Il est question dans la Bible d'un manteau de sennar volé par un chef hébreu, nommé Acan, à l'époque de Josué; et selon toute probabilité la robe de plusieurs couleurs, donnée par Jacob à son fils Joseph, était également un produit de la Babylonie.

Le commerce chaldéo-assyrien était très étendu; d'Our et des autres villes du littoral du golfe Persique, les Kouchites, nation de navigateurs, que l'on suppose avoir été les ancêtres des Phéniciens, allaient dans les Indes chercher les produits du sol et ceux de l'industrie, si toutefois cette contrée encore toute barbare possédait une industrie quelconque. Le voyage était d'autant plus facile que les vents soufflant alternativement de l'ouest, puis de l'est, il suffisait pour arriver rapidement de choisir le moment où le vent soufflait dans la direction que devait prendre le navire. L'existence des rapports des Chaldéo-Assyriens avec les Indes est prouvée par les dessins retrouvés à Babylone, et sur lesquels figure, entre autre choses, le zébu ou bœuf bossu de l'Indostan.

L'apport à Ninive et à Babylone des produits de la Perse et de l'Arménie était des plus faciles. Aussitôt rendus sur les bords du Tigre ou de l'Euphrate, on les chargeait sur des radeaux appelés keleks, faits de légères baguettes de bois sous lesquelles on attachait des outres remplies d'air, et le courant les emportait rapidement à destination. Ces *Keleks* sont encore aujourd'hui en usage en Orient. L'auteur de ces lignes a eu l'occasion d'en faire usage pour traverser l'Araxe. Le kelek dont il se servit avait environ un mètre et demi de longueur, sur un mètre de largeur; il était fait de gaules grosses comme le pouce, assemblées avec des ficelles qui fixaient en même temps les outres en dessous.

Le passeur se plaçait à genoux à l'avant, tenant en main une large pelle qu'il enfonçait dans l'eau, le plus avant possible, et tirait ensuite à lui de manière à exercer une traction qui faisait voguer le radeau vers la rive opposée. Une fois arrivé, *il prit le kelek sous son bras et s'en alla.* Les keleks du Tigre et de l'Euphrate, construits dans le même système, sont beaucoup plus grands, ils prennent des marchandises et des passagers. Cette manière de voyager est très agréable dans un pays complètement dépourvu de routes et où l'on ne trouve, pour tout moyen de locomotion, que le cheval, le mulet, l'âne ou le chameau. L'inconvénient de cette navigation, c'est que les keleks sont quelquefois assaillis par des Arabes, excellents plongeurs, qui se glissent en dessous, crèvent les outres et font couler à l'eau passagers et marchandises. L'industrie de ces naufrageurs consiste à retirer du fleuve les objets tombés au fond de l'eau à la suite de leurs criminelles manœuvres. Aussi le plus grand souci des mariniers et des voyageurs est-il de veiller à ce qu'aucun Arabe ne s'approche du rivage, et au besoin on les écarte à coups de fusils. Il paraît que ces pirates d'un nouveau genre ont, par suite de manœuvres de cette espèce, fait perdre une grande quantité de statues et de bas-reliefs enlevés à l'ancienne Ninive et destinés à nos musées.

La Chaldéo-Assyrie s'est avancée très loin dans la direction de la Caspienne et de la Méditerranée et plus loin encore à l'Orient. Les petits royaumes qui se partageaient les plateaux et les vallées de l'Asie Mineure, conquis par les rois chaldéo-assyriens, conservèrent longtemps une forte empreinte de leur domination. Les temples et les monuments de briques, construits par les conquérants, sont tombés en poussière, mais ils n'en conservent pas moins dans leurs débris leur caractère primitif; et la mission scientifique française de 1861 a pu, à l'aide de ces ruines à peines connaissables, reconstituer la route suivie par le commerce et la civilisation depuis Babylone et Ninive, jusqu'à la Grèce antique.

Privés du précieux papyrus que l'Égypte seule produisait, les Chaldéo-Assyriens eurent recours, pour les besoins des sciences et du commerce, à des briques d'argile compacte que l'on faisait sécher au four, après qu'on les avait couvertes d'écritures. Les bibliothèques des rois consistaient en amas de ces tablettes entassées avec ordre et dont nos savants ont tiré un merveilleux parti. Parmi les dernières découvertes faites à Babylone par la mission française, figurent des lettres de change écrites sur des plaques d'argile, ce qui fait remonter à une bien haute antiquité une invention que jusqu'à ces derniers temps on attribuait aux banquiers juifs du moyen âge.

Nous avons dit que les Chaldéo-Assyriens étaient en possession de tout ce qui concernait l'industrie égyptienne, soit que l'invention ait eu lieu dans les deux contrées à la fois, soit qu'il y ait eu importation, par les commerçants à Ninive et à Babylone, des procédés égyptiens. Cette importation, dans tous les cas, si elle avait eu lieu, n'eût pas été purement servile, car la fabrication de Ninive et de Babylone, quelle que fût son origine, portait l'empreinte des Chaldéo-Assyriens.

Éminemment guerriers, féroces même, à la manière des Mogols, les Assyriens aimaient la guerre pour la guerre; ce sont eux qui les premiers ont inventé les tours roulantes, qui ont joué un si grand rôle dans le siège des villes; les béliers, qui servaient à démolir les remparts; et on croit même la *catapulte*, qui servait à lancer des quartiers de roche; et *la baliste*, espèce d'arc énorme fait de poutrelles, propre à lancer des traits d'une très grande dimension, qui perçaient boucliers et cuirasses.

D'autre part, on leur attribue l'invention des poids et mesures si nécessaire au commerce, surtout à l'époque où la monnaie n'existant pas encore, on était obligé de peser les lingots qui en tenaient lieu.

Placés beaucoup plus près que les Égyptiens de la mer Noire, dont le littoral sud était colonisé *ab antiquo* par les Chalybes, les plus anciens forgerons du monde, les Chaldéo-Assyriens ont dû recevoir le fer bien avant l'Égypte. Cependant ce métal ne paraît pas avoir été très abondant à l'origine, car celui que l'on retrouve dans les tombeaux est généralement employé en objets d'ornementation et de toilette.

Non seulement les Chaldéens ont cru, comme les Égyptiens, à l'immortalité de l'âme, ils sont allés plus loin, encore ils ont cru, comme nous le verrons un peu plus bas, à la résurrection du corps. La croyance en l'immortalité de l'âme chez les Chaldéens et les Assyriens se manifestait à peu près comme chez les Égyptiens, mais certaines différences entre les manières de voir des deux peuples ont permis de supposer que cette croyance était bien née sur la terre babylonienne.

Que devenait l'individu déposé dans le tombeau? Un curieux passage de la bibliothèque du roi Ninivite, Assour-Bani-Pal, traduit par l'assyriologue Halevy, vient nous l'apprendre.

« Après la mort se dégageait du corps le principe vital indestructible, l'esprit incorporel, en assyrien Ekimmou ou Egimmou. L'Ekimmou habite la tombe; quand il est bien traité par les enfants du défunt, il devient leur protecteur; dans le cas contraire, il n'est plus pour eux qu'un génie malfaisant et les accable de maux. Le plus grand malheur qui pût arriver à un homme c'était d'être privé de sépulture. Dans un tel cas, son esprit, privé de gîte et de libations funéraires, menait une existence errante (1) et malheureuse, il était exposé à toutes les misères de la part de ses semblables qui le repoussaient sans pitié. Nous voyons ici comment on se représente les relations entre les vivants et les morts, et quel motif on avait de désirer passionnément ne pas être frustré des honneurs funèbres.

Le roi Assour-Bani-Pal, racontant la vengeance qu'il a tirée des rois de l'Elam (petite contrée située entre la Perse au nord, et la Syrie au sud ou sud-ouest), dit : « Je renversai les tombeaux des rois rebelles, j'emportai leurs cadavres en Assyrie, je laissai leurs ombres sans sépulture, je les privai des offrandes de ceux qui leur devaient des libations. »

Plus tard on imagina un lieu situé au centre de la terre, dans lequel étaient réunies les âmes des morts, plus au large que dans un sépulcre. Le récit mythologique de la descente d'Istar aux enfers, à la recherche de Tommous, nous apprend que cet enfer était un édifice immense situé au centre de la terre, limité de tous côtés par un grand fleuve dans lequel baignent les fondements du monde (2). Ce pays est appelé en chaldéen *pays où l'on ne voit rien et pays d'où l'on ne revient pas*. Le gouvernement de ce monde des morts était confié à *Nergul, dieu de la guerre* et à son épouse *Allat*, sœur d'*Astartée*. La maison était entourée de sept puissantes murailles. Dans chacune de ces murailles on avait pratiqué une porte unique, laquelle se refermait au verrou, dès que le nouveau venu était entré. Elle était gardée par un portier incorruptible. Une loi rigoureuse obligeait de dépouiller de leurs

---

(1) Chez les Grecs, quand le corps manquait de sépulture, l'âme errait et ne pouvait passer le Styx.

(2) D'où les Grecs ont tiré le Styx qui entoure les enfers.

vêtements tous ceux qui pénétraient dans le séjour infernal. Le reste du récit s'apitoie au sujet des morts nourris de poussière et de boue.

La conscience publique s'indigna contre ce qu'avait d'injuste la confusion établie entre la foule des morts vulgaires et ceux qui s'étaient créé, par leurs exploits et leurs vertus, des titres à une destinée meilleure.

Un passage, récemment copié de la grande épopée d'Iz-du-Bal l'Hercule assyrien, nous montre de vaillants soldats récompensés de leurs prouesses et prenant part aux repos des dieux. *Enfin dans un des coins de cet enfer se trouvait la source de vie, qui avait la vertu de ressusciter le mort qui en buvait, mais la source était gardée jour et nuit par un démon jaloux qui n'en laissait approcher que les ombres spécialement favorisées par les dieux.*

La nécessité de conserver le cadavre, pour servir de point d'appui à l'Ekimmou, avait introduit en Chaldée la pratique de l'embaumement. Hérodote, qui a visité la Chaldée quatre siècles environ avant l'ère chrétienne, rapporte que les Chaldéens conservaient leurs morts dans du miel et que leurs lamentations étaient comme celles des Égyptiens.

Le corps, emmailloté de larges bandes bitumées, était couché sur une natte, la tête appuyée sur un coussin. Tout près de lui, dans le caveau, se trouvaient des aliments réels et des aliments en pierre sculptée, comme en Égypte, des jarres pleines de liqueurs fermentées, des soucoupes, des coupes en bronze et en argent. Si la momie appartenait au sexe masculin, on mettait près d'elle des armes, des flèches à pointe de silex. Si elle appartenait au sexe féminin, on remplaçait les armes par des bijoux et des objets de toilette semblables à ceux des dames égyptiennes, mais moins beaux et moins riches. Les caveaux des Chaldéo-Assyriens étaient parfaitement secs, de sorte que la momie, bien que l'embaumement est inférieur à celui de l'Égypte, s'est fort bien conservée et ne se décompose que si on la touche.

On n'a pas trouvé de sépulture royale en Assyrie, ce qui fait supposer que les rois, tous originaires de la Chaldée et considérant cette terre comme sacrée, s'y faisaient transporter après leur mort pour y reposer jusqu'au jour de la résurrection sous la garde de leurs anciennes divinités.

Chez les Persans, aujourd'hui, les riches prennent, dès leur vivant, des mesures pour que leurs ossements reposent à Kerbela, petite ville du pachalik de Bagdad, sanctifiée à leurs yeux par le martyre d'Hocein et d'Hassan, petits-fils du calife Aly, qui y furent égorgés par des troupes envoyées exprès par le calife Moavia, qui régnait à Damas. Le transport des diverses localités de la Perse à Kerbela s'opère au moyen de chameaux, de chevaux ou de mulets; la dépense est assez élevée pour que ce transport ne soit accessible qu'aux individus possédant, sinon une grande fortune, au moins quelque chose de plus que l'aisance.

Dans l'intervalle des caravanes, les cadavres sont placés, comme nous l'avons vu à Théran, dans des caveaux en briques cuites ou crues, le plus souvent crues, juste assez grands pour contenir un seul sujet et dont la voûte effleure le sol naturel. Comme ces caveaux sont généralement placés dans l'intérieur des villes, près des mosquées ou des chapelles des santons vénérés, et qu'aucune ordonnance de police ne règle l'époque de leur ouverture et ne prescrit les précautions hygiéniques à observer, cette ouverture est souvent une cause de peste, de choléra ou d'épidémies de fièvres typhoïdes.

Les transports des morts d'Assyrie en Chaldée devaient être d'autant plus communs que les cours d'eau et les canaux qui sillonnent les deux pays, les rendaient plus faciles et moins coûteux.

Les amas de cercueils de tous genres trouvés à *Warcha*, l'ancienne *Uruk*, et à *Mougheïr la Bitumée*, l'ancienne *Our* (1), sont considérés par les chaldéo-assyriologues comme la preuve de la coutume des Assyriens de transporter leurs morts en Chaldée, leur patrie originaire. Les tombes sont placées horizontalement, les unes sur les autres, comme celles des bourgeois saïtes en Égypte.

Le nombre de ces tombes est si grand, qu'un explorateur anglais, M. Lotfus, a pu pratiquer une tranchée de dix mètres de profondeur sans atteindre le sol naturel. Parmi les cercueils ou sarcophages, il s'en trouve de fort singuliers, faits de deux jarres d'argile cuite opposées bout à bout, emboîtées l'une dans l'autre, lutées à la jointure avec du bitume et pourvus à une extrémité d'une petite ouverture destinée à laisser passer les gaz provenant de la décomposition du cadavre. Chacune de ces bières que l'on a ouverte contenait un seul cadavre, près duquel étaient placés des plats et

(1) Une des plus anciennes villes de Chaldée; premier séjour de Tharé, père d'Abraham.

des vases d'argile ou de bronze, des pointes de flèche en silex; du côté des pieds du mort, on a trouvé des anneaux de fer de diverses grandeurs et des débris d'ornements en or, en ivoire sculptée et des coquilles ciselées. Aux derniers siècles de l'antiquité chaldéenne, les sarcophages furent recouverts, à leur surface extérieure, d'une riche glaçure en émail bleu.

On trouve également, dans cet amas de Warcha et de Mougheïr, la Bitumée, des cercueils en forme de pantoufle. L'ouverture ovale par laquelle on faisait entrer le corps était munie d'une espèce de rainure à laquelle on ajustait ensuite un couvercle. Au petit bout, on avait également ménagé une ouverture pour les gaz. A la superficie de ces buttes, faites de la poussière de plusieurs générations, on a trouvé des cercueils qui appartiennent aux Parthes et aux Mogols, qui détruisirent l'empire perso-grec, créé par Alexandre et continué par ses lieutenants. Ces amas de bières ou sarcophages de toutes espèces, les unes sur les autres, forment des tertres énormes dont on n'a pu encore trouver le fond. Dans les intervalles des rangs de cercueils, on a découvert des urnes en terre cuite sur lesquelles sont écrites des formules de prières.

Nous avons dit qu'on n'avait pas trouvé de tombes royales en Chaldée. Hérodote prétend que la reine Nitocris avait été ensevelie dans l'épaisseur des murailles de Babylone, et l'on suppose que les corps des rois ont été inhumés au milieu des lacs et des marécages qui s'étendent de l'Euphrate au Tigre.

On sait qu'Alaric Ier, roi des Visigoths, fut enseveli par son armée (412 de J.-C.) dans le lit du Busento, dont elle avait détourné les eaux qu'elle y rejette ensuite, pour cacher aux Romains le lieu ou reposait la dépouille royale et les trésors enfouis avec elle selon les usages des nations orientales. Il est possible que les Assyriens aient enseveli leurs rois dans les marécages afin d'empêcher toute violation de sépulture, mais cette mesure se concilierait mal avec les idées reçues au sujet de la nécessité de conserver la momie intacte, ce qui exigeait avant tout un caveau très sec.

Pour expliquer le manque de sépulcres royaux, quelques auteurs ont supposé que les corps des rois d'Assyrie avaient été, comme le sont encore aujourd'hui les corps des Guèbres, descendants des anciens Perses, sectateurs de Zoroastre, dévorés par les oiseaux de proie.

La religion, introduite en Bactriane et de Bactriane en Perse par

Zoorastre, enseignait que le corps humain, lors de sa décomposition, souillait la terre dans laquelle il était enseveli. Elle ordonnait de mettre les morts dans des bières découvertes, de les exposer dans cet état sur les hauteurs, dans des endroits clos de mur, jusqu'à ce que les chairs eussent été complètement dévorées par les oiseaux de proie. Seulement quand les os, complètement dépouillés de toute chair, lavés par les neiges ou les pluies d'hiver, étaient devenus complètement purs, il était permis de les couvrir de terre. Mais cette supposition est plus inconciliable encore que celle de l'ensevelissement dans les marais avec ce que nous connaissons de la théorie chaldéo-assyrienne au sujet de l'immortalité de l'âme, qui avait pour condition principale la conservation de la momie. Les fouilles en Babylonie ne sont pas encore terminées complètement, il reste encore beaucoup à faire, et comme le monde savant tout entier, sans distinction de nationalité, s'y intéresse vivement, nous sommes en droit d'espérer que des découvertes nouvelles nous donneront la solution de la question si intéressante des sépultures royales.

GUILLINY.

(*A suivre.*)

LA MALDONNE DE VIRY[1]

II

Comment le seigneur de Chaffardon et son page, apprirent, dans la maison du Pendu, qu'il est indiscret et dangereux d'écouter les bêtes qui parlent.

— Si vous m'aviez écouté, Monsieur, nous aurions accepté l'hospitalité que nous offraient de si bon cœur M. de Luciane et M. du Veigié, et nous dormirions sous de bonnes courtines, après un bon souper, au lieu d'errer au hasard, sur des routes inconnues, par une nuit noire à se casser le cou, et, ce qui est pis, le ventre creux!...

— As-tu fini ton discours, Clodoveo?

— Pas encore. Voyez cet éclair!... Vive Dieu! nous roulions dans le précipice s'il n'avait illuminé le chemin. Appuyez sur la droite, Monsieur... Savez-vous qu'il est près de minuit?...

— Trop parler nuit, Clodoveo!

— Qui vous dit le contraire, Monsieur? Cependant je voudrais être bientôt au bas de cette côte, car le vent, la pluie et le tonnerre font rage, et nous trouverons sûrement un abri dans la vallée, ne serait-ce qu'une grange.

— Ventre de loup! te tairas-tu, abominable bavard?

— Je me tairai quand vous m'aurez promis que nous attendrons le jour pour continuer notre voyage.

— Foi de Chaffardon, je te le promets!... Si nous étions partis une heure plus tôt... Enfin! nous ne sommes guère qu'à une lieue de Saint-Jean et nous y arriverons aux coups des chanoines...

Ce colloque, interrompu à chaque phrase par les hurlements de la tempête, avait lieu sur la route qui vient d'Italie en France, au sommet de la côte de Villard-Clément, — et à l'heure même où le

(1) Voir la *Revue* du 1er décembre 1885.

Sardet et son fidèle Guérin passaient le col de la Madeleine, — entre deux voyageurs qui descendaient cette côte à pied, mais tenant chacun son cheval par la bride.

Ils avançaient à grand'peine sur la route boueuse, défoncée par des ornières profondes, hérissée d'obstacles.

D'un côté s'élevaient, en roches exfoliées, des escarpements d'ardoises, aux surfaces polies, encadrées de viornes et de ronces ; de l'autre côté, la montagne en pente rapide, s'abaissait brusquement jusqu'à la rivière, à cet endroit très large, étalée entre des aulnaies et des marais pleins de joncs.

Mais d'épaisses ténèbres couvraient la vallée et les voyageurs ne distinguaient rien, sinon des masses confuses, ou parfois le miroitement de l'eau sillonnée d'un reflet d'éclair. Et cette vallée obscure, ensevelie dans les brumes, semblait un abîme entouré d'Alpes colossales supportant les cieux.

Ils ne tardèrent pas, cependant, à atteindre la plaine. Ils franchirent l'Arc sur un vieux pont délabré. Les flots s'engouffraient en tourbillons écumeux sous l'ogive des arches, battant les piles déjà frustes.

Au delà, entre des buissons et de grands noyers, tout au bord de la chaussée, les voyageurs virent tout à coup briller une lumière, et les abois furieux d'un chien retentirent.

C'était une maison assez vaste, bâtie en pierre, et dont le toit de chaume débordait en forme d'auvent.

Ils approchaient, décidés à solliciter l'hospitalité qu'en ce temps on ne refusait à personne, lorsque la porte s'ouvrit, découpant un grand carré de lumière sur la façade sombre, et dans cette lumière apparut un homme de haute taille qui, d'une voix forte, cria :

— Qui va là ?

L'un des voyageurs s'avança :

— Je suis le seigneur de Chaffardon... Voulez-vous m'héberger ? demanda-t-il, Je paierai cher ma place au feu et à la chandelle.

Ce disant, il jetait la bride de son cheval à Clodoveo qui, en garçon bien avisé, sans attendre la réponse de l'hôte, se dirigeait déjà vers une porte aux vantaux épais, ornés de chouettes mises en croix et qui ne pouvait être que celle de l'étable.

— Entrez, monsieur de Chaffardon, entrez, dit l'homme, s'effaçant pour livrer passage. Entrez, vous aussi, monsieur le page, et me laissez mettre vos chevaux au râtelier.

Il s'emparait des bêtes, aussitôt, et les emmenait sous un hangar entouré de piles de fascines.

— Pourquoi, demanda le page, ne les mettez-vous pas à l'écurie?

— Parce que, répondit l'homme, à la Noël dernière j'ai fermé l'écurie, et j'en ai jeté les clefs à la rivière.

Il ajouta, frissonnant :

— Nul n'y entrera désormais.

Il se hâta d'attacher les chevaux à même une crèche pleine de foin, leur fit rapidement une litière de paille, et rejoignit ses hôtes qu'il trouva assis devant l'âtre, où flambaient des fagots de sarments.

Alors, tout en posant sur le pétrin qui servait de table, une cruche de vin, du pain de seigle, du fromage, un panier de cerises, il examina, d'un œil bienveillant, ces étrangers qu'il accueillait avec tant de bonne grâce.

Chaffardon était un très jeune seigneur, de belle mine, aux airs un peu fanfarons, d'une élégance raffinée, encore que son pourpoint de soie fleur de pêcher fût passablement éraillé, et que ses grègues de velours nacarat fussent élimées aux plis. Sa collerette en point de Flandres n'était plus qu'une loque, et la plume de son toquet pendait lamentablement.

Mais une expression de joyeuse franchise, d'insouciance hardie et de fierté régnait sur son mâle visage, éclairé par de grands yeux gris pleins de feu. Ses cheveux blonds, coupés ras, laissaient voir un front pur, et sa fine moustache estompait d'une frange dorée sa lèvre un peu épaisse. Il portait, suspendues à un ceinturon de cuir, une rapière de belle dimension et une dague à coquille d'acier.

Quant à son page, c'était un très long, maigre et svelte jouvenceau de dix-sept ans, aux jambes fines et nerveuses comme celles d'un cerf, à la taille souple et presque flexible, aux épaules étroites, que surmontait une tête trop petite, couverte d'une forêt de cheveux crespelés. Son costume, à la mode italienne, collant et serré, d'un bleu clair, faisait valoir ses formes grêles, son teint olivâtre, ses yeux très noirs, au regard de faucon.

Tels étaient les voyageurs que le hasard amenait en ce logis, et qu'ils examinaient eux-mêmes avec un certain étonnement.

En effet, bien que rien ne fût plus rustique et plus modeste que l'intérieur de cette maison, plantée au bord du chemin, on y pouvait trouver les traces d'une existence moins vulgaire que celle d'un simple paysan.

Des solives du plafond pendaient, en guirlandes, des épis de maïs séché : sur une planche se rangeaient des miches de pain ; au mur, des poteries et des cuivres reluisaient, et des écuelles de faïence remplissaient le dressoir. Mais sur un établi de menuisier se voyaient des statuettes ébauchées en demi-relief sur des planches de noyer ; des grappes de raisins, sculptées en plein bois, ornaient le dressoir tout neuf, et sur le plancher de terre battue s'accumulaient des copeaux.

Une vieille arquebuse était accrochée au-dessous d'une image de la Vierge peinte et dorée ; dans le bahut, grand ouvert, des rouleaux de papiers, quelques livres, reliés en parchemins, deux ou trois instruments d'alchimie, soigneusement rangés, indiquaient des habitudes peu conformes à celles des cultivateurs ignorants, indifférents à tout ce qui n'est pas du domaine de la nature.

Le maître de cette demeure, robuste vieillard à la tête chauve, semblait toucher aux extrêmes limites de l'âge : sa figure exprimait à la fois une bonté parfaite et une haute intelligence, mais aussi une tristesse invincible voilait son front et ternissait l'éclat de ses yeux, cernés d'une tache violâtre.

Il portait le sayon de ratine blanche des paysans, et le bonnet de grosse laine rouge ; mais il gardait, sous ses humbles vêtements, une attitude fière.

Tout en mangeant des cerises, le jeune page ayant assez regardé autour de lui, adressa enfin la parole au vieillard et, d'un ton dégagé :

— Vous veillez tard, ce me semble ? dit-il.

— Je ne dors jamais la nuit.

— Ah ! fit Chaffardon. Et nous guettiez-vous donc au passage ?

— Les combes de Rochenoire ont débordé, couvrant la route de sable et de débris d'ardoise. Il serait dangereux pour des cavaliers de se risquer sur les chemins, défoncés par la pluie... J'étais là, prêt à les arrêter, à leur offrir la bien-venue en ce pauvre logis...

— Vous êtes un brave homme, dit Chaffardon ému.

— Ah ! Monsieur de Chaffardon, j'ai connu votre oncle, le seigneur de Mareste.

— En vérité ? Eh ! mais, n'êtes-vous donc pas de ce pays ?

— Non. Je suis Génevois, et mon nom est Pierre Mochet.

— Pierre Mochet l'imagier ?

— Oui, c'est moi ! s'écria le vieillard, dont le regard brilla d'un rapide éclair... Ah ! vous me faites plaisir... Je ne suis donc pas ignoré? inconnu?... Mais que m'importe, maintenant, la gloire? acheva-t-il d'une voix sombre, tandis que deux grosses larmes coulaient sur ses joues flétries.

Le vieillard prononça ces quelques mots avec un accent de désespoir si profond, si navrant, que Chaffardon et Clodoveo, interdits, ne surent que répondre. Cependant, le jeune garçon, plus hardi, se remit vite de cet émoi, et, après un court moment de silence, il reprit :

— Je suis d'un pays où l'on vénère les artistes tels que vous, maître Pierre. Mon seigneur et moi, nous sommes surpris de vous voir dans un pareil isolement, seul, presque pauvre...

— Tout à fait pauvre, l'interrompit Mochet. C'est de ma faute ! Lorsque l'évêque Étienne de Morel, — Dieu ait sa grande âme en son giron ! — me fit venir de Genève pour sculpter les stalles de sa cathédrale, j'étais déjà avancé en âge, veuf, et père de deux fils... L'aîné, Jean, vivait avec moi... Le second, Barnabé, jeune et beau comme vous, Monsieur le page, courait le monde, allant à sa perdition, hantant les jongleurs et les baladines... Je l'aimais trop !

Il poussa un profond soupir et se pencha, plutôt pour cacher son visage que pour attiser la flamme.

— Que vous dirais-je que vous n'ayez deviné, vous, Monsieur de Chaffardon, qui avez les ardeurs irréfléchies de la jeunesse, et qui savez comment on disperse à tous les vents, comment on fond, au feu de tous les caprices, des trésors qui enrichiraient dix familles. Lorsque je n'eus plus un florin à lui envoyer, mon fils me renia. Où est-il? Je l'ignore. Peut-être à Rome, à Florence, à Venise, vêtu de velours et de soie, riche et puissant... Peut-être enseveli sous la casaque d'un galérien, ou enterré, comme un chien, dans un coin du cimetière où pourrissent les suppliciés !

— Maître Pierre, ne jugez pas témérairement, dit Chaffardon d'une voix grave.

— Eh ! fit Mochet, avec un geste découragé, l'enfant qui rougit de son père est capable de tous les autres crimes !... Et puis voilà dix ans que ce malheureux a disparu !...

— Achevez, insista Clodoveo, curieux.

— Quand l'évêque Morel alla de vie à trépas, il me légua cette maison, une ancienne métairie que nul ne voulait plus habiter. J'y vis, moi, seul... avec mon chien, le meilleur des amis, car il ne parle pas !...

— Mais cela ne nous dit pas, fit observer Clodoveo, pourquoi personne ne voulait habiter cette maison?... Pourquoi vous avez fermé l'étable à la Noël dernière?... Pourquoi vous ne dormez jamais la nuit?...

Pierre Mochet eut aux lèvres un étrange et triste sourire :

— Je suis, dit-il, pour vous obéir!... Mais buvez un peu de ce vin, qu'un bon chanoine m'envoya aux fêtes de Pentecôte...

Ils choquèrent leurs verres en silence, et quand ils eurent bu, Mochet poursuivit :

— Pourquoi ce logis fut abandonné?... Un pauvre hère y fut trouvé pendu, un matin de Noël, il y a cinquante ans. Le métayer, qui lui succéda, se pendit, lui aussi, et sa veuve résilia son bail. On n'osait point passer de nuit, aux alentours de cette maison, car les âmes des suicidés sont condamnées à errer jusqu'au jugement dernier, aux lieux mêmes où fut accompli leur crime... Que de fois on vit flotter des suaires aux croisées de la maison déserte!... Que de fois on entendit les plaintes de ces trépassés!... Moi-même, tout d'abord, je tremblais, j'avais peur... Mais l'évêque exorcisa la demeure, et nous y vécumes tranquilles, mon fils et moi...

Sa voix s'altéra davantage, des sanglots oppressaient sa poitrine, des larmes commencèrent à couler de ses yeux, lorsqu'il reprit :

— Mon fils!... mon pauvre Jean!... dont c'est aujourd'hui la fête, car il avait pour patron le saint Précurseur!...

— *Il avait!* s'écria Chaffardon.

Et il ajouta, avec l'accent d'une tendre compassion :

— Il est donc mort?

— Oui, mort, à la Noël dernière. Et voici comment. Je possédais alors deux bœufs, deux grands bœufs roux achetés de mes deniers, à la foire de la Toussaint, et ces bœufs, avec une vache et mon âne logeaient dans cette écurie, pour toujours close désormais, où je vous ai empêché de mettre vos chevaux.

Chaffardon et son page écoutaient avec stupéfaction ce récit, fait d'une voix monotone et morne, empreinte d'une sombre tristesse; et tous deux, sans doute, eurent la pensée que la raison avait abandonné le faible vieillard, car ils échangèrent un regard, en hochant la tête, comme pour s'encourager à la pitié.

Mais lui, sans prêter attention à leur surprise, continua :

— Vous savez que durant la nuit où le Sauveur vint au monde, il fut réchauffé, nu sur la crèche de Bethléem, par le souffle du bœuf et de l'âne. Or, en reconnaissance de cet acte de charité, ces animaux ont reçu un privilège : Oui. Chaque année, pendant cette nuit de Noël, tous les ânes et tous les bœufs reçoivent le don de la parole...

— Il divague! pensa Chaffardon, en poussant une exclamation.

Le petit page, accablé d'une superstitieuse terreur, fit le signe de la croix.

— Il arriva donc, reprit Mochet, que mon fils, ayant entendu dire, par les gens du village d'Albiez-le-Jeune, que les bœufs parlaient, manqua la sainte messe de minuit et se glissa dans l'étable pour écouter leur dialogue. Il n'y croyait pas, le malheureux! Il fut puni.

— Holà! maître, vous moquez-vous? l'interrompit le gentilhomme.

— Silence!... Monsieur, mon fils Jean entendit les bêtes qui parlaient. L'un des bœufs dit à l'autre : — « Voici les fêtes, enfin ! nous allons nous reposer, car nous avons durement peiné, ces temps-ci, à labourer la terre. » L'autre bœuf répondit : — « Nenni dà, nous ne nous reposerons point. Nous aurons, au contraire, une vilaine besogne. » — « Et laquelle? » — « Nous conduirons demain le jeune maître au cimetière! » — Jean eut peur, tout d'abord, puis il se mit en colère. Il voulait faire mentir la prédiction. Il vint donc chercher ici une hache, et courut à l'écurie pour assommer le bœuf qui avait parlé. Il espérait, en le tuant, conjurer le sort. Mais comme il levait, à deux mains, la hache pour l'abattre sur le front de la bête, la hache tourna entre ses doigts, et le tranchant entra dans son front, à lui, si violemment qu'il eut le crâne fendu. Et il rendit le dernier soupir entre mes bras, une heure plus tard, après m'avoir narré cette terrible aventure. Voilà pourquoi je ne dors plus jamais la nuit, acheva Pierre Mochet d'un ton lugubre.

Chaffardon et Clodoveo, épouvantés, gardaient le silence, maintenant, et n'osaient mettre en doute la sincérité de leur hôte, affirmée par son accent, auquel on n'aurait pu, certes, se méprendre.

Il disait vrai. Son fils était bien mort ainsi, tragiquement, sans secours, puni de sa curiosité coupable, de sa présomption et de sa colère.

Ils regardaient, avec un effroi mêlé de compassion, le pauvre père si rudement éprouvé; il pleurait, sans honte, devant ces jeunes gens, respectueux de sa douleur et de son infortune.

Au dehors, l'orage s'apaisait peu à peu. Les grondements du tonnerre ne retentissaient plus qu'à de longs intervalles, et les mugissements prolongés du vent avaient cessé.

Tout à coup Pierre Mochet releva la tête. Ses yeux égarés, son air hagard, ses traits crispés, effrayèrent ses hôtes. Il fixa un regard étrange sur Chaffardon, et s'écria, d'une voix saccadée, brusquement :

— Prenez garde!... Prenez garde!... Vous allez au-devant de votre destinée... Et celui de qui dépend heur et malheur s'avance contre vous... Prenez garde!...

Ces mots prononcés, il retomba dans son affaissement, et quoi que Chaffardon pût lui dire, il ne se départit plus de son mutisme. Bientôt même, laissant tomber son front entre ses bras croisés sur la table, il s'endormit d'un sommeil paisible et doux.

Un rayon de lumière blafarde parut à la fenêtre et fit pâlir la clarté de la lampe. Le feu s'éteignait sous les cendres. Le chien, allongé devant l'âtre, soupirait. Le jour allait paraître.

Alors Chaffardon déposa sur la table quelques pièces de monnaie, parmi lesquelles brillait un carolus d'or. Ils sortirent sans bruit pour ne pas troubler le repos de ce chrétien pitoyable. Clodoveo détacha les chevaux, sous le hangar, et tous deux se mirent en selle.

A travers les vastes échancrures des nuages, que les brises matinales éparpillaient en larges flocons dans le ciel, l'azur apparaissait, déjà teinté de rose.

Des sillons dorés couraient sur l'arête des monts, et les étoiles pâlissantes disparaissaient dans l'éclat opalin de l'aurore. Puis ce fut une gerbe de lumière pourprée d'où le soleil s'élança, irradiant ses flèches diamantées...

Les oiselets chantaient l'hymne du réveil. Au loin les cloches bourdonnaient.

Du haut de la côte, les voyageurs voyaient se dérouler devant eux la gracieuse vallée de Saint-Jean, les collines verdoyantes de Jarrier, les masses abruptes du Sapey dominant les vignes de Bonne-Nouvelle et, au sommet de la plaine, la ville, avec les cloches de ses églises, avec ses tours de la Correrie, de la Monnaie, de la Fournache, du Mollard, avec sa vieille cathédrale dont le toit d'ardoises bleues luisait entre les pignons pointus et les chaumes moirés de jaune et de vert.

— Belle journée! s'écria Chaffardon, joyeusement. Nous arriverons pour les coups des chanoines.

III

Histoire d'une jeune fille, d'une cathédrale, d'une ville et d'un évêque.

Vers le milieu du sixième siècle, vivait dans la paroisse de Valloires, située sur la route qui reliait alors les Gaules à l'Italie, une jeune fille, nommée Thècle ou Tygre. Elle était noble et riche, d'une grande piété, instruite, et fort charitable envers les pauvres. Elle accordait fréquemment, dans la maison qu'elle habitait avec sa sœur Pygménie, l'hospitalité aux nombreux pèlerins qui passaient.

Un jour, elle accueillit ainsi deux moines écossais qui revenaient de Terre Sainte.

Ils avaient visité la Palestine et s'étaient rendus au tombeau de saint Jean-Baptiste, dont le corps décapité, enlevé par ses disciples qui le transportèrent à Sébaste, l'ancienne Samarie, avait été apporté ensuite à Alexandrie d'Égypte où il reposait dans le magnifique sanctuaire édifié en 393 par l'empereur Théodose.

Émue par le récit de ces moines écossais, Thècle conçut la pensée d'accomplir elle-même ce pèlerinage; elle confia le soin de ses affaires à sa sœur Pygménie, lui recommanda ses pauvres, et prit la route de l'Italie, accompagnée d'une seule servante.

Elle s'arrêta d'abord à Rome, où elle fit, au tombeau des apôtres, le vœu de ne pas retourner dans sa patrie sans y rapporter des reliques du Précurseur : puis elle s'embarqua à Ostie et ne tarda pas à aborder l'antique terre d'Égypte. Mais les efforts furent vains qu'elle tenta pour obtenir de l'évêque d'Alexandrie un fragment de ces reliques qu'elle voulait conquérir.

Elle attendit cinq ans. Sachant bien qu'elle n'avait rien à espérer des hommes, elle s'adressa à Dieu, certaine que Dieu lui répondrait.

Chaque jour fut dès lors un jour de prière. Du lever au coucher du soleil, Thècle priait. Elle se livra aux macérations, aux jeûnes, à la pénitence. Elle se fit la servante des pauvres et répandait partout les bienfaits de son inépuisable charité.

Épuisée par les mortifications et par les veilles, la vierge allobroge n'était plus que l'ombre d'elle-même. Les habitants d'Alexandrie, sachant quel vœu elle avait fait, admiraient ses vertus, sa force et sa foi.

Lasse d'attendre, un soir Thècle et sa servante passèrent la journée dans la basilique de Théodose et, à la nuit, lorsque les portes furent closes, elles s'y laissèrent enfermer.

Alors elles allèrent se prosterner devant le tombeau de saint Jean-Baptiste et y restèrent jusqu'au matin.

Puis Thècle envoya la servante retenir deux places sur un navire qui devait mettre à la voile prochainement pour l'Europe; quant à elle, elle déclara qu'elle ne sortirait que lorsque son vœu aurait été exaucé.

Les prêtres, avertis de ce qui se passait, voulurent du moins lui faire prendre quelques instants de repos. Elle refusa. Le jour se passa ainsi, puis la nuit, puis les jours suivants. Thècle, non seulement refusait de sortir, mais ne voulait ni manger ni boire, et ne cessait pas de prier.

Une foule immense s'ameutait près du tombeau. Tous voulaient voir cette femme étendue sur les marches de l'autel; ses longs vêtements blancs flottaient autour de son corps amaigri et traînaient sur les dalles. Ses cheveux dénoués ruisselaient sur ses épaules et les couvraient de leurs boucles soyeuses. Ses mains effilées, blanches comme la cire, se joignaient sur son visage livide. Elle priait et pleurait sans cesse.

— Quelle misérable créature est-ce donc? murmuraient quelques-uns des spectateurs. Quel crime a-t-elle commis pour montrer un si grand repentir?

La foule répondait :

— C'est une sainte!

Et tous de raconter la vie merveilleuse de cette étrangère, qui faisait tant de bien autour d'elle et donnait tant de bons exemples.

Thècle resta six jours au pied du tombeau. Elle ne pouvait plus pleurer; ses lèvres étaient sèches, sa gorge aride, une fièvre ardente la dévorait. Sa servante la supplia de partir. Elle ne put remuer les lèvres et fit un signe négatif.

Pendant la nuit suivante, vers minuit, Thècle qui s'était évanouie revint à elle, éveillée par des accords mélodieux.

Le sanctuaire resplendissait d'une lumière surnaturelle.

La jeune allobroge se sentait forte et vaillante. Elle se leva, vint tomber à genoux sur la plus haute marche de l'autel, puis elle s'inclina pour baiser la pierre du tombeau...

Miracle! sur la nappe de lin gisaient trois doigts : le pouce, le médius et l'annulaire, entourés d'une auréole éblouissante... Trois doigts qui touchèrent le Sauveur du monde au baptême du Jourdain...

Elle s'empara de ce trésor que Dieu lui envoyait.

A l'aurore, elle sortit, cachant les précieuses reliques sous son manteau. La servante l'attendait à la porte de la basilique et lui dit, aussitôt qu'elle l'aperçut :

— Maîtresse, le navire appareille, partons !

Elles arrivaient au port, lorsque des cris furibonds retentirent. On avait vu *la sainte* sortir de l'église et, sachant quel vœu elle avait fait, on s'était hâté d'ouvrir le tombeau, où l'on constata que trois doigts manquaient au corps de saint Jean-Baptiste. On accourait donc pour arrêter la voleuse.

Thècle cacha les reliques dans les plis de sa robe, sur sa poitrine.

Les gens qui la poursuivaient l'ayant atteinte, brisèrent son reliquaire, la dépouillèrent de ses vêtements, fouillèrent jusque dans ses cheveux, sans découvrir ce qu'ils cherchaient.

Sur le pont du navire, Thècle entr'ouvrit sa tunique et retrouva les reliques intactes : la légende raconte que le chaste sein de la jeune vierge s'était ouvert pour recevoir le précieux dépôt.

Ce fut à Maurienna, capitale de sa province, qu'elle apporta les trois doigts de saint Jean-Baptiste. Elle y fixa sa résidence, et choisit pour habitation une grotte qu'on appelait l'ermitage de Lozenai. Elle y vécut et y mourut.

Dans les chênes qui entouraient et qui entourent encore la grotte de Lozenai, des milliers de moineaux chantaient tout le jour et leurs cris perçants troublaient les méditations de la sainte. Un jour, elle pria Dieu de la délivrer de ses bruyants voisins. La prière à peine achevée, les oiseaux s'enfuirent et, depuis lors, on n'en voit jamais un seul en ce lieu.

. . . .

La vallée de la Maurienne, où le consul Marius défit les Cimbres dans les inextricables défilés des Alpes, et que les peuplades allobroges appelées les Bramovices, les Ucènes, les Garocelles, habitaient avant la conquête des Gaules, appartenait alors à Gunthramm, petit-fils de Clovis et roi des Burgondes.

La capitale de cette province, Maurienna, était une station romaine dès les premiers siècles de l'ère chrétienne. Son premier évêque, Luclanus, avait siégé en 341 au concile de Latran.

Gunthramm fit bâtir une cathédrale pour recevoir le précieux don de Thècle. Cette église, dont les murs d'enceinte et les piliers subsistent encore aujourd'hui, fut consacrée l'an 565, par Isichius II, archevêque de Vienne, et richement dotée par le roi.

Les reliques y sont toujous vénérées. On les conserve dans un monument en marbre anhydre, *ciborium* immense, merveilleusement sculpté, décoré de statues, érigé par l'évêque Étienne de Morel, auquel on doit aussi les splendides stalles du chœur.

Cette cathédrale, encore debout après tant de siècles, a vu les invasions successives des Lombards, des Burgundes, des Sarrasins; les électeurs de l'empire s'y sont réunis pour ratifier l'élection de l'empereur Henri VII; le pape Martin V y est venu en pèlerinage : le pape Pie VII, prisonnier, l'a visitée; François Ier, Henri II, Louis XIII, y sont venus, et le premier même, y revêtit la *cappa magna* violette et cramoisie des chanoines de Maurienne, par un privilège réservé aux princes de Savoie.

Gunthramm imposa le nom de Saint-Jean de Maurienna à Maurienna, dès que la nouvelle cathédrale fut achevée et dédiée.

En 916, une invasion, plus terrible encore que celle des barbares du Nord, bouleversa l'antique cité des Garocelles.

Les Sarrasins débarquèrent sur les côtes de Provence, pénétrèrent à travers les Alpes en Maurienne et en Tarentaise, portant partout le fer, le feu et la destruction; les habitants de Saint-Jean furent passés au fil de l'épée; ceux qui purent s'échapper se réfugièrent à Embrun.

Ce ne fut qu'après une seconde invasion, en 940, que l'on reconstruisit la ville, en l'entourant de fortes murailles.

Mais après la mort de Rodolphe III, dernier roi du second royaume de Bourgogne, l'évêque et les habitants de Saint-Jean refusèrent de reconnaître Conrad le Salique pour son successeur, bien que Rodolphe le Faînéant lui eût envoyé la lance de saint Maurice, en signe d'investiture et embrassèrent, le parti d'Eudes, comte de Champagne, qui s'était emparé de la Bourgogne.

L'empereur Conrad, après s'être fait couronner à Genève, vint mettre le siège devant Saint-Jean de Maurienne et l'emporta d'assaut, puis il en fit raser les murailles.

Conrad le Salique donna la Maurienne en fief à un de ses leudes, déjà seigneur de Salmorenc, qu'on appelait Humbert aux Blanches-Mains, parce qu'il aimait la justice, et qui fut la tige de la royale maison de Savoie. L'humble vallée des Alpes fut donc le premier apanage de cette famille qui régna depuis lors sur tant de royaumes.

. En vertu de nombreuses largesses, de donations, d'héritages, les évêques de Maurienne exerçaient la souveraineté temporelle sur une grande partie de leur diocèse. Ils possédaient dix-sept paroisses, plusieurs châteaux et maisons-fortes; ils battaient monnaie, créaient des nobles, faisaient des alliances et des traités avec les princes voisins, jouissaient de droits et de privilèges considérables.

C'est en 1327 que les comtes de Savoie parvinrent à se faire associer à la principauté temporelle des évêques, à la suite d'une insurrection contre l'évêque Aimon II de Miolans.

Les émeutiers avaient assiégé l'évêque, ses chanoines et ses familiers, dans sa maison-forte de Saint-Jean d'Arves. Ils l'en chassèrent, mirent le feu au château, à l'église et au clocher, massacrèrent les serviteurs, enfin poursuivirent leur seigneur jusqu'à Saint-Jean de Maurienne où de graves désordres furent commis.

L'évêque et le chapitre se réfugièrent à Aiguebelle où se trouvait le comte de Savoie, Édouard le Libéral. Ils lui demandèrent assistance et protection.

Le prince profita habilement de la circonstance : il promit à Aimon de Miolans de le remettre sur son siège, de lui faire recouvrer ses droits temporels et de châtier les insurgés, mais à la condition que l'évêque l'associerait à sa juridiction temporelle sur toutes les terres dépendantes de sa souveraineté.

Le traité fut conclu le 2 février 1327 dans l'église collégiale de Sainte-Catherine de Randens, et l'évêque, du consentement du chapitre donna solennellement au comte Édouard l'investiture de sa principauté. L'ordre fut bientôt rétabli, les paysans furent soumis, dès lors les comtes de Savoie exercèrent sans partage la puissance politique dans le diocèse (1).

Louis de Gorrevod était le soixante et onzième évêque de Maurienne depuis Lucianus. Ses prédécesseurs, depuis le treizième

(1) On nous permettra, pour éviter des répétitions fatigantes, de citer en une seule fois les sources que nous avons consultées pour cette étude curieuse de la vie religieuse et municipale, des mœurs et des coutumes d'une petite province, au commencement du seizième siècle. Citons donc parmi les auteurs qui nous ont fourni les matériaux de la partie historique de notre travail : E. BURNIER, *Histoire des saints de Savoie;* — le chanoine ANGLEY : *Histoire du diocèse de Maurienne;* — l'abbé TRUCHET, *Histoire Hagiologique du diocèse de Maurienne;* — le marquis COSTA, *Mémoires historiques sur la maison de Savoie;* — CHARLES BUET, *Les ducs de Savoie aux XVe et XVIe siècles;* — et notre *Etude sur les droits seigneuriaux des Evêques de Maurienne.*

siècle, Amédée de Miribel, Anthelme de Clermont, Amblard d'Entremont, Aimon de Miolans, Jean de Malabaïla, Amédée de Montmayeur, Savin de Florano, les cardinaux Louis de la Pallu Varambon et Guillaume d'Estouteville, appartenaient tous, excepté ce dernier qui avait reçu l'évêché en commende, à la noblesse de Savoie ou de Piémont.

Il avait été élu par le chapitre, en 1499, à la mort d'Étienne de Morel, quoiqu'il n'eût encore que vingt-six ans. Il était fils de Jean de Gorrevod et de Jeanne de Loriol de Challes, d'une excellente famille, très bien en cour, car ce fut lui qui bénit en 1501, à Romainmoutier, le mariage du duc Philibert le Beau avec Marguerite d'Autriche. Son frère Laurent, investi plus tard de la dignité de comte de Pont de Vaux, était chambellan de Charles-Quint et chevalier de la Toison d'or.

Habile politique, excellent théologien, Gorrevod donna à son diocèse des Constitutions, remarquables pour la meilleure administration de la justice, pour l'équitable répartition de l'impôt, et pour le bon gouvernement des paroisses. Il publia aussi un bréviaire à l'usage de son église.

Louis de Gorrevod était un prélat d'une belle prestance, de haute mine, affable et plein de dignité, très populaire. Il résidait peu dans sa ville épiscopale, car le duc Charles III l'appelait souvent auprès de lui pour s'aider de ses conseils, et lui confiait fréquemment des missions délicates.

. . . .

Charles BUET.

(*A suivre.*)

LES LIVRES RÉCENTS D'HISTOIRE

La soirée du vendredi 10 juillet 1829 fut un événement mémorable dans l'histoire de la poésie romantique en France. Victor Hugo, alors à l'aube de sa brillante carrière, faisait chez lui, devant les hommes les plus éminents de Paris, la lecture de *Marion de Lorme*. Parmi les auditeurs, presque tous entrés déjà dans la célébrité, s'était glissé un jeune provincial, grand, mince, pâle, timide, qui se préparait, lui aussi, à creuser son sillon. Il a tracé plus tard une esquisse de ce tableau curieux : « Toute l'école romantique était là, je n'en entreprendrai pas le dénombrement... On se figure mon enthousiasme : j'avais vingt ans, j'étais reçu à bras ouverts par les poètes les plus en renom; et, après tout, Hugo était un homme de génie. Je croyais assister à la lecture du *Cid;* j'avoue même que je ne rougis pas de le lui avouer à la fin de la pièce... Le salon du messie romantique était curieux à voir. Victor Hugo lisait lui-même et lisait bien. La pièce était intéressante et il y avait à admirer, mais dans ce temps-là la simple admiration était peu de chose. Il fallait s'exalter, bondir, frémir : il fallait s'écrier avec Philaminte :

On n'en peut plus, on se pâme, on se meurt de plaisir.

« Ce n'étaient qu'interjections faiblement exprimées, extases plus ou moins sonores... Le petit Sainte-Beuve tournait autour du grand Victor. L'illustre Alexandre Dumas, qui n'avait pas encore fait schisme, agissait ses énormes bras avec une exaltation illimitée. Je me rappelle qu'après la lecture, il saisit le poète et le soulevant avec une force herculéenne : « Nous vous porterons à la gloire, » s'écriat-il... Alfred de Vigny, retiré dans un coin, méditait déjà, je le pense, une rupture prochaine : le statuaire David faisait mine de réfléchir ; quant à Émile Deschamps, il applaudissait avant d'avoir entendu : toujours coquet, il regardait en tapinois les dames. Je vois encore l'immense Dumas se bourrer de gâteaux et répéter, la bouche pleine : « Admirable! Admirable! »

Le témoin de cette scène amusante se nommait Turquety. Né à Rennes d'une famille honorable qui lui avait donné une éducation fortement chrétienne, il était venu recevoir le baptême parisien et chercher un éditeur pour son premier volume de vers. Encouragé par Victor Hugo, Chateaubriand, son éminent compatriote, et surtout patronné chaudement par Charles Nodier, il réussit à faire paraître les *Esquisses poétiques*, qui lui assurèrent aussitôt un rang distingué parmi les nourrissons des muses, comme on le disait encore à cette époque. Plus tard son talent s'affermit et le recueil intitulé : *Amour et Foi*, consacra définitivement sa renommée.

Quel était le genre préféré par Turquety et à quelles sources puisait-il ses meilleures inspirations? Nature éminemment impressionnable (il nous avouait un jour qu'il était dix fois plus nerveux qu'une femme), mais en même temps contenu par une sorte de pudeur native et par un sentiment très profond et très austère du devoir, il exprimait tout ce qui passe par l'imagination d'un jeune homme qui a conservé la foi, est demeuré chaste et a ébauché le plus platonique des romans. Il faut voir, dans l'étude biographique qui nous suggère ces courtes réflexions, les détails aussi ingénus que touchants de cette passion dont ses premières années furent troublées, mais où il trouva peut-être l'aiguillon sans lequel on produit rarement ce qui s'y appelle une œuvre. Trompé dans ses espérances, il se jeta tout entier dans la poésie, qui lui fournissait l'occasion d'épancher son âme, sans indiscrétion toutefois, et qui devint sa meilleure consolatrice, après la religion toutefois qu'il se faisait gloire de professer hautement.

On sait que l'école romantique, avec laquelle, nous venons de le voir, il avait quelques affinités, affectait au début de vagues tendances religieuses. Turquety, qui n'adopta jamais complètement ses doctrines littéraires, s'en sépara plus nettement en affirmant sans ambages sa foi au Christ rédempteur. Son caractère distinctif fut d'être le poète catholique, orthodoxe, par excellence. Le dogme ne lui faisait pas peur. Sa *Poésie catholique*, ses *Hymnes sacrés*, ses *Fleurs à Marie*, trois volumes d'une orthodoxie irréprochable, contiennent des pièces que l'on pourrait chanter, et que l'on chante parfois dans nos temples comme les cantiques les plus pieux. Cette âme tendre et délicate, en proie à des orages intérieurs dont ses intimes seuls pénétraient le secret, se consolait des joies domestiques qui fuyaient devant lui, par la satisfaction qu'il éprouvait à raffermir les saines croyances en plantant avec hardiesse sur la brèche (ce sont les propres expressions de son biographe) le drapeau du catholicisme. Il croyait accomplir ainsi une sorte d'apostolat. Et de fait, on raconte qu'un jour le lieutenant-colonel d'un régiment d'artillerie, en garnison à Rennes, réunit un jour ses officiers et leur lut *Amour et Foi*. La lecture dura cinq heures, sans lasser l'attention des auditeurs. Y a-t-il, demande M. Saulnier, beaucoup d'exemples d'un livre de poésie ainsi lu militairement?

Le rayonnement de la renommée du poète eût été beaucoup plus grand, s'il ne se fût pas confiné en province. Il eut néanmoins son heure de célébrité; et si son nom ne parvint pas jusqu'aux foules, son très réel talent fut apprécié des esprits les plus distingués avec lesquels il entretint un commerce sur lequel nous sommes contraint à regret, vu l'étroit espace qui nous est réservé, de demeurer muet. Il nous suffira d'indiquer, après ceux qui ont été déjà mentionnés, Souvestre, Boulay-Paty, la Mennais, Lamartine, Brizeux, Sainte-Beuve, Briffaut, Béranger. Il échangea aussi avec Du Lac, rédacteur de l'*Univers* et du *Monde*, les lettres les plus sympathiques, et fut quelque temps en correspondance avec Vinet, l'un des rédacteurs du *Semeur*, journal important de la Suisse française. Vinet admirait le talent et louait la piété de Turquety, mais il faisait contre le culte de la sainte Vierge des objections qu'on retrouve dans une lettre publiée par M. Saulnier. Le poète breton entra également en relation avec Mme de Swetchine, qui eut souvent à le fortifier contre des tentations de découragement et qu'il appelait « sa mère. »

Un jour, Turquety vit arriver chez lui le marquis de la Gervaisais, sur lequel la fille de Condé avait autrefois jeté les yeux. Il venait lui demander une préface en vers pour l'édition qu'il projetait des lettres si nobles et si émues échangées entre la princesse et lui, en 1786 et 1787.

La vie du poète s'écoulait mélancolique et douce, mais non sans quelques brillantes perspectives. Chateaubriand lui promettait un fauteuil académique, lorsque la révolution de Février détruisit tous ses rêves, en menaçant de faire sombrer la société. Profondément effrayé, il salua le coup d'État comme un acte sauveur. C'était assurément son droit, mais il eut le malheur de perdre l'équilibre et d'ajouter, à l'expression sincère de son enthousiasme, des paroles de sarcasme contre les victimes du coup d'État.

Cette pièce de vers, fruit d'un mouvement irréfléchi et qu'il n'a pas insérée dans le recueil de ses œuvres complètes, lui causa de nombreux soucis.

Il venait de perdre son père et sa mère qu'il adorait. Plus que jamais, il éprouvait le besoin de faire cesser son isolement. Il eut le bonheur de rencontrer une compagne tendre et dévouée, avec laquelle il vint se fixer à Passy, où il passa ses derniers jours dans le culte des lettres et les pratiques de la piété. Il s'y éteignit doucement le 18 novembre 1867, laissant une mémoire à demi effacée, que sa digne veuve et l'un de ses meilleurs amis, M. Saulnier, conseiller à la cour d'appel de Rennes, s'efforcent aujourd'hui de faire revivre, en présentant au public une image de cet homme de bien, de ce poète éminent parmi ceux du second rang, de ce ferme chrétien. Nous-même, témoin souvent ému et charmé de quelques années de cette vie si pure, rendons témoignage de la fidélité du portrait.

II. — III.

Quand on réfléchit sur l'étonnante vocation de Jeanne d'Arc, sur le rôle extraordinaire qu'elle a joué et qui n'a pas eu jusqu'ici son pareil dans les annales de l'humanité, on se surprend à se demander pourquoi ce privilège d'ordre évidemment surnaturel accordé à la France. Qu'est-ce qui avait valu à notre pays cette grâce singulière d'être préservé de la conquête par l'intermédiaire d'une jeune fille sans science et sans lettres, nullement initiée à l'art de la guerre et de la politique, et que Dieu lui-même a, en quelque sorte, guidée pas à pas, la formant dès l'aube de l'adolescence à l'étrange mission qu'il lui avait imposée, la faisant triompher, en dépit de toutes les prévisions humaines, de tous les obstacles qu'elle devait rencontrer et qu'elle rencontra, en effet, dans sa famille, dans son entourage, à la cour, parmi ceux-là même qu'elle venait sauver, mettant en fuite à son seul aspect les milices les plus redoutables et les plus fiers capitaines, et la conduisant enfin au martyre et à la gloire, mais seulement après qu'elle eut donné à la nation un élan qui ne devait plus s'arrêter jusqu'à ce qu'elle fût rentrée en pleine possession d'elle-même et de ses frontières. Il y a dans cette prédilection dont la France fut l'objet, quelque chose de mystérieux qui n'a pas, que nous sachions, attiré l'attention et provoqué l'examen de personne.

Un des derniers historiens de Jeanne d'Arc, celui du moins dont la plus récente édition vient de paraître, traduite en français, a jeté quelque lumière sur ce haut problème historique. M. Guido Gœrres, fils, à ce que nous pensons, du célèbre auteur de la *Mystique*, montre, dans une nouvelle *Vie* dont les éléments sont puisés dans les chroniques contemporaines, le sort de la France étroitement lié à celui de toute la chrétienté. Nous étions dès ce temps-là (pour dire vrai, nous l'avons toujours été) un des principaux membres du corps de l'Église. Après avoir affermi le pouvoir temporel des Papes, garantie nécessaire de leur indépendance, nos souverains avaient eu le tort de vouloir dominer le Saint-Siège; mais cette erreur passagère qui fut, d'ailleurs, cruellement expiée par les horreurs de la guerre de Cent ans, ne pouvait faire perdre à notre patrie la gloire d'avoir été l'initiatrice des croisades et de promouvoir le christianisme aux extrémités du monde. Aujourd'hui même, en dépit des fautes et de l'infidélité de nos gouvernants, c'est encore nous qui fournissons à l'Église le plus grand nombre de missionnaires. Il n'était pas indifférent pour le monde catholique que la France subsistât dans son autonomie, au lieu de devenir une province de l'Angleterre. Qu'on se figure la Réforme éclatant dans une Europe où la France aurait fait défaut. Le schisme anglican étend son joug jusqu'aux Alpes et aux Pyrénées. Il n'y a pas de « sainte ligue » : les règnes réparateurs et glorieux de Henri IV et de Louis XIV sont supprimés. Toute cette admirable moisson de saints personnages, auteurs de tant d'institutions et de tant d'œuvres depuis saint François de Sales jusqu'à saint Vincent de Paul, ne se produira pas. L'histoire de l'Église, nous ne craignons pas de le dire, perd de ses plus belles pages.

Un des chapitres les plus intéressants et les plus neufs de cet ouvrage, est celui où l'auteur nous révèle ce qu'on peut appeler les préludes généraux de la mission de Jeanne d'Arc. Le rôle de l'héroïne ne nous paraît plus dès lors un accident : elle-même cesse d'être isolée dans ce merveilleux cadre, où elle apparaît toutefois, sans contredit, sous des traits qui lui sont absolument propres. « A cette époque, de miraculeuses apparitions, pareilles à celle de la pucelle, n'étaient point chose extrêmement rare. Nous voyons, avant et après elle, des figures semblables, sorties du silence et de l'obscurité, entraîner les esprits avec une merveilleuse et irrésistible puissance. L'effroyable corruption et le malheur des temps qui dissolvaient la société civile et se manifestaient au dehors par des révoltes, des guerres, des meurtres et toutes sortes d'excès, par la famine, la peste, le désespoir, avaient aussi pénétré dans le sanctuaire de l'Église et atteint les plus nobles de ses membres. Déjà, depuis plus d'un âge d'hommes, un schisme lamentable divisait la chrétienté en Occident, tandis qu'en Orient la croix tombait devant les innombrables armées des Turcs et des Tartares. Le croissant brillait de l'extrémité de l'Inde jusqu'à Salzbourg, et la menace de Bajazet de faire manger son cheval de bataille sur les autels de Rome, semblait près de s'accomplir.

« Dans cet ébranlement général surgissent des figures comme on n'en voit point apparaître aux époques tranquilles. Les uns font appel aux puissances infernales et pratiquent l'art criminel de la magie (Gilles de Retz); les autres s'adressent au ciel et se laissent diriger par des influences mystiques. Sainte Brigitte, sortie de la race des anciens héros du Nord, a rempli le siècle précédent de ses miracles et de ses œuvres. Son souvenir hante un prêtre de Loudun, frappé d'une sorte de ressemblance lointaine avec la libératrice d'Orléans. Cette sainte n'a-t-elle pas reçu d'en haut l'ordre d'avertir le pape Clément d'exécuter, en sa qualité de pacificateur de la chrétienté, ce que l'épée de Jeanne devait accomplir plus tard, la fin de la guerre désastreuse entre la France et l'Angleterre?

Sainte Catherine de Sienne consuma sa vie à rétablir la paix dans l'Église et à ramener à Rome le Souverain Pontife. Sainte Lidwige, du fond de sa solitude, agit sur ses contemporains aussi puissamment que Jeanne d'Arc. Saint Vincent Ferrier parcourt tout l'Occident en multipliant les prodiges et annonçant le jugement dernier, tant les calamités de ce temps sont épouvantables. Enfin saint Jean Capistran fait à Belgrade pour toute la chrétienté, ce que Jeanne d'Arc fait à Orléans pour la France, il repousse l'ennemi jusque-là victorieux, et cet ennemi, c'est l'ottoman. » L'auteur aurait pu compléter son énumération en nommant sainte Colette, dont M. Siméon Luce a mis en lumière l'heureuse intervention dans les affaires politiques de France et de Bourgogne.

Au milieu de ces apparitions diverses, la venue de Jeanne d'Arc n'eut donc rien d'insolite : elle ne fut pas non plus tout à fait inattendue. On parlait vaguement d'une prédiction attribuée à Merlin, d'après laquelle une vierge de la forêt des Chênes viendrait du pays de Lorraine. Une femme nommée Marie d'Avignon était allé trouver le roi et lui avait annoncé la prochaine venue d'une jeune fille qui devait sauver la France. On sait qu'après la mort de l'héroïne plusieurs fausses Jeanne d'Arc surgirent et obtinrent quelque crédit. Mais aucune de ces aventurières n'accomplit des prouesses inouïes et ne monta sur le bûcher.

Le discours sur l'Histoire de France de M. le comte Charles de Moüy est inspirée par cette pensée que les hommes subissent des lois morales aussi impérieuses que les lois physiques qui président au mouvement de la matière. L'auteur professe-t-il donc le fatalisme? Non, car il admet pleinement le libre arbitre, il affirme seulement que lorsque des actes ont été librement posés, il en résulte une situation qui amène des conséquences inéluctables. Par exemple, si un gouvernement s'engage à outrance et engage la nation avec lui dans une voie quelconque, le gouvernement qui lui succède s'empresse de rebrousser chemin : ainsi s'accomplit la loi de l'égalité de l'action et de la réaction. Ainsi entendue, cette doctrine, pourvu qu'on ne l'exagère pas et que l'on reconnaisse qu'en toute circonstance l'individu demeure toujours libre de résister aux plus forts entraînements, bien qu'en général il n'y résiste guère, est acceptable. M. de Moüy croit, d'ailleurs, à l'action de la Providence, mais il estime impossible de la constater : cependant Bossuet l'a bien aperçue. Même ces lois morales qui s'imposent à la marche des événements, ne sont-elles pas voulues de Dieu? L'auteur s'attache à montrer que la France a constamment obéi, à travers toutes les vicissitudes de son histoire, à une idée, à savoir la réalisation de l'unité. Nous sommes loin d'y contredire; mais les autres nations n'ont-elles pas eu le même objectif, sauf à le poursuivre avec quelque hésitation suivant les circonstances de mœurs, d'intérêts ou d'opinion? N'est-ce pas là la condition essentielle de toute organisation durable?

Cette préoccupation de l'identité constante du but poursuivi a conduit l'auteur à des conséquences qui nous semblent contestables, au moins dans quelques parties. Nous admettons avec lui que l'épisode considérable de la Révolution se rattache étroitement à la suite de nos annales, on en retrouve la genèse dans les époques antérieures; il ne nous en coûte pas non plus de reconnaître que les forfaits qui l'ont souillée sont le fruit assez naturel des passions surexcitées, mais nous demeurons persuadé que les réformes nécessaires auraient pu être accomplies par de tout autres moyens. Bien que l'auteur distingue fort bien dans la Révolution les idées justes qui firent sa force et les utopies ainsi que les faux principes dont la France a eu tant à souffrir, il fait, à notre avis, la part trop grande aux premières. En réalité, l'idée mère de la Révolution, dans l'ordre doctrinal, était une déviation. L'auteur du livre que nous avons sous les yeux ne semble pas s'en douter, parce qu'il ignore les enseignements de Pie VII, de Grégoire XVI, de Pie IX et de Léon XIII, tous concordants sur les principes. Ajoutons que, tout en reconnaissant l'influence souverainement bienfaisante de l'Église, M. de Moüy méconnaît son rôle surnaturel, il n'apprécie guère le christianisme qu'en homme d'État. Sous le bénéfice de ses observations disons que le *Discours sur l'Histoire de France* peut être médité avec fruit par l'historien, par le penseur et par le politique.

IV. — V. — VI.

Fléchier dans ses discours est souvent peintre des mœurs du temps. A ce titre, on le lit avec beaucoup d'intérêt. M. l'abbé Fabre a pu extraire de ses œuvres un grand nombre de passages qui embrassent toutes les hautes conditions de la société. Fléchier, en effet, ne s'est pas adressé aux classes moyennes, encore moins au peuple. Ce n'était pas par dédain, car le futur évêque de Nîmes s'inspira toujours des leçons de l'Évangile, mais les auditoires brillants devant lesquels il parlait, lui imposaient une sorte de sélection dans ses tableaux et restreignaient le cercle de ses observations. Cette circonstance peut aussi servir à expliquer la pompe un peu prétentieuse de son langage. La cour, les grands, la magistrature, les gens d'Église passent successivement devant ses yeux, et pour tous il a des accents indignés et des avertissements sévères. N'en soyons pas surpris ni scandalisés. Si le moraliste envisage presque toujours le côté défectueux des caractères, à plus forte raison, le prédicateur chrétien, qui est un moraliste parlant au nom du ciel, sera-t-il sobre d'éloges. Ce serait donc se faire une fausse idée des mœurs et de l'esprit d'un siècle que de le juger uniquement d'après les sermonnaires. L'auteur de l'étude si intéressante sur Fléchier orateur, fait cette remarque fort juste, il nous semble pourtant ne pas s'en être lui-même suffisamment pénétré, car lorsqu'après avoir raconté quelques anecdotes plus ou moins véridiques empruntées à Saint-Simon et à Mᵐᵉ de Sévigné, il s'exprime en son propre nom, il ne manque pas de tonner contre l'ancien régime, il a l'air de prendre une sorte de plaisir à en étaler les travers et les vices que nous sommes, au surplus, bien loin de chercher à nier.

Nous voulons bien croire qu'il régnait à la cour une grande corruption et qu'elle était le siège d'une foule d'intrigues où le vrai mérite se trouvait souvent sacrifié, qu'il y eut beaucoup de grands ambitieux, de nobles appauvris par leur fierté, ou ruinés par le jeu, et qui oubliaient de payer leurs dettes ; nous nous élevons, avec les moralistes et les prédicateurs du temps, contre la vénalité des charges de judicature qui mettait parfois dans les mains d'un blanc-bec la fortune et la vie des citoyens, abus révoltant qui n'était pas toutefois sans quelques compensations par suite de l'indépendance absolue qui en résultait pour la puissance judiciaire, nous admettons qu'il y eut des magistrats corrompus et nous blâmons l'excès des sollicitations, nous savons qu'à cette époque, aussi bien qu'à la nôtre, on se mariait souvent pour de l'argent, et nous n'ignorons pas que les unions imposées par le père de famille y étaient plus nombreuses que de nos jours, nous savons tout ce que l'éducation factice des enfants des grands laissait à désirer et combien de fausses vocations causées par un criminel amour d'agrandissement des familles peuplait les cloîtres de victimes qui

malheureusement n'étaient pas toujours assez résignées ; nous avons
présents à l'esprit les scandales du sanctuaire, naissant presque tous
de la même source, mais nous ne pouvons admettre que tous les
courtisans fussent pourris, tous les nobles tarés, tous les juges pré-
varicateurs, tous les pères sans entrailles, tous les mariages malheureux, tous les prélats scandaleux, tous les moines et toutes les
religieuses infidèles à leurs vœux. S'il en eût été ainsi, la société
eût été promptement dissoute. Nous croyons qu'au contraire, du
moins pendant le règne de Louis XIV, les désordres dont on se
plaint avec tant d'amertume n'étaient que l'exception, lorsqu'ils
étaient portés à un haut degré. On sait que sous Louis XV, l'état
des choses empira sensiblement.

Le général Ambert poursuit le cours de ses intéressantes études
sur la dernière guerre, intitulées *Gaulois et Germains*. C'est au siège
de Paris qu'est consacré le volume qui vient de paraître. L'auteur
n'apprécie pas cet événement mémorable seulement en homme de
métier mais en politique et en philosophe. Une généreuse indignation
patriotique l'anime d'un bout à l'autre du récit. Le bombardement
lui paraît un acte abominable qui n'avait même pas l'excuse de la
nécessité, il unit sa protestation à celles qui signalèrent alors cet
attentat à la réprobation du monde civilisé. Comparant l'invasion de
1792 à celle de 1870, il estime que les Prussiens sont devenus de
nos jours plus impitoyables, plus cruels. Cette rigueur croissante
s'explique peut-être par une terreur secrète. Le général Ambert
persiste dans l'opinion maintes fois exprimée par lui, qu'en dépit
de la disproportion énorme des forces et de l'insuffisance évidente
de nos préparatifs, il s'en est fallu de peu que la fortune se soit
déclarée en notre faveur. Il nous a manqué, surtout, l'unité et
l'autorité du commandement.

Nul n'ignore que depuis l'ouverture des hostilités jusqu'à Sedan,
un plan de campagne suivi avec persévérance nous a fait défaut. Les
hésitations, les tâtonnements, soit dans les combats gigantesques
livrés autour de Metz, soit dans la marche de flanc du maréchal de
Mac-Mahon vers les places du Nord, soit dans la boucherie même de
Sedan, nous enlevaient toutes chances de succès. Après la chute de
l'empire même décousu, même effarement, peut-être pis encore. Le
général Ambert déclare qu'après la constitution du gouvernement
de la défense nationale, le général Trochu qui en était le chef devait

quitter Paris, nommer gouverneur de la capitale le général Vinoy, illustré par sa belle retraite de Mézières, et diriger les opérations militaires en province avec le général d'Aurelle pour ministre de la guerre, et le général Chanzy pour généralissime. Toutes les armées, au lieu de combattre pour leur propre compte et de chercher seulement à se défendre contre les attaques de l'ennemi, auraient dû marcher simultanément sur Paris afin de donner la main aux troupes qui y étaient renfermées. Une action concertée était la condition nécessaire du débloquement de Paris. La postérité ne comprendra pas qu'un homme de guerre, investi du pouvoir dans un pays envahi, ait eu la faiblesse de le laisser entre les mains d'un avocat doublé d'un ingénieur. Ce n'est pas que le général Trochu fût dénué d'intelligence, loin de là; mais, chez lui, le courage civil n'était pas à la hauteur du courage militaire; sur le champ de bataille, il bravait intrépidement les balles, mais dans la politique, il ne discernait pas clairement son devoir.

Paris pouvait-il échapper à l'étreinte de l'ennemi? Le général Ambert ne nous semble pas répondre d'une manière bien nette à cette question. Tantôt il rappelle cette maxime bien connue de tous les militaires, que toute place investie, si elle n'est pas secourue, doit tôt ou tard succomber. D'autres fois, en critiquant l'insuffisance de la défense, il signale des combinaisons qui auraient pu avoir de meilleurs résultats. Il affirme même qu'une fois, il fut sérieusement question à Versailles d'opérer une retraite précipitée. Au surplus, à Paris, les états-majors ne croyaient pas au succès, à cause de la mauvaise qualité des trois quarts des éléments qu'ils avaient sous la main. Pourquoi donc se battait-on? Pour l'honneur du drapeau, par crainte de l'impopularité, et puis aussi sans doute, dans le vague espoir d'un dénouement imprévu amené par une cause ignorée.

Le tableau moral de Paris, pendant cette crise extrême, est tracé de main de maître. A côté des effervescences et des lâchetés révolutionnaires, l'auteur prend plaisir à faire ressortir l'abnégation héroïque des vrais patriotes. Les femmes se signalèrent par leur esprit de sacrifice, les Frères des écoles chrétiennes furent admirables de dévouement. Le simple soldat, bien qu'au commencement, il fût, pour l'ordinaire peu aguerri, l'officier, firent leur devoir avec intrépidité; dans la garde nationale, les bons bataillons accomplirent le leur avec constance. En général, le bien l'emporta sur le mal. Cette conclusion nous permet de ne pas désespérer de l'avenir.

Ajoutons pour dernier trait que le ton de l'ouvrage est franchement religieux et même chrétien. Aussi croyons-nous devoir mettre sur le compte de l'inadvertance, deux ou trois passages où l'auteur semble louer des actes que la morale chrétienne réprouve, et exprime sur le droit de la guerre, chez les Hébreux, des opinions qui demanderaient au moins des éclaircissements.

On commence à comprendre que l'histoire générale se composant d'histoires particulières, un des meilleurs moyens de connaître la première, consiste à étudier les autres. Ainsi paraissent, de temps en temps, des monographies spéciales qui jettent beaucoup de jour sur l'ensemble des faits. Au nombre des publications de ce genre, il convient de mentionner l'*Histoire de la Norville et de sa seigneurie*, depuis les origines du onzième siècle jusqu'à nos jours. Il est incroyable combien ce volume renferme d'indications précieuses et intéressantes. En le lisant, nous repassons toute notre histoire ; nous sommes témoin des mœurs féodales si différentes des nôtres. La Réforme, les guerres de religion, l'ancien régime proprement dit défilent devant nos yeux ; la période révolutionnaire enfin, avec ses tracasseries, ses soupçons, ses perquisitions ruineuses, ses détentions arbitraires, ses persécutions religieuses, revit tout entière. On voit, par des extraits des délibérations, que la commune de la Norville, sans témoigner beaucoup d'enthousiasme, se soumit docilement à toutes les prescriptions tyranniques du pouvoir central. A ce prix, elle évita des exécutions sanglantes ; mais les habitants mouraient de faim.

En regard de ces exactions désastreuses, les anciennes redevances féodales étaient une pure plaisanterie. Écoutez plutôt. Dans la première moitié du dix-huitième siècle, le seigneur de la Norville, nommé Duvaucel, nullement gentilhomme, mais fort riche en sa qualité de fermier général, remit aux héritiers Dif une somme de 200 livres, mais à la condition que chaque année, eux, puis leurs descendants, apporteraient au château, le jour de la Saint-Martin d'hiver, un petit cochon de lait bon, loyal et marchand.

A Jacques Bideau, poursuivi pour dettes, il donna la somme nécessaire pour s'acquitter, mais à la condition que les époux s'engageraient, eux et leurs successeurs, à porter au seigneur de la Norville, chaque année le 15 juillet, sur les deux ou trois heures de l'après-midi, étant montés sur un cheval blanc, une ou deux livres de cerises dans deux paniers. Tous les ans, on vit cette cavalcade s'avancer gravement vers le château au milieu des acclamations du village. Au commencement de ce siècle, les descendants de Jacques Bideau portaient encore au château, sans étouffer de rire sur leur cheval blanc, leur livre de cerises disséminées dans deux immenses paniers. Décidément, ces seigneurs de l'ancien régime ne faisaient pas payer cher leurs générosités.

VII. — VIII.

On sait que M. Zeller, membre de l'Institut, a entrepris d'écrire une histoire d'Allemagne fort étendue. Le cinquième volume, qui vient de paraître, s'arrête à une date importante, celle de la chute de l'empire du moyen âge. A la mort tragique du jeune Conradin, s'ouvre une ère nouvelle qui permet d'entrevoir les temps modernes. Le tableau que nous avons sous les yeux est donc d'une grandeur tragique. Et quels personnages! Innocent III, Innocent IV et Frédéric II en lutte représentent admirablement la force morale aux prises avec la force matérielle, la première destituée de tout appui, si ce n'est celui de l'opinion et de l'assistance divine; la seconde, servie par toutes les ressources d'un génie opiniâtre et délié.

Les adversaires, on peut le dire, sont dignes les uns des autres. Si M. Zeller rend un juste hommage à la magnanimité des Pontifes qu'il ne disculpe pas, du reste, de tout reproche d'ambition; il est loin de méconnaître les hautes qualités de leur rival dont le caractère lui semble pourtant donner prise à une sévère critique. On n'attend pas de nous que nous retracions, même en abrégé, la suite d'événements si variés et si complexes; on sait que le conflit se termina par l'abaissement de l'empire et le triomphe de l'Église. Voici en quels termes l'auteur juge l'antagoniste longtemps redoutable de la papauté : « L'empereur Frédéric II est, de tous les empereurs allemands du moyen âge, celui qui a réuni le plus de couronnes à la couronne impériale et qui, au moins en apparence et durant quelques années, a exercé la plus universelle puissance en Europe. C'est cependant le dernier empereur non seulement de la maison des Hohenstaufen, mais de l'Allemagne du moyen âge, et l'on peut dire que c'est justement sous lui que s'est écroulé ce grand empire qui unissait, depuis trois siècles, la couronne du roi des Romains au nord des Alpes, à la couronne de fer des Lombards au midi, dans le centre même de l'Europe chrétienne, dont il était comme la clé de voûte. C'est sous ses yeux et presque par son fait même, que le royaume d'Allemagne s'est démembré en petites principautés féodales indépendantes et en cités libres ; c'est sous lui que l'Italie, par une évolution semblable opérée dans ses provinces, est devenue indépendante de l'Allemagne ; sous lui, que le royaume d'Arles, où il n'avait pas même été couronné, a commencé à s'en détacher, et que, par là, s'est dissout l'empire même, dont la mission chrétienne en Europe a passé alors, sous un titre modeste et avec moins de prétention universelle, à la monarchie française de saint Louis. » Après avoir rappelé que la pensée primordiale de l'empire était l'alliance avec le Saint-Siège pour le maintien de l'unité chrétienne de l'Europe, M. Zeller montre Frédéric II faussant cette notion à l'instigation de ses juristes. « En reculant les origines traditionnelles de l'empire jusqu'à Constantin et à Théodose, en lui faisant dépasser ses limites précédentes pour l'universaliser dans l'espace après l'avoir fait reculer dans le temps, il a fait de l'empire une conception nouvelle et monstrueuse qui, pour avoir voulu tout embrasser, a tout perdu. A l'empire que ses prédécesseurs avaient obtenu du Saint-Siège, il substitue un empire tout politique et de raison, relevant plutôt de l'ancien empire romain que de l'union germano-chrétienne des Ottons et de Sylvestre II. Frédéric II est moins un successeur de Barberousse qu'un Trajan, un Auguste. »

On voit, par cette analyse et cette citation, que l'auteur juge de haut et, en général, d'une manière assez saine les événements, il affecte aussi l'impartialité. Mais le grand souffle chrétien, nous le disons à regret, n'anime pas cette vaste composition, M. Zeller a pourtant trop de sagacité pour ne pas apercevoir que l'Église occupe le point culminant, il a le mérite de signaler la corrélation de tous les faits qui s'accomplissent durant cette période. Ainsi ce n'est pas sans raison qu'il voit, dans la bataille de Bouvines, un événement au moins aussi européen que français. Si, en effet, cette victoire affermit Philippe-Auguste et met définitivement la royauté française hors de pair, en assurant l'intégrité du territoire national, elle amène la ruine de l'empereur Otton, ennemi du Pape et excommunié par lui, et sert ainsi indirectement mais efficacement la cause de l'Église et de la chrétienté.

Signalons aussi une nouvelle édition de l'*Histoire de Marie Stuart*, par M. Mignet, que publie la librairie Perrin. Nous ne partageons pas la manière de voir de M. Mignet et sa conclusion, qui est défavorable à l'infortunée reine d'Écosse; mais nous n'en reconnaissons pas moins l'éminent talent d'exposition de l'historien, l'agrément de son récit, la netteté de ses portraits, et son livre sera toujours indispensable à tous ceux qui voudront connaître la vie de Marie Stuart, et qui jugeront nécessaire d'entendre les avocats des deux partis, pour discerner la vérité; or, M. Mignet est un des plus éloquents et des plus agréables à entendre.

IX

Tout ce qui se rattache à l'ancienne Rome a le don de nous intéresser vivement, car nous sommes, sur bien des points, les enfants des Romains. Le tableau des institutions, tracé d'une main fidèle, par MM. F. Robiou et D. Delaunay, l'un et l'autre professeurs à la faculté des lettres de Rennes, donne à celui qui sait bien voir comme une image de notre pays. Les formes de l'administration impériale, héritière des traditions de la République, se sont, en effet, perpétuées avec bien des altérations sans doute, dans les premiers temps de la conquête barbare, et l'on peut dire que les institutions féodales les ont plutôt recouvertes qu'elles ne les ont fait disparaître entièrement. Est-ce un paradoxe de soutenir qu'on en retrouve les traces de nos jours? Quoi qu'il en soit, l'étude des diverses phases de cette administration jette un grand jour sur l'histoire même des événements et ajoute à l'admiration inspirée par la politique du Sénat. On voit, avec quel art infini, ces hommes d'État, qui seront toujours nos maîtres, — abstraction faite, bien entendu, de l'élément charitable et chrétien qui place nos sociétés actuelles si fort au-dessus de la cité antique — avec quel art ces hommes d'État surent répartir ce que l'on appelait alors la *liberté*, c'est-à-dire la confection des lois et le gouvernement entre les nombreux groupes de populations reliées à Rome à divers titres. Cette époque ne connaissait pas la manie de l'uniformité, mais elle s'attachait à faire passer, par des gradations insensibles, tous les sujets de l'empire romain à la plénitude des droits de citoyen. De là ces classes multiples, ces échelons divers, droit provincial, droit italique, droit latin, droit quiritaire, municipes, colonies. Tous ces essais ne furent pas également heureux : la sagesse romaine se

heurta quelquefois contre l'obstination des préjugés de l'aristocratie ou contre l'audace des prétentions démocratiques. Ainsi la
création des colonies de vétérans, dont Sylla prit l'initiative, produisit des effets désastreux. L'entêtement des vieux Romains à refuser
le droit de suffrage aux municipes italiennes amena les hécatombes
de la guerre dite sociale. En définitive, malgré des écarts passagers, la formation de l'empire romain s'opéra, nous ne dirons pas
sans luttes, ni sans prévarications, mais avec une profonde sagesse.
Il nous semble que la démocratie de nos jours, si aventureuse,
pourrait puiser dans ces pages d'utiles leçons.

Un chapitre bien intéressant roule entièrement sur l'architecture. L'auteur, M. Robiou, dont l'érudition a été maintes fois couronnée par l'Institut, dont il est devenu membre correspondant,
conduit le lecteur à partir des origines pélasgiques et étrusques,
jusqu'au siècle des Flaviens et des Antonins. Il le fait ainsi assister à
l'invasion de l'art grec auprès duquel l'art national continue pourtant
à subsister. L'architecture domestique a sa place à côté des monuments publics, temples, basiliques, cirques, théâtres, amphi-
théâtres, aqueducs. Les découvertes les plus récentes, les dernières
fouilles du Palatin ont été heureusement mises à profit pour nous
initier aux mœurs intimes des Romains.

X

La dernière livraison de la *Revue des Questions historiques* offre
le plus vif intérêt. Dans un premier article, M. l'abbé Douais, professeur à l'Institut catholique de Toulouse, réfute, par des arguments très serrés et en faisant appel aux ressources d'une saine
érudition historique et littéraire, la thèse bizarre récemment soutenue par un M. Hochard, peu connu, sur la prétendue interpolation
du quarante-quatrième chapitre du livre XV des *Annales* de Tacite.
Il s'agit de la persécution des chrétiens par Néron. D'après
M. Hochard, ce n'est pas l'historien latin que nous lisons; mais un
moine bénédictin du moyen âge! M. Douais démontre, d'une façon
fort intéressante, que le texte incriminé concorde parfaitement avec
ce que nous savons de Néron et avec les données de tous les auteurs
chrétiens ou païens depuis Suétone jusqu'à Sulpice Sévère. Le style,
d'ailleurs, est le style inimitable de Tacite. Vient ensuite une étude
vraiment approfondie sur saint Bernard et la seconde croisade.

M. l'abbé Vacandard s'attache à distribuer équitablement les parts de responsabilité aux divers auteurs de cette entreprise si peu connue jusqu'ici. Enfin M. l'abbé E. Allain, archiviste du diocèse de Bordeaux, discute magistralement la question de l'enseignement, telle qu'elle fut traitée dans les cahiers de 1789. On y voit combien le point de vue des rédacteurs de ces cahiers différait de celui que les francs-maçons sont parvenus à faire prédominer chez nous.

XI. — XII

Un oubli a retardé jusqu'au présent numéro le compte rendu que nous voulions faire du dernier ouvrage, de M. le comte de Falloux, intitulé : *Études et Souvenirs*. On sait, du reste, que tout ce qui sort de la plume de l'éminent académicien n'a pas besoin de recommandations. En parcourant ce volume, on repasse presque toute la carrière si bien remplie de l'écrivain, de l'orateur, de l'homme d'État. A des études sur Olivier de Serres, la Saint-Barthélemy, Parmentier, Mᵐᵉ de Pastoret et la sœur Rosalie, qui remontent aux années 1842, 1843, 1844, 1846 et 1857, succède le discours de réception à l'Académie française. L'agriculture, la musique et la politique se partagent les discours suivants. Deux biographies (le comte de Resseguier et le comte de Quatrebarbes) viennent ensuite. Le volume se termine par un discours sur la liberté religieuse, et par un article concernant l'évêque d'Orléans. Cette briève énumération permet d'embrasser la diversité des sujets traités avec une éloquence bien connue et sur laquelle il est inutile d'insister.

Nous n'avons pas non plus besoin de recommander la lecture d'un joli volume, imprimé avec soin en caractères elzéviriens, consacré à la mémoire de l'amiral Courbet, par un ami de la famille. Le portrait de l'homme de guerre que pleure encore la France, qui décore le frontispice, a été exécuté par un de nos meilleurs artistes. Le texte offre le plus vif intérêt, à cause des anecdotes inédites qui concernent surtout la jeunesse de Courbet, et qui sont puisées aux meilleures sources.

Léonce DE LA BALLAYE.

CHRONIQUE GÉNÉRALE

La situation répond de moins en moins aux efforts des politiques qui voulaient l'union du parti républicain avant les élections, et aux programmes de la gauche et du gouvernement où l'on annonçait, au moment de la rentrée des Chambres, la concentration des forces républicaines. Ces beaux résultats s'éloignent à mesure que le temps marche. Quelques semaines de session ont suffi à faire évanouir promesses et espérances. Les tiraillements qui se sont déjà produits dans la majorité républicaine, les difficultés avec lesquelles le ministère est aux prises, ne laissent même plus entrevoir la réalisation de tous ces projets d'hier. Les plus confiants commencent à perdre l'espoir qu'une scission puisse être évitée. Le parti radical a reçu des élections un supplément de force dont il entend se servir, pour l'exécution de son programme. C'est un parti plein de confiance en lui-même, enhardi par ses succès, soutenu par son audace, qui se tient pour le vrai parti républicain et qui tend ouvertement au pouvoir. Entre radicaux et opportunistes, la conciliation devient de plus en plus impossible. Les théories, et surtout les visées ambitieuses des premiers, ne sauraient s'accommoder des idées des seconds. Ceux-ci croient plus que jamais, depuis les élections, qu'on ne saurait, pour l'heure, aller plus avant dans la voie des réformes démocratiques, sans déterminer une vive réaction dans le pays, sans rattacher les intérêts ou les préjugés menacés aux partis monarchiques; ceux-là pensent, au contraire, qu'en adoptant une politique plus radicale, en donnant plus largement satisfaction aux vœux de la démocratie, on rallierait davantage l'opinion et l'on consoliderait la République dans l'esprit des populations.

Dans ce conflit de politique entre deux partis rivaux, dont l'un s'est déjà usé au pouvoir, sans avoir pu fonder un gouvernèment, dont l'autre, au contraire, se lève avec toute l'inexpérience des responsabilités et l'audace des innovations, tout l'avantage est au second. Le radicalisme a pour lui de n'avoir pas encore été mis à l'essai, de n'avoir point passé lui-même par les épreuves et les leçons du pouvoir. C'est une force dans la situation actuelle, où tout est en désarroi. L'opinion ne soutient plus l'opportunisme. Le parti qui avait autrefois à sa tête M. Gambetta, qui compte aujourd'hui pour chefs les Ferry, les Allain-Targé, les Spuller, les Goblet, les Constans, les Waldeck-Rousseau, n'inspire plus cette confiance qui, seule, pouvait le maintenir au gouvernement. M. Brisson, sur qui l'on comptait, a montré qu'il n'était bon qu'à être le ministre d'une transaction irréalisable entre les deux politiques du possible et de l'absolu. Son maintien à la tête des affaires ferait en quelque sorte violence à l'état d'antagonisme des deux fractions du parti républicain. Il faut que l'une ou l'autre gouverne. Ou la politique de prudence et de modération indiquée par l'ensemble des élections doit prévaloir et devenir franchement la règle de conduite du ministère, ou la politique contraire, accentuée par les succès électoraux du parti radical, doit prendre le dessus et trouver son expression dans la constitution d'un nouveau cabinet.

Cette solution s'impose. Les circonstances y conduisent. Croire que la méthode de gouvernement mise en pratique depuis huit ans par les hommes qui ont occupé tour à tour le pouvoir, à la tête du parti opportuniste, puisse se prolonger davantage, ce serait ne tenir aucun compte du mécontentement, des désillusions, des griefs d'un grand nombre de républicains contre l'inanité des résultats de la politique opportuniste, et surtout ne pas voir combien l'ardeur et l'importance du parti radical se trouvent accrues des mécomptes, du désarroi et de l'impuissance du parti en possession jusqu'ici du gouvernement. On peut s'attendre à une prochaine crise, qui amènerait le parti radical au pouvoir. Les jours du ministère Brisson semblent comptés. On a fait grâce à sa déclaration, en raison de la trêve que, d'un côté et de l'autre, on est convenu d'observer jusqu'à l'élection du président de la République; on n'épargnera pas sa politique.

Il a des successeurs tout préparés. Comme s'il n'était déjà plus, on s'occupe des combinaisons ministérielles qui associeraient le parti radical au gouvernement. M. Floquet et M. Clémenceau sont désignés pour recueillir, l'un ou l'autre, l'héritage de M. Brisson. Avec eux commencerait l'expérience du radicalisme. Ce qui eût paru impossible, il y a quelques années encore, est tout prêt de se faire. La république a marché. On s'est habitué à l'idée de voir M. Clémenceau à la tête du gouvernement de la France, comme on s'habitue à tous les excès, à tous les scandales. Cet homme, ce complice de la Commune, ce sectaire de la Révolution, est possible aujourd'hui. Si ce n'est pas lui, ce sera M. Floquet, qui le vaut. Ils arrivent, ils sont presque arrivés. D'abord l'opportunisme n'a plus d'hommes, plus de programme politique qui lui permette de disputer l'influence aux meneurs du radicalisme; ensuite, on s'est tellement fait à l'éventualité qui menace aujourd'hui de se réaliser, qu'il ne manque pas de modérés qui verront volontiers MM. Floquet, Clémenceau et leur suite prendre le pouvoir, dans la pensée que la courte et désastreuse expérience que l'on fera de leur politique est le meilleur moyen de ramener le parti républicain à la sagesse, c'est-à-dire à l'opportunisme.

La crise politique peut se produire à l'occasion des affaires du Tonkin. Le cabinet actuel n'entend pas céder la place sans avoir défendu ses positions. Naguère on voulait précipiter sa retraite en lui demandant d'avancer l'époque du Congrés, dans la pensée qu'il ne survivrait pas à l'élection présidentielle; loin de se prêter au jeu des radicaux, M. Brisson et ses collègues persistent, malgré les lenteurs peut-être calculées de la Commission des crédits pour le Tonkin, à ajourner la réunion du Congrès, après le vote de la Chambre sur les crédits. Le cabinet veut poser la question de confiance à ce sujet. Soit amour-propre, soit intérêt, il estime qu'il doit se présenter à l'Assemblée nationale, non en coupable ayant à répondre des suites d'une politique d'aventures, mais en représentant du pouvoir muni de toute la confiance des Chambres. Avec lui, toute la fraction opportuniste est d'avis que l'affaire des crédits doit être réglée avant la tenue du Congrès, et que, préalablement à l'élection présidentielle, la Chambre doit avoir fait connaître au pays la manière dont elle envisage la politique coloniale et la solution qu'elle compte donner à l'expédition du Tonkin.

Cette question du Tonkin, si souvent agitée dans les Chambres et dans les journaux, a pris un caractère nouveau par les dépositions faites devant la Commission des crédits. Ce n'est plus seulement de la politique coloniale qu'il s'agit, ni de la manière de terminer l'expédition du Tonkin; à cette question générale est venu s'ajouter tout un incident qui tend à prendre plus d'importance que le fond même du débat. Avant de se prononcer sur les nouveaux crédits de 70 millions réclamés par le gouvernement pour le Tonkin et Madagascar, la Commission a voulu connaître toute la vérité sur la conduite des opérations antérieures, et en particulier sur cette désastreuse retraite de Lang-Son qui a été à la fois le commencement de nos plus graves embarras au Tonkin et la cause de la chute du ministère Ferry. Généraux, diplomates, fonctionnaires ont tour à tour comparu devant elle. Tout s'est passé, pour ainsi dire, en public. Documents et témoignages, tout a été divulgué. Chaque parti a vu son intérêt à ces fâcheuses révélations. Au lieu de s'opposer à la production du scandale, le gouvernement et la Chambre s'en sont rendus complices, sans égard aux responsabilités qu'ils assumaient devant le pays, devant l'Europe, sans souci des résultats fâcheux qu'ils allaient amener au Tonkin, par l'étalage de tout ce qu'il aurait fallu cacher, dans l'intérêt non seulement de l'honneur et de la discipline militaires, mais de l'expédition elle-même. Nommée en majeure partie dans une pensée défavorable aux entreprises de la politique coloniale, la Commission a cru remplir son mandat en provoquant des révélations qu'elle aurait dû au moins garder pour elle. Ce n'est ni sagesse ni patriotisme de sa part de s'être livrée à une enquête qui ne pouvait tourner qu'au détriment de l'honneur national.

Pendant qu'elle faisait subir un interrogatoire aux principaux personnages mêlés aux affaires tonkinoises dans le but d'y trouver, soit des motifs d'accusation contre le précédent ministère, soit des arguments pour l'évacuation du Tonkin, le cabinet actuel laissait faire, comptant que la condamnation des hommes qui ont dirigé avant lui la politique extérieure, lui servirait de justification, et que la lumière faite sur le passé dégagerait sa responsabilité pour l'avenir. De toutes ces dépositions, la plus grave, la plus compromettante est celle du général Brière de l'Isle. On voudrait ne pas croire cet ancien général en chef, accusant, de la manière la plus grave, son subordonné, le colonel Herbinger, à qui la blessure du général avait fait passer le commandement à Lang-Son, imputant aux habitudes d'ivresse du colonel le désastre devant cette place, avec perte de l'artillerie, des vivres et du trésor lui-même de l'armée enfin allant jusqu'à dire que « si une balle bien venue avait frappé le colonel Herbinger au lieu du général de Négrier, nous serions encore à Lang-Son. » Cette déposition accablante pour l'accusé concorde, il faut le reconnaître, avec le rapport du colonel Borgnes-Desbordes sur l'évacuation de Lang-Son, rapport qu'une indiscrétion, dont le ministère de la guerre n'a pu rendre compte, a livré fâcheusement à la publicité. Le colonel Herbinger y est accusé d'avoir, contrairement aux règlements et à l'honneur militaires, donné l'ordre d'évacuer Lang-Son, et d'être responsable des suites de la retraite ordonnée et conduite par lui dans un état complet de surexcitation alcoolique. Rien ne manque au scandale, car ces révélations, qui atteignent le successeur lui-même du général Brière de l'Isle, engagent diverses responsabilités, mettent en doute la capacité de certains chefs militaires, ébranlent le respect de la hiérarchie et de la discipline et inspirent les plus fâcheuses défiances pour toute notre organisation militaire. Elles ont déjà jeté un trouble profond dans les rangs de l'armée, elles produiront sur le moral de notre corps expéditionnaire le plus déplorable effet.

A la faveur de tout ce scandale, que la complicité du gouvernement aggrave, on voit les partis se disputer les résultats de l'intempestive enquête poursuivie par la commission des crédits, comme si chacun avait intérêt à ces tristes divulgations. Opportunistes et radicaux exploitent à l'envi le scandale, tout en feignant de le regretter. Les uns y cherchent la justification du ministère Ferry et de ses amis, les autres s'en font un argument pour l'évacuation immédiate du Tonkin. « Depuis six mois, disent les premiers, le ministère actuel, le général Campenon, du moins, sait que la retraite de Lang-Son a été un incident de guerre qui n'est imputable, ni à l'intervention du cabinet Ferry, ni au général commandant en chef le corps expéditionnaire du Tonkin, ni au général Négrier, ni à l'indiscipline des troupes ; il le sait, et lui, le gardien de l'honneur des officiers placés sous ses ordres, il laisse planer le soupçon sur tous, quand le devoir lui commandait de dégager les responsabilités de cette lamentable affaire. Il sait que l'opération de Lang-Son a été engagée librement par le seul qui eût le droit de l'ordonner ; il sait qu'aucun ordre n'a été envoyé de Paris pour entreprendre la marche sur Lang-Son ; il sait cela comme il sait qu'il n'a tenu qu'à un accident de guerre, la blessure du général de Négrier d'abord, qu'à l'insuffisance du commandement, ensuite que cette opération tant de fois désirée n'eut le résultat qu'on en atten--

dait, et cependant, depuis des mois, il se tait et même il ordonne le silence autour de la retraite de Lang-Son. » C'est là le plaidoyer des opportunistes. Mais répondent les radicaux, et avec eux aussi les conservateurs : « Si le colonel Herbinger est coupable d'avoir décidé puis conduit la retraite de Lang-Son avec une précipitation désastreuse, coupable d'avoir donné l'exemple d'une démoralisation qui avait fini par gagner la troupe elle-même, coupable, enfin, d'avoir perdu la tête, il n'est pas responsable de la situation si grave où se trouvait la brigade du général Négrier après le premier échec à Bang-Bo. Cette situation, il ne l'avait pas créée, pas plus que le général Négrier, pas plus que le général Brière de l'Isle lui-même, ni aucun de ceux qui ont porté les armes ou versé leur sang au Tonkin. Celui qui en est responsable, c'est celui qui dirigeait de Paris les opérations, qui subordonnait la conduite de l'expédition à ses intérêts personnels et aux calculs électoraux, celui qui attirait, qui falsifiait les dépêches des généraux pour cacher au pays la situation dans laquelle il avait mis son armée. Le premier, le principal coupable dans l'affaire de Lang-Son, comme dans tout le reste, du commencement à la fin de l'expédition, c'est le gouvernement, c'est M. Ferry. »

Compromis vis-à-vis des uns, pour avoir dissimulé depuis si longtemps la vérité à son profit, le cabinet actuel, héritier des fautes et de la politique du précédent, n'est pas moins suspect, à l'égard des autres, pour ses intentions à l'égard du Tonkin. Entre ceux qui veulent la réhabilitation de M. Ferry et ceux qui réclament la fin de l'expédition et même l'évacuation du Tonkin, la position du ministère Brisson est doublement difficile. Compliqué de la question de responsabilité dans la retraite de Lang-Son et dans les incidents auxquels a donné lieu l'enquête parlementaire, le règlement de l'affaire du Tonkin se présente avec un caractère irritant et confus qui aggrave beaucoup la situation ministérielle. Le vote de confiance que M. Brisson veut obtenir à l'occasion des crédits demandés pour le Tonkin, l'obtiendra-t-il? Jusqu'ici les dispositions de la Chambre sont douteuses. Un certain revirement s'est produit dans les esprits au sujet de l'évacuation du Tonkin. Il en coûte à l'amour-propre national d'abandonner une conquête; on recule aussi devant les conséquences d'une retraite qui entraînerait probablement la perte de la Cochinchine, la ruine des établissements commerciaux, et à coup sûr le massacre général des chrétiens. D'un autre côté, on

s'inquiète des suites indéfinies de l'expédition, de la reprise des
hostilités, des dépenses et des difficultés de l'occupation ; soit par
esprit d'opposition au gouvernement, soit par un juste sentiment
des responsabilités de l'avenir, on voudrait en finir avec cette malencontreuse entreprise qui a déjà coûté si cher pour donner si peu
de résultats. Le ministre aura à vaincre bien des oppositions, bien
des répugnances, bien des inquiétudes pour obtenir, non pas les
crédits suffisants pour assurer la subsistance du corps d'armée,
mais la totalité des soixante-dix millions qu'il réclame, tant pour
l'achèvement des opérations que pour l'organisation de la conquête.
Il aura de la peine à obtenir de l'argent pour le présent et de la
confiance pour l'avenir.

Le ministre des cultes, M. Goblet, a-t-il voulu consolider, dans
l'esprit de la majorité, le cabinet dont il fait partie, en reprenant,
avec une nouvelle passion, la politique antireligieuse? Ou plutôt
n'a-t-il pas cherché à se créer des titres particuliers auprès des
radicaux, dont l'avènement au pouvoir semble imminent? Malgré les
élections, la guerre au clergé a recommencé. Dans plus de quinze
diocèses, un grand nombre de curés et de desservants ont été privés
de leur traitement, par simple mesure administrative, sans enquête,
sans jugement. L'arbitraire ministériel a choqué des journaux républicains eux-mêmes. « Les ecclésiastiques. qui viennent d'être
frappés, disait le *Journal des Débats*, fussent-ils cent fois coupables, leur condamnation ne nous en semblerait pas moins injuste,
parce qu'elle a été prononcée en dehors de toutes les formes, de
toutes les règles, de toutes les lois. » Le ministre ne s'est pas
borné, en effet, à prononcer, de sa seule autorité, sans que les
condamnés aient été appelés à se défendre, des suspensions de
traitement en masse, il a été jusqu'à signifier à beaucoup d'entre
eux qu'ils seraient privés de leur traitement à telle date, si
avant cette époque, ils ne parvenaient pas à lui démontrer, d'une
façon péremptoire, qu'ils s'étaient abstenus, durant la période électorale dernière, de toute ingérence dans la lutte politique ! Ce
mépris de tout droit, cette violation des règles ordinaires de la procédure, cette infraction au Concordat, cette guerre odieuse et inique
au clergé, ce sont là autant de gages donnés au parti radical, qui
permettront à M. Goblet de passer du ministère Brisson dans le
ministère Clémenceau. De pareils attentats dénotent les tendances
constantes de la République. Les opportunistes, et M. Goblet était

de ceux-là, qui se proclamaient respectueux de la religion, en déclarant qu'ils ne voulaient que réprimer les empiètements du cléricalisme, en sont venus à frapper le clergé lui-même, et non plus seulement les congrégations religieuses, mais les prêtres séculiers, curés, desservants, vicaires. Que ne feront pas les radicaux, lorsqu'il y aura un Floquet ou un Clémenceau à la tête du gouvernement?

En Allemagne aussi, les mauvaises dispositions de M. de Bismarck perpétuent la persécution, malgré certains indices favorables qui viennent de temps à autre faire naître l'espoir d'une pacification religieuse. Non seulement le chancelier persiste dans son hostilité envers le catholicisme, mais il affiche l'intention de la transporter hors d'Allemagne, partout où s'exerce l'influence de l'empire. Ses dernières déclarations au Reichstag allemand témoignent, à cet égard, d'une obstination qu'on aurait pu croire tempérée par les négociations de ces dernières années avec Rome et par son recours au Saint-Siège dans le différend entre l'Allemagne et l'Espagne au sujet des îles Carolines. M. de Bismarck est resté l'homme du *Culturkampf*. La loi contre les Jésuites et les congrégations religieuses sera vigoureusement maintenue dans l'empire et étendue aux pays placés sous le protectorat allemand, c'est-à-dire aux colonies et aux missions. Telle est la volonté de M. de Bismarck. Le chancelier allègue, il est vrai, la raison d'État prussienne, l'intérêt de la nationalité allemande, l'opposition du centre catholique. Ce sont là les prétextes qu'il se donne pour persister dans sa politique de persécution envers l'Église. Il s'est démasqué lui-même en disant que les négociations avec le Vatican étaient encore une fois sur le point d'aboutir, et que le centre, comme il l'avait fait si souvent, avait de nouveau soulevé un incident à propos des missions, pour tout remettre en cause. La mauvaise foi de M. de Bismarck éclate ici. Au fond, le chancelier n'a fait des avances à Rome, n'est entré en négociation avec elle, pour que obtenir, par ce moyen, la dissolution du centre catholique. N'a-t-il pas été jusqu'à se servir de la dernière Encyclique pour faire déclarer, dans ses journaux, que l'existence du centre et de son action dans les affaires religieuses de l'Empire étaient condamnés par le document pontifical? L'objectif de ses rapports avec Rome, ce n'est pas le rétablissement de la paix religieuse, qu'il ne dépendrait que de lui de réaliser immédiatement, c'est la destruction d'un parti d'opposition qui entrave sa politique intérieure, et qui est, en réalité, l'arbitre des décisions du Reichstag.

Par suite des dernières élections anglaises, où l'appoint de deux millions d'électeurs nouveaux a produit des résultats inattendus, le parti nationaliste irlandais va se trouver, comme le centre allemand, le maître de la situation à la Chambre des communes. Ni les conservateurs, ni les libéraux n'ont la majorité sans eux. Du côté où se porteront les nationalistes sera la majorité. Ils décideront du sort du ministère actuel qui n'a plus, dans les conservateurs ses amis, une force suffisante pour se maintenir au pouvoir. Si les Irlandais se mettent avec les wighs, le cabinet Salisbury pourra rester aux affaires; s'ils passent, au contraire, du côté des tories, un ministère Gladstone, ou tout autre ministère libéral, devrait succéder à celui-là. Pour l'Irlande catholique, c'est un triomphe de se trouver l'arbitre de la politique anglaise. M. Parnel, à la tête de la ligue nationale, est appelé à jouer, à la Chambre des communes, le rôle de M. Windthorst au Reichstag. L'Amérique s'est associée au triomphe de la cause irlandaise. Les subsides qu'elle a envoyés au cours de la lutte électorale et les félicitations qu'elle a adressées aux vainqueurs après la victoire, sont le gage de l'union que la communauté de foi plus encore que l'émigration, a établie entre l'Irlande et l'Amérique catholique.

Au cours des longues opérations inhérentes à son système électoral, l'Angleterre est parvenue, sans coup périr, à réaliser ses vues sur la Birmanie. Pendant que les envoyés du roi Thibaw sollicitaient à Paris l'appui de la France, l'expédition anglaise s'organisait. C'est vers le milieu de novembre que le corps d'armée et la flottille, placés sous le commandement du général Prendergast, ont franchi la frontière de la Birmanie. A la demande d'armistice, le général a répondu par une sommation au roi de se constituer prisonnier, de désarmer ses troupes et de livrer sa capitale. Dès le lendemain, toutes ces conditions étaient acceptées. En moins de quinze jours, la colonne anglaise était arrivée à Mandalay; et tandis que le roi et sa famille étaient en route pour Calcutta, le général et les agents anglais recevaient, du vice-roi de l'Inde, l'ordre d'administrer provisoirement la haute Birmanie au nom de la reine. L'expédition, bien préparée et rapidement conduite, avait pleinement réussi. On peut se demander si le droit était ici au service de la force et de l'intelligence. Les griefs de l'Angleterre sont moins clairs que ses intérêts. Quoi qu'il en soit, la voilà devenue la voisine de la France en Cochinchine. Dans notre nouvelle conquête du Tonkin, si tant est que nous puissions la conserver, nous aurons une rivale à nos portes, jalouse de notre développement colonial, mieux organisée pour la concurrence, aussi rapprochée que nous de la Chine par l'Irrawaddy, et prête à nous disputer, sinon à nous enlever, les avantages commerciaux que nous sommes allés chercher dans l'Annam. L'établissement des Anglais en Birmanie est un nouvel incident dans la question du Tonkin.

La situation n'a point changé dans la péninsule des Balkans. Les succès rapides, décisifs des Bulgares, ne permettent plus aux Serbes de reprendre la lutte avec avantage. L'intervention des puissances a suspendu les hostilités. D'un autre côté, l'attitude conciliante du gouvernement bulgare semble devoir faciliter la conclusion de l'armistice. En attendant l'issue des négociations engagées entre les Bulgares et les Serbes, la Porte s'est mise en mesure d'exercer ses droits de suzeraineté sur la Roumélie, d'accord avec la majorité des puissances représentées à la conférence de Constantinople. De l'armistice conclu entre les belligérants, on attend la solution du conflit particulier qui a mis la Bulgarie aux prises avec la Serbie, mais il sera plus difficile d'obtenir de la Roumélie qu'elle renonce à l'union avec la Bulgarie et qu'elle rentre dans le devoir vis-à-vis de la Turquie, à la Grèce qu'elle apaise ses dispositions belliqueuses. Le prince Alexandre ne paraît pas disposé non plus à renoncer au bénéfice de la révolution qui l'a conduit à Philippopoli.

Les intentions secrètes des puissances sont encore obscures. On n'est pas parvenu à s'entendre sur la manière de rétablir l'ordre et d'apaiser toutes ces aspirations tumultueuses qui ont soulevé tous les peuples des Balkans. On accuse l'Angleterre d'entretenir la confusion et le gâchis dans les affaires d'Orient, d'entraver l'œuvre de la conférence; mais on accuse de la même manière la Russie, et l'on reproche à l'Autriche de n'avoir travaillé en faveur de l'armistice que pour permettre aux Serbes de se préparer de nouveau à la lutte et de faire le jeu de sa politique. Quant à l'Allemagne, elle est toujours suspecte. L'armistice obtenu par l'intervention des puissances ne servirait de rien s'il n'était suivi d'un règlement définitif qui remît les choses où elles étaient avant l'insurrection de Philippopoli. C'est ainsi seulement que l'on rétablirait l'ordre, pour le moment, dans les Balkans.

Arthur LOTH.

MEMENTO CHRONOLOGIQUE

28 *novembre.* — Le Sénat s'occupe de la question du monopole des inhumations. Après une discussion à laquelle prennent part MM. Garrisson, Allou, Lenoël et Georges Martin, la majorité adopte le projet de la commission et décide qu'elle passera à une deuxième délibération.

Les Bulgares s'emparent de Pirot et refoulent l'armée serbe sur la route de Nisch.

Une dépêche de la dernière heure annonce que le prince Alexandre, prenant en considération la note collective des représentants des grandes puissances et la déclaration du comte Khevenhueller, l'informant que, si les Bulgares avançaient plus loin, les troupes autrichiennes passeraient en Serbie au secours des troupes serbes, ordonne la cessation des hostilités en vue d'arriver à la conclusion d'un armistice.

Formation d'un nouveau ministère espagnol sous la présidence de M. Sagasta.

29. — Élection sénatoriale dans la Creuse. M. Laroche, candidat républicain, est élu par 317 voix contre 294 données à son concurrent radical.

Douloureux anniversaire de la sanglante bataille de Champigny et du combat d'Épinay. Une foule nombreuse et recueillie assiste à cette triste cérémonie. Des discours sont prononcés par M. le maire de Champigny, par M. Paul Deroulède, par M. Zoff et par M. le commandant Orse.

Une conférence au profit d'une œuvre démocratique a lieu à la salle Favié, rue de Belleville, sous la prétendue présidence de M. Lockroy. Les gros bonnets qui devaient y figurer et dont les noms étaient inscrits sur le programme, font défaut pour une cause ou pour une autre. De là la colère et les menaces de la foule qui se retire en maugréant et en faisant un tapage infernal.

30. — La commission des crédits du Tonkin entend la déposition du général Brière de l'Isle. Il ressort de cette déposition que pour pacifier le Tonkin, il suffirait de créer des petits postes et des compagnies de 265 Annamites avec 13 officiers français; que nos troupes n'ont pas poussé plus loin contre les Pavillons-Noirs, à cause de la difficulté de l'approvisionnement; qu'il y a eu parfois des dissentiments entre le commandant en chef et les autres généraux; que la mortalité a été *épouvantable*; de mai en octobre, on a perdu trois mille hommes; que la colonisation est impossible pour des colons européens; enfin, que l'évacuation serait désastreuse pour la Cochinchine et serait suivie de massacres.

La Chambre des députés nomme d'abord un membre de la commission de surveillance des caisses d'amortissement et des dépôts et consignations, puis elle valide les élections de la Haute-Loire, prend en considération les trois propositions de MM. Plichon, de la Biliais et Thiessé, relatives aux fournitures faites pour le compte de l'Etat et s'ajourne à jeudi.

1er *décembre*. — Le comité conservateur de la Seine adresse aux électeurs de cette circonscription une nouvelle circulaire à l'occasion des élections complémentaires du 13 décembre. Cette circulaire rappelle les légitimes griefs reprochés aux républicains : le gaspillage des finances, le déficit du budget, l'imminence de nouveaux impôts, les expéditions lointaines et stériles, la persécution des consciences, la laïcisation des hôpitaux, etc., etc., et fait un chaleureux appel aux électeurs conservateurs.

La Commission des crédits du Tonkin entend MM. Pâtenôtre, Ristelhueber, consul général de France en Chine, et Lemaire. Les deux premiers déposent dans le même sens sur tous les points : danger de l'évacuation, avantages commerciaux à retirer du traité. M. Lemaire exprime l'avis que le protectorat limité suffirait pour se maintenir.

Au Sénat, M. Blavier pose au ministre de l'intérieur deux questions ayant trait à la jurisprudence électorale. Après la réponse de M. Allain-Targé, l'assemblée s'occupe du projet de loi sur le taux de l'intérêt de l'argent. Ce projet est combattu par MM. de Gavardie et Marcel Barthe, et défendu par M. Emile Labiche, rapporteur; l'Assemblée valide entre temps l'élection de M. Girod-Pouzol, sénateur du Puy-de-Dôme.

Entrée des Anglais, *sans coup férir*, dans la capitale de la Birmanie. Le pays est administré provisoirement au nom de la reine d'Angleterre.

L'affaire des Carolines est réglée entre l'Allemagne et l'Espagne par un protocole diplomatique dont les principaux articles sont :

Reconnaissance de la complète souveraineté de l'Espagne sur ces îles.

Droit accordé aux Allemands de créer des établissements agricoles dans l'archipel Soulou, ainsi que d'établir une station navale et un dépôt de charbon. Enfin, toutes les difficultés qui pourraient surgir seraient soumises à un arbitrage.

Les Allemands établissent leur protectorat sur le groupe des îles Marschall et les annexe à l'Allemagne.

Le *Moniteur de Rome* annonce une nouvelle qui sera favorablement accueillie par tous les catholiques français : la cause de la béatification de Jeanne d'Arc vient d'être introduite devant la congrégation des Rites.

Désormais, Jeanne d'Arc portera le titre de vénérable jusqu'à sa béatification.

2. — M. le général de Courcy adresse au ministre de la guerre la dépêche suivante :

« J'ai intercepté télégramme en clair, adressé à M. Chable, rédacteur du *Journal officiel* du Tonkin, disant : « La majorité de la commission de crédits est favorable à l'évacuation du Toukin. » Cette dépêche, si elle était connue, causerait une grande fermentation au Tonkin et en Annam parmi les lettrés et mandarins.

« .Tous les fonctionnaires, même fidèles, nous abandonneraient pour essayer de sauver leur tête.

« Ce serait le signal d'une insurrection ét d'un massacre général.

« Il me paraît nécessaire, et comme général en chef et comme résident, de connaître les intentions du gouvernement pour rassurer les esprits, et, dans le cas contraire, pour prendre des mesures de prudence pour mes postes avancés, mes troupes étant toutes dispersées en petites colonnes.

« Je maintiens tous mes télégrammes précédents et réponds de la pacification du Delta à bref délai, à moins de nouvelles alarmantes de ce genre et de faiblesse vis-à-vis de la cour d'Annam, qui doit rester sous notre tutelle.

« J'attends une réponse catégorique pour démentir le sens pessimiste des télégrammes et correspondances qui afflueront de Hong-Kong et de Saïgon et que je ne pourrai intercepter. Voilà ce que l'on peut appeler le *coup de la dépêche à l'instar de celle qui a été si bien exploitée par le ministère Ferry.* »

La Commission des crédits du Tonkin entend la déposition de l'amiral Duperré qui se montre favorable à l'évacuation. La conclusion de sa déposition peut se résumer ainsi : Il faut renoncer à notre présence au Tonkin et se concentrer dans la Cochinchine où il n'y aurait pas de désordres à craindre, si on ne l'avait pas tant bouleversée.

Après quelques renseignements donnés par les docteurs Richard et le Gentil, médecins de la marine, sur le climat du Tonkin et la mortalité dans le corps d'occupation, M. Pelletan se plaint de la publication de la dernière dépêche du général de Courcy, et, sur la proposition de M. Pichon, la Commission décide de demander communication au ministre de la guerre des dépêches échangées, depuis le 15 novembre, entre lui et le général de Courcy.

Envoi par la Turquie, en Roumélie, de commissaires ottomans, porteurs d'une proclamation du sultan faisant connaître les propositions faites dans la conférence par la Turquie, et relatives à l'envoi d'un haut commissaire et d'une commission internationale d'enquête, et promettant, en outre, une amnistie générale et des améliorations dans le statut organique.

Les propositions apportées par les parlementaires serbes au prince Alexandre de Bulgarie sont repoussées comme étant insuffisantes. Le prince de Bulgarie a fait des contre-propositions.

La reine Christine d'Espagne signe un décret convoquant les Cortès pour le 26 décembre.

3. — La Commission des crédits du Tonkin entend M. Thomson, gouverneur de la Cochinchine, qui se déclare partisan du système protectionniste au Tonkin.

M. Le Myre de Villers, ancien gouverneur de la Cochinchine, dépose dans un sens tout opposé à celui de M. Thomson. Il blâme la politique coloniale à outrance. Suivant lui, il faudrait soixante-dix mille hommes pour garder le Tonkin.

La Chambre des députés, au début de sa séance, vote des projets de loi autorisant les départements du Gard, de la Meuse, de la Haute-Saône, du Cantal, du Finistère et de la Charente-Inférieure à contracter des emprunts; elle valide ensuite les élections de la Martinique et de la Réunion, et adopte finalement le projet relatif à l'organisation des écoles d'enseignement supérieur d'Alger.

Le Sénat en est toujours à la discussion du projet de loi sur le taux de l'intérêt de l'argent. Il examine un à un les contre-projets de MM. Marcel Barthe, Labiche et Bozérian, sans rien conclure.

Réunion des comités conservateurs de la Seine, à la salle Lemardelay, sous la présidence de M. Camille Rousset.

Les six candidats aux.élections du 13 décembre sont entendus; ils abordent la plupart des questions actuelles et les résolvent toutes avec beaucoup de logique en faisant rassortir, comme contraste, la conduite anormale de nos gouvernants républicains.

Cent sept médecins et chirurgiens des hôpitaux de Paris, dont nous sommes heureux de pouvoir donner les noms, envoient à M. le ministre de l'intérieur, la protestation suivante contre la laïcisation des hôpitaux.

A M. le Ministre de l'Intérieur.

« Monsieur le Ministre,

« Les médecins et chirurgiens des hôpitaux de Paris, soussignés, ont l'honneur de vous demander le maintien des religieuses dans les services hospitaliers auxquels elles sont attachées.

« En vous faisant cette demande, ils pensent agir dans l'intérêt des malades qui sont confiés à leurs soins, aussi bien que dans l'intérêt du bon ordre et de la tenue des hôpitaux et hospices de la ville de Paris.

« Ils vous prient, Monsieur le Ministre, d'agréer l'expression de leur haute considération.

Signé :

« MM. Dujardin-Beaumetz, Xavier Gouraud, médecins de l'hôpital Cochin.
« Marchand, chirurgien de l'hôpital Cochin.
« Potain, Blachez, Rendu, Rigal, médecins de l'hôpital Necker.
« Guyon, Le Fort, chirurgiens de l'hôpital Necker.
« Hérard, Moissenet, Marotte, Nonat, Bouchut, Hervieux, Barthez, H. Guéneau de Mussy, Bergeron (président de l'Académie de médecine), Marjolin, médecins honoraires de l'Hôtel-Dieu et des hôpitaux d'enfants.
« Gosselin (membre de l'Institut), Ricord, A. Guérin, Monod, Cusco, Desormeaux, chirurgiens honoraires de l'Hôtel-Dieu, de la Charité, etc.
« Moutard-Martin, Empis, Buquoy, Vulpian (membre de l'Institut), médecins de l'Hôtel-Dieu.
« Richet (membre de l'Institut), Panas, Tillaux, chirurgiens de l'Hôtel-Dieu.
« Hardy, Laboulbène, Peter, Féréol, Luys, Desnos, médecins de l'hôpital de la Charité.
« A Desprès, chirurgien de l'hôpital de la Charité.
« Mesnet, Hayem, Dieulafoy, Tenneson, Landrieux, médecins de l'hôpital Saint-Antoine (hôpital laïcisé).
« Delens, chirurgien de l'hôpital Saint-Antoine.
« Lecorché, E. Labbé, médecins de la maison de santé (hôpital laïque).

« Horteloup, Marc Sée, chirurgiens de la maison de santé (hôpital laïque).

« A Fournier, E. Besnier, médecins de l'hôpital Saint-Louis.

« Péan, Le Dentu, chirurgiens de l'hôpital Saint-Louis.

« Millard, Gombault, Fernet, J. Guyot, médecins de l'hôpital Beaujon.

« Léon Labbé, Cruveilhier, chirurgiens de l'hôpital Beaujon.

« Dumontpallier, médecin de l'hôpital de la Pitié.

« Polaillon, chirurgien de l'hôpital de la Pitié (hôpital laïcisé).

« Danlos, R. Moutard-Martin, médecins de l'hôpital Tenon.

« Gilette, chirurgien de l'hôpital Tenon (hôpital laïcisé).

« Triboulet, d'Heilly, Cadet de Gassicourt, médecins de l'hôpital Trousseau.

« Lannelongue, chirurgien de l'hôpital Trousseau.

« Labric, J. Simon, Descroizilles, A. Olivier, médecins de l'hôpital des Enfants.

« De Saint-Germain, chirurgien de l'hôpital des Enfants.

« Sevestre, médecin de l'hospice des Enfants-Assistés.

« Guéniot, chirurgien de l'hospice des Enfants-Assistés.

« Constantin Paul, médecin de l'hôpital Lariboisière.

« Du Castel, médecin de l'hôpital du Midi.

« Humbert, chirurgien de l'hôpital du Midi (hôpital laïque).

« Labadie-Lagrave, médecin de la Maternité (hôpital laïque).

« Roques, Martineau, médecins de l'hôpital de Lourcine (hôpital laïcisé).

« Gouguenheim, Huchard, médecins de l'hôpital Bichat (hôpital laïque).

« Berger, chirurgien de l'hospice de Bicêtre (hospice laïque).

« Ferrand, médecin de l'hôpital de Laënnec (hôpital laïque).

« Gingeot, médecin de l'hospice Sainte-Périne (hospice laïque).

« Balzer, Barrié, Merklen, Chauffard, A. Robin, Renault, Muzelier, Moizard, Barth, Oulmont, Brocq, médecins des hôpitaux de Paris.

« Jalaguier, Nélaton, Quenu, Bouilly, Félizet, Schwartz, Routier, Second, Brun, chirurgiens des hôpitaux de Paris.

« Guibout, médecin de l'hôpital Saint-Louis. »

Une réunion de Rouméliotes, composée des principaux habitants et de plusieurs représentants de province, rejette à l'unanimité toute proposition autre que l'union de la Bulgarie et de la Roumélie, et refuse toute négociation en vue du rétablissement du *statu quo ante*.

Quant à l'armistice définitif, rien n'est décidé. On attend la réponse de la Serbie aux contre-propositions bulgares consignées dans une circulaire adressée aux puissances.

4. — Un télégramme de Tamatave mande que deux fonctionnaires malgaches ont eu une entrevue avec l'amiral Miot; on croit que des négociations formelles pour la conclusion de la paix vont être ouvertes.

Le ministre de l'agriculture fait publier à l'*Officiel* un tableau statistique contenant le relevé des quantités de froment, grains et farines importés et exportés du 1er août au 15 novembre 1885.

Il ressort de ce tableau que le total des importations en grains pendant trois mois et demi atteint 1,268,179 quintaux et les importations en farines, 33,712 quintaux.

Quant aux exportations, elles ne dépassent pas 5,401 quintaux de grains et 25,836 quintaux de farines. La conclusion est facile à tirer : la concurrence étrangère *est désastreuse* pour *nos produits.*

Un fort tremblement de terre se produit à plusieurs reprises en Algérie et fait de nombreuses victimes. Le nombre des morts connus jusqu'à cette heure est de trente-deux et de douze blessés.

Le prince Alexandre de Bulgarie est invité par la Turquie à faire connaître les conditions qu'il met au rétablissement de la paix avec la Serbie.

5. — La Chambre des députés, après une discussion orageuse à laquelle prennent part MM. Mérillon, Montera, Laisant, Gavini, invalide les élections de la Corse; cette invalidation provoque des murmures qui fournissent à M. Floquet l'occasion de prodiguer sans mesure des rappels à l'ordre.

Le Sénat prend en considération une proposition de loi ayant pour objet la publication de la vente des fonds de commerce; il décide de passer à une deuxième délibération du projet approuvant une convention avec l'Espagne et de celui relatif à l'assistance judiciaire, et il reprend la suite de la discussion du projet sur les délégués mineurs dont il adopte les dix premiers articles.

De nouvelles secousses de tremblement de terre sont ressenties en Algérie et occasionnent de nouveaux sinistres et des morts.

Attentat contre la vie du sultan. L'auteur, un eunuque, est massacré, séance tenante, par les aides de camp de l'empereur.

6. — Plusieurs réunions électorales ont lieu à Paris et dans la banlieue. Celle des conservateurs, à Courbevoie, est présidée par M. Ferdinand Duval, ancien préfet de la Seine.

MM. Calla, Vacherot, Hervé et de Barail examinent de nouveau la situation actuelle et surtout l'attitude des politiciens qui nous gouvernent.

De son côté, le parti ouvrier essaie de tenir une réunion aux Folies-Marcel. En attendant l'arrivée des gros bonnets qui ont promis d'y figurer, quelques ouvriers se démènent à la tribune et y pérorent à leur façon; ils *nient l'utilité d'un gouvernement, l'utilité d'une armée, l'utilité du capital, l'utilité de tout,* et enfin, las de ne pas voir arriver ceux qu'ils avaient choisis pour les représenter, ils se retirent en maugréant.

Des troubles graves éclatent à Marseille au sujet du projet de la municipalité radicale de démolir l'église Saint-Martin, pour faire place à une rue.

Comme cette église est *concordataire,* l'évêché a dû intervenir pour arrêter les travaux de démolition.

De là, grand émoi dans le camp des radicaux.

Une manifestation organisée par les cercles ultra-républicains et ayant en tête la citoyenne Paule Mincke, a lieu devant l'église. Pour éviter du désordre, le curé fait suspendre la célébration des offices, ce qui n'empêche pas certains voyous d'insulter les prêtres qui sortent.

Plusieurs arrestations sont faites.

7. — Élection législative de la Vendée. M. de la Bassetière, fils, est élu député par 47,535 voix contre 35,538 voix données à son concurrent républicain, c'est-à-dire avec une majorité de 11,997 voix.

La commission des crédits du Tonkin examine ce que coûterait l'occupa-

tion du Tonkin, en prenant pour base la réduction de l'effectif que le gouvernement promet de réaliser, c'est-à-dire en le ramenant à 10,000 hommes
et même à 6000. Il résulte de son examen, que les frais d'occupation ne
seraient pas moindres de 14 à 18 millions.

La Chambre des députés valide les élections de la Guadeloupe, du Sénégal
et des Alpes-Maritimes. Cette dernière élection donne lieu à un débat animé
entre MM. Vergoin et Borriglione, qu'on accuse de s'être fait élire au moyen
de manœuvres déloyales.

La Chambre s'occupe ensuite de la proposition de M. Beaucarne-Leroux,
portant modification du tarif des douanes en ce qui concerne les céréales.

Après avoir entendu M. Peytral, qui combat les conclusions de la commission tendant à la prise en considération ; M. le ministre de l'agriculture qui
déclare, au nom du gouvernement, ne pouvoir prendre parti ni pour ni
contre la proposition; MM. Léon Maurice et Ganivet, qui se prononcent
énergiquement en faveur de cette proposition, la prise en considération est
votée par 338 voix contre 174.

Le Sénat en est à l'article 12 de la loi sur les délégués mineurs. Après une
discussion à laquelle prennent part MM. Blavier et Demôle, l'ensemble du
projet de loi est voté en première délibération.

Le Sénat passe ensuite à la première délibération sur la procédure en
matière de divorce. Les articles 234 à 237 sont adoptés ; sur les observations
de MM. Griffe, Labiche, Baragnon, Paris, de Gavardie, l'article 238 est renvoyé
à la commission.

De nouvelles secousses de tremblement de terre sont encore ressenties en
Algérie et occasionnent des dégâts considérables. Plus de trois cent quarante
maisons se sont écroulées, ensevelissant de nombreuses victimes sous leurs
décombres.

8. — Imposante réunion de conservateurs à Montrouge, à la salle Bizet.

M. Calla examine la situation financière de la France qu'il qualifie avec
raison de déplorable.

MM. Hervé et Denys Cochin signalent la grande intolérance des républicains. Enfin, M. Ferdinand Duval développe et résume le programme des six
candidats.

Le conflit serbo-bulgare est loin de s'éclaircir. Le roi Milan refuse de
traiter de la paix avec le prince Alexandre qu'il considère comme un vassal
de la Porte.

De son côté, le prince de Bulgarie ne consent à conclure la paix que
moyennant une cession de territoire, une indemnité de 3 millions de marks,
avec Pirot pour gage jusqu'à complet paiement, conditions que repousse la
Serbie. En présence de ce refus, les troupes bulgares se sont avancées
jusqu'aux positions fortifiées serbes.

S. S. Léon XIII adresse le bref suivant à M. Chesnelong, en réponse à
l'adresse que l'éminent sénateur lui avait fait parvenir au nom de l'assemblée des catholiques qui s'est réunie à Paris en mai dernier :

A nos très fils Charles Chesnelong et autres fidèles de France, réunis à Paris pour la quatorzième assemblée des catholiques.

LÉON XIII, PAPE

« Très chers fils, salut et bénédiction apostolique.

« Nous avons reçu votre affectueuse adresse couverte de vos signatures ; elle Nous a apporté une très douce consolation, non seulement à cause de vos sentiments de filial dévouement envers Nous et ce siège apostolique, mais aussi à cause du zèle religieux qui vous a fait réunir en une sainte association pour travailler ensemble à l'avancement des intérêts catholiques et rendre à l'Église, votre mère, les services que de nos jours elle a le droit d'attendre de ses fils fidèles.

« Tandis qu'en effet Nous voyons se développer chaque jour les entreprises et les moyens d'action de ceux qui s'efforcent de détruire le royaume du Christ sur la terre, il est bien juste que les Fils de lumière, sous la conduite de leurs pasteurs, déploient une virile énergie pour défendre la justice et la religion, chercher et poursuivre à l'envi la gloire de Dieu et le salut des âmes. Nous vous témoignons donc, très chers Fils, Notre joie et Nos félicitations pour les sentiments exprimés dans votre lettre et pour vos excellents projets qui répondent pleinement aux besoins des temps et à Nos intentions. Nous vous encourageons d'autant plus volontiers que plus noble et plus vaste est le terrain où Nous vous voyons mettre en œuvre votre vaillante activité. En donnant pour but à vos efforts le maintien et le développement de la piété chrétienne, la bonne éducation de la jeunesse, la propagation de la sainte doctrine, le bonheur physique et moral des ouvriers chrétiens, vous méritez bien de votre patrie autant que de la religion, et vous vous préparez auprès du Dieu rémunérateur, en ce monde et en l'autre, une magnifique récompense.

« Nous connaissons déjà les fruits excellents qu'il a plu à la divine Bonté d'accorder à vos travaux en ce champ si vaste ; et Nous désirons, bien-aimés fils, que vous y trouviez un puissant encouragement à votre zèle, une augmentation de votre sainte confiance en Dieu, un accroissement quotidien de l'union des esprits et des âmes dans le combat pour la cause de Dieu et de l'Église. Dans ce combat, votre énergie et votre sagesse ne seront pas sans influence pour rendre à votre illustre nation, grâce aux secours salutaires que l'Église de Jésus-Christ a en son pouvoir, son antique gloire et sa véritable prospérité. Nous adressons cependant Nos prières à l'Auteur de tout bien, lui demandant d'abondantes grâces qui puissent faire toujours de vous de puissants instruments de la gloire de Dieu.

« Recevez, comme gage des divines faveurs et en témoignage de Notre particulière affection, la bénédiction apostolique qu'avec toute l'effusion de Notre cœur, Nous donnons à tous et à chacun de vous, très chers fils, et à tous ceux qui font partie de votre pieuse société. »

M. Goblet, ministre des cultes, adresse à Mgr l'Évêque de Pamiers la lettre suivante, que nous donnons sans commentaire, laissant à nos lecteurs le soin de l'apprécier comme elle le mérite :

Lettre de M. le Ministre des cultes à Mgr l'Evêque de Pamiers.

« Monsieur l'Evêque,

« Les instructions que vous avez récemment adressées à votre clergé, les déclarations que vous avez faites au cours de votre dernière visite pastorale, votre lettre au maire de Roquefixade, les sentiments trop connus de certains prêtres de votre entourage, tout annonçait que le personnel ecclésiastique du diocèse de Pamiers se préparait à prendre une part active à la lutte électorale; mais cette ingérence abusive dans des questions étrangères aux choses du sacerdoce a dépassé les craintes mêmes que j'avais conçues, et présente un caractère de gravité, qui appelle une sévère répression.

« Vos prêtres, Monsieur l'Évêque, ont passé toute mesure dans la campagne qu'ils ont entreprise en faveur des candidats hostiles à nos institutions républicaines : manœuvres déloyales, prédications, injures, calomnies, menaces, ils n'ont reculé devant aucun moyen pour influencer les électeurs.

« Vous n'avez pas eu non plus la pensée, j'en ai la conviction, qu'ils pourraient se laisser entraîner aux écarts qui leur sont reprochés; mais il n'est pas facile de prévenir les excès, lorsque les passions sont imprudemment déchaînées, et c'est sur vous, Monsieur l'Evêque, c'est sur vos conseillers, qui leur ont donné le mot d'ordre dont ils devaient facilement exagérer la portée, qu'ils seront en droit de faire retomber la responsabilité des peines disciplinaires qu'il est de mon devoir de leur infliger.

« Je n'ai pas besoin d'entrer ici dans le détail des faits relevés à leur charge, faits que vous connaissez aussi bien que moi, qui n'ont pas tous le même caractère, mais qui, tous, nécessitent une répression immédiate de même nature, dont la durée, proportionnée à la gravité des fautes commises et à la valeur du gage de repentir ultérieurement donné par les coupables, pourra seule offrir dans l'avenir des différences appréciables.

« Il me suffira donc de vous dire aujourd'hui, Monsieur l'Évêque, que je supprime, à dater du 1er décembre prochain, le paiement des traitements ou des indemnités des titulaires ecclésiastiques de votre diocèse, qui se sont le plus compromis pendant la période électorale. »

« *Le ministre de l'instruction publique, des beaux-arts et des cultes,*
« René Goblet. »

Suivent les noms des prêtres dont les traitements sont supprimés et qu sont au nombre de trente-cinq. Plusieurs de ces prêtres n'habitent même plus les localités dans lesquelles ils sont accusés d'avoir fait de la propagande électorale.

Réponse de Mgr l'Evêque de Pamiers à M. le ministre des cultes.

« Monsieur le ministre,

« Vous venez de frapper un coup bien cruel, en privant de leur traitement, sans même les avoir entendus, trente-cinq de nos prêtres. Je n'essaierai pas de les justifier : le ton de votre lettre n'admet point qu'on puisse le faire, et d'ailleurs un seul fait saisissable est articulé par vous, il est précis, j'ai la pièce en main, j'y répondrai. Quant à la question de principe qui est la principale, je dissiperai sans hésitation tout malentendu qui pourrait exister entre vous et nous, au sujet de nos droits de prêtres et de Français.

« Le caractère imprimé à la question électorale par les candidats et par les événements avait pris une netteté qui excluait toute équivoque. Si, au milieu de l'inquiétude générale, le clergé fût resté assez impassible pour ne pas traduire au dehors un sentiment, assez muet pour ne pas émettre une opinion, assez désintéressé pour ne pas déposer un bulletin, il mériterait justement l'inique injure qui nous est parfois adressée, de n'être ni de notre temps, ni de notre pays. Aussi reconnais-je volontiers que les élections législatives du 4 et du 18 octobre n'ont laissé indifférents ni le clergé ni l'évêque de Pamiers.

« Est-il donc inconstitutionnel, quand on a reçu sa carte d'électeur, de porter paisiblement son bulletin à l'urne ?

« Est-il séditieux, quand on est Français, de causer avec ses voisins et d'émettre un jugement sur les hommes qui prétendent à devenir les arbitres des affaires de France ?

« Est-il déloyal, quand on a reçu la mission d'enseigner au nom de Jésus-Christ, de donner un conseil chrétien, de dire à des catholiques qu'ils ne doivent pas fournir aux ennemis notoires de la religion les moyens de lui nuire ?

« Est-ce trahir son devoir, quand on a l'honneur d'appartenir à un corps dépositaire des plus graves intérêts de la religion et de la société, d'être l'ami de ses amis et l'adversaire de ses ennemis ?

« Ce sont là de graves questions, qui ne relèvent que de la conscience ; on peut les discuter peut-être en théorie, mais elles sont, dans la pratique, nettement tranchées par les programmes des candidats, par les menaces de l'avenir et par les souffrances du présent.

« On nous accuse près de vous, Monsieur le ministre, de « manœuvres « déloyales, de prédications, d'injures, de calomnies, de menaces... pour « influencer les électeurs. » Nous connaissons ces procédés, pour en être en ce moment les victimes.

« J'aborde le fait précis indiqué dans votre lettre : Aux gens de Roquefixade et aux représentants des soixante-cinq paroisses vacantes, qui viennent tour à tour solliciter vainement un prêtre que je ne puis leur donner, j'ai fait cette loyale réponse :

« Vous n'ignorez pas quelle est la principale cause des souffrances dans « lesquelles se trouve le service public de l'administration spirituelle des « paroisses, auquel vous attachez, à juste titre, un très grand prix : c'est la « suppression au budget des cultes des sommes destinées autrefois à la for-« mation des prêtres. Si donc vous voulez que votre demande soit suivie d'un « effet utile, ce n'est pas à votre évêque seul qu'il faut vous adresser ; il est « nécessaire que vous fassiez connaître également vos désirs à votre con-« seiller général, à votre sénateur, aux candidats à la députation, et que « vous leur témoigniez votre ferme volonté d'électeurs et de chrétiens, de

« voir rétablir les crédits supprimés, et de voir laisser à leurs prières et à
« leurs études les séminaristes, au lieu de les mener à la caserne. »

« Ces paroles n'ont pu vous paraitre séditieuses, Monsieur le ministre,
j'aime à le croire, que par ouï dire ; vous ne pouvez tout lire ni tout entendre ; mais la portée qui leur a été donnée auprès de vous doit vous inspirer quelques doutes sur la valeur des allégations que je ne puis discuter,
parce qu'elles me sont inconnues.

« Si nous devons voir d'un œil impassible et égoïste la France amoindrie,
le peuple catholique dans l'inquiétude, Dieu expulsé de ses temples ; si
l'exercice de nos droits et de nos devoirs les plus élémentaires et les plus
sacrés est à vos yeux une révolte, vous pouvez frapper à l'aise, supprimer
les traitements, désorganiser le service religieux, priver les pauvres de l'obole
du prêtre, faire du prêtre lui-même un mendiant, et achever ainsi la misère
de nos paroisses rurales, désolées par la grêle, inondées par les pluies d'au-
tomne et ruinées par le mauvais état des affaires générales, nous n'avons
pas, au jour de notre consécration sacerdotale, renoncé au droit de travailler et à l'honneur de souffrir pour la France et pour Dieu.

« Veuillez agréer, Monsieur le ministre, l'assurance de ma haute considération.

« † Pierre-Eugène, *évêque de Pamiers.* »

9. — La commission des crédits du Tonkin commence la discussion générale sur le projet du gouvernement. La majorité de la commission se prononce pour l'évacuation du Tonkin, notamment MM. Raoul Duval, Granet,
Delafosse, Andrieux, Pelletan et Rochefort ; la minorité, mise en demeure
de répondre, déclare réserver son opinion pour le débat devant la Chambre.

Une réunion conservatrice a lieu à Belleville, rue du Retrait. MM. Ferdinand Duval, général de Barail, Édouard Hervé et Denys Cochin développent
purement et simplement leur programme qui rallie tous les suffrages des
assistants.

Les tremblements de terre continuent à jeter l'alarme en Algérie.

Le résultat des élections anglaises est au profit des libéraux. Les conservateurs sont en minorité de quelques sièges.

10. — La commission des crédits du Tonkin entend les rapports de
MM. Andrieux et Pichon et renvoie la suite de la discussion générale à la
séance du soir.

Cette seconde séance commence à neuf heures et demie.

La commission n'étant pas en nombre pour délibérer et prendre des résolutions, décide de continuer et de clore la discussion générale, après avoir
entendu M. Pelletan, qui est partisan du vote des crédits demandés par le
gouvernement jusqu'au rapatriement de nos troupes. M. Pelletan critique le
rapport de M. Casimir Périer et conteste l'exactitude des évaluations de
M. Ballue.

Charles de Beaulieu.

BULLETIN BIBLIOGRAPHIQUE

LIVRES D'ÉTRENNES

Chaque année, à pareille époque, la *Revue du Monde Catholique* réserve un article spécial aux livres d'étrennes. C'est une dette que sa rédaction tient à honneur d'acquitter à échéance de fin d'année. Comme toujours, la Société générale de Librairie Catholique figure en tête de son compte rendu. C'est un droit que l'on ne saurait lui contester à aucun titre. Ses splendides publications lui assurent cette place d'honneur.

Cette année, la Société nous offre une édition artistique des **Episodes miraculeux** de Lourdes par Henri Lasserre. Ce magnifique volume forme la suite et le tome deuxième de Notre-Dame de Lourdes. Le nom seul de l'auteur nous dispenserait d'en faire l'éloge.

Publiés, il y a à peine deux ans et demi, les **Episodes miraculeux** ont eu le même succès et un aussi grand retentissement que le premier volume qu'ils égalent en intérêt et qu'ils surpassent même sous le rapport de la forme littéraire.

Les **Épisodes miraculeux de Lourdes**, pour nous servir de l'heureuse expression d'un éminent écrivain, forment une série de chefs-d'œuvre qui ont pour titres : *le Miracle de l'Assomption, le Menuisier de Lavaur, Mademoiselle de Fontenay, la Neuvaine du curé d'Alger et les Témoins de ma guérison.*

Dans le second volume comme dans le premier, il est facile de reconnaître l'inspiration de Notre-Dame de Lourdes.

On ne sait ce que l'on doit le plus admirer ou plutôt l'on admire tout dans ces récits, l'exactitude, la rigueur scientifique, la conscience des recherches des moindres détails, la sagacité et la profondeur d'analyse, la vie qui anime les portraits, la puissance des scènes de ces drames divins. Toutes ces qualités réunies et portées au suprême degré ont déjà fait le succès de ce livre. En moins de trente mois, vingt-cinq éditions se sont écoulées. On l'a traduit dans toutes les langues et le bien qu'il a produit s'est révélé et se révèle encore tous les jours par de nombreuses et éclatantes conversions.

L'édition monumentale de ce second volume si impatiemment attendue, servira, par ses illustrations, à mettre plus en relief les personnages qui ont été l'objet des insignes faveurs de Notre-Dame de Lourdes. On aimera à contempler les portraits de ces personnages, la plupart encore vivants, et les scènes miraculeuses reproduites par la main de l'art.

Qu'il nous suffise de dire, pour édifier complètement le lecteur sur sa valeur, que la partie artistique a été confiée aux soins de MM. Eugène Mathieu, Yan'Dargent. Les noms de ces artistes en diront plus que tous les comptes rendus et assureront désormais aux **Episodes miraculeux** une place d'honneur à la suite de l'édition artistique de *Notre-Dame de Lourdes* dont ils sont le complément nécessaire. Rappelons en passant qu'une seconde édition illustrée de ce premier volume vient de paraître. Elle a été spécialement revue et corrigée et peut-être mise sans scrupule entre toutes les mains.

A côté des **Episodes miraculeux** vient se placer comme édition de luxe le troisième volume du **Littoral de la France,** par Charles-Félix Aubert (Mme V. Vattier d'Ambroyse). Nous ne craignons pas d'être taxé d'exagération en prédisant au nouveau venu le même succès qu'à ses aînés. Comme les deux premiers, il abonde en chapitres aussi intéressants qu'instructifs, en descriptions aussi attrayantes que pittoresques. C'est la suite du brillant panorama que nous avons tant admiré de Dunkerque à Lorient et qui se déroule aujourd'hui jusqu'à la Rochelle. Voici l'Estuaire du Blavet et du Scorff, le port de Lorient, la petite ville d'Hennebont avec ses ruines historiques et religieuses ; là s'étendent Port-Louis, Plœmeur ; nous doublons la pointe de Larmor, plus loin se montrent l'île de Groix ; Plouharnel, Carnac avec ses souvenirs druidiques et ses dolmens gigantesques ; Auray, célèbre par son antique pèlerinage à Sainte-Anne ; le château de Josselin, la colonne des Trente chevaliers élevée à la mémoire de ces Preux ; là s'élève la tour d'Elven, nous admirons en passant Vannes, le golfe du Morbihan, à l'aspect si poétique, Belle-Ile-en-Mer, Houat et Hœdic, Saint-Gildas de Rhuys, Sarzeau, le port Saint-Jacques, le château de Sucinio, la baie d'Abraham, les ruines de l'abbaye de Prières, la Roche Bernard, Rieux, Redon. La rive gauche de la Vilaine nous offre des sites non moins variés et tout aussi pittoresques, de ce côté se trouvent Mesquer, Piriac, la Turbelle, Guérande, le Croisic, le bourg de Bate, Pornichet, Saint-Nazaire, la Grande-Brière. Nous visitons Nantes, la ville moderne et la ville ancienne ; que de souvenirs, que de célébrités historiques, se pressent ici dans notre mémoire ; voilà la haute Goulaine, Clisson et ses ruines ; descendons, si vous le voulez bien, la Loire depuis Nantes jusqu'à la mer et faisons une halte à Paimbœuf, à Sainte-Marie, à Pornic, à Bourgneuf, à Machecoul sans oublier l'île de Bouin, Beauvoir-sur-Mer et l'île de Noirmoutier, Saint-Gilles sur Vic, l'île de Yeu, les Sables-d'Olonne, le château de Talmont, l'abbaye d'Angles et Luçon, qui compta au nombre de ses évêques le célèbre cardinal de Richelieu. Je n'en finirais pas si je voulais entrer dans tous les détails. Je m'arrête en constatant que, comme dans les précédents volumes, on y reconnaît la main et l'œuvre de nos artistes les plus en renom. L'illustration est à la hauteur du texte.

L'auteur du **Littoral de la France,** encouragé par l'accueil bienveillant que lui a fait la presse et par l'insigne honneur que vient de lui accorder l'Académie française en couronnant son œuvre, a voulu témoigner à tous sa reconnaissance en ajoutant à la seconde édition du premier volume du **Littoral** un chapitre des plus intéressants sur Rouen et sur Jeanne d'Arc.

Signalons encore, parmi les plus beaux livres d'étrennes de la Société de Librairie catholique, deux chefs-d'œuvre hors ligne : la **Vie des saints,** par Mgr Guérin, et la **Chevalerie,** par M. Léon Gautier. La *Vie des Saints,* d'un format grand in-4°, illustré avec le plus grand soin par Yan'Dargent, a mérité les éloges unanimes de toute la presse; amis et ennemis se sont accordés à proclamer bien haut sa supériorité sur toutes les publications du même genre. Le texte et l'illustration ont ici les mêmes charmes, et l'on ne sait qu'admirer le plus ou la diction pure, claire et rapide de l'auteur des *Petits Bollandistes,* ou les dessins variés, délicats et riches, dus aux crayons vivifiants de l'artiste chrétien.

Le nom seul de l'auteur de la **Chevalerie** suffirait à faire l'éloge de ce chef-d'œuvre de notre histoire nationale, qui vient d'être honoré, par l'Académie française, du grand prix Gobert. La *Chevalerie* nous rappelle tout à la fois les luttes historiques de nos pères pour la défense de leur pays et de leur foi, les croisades, la guerre de Cent ans et mille autres souvenirs patriotiques. Ce livre s'adresse à toutes les classes des lecteurs, aux femmes, aux enfants et surtout aux jeunes gens, qui puiseront là des exemples sans nombre de courage et de dévouement.

Un grand nombre de personnes profitent du nouvel an pour faire, en dehors des livres d'étrennes, un cadeau spécial à des amis ou à des bienfaiteurs. A ces personnes qui sont souvent embarrassées dans leur choix, nous leur dirons : Voulez-vous offrir un cadeau à une mère de famille, à une jeune fille, à un enfant qui se prépare à sa première communion, à un prêtre, à un séminariste, à une supérieure de communauté ou à une religieuse? Choisissez entre tous : l'*Ecrin elzévirien des dames,* composé de 4 volumes, ou l'*Ecrin complet,* comprenant 10 volumes, par Mgr Landriot; les divers écrins des jeunes personnes et des jeunes filles, les allégories illustrées à l'usage des petits et des grands enfants, par le R. P. Ratisbonne; la *Première aventure de Corentin Quimper et les contes de Bretagne,* par Paul Féval; la *Première communion,* illustrée, par Mme Léon Gautier; la *Vie de Jésus-Christ,* d'après Ludolphe le Chartreux; l'*Histoire du monde,* par de Riancey; la *Sainte-Cécile,* de dom Guéranger; les *Souvenirs illustrés du pays de sainte Thérèse;* les *Serviteurs de Dieu au dix-neuvième siècle* ou l'*Ecrin des jeunes gens,* composé de cinq chefs-d'œuvre de Louis Veuillot; *au Service du Pays,* par le R. P. Chauveau; l'*Algérie contemporaine,* par Lady Herbert ou l'*Histoire contemporaine de France,* par Petit.

Ch. DE B.

La maison HACHETTE a trois livres importants d'étrennes : d'abord, le quatrième et dernier volume des *Chroniqueurs de l'Histoire de France,* texte coordonné et traduit par Mme C. de Witt, née Guizot. Ce dernier volume n'est pas moins attachant que les premiers, et a, même pour nous, un intérêt plus grand, parce qu'il retrace des faits qui appartiennent à la période de l'histoire moderne. Il contient, en effet, les règnes de Charles VII, après la mort de Jeanne d'Arc, de Louis XI et de Charles VIII, racontés par Monstrelet, J. de Clercq, J. Bouchet, le Loyal Serviteur, et surtout Commynes, qui n'est plus seulement un chroniqueur, mais un historien, qui juge autant qu'il raconte, et dont la personnalité apparaît aussi vivement que celle des hommes qu'il met en scène. C'est un spectacle fortifiant pour des âmes françaises, que celui de Charles VII restaurant, ou plutôt refaisant son royaume, en conquérant pièce à pièce toutes les parties, les arrachant aux Anglais, rétablissant l'ordre, la paix, l'autorité, instituant une armée régulière, sur laquelle il pût compter, afin d'être indépendant des grands vassaux, toujours prêts à se révolter et à se soustraire à son obéissance. Ce roi-là annonce déjà Louis XI. Celui-ci, si l'on veut le connaître, il faut le voir dans Commynes; il apparaît vrai et non fardé, peint par un homme qui ne le flatte ni ne le dénigre. Il est dur, il est superstitieux, il est avare; jaloux de son autorité, il a des manies, il a peur de la mort; il est soupçonneux, vindicatif, cruel; mais quelles qualités supérieures! Quelle application à son métier de roi! Quel attachement à la grandeur et à la prospérité de la France! Quelle résolution pour la rendre forte et puissante! Quelle habileté dans les négociations! Quelle fécondité de ressources! Quel choix dans les hommes et quelle pénétration dans ses alliances! Il se passionne pour son œuvre, et il ne souffre pas d'en être dérangé. Les grands seigneurs, portassent-ils les plus grands noms, comme le duc de Nemours, fussent-ils revêtus des plus hautes dignités, comme le connétable de Saint-Paul et le cardinal La Balue, il les frappe sans pitié, dès que leur crime est prouvé, le plus grand crime qu'on puisse commettre, la trahison envers son roi, c'est-à-dire, envers la France. Jusque sur son lit de mort, il songe au bien du royaume, au moyen d'y maintenir la paix, de réprimer ses ennemis. On sourit de ses terreurs, quand il comble ses médecins d'argent et de présents : il donne à Coyctier 50,000 écus d'or en cinq mois, dit Commynes; calculez quelle somme énorme cela ferait aujourd'hui, la valeur de l'argent, au temps de Louis XI, étant quarante fois plus grande qu'en 1885. Mais on l'admire dans sa lutte avec Charles le Téméraire, avec les ennemis de la France, extérieurs et intérieurs, et on lui est reconnaissant de tout le bien qu'il a fait, de la puissance qu'il a donnée à la nation, et des grandes choses qu'il l'a mise à même d'entreprendre. Son fils, Charles VIII, ne tarde pas à vouloir se servir de cette force qu'il tient de son père : de là, cette guerre en Italie, et cette conquête du royaume de Naples si rapide et si brillante. Mais il meurt tout à coup et trop jeune pour qu'on puisse le juger; seulement, l'unité de la France est assurée; encore un peu de temps, et elle sera faite; alors, commence l'histoire moderne, le temps des Chroniqueurs est achevé.

Tous ces récits sont rendus vivants, et par le style animé et coloré des chroniqueurs, et par les nombreuses gravures qui mettent les faits, les hommes et les lieux sous les yeux du lecteur : sièges, batailles, portraits, villes, armes, fêtes, banquets, cérémonies, séances des États sont représentés dans des chromolithographies et des gravures qui reproduisent les miniatures et les monuments du temps. On ne peut être plus exact. Ces quatre volumes des *Chroniqueurs* sont l'histoire la plus vraie et la plus intéressante qu'on puisse lire et recommander.

Avec les *Chroniqueurs de l'Histoire de France,* la maison Hachette publie : *la Terre à vol d'oiseau,* par M. Onésime Reclus. C'est à la fois une géographie illustrée, un album et un livre d'histoire et de science. Ainsi que le titre l'indique, l'auteur nous fait voir et nous décrit rapidement, avec les renseignements les plus importants et les plus précis, les terres, les mers, les vallées, les montagnes, les villes, les déserts, qui couvrent la surface du monde, et, en même temps, il énumère et caractérise les races diverses, leurs mœurs, leurs religions, leurs langues, etc., de telle sorte que nous avons une idée complète du sol de la terre et des hommes qu'elle porte. Le tout est éclairé par une quantité de gravures très bien faites, et où le point de vue a été choisi de la manière la plus pittoresque et la plus heureuse. *La Terre à vol d'oiseau* est un ouvrage des plus agréables à regarder et des plus utiles à consulter.

Le troisième grand ouvrage est le chef-d'œuvre du grand romancier anglais, *David Copperfield,* où, dit-on, Dickens s'est peint lui-même, ravissante histoire de la vie entière de l'écrivain, et où il apparaît, tour à tour, enfant, jeune homme, marié, homme fait, inconnu, célèbre, où défile cette suite de portraits si variés, si caractérisés, si vrais : la tante, M. et Mme Muderstone, l'odieux Hipp, l'inoubliable M. Micawb Dora, la femme enfant, l'honnête pêcheur Peggoty, et cette charmante Agnès, qui aime si longtemps, si discrètement, le jeune auteur, et qu'il finit par épouser. Qui n'a lu, qui ne s'est enchanté à cette attachante lecture, et qui n'en a gardé un aimable souvenir? Aussi, avec quel plaisir on ouvre ce volume illustré, où, dans des dessins humouristiques, plaisants, ingénieux, dramatiques, revivent tous ces personnages que l'on connaît, avec qui l'on a vécu, et qui semblent de votre famille, de votre société et de votre pays! On n'a qu'un regret, en terminant le livre, c'est qu'il soit si vite fini.

Avec ces grands ouvrages, la maison Hachette a toute une bibliothèque d'ouvrages pour les jeunes gens, les jeunes filles et les enfants, gradués selon leur âge et divisés en séries parfaitement caractérisées : la *Bibliothèque Bleue,* pour les petits enfants qui ont déjà *Mon Journal*; *Petite,* par Mme de Witt; *les Amis de Berthe,* par A. Surville; *Plaisirs et Aventures,* par Mme Chéron de la Bruyère, etc. N'oublions pas un très joli et amusant album, de Greenavay, *Pour les enfants sages,* pour l'âge qui suit, *la Tour des Preux,* par Mme Em. Carpentier; *l'Enfant des Alpes,* par Mme J. Cazin; *Deux tantes,* par Mme de Stolz, etc.

Une série spéciale est consacrée aux découvertes de la science, sous le titre de : *Bibliothèque des Merveilles,* et publie, cette année : *l'Œuf,* par M. Capus; *la Navigation aérienne,* si intéressante par ses progrès depuis quelques années, par un des hommes les plus capables d'en parler, M. G. Tissandier, etc.

Enfin, outre le *Journal de la Jeunesse* et *le Tour du monde,* que tout le monde connaît, la *Bibliothèque* pour les adolescents comprend des récits d'un ordre plus élevé, des pages d'histoire dramatiquement racontée, ou d'histoire naturelle : *Notre-Dame Guesclin, Histoire d'un Berrichon,* par J.

Girardin; *les Maisons des bêtes*, par Mme Dumoulin; *Hervé Plémeur*, par
Mme Colomb, etc. Bien entendu, tous ces livres, destinés aux enfants, sont
accompagnés de nombreuses gravures, dont l'éloge n'est pas à faire, puisqu'elles sont signées par des artistes tels que Bayard, Tofani, Zier, Giaco-
melli, Mesnel, etc.

Les deux livres d'étrennes de la maison MAME, sont : l'*Histoire de la Tapisserie*, par M. J. Guiffrey, et l'*Histoire de la Verrerie et de l'Émaillerie*, par
M. Ed. Garnier, deux sujets peu connus et très dignes de l'être. On sait
quelle importance avaient autrefois les tapisseries, exécutées soit en meubles
soit pour tentures; elles figuraient, à leur mort, dans les inventaires des
trésors des rois. Pendant quelque temps, elles perdirent de leur valeur et
l'on semblait les dédaigner. Mais la mode en a repris, et même on peut dire
avec un engouement excessif : trois canapés et dix fauteuils payés, à une
vente, 110,000 francs, en 1881, cinq tentures de l'*Histoire de Don Quichotte*,
vendues 140,000 francs, en 1884, sont, il faut l'avouer, des prix exagérés,
comme on en voit aux époques de décadence. L'*Histoire de la Tapisserie* n'en
est pas moins intéressante. M. Guiffrey nous la raconte depuis le quatorzième siècle jusqu'à nos jours : en Flandre, brillante et déjà supérieure sous
les ducs de Bourgogne si amis des arts, en Espagne, en Angleterre, en Italie,
en France surtout, où il rappelle les progrès et les chefs-d'œuvre des
grandes manufactures, les Gobelins, Beauvais, Felletin, Aubusson, etc; où il
nomme les maîtres les plus éminents depuis Bataille, au quatorzième siècle,
jusqu'à Audran, Lebrun et les artistes les plus célèbres de notre temps. Que
de choses n'apprend-on pas dans cette histoire; entres autres, que la
fameuse *tapisserie* de Bayeux n'est pas une tapisserie, mais une *broderie!* Puis,
à mesure que l'auteur raconte, il nous montre des dessins tracés du crayon
le plus fin, ou coloriés, représentant les plus belles tapisseries; il y en a de
toutes sortes : sujets religieux, mythologiques, historiques; banquets, fêtes,
combats, paysages, scènes romanesques, vie et triomphes des rois. Quelques-
unes de ces tapisseries font sourire par leur naïveté : celle, par exemple,
représentant *César franchissant le Rubicon*, au milieu duquel une belle femme,
Rome, se présente à lui avec un geste majestueux; ou *Pyrrhus armé chevalier*, avec tout le cérémonial usité au moyen âge, etc. A partir du seizième
siècle, le dessin devient de plus en plus pur, et les *Victoires de Louis XIV*
sont des pages admirables. Cette *Histoire de la Tapisserie* est un très bel
album qui intéresse l'esprit autant qu'il charme les yeux.

L'*Histoire de la Verrerie* est plus curieuse, parce qu'elle est moins connue,
et que l'on doit remonter, non pas comme pour la tapisserie, au moyen âge,
mais aux temps les plus reculés, aller jusqu'en Asie, en Syrie et en Égypte,
pour en trouver les premiers spécimens.

M. Garnier nous fait pénétrer dans les secrets de fabrication des anciens,
de même qu'il nous dépeint les chefs-d'œuvre de Venise, de Bohême et des
grandes fabriques de France, Saint-Louis, Saint-Gobain, etc. Le récit est
accompagné de nombreuses gravures reproduisant les œuvres les plus belles
de ces deux arts, la verrerie et l'émaillerie, et l'on ne sait ce qu'il faut le
plus admirer, de l'imagination et de l'ingéniosité des artistes qui ont inventé

tant de formes charmantes et capricieuses, ou de l'habileté avec laquelle ils
ont rendu leurs conceptions, de la grâce et de la solidité qu'ils donnent à
leurs œuvres, en employant de si fragiles matériaux. Ces deux beaux
livres instruiront bien des gens qui croiront d'abord n'y trouver qu'un amusement.

On se souvient du *Paris à cheval*, par Crafty, publié l'an dernier ; la
maison PLON nous donne aujourd'hui la suite : *la Province à cheval.* C'est une
galerie de scènes fantaisistes, où toutes les formes du *Sport* défilent successivement avec leurs incidents comiques et inattendus, chasses, courses,
Rallye-papier, voyages, vie de château, etc. On comprend quelle carrière
est ouverte à l'imagination humouristique de Crafty ; il s'y laisse aller, et
son crayon, dont on connaît la verve et l'esprit, est propre à égayer et
dérider les fronts les plus moroses par la reproduction de types, de mœurs
et de costumes, aussi pittoresques qu'exacts et amusants.

Le second livre d'étrennes de la librairie Plon est d'un intérêt plus général.
Il est intitulé : *A travers l'Asie centrale*, par Henri Moser ; c'est un voyage
dans ces pays si peu connus, le Turkestan, le pays des Kirghis, des Turcomans, Boukhara, Kiva, Merv, c'est-à-dire, les pays limitrophes de l'Inde et
de la Russie, sur lesquels les Russes s'avancent tous les jours d'un pas ferme
et sûr, et qui leur appartient déjà, sinon de fait, du moins par l'influence
qu'ils y exercent. C'est à la suite d'une ambassade du général Tchernaieff
à Boukhara, que l'auteur, M. Moser, un Suisse fort intelligent et instruit,
visite tous ces peuple insoumis, nomades ou barbares. Tant qu'il fait partie
de l'ambassade, tout va bien, et il est reçu et traité avec tous les honneurs
accordés aux représentants du puissant souverain de la Russie. Mais, c'est
quand il est seul, et qu'il traverse la steppe, que commencent les épreuves
et les dangers, et, il faut bien le dire aussi, les scènes pittoresques et caractérisées. C'est alors qu'il manque de périr de froid ou de faim dans le désert
glacé, qu'il a à redouter les attaques des féroces Turcomans. Il s'en tire,
pourtant, et il est bien dédommagé par les observations curieuses et amu-
santes qu'il fait à chaque pas. Il faut lire la description de la cour de Boukhara et du Khan lui-même, vêtu d'une grande robe asiatique, sur laquelle
il a appliqué des épaulettes de général, des plaques d'ordres russes cons-
tellées de diamant et, au-dessous, étalé, à la file, six ou sept plaques de son,
propre ordre à lui ! Il a de grandes prétentions à imiter les Européens, et,
ayant vu une dame russe habillée d'une robe rouge, vite il commande quarante robes rouges pour les femmes de son harem. Le sultan de Khiva est
plus intelligent : il se propose de faire prochainement un voyage en Europe,
— si le czar le lui permet, — mais il s'étonne fort qu'il y ait une république
en Europe : n'a-t-il pas du bon sens ! Il n'y a rien de plus étrange que le
mélange de barbarie et de civilisation de ces cours tributaires de la Russie,
où l'on trouve un piano à queue, où l'on vous sert un dîner à l'européenne,
avec force champagne, et où les récréations nationales sont *les Courses à la
chèvre* et *les Combats de béliers*, luttes sanglantes dignes de tribus sauvages.

L'auteur, M. Moser, ne manque pas, à l'occasion, de jeter un coup d'œil
sur la situation politique, et il vous explique très bien pourquoi les Russes

font tant de progrès, et des progrès qui ne s'arrêteront pas tant qu'ils
n'auront pas pénétré dans les vallées de l'Inde, et poussé jusqu'à la mer, où
ils trouveront un port et un débouché pour leur commerce. La vraie raison,
outre la puissance de la Russie, c'est que les Russes sont plus aimés que les
Anglais; peuples et khans préfèrent beaucoup le Moscovite, caractère conciliant et facile, à l'Anglais, raide et orgueilleux. M. Moser termine son
voyage par la Perse, et ce n'est pas la partie la moins piquante. Quoi de
plus inattendu que ce pays qui se civilise si rapidement, où les armées sont
exercées et équipées à l'européenne, où le médecin du shah, le premier
ministre, pour ainsi dire, est un Français, le docteur Tholosan; où les
troupes défilent, la musique jouant *M*me *Angot* et *les Cloches de Corneville*, et
où le shah, prince très intelligent, qui transforme la Perse, demande à
M. Moser s'il a l'intention de publier son voyage, et s'il paraîtra dans *le
Tour du monde!*

Il est grand temps que nous fassions connaissance des pays naguère
appelés sauvages et barbares; dans peu de temps, ils ressembleront tous à
l'Europe. Aussi ce voyage de M. Moser est-il particulièrement intéressant,
parce qu'il nous peint des peuples encore originaux. Il est accompagné de
nombreuses gravures, exécutées très habilement par M. Van Muyden, d'après
les photographies qu'a rapportées le voyageur, qui complètent le récit et
rendent ce volume aussi attrayant qu'instructif et amusant.

La maison HENNUYER a un livre charmant : *les Aventures incroyables du
docteur Quiès*, par Paul Cellières, avec des illustrations de Lix. — Elles ne sont
pas si invraisemblables qu'on le dit, ces aventures, et elles sont bien plai-
santes. C'est l'odyssée d'un savant qui se trouve embarqué, il ne sait comment, pour l'Afrique, et qui y rencontre des mœurs, des incidents, des
périls, des luttes, des hommes et des animaux, qui lui inspirent, à chaque
instant, des transes terribles, terribles pour lui, mais singulièrement gaies
pour le lecteur. Il va à cheval, il va à âne, il vit en tête à tête avec une
lionne, il est emporté en ballon, il tombe dans une île déserte, il est laissé
pour mort, etc., par suite de causes inexplicables, des plus singulières et
des plus comiques. Il finit, pourtant, par revenir à sa ville natale, au moment
où, le croyant à jamais disparu, ses compatriotes lui élèvent une statue, et
il en peut faire l'inauguration lui-même, très bien vivant et bien portant.
Tout cela est spirituellement raconté, vivement mené, et rendu encore plus
plaisant par les dessins de Lix, qui n'eut jamais plus de verve et d'originalité.

Le livre d'étrennes de la maison DIDOT est un ouvrage d'une importance
exceptionnelle par le sujet et par le nom de l'auteur. Il est intitulé : *Ilios,
la ville et le pays des Troyens*, et l'auteur est M. H. Schliemann, dont le nom
est aujourd'hui connu dans le monde entier. M. Schliemann a exposé, dans
ce grand et beau volume de plus de mille pages, le résultat de ses douze
années de fouilles à Troie, avec le plus grand détail et en accompagnant son
récit et ses descriptions de deux mille gravures, qui mettent sous les yeux
du lecteur les objets retrouvés avec tant de peine, de labeurs, d'argent, de

emps et de science. Mais, de plus, le docteur Schliemann a eu l'idée de faire précéder ses descriptions si complètes, de sa propre biographie, écrite par lui-même, et l'on peut dire que ce n'est pas la partie la moins intéressante du volume.

On est dans l'admiration de voir la persistance de volonté, l'énergie, la constance, l'application infatigable de ce savant parti de si loin et de si bas, et parvenu à une science si étendue et si variée. Dès son enfance, à la vue des châteaux du moyen âge qu'on rencontre à chaque pas en Allemagne, et en écoutant les récits que son père lui fait d'après Homère, il se préoccupe du sort de Troie : Troie a été prise, Troie a été brûlée, mais il en doit rester quelque chose ; et il se dit, tout petit enfant : « J'irai, quand je serai grand, voir Troie, *Campos ubi Troja fuit*, et je découvrirai ses restes. » C'est là la pensée de sa vie et qui remplira sa vie. Dès lors, rien ne l'arrêtera, et tous ses efforts, toutes ses études, tous ses travaux n'auront qu'un but : découvrir et faire connaître les ruines de Troie. Il est mousse d'abord, puis garçon de bureau, puis commis chez un marchand, — et, dans ces infimes positions, il n'a pas d'autre souci que de s'instruire. Il pense bien qu'il faudra qu'il sache le grec, le latin, et les langues orientales aussi, pour séjourner et travailler sur les bords de l'Hellespont, où dominent les Turcs et où combattirent les Grecs. Il commence par apprendre quelques langues modernes, l'anglais, le français, et comment les apprend-il? en apprenant par cœur le *Vicaire de Wakefield* et *Ivanhoé*, tout entier, puis *Télémaque* et *Paul et Virginie*, en entier aussi. Par ce moyen, il sait très bien le français et l'anglais; dès lors, dit-il, les autres langues n'étaient plus rien pour moi; j'apprenais une langue, l'italien, l'espagnol, etc., en six semaines.

Tandis qu'il est commis marchand, il apprend le russe, et son patron l'envoie en Russie pour le représenter. Il fait bientôt du commerce pour son propre compte. En peu d'années, il a gagné cinq à six cent mille francs ; mais ce n'est pas des centaines de mille francs qu'il lui fallait, il avait besoin de millions. Il continue donc à vendre de l'indigo, du salpêtre, etc. et tout en fournissant de poudre l'armée russe pendant la guerre de Crimée, il continue aussi à apprendre des langues; il apprend le grec, le grec ancien et le grec moderne, et il le sait à fond, comme peu d'hellénistes et d'archéologues en Europe. En 1863, il juge que sa fortune est faite; il nous en donne le chiffre : il jouit de 250,000 francs de rentes; il a ce qui lui sera nécessaire pour ses fouilles.

Mais il n'est pas encore suffisamment armé : il lui manque une quantité de connaissances qu'il juge indispensables : il apprend l'arabe, le turc, etc., et part pour explorer les pays qui ont pu ou dû être en relations avec les Troyens et les Grecs, il y a quelques milliers d'années. Il visite l'Asie Mineure, l'Assyrie, l'Égypte, l'Inde, la Chine, le Japon ; il va même en Amérique. Je ne parle pas de l'Europe; il est allé partout. Et, à son retour, en 1871, il commence ses travaux à Troie.

Mais, d'abord, il découvre le vrai emplacement de Troie; Troie n'était pas où on la mettait ordinairement; elle occupait une colline élevée, isolée, facile à défendre, un lieu qu'aujourd'hui on appelle Hissarlik. Puis, ce fait bien établi, il remue les premières couches et, sous les ruines qu'il rencontre, aperçoit les ruines d'une seconde ville; il pousse plus loin, il découvre une troisième ville sous la deuxième; puis une quatrième ville, une cinquième, jusqu'à sept villes enfouies l'une sous l'autre. Son travail dure douze ans, pendant lesquels il fouille, « il enlève des montagnes de débris. » Il occupe cent soixante ouvriers, un ingénieur, des surveillants; il a des gendarmes qu'il paie pour maintenir l'ordre; il fait venir de l'Angleterre des outils, des machines; il dépense 400 francs par jour. Il est établi là, veillant partout, mettant parfois, lui et sa femme, la main à l'œuvre. Il fait parfois un froid terrible, des orages qui renversent sa maison; il manque de périr un jour par le feu; les Turcs lui donnent toutes sortes d'ennuis, ils le vexent, ils lui refusent des firmans, ils l'espionnent, ils lui font un procès; un tribunal turc le taxe à 10,000 francs pour les trésors qu'il trouve dans ses fouilles : 10,000 francs! il en envoie 50,000 au grand-vizir! Pendant ce temps-là, il lui naît un fils et une fille, il les appelle *Iphigénie* et *Agamemnon*. Il vit dans le passé, avec les Grecs du temps d'Achille; ce n'est pas un homme de notre temps!

Enfin, son œuvre est achevée : il a mis Troie à découvert, et la Troie de Priam, et la Troie grecque, et la Troie romaine, et les trois ou quatre Troie préhistoriques, jusqu'à celle qui est fondée sur le roc. Et il n'a pas seulement fait œuvre d'historien, il n'a pas seulement montré la vérité des récits et des descriptions d'Homère, il a fait des découvertes toutes nouvelles en archéologie : il a mis au jour des faits inattendus et absolument contraires à tout ce qu'on croyait et disait : la *deuxième ville*, j'entends, en parlant du bas, était encombrée « d'une quantité énorme d'objets d'art, de métaux précieux travaillés avec un art consommé », qui prouvent qu'elle était bien *plus avancée en civilisation* que les villes qui lui ont succédé plusieurs siècles, peut-être plusieurs milliers d'années après. C'est, du reste, la même observation qu'on a faite en Égypte, où l'art de la troisième dynastie est bien supérieure à celui de la douzième qui lui a succédé après plusieurs siècles. Que devient donc la fameuse théorie de l'avancement progressif, de la marche en avant et continue des nations vers un état de civilisation de plus en plus perfectionné?

M. R. Virchow, qui constate tous ces faits, qui observe que, dans la ville la plus profondément enterrée, « il n'y a pas trace de vie sauvage, » le déclare nettement : il y a là, dit-il, une « *nouvelle mine pour les archéologues; c'est une science à refaire* ». On ne peut mieux dire, et il n'est pas besoin d'insister : de telles déclarations, faites par des hommes si savants, sont propres à dérouter nos panthéistes et nos matérialistes et toutes leurs hypothèses, jamais prouvées, qui n'ont pour but que de démontrer l'inutilité de Dieu.

On voit combien le récit et l'exposé de tels travaux est intéressant. Le livre d'*Ilios*, publié par la maison Didot, les fait connaître avec une multitude de détails et de dessins qui ne laissent rien à désirer. C'est un monument archéologique d'une importance capitale, et, l'on peut dire « durable ».

E. L.

Le Directeur-Gérant : VICTOR PALMÉ.

TABLE DES MATIÈRES

·DU IVe VOLUME DE LA QUATRIÈME SÉRIE

TABLE ALPHABÉTIQUE DES MATIÈRES [1)]

---

(1) Les noms des rédacteurs dont les travaux ont paru dans ce volume de la *Revue du Monde catholique*, sont écrits en majuscules; les autres noms sont en caractères ordinaires, ainsi que les titres des articles; les titres des ouvrages cités ou examinés sont en caractères italiques; les chiffres indiquent les pages.

PARIS. — E. DE SOYE ET FILS, IMPRIMEURS, 18, RUE DES FOSSES-SAINT-JACQUES.

Supplément à la *Revue du Monde catholique* du 15 décembre 1885

Librairie HACHETTE et Cᵉ, boulevard Saint-Germain, 79, Paris.

FORMAT GRAND IN-8°

OUVRAGES COMPLETS

LA TERRE A VOL D'OISEA
Par ONÉSIME RECLUS

UN MAGNIFIQUE VOLUME GRAND IN-8 JÉSUS
CONTENANT 500 GRAVURES SUR BOIS ET 10 CARTES

Broché, 20 fr. ; cartonné richement avec fers spéciaux, tranches dorées, 25 fr

LE MONDE PHYSIQUE
Par AMÉDÉE GUILLEMIN

CINQ MAGNIFIQUES VOLUMES GRAND IN-8 JÉSUS
CONTENANT 31 PLANCHES EN COULEURS, 64 PLANCHES EN NOIR ET 2,042 GRAVURES DANS LE TEXT

Tome Ier : *La pesanteur et la gravitation universelle. — Le son.* 1 vol. avec 3 planche
en couleurs, 23 planches en noir et 445 gravures dans le texte, 25 francs.
Tome II : *La lumière.* 1 vol. avec 13 planches en couleurs, 13 planches en noir, e
353 gravures dans le texte, 20 francs.
Tome III : *Le magnétisme et l'électricité.* 1 vol. avec 5 planches en couleurs
20 planches en noir et 577 gravures dans le texte, 30 francs.
Tome IV : *La chaleur.* 1 vol. avec une planche en couleurs, 8 planches en noir e
324 gravures dans le texte, 20 francs.
Tome V : *La météorologie. La physique moléculaire.* 1 vol. avec 9 planches e
couleurs, 20 planches en noir et 343 gravures dans le texte, 30 francs.

La reliure de chaque volume, tranches dorées, se paye en sus, 7 francs.

DAVID COPPERFIELD
Par CHARLES DICKENS

ROMAN TRADUIT DE L'ANGLAIS AVEC L'AUTORISATION DE L'AUTEU

UN MAGNIFIQUE VOLUME GRAND IN-8
ILLUSTRÉ DE 70 GRAVURES D'APRÈS BARNARD ET TONNEAU

Broché, 6 fr. 50. — Cartonné, tranches rouges, 8 fr.

WYSE (L.-N.-B.) : **Le Canal de Panama.** 1 beau volume in-8° jésus, contenant 50 gravure
et une carte. Broché, **20** francs ; relié, **25** francs.
KRAFFT (Hugues) : **Souvenirs de notre Tour du Monde.** 1 beau volume in-8° jésus, con
tenant 24 phototypies et 5 cartes. Broché, **15** francs ; relié, **22** francs.
RIFFARD (Léon) : **Contes et Apologues.** 1 beau volume in-8°, contenant une eau forte d
Félix RÉGAMEY et 140 gravures tirées en plusieurs teintes, d'après les dessins de Frédéri
RÈGAMEY. Broché, **12** francs ; cartonné, **15** francs. *Il a été tiré 40 exemplaires numérotés sur
papier du Japon. — Prix broché, 40 francs.*

NOUVELLES PUBLICATIONS ILLUSTRÉES

FORMATS IN-4° ET IN-8°
NOUVELLE COLLECTION IN-8, A L'USAGE DE LA JEUNESSE

Chaque volume broché, 5 francs; cartonné en percaline à biseaux, tranches dorées, 8 francs.

GIRARDIN (J.) : **Histoire d'un Berrichon.** 1 volume illustré de 112 gravures, d'apr
TOFANI.
COLOMB (Mme) : **Hervé Plémeur.** 1 volume illustré de 112 gravures, d'après E. ZIER.
DEMOULIN (Mme Gustave) : **Les Maisons des bêtes.** 1 volume illustré de 70 gravures.
WITT, née GUIZOT (Mme de) : **Notre-Dame Guesclin. La Jacquerie, Delhi, Cawnpor**
Scènes historiques. 1 volume illustré de 70 gravures, d'après E. ZIER et TOFANI.

POUR LES ENFANTS SAGE
Texte et dessins de KATE GREENAWAY
INTERPRÉTATION DE J. GIRARDIN
Album petit in-4, illustré de nombreuses gravures en chromotypographie.
Cartonné, 8 francs.

FORMAT IN-16
BIBLIOTHÈQUE DES MERVEILLES

Chaque volume, broché, 2 fr. 25; cartonné en percaline bleue, tranches rouges, 3 fr. 50.

CAPUS (E.) : **L'Œuf chez les plantes et chez les animaux.** 1 volume illustré
143 gravures.
TISSANDIER (G.) : **La Navigation aérienne.** 1 volume illustré de 98 gravures, d'apr
BARCLAY, LANGLOIS, etc.
FONVIELLE (W. de) : **Le Monde des atomes.** 1 volume illustré de 40 gravures, d'apr
GILBERT.
LAFFITE (P.) : **La Parole.** 1 volume illustré de 24 gravures.

BIBLIOTHÈQUE DES PETITS ENFANTS DE 4 A 8 ANS
Chaque volume, format in-16, broché, 2 fr. 25; cartonné en percaline bleue,
tranches dorées, 3 fr. 50.

CHÉRON DE LA BRUYÈRE (Mme) : **Plaisirs et Aventures.** 1 volume illustré de 38 gravure
d'après JEANNIOT.
SURVILLE (André) : **Les Amis de Berthe.** 1 volume illustré de 30 gravures, d'après A. FE
DINANDUS.
GIRARDIN (J.) : **Dans notre Classe.** 1 volume illustré de 26 gravures, d'après JEANNIOT.
WITT, née GUIZOT (Mme de) : **Petite.** 1 volume illustré de 56 gravures, d'après TOFANI.

BIBLIOTHÈQUE ROSE ILLUSTRÉE
Chaque volume, broché, 2 fr. 25. Le cartonnage en percaline rouge, tranches dorées,
se paye en sus, 1 fr. 25.

CARPENTIER (Mlle E.) : **La Tour du Preux.** 1 volume illustré de 50 gravures, d'apr
TOFANI.
CAZIN (Mme A.) : **L'Enfant des Alpes.** 1 volume illustré de 33 gravures, d'après TOFANI.
FLEURIOT (Mlle Z.) : **Gildas l'intraitable.** 1 volume illustré de 56 gravures, d'après E. ZIE
MARTIGNAT (Mlle de) : **Une Petite nièce d'Amérique.** 1 volume illustré de 43 gravure
d'après TOFANI.
STOLZ (Mme de) : **Les Deux tantes.** 1 volume illustré de 43 gravures, d'après E. ZIER.

DE IMITATIONE CHRIST

LIBRI QUATUOR, NOVIS CURIS EDIDIT
ET AD FIDEM CODICIS ARONENSIS RECOGNOVIT PETRUS EDUARDUS PUYOL,
PRÆLATUS DOMESTICUS,
SUPERIOR SANCTI LUDOVICI FRANCORUM IN URBE

Un magnifique volume petit-in-4, imprimé en deux couleurs, avec le plus grand soin
Prix : broché. 25
Demi-reliure dos et coins chagrins, plats papier, tête dorée, les autres tranche
ébarbées 35
Reliure dos et coins maroquin du Levant poli, plats papier, tranche dorée ou tranch
supérieure seule dorée. 40

Cette édition, enrichie de nombreuses concordances, notes et autres, utiles adjonctions concentr
les avantages épars dans un grand nombre de volumes, qu'il est presque impossible de réunir.

(Demander le prospectus-spécimen)

THÉORIE DES BELLES-LETTRES

L'AME ET LES CHOSES DE LA PAROL

Par le R. P. LONGHAYE, S. J.

Un beau volume in-8º. . . . . 7 fr. 50

Le R. P. Longhaye est un maître ouvrier, on le sait depuis longtemps : il vien
de faire une œuvre magistrale.
Son livre pouvait être intitulé : *Philosophie* et même *Théologie* des belles-lettres
car toutes les questions littéraires y sont examinées, discutées, approfondies,
la double lumière de la raison et de la foi.
On trouve au degré élémentaire, des manuels de Rhétorique estimables peut-être
trop souvent superficiels, et d'un goût médiocre.
Pour l'enseignement supérieur, il n'y en a pas. En voici un. On fera bien d
le donner en prix à la fin des humanités, aux écoliers les plus intelligents. Il serait
sa place entre les mains des élèves des grands séminaires, sur le bureau de no
professeurs ecclésiastiques et même, je devrais peut-être dire surtout sous les yeu
de quiconque se mêle de parler et d'écrire.

J. VAUDON.

Métaphysique des causes, d'après saint Thomas et Albert l
Grand, par le P. Th. de Regnon, S. J., 1 fort vol. in-8 12

Vie de Mgr Paulinier, évêque de Grenoble, archevêque de Besançon
par Mgr Besson, évêque de Nîmes. 1 vol. in-8, orné d'un portrait. 6
Le même ouvrage. 1 volume in-18 jésus. 3 5

Histoire de Sainte Thérèse, d'après les Bollandistes, ses diver
historiens et ses œuvres complètes, ouvrage approuvé par NN. SS. les évêque
de Bayeux, de Nantes, de Vannes, de Séez, de Coutances, d'Autun, d'Angou
lême, de Newcastle et d'Anthédon. Troisième édition, revue et corrigée
2 beaux volumes in-18 jésus. 7 5

Théodore Wibaux, zouave pontifical et jésuite, par le P. du Coëtlos
quet, S. J. 1 beau volume grand in-16. . . . . 3 5

A TRAVERS

L'ASIE CENTRALE

LA STEPPE KIRGHIZE — LE TURKESTAN RUSSE
BOUKHARA — KHIVA — LE PAYS DES TURCOMANS ET LA PERSE

IMPRESSIONS DE VOYAGE

PAR

HENRI MOSER

Ouvrage gr. in-8° orné de plus de 170 gravures avec une carte. — Broché, 20 fr.; cartonné, 24 fr.; relié, 25 fr.

La Province à cheval, texte et dessins par Crafty. Un beau volume grand in-8° illustré de plus de 350 dessins. — Broché, 20 francs; cartonné, 24 francs; relié. . . . . 25 »

Du même. — **Paris à cheval** avec une introduction de M. Gustave Droz. Un beau volume grand in-8° illustré de plus de 350 dessins. — Broché, 20 francs; cartonné, 24 francs; relié. . . . . 25 »

Saint François d'Assise. — I. *Vie de saint François.* — II. *Saint François après sa mort.* Un beau volume in-4° jésus, format de luxe, de 450 pages, illustré de 200 gravures dans le texte et de 35 gravures hors texte. — Broché, 50 francs; cartonné, 60 francs; relié. . . . . 70 »

La Terre Sainte, par Victor Guérin. Ouvrage couronné par l'Académie française (prix Monthyon). Première partie : *Son histoire, ses souvenirs, ses sites, ses monuments.* — Deuxième partie : *Liban, Phénicie, Palestine, Petra, Sinaï, Egypte.* Deux beaux volumes grand in-4° de 500 pages chaque, illustrés de 20 planches en taille-douce, de cartes et de plus de 300 gravures sur bois. — Prix de chaque volume : broché, 50 francs; cartonné, 60 francs; relié. . . . . 70 »

Vieilles chansons et rondes pour les petits enfants, avec accompagnements de Ch. M. Widor, illustrées par M. Boutet de Monvel. Un beau volume album in-4° oblong, tiré en couleurs, avec élégante reliure, or et étoffe. — Prix. . . . . 10 »

Chansons de France pour les petits Français, avec accompagnements par J.-B. Weckerlin, illustrées par M. Boutet de Monvel. Un beau volume album in-4° oblong, tiré en couleurs, avec élégante reliure, or et étoffe. — Prix. 10 »

NOUVELLE PUBLICATION

La Vie des Saints illustrée, pour chaque jour de l'année, d'aprè le P. Giry. Ouvrage approuvé par Mgr Germain, évêque de Coutances e Avranches. Un volume grand in-8° illustré de 8 chromolithographies et d plus de 350 gravures sur bois. Broché, 10 francs. — Relié, 15 francs.

L'ouvrage que nous présentons au public n'aura qu'un seul volume grand in-8° compact, d 7 à 800 pages, et réunira le double avantage du bon marché et d'une illustration des plu abondantes. Il est distribué de façon à donner la vie d'un saint par jour, souvent deux et plus sans rien sacrifier de l'importance que mérite chaque notice, ni jamais intervertir l'ordre assign par le Calendrier romain. Une table générale alphabétique, contenant environ *deux mille* noms terminera le volume; l'usage en sera commode aux familles pour la connaissance des office particuliers de l'Eglise.

PUBLICATIONS RELIGIEUSES ILLUSTRÉES

Nouveau Testament de N. S. Jésus-Christ, traduction française avec notes, par l'abbé J.-B. Glaire, seule approuvée par le Saint-Siège. Un volume grand in-4°, illustré d'après les tableaux des grands maîtres.

Broché...................... 50 »
Relié dos chagrin, tranche dorée..... 60 »

Jésus-Christ, par Louis Veuillot, avec une étude sur l'art chrétien, par E. Cartier. Un volume in-4°, illustré de 16 chromolithographies et de 200 gravures, d'après les monuments de l'art, depuis les Catacombes jusqu'à nos jours.

Broché.......... .... 30 »
Relié dos chagrin, tranches dorées... 40 »
Relié dos et coins chagrin, plats papier, en-tête dorée, les autres tranches ébarbées.
Prix.................. .... 40 »'

La Sainte-Vierge, par U. Maynard, chanoine de Poitiers. Un vol. in-4°, illustré de 14 chromolithographies et de 200 gravures.

Broché....................... 30 »
Relié dos chagrin, tranches dorées.... 40 »
Relié dos et coins chagrin, plats papier, en-tête doré, les autres tr. ébarbées... 40 »

Sainte-Cécile et la société romaine aux deux premiers siècles, par Dom Guéranger, abbé de Solesmes. Ouvrage contenant 2 chromolithographies, 5 planches en taille-douce et 240 gravures sur bois. 3e édit. 1 volume in-4°.

Broché...................... 30 »
Relié, tranches dorées............:... 40 »
Relié dos et coins chagrin, plats papier, en-tête doré, les autres tr. ébarbées.... 40 »

Jeanne d'Arc, par H. Wallon, secrétaire perpétuel de l'Académie des Inscriptions et Belles-Lettres. 4e édition. 1 volume in-4°, illustré de 14 chromos et de 200 gravures, d'après les monuments de l'art, depuis le quinzième siècle jusqu'à nos jours.

Broché..................... 30 »
Rel. dos chagrin, plats toile, tr. dorées. 40 »
Relié dos et coins chagrin, plats papier, tranche supérieure dorée, les autres tranches ébarbées.................... 40 »

Vie de Jeanne d'Arc, par A. Desjardins, correspondant de l'Institut, Doyen de la Faculté des lettres de Douai. Ouvrage illustré de nombreuses gravures.

Prix, cartonné.................. 7 »

La sainte Bible, ancien et nouvea Testament, récit et commentaire, par l'abb Salmon. Un volume in-8°, illustré de 240 gra vures de Schnorr.

Broché.......... 20
Relié plein chagrin................. 30

Les deux filles de sainte Chantal, Mari Aimée de Rabutin-Chantal, Baronne de Th rens, et Françoise de Rabutin-Chantal, co tesse de Toulonjon; par Mme la comtess A. de Menthon, ouvrage accompagné d'un lettre approbative de Mgr Dupanloup, évêqu d'Orléans. Un vol. in-18 jésus; édition illu trée de 9 gravures noires.

Broché..................... 5
Relié dos chagrin, plats toile, tr. dor. 7

Les Femmes dans la société chrétienn par Alph. Dantier. Deux volumes in-4°, illu trés de 4 chromolithographies et de 200 gr vures sur bois.

Brochés..................... 40
Reliés dos chagrin avec fers spéciaux. 60
Reliés dos et coins chagrin, tranche supérieu dorée, les autres ébarbées......... 60

Saint Michel et le mont Saint-Miche par Mgr Germain, M. l'abbé Brin, M. Co royer. Un volume grand in-8°, illustré 4 chromolithographies, d'une photogravure de nombreuses gravures sur bois.

Broché..................... 20
Relié avec fers spéciaux........... 30
Relié dos et coins chagrin, plats papier, trancl supérieure dor., les autres ébarbées. 30

Saint Michel archange et le mont Sain Michel, avec un guide à l'usage des touri tes, par Mgr Germain, évêque de Coutanc et d'Avranches, et M. l'abbé Brin, professe au grand séminaire de Coutances. Petite éc tion illustrée de 29 gravures.

Broché..................... 5
Relié..................... 7

Sainte Geneviève, patronne de Pari son influence sur les destinées de l France, par M. l'abbé Vidieu, du clergé Paris. Un volume in-4°, orné d'eaux-forte de gravures sur bois et de photogravure reproduisant les plus belles œuvres de l'a ancien et contemporain sur la sainte, et particulier les peintures murales du Panthéo

Broché..................... 30
Relié dos chagrin, tranches dorées.... 40
Relié dos et coins chagrin, plats papier, en-tê doré, les autres tranches ébarbées.. 40
Tirage sur papier du Japon.......... 100

LIBRAIRIE DE FIRMIN-DIDOT ET Cⁱᵉ

IMPRIMEURS DE L'INSTITUT, RUE JACOB, 56, A PARIS

NOUVELLE PUBLICATION

ILIOS
VILLE ET PAYS DES TROYENS
Par H. SCHLIEMANN

Résultat des fouilles sur l'emplacement de Troie et des explorations faites en Troade, de 1871 à 1882, avec une autobiographie de l'auteur.

TRADUIT DE L'ANGLAIS PAR Mᵐᵉ E. EGGER. — 1 vol. in-8° : broché, 30 fr., relié, 40 fr.

LIBRAIRIE DE FIRMIN-DIDOT ET Cⁱᵉ

IMPRIMEURS DE L'INSTITUT, RUE JACOB, 56, A PARIS

WALTER SCOTT

ILLUSTRÉ

ONT PARU LES ROMANS SUIVANTS

IVANHOÉ

QUENTIN DURWARD — KENILWORTH

ROB-ROY — L'ANTIQUAIRE

LES PURITAINS D'ÉCOSSE

GUY MANNERING

LA JOLIE FILLE DE PERTH

WAVERLEY — LA PRISON D'ÉDIMBOURG

LE MONASTÈRE — REDGAUNTLEY

L'ABBÉ

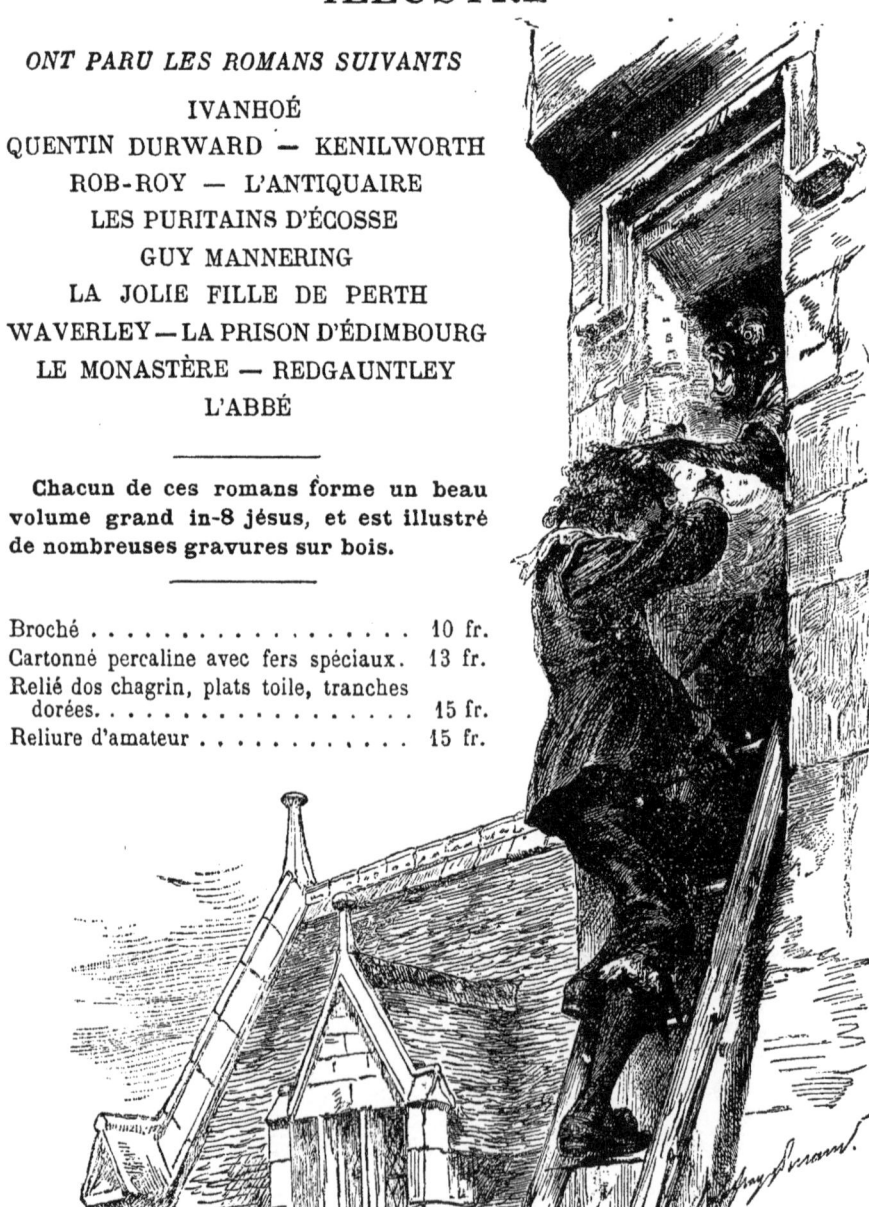

Chacun de ces romans forme un beau volume grand in-8 jésus, et est illustré de nombreuses gravures sur bois.

Broché . . . . 10 fr.
Cartonné percaline avec fers spéciaux. 13 fr.
Relié dos chagrin, plats toile, tranches
    dorées. . . . . 15 fr.
Reliure d'amateur . . . . 15 fr.

LIBRAIRIE DE FIRMIN-DIDOT ET Cᵉ

IMPRIMEURS DE L'INSTITUT, RUE JACOB, 56, A PARIS

FENIMORE COOPER
ILLUSTRÉ

TRADUCTION FRANÇAISE DE M. PAUL LOUISY

ÉDITION ILLUSTRÉE PAR M. ANDRIOLLI

ONT PARU LES ROMANS SUIVANTS

LE DERNIER DES MOHICANS
LES PIONNIERS
LA PRAIRIE

Chacun de ces romans forme un beau
volume grand in-8° jésus

Broché.	10 fr.
Cartonné percaline avec fers spéciaux.	13 fr.
Relié, dos chagrin, plats toile, tranches dorées.	15 fr.
Reliure d'amateur.	15 fr.

LIBRAIRIE **VICTOR PALMÉ**, 76, RUE DES SAINTS-PÈRES, A PARIS.

ÉDITION ARTISTIQUE

DES

ÉPISODES MIRACULEUX

DE LOURDES

Par HENRI LASSERRE

SUITE ET TOME DEUXIÈME DE *NOTRE-DAME DE LOURDES*

LE MIRACLE DE L'ASSOMPTION — LE MENUISIER DE LAVAUR — LA NEUVAINE DU CURÉ D'ALGER
MADEMOISELLE DE FONTENAY — LES TÉMOINS DE MA GUÉRISON

UN BEAU VOLUME IN-4ᵉ ILLUSTRÉ PAR YAN'DARGENT

ENCADREMENTS VARIÉS A CHAQUE PAGE ET CHROMOLITHOGRAPHIE

Broché, 25 fr. — Cartonné avec plaques, 30 fr. — Relié, dos chagrin, fers spéciaux,
tranches dorées, 35 fr.

ÉDITION ARTISTIQUE

DE

NOTRE-DAME

DE LOURDES

Par HENRI LASSERRE

UN BEAU VOLUME IN-4°

ILLUSTRÉ D'ENCADREMENTS VARIÉS A CHAQUE PAGE ET DE CHROMOLITHOGRAPHIES

Broché, 25 fr. — Cartonné avec plaques spéciales, 30 fr. — Relié dos chagrin, fers
spéciaux, tranches dorées ou demi-reliure d'amateur, 35 fr.

LIBRAIRIE **VICTOR PALMÉ**, 76, RUE DES SAINTS-PÈRES, A PARIS

LE

LITTORAL DE LA FRANCE

PAR

CHARLES-FÉLIX AUBERT

(V. VATTIER D'AMBROYSE)

Ouvrage couronné par l'Académie française (Prix Marcelin Guérin)

ILLUSTRATION PAR SCOTT, BRUN, LALANNE, TOUSSAINT, FRAIPONT, CIAPPORI

VIENT DE PARAITRE

TROISIÈME PARTIE

COTES VENDÉENNES

DE LORIENT A LA ROCHELLE

UN VOLUME IN-4°

ONT DÉJA PARU

PREMIÈRE PARTIE	DEUXIÈME PARTIE
COTES NORMANDES	**COTES BRETONNES**
DUNKERQUE AU MONT-Sᵗ-MICHEL	DU MONT Sᵗ-MICHEL A LORIENT
UN VOLUME IN-4°	UN VOLUME IN-4°

CHAQUE PARTIE SE VEND SÉPARÉMENT

ET FORME UN VOLUME DE 600 PAGES, ORNÉ DE 300 GRAVURES DANS LE TEXTE
ET DE 70 PLANCHES HORS TEXTE, TIRÉES EN UNE OU PLUSIEURS COULEURS

Prix de chaque partie ou volume :

Broché, 20 fr. — Riche cartonnage avec plaques spéciales, tranches dorées, 25 fr.
Reliure demi-chagrin, plaques spéciales, tranches dorées, 30 francs.

ÉDITION ARTISTIQUE

DE LA

VIE DES SAINTS

Par Mgr Paul GUÉRIN

AUTEUR DES *Petits Bollandistes*

Grand in-4, illustré avec le plus grand soin par YAN'DARGENT. — 12 aquarelles groupant les Apôtres, les Martyrs, les saints Ouvriers, les saintes Femmes, les saintes Pénitentes, etc. — 24 lettres ornées. — 12 titres symboliques. — 365 encadrements, avec environ mille sujets inédits se rapportant à la vie de chaque Saint.

CET OUVRAGE PARAITRA EN 12 LIVRAISONS OU EN 2 VOLUMES DE CHACUN 6 LIVRAISONS

HUIT LIVRAISONS ONT PARU

Prix de la livraison avec titre et aquarelle, 5 francs

*Toute personne ayant souscrit avant la fin de la publication aura droit GRATUITEMENT
à la reliure de grand luxe*

Premier volume paru : JANVIER-JUIN

Broché, 30 fr. — Riche cartonnage plaques spéciales, tranches dorées, 35 fr.
Reliure demi-chagrin, plaques spéciales, tranches dorées, 40 fr.

VIE ILLUSTRÉE

DE

SAINT JOSEPH

Par le R. P. CHAMPEAU

PRÊTRE DE SAINTE-CROIX

MAGNIFIQUE VOLUME IN-4°

Splendidement illustré par Yan'Dargent, Chovin, Fichot, Poirson, etc.

D'APRÈS DES DOCUMENTS AUTHENTIQUES ET DES VUES PRISES SUR LES LIEUX MÊMES

Sous la direction artistique de M. Eugène MATHIEU

Broché, 15 fr. — Cartonnage de luxe, fers spéciaux, 20 fr.
Reliure demi-chagrin, 24 fr.

LA CHEVALERIE

PAR

LÉON GAUTIER

PROFESSEUR A L'ÉCOLE DES CHARTES

Un magnifique volume gran in-4 de 800 pages, illustré de vingt-cinq grandes compositions hors texte, de trente frises, par LUC-OLIVIER MERSON, E. ZIER et G. JOURDAIN, de 40 lettrines et culs-de-lampe par CIAPPORI et d'environ 150 gravures dans le texte par FICHOT, E. GARNIER, LIBONIS et SELLIER, plus une photogravure pour frontispice.

PRIX

Broché....................................	40 fr.
Riche cartonnage toile avec plaques spéciales, tranches dorées........	45 fr.
Demi-reliure chagrin, plats toile avec plaques ou reliure d'amateur....	50 fr.

CHEVALERIE! Ce seul mot évoque le souvenir de toutes les luttes héroïques que nos pères ont soutenues pour la défense de leur pays et de leur foi. If nous rappelle les croisades de Godefroi de Bouillon; la guerre de Cent ans avec Duguesclin et Jeanne d'Arc; les beaux coups d'épée du seizième siècle et ce Bayard « qui fut sans peur et sans reproche ». Ce même mot exprime à la fois ce qu'il y a de plus héroïque dans le courage, de plus délicat dans l'honneur, de plus désintéressé dans le dévouement, de plus large et de plus haut dans l'âme et dans la vie d'un homme. « Respecter et défendre toutes les faiblesses, se battre pour une idée, se passionner pour les causes vaincues, mourir plutôt que de s'abaisser à une vilenie, donner sa vie à Dieu et au Christ, à la France » : tel est le véritable caractère de cette Chevalerie à laquelle est consacré le livre de M. Léon GAUTIER.

Ce livre, d'inspiration toute française, s'adresse **à toutes les classes de lecteurs,** même aux femmes, même aux enfants; mais surtout aux jeunes gens et à ceux qui, aimant leur pays comme il faut l'aimer, veulent, pour reconstruire la France nouvelle, mettre à profit les traditions, les mœurs et les vertus de la vieille France.

Lightning Source UK Ltd.
Milton Keynes UK
UKHW02n0821190818
327370UK00002B/236/P